河南文化年鉴

Henan Cultural Yearbook

2023

河南文化年鉴编辑部 编

中州古籍出版社
·郑州·

图书在版编目（CIP）数据

河南文化年鉴 . 2023 / 河南文化年鉴编辑部编 . —郑州：中州古籍出版社，2023. 12
ISBN 978-7-5738-1353-4

Ⅰ . ①河… Ⅱ . ①河… Ⅲ . ①文化事业 – 河南 –2023– 年鉴 Ⅳ . ① G127.61-54

中国国家版本馆 CIP 数据核字（2023）第 256139 号

HENAN WENHUA NIANJIAN（2023）

河南文化年鉴（2023）

出 版 人	许绍山
项目统筹	闵世勇　谢晓敏
责任编辑	梁　郁　王士松　李　思
	朱　琳　宗增芳
责任校对	李接力
美术编辑	王　歌
装帧设计	王晓丽

出 版 社	中州古籍出版社（地址：郑州市郑东新区祥盛街 27 号 6 层　邮编：450016　电话：0371-65788693）
排版设计	河南博之雅印务有限公司
承印单位	河南新华印刷集团有限公司
开　　本	890 mm×1240 mm　1/16
印　　张	46
字　　数	1500 千字
印　　数	1—1500 册
版　　次	2023 年 12 月第 1 版
印　　次	2023 年 12 月第 1 次印刷
定　　价	298.00 元

本书如有印装质量问题，请联系出版社调换。

河南文化年鉴编纂委员会

主　任　王战营

副主任　黄玉国

委　员（以姓氏笔画为序）

马　冰　马明超　王少青　王自合　王全周　王承哲
王清华　孔庆贺　曲尚英　朱自锋　任　伟　刘文海
刘纪献　刘晓文　闫小杏　孙晓红　李新年　杨彦玲
吴卫东　张培明　张锦印　陈　明　邵七一　邵　华
武启祥　赵士红　倪玉联　徐超文　高东海　郭士飞
黄东升　董焕琳　程　浩　薛崇林　魏　剑

河南文化年鉴编辑部

总　编　辑　王承哲

副总编辑　李立新

编辑部主任　李立新

副　主　任　杨　波　宋朝丽

编　　辑　马培红　尹松鹏　石宕川　乔龙龙　任梦一　刘　源
　　　　　　张洪艳　陈亚玲　陈智勇　范先立　秦　玉　聂　卉

目　录

特　载

习近平在河南安阳考察调研……………003

坚定文化自信　做强文化产业……………005

传承弘扬中华优秀传统文化………………007

河南文化概览

河南文化综述……………………………011
　　概　况………………………………011
　　物质文化……………………………011
　　非物质文化…………………………012
　　自然文化……………………………012
　　现代文化……………………………012
　　河南文化的主要特性………………012
　　武术发源地…………………………015
　　杂技之乡……………………………015
　　文学豫军……………………………016
　　戏曲之乡……………………………016

学习宣传贯彻习近平新时代中国特色社会主义思想…………………………………016
　　概　况………………………………016
　　党委（党组）理论学习中心组学习…………016
　　党的二十大精神宣讲活动…………016
　　理论研究……………………………017

行走河南·读懂中国……………………017
　　概　况………………………………017
　　"行走河南·读懂中国"品牌成效彰显………017
　　第四届全球文旅创作者大会………018
　　"行走河南·读懂中国"2022美好生活看信阳
　　主题活动……………………………019
　　"行走河南·读懂中国"品牌推广暨元宇宙
　　创造者大赛启动发布会……………020
　　"行走河南·读懂中国"第三届快手网红文旅
　　大会暨红旗渠元宇宙剧场发布会…020
　　"河南DOU是好风光"暨乡村康养旅游
　　推进会………………………………020

河南兴文化工程文化研究计划…………021
　　概　况………………………………021
　　基本原则……………………………021
　　总体目标……………………………021
　　基本框架……………………………021
　　主要研究任务………………………022
　　组织机构……………………………022
　　运作方式……………………………022
　　主要研究情况和成果推介…………023
　　品牌打造……………………………023
　　重要活动……………………………024
　　河南兴文化工程徽标………………024

宣传教育…………………………………033
　　概　况………………………………033
　　重大宣传教育………………………033
　　红色基因传承………………………034

新闻发布…………………………………034
　　概　况………………………………034
　　党委新闻发布………………………034
　　政府新闻发布………………………035
　　体制机制……………………………035

思想政治工作……………………………035
　　坚持用习近平新时代中国特色社会主义思想
　　凝心铸魂……………………………035

思想政治工作创新发展 …………………… 035

媒体融合 …………………………………… 035
　　概　况 …………………………………… 035
　　媒体融合 ………………………………… 036

文化体制改革 ……………………………… 036
　　概　况 …………………………………… 036
　　文企改革 ………………………………… 036
　　媒体改革 ………………………………… 036
　　院团改革 ………………………………… 036
　　景区改革 ………………………………… 036

公共文化服务体系建设 …………………… 037
　　概　况 …………………………………… 037
　　特色品牌活动 …………………………… 037
　　中原文化大舞台 ………………………… 037
　　"乐享新时代"周末音乐汇活动 ………… 037

扫黄打非 …………………………………… 038
　　概　况 …………………………………… 038
　　专项整治 ………………………………… 038
　　查办成果 ………………………………… 038
　　社会氛围 ………………………………… 038

保护传承弘扬黄河文化 …………………… 038
　　概　况 …………………………………… 038
　　黄河主题文艺创作 ……………………… 039
　　《中华黄河文化大系·黄河故事集成（河南卷）》
　　编纂出版工程 …………………………… 039
　　2022年中国（郑州）黄河文化月 ……… 039
　　黄河文化千里研学之旅 ………………… 039

文化润疆 …………………………………… 039
　　概　况 …………………………………… 039
　　新时代网络文化援疆 …………………… 041
　　中国功夫少林武魂哈密巡回演出 ……… 041
　　太极拳文化交流活动 …………………… 041
　　"中原菊韵文化节"活动 ………………… 042
　　第二届"文化润疆·豫哈少年行"活动 …… 042
　　《兵团颂》进疆演出 …………………… 042

　　《红星渠的故事》在疆演出 …………… 043
　　豫哈两地书画作品交流展活动 ………… 043

重要会议 …………………………………… 043
　　全省宣传部部长会议 …………………… 043
　　文艺工作者座谈会 ……………………… 043
　　全省宣传思想文化系统学习宣传贯彻党的二十
　　大精神会议 ……………………………… 043

精神文明建设

综　述 ……………………………………… 047

主要工作 …………………………………… 047
　　文明培育 ………………………………… 047
　　文明实践 ………………………………… 047
　　文明创建 ………………………………… 048

特色做法 …………………………………… 049
　　河南省新时代文明实践推动周活动 …… 049
　　郑州市未成年人思想道德建设 ………… 050

重要活动 …………………………………… 051
　　第八届河南省道德模范评选 …………… 051
　　河南省新时代文明实践推动周活动 …… 051
　　2021年度"河南好人榜"发布活动 …… 051
　　首届河南省网络文明大会 ……………… 051
　　全省文明城市创建工作推进会 ………… 052
　　河南省"新时代好少年"先进事迹发布活动
　　………………………………………………… 052
　　河南省文明实践志愿服务项目展示交流活动
　　………………………………………………… 052
　　全省学习贯彻习近平总书记给"中国好人"
　　重要回信精神座谈会 …………………… 052

哲学社会科学

河南省哲学社会科学工作事务中心 ……… 055
　　概　况 …………………………………… 055

社科项目…………………………………055
　　社科管理…………………………………055
　　社科成果…………………………………056

中共河南省委党校（河南行政学院）………056
　　概　况……………………………………056
　　理论培训…………………………………056
　　理论研究和决策咨询……………………058
　　社科研究期刊……………………………058
　　对外合作交流……………………………059
　　精神文明建设……………………………059

河南省社会科学界联合会…………………060
　　概　况……………………………………060
　　兴文化工程………………………………060
　　学术平台建设……………………………060
　　智库建设…………………………………060
　　社科普及工作……………………………061
　　社科人才队伍建设………………………062
　　进军网络主战场…………………………063
　　组织建设…………………………………063

河南省教育厅………………………………064
　　全省高校哲学社会科学研究基本情况…064
　　科学研究…………………………………064
　　高质量科研团队、组织建设……………064
　　《郑州大学学报》（哲学社会科学版）…065
　　《河南大学学报》（社会科学版）………065
　　《河南师范大学学报》（哲学社会科学版）…066

河南省社会科学院…………………………066
　　概　况……………………………………066
　　理论研究…………………………………067
　　专题研究…………………………………067
　　学术交流…………………………………068
　　社科期刊…………………………………069
　　智库建设…………………………………069
　　机构改革…………………………………070

出版 印刷 发行 版权

出　版………………………………………075
　　概　况……………………………………075
　　图书音像电子出版………………………075
　　荣誉奖项…………………………………076
　　期刊出版…………………………………076
　　融合出版…………………………………077
　　入选国家级项目情况……………………077
　　书香河南建设……………………………077
　　书香河南首届全民阅读大会……………079
　　书香河南首届全民阅读大会四个创新…079
　　出版管理制度……………………………080
　　河南优秀出版奖评选……………………080
　　中原出版传媒集团………………………086
　　集团出版主业……………………………086
　　集团产业转型升级………………………087
　　集团公共文化服务………………………087

印　刷………………………………………088
　　概　况……………………………………088
　　重点出版物印制情况……………………089
　　印刷行业发展情况………………………089
　　印刷行业监管……………………………089
　　内部资料性出版物管理…………………089

发　行………………………………………090
　　概　况……………………………………090
　　发行行业高质量发展……………………090
　　发行行业监管……………………………090
　　农家书屋建设……………………………090

版　权………………………………………091
　　概　况……………………………………091
　　版权执法监管……………………………091
　　版权社会服务……………………………091
　　软件正版化核查…………………………092
　　版权产业发展……………………………092
　　版权社会宣传……………………………092
　　中原出版传媒集团版权事业发展………093

新闻报业

综 述 ……………………………………… 097

河南日报社 ……………………………… 097
概 况 …………………………………… 097
获得荣誉 ………………………………… 097
做强主责主业 …………………………… 097
创新体制机制 …………………………… 098
"学习强国"河南学习平台提质增效 …… 099
提升新闻生产力 ………………………… 099
大河云融媒机制引领全媒体深度融合 …… 099
形成"党媒+智媒+财媒"全平台矩阵传播
………………………………………… 099

河南日报社宣传报道亮点 ……………… 100
习近平新时代中国特色社会主义思想宣传报道
………………………………………… 100
党的二十大精神宣传·综述 …………… 100
党的二十大精神宣传·重点 …………… 101
党的二十大精神宣传·融合 …………… 102
"非凡十年"成就宣传报道 …………… 102
全国两会报道 …………………………… 102
省两会报道 ……………………………… 103
"十大战略"主题宣传报道 …………… 103
"行走河南·读懂中国"主题宣传报道 …… 104
中华文明探源工程宣传报道 …………… 104
打造河南地域文化品牌相关报道 ……… 104
"能力作风建设年"主题宣传报道 …… 105
对外宣传报道 …………………………… 105
"学习弘扬焦裕禄精神"主题报道 …… 106
"郑卢空中丝路国际合作论坛"报道 …… 106
庆祝共青团成立100周年主题报道 …… 106
"米"字形高铁建成报道 ……………… 107
北京冬奥会报道 ………………………… 107

广播 电视 电影

广 播 …………………………………… 111
概 况 …………………………………… 111
新闻事业部 ……………………………… 111
生活事业部 ……………………………… 111
交通事业部 ……………………………… 111
都市事业部 ……………………………… 111

电 视 …………………………………… 111
概 况 …………………………………… 111
重大主题宣传 …………………………… 112
全国和省两会特别节目 ………………… 112
党的二十大主题报道 …………………… 113
精品节目 ………………………………… 114
文化栏目 ………………………………… 116

电 影 …………………………………… 118
概 况 …………………………………… 118
"光影世界·出彩中影"宣传教育实践活动
………………………………………… 118
电影市场管理 …………………………… 118
农村电影公共文化服务 ………………… 118
全面推进电影行业依法依规经营 ……… 119
编制《河南影视拍摄服务手册》 ……… 119

网络宣传与管理

概 况 ……………………………………… 123

网上重大主题宣传 ……………………… 123
党的二十大网上宣传 …………………… 123
"乡村振兴看河南"网络媒体采访活动 …… 123
"赶考路上再寻焦裕禄"全国网络媒体采访活动 ………………………………………… 123
"黄河安澜"网络主题宣传活动 ……… 124
"让世界'中意'中国——中医药文化传承"网络主题宣传活动 …………………………… 124

网络文明建设

- 首届河南省网络文明大会 …… 124
- 网络文明建设"九大行动" …… 124
- 网络文明系列实践活动 …… 125
- 网络公益行动 …… 125
- 互联网企业党建工作 …… 126

网络综合治理

- 概况 …… 126
- 网络专项整治行动 …… 126
- 互联网新闻信息服务许可管理 …… 126
- 互联网违法和不良信息举报 …… 126
- 网络谣言治理 …… 126

网络安全工作

- 2022年网络安全宣传周河南省活动 …… 127
- 第六届"强网杯"全国网络安全挑战赛 …… 127
- 推动《河南省网络安全条例》出台 …… 127

网络基础建设与惠民工程

- 网络基础设施建设 …… 127
- 互联网创新与发展 …… 127
- 数字经济发展 …… 127
- 数字社会建设 …… 128
- 数字政府服务 …… 128

文化产业

概况 …… 131

主要工作

- 出台纾困助企政策 …… 131
- 文产赋能助力乡村振兴 …… 131
- 研学旅行品牌体系塑造 …… 131
- 文化产业园区建设 …… 132
- 文化旅游消费拓展 …… 132
- 文化产业新型业态培育 …… 132
- 2022年河南省文化和旅游工作会议 …… 133
- 洛阳河洛文化旅游节暨第五届中原国际文化旅游产业博览会 …… 133
- 第九届中原（鹤壁）文化产业博览交易会 …… 134
- 河南文化产业赋能乡村振兴成果亮相第十八届文博会 …… 134
- "文化产业特派员"制度试点启动会 …… 134
- 河南省文化产业赋能乡村振兴"乡创云讲堂" …… 135
- 河南省文化产业赋能乡村振兴工作推进会 …… 135

文化产业发展成绩 …… 135

- 四地上榜第二批国家级夜间文化和旅游消费集聚区名单 …… 135
- 世界研学旅游组织（加拿大）河南代表处落户洛阳 …… 135
- 195个村入选河南省首批乡村康养旅游示范村创建单位 …… 135
- 第三批河南省夜间文旅消费集聚区 …… 136
- 命名10处黄河防洪工程为"黄河文化千里研学之旅"实践基地 …… 136
- 2022年认定河南省乡村旅游特色村、休闲观光园区、特色生态旅游示范镇和创客示范基地名单 …… 136

文化产业营业收入 …… 136

文化产业主要指标 …… 136

- 法人单位基本情况 …… 136
- 文化产业利润指标 …… 137

舞台艺术

综述 …… 141

- 艺术创作 …… 141
- 文化惠民活动 …… 141
- 艺术展览活动 …… 142
- 艺术人才队伍 …… 142
- 国有文艺院团改革 …… 142
- 庆祝党的二十大胜利召开系列展演活动 …… 143

戏剧 …… 145

- 概况 …… 145

戏剧品牌活动……………………………145
　　文艺惠民活动……………………………145
　　奖项荣誉…………………………………146

曲　艺……………………………………………146
　　概　况……………………………………146
　　"喜迎二十大"主题系列曲艺特色活动……146

舞　蹈……………………………………………147
　　概　况……………………………………147
　　舞蹈活动…………………………………147
　　文化惠民工程……………………………148
　　培训活动…………………………………148

音　乐……………………………………………148
　　概　况……………………………………148
　　音乐创作…………………………………148
　　音乐赛事活动……………………………148
　　专场音乐会………………………………149

杂　技……………………………………………150
　　概　况……………………………………150
　　杂技活动…………………………………150
　　文艺志愿服务活动………………………151

演艺团体…………………………………………151
　　河南豫剧院………………………………151
　　河南歌舞演艺集团………………………151
　　河南省话剧艺术中心……………………152
　　河南省曲剧艺术保护传承中心…………152
　　河南省越调艺术保护传承中心…………153
　　河南省京剧艺术中心……………………153

艺术研究…………………………………………153
　　河南省文化艺术研究院…………………153
　　文化艺术研究……………………………154
　　艺术创作…………………………………154
　　艺术基金…………………………………154
　　艺术赛事…………………………………154

美术　书法　摄影　民间艺术

美　术……………………………………………157
　　概　况……………………………………157
　　美术展览…………………………………157
　　美术研讨活动……………………………158
　　公益帮教活动……………………………158

书　法……………………………………………159
　　概　况……………………………………159
　　书法展览…………………………………159
　　公益活动…………………………………160
　　学术研讨…………………………………160
　　获得荣誉…………………………………161

摄　影……………………………………………161
　　概　况……………………………………161
　　摄影展览…………………………………161
　　摄影培训…………………………………162
　　志愿活动…………………………………162

民间艺术…………………………………………163
　　概　况……………………………………163
　　编辑出版工作……………………………163
　　培训交流…………………………………163
　　民间文化惠民活动………………………163
　　"我们的节日"系列主题活动……………164
　　拜祖大典活动……………………………165

文物　考古

文　物……………………………………………169
　　概　况……………………………………169
　　文物保护与管理…………………………169
　　文物保护项目实施………………………170
　　工程建设地下文物保护…………………171
　　文物建筑保护……………………………172
　　石窟寺保护利用…………………………172

考　古 …………………………………… 174
　　概　况 …………………………………… 174
　　考古管理 ………………………………… 175
　　考古发掘 ………………………………… 175
　　2022年度全国十大考古新发现 ………… 178
　　中原地区文明化进程研究 ……………… 179
　　夏文化研究 ……………………………… 182
　　2022年河南省考古新发现 ……………… 183
　　考古工作重要进展 ……………………… 184
　　大遗址保护与考古遗址公园 …………… 185

非物质文化遗产保护

综　述
　　概　况 …………………………………… 191

人类非遗项目河南情况 ………………… 191
　　信阳毛尖茶制作技艺 …………………… 191
　　太极拳履约工作 ………………………… 191

重大战略中的非遗 ……………………… 192
　　非遗助力乡村振兴 ……………………… 192
　　"非遗点亮老家河南"计划 …………… 192
　　信阳赛山玉莲茶非遗工坊等入选2022年全国
　　"非遗工坊典型案例" ………………… 192
　　"非遗进民宿"活动 …………………… 192

非遗保护工作 …………………………… 193
　　文化生态保护区建设 …………………… 193
　　非遗保护法规 …………………………… 193
　　传统医药保护工程 ……………………… 193
　　国家级非遗传承人记录工作 …………… 194

非遗传播推广 …………………………… 194
　　参加第七届中国非物质文化遗产博览会 … 194
　　"文化和自然遗产日"宣传展示活动 … 194
　　非遗传承人推介 ………………………… 196
　　"献礼党的二十大·河南非遗这十年"系列
　　宣传 ……………………………………… 196
　　非遗宣传中的科技手段 ………………… 197

黄河流域非遗保护传承弘扬协同机制 … 197
　　设立黄河流域非遗保护传承弘扬协同机制
　　秘书处 …………………………………… 197
　　制定《河南省沿黄区域非物质文化遗产保护
　　传承弘扬规划》 ………………………… 197
　　制定《2022年黄河流域非物质文化遗产保护
　　行动计划》 ……………………………… 197
　　编发《黄河非遗保护传承弘扬工作交流》 … 198
　　出版《中国国家地理》"发现黄河：沿黄
　　非物质文化遗产"特辑 ………………… 198

文　学

文学创作 ………………………………… 201
　　概　况 …………………………………… 201
　　小　说 …………………………………… 201
　　诗　歌 …………………………………… 202
　　散　文 …………………………………… 202
　　报告文学 ………………………………… 203
　　网络文学 ………………………………… 203
　　通俗读物 ………………………………… 204

文学活动 ………………………………… 204
　　概　况 …………………………………… 204
　　青年作家培养 …………………………… 204
　　"建设书香河南"的文学和阅读活动 … 204
　　中国作家协会扶持项目 ………………… 205
　　编辑出版工作 …………………………… 205

文艺评论 ………………………………… 205
　　概　况 …………………………………… 205
　　文艺评论研究 …………………………… 206
　　文艺评论活动 …………………………… 206
　　文艺评论队伍 …………………………… 206

图书馆　博物馆　文化馆

图书馆 …………………………………… 209
　　概　况 …………………………………… 209

河南省图书馆 209
图书馆建设 209
公共图书馆服务一体化建设 211
学术研究与交流 211
图书馆活动 211

博物馆 212
概　况 212
陈列展览 213
宣传与指导 213
数字化建设 216
重要活动 217

中国文字博物馆 217
概　况 217
陈列展览 218
学术研究 219
社会服务 220
文物藏品征集与保护 220
文化产业 220
交流与合作 221
重要活动 221

文化馆 221
概　况 221
河南省文化馆 221
"黄河故事"——河南民俗文化展示馆 221
数字化建设 222
文艺精品创作 222
人才队伍培养 222
文化志愿服务 223
"喜迎二十大"主题活动 223

教育　体育

教　育 227
概　况 227
基础教育 227
普通高等教育 228
高校思想政治工作 230

职业教育与成人教育 231
教师教育与师资队伍建设 232
"双减"工作 233
艺术教育 234
语言文字工作 235

体　育 235
概　况 235
群众体育 236
竞技体育 237
体育产业 238
体育合作与交流 238

民族　宗教

民　族 243
概　况 243
民族团结进步创建 243
河南省第九届少数民族传统体育运动会 243
"同心圆·共发展"活动 244
援疆服务管理 245

宗　教 246
概　况 246
河南省佛教道教界代表人士培训班 246
河南省伊斯兰教代表人士和经学院教师
培训班 246
河南省基督教第九次代表会议 246
省伊协新"卧尔兹"演讲比赛 246

档案　史志

档　案 249
概　况 249
学习贯彻党的二十大精神和习近平总书记
对档案工作重要批示精神 249
阵地作用发挥 249
档案收集 250
查阅利用服务 250

档案信息参考 250
　　主动融入文旅文创融合战略 250
　　档案文化服务 250
　　河南戏曲档案展开展暨河南戏曲声音博物馆开馆 250
　　开展中国档案文献遗产申报和河南省档案文献遗产申报 251
　　档案信息化建设 251
　　档案安全 251
　　档案科研 252
　　服务乡村振兴 252
　　自身建设 252

地方史志研究 252
　　概　况 252
　　志书编纂工作 253
　　乡镇村志编纂 253
　　旧志整理与出版 253
　　年鉴编纂出版工作 253
　　方志开发与利用 254
　　方志馆建设 254
　　网站建设 254
　　数字化建设 254
　　地方志理论研究和宣传 254
　　《河南大事月报》编纂 255
　　乡镇村志业务培训 255
　　《河南省志（1978—2000）》获河南优秀图书奖 255
　　全省"精品年鉴品读季"活动 255
　　组织参观"追寻红色足迹 赓续红色血脉"航拍摄影图片展 255
　　组织党员干部参观省直机关能力作风风采展 256

党史研究 256
　　概　况 256
　　党史专题研究 256
　　党史编研 256
　　党史资料征编 256
　　党史重大项目 256
　　党史资政研究 256

　　服务党史学习教育常态化长效化 257
　　党史业务指导 257
　　《中共河南省委执政纪事（2020）》出版 257
　　学习贯彻党的二十大精神暨全省党史干部培训班 257
　　党的二十大精神宣讲 257
　　获奖情况 258
　　河南省中共党史学会换届 258
　　河南党史方志网改版 258
　　《那时的你》广受好评 258
　　河南省革命文物协同研究基地评选命名 259
　　河南省中共党史学习教育基地评选命名 259
　　《见证·中原红色文物故事》出版 259
　　红色资源保护利用 259
　　红色资源调查摸底 259

文旅 文创

综　述 263

重要活动 263
　　"行走河南·读懂中国"品牌全面叫响 263
　　文化旅游项目建设 263
　　乡村康养旅游示范村创建 264
　　文产特派员分批入驻 264
　　"非遗点亮"精彩纷呈 264
　　民宿发展如火如荼 264
　　2022精品旅游民宿高质量发展论坛 264
　　交旅融合工程 265
　　文旅产品业态不断丰富 265
　　文旅市场有序恢复发展 265
　　文物保护利用工作 265
　　非遗保护利用工作 265
　　艺术创作不断丰富 265
　　公共文化服务显著提升 265
　　文旅治理能力不断提升 266

宣传推广 266
　　宣传推广工作 266
　　对外合作交流 266

红色文化传承

综　述
- 红色文化传承弘扬 269
- 实施红色文化弘扬工程 269
- 实施红色文物保护工程 269
- 实施红色展陈提升工程 269
- 实施红色传人培育工程 269
- 实施红色文旅融合工程 269
- 实施红色资源提质增效工程 269
- 实施长征国家文化公园（河南段）建设工程 269

红色旅游
- 概　况 270
- 推动红色资源挖掘 270
- 推进机制体制创新 270
- 红色旅游人才队伍培育 270
- 重点项目建设 271
- 完善配套基础设施 271
- 助推老区乡村振兴 271
- 打造业态品牌创新 272

红色档案
- 概　况 272
- 红色教育阵地作用发挥 272
- 红色档案开发 273
- 红色档案征集 273
- 红色档案修复 273
- 红色故事宣讲 274

红色文物
- 概　况 274
- 组织开展中国特色社会主义新时代主题展览活动 275
- 推进新时代革命文物保护管理利用制度建设工作 275
- 推进革命文物保护管理利用片区工作 275
- 开展文物资源专项调查 275
- 文物维修保护 276
- 首批河南省革命文物协同研究基地设立 276
- 河南省"红色文物说——革命故事大赛暨第六届红色故事会" 276
- 各类实践教育活动 276
- 宣传报道河南革命文物工作成果 277

对外文化交流

综　述 281

文化外宣矩阵 281
- 成立河南国际传播中心 281
- 构建海外新媒体传播矩阵 281
- 持续培育传播品牌 281

文化交流 282
- "文物名片"更加闪亮 282
- "中国功夫"走向世界 282
- "对话窗口"愈来愈多 282
- "走读河南"成效显著 282
- "人文交流"持续升温 282
- "翻译河南"精品频现 282

文化传播 282
- 举办壬寅年黄帝故里拜祖大典 282
- "豫见你我他"系列网络传播活动 282
- 举办系列活动 282
- 加强与中央外宣单位合作 283
- "中国节日"系列节目海外传播 283
- 春节文化走出去 283
- 面向"Z世代"功夫文化推广 284

文化贸易 285
- 推进国家文化出口基地建设 285
- 提升文化产品与服务国际竞争力 285
- 推动文化出口重点企业发展 285

人物 荣誉

人　物
2021"河南非遗年度人物" ……………… 289
"德耀中原"第八届河南省道德模范 …… 289
2021 年度"河南好人榜" ………………… 289
"出彩河南人" 2021 感动中原年度人物 … 289

荣　誉
2021 年度河南省社会科学优秀成果奖 …… 289
全国第十六届精神文明建设"五个一工程"
………………………………………… 290
第七届河南文学艺术优秀成果奖 ………… 290
河南省第十三届精神文明建设"五个一工程"
奖 ……………………………………… 294

市、县（市、区）文化概览

郑州市 ……………………………………… 299
文化概览 …………………………………… 299
黄帝故里拜祖大典 ………………………… 300
全国网络文学工作会议 …………………… 300
文化创意设计大赛 ………………………… 300
第九届"中国博物馆及相关产品与技术
博览会" …………………………………… 301

· 中原区 · …………………………………… 301
文化概览 …………………………………… 301
《大唐监察官》获廉洁文化短视频作品奖项 … 302

· 二七区 · …………………………………… 302
文化概览 …………………………………… 302
全力打造"二七悦读"品牌 ……………… 302

· 金水区 · …………………………………… 303
文化概览 …………………………………… 303
中原黄河沿岸石窟造像高浮雕拓片艺术展 … 303

· 管城回族区 · ……………………………… 304
文化概览 …………………………………… 304
商城遗址入选国家考古遗址公园 ………… 305
郑州商代遗址发现首个商文化金覆面 …… 305

· 惠济区 · …………………………………… 305

文化概览 …………………………………… 305
2022 年中国（郑州）黄河合唱周 ………… 306

· 上街区 · …………………………………… 306
文化概览 …………………………………… 306
灵之雀合唱团参加"唱响新时代"郑州市
群众合唱大赛 …………………………… 308

· 郑东新区 · ………………………………… 308
文化概览 …………………………………… 308
"赢未来·汇郑东"青年大学生郑东行活动
圆满完成 ………………………………… 309

· 高新区 · …………………………………… 309
文化概览 …………………………………… 309
《唐宫夜宴》IP 文创生态体系 …………… 310

· 经开区 · …………………………………… 310
文化概览 …………………………………… 310
"豫"见最美经开读书人暨书香经开全民
阅读活动 ………………………………… 312

· 巩义市 · …………………………………… 312
文化概览 …………………………………… 312
第八届杜甫国际诗歌周活动 ……………… 313

· 登封市 · …………………………………… 314
文化概览 …………………………………… 314
嵩山论坛 2022 年年会 …………………… 315

· 新密市 · …………………………………… 315
文化概览 …………………………………… 315
《龙腾伏羲山》首映暨"清凉一夏·夜游伏羲山"
活动启动 ………………………………… 316

· 荥阳市 · …………………………………… 317
文化概览 …………………………………… 317
河南·荥阳第七届黄河樱花节 …………… 318

· 新郑市 · …………………………………… 318
文化概览 …………………………………… 318
华夏"郑"月明中秋音乐会 ……………… 320

· 中牟县 · …………………………………… 320
文化概览 …………………………………… 320
"小板凳"红色宣讲活动 ………………… 321

开封市 ……………………………………… 321
文化概览 …………………………………… 321
《梦华录》网络主题宣传活动 …………… 324
第四十届中国（开封）菊花文化节 ……… 324

第七届"两宋论坛"……………………324
　　　2022 中国旅行服务产业发展论坛 …………324
·龙亭区·……………………………………325
　　　文化概览……………………………………325
　　　龙亭公园精品菊花展斗菊大赛……………326
·城乡一体化示范区·………………………326
　　　文化概览……………………………………326
　　　打造艺术品贸易全产业服务链条…………328
·顺河回族区·………………………………328
　　　文化概览……………………………………328
　　　汴京灯笼张…………………………………329
·鼓楼区·……………………………………329
　　　文化概览……………………………………329
　　　州桥及汴河遗址入选年度十大考古新闻……331
　　　特色文化街区入选国家夜间文旅消费集聚区
　　　…………………………………………331
·禹王台区·…………………………………332
　　　文化概览……………………………………332
　　　第四届师旷古琴艺术节……………………333
　　　大李庄社区成为"河南省文化产业特色乡村"
　　　…………………………………………333
·祥符区·……………………………………334
　　　文化概览……………………………………334
　　　"书香润万家 喜迎二十大"经典朗诵………335
·杞县·………………………………………336
　　　文化概览……………………………………336
　　　《铭记》新书发布会暨赠书…………………337
　　　尘封 70 年的焦裕禄珍贵手稿………………337
·通许县·……………………………………337
　　　文化概览……………………………………337
　　　书香河南首届全民阅读大会通许分会场……339
·尉氏县·……………………………………340
　　　文化概览……………………………………340
　　　"传承红色基因 弘扬革命传统"主题教育
　　　…………………………………………341
·兰考县·……………………………………341
　　　文化概览……………………………………341
　　　"'赶考路'上再寻焦裕禄"全国网络媒体
　　　采访活动……………………………………343
　　　红色基因传承………………………………343

洛阳市………………………………………344
　　　文化概览……………………………………344
　　　隋唐大运河文化博物馆揭牌………………347
　　　洛阳古墓博物馆重新开馆…………………347
　　　二里头遗址列入国家考古遗址公园………348
·涧西区·……………………………………348
　　　文化概览……………………………………348
　　　洛阳 SoReal 5G+XR 元宇宙产业园项目……349
·西工区·……………………………………350
　　　文化概览……………………………………350
　　　书香西工建设………………………………351
·老城区·……………………………………351
　　　文化概览……………………………………351
　　　老城区历史文化街区挂牌首批"河南省示范
　　　步行街"……………………………………353
　　　洛阳老城《城市音乐地图》…………………353
·瀍河回族区·………………………………354
　　　文化概览……………………………………354
　　　阅读推广活动………………………………355
·洛龙区·……………………………………355
　　　文化概览……………………………………355
　　　文旅商贸促消费活动启动仪式在洛龙区举行
　　　…………………………………………357
·偃师区·……………………………………357
　　　文化概览……………………………………357
　　　新建首阳大厦城市书房……………………358
　　　创新打造"夜八点"文化品牌………………358
·孟津区·……………………………………359
　　　文化概览……………………………………359
　　　"黄河情·青年说"2022 第八届中国诗歌
　　　春晚洛阳分会场……………………………360
·城乡一体化示范区（伊滨区）·……………360
　　　文化概览……………………………………360
·新安县·……………………………………361
　　　文化概览……………………………………361
　　　"黄河安澜"网络主题宣传活动……………362
·伊川县·……………………………………363
　　　文化概览……………………………………363
　　　传承弘扬中华优秀传统文化………………365
·宜阳县·……………………………………365
　　　文化概览……………………………………365

全民阅读活动启动 …………………………366
　　"滨河之声"活动与文化合作社才艺大赛……366
·汝阳县·
　　文化概览 ………………………………366
　　第三届洛阳乡村文化旅游季主会场 …………368
　　省文旅投资集团到汝阳考察调研……………368
·洛宁县·
　　文化概览 ………………………………368
　　非遗传承增添新亮点 …………………370
·栾川县·
　　文化概览 ………………………………370
　　栾川县2022年乡村光荣榜表彰大会 ………372
　　栾川县"百村千宿"全国招募计划发布会 …372
·嵩县·
　　文化概览 ………………………………372
　　嵩县新媒体联盟成立 …………………374
　　"中原舞翩跹"选拔赛 …………………374

平顶山市 …………………………………374
　　文化概览 ………………………………374
　　"两源"工程取得重要进展 ………………376
　　在全省十大群众文化活动中斩获37个奖项
　　　…………………………………………376
·新华区·
　　文化概览 ………………………………377
　　开展"艺心向党·艺赞鹰城"系列文化文艺
　　活动 ……………………………………378
·卫东区·
　　文化概览 ………………………………378
　　推进城市书房建设，打造"书香卫东"……379
·湛河区·
　　文化概览 ………………………………379
　　湛河区河滨街道"蟠桃节" ………………379
·石龙区·
　　文化概览 ………………………………380
　　开展2022年度"石龙好人"评选活动 ……381
·汝州市·
　　文化概览 ………………………………381
　　温泉旧石器遗址论证会 ………………382
·舞钢市·
　　文化概览 ………………………………382

　　"喜迎二十大 奋进新征程"党的创新理论
　　宣讲大赛成功举办 ……………………383
·宝丰县·
　　文化概览 ………………………………383
　　举办"相约马街 云上书会"马街书会线上
　　直播活动 ………………………………384
·郏县·
　　文化概览 ………………………………384
　　央视电视剧《山河锦绣》在郏县拍摄 ………385
　　李渡口村成功创建首批河南省乡村康养旅游
　　示范村 …………………………………385
·鲁山县·
　　文化概览 ………………………………386
　　举办"云上"系列民俗活动 ………………386
·叶县·
　　文化概览 ………………………………386
　　2022年中国农民丰收节活动……………387

安阳市 ……………………………………388
　　文化概览 ………………………………388
　　习近平总书记安阳考察，就传承弘扬红旗渠
　　精神和中华优秀传统文化作出重要指示 ……391
　　新发现八里庄裴李岗文化遗址………………391
　　《红旗渠》获得中国电视"金鹰奖"提名奖、
　　"飞天奖"提名奖 ………………………391
·文峰区·
　　文化概览 ………………………………391
　　"喜迎二十大 清风颂中华"文峰区首届成扇
　　精品展成功举办 ………………………392
·北关区·
　　文化概览 ………………………………392
　　"强国复兴有我"冰石刘海清藏品拓片甲骨文
　　书法题跋展成功举办 …………………393
·殷都区·
　　文化概览 ………………………………393
　　《情满五里沟》获安阳市第十届精神文明建设
　　"五个一工程"奖 ………………………395
·龙安区·
　　文化概览 ………………………………395
　　原创大型红色情景豫剧《红围巾》成功首演
　　…………………………………………396

· 林州市 ·· 396
　　文化概览 ······································ 396
　　牢记殷殷嘱托 打造国际旅游目的地········· 397
· 安阳县 ·· 398
　　文化概览 ······································ 398
　　吕村镇申报为"2022—2024 年度河南省民间
　　文化艺术之乡" ······························· 399
· 滑县 ··· 399
　　文化概览 ······································ 399
　　"行走滑州 读懂中国"主题系列直播活动，
　　擦亮滑州地域名片 ···························· 400
· 内黄县 ·· 401
　　文化概览 ······································ 401
　　池家®文创产品入选中国好礼产业促进计划
　　年度推荐产品名录 ···························· 402
· 汤阴县 ·· 402
　　文化概览 ······································ 402
　　发起打造"东方智慧地、精忠报国城"全新
　　文旅 IP 话题挑战赛 ··························· 403

鹤壁市 ··· 403
　　文化概览 ······································ 403
　　第九届中原（鹤壁）文博会 ················· 406
　　辛村遗址考古暨两周考古学术会举行 ······ 407
· 浚县 ··· 407
　　文化概览 ······································ 407
　　正月古庙会品牌 ······························ 408
　　泥塑文化品牌 ································· 409
· 淇县 ··· 409
　　文化概览 ······································ 409
　　2022 年文化旅游工作会议 ·················· 410
　　2022 年"新时代乡村阅读季" ·············· 410
· 淇滨区 ·· 410
　　文化概览 ······································ 410
　　第八届中国（鹤壁）樱花文化节 ············ 412
· 山城区 ·· 412
　　文化概览 ······································ 412
　　"青言青语·理响山城"新时代理论宣讲团 ··· 413
　　石林会议旧址晋级 AAAA 级旅游景区 ······ 413
· 鹤山区 ·· 413
　　文化概览 ······································ 413

　　"云端西顶"旅游品牌投入运营 ············· 414
　　阿斗寨景区 ···································· 414
· 国家经济技术开发区 ·························· 414
　　文化概览 ······································ 414
　　传统戏剧"落腔" ····························· 415
· 宝山经济技术开发区 ·························· 415
　　文化概览 ······································ 415
　　521 宝山大讲堂 ······························· 415
· 城乡一体化示范区 ····························· 416
　　文化概览 ······································ 416
　　新春文化节 ···································· 416

新乡市 ··· 417
　　文化概览 ······································ 417
　　新乡 WTT 世界杯决赛 2022 ·················· 419
　　文艺精品创作荣获省"五个一工程"奖 ····· 419
　　"非凡十年·出彩新乡"主题摄影展 ········· 419
· 卫滨区 ·· 420
　　文化概览 ······································ 420
　　打造省级旅游休闲街区 ······················· 421
· 红旗区 ·· 421
　　文化概览 ······································ 421
　　红旗展览馆（红旗先锋馆、家风家教家训馆）
　　··· 422
· 牧野区 ·· 422
　　文化概览 ······································ 422
　　"行走新乡 云游牧野"系列非遗影像展 ······ 423
· 凤泉区 ·· 423
　　文化概览 ······································ 423
　　大块镇成功申报 2022—2024 年度"河南省
　　民间文化艺术之乡" ·························· 424
· 平原城乡一体化示范区 ······················· 424
　　文化概览 ······································ 424
　　举办系列文化艺术展演活动 ················· 425
· 高新区 ·· 425
　　文化概览 ······································ 425
　　开发高新区关堤乡近郊游项目 ··············· 426
· 经开区 ·· 426
　　文化概览 ······································ 426
　　建设国际箜篌文化艺术交流中心 ············ 427
· 长垣市 ·· 427

文化概览… 427
　　创建河南省诗词之乡… 429
·卫辉市·… 429
　　文化概览… 429
　　"豫见河南 邂逅美好"卫辉市摄影作品展… 430
·辉县市·… 431
　　文化概览… 431
　　义工志愿者服务中心获评全国最佳… 432
　　"黄河非遗点亮老家河南"青年乡村营造行动宝泉营座谈会… 432
·新乡县·… 432
　　文化概览… 432
　　孝道文化大餐… 433
　　"非遗进校园"活动… 433
·获嘉县·… 434
　　文化概览… 434
　　"喜迎二十大 欢乐送万家"百家筝鸣演奏会… 435
·原阳县·… 435
　　文化概览… 435
　　"书香润万家 奋进新时代"红色经典诵读活动… 436
·延津县·… 436
　　文化概览… 436
　　现代公共文化服务体系建设成绩良好获奖励资金… 437
·封丘县·… 438
　　文化概览… 438
　　文化合作社… 439

焦作市… 439
　　文化概览… 439
　　传承"特别能战斗"精神 弘扬"特别敢创新特别重落实"焦作新风… 441
　　山水富城·文武福地… 442
　　陈氏太极拳… 442
·沁阳市·… 443
　　文化概览… 443
　　朱载堉礼乐文化展示… 444
·孟州市·… 445
　　文化概览… 445
　　韩愈故里文化节… 446
·温县·… 446
　　文化概览… 446
　　太极圣地温县陈家沟入选为2022年国家体育旅游示范基地… 447
·博爱县·… 447
　　文化概览… 447
　　博爱县第十五届樱桃节暨乡村文化旅游节… 449
·武陟县·… 449
　　文化概览… 449
　　黄河文化和大河风光文旅名城… 450
·修武县·… 450
　　文化概览… 450
　　打造特色文化节活动… 452
·解放区·… 452
　　文化概览… 452
　　省级非遗项目——猿仙通背拳… 453
·山阳区·… 453
　　文化概览… 453
　　大沙河景区获得AAAA级景区认定… 454
·中站区·… 454
　　文化概览… 454
　　国家级非遗项目"耍老虎"… 456
·马村区·… 456
　　文化概览… 456
·示范区·… 457
　　文化概览… 457
　　苏家作龙凤灯舞… 458

濮阳市… 458
　　文化概览… 458
　　承办第五届中国杂技艺术节… 460
　　"2022濮阳张姓文化节"活动… 460
　　豫剧《黄河红帆》荣获河南省第十三届精神文明建设"五个一工程"奖… 461
·濮阳县·… 461
　　文化概览… 461
　　"戏曲进校园"活动… 462
·清丰县·… 462
　　文化概览… 462
　　2022年"孝子张清丰纪念日"主题活动

　　　　暨清丰县第五届"孝老子女"表彰大会 …… 463
·南乐县· ………………………………………… 464
　　文化概览 ………………………………… 464
　　目连戏 …………………………………… 465
·范县· …………………………………………… 465
　　文化概览 ………………………………… 465
　　冀鲁豫边区颜村铺革命旧址纪念馆 …… 467
·台前县· ………………………………………… 467
　　文化概览 ………………………………… 467
　　举行"喜迎二十大·欢乐进万家"群众文化
　　活动暨2022年"全民健身日"启动仪式 … 467
·华龙区· ………………………………………… 468
　　文化概览 ………………………………… 468
　　东北庄杂技文化园区 …………………… 468
·经开区· ………………………………………… 469
　　文化概览 ………………………………… 469
　　"喜迎二十大，强国复兴有我"文艺会演 … 469
·工业园区· ……………………………………… 470
　　文化概览 ………………………………… 470
　　群众文化丰富多彩 ……………………… 471
·城乡一体化示范区· …………………………… 471
　　文化概览 ………………………………… 471
　　示范区建区10周年系列活动 …………… 472

许昌市 ………………………………………… 472
　　文化概览 ………………………………… 472
　　青年演员张路潇获第五届中国（黄河流域）
　　戏剧红梅大赛金奖 ……………………… 474
　　举行任宏恩先生从艺66周年系列活动发布会
　　 …………………………………………… 475
　　非遗传承人高丙建入选"河南省非遗年度
　　人物" …………………………………… 475
·禹州市· ………………………………………… 475
　　文化概览 ………………………………… 475
　　举行"多学科视野下的夏文化探索"夏文化
　　论坛 ……………………………………… 476
　　喜迎二十大，举办"音悦禹州"音乐会 … 477
·长葛市· ………………………………………… 477
　　文化概览 ………………………………… 477
　　"非遗"老虎舞，舞出新景象 …………… 478
　　"孝道文化大餐"活动 …………………… 478

·鄢陵县· ………………………………………… 478
　　文化概览 ………………………………… 478
　　举行"喜迎二十大·欢乐进万家"首届戏迷
　　擂台赛 …………………………………… 480
　　豫剧团开展新媒体线上戏曲联唱直播活动 … 480
·襄城县· ………………………………………… 480
　　文化概览 ………………………………… 480
　　开展45分钟书法课堂志愿服务 ………… 481
·魏都区· ………………………………………… 482
　　文化概览 ………………………………… 482
　　举行"相府奇妙夜"活动 ………………… 483
　　首届"魏武杯"文旅文创设计大赛顺利举办
　　 …………………………………………… 483
·建安区· ………………………………………… 484
　　文化概览 ………………………………… 484
　　新时代文明实践中心开展系列志愿服务活动
　　 …………………………………………… 486

漯河市 ………………………………………… 486
　　文化概览 ………………………………… 486
　　2部文艺作品荣获河南省第十三届"五个一
　　工程"奖 ………………………………… 490
　　举办第十八届经典诵读活动 …………… 490
·临颍县· ………………………………………… 490
　　文化概览 ………………………………… 490
　　中国农民"丰收节"河南主会场活动 …… 492
·舞阳县· ………………………………………… 492
　　文化概览 ………………………………… 492
　　举办"乡村振兴看河南"网络媒体采访活动
　　 …………………………………………… 495
·郾城区· ………………………………………… 495
　　文化概览 ………………………………… 495
　　举行"倡节俭风尚"文明实践主题日活动 … 496
　　开展"打造《说文解字》应用研究漯河地标
　　助力中华汉字文化传播"活动 ………… 496
·源汇区· ………………………………………… 497
　　文化概览 ………………………………… 497
　　学习宣传贯彻党的二十大精神活动精彩纷呈
　　 …………………………………………… 498
·召陵区· ………………………………………… 498
　　文化概览 ………………………………… 498

聚力"五星"支部创建，打造生态宜居村庄
………………………………………………500

·经济技术开发区·……………………501
文化概览………………………………501
"漯河市职工之家"项目正式投入使用……501

·城乡一体化示范区·…………………501
文化概览………………………………501
"漯河市廉洁文化教育基地"正式开园……503

·西城区现代服务业开发区·……………503
文化概览………………………………503
举办"全民健身 舞动沙澧"比赛活动………504

三门峡市……………………………………505
文化概览………………………………505
贯彻落实习近平总书记致仰韶文化发现
和中国现代考古学诞生100周年贺信精神
一周年座谈会…………………………506
首届仰韶论坛…………………………507
三门峡市青年蒲剧团获评第九届全国服务
农民、服务基层文化建设先进集体………507

·湖滨区·…………………………………507
文化概览………………………………507
3个"全省乡村康养旅游示范村"…………509

·陕州区·…………………………………509
文化概览………………………………509
陕州锣鼓书《大禹劈三门》入选2022年全国
民间文艺展演…………………………510

·渑池县·…………………………………511
文化概览………………………………511
仰韶村考古遗址公园成功入选国家考古遗址
公园名单………………………………512

·卢氏县·…………………………………512
文化概览………………………………512
《焦点访谈》专题报道《共富路上不掉队》…513

·义马市·…………………………………513
文化概览………………………………513
"千秋八一采煤队精神"展览馆……………514

·灵宝市·…………………………………515
文化概览………………………………515
黄帝铸鼎原遗址、灵宝函谷关入选《河南省
"十四五"文化旅游融合发展规划》中华文化

超级IP工程……………………………516

南阳市………………………………………516
文化概览………………………………516
中国农民丰收节第五届中国农民电影节成功
举办……………………………………519
"诸葛书屋"城市书房建设………………520
《南阳历史文化辞典》出版发行…………520

·宛城区·…………………………………520
文化概览………………………………520
中医药文化传承与发展…………………521

·卧龙区·…………………………………521
文化概览………………………………521
大型曲艺剧《张仲景》成功首演…………523

·邓州市·…………………………………523
文化概览………………………………523
成功举办邓州市"颂党恩、庆丰收"丰收节
………………………………………524

·镇平县·…………………………………524
文化概览………………………………524
玉文化产业……………………………525

·内乡县·…………………………………526
文化概览………………………………526
内乡县衙保护与开发……………………527

·西峡县·…………………………………527
文化概览………………………………527
国家级非物质文化遗产——西坪民歌………528

·淅川县·…………………………………528
文化概览………………………………528
成立"中国范蠡文化研究中心"…………529

·新野县·…………………………………529
文化概览………………………………529
"解放思想 更新观念"大讨论……………530

·唐河县·…………………………………531
文化概览………………………………531
第七届全国诗歌刊物主编恳谈会在唐河召开
………………………………………532

·桐柏县·…………………………………532
文化概览………………………………532
现代剧《花开桐柏山》…………………533

·社旗县·…………………………………533

文化概览 …………………………………… 533
"醉美赊店 云端书会——2022中国社旗赊店
书会"成功举办 ………………………… 534
2022中国·赊店第九届关公文化旅游节开幕
………………………………………………… 534

·方城县· …………………………………… 534
　　文化概览 …………………………………… 534
　　长征国家文化公园（方城段） …………… 535
·南召县· …………………………………… 535
　　文化概览 …………………………………… 535
　　"2022年'中国旅游日'南阳市分会场活动"
　　启动仪式在南召举行 …………………… 536
　　举办艾灸进万家——中国南召第三届艾草
　　文化节 …………………………………… 536

商丘市 ……………………………………… 537
　　文化概览 …………………………………… 537
　　2022年宋国故城考古取得新发现 ……… 538
　　商丘市建成4座城市书房打造高品质公共
　　阅读空间 ………………………………… 539
　　商丘"名吃、名厨、名菜"评比活动——豫见
　　美食·香约商丘取得圆满成功 …………… 539
·永城市· …………………………………… 539
　　文化概览 …………………………………… 539
　　永城市文化馆荣获第九届全国服务农民、
　　服务基层文化建设先进集体称号 ……… 540
·夏邑县· …………………………………… 540
　　文化概览 …………………………………… 540
　　夏邑县开展"零彩礼"集体婚礼活动推动
　　乡风文明建设 …………………………… 541
·虞城县· …………………………………… 542
　　文化概览 …………………………………… 542
　　虞城县"乡土名嘴"理论宣讲队常态化开展
　　党的创新理论宣讲 ……………………… 543
·商丘市城乡一体化示范区· …………… 544
　　文化概览 …………………………………… 544
　　商丘好人发布会在示范区"商丘好人"主题
　　公园举办 ………………………………… 544
·梁园区· …………………………………… 544
　　文化概览 …………………………………… 544
　　梁园区特制廉政剧《廉吏宋纁》获商丘市委

　　宣传部"五个一工程"奖 ………………… 546
·睢阳区· …………………………………… 546
　　文化概览 …………………………………… 546
　　《中国共产党商丘市睢阳区百年纪事》等书籍
　　编写发行 ………………………………… 547
·柘城县· …………………………………… 548
　　文化概览 …………………………………… 548
　　文旅融合工作 …………………………… 548
　　柘城"泥人李"文化产业基地被命名为
　　第七批商丘市文化产业示范基地 ……… 549
·宁陵县· …………………………………… 549
　　文化概览 …………………………………… 549
　　宁陵县被授予"河南省梨文化之乡"称号 … 550
·睢县· ……………………………………… 551
　　文化概览 …………………………………… 551
　　睢县孝善敬老项目获省文明实践志愿服务
　　二等奖 …………………………………… 551
·民权县· …………………………………… 552
　　文化概览 …………………………………… 552
　　民权县人民文化馆被评为县级爱国主义教育
　　基地 ……………………………………… 553

信阳市 ……………………………………… 553
　　文化概览 …………………………………… 553
　　"美好生活看信阳"城市品牌发布会 …… 557
　　"足迹·牢记嘱托看变化"主题宣传 …… 557
　　第三十届信阳茶文化节 ………………… 558
　　"诗词歌赋颂中华"系列活动 …………… 558
·浉河区· …………………………………… 558
　　文化概览 …………………………………… 558
　　浉河区委理论学习中心组被评为省级理论
　　学习中心组学习示范班 ………………… 559
·平桥区· …………………………………… 559
　　文化概览 …………………………………… 559
　　平桥区经典名篇朗诵会 ………………… 560
　　平桥区爱心粥屋公益项目 ……………… 560
·罗山县· …………………………………… 560
　　文化概览 …………………………………… 560
　　罗山土陶传统烧制技艺 ………………… 562
·潢川县· …………………………………… 562
　　文化概览 …………………………………… 562

　　　　大别山青创中心…………………………563
・固始县・
　　文化概览………………………………………563
　　第十届中原（固始）根亲文化节…………564
　　本草巨擘·状元家声——吴其濬家风家训展
　　　………………………………………………565
・息县・
　　文化概览………………………………………565
　　刘邓大军渡淮纪念馆………………………566
　　嗨子戏的传承与发展………………………567
・淮滨县・
　　文化概览………………………………………567
　　非遗助力乡村振兴……………………………568
・光山县・
　　文化概览………………………………………568
　　"文化产业特派员"制度试点启动会………570
　　光山花鼓戏《花山寨》………………………570
・商城县・
　　文化概览………………………………………570
　　豫剧电影《大别山的女儿》…………………571
　　郭窑小镇………………………………………571
・新县・
　　文化概览………………………………………571
　　文化合作社……………………………………572
　　三壁吹打乐……………………………………572

周口市……………………………………………573
　　文化概览………………………………………573
　　"道德名城 魅力周口"文化标识…………575
　　5 所高校马克思主义学院揭牌……………575
　　"文化周口"系列文化活动…………………576
・川汇区・
　　文化概览………………………………………576
　　周口野生动物园杂技文化产业园…………577
　　历史文化街区创建渐成亮点………………577
・淮阳区・
　　文化概览………………………………………577
　　恭祭太昊伏羲氏拜祖连根祈福大典………579
　　中国（淮阳）非物质文化遗产展演………579
・项城市・
　　文化概览………………………………………579

　　"走进老子故里 感悟道家经典"委员读书活动
　　　………………………………………………581
・西华县・
　　文化概览………………………………………581
　　西华县 2022 年春节文艺晚会……………583
　　"喜迎二十大·魅力新西华"短视频征集活动
　　　………………………………………………583
・郸城县・
　　文化概览………………………………………583
　　"瑞虎呈祥满城春"春节联欢晚会…………584
　　元旦戏曲晚会…………………………………585
・沈丘县・
　　文化概览………………………………………585
　　玉文化特色产业（文化创意类）……………586
　　建设"两堂三中心"助推乡风………………586
・太康县・
　　文化概览………………………………………586
　　"书润初心·诗满阳夏"委员读书活动……587
・商水县・
　　文化概览………………………………………588
　　"喜迎二十大 展现新风采"群众合唱赛…589
　　第六届"县长杯"足球联赛…………………589
・扶沟县・
　　文化概览………………………………………589
　　扶沟县举办十大文化活动…………………590
・鹿邑县・
　　文化概览………………………………………590
　　打造老子文化名片……………………………591
　　打造"书香鹿邑"阅读品牌…………………592

驻马店市…………………………………………592
　　文化概览………………………………………592
　　入选全国市级融媒体中心建设试点………594
　　华强方特"熊出没"旅游度假区项目开工建设
　　　………………………………………………594
・驿城区・
　　文化概览………………………………………594
　　志愿服务项目荣获全省一等奖……………595
　　创建"河南省驿站文化之乡"………………595
・遂平县・
　　文化概览………………………………………596

打造 1955 工业文化创意产业园⋯⋯⋯⋯596
· 西平县 ·
文化概览⋯⋯⋯⋯⋯⋯⋯⋯⋯⋯⋯⋯597
举办第十五届嫘祖拜祖大典⋯⋯⋯⋯597
举行"喜迎二十大 翰墨润西平"书画作品展
⋯⋯⋯⋯⋯⋯⋯⋯⋯⋯⋯⋯⋯⋯⋯598
· 上蔡县 ·
文化概览⋯⋯⋯⋯⋯⋯⋯⋯⋯⋯⋯⋯598
举办第二十届"重阳文化节"活动⋯⋯600
· 汝南县 ·
文化概览⋯⋯⋯⋯⋯⋯⋯⋯⋯⋯⋯⋯600
举办庆"七一"文艺会演活动⋯⋯⋯601
· 平舆县 ·
文化概览⋯⋯⋯⋯⋯⋯⋯⋯⋯⋯⋯⋯601
开展红色文化志愿服务进基层活动⋯602
构建新时代文明实践中心与融媒体中心
融合发展⋯⋯⋯⋯⋯⋯⋯⋯⋯⋯⋯602
· 新蔡县 ·
文化概览⋯⋯⋯⋯⋯⋯⋯⋯⋯⋯⋯⋯602
顿岗乡班桃源田园综合体上榜河南省休闲观
光园区认定名单⋯⋯⋯⋯⋯⋯⋯⋯603
冰上杂技节目《头头是道》参演第二届
粤港澳大湾区杂技艺术周⋯⋯⋯⋯604
· 正阳县 ·
文化概览⋯⋯⋯⋯⋯⋯⋯⋯⋯⋯⋯⋯604
正阳县编创红色戏曲《孔剑舞》，首演获好评
⋯⋯⋯⋯⋯⋯⋯⋯⋯⋯⋯⋯⋯⋯⋯604
举办文化科技卫生"三下乡"集中示范活动
⋯⋯⋯⋯⋯⋯⋯⋯⋯⋯⋯⋯⋯⋯⋯605
· 确山县 ·
文化概览⋯⋯⋯⋯⋯⋯⋯⋯⋯⋯⋯⋯605
申报项目入选"校企合作 双百计划"典型案例
⋯⋯⋯⋯⋯⋯⋯⋯⋯⋯⋯⋯⋯⋯⋯606
志愿服务项目荣获省级多项荣誉⋯⋯606
打造"提琴之乡"⋯⋯⋯⋯⋯⋯⋯⋯607
· 泌阳县 ·
文化概览⋯⋯⋯⋯⋯⋯⋯⋯⋯⋯⋯⋯607
入选第四批"河南省旅游标准化示范县"⋯608
相声《今非昔比》获第八届河南省曲艺
牡丹奖文学奖⋯⋯⋯⋯⋯⋯⋯⋯⋯608

济源示范区⋯⋯⋯⋯⋯⋯⋯⋯⋯⋯⋯⋯608
文化概览⋯⋯⋯⋯⋯⋯⋯⋯⋯⋯⋯⋯608
全面深入推动学习宣传贯彻党的二十大精神
深入人心⋯⋯⋯⋯⋯⋯⋯⋯⋯⋯⋯610
深入开展"赶考路上有我""强国复兴有我"
主题系列活动⋯⋯⋯⋯⋯⋯⋯⋯⋯611
创新举办 2022 年示范区云上春晚⋯611
举办"翰墨太行"李强书法展⋯⋯⋯611
· 济水街道 ·
文化概览⋯⋯⋯⋯⋯⋯⋯⋯⋯⋯⋯⋯611
济水街道蒲公英宣讲团推动党的创新理论
深入群众⋯⋯⋯⋯⋯⋯⋯⋯⋯⋯⋯612
· 天坛街道 ·
文化概览⋯⋯⋯⋯⋯⋯⋯⋯⋯⋯⋯⋯612
文化产业茁壮成长⋯⋯⋯⋯⋯⋯⋯⋯612
· 沁园街道 ·
文化概览⋯⋯⋯⋯⋯⋯⋯⋯⋯⋯⋯⋯612
"微光书苑"系列读书会⋯⋯⋯⋯⋯614
· 北海街道 ·
文化概览⋯⋯⋯⋯⋯⋯⋯⋯⋯⋯⋯⋯614
打造"红色蒲公英"理论宣讲团品牌⋯615
· 玉泉街道 ·
文化概览⋯⋯⋯⋯⋯⋯⋯⋯⋯⋯⋯⋯615
推广"泉心泉意"故事汇志愿服务品牌⋯615
· 克井镇 ·
文化概览⋯⋯⋯⋯⋯⋯⋯⋯⋯⋯⋯⋯616
克井镇开展"我们的节日 · 七夕"文明家庭
风采展示暨"出彩克井人"表彰活动⋯616
· 五龙口镇 ·
文化概览⋯⋯⋯⋯⋯⋯⋯⋯⋯⋯⋯⋯616
推进全民阅读，大力营造"书香五龙"⋯617
· 梨林镇 ·
文化概览⋯⋯⋯⋯⋯⋯⋯⋯⋯⋯⋯⋯617
成功承办示范区乡村建设 · 乡村旅游招商
对接会⋯⋯⋯⋯⋯⋯⋯⋯⋯⋯⋯⋯618
· 轵城镇 ·
文化概览⋯⋯⋯⋯⋯⋯⋯⋯⋯⋯⋯⋯618
成功承办全国乡村治理体系建设试点示范工作
交流会 · 良安新村现场观摩会⋯⋯⋯619
· 承留镇 ·
文化概览⋯⋯⋯⋯⋯⋯⋯⋯⋯⋯⋯⋯619

承留镇"复兴少年宫"文化建设…………620
· 思礼镇 ·
　　文化概览……………………………………620
　　文旅融合发展成效明显……………………620
· 坡头镇 ·
　　文化概览……………………………………621
　　红色坡头双拥共建…………………………621
· 大峪镇 ·
　　文化概览……………………………………622
　　叫响"峪见"旅游品牌……………………622
· 王屋镇 ·
　　文化概览……………………………………623
　　文旅融合发展………………………………623
· 邵原镇 ·
　　文化概览……………………………………624
　　邵原神话群传承与保护工作………………625
　　传统古村落保护与开发（东阳村）………625
· 下冶镇 ·
　　文化概览……………………………………625
　　济源市"下冶艾 爱世界"第八届艾草文化
　　旅游节………………………………………626

航空港区……………………………………………626
　　文化概览……………………………………626
　　组织开展"非凡十年 出彩港区"全国主流
　　融媒体看港区采风活动……………………627
　　基层文化惠民站活动………………………628
　　"戏曲进乡村"成功演出…………………632
　　成功举办书香河南首届全民阅读大会（航
　　空港区分会场）……………………………632

2022 年宣传文化大事记

　　1月……………………………………………637
　　2月……………………………………………637
　　3月……………………………………………637
　　4月……………………………………………638

　　5月……………………………………………639
　　6月……………………………………………639
　　7月……………………………………………640
　　8月……………………………………………641
　　9月……………………………………………642
　　10月…………………………………………644
　　11月…………………………………………645
　　12月…………………………………………647

附　录

河南省 2022 年出台的有关宣传思想文化工作的重要文件和法规……………………………651
　　河南省"十四五"文化旅游融合发展规划…651
　　河南省文物博物馆事业发展"十四五"规划
　　……………………………………………669
　　河南兴文化工程文化研究计划实施方案……681
　　关于进一步加强新时代革命文物保护管理利用
　　工作的通知…………………………………685
　　"行走河南·读懂中国"品牌塑造实施方案…687
　　河南省公共文化服务保障促进条例…………691
　　河南省新时代革命文物保护管理利用
　　三年行动计划（2023—2025 年）…………697
　　河南省文物保护和科技创新实施方案………700

河南省文化事业和产业相关资料………………704
　　2016 年至 2022 年河南省国民经济和社会发展
　　主要指标……………………………………704
　　2016 年至 2021 年河南省文化及相关产业增加
　　值
　　……………………………………………706
　　2022 年河南省文化及相关产业规模以上企业
　　分类主要指标………………………………706

《河南文化年鉴（2023）》撰稿人名单………707
　　省直各单位…………………………………707
　　各市编写人员………………………………707

特载

2022年9月28日,国家文物局"考古中国"平台发布开封州桥遗址重大考古新成果:新发现了开封州桥附近汴河河堤两岸石壁,石壁镌刻有大型海马、仙鹤、云纹图案,气势恢宏,为研究宋代运河、东京城历史提供了重要实物资料。图为开封州桥遗址考古发掘现场。《河南日报》记者 聂冬晗 摄

习近平在河南安阳考察调研

2022年10月28日,中共中央总书记、国家主席、中央军委主席习近平在河南省委书记楼阳生和省长王凯陪同下,到河南安阳红色教育基地、文物保护单位等进行调研。

10月28日上午,习近平来到位于河南安阳林州市的红旗渠纪念馆参观,实地察看了红旗渠分水闸运行情况和红旗渠青年洞。红旗渠是20世纪60年代,林县人民为解决靠天等雨的恶劣生存环境,在党和政府支持下,在太行山腰修建的引漳入林水利工程,被称为"人工天河"。习近平走进展馆,依次参观了"千年旱魔,世代抗争""红旗引领,创造奇迹""英雄人民,太行丰碑""山河巨变,实现梦想""继往开来,精神永恒"等展览内容。习近平指出,红旗渠就是纪念碑,记载了林县人不认命、不服输、敢于战天斗地的英雄气概。要用红旗渠精神教育人民特别是广大青少年,社会主义是拼出来、干出来、拿命换来的,不仅过去如此,新时代也是如此。没有老一辈人拼命地干,没有他们付出的鲜血乃至生命,就没有今天的幸福生活,我们要永远铭记他们。今天,物质生活大为改善,但愚公移山、艰苦奋斗的精神不能变。红旗渠很有教育意义,大家都应该来看看。随后,习近平实地察看红旗渠分水闸运行情况,详细了解分水闸在调水、灌溉、改善生态环境等方面的重要作用。

在红旗渠青年洞,习近平强调,红旗渠精神同延安精神是一脉相承的,是中华民族不可磨灭的历史记忆,永远震撼人心。年轻一代要继承和发扬吃苦耐劳、自力更生、艰苦奋斗的精神,摒弃骄娇二气,像我们的父辈一样把青春热血镌刻在历史的丰碑上。实现第二个百年奋斗目标也就是一两代人的事,我们正逢其时、不可辜负,要作出我们这一代的贡献。红旗渠精神永在!

2022年10月28日上午,习近平在安阳林州市红旗渠青年洞考察。图为红旗渠青年洞　国家开发银行河南省分行　供图

10月28日下午，习近平考察了位于安阳市西北郊洹河南北两岸的殷墟遗址。殷墟是我国历史上第一个文献可考、为考古发掘所证实的商代晚期都城遗址。习近平步入殷墟博物馆，仔细观摩青铜器、玉器、甲骨文等出土文物。随后，习近平来到车马坑展厅，察看商代畜力车实物标本和道路遗迹。他指出，殷墟出土的甲骨文为我们保存3000年前的文字，把中国信史向上推进了约1000年。殷墟我向往已久，这次来是想更深地学习理解中华文明，古为今用，为更好建设中华民族现代文明提供借鉴。中国的汉文字非常了不起，中华民族的形成和发展离不开汉文字的维系。在这方面，考古事业厥功至伟。考古工作要继续重视和加强，继续深化中华文明探源工程。中华文明源远流长，从未中断，塑造了我们伟大的民族，这个民族还会伟大下去的。要通过文物发掘、研究保护工作，更好地传承优秀传统文化。习近平强调，中华优秀传统文化是我们党创新理论的"根"，我们推进马克思主义中国化时代化的根本途径是"两个结合"。我们要坚定文化自信，增强做中国人的自信心和自豪感。

2022年10月28日下午，习近平在安阳市殷墟博物馆考察。图为安阳市殷墟博物馆（殷墟博物苑）　河南日报社　供图

> 2022年3月28日至29日，河南省委书记楼阳生深入文化宣传单位、遗址公园、重点项目、文化产业园区等地，调研文旅文创、媒体融合、图书出版、创意产业发展等。

坚定文化自信　做强文化产业

—— 河南省委书记、省人大常委会主任　楼阳生

3月28日至29日，省委书记楼阳生深入文化宣传单位、遗址公园、重点项目、文化产业园区等地，调研文旅文创、媒体融合、图书出版、创意产业发展等。

楼阳生来到河南日报报业集团，走进大河云指挥中心，了解各媒体融合创新、流程再造、政务服务等情况，询问"学习强国"河南平台下载量、日活量，点击推送"学习强国"兰考融媒号上线运行，指出要坚持政治家办报办刊办台办网，扛牢党媒使命，加快媒体融合步伐，走近青年群体、走进百姓生活，持续提升传播力、引导力、影响力、公信力，抢占移动端，守牢主阵地，走好网上群众路线。他强调，要结合事业单位重塑性改革，以专业团队、统一平台，健全一体化全流程内容供给、后台运维、技术支撑体系，提供更加优质高效的政务信息服务。在河南日报新闻出版部，楼阳生听取重点报道情况汇报，指出高质量报道背后是高水平的人才团队，要重视人才、爱惜人才，为人才施展才华营造良好环境。在顶端新闻运维中心，楼阳生对报业集团积极探索打造平台型智媒予以肯定，勉励大家遵循规律、发挥优势、博采众长、集成创新，在新赛道上实现迭代颠覆、换道领跑、勇攀高峰、登上"顶端"。在河南新闻博物馆，楼阳生通过丰富的图片、文字资料和实物，了解河南报业发展历程，强调要以敢想敢闯、善作善为的精气神，持续深化改革创新，努力打造现代传播体系、现代文化领军企业，探索走好党报改革、创新发展新路径。

在河南广播电视台600平方米演播室，楼阳生观看《梨园春》现场彩排，和小演员、青年演员亲切交谈，鼓励他们勤学苦练，更好传承弘扬豫剧文化。在新闻演播室，楼阳生听取新闻宣传、融合传播等情况汇报，与新闻主播和正在郑州宇通公司采访的记者视频连线交流，希望记者深入一线、深入实践，用创新的方式报道创新举措、创新成果，展示更加出彩的河南。他指出，讲好中国故事、河南故事，我们有底气、有能力，要发挥厚重文化资源的独特优势，不断创新表达方式、表现形式，以高质量文化供给满足人民群众精神生活新期待。在河南广播电视台8号演播厅，楼阳生了解"中国节日"系列节目创作过程，查看唐宫文创产品展示，指出要坚持守正创新，以守正为主线、为方向，以创新为桥梁、为纽带，融合好传统和现代，结合好科技和创意，用新技术、新理念让中国历史、传统文化"活起来"，让更多年轻人在感受传统文化的魅力中坚定文化自信。楼阳生强调，要顺势而为、乘势而上，以出圈效应内聚核心竞争力，汇聚人才团队，激发创意灵感，打造传播优秀传统文化的新载体新平台，做到不断出圈、更进一步。

中原出版传媒集团手工文创博览中心里各种拼布、刺绣、编织作品琳琅满目。楼阳生边走边看，询问文创产品的制作、销售和市场需求等，强调要延伸产业链条，打造平台经济，让更多读物变实物，成为现实生产力，带动千家万户特别是困难群众增收致富。听取中原出版传媒集团图书出版、印刷、发行等情况介绍后，楼阳生指出，书籍是智慧的结晶、是进步的阶梯，既要坚守初心，推出更多优质图书，构建覆盖广泛、方便快捷的服务网络，让全民阅读触手可及、融入生

活，又要与时俱进，用好现代信息技术，创新经营模式、出版方式、服务手段，更好满足多样化、差异化、个性化市场需求，推动出版产业转型升级。

郑州商城是现存同时期规模最大的都城遗址。在郑州商都遗址博物院，楼阳生询问遗址发现、保护、开发情况，指出要始终把保护放在第一位，深入挖掘丰富内涵和时代价值，传承历史文脉，提升城市品质品位。大河村遗址包含有仰韶文化、龙山文化以及夏、商四种考古学文化，楼阳生了解考古研究、文物保护、陈列展览等，强调要持续推进考古发掘工作，做好考古成果研究阐释，更好寻根溯源、揭示文明脉络。豫剧是我国最大的地方剧种，在河南豫剧院，楼阳生指出要把豫剧精粹传承得炉火纯青，并依靠改革创新破解发展瓶颈、激发动力活力，让豫剧在新时代生生不息、发扬光大。他强调，广大文艺工作者要扎根人民、深植时代，创作出更多具有长久生命力的精品力作，为文旅文创发展提供源源不断的源头活水。

在郑州黄河文化公园，楼阳生听取沿黄重点文化项目规划建设情况介绍，实地查看了黄河博物馆建设进度，登上观景台，极目远眺大河风光，强调要怀着对黄河母亲河的崇敬之心，加强山水林田湖草沙综合治理、系统治理、源头治理，保护好历史文化遗存，让厚重黄河文化与壮美黄河风光交相辉映。在建业电影小镇和只有河南·戏剧幻城，楼阳生询问景区运营、客流变化、疫情防控等情况，指出要坚持以文塑旅、以旅彰文，深入挖掘历史文化深厚积淀，让游客在沉浸式体验中，体悟感受中原文化的博大内涵、精神和力量。他强调，要扎实做好疫情防控工作，采取网上预约、园区限流、检测消杀等措施，动态调整开放接待能力，确保景区安全有序运营。

在调研中，楼阳生强调，要坚定文化自信，以"行走河南·读懂中国"为主题，以历史文脉包括人物、事件等为主线，以省会郑州为中心，整合资源，串珠成链，设计精品路线，优化产品供给，打造中国历史文化全景式集中展示地、知名旅游目的地。要坚持以文化人，推动优秀传统文化进校园，推进全民阅读，建设书香河南，让文化自信春风化雨、根植于心。

——节选自《河南日报》（2022年03月30日第01版）

> 党的二十大会议闭幕之际，《光明日报》记者采访了党的二十大代表、河南省委常委、宣传部部长王战营，围绕如何传承弘扬中华优秀传统文化，王战营作出系列阐述。

传承弘扬中华优秀传统文化
——访河南省委常委、宣传部部长 王战营

党的二十大报告指出，全面建设社会主义现代化国家，必须坚持中国特色社会主义文化发展道路，增强文化自信，围绕举旗帜、聚民心、育新人、兴文化、展形象建设社会主义文化强国，发展面向现代化、面向世界、面向未来的，民族的科学的大众的社会主义文化，激发全民族文化创新创造活力，增强实现中华民族伟大复兴的精神力量。河南省委常委、宣传部部长王战营代表说，河南是中华文明的重要发祥地和核心区域。长期以来，河南始终坚持从中华优秀传统文化中汲取智慧力量，激发人民群众的文化创新创造活力，为建设社会主义文化强国、提升国家文化软实力和中华文化影响力作出应有贡献。

以文明探源为突破，打牢传承弘扬中华优秀传统文化的坚实基础。王战营代表说，中国现代考古学在河南诞生，中华文明探源从河南开始。河南累计有50个项目入选"全国十大考古新发现"，有14个项目入选"百年百大考古发现"，数量均居于全国首位。河南这一系列重大考古发现实证了我国百万年的人类史、一万年的文化史、五千多年的文明史，悠久的文化发展历程汇聚为中国传统文化的主流。

王战营代表说，为深入推进中国文明历史研究，河南积极推进省文物考古研究院重塑性改革，努力打造一流考古机构、业内旗舰劲旅，为文明探源提供坚实平台支撑和人才支持。聚焦"夏文化研究"等重大考古项目，采用"一遗址一课题一专班"模式，加大巩义双槐树、登封王城岗、禹州瓦店、偃师二里头等重点遗址考古发掘，通过探索未知、揭示本源，努力回答好中华文明起源、形成、发展的基本图景、内在机制等重大问题，从而增进文化认同，增强历史自觉，坚定文化自信。

以活化利用为重点，创新传承弘扬中华优秀传统文化的时代表达。王战营代表说，河南充分利用和发挥独特优势，组织实施河南兴文化工程文化研究计划，从历史、现实与未来相统一的高度，开展河南当代发展研究、历史文化专题研究、重要历史名人研究、重要历史事件研究、重要历史文化遗存研究、重要历史文献典籍研究，深入挖掘研究阐发中华优秀传统文化的时代价值、世界意义，让人们在鉴古知今中深悟中国之路、中国之治、中国之理，在自信自强中体味中华文化和中国精神的时代精华。

王战营代表说，传承弘扬中华优秀传统文化，要坚持创造性转化、创新性发展，满足人民日益增长的精神文化需求。河南始终坚持"二为"方向、"双百"方针，把创作生产优秀文艺作品作为以文化人、培根铸魂的重要抓手，推出了话剧《红旗渠》、豫剧《焦裕禄》等一大批具有中原特色、全国影响的精品力作，十年来有40多部作品荣获全国性文艺大奖。

以文旅文创为牵引，积蓄传承弘扬中华优秀传统文化的强劲动能。王战营代表说，河南立足丰厚的历史文化和自然风光资源，把握文旅文创高渗透性、强融合性、可跨越性特征，深入实施文旅文创融合战略，坚持以文塑旅、以旅彰文，努力打造中华文化传承创新中心、世界文化旅游胜地，把文化资源优势充分转化为高质量发展优势。实施重大文化产业项目带动，设立省文化旅游融合发展基金，组建省文化旅游投资集团，扎实推

进总投资4223亿元的138个重点项目，统筹推进黄河、大运河、长城、长征国家文化公园河南段建设，高规格、高标准谋划建设省博物馆群，着力培塑"行走河南·读懂中国"品牌。

王战营代表说，坚守中华文化立场，发展面向现代化、面向世界、面向未来的，民族的科学的大众的社会主义文化，才能向世界讲好中国故事。河南积极探索国际传播的"打开方式"，深入挖掘黄河文化蕴含的多重价值和时代风采，打造国际文化交流平台，推动中华文化品牌走向世界，增强中华文明传播力影响力，展现了可信、可爱、可敬的中国形象。

——选自《光明日报》（2022年10月23日07版）

河南文化概览

2022年，河南兴文化工程聚焦"今、古、人、事、物、书"六大板块开展研究阐释，推出一批有深度、有价值、有分量的研究成果

河南文化综述

【概　况】　**悠久的历史**。河南地处中原，历史悠久。河南是中华民族历史文化的重要发祥地。早在数十万年前，中原地区便已有了人类活动的足迹。史前文化谱系不断，裴李岗文化、仰韶文化、河南龙山文化等构成了早期农业文明的基本框架。"三皇五帝"等人文始祖与河南密切相关。自夏王朝建立，至北宋3000多年间，共有200多位帝王建都或迁都在河南，夏、商、东周、东汉、曹魏、西晋、北魏、北宋、金等朝代，均以河南为政治中心。中国八大古都中，郑州、安阳、洛阳、开封名列其中。河南是中华姓氏的主要发源地，其中起源于河南的古今姓氏达1500个之多，在当今100大姓中，有78个姓氏起源于或部分起源于河南。河南名人辈出，群星璀璨，在《二十四史》中立有列传者5700余人，仅汉、唐、宋、明几个朝代河南籍名人即达912人，占总人数的15.8%，名列第一。道圣老子、谋圣姜太公、墨圣墨子、商圣范蠡、画圣吴道子、字圣许慎、医圣张仲景、科圣张衡、诗圣杜甫、律圣朱载堉等名人在中国历史上均占有重要地位。在宋代以前，绝大多数历史名人，即使不是河南人，也都在河南长期活动过并保留有大量的遗迹与传说。

灿烂的文化。截至2022年，全省现有不可移动文物65519处，拥有洛阳龙门石窟、安阳殷墟、登封"天地之中"历史建筑群、大运河河南段、丝绸之路河南段5项世界文化遗产。另外还有全国重点文物保护单位420处、河南省文物保护单位1521处。（河南省文物局数据）河南地上文物数量居全国第二，地下文物数量居全国第一，并且这些文物还以数量多、时间跨度长、品类齐全、价值高、分布地域广而著称于世。全省现有国家文物局公布和立项的国家考古遗址公园17处。国家级历史文化名城8个、名镇10个、名村9个，省级历史文化名城15个、名镇51个、名村46个。中国传统村落204处，省级传统村落1018处。截至2022年底，河南省各级各类博物馆数量已达395家，馆藏文物179.6万件（套）。河南有国家级非物质文化遗产代表性项目113项，有省级非物质文化遗产代表性项目728项。（河南省文化和旅游厅官网数据）河南现有中国优秀旅游城市27个，国家AAAAA级旅游景区15个，国家AAAA级旅游景区（点）189个。（河南省文化和旅游厅官网数据）此外，中岳嵩山、云台山、伏牛山、王屋山-黛眉山被评为世界地质公园，内乡宝天曼被列入联合国人与生物圈保护区名录。

【物质文化】　**遗址遗存类文化资源**。全省遗址遗存类文化资源可分为史前聚落遗址、古代城址、手工业遗址、历史事件发生地等。郑州新密李家沟遗址、漯河市舞阳县贾湖遗址、新郑市新村镇裴李岗遗址、安阳市后岗村后冈遗址、三门峡陕州庙底沟遗址、渑池县仰韶村遗址、郑州大河村遗址、巩义双槐树遗址等史前聚落遗址都在证明着河南这块古老的土地上有人类生存的遗迹。夏代第一个都城登封市告成镇王城岗城址、商朝后期安阳殷墟城址、隋唐洛阳城址、五代北宋东京汴梁城址等都实证了古代王朝建都、建城的历史。安阳殷墟附近发现有铸铜、制骨、制陶、制玉等手工业作坊遗址，偃师二里头发现有制漆、制陶和骨器、角器加工作坊遗址，巩义市小黄冶村发现唐代烧冶三彩瓷的作坊遗址，这些丰富的手工业作坊遗址佐证古代河南手工业的领先地位。此外，牧野之战、官渡之战、陈桥兵变等重大历史事件也都发生在河南大地上。

建筑遗存类文化资源。该类资源可分为官衙建筑、宗教建筑、工程建筑、教育文化建筑、商贸文化建筑、科技文化建筑、陵园墓群建筑等。内乡县衙是中国目前保存最完整的封建时代县级官署衙门。始建于东汉的白马寺是佛教传入中国后兴建的第一座官办寺院。大运河河南段促进了隋唐时期国家统一、经济发展和文化交流。嵩阳书院、应天府书院等对研究中国古代书院建筑、教育制度以及儒家文化都有重要作用。洛阳山陕会馆为研究清代洛阳的历史地理、水陆交通、经贸往来、民俗民风、建筑艺术等提供了丰富的实物资料。漯河小商桥是研究中国古代桥梁发展史的重要实物资料。洛阳东汉帝陵为研究东汉时期陵寝制度的内涵与演变提供了重要的参考资料。

馆藏博物类文化资源。全省馆藏文物可分为石器类、青铜器类、陶瓷类、玉器类、金银器类、石刻造像类等。馆藏文物还可分为铁器类、骨器类、书画类、钱币类等不同的类别。青铜器类有代表藏品莲鹤方壶、云纹铜禁。陶瓷类有代表藏品汝官窑天蓝釉刻花鹅颈瓶、汝窑天青釉折肩瓶、唐三彩凤首壶。玉器类代表藏品有镶嵌绿松石兽面纹牌饰、夏玉璋、商鸟形玉铲、西周玉燕。金银器类代表藏品有西汉圆饼金、武则天金简、明朝镶宝石金蝴蝶。石刻造像类代表藏品有熊舞画像石、道晗造像碑、丁郎合家造像。

【非物质文化】 口头传统和表述。如梁祝传说、花木兰传说、愚公移山等。2006年，汝南县的民间文学《梁祝传说》被列入中国首批非物质文化遗产名录。2008年，木兰传说经国务院批准列入第二批国家级非物质文化遗产名录。愚公移山传说传承于济源王屋山区，流传于全国，2007年被列为河南省首批非物质文化遗产名录项目。

表演艺术。表演艺术可分为民间音乐类、民间舞蹈类、体育竞技及杂技类、民间戏剧及曲艺类等。民间音乐类如信阳民歌、开封盘鼓、沁阳唢呐等。民间舞蹈如巩义市小相村小相狮舞、高跷、灯舞、睢县麒麟舞等。体育竞技及杂技类如濮阳杂技、竞技武术、封丘洛寨杂技等。民间戏剧及曲艺类如豫剧、曲剧、越调、道情等。

社会风俗、礼仪、节庆。上蔡重阳节民俗、浚县民间社火、淮阳太昊伏羲祭典、宝丰马街书会、浚县正月古庙会、安阳殷商文化旅游节、中国郑州国际少林武术节、洛阳河洛文化节、洛阳牡丹花会、开封菊花会等。全省有"中国民间文化艺术之乡"47个。

中医中药类。洛阳正骨、辉县百泉药会已入选国家级非物质文化遗产。河南省中医药管理局针灸铜人、焦作四大怀药种植与炮制入选河南省非物质文化遗产名录。

传统的手工艺技能。民间美术类，如开封朱仙镇木版年画、浚县泥咕咕、黄河澄泥砚等。手工技艺类，如杜康酿酒工艺，禹州钧瓷烧制技艺，镇平玉雕工艺，西平棠溪宝剑铸造工艺，宝丰县、汝州市汝瓷烧制技艺，洛阳唐三彩，开封汴绣工艺等。

【自然文化】 地质公园。河南省现有世界地质公园4个，总面积2900多平方公里。（河南省自然资源厅官网数据）

森林公园。全省森林公园129处，湿地公园98处。（河南省林业局官网数据）森林面积6047.7万亩。森林覆盖率为24.14%，森林蓄积量为2.07亿立方米。

自然保护区。全省有30处自然保护区，其中国家级13个，省级17个，面积76.93万公顷，占全省总面积的4.6%。（河南省林业局官网数据）

水利风景区。全省先后建成2651座水库，其中，大型水库26座（含流域机构管理的水库），中型水库124座，小型水库2501座，总库容423亿立方米；5级以上堤防2万千米；蓄滞洪区14处（含流域机构管理的蓄滞洪区），设计蓄滞洪量37.55亿立方米。（河南省水利厅官网数据）水利风景区众多，如小浪底水利风景区、薄山湖、铜山湖国家水利旅游区、云台山、青天河、神农山国家级风景名胜区。

【现代文化】 现代文化资源中，河南省的文学艺术资源丰富，文学豫军叫响全国，代表作家有姚雪垠、李准、魏巍、李洱、刘震云等。全省的书法艺术实力雄厚，书法艺术家数量在国内名列前茅，老一辈艺术家谢瑞阶在古今章草书家中独树一帜，武慕姚具有深厚的学养和功力，张海是"草隶"的代表，书法理论界也有周俊杰等名家。

【河南文化的主要特性】 华夏文明之根。地处中原腹地的河南，是华夏文明多元一体的核心。上古时期以华夏、东夷、苗蛮三大部落为代表的各部族间文化交流与融合，在河南便形成了华夏族的核心。中国第一个奴隶制封建王朝——夏，建立于中原，成为中华文明的肇始。河洛地区是夏商周三代王朝的核心区，是中华传统文化形成的根基所在，也正是在夏商周三代，形成了中华传统文化的价值观、典章制度、道德规范、思想体系和人文精神等。秦汉以后，中原文化更以强大的融合力和创新力，吸收四方文化精华，不断丰富中华传统文化的内核，使中华文化获得持续的生命力和创造力。

中华农耕文化的源头。中国自古以来以农业为本，中原地区为中华民族孕育了灿烂辉煌的农耕文明。三皇之首的伏羲教人"作网"，开启了渔猎经济时代；炎帝号称"神农氏"，他"因天之时，分地之利，制耒耜，教民农作"，成为中华农耕文明的始祖，现河南淮阳有五谷台，是纪念神农氏教民播种五谷的地方。河南西平是嫘祖文化之乡，相传嫘祖为黄帝之妻，发明了蚕丝纺织，被后人尊奉为"先蚕"。考古资料表明，早在距今七八千年以前，在中原地区已经开启了农耕文明的步伐。裴李岗文化、仰韶文化、龙山文化等史前文化，是河南作为中国农耕文化源头的重要见证。河南舞阳贾湖，是中国稻作农业的起源地，贾湖裴李岗文化遗址发现的石磨盘、石磨棒，是迄今发现最早的粮食加工工具。河南仰韶文化遗址发现的大量陶、石纺轮以及在荥阳青台遗址发现的纺织物，证明在5000多年以前中原先民已掌握桑蚕丝织技术，河南是中国桑蚕文化的重要起源地。安阳殷墟甲骨文所记载的对农作物施肥、除草杀虫、灌溉等技术以及与农业有关历法，说明当时已经有了相当发达的农业生产水平。农业的起源与发展，在中原积淀了厚重的农耕文化，如农耕技术、农耕制度、农耕思想等，成为中国传统文化的根基。

中国都城文化的源头。郑州西山发现的5000多年前的仰韶文化城址，是中国城市的滥觞。到4000多年前的龙山文化时期，城邦林立，已发现有登封王城岗、淮阳平粮台、新密古城寨等10处古城遗址。发现于河南偃师的二里头文化是东亚地区首次出现的强势核心文化，二里头遗址是目前发现的最早的王都遗址，即夏王朝中后期的都城遗址。迄今所知中国最早的大型宫殿建筑群、最早的青铜礼器群、最早的铸铜作坊等，都分布在这里。到了商代，早期都城郑州商城、偃师商城，晚期都城安阳殷墟等展现出中国青铜时代的辉煌。《周礼·考工记》对洛阳周王城"前朝后市、左祖右社"规划布局的描述，影响了我国都城布局3000年。汉魏洛阳故城在中国都城建设史上具有承前启后的重要位置，它在城市建设中的许多经验一直为后世都城建设所遵循。隋唐洛阳城是一座闻名于世的国际性大都市，也是丝绸之路的东方起点，见证了中国封建社会最为辉煌的一段历史。北宋东京城是当时世界上规模最大、商业最繁荣、城市人口最多的国际性大都市，由外城、内城和皇城三重城垣层层套叠，气势宏大。历代的兵火水患湮没了北宋东京城及历代城池的繁华，同时也造就了开封城特有的"城下城""城摞城"的奇特景观。河南在都城文化中的源头地位及持续发展，为我们留下了4座大古都（洛阳、开封、安阳、郑州）和8座国家级历史文化名城等丰富的古都文化资源。

中华民族商文化的发源地。"商"字来源于历史上的商族，商族的先王亥开了经商事业的先河，是中华民族的商业始祖；"弦高犒师""郑人买履""人弃我取、人取我与""待价而沽""陶朱公"等商业典故均出自先秦时期的河南。在河南涌现了许多著名商人和商业理论家，如弦高、范蠡、子贡、白圭、吕不韦等，他们的商业理论和经商理念奠定了中国传统商业理论的基础，是中国传统商业文化的源头活水。

中国思想文化、礼制文化的源头和核心。伏羲画八卦，"河出图""洛出书"，发生在河南，并产生了被称为中国传统文化重要源头的《周易》，其核心是和合思想，代表了上古贤哲的社会政治思想，它不仅深刻地展现了中国古代的政治、经济和文化，而且渗透到中国人的生活方式、伦理道德、风俗习惯、价值观念中，构成了古代中华民族的精神支柱、文化载体和思想灵魂，从此开启了道家、儒家、墨家等中国主流思想各种流派，被誉为"群经之首"；周公在洛邑制礼作乐，建立典章制度，教化人伦，奠定了中华礼制文化的基础；春秋时期的诸子百家，儒家文化的源头在中原，儒家创始人孔子，祖籍河南商丘，他4次问礼于老子，周游中原卫、陈、宋、蔡、楚等列国，对其思想的形成有着至关重要的作用。儒学思想体系的重大创新——宋明理学的奠基人程颢、程颐，是河南嵩县人，他们的学说把儒家思想推向一个新的境界。河南扶沟的大程书院、商丘应天书院、登封嵩阳书院等，是重要的儒学传播基地。道家学派的创始人老子是河南鹿邑人，在灵宝函谷关完成了著名的《道德经》，被奉为道家经典；另一位道家学派的代表人庄子，是河南民权人，他集道家思想之大成，把道家的人生学说与精神境界推到了高峰。其他的如法、墨、纵横、杂家等诸子文化，其创始人或集大成者多为河南人，有的代表作也完成于河南。河南肥沃的土壤孕育了先秦诸子文化，诸子文化的相互激荡与融汇，构成了中华传统文化的重要精神内核。

中国道教、佛教等宗教文化的起源地与发展地。中华民族传统文化的一个重要特点就是儒、释（即佛）、道三教合流，其中释、道都属于宗教文化，其繁荣发展都与河南息息相关。道教是中国的本土宗教，老子被尊为道祖。登封中岳庙是历代皇帝祭祀中岳神的地方，是我国现存最早、规模最大的道教建筑群之一。济源的王屋山为道教"十二洞天"之一，是唐代著名道长司马承祯携玉真公主出家修道的地方。佛教传入中国后，第一座佛寺白马寺建在河南洛阳。洛阳的龙门石窟是佛教三大艺术宝库之一，已被列入世界文化遗产名录。推动佛教信仰大众化的净土宗祖庭就在开封大相国寺。标志着佛教文化中国化初步完成的禅宗，其祖庭就在嵩山少林寺。在佛教文化史和中外文化交流史上鼎鼎大名的玄奘法师，是河南偃师人，也是唯识宗创始人、中国佛教史上四大翻译家之一。儒、释、道三教合流的典型代表也在登封嵩山脚下。中原宗教中不仅蕴藏着一种宽厚的包容精神，还具有一种大无畏的进取精神，以玄奘为代表的西行求法的精神，不仅是佛教的精神，而且是一种寓意深厚的人文精神，是向生命极限的挑战和无私无畏的追求精神。这种精神超越了时空，超越了时代，是中原人民乃至中华民族宝贵的精神财富。

汉字的起源地与发展地。汉字是传承和弘扬中华文化的重要载体，是中华民族的基本标识，也是中华文明的显著标志，并对朝鲜、韩国、日本等国文字文化产生巨大而深远的影响。连续4000多年的汉字文化史，可以说就是一部中原汉字史，汉字的产生及其每一个重要发展阶段几乎都发生在中原大地上。中国迄今发现的最早的契刻符号在河南舞阳贾湖遗址；传说中黄帝时代的仓颉造字在河南，其故里在河南南乐；第一套完善的汉文字系统甲骨文出土在河南安阳；帮助秦始皇"书同文"、制定规范书写小篆的李斯，是河南上蔡人；编写世界第一部字典《说文解字》，归纳汉字生成规律、统一字义解析的文字学家许慎是河南郾城人；至今还在使用的规范性字体宋体字产生在河南开封，著名的活字印刷术也发生在这里。与汉字发展史紧密相伴的，是独具特色的中国书法史。从商周至现代，汉字书体在不断地发展。河南古代及近代书法遗迹特别丰富，各种书体，都可以在河南找到代表作。河南中国文字博物馆的建成和开放，不仅填补了我国语言文字类博物馆建设史的空白，也将对我国的历史、文字、文化、文明的传承、保护、研究和发扬产生重大而深远的影响。

中国古代科技、教育文化的重要源头。早在五六千年前的仰韶文化时期，人们已经开始观测和记录天象；濮阳西水坡遗址出土的蚌塑龙虎图案，是中国最早的天象图；《夏小正》是夏代天文历法成就的总结，也是见于记载的中国最早的历法；东汉科学家南阳人张衡发明地动仪、浑天仪，创世界之最，被称为"科圣"；唐代河南人僧一行，不仅发明了世界上最早的自动计时器，而且比英国天文学家哈雷早1000年提出了"恒星自行"的观点，他与同行们进行了世界上首次子午线实测活动，因此而成为古代天文学发展的里程碑。元代郭守敬设计的登封观星台，是我国最早的天文台。河南还是冶铸文化之乡，"世界冶金史中心在中国，中国冶金史中心在河南"。二里头青铜冶铸遗址是我国目前最早的青铜器铸造遗址。商代，河南是青铜器铸造中心，创造了辉煌的青铜文明。虢国墓地发现的玉柄铁剑，被誉为"中华第一剑"，是目前我国发现的最早的人工冶铁制品；战国至两汉时期，河南是全国冶铁文化的中心。在陶瓷的发展史上，最早的原始瓷器发现于河南，宋代五大名窑中的汝窑、钧窑、官窑均在河南，堪称我国陶瓷文化的圣地。在医学的发展中，东汉南阳人医圣张仲景所著《伤寒杂病论》是我国第一部理、法、方、药完备的经典著作。尤其是代表中国古代杰出科学成就的四大发明，均发轫于中原。东汉蔡伦在洛阳发明了造纸术，北宋时活字印刷术、火药和指南针的发明，使中国的科学水平达到了世界的顶峰，而当时政治、文化的中心就在河南。河南的教育，在东汉、西晋、隋、北宋等朝代都处于全国中心地位。东汉洛阳太学，是中国古代规模最大的大学；中国古代四大书院，河南占其二（嵩阳书院、应天书院）；建于北宋的百泉书院，延续至明清，是我国延续时间最长的书院。在河南教育史上，涌现出一大批诸如程颢、程颐、许衡等著名的教育家。

中华民族之根。河南是中华人文始祖的主要活动区域。传说时代的三皇五帝，不仅是中华民族的精神文化符号，而且成为民族血脉和文化的木本水源，深深地保留在民族的记忆中。盘古是中国古史传说中开天辟地的祖先。位于豫南桐柏山系的盘古山，是传说盘古开天地的地方。桐柏、泌阳二县，分别被誉为"中国盘古文化之乡"和"中国盘古文化圣地"，如今仍保存有盘古庙、盘古磨、盘古井等大量人文景观，每年农历三月初三的盘古庙会，已成为当代人们祭祀先祖和进行物质、文化交流的盛会。位于豫东平原的周口，被誉为三皇故都，有伏羲太昊陵、女娲城、神农五谷台等人文景观。淮阳太昊陵，传说是"人祖"伏羲氏的陵墓，每年的淮阳人祖庙会，以其历史悠久、影响巨大而吸引数百万游客。周口市依托太昊陵举办的中国姓氏文化节，以姓氏为纽带，以寻根为主题，成为连接祖根地与世界华人的桥梁，极大地推动了文化旅游产业的发展。黄帝是中华文明之祖。黄帝故里故都在河南新郑。现新郑、新密一带存留有众多的黄帝遗迹，如轩辕丘、大鸿山、力牧台、黄帝宫等。五帝之中的颛顼、帝喾，其主要事迹也是在河南。颛顼都帝丘，在今濮阳市。帝喾高辛氏，因被封于高辛（今商丘市南高辛）而得名。今位于内黄县的二帝陵，是历代皇帝钦定的颛顼、帝喾二帝公祭之处。

中华龙文化的起源地。龙是中华民族的图腾形象，也是亿万炎黄子孙共同的根。河南濮阳西水坡发现的蚌塑龙的形象，被誉为"中华第一龙"，是后世龙的祖型。河南偃师二里头遗址发现的绿松石龙形器，为中华民族的龙图腾找到了最直接、最正统的根源。

中华姓氏的主要发源地。河南淮阳，是伏羲氏"正姓氏"的地方，公认为万姓同根，根在淮阳。更由于中华人文始祖炎黄二帝活动的区域在河南，其后代枝繁叶茂，派生出许多姓氏。据统计，中国从古至今产生过上万姓氏，其中源于河南的有1500姓，占古今姓氏总数的13%。当今排名前300位的大姓中，源于河南的有171个。其中前5大姓李、张、陈均源于河南，王姓和刘姓最早的一支也是在河南形成的。宋代成书的启蒙读物《百家姓》中收录有438姓，明代《增广百家姓》中所收姓氏达到504个，其中郡望在河南的有115姓，居各省之首。源于河南或部分源于河南的姓氏不断向外播迁，形成了中华姓氏的活水源头。尤其是河南固始，是东南沿海和台湾等省人民心中的"大槐树"，固始与闽台有着直接的渊源。唐初陈元光和唐末王审知两次率众入闽，在福建入籍定居，繁衍生息，构成了后世福建民众的主体，究其根源，多来自固始。今天可以看到的福建一些大姓的族谱、家谱，如王、陈、刘、黄、郑、周、许、方、曾、吴、谢、尤、施、余、颜、吕等20余种谱牒资料中，都有其祖先由固始入闽的记载。而台湾的民众又大多数都是来自福建的，因此，台湾的姓氏自然也有相当大的比例来自信阳固始。有人说，福建人来自固始的，占福建人口总数的70%左右，而台湾同胞来自福建的，占台湾人口总数的70%左右。河南固始是当之无愧的闽台祖地。

一个名人辈出的地区。西汉时期，河南籍名人39人，占全国总数的19%，名列各省第二；东汉时期，河南籍名人为170人，占全国总数的37%，名列第一；唐代，河南籍名人219人，占17%，名列第三；北宋时期，河南籍名人为324人，占全国总数的22%，名列第一；南宋时期，河南籍名人为37人，占6%，名列第四；明代，河南籍名人为123人，占全国总数的7%，名列第四；汉唐宋明河南籍名人为912人，占总数的15.8%，名列第一。河南历史文化名人不仅数量多，而且在中国历史中享有较高的知名度，如老子、庄子、墨子、韩非子等先秦诸子，商圣范蠡、字圣许慎、科圣张衡、医圣张仲景、文圣韩愈、诗圣杜甫、画圣吴道子、律圣朱载堉、僧圣玄奘等。他们犹如一颗颗璀璨的明珠，照耀着历史的星空。

【武术发源地】 中原武术文化技冠天下，德播神州。"天下功夫出少林"之说，形象地表明了少林武术在中国武术文化中的重要地位。"十三棍僧救唐王"的历史传奇，帮助戚继光抗倭立功的光辉业绩，使少林寺遐迩闻名，成为中华武术的荟萃之所、流播之处、发扬光大之地，使"少林"成为中国武术的品牌，成为中原文化乃至中华文化的品牌。河南温县陈家沟人创立的太极拳，是中国武术文化的又一重要流派，以刚柔并济为特征，以强身健体、修身养性为主旨，已推广到五大洲，成为上亿民众生活中的重要组成部分。据统计，全国共有129个武术拳种，而河南流行的就有40余种。除少林拳、陈氏太极拳、苌家拳外，还有查拳、形意拳、八极拳、八卦拳等。所有这些，都是中原武术文化的宝贵资源。中原武术不仅仅是搏击术，更不是单纯的拳脚运动，也不是力气与技法的简单结合，它饱含着哲理，深蕴着先哲们对生命和宇宙的参悟，以一种近乎完美的运动形式诠释着古老的东方哲学思想，追求那种完美而和谐的人生境界。

【杂技之乡】 河南还是我国杂技艺术重要发祥地之一，早在春秋时期，就有众多民间艺人以杂耍技艺谋生。河南周口、濮阳素来被称为河南的"杂技之乡"。据不完全统计，在周口目前有专业杂技团体100多个，业余杂技团体201个，从业人员近1.5万人。濮阳杂技以功力深厚、技艺精湛著称于世。濮阳东北庄与河北吴桥并称为中国杂技"南北两故里"，全市共有各类杂技团体300多个，杂技从业人员超过1万人，演出足迹遍布全国27个省市及朝鲜、日本、德国等20多个国家，年经营收入达1亿多元,在各种大赛中获奖300多项。市杂技艺术中心和华晨杂技集团有限公司是濮阳市两大民营杂技艺术团体,也是近年来崛起发展最快的杂技团体。

【文学豫军】 河南的文学、书法、戏剧等具有优势。河南历史上出现过老子、庄子、杜甫、韩愈等彪炳千秋的大文学家,现代则有姚雪垠、魏巍、曹靖华、刘知侠、刘震云、乔叶等作家闻名中外。新中国成立后,河南文学工作者取得了丰硕的文学成果,尤其是进入新世纪以来,在河南形成了具有中原文化特色的老、中、青三代创作群体。"文学豫军"在中国文坛上有着重要的地位和影响,拥有一批在全国有重要影响的知名作家。

【戏曲之乡】 河南是戏曲之乡,拥有豫剧、曲剧、越调三大剧20多个小剧种,尤其是豫剧,不仅深深植根于中原大地,而且还辐射到山西、河北、安徽、甘肃、湖北、新疆、台湾等10多个省、自治区、直辖市。截至2022年,全国已有10多个省、市建立有豫剧团,成为我国仅次于京剧的第二大剧种。近年来,河南省文化工作者立足中原文化沃土,相继打造了舞剧《风中少林》《云水洛神》,大型情景交响音乐剧《木兰诗篇》,豫剧《程婴救孤》《清风亭》《花木兰》《常香玉》《铡刀下的红梅》等一大批舞台艺术精品,连续多届获全国"五个一工程"奖、文华大奖和国家舞台精品剧目奖。

学习宣传贯彻习近平新时代中国特色社会主义思想

【概况】 河南省委高举习近平新时代中国特色社会主义思想伟大旗帜,把突出思想武装贯穿宣传思想工作使命任务各方面、全过程,教育引导全省干部群众深刻领悟"两个确立"的决定性意义,自觉做习近平新时代中国特色社会主义思想的坚定信仰者、积极传播者、忠实践行者。紧盯"关键少数"改进提升"第一议题"和中心组学习质量,在全国首创出台《党委(党组)"第一议题"制度》,遴选"第一议题"学习示范点和中心组学习示范班,创新举办读书班、专题研讨班,着力推动研讨交流与实际工作深度结合,引导广大党员干部把习近平新时代中国特色社会主义思想作为首修课、必修课、终身课。

【党委(党组)理论学习中心组学习】 各级党委(党组)理论学习中心组上下联动,同上"一堂课",省委理论学习中心组围绕《习近平谈治国理政》第四卷、中华文化探源、科技创新、资本健康发展、新能源、开发区建设、应急管理、城市规划等主题开展集体学习13次,不断提升武装头脑、指导实践、推动发展的能力。起草《关于认真组织学习〈习近平谈治国理政〉第四卷的通知》,印发关于认真组织学习《习近平法治思想学习纲要》《习近平经济思想学习纲要》《习近平生态文明思想学习纲要》《总体国家安全观学习纲要》《论"三农"工作》等通知,统筹推进习近平新时代中国特色社会主义思想分领域学习贯彻。总结提炼河南省党史学习教育有效做法,起草印发《关于建立党史学习教育常态化长效化制度机制的实施意见》。

【党的二十大精神宣讲活动】 精心组织学习贯彻党的二十大精神中央宣讲团来豫宣讲、省委宣讲团赴各地宣讲等系列工作,持续深化"党的创新理论万场宣讲进基层"活动,开展宣讲6.3万场次,受众超过2000万人次,推动各县(市、区)组建"百姓宣讲团"194个,吸收百姓宣讲员6617人,依托新

2022年11月7日,学习贯彻党的二十大精神中央宣讲团走进安阳林州市黄华镇止方村,进行宣讲

2022年9月20日，河南省"党的创新理论宣讲"主题宣传教育实践活动理论宣讲大赛（故事类）决赛举行

时代文明实践中心、县级融媒体中心、"学习强国"河南学习平台等，广泛开展党的二十大精神进机关、进企业、进学校、进社区、进农村、进军营、进网络等"七进"宣讲活动，全省累计达13195场次，受众510万人次，形成"小院课堂""善行山城""理响洛城·河洛青年说""唱响大别山"等多个基层特色宣讲品牌。精心制作电视专题片《此水 此山 此地》、系列理论微视频《吾辈·我们这十年》，相关话题总阅读量突破18.1亿，其中《与1400年前的洛阳少年对饮一杯》获2022年中宣部基层宣讲优秀理论微视频称号，理论宣讲的吸引力、感染力不断提升。开展"党的创新理论宣讲"主题宣传教育实践活动宣讲大赛，全省共动员市、县、乡三级约5600名宣讲骨干参赛，遴选500余个优秀故事类、文艺类作品进入复赛，全省举办复赛26场，共推荐参加省级决赛的宣讲作品65件，经层层选拔，共有全省各行业各部门推荐的产业工人、人民教师、青年社科专家、一线科技研发人员、新闻记者、博物馆员、基层党员干部等15名选手进入决赛，在传播党的创新理论的同时，挖掘和培养了一批优秀基层理论宣讲人才。

【理论研究】 围绕贯彻落实习近平总书记视察河南重要讲话重要指示精神，围绕"两个确保""十大战略"，围绕事关河南经济社会发展的重大理论和实践问题，举办习近平新时代中国特色社会主义思想系列理论研讨会，组织"习近平新时代中国特色社会主义思想河南实践""习近平新时代中国特色社会主义思想是中华文化和中国精神的时代精华"等重大理论问题研究，推进河南省习近平新时代中国特色社会主义思想研究中心筹建工作，打造一批新型高端智库。编写《中原文化与河南发展读本》《民族复兴——中国式现代化研究》等110种河南出版学习贯彻落实党的二十大精神重点主题出版物选题，聚焦热点，解疑释惑。

行走河南·读懂中国

【概 况】 为深入贯彻落实党中央、国务院推动文化旅游融合发展决策部署，厚植河南历史文化资源优势，2021年10月，河南省第十一次党代会提出要加快建设文化强省，实施文旅文创融合战略。"十四五"期间，河南省出台《"行走河南·读懂中国"品牌塑造实施方案》，确定了中华文化传承创新中心、世界文化旅游胜地两大战略定位，明确了文旅文创为支柱产业的路线图与任务书，以塑造"行走河南·读懂中国"品牌为主线，推动文旅文创高质量融合发展。

"行走河南·读懂中国"品牌立足河南作为华夏文明主根、国家历史主脉、中华民族之魂的地位，系统梳理其在中华文明演进历程中具有重大价值、突出影响、关键意义的文化资源，策划推出人类起源、文明起源、国家起源、逐鹿中原、追寻先贤、姓氏寻根、元典思想、治黄史诗、科技发明、四大古都、中国功夫等一批主题鲜明的文化线路，集中打造中华文化重大标识，建设中华文明连绵不断的探源地、实证地和体验地，全力塑造全域旅游品牌形象。同时面向国际、国内两个市场，坚持供给需求两端发力，以价值为导向建立资源保护利用新机制，以场景为核心打造文化展示体验新空间，以创意为手段塑造内容创作生产新体系，并与今日头条、快手、哔哩哔哩、小红书等新媒体平台合作，先后举办了第四届全球文旅创作者大会、第三届快手网红文旅大会、"国潮河南·B站奇妙旅游节"等系列活动，通过"老家河南"新媒体矩阵叫响"行走河南·读懂中国"主题形象。

【"行走河南·读懂中国"品牌成效彰显】 2022年以来，河南全省聚焦塑造"行走河南·读懂中国"品牌，坚持创意驱动、美学引领、艺术点亮、科技赋能，聚焦"读什么、在哪读、怎么读"的核心问题，做深研究阐释，做强场景布设，做亮数字创意，做优宣传推广。整合央视、今日头条、抖音等各大传统媒体与新媒体，通过各种活动，使"行走河南·读懂中国"品牌"热起来"，让"行走河南·读懂中国"品牌立起来。"行走河南·读懂中国"品牌效应不断彰显。

主流媒体宣传推广持续发力。在中央电视台《朝闻天下》等黄金栏目投放品牌宣传片，在郑州新郑国际机场打造"行走河南·读懂中国"宣传长廊，通过移动、联通、电信三大运营商向入豫游客发送品牌宣传短信1.29亿条。在《河南日报》一版和要闻重要版面发布文旅信息近100篇，河南文旅登上中央电视台《新闻联播》30余条、《焦点访谈》2次，中央电视台各栏目播发河南文旅新闻180余条，时长达300多分钟。人民网刊发河南文旅各类稿件577条、直播11场、慢直播5场。新华社相关报道超过1300条，国内转载媒体超过2.3万家。

与新媒体合作再上新台阶。面向国际、国内两个市场，与今日头条、快手、哔哩哔哩、小红书等新媒体平台合作，举办"行走河南·读懂中国"品牌系列推广活动。与抖音合作举办第四届全球文旅创作者大会，策划的"行走河南·读懂中国"抖音话题播放量已超20.4亿次。大会共打造62场"线上＋线下"活动，其中破亿话题已超13个。在只有河南·戏剧幻城举办"麦田里的博物馆"，直播浏览量约3000万人次，话题浏览量超3亿人次。举办"河南人游河南·河南人爱河南""四季河南""露营嘉年华"为主题的2022河南文旅大型惠民消费季活动，覆盖全省1044家文旅企业，合计直播场次超15万场，累计邀约文旅创作者超万人。启动"河南DOU是好风光"乡村游助农专项活动，累计帮扶助农商家132个，上线商品数2457个，帮扶创作者8942位，开展直播20756场，创作视频90.6万条，传播总量6亿次，带动助农交易总额近8000万元。与快手合作举办"全国学子游安阳"第三届快手网红文旅大会活动，策划的元宇宙青春课堂、安阳文旅电商系列营销活动有效激发文旅消费热度。与携程合作推出林州文旅消费提振计划，策划石板岩校友会作品展、"太行山上·我为祖国喝彩"百万游客进太行等活动，实现林州旅游人次、旅游收入高速增长。与人民网合作举办"美好生活看信阳"系列主题活动，重点呈现信阳美景、美宿、美食、美茶，在《人民日报》、人民网各大端口推送下，全年阅读量超过5亿人次。与新华网合作推进"大别山再出发"信阳文旅推广活动，全年产出文字、图片、视频等各类报道超1300条（张、组），完成《知名摄影师看信阳》《60万米高空看信阳》等作品300余件。与腾讯游戏QQ飞车携手打造黄河文旅赛道等，通过系列创意策划，让"行走河南·读懂中国"品牌更加直抵人心。

老家河南媒体矩阵传播形成声势。2022年，聚焦"行走河南·读懂中国"品牌宣传，老家河南新媒体矩阵整合运营官网、微博、微信、抖音等境内外平台账号30个，并与央媒、省内主流媒体、驻外使领馆账号和208个全省文旅行业账号建立了联动机制，以"直播+中/短视频+图文深度+专题+互动"的立体化内容作为呈现形式，累计编发图文信息6.47万篇、短视频2.31万段，直接阅读量达68.82亿人次。微信公众号信息发布量连续9个月、原创微博信息发布量连续6个月居全国文旅系统第一名。

文旅消费焕发新活力。依托郑州都市圈和洛阳、南阳副中心城市，加强区域文化旅游协作，联合推出"行走河南·读懂中国"文旅消费券、旅游年卡、门票减免等优惠措施。做好"四季河南"宣传推广，拉动文旅消费。特别是2022年暑期围绕河南省文化和旅游厅"学生游牵引暑期游，小手拉大手，带动经济消费"的思路，打好暑期消费惠民、宣传推广系列组合拳。公布全省露营基地91家、夏季文化旅游线路6条，主办及指导各地举办各类宣传推广活动60余场，保持了文旅市场稳健发展的良好势头。联合大象融媒推出端午、中秋、重阳奇妙游等中国节日系列节目，在郑州荥阳、三门峡卢氏举办露营嘉年华。

【**第四届全球文旅创作者大会**】第四届全球文旅创作者大会按照"创意＋平台＋云上"模式，聚焦一条主线，即"行走河南·读懂中国"品牌打造；实现两个转变，即流量向变现转变、活动向作品转变。大会以留下作品、留下场景、留下记忆为考核目标，以拉动消费增长为着力点，采用"3+12"合作模式，重点帮扶头部文旅企业主体，激活文旅市场消费潜力。3个主会场为郑州市《只有河南·戏剧幻城》、

麦田里的博物馆一隅

开封市清明上河园、洛阳市隋唐洛阳城；12个分会场为新密市银基国际旅游度假区、伏羲山景区，新郑市黄帝千古情景区，荥阳市丰乐樱花园，中牟县建业电影小镇、方特旅游度假区，洛阳市洛龙区龙门石窟，栾川养子沟风景区，辉县市河南宝泉旅游区，修武县云台山景区，遂平县嵖岈山景区，永城市芒砀山景区。

预热启动仪式。2022年3月11日，第四届全球文旅创作者大会预热启动仪式（郑州古柏渡站）暨丰乐樱花园第七届黄河樱花节启幕。活动将文旅与畅玩相结合，让赏樱体验更加丰富，设置了穿黄工程展示与体验区域、樱花知识科普、二十四节气等中国传统文化展示区。

第四届全球文旅创作者大会（栾川站）。2022年4月26日，"第四届全球文旅创作者大会（栾川站）启动仪式暨首届栾川517美好乡村嗨购节"在养子沟文化广场开幕。活动以互联网直播为主导，塑造文旅新IP，为企业纾困，助力栾川文旅业复苏。

麦田里的博物馆。2022年5月17日，第四届全球文旅创作者大会暨"麦田里的博物馆"在只有河南·戏剧幻城正式开幕。活动通过线下行进式讲解＋电影级跨场景线上直播的形式，将河南的历史文化与现代文明巧妙结合，带领网友提前"云"游"麦田里的博物馆"，共同见证"新物种"与厚重文化的碰撞，使广大游客真切感知河南作为华夏文明主根、国家历史主脉、中华民族之魂的重要地位。新华社、央视频、国际在线、环球时报、文旅中国、华人头条、腾讯、网易、北青网等50余家中央和省内外主流媒体平台参与了该次活动直播。

第四届全球文旅创作者大会（方特站）。2022年6月25日上午，第四届全球文旅创作者大会（方特站）在郑州方特欢乐世界启动。活动推出"方特欢乐世界啤酒电音节""方特梦幻王国熊熊水花派对""方特水上乐园音浪狂欢节""方特假日酒店啤酒花园"等一系列以消夏、夜游为主的旅游产品，吸引游客前来度过一个欢乐的清凉假期。

【"行走河南·读懂中国"2022美好生活看信阳主题活动】 2022年7月11日，在信阳市新县，人民网、河南省文化和旅游厅、信阳市政府共同启动"行走河南·读懂中国"2022美好生活看信阳系列主题活动。活动以"美好生活看信阳"为核心，覆盖信阳市相关县（区）及鸡公山、南湾湖等风景区，聚焦美景、美食、美茶、美宿、研学、生物多样性科普等话题。活动持续全年，通过慢直播、微综艺、促消费体验等方式，打响信阳菜、百家主题民宿、红色研学游等品牌，创意展示美好生活的信阳样本，吸引全民参与，共同为大别山代言，让红色基因、革命薪火代代相传，向全球呈现一个"活""色""生""香"的信阳。该次活动是贯彻党中央、

2022年7月11日，"行走河南·读懂中国"——2022美好生活看信阳系列主题活动启动仪式

"行走河南·读懂中国"品牌推广暨元宇宙创造者大赛启动发布会

国务院关于提振文旅消费、稳住经济大盘要求的有效举措,是落实省委、省政府文旅文创融合战略的具体行动,也是着力文旅文创出彩、塑造"美好生活看信阳"城市品牌的重要部署。

【"行走河南·读懂中国"品牌推广暨元宇宙创造者大赛启动发布会】 2022年7月18日,"行走河南·读懂中国"品牌推广暨元宇宙创造者大赛启动发布会在郑州举行。该次大赛以"逐鹿中原·创造元豫宙"为创作主题,以"共创·共享·共赢"为创作形式,将围绕设定选题方向,通过众创和定制两种模式,打造中华传统文化的创新体验地,以新潮方式解读中原文化、中华文明,让历史探源、历史故事、历史人物更具象、可感知、读得懂。"行走河南·读懂中国"品牌推广暨元宇宙创造者大赛的启动,是实施文旅文创融合战略迈出的重要一步,是塑造"行走河南·读懂中国"品牌打出的关键一招,也是河南文旅面向元宇宙、拥抱元宇宙走出的当下之路。

【"行走河南·读懂中国"第三届快手网红文旅大会暨红旗渠元宇宙剧场发布会】 2022年9月3日,"行走河南·读懂中国"第三届快手网红文旅大会暨红旗渠元宇宙剧场发布会在安阳红旗渠拉开线上系列活动帷幕。该次发布会以"安阳处处是课堂"为主题创意,联合国内领先的快手短视频平台,以"红色文化时尚表达、殷商文化年轻表达、航空文化出圈表达"为传播策略,通过"短视频+直播"方式,深度挖掘、包装、展现安阳历史人物、历史事件、壮丽山河等丰富内容,以安阳为样板,建立品牌高度,向Z世代讲好"行走河南·读懂中国"精彩故事。活动以全程直播的方式向全网用户传播,通过青春献曲的节目形式歌颂初心,传承奋斗精神,借由红旗渠精神里的思政课、殷墟博物馆里的历史课、文字博物馆里的语文课、石板岩中国画谷里的美术课四堂创意研学课,邀请全国学子实践体验,解读中国故事,弘扬中华文化;快手大V进行接力分享,联动全网传递安阳优质的文旅资源、深厚的文化积淀和精神传承,快手直播间累计在线观看达1100万人次。

【"河南DOU是好风光"暨乡村康养旅游推进会】 2022年8月15日,"河南DOU是好风光"暨乡村康养旅游推进会在洛阳栾川召开。河南省文化和旅游厅党组书记、厅长姜继鼎出席会议,介绍了河南省乡村旅游的发展实践与项目规划。河南省文化和旅游厅非物质文化遗产处处长于洁公布了河南省第一批非遗助力乡村振兴试点地区名单。抖音集团企业社会责任部项目总监徐家瀛对"河南DOU是好风光"专项规划进行了项目推介。该次会议指出了一条"一手抓住县委书记,一手抓住优质团队"发展乡村旅游的成功之路。

青年乡村营造活动分享——重渡沟里的故事

河南兴文化工程文化研究计划

【概　况】根据《文化强国建设规划纲要（2021—2035）》安排部署，经省委主要领导批准同意，2022年4月12日省委宣传部印发《中共河南省委宣传部关于印发〈河南兴文化工程文化研究计划实施方案〉的通知》（豫宣通〔2022〕28号），全面实施河南兴文化工程文化研究计划，通过全面系统梳理、深入挖掘中原文化、黄河文化的历史文脉、文化底蕴，充分发挥其在阐释、传承、教育、传播中华文化和中国精神的时代精华方面"根"和"魂"的作用，为奏响"奋勇争先、更加出彩"的时代强音，确保高质量建设现代化河南、确保高水平实现现代化河南提供坚实文化支撑，为构建中华优秀传统文化传承发展体系、持续提升国家文化软实力作出河南独特贡献。2022年6月，经河南省委常委会审议，河南兴文化工程文化研究计划纳入《河南省"十四五"时期哲学社会科学发展规划》。2022年河南兴文化工程文化研究专项项目取得实质性进展和阶段性成果。2022年河南兴文化工程文化研究专项共有67个具体条目和6个板块方向性条目。社科工作中心先后收到113个单位871项申报材料。经过专家评审，立项305项，其中包括275项兴文化工程文化研究专项项目、25项习近平总书记在中央政治局第三十九次集体学习时重要讲话精神委托项目，以及2个重大委托项目和3个许可纳入项目。

【基本原则】紧扣时代主题。坚持马克思主义指导地位和社会主义先进文化前进方向，按照习近平总书记关于社会主义文化建设的重要论述，秉持正确的政治方向、学术导向和价值取向，站在中华文明的高度重新思考中原文化，以全新的眼光重新审视作为现代化总体布局重要组成部分的文化发展以及文化的力量，推动发轫于河南的中华优秀传统文化创造性转化、创新性发展，更好地服务中国特色社会主义文化繁荣发展。

全面系统推进。以习近平总书记视察河南重要讲话重要指示为总纲领、总遵循、总指引，坚持为省委、省政府重大决策部署落实落地提供文化支撑，坚持系统性、整体性、可持续性，坚持"搭积木"方法论，统一规划，整体运作，统一管理，注重项目设计和论证，分领域、分专题开展研究，持续推出高质量河南历史文化研究成果，为丰富、弘扬、传承、创新习近平新时代中国特色社会主义思想作出河南贡献。

创新体制机制。充分调动各方面积极性，充分发挥省内高校、科研单位、工作部门、社会团体的研究基础、研究特色和研究力量作用，充分利用省内外学者智力资源，坚持"二为"方向和"双百"方针，坚持以改革思维推进开放式研究，培育学术研究协同创新平台、专业特色智库平台，努力建立更符合社会科学发展规律的科研管理体制、工作机制和人才运作机制。

打造研究队伍。尊重学术规律，坚持守正创新，强化精品锻造。研究者要潜心研究，独立思考，勇于创新，打造可接续传承研究团队；评审者要心怀"国之大者"，牢记"省之要者"，严格把关，敢于批判；管理者要透明程序，规范制度，周到服务，坚守可接续研究管理原则；研究成果既要有学术权威性，又要有可读性、应用性，经得住历史和全社会的检验，传承文明，资政育人。坚持积极稳妥、有序推进，根据研究实力和条件，实事求是确定研究进度，制定切实可行的项目实施方案，分步有序推进。

【总体目标】河南兴文化工程文化研究计划致力于对当代河南发展重大理论和现实问题、河南历史文化进行全方位、多层次、分领域系统研究。成果表现形式主要为专著、系列丛书、咨政报告，以及有利于传播的通俗学术读物、学术论文等。通过文化研究计划的实施，分阶段、有步骤地推出一批具有重大学术影响和良好社会效益的学术成果，培育一批高水平河南文化学术名家、学科骨干和研究团队，为不断构建和完善具有中国特色、中国风格、中国气派的学科体系、学术体系、话语体系，为进一步繁荣和发展哲学社会科学作出河南贡献。河南兴文化工程文化研究计划第一期目标为：在"十四五"时期，陆续推出系列文化研究成果，将工程打造成为梳理河南历史文脉的重要载体，推进河南文化强省建设的响亮品牌，努力构建河南文化研究新高地。

【基本框架】河南兴文化工程文化研究计划坚持中国特色社会主义道路自信、理论自信、制度自信、文化自信，以历史时间线索为主轴，对河南不同历史时期的重要人物、重要事件、重要遗存、重要典籍进行全面梳理和深入研究，同时注重把河南思想史、制度史研究融入其中，并从域内外多视野挖掘其深刻内涵和当代意义。

【主要研究任务】 河南兴文化工程文化研究计划主要设立河南当代发展研究、河南历史文化专题研究、河南重要历史名人研究、河南重要历史事件研究、河南重要历史文化遗存研究、河南重要历史文献典籍研究六大板块。

河南当代发展研究。主要任务包括：深入总结河南贯彻落实习近平新时代中国特色社会主义思想的生动实践，科学解读省委、省政府重大决策部署。深入研究建设现代化河南进程中的重大理论和现实问题。深入研究河南加强党的建设实践中的重大理论和现实问题。

河南历史文化专题研究。主要任务包括：深入研究河南文化的起源、发展、变迁及其在中国文明史、世界文明史上的地位、影响、贡献。全面总结中华文脉传承的河南探索。深入研究建设中国特色、中国风格、中国气派的文明体系、考古学体系的河南探索。深入开展河南史前文化和考古研究，论证中原文化、中原文明根源性，为万年文化史提供河南实证。深入研究河南文化中具有中国意义、世界意义的优秀基因和核心价值。扎实开展河南文化思想史研究，论证河南文化、河南思想流派对中华民族思想观念、行为方式的重要影响。深入研究河南文化的当代价值以及对治国理政的经验借鉴和智慧启示。深入研究河南历史文化的保护、传承与发展。深入研究河南分地域历史文化。深入研究具有河南特色的历史文化。深入研究河南地方民俗文化。扎实开展国内外对河南文化研究的文献整理。

河南重要历史名人研究。主要任务包括：深入开展河南历史文化名人年谱系列研究。深入开展河南名人传记、人物述评研究，重点关注其思想、事迹、贡献，以及对历史发展进程的影响，对中华传统文化和精神的传承与弘扬。

河南重要历史事件研究。主要任务包括：编纂河南重大历史事件辞典，对发生在河南并对中国历史乃至世界历史产生较大影响的历史事件进行全面梳理研究。深入开展某一重大历史事件专题研究，突出事件的原因、经过、结果，并从经济、政治、思想、文化等不同角度深入研究有关历史事件的深远影响。深入开展河南重要历史时期社会发展情况专项研究，对河南重要历史时期政治、经济、文化、科技、教育发展情况进行深入研究。

河南重要历史文化遗存研究。主要任务包括：编纂河南历史文化遗存、非物质文化遗产名录提要，对河南文化遗址、古墓葬、古建筑、石窟寺、石刻、壁画、近代现代重要史迹和代表性建筑等历史文化遗存资源，以及河南重要非物质文化遗产进行梳理研究。深入开展河南出土、馆藏重要文物专项研究。深入开展重要历史遗存考古发掘研究，为中华文明探源提供实证。

河南重要历史文献典籍研究。主要任务包括：对河南历代存佚文献进行全面梳理研究。深入开展河南历史文献整理研究，对馆藏河南稿抄本文献进行整理，对散佚文献进行辑佚，对河南档案文献进行整理，对河南传世经典古籍整理校勘，编纂出版《中原文库》。对河南重要甲骨、简帛、金文（钟鼎文）、碑碣、墓志、摩崖、造像记等文献进行专题研究。深入开展古代文献、金石拓片、地方史志以及各类典籍的数字化建设，打造中原文献数据库。

【组织机构】 *成立指导委员会*。由有关省领导担任指导委员会主任，省委宣传部牵头负责，成员包括省委宣传部、省教育厅、省文化和旅游厅、省社科联、省社科院、中原出版传媒集团、省文物局、省档案馆等单位的负责人。指导委员会负责审定研究计划的规划、指导研究计划实施。各市、县也应成立相关组织架构，指导本地区实施兴文化工程文化研究计划工作。

设立专家委员会。河南当代发展研究、河南历史文化专题研究、河南重要历史名人研究、河南重要历史事件研究、河南重要历史文化遗存研究、河南重要历史文献典籍研究六大板块，分别设立专家委员会，专家委员会采取首席专家负责制。专家委员会成员由在各个领域学术造诣深厚的专家学者组成，以省内专家为主，也可根据工作实际邀请国内外知名专家参与。这些成员主要负责评估研究计划的规划及研究方案；评审研究课题；评估研究成果；对研究团队进行学术指导。

建立工作班子。河南兴文化工程文化研究计划指导委员会办公室设在省社科规划办，负责文化研究计划日常工作。在指导委员会的领导下，组织专家和聘请有关兼职工作人员，具体负责文化研究计划的项目规划、实施和管理。

【运作方式】 *明确目标*。指导委员

会办公室牵头,在全面梳理河南历史文化资源和研究现状的基础上,通过征求各方意见,制定研究计划总体框架、年度重点研究课题规划指南,并结合实际进行动态调整。通过总体规划、重点投入、系统开发,推动河南历史文化研究上规模、上档次,形成一批有重大学术影响和较好社会效益的学术成果,培养一支拥有高水平学科带头人的骨干团队,建设一批具有河南特色的人文社会科学重点学科、学术品牌、研究基地。

推进措施。公开招标。文化研究计划项目一般采取"揭榜挂帅""赛马制"方式择优招标立项,任何有研究能力的单位、个人都可按照申报办法申请项目,组建专属工作团队进行研究。整体承接。对有能力独立完成研究计划中某项系列研究的单位,采用整体承担某一板块或某一板块中某个系列的方式。拟申请整体承担的单位,可提出研究方案,经过专家委员会论证通过后实施。联合研究。对拥有较强研究实力、具有明显研究特色且优势互补的多个研究单位,可采取1个单位牵头、相关单位支撑配合,开展联合攻关研究。邀约委托。对已有大量前期研究成果、在某个研究领域内具有较大学术影响的研究单位和研究人员,视情况采用委托方式,邀约其为该研究项目的主持人,负责该项目研究的方案设计、人员组织、研究推进和质量把关。邀约委托采用首席专家和项目委托单位负责制。许可纳入。对事先未纳入工程研究系列,但正在研究或已经完成的相关研究项目,经项目主持人申请、专家委员会评审确认后,采用项目许可方式加以追认。

管理措施。选题管理。指导委员会办公室负责制定年度研究计划重点研究课题规划指南,经专家委员会论证通过,并报指导委员会批准后公布实施。立项管理。无论何种项目承接方式,都必须由学术委员会对研究方案和项目进行评估论证,按照程序进行公示,无异议后方可立项。中期检查。每个研究项目须接受指导委员会办公室中期检查。鉴定验收。研究成果完成后,由专家委员会首席专家组织进行评审验收,优秀研究成果由指导委员会办公室统一组织出版。宣传推介。以省内媒体为主,联合国内知名报刊、学术期刊网络平台等,开设专栏,重点介绍文化研究计划的优秀成果及其作者,扩大学术影响。整合资源。在主要依靠本省哲学社会科学界研究力量的同时,注重资源整合,积极与国内外著名院校、科研机构和著名专家、学者进行合作,选聘有关专家承担研究计划的部分课题,参与研究方案的咨询、论证、项目评审和成果评估。联合举办全国性学术研讨会、成果发布会,宣传推介研究成果。

奖励精品。制定完善的评审制度,对项目经费的支持力度与产出社会经济效益挂钩,进行科学评估,将项目评审结果作为对项目负责人所在单位业绩考核的重要依据。对有特别重大影响和学术价值的研究成果和文献整理成果实行重奖。对部分优秀成果,由指导委员会办公室统一报送工程指导委员会审定,列入河南兴文化工程文化研究计划精品系列成果,予以奖励。设立年度评比、表彰机制,奖励在研究计划实施中作出重大贡献的单位和个人,省社会科学优秀成果奖着力向研究计划重要成果倾斜。

经费保障。充分发挥政府投入的主导作用,通过争取国家社科基金重大项目、中央马克思主义理论研究和建设工程重点项目,加大省社科基金投入力度,申请省财政专项经费,划拨省委宣传部专项经费,设立河南兴文化研究工程出版基金等方式,多渠道筹措研究经费。文化研究工程中与各地密切相关的项目,由相关省辖市承担部分研究经费。项目承接单位要尽可能提供配套经费,支持项目的研究。对与工程有较为密切联系、在某一研究领域具有绝对研究优势、在全国有较大影响的若干学科群,采用"省级社科研究基地建设"的方式,在政策和经费上予以重点支持。

【主要研究情况和成果推介】2022年河南兴文化工程文化研究专项课题分为具体条目和方向性条目。具体条目立项62项,方向性条目按照6个板块分类,立项213项。截至2022年底,这些项目在《求是》《光明日报》《河南日报》《中州学刊》等报刊发表研究文章65篇,出版图书29部,完成书稿51部,荣获相关奖项7项,获得省部级领导批示1件。河南兴文化工程文化研究重大委托项目"《习近平用典》中的河南元素""大中小学教材中的河南故事"顺利结项,项目组配合2022年9月22日书香河南首届全民阅读大会录制的访谈推介视频,通过微博、抖音、大象新闻客户端、顶端新闻客户端发布后,全网话题、视频阅读量达8000多万人次。

【品牌打造】2022年6月,经河南省委常委会审议,河南兴文化工程文化研究计划纳入《河南省"十四五"时期哲学社会科学发展规划》，明确要"打造文化研究品牌"。着眼深化中国文明历史研究，增强历史自觉，坚定文化自信，加快推进文化强省建设，立足河南省历史文化底蕴深厚优势，按照《河南兴文化工程文化研究计划实施方案》，设立河南当代发展研究、河南历史文化专题研究、河南重要历史名人研究、河南重要历史事件研究、河南重要历史文化遗存研究、河南重要历史文献典籍研究6大板块，开展全方位、多层次、分领域系统研究，推动中华优秀传统文化创造性转化、创新性发展，将河南兴文化工程打造成为河南省文化建设和哲学社会科学发展的重要平台和重大品牌。以"行走河南·读懂中国"为主题，持续深化仰韶文化、夏文化、殷商文化、春秋文化、汉唐文化、宋文化、河洛文化等中华优秀传统文化的全方位研究，绘制中原文化图谱，彰显中华文明根魂。深入挖掘、传承和弘扬中医药文化。着力抓好黄河文化研究，高水平推进重要遗址考古发掘和研究，讲好新时代"黄河故事"，让黄河文化在新时代熠熠生辉。

【重要活动】 组织召开全省宣传思想文化系统理论学习中心组集体学习专题会议，邀请中国社科院王巍教授以视频方式做"中华文明探源研究二十年"专题报告。举办现代化建设高端论坛暨第十三届中原智库论坛。举办学习贯彻习近平新时代中国特色社会主义思想专题研讨会，召开第四届中国红色文化传承与创新发展全国学术研讨会，以及黄河文化研讨会、红旗渠精神研讨会等10余场活动，营造浓厚的文化研究氛围。"河南这十年"主题系列新闻发布会（宣传思想文化专场），专门就兴文化工程答疑解惑、宣传推介，提高知名度，扩大影响力。发挥"学习强国"河南学习平台、《河南日报》、大河网等媒体作用开设文化研究专栏，交流展示成果。

【河南兴文化工程徽标】 为系统梳理、集中呈现河南兴文化工程文化研究成果，进一步扩大河南兴文化工程的影响力、传播力，体现河南兴文化工程成果的标识性、权威性，省委宣传部向中原出版传媒集团征集并确定河南兴文化工程徽标设计图案。该图案整体风格采用正负空间设计，正形是字母"H"造型，负形是汉字"兴"的古文字形。正负空间及阴阳空间，有天人合一之意，它是中国哲学思想的本源，又兼具时代特征。在造型符号上分别融入了象征着博大精深中原文化的饕餮纹和青铜鼎元素，将文化内涵与权威形象结合起来，让中原文化符号与中原文化内涵巧妙融合，让传承和创新有机统一。在色彩上采用的中国深绯红色，蕴含着极其丰富的传统文化内涵，是庄重、权威、正直和稳重的象征，很好地呈现了兴文化工程的理念。

河南兴文化工程徽标

2022年河南兴文化工程文化研究专项项目汇总表

一、河南当代发展研究

研究方向：(1)深入总结河南贯彻落实习近平新时代中国特色社会主义思想的生动实践，科学解读省委、省政府重大决策部署。(2)深入研究建设现代化河南进程中的重大理论和现实问题。(3)深入研究河南加强党的建设实践中的重大理论和现实问题。

序号	项目名称
1	《习近平用典》中的河南元素
2	大中小学教材中的河南故事
3	习近平新时代中国特色社会主义思想是中华文化和中国精神的时代精华研究
4	习近平新时代中国特色社会主义思想在河南的实践研究
5	习近平总书记"两创"思想对传承弘扬中华优秀传统文化的指导意义研究（1）
6	习近平总书记"两创"思想对传承弘扬中华优秀传统文化的指导意义研究（2）
7	习近平新时代中国特色社会主义思想是中华文化和中国精神的时代精华研究
8	坚持把马克思主义基本原理同中国具体实际相结合、同中华优秀传统文化相结合研究
9	建立中国特色、中国风格、中国气派的文明研究学科体系、学术体系、话语体系的河南实践研究
10	"十个河南"建设研究
11	河南落实黄河流域生态保护和高质量发展战略理论与实践研究
12	新发展格局下河南县域经济成高原理论与实践研究（1）
13	新发展格局下河南县域经济成高原理论与实践研究（2）
14	河南革命传统和红色精神研究（1）
15	河南革命传统和红色精神研究（2）
16	兴文化工程建设背景下加快河南文化产业高质量发展研究
17	双向构建对外话语体系中的河南形象研究
18	城市更新与河南新型人文城市群建设研究
19	艺术园区建构对提升河南城市文化竞争力实践价值研究
20	现代化河南建设进程中文体旅产业融合发展效应评估及提升路径研究
21	总纲领总遵循总指引的河南实践研究
22	河南实体企业文化共同体建设路径研究
23	河南省家庭结构变迁与积极社会政策创新研究
24	现代化视域下河南农民精神生活问题研究
25	文艺精品力作讲好中国故事的河南实践研究
26	新时代河南文化影响力研究
27	传承弘扬红旗渠精神的河南实践研究
28	县级融媒体中心参与基层社会治理的河南实践研究
29	法治化营商环境的河南实践研究
30	创新乡村治理的河南实践研究
31	老龄化背景下河南省农村养老问题研究
32	农业现代化背景下河南省智慧农业发展的现实约束与突破路径研究
33	数字化转型的河南实践研究
34	基层政权治理能力建设的河南实践研究
35	创新驱动发展战略下河南企业创新管理的机制及路径研究
36	黄河文化视野下河南省城市形象建设研究
37	加强河南省党内政治文化建设问题研究
38	河南加强党的政治建设重大理论与现实问题研究
39	以自我革命推进河南能力作风建设研究

续表

序号	项目名称
40	河南省农村集体经济发展进程中的党建文化比较研究
41	新时代党的群团组织参与基层治理的行动逻辑与实践路径研究
42	乡村振兴战略背景下农村基层党组织建设研究——以河南省S镇为例

二、河南历史文化专题研究

研究方向：(1)深入研究河南文化的起源、发展、变迁及其在中国文明史、世界文明史上的地位、影响、贡献。(2)全面总结中华文脉传承的河南探索。(3)深入研究建设中国特色、中国风格、中国气派的文明体系、考古学体系的河南探索。(4)深入开展河南史前文化和考古研究，论证中原文化、中原文明根源性，为万年文化史提供河南实证。(5)深入研究河南文化中具有中国意义、世界意义的优秀基因和核心价值等。

序号	项目名称
1	河南在中华文明起源发展中的历史地位、取得的灿烂成就及对世界文明重大贡献研究
2	河南对中华文明多元一体格局形成的贡献研究
3	河南在中华文明探源工程中的地位和贡献研究
4	河南在中华文明起源发展中的历史地位和重要贡献研究
5	中原地区在中华文明多元一体格局形成发展中的地位研究
6	中华文明起源所昭示的中华民族共同体发展路向和中华民族多元一体演进格局研究
7	中华文明蕴含的全人类共同价值研究
8	中华文明讲仁爱、重民本、守诚信、崇正义、尚和合、求大同的精神特质和发展形态研究
9	建设中国特色、中国风格、中国气派的考古学体系的河南实践研究
10	加快推动中华优秀传统文化创造性转化、创新性发展研究
11	构建中华优秀传统文化传承发展体系的河南探索研究（1）
12	构建中华优秀传统文化传承发展体系的河南探索研究（2）
13	推动以中原文化、黄河文化为代表的中华优秀传统文化创造性转化创新性发展研究
14	汉字与中华民族文化基因传承研究
15	保护传承弘扬黄河文化研究（1）
16	保护传承弘扬黄河文化研究（2）
17	万年文化史的河南探索研究
18	"三皇五帝"研究
19	巩义双槐树遗址与五帝文化研究
20	夏商周三代文明演进的文德路径研究
21	黄河流域夏文化与早期国家的形成研究
22	商丘汤亳研究
23	夏代史研究
24	殷商文化起源及其兴衰研究（1）
25	殷商文化起源及其兴衰研究（2）
26	商代都城迁徙与国家治理体系研究
27	豫东地区与先商文化研究

续表1

序号	项目名称
28	春秋战国时期中原地区民族交融史研究
29	河南与中国农业文明起源研究
30	河南地方志史
31	河南城市发展史
32	"四大发明"所蕴含的科学基因和创新精神研究
33	河南科技发展史研究
34	河南科学小品史研究
35	河南青铜技术发展史研究
36	河南冶铁技术发展史研究
37	河南野生动物驯化史研究
38	河南生产工具史研究
39	河南农作物栽培史
40	河南中医药史研究
41	河南村落发展史研究
42	河南历史上的国家建构与治理研究
43	河南文化艺术史研究（1）
44	河南文化艺术史研究（2）
45	河南民间剪纸史研究
46	河南音乐史研究
47	河南文化遗产保护史
48	从夏文化对三星堆文化的影响看中华文化传承创新研究
49	河南医人考
50	河南医籍考
51	河南家谱研究（1）
52	河南家谱研究（2）
53	河南历代书画鉴藏家印鉴及鉴藏方法研究
54	《道德经》的当代价值和世界影响
55	炎黄学研究
56	汉代经学研究
57	魏晋玄学研究
58	唐代老学研究
59	宋国文化研究
60	宋明理学研究（1）
61	宋明理学研究（2）
62	洛学研究（1）
63	洛学研究（2）
64	冯友兰新理学研究
65	黄河学研究

续表 2

序号	项目名称
66	中原学研究（1）
67	中原学研究（2）
68	中原子学研究
69	河南距今10000至4000年文化演进历程研究
70	音乐文化基因溯源——河南史前和先秦音乐考古研究
71	中原地区早期国家宫室制度研究
72	河南史前文化格局与地位研究
73	南阳岩画调查报告
74	文旅文创融合视域下红色基因传承研究——基于河南省红色文化资源开发分析
75	黄河文明与五经文本生成及经典价值研究
76	河南革命精神谱系历史脉流、理论样态及百年赓续研究
77	河洛文化国际话语体系构建研究
78	中原文化优秀基因及其中国意义与世界意义研究
79	殷商甲骨文与早期中国审美地理观研究
80	生态翻译学视域下的黄河文化外宣翻译研究
81	河南文化思想史研究
82	河南家谱史研究
83	河南新闻史研究
84	中原人文信仰思想史研究
85	先秦中原地区共同体思想研究
86	河南传统文化在现代治理中的价值与应用研究
87	先秦时期中原外交话语中的美学现象与思想
88	中原文化融入大学生思想政治教育的路径研究
89	中华优秀传统文化融入高校思政课教学研究
90	河南红色文化保护、传承与创新发展研究
91	中原农耕文化的保护、传承与发展研究
92	智媒视域下河南文化符号传播路径研究
93	河南大运河文化资源的产业化研究
94	中原文化跨媒介叙事现象研究
95	AI赋能的甲骨文化传承、创新与产业化发展研究
96	文化强国视域下河南传统民居建筑装饰文化的保护、传承与发展研究
97	数字时代中原文化遗产保护与创新发展机制研究
98	河南老子文化国际传承策略的有效性研究
99	豫西地区石窟寺及摩崖石刻现状调查
100	河南省农业文化遗产的保护、传承与发展路径研究
101	河南沿黄古建筑资源调查整理及保护利用研究
102	中原汉代体育文化传承与发展路径研究
103	新时代大别山红色音乐文化传承与发展研究

续表3

序号	项目名称
104	河南仲景中医药文化的历史传承与全媒体传播
105	文旅融合背景下黄河文化传播探索研究
106	自媒体环境下河南红色音乐文化的传承与发展研究
107	河南传统村落保护和发展中的"黄河文化"传承策略研究
108	河南省农业文化遗产价值评估与优化提升研究
109	河南传统体育文化的嬗变研究
110	大数据时代河南省文化遗产系统性保护研究
111	短视频时代河南历史文化的传播机制研究
112	乡村振兴背景下河南省黄河流域文化保护传承和旅游区域协同发展研究
113	河南分地域历史文化研究
114	豫南地区两周时期历史地理文化研究
115	中原运河与豫商文化变迁研究
116	应天书院研究
117	基于地域分区视角的河南传统村落历史文化研究
118	河南救灾史研究
119	河南教育史研究
120	河南诗歌史研究
121	考古学视域下的甲骨文形体研究
122	新时代提升河南粮食文化特色研究
123	河南大运河史研究
124	河南中医思想史研究
125	河南饮食文化研究
126	官瓷通史研究
127	河南家谱中姓氏文化的挖掘、整理与研究——以河南省1386种家谱文本为例
128	河南博物馆史
129	河南绞胎瓷通史研究
130	河南民族史研究
131	殷墟甲骨文与中国书写文化研究
132	河南文庙研究
133	寻根河南读懂中国
134	清代民国少林武术生存空间演变与社会变迁研究
135	河南省武术史略
136	河南嵩山地区陶瓷文化特色研究
137	太极拳国际传播的理论阐释、现实困境及发展对策研究
138	河南道教史研究
139	河南古琴文化的保护、传承与发展研究
140	河南钧瓷文化英译与海外传播研究
141	中原民间玉器视觉文化研究与图像谱系建构

续表4

序号	项目名称
142	北朝至明代河南陶瓷文化研究
143	洛阳民俗文化研究
144	河南陶瓷文化中折射出的"童心说"思想及其对现代艺术发展的影响
145	民国时期河南戏剧管理体制研究
146	河南戏剧史研究
147	河南茶文化整合传播研究
148	基于"戏箱"考证的河南豫剧服饰谱系研究
149	北宋都市词中的城市文化与河南城市形象的塑造
150	朱仙镇木版年画的传承与创新发展研究
151	河南民间音乐文化在当代音乐创作中的创新价值研究
152	河南特色黄河文化建设发展研究
153	《黄帝内经》思想研究
154	《东京梦华录》都城审美文化研究
155	河南黄河流域戏曲民俗文化研究
156	"互联网+"背景下河南民俗文化数字化保护与传播途径研究
157	河南社亲习俗口述史料抢救性整理与研究
158	中原神话再调查：经歌的民族志研究
159	豫北民俗文化对乡村振兴作用的研究
160	"政治惊扰"与"市场窄化"：河南坠子现代性转型研究
161	中原剪纸文化研究
162	豫东地区传统民俗文化数智化设计构建研究
163	河南地方民俗中的黄河文化基因传承——以河南浚县民间社火为例
164	近世越南燕行文献所存清代河南史料辑释
165	新时代中华优秀传统文化全媒体创新传播的河南实践研究
166	德国当代汉学视域中的河南特色文化研究文献译介
167	"中华源·河南故事"外文书系的国家记忆传承与国际传播策略研究

三、河南重要历史名人研究

研究方向：(1)深入开展河南历史文化名人年谱系列研究。(2)深入开展河南名人传记、人物述评研究，重点关注其思想、事迹、贡献，以及对历史发展进程的影响，对中华传统文化和精神的传承与弘扬。

序号	项目名称
1	李棠阶年谱长编
2	师陀年谱
3	豫籍近代史家郭廷以传（1904—1975）
4	清初河南理学名臣汤斌评传研究
5	青年杨靖宇研究
6	子产研究

续表

序号	项目名称
7	吴其濬研究
8	朱载堉研究
9	吕坤评传
10	把艺术创造写在中原大地上的践行者——陈天然思想研究
11	画圣吴道子研究
12	河南历史文化名人资源整理与利用研究（资源调查）
13	靳志研究
14	中原汉卿——樊粹庭
15	韩琦研究
16	白居易研究
17	医圣张仲景研究
18	杜甫研究
19	道圣老子研究
20	科圣张衡研究
21	韩非子研究
22	理学宗师二程研究
23	布衣之士墨子

四、河南重要历史事件研究

研究方向：(1) 编纂河南重大历史事件辞典，对发生在河南并对中国历史乃至世界历史产生较大影响的历史事件进行全面梳理研究。(2) 深入开展某一重大历史事件专题研究，突出事件的原因、经过、结果，并从经济、政治、思想、文化等不同角度深入研究有关历史事件的深远影响等。

序号	项目名称
1	洛邑营建与西周文化认同的生成
2	引黄灌溉济卫工程红色精神研究
3	南水北调中线工程建设历史与精神价值研究
4	河南新年画与新中国主流意识形态视觉传播研究（1949—1965）
5	二七大罢工革命史（河南）与精神传续研究
6	河南红色音乐教育史（1927—1949）
7	河南电影发展史（1929—1949）
8	历史上平原省文化艺术研究
9	鄂豫皖苏区红色歌谣整理与研究

五、河南重要历史文化遗存研究

研究方向：(1) 编纂河南历史文化遗存、非物质文化遗产名录提要，对河南文化遗址、古墓葬、古建筑、石窟寺、石刻、壁画、近代现代重要史迹和代表性建筑等历史文化遗存资源，以及河南重要非物质文化遗产进行梳理研究。(2) 深入开展河南出土、馆藏重要文物专项研究等。

序号	项目名称
1	灵宝铸鼎原遗址群与黄帝文化研究
2	殷墟与中华文明早期发展研究
3	基于河洛石刻文献的北魏洛阳时代研究
4	河南段黄河金石碑刻及其价值研究
5	河南古塔遗存调查与研究
6	胶庠遗韵：中州教育文物的保护与开发研究
7	河南省太极拳非物质文化遗产名录研究
8	河南大遗址保护利用概要研究（编写《行走河南·读懂中国》普及读物）
9	河南省国家级非物质文化遗产（1—5批）梳理研究及名录图典编撰
10	大运河河南段文化遗产的内涵、价值与保护、传承
11	隋唐大运河的文化变迁与保护传承研究——以洛阳段为例
12	河南巩县石窟寺佛教造像艺术研究
13	河南省非遗对外传播多模态汉英双语语料库平台构建研究
14	洛阳工业区四大广场景观遗产保护的重大价值、意义、问题与对策研究
15	张仲景医药非遗文化的保护利用与活态传承研究
16	融合与重构：唐宋中原地区曲破乐舞研究
17	明清时期河南地方文庙研究
18	中原地区汉代砖室墓演进的考古学观察
19	平乐郭氏正骨非遗文化价值及传承保护研究
20	以河南博物馆群数字化、生态化、特色化建设助推"行走河南·读懂中国"文化品牌传播研究
21	罗山皮影的视觉修辞艺术研究
22	河南民间泥塑的文化内涵与传承研究
23	文脉之源——殷墟
24	河南非物质文化遗产（河南木版年画）专项研究
25	河南服饰史研究
26	陈鑫太极拳学思想研究
27	河南黄河号子的搜集整理与研究
28	龙门石窟北魏佛教造像服饰文化的数字化传承研究
29	河南木版年画的传承发展与观念中的根源文化研究
30	于非遗叙事特征的地域文化认同构建——以淮阳泥泥狗为研究对象
31	后非遗保护时代曲艺传承模式研究——以河南坠子为例
32	宋代点茶传承与中原茶文化发展研究
33	河南民间传说类非遗民俗谱系与资源转化研究
34	非物质文化遗产视域下陈氏太极拳传承与保护探究
35	河南石窟寺乐舞图像整理与研究
36	汉代画像石刻的艺术与汉史研究
37	文旅融合视域下数字技术在河南庙会非遗保护与传播功效研究
38	河南非物质文化遗产汴绣的文化价值与可持续发展专项研究
39	国家级非物质文化遗产——河南浚县泥咕咕传统民间艺术的传承发展研究

续表

序号	项目名称
40	黄落腔现存剧目的曲本记写与整理
41	河南博物院藏红色出版物保护与利用研究
42	唐三彩综合研究
43	河南夏文化遗存研究
44	河南重要历史文化遗存所展示的天文学成就研究

六、河南重要历史文献典籍研究

研究方向：(1)对河南历代存佚文献进行全面梳理研究。(2)深入开展河南历史文献整理研究，对馆藏河南稿抄本文献进行整理，对散佚文献进行辑佚，对河南档案文献进行整理，对河南传世经典古籍整理校勘，编纂出版《中原文库》等。

序号	项目名称
1	河南重要古籍概要研究（编写《行走河南·读懂中国》普及读物）
2	河南县级图书馆庋藏古籍四部分类整理与研究
3	清代民国河南方志戏曲文献整理与研究
4	《皇朝中州人物志》《中州人物考》点校整理具体条目
5	河南当代文学期刊史料研究
6	明清河南驿站史料汇编
7	晚清民国河南藏书圈与图书馆界
8	民国时期河南武术历史文献整理研究
9	元结诗文集整理
10	洛阳法律碑刻分类整理与研究
11	河南新见唐代碑志研究
12	清代豫西地区水利碑刻文献搜集整理研究
13	河南安阳洹宝斋所藏甲骨专题研究
14	河南清代女性碑刻资料整理、研究及数据库建设
15	河南汉代文字刻石研究
16	国家级非遗项目怀梆剧本整理与研究
17	出土汉简所见河南地区资料编年辑证
18	《陈风》散论
19	《道德经》译注与导读
20	《河南古旧地图集》

宣传教育

【概　况】 2022年，河南省宣传教育工作坚持以习近平新时代中国特色社会主义思想为统领，紧扣迎接宣传贯彻党的二十大精神工作主线，紧贴"五个突出"工作要求，结合开展"能力作风建设年"活动，坚持守正创新，主动融入大局，强化结果导向，宣教工作不断在改进中加强，在创新中发展。

【重大宣传教育】 紧紧围绕迎接宣传贯彻党的二十大精神，统筹谋划"新时代 新征程 争出彩"十大主题宣传教育实践活动，做到活动开展到哪、思想就引领到哪；扎实做

2022年10月17日，河南省委书记楼阳生参观"奋进新时代"主题成就展河南展厅

好"奋进新时代"主题成就展河南展区筹展工作，突出"河南粮""幸福河""一渠水""小康路"等特色亮点，以新时代的河南诠释和注解新时代的中国；广泛开展迎接中国共产党成立101周年"强国复兴有我"展播活动，在全社会唱响了爱党、爱国、爱社会主义主旋律。

【红色基因传承】 认真贯彻落实习近平总书记在北大红楼参观时的重要指示精神和省委常委会会议精神，制定下发《河南省爱国主义教育示范基地管理办法》，加强全省各级各类红色教育基地建设管理使用，持续开展"红色耀中原"主题教育实践活动，努力打造红色教育河南品牌；组织召开长城、大运河、长征、黄河国家文化公园（河南段）建设工作专题会议，督促落实《长征国家文化公园（河南段）建设保护规划》，各项工作稳步推进；贯彻落实中央文件精神和省委主要领导批示要求，组织召开全省革命历史类纪念设施、遗址和爱国主义教育基地核查专题会议，统一部署安排全省核查工作，代省委起草形成专题报告，进一步摸清底数、规范程序。组织开展第一批列入中国共产党精神谱系的大别山精神的研究论证，代省委起草研究报告，并上报中共中央办公厅。

新闻发布

【概　况】 2022年，全省新闻发布工作坚持把满足群众信息需求、提升正面宣传效果作为出发点和落脚点，加大信息发布和政策解读力度，及时回应社会热点问题和重大民生关切，持续完善优化工作机制，进一步推动新闻发布工作制度化、规范化、专业化。省委宣传部、省政府新闻办全年共举行省级新闻发布会104场，523人次出席，回答媒体关注问题508个。各省辖市、示范区举行市级新闻发布会556场，有力展示了发展成绩，回应了社会关切，彰显了出彩河南形象。

【党委新闻发布】 深入贯彻落实党中央关于建立完善中国共产党新闻发言人制度有关要求，持续完善党委新闻发言人制度，提升党委新闻发言人规格，省、市、县三级党委新闻发言人制度全面覆盖。积极开展党委新闻发布工作，中共河南省委于2022年8月28日举行"中国这十年·河南"主题新闻发布会，省委书记楼阳生做主题发布，并会同省委、省政府相关负责人回答记者提问。

2022年8月28日上午，中共河南省委举行"中国这十年·河南"主题新闻发布会，介绍党的十八大以来，河南省委、省政府在党中央坚强领导下，全面深入贯彻落实习近平新时代中国特色社会主义思想，推动经济社会各项事业发展取得的显著成就、发生的历史性变革，以及在现代化河南建设新征程上接续奋斗的生动实践

发布会主题鲜明，重点突出，内容丰富，报道充分，各级媒体刊发原创报道1100余篇（条），开设的37个网络话题总阅读量达9.5亿次，2个微博话题登上全国热搜榜。围绕迎接宣传贯彻党的二十大精神这条主线，策划举行"河南这十年"系列主题新闻发布会29场，全面展示党的十八大以来，河南经济社会发展取得的历史性成就、发生的历史性变革，持续奏响了"牢记嘱托、奋勇争先、更加出彩"的河南强音。

【政府新闻发布】 聚焦锚定"两个确保"、实施"十大战略"，策划举行"2022年上半年河南省经济运行情况""河南省重点民生实事落实情况""促进经济平稳健康发展一揽子政策措施""高效统筹疫情防控和经济社会发展""落实国务院稳经济接续政策措施""自贸区建设5周年""全面加快基础设施建设稳住经济大盘""三夏生产"等专题新闻发布会。深度解读全省出台的重要政策举措和地方性法规，策划举行《河南省促进创业投资发展办法》《河南省科学院发展促进条例》《河南省教育督导条例》《河南省村庄规划编制和实施规定》《河南省高考综合改革》等专题新闻发布会，运用"图文音视频"的方式，宣传解读相关政策法规的背景意义、主要内容和贯彻落实情况，取得了良好成效。策划举行"奋进'十四五'建功新时代"——河南省"十四五"专项规划政策解读主题系列新闻发布会12场，深入解读省委、省政府以前瞻30年、谋划15年、立足这5年的变革性、牵引性、标志性举措，推出了一批有分量、有影响的报道评论。

【体制机制】 制定印发《关于进一步做好新冠肺炎疫情防控信息发布和舆论引导工作的通知》等文件，督促指导各地及时准确、依法依规发布权威信息。建立疫情防控信息发布工作督办机制，督促做好例行发布工作、压实信息发布主体责任，防止相关舆情持续炒作。会同省卫健委制定《河南省常态化疫情防控"三情"联动工作机制》，实现舆情、社情、疫情防控协调联动，为夺取疫情防控和经济社会发展"双胜利"营造良好氛围。制定《河南省防汛应急宣传和舆情引导执行预案（试行）》，从预警信息发布、新闻发布、新闻报道、舆情处置、志愿服务、极端条件下的应急宣传等方面提出应急响应举措。牵头举行河南省防汛应急宣传引导桌面演练，达到了预期效果，《坚持守正创新 树牢为民理念努力提升全省防汛应急宣传引导能力水平》实战演练类申报材料入选全省"能力作风建设年"活动优秀案例。

思想政治工作

【坚持用习近平新时代中国特色社会主义思想凝心铸魂】 持续推进高校思想政治理论课创新，突出价值引领，优化内容供给，创新工作载体，着力培养担当民族复兴大任的时代新人。坚持领导干部常态化联系学校制度，印发《省级党政领导干部联系高校开展思想政治教育的通知》，发挥省级领导干部示范引领作用，推动各级领导干部常态化到学校做报告、搞调研。组织开展"精彩思政课"主题宣传教育实践活动，面向全省大、中、小学思政课教师，组织开展全省学校思想政治理论课教学技能"大练兵、大比武、大展示"。聚焦党的十八大以来习近平总书记4次视察河南的重要讲话重要指示，举办"追寻总书记足迹、牢记领袖嘱托"秋季开学思政第一课，推进"思政小课堂"与"社会大课堂"相结合，329.3万名师生齐聚"云端"观看，点赞量超1.5亿人次。组织征集一批优质教案和优秀课件，在"河南省高校思想政治工作网"、"豫教思语"微信公众号、"指点天下"App等平台开辟专栏，建设优秀课例信息库，实现全省大、中、小学思政课教师资源共享。

【思想政治工作创新发展】 深入贯彻落实省委、省政府《关于新时代加强和改进思想政治工作的实施意见》，广泛开展"出彩河南人"楷模发布厅进校园工作，举办网上、网下活动18场，网络直播覆盖200余万人次；加大公益广告宣传力度，在中宣部第五届社会主义核心价值观主题微电影（微视频）征集活动中，2部作品获一等奖、1部作品获二等奖；加大典型选树宣传力度，推出"最美科技工作者"王家耀、"最美基层民警"杨旭恒，女足河南姑娘王珊珊、娄佳慧等一批先进典型，2个单位、1名个人被命名为第七批全国学雷锋活动示范点和岗位学雷锋标兵。

媒体融合

【概 况】 河南省以创新思维和攻坚精神推动媒体融合发展，加快构建全媒体传播体系，塑造主流舆论新格局。制定出台《河南省加快推进媒体深度融合发展三年行动方案》，加快主力军挺进主战场，以省市县一体化全媒体传播体系建设工程为抓手，统筹推进"云媒中心"建设，着力构建省、市、县一体化全媒体传播体系。

【媒体融合】 河南省制定出台《河南省加快推进地市级媒体深度融合发展实施方案》，推动安阳、鹤壁、驻马店、许昌4个地市入选全国市级融媒体中心建设试点，统筹抓好地市级融媒体中心试点建设工作。高标准高质量建设县级融媒体中心，全省104个县级融媒体中心挂牌运行，"云上"系列App形成强大传播矩阵。重点打造顶端新闻、《河南日报》、大象新闻等省级媒体新闻客户端，其中大象新闻客户端下载量超1.4亿人次，顶端新闻客户端矩阵粉丝达3096万人，月访问用户达到386万人次。

文化体制改革

【概　况】 2022年，河南省坚持以习近平新时代中国特色社会主义思想为指导，深入贯彻中央关于文化体制改革和发展工作的决策部署，全面落实文化体制改革重点事项，取得了积极进展和明显成效。

【文企改革】 严格贯彻落实中宣部有关文件精神，出台了《关于国有文化企业深化改革加快发展的实施意见》（豫宣通〔2022〕32号）；优化结构布局，推动河南省演出公司、河南中州影剧院的资产、债务、业务、人员划转至河南歌舞演艺集团；推动郑州广播电台清退了郑州广尊智能科技公司的低效、无效资产，许昌市文投公司完成了与许昌市投资集团有限公司的合并工作，信阳市将2家市属企业国有股权无偿划转至文投集团，周口市将市文化广电和旅游局所属4家文化企业划入周口市文旅投资集团有限公司。推动河南日报报业集团有限公司启动经理层任期制改革，中原出版传媒集团完善"选马""赛马"机制，加大能上能下、外引内培力度，打造"出版豫军"人才高地。推动河南广电传媒控股集团启动任期制和契约化管理改革，大河网络传媒集团在各子公司实施岗位管理，推行竞聘制、岗薪制、任期制和淘汰制。推动河南文化影视集团、时代传媒集团有限公司开展混合所有制改革试点。

【媒体改革】 结合河南省委书记楼阳生调研宣传文化单位时提出的有关要求，推动报业和广电分别制订了全面深化改革实施方案。按照事业单位重塑性改革的有关精神，印发《关于加快推进省直报刊类机构转企改制有关工作的通知》，从工作步骤、工作程序、政策支持等方面，对《大河报》等报刊单位转制做了具体规定，明确了改革操作流程图。着眼机制改革创新，《河南日报》构建了"事业引领产业、产业反哺事业"的新型主流媒体长效发展机制。河南广播电视台建立项目化择优机制，"中国节日"系列节目每一台节目导演的产生都采取竞聘上岗制。三门峡市广播电视台围绕"融"字做文章，将原有的17个部门精简合并为9个大部室，打造扁平化组织架构、提高工作效能。平顶山市广播电视单位通过部门、人员、资源的优化整合，组建融媒体新闻中心，管理模式从频道制改为中心制。安阳市融媒体中心初步建成"一网、一端、一平台、两矩阵"及平台和公众号。许昌广播电视单位成立媒体融合与深化改革工作领导小组，重构内设机构，再造全媒体采编流程，打造许昌广播电视单位头部新媒体集群、矩阵。

【院团改革】 认真落实中央《关于深化国有文艺院团改革的意见》，围绕激发创新创造活力，河南歌舞演艺集团在剧目创作、演出等方面探索推行项目制改革。深化"三项制度"改革，商丘睢州豫剧团根据每个演职员的专业技能、贡献大小调整原档案工资，实行按劳分配、多劳多得，激发了演职人员的工作积极性、创造性。焦作市豫剧院和歌舞剧院，全面推行任期制和契约化管理，中层领导岗位全部竞聘上岗，新进员工全部实行市场化招聘，实施全员绩效考核。推动省辖市深化产教融合，解决戏曲后备人才的培养问题。鹤壁市豫剧牛派艺术研究院与鹤壁职业技术学院、浚县职业技术学校，联合创办"牛派艺术学校"；新乡市演艺公司与河南师范大学、河南科技学院合作，探索校企合作育人新路径。许昌市戏曲艺术中心与许昌职业技术学院、许昌工商管理学校合作办学，定向委培学生，产教融合、校企合作进一步深化。

【景区改革】 河南省委宣传部文化体制改革办联合省委改革办、郑州大学组成调研组，先后到焦作、安阳、洛阳等市、县开展实地考察调研，并以书面调研的形式对其他地市的景区管理体制改革情况进行了深入了解。全省积极推动景区规范化管理、制度化治理，建立健全现代景区管理体制、机制。鹿邑县将原太清宫景区管理委员会和明道宫景区管理处改革为鹿邑县老子故里旅游开发有限公司所属的2家企业，实行岗位管理、全员聘任的干部管理制度，建立与市场经济体制相适应的管理体制。焦作云台山旅游发展有限公司建立市场化管理运营制度，进一步完善法人治理结构，建立与市场深度接轨、与绩效相挂钩的薪酬体系，推行高层管理人员实行年薪聘任制，中层、基层实行岗位薪酬制和考核退出机制。

公共文化服务体系建设

【概　况】截至2022年底，河南省共建成各级各类博物馆（纪念馆）398个、公共图书馆166个、文化馆207个、公共美术馆8个、乡镇（街道）文化站2478个、村（社区）综合性文化服务中心5万多个（建成率为100%）。其他职能部门建成工人文化宫（俱乐部）2646个、"青年之家"2022个、各类体育场地8.3万个、职工书屋1.3万个、农家书屋4.7万个，基本实现全覆盖。初步形成以公共图书馆、文化馆、博物馆、乡镇文化站、基层综合性文化服务中心为主体，美术馆、科技馆、工人文化宫、妇女儿童活动中心等机构为补充的公共文化服务网络。河南省持续打造"春满中原·老家河南"春节系列文化活动、"百城万场"系列广场文化活动、"群星耀中原"、"出彩河南人"群众文艺精品展演活动和"书香河南"全民阅读系列活动等活动品牌。其中，"春满中原·老家河南"活动在全省已连续开展16年，"百城万场"系列广场文化活动开展11年，"群星耀中原""出彩河南人"等活动也连续开展8年以上。活动每年在全省开展的总场次达50多万场，直接服务8000多万人次，群众认可度和品牌黏性不断增强。

【特色品牌活动】为进一步厚植广大人民群众爱党、爱国、爱社会主义的情感，大力营造团结奋进、自信自强、国泰民安的浓厚氛围，按照"赛事牵引、协会组织、宣传文旅等部门指导"的原则，省委宣传部于2022年牵头在全省组织开展了"喜迎二十大 欢乐进万家"十大群众文化活动，活动自2022年3月份启动以来，动员宣传、文旅、教育、文联及所属13家协会等部门，覆盖全省18个省辖市（示范区）、157个县（市、区）及所有的乡镇（街道），举办广场舞、合唱、戏曲、摄影、美术、书法、乡村才艺展示、全民阅读、太极拳、自行车等各类赛事活动近7000场，征集摄影、美术、书法作品5万余幅，短视频57万余条，直接参与群众达1200万人次，有效丰富了基层文化生活。2022年9月27日，省委书记楼阳生对活动开展情况作出批示，充分肯定活动取得的扎实成效。9月28日，"喜迎二十大欢乐进万家"十大群众文化活动总结会议在郑州召开，会议传达了省委书记楼阳生的批示，省委常委、宣传部部长王战营出席并讲话，会议为十大群众文化活动产生的610个优秀节目（个人）和62个优秀组织单位代表颁奖。中宣部《文艺信息》第14期专栏刊发了河南省十大群众文化活动开展情况。

【中原文化大舞台】为贯彻落实习近平总书记关于文艺工作系列重要论述，贯彻落实省委书记楼阳生调研文旅文创融合战略重要讲话精神，建立健全文化惠民演出、院团剧目排演、戏剧传承发展的常态长效机制，真正让优秀剧目演起来、文化场地用起来、文艺工作者动起来、人民群众乐起来、社会主义核心价值观活起来，让戏剧艺术在新时代生生不息，不断发扬光大。2022年6月份启动"中原文化大舞台"活动，该活动主要以省直文艺院团参与为主，以剧场演出录制、线上展播形式开展。演出单位包含河南歌舞演艺集团、河南豫剧院（一团、二团、三团、青年团）、省曲剧艺术保护传承中心、省京剧艺术中心、省话剧艺术中心、省越调艺术中心。演出以整剧为主，兼顾名家名段、折子戏专场、音乐会、综艺演出等。剧目主要安排中宣部"五个一工程"奖、文旅部"文华大奖"、国家舞台艺术精品工程、省"五个一工程"奖、省"文华奖"等省级以上文艺奖项的获奖剧目及近年来新创推出、深受群众喜爱的优秀作品，共103部（场），其中整剧（含音乐会、综艺晚会）77部，折子戏、名家名段26场，通过百姓文化云、移动戏曲、梨园频道、文化豫约、老家河南新媒体矩阵进行广泛传播。

【"乐享新时代"周末音乐汇活动】为迎接党的二十大胜利召开，进一步厚植广大人民群众爱党爱国爱社会主义的情感，不断满足人民群众多样化、多层次、高品质的精神文化需求，省委宣传部、省教育厅、省文化和旅游厅在全省范围开展2022年"乐享新时代"周末音乐汇活动。通过重点节日和平时活动相结合、专业院团和社会团体相结合、高校教育和高校实践相结合、省内院团和省外院团相结合、线上展演和线下演出相结合的模式，2022年在全省组织安排了64场音乐汇活动，推出了元宵音乐会、中秋音乐会、七夕音乐会、我的中国心——致敬抗疫英雄专场音乐会等一批特色音乐节目，"学习强国"河南学习平台、百姓文化云、文化豫约等进行了集中展演展播，形成周周有活动、月月有重点的生动局面。

扫黄打非

【概　况】　2022年，全省"扫黄打非"战线深入学习贯彻习近平新时代中国特色社会主义思想，围绕学习宣传贯彻党的二十大精神这条主线，突出思想武装，突出求实求效，突出结果导向，突出统筹谋划，突出长效机制，履职尽责，敢于斗争，持续发力，聚焦重点领域和突出问题出重拳、用实招，工作取得明显成效，为维护党的二十大召开之年的社会文化环境作出了河南贡献。

【专项整治】　把打击有害出版物和信息挺在前面，扎实开展"正道""新风"集中行动，深入实施"八大专项整治"，有力维护政治安全、意识形态安全。

【查办成果】　建立"扫黄打非"重点案件查办快捷通道机制，加强重大案件督查督办，网络案件办理经验在全国推广，平顶山"8·2"侵犯著作权案获评2022年度全国"扫黄打非"十大案件之一。

【社会氛围】　在元旦春节、开学季等开展集中宣传，牵头举办沿黄九省区"护苗"书画及诗歌大赛，提升"扫黄打非"社会影响力。基层基础更加坚实。省"扫黄打非"指挥中心顺利完成一期建设，商城县赤城街道北街社区、林州市第九小学、鹤壁市城乡一体化示范区博文社区、永城市陈集镇等成功创建全国示范点，基层工作模式在全国推广。

保护传承弘扬黄河文化

【概　况】　黄河文化是中华文明的重要组成部分，是中华民族的根和魂。2019年9月，习近平总书记在黄河流域生态保护和高质量发展座谈会上作出保护传承弘扬黄河文化的重要指示，将黄河文化上升到民族复兴和文化自信的新高度。习近平总书记的重要指示，为深入挖掘黄河文化蕴含的时代价值，讲好黄河故事，延续历史文脉，坚定文化自信，指明了前进方向，提供了根本遵循。河南牢记总书记嘱托，立足"根"和"魂"，扛稳保护传承弘扬黄河文化的历史责任，深入实施文旅文创融合战略，以"行走河南·读懂中国"为主题，全力打造中华文化传承创新中心、世界文化旅游胜地。黄河国家文化公园建设稳步推进，黄河国家博物馆正式封顶，太极拳申遗成功，河洛文化生态保护实验区获国家批复，黄河文化月、黄河文化旅游节等连续举办，黄河文化保护传承与弘扬工作取得明显成效。

塑造"行走河南·读懂中国"品牌。 印发《行走河南·读懂中国品牌塑造实施方案》。积极研究推动博物馆群建设。把黄河国家文化公园主题展示区作为"行走河南·读懂中国"品牌落地的主舞台，谋划50处核心展示园、20条集中展示带、130个特色展示点。

聚焦重大考古研究课题。 聚焦仰韶文化，巩义双槐树取得中华文明起源关键时期和关键地区的重大发现。聚焦夏文化，二里头申遗迈出坚实步伐，淮阳时庄遗址等取得突破性考古成果。坚持"省部共建、省校联建、全省一体、国际合作"，推进省文物考古研究院重塑性改革，打造全国一流、具有世界影响力的考古院所。

建设标志性工程项目。 黄河流域非物质文化遗产保护展示中心、黄河悬河文化展示馆等加快建设。汉魏洛阳城遗址博物馆、大河村国家考古遗址公园、开封城摞城遗址博物馆、安阳殷墟遗址博物馆、中国文字博物馆二期等同步推进。郑州商都遗址博物院及仰韶村、庙底沟等国家考古遗址公园陆续建成开放。

提升"快旅慢游深体验"。 规划布局总规模3359千米的沿黄1号旅游公路(2条主线、13条支线、34条联络线)，串联黄河沿线31处核心旅游景区。黄河小浪底交通与文化旅游融合发展示范区码头、航线等建设进展顺利。联合世界研学旅游组织等，共同开展"黄河文化

千里研学之旅"。

【黄河主题文艺创作】 为大力弘扬黄河文化，2022年河南省推出一批黄河主题的文艺精品。中篇小说《黄河故事》获第七届郁达夫小说奖中篇小说奖首奖。长篇小说《金枝（全本）》获评《当代》2022年度长篇小说五佳作品。豫剧现代戏《大河安澜》2022年6月29日亮相2022年首届黄河流域戏曲演出季，8月12日在河南艺术中心展演，7月21日获文化和旅游部第十七届文华大奖提名。

【《中华黄河文化大系·黄河故事集成（河南卷）》编纂出版工程】 2020年，河南省文联启动《中华黄河文化大系·黄河故事集成（河南卷）》编纂出版工程，致力于填补黄河流域文化百科全书的空白。首批编纂第七编《黄河故事集成（河南卷）》20卷，收录黄河流域河南段广泛流传的民间故事、历史传说等。2022年共编纂完成10卷，包括神话传说2卷、根亲故事2卷、黄河治理故事1卷、黄河人物故事4卷、黄河风物故事1卷，其中8卷进入出版程序。

【2022年中国（郑州）黄河文化月】 2022年9月18日下午，2022年中国（郑州）黄河文化月启动仪式在郑州美术馆新馆举行。该届黄河文化月以"黄河儿女心向党"为主题，联动沿黄九省区，组织开展了黄河文学艺术系列展演活动、"大河欢唱庆盛会"系列文化活动、黄河文旅系列活动、中国（郑州）黄河合唱周、"美丽郑州炫舞世界"活动周等5大系列共25项活动，深入挖掘黄河文化时代价值，展示黄河文化魅力，讲好黄河故事，共同奏响新时代"黄河大合唱"。

豫剧《大河安澜》剧照

"黄河文化千里研学之旅"标识

【黄河文化千里研学之旅】 为贯彻落实习近平总书记在黄河流域生态保护和高质量发展座谈会上的重要讲话精神，保护传承弘扬黄河文化，深入推进文旅文创融合发展战略实施，2022年2月11日，河南黄河河务局与河南省文化和旅游厅签订《关于共同推进"黄河文化千里研学之旅"战略合作框架协议》，携手打造"黄河文化千里研学之旅"。清华大学建筑学院文旅研究中心承担黄河文化千里研学之旅总体线路设计，发布了集图片、文字、手绘地图、电子书于一体的《黄河文化千里研学之旅——研学资源解读手册》，全方位介绍河南黄河重点治河工程，并发布"黄河文化千里研学之旅"标识。12月28日，印发《关于公布首批"黄河文化千里研学之旅"实践基地名单的通知》，孟津黄河铁谢险工等10处工程确定为首批"黄河文化千里研学之旅"实践基地。

文化润疆

【概　况】 2022年以来，河南文旅润疆工作坚持以习近平新时代中国特色社会主义思想为指导，以习近平总书记考察新疆重要讲话为根本遵循，以增强认同、凝聚人心为目标，完整准确贯彻新时代党的治疆方略，深入实施文化润疆工程，广泛开展文化交往、交流、交融活动，铸牢中华民族共同体意识，以文化人，以文聚人，绵绵用力，久久为功，河南文旅润疆品牌进一步擦亮。

理论工作。做好党的创新理论基层宣讲工作，让党的创新理论"飞入寻常百姓家"，与哈密人民尤其是边疆牧区人民群众的生活实际紧密结合起来，讲出"百姓味道""时代味道"。在建党百年开展党史学习教育中，邀请河南省委宣讲团成员、河南牧业经济学院院长罗士喜教授，在哈密市党史学习教育"党的百年奋斗史"专题学习会暨理论学习中心组党史学习教育读书班开班仪式上，给全市县处级党员干部做专题辅导。邀请河南省委讲师团"永远跟党走"百姓宣讲团小分队来哈进牧区、进社区、进校园、进企业宣讲12场，基层受众1643人，进一步增强广大党员干部的理想信念，推动党史学习教育热潮，让党的声音走进哈密市一区两县各族干部群众心中，营造了感党恩、听党话、跟党走的浓厚氛围。党的二十大胜利召开后，立即为全市230个社区、乡村购买了党的二十大报告辅导学习资料，及时将党的二十大精神送进边疆牧区。

新闻宣传。《光明日报》刊发《河南：让文化援疆见人见物见认同》，《人民日报·内部参阅》第1061期"把新疆建设得更好"刊发文章《河南援疆：围绕"五个助力"全面推进文化润疆工程》，对河南文化援疆工作进行报道。

文艺创作与研究。协调支持"哈密文库""红星系列丛书"出版工程，免费出版《哈密历史文化百问》等图书，将报告文学《天山忠魂》，图书《留存师市红色记忆》《印记》等纳入"红星系列丛书"出版工作。先后创作推出反映哈密党史文献的专题片《红色哈密》，反映"团结协作，无私奉献"哈密精神的话剧《万人大滞留·哈密一九八七》，反映兵团精神的话剧《兵团》，反映河南省第十批援疆干部人才工作生活、精神风貌的专题片、人物访谈录、工作画册《情系东天山》。与河南省社会科学院成立中原智库工作站，组织两地专家学者联合开展哈密历史文化研究阐释，组织实施"西路军红色基因溯源研究"课题研究。联合郑州轻工业大学开展"中原彩陶艺术西传哈密研究"课题研究。组织编写青少年民族团结教育读物《雪莲牡丹一园香》《黄河天山共明月》。委托郑州大学、河南大学开展"铸牢中华民族共同体意识"课题研究。

公共文化服务体系建设。2020年以来，河南文化援疆累计投资2.5亿元，实施文化项目29个，推进豫园、左公文化苑展陈提升，巴里坤县域旅游基础设施建设，豫书房哈密城市智慧书屋、豫疆历史文化交流基地等项目的规划和建设。修建高家湖景区旅游基础设施，支持东天山松树塘滑雪场基础设施设备建设，不断完善哈密公共文化服务体系。帮助新星市红星军垦文化传承教育中心、新星市文化创意传承中心、红星二场党员干部党性教育基地、新时代文明实践中心所（站）等宣传文化援疆项目建设，并助推十三师实现连队场站公共文化服务设施全覆盖，为文化惠民、利民、便民奠定坚实基础。助推哈密市和十三师新星市首次荣获全国"扫黄打非"工作先进单位称号。

文化交流活动。2020年7月11日至16日，组织河南省摄影家协会一行8人进疆开展"豫哈情 文化行"河南省摄影名家采风创作培训活动，创作受援地风土人情摄影作品80幅助力第十六届"哈密瓜节"，指导培训当地摄影爱好者100多人；7月16日至31日，组织开展少林功夫进疆巡演活动，先后在哈密市、吐鲁番市、乌鲁木齐市、克拉玛依市、昌吉州巡回演出25场，特别是7月23日沿着习近平总书记考察新疆足迹，赴吐鲁番市高昌区亚尔镇新城西门村进行了演出，在天山南北掀起武术文化学习之风；7月18日至21日，组织大型情景交响合唱《兵团颂》进疆演出，河南歌舞演艺集团近200名演职人员进疆分别为哈密市和十三师新星市演出4场《兵团颂》，演出期间开展5场文艺小分队下基层乡镇、团场演出活动，社会各界反响良好；7月23日，在郑州举行第二届"文化润疆·豫哈少年行"暨夏令营手拉手活动启动仪式。录制《了不起的少年》特别节目，包括音乐剧《我有一个梦想》、舞台剧《马兰花开》、情景剧《第十一名教师》、戏曲联唱、舞狮舞龙、技巧啦啦操、访谈豫哈一家亲等节目；8月1日至4日，举办河南非遗文化进疆交流活动，组织朱仙镇木版年画、平乐正骨、剪纸等非物质文化遗产项目展览，展示及代表性传承人交流义诊，向十三师新星市人民政府捐赠非物质文化遗产作品——朱仙镇木版年画《十二生肖》和剪纸技艺作品《新疆是个好地方》。

人才培养培训。2020年以来，河南先后投入资金3.57亿元，新建、改扩建各级各类学校17所，新增校舍 14.18 万平方米，哈密市第十六中学、哈密市国家标准化考区、哈密市青少年校外综合实践基地、巴里坤县青少年研学中心、新星市第一中学援疆教学楼等一批援疆项目相继建成并投入使用。累计选派援疆教师 930 名，组成团队 27 个，建立中原名师云工作室 32 个，传帮带培训教师 5000 余人，倾力打造"理念＋规划＋改革＋人才＋管理＋技术＋资金＋文化"八位一体的教育援疆新模式，不断增强受援地师资力量和提升教学水平。

在思想文化方面，河南省相关专家受邀赴哈举办新闻发言人培训班、"扫黄打非"培训班、基层文化站长和文化骨干培训、摄影和书法培训等各类文化讲座 24 次，累计培训 200 余批次 5400 余人，协调 11 名文旅人才、2 名河南融媒体建设专业人才赴哈柔性援疆。哈密宣传思想战线干部人才 17 批 275 人到河南省委宣传部、河南省文化和旅游厅、河南日报报业集团、河南广播电视台，进行培训、跟岗锻炼。哈密民宿经营业主 40 余人来河南考察学习，哈密各民族刺绣传承人 30 余人来河南培训。

在文物保护方面，河南省文物局选派 4 名柔性援疆人才，组成文博援疆"小组团"，赴十三师助力文物保护和博物馆建设工作。根据新星市文旅工作实际需要，参与十三师新星市博物馆陈展项目，开展了藏品建档、藏品保护与修复等工作，并实地调查，加强研究，对十三师新星市远古历史进行了详细考察研究，持续助力新星市文旅事业提档升级。

文旅融合发展。2022 年 6 月 2 日，在郑州地铁 1、2、5 号线开通援疆"哈密号"专列，在宣传哈密的文化历史、风景名胜、风土人情和农副特产等的同时，也实现了引客入哈旅游和消费援疆，促进哈密旅游产业发展。河南对口支援新疆工作前方指挥部、哈密市文化体育广播电视和旅游局联合出品系列动漫《蜜宝游哈密》，在爱奇艺、优酷等视频平台和河南广播电视台各频道、大象新闻客户端等新媒体平台上线播出。河南推动 A 级旅游景区建设，开展引客入疆行动。持续在河南线上、线下宣传推介十三师文化旅游，充分利用河南省举办的洽谈会、文旅博览会、文化旅游节等展会平台，宣传和展示十三师文化旅游的独特魅力。组织哈密传统刺绣、民间工艺、创意产品等参加中国洛阳牡丹文化节、中原（鹤壁）文化产业博览会，宣传推介文化产品。组织河南知名网红大咖参加哈密文化旅游节庆活动，在河南新媒体直播哈密专场新闻发布会，宣传哈密文旅资源和历史文化。邀请郑州轻工业大学开发设计哈密瓜、哈密艾捷克、哈密翼龙、大海道、左公柳等代表哈密文化、自然、地理地域特征的盲盒、服饰、文具、家具、玩具系列文创产品。

【新时代网络文化援疆】 创新实施开创线上文化援疆。2022 年 8 月 9 日，《豫约文化云 情满东天山》专栏正式在河南省"百姓文化云""文化豫约""书香河南"三大文化公共服务平台与受援地"丝路密语"客户端四个平台上线，实现了专栏开设云同步、直播开通云同步、网上更新云同步。上万部河南优秀豫剧、舞台剧、非遗民俗、文化纪录片、音乐会、有声读物、电子报刊以及受援地的旅游景点、传统文化、风土民俗等数字资源上传平台发布共享，实现了豫哈两地文化的线上交往与交流，开创了新时代网络文化援疆新局面。

【中国功夫少林武魂哈密巡回演出】 2022 年 7 月 16 日，喜迎党的二十大"豫哈情 文化行"系列活动——中国功夫少林武魂哈密巡回演出启动。河南省嵩山少林寺武术馆精心编排了大型功夫秀《少林雄风》，在第十六届哈密瓜节期间，为哈密各族群众献上精彩绝伦的艺术文化盛宴。来自河南省嵩山少林寺武术馆的 32 位武僧演员先后表演了少林集体震山棍、童子功、象形拳、硬气功、少林十八般兵器、少林集体盾牌刀、八段锦、少林二醉（醉拳、醉剑）等节目。哈密本地演员表演了新疆民歌《阿瓦日古丽》等节目。巡演活动使哈密各族群众和新疆各族群众能够更深入地了解少林功夫，了解中华优秀传统文化，促进各族人民对优秀传统文化的认同，是河南省实施文化援疆工作助力文化润疆工程的一项重要举措。

【太极拳文化交流活动】 为进一步传承弘扬中华传统文化，深化豫哈两地文化交流，增进豫哈两地人民情谊，助力全民健身活动蓬勃开展。2022 年 7 月 18 日，河南省嵩山少林寺武术馆携手郑州大学体育学院太极拳队和哈密太极拳爱好者，在哈密市体育馆开展了第二届"豫哈情 文化行"太极拳文化交流活动。郑州大学体育学院太极拳队的队员表演了太极拳《梁祝》，哈密老年体协太极拳协会 80 余名太极拳爱好者表演了二十四式太极拳。郑州大学体育学院太极拳队的老师和大家切磋太极技术，交流习

2022年7月18日，喜迎党的二十大"豫哈情 文化行"太极拳文化交流活动在哈密市体育馆举办

武感受，探讨太极内涵，并现场演示指导，规范大家的招式、力度、呼吸等动作要领，让哈密太极拳爱好者"面对面"得到了老师的"真传"。该次"豫哈情 文化行"太极拳文化交流活动是河南省与哈密市举办的第二届武术文化交流活动，活动进一步拉近了两地武术习练者的情感，促进了哈密武术爱好者对中原武术文化的理解和认知，为更进一步开展两地武术文化交流达成初步共识，为深入推进两地体育资源共享、文化深度融合奠定了良好基础。

【"中原菊韵文化节"活动】 2022年7月16日，河南省对口支援新疆工作前方指挥部、开封市和哈密市共同主办的"中原菊韵文化节"在哈密市巴里坤县开幕。活动主会场设在湖滨生态园广场，4个分会场分别设在历史文化街区、美食街、得胜门广场、新市路小游园广场。该次活动共布展各类菊花5万余盆，菊花品种有春日见山、霜满天、紫玉、红玉、姹紫嫣红、国庆红、国庆紫、国庆黄等，"中国梦""四羊方尊""石榴花开"等造型惊艳亮相，观众流连忘返。该届"中原菊韵文化节"持续至10月中旬，其间还举办了"红色文艺轻骑兵"焦裕禄精神宣传小分队专场表演、"古城之光·魅力巴里坤"灯光秀、"国医文化边疆行"、"一人一幅成名作"中原书画摄影家作品展等系列特色文化活动。

【第二届"文化润疆·豫哈少年行"活动】 2022年7月23日，第二届"文化润疆·豫哈少年行"暨夏令营手拉手活动启动仪式在河南广播电视台演播大厅举行，来自河南和新疆哈密的青少年带来了歌曲、舞蹈等丰富多彩的演出。活动以少年儿童喜闻乐见的形式，将中原和新疆两地的文化有机地融为一体，通过"豫哈情·童心筑梦""豫哈魂·青春信仰""豫哈梦·追逐未来"3个篇章，传唱了豫哈少年童心筑梦、青春信仰、憧憬未来的美好愿景，表达了"豫哈一家亲"的深厚情谊。

【《兵团颂》进疆演出】 2022年7月18日至21日，河南歌舞演艺集团进疆分别在哈密市和十三师新星市演出4场《兵团颂》。大型情景交响合唱《兵团颂》是河南歌舞演艺集团与新疆生产建设兵团十三师共同创意策划、携手编排推出的一台充满思想高度、信仰力度、历史厚度、情感热度、时代亮度的舞台艺术作品。作品以兵团十三师建设为故事背景，以河南与新疆兵团之间深厚独特的情感联系为着墨点，以一位援疆干部与第一代兵团老战士的对话为戏剧串联主线，引出10万大军挺进新疆、屯垦戍边、艰苦奋斗、无私奉献，谱写了瀚海通大道、荒漠变良田、戈壁建新城的波澜壮阔的历史画卷，是一部屯垦戍

大型情景交响合唱《兵团颂》

边的英雄史诗、一曲兵团精神的壮丽赞歌，也是对口援疆和文化援疆的一项重要成果。

【《红星渠的故事》在疆演出】
2022年8月1日晚，大型情景组歌《红星渠的故事》在十三师新星市文化馆首演。该剧目是十三师新星市首部集中展现红星渠修建历程和两岸变化的原创剧目。演出以合唱、朗诵、舞蹈、情景剧等艺术表现形式，真情再现了1951年至1952年期间，原中国人民解放军六军十六师四十七团和四十八团在哈密二道湖及火石泉修建红星一渠和红星二渠的动人场景，以及红星渠两岸发生的沧桑巨变和感人故事，歌颂了兵团人屯垦戍边、变荒野为粮仓的开拓精神，全面深刻反映了红星渠修建的艰辛历程，以及人民军队不惧困难、不怕牺牲的革命乐观主义精神和真挚的为民情怀。

【豫哈两地书画作品交流展活动】
2022年8月1日至9月1日，"豫巴情 文化行——河南·巴里坤两地书画作品交流展"在新疆巴里坤群众书画馆展出。该次展览以书画交流为平台，以艺术家采风写生为抓手，以河南·巴里坤两地手拉手、心贴心为核心，展出了豫巴两地书画家精心创作的近百幅书画作品。展览同时，主办方还组织了两地艺术家采风写生、交流互动，深入开展"走出去，请进来"系列艺术交流活动。该次活动作为"豫巴情 文化行——豫巴手拉手艺术研学交流活动"系列活动中的一项，为豫巴两地文化艺术发展作出了积极努力，用实际行动架起了豫巴文化艺术的桥梁。

重要会议

【全省宣传部部长会议】 2022年1月20日，全省宣传部部长会议在郑州召开，省委常委、宣传部部长王战营出席会议并讲话。会议强调，要深入贯彻习近平总书记关于宣传思想工作的重要论述，紧扣迎接宣传贯彻党的二十大精神这条主线，贯穿用习近平新时代中国特色社会主义思想武装头脑这条红线，把握好稳字当头、稳中求进这条原则，更加鲜明地突出思想武装，突出求实求效，突出结果导向，突出统筹谋划，突出长效机制，推动习近平新时代中国特色社会主义思想持续深入人心，广泛凝聚实现"两个确保"的磅礴力量，培养堪当民族复兴大任的时代新人，加快推进文化强省建设，讲好出彩河南故事，全力奏响"奋勇争先、更加出彩"的河南强音，为奋进新征程、建功新时代提供坚强思想保证和强大精神力量。

【文艺工作者座谈会】 2022年9月19日，省委书记楼阳生主持召开文艺工作者座谈会，省委常委、宣传部部长王战营，省委常委、省委秘书长陈星，省政府副省长宋争辉出席。河南省宣传、社科、文学、书法、美术、戏曲、曲艺、文艺副刊、广播电视、网络文学、文艺评论等领域的11名代表做了发言。省委书记楼阳生强调，要深入学习贯彻习近平总书记关于文艺工作的重要论述，牢牢坚持以人民为中心的创作导向，紧跟时代步伐，扎根中原大地，创作出更多无愧于历史、无愧于时代、无愧于人民的精品力作，以文艺之力激发现代化河南建设的磅礴伟力，向着"两个确保"的奋斗目标勇毅前行。

【全省宣传思想文化系统学习宣传贯彻党的二十大精神会议】 2022年10月28日，全省宣传思想文化系统学习宣传贯彻党的二十大精神会议在郑州召开，省委常委、宣传部部长王战营出席会议并讲话。会议强调，要以强烈的政治责任感和历史使命感，全力以赴打好学习宣传贯彻大会精神这场硬仗，切实用大会精神统一思想、凝聚力量、鼓舞斗志。要全面认识、深刻理解党的二十大的重大历史意义和现实意义，全面准确牢牢把握大会精神实质，深刻领悟"两个确立"的决定性意义，切实把思想和行动统一到党中央决策、部署上来，切实增强学习、宣传、贯彻的政治自觉、思想自觉、行动自觉。要加强领导、精心组织、统筹安排，推动全省干部群众原原本本学深悟透大会精神，用心用情用力、有声有色有效做好宣传报道，广泛深入开展集中宣讲，做大做优做强网络宣传，持续营造浓厚社会氛围，推动大会精神转化为河南牢记嘱托、奋勇争先、更加出彩的生动实践。要坚持平实务实、精准精确、高质高效，推动学习宣传贯彻工作融入日常、干在平常，形成常态长效机制，全力推动大会决策部署在中原大地条条落实、件件落地、事事见效。会议通报了河南省《党的二十大精神宣传报道方案》。

精神文明建设

2022年2月22日,"德耀中原"第八届河南省道德模范颁奖仪式在河南广播电视台演播大厅举行

综 述

2022年，河南省精神文明建设工作以习近平新时代中国特色社会主义思想为指导，紧扣迎接党的二十大和学习宣传贯彻党的二十大精神这条主线，认真贯彻中央要求和省委部署，紧紧围绕举旗帜、聚民心、育新人、兴文化、展形象的使命任务，聚焦社会主义核心价值观培育践行这个关键，推动全省逐步形成适应新时代要求的思想观念、精神面貌、文明风尚、行为规范，为谱写新时代中原更加出彩新篇章提供了思想保障，汇聚了精神力量，丰润了道德滋养，有力有效服务了全省经济社会发展大局。全面加强党对精神文明建设工作的领导，各级党委（党组）日益重视精神文明建设工作，党委主体责任日益得到加强，精神文明建设体制机制不断完善。坚持不懈学习习近平新时代中国特色社会主义思想，始终坚持用习近平新时代中国特色社会主义思想武装头脑、指导实践、推动工作，精神文明建设始终保持思想旗帜高扬。坚持用社会主义核心价值观引领社会风尚，大力加强理想信念教育，广泛开展典型选树和学习宣传，扎实推进《河南省文明行为促进条例》落地落实，深入推进未成年人思想道德建设，崇德向善社会氛围日益浓厚。坚持贴近实际、贴近生活、贴近群众，多途径设计项目载体，多形式搭建实践平台，广泛开展各类学雷锋志愿服务活动，深入开展文明餐桌、文明交通、文明旅游、文明观赛活动，广大人民群众在实践活动中涵养了文明素质，促进了行为养成。坚持利民惠民创建导向，深化创建思想内涵，精心组织文明城市、文明村镇、文明单位、文明家庭和文明校园创建活动，群众性精神文明创建活动扎实深入，精神文明创建群众参与度日益提升，人民对社会文明满意度显著提高。

主要工作

【文明培育】 深化宣传教育。在全省同步举办"让文明之光照亮新征程"新时代文明实践推动周活动，举办《河南省文明行为促进条例》短视频大赛。联合省公安厅制作文明交通视频公益广告，广泛宣传倡导文明健康绿色环保生活方式。组织许昌市等地级全国文明城市、济源等县级全国文明城市和全国文明村镇积极参与中央文明办"城乡文明创建巡礼"活动，启动"多彩公益 助力出彩河南"2022年度河南省公益广告大赛。省人民检察院、省司法厅深入开展法治宣传教育，省生态环境厅组织开展"大美中国·魅力河南生态行"主题宣传。鹤壁市、安阳市在2022年全国公益广告大赛中获最佳组织奖。

强化典型引领。举行第八届河南省道德模范颁奖仪式，对14名河南省道德模范、7名提名奖进行表彰。深入贯彻落实习近平总书记给"中国好人"重要回信精神，召开全省"身边好人"座谈会，河南省"中国好人"漯河刘杰作为全国6个发言典型之一参加在京举办的"中国好人"座谈会。向中央文明办推荐"中国好人"候选人40人，上榜29人。2个单位、1名个人被命名为第七批全国学雷锋活动示范点和岗位学雷锋标兵。省卫生健康委举办"出彩河南人"第三届最美医生宣传推介活动，省总工会开展2022河南省"最美职工"选树宣传活动。

推进诚信建设。推动各地持续开展诚信缺失突出问题专项治理行动，发布诚信建设"红黑榜"。联合省市场监管局组织开展第一批河南省文明诚信市场、商户评选表彰，命名文明诚信市场80家、文明诚信商户727户，在新乡市、南阳市分片区召开观摩交流会。加强信用河南建设，配合省发展改革委形成《高质量推进"信用河南"建设 促进形成新发展格局的实施方案》。省人民法院着力完善失信被执行人联合惩戒机制。

传播网络文明。进一步推广《河南省网络文明行为规范》，做强"网络文明实践月""争做中国好网民"等网络文明品牌活动。举办首届河南省网络文明大会，发布网络文明建设10件大事，推进精神文明建设向网络延伸、向网民拓展。开展"喜迎党的二十大 网络文明你我他"全省网络文明实践月等系列实践活动。

【文明实践】 文明实践中心建设深化拓展。大力推进新时代文明实践中心建设，157个县（市、区）全部建成新时代文明实践中心，2457个乡镇（街道）全部建成新时代文明实践所，51122个村（社区）建成新时代文明实践站，完成中心、所、站全覆盖任务。推动157个省直单位、中央驻豫单位、国有企业联系指导157个县级新时代文明实践中心，会同省教育厅组织121所高校与121个新时代文明实践中心结对。举办河南省2022年文明实践志愿服务项目展示交流活动。开展文明实践骨干培训，培训人数达3.4万人。郑州市对新时代文明实践中心实行月报、季评、年考核。洛阳市长二社区新时代文明实践站"咖啡+书店"的经验做法受到中央文明办肯定。

新时代志愿服务融入群众生活。 开展"学雷锋我行动"主题教育实践活动。300余万名志愿者参与疫情防控，"豫吉（沪）携手 同心抗疫"志愿服务关爱行动运送各类防疫物资和食品2.5万多箱，价值1150多万元。实施"新时代宣讲师"志愿服务计划，遴选专家学者开展"百人千场"宣讲，组织开展"志愿服务乡村行"活动，深入开展"快乐成长"乡村学校少年宫文艺志愿服务行动，开展"快乐成长"暑期特别行动。5名志愿者、4个组织、3个项目、2个社区入选全国学雷锋志愿服务"四个100"先进典型。经中央文明办、中国社会科学院批准，在郑州、新乡分别成立中国志愿服务研究中心分中心。省直文明办组织省直2.9万余名志愿者下沉社区开展志愿服务累计时长80余万小时。省农业农村厅持续打造具有"三农"特色的志愿服务品牌，省交通运输厅持续打造"兰舟行""情满旅途"等志愿服务品牌，省残联持续推进"'豫·爱同行'志愿助残乡村行"。

主题实践活动丰富多彩。 精心谋划开展"赶考路上有我"主题系列活动，坚持群众喜闻乐见、乐于参与、便于参与的原则，发挥各级文旅、文联、广播电视、党报党刊等战线单位力量，开展征文、书画摄影、歌咏、演讲等4个类别6种艺术呈现形式的活动，全省共组织开展不同层面选拔活动7100余场次，收到作品近4万件，评出征文、歌咏、演讲及书画摄影等6类获奖作品450个。在省科技馆举办了全省"赶考路上有我·描绘出彩中原"书画摄影展，在全社会唱响爱党、爱国、爱社会主义的主旋律。不断深化文明餐桌、文明交通、文明旅游等"六文明"实践活动，开展"厉行勤俭节约·节水节电节约粮食"专项行动。省发改委、省委农办牵头起草《粮食节约行动实施方案》，推动粮食全产业链节约减损。

【**文明创建**】 **文明城市创建。** 2022年3月，中央文明办下发上年度全国文明城市测评结果，河南省4个地级城市进入前25名，4个地级提名城市进入前16名，漯河市在地级全国文明城市中排名第二，受到了中央文明办通报表扬。召开全省文明城市创建工作推进会，省委常委、宣传部部长王战营出席并做动员部署。实施"抓两头促中间"行动，开展2022年河南省全国文明城市和提名城市观摩交流互评活动，采取集中观摩、随机抽查、集中点评等形式，交流经验做法，提升创建水平。抓好新一届河南省文明城市评选工作，对92个城市开展河南省文明城市年度全域测评。实施数字赋能创建，升级文明城市动态管理系统，推动各地创新运用智慧化城市平台助力文明城市创建高质量发展。省住房和城乡建设厅积极实施城市更新行动。鹤壁市以"155666"工程、"百日攻坚行动"和"集中攻坚提升月行动"为抓手，推动文明城市创建提质增效。

文明村镇创建。 下发《关于开展"乡村振兴 文明同行"主题实践活动的实施方案》，深入开展"乡村光荣榜"选树、"星级文明户"创建活动。联合省委组织部、省民政厅等部门下发《关于命名河南省优秀村规民约和居民公约的通知》，整治"攀好"、低俗婚闹、聚众赌博、封建迷信等陋习。省农业农村厅、省乡村振兴局在全省实施"治理六乱、开展六清"集中整治，省自然资源厅、省科技厅、省科协结合工作职能积极助力乡风文明建设，省民政厅开展"新事新办好家庭"选树活动。三门峡市精心设计活动载体，深化移风易俗宣传教育。

文明单位创建。 着力扩大文明单位创建覆盖面，持续推进"千家非公企业文明创建育苗行动"，推动文明单位创建向非公经济和基层一线延伸。采取条块结合方式，在公安、税务、市场监管、网信、卫健等领域开展行业系统创建试点。广泛开展以"送政策、送文化、送健康、送温暖和助力乡村振兴"为主要内容的"四送一助力"结对帮创活动，指导各地对标创建要求，精心打造点位，提升创建水平。省工业和信息化厅在深化全省工业企业精神文明建设的同时，积极引导中小企业、民营经济开展精神文明创建。

文明家庭创建。 深入贯彻《关于进一步加强家庭家教家风建设的实施意见》，持续深化"传家训、立家规、扬家风"活动，做好新一届河南省文明家庭评选工作。组织"书香家庭""廉洁家庭""绿色家庭"等特色创建，开展"五好家庭""最美家庭"推选活动，社会主义家庭文明新风尚进一步弘扬。省妇联持续开展"最美家庭季季推"活动，开展"豫见美好·中原家风"千场巡讲进乡村、进社区活动。鹤壁市开展2022年国际家庭日走进新时代文明实践所交流活动。

文明校园创建。组织开展"童心向党"教育实践活动，启动"童心向党·我是经典传诵人"中华经典诵读活动。推选2022年河南省"新时代好少年"30名，举办"童心向党 喜迎盛会"——2022年度河南省新时代好少年先进事迹发布活动。抓好"复兴少年宫"全国试点工作，建成乡村"复兴少年宫"1643个，开展活动5万余次，受益未成年人达95万余人次。漯河市选树校级"新时代好少年"1万余名，驻马店市出台《关于在青少年中开展红旗渠精神教育实践活动的工作方案》。

特色做法

【河南省新时代文明实践推动周活动】2022年3月1日至5日，省文明办以宣传贯彻《河南省文明行为促进条例》为契机，组织开展了2022年河南省新时代文明实践推动周活动，全省各地各单位共开展各项各类文明实践活动5万余场次，参与志愿者达38.5万人次，受益群众达684万人次，在全省营造了讲文明、倡新风、喜迎党的二十大的浓厚氛围。

为党的二十大胜利召开营造浓厚氛围。紧紧聚焦喜迎党的二十大这个主题主线，提前谋划，统一安排，将3月2日定为"做红色传人"文明实践主题活动日，全省上下通过微宣讲、传唱红色歌曲等百姓喜爱的宣传形式，引导广大干部群众传承和弘扬红色精神，为奋进新征程、建功新时代谱写更加出彩的"红色"篇章。如，郑州市开展"做红色传人"主题文明实践活动6000余场次，2万余人唱响红歌，5000余名新时代宣讲师和百姓宣讲员为10万余名群众开展主题宣讲。洛阳市组织河南科技大学、洛阳师范学院等学生代表，通过演唱红色歌曲、诵读红色经典、参观爱国主义基地，进一步坚定青少年的爱国信念。省委网信办、省总工会、省委政研室、河南博物院联合开展"新时代红色传人"主题文明实践活动，组织党员文化志愿者代表齐聚河南博物院，重温志愿誓词，参观红色展览，参加义务讲解，接受红色信仰的洗礼。

探索"两中心"融合发展新路径。深入贯彻中央、省委关于推进新时代文明实践中心和融媒体中心建设的工作部署，注重以全省各地新时代文明实践中心（所、站）为策划开展平台，以县级融媒体中心为传播推广平台开展文明实践活动，充分发挥"两中心"的平台服务功能，为城乡群众参与活动提供便利，为融合推进"两中心"建设探索新的方法路径。焦作市组织全市新时代文明实践中心（所、站）和县级融媒体中心共同开展活动1300余场次，受益群众达70余万人次。新乡市开展文明实践活动4479场次，并积极发挥融媒体线上宣传引导功能，受益群众达73.8万余人次。驻马店市发挥"两中心"平台功能，开展文明实践宣传教育活动1万余场次，受益群众达120万人次。

创新宣传推介方式。积极创新宣传推介方式，注重依托网易、腾讯、新浪微博、抖音等深受年轻人喜爱的新媒体平台，围绕五大主题文明实践活动内容及特色亮点，运用短视频、图片、动漫画等多种形式向全网大众多维度推送文明实践活动开展情况。截至3月6日，各类媒体共推出活动宣传报道稿件1万余篇，为活动的开展营造了强大的舆论声势。其中，抖音、快手、火山、西瓜等短视频平台播发短视频数百个，播放量超百万次。三门峡市在"线上三门峡"举行《河南省文明行为促进条例》线上答题活动，吸引5万余名群众参加，群众答题优良率达95%以上。

引导群众主动参与。坚持利民惠民的工作导向，紧紧围绕群众关注的生活服务、卫生健康等热点问题策划开展活动项目，引导广大群众主动参与到活动中来，形成党委、政府引导与全社会共同参与的良好局面。如，商丘市在商丘好人主题公园开展"学雷锋我行动"活动，组织各级文明单位、当地企业、社会志愿服务团队等400余人次参加活动，现场直接受益群众1500余人。南阳市组织餐饮、水务、电力、市场监管、商务等部门和行业广大志愿者走上街头，开展节约粮食、文明餐桌宣讲、发放宣传知识手册，引导人民群众从我做起、从身边小事做起，节约资源，杜绝浪费。济源市北海街道组织广大群众、社会组织、党员志愿者走向街头、学校、景区发放《河南省文明行为促进条例》宣传彩页、争做文明北海人倡议书1万余份，积极向群众讲解文明出行、文明就餐、保护环境等文明行为。

构建工作新格局。把文明实践活动与文明城市、文明村镇、文明单位、文明校园、文明家庭等群众性精神文明创建活动结合，作为全省文明行为促进工作和文明创建工作的助推剂，积极融入各地文明创建工作当中，形成了强大的工作合力。平顶山市组织各文明单位、文明校园集中开展了《河南省文明行为促进条例》《平顶山市文明行为促进条例》学习宣传活动。鹤壁市组织各级文明单位、文明校园、文明村镇开展文明交通劝导、文明用网主题班会、禁止高空抛物、文明养犬等宣传活动，进一步提高城乡居民文明素养。省国资委组织开展"万人献血 国资倾情助力"无偿献血倡议活动，省高法组织党员志愿者到郑州市金水路与玉凤路口对不文明行为进行劝导，向过往市民发放"文明养犬、拒绝高空抛物"宣传彩页。

【郑州市未成年人思想道德建设】
郑州市深入贯彻落实习近平总书记关于未成年人思想道德建设的重要论述，将未成年人思想道德建设作为重大战略任务来抓，坚持"五强化 五推动"，培养担当民族复兴大任的时代新人，取得良好社会效果。

强化机制建设，推动"四结合"育人体系常态运行。建立高位统筹机制。将工作纳入市委、市政府重要议事日程，制定《实施方案》，明确任务分工，着力完善家庭、学校、政府、社会相结合的育人体系。建立联合联动机制。成立市政府未成年人保护工作领导小组，37个成员单位立足本职为未成年人健康成长保驾护航。落实未成年人思想道德建设联席会议制度，在政策、阵地、活动、队伍、资金等方面资源整合、优势互补。建立常态化测评督导机制。形成"第三方测评—问题反馈—督导整改—固化提升"闭环工作模式，连年开展推优活动，双管齐下激发动力。

强化阵地建设，推动"复兴少年宫"建设提档升级。持续推动结对帮扶。倡导各级文明校园与"复兴少年宫"结对，开展"一对一""多对一"帮扶，实施"快乐成长"志愿服务项目，42名在郑支教志愿者被评为河南省乡村学校少年宫文艺志愿服务优秀志愿者。重点引入社会力量。对接市财政经费运转的"农学书屋"项目，向"复兴少年宫"投放书籍12600余册；以此为基点，引入上海复兴基金会、上海仁德基金会的"暖心小站""疫情防控包"等项目，提供各类支持累计342万元。着力打造亮点品牌。对全市"复兴少年宫"进行样本调查，编写《项目精选集萃》，指导6类活动开展。1个"复兴少年宫"社团被评为"全国优秀红领巾小社团"，象棋五谷画、超化吹歌等特色课程广受关注。

强化创建活动，推动文明校园"六好"标准落细落实。全覆盖落实"一校一品"。紧密围绕"六好"标准，积极引导学校结合实际拓展多元化特色创建道路。全国文明校园经开区实验小学开发我爱我的祖国系列面塑课程，得到中共中央政治局委员、国务院副总理孙春兰的称赞。被社会各界点赞的郑东新区永平路小学"新时代好少年"群体——"和美之声"管乐团，成员毕业后众多初中争相录取，形成"新时代好少年"现象。全流程实施动态管理。区级以上781所文明校园全部纳入管理范畴，落实"三抓一注重"工作法（抓业务指导、抓专项检查、抓第三方测评、注重结果运用），推行量化评分，设置警戒分值，对共性问题进行分析研判，对个性问题责任单位进行通报并约谈。全方位展示创建成果。在郑州广播电视台开设《追梦·"郑"少年》栏目，新媒体宣传矩阵联动，集中展示文明校园创建等重点工作开展情况，总点击量达23万+，有效激发学校创建热情。

强化典型培育，推动"新时代

2022年3月1日，2022年驻马店市"新时代文明实践推动周"活动启动仪式举行

2022年6月29日，郑州市"童心永向党 喜迎二十大"系列展演活动在郑州大剧院举行

好少年"选树活动广泛深入。健全选树机制。构建市、区县（市）、校三级联动选树体系，推动"新时代好少年"与"美德少年""十佳儿童""优秀团员"等评选活动有机结合，实现源头优选。科学分类入库。建立典型培育人才库，按照创新创造、自强自立、志愿服务、工匠精神等领域和个人、群体等类型划分，实现分类培育。广泛宣传发布。学校通过国旗下演讲、主题班（队）会等形式，依托校园广播、宣传栏等平台进行宣传；区县（市）通过组织先进事迹宣讲、视频分享、演讲征文比赛等活动进行宣传；郑州市举行先进事迹发布活动，省市媒体联动多角度挖掘、全方位展示好少年典型事迹和成长故事，实现全面覆盖。2018年以来，共推选市级以上（含市级）"新时代好少年"315人，2021年、2022年连续推出2名全国"新时代好少年"。

强化实践养成，推动未成年人思想道德建设常态长效。高质量开展主题实践活动。"学雷锋 我行动"等活动覆盖广泛，截至2022年12月底，依托"志愿郑州"网站注册"绿城小使者"48682人，累计服务时长1268472小时。高水准策划特色实践活动。"童心永向党 喜迎二十大"主题活动创新"静态展示＋动态展演"形式，全市3000余所幼儿园、中小学踊跃参与；"童声颂党恩 献礼二十大"主题活动制作有声连环画系列微视频，"学习强国"平台总播放量达50余万次；"五彩郑州"红领巾寻访活动推出5条特色线路，100所学校的学生在100个校外实践基地以沉浸打卡方式寻访新时代伟大成就。高效能推进思政课程与道德实践养成有机融合。引导各级各类学校将思政课程与道德实践同步推进，郑州市第一中学构建以"实践思政"等为主要内容的"五位一体"思政育人格局，列入省级课题计划。

重要活动

【第八届河南省道德模范评选】2022年2月22日，"德耀中原"第八届河南省道德模范颁奖仪式在郑州举行。省委常委、宣传部部长王战营，河南省政协副主席周春艳、河南省军区副政委刘金来出席并会见第八届河南省道德模范。由省委宣传部、省文明办、省总工会、团省委、省妇联、省军区政治工作局联合开展的第八届河南省道德模范评选工作，自2021年4月起，经过严格规范的评选程序，共评选出左春秀等14名河南省道德模范，孙炳良等7人获提名奖。

【河南省新时代文明实践推动周活动】2022年3月1日至3月5日，全省同步开展"学文明条例""做红色传人""倡节俭风尚""守社会秩序""学雷锋我行动"等五大文明实践主题日活动。各地通过开展"学《条例》倡文明"活动，爱党爱国爱社会主义微宣讲，文明交通、文明生活行动以及围绕乡村振兴、移风易俗、文明行为养成、疫情防控、关爱困难群体等实施一批文明实践志愿服务项目，大力培育和践行社会主义核心价值观，引导和促进文明行为养成，提升社会文明程度，为奋进新征程、建功新时代提供强大精神力量，以优异成绩迎接党的二十大胜利召开。

【2021年度"河南好人榜"发布活动】2022年2月28日，由河南省文明办主办、郑州市文明办等共同承办的"河南好人 德耀中原"——2021年度"河南好人榜"上榜人物发布活动在郑州举行，共有157名身边好人荣登"河南好人榜"。

【首届河南省网络文明大会】3月10日，以"汇聚向上向善力量 携手建设网络文明"为主题的首届河南省网络文明大会在郑州举办，省委书记楼阳生对加强河南省网络文明建设作出批示。会上发布了新时代河南省网络文明建设10件大事，全面总结近年来河南网络文明建设的经验做法，集中展示了全省网络文明建设的工作成效。

【全省文明城市创建工作推进会】2022年4月13日，全省文明城市创建工作推进会在郑州召开，深入学习贯彻习近平总书记关于社会主义精神文明建设的重要论述和关于城市建设工作的重要指示精神，安排部署工作，推动全省文明城市创建高质量发展。省委常委、宣传部部长王战营出席会议并讲话。

【河南省"新时代好少年"先进事迹发布活动】2022年8月10日，由省文明办、省教育厅、团省委、省妇联、省关工委主办的"童心向党 喜迎盛会"——2022年度河南省"新时代好少年"先进事迹发布活动在郑州举行。经过逐级推荐、认真筛选、组委会评审、媒体公示，共推选出30名学生为2022年度河南省"新时代好少年"。

【河南省文明实践志愿服务项目展示交流活动】2022年8月18日，河南省2022年文明实践志愿服务项目展示交流活动在洛阳举行。省委宣传部、省文明办有关负责人及各省辖市、济源示范区、航空港区文明办志愿服务工作相关负责人等参加展示交流活动。

【全省学习贯彻习近平总书记给"中国好人"重要回信精神座谈会】2022年9月7日，省委宣传部在郑州召开座谈会，深入学习贯彻习近平总书记给"中国好人"李培生、胡晓春的重要回信精神，领会、感悟"中国好人"最可贵的精神品质，就扎实做好先进典型选树工作，更好发挥榜样作用，弘扬、传承好人精神，培育和践行社会主义核心价值观进行交流探讨。省委常委、宣传部部长王战营出席会议并讲话。

哲学社会科学

2022年3月10日,河南省哲学社会科学规划工作会议在郑州召开

河南省哲学社会科学工作事务中心

【概况】 河南省哲学社会科学工作事务中心主要负责组织制定全省哲学社会科学研究中长期发展规划和年度计划，组织省社科规划项目评审立项、鉴定验收和成果转化应用工作，承担河南省重点智库和特色智库建设工作，代为受理全省的国家社科基金项目申报、管理、成果验收工作等。省社科规划项目类别设有年度项目、河南兴文化工程文化研究专项项目、决策咨询项目、专题项目、高校思想政治理论课研究专项项目、委托项目和后期资助项目。

【社科项目】 2022年，河南省哲学社会科学工作坚持以习近平新时代中国特色社会主义思想为指导，锚定"两个确保"，深入实施"十大战略"，着力抓好兴文化工程文化研究，社科研究整体实力不断提升。2022年全年共中标国家社科基金项目230项，其中，年度项目155项，高校思政课研究专项8项，冷门绝学专项2项，后期资助项目52项，中华学术外译项目4项，重大招标项目5项，十九届六中全会重大招标项目1项，重大历史研究专项重大招标项目3项，获得资助资金5600万元。评审立项省社科规划年度项目705项，决策咨询项目69项，专题项目70项，兴文化工程文化研究专项300项，研究阐释党的二十大精神和习近平总书记视察延安、安阳重要讲话精神委托项目100项，高校思想政治理论课研究专项130项。2022年省社科规划各类项目总立项数达到1347项，基本形成以年度项目为主体，以兴文化工程文化研究专项、决策咨询项目、专题项目、高校思想政治理论课研究专项等为补充，定位明确、功能互补、相互衔接的多层次、多样化项目资助体系，拨付项目资助经费1625万元。严把项目出口关，全年办理国家社科基金项目鉴定验收153项，鉴定为优秀等级14项，鉴定为良好等级55项；办理省社科规划项目鉴定验收570项，鉴定为优秀等级133项，鉴定为良好等级195项。

【社科管理】 社科管理工作成效显著。2022年社科管理工作稳中求进，创新发展，在项目申报、资金管理、人才培育等领域深化"放管服"改革，出台一系列规章制度，有效调动了全省社科工作者的积极性和主动性，推动全省哲学社会科学工作在守正创新中高质量发展。

省社科规划项目探索实行"揭榜挂帅"。根据省第十一次党代会精神，为进一步优化资源配置，激发研究活力，促进全省哲学社会科学研究提质增效，制定印发《河南省社会科学规划项目"揭榜挂帅"实施办法》（豫宣通〔2022〕1号）。2022年河南兴文化工程文化研究专项、2022年河南省社科规划决策咨询项目探索实行"揭榜挂帅""赛马制"，项目申报不设门槛，不限职务职称，不限是否有在研项目，面向全省公开招标，任何有研究能力的单位和个人都可申报。该举极大调动了全省社科研究者的积极性，既贯彻落实了习近平总书记关于在科研领域实行"揭榜挂帅""赛马制"的重要指示，又切实符合省委关于科研项目组织方式改革要求，更有利于发现和培养社科理论研究人才及团队，为实现"两个确保"、打造"社科豫军"提供人才和理论支撑。

制定印发《河南省"十四五"时期哲学社会科学发展规划》。对标《国家"十四五"时期哲学社会科学发展规划》，认真做好《河南省"十四五"时期哲学社会科学发展规划》（豫办〔2022〕26号）编制、发布工作。规划主要包括4个部分：第一部分，规划背景。总结"十三五"时期全省哲学社会科学工作成效，阐述"十四五"时期面临的形势和任务。第二部分，总体要求。明确"十四五"时期的指导思想、工作原则、发展目标。第三部分，重点任务和措施。主要思考谋划六大行动，以工程、项目的方式对"十四五"时期河南省社科工作进行系统部署和整体安排。第四部分，组织实施。着重阐述加强党的领导、完善工作体系、健全保障机制等举措。

制定印发《关于进一步完善河南省哲学社会科学规划项目管理的有关规定》。为认真贯彻落实《中共中央办公厅 国务院办公厅〈关于完善科技激励机制的意见〉的通知》（中办发〔2022〕51号）精神，对标国家社科基金关于项目和资金管理的有关做法，优化科研项目和经费管理，减轻科研人员负担，充分激发社科界创新活力，制定印发《关于进一步完善河南省哲学社会科学规划项目管理的有关规定》（豫宣通〔2022〕78号），提出12条措施，即精简项目申请要求、放宽项目申请人资格、简化变更批复

程序、明确项目延期和清理工作要求、精简项目过程检查、优化直接经费开支范围、赋予科研单位项目经费管理使用自主权、优化项目资助形式、落实项目结余经费使用相关要求、健全稳定支持机制、完善青年社科人才培养机制、做好在研项目政策衔接。旨在通过这些政策的实施,引导广大社科研究者树立正确价值导向,强化创新研究的责任感、使命感、荣誉感。

【社科成果】 河南省国家社科基金项目阶段性成果。2022年,全省在研国家社科基金项目共发表学术论文1878篇,其中在中文社会科学引文索引（CSSCI）来源期刊发表908篇,形成调研报告104篇,出版专著175部。例如:河南大学程遂营主持的"研究阐释党的十九届五中全会精神"国家社科基金重大项目"建设黄河国家文化公园研究"（项目编号:21ZDA081）,2022年项目团队发表论文17篇,其中CSSCI论文9篇,出版著作1部。河南大学吕世荣主持的国家社科基金重大项目"马克思主义社会发展理论的当代重大问题研究"（项目编号:19ZDA020）,2022年项目团队共发表论文14篇,其中CSSCI论文9篇,出版著作1部。河南大学李伟昉主持的国家社科基金重大项目"莎士比亚戏剧本源系统整理与传承比较研究"（项目编号:19ZDA294）,项目团队2022年共发表论文12篇,其中CSSCI论文5篇。郑州大学孙大东主持的国家社科基金项目"档案术语与档案学科协同演化机理研究"（项目编号:21BTQ110）,2022年度在《兰台世界》《档案与建设》《档案管理》等发表5篇学术论文。

推出一批具有决策参考价值和实践指导意义的研究成果。2022年,省社科规划项目以习近平新时代中国特色社会主义思想为指导,全面贯彻落实党的二十大精神,围绕习近平总书记视察河南重要讲话重要指示精神,围绕省委、省政府有关工作会议精神和实际工作部门需求,围绕现代化河南建设的重大理论和现实问题,坚持基础研究和应用研究并重,突出前瞻性、战略性、创新性、针对性,推出了一批具有决策参考价值和实践指导意义的研究成果,年度项目在中文社会科学引文索引（CSSCI）来源期刊发表学术论文141篇,在全国中文核心期刊发表学术论文163篇。河南兴文化工程文化研究专项发表理论文章65篇,出版图书29部,完成书稿51部,"《习近平用典》中的河南元素""大中小学教材中的河南故事"两个重大委托项目通过鉴定验收,录制专题访谈视频在首届书香河南全民阅读大会中阅读量达8000多万,并结合"校园经典诵读""经典诵读研学"等活动,推动党的创新理论入脑入心、凝心铸魂。决策咨询项目、专题项目有21篇阶段性成果得到省领导批示,90项研究成果得到实际工作部门采纳应用,在《光明日报》《河南日报》《党的生活》等党报党刊上发表153篇理论文章,在新媒体平台发表理论文章175篇,真正做到跟得上、贴得紧、能管用,为中心工作助力,为全局工作添彩。

中共河南省委党校（河南行政学院）

【概　况】 中共河南省委党校（河南行政学院）是河南省委、省政府直属正厅级事业单位,是省委、省政府直接领导下的培养党员领导干部、理论干部和中高级公务员的学校,是党的思想理论建设的重要阵地,是省委、省政府的哲学社会科学研究机构和重要智库。全校内设32个机构,其中承担行政管理及教学科研管理机构13个,承担教学与学员管理机构12个,承担决策咨询管理及教研机构1个,承担经济与社会发展研究机构6个。现有教职工479人,专业技术人员队伍中有正高级职称人员34人、副高级职称人员68人、享受国务院政府特殊津贴专家5人、享受河南省政府特殊津贴专家6人、河南省优秀专家5人、河南省学术技术带头人12人、河南省青年社科专家7人、河南省宣传文化系统"四个一批"人才12人、河南省青年文化英才1人、中原青年拔尖人才6人、中原文化名家2人、中原基础研究领军人才1人。

【理论培训】 学习宣传贯彻党的二十大精神。省委党校坚持党校姓党根本原则,自觉在党的新的伟大事业和新时代党的建设新的伟大工程中精准定位,有力有效服务党和国家工作大局。班子成员原原本本研读学习党的二十大报告,围绕学习宣传贯彻党的二十大精神,4次召开校委（院党组）会议开展研讨交流,安排部署学习宣传贯彻工

2022年11月26日，省委党校校委（院党组）会议在学校多功能厅进行

作。积极发挥干部教育培训的主阵地作用，教学"三进"扎实开展，把讲授习近平新时代中国特色社会主义思想作为教学的头等大事，统筹抓好党的理论教育、党性教育和专业化能力培训。不断加强理论研究阐释，深入开展对策研究，多出有价值、有分量的成果。

各类培训保障任务。2022年，省委党校进一步优化教学设计，创新教学管理，加强师资力量，推进教材建设，有力保障了教学工作的顺利开展，有效发挥了干部教育培训的主渠道作用。河南省市厅级主要领导干部学习贯彻党的十九届六中全会精神专题研讨班、河南省党的二十大生产和工作第一线代表履职学习、全省政法领导干部加强政治建设专题研讨班等重要班次、重要活动在省委党校顺利进行。全年培训轮训主体班、研究生班、专题培训班等各级各类学员1.1万余人次。其中，共举办习近平新时代中国特色社会主义思想市厅级干部研修班、县处级干部进修班、乡镇（街道）党（工）委书记进修班等主体班次12个，培训人数645人。

教学布局统筹安排。坚持围绕中心、服务大局，教学安排重点突出，在主体班次设置"习近平新时代中国特色社会主义思想""学习贯彻党的十九届六中全会精神""加强党性教育与党性修养""锤炼能力作风 全力实现'两个确保'"等教学单元。教学内容与时俱进，围绕学习贯彻党的二十大精神开发"深入学习贯彻党的二十大精神""推进文化自信自强 铸就社会主义文化新辉煌""繁荣发展文化事业和文化产业"等专题课程20余个。引导学员深入学习贯彻中央和省委有关决策部署，立足河南实际，扎实推进文化强省建设。

"十大战略"进党校活动。扎实开展"十大战略"进党校活动，邀请时任省委常委、组织部部长、省委党校校长陈舜等省领导和省直厅局主要负责人及专家学者做"十大战略"专题报告，其中邀请省文化和旅游厅副厅长李延庆以"实施文旅文创融合战略加快建设文化旅游强省"为题为主体班学员授课，帮助学员深刻认识把握文旅文创融合战略的丰富内涵和实践要求。组织学员围绕"锚定'两个确保'全面实施'十大战略'"撰写"问题与对策"报告，评选优秀报告155篇报省委。

教学方式方法创新。全面推行讲授式、研讨式、模拟式、体验式等互动式教学方法和案例教学，专题库已有"河南兰考县'一平台四体系'的普惠金融新探索"等案例教学专题30余个，"提高领导干部城市防灾减灾救灾能力"等团队列名法班级研讨专题40余个。加大班级研讨、小组研讨、学员论坛频次，围绕认真学习《习近平谈治国理政》第四卷、坚持马克思主义

2022年3月4日，省委党校举办春季学期第一期主体班开学典礼

在意识形态领域指导地位的根本制度主题等开展研讨交流。互动式课程占总课时的30%以上。

【理论研究和决策咨询】 理论研究成果丰硕。2022年，省委党校教研人员在各级各类报刊发表论文381篇。其中，在国家级报刊发表20篇，在CSSCI发表11篇，在核心期刊发表53篇，被《新华文摘》全文转载1篇。出版学术专著7部。中共河南省委党校（河南行政学院）被省委宣传部确定为河南省重点社会科学研究基地，并在中共河南省委党校（河南行政学院）成立"河南省中国特色社会主义理论体系研究中心"。中共河南省委党校（河南行政学院）领导高度重视，要求紧紧围绕"中心"做文章，加大对中央和省委提出的重大理论和现实问题的研究力度。以"中心"名义在"三报一刊"发表1篇理论文章，在"一报一刊"发表13篇理论文章，完成了基地的工作任务。单位共获得省部级奖15项，其中省部级优秀科研成果一等奖2项、二等奖5项。当年中标省部级以上课题共43项，中标国家社会科学基金年度项目2项，中标省部级项目41项。张祝平的阶段性成果《关于进一步加快推进我国智慧农业发展的建议》，被民进中央采纳并全文收录在《民进信息》（2022年第8期）。组织开展2021年度全省党校（行政学院）系统和"三学院三基地"科研课题结项工作，共有122项课题通过结项评审，结项率为93%。

智库建设。自2021年入选河南省首批重点智库以后，省委党校（河南行政学院）在2022年继续认真落实《关于加强河南省重点智库和特色智库建设的意见》，始终坚持正确的政治方向和价值导向，着力于实现高质量发展，全链条、全方位提高研究质量和管理水平，积极促进研究成果应用转化，坚持出成果和出人才并重，努力发挥咨政建言、理论创新、舆论引导、社会服务等作用，不断增强自身的决策影响力、社会影响力和学术影响力。2022年，省委党校（河南行政学院）上报的决策咨询研究成果屡获省领导肯定性批示，全年通过《调研与建议》上报决策咨询研究成果16期，获得省级领导肯定性批示21人次，其中张乃仁主持完成的调研报告《推进南水北调工程移民安置后续帮扶的对策建议》得到省委书记楼阳生的明确批示。荣获2021年度河南省社会科学优秀成果奖3项，荣获全国党校（行政学院）系统第十四届"优秀决策咨询成果奖"三等奖2项，参与南京大学智库研究与评价中心承办的"2022新型智库治理论坛"，并有2项成果被评为"CTTI 2022年度智库优秀成果"。组织开展2021年度全省党校（行政学院）系统和"三学院三基地"年度决策咨询课题结项工作，共有85项决策咨询课题通过结项评审，结项率为89.5%；组织开展全省党校（行政学院）系统和"三学院三基地"2022年度决策咨询课题立项工作，共评审立项决策咨询课题133项，立项率为67%。

【社科研究期刊】《学习论坛》是中共河南省委党校（河南行政学院）主管主办的政治类学术理论双月刊，现为全国中文核心期刊、人文社科核心期刊、中国科技核心期刊、RCCSE中国核心学术期刊、

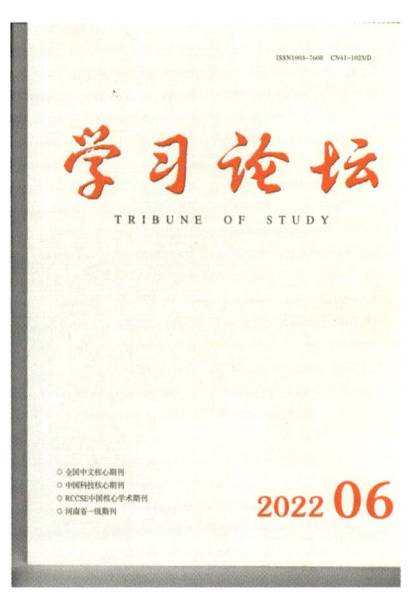

《学习论坛》封面

"复印报刊资料"重要转载来源期刊、河南省一级期刊，相当数量的文章被国内权威性文摘类刊物全文转载或论点摘编。本刊致力于研究和宣传马克思主义中国化的最新理论成果，关注哲学社会科学重大理论与现实问题，追踪学术前沿。主要栏目有：《中国特色社会主义研究》《党建研究》《政治与公共行政》《社会治理》《哲学与文化》《经济理论与实践》《法学研究》等。2022年刊发长江学者等国内知名学者文章10余篇。《中国学术期刊（光盘版）》电子杂志社、中国科学文献计量评价研究中心联合发布了《中国学术期刊影响因子年报（人文社会科学·2022版）》，《学习论坛》影响因子持续上升。2022年复合影响因子为2.162，比2021年（1.718）提高了25.84%；期刊综合影响因子为0.828，比2021年（0.616）提高了34.42%。2022年影响力指数CI值为141.019，在"中国政治"学科188份刊物中排序39位。2022年《学习论坛》刊发的文章被人大报刊复印资料全文转载9篇，被中国社会科学文摘全文

转载1篇论点摘编1篇，被新华文摘论点摘编1篇、被高等文科学校学术文摘摘编2篇。

【对外合作交流】 河南省委党校与越南胡志明国家政治学院第四区政治学院开展线上学术交流，主题为"共产党领导与党员干部教育：中越两国的经验"。完成了中央党校国家行政学院国际部安排的对外交流文章推送和国际会议参会等任务。与北京、云南、海南省委党校（行政学院）等开展了线上交流工作。社会培训工作方面共举办专题培训班次8个，其中全省侨联系统"转作风、强素质、提能力"专题培训班、2期郑州市党校系统综合素能提升培训班、全省政法领导干部加强政治建设专题研讨班等班次，培训学员共1033人次，参与完成省委、省政府交办的2项重要任务。根据《省辖市委党校（行政学院）2022年业务工作指导计划》，协同相关部门起草、下发了《关于做好"十大战略"进党校工作的通知》《关于将〈中国共产党统一战线工作条例〉列入各级党校教学内容的通知》《关于全省党校（行政学院）系统认真学习宣传贯彻党的二十大精神的通知》等。组织全省党校系统参加中央党校（国家行政学院）通过"网上党校"平台举办的"深入学习贯彻党的十九届六中全会精神专题网络师资培训班""全国党校（行政学院）系统学习贯彻党的二十大精神师资培训班"等。向中央党校供稿2篇：《围绕中心 服务大局 加强对外交流工作》2022年第30期、《开展"百场义务宣讲"用心用情传播党的声音》2022年第26期。

【精神文明建设】 哲学社会科学是社会主义精神文明建设的重要组成部分。2022年省委党校围绕举旗帜、聚民心、育新人、兴文化、展形象使命任务，聚焦党和国家中心任务，服务党校教学科研、决策咨询中心任务，创新实施量化积分考核办法和党支部承办创建活动制度，坚持为民、利民、惠民理念，开展各类精神文明创建活动160余项，参与人数达2000余人次。着力打造集时政学习、廉洁文化、文明创建相得益彰的"33211"红色文化教育阵地，组织教研人员持续深入基层开展"百场义务宣讲"。开设10余个精神文明创建相关教学专题，开展相关理论研究，《河南加快文旅文创融合发展的思考与建议》等研究成果受到省领导批示，产生较好实践成果。

新时代文明实践中心建设。根据文明实践活动需要，本单位整合校（院）基层党支部资源，凝聚各党支部力量，形成整体合力，全方位参与校（院）联系指导新时代文明实践中心建设（濮阳市清丰县）。党支部和党员志愿者定期谋划对接、深入基层，支持清丰县文明办常态化开展党的创新理论宣

2022年12月2日，省委党校与越南胡志明国家政治学院第四区政治学院开展线上学术交流

2022年6月23日，省委党校义务宣讲团成员到中建七局中原科技城人才创业园项目部授课

讲、培树社会文明新风活动，打通宣传群众、教育群众、服务群众的"最后一公里"。校（院）3人入选全省文明单位"四送一助力"结对帮创活动专家人才队伍，为全省新时代文明实践中心建设贡献党校力量。

河南省社会科学界联合会

【概　况】　截至2022年12月底，全省共有省级社科类学会（协会、研究会）78个、民办社科研究机构3个、省辖市社科联18个、县级社科联21个、高校社科联19家、企业社科联1家、省社科普及基地174家、省社科普及示范基地48个、省社科联人文社科重点研究基地70家。

【兴文化工程】　高度重视省委宣传部委托的《中原文化与河南发展》读本、"习近平新时代中国特色社会主义思想是中华文化和中国精神的时代精华研究"、"南水北调精神实质内涵研究"等重大研究任务，由李庚香主席牵头，遴选省内政治素质好、研究能力强的专家学者，组建3支精干研究团队，形成高质量研究成果。

中华文明探源和兴文化工程文化研究。主动认领"中国道路的文明内涵""破解历史之谜，实证主根主脉主干""行走河南·读懂中国"等研究课题，取得一批阶段性研究成果。组织申报的"中原学研究""中原子学研究""中华文明起源所昭示的中华民族共同体发展路向和中华民族多元一体演进格局研究"等3项课题，获河南兴文化工程文化研究专项立项，取得阶段性成果。在省社科联2022年度调研课题指南中设置河南兴文化工程研究专项，引导社科工作者积极参与兴文化工程研究。

中原学学科群建设。加强对中原学、河洛学、新时代黄河学、炎黄学、殷商学、新宋学、冯友兰新理学等系统研究，努力构建河南自主知识体系。着眼构建殷商学，举办"殷商学与殷商文化"研讨会，在所属期刊《河南社会科学》开辟《殷商文化研究》专栏。录制《中原学慕课50讲》，编撰《中原学概论》等。

探索中原文化传播新路径。聚力打造"中原大讲堂"微博账号，围绕"行走"系列、"故事"系列、"读懂"系列专题，2022年下半年录制推出《焦裕禄心中的"三棵树"》《读懂宋词里的中国》《太行山传奇·红旗渠十讲》等系列视频近30部，总播放量近百万次，受到社会各界关注。主席李庚香受邀参加"河南这十年"主题系列新时代宣传思想文化工作新闻发布会，向社会各界介绍10年来河南哲学社会科学在建设"学术中的中国""理论中的中国""哲学社会科学中的中国"等方面取得的成绩，受到肯定。

【学术平台建设】　举办河南社会科学学术年会。沿袭"主会场＋分会场"模式，以"喜迎党的二十大 奏响河南哲学社会科学最强音"为主题，举办2022年（第十一届）河南社会科学学术年会，聚焦中国式现代化、人类文明新形态等前沿内容，组织开展15场研讨活动，共计110余名专家做主旨发言，郑州大学、华北水利水电大学等近20家单位承办分会场。大会采取网络直播、腾讯会议等线上、线下相结合的方式，主会场活动实时在线收看人数超过20万人，参与人数累计突破22万人次，人民网、"学习强国"、人民日报头条、河南广播电视台等多家媒体广泛报道，话题阅读量累计超100万人次。

调研课题评审。为持续提升课题品牌影响，省社科联2022年度调研课题评审采取网上申报、网上和线下评审相结合的形式，强化过程管理，增加中期成果的申报和把关，同时调整课题指南，压缩自选项目立项比例，强化聚焦经济社会发展重大问题的研究导向和应用导向。2022年度调研课题申报数9316项，立项数2805项，其中一等奖518项，二等奖266项，结项1811项，不结项56项。

期刊建设。围绕学术品质和学术影响力提升，2022年度，省社科联大力推进所属期刊改版转型和质量提升。《河南社会科学》影响因子在2021年增长幅度较大的情况下，持续保持高速增长，复合影响因子由1.98上升至2.703，综合影响因子由0.98上升至1.383，在河南省综合类学术期刊中排名第一。《领导科学》大力优化栏目和内容结构，被评为中文核心期刊（管理学类）、2022版中国社科院人文社科核心期刊（AMI），并入选"2022北京国际图书博览会中国精品期刊展"。《人生与伴侣》办刊质量稳中向好。

【智库建设】　开展理论研讨。聚焦党的创新理论研究，与省委宣传部联合举办"全省社科理论界学习

哲学社会科学

2022年8月2日，河南省社科界学习《习近平谈治国理政》第四卷理论研讨会在郑州举行

宣传贯彻党的二十大精神理论研讨会"。组织召开全省社科界学习《习近平谈治国理政》第四卷理论研讨会、"传承弘扬红旗渠精神 全面推进现代化河南建设"理论研讨会。贯彻落实省第十一次党代会、省委十一届四次全会及省委经济工作会议精神，先后组织举办省社科界"走好创新驱动高质量发展之路"理论研讨会、"打造文旅文创融合发展新格局"理论研讨会，为现代化河南建设建言献策。

举办河南发展高层论坛。河南发展高层论坛创办于2004年9月，近20年来，省社科联立足全省社科界人才荟萃、知识密集等特点，充分利用河南发展高层论坛的品牌优势，较好地发挥了服务省委、省政府科学决策、促进河南省经济社会发展的重要作用，论坛综述多次受到省领导批示，已成为省委、省政府和社科界专家学者之间、社科界专家学者之间沟通交流的平台。2022年，省社科联联合民盟河南省委、河南财经政法大学、巩义市委、市政府、河南牧业经济学院等单位，聚焦绿色低碳转型战略、黄河文明与中国道路、全面推进乡村振兴等主题，举办了多场论坛活动。

服务决策参考。对省委书记楼阳生批示成果《锚定"两个确保"建设出彩中原》进行深化、提升，编撰出版《中原再出发——锚定"两个确保"实施十大战略研究》；编辑出版《中原智库（2022）》一书，受到省领导和有关部门肯定。以"专深实研究报告＋短平快政策建议＋精新优观点综述"等形式组织上报《智库快报》13期。李庚香主席作为省政协常委，围绕黄河国家文化公园建设、市本级经济高质量发展、驻马店现代化区域中心城市建设等积极建言献策。

【社科普及工作】 *举办社科普及周活动*。以"喜迎党的二十大 砥砺奋进新征程"为主题，与省委宣传部联合举办2022年河南省社会科学普及周活动，坚持全省统一主题，省、市、县三级联动，以同步实施、线上线下相结合的方式，充分利用中原大讲堂、社科普及基地等现有平台和载体，深入机关、企事业单位、城乡社区、校园等，集中开展现场咨询、知识竞赛、社科成果展示、人文知识讲座、社科宣传视频等一系列各具特色、群众喜闻乐见的社会科学普及活动，产生了广泛的社会影响，为基层群众送上了一场社科知识的"饕餮盛宴"。安阳、鹤壁、许昌、周口等省辖市社科联围绕殷商文化、甲骨文化、周易文化、三国文化、钧瓷文化等特色文化，开展社科普及活动。

组织"故事汇"系列活动。聚焦讲好河南故事、传播中原文化、展示河南形象，围绕"奋斗新征程 建功新时代"主题，策划举办出彩河南故事宣讲活动，以讲故事的形

2022年9月20日，2022年（第十一届）河南社会科学学术年会在郑州开幕

2022年9月15日，省社科联与巩义市联合举办河南发展高层论坛·黄河论坛

式把发生在身边的最能触动人心、最具感染力的出彩河南故事展示给大众，用身边事解读大政策，用小故事阐明大道理，用好故事凝聚正能量，引导广大党员干部群众体悟故事背后彰显的道路自信、理论自信、制度自信、文化自信，增强学习贯彻习近平新时代中国特色社会主义思想的主动性和自觉性。

*社科普及优秀活动项目评选。*为加强社科普及品牌化、项目化建设，以项目化带动社科普及工作。自2019年以来，省社科联通过遴选以传播党的创新理论、弘扬社会主义先进文化、普及社科人文知识等内容为主题的社会科学普及优秀活动项目，引导基层社科普及单位发挥自身特色，创新社科普及活动形式、载体、抓手，打造特色社会科学普及活动品牌，为广大人民群众提供丰富多样的社科普及服务和精神食粮，不断增强社科普及宣传的感染力、吸引力和影响力，提升全省社科普及工作水平。2022年度共评选省社科普及优秀活动项目30项。

*社会科学普及与应用优秀成果评选。*社会科学普及与应用优秀成果（调研报告类）评选工作旨在践行习近平总书记"哲学社会科学工作者要走出象牙塔，多到实地调查研究，把了解百姓生活状况、把握群众思想脉搏，着眼群众需要解疑释惑、阐明道理，把学问写进群众心坎里"的要求，引导广大社科工作者精选题目，深入基层开展整村调研、蹲点调研、田野式调研，"亲眼观察、亲耳聆听、亲身体会"，撰写有价值、有见地的高质量调研成果。2022年评选出优秀成果58项，其中一等奖18项，涉及乡村振兴、义务教育、职业教育、基层党建、高质量发展等多个方面内容。

【社科人才队伍建设】 培育壮大百姓宣讲员队伍。为发挥哲学社会科学"培根铸魂"的重要作用，整合基层宣传宣讲力量，省社科联启动百姓宣讲员培育计划，探索完善社科专家培养百姓宣讲员的路径和机制，着力打造高素质百姓宣讲员队伍。党的二十大召开之后，迅速启动"我们的新时代——全省社科联系统党的二十大精神基层宣讲活动"，组织18个省辖市的200余名百姓宣讲员深入基层，广泛开展宣传宣讲，引导干部群众深刻认识"我们这十年"取得的历史性成就、发生的历史性变革的重大意义，深刻领悟"两个确立"的决定性意义，深刻认识新时代、新征程党和国家事业发展的大政方针和战略部署，在全社会大力凝聚团结奋斗的精神力量。

*优秀青年社科专家评选。*为营造社科英才脱颖而出的良好环境，推动青年社科人才健康成长，切实加强社会科学人才队伍建设，自2001年以来，省社科联会同省委组织部、省委宣传部、省人力资

2022年9月16日，由河南省委宣传部、河南省社科联联合主办的2022年河南省社会科学普及周在郑州启动

源和社会保障厅联合开展河南省优秀青年社科专家评选活动,每两年评选1次,截至2022年,共开展11届,评选出省优秀青年社科专家145名。

专兼职社科普及队伍组建。为增强基层社科普及力量,为广大群众提供优质社科普及服务,自2019年开始,省社科联启动实施社会科学普及指导员制度,加大指导员队伍组建力度,并开展优秀社会科学普及指导员和优秀社会科学普及志愿服务团队推荐工作,充分调动社科工作者参与社科普及的积极性、主动性,广泛开展内容大众化、方式多样化、活动常态化的社科普及活动和志愿服务,推动全省社科普及工作高质量发展。2022年度,共评选表彰省优秀社科普及志愿服务团队73个、省优秀社科普及指导员132名、省基层优秀宣讲员57名。

【进军网络主战场】 **打造网上社科联。**省社科联积极走好网上群众路线,形成"1+8+1+1"的全媒体网络传播格局(包括中原人文社科网1个门户网站,社科在线"学习强国"号、人民号、顶端号、正观号、微信公众号、微博、头条号、抖音号8个社科在线新媒体平台,中原大讲堂1个思想文化类微博账号和中原学1个微信公众号)。2022年3月3日,社科在线正式上线"学习强国"号,成为全国首家入驻"学习强国"学习平台的省级社科联。目前已开通动态、理论、智库、视频4个栏目,成为全省社科界学习宣传贯彻习近平新时代中国特色社会主义思想和党的二十大精神的重要平台。

打造"思政+微课"活动品牌。为深入贯彻习近平总书记在学校思想政治理论课教师座谈会上的重要讲话精神,突出思想政治引领,聚焦发挥网络育人阵地功能,推动社科工作者进军网络主战场,打造精品思政品牌。2022年,省社科联组织开展优质网络思政微课(微视频)大赛、河南省2022年度"最美微课"系列视频展播活动,通过人民日报客户端、新华网客户端、"社科在线"新媒体矩阵等平台展播优秀获奖作品153个,累计发布短视频1000余条,全网播放量突破370万。

"我和我的高考"微视频创作展播活动。省社科联联合省委网信办、团省委、省教育考试院举办"我和我的高考"微视频创作展播活动,通过发布预热海报、系列视频等形式,带动广大网友和媒体平台,参与话题视频创作。据统计,微博网友创作展播视频1000多条,微博话题阅读量达1.9亿人次,抖音话题播放数据达15.2亿人次,为全省高考营造了良好的网络环境和氛围。

【组织建设】 **深入推进全面从严治党。**坚持不懈地用习近平新时代中国特色社会主义思想凝心铸魂,推动党史学习教育常态化、制度化。组织召开全面从严治党工作会议,制定《省社科联党组履行全面从严治党主体责任清单》,层层压实责任。顺利推进机关党委、机关纪委换届工作,选举产生新一届机关党委、机关纪委委员会。严格规范党的组织生活。

拓展工作阵地载体。积极推进与有关单位优势互补、强强联合,分别与省社科院、巩义市、河南牧业经济学院签订战略合作协议,就兴文化工程研究、黄河论坛、乡村振兴论坛等开展战略合作。与平顶山学院、武汉理工大学、井冈山大学、三明学院共同举办第四届中国红色文化传承与创新发展全国学术研讨会。

巩固夯实基层基础。发挥中共河南省社科类社会组织委员会作用,加强学会政治引领,积极推进"僵尸学会"整改,学会工作得到加强。注重强基固本,深入推进"三基地"建设,优化评估评审机制,目前共评选出省社科普及基地174家、人文社科重点研究基地70家、调研基地6家。

2022年6月1日,"我和我的高考"微视频创作展播活动在郑州启动

推进省直事业单位重塑性改革。党组对事业单位重塑性改革高度重视，多次召开专题会议，研究部署改革工作，引导涉改单位职工统一思想、坚定信心，确保思想不乱、工作不断、队伍不散、干劲不减。按照省委编办批复，对原有6家事业单位职能进行优化重组，保留3家事业单位，8月上旬完成新单位组建挂牌。

河南省教育厅

【全省高校哲学社会科学研究基本情况】 2022年，河南省高校人文社会科学人员59680人，其中教授3475人，副教授13269人，讲师27119人，助教14776人，其他1041人；具有博士、硕士学位者分别为7857人、35824人。全省高校共承担社科项目30259项，其中基础研究项目13552项，应用研究项目16696项，实验与发展项目11项。全省高校共出版著作1453部，另有古籍整理6部、译著32部。发表学术论文17504篇。共有233项成果获得省部级以上奖励。全省高校共承办各种学术会议318次。受聘外出讲学683人次，聘请省外专家讲学1765人次。派出进修学习、考察2102人次，接受进修学习、考察1316人次。合作研究420人次。

【科学研究】 河南省高校人文社会科学研究一般项目评审立项与结项清理工作。2月，河南省教育厅办公室下发《关于2023年度河南省高校人文社会科学研究一般项目申报工作的通知》（教办社语〔2022〕36号），经高校推荐申报、省教育厅组织专家评审，共立项一般项目1163项，其中资助性计划392项、指导性计划771项，进一步发挥人文社科项目涵育作用，培育一批优秀的青年社科研究后备力量。同月，省教育厅办公室下发《关于"十三五"期间河南省高校人文社会科学研究一般项目结项情况的通报》（教办社语〔2022〕24号），对全省高校社科项目结项情况进行通报。组建专家鉴定团队，历时半年，完成了"十三五"期间2100余项逾期项目的集中结项和清理工作，对成果鉴定优秀的给予表彰，对350余项不符合结项要求或逾期未结项的项目予以撤项通报。提高项目建设质量，全方位激发哲学社会科学创新活力。

河南省高等学校哲学社会科学项目立项与优秀成果评选工作。7月，省教育厅办公室下发《关于开展2023年度河南省高等学校哲学社会科学基础研究重大项目申报工作的通知》（教办社语〔2022〕232号）和《关于开展2023年度河南省高等学校哲学社会科学应用研究重大项目申报工作的通知》（教办社语〔2022〕210号），进一步突出科研的组织性和引导性，主动对接中共河南省委、省政府研究室，设立65个重大项目选题指南，立项了60个具有河南特色、回应经济社会发展需求的重大项目。2月22日，省教育厅办公室下发《关于开展2021年度河南省高校哲学社会科学优秀成果奖评选工作的通知》（教办社语〔2022〕37号），经高校推荐、省教育厅组织专家评审和结果公示，共评选出460项代表河南省高校社科界最高水平的优秀成果获奖，其中特等奖28项、一等奖97项、二等奖143项、三等奖192项。

优秀著作资助项目（中国共产党第二十次全国代表大会专项）。9月，省教育厅以"喜迎二十大 奋进新征程"为主题，重点资助22个具有中原风貌、中原特色的优秀著作予以出版，为深入学习宣传贯彻中国共产党第二十次全国代表大会精神提供坚实学理支撑。

【高质量科研团队、组织建设】 高层次人才团队建设。2月，省教育厅办公室下发《关于申报2023年度河南省高等学校哲学社会科学创新人才支持计划的通知》（教办社语〔2022〕43号）；6月，下发《关于申报2023年度河南省高等学校哲学社会科学创新团队支持计划的通知》（教办社语〔2022〕177号），重点支持33个创新人才和10个跨学科、跨领域的创新团队，培育一批知名专家和中青年骨干人才。实施哲学社会科学领军人才培育工程，建设一支高层次社科研究队伍。

高校新型智库建设。2022年，省教育厅持续实施高校品牌智库建设工程，完成了78个高校智库备案，重点支持建设19个新型品牌智库，评选出河南省高校影响力十强新型智库，修订新型智库评估体系和管理办法，完善不同类型智库的差异化政策供给，避免重复建设和无序发展。其中河南大学黄河文明与可持续发展研究中心入选（CTTI）全国高校百强智库名单，河南大学区域创新与高质量发展新型智库、黄淮学院产业创新发展研究院等7个智库入选2022年度全国高端智库名录（CTTI）名单。

省教育厅主动对接中共河南省委、省政府中心工作，定期发布智库重大选题指南，引导高校智库专家学者开展针对性研究。本年，共立项支持高校智库研究项目30项，编印高校智库专刊——《资政参考》27期，被省领导批示11期，全省高校智库呈送的各类决策咨询成果400余份，被省部级及以上领导批示68次（项），部分建议被纳入省直部门政策性文件，充分发挥了高校智库服务党委、政府和经济社会发展的重要作用。

*首批哲学社会科学实验室试点建设。*2022年，省教育厅坚持试点先行、有序推进，依托双一流高校、特色骨干大学等遴选了10个河南省高校哲学社会科学实验室进行首批试点建设(5个试点实验室、5个培育实验室)，发挥引领示范作用，探索河南特色哲学社会科学实验室建设之路。

*河南省高校人文社科重点研究基地建设成效周期评估工作。*2022年，省教育厅修订《河南省高等学校人文社会科学重点研究基地评估指标体系》，进一步完善重点研究基地绩效考评激励机制，完成了全省高校82个社科重点研究基地建设成效周期评估工作，推动重点研究基地建设向优势特色研究领域及方向集聚和转型升级，打造一批有特色高水平的基础理论研究平台。其中河南大学黄河文明与可持续发展研究中心在2022年教育部人文社科重点研究基地周期性测评中表现优秀。

【《郑州大学学报》（哲学社会科学版）】《郑州大学学报》（哲学社会科学版）是由郑州大学主管、主办的哲学社会科学类综合性学术期刊。创刊于1960年，初为季刊，1986年改为双月刊。现为全国中文核心期刊、中文社会科学引文索引来源期刊（CSSCI）、中国人文社会科学核心期刊（AMI）、教育部名栏建设入选期刊，是中国人民大学复印报刊资料重要转载来源期刊。2022年，该学报共出版6期，发文116篇。其中，被人大复印报刊资料全文转载15篇，被《新华文摘》转载3篇，被《中国社会科学文摘》转载1篇，被《高等学校文科学术文摘》转载4篇。据《中国学术期刊影响因子年报（2022）》报道，该学报的复合影响因子为1.286，综合影响因子为0.609，继续位于期刊影响力指数及影响因子Q1区。2022年，该学报获河南省优秀出版奖期刊奖。

【《河南大学学报》（社会科学版）】《河南大学学报》（社会科学版）创刊于1934年，是全国较早创办的高校学报之一，始终以"活跃学术思想、传播科学文化"为宗旨，发挥哲学社会科学认识世界、传承文明、创新理论、梓政育人、服务社会的重要功能。该学报由河南大学主管、主办，河南大学学报编辑部编辑出版发行，为双月刊。现为全国中文核心期刊、中国人文社会科学核心期刊、中国人文社会科学综合评价AMI核心期刊、CSSCI来源期刊、全国高校社科名刊、河南省哲学社会科学基金资助期刊、人大复印报刊资料重要转载来源期刊、中国学术期刊影响因子年报来

2022年7月14日，2023年度河南省高校哲学社会科学创新团队评审会在郑州市召开

2022年7月29日，河南省高校新型智库影响力十强暨2023年度高校哲学社会科学应用研究项目评审会在郑州市召开

源期刊，被中国期刊协会授予"致敬创刊70年"荣誉期刊称号，获得2022年度河南优秀出版奖期刊奖。《编辑学研究》栏目首批获得全国社科学报优秀栏目、特色栏目称号，入选教育部"高校哲学社会科学学报名栏建设工程"名单，栏目编辑获得第八届中华优秀出版物奖（出版科研论文奖）、2022年度河南优秀出版奖优秀编辑奖。2022年，《河南大学学报》（社会科学版）共出版6期，发文134篇。被人大复印报刊资料转载6篇，被《新华文摘》转载1篇，被《高等学校文科学术文摘》转载12篇。根据中国知网统计，2022年《河南大学学报》（社会科学版）发表的论文中，基金资助文献量达到102篇。基金论文占刊发论文总数的比重，由2015年的57.86%提升至2022年的73.38%。复合影响因子和综合影响因子由2019年的0.979和0.555提升至2022年的1.538和0.835。

【《河南师范大学学报》（哲学社会科学版）】《河南师范大学学报（哲学社会科学版）》是由河南师范大学主管、主办的综合性学术刊物，创刊于1960年，现为国际交流期刊、中国人文社会科学核心期刊、中文社会科学引文索引（CSSCI）来源期刊、全国中文核心期刊。2022年，该学报共出版6期，发文128篇。其中，被人大复印资料全文转载5篇，被人大复印报刊资料索引153篇，被《新华文摘》全文转载1篇，被《高等学校文科学术文摘》转载9篇。本年，该学报入选中国社科院A刊核心期刊名单，复合影响因子为1.169，综合影响因子为0.507。连续获得全国高校精品社科期刊称号，是河南省哲学社会科学基金资助期刊。

河南省社会科学院

【概　况】截至2022年12月底，河南省社会科学院有30个内设机构、1个所属事业单位。其中管理机构6个，研究机构17个，科辅机构6个，教学机构1个。2022年2月26日，河南省社会科学院由原来的金水区丰产路搬迁至白沙绿博大道芦医庙大街，办公环境得到极大改善。2022年，河南省社科院围绕迎接学习贯彻党的二十大精神、学习贯彻习近平新时代中国特色社会主义思想、学习贯彻省第十一次党代会精神和推动重塑性改革等大事要事开展工作，取得一定成效。

*学习宣传贯彻党的二十大精神。*举办系列理论研讨会、发表理论文章、组织"党的创新理论"宣讲比赛活动，为党的二十大胜利召开营造浓厚理论氛围；参加省委宣讲团，组建院宣讲团，开展线上、线下宣传贯彻，全方位解读党的二十大精神。

*为省委、省政府提供决策咨询服务。*完成省委、省政府交办的重大研究任务。推进河南兴文化工程文化研究，成立省社科院"中华文明起源形成与中华优秀传统文化研究院"。深入开展省情调研，通过《领导参阅》《调研报告》《咨政专报》等向省委、省政府领导报送研究。

*"国内一流哲学社会科学研究机构"建设。*加大"学科体系、学术体系、话语体系"建设。推进新型高端智库品牌建设，积极打造精品力作。高质量完成省直事业单位重塑性改革。

*制定完善事业单位重塑性方案。*完成6家划转单位的人员编制转移、工资转移、社保转移等手续，理顺组织架构、岗位职责和人员信息，完成全院岗位首聘工作，社科院人员编制增加至1000人。加大应用学科建设力度，新建5个新兴、交叉学科类研究所，建立1个公益二类机构。

*强化开放办院交流合作。*落实省政府与中国社科院战略合作协议，起草完成联合招收培养博士后研究人员协议书，起草《学部委员工作站建设办法》。加强与省内外

河南省社会科学院新办公大楼

2022年7月12日,河南省社会科学院举办2022年下半年工作暨"能力作风建设年"活动推进会

智库的交流合作。加强与省直厅局、省辖市和县市区的合作对接。揭牌成立河南省社会科学院鹤壁分院,与省民政厅、省社科联等省直部门以及商丘市、漯河市、郑州航空港经济综合实验区等的战略合作得到加强。

服务保障体系建设。高度重视全院管理和服务保障能力建设,牢固树立服务意识,完善服务机制,提升服务水平。做好社科研究基地搬迁相关工作,制定完善规章制度,强力推进信息化建设,提升行政后勤服务效能,扎实做好老干部工作。为推进国内一流哲学社会科学研究机构建设提供坚实的服务保障。

加强理论武装。树立"学理论与学业务并重"理念,严格落实"第一议题"制度。扛稳抓牢主体责任,夯实基层党建,守好意识形态阵地,深化党风廉政建设,扎实有效推进"能力作风建设年"活动。按照省委统一部署,有效推进"能力作风建设年"活动,有效提升了能力,锤炼了作风。

【**理论研究**】 *研创出版"河南蓝皮书"系列*。河南蓝皮书是由河南省社会科学院牵头组织研创,对省情、地区、行业发展状况和热点问题进行年度分析和预测的连续性公开出版物。目前已成为省社科院服务高质量建设现代化河南,推动国内一流新型高端智库建设最具前瞻性、前沿性、综合性和实效性的重要平台,以及向省委、省政府咨政建言的重要参考和通道。2022年出版的"河南蓝皮书"有:《河南经济发展报告(2023)》《河南工业发展报告(2023)》《河南城市发展报告(2023)》《河南农业农村发展报告(2023)》《河南社会发展报告(2023)》《河南文化发展报告(2023)》《河南法治发展报告(2023)》《河南流通发展报告(2023)》《河南能源发展报告(2023)》。

打造"中原智库丛书"。河南省社会科学院积极打造"中原智库丛书",鼓励科研人员潜心研究,不断推精品出力作,持续提升学术影响,打造特色学术话语品牌。2022年省社科院共出版包含学者系列、青年系列、论丛系列、文集系列在内的"中原智库丛书"12本。

深化理论阐释。围绕学习领会党的二十大精神,与顶端新闻合作,设立《学习二十大进行时》专栏,连续推出《在中华优秀传统文化与科学文化相融合中实现"两创"》《全面建设社会主义现代化国家的纲领性文献》等对党的二十大精神学习、研究、阐释的最新系列成果20余篇,为全省学习贯彻党的二十大精神提供理论支撑。

开展宣传宣讲。河南省社会科学院鼓励科研人员通过宣传宣讲和接受媒体采访等形式对党的二十大精神开展全方位、多角度宣传解读,2022年省社科院共开展理论宣讲50余场次,取得良好的社会成效。

推出高质量理论研究成果。树立精品意识,引导、推动科研人员在"三报一刊"、核心期刊上发表研究成果。2022年河南省社会科学院在《光明日报》发表《焦桐花开 幸福路长,巩固拓展脱贫攻坚成果同乡村振兴有效衔接的兰考实践》《清了水源富了农户——南水北调中线工程生态保护的淅川实践》《支持民营企业发展 激发市场主体活力》等9篇文章。

【**专题研究**】 推进河南兴文化工程文化专题研究。河南省社会科学院全面落实《河南兴文化工程文化研究计划实施方案》,持续推进河南兴文化工程文化研究计划项目高质量开展,取得立项38项,完成相关著作30余部,不断推动全省兴文化工程文化研究工作向纵深开展,助推文化强省建设。

"习近平新时代中国特色社会主义思想的河南实践"系列丛书出版。为深入学习贯彻落实习近平新时代中国特色社会主义思想,自2021年起,河南省社会科学院开启

2022年12月,"习近平新时代中国特色社会主义思想的河南实践"系列丛书出版(第二辑)

研创出版"习近平新时代中国特色社会主义思想的河南实践"系列丛书工作。2022年推出"习近平新时代中国特色社会主义思想的河南实践"系列第二辑。

《河南人才发展报告(2023)》出版。《河南人才发展报告(2023)》是由中共河南省委组织部、河南省社会科学院和河南省人才集团共同研创,本书系统深入分析了近年来河南人才工作在整体布局、队伍建设、体制机制改革、生态优化等方面的举措及成效,全方位、多角度地研究和探讨了全省重点领域、关键环节人才发展的现状和思路,立足新形势、新任务、新要求,对河南加快建设全国重要人才中心提出了针对性政策建议。

"两个确保""十大战略"专题研究。河南省社会科学院围绕"两个确保""十大战略"等现代化河南建设重大理论和现实问题,借助哲学社会科学创新工程等平台展开专题研究。

【学术交流】 第一届中国式现代化发展战略论坛暨第十四届中原智库论坛。12月16日,河南省社会科学院与中国社会科学院科研局联合举办第一届中国式现代化发展战略论坛暨第十四届中原智库论坛,旨在通过研究和探讨中国式现代化的重大理论和实践问题,为全面建设社会主义现代化国家提供有力思想和理论支持。

"非凡十年 出彩河南"理论研讨会。9月5日,围绕学习宣传贯彻省委"中国这十年·河南"主题新闻发布会精神,河南省社会科学院和河南日报社联合主办了"非凡十年 出彩河南"理论研讨会。会议认为要进一步深入学习贯彻习近平新时代中国特色社会主义思想,尤其是习近平总书记视察河南重要讲话重要指示精神,牢记领袖嘱托,在中原大地上谱写高质量发展新篇章,在实现中华民族伟大复兴的中国梦中让中原更加出彩,以实际行动践行"两个维护",以优异成绩迎接党的二十大胜利召开。

"新时代新征程大力弘扬红旗渠精神"研讨会。12月22日,中共河南省委宣传部、河南省社会科学院、中共安阳市委共同举办了"新时代新征程大力弘扬红旗渠精神"研讨会。与会专家一致表示,要广泛开展红旗渠精神主题宣传活动,深入发掘红旗渠精神的时代价值,努力把红旗渠精神贯穿融入现代化河南建设伟大实践,为锚定"两个确保"、实施"十大战略"贡献智慧和力量。

2022年4月21日,河南省社会科学院举办2022年第一次青年学术论坛暨"世界读书日"荐书交流活动

河南省社会科学院青年学术论坛。为开阔青年科研人员的学术视野，促进青年科研人员的学术研究，助力青年科研人员快速成长，自2016年以来，河南省社会科学院已成功连续组织开展7年"青年学术论坛"。2022年省社科院分别以"世界读书日""党的创新理论""在弘扬红旗渠精神中汲取奋进力量 推动党的二十大精神在河南落地生根"等主题开展6次青年学术论坛。借助这一平台，青年学者们拓宽了学术视野，促进了思想交流，激发了研究热情，充分展现出哲学社会科学青年工作者昂扬的精神风貌和担当作为的干事热情。

【社科期刊】《中州学刊》是河南省社会科学院主管、主办的大型综合性哲学社会科学期刊。2022年全年共出版12期，刊发学术论文275篇，文章共计383万字。《新华文摘》全文转载6篇，论点摘编和篇目辑览20多篇。《中州学刊》继续保持"中文社会科学引文索引（CSSCI）来源期刊"（2021—2022）荣誉。《中州学刊》是国家社科基金资助期刊，2022年顺利通过国家社科基金资助期刊年度考核。

《区域经济评论》《区域经济评论》的办刊质量不断提高，影响因子持续攀升，在学界赢得广泛赞誉。《区域经济评论》2022年的综合影响因子为2.133，同比提高了36.47%；复合影响因子为3.356，同比提高了33.55%。入选"2022年度复印报刊资料高转载期刊名录"，被评定为"2022年度中国人文社会科学期刊AMI综合评价"核心期刊。

《中原文化研究》《中原文化研究》2022年顺利入选"中国人文社会科学期刊综合评价（AMI）扩展期刊"；并被中共河南省委宣传部授予"2022年度河南优秀出版奖先进出版单位奖"。2022年围绕黄河文化、夏文化、殷商文化、二里头文化、中华文化创造性转化与创新性发展等方面的重点选题进行策划，刊发了一系列产生影响力的文章。多篇文章被《新华文摘》、人大报刊复印资料等转载，受到学界普遍关注。

《统计理论与实践》《统计理论与实践》2022年被列为《中国人文社会科学期刊AMI综合评价报告》统计学方向入库期刊。《统计理论与实践》牢守意识形态底线，在审稿、编辑、校对、印刷等各环节加强审核把关，并把制度建设摆在突出位置，制定完善《关于落实意识形态工作责任制的实施细则》，并对杂志的《审稿制度》《校对制度》《新媒体管理制度》等进行修订完善。2022年是《统计理论与实践》的改革重塑之年。根据河南省事业单位重塑性改革精神，《统计理论与实践》杂志保留刊号，并同河南省统计科学研究所一同划转入河南省社会科学院。

2022年9月7日，"非凡十年 出彩河南"理论研讨会在省社科院举办

【智库建设】河南省社会科学院与光明日报联合调研成果在《光明日报》刊发。2022年8月底，河南省社会科学院院长王承哲研究员带领《光明日报》河南站记者及院相关科研人员前往南阳市、淅川县调研南水北调中线工程生态保护和移民致富实践。调研组通过走访田间地头、与移民谈心交流和座谈会等方式，围绕生态保护、移民就业、移民精神等方面开展了大量深入调研，在此基础上总结了淅川移民致富的绿色密码。报告提出，走好绿色富民之路，要坚持生态优先、坚持创新驱动、坚持品牌引领、坚持做强旅游。

河南省社会科学院鹤壁分院揭牌仪式在鹤城举行。2022年9月29日上午，河南省社会科学院鹤壁分院揭牌仪式在鹤壁市举行。院党委书记阮金泉、院长王承哲，鹤壁市委书记马富国、市长郭浩，市领导王泽华、李小莉等出席仪式。鹤壁市市长郭浩主持揭牌仪式，院长王承哲宣读了《河南省社会科学院关于设立鹤壁分院的通知》。鹤壁市委书记马富国、院党委书记阮金泉分别在揭牌仪式上致辞，并共同为"河南省社会科学院鹤壁分院"

揭牌。分院的成立，将进一步促进省社会科学院与鹤壁市的合作，把双方合作向更高水平、更深层次推进，更好地发挥省社会科学院学术优势、智力优势，更好地发挥省社会科学院服务鹤壁市经济社会高质量发展的作用。

"学习党的二十大精神，推进河南高质量发展"理论研讨会。为深入学习贯彻党的二十大精神，为河南高质量发展提供智力支撑，2022年12月9日上午，由河南省社会科学院主办的"学习党的二十大精神，推进河南高质量发展"理论研讨会以线上形式成功召开。研讨会由经济研究所、数字经济与工业经济研究所、城市与生态文明研究所、农村发展研究所四部门联合承办，来自河南省人民政府发展研究中心、河南省社科联、河南省农村社会事业发展服务中心、河南省发展战略与产业创新研究院以及河南省社会科学院各研究所科研人员参与该次线上会议。研讨会由城市与生态文明研究所所长王建国主持。

第一届中国式现代化发展战略论坛暨第十四届中原智库论坛。2022年12月16日，第一届中国式现代化发展战略论坛暨第十四届中原智库论坛在河南郑州举行。论坛以"学习贯彻党的二十大精神推进中国式现代化"为主题，旨在通过研究和探讨中国式现代化的重大理论和实践问题，为全面建设社会主义现代化国家提供有力思想和理论支持。论坛由中国社会科学院科研局、河南省社会科学院联合主办。论坛采用线上、线下相结合的形式进行。

第四届中原智库年会。为深入学习、宣传、贯彻党的二十大精神，进一步推动河南新型智库建设，不断提升智库服务河南经济社会发展的能力和水平，2022年12月27日，第四届中原智库年会在河南郑州成功举办。该次年会的主题是"推进文化自信自强，铸就社会主义文化新辉煌"。年会由省委宣传部主办、河南省社会科学院承办，省委宣传部副部长尹书博发表开幕式讲话，河南省社会科学院院长王承哲主持会议，并做大会发言和年会闭幕总结。

【机构改革】根据省委编办《关于河南省社会科学院及所属事业单位重塑性改革有关机构编制事项的通知》（豫编办〔2022〕164号）文件精神，省社科院编制由原269名（其中全供事业编制239名，自收自支事业编制30名）增加到1000名（其中全供事业编制950名，财政差额补贴编制50名），另锁定经费自理事业编制5名，实行实名制管理，编制退一收一。

机构变动。以基础理论学科为支撑，充分考虑事业发展和服务决策，围绕河南经济社会发展，加大应用学科建设力度。同时，围绕省第十一次党代会提出的"两个确保""十大战略"，保留原研究所4

2022年6月14日，河南省社会科学院重塑性改革工作会召开

2022年7月21日，河南省社会科学院学科体系建设座谈会召开

个,更名原研究所6个,新设研究所7个。以便更好地为河南省现代化河南建设提供理论支撑和智力服务。

人员划入。将河南省统计科学研究所、河南省行政管理科学研究所、河南省劳动科学研究所、河南省商业经济研究所、河南省企业管理研究所、河南省应用法学研究中心等6家单位连人带编整体划入省社科院。将河南省宏观经济研究院承担的科研职能划入省社科院。

期刊建设。优化资源配置,加强期刊建设。在期刊改革上,充分考虑哲学社会科学学术期刊的意识形态属性,将自收自支《区域经济评论》《中原文化研究》杂志社撤销,保留刊号,由河南省社会科学院继续主办,确保党管刊物、党管舆论的正确导向不变。

目标确定。积极推动河南省社会科学院职能体系重塑重构。围绕全省最高哲学社会科学综合研究机构、省委省政府重要"思想库""智囊团"的定位,锚定建设河南特色优势的主体科研院所。坚持学科体系、学术体系、话语体系建设与打造人才集聚的大平台同步推进。突出服务效能,调整布局结构。按照楼阳生书记提出的"做大做强做优社科院"的讲话精神,确定通过改革,建设国内一流哲学社会科学研究机构的目标。

出版 印刷 发行 版权

2022年9月22日,以"书香润万家,奋进新时代"为主题的书香河南首届全民阅读大会在郑州开幕

出 版

【概 况】 2022年，河南省严格出版质量管理，增加优质读物供给，加快书香河南建设，首次举办全民阅读大会，创新发展出版融合，成果奖项再创佳绩，持续推动全省宣传思想工作高质量发展、出新出彩。全年全省共出版图书、期刊、音像制品和电子出版物11966种、33511.34万册（万盒、万张）。其中，图书10978种（新版4193种），总印数26792.38万册；期刊245种，总印数6566.6万册；音像制品和电子出版物743种（新版285种），数量152.36万盒（万张）。

【图书音像电子出版】 2022年全省图书音像电子出版工作扎实有效开展，突出主题出版，狠抓精品出版，抢抓机遇，系统研究阐释中原文化，稳步推进重点项目出版。

主题出版。筑牢思想阵地。始终把推动习近平新时代中国特色社会主义思想研究阐释和宣传普及作为首要任务，推出《追寻马克思的哲学道路》《中国共产党河南历史》《根脉：中国乡村振兴的文化基石》《中国共产党执政史》《中国特色社会主义为世界贡献了什么》等一系列反映马克思主义中国化、时代化研究成果的主题出版物。开展理想信念教育。唱响共产党好、社会主义好、改革开放好、伟大祖国好高昂旋律，持续开展党史、新中国史、改革开放史、社会主义发展史教育，推出《十个共产党员（第二版）》《带青少年读马哲经典》等一批主题出版物。弘扬革命文化、传承红色基因，推出《红色歌谣：给孩子讲述党的故事》《传承红色基因：英烈故事丛书》《"家国少年"系列》《山河传》"河南红色精神谱系"《永远的丰碑——焦裕禄画传》《红旗渠口述实录》等一批门类丰富、全方位、多品种的优秀出版物。传承弘扬黄河文化、夏文化。深入学习贯彻习近平总书记在黄河流域生态保护和高质量发展座谈会上的重要讲话精神，扎实践行习近平总书记关于保护母亲河、传承中华文化的嘱托，深刻认识保护、传承、弘扬黄河文化的重大意义、河南责任及出版路径，深入挖掘黄河文化蕴含的时代价值，讲好黄河故事，推出《黄河文明探源》《奔腾的黄河精神》《这里是黄河》《黄河文化通览》《黄河生态文献集成》等一批黄河文化研究精品力作，推动黄河文化在新时代发扬光大。依托"二里头"遗址考古成果，策划探究中华文明起源的"夏文化"系列丛书，加快《夏文化考古文献存目》《淮阳平粮台》《夏文化十二讲》等图书编纂出版工作。

精品出版。推动出版发展。鼓励出版单位走专、精、特、新发展道路，加强出版产品线建设，持续推出一批专业性强、影响力大、覆盖面广的特色出版精品。策划出版《独步全球的中国特高压》《直面中国种子问题》《中国探月工程科学绘本》等科普读物；策划出版《河南藏甲骨集成 开封博物馆卷》《中国民间收藏汉画像砖石选集》等着力中华优秀传统文化创造性转化、创新性发展的读物；策划出版"名人家风"丛书、品读经典诗词系列、"金羽毛"绘本书系等大众出版物；策划出版健康中国科普丛书、"一带一路"背景下国际化医学人才培养丛书、中国菌物资源与利用丛书等医学、农业科技类图书；策划出版《师者圣：孔子传》《大汉天使班超传》等传记中国系列图书等。加快出版走出去。《中国超级工程绘本》"读懂中国画系列"《中国故事》双语绘本等50余种豫版精品图书亮相印度尼西亚国际书展。《中医》《少林功夫》《太极拳》《汉字》《红旗渠》《焦裕禄》等20余册"中华源·河南故事"中外文系列丛书深受海外欢迎，已被中国外文局列入"中国思想文化术语多语种对外翻译标准化建设"重要项目成果，被中联部纳入党际交往赠书范围，被外交部纳入蓝厅新闻发布会向外国记者赠阅书刊，被中央党校作为在图书和文化馆主展台陈列展示书籍，同时入选中宣部、中国外文局"对外传播十大优秀案例"。

重点项目出版。《中华文脉——从中原到中国》（丛书）取得新进展。为将中华民族一脉相承的精神追求、精神特质、精神脉络继承下来，系统研究阐释中原文化，全面揭示文明探源、文化经典、文化名人、文化创造、文化黄河和文化传播，推出了《溯源中国》《河洛古国：原初中国的文明图景》《天地沙鸥——杜甫的人生地理》等23本图书，梳理中原文化和黄河文化、中华文化的内在逻辑关系，明晰中华文化的底色和肌理，对提升中原文化形象、提高中原文化影响力具有重要意义。启动《中原文库》编纂工作。该项目列入河南兴文化工程，2022年12月作为省重大出版项目正式立项，并获省财政厅首批745万元专项资金支持。2022年，

在广泛调研基础上，结合河南省传世文献的实际情况，撰写了《地方文库编纂出版调研报告》，制定了《〈中原文库〉编纂出版方案》，编制了《中原文库》目录，经过充分选题论证，拟定《玄奘全集》（53册）、《温县盟书释读》（2册）、《河南藏甲骨集成》（3册）等为首批出版图书。

【荣誉奖项】 2022年，河南省入选国家级出版项目成绩突出，共获得国家级奖励资助项目53种，省部级奖励资助项目221种。中宣部2022年主题出版重点出版物选题入选5种，2种图书入选"中国好书"年榜。

"十四五"时期国家重点出版规划项目。31个项目入选"十四五"时期国家重点图书、音像、电子出版物出版专项规划项目。完成了《武术中国（第二辑）》《中原历史文化博览（文物、人物、成语）》《国家地下水监测工程（水利部分）项目技术与应用》《中国传统戏曲经典故事汇》《中华创伤休克学》《学前特殊儿童教育与实践》《"家国少年"系列之《大银杏树的小秘密》等项目出版。8个项目入选"十四五"时期国家重点古籍出版规划项目，包含《全明笔记（1—3辑）》《全辽金元笔记(第1—4辑)》《东亚藏唐诗选本丛刊》《中医名家珍稀典籍校注（第二辑）》《〈普济方〉校注》《中国禅宗典籍丛刊（第二辑）》《黄檗禅法藏（第一辑）》《温县盟书释读》8个项目。完成《僧宝正续传 南宋元明禅林僧宝传》《离骚校诂（修订本）》《〈西游记〉汇评本》《〈续资治通鉴长编纪事本末〉点校》等项目出版。

国家出版基金资助项目。自国家出版基金设立以来，全省已获得资助项目120个、资助资金1.8亿多元，河南省新闻出版局连续9年受到履职表扬，取得优异成绩。2022年13个项目入选国家出版基金资助项目。《认知美学》《中华皮肤软组织损伤修复学系列丛书（12卷）》《黄河流域戏曲文物图典》等图书获得资助，比2021年增加6种。完成了《红色基因传承工程 亲历者口述战争》《丝绸之路音乐文库》《回望建党百年》《东亚唐诗选本丛刊》等项目出版。"新时代中国乡村振兴战略丛书""薪传·筑梦——国家级非物质文化遗产抢救出版项目（第二辑）""创面治疗新技术的研发与转化应用系列丛书"3个项目绩效考评中获评"优秀"，获评"优秀"项目数量在全国排名第4。《中国爬行动物图鉴（野外版）》《华东珍稀濒危植物图鉴》2种图书入选2022年度国家科学技术学术著作出版基金资助项目。《中外文化交流史考述》（俄文）、《清明上河图：宋朝的一天》（读懂中国画系列，英文）等7种图书入选2022年丝路书香工程立项项目。"闪耀深空深海深地的中国科技"科普丛书、"中国空间站"科学绘本、"我们的征途是星辰大海"科学绘本3个项目入选2022年科普中国创作出版扶持计划。

"中国好书"取得历史性突破。河南科学技术出版社出版的《至味中国：饮食文化记忆》（人文社科类）、大象出版社出版的《秘境回声》（少儿类）2种图书入选2022年度"中国好书"，这是近5年全省荣获此项奖的历史性突破。

5种图书入选2022年主题出版重点出版物选题。"纪录小康工程"丛书（河南）、"我的国家公园丛书"、《长征路上小红军》、《永远的丰碑——焦裕禄画传》、《那年的红军（VR动画）》等项目入选。

图书音像获奖情况。河南教育电子音像出版社的历史文化纪录片《千古风流人物》获得"第十二届中国纪录片学院奖"。大象出版社的图书《中州筝派》入选2022年度中华民族音乐传承出版工程精品出版项目。河南文艺出版社的图书《许宏的考古"方"》荣获2022年度"最美的书"称号。

【期刊出版】 截至2022年12月，全省共有期刊245种，其中社科学术类期刊46种、自然科学技术类期刊136种，大众综合类期刊63种。全省期刊中，高校学报类期刊77种，入选《中文社会科学引文索引（CSSCI）》（南大核心）的有13种，入选《中文核心期刊要目总览》（北大核心）的有44种。全省推动构建具有中国特色、中国风格、中国气派的哲学社会科学学科体系，推动建成一批高水平哲学社会科学期刊，为社会变革、实践创新提供思想动力和舆论支撑。新乡学院创办了双核心期刊《管理学刊》，《河南大学学报（社会科学版）》与河南大学出版学科建设共同促进、共同发展，形成知名品牌专业。在全省期刊中，形成诸如《中州学刊》"'三农'问题聚焦"、《河南社会科学》"党内法规研究"、《征信》"征信与法"、《金融理论与实践》"农村金融"、《区域经济评论》"区域经济理论"、《河南大学学报（社会科学版）》"编辑学研究"、《史学月刊》"史学笔谈"、《新闻爱好者》"黄河文化传播研究"等一批哲学社会科学重点栏目。

【融合出版】 2022年，全省融合出版坚持系统思维、深度融合、整体转型，依托融合出版"4+5+2"发展模式（"4"即4个国家数字出版精品选项目："中国手工创意产业数字服务平台""中小学劳动教育中的手工非遗传承出版融合平台""大象考试与教学测评服务系统""中教通智慧课堂"。"5"即5个国家新闻出版深度融合发展创新案例："大象课堂融媒教育云平台""天下农书""'小出版家'最美出版研学""玩美手工""数字教材应用云"。"2"即2个国家级数字出版重点实验室：国家新闻出版署出版融合发展郑州重点实验室、国家新闻出版署出版业科技与标准"数字出版应用智能部署重点实验室"。），提高全省数字产品的质量，提升产品附加值，提高市场竞争能力。全省期刊出版单位加快数字化转型升级，深入推动媒体融合发展，以融媒体平台建设为依托，聚焦内容生产方式、编辑工作方式、营销推广方式，着力构建起内容表达新形态、融合发展新业态。2022年，全省期刊共创办网站111个，年点击量达18.49亿次；创办公众号128个，篇均阅读量达17.23万次，10万+阅读量文章共计74篇。中原出版传媒集团在数据库类、知识服务类、搭建平台类3个项目上发力，助力全省融合出版。集团立足已出版或即将出版的纸质图书内容，将纸质内容进行数字化处理，以声音、电子数据等形式呈现，形成数据库产品，如"传记中国"数据库项目、"中教云数字图书馆"项目、"文献中国"资源库建设等。同时，利用在某个知识领域，拥有全流程内容资源的优势，通过数字资源进行整合，提升原图书产品内容附加值，形成知识服务体系。如乡村振兴智库"融合出版+职业教育"知识服务项目、"健康中国护理云"知识服务项目等。平台类项目主要面向教师和学生群体，建立服务型、矩阵式、高附加值的知识运营平台，如"大象课堂融媒教育云"项目、"海燕名师双线优教"资源建设项目、"数字教材应用平台"项目等。

【入选国家级项目情况】 2022年，全省融合出版发展方向明确，发展底气充足，发展势头强劲，拥有6家全国数字出版转型升级示范单位，多个数字出版项目获国家级奖励。其中，河南人民出版社"大别山精神红色教育VR体验馆"入选2022年数字阅读推荐项目；大象出版社"流媒体技术中台和大数据技术在融媒教育云平台的应用"荣获2022年出版业科技与标准创新示范项目科技创新成果；河南教育电子音像出版社"基于数字教材服务的数字教育云平台"入选国家文化产业发展项目库第二批入库项目；河南教育电子音像出版社《上线了文物》（第一季）入选中宣部2021年优秀地方文化外宣品；《人生有戏》获得国家广播电视总局"2022年度优秀国产纪录片"和"第十二届中国纪录片学院奖"；河南电子音像出版社《脱贫攻坚故事会》入选"十四五"时期国家重点图书、音像、电子出版物出版专项规划，同时入选2023年国家出版基金资助项目；河南电子音像出版社《智慧渔业》入选2022年度国家出版基金资助项目等。

【书香河南建设】 2022年7月21日，省委、省政府印发《书香河南建设实施方案》，书香河南建设成为全省人民精神文化生活的重要载体和平台。9月22日，书香河南首届全民阅读大会启动。大会发布了书香河南全民阅读倡议书，打造具有鲜明河南特色的阅读活动品牌，建强了公共文化服务平台，实现了省、市、县、乡、村（社区）五级全覆盖，举办各类阅读活动1万余场次，持续2个月，覆盖面之广、活动内容之丰富、持续时间之久，均创下全省历年阅读活动之最，网上总阅读量超10亿人次。

加大优质出版内容供给。 凝聚思想共识、激发奋进力量的重要作用得到更大发挥。通过实施重大主题出版、精品出版提质行动，坚持把传播好、阐释好习近平新时代中国特色社会主义思想作为出版"第一选题"抓牢抓实，打造主题出版、精品出版阅读内容矩阵，启动实施兴文化工程出版传播计划。

整合公共文化平台资源。 平台以数字阅读为突破口，阅读载体更加惠民便民。把书香河南数字阅读平台、云书网和百姓文化云平台等优质资源整合优化书香河南公共文化平台，现已形成汇聚各类电子图书10万册、有声书6万集，诵读朗读、非遗民俗短视频4万多条的形式多样、丰富多彩、覆盖全省的数字阅读文化资源服务平台。搭建完成书香河南公共文化网，可提供全省阅读政策发布、各地活动动态宣传及免费在线阅读等服务，初步构建了全民阅读"在线"服务。优化升级成书香河南阅读平台小程序、App、H5等全移动端书香矩阵，用户可通过手机随时随地免费阅读书香河南公共文化平台全部资源，初步构建了全民阅读"在手"服务。

部署了软硬件一体的"云+服务+端"书香河南公共文化全景触摸屏50余台,直接受益群众达200万人次,初步构建了全民阅读"在场"服务。平台通过图文资讯、活动、直播、视频等形式为广大用户提供文化阅读服务,让群众扫码即看、免费阅读、便捷参与,满足多样化文化需求。

擦亮"书香河南"阅读品牌。关注、参与、推动阅读的社会风尚日益浓郁,通过实施书香河南全民阅读大会品牌引领行动,以书香河南品牌建设为统揽,积极培育全民阅读示范项目、活动品牌和创新案例,组织开展"绿城读书节""信阳经典名篇朗诵会""南阳读书月"等具有浓郁地方特色、群众可感可触的阅读活动,构成了"1+N"书香河南品牌格局。全省联动组织举办了"2023年新春阅读季"主题阅读活动,为广大人民群众奉献了2万余场亮点纷呈、精彩迭出的新春主题阅读和文化体验活动,《人民日报》头版头条对河南省新华书店举办的新春主题阅读活动进行重点报道。郑州市开设"书香地铁"专列,在紫荆山站、七里河站等设置图书漂流点,开展"读一本书发一颗芽"主题阅读、快闪等活动;郑州市、安阳市开通"书香公交",把公交车打造为"红船书吧""巾帼红色书吧",让车厢成为移动的"图书馆"。河南广播电视台开设《书香河南音视频融媒体》栏目,制作的《一起读书吧》《飞读经典》等系列短视频解读经典、关注热点,受到广大观众热捧。连续10年举办"4·23世界读书日"全民阅读系列活动,最美读书声、绿城读书节等书香品牌不断培育和巩固。

实施阅读阵地提升工程。改善阅读环境条件,人民精神文化生活获得感、幸福感不断增强。通过实施阅读阵地提升工程,积极整合公共文化服务资源,加快推进建设覆盖城乡、实用便利、服务高效的各类全民阅读服务设施,持续加快公共图书馆、文化馆(站)、基层综合性文化服务中心、社区书屋、农家书屋等基础阅读设施建设,让人民群众在家门口就能遇见"诗和远方"。坚持"打造一个书店、点亮一座城市"建设理念,在全省212个新华书店核心门店大力推进阅读共享空间"书香河南"专柜建设,努力打造服务多样、场景多变、体验新颖的沉浸式阅读空间。省新华书店大力推进实体阅读空间建设,制定9种阅读空间标准化、专业化配供模型,704家机关企事业单位建成阅读新空间。省、市、县三级工会累计投入资金近3亿元,打造全国职工书屋示范点577家、省级职工书屋示范点1400家、基层职工书屋1.2万余家,基本形成了覆盖城乡、布局合理、功能健全、使用高效的职工书屋网络。

保障阅读群体阅读权益。通过实施阅读分众工程,积极开展针对性强的阅读推广活动。共青团河南省委聚焦青少年政治引领和理想信念教育,组织开展"书香伴青春,奋进新征程"青少年爱国主义读书教育活动月,推出涵盖《习近平的七年知青岁月》《焦裕禄家风》《红军长征图志》等优秀主题类图书在内的100本"青春书单",录制《青年说》等系列微视频300余个,推出少年儿童有声读物30余期,累计学习人数突破3.5亿人次。河南日报社针对网民阅读特点,编发一批高质量的音视频节目,通过在线访谈、论坛讨论、网上征文、正面跟帖等形式,引导全社会关心支持书香河南建设工作,带领网友感受阅读文化和阅读力量。

聚焦"读万卷书""行万里路",积极探索新形势下阅读、文旅、研学融合发展的新举措、新载体。通过实施阅读文旅融合工程,把研学旅游变成深化阅读学习的一种方式。中原出版传媒集团以"文化+教育+旅游"形式构建"融媒课

"书香伴青春,奋进新征程"青少年爱国主义读书教育活动

后书屋",定制开发课本里的远方等42门研学课程,发起"'十五岁与五十年'一场重现红色岁月的时空对话"系列活动,以红旗渠精神为主题,以红旗渠精神营地、红旗渠纪念馆、红旗渠风景区、石板岩中国画谷等文博文旅场馆为依托,通过"线上线下、书里书外"探究式阅读体验活动,感受了解修渠的历史背景及当时的群众生活和精神状态,传播红旗渠精神。河南省黄河河务局、河南省文化和旅游厅依托黄河千里防洪工程和厚重的黄河历史文化资源,打造"黄河文化千里研学之旅"特色研学线路。共青团河南省委根据青少年认知规律和身心发展特点,打造"阅读+寻访"读书模式,在红色胜地、名胜古迹开展"青春寻访""红领巾寻访"读书会活动,开展"'青春后浪·红心向党'青年读书分享会""河南青年魅力读书声"等读书直播活动600多次。各地图书馆坚持以文促旅、以旅彰文的工作理念,将图书馆公共文化服务功能融入景区、民宿、乡村建设等方方面面,在2个AAAAA级景区、8个AAAA级景区、7个A级乡村旅游景区打造"书香客栈",满足广大游客的公共文化需求,推动公共文化服务与旅游发展深度融合。

2022年9月22日,书香河南首届全民阅读大会活动

【书香河南首届全民阅读大会】2022年9月22日,以"书香润万家、奋进新时代"为主题的书香河南首届全民阅读大会在郑州开幕,省委书记楼阳生讲话并宣布大会开幕,省长王凯出席。中共中央宣传部副部长张建春视频致辞。

10月22日,为期一个月的书香河南首届全民阅读大会在河南落幕。该活动突出"全民参与、基层覆盖、河南特色",全省上下联动、同步进行,设有1个主会场、19个分会场,共举办60余场经典诵读活动、6000场黄河文化中原文化读书主题活动等。此次阅读大会阅读活动多、覆盖面广、持续时间长,在中原大地掀起了全民阅读热潮,让人充分感受到中原的"文韵书香"气息。

【书香河南首届全民阅读大会四个创新】2022年9月22日,书香河南首届全民阅读大会启动,实现了"四个创新"。

*创新举办河南书展,提供阅读盛宴。*打破传统书展展览形式,河南书展守正创新,设有6个板块:1个"喜迎党的二十大主题出版"展区和5个出版物展区(红色河南·阅读新时代、厚重河南·阅读新经典、文化河南·阅读新体验、活力河南·阅读新业态、出彩河南·阅读新辉煌)。展区以文化

万名师生齐声诵读红旗渠精神新作《红旗渠是怎样修成的》

街区的形式来呈现不同阅读场景，拓片、临帖、吟诵、讲座、故事会等一系列形式新颖又接地气的文化活动和沉浸式阅读体验，营造了浓郁书香氛围。依托全省 166 个公共图书馆、47102 个农家书屋、2780 个新华书店、1011 个城市书房，举办了河南书展 5 万余个分展场，原定 1 个月的河南书展，各地又主动延长了 1 个月，全省书展的规模场次和持续时间均超越了全国各类书展。全省新华书店图书销售收入达到 6457.38 万元，取得社会效益、经济效益双丰收。

创新开展读书月，实现文化惠民。在全省各级各类公共阅读阵地举办作家签书、专家讲书、文化讲座等 6000 余场黄河文化、中原文化读书月活动，各地新华书店深入当地人流密集的地标性区域、城市广场、公园、社区等 164 个场所开展流动售书活动 578 场，组织手工体验、亲子阅读、读书分享等文化体验活动 353 场。主会场经典诵读晚会和各地各具特色的诵读活动以广大青少年为主体，如郑州市政通路小学"诵读经典 爱我中华"活动、洛阳市"小小领读者 点亮中国心"朗诵大赛区域总决赛、许昌市馨香书坊"童心向党"庆祝中华人民共和国成立 73 周年主题阅读活动等，使广大青少年充分感受到阅读之美、文字之美、文化之美。2022 年 10 月 4 日《人民日报》头版头条《欢度国庆节 喜迎二十大》中报道了国庆假期郑州图书馆举办的知识讲座活动。

创新活动组织，做到上下联动。强化系统观念，坚持全省"一盘棋"，组织各省辖市、济源示范区、航空港区和部分县市做到统一时间节点、统一活动主题、统一活动口号、统一主要环节、统一新闻宣传"五个统一"。举办了书香河南全民阅读培训班，全省宣传思想战线近 600 个单位、5000 余人参与培训，进一步提升全民阅读队伍的综合素质。

创新阅读场景，汇聚数字力量。读者在书香河南数字阅读平台通过一键搜索即可触达海量优质阅读资源。大别山精神红色教育 VR 体验馆采用 VR 技术对鄂豫皖苏区首府革命博物馆等红色资源场景进行了复原和虚拟。百姓文化云公共文化服务平台精品数字文化内容资源达到 18 万条。形式多样的数字阅读让更多群众喜闻乐见的优质数字出版内容"一屏"进万家，形成了全方位传播、全场景阅读的数字阅读新局面。

【出版管理制度】 河南省严格执行《河南省出版单位落实意识形态工作责任制具体规定（试行）》《河南省图书选题管理办法（试行）》《河南省图书阅评工作制度(试行)》《河南省书号实名申领制度(试行)》《河南省期刊新媒体管理制度(试行)》《关于贯彻落实〈关于加强和改进出版工作的意见〉任务分工方案》《关于贯彻落实〈图书、期刊、音像制品、电子出版物重大选题备案办法〉有关事项的通知》《关于图书、音像制品、电子和网络出版物审读工作制度》等 8 项出版管理制度保障体系。2022 年共审核图书选题 6854 种，其中重大选题备案 55 种，出版前审读选题 180 种，慎重对待选题 2050 种，取消选题 12 种，全年共审读书稿 93 部次，严格落实重大选题备案、出版阅评等制度，切实把好出版物政治方向、价值取向和出版导向。

【河南优秀出版奖评选】 2022 年，河南省恢复了停滞近 8 年的河南优秀出版奖评选工作。河南优秀出版奖是全省出版领域最高奖项，作为省委宣传部"河南省宣传思想工作优秀奖"评比表彰的子项目，已被正式列为省委、省政府批准的奖项。该次评选表彰是在庆祝党的二十大胜利召开、迈上全面建设社会主义现代化国家新征程之际，对河南省出版界的一次巡礼和检阅。评选体现了融合发展出版成就，彰显了文质兼美出版追求，树立了创先争优出版标杆，推动河南省出版业高质量发展。

2022 年度河南优秀出版奖获奖名单

一、图书奖（共计 75 种）

政治理论读物类（5 种）

出版单位	书名
文心出版社有限公司	中国特色社会主义为世界贡献了什么
河南人民出版社有限责任公司	共和国日记（1979—1983）

续表

出版单位	书名
河南人民出版社有限责任公司	红旗渠精神
河南人民出版社有限责任公司	简明河南党史
河南人民出版社有限责任公司	讲好"四个故事"

社会科学类（含古籍整理图书）（24种）

出版单位	书名
河南人民出版社有限责任公司	中国精神通史
河南大学出版社有限责任公司	皮亚杰文集
大象出版社有限公司	中国哲学家孔夫子
河南大学出版社有限责任公司	中国民间收藏汉画像砖石选集（16卷）
河南美术出版社有限公司	河南藏甲骨集成·开封博物馆卷
河南文艺出版社有限公司	岳南大中华史
中州古籍出版社有限公司	龙出漠北显华章
河南大学出版社有限责任公司	大典本宋代诗文文献整理与研究
河南文艺出版社有限公司	溯源中国
大象出版社有限公司	汉口商会史料汇编
中原农民出版社有限公司	根脉：中国乡村振兴的文化基石
河南美术出版社有限公司	洛阳新见汉晋北魏砖瓦文字辑录
中州古籍出版社有限公司	刘学锴讲唐诗
河南电子音像出版社有限公司	"武术中国"系列
中州古籍出版社有限公司	唐宋小品丛书
中州古籍出版社有限公司	战国策校注系年补正
大象出版社有限公司	河洛古国
大象出版社有限公司	鲁迅十五讲
海燕出版社有限公司	新观念儿童文学理论丛书（套书）
大象出版社有限公司	河南古都史
中州古籍出版社有限公司	中国环境变迁史丛书
中州古籍出版社有限公司	河南省志
河南大学出版社有限责任公司	中国新闻学丛书（第一辑）
河南大学出版社有限责任公司	中华源·河南故事中外文系列丛书

科学技术类（17种）

出版单位	书名
河南科学技术出版社有限公司	哈佛大学植物标本馆馆藏中国维管束植物模式标本集
郑州大学出版社有限公司	中华创伤重症医学
河南科学技术出版社有限公司	"中医治未病指导丛书"（7种）
大象出版社有限公司	璆琳琅玕——河南古代玉器和玻璃器的科学研究
郑州大学出版社有限公司	创面治疗新技术的研发与转化应用系列丛书

续表

出版单位	书名
大象出版社有限公司	剑桥科学史（第三卷）
中原农民出版社有限公司	"日光温室设计建造研究与利用"丛书
郑州大学出版社有限公司	"一带一路"背景下国际化临床医学丛书
河南科学技术出版社有限公司	中原中医儿科学术经验与流派传承
黄河水利出版社有限责任公司	砒砂岩区生态综合治理理论与技术
黄河水利出版社有限责任公司	冰水堆积物工程地质特性及建坝适宜性研究
黄河水利出版社有限责任公司	黄土高原淤地坝减沙作用研究
河南科学技术出版社有限公司	中国外来入侵植物彩色图鉴
黄河水利出版社有限责任公司	黄河防汛
中原农民出版社有限公司	"健康素养66条"农民画册
中原农民出版社有限公司	乡村电子商务丛书
中原农民出版社有限公司	洪涝灾害居民安全与健康防护手册

文学艺术类（17种）

出版单位	书名
河南文艺出版社有限公司	李佩甫文集
河南文艺出版社有限公司	黄河故事
大象出版社有限公司	粮食，粮食
海燕出版社有限公司	大河之上
河南美术出版社有限公司	汉风遗韵——百位名家题跋两汉精拓荟萃
河南美术出版社有限公司	历代经典碑帖百种题识
河南美术出版社有限公司	冷眼看世界·艺术美国
河南美术出版社有限公司	国瓷之光——李国桢传
河南大学出版社有限责任公司	黄河文库·文学黄河丛书
河南文艺出版社有限公司	山河传
海燕出版社有限公司	荣耀之上
中原农民出版社有限公司	中国华彩——《唐宫夜宴》戏里戏外
河南文艺出版社有限公司	从太行到东山：一心一意为人民的谷文昌
海燕出版社有限公司	竹堂文丛·《书概》衍义
河南人民出版社有限责任公司	扶贫记
河南美术出版社有限公司	历代书画手卷百品
河南文艺出版社有限公司	二七塔

青少年读物类（含少儿科普图书）（12种）

出版单位	书名
河南科学技术出版社有限公司	中国探月工程科学绘本
大象出版社有限公司	会飞的日子
河南电子音像出版社有限公司	亲历者口述战争

续表

出版单位	书名
海燕出版社有限公司	金羽毛·战争中的父与子（套书）
大象出版社有限公司	"永远的黄河"丛书
海燕出版社有限公司	金羽毛·致敬最美奋斗者（套书）
文心出版社有限公司	榜样的力量
河南美术出版社有限公司	汉画像石里的生活
海燕出版社有限公司	风雨英雄路——写给青少年的党史故事（融媒体版）
文心出版社有限公司	汉字奥秘系列
河南美术出版社有限公司	中国故事
河南大学出版社有限责任公司	成长不可错过的四堂课

二、期刊奖（26个）

名　称	名　称
党的生活	机械传动
河南大学学报（社会科学版）	烟草科技
经济经纬	华北水利水电大学学报（自然科学版）
史学月刊	创新科技
管理学刊	电力系统保护与控制
新闻爱好者	郑州大学学报（医学版）
老人春秋	果树学报
华夏考古	河南农业大学学报
寻根	地域研究与开发
郑州大学学报（哲学社会科学版）	轻工学报
妇女生活	河南理工大学学报（自然科学版）
河南警察学院学报	能源与环境材料（英文）
金融理论与实践	河南农业科学

三、音像制品、电子出版物和数字出版奖（15种）

音像制品（3种）

名　称	出版单位
豫剧（央视播出名：人生有戏）	河南教育电子音像出版社有限责任公司
"武术中国"系列	河南电子音像出版社有限公司
薪传·筑梦——国家级非物质文化遗产抢救出版项目（第二辑）	河南省文化艺术音像出版有限责任公司

电子出版物（2种）

名　称	出版单位
初心如磐——百名共产党人故事	河南教育电子音像出版社有限责任公司
新型冠状病毒肺炎典型病例影像图谱	河南科学技术出版社有限公司

数字出版项目（10 种）

名　称	出版单位
大象考试与教学测评服务系统	大象出版社有限公司
中小学劳动教育中的手工非遗传承出版融合平台	河南科学技术出版社有限公司
河南省中小学数字教材服务平台	河南教育电子音像出版社有限责任公司
中教云数字图书馆	河南电子音像出版社有限公司
"天下农书"数字图书馆（2.0 版）	中原农民出版社有限公司
书香河南数字阅读平台	河南大学出版社有限责任公司
大别山精神红色教育 VR 体验馆	河南人民出版社有限责任公司
百年中篇小说名家经典欣赏有声读物	河南文艺出版社有限公司
"海燕 e 学"在线教育平台	海燕出版社有限公司
中报 AI 学习与大数据测评系统	中学生学习报社有限公司

四、报纸奖（10 个）

河南日报	平顶山日报
开封日报	商丘日报
三门峡日报	大河报
信阳日报	中原石油报
焦作日报	小学生学习报

五、装帧设计奖（12 种）

出版单位	作品名称	设计者
河南美术出版社有限公司	厘米大千：张海书法艺术系列丛书	雷国新 雅昌设计中心
河南文艺出版社有限公司	非尔雅	刘运来工作室
郑州大学出版社有限公司	塞耳彭自然史	周伟伟
中原农民出版社有限公司	中国华彩：《唐宫夜宴》戏里戏外	刘运来工作室
大象出版社有限公司	璆琳琅玕——河南古代玉器和玻璃器的科学研究（上下册）	王晶晶
大象出版社有限公司	先生们	付锬锬
河南大学出版社有限责任公司	中国民间收藏汉画像砖石选集（16 卷）	王四朋
海燕出版社有限公司	行走中原·2021 年日历	孙　康
中州古籍出版社有限公司	刘学锴讲唐诗	曾晶晶
河南科学技术出版社有限公司	中国口岸外来入侵植物彩色图鉴	张　伟
河南人民出版社有限责任公司	比干庙古诗词汇释	王颢霖
中原农民出版社有限公司	中国菌物资源与利用（《中国菌物药》《中国食用菌加工》《中国食用菌生产》）	杨　柳 薛　莲

六、印刷复制奖（12 个）

产品名称	生产单位	出版单位
习近平谈治国理政（第三卷）	河南新华印刷集团有限公司	外文出版社

续表

产品名称	生产单位	出版单位
剑桥科学史（第三卷）	河南新华印刷集团有限公司	大象出版社有限公司
洛阳三彩艺术	河南瑞之光印刷股份有限公司	海燕出版社有限公司
大决战：河南省脱贫攻坚优秀摄影作品集	郑州新海岸电脑彩色制印有限公司	河南美术出版社有限公司
观荷	河南瑞之光印刷股份有限公司	河南文艺出版社有限公司
焦作文化大典：地理典	郑州印之星印务有限公司	中州古籍出版社有限公司
中华源·河南故事·"人工天河"红旗渠	河南博雅彩印有限公司	河南大学出版社有限责任公司
新文化元典丛书·新青年	河南省四合印务有限公司	河南文艺出版社有限公司
王付经方学用基本功	河南省环发印务有限公司	河南科学技术出版社有限公司
小学生作文大百科	河南省诚和印制有限公司	河南文心出版社有限公司
中学生数理化（高中版）	河南文达印刷公司	河南教育报刊社
散文选刊	河南日报报业集团大河印刷有限公司	散文选刊杂志社

七、优秀出版人物奖（17人）

姓名	单位及职务
于华龙	河南大学出版社有限责任公司社长
杨彦玲	河南文艺出版社有限公司副总编辑
谷国伟	河南美术出版社有限公司书法编辑二室主任
岳鸳鸯	中州古籍出版社有限公司三编室主任
彭宏宇	海燕出版社有限公司儿童文学编辑部主任
王 霞	《中华实用诊断与治疗杂志》编辑部主任
宋先锋	河南《创新科技》杂志社副总编辑
孙保营	郑州大学出版社有限公司社长、总编辑、郑州大学期刊中心主任
朱文锦	河南省水产科学研究院办公室主任、《河南水产》主编
闫 青	河南省开封市新华书店有限公司党委书记、执行董事、经理
曹银娜	河南省新华书店发行集团有限公司云书网事业部经理
寇鹏博	河南省漯河市新华书店有限公司购书中心经理
刘青青	河南省洛阳市新华书店有限公司图书业务部主任
郭杉杉	河南省三门峡市新华书店有限公司外国语高中校园书店店长
张歌伟	河南省瑞光印务股份有限公司董事长
韩宜瑾	河南新华印刷集团有限公司制版车间平版制版员
李 程	大象出版社有限公司数字出版技术创新部主任

八、优秀编辑奖（14人）

姓名	单位及职务
崔青峰	郑州大学出版社有限公司副总编辑
刘晨芳	河南文艺出版社有限公司传记中心主任
李光杰	大象出版社有限公司社科文献编辑部主任
郑 颖	海燕出版社有限公司儿童图画书编辑部主任

续表

姓名	单位及职务
李明霞	河南教育电子音像出版社有限责任公司数字产品研发中心副主任
谌洪波	河南大学出版社有限责任公司总编室主任
李敏	河南电子音像出版社有限公司总编室主任
王银枝	《征信》编辑部副主编
曹娟	《烟草科技》编辑部主任、副主编
金铁成	河南工业大学学报编辑部编辑
姬建敏	河南大学学报编辑部编辑
翁有为	河南大学《史学月刊》编辑部编辑
朱消非	郑州大学学报编辑部、英文刊编校办公室主任
姬沈育	《经济经纬》编辑部编辑室主任

【中原出版传媒集团】 中原出版传媒投资控股集团有限公司（简称"中原出版传媒集团"），系河南省委、省政府直属重要骨干文化企业，前身为河南出版集团，成立于2004年3月（与河南省新闻出版局完成政事分离），2007年12月完成"事转企"改制，2011年12月控股的中原大地传媒股份有限公司（股票代码：000719）在深交所主板挂牌上市，2014年9月实现全产业链整体上市，是河南省最大的文化产业集团和唯一的国有上市文化企业。主营业务涵盖出版、文创、报刊传媒、印制、图书发行、物资贸易、投融资、教育服务、文化地产等。拥有河南人民出版社等11家出版社、《销售与市场》等21种报刊、130家省市县新华书店和新华印刷集团、新华物资集团等各级（五级）子（分）公司共195家，产业布局遍布全省各地以及北京、深圳等地。中原出版传媒集团先后获得"全国文化体制改革优秀企业""国家文化出口重点企业""国家新闻出版走出去先进单位""全国脱贫攻坚先进集体"等多项荣誉。集团围绕"主流意识形态建设主力军""出版业融合发展先行者""公共文化和公共教育内容运营商"的发展定位，锚定"两个确保"，落实"十大战略"，强化"五个突出"，守牢"为人民立心、为文化举旗、为产业领航，创新创造美好生活的精神世界"的初心使命，树牢"以文化人、以文聚力、以文兴业"的发展宗旨，大力培育和践行"求实自强、创新向善、包容共生"的中原出版价值观。扎实构筑"内容建设""全媒传播""资本运营""科技赋能"四大产业基石，全力推进"融合出版""版权智库""现代教育""研学文创""复合书店""电商零售""阅读服务"七大业务主线，积极参与区域经济的产业链和供应链建设，主动融入地方经济社会发展，在构建新发展格局中躬身入局，努力形成既张力充沛、韧性强劲，又高质高效、丰富多样的产业发展新生态，致力于打造"引领先进文化的出版龙头，引领产业发展的传媒旗舰"。截至2022年底，中原出版传媒集团（不含中阅和瑞）实现合并营业收入98.15亿元，同比增幅3.72%；实现利润总额10亿元，同比增幅6.54%。第八次荣膺"全国文化企业30强"，第九次荣获"中国服务业企业500强"，中原出版的品牌名片更加响亮。

【集团出版主业】 2022年，中原出

2022年集中出版的"中华文脉——从中原到中国"丛书

2022年8月15日至18日，由集团公司研学团队与集团系统在岗职工共同创意策划、精心打造的首部书本情景剧《山河传》，进行了4场汇报演出，获得热烈反响

版传媒集团强化主业主责，着力在做强主题出版、优化出版供给、推动出版创新、守好出版阵地等方面深耕细作，自觉担负起举旗帜、聚民心、育新人、兴文化、展形象的使命任务。全年获得国家级奖励资助项目52个、省部级奖励资助项目221种；《长征路上小红军》等4个项目入选中宣部2022年主题出版重点出版物选题，大象出版社《秘境回声》《河源清澈》以及河南科学技术出版社《至味中国：饮食文化记忆》等3种图书入选中国好书月榜。"中华文脉"丛书首批15种新书集中发布并在郑州举办出版座谈会，包括《溯源中国》等聚焦中华文明探源成果的总结与呈现，《家国黄河》等讲述黄河故事、黄河文化的扛鼎之作，以及《风华绝代：宁稼雨细说魏晋风度》等承载中华文化价值符号、代表中华文明元素的精品力作。《河南所藏甲骨集成》等8个项目入选2021—2035年国家古籍规划重点出版项目。河南文艺出版社《许宏的考古"方"》获评2022年度"最美的书"。正式启动河南历代文献集大成丛书《中原文库》出版工作，拟收录最能反映中华文化核心、根源的代表性中原传世文献，包括报刊、档案、出土碑刻等，总规模暂定1000册左右。河南教育电子音像出版社参与制定的2项数字教材国家标准颁布实施，"基于数字教材服务的数字教育云平台"项目入选国家文化产业发展项目库，《千古风流人物》系列纪录片在腾讯视频持续热播，位居纪录片2022年度榜单第一位，成为现象级文化产品。在2022年度河南优秀出版奖评选中，中原出版传媒集团系统共获得图书、期刊、音像制品、电子出版物和数字出版等各类奖项114项。对外传播方面，出版集团全年完成版权输出项目签约193种，一批精品豫版好书先后亮相伦敦书展、法兰克福书展、东南亚巡回展等，积极参与"亚洲经典著作互译计划"，出版集团被确定为中国—吉尔吉斯斯坦互译项目承办单位，《古代吉尔吉斯》《诗歌中的生命》等一批翻译作品有望于2023年出版。

【集团产业转型升级】 2022年，中原出版传媒集团启动了价值共生产业生态系统的建设工作，围绕"产、学、研、用"4个方面，初步完成了顶层设计和实施路径规划。"中原数字沉浸式创意产业省级孵化器"通过省科技厅评审，集团公司与郑东新区管委会就文化产业创新联合体项目达成战略合作协议，在产业扶持、场景应用、市场品牌推广、引进关联科技企业孵化项目等方面获得有力支持。集团公司不断扩大研学合作版图，分别与郑州、鹤壁、林州、汝州、新县等地达成战略合作，开发落地研学、课后延时服务、劳动教育课程100余门；打造了《女娲补天》等第一批课本剧和首部情景式书本剧《山河传》，研发了"红旗渠特色沉浸式课程体系"，有序推动数字红旗渠精神馆建设。进一步明确教育数字化转型的战略方向，中小学智慧教育平台架构规划设计有序开展，数字内容资源建设同步推进，已与15家数教企业达成明确合作意向并提出具体合作方案。明确树立了"项目为王、结果导向"的工作理念，谋划实施集团系统"十大工程"，第一批重点项目有力推进，展现了集团"十四五"规划的初步成果。阅文基金顺利取得基金管理人牌照，成为集团系统首家持牌金融机构，"资本运营工程"取得突破性进展，已于近期发布了首只基金产品。中阅和瑞顺利增资扩股，集团财务风险进一步降低，聚焦主业主责步伐更加稳健。

【集团公共文化服务】 2022年，中原出版传媒集团聚焦书香河南建设，努力以更加优质的文化服务供给，满足人民群众多样化、多层次、多方面的精神文化需求。

坚持多元赋能，丰富阅读活动内容。 以"书香河南"建设为统揽，以"最美读书声"品牌为引

领，在全省范围火热开展体验式、沉浸式、互动式多元赋能的主题阅读活动。在全省范围策划推出"致敬2021，你好2022！""闹欢乐元宵、阅文化冬奥""最美四月天""致敬安徒生 致敬经典""七一建党节·一颗红心永向党""与子同袍，山河同耀""礼敬先贤，诵读经典""黄河文化读书月""书香润万家、喜迎二十大"主题联展等系列主题活动，采取线上线下融合方式，深入推动丰富的主题阅读活动更快、更好、更便捷地走近人民百姓。

*坚持便民惠民，加大基层阅读供给。*全省新华书店始终坚持以人民为中心的阅读服务理念，持续推动各类线下阅读活动覆盖基层、普惠共享、城乡一体。通过春节期间开展"迎新春·赶书集"，在世界读书日开展"阅读进社区"，在暑期开展"文化夜市""文化大篷车""文化地摊"等活动，举办全民阅读"七进"活动1900余场。特别是在河南省首届全民阅读大会期间，全省书店深入各地城市广场、商业中心、公园景点、街道社区等336个地标性场所，开展"流动惠民书展"580余场，共为全省人民提供10余万种、50余万册图书，云书网平台面向公众发放电子惠民书券100万余元，有效拓宽阅读辐射面，扩大文化影响力。

*聚焦文化服务场景重塑，促进业态融合发展。*全省新华书店牢固树立"美好生活提供商"鲜明定位，聚焦不同群体阅读服务需求，加快门店基础设施和服务体系建设，致力打造人民群众"美好生活的新入口"。大力推动门店场景体验升级，全年高质量推进周口、商丘、扶沟等21家门店的规划设计，高标准完成开封、漯河、卫辉等10多家书店的升级改造，通过门店主题化、特色化、智能化升级，引领书店成为文化地标中心、社会交流中心、活动体验中心、文化消费中心。紧抓融合发展，优化用户体验，合力推动营销渠道升级，积极发力电商直播、微信社群等线上运营模式，初步构建了以线下实体门店为连接点、线上线下有机融合的文化消费渠道网络，推进门店营销渠道变革与经营模式转型。2022年全省新华书店开展文化直播活动1442场，用户浏览量达3600万人次。

印　刷

【概　况】2022年，河南省印刷行业坚持守正创新，产业结构持续优化，产业效率显著提高，实现了质的有效提升和量的合理增长。全省参加2022年度年报的印刷企业2820家，其中出版物印刷企业321家，包装装潢印刷品印刷企业1224家，其他印刷品印刷企业1196家，专项排版制版装订印刷企业24家，专营数字印刷企业55家。印刷企业分布于全省各地市，其中数量较多的为新乡402家，郑州381家，南阳228家，驻马店226家，焦作191家，占全省印刷企业总数的50.64%。规模以上重点印刷企业118家，占印刷企业总数的4.18%。

2022年底，全省印刷行业资产总额419.09亿元，销售收入375.16亿元，营业收入371.61亿元，工业总产值362.93亿元，利润总额19.33亿元，从业人数6.04万人，对外直接投资额3.2万美元，对外加工贸易额1250.78万美元，研发投入6.74亿元。其中，规模以上重点印刷企业资产总额232.54亿元，占印刷行业总量的55.49%；销售收入247.57亿元，占印刷行业总量的65.99%；工业总产值238.26亿元，占印刷行业总量的65.65%；对外加工贸易额1132.48万美元，占印刷行业总量的90.54%；利润

2022年4月，中国书刊发行业协会主办的首届全民阅读大会·年度最美书店发布活动上，郑州购书中心荣膺"年度最美书店"称号

总额17.79亿元，占印刷行业总量的92.03%；从业人员2.24万人，占印刷行业总量的37.09%；研发投入5.47亿元，占印刷行业总量的81.16%。

【重点出版物印制情况】 全省印刷行业坚持做好习近平总书记重要著作和党的二十大报告等主题出版物的印刷发行保障，为宣传思想工作贡献印刷发行力量。2022年10月，指导河南新华印刷集团发挥国有印刷企业主力军作用，全程实施闭环管理，顺利完成党的二十大主题出版物印制任务。发挥全省各级新华书店主渠道、主阵地作用，省、市、县三级新华书店成立发行工作领导小组，采取网格化手段，开展全员上门征订，云书网开设党的二十大学习用书线上专区，以高度的使命感和责任感满足全省广大干部群众学习用书需求。据不完全统计，2022年全省共发行党的二十大报告及学习辅导读物、《习近平谈治国理政》第四卷等主题出版物677万册。确保教材印制发行物供全产业链协同，扎实推进中小学教科书印制发行工作，按时保质完成1.37亿册教材印制发行任务，教材到校率为100%、到生率为100%，保障全省1700多万中小学生开学用书，圆满完成"课前到书，人手一册"的政治任务。

【印刷行业发展情况】 深化培育专精特新印刷发行企业，积极组织申报国家印刷复制示范企业，提升印刷发行企业的影响力、竞争力。深入推进"放管服"改革，持续优化印刷发行企业营商环境，强化协调联动，会同发展改革、教育等部门解决印刷发行企业在绿色发展、停产限产、工期缩短等方面的实际困难。加大印刷业高技能人才培养，坚持以赛促学、以赛促训，积极组织开展全省印刷行业职业技能大赛选拔赛，申请承办第八届全国印刷行业职业技能大赛数字印刷决赛，主动融入"技能河南"建设。河南新华印刷集团有限公司平装车间胶订联动线机长丁敬崇荣获2022年第二届全国十大印刷工匠荣誉称号。2022年8月10日至14日，联合河南省人力资源和社会保障厅举办河南省第八届印刷行业职业技能大赛，来自全省印刷企业、相关院校等49家单位的289位选手参赛，在全省营造了尊崇工匠精神的浓厚氛围，同时为组织全国赛事奠定良好基础。

【印刷行业监管】 统筹发展和安全，牢牢守好管住印刷阵地。加强事中、事后监管，提升行业治理效能。

开展"双随机、一公开"抽查。 在全国两会、党的二十大召开前后对重点地区、重点部位、重点企业开展专项抽查，严厉查处和打击非法印刷发行行为。据不完全统计，2022年省、市、县三级印刷发行管理部门共抽查4983家印刷发行企业，抽查发行单位举办的阅读等活动1565场次。

开展"3·15"质检活动。 为筑牢质量安全屏障，组织开展2022年河南省"3·15"印刷复制质检活动和中小学重点教材印制环保质量检查。印刷质量检查共抽查图书、中小学教材教辅、期刊等样本207种、2953册，报纸62种、398份；环保质量检查共抽查中小学重点教材样本23种、184册；复制质量检查共抽查光盘类音像制品样本5种、15片。经检测，样本单册质量合格率为99.8%，批质量合格率为99.5%，抽样中小学重点教材印制环保质量合格率为100%。召开印刷质量监管约谈会，对存在图书印制批次质量问题的责任单位进行了行政处理，受到国家新闻出版署通报肯定。

开展印刷企业年度报告工作。 落实"宽进严管"要求，对全省印刷企业开展年度报告，统计汇总印刷企业各项信息，掌握企业底数。与印刷经营许可证期满换发新证工作相结合，将无经营场所、无生产设备、无生产人员的"三无"企业和不按时上交年报的企业纳入重点监管对象，推动行业健康有序发展。

【内部资料性出版物管理】 2022年，河南省根据《内部资料性出版物管理办法》，组织开展内部资料性出版物审读和审核换证工作，不断提升河南省内部资料性出版物管理水平。坚持属地管理原则，督导各省辖市加强内部资料管理工作，引导编印单位牢牢把握正确政治导向，严格落实意识形态工作责任制，自觉遵守各项法律法规，不断提高守法意识和编印能力，保证内部资料导向正确、内容健康、质量上乘，发挥内部资料在各自行业、系统和单位内部指导工作、交流信息的作用。全省一次性内部资料共审批79种，其中省级直属机关内部资料2种，省辖市机关内部资料77种。全省共有684种连续性内部资料参加2022年度审核换证，通过审核652种（其中省级直属机关内部资料211种、省辖市机关内部资料441种），注销32种（其中省级直属机关内部资料14种、省辖市机关内部资料18种）。

发 行

【概　况】 2022年，全省出版物发行行业实现良好发展，行业规模持续扩大，行业效益稳步提升。全省发行单位合计9166家，发行网点16145个。其中，批发单位1019家，零售单位8147家，实体书店7999家，网上书店1307家。出版物销售总额217.14亿元，营业收入285.93亿元，出版物营业收入221.80亿元，资产总额709.65亿元，出版物资产总额211.72亿元，利润总额21.44亿元，出版物利润总额16.55亿元，从业人员5.04万人。2022年，聚焦党的二十大和反映党的十九大以来习近平总书记带领全党全国各族人民取得的伟大成就，组织全省新华书店开展2022年主题出版物展示展销活动，指导全省600多家实体书店设立主题出版物展台，利用大型图书电商平台开设主题专栏，展示宣传新时代党和国家取得的重大成就，营造浓厚学习氛围。充分认识并发挥实体书店作为重要文化设施和文明载体的作用，组织全省实体书店参加2022年全国首届全民阅读大会·年度最美书店评选活动。郑州市新华书店有限公司购书中心获"年度最美书店"殊荣。

【发行行业高质量发展】 鼓励实体书店差异化发展，研究培育一批连锁书店、专业书店和特色书店，把实体书店打造成为群众读书交流、文化体验、休闲娱乐的精神家园。推动实体书店转型升级，组织开展丰富多样的阅读活动，举办首届全民阅读大会·年度最美书店评选活动，通过征集、网络投票、专家评审、实地抽查、网上公示等程序，评选出全省26家年度最美书店，以实体书店高质量发展助力书香河南建设。

【发行行业监管】 为规范出版物发行市场秩序，持续改善发行市场环境，不断优化行业生态，组织开展多形式的行业监管。一是开展出版物发行单位年度核验工作。2022年对全省9259家发行企业进行年度核验，认真审核年审资料，重点查验发行单位出版物经营许可证与营业执照是否相符、登记信息是否真实有效等情况，及时掌握行业发展现状。二是开展网上图书市场秩序专项整治。强化网上书店监管，针对无证假证经营、网络盗版问题，强化监管，形成网上网下管控合力。三是开展全省新华书店社会效益考核工作。对河南省新华书店发行集团有限公司自主经营的129家门店以书面审查与实地考核相结合的形式进行了打分和等级评定，推动全省新华书店更好实现"双效合一"。

【农家书屋建设】 2022年，高标准完成农家书屋出版物补充更新工作，为全省农家书屋配备党的十九届六中全会文件、党的二十大报告等重点出版物。发挥"农家书屋村村有、学习就在家门口"优势，结合新时代文明实践活动和志愿服务，开展习近平新时代中国特色社会主义思想主题宣讲和阅读推广活动，增强群众精神力量。据不完全统计，2022年全省农家书屋开展党的二十大主题阅读活动21295场次。为激发农民群众读书热情，改善农村青少年阅读生态，组织开展"新时代乡村阅读季""我的书屋·我的梦"阅读实践活动，助力全民阅读和书香河南建设。据不完全统计，2022年全省农家书屋开展阅读活动71202场次。为表彰优秀、鼓励先进，充分发挥示范农家书屋和优秀农家书屋管理员的模范带头作用，河南省新闻出版局组织开展2022年河南省示范农家书屋和优秀管理员征集推荐活动，遴选出60个示范农家书屋和45名优秀农家书屋管理员。2022年，安阳市内黄县农家书屋管理员李翠利荣获全国农家书屋15周年"乡村振兴十大阅读推广人"称号，并作为先进典型在"全国首届全民阅读大会·乡

2022年5月24日，河南省委宣传部副部长谭福森颁授首届全民阅读大会（河南）年度最美书店

村阅读推进论坛"暨2022"新时代乡村阅读季"启动仪式上发言。

版 权

【概况】 2022年，河南版权工作紧紧围绕全省宣传思想工作要点，以迎接党的二十大和学习宣传贯彻党的二十大精神为主线，坚持保护版权就是保护创新的理念，坚持服务宣传思想工作大局、维护意识形态安全、促进文化繁荣发展，聚焦版权保护、社会服务、产业发展和软件正版化工作，较好地完成了全年任务目标，版权执法监管、版权示范创建等工作获得多项国家级奖项、奖励。版权和印刷发行处连续两年被国家版权局评选为全国查处重大侵权盗版案件有功单位。

【版权执法监管】 坚持严格执法主基调，实行日常监管和专项整治相结合，打击侵权盗版，维护群众权益，营造良好社会环境。2022年，共检查市场主体59865家，立案82起，捣毁窝点28个。

版权执法获奖数量、质量双提升。河南省31家单位、61名个人获评2022年度全国查处重大侵权盗版案件有功单位、有功个人。河南某文化传媒公司网络传播短视频案入选"剑网2022"专项行动十大案件；河南新乡林某删减切条、改编合辑视听作品侵犯信息网络传播权案入选"全国打击侵权盗版十大案件"。

推进专项行动扎实有效。开展党的二十大学习用书打击侵权盗版专项行动。对全省3977家实体书店、网上书店开展了突击检查、日常巡查，网上网下相结合，同步打击侵权盗版，为学习贯彻党的二十大精神营造良好文化氛围。开展"冬奥版权保护集中行动"。从2022年2月4日北京冬奥会开幕到3月13日冬残奥会闭幕，省、市、县版权主管部门实行三级联络员7×24小时巡查、值班制度，推动全省持续保持打击涉冬奥、冬残奥侵权盗版的高压态势，严肃查处了周口李某某涉嫌销售"冰墩墩""雪容融"等一批侵权复制品案，国家冬奥会反盗版工作组办公室第4期《简报》、中宣部第2258期《每日要情》介绍并肯定了该项工作。开展"青少年版权保护季集中行动"。在寒暑假和开学季，聚焦出版物市场、印刷企业及校园周边书店、报刊摊点、文具店、打字复印店等场所，加强巡查摸排。聚焦电商平台，重点打击非法销售、网络传播侵权盗版思想政治理论课教材教辅、畅销儿童绘本等违法犯罪行为。严肃查办了新密市代某等涉嫌销售侵权教辅案、开封市"2·21"涉嫌制售侵权盗版教辅案、平顶山市"8·2"涉嫌侵犯著作权案等一批典型案件，收缴侵权盗版书籍300余万册，保护了青少年身心健康。

"剑网2022"有力打击网络侵权盗版。挺进互联网主战场，联合省"扫黄打非"工作小组办公室、省委网信办、省公安厅、省文旅厅、省通信管理局等5部门，开展"剑网2022"专项行动，对文献数据库、短视频和网络文学等重点领域进行专项整治，强化NFT数字藏品、"剧本杀"等网络新业态版权监管，通过推动规范和打击惩治并举，促进网络版权产业合规稳健发展。全省出动执法人员11266人次，删除网络链接463条，关闭网站（App）6个，严肃查处了焦作市"1·7"李某等人涉嫌销售侵权电子书案、信阳大脸猫电子商务有限公司侵犯著作权案等一批大案、要案，维护了清朗网络空间。

【版权社会服务】 河南省版权管理处工作主要通过建立平台载体，发挥职能作用，提升服务能力，不断满足群众版权需求。

加强著作权作品登记工作。深化作品登记服务宣传，鼓励引导群众进行著作权作品登记，提升版权保护意识。深化"放管服"，下放作品登记权至郑州、洛阳、南阳。2022年3月，国家版权局在全国情况通报中，对河南等6个省份登记数量增加明显的省份予以表扬，其中河南省作品登记量增长率超过50%。

筹建河南省著作权作品登记管理服务平台。注重利用新技术提升工作效能，历时近2年，经全面调研中央精神和外省市情况，结合河南省实际，积极筹建基于区块链的版权公共服务平台，这既是提高文化数字化政务服务效能的有效载体，也是加强改进河南省版权工作的基础性工程，同时也是一项民生工程。

发挥社会组织作用，提升版权服务水平。2022年以来，河南省逐步恢复完善省出版协会版权分会的工作，同时调动省、市、县三级90余个版权专业社会组织作用，开展宣传培训、纠纷调解、法律咨询、版权价值评估、版权融资等相关社会化服务415次，努力为促进全省文化产业健康发展，推动知识产权强省和文化强省建设作出应有贡献。

【软件正版化核查】 软件正版化工作是知识产权保护的一项重要内容，具有特殊的地位和重要性，关乎民族产业发展、国家信息安全和政府诚信形象。

*强化组织领导，凝聚部门合力。*发挥联席会议制度优势，强化对全省软件正版化工作的统一领导。调整河南省推进使用正版软件工作联席会议，河南省委常委、宣传部部长王战营担任省推进使用正版软件工作联席会议总召集人。各省辖市常委、宣传部部长任本地区联席会议总召集人，省直各单位主要负责人担任本单位第一责任人。将省教育厅、省卫健委、省交通运输厅等补充纳入联席会议成员，凝聚部门合力，加快推进教育、医疗、交通等重点行业软件正版化工作。

*推动软件正版化与国产化有机结合。*督促行业主管部门加强对本行业软件正版化工作的领导监管，推动信息系统建设兼容国产操作系统软件、国产办公软件，持续加强国产软件的推广使用力度。省教育厅、省卫健委分别印发《关于印发〈河南省教育系统软件正版化工作方案〉（2022—2025年）的通知》《河南省卫生健康系统软件正版化工作方案（2022—2027年）的通知》。

*突出重点领域，狠抓整改落实。*持续巩固政府机关、国有企业软件正版化成果，抽调省教育厅、省卫健委、省工商联等联席会议成员单位人员，聘请第三方技术人员，组成3个联合核查组，赴省直单位、国有企业、民营企业以及教育、医疗等60家单位，集中开展软件正版化核查，并就核查发现的问题提出整改意见，推动立查立改，巩固提升河南省政府机关、国有企业软件正版化水平，逐步推进教育、医疗等重点行业软件正版化工作。

*组织教育培训，提升能力素质。*统筹疫情防控，以主会场、分会场和线上、线下相结合的方式召开全省软件正版化工作培训会，邀请中宣部版权管理局相关负责同志和有关专家作专题辅导。省、市、县三级推进使用正版软件工作联席会议成员单位、党政机关和部分学校、医院、金融证券、新闻出版、交通运输等重点行业以及国有、民营重点企业共计3000余人参加了培训。

【版权产业发展】 全省版权产业坚持立足市场主体需求和人民群众期盼，持续强化高质量创造、高效益运用、高水平保护，充分发挥版权在市场要素配置中的基础性作用，促进版权有效运用和价值转化。

*有力推进版权示范创建。*以示范创建优化营商环境，引导版权企业集聚、版权产业汇聚。组成调研组深入郑州、新乡、漯河、周口、信阳、南阳等地，指导中原出版传媒投资控股集团有限公司、中关村e谷（南阳）软件创业基地等开展版权示范创建工作。2022年，4家单位荣获全国版权示范单位称号，填补了河南省全国版权示范园区（基地）、全国版权示范单位（软件正版化）两项空白。

*开展民间文艺版权保护与促进试点创建。*根据《中央宣传部办公厅关于开展民间文艺版权保护与促进试点工作的通知》精神，深入郑州、开封、洛阳、平顶山、南阳等民间文艺集中的县市调研，启动河南省民间文艺版权保护试点创建工作，探索创新民间文艺领域版权工作业态、模式、机制，推动民间文艺版权资源流动、价值转化。

*开展"院线电影版权保护集中行动"。*春节档电影受到广大影视爱好者和权利人的关注，在春节期间，对重点影片及时发布预警提醒，并联合省电影局严厉查处打击各种电影盗录、传播违法行为，巡查电影院、视频网站4600家次，震慑了电影侵权盗版行为，维护电影市场良好秩序，助推电影产业良性发展。

【版权社会宣传】 河南省注重版权宣传和"走出去"，讲好河南版权故事，提升社会公众版权意识，

2022年7月19日，河南省推进使用正版软件工作联席（扩大）会议在郑州召开

2022年7月21日，河南省版权局举办2022年河南省软件正版化工作培训班，邀请中宣部版权管理局相关负责人授课

营造尊重版权、激励创新的良好氛围。

版权主题宣传。 精心策划线上、线下宣传，制作推出"正版河南"等宣传片，在"学习强国"平台开设"加强版权保护，促进创新发展"专栏，在"百姓文化云"平台开设"河南省知识产权周版权宣传活动"专题专栏，组织省直单位和省辖市联动，拍摄21个视频集中展示全省精品版权产品，全省各级各类媒体同步开展版权宣传报道。同步在城市地标建筑组织"灯光秀"，在车站广场、公园、公交车、超市等人员流动大的场所以LED大屏幕为载体进行版权宣传，在河南省委南北院通道、郑州购书中心广场等设置展板，联合郑州市开展版权服务进企业活动。中宣部在宣武门办公区的图片展中选取了河南省3张图片，国家版权局官网播发河南省《正版河南》宣传片。

新著作权法宣传普及。 组织出版口袋书《著作权法咨询台》，以寓学于案的方式，把侵权盗版案例和日常生活紧密结合起来，简明清晰地向群众宣传普及新著作权法，通俗易懂地为读者答疑解惑。中宣部《宣传工作》给予关注，版权相关企业、群众给予好评。

版权输出。 搭建图书版贸交流平台，加强与"一带一路"国家和地区版权合作，加大版权海外输出力度，向世界传递了河南版权的声音。2022年全省共有23种图书入选国家"走出去"资助工程。其中《一部河南史，半部中国史》《中国盐文化史》等15种入选丝路书香出版工程；《外婆家的马》等2种入选经典中国国际出版工程；《黄河故事》等4种入选中国当代作品翻译工程；《中国古代火药火器史》入选第二十届输出版优秀图书。

【**中原出版传媒集团版权事业发展**】 组建版权智库事业部。中原出版传媒集团版权智库事业部全面负责版权智库项目建设筹备及各项业务推进工作。按照版权智库项目"2基地3库5平台"建设规划，有序开展各平台和数据库建设工作；探索开展"中原文化资源库"等优质版权资源库的定向开发，挖掘优质版权资源；推进智库建设，不断丰富完善专家库、资源库、案例库建设，有序开展相关理论和实践研究，组织相关宣传推广活动；适时研究版权智库公司化运作方式，为组建专业公司做好准备。

河南版权登记平台建设。 河南省版权登记平台是河南省委宣传部部务会决议通过、河南省委宣传部主管、中原出版传媒集团负责建设和运营的河南省级版权保护平台。2021年底，中原出版集团启动了版权登记平台建设的调研规划工作，先后调研了辽宁、山东、江苏、安徽、广东等多个省份的作品登记实施机构和多个作品登记平台。启动平台建设工作以来，先后制定了《河南省版权登记平台建设方案》《河南省版权登记平台技术指标评审办法》。2022年底，平台软件开发工作初步完成。平台的建设对于深入挖掘保护中原优秀版权，推动版权公共服务体系和服务能力建设，盘活全省文化资源资产，促进河南省版权产业、文化产业繁荣发展具有重要意义，是河南省版权工作中具有里程碑性质的事件。

阶段性工作成效。 2022年，中原出版传媒集团所属河南省出版产业园区被授予"2021年度全国版权示范园区（基地）""2021年度河南省版权示范园区（基地）"称号，大象出版社入选"全国版权示范单位"，河南人民出版社、海燕出版社、河南教育电子音像出版社入选"2021年度河南省版权示范单位"，带动、推动一批优质数字藏品、数字版权开发。销售与市场杂志社推出了集团首款数字藏品"时代印记——中国这个大IP"，项目在摩点平台发布后登上热榜排行第四位，藏品一小时内售罄，筹款溢价率达1038.29%。美术社联合艺术家王刚在中国搜索"时藏"平台发售《何以黄河·黄河一号》数字藏品,相关信息得到新华社客户端关注并发布,一天内浏览量突破100万人次。推动"中原文化大典收藏系列""李伯安《走出巴颜喀拉》系列"及"中国音乐文物考古大系系列"数字版权创意设计。其他优秀数字版权产品如:文艺社刘运来工作室朱仙镇木版年画数字藏品10项、笺纸系列数字藏品10项,大象社"方志河南·郑州八景"数字藏品8项,古籍社"河南石窟""非遗剪纸"等20余项,以及"时代印记——中国这个大IP"后续数字藏品5项等迈出积极探索步伐。

新闻报业

二里头考古遗址公园航拍图

综 述

2022年，全省共有报纸116家（含广播电视报、校报），其中省级党报2家，市级党报18家，都市报晚报15家，专业报行业报20家，企业报9家，广播电视报8家，学习辅导报6家，高校校报38家。全省116家报纸参加年度考核，116家获得通过。组织开展全省报纸出版单位社会效益评价考核，报纸及其所办新媒体审读、质量专项检查工作表现突出，受到中宣部通报表扬。强化新媒体管理，省新闻出版局、省互联网信息办公室、省广播电视局联合制定《关于进一步加强报纸出版单位所办新媒体管理的意见（试行）》。组织开展有偿新闻专项整治工作，有效规范新闻传播秩序。强化新闻记者证管理，高效完成全省260家新闻单位11607个记者证年度核验工作，组织300多人参加新闻采编人员资格培训。开展报纸综合质量检测，河南优秀出版奖报纸奖评选。组织推进全省新闻队伍强基础素质，创新实施"三项学习教育"活动，全省参加培训人员共计3万人次，覆盖全省各级新闻单位。

河南日报社

【概　况】 **紧扣主题书华章。** 2022年，河南日报社紧紧围绕迎接党的二十大和宣传贯彻党的二十大精神工作主线，深刻领悟"两个确立"的决定性意义，增强"四个意识"、坚定"四个自信"、做到"两个维护"，自觉承担举旗帜、聚民心、育新人、兴文化、展形象的使命任务，统筹新闻宣传，充分反映新时代、新征程的伟大成就和宝贵经验，特别是河南省深入贯彻习近平总书记视察河南重要讲话重要指示精神，锚定"两个确保"、实施"十大战略"的火热实践，在2022年这个极为重大又殊为不易的年份，为谱写新时代中原更加出彩的绚丽篇章贡献党媒力量。

纸媒矩阵呈现高质量新闻宣传。 从2022年年初至年尾，报社以《河南日报》为旗舰，以顶端新闻、《河南日报（农村版）》、《河南法制报》、《大河报》、《河南商报》、大河网、河南手机报、《大河美术报》、《大河健康报》、大河财立方、《期货日报》、今日消费等系列媒体为矩阵，聚焦习近平新时代中国特色社会主义思想和党的二十大精神，紧跟省委、省政府中心工作，精心策划，周密组织，推出一大批主题突出、内容鲜活、形式多样、影响广泛的重点报道，进一步做大做强主流思想舆论，以高质量新闻宣传助力现代化河南建设。

党媒牢牢把控互联网主阵地。 报社加快推进媒体深度融合发展，全力打造以《河南日报》和"顶端新闻"客户端"一报一平台"为主体，以"学习强国"河南平台为引领，以5G手机报和系列报刊为补充，以户外媒体为延伸的全媒体生态链，建设国内领先的现代传播体系。目前，报社已拥有网站、客户端、微博、微信公众号、手机报等新媒体端口500多个，托管运维"学习强国"河南平台、省政府门户网站和省人大融媒体中心，承建运维省内外政务项目200多个。党媒在互联网主阵地的传播力、引导力、影响力、公信力进一步增强。

【获得荣誉】 2022年，报社在党的二十大、全国两会等重大报道期间，受到中宣部阅评表扬16次，省委宣传部阅评、新闻动态、宣传专报表扬107次。省委书记楼阳生调研河南日报社后，多次在不同场合表扬报社工作，称赞报社"从地方各级党报困境当中走出一条路子""高质量报道背后是高水平的人才团队"。在第三十二届中国新闻奖评选中，报社报送的作品《一万个馕　九千里路》《走近二里头执钥者》《百年现代考古学·河南当惊世界殊》分别荣获中国新闻奖三等奖。

【做强主责主业】 **筑牢"两个确立"的思想根基。** 2022年，报社党委深刻领悟"两个确立"的决定性意义，不断增强"四个意识"、坚定"四个自信"、做到"两个维护"，把学习宣传贯彻习近平新时代中国特色社会主义思想，特别是学习党的二十大精神作为首要政治任务，读原著，学原文，悟原理，严格落实"第一议题"制度，探索党委班子成员、中层干部、一线员工领学导读等新的学习形式，多次举办中心组"读书班"等活动，切实用新时代党的创新理论武装头脑、指导实践、推动工作。

推动新时代党的创新理论入脑入心。 始终把做好习近平总书记相关报道作为重大政治责任，全年围绕习近平新时代中国特色社会主义思想特别是习近平总书记视察河南重要讲话重要指示，推出南水北调中线工程《这一年》等特刊30余

《河南日报》推出《这一年》特刊

个,开设《足迹》《重温嘱托看变化》等专栏50余个,推出《兰考赶考》《红旗渠精神永在》等系列报道100余篇,展示习近平新时代中国特色社会主义思想的理论魅力和实践伟力。

党的二十大报道浓墨重彩。从2022年年初至年尾,以《河南日报》为旗舰,各媒体各平台为舰阵,把握"平稳平实、温暖明亮、精准精确、高质高效"总基调,刊发推送党的二十大相关稿件5000余篇,全网总阅读量超15亿人次,全方位展示大会盛况,全媒体展现热烈反响,有声势,有新意,有亮点。《河南日报》的《千里江山新画图》、大河网的《豫见潮流色》、河南手机报的《二十大 豫出彩》等全媒体产品,多次受到中宣部和省委主要领导充分肯定,报社整体受表扬次数在全国省级党报中位居第二。

奏响出彩中原的奋进强音。把宣传好、贯彻好习近平总书记关于河南工作的重要指示精神作为重要政治任务,推出"何言"文章、重磅特刊,展现河南践行领袖嘱托的出彩答卷,受到中宣部表扬和省委主要领导肯定。聚焦省委、省政府中心工作,开设《"十大战略"深度看》等专栏,每月聚焦1个战略,每周推出1篇深度报道、1篇评论、1个理论专版,就如何落实"十大战略"谈见解、说打算,做到精深专透。报社智库团队编著《县域经济何以成高原》《"两个确保"和"十大战略"怎么看怎么干》,推出《创新突围唯有一拼》等现代化河南建设"三论",引发广泛关注和好评。文旅文创报道亮点纷呈,推出《中华文明探源中的河南担当》等重磅作品,擦亮"行走河南·读懂中国"品牌。紧扣"民之盼者",开设《关爱你我他(她)温暖千万家》等专栏,推出相关报道3750余篇(件),总阅读量15.2亿,展现可信可感的身边变化。以创建河南国际传播中心为契机,全面加强外宣工作。先后推出"虎啸中原"双语微纪录片、"在河南,遇见China"双语报道、《80秒带你走进中原湿地》视频等外宣产品,吸引大批驻外使节和国外媒体关注、转发,推动河南元素在海外"出圈",进一步提升河南国际形象。

【创新体制机制】 全面落实意识形态工作责任制,开展"喜迎二十大·明亮行动",采取16项措施,确保零差错、零干扰、零事故。履行主流媒体职责使命,敢于发声,善于发声。针对年底出现的"卖菜难"情况,报社聚百家媒体之力搭建供销互助平台,8600多万斤蔬菜进入千家万户,相关话题全网阅读量5.2亿,体现了党报的职责担当。

"两大枢纽"工程双向赋能。

《河南日报》推出"现代化河南建设'三论'"预热海报

河南日报客户端全新改版升级，下载量突破1.1亿次，高居省级党报第二位，向着"精准定位、功能提升、用户细分、服务重塑"的目标迈进。顶端新闻引入平台注册创作者8000余人，建设多层次优质内容池30余个，月访问用户达到386万人次，全网矩阵粉丝突破2620万人，"我想@领导"帮助百姓解决问题8300余件次，"中原策"等品牌影响力稳步提升；大河网初步形成了"互联网+新闻+技术+政务+服务+商务"的全媒体运营生态，大河报·豫视频、河南手机报、大河财立方等平台粉丝量、订阅量总体呈稳步增长态势，党媒在互联网阵地的传播力、引导力、影响力、公信力进一步增强。

【"学习强国"河南学习平台提质增效】"学习强国"河南学习平台落实王战营部长指示，率先实现省辖市全覆盖、125个县（区）级融媒号全覆盖，并进行全面改版升级，报道辨识度更高，页面更符合受众阅读习惯。开展"书香地铁 悦享中原"等活动，完成14个市级学习平台学习培训。目前，河南学习平台共审核稿件近14万篇，全国选用3500多篇，其中《跟着总书记学习焦裕禄》《2022清明奇妙游》《咱们一起学〈论语〉》等专题被全国平台选用。平台浏览量和关注度显著提升，受到中宣部和省委主要领导肯定。

【提升新闻生产力】进一步完善优化采编工作考核办法、总编辑传播大奖机制、中国新闻奖专班机制等，激发采编人员积极性、主动性，全面提升融媒生产水平。编委会以"双岗值班制"确保应急报道工作安全高效有序，进一步确保出版安全，提高新闻报道质量。报社《2022年新闻日历》，把重要新闻具体到日期，使大家对全年新闻报道心中有数、对重大节点清晰明了，精准打好"有准备之仗"。从全报社层面统筹调度优势资源，依托项目制、清单化运作方式，以优质创意为引领，组建项目团队，促使内容设计一体化、融媒生产扁平化、表现形式多样化、传播声势规模化。以"五个第一时间、一个始终"提高大时政报道时度效，每个部门、每个环节以"向前迈半步"的责任感切实提高报道完成度。

【大河云融媒机制引领全媒体深度融合】2021年6月，河南日报社以"编委管总，媒体主建，融合主战，平时就是战时、战时就是平时"的方针，启动大河云融媒机制，旨在对报社内容生产能力进行互联网化改造，构建新的内容生产生态体系。该机制启动后，极大提升了报社的全媒体生产和传播能力，至2021年底，全报社移动端图文、视频稿件生产较以往增长30%，新媒体产品全网总传播量超160亿次。2022年，河南日报社持续深化大河云融媒机制建设，引领媒体融合加快向纵深发展。通过实施总编辑传播大奖等手段，突出正向引导，让正能量话题、主旋律视频遇见大流量，把"正能量是总要求"的鲜明导向落到实处；通过常态化实施大河云内容巡查，强化全平台的舆情意识、风险意识，把"管得住是硬道理"的责任担当落到实处；通过深度整合报社所属各媒体优质资源，充分发挥各媒体在不同领域、平台的长板集成优势，把"用得好是真本事"的融合实践落到实处。同时，进一步加强机制运行中枢——大河云指挥中心建设，持续推进制度、人才、技术等方面完善提升，使大河云融媒机制真正成为报社全媒体生产和传播的强劲发动机和指挥舱。

全媒体生产和传播能力进一步提升。河南日报社所属《河南日报》、顶端新闻、《河南日报（农村版）》、《河南法制报》、《大河报》、《河南商报》、大河网、河南手机报等各媒体已全部纳入大河云融媒平台，大河云指挥中心建立了报社自有的内容运营、传播设计、舆情分析等专业团队，实现了7×24小时全天候、常态化运行，有效推动了各媒体采编单元全面打通、统筹调度，使报社整体内容生产能力和传播能力进一步提升。2022年，报社各媒体在新浪微博主持的话题有160多个登上全国热搜榜，其中70多个话题阅读量超过1亿次；在抖音、快手等主要短视频平台，有400余条短视频作品登上全国热搜，其中26条作品播放量过亿次；新媒体产品全网总传播量超300亿次，网上主旋律更加强劲、正能量更加充沛。

【形成"党媒+智媒+财媒"全平台矩阵传播】2022年，在大河云融媒机制有效引导下，河南日报社逐步形成顶端新闻、河南日报客户端、大河报·豫视频、大河网、河南手机报、大河财立方等"党媒+智媒+财媒"多元融合、互推共享、集散分发的全媒体平台矩阵。

顶端新闻客户端品牌影响力稳步提升。作为报社现代传播体系建设"两大枢纽"工程之一的顶端新闻客户端，2022年与河南商报完成深度融合，共同打造平台型智媒，确立了"河南优质资讯集散地"的

传媒定位，以打造河南传媒数字化基础平台、服务治国理政新平台、网上便民服务新平台、服务产业链接新平台的业务为重点，探索出"做顶端垂直原创 做河南聚合分发"的建设路径，逐步实现从"媒体"向"平台"跃迁、从"新闻"向"新闻+政务服务商务"升级。2022年，顶端新闻引入平台注册创作者8000余人，建设多层次优质内容池30余个，月访问量386万次，全网矩阵粉丝突破2620万人，"中原策"等品牌影响力稳步提升，打造出顶端巨浪、顶端文创、顶端智库等IP品牌，逐步形成基于平台的数字营销能力。

河南日报客户端影响力进一步增强。《河南日报》重点打造的河南日报客户端，立足"时政党媒、数智服务"的党端定位，2022年全新改版升级，向着"精准定位、功能提升、用户细分、服务重塑"的目标迈进。重点推进"豫论场""豫政周报"等品牌栏目的全平台传播和持续改版；进一步丰富"政库"平台，完善优化市一级的政务服务；借力大河云资料库建设，在数据新闻、地图海报、"漫新闻"等产品上实现新突破。目前，河南日报客户端累计下载量突破1.1亿次，高居省级党报第二位。以河南日报新媒体为主力建设的河南国际传播中心，围绕打造"Hi Henan"旗舰外宣品牌，初步构建起报社"1+1+N+X"对外传播矩阵。

*《大河报》升级为"大河报·豫视频"。*作为河南日报社旗下传统都市报，2022年，《大河报》升级为"大河报·豫视频"，积极构建移动视频化内容生态，探索互联网经营模式，推动传统媒体和新媒体在内容、渠道、平台、经营、运营等方面深度融合，取得了显著成效。大河报连续第7年入选亚洲品牌500强，连续第19年荣登中国500最具价值品牌榜。

*全媒体平台矩阵逐步形成。*大河网初步形成了"互联网+新闻+技术+政务+服务+商务"的全媒体运营生态。大河财立方以打造"中原地区最具影响力财经全媒体平台"为目标，成为报社媒体转型在财经垂直领域的先行者。河南手机报、河南日报农村版、河南法制报等平台粉丝量、订阅量总体呈稳步增长态势。"学习强国"河南学习平台率先实现省辖市全覆盖，并进行全面改版升级，受到中宣部主要领导同志肯定。

*初步形成三方平台传播矩阵。*三方平台方面，在微博、微信、抖音、快手、今日头条等主要第三方平台上，报社已培育出6个粉丝量100万以上的微博账号、9个订阅量10万以上的微信公众号、6个粉丝量100万以上的头条号、6个粉丝量300万以上的抖音号，其中大河报微博粉丝量突破2000万大关，初步形成了覆盖范围广泛、长板优势突出的三方平台传播矩阵。

河南日报社宣传报道亮点

【习近平新时代中国特色社会主义思想宣传报道】 河南日报社始终把学习宣传贯彻习近平新时代中国特色社会主义思想作为首要政治任务。河南日报社围绕习近平总书记在陕西延安和河南安阳考察，推出12个版特刊，在全省迅速掀起学习宣传贯彻热潮，《红旗渠精神永在》等摄影策划、《弘扬红旗渠精神的河南实践》《弘扬红旗渠精神的安阳探索》等系列报道，展现红旗渠精神在中原大地上落地生根的生动实践；围绕习近平总书记视察南水北调中线工程1周年，回访与总书记面对面的普通群众，推出12个版的《这一年》特刊，讲述河南省干部群众牢记嘱托、埋头苦干的故事。邀请北京、天津、湖北、河北等沿线省份党报，联动推出H5、海报、视频等融媒产品，形成舆论强音；相继推出《老区新貌》《我们的新时代》《践行总书记嘱托·全面推进乡村振兴》等专栏，《足迹》系列主题报道，再现习近平总书记在基层体察民情、倾听民意的温暖瞬间，展现全省各地各部门深入贯彻落实习近平总书记重要指示精神的显著成就。特别是《总书记与河南人民心连心》系列报道，回访习近平总书记视察河南曾见过的父老乡亲，听他们讲述身边的变化和故事，从中感悟总书记深厚的人民情怀和对中原人民的关心关爱，受到《中国新闻出版广电报》聚焦报道。顶端新闻联合《党的生活》杂志、红旗渠干部学院，推出《总书记来过我家乡》融媒系列报道，聚焦全面推进和实现乡村振兴，解读红旗渠精神的时代意义；大河报·豫视频推出《重走红旗渠，感受艰苦奋斗的激情岁月》，带观众"云"游人工天河红旗渠。"学习强国"河南平台推出《习近平谈治国理政》第三卷百集音频，阅读量近1000万人次。

【党的二十大精神宣传·综述】 中

《河南日报》推出《红旗渠精神永在》报道

国共产党第二十次全国代表大会，是在全党全国各族人民迈上全面建设社会主义现代化国家新征程、向第二个百年奋斗目标进军的关键时刻召开的一次十分重要的大会。河南日报社作为全省新闻宣传战线的排头兵、主力军，把宣传报道好党的二十大作为最重要的政治任务，根据中宣部、省委宣传部的指示精神，按照平实务实、精准精确、高质高效的要求，坚持大事大处理、大事大发声，提前部署，精心策划，统筹推进，全媒出击，推出了一系列高质量、有影响的报道，为大会营造浓厚热烈的舆论氛围，坚定拥护"两个确立"，坚决做到"两个维护"，让党的二十大声音响彻中原大地。报社党委会编委会高度重视党的二十大宣传报道工作，成立以董林社长为组长、刘雅鸣总编辑为常务副组长的领导小组，统领4个工作专班，统筹整个会议前后宣传报道的指挥组织协调工作，为高质量做好党的二十大宣传报道工作提供了坚强的组织保障。截至2022年10月23日，报社各媒体共刊发推送党的二十大相关稿件4100余篇，全网总阅读量超15亿次。中宣部、中国记协先后对河南日报社推出的《千里江山新画图》特刊版面、《豫见潮流色》短视频、《二十大 豫出彩》公益视频彩铃、《出彩河南这十年》双语报道、《二十大报告高频词》弹幕海报等全媒体报道表扬8次，取得了良好的宣传效果和传播效果。

【党的二十大精神宣传·重点】 宣传解读大会报告。《河南日报》用《千里江山图》为底色摘登党的二十大报告内容，构成一幅新时代《千里江山新画图》，河南日报客户端同步推出新媒体产品《太吸睛！河南日报今日推出"千里江山新画图"》，以精美横版长图展示当日特刊，受到中宣部点名表扬。河南日报客户端推出系列"弹幕海报"，梳理展示报告中高频词金句，全网阅读量突破3200万次。大河网推出系列融媒策划"专家说""院士谈报告""长图｜二十大时光·动漫说"和"微宣讲｜理论快秀"等产品，系统宣讲报告精神。顶端新闻推出《"中原策"之"报告深一度·专家带您解读党的二十大报告"》系列报道，解读二十大报告里关键词的深层含义，聚焦河南未来发展。大河财立方推出《二十大时光·豫新机》系列反响报道，专访30余位企业家，阅读量超1300万。《河南法制报》推出《法治考题来了！一起学习二十大报告》系列微信产品，通过答题形式，让报告重点、要点深入人心。

*展示河南出彩形象。*河南日报社全媒体聚焦党的二十大新闻中心第三次集体采访，深入报道河南省代表团新闻发言人周霁在接受集体采访时的精彩发言，全网阅读量突破1.8亿次。顶端新闻、大河网、大河财立方等推出《种好优质河南粮，奏响创新最强音》《一图盘点河南8家省实验室》《"创新河南图鉴"请查收》《这份"河南粮食图鉴"请查收》等融媒产品，以集体采访为契机积极宣传推广河南出彩形象。此外，大河网推出"喜迎二十大"主题短视频《豫见潮流色》，

河南日报社推出《千里江山新画图》融媒产品截图

用色彩展示十年巨变，受到中宣部点名表扬。顶端新闻推出《十年·微光成炬》系列短视频，串联起穿越十年的对比画面，生动反映人民群众的获得感、幸福感、安全感。大河报·豫视频推出《二十大·豫展望》系列报道，展现河南贯彻落实党的二十大精神的具体举措。

生动展现大会时光。《河南日报》开设《二十大时光》《党代表

大河网推出《豫见潮流色》海报

参会记》《党代表心声》《代表影像》《中原回响》等专栏，打通会场内外，前方、后方联动，推出《裴春亮和他的乡亲们 太行山下写传奇》等一大批鲜活报道，反映基层党代表和各地干部群众在会场内外联动学习报告，共同感受党的二十大浓厚氛围。其中，裴春亮与乡亲们连线学习报告的报道受到中宣部表扬。大河网推出《二十大时光·新时代的约定》《二十大豫出彩·复兴有我》系列报道，河南手机报推出《二十正青春》系列报道，以青年群体为切入点，请青年人结合报告谈感悟、说理想。

【党的二十大精神宣传·融合】 内宣、外宣双双开花。《河南日报》联合《青海日报》《大众日报》等推出沿黄九省区党报联动报道《黄河故事几多长》，一起奏响"黄河大合唱"。顶端新闻联动海南日报新媒体、《北京日报》、《四川日报》等全国多家主流媒体网络平台，推出创意H5《全国人民共织"锦绣山河"》，让身处天南地北的网友一起感受锦绣山河，全网传播量突破3200万。围绕大会主题和重点内容，《河南日报》在对外宣传平台"豫见世界"账号开设"党的二十大"专题，全方位展示习近平总书记领袖形象和河南发展成就。顶端新闻联合河南手机报在国际传播账号"黄河故事"推出双语系列视频《河南的"地球村"(Global Villages in Henan)》，彰显"河南制造"的国际影响力。大河网推出《出彩河南这十年》双语系列报道，受到中国记协点赞表扬。

报道形式丰富多彩。大河报·豫视频推出VR视频《元宇宙"河南号"飞阅中原》，通过全景影像+VR互动的形式，让受众沉浸式"云"游出彩河南，直观感知河南在科技创新、文旅融合、人居环境等方面的发展亮点，全网传播量超6500万。河南手机报联合河南省教育厅推出新媒体融合产品《小豫的思政课》，以AI人物"小豫"的手绘世界展现河南省思政教育的10年发展及成果；推出2期5G消息产品，紧扣党的二十大主题，涵盖最新资讯、VR元宇宙、视频彩铃、弹幕海报、漫画长卷等各种形式的融媒产品，使手机用户通过全新视角一屏回顾党的二十大精彩瞬间。

【"非凡十年"成就宣传报道】《河南日报》在《奋进新征程建功新时代》总栏题下，推出《非凡十年出彩中原》系列全媒体报道，深入挖掘全省18个地市亮点，让读者从中感知和领略河南这十年的巨大变化，展现亿万中原儿女牢记领袖嘱托，努力把习近平总书记为河南擘画的宏伟蓝图变为美好现实的豪情和努力；推出《出彩》行业特刊系列，围绕这十年河南党的建设、经济建设、政治建设、文化建设、社会建设、生态文明建设等主题，用10篇特稿+10个特刊形式呈现。围绕"非凡十年 出彩中原"主题，《河南日报农村版》推出《中原农村这十年》、大河财立方推出《河南经济这十年》系列报道，分领域解析河南省经济发展的出彩蝶变；大河网组织"豫见这十年·我爱我家"全家福影像征集活动、顶端新闻发起"我这十年"线上主题创作邀请活动，邀请网友讲述身边十年来的变化，展现群众获得感、幸福感、安全感，全网流量超1.4亿次。

【全国两会报道】 全国两会报道成绩斐然。2022年全国两会期间，河南日报社共推出相关报道6000余篇/条，全网总阅读量超10亿次，被中宣部、中央网信办、中国记协以各种形式表扬13次。

浓墨重彩展现人民领袖风采。《河南日报》推出特刊"总书记，乡亲们有话对您说"，畅谈河南牢记习近平总书记嘱托，在新征程上迈出新步伐；推出《向总书记汇报 乡村振兴新答卷》特刊，展示人大代表3年来贯彻落实习近平

总书记重要讲话精神取得的出彩成绩。

深入浅出解读报告要点亮点。《河南日报》推出连版特刊《攻坚克难 踔厉奋发》，并链接河南日报客户端《读政府工作报告，看河南行动》图解产品；顶端新闻推出报告解读H5产品《巍巍焦桐成长记 祖国邀你助把力》，大河报·豫视频推出《黄河、都市圈、"双一流"河南这些事儿与政府工作报告相关》，大河网推出《长卷｜热议报告 畅谈发展》，大河财立方推出"四地媒体连麦专家读报告"直播报道等，让广大网友更直接、迅速地了解政府工作报告的核心要点。《河南日报》推出何言文章《现代化河南建设"三论"》，深刻阐释现代化河南建设的生动实践和进展成效。大河报·豫视频推出原创MV《"河"你一起听》、大河网推出MV《未来已来》和系列新媒体报道《河南小康潮流色》，展现人民群众幸福美好生活。

*讲好代表委员履职尽责故事。*河南日报客户端推出《Hey! 两会》系列短视频，近距离了解代表委员心声；河南手机报推出《我与全过程人民民主"零距离"》系列报道，展现河南省不断发展全过程人民民主的生动实践；大河财立方推出5年回望纪录片《履职记》，展现代表委员们忠诚履职尽责的形象。

*有效引导公众关注两会话题。*河南日报客户端推出H5产品《闯关答题！"河南号"等你来开》；顶端新闻推出"两会留言上顶端"互动策划，引导网友为两会建言；大河网开设"您的声音，两会听得见"意见征集通道，吸引100余万人参与意见征集。

丰富报道形式增强传播效果。《河南日报》推出《三屏两地一线牵》系列报道，邀请代表委员和各行业领域工作者连线互动、深入探讨。大河报·豫视频推出《豫货出海记》视频报道，让网友全程体验河南制造的"豫货"通过海河联运的方式迈向大海、走向世界。大河网推出跨"次元"沉浸式报道《河宝儿SHOW两会》，打造两会虚拟卡通美少女主播"河宝儿"，带来一场跨"次元"的对话。《河南日报》外宣部、大河网联合推出《外国人眼中的河南》融媒体外宣系列报道；大河报·豫视频推出第二季"河南推荐官"，发动有国际视角的业界大咖来为河南推进"优势再造"建言献策；大河网推出《丝路》系列双语融媒报道等。

【省两会报道】 *省两会报道有序出彩。*2022全省两会期间，河南日报社坚持团结稳定鼓劲、正面宣传为主，聚焦大会主题，紧扣会议议程，充分反映两会盛况，奋力奏响"奋勇争先、更加出彩"河南强音。

唱响高昂主旋律。《河南日报》推出《重温嘱托看变化》专栏，生动描绘了中原儿女牢记习近平总书记嘱托，砥砺奋进谋发展的幸福图景。《河南日报农村版》开设《开局起步这一年》专栏，报道河南省在推进乡村振兴、实现全面小康方面取得的成就。顶端新闻推出沉浸式短视频《可爱的河南》，通过移轴微缩影像带网友感受奋进的河南。大河网推出系列海报作品《诗画河南》，从网友视角展现河南的发展进步。

*传播两会好声音。*围绕政府工作报告摘要，《河南日报》推出连版，对2021年工作回顾、2022年工作总体要求和主要目标以及2022年重点工作等进行梳理。河南日报客户端推出系列海报《图说政府工作报告｜12个字带你速读今年重点工作》，为网友简洁明快梳理政府工作报告的"干货"。顶端新闻推出报告解读H5产品《汉字里的河南》，将14个关键字与中原大地日新月异的现代化面貌巧妙结合。大河报·豫视频推出H5互动产品《@河南人，邀您读报告，领卡券，赢话费啦!》，寓"宣"于乐。大河网推出《政府工作报告e起读》等系列新媒体产品，被人民网、澎湃新闻及省内其他媒体转载、转发。集纳代表委员真知灼见，《河南日报》推出14期《奋进新征程 豫见新气象》特刊，顶端新闻推出《河南好物上两会》系列报道，大河网推出《政协委员履职记Vlog》，全方位、多角度唱响两会声音。

向世界展示"老家河南"良好形象。《河南日报》对外宣传部与大河网联合推出双语系列特别策划《邀世界 共见证——2025，河南乡村将会变啥样？》，吸引了中国驻荷兰大使馆等驻外机构的点赞和转发。大河报·豫视频两会特别策划"我向世界安利河南"，"我向世界安利河南"等相关话题全网阅读量超500万次。

【"十大战略"主题宣传报道】 2022年，河南日报社立足党媒职责和使命，围绕中心、服务大局，全面准确深入宣传省委"两个确保""十大战略"部署，为全面建设社会主义现代化河南营造良好氛围、贡献党媒力量。《河南日报》聚焦锚定"两个确保"、实施"十大战略"的举措成效，做好"中国这十年·河南"主题新闻发布会系列报道，集中展现河南在非凡十年间谋振兴、促崛起、求跨越、争出彩的生动实践。推出《学习》理论特刊，以12个整版深入阐释"两个确保""十大战略"内涵。先后启动"总编有约·十大战略大家谈""十大战略进行时""十大战略深度看"系列报道，既重理论解读，又重实例分析，有高度有深度、有章法有节奏，为全省上下锚定"两个确保"、实施"十大战略"提供有力舆论支持。河南日报智库与省内顶尖专家团队合作，编写《"两个确保"与"十大战略"怎么看怎么干》《县域经济何以成高原》等专著，成为全省党员干部学习"十大战略"权威理论读本。河南日报客户端专题集纳"十大战略"相关新闻产品，形成最全面、最及时的资料库。报社各媒体围绕创新驱动、科教兴省、人才强省战略，开设《建设国家创新高地谱写中原发展华章》《今夏最热的词》等专栏，推出《河南的新名片》《打造科技创新强引擎和策源地》等重磅作品，着力宣传推介河南省十大科技创新成果，率先报道重建重振省科学院、阿兹夫定批准上市等重磅消息，擦亮创新这张亮丽名片，让创新成为现代化河南发展的主旋律、最强音。围绕乡村振兴战略，开设《一号文件头等事》专栏，推出何言文章等重磅力作，以特稿、特刊和全媒体报道等形式，彰显河南深入推进乡村振兴战略的新担当、新作为。

【"行走河南·读懂中国"主题宣传报道】 2022年，河南日报社深入贯彻省第十一次党代会精神，认真落实关于实施"文旅文创融合战略"部署要求，发挥河南在深化"两个结合"研究阐述传播中的独特优势，立足主责主业，强化使命担当，精心谋划文旅文创主题宣传，深入挖掘展现黄河文化、中原文化的时代价值，生动反映全省各地实施文旅文创融合战略的实践成效，积极打造"行走河南·读懂中国"文化品牌。报社分阶段、分重点策划推出一大批精品报道，持续提升文化品牌影响力。其中，"总编有约"之《行走河南·读懂中国——解读文旅文创融合战略》融媒报道，由总编辑刘雅鸣邀请有关领导、专家学者，共同探寻河南在文旅文创融合战略中，如何推动传统文化创造性转化、创新性发展，用璀璨文化之光照亮现代化河南建设之路。此外，《河南日报》推出"考古知今·透过文物看河南"等重磅策划，开设《指尖上的国宝》客户端专栏，联合全省各大博物馆开设文物"云展馆"，镇版刷屏之作频现。围绕2022夏文化论坛、首届仰韶文化论坛等重大节会，创新报道形式，推出系列融媒体产品，累计传播量过亿次。顶端新闻策划"四大古都顶端连线，汇聚博物馆的力量"大型直播活动，展示郑州、开封、洛阳、安阳的古都文化内涵。大河网推出《中原文物见证中华文明》系列报道，展现中国传统文化的博大精深、源远流长。

【中华文明探源工程宣传报道】 为深入学习贯彻习近平总书记关于深化中华文明探源工程系列重要讲话精神，报社相继推出反响报道《让中华文明在中原大地熠熠生辉》《中国考古学的黄金时代到来了》，权威解读《双槐树遗址：早期中华文明的胚胎》《中原是中华文明探源研究的中心区域》，重磅述评《中华文明探源中的河南担当》，融媒产品《图说中华文明探源工程》等，邀请国内知名考古专家撰写《河南在中华文明探源工程中的地位》《中原腹地承载中华文明主根主脉》等高水平理论文章，全方位展现河南作为文物大省、考古强省，在中华文明探源研究中承担的历史责任和作出的重大贡献。

【打造河南地域文化品牌相关报道】"一部河南发展史，半部黄河变迁图。"中原文化、黄河文化是河南最亮丽的名片。2022年，河南日报社通过聚焦河南省重大考古发现和成果、成功举办重点文化活动、充分利用副刊讲好"黄河故事"等形式，精心打造河南地域文化品牌，为加快推进文化强省建设营造浓厚舆论氛围。

报道河南考古大事。河南日报社聚焦河南省重大考古发现和成果，及时推出《殷墟王陵区新发现围沟祭祀坑》《新乡发现战国至汉代大型院落建筑遗存》《南阳黄山遗址入选2021全国十大考古新发现》等重点报道，让国内外专家和广大考古爱好者一次次为河南厚重的历史文化资源所惊叹。特别是开封州桥和汴河遗址重大考古成果发布后，报社聚合所属媒体力量，精心制作推出穿越概念短片《州桥来鹤》、虚拟动画《50秒穿越1000年前世界十字路口》、H5小游戏《州桥考古总动员》等极具特色的融媒产品，众多话题登上热搜。

举办重点文化活动。2022年，报社携手省文旅厅成功主办2021河南非遗年度人物推选宣传活动，并在"只有河南·戏剧幻城"进行颁奖。这次评选在河南省尚属

首次，300多位非遗传承人报名参评。从微博设置相关话题，到H5非遗答题小游戏有奖参与，再到网络投票、专家评选、颁奖直播，报社全媒体矩阵贯穿始终。2月22日举行的颁奖典礼，吸引了全国100多万人次在线观看。活动期间，以10位非遗年度人物的故事为素材拍摄的非遗主题宣传片，也通过报社全媒体矩阵广为传播，大力宣传了河南省近年来非遗保护的成就，打造"河南非遗年度人物"文化品牌，为推动河南省非遗创造性转化、创新性发展作出了积极贡献。

利用副刊打造地域文化品牌。为深入贯彻习近平总书记重要讲话精神，挖掘黄河文化蕴含的时代价值，讲好"黄河故事"，《河南日报》在其副刊《中原风》上开设《黄河文化》专栏，吸引省内外作家、评论家以及基层作者积极投稿，刊发省内外名家刘震云的《延津与延津》、鱼禾的《黄河源》、孟宪明的《激情与涛声》、冯杰的《黄河琐碎记》、刘先琴的《心河》、廖华歌的《心中的长河》等一系列高质量稿件。开设《十年身边故事》《诗经里的中原》等专栏，倾力打造地域文化品牌，其中，《十年身边故事》通过小切口反映党的十八大以来民生持续改善，百姓获得感、幸福感不断增强的故事，"诗经里的中原"深入挖掘《诗经》中发生在河南的故事，受到广泛好评。中原风还在2022年推出"中国节日系列特刊"，对春节、元宵、清明、端午等中国传统节日文化进行专题策划和深入报道。

【"能力作风建设年"主题宣传报道】 河南日报社重点聚焦各地各部门认真落实省委、省政府部署的关键性、战略性、全局性工作任务，精准施策，靶向治疗，推进重点改革举措、重大发展任务、重要风险隐患防范化解的经验做法。《河南日报》将能力作风建设与河南省经济工作、科技创新、就业民生、"万人助万企"活动等重大工作相结合，将目标导向、问题导向、结果导向贯穿于宣传报道中，先后开设《强能力 锻作风 优服务 促发展》《谈思路 说举措 话落实 领导说 能力作风建设年》等专栏；推出《和你一起去墩苗》《监督保障粮食安全》等系列报道；推出"千方百计稳就业""我们回家了""养老护理供需瓶颈如何破解""关爱你我他（她）幸福千万家"等专题策划；聚焦科技创新最新典型成就等，推出《河南的新名片》等重磅报道和《河南科技发力了》《对话省实验室主任》《走近河南科技人才"星云团"》等多个系列报道。《河南日报农村版》开设《打造一流营商环境》专栏、大河网推出《营商环境惠河南》系列报道，全面报道各地各部门提升能力、锻造作风、争先出彩的实际行动。

【对外宣传报道】 2022年，河南日报社在省委宣传部指导下，启动河南国际传播中心建设。坚持"立足河南 面向世界"，重点聚焦"Z世代"，主打"文化牌"，打响"Hi Henan"旗舰外宣品牌，推动构建了"1+1+N+X"对外传播矩阵，即1个网站、1个App、N个海外社交媒体账号和联动X个涉外传播平台。

河南国际传播中心官方英语网站"Hi Henan"（hihenan.cn）于2022年5月开通试运营，11月正式上线；App也上线了Android和IOS两个版本进行内测。2022年，网站和App累计发布文图、视频、海报等4000余条，其中原创内容占比一半以上。同时，河南日报社注重利用海外社交媒体平台讲好河南故事。以推特平台为主阵地，开通运营HiHenan（@hihenan）、精彩河南（@HenanWonderful）、魅力河南（@HenanAmazing）、黄河故事（@TopYellowriver）4个主账号，2022年总展示量达1000余万次，多次获得联合国副秘书长李军华、联合国前副秘书长兼环境规划署执行主任埃里克·索尔海姆等国际政要和美国《国际日报》等海外媒体的转发、点赞、评论。在脸书、照片墙、优兔等平台开通运营官方账号，组织系列媒体和采编人员开设特色垂类账号和个人网红账号。2022年，各级各类账号累计原创发帖量1万余条，被转发、点赞等互

英语网站"Hi Henan"截图

动量达3万余次。内容生产方面，2022年，河南日报社聚焦文物、动物、人物、食物"四物"主题，先后推出了纽约时报广场新年倒计时中英双语系列报道、"虎啸中原"系列中英双语3集微纪录片、"在河南，遇见China"6期中英双语系列报道等，吸引了包括中国驻荷兰大使、中国驻保加利亚大使、中国驻意大利大使等外交使节以及香港大公文汇传媒集团、缅文报纸《胞波》等媒体的关注、点赞与转发。特别是缅怀河南大学教授吴雪莉的报道，被外交部发言人赵立坚、中国驻日本大阪总领馆总领事薛剑、中国驻巴基斯坦大使馆文化参赞张和清、中国驻黎巴嫩大使馆领事部主任曹毅等点赞转发。

【"学习弘扬焦裕禄精神"主题报道】2022年是焦裕禄同志100周年诞辰。《河南日报》与系列媒体联合发力，推出"学习弘扬焦裕禄精神"主题报道，对应兰考脱贫5周年、清明、五四青年节、焦裕禄逝世纪念日等时间节点，有节奏、有章法地相继推出了文图报道《兰考，赶考》《一堂思政课 三代人接力上了58年》《焦裕禄：热爱生活的年轻人》，以及短视频《百姓心中有杆秤》《焦桐花开》，H5《好大一棵树》，20集有声融媒产品《跟着总书记学习焦裕禄》，系列漫画《一棵泡桐映初心》，系列海报《焦裕禄那些刻骨铭心的话》，新闻专题片《我是一棵桐树苗》，MV《夜空中最亮的星》等形式多样的融媒产品。此外，还举办了"赶考路上再寻焦裕禄"主题活动、"焦桐树下再读焦裕禄"读书会、"青春榜样焦裕禄"校园声音故事、"桐心澄碧"征文、理论研讨会等丰富多彩的活动。借助微博、微信、抖音等第三方平台，河南日报社媒体矩阵有效扩大传播，网上网下同频共振，创作的作品先后多次被《人民日报》、新华社等央媒转发。

【"郑卢空中丝路国际合作论坛"报道】2022年11月16日，首届郑州—卢森堡"空中丝绸之路"国际合作论坛在郑州召开。《河南日报》推出8个版的郑州—卢森堡"空中丝绸之路"国际合作论坛特刊《空中桥梁》，为这一重大活动营造了良好舆论氛围，同时推出简图、长图、微信公众号文章等，对主题特刊进行再整合、再包装、再提亮，在报网联动间真正让纸媒版面"融起来"，有力扩大主题特刊在网络

《河南日报》推出《空中桥梁》特刊

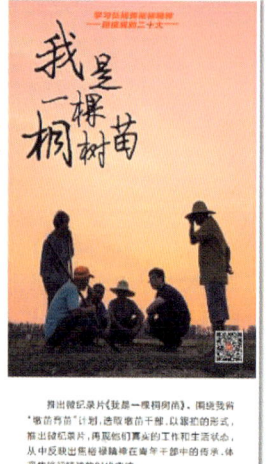

河南日报社推出"学习弘扬焦裕禄精神"主题报道融媒产品截屏

阵地的传播力、影响力，阅读量超1000万次。系列媒体开设"空中丝绸之路这五年"等话题，推出《收购卢森堡货航"一子落定"，助推河南航空经济"满盘皆活"》深度报道和《守好"空中丝绸之路"河南要飞得更高更远》双语短视频，展现河南通过打造4条"丝路"，加快对外开放步伐，积极融入"一带一路"建设的发展成就，总阅读量超1亿次。

【庆祝共青团成立100周年主题报道】2022年是中国共产主义青年团成立100周年。五四青年节前后，河南日报社推出一批适合传播的融媒产品，诠释新时代河南青年立大志、明大德、成大才、担大任的坚定信心，讲述他们在青春赛道上奋力奔跑的动人故事。《河南日报》推出通讯《以奋斗之姿跑出青春好成绩》，展示100年来河南青年将理想融入时代，在尽责中成长，在拼搏中成才，在新时代的广阔天地中放飞人生梦想、迸发出耀

《河南日报》推出五四青年节特刊

眼青春力量的生动实践；推出4期《奋斗者正青春》特刊，诠释新时代追梦者的青春力量。河南日报客户端推出《无奋斗不青春！看河南这些90后村支书任职一年的成绩单》，《河南日报农村版》推出《郑州共享厨房热了人间烟火》、大河报·豫视频推出《不是站在光里的才是英雄》，将镜头对准那些在岗位上充分发挥模范带头作用的新时代青年。顶端新闻·河南商报联合共青团河南省委推出的主题音乐MV《新升》充分展现了新时代河南青年朝气蓬勃的精神面貌。大河网推出"青春作答强国有我"网络主题宣传短视频《你眼中的青春什么样？》，通过问答形式，采访了不同领域的青年人，展现新时代青年奋发向上的青春风采，为建团100周年营造良好的舆论氛围。

【"米"字形高铁建成报道】 2022年6月20日，郑渝高铁、济郑高铁濮郑段开通，《河南日报》与《重庆日报》联动，推出综述、特刊、短视频、海报、条漫等全媒体报道，着力宣传河南省率先建成"米"字形高速铁路网的亮眼成绩。其中，海报产品《这对CP，我嗑定了》，通过选取、集纳郑州与重庆的方言、交通、建筑、文化、饮食等各个方面的"地标"，以网络语言"嗑CP"为创意点，用对对碰的形式隔空"表白"，集中展示两地风土人情。相关微博话题登上微博热搜榜，引发网友们热议，阅读量破亿次。大河报·豫视频联合重庆主流媒体上游新闻推出"郑渝两地网红美食美景直播大PK""郑渝高铁首班列车双向奔赴"等线上线下活动；大河网与华龙网、荆楚网三网联动，推出互动视频H5，让网友沉浸式欣赏郑渝高铁沿线风光；河南手机报以人物故事为切入点，推出《我用十年写米字》系列报道。

【北京冬奥会报道】 2022年1月24日至2月22日，河南日报社推出北京冬奥会相关报道3000余篇。《河南日报》《大河报》作为注册媒体参与到该次冬奥会的一线采访报道中。河南日报推出19期《"豫"见精彩冬奥》特刊。每天一篇的《冬奥评谈》，以新颖的角度、犀利的观点和翔实的内容，对于冬奥会赛场的焦点、热点进行解读。《谷爱凌冬奥会惊艳加冕 中国冰雪迎来推广大使》《"家门口"冬奥带热冷知识"奥运之光"照亮冰雪梦想》等文章深受读者的好评。《"雪飞天"见证河南小将飞翔奥运赛场》记录了河南冰雪运动的历史性一幕。《冬奥志愿者之河南微火》等报道向受众介绍了冬奥会上河南志愿者的点滴故事，相关视频在河南日报视频号上一经发布，就引发广泛传播和热议。大河报推出《开箱北京冬奥会媒体背包，里面竟有"大红包"！》等"豫米探冬奥"系列报道，总浏览量达300万次；推出"豫米看冬奥"系列视频，记者将镜头对准国外媒体同行，记录冬奥会上诸多感人瞬间，总浏览量达1600万次；原创短视频《谷爱凌曾接受中医诊疗，兴奋直言：腰背从没这么舒服过》相关微博话题"谷爱凌曾接受中医诊疗"2月9日登上全国热搜第四名，阅读量超3600万次。顶端新闻推出的短视频《河南17岁小将何金博创造历史，成首个作出双板1800度动作的中国人》抖音浏览达144.5万次。大河财立方主持的"冬奥会上的河南元素"，阅读量达1521.3万次。

广播 电视 电影

2022"中国节日"系列节目之"重阳奇妙游"之《云窟万象》剧照

广 播

【概　况】 河南广播电视台共有4个事业部，涵盖10个广播频率，专题栏目有《河南新闻联播》《对话民生》《政企面面观》《青听》《名医在线》等，知名品牌有"新月亮船""南方会客厅""955主播说"等，均紧跟时事热点，聚焦年度重点，关注民生需求，持续推出了一大批有声势、有口碑的作品。其中，广播专题《大河奔腾新时代》、广播现场直播《新型复兴号从这里奔向"C位"》、广播剧《一泓清水北上》荣获"中国广播电视大奖2021—2022年度广播电视节目"称号。

【新闻事业部】 新闻事业部特别节目"抗疫在一线 能力见真章"，集中呈现多地疫情动态消息，关注电力、用水、教育、就医、交通等方面民生保障。《小新问答》通过微信号客服聊天、微信公众号及微博专栏互动为受众提供及时、权威、有效信息。

党的二十大专题。为迎接党的二十大，新闻事业部《对话民生》栏目推出"喜迎二十大"系列访谈《河南"能力作风建设年"，我们这么干！》和系列短视频《三问》，对话河南省公安厅交通警察总队总队长、治安管理总队政委，畅谈如何服务大局、为人民执法、为平安尽力；访谈节目《青听》沿着习近平总书记的足迹，采访和体验丹江水库陶岔渠首的水质监测工程师、南水北调中线工程郑州段水质采样员、工巡人员、守闸人员，推出短视频《一泓清水永续北送的河南担当》，微博话题登上同城热搜。

十大战略专题。该节目用清新的语言风格、轻松的对话方式，让受众了解河南省十大战略之首的重要意义。12月28日，重建重振河南省科学院揭牌仪式在郑州举行，标志着这艘河南科研新"航母"正式起航。新闻事业部《青听》特别推出《青听·对话院士》系列高端访谈，对话施一公、黄维、朱美芳、赵春江院士，就河南如何实现"创新驱动，科教兴省，人才强省，智慧农业"展开讨论。

【生活事业部】 为庆祝中国共青团建团100周年，生活事业部特别策划推出《国潮新青年》系列短视频，聚焦戏曲、中医、非遗、文创等领域内的新青年，讲述他们在传统文化传承和创新方面的发展故事，5期短视频全网点击量360万+次。大象网联合河南豫剧院推出"行走河南 读懂中国——梆声豫韵唱起来"系列云端直播活动，全网观看量累计500万次。以"南水北调中线工程"为创作背景的优秀广播剧《一泓清水北上》，全网总点击量破亿次，该广播剧被评为河南省第十三届精神文明建设"五个一工程"优秀作品获奖剧目。大型融媒体节目《青年中医说》，邀请省内杰出青年中医通过演说的方式科普中医药文化，并在抖音、今日头条等各大新媒体平台推出《国医高手》专栏，让更多的人认识中医、了解中医药文化。广播专题《以良药之苦造患者之甜》入选国家广播电视总局发布2022年第三季度优秀广播电视新闻作品。《二十岁遇上二十大》系列融媒报道，生动讲述当代大学生多姿多彩的奋斗故事，全网点击量破亿次，21期被全国平台选用。

【交通事业部】 交通事业部推出《新赛道 新希望》系列报道，着力展现"万人助万企"活动助力企业高质量发展。交通事业部"交广领航客户端"紧急开通《防疫问答》专栏，通过手机端接受群众疫情防控咨询，自1月9日开通至1月16日，累计帮助群众解决各类问题1300余条。

【都市事业部】 都市事业部融媒体理论节目《一路有理》，推出专题《党对经济工作的谋划领导》4期，邀请省委宣传部理论教育讲师团、青年理论宣讲专家，解读加强党对经济工作的战略谋划和统一领导的必要性和重要性。都市事业部推出"重点实验室"延伸策划报道《河南那些了不起的实验室》，推出稿件《走进河南"斑马鱼"实验室》，体现了河南在医学领域的高质量发展。8月4日，私家车广播的系列节目《舞动吧，汉字》播出了8期"闪耀的甲骨文"节目，深入解读了"殷""骨""占"等安阳殷墟甲骨文，介绍中国悠久灿烂的语言文字文化，受到好评。《唱支山歌给党听》获得庆祝建党100周年特别作品年度一等作品。

电 视

【概　况】 2022年，河南广播电视台坚持以习近平新时代中国特色社会主义思想为指导，围绕省委、省政府工作大局，紧紧锚定迎接党的二十大和宣传贯彻党的二十大精神这条主线，统筹做好理论武装、新闻报道、国际传播等各项工作，加大优质文化产品和服务供给力度，推动对外宣传创新，实现了河南广播电视台文化节目、重大主题宣传报道"双"破圈，融媒矩阵合力引爆"河南话题"，为奋进新征程、建功新时代提供坚强思想保证和强大精神力量。河南广播电视台在习近平总书记视察河南、全国两会、省两会等重大时间节点、重要宣传时期，结合中华优秀传统文化、黄河文化等内容，创新推出了一批节目、报道，提升了宣传效果，反响良好。其中，电视专题《总书记的回信》《创出新天地》，电视消息《平凡英雄》等荣获"中国广播电视大奖2021—2022年度广播电视节目"称号。

【重大主题宣传】

习近平总书记视察南阳1周年实践报道。2021年5月，习近平总书记到南阳考察调研，对南水北调工程、中医药发展和月季、猕猴桃等特色产业寄予厚望。借此，河南广播电视台策划了大量的新闻报道和专题节目，回应习近平总书记的重要嘱托，展现河南1年来的发展变化。电视四部一频道于2022年5月9日策划推出系列微视频《岂止青绿 南水千里》，通过《水质篇·甘甜》《生态篇·润泽》《幸福篇·绚烂》《运行篇·永续》4个篇章展现南水北调工程作为"国之大者"在社会、生态等方面的重要意义，及南水北调人为确保"一泓清水永续北上"所作出的不懈努力。视频运用FIFISH V6s影视级水下无人机，首次尝试从水下视角展现南水北调中线工程，被央视网、人民网等多家媒体转发，话题"岂止青绿 南水千里"登上微博要闻榜。第一集微视频《水质篇·甘甜》一经推出，可以净化水质的"干饭鱼"就引发大量网友关注。5月31日，都市频道制作推出H5作品《小鲤鱼"渠"妙游》，巧借动画IP小鲤鱼带领网友沿着手绘的南水北调总干渠路线一路北上，沉浸式体验沿岸人民的新生活、新生态、新发展，微博阅读量超5000万次。

习近平总书记视察安阳相关报道。2022年10月28日前后，习近平总书记深入陕西延安市和河南安阳市的农村、学校、红色教育基地、文物保护单位等进行调研。河南广播电视台深入学习贯彻落实习近平总书记重要讲话精神，全力做好宣传报道，持续推动党的二十大精神在河南落地生根。11月15日，大象新闻客户端策划推出短视频《藏在殷墟里的文明密码》，探寻殷墟考古研究中有哪些发现对中华文明的探源起着重要作用，以及殷墟考古不断取得的新突破。短视频获得"学习强国"全国平台的首页推荐。

【全国和省两会特别节目】河南广播电视台主动作为，以5G技术为支撑，借力技术革新推出一系列融媒体作品，构建出"强底线、云制播、快首发、融制作"的传播新格局，确保了宣传质效，累计播发省两会新闻稿件2600条，其中，新媒体发稿2200条，总阅读量57千万人次，云制播分众化传播成为两会宣传一大特点，部分爆款作品通过创新借助传统文化的力量赢得了不少关注。全国两会期间，围绕"创未来，新出彩"宣传报道主题，河南广播电视台加大创新力度，强化融合传播，构建全程纵览、全息呈现、全效智媒的融媒体报道矩阵，全方位、立体化讲好中国故事、传播好河南声音，全国两会期间共播发稿件5525条，其中新媒体3932条，总阅读量超46.68亿次，微博话题总阅读量达20.24亿次。全国两会河南相关报道被央广网、央视网报道136条。中宣部7次点赞河南广播电视台报道，国家广电总局《监管日报》、"广电时评"及省委宣传部《河南新闻阅评》也多次专题表扬，取得良好的舆论引导效果，营造了浓厚的舆论氛围。《河南的"十大战略"藏进了〈清明上河图〉》短视频，通过"演绎实拍+特技"的方式，以传世名画《清明上河图》为切入点，用3分钟时间让大家形象地了解河南"十大战略"的内容，传递两会好声音，获得好评。大象新闻客户端推出"名词解析"系列短视频《莲花落说唱两会》，每期不超过3分钟，用年轻人喜闻乐见的形式解读两会热词，短视频风格有趣泼，画面新颖多彩，通过莲花落说唱的形式，体现出河南独有的文化特色。创意短视频《从雷锋到Z世代：青年，应该是什么样子？》，依托元宇宙概念，以主人公Z世代的当代青年与AI主播对话的形式，引发网友热烈讨论"有担当也有作为""吾辈当自强，加油"，通过不同时代的青年影像，点出"青年的样子，就是未来中国的样子"主题，相关话题"你觉得青年应该是什么样"阅读量4306.5万次，引发青年网友强烈共鸣。长漫画《品读总书记用典，看懂政府工作报告》，运用国风手绘、动画特效等形式，让读者从习近平总书记的引经据典中，感受新时代奋进中国，反响良好。

系列视频述评《我与先辈话未来》，通过当代青年与革命先辈穿越时空的对话，展现共同富裕、文化自信、乡村振兴、科技兴国背景下的当下之中国、未来之中国，社会反响强烈。《这种高级颜色是河南人自己造的》用不同颜色代表河南一年来在农业生产、环境保护等多领域取得的成绩，总阅读量达965万次，省内外30余家媒体相继转发。乡村频道系列报道策划推出《种质奇妙游》运用360全景摄像技术、VR虚拟技术、特效动画技术等，以卡通人物形象"唐小妹"为主线，带领观众打卡河南省各类核心种子资源库，角度独特、表现形式新颖，受到大量好评。

【党的二十大主题报道】 河南广播电视台紧扣党的二十大宣传主题，在《奋进新征程 建功新时代》总专栏下开设《走进县城看发展》等子专栏，做好"十大战略深度看"主题宣传、"行走河南 读懂中国"主题采访等，围绕"中国这十年·河南"主题新闻发布会展开一系列反响报道，以多元视角、创意表达，持续推出形式新颖、特点鲜明的特别节目、融媒产品和重点项目，共播发党的二十大新闻报道2300多条，制作新媒体产品1800多条，全景展现党的十八大以来河南省践行领袖嘱托，取得的发展成就和更加出彩的河南形象，全网累计阅读量26亿次。中宣部5次点名表扬河南广播电视台报道。国家广电总局2次点名表扬河南广播电视台。截至10月23日17时，"我们的二十大"总阅读量破23亿次，有6个话题词阅读量破亿次，其中，主话题词"我们的二十大"阅读量超过10亿次，形成了新闻宣传持续"破圈"的特有现象。

河南广播电视台打破内部壁垒，抽调精兵强将，组成"非凡十年 出彩中原"融媒体报道团队，大型融媒体特别节目《非凡十年 出彩中原》18期节目全部播出完毕，该次报道活动时长跨度68天，地域涉及河南18地市，全网传播量达92亿次，130个微博话题词登上全国要闻榜、热搜榜和同城榜，人民日报客户端、《人民日报》（海外版）、新华网客户端等300多家权威媒体关注转载，这是河南省首次真正意义上在内容设计、区域联动、部门协同、宣传推广等多层面实现深度融合的大型融媒体特别节目。各地市纷纷发来感谢信，国家广电总局专门致电点赞河南广播电视台。从各微博账号主持话题词阅读情况看，河南广电所属账号占据主导地位，发起话题总阅读量近56亿次，创新了全媒体重大主题宣传报道，构建了舆论引导的新格局，提升了主流舆论的传播力和引导力。河南广电阅读量超亿次的话题词近20条。河南广播电视台推出12集新闻专题片《"十大战略"进行时——能力作风建设年活动推进情况展播》，集中展现河南"以能力作风建设"助推"十大战略"实施的生动实践。截至11月21日，全网累计话题阅读量超15亿次，微博话题"男子1个月走遍53个自然村""河南提供26万多个岗位"登上微博热搜榜前十位。《创出新天地》节目在沉浸式体验、研说式串联、虚拟式融入、穿越式对话中，为"创新"这个第一动力作图画像。近20个话题冲入微博热搜同城榜、要闻榜，全网累计触达量超15亿次，话题"创出新天地"阅读量超3.2亿次。节目还入选国家广电总局2022年创新案例，中宣部以《河南广电用融

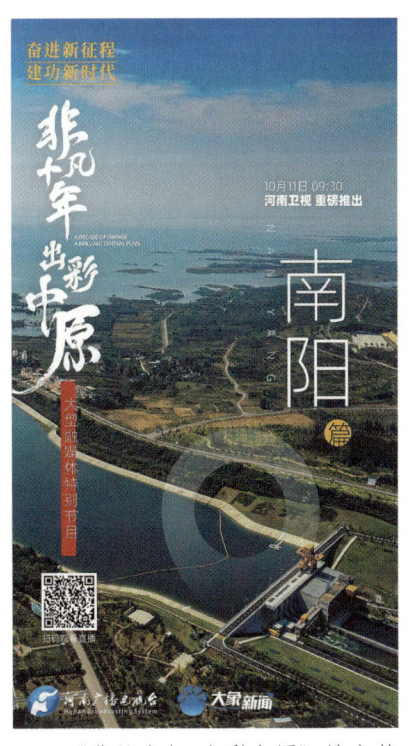

《非凡十年 出彩中原》地市篇南阳市海报

合方式将"硬"题材做"活"做"软"》为题形成专期阅评进行高度评价，认为《创出新天地》是小屏思维融合大屏创作的创新之作、突破之作、代表之作，具有样板效应。卫星频道推出《出彩项目看河南》系列报道，聚焦河南省重点项目建设和"三个一批"，邀请各地市委书记、市长代言，深入一线、生动展现新一届河南省委落实习近平总书记指示要求，大手笔谋划、项目式推进的有力举措和各地的生动实践。截至11月21日，全网总阅读量近10亿次，5个话题冲入微博全国热搜榜，52个话题冲入微博热搜同城榜、要闻榜前十名。

专题片《此水此山此地》10月10日19时35分在河南卫视首播，大象新闻客户端同步直播。播出前后，分别在微博、微信、抖音等新媒体平台进行了矩阵式宣传。专题片以党的十八大以来习近平总书记4次视察河南所到之处、

所见之人、所思之事为叙事框架，通过《此水》《此山》《此地》3个篇章，浓情展现大国领袖的人民情怀。据统计，第一集《此水》播出当天的微博话题阅读量即突破1.2亿次，全网点击量超2.2亿次。截至11月21日中午，总阅读量接近6亿次，并在继续增加和发酵中。话题"此水此山此地"阅读量达1.5亿次，"河南一个村三分之一村民有红色家史""90后男子郑州电商创业年入3000万""河南烩面为什么那么好吃的种子密码"等10条话题登上同城热搜榜。系列微演说《吾辈·我们这十年》以不同领域几位年轻人的经历见闻和成长，生动展示习近平新时代中国特色社会主义思想的河南实践，总阅读量突破10亿次。截至11月21日，以大象新闻为主要播发平台的微博话题词总阅读量突破12亿次，其中话题"你的样子就是时代的样子"阅读量达1.3亿次，9个话题词登上同城热搜榜。抖音总阅读量近千万次，视频《80后女子和1400年前的洛阳少年对饮一杯》登上抖音全国热榜。《徐娜：与1400年前的洛阳少年对饮一杯》在央视新闻客户端播发，并被中宣部授予"2022年中宣部基层理论宣讲优秀微视频"称号，是河南唯一获此殊荣的理论宣讲微视频。此外，"学习强国"河南平台、河南共青团B站、河南省教育厅、文明河南微博等省内主要网络平台，视频号、客户端进行了播发，网信系统所有网站、18个地市媒体、104个融媒体中心进行了转发。

【精品节目】2022年，河南广播电视台积极贯彻落实习近平总书记关于文化宣传的重要论述和指示精神，全力实施"双平台 多品牌 强保障"发展战略，将"文化卫视"定位升级为"文化中国"，主动扛起文化传播的大旗，积极引领文化宣传赛道，先后推出了以《中国节日系列节目》《闪耀吧！中华文明》等为代表的一揽子文化精品节目，实现了文化宣传持续出圈的好成绩。

"中国节日"系列节目。2022年"中国节日"系列节目共7期节目，全网总阅读量超过450亿次。"虎虎生风中国潮——2022年河南春晚"打造"年宇宙"概念，融贯传统特色与未来元素，72小时全网阅读量超100亿次，热搜榜175个，阅读量破亿话题词14条。今日头条、《人民日报》、百家号置顶点赞节目《云窟万象》。《人民日报》客户端发表专题评论文章《为优秀传统文化找到正确的"打开方式"》，提到"2022'中国节日'系列节目激活了传统节日的文化魅力，唤醒了人们的深沉乡思"。外交部发言人华春莹在Twitter平台个人官方账号配文推荐2022"中秋奇妙游"全球联唱《千里共婵娟》。2022"中国节日"系列节目7场晚会海外直播和浏览量数据累计超1710万次，中国驻美国、日本、加拿大等58家驻外使领馆对系列节目进行了推介，中国驻巴基斯坦、布鲁塞尔等30多个国家和地区的海外文化中心、旅游办事处在其海外平台推送了相关节目，使系列节目在海外传播时形成了一股弘扬传播中国传统文化热潮。"奇妙游"系列短视频在外网纷纷被转发、关注，提高了中国文化的影响力、美誉度，增强了全球华人对中华民族的民族认同感、自豪感和凝聚力，并在海内外掀起汉服热、国潮风。"中国节日"系列节目还收到来自日本、泰国、北美等多个国家和地区网友的点赞、转发和众多评论。11月，河南卫视《"中国节日"系列节目2021季》荣获第二十七届电视文艺"星光奖"优秀电视综艺节目奖，荣获第三十一届中国电视金鹰奖最佳电视综艺（文艺）节目提名，入选第十六届精神文明建设"五个一工程"电视类优秀作品奖。"中国节日"系列节目入选"新时代·新品牌·新影响"广电媒体融合新品牌产品品牌名录。

《天地诗心》。卫星频道策划制

2022"中国节日"系列节目"端午奇妙游"节目《王风采葛》剧照

广播 电视 电影

《天地诗心》海报

作的4集大型时代故事展演节目《天地诗心》于9月21日起在河南卫视、大象新闻客户端同步播出。节目以习近平总书记系列重要讲话、文章中出现的中国经典诗词为内容载体，以歌舞、戏剧、纪实、媒体报告剧、微电影等艺术手法，辅以新媒体技术，赋予传统诗词新时代表达，在历史再现和现实传承中，以习近平总书记的诗心点亮当代青年人的奋进之心。截至11月21日，全网总阅读量超2.5亿次，微博综艺、红星新闻、网易新闻、抗美援朝纪念馆、中国军视网、中科院微电子研究所、中科院过程工程研究所、中国科学院大学、中国科学院光电技术研究所、中国日报网海外平台等媒体平台同步推荐。

微纪录片《"我和我的新时代"之"总书记的回信"》。作为国家广电总局迎接党的二十大重点项目，10月12日，都市频道制作推出的系列微纪录片《"我和我的新时代"之"总书记的回信"》在全媒体首播启动，该片聚焦党的十八大以来，习近平总书记与广大干部群众的通信交流，以写信、回信为切入点，精心选取其中给郑州圆方集团全体职工、新疆库尔班大叔的后人、北京大学学生等9封回信，讲述收信人以总书记回信为动力，牢记总书记殷殷嘱托，用实际行动为新时代中国特色社会主义伟大事业作出贡献的奋斗故事。该片通过诸多生动的个体故事，将领袖与人民、家与国、个人与时代相织相融，实现重大主题与微观讲述的统一。上线24小时即有3个原创话题词登上微博全国热搜榜第一，《人民日报》《光明日报》《中国青年报》等全国200家媒体，微博、抖音、B站、凤凰网等商业平台纷纷关注转发，中阿卫视面向"一带一路"国家转播。国家广电总局统一安排北京、河北、上海、江苏、浙江、安徽、河南、湖南、广东、新疆10家省级卫视频道在晚间黄金时段播出，其他省级卫视白天时段播出。

纪录片《闪耀吧！中华文明》。由国家广电总局网络视听司作为指导单位，河南卫视与优酷联合制作的大型文化探索纪录片《闪耀吧！中华文明》共12期，每期40分钟，9月2日起每周五晚7时30分，河南卫视和优酷视频同步播出。节目以亲临文明现场、专家解读、实景纪录、推理空间和国漫叙事等形式，邀请新华网记者许丹睿和演员陈坤作为文明探索人，深入三星堆、秦始皇帝陵、唐长安城、南海Ⅰ号、殷墟、敦煌等六大考古现场，对话6位考古队长、博物馆长，到从未对外开放的库房与考古现场，带领观众解密六大历史谜团，寻找民族文化的高光，探索隐秘的历史细节，解谜中华文明闪耀时刻。《人民日报》《人民网》纸质版刊发节目宣传，新华系联合呈现助力微博话题词热搜热榜近90个，全网话题累计曝光量16亿次。CHINA DAILY海外twitter发布文章，持续引发海外关注；《人民日报》、《中国日报》、《中国青年报》、《北京日报》、广电独家、广电时评等60余家省外媒体和机构对节目进行了发稿超过100篇，各大博物馆、文博KOL、高校圈、文博圈、"圈圈"联动让中华文明熠熠生辉。

纪录片《麦子》。10月11日，由公共频道策划制作的大型系列纪录片《麦子》播出，节目生动形象

《"我和我的新时代"之"总书记的回信"》海报

《闪耀吧！中华文明》海报

地展示了河南贯彻落实习近平总书记"中国人的饭碗要牢牢端在自己手中"重要指示，铿锵有力地讲述了河南紧抓粮食核心竞争力、扛稳粮食安全重任的时代故事。相关话题全网总阅读量破10亿次，微博上榜18次，话题登微博全国要闻榜、抖音全国热榜和全国社会榜等8个榜单第一位，视频《18位博士养一个孩子》播放量超2亿次。

【文化栏目】2022年1月1日起，河南卫视以"新国风国潮"风格为导向进行升级改版，提出"河南卫视 文化中国"的新口号，并以文化概念+网络IP的全新视觉体系为包装呈现，推出"河大卫家族"——"河大卫""河小梨""河小武""河小宝"等IP形象；创新编排，将频道品牌栏目《梨园春》《武林风》《武林笼中对》设置为周末黄金档大板块首、重连播，强化栏目品牌效应，进一步增强观众黏性。

戏曲栏目《梨园春》。《梨园春》在2022年全年共安全播出50期节目，其中包括《课本里的戏曲》、《名角DOU来了》、《梨园又一春》、《凤还巢》（豫剧大师马金凤逝世）专题，"来吧! 展示"首届网络戏曲达人秀，"潮我看·最国风"首届戏曲主播喜乐会等播出季。2022年3月推出的全新播出季《课本里的戏曲》，以"课文+戏剧+解读"的方式，重新解读经典名篇，用"VR+戏曲"的方式，给孩子们带去了一堂奇妙的全新戏曲课。节目全网曝光量达5902万次。豫剧演绎《飞夺泸定桥》登上微博热搜总榜（含趋势）、甘孜同城热搜榜第一名，《明朝第一支特种部队有多强》登上郑州同城热搜榜第十七名，《苏东坡在流放中成为大宋第一美食博主》登上惠州同城热搜榜第十三名。2022年《梨园春》积极与抖音等平台合作，推出了"名角DOU来了"和"梨园又一春"活动。"名角DOU来了"第一期直播间人数达到860人次，6月的"梨园又一春·抖音专场晚会"创下3944.9万人次观看的成绩。2023年1月的"梨园又一春·抖音新春戏曲专场晚会"，全网8310.1万人次观看，为戏曲直播树立了新的高度。从《梨园春》到《梨园又一春》，栏目希望能打造一个与观众交流的新平台，为古老的戏曲插上互联网的翅膀。

9月20日，由河南卫视、河南戏曲广播、河南省戏剧家协会、河南李树建戏曲艺术中心共同承办的"梨园春"特别节目——"喜迎二十大 好戏看中原"河南戏曲名家演唱会在河南艺术中心文化广场震撼上演。20多位中国戏剧梅花奖获得者、70多位国家一级演员、数百位戏曲艺术家同台献艺，为观众呈现了精品剧目中的经典片段。演唱会通过各大网络平台官方账号播出，网络观看量累计523万次。

鉴宝栏目《华豫之门》。2022年，《华豫之门》共播出49期节目，其中包括海选现场节目、华豫之门18周年精编节目、"行走河南读懂中国之豫鉴中国"特别策划、全民赛宝大会网络版等播出季，其中"行走河南读懂中国之豫鉴中国"作为2022年重点策划，节目中先后讲述濮阳龙文化、商丘火文化、南阳玉文化、三门峡仰韶文化，为网友们带来了一场关于文化"云游"的奇妙之旅，该节目获得了2022年河南省电视文艺"牡丹奖"

"梨园春之梨园又一春"抖音专场晚会海报

三等奖、河南广播电视台2022年度优秀电视文艺作品奖二等奖；并且在首播期间从综艺和新闻领域共同发力，全网曝光超16亿次，主话题词"华豫之门豫鉴中国"阅读量达4.3亿次，千万级阅读量话题13个。10月21日，我国驻巴基斯坦文化参赞兼中国文化中心主任张和清在Twitter平台点赞了"河南春晚官方"账号发布的《华豫之门：豫鉴中国》短视频。相关话题"这才是龙生九子最有趣的解释"冲上全国热搜榜第二名，"清代小姐姐的防狼利器也太美了"冲上全国要闻榜第一名，其他话题更是多次登上全国热搜。

竞技栏目《武林风》。2022年竞技栏目《武林风》全年共播出46期节目，包括《武林风》18周年庆典暨第十届武林风全球功夫盛典、全国散打锦标赛暨亚运会散打选拔赛、武林风走进柬埔寨"吴哥王者之战——中柬对抗赛"、武林风虎牙功夫嘉年华、武林风金腰带争夺战等赛事。其中《武林风》18周年庆典暨第十届武林风全球功夫盛典被誉为世界拳迷心中的功夫春晚，直播时长超过7小时，影响广泛，全网话题阅读量超过3亿次，仅微博端就达到2亿次，全平台热门话题超过15个，网络直播观看人数超过2000万人次，短视频播放量超过5000万次，酷云实时数据一度冲到全国第二。其中"武林风全球功夫盛典""武林风起豪气满唐山""叶世荣再唱海阔天空""武林风18周年一代武者的青春""武林风18周年节目单""GAI周延红色DNA动了""武林风18周年阵容"7个话题阅读量均超过2000万次，《人民日报》、《广电时评》、法新社、彭博社、雅虎体育等60多家海内外主流媒体对该次活动都进行了报道。

4月10日，《武林风》节目组受柬埔寨王国奥委会邀请，在柬埔寨吴哥窟举办了"吴哥·王者之战"——武林风中柬搏击对抗赛。这是疫情后《武林风》首次完成走出去的第一站，出访"一带一路"国家之一的柬埔寨。该次赛事规格极高，柬埔寨副首相、奥委会主席、国家旅游部部长、柬埔寨王国王子、柬埔寨主席等均出席观摩，柬埔寨国家电视台、柬埔寨各大主流媒体及河南卫视、河南广电全媒体对赛事和相关活动进行了全方位的报道。7月9日，"武林风"在台600平方米演播厅举办了"武林风虎牙功夫嘉年华（第六季）"，首次启用全新XR沉浸式播台，视觉效果炸裂，顶级明星主播加盟，全网讨论度持续走高，打造了现象级赛事IP，热搜上了7次，2次微博热搜第一，微博相关话题阅读量达7亿次，赛事全网曝光量达150亿次，直播人气达2700万次，弹幕数量132.5万个，弹幕人数27.5万人，与虎牙的合作，再度创造了赛事新高度。

融媒体节目《上新啦文化》。2022年，文化融媒体栏目《上新啦文化》依托河南省文联民间艺术家协会、曲艺家协会、舞蹈家协会、音乐家协会、摄影家协会等专业机构和组织的支持，以系列化、垂直化、精品化的节目定位，邀请文化领军人物围绕"文化自信""讲好中国故事""讲好黄河故事""讲好中原故事"等主题进行深入阐述，深耕河南文化元素，深挖中华优秀传统文化价值，打造全新的视觉IP，备受业内好评。2022年度融媒体节目《上新啦文化》共推出了网络直播16场，其中虚拟演播室直播12场，户外移动直播4场。包括《探班揭秘河南春晚——总导演陈雷做客》《听！当华夏古乐遇上《孤勇者》》《一把红泥，千姿百态，河南非遗传人的泥塑人生》等，持续输出中华优秀传统文化。其中，短视频《一眼就被萌化了！河南郑州北龙湖再添9只天鹅宝宝》刊登"学习强国"全国平台，播放量达125953次，点赞3707次。"上新啦

《武林笼中对2022赛季中国俱乐部黄金联赛总决赛1》

文化"关键词话题总览量近500万次。其中开篇之作"河南虎年春晚导演剧透"话题总量达381万次。

《文博河南》栏目。2022年，电视四部一频道的《文博河南》栏目共制作播出52期，每期15分钟，每周五晚8时42分播出，在河南广播电视台新闻频道首发，大象新闻客户端、"学习强国"、顶端新闻、视频号等平台同步宣发，2022年主要是"中原文化史诗"系列，分为"中华文明起源""道家文化发展史""儒家文化发展史""石窟寺佛教文化史""中华文明大融合"等5个篇章。栏目把专业的考古文博知识同大众传媒相结合，将传统文化与现代化语言、传播形式融合，深入浅出，寓教于乐，取得了良好的社会效果，被列入河南文物全媒体传播精品项目及中华文物传播精品入围项目。

电 影

【概　况】　河南省电影行业坚持以人民为中心的创作导向，围绕喜迎党的二十大、乡村振兴、黄河文化等主题主线，加强电影创作谋划引导，严格落实影片备案审查制度，从严把关内容导向和创作质量。全年共完成电影备案审查28部，拍摄管理66项，电影完成片审查24部，属地电影节展审批2项。影片《我的父亲焦裕禄》获得全国第十六届精神文明建设"五个一工程"奖。同时，积极搭建对外交流平台。支持南阳市成功举办第五届"中国农民电影节"，参与指导第七届"金童象"儿童电影周荣誉盛典及相关交流活动，规范有序地组织"金童象"儿童电影周评审工作，进一步拓展了河南电影对外交流合作渠道，推动河南电影产业发展。加强工作调研，提升服务质量。深入企业进行调查研究，进一步增强工作的针对性和实效性。与中宣部电影频道、中宣部剧本中心和最高法宣传局等国家级平台就具体项目进行研究论证，跟进指导纪录影片《大国粮仓》等重点影片的制作和发行。对于河南出品的重点电影项目，分别从项目规划、剧本创作、市场宣发等方面提前介入，服务前置。

【"光影世界·出彩中影"宣传教育实践活动】　根据河南省"新时代 新征程 争出彩"十大主题宣传教育实践活动的统一部署，同时结合国家电影局部署的迎接党的二十大优秀影片展映展播活动，精选一批歌颂党的光辉历程、弘扬社会主义核心价值观，特别是极具时代特征、展示时代精神、增强人民精神力量的优秀影片在全省组织放映，放映城市、农村公益电影共计38.4万余场，在河南形成城市与农村、室内与室外全覆盖的公益电影放映格局，营造了学习宣传贯彻党的二十大精神的浓厚氛围。

【电影市场管理】　电影宣传服务阵地不断巩固壮大。持续支持电影市场基础建设，不断提升社会公共文化服务能力。截至2022年底，全省有影院623家、银幕3910块、座位47.77万个，其中新建影院31家、银幕193块、座位2.23万个。全年电影票房收入11.84亿元，居全国第八位。

狠抓安全生产和疫情防控。牢固树立"生命至上、安全第一"工作理念，在节假日、关键节点印发《关于做好电影院疫情防控工作的通知》《关于做好高温暴雨等极端天气安全防范的通知》等文件，为全省电影行业发展提供良好的条件和氛围。印发《河南省电影局关于防汛防疫和突发事件的应急预案（试行）》，建立重大汛情、疫情和突发事件防控应急机制，提高全省电影管理部门、电影院对重大汛情、疫情和突发事件的应急处置能力，保障人民群众身体健康与生命安全。实行影院经营情况日报告制度，及时对影院关停等相关情况分析研判，为全省电影市场疫情防控打下了坚实的基础。

开展影院自建房安全专项整治。按照省委、省政府的统一部署，加强与相关部门协同配合，印发《河南省电影局关于做好电影院自建房安全专项整治工作的通知》（豫影发〔2022〕4号），积极推动电影院自建房专项整治与全省经营性自建房安全专项整治工作同步开展，及时消除安全隐患，杜绝电影院用房"带病上岗"。

规范电影市场经营秩序。坚持依法行政，强化日常监管，严厉打击偷逃瞒报、恶意竞争、行业垄断、侵权盗版等违法违规行为，按照国家电影局的部署和要求，突出春节、北京冬奥会、国庆节、党的二十大等重点时节影片以及重点影片放映的市场监管力度，进一步优化营商环境，积极构建安全经营、依法经营、诚信经营、文明经营的电影市场经营秩序。

【农村电影公共文化服务】　河南省深入开展公益电影进农村、进社区、进企业、进军营活动，不断推进城乡公共文化服务均等化和文化惠民工程，积极唱响共产党好、社会主义好主旋律，大力弘扬民族精神和时代精神，培根固本，凝心聚力。2022年共放映农村公益电影35.7万余场，以优秀文化引领基层群众思想成效显现。

【全面推进电影行业依法依规经营】 做好法治政府建设考核工作；进一步深化"放管服"改革，不断创新行政服务模式；强化"互联网＋监管"，高效做好线上、线下审批服务；积极推动证明事项承诺制，大幅压减行政审批备案时限；制定《从轻处罚事项清单》《不予实施行政强制事项清单》《轻微违法免于处罚清单》，并及时向社会公告，不断优化营商环境；加强信用体系建设工作，制定电影放映单位承诺书，积极营造诚信守法、公平竞争的市场环境。

【编制《河南影视拍摄服务手册》】在深入分析河南省影视拍摄资源和国内电影制片服务需求越发精细化、专业化的基础上，组织专业团队对全省影视资源进行信息收集、分类、梳理，将河南省取景地、配套影视制作机构、影视相关政策等内容汇集到手册中，扩大河南影视拍摄资源的影响力，更好地为影视产业发展服务。

影片《我的父亲焦裕禄》是由河南省参与摄制的影片，获得全国第十六届精神文明建设"五个一工程"奖

网络宣传与管理

2022年8月28日至29日,2022年中国网络文明大会——新时代中国网络文明建设成果展河南展区。

概况

2022年，河南网信系统坚持以习近平新时代中国特色社会主义思想，特别是习近平总书记关于网络强国重要思想为指导，紧紧围绕迎接服务保障和学习宣传贯彻党的二十大精神为工作主线，组织"黄河安澜""赶考路上再寻焦裕禄"等38项网上重大主题宣传，举办首届河南省网络文明大会，推进网络公益惠民行动，开展网络综合治理专项行动，网络空间天朗气清，网络生态向上向好，网络安全基础巩固，为高质量建设现代化河南、高水平实现现代化河南提供强大网上舆论支持、可靠网络安全保障和有力信息化支撑。

网上重大主题宣传

【党的二十大网上宣传】 2022年，省委网信办指导省内重点网络媒体开设"喜迎二十大""我们的二十大""推动党的二十大精神落地生根"等20余个专题、专栏，大河网、顶端新闻等推出"二十大笔谈""学习二十大进行时"等系列报道，集纳创作相关稿件12500余篇，全网阅读量近40亿次，其中，大象新闻客户端推出的《手绘H5｜我家门前幸福10路公交车》《青春问答党代表》等重点作品受到中宣部、中央网信办点名表扬，《河南省代表团新闻发言人周霁：创新发展已成为现代化河南建设的主旋律、最强音》等6个短视频稿件全网阅读量突破2.7亿次。

【"乡村振兴看河南"网络媒体采访活动】 2022年6月21日，省委网信办组织"聚焦十大战略 共绘出彩河南"网络主题宣传活动，主题活动之"乡村振兴看河南"网络媒体采访在漯河市袁集村正式启动。6月21日至25日，由中央驻豫媒体、省内重点新闻网站和商业网站平台共37家单位80余名记者组成的网络媒体采访团，分别走进漯河、周口、商丘等地市，对35个乡村振兴基层典型代表单位进行实地采访。全网累计刊发相关报道9万余篇，传播总量突破10亿次。其中，新浪微博话题"乡村振兴看河南"累计阅读量4.7亿人次，全面呈现河南农村产业兴旺、生态宜居、乡风文明、治理有效、生活富裕的乡村振兴新图景。

【"赶考路上再寻焦裕禄"全国网络媒体采访活动】 2022年8月15日，省委网信办在河南兰考组织承办中央网信办"'赶考路'上再寻焦裕禄"全国网络媒体采访活动，人民网、新华网等30余家媒体组成的采访团分赴郑州、新乡、平顶山、濮阳等地进行采访，同时与江苏宿迁、辽宁、黑龙江等焦裕禄工作生活过的地方联动采访，全网共发布相关主题内容1万余篇，传播

2022年6月21日，乡村振兴看河南启动仪式现场

2022年8月15日，"赶考路上再寻焦裕禄"全国网络媒体采访活动启动仪式举行

"黄河九歌"之地方篇短视频作品

量达 5 亿次。其中，主题短视频《赶考路上再寻焦裕禄》被《人民日报》（海外版）、人民网等 100 多家媒体转发，全网传播总量超过 1.7 亿次；有声融媒产品《跟着总书记学习焦裕禄》、微视频《焦桐花开》、系列漫画《一棵泡桐映初心》、微纪录片《我是一棵桐树苗》等融媒产品，累计点击量超 5000 万次；微博主话题"赶考路上再寻焦裕禄"阅读量达 1000 余万次，分话题"文艺青年焦裕禄成长记""青年老焦打工记""一棵泡桐映初心""读你千遍也不厌倦"等阅读量达 700 余万次。

【"黄河安澜"网络主题宣传活动】
2022 年 9 月 14 日，省委网信办联动黄河流域九省区承办中央网信办"黄河安澜"网络主题宣传活动，主题宣传片《黄河安澜：奇迹幸福河》和沿黄河九省区制作的"黄河九歌"之地方篇短视频作品，单日阅读量达 4000 万次，累计播放量突破 5000 余万次；组织网络媒体采用"主会场＋分会场"视频连线方式进行网络直播，直播观看人数突破 550 万人次；组织人民网、新华网、光明网等 40 余家网络媒体组成采访团，开展调研式、体验式采访，组织 150 余家网络媒体联动参与话题发布，全网传播总量超过 6.3 亿次，微博话题"黄河安澜""我家住在黄河边"阅读量近 4 亿次，讲好黄河故事，共同书写黄河流域生态保护和高质量发展壮美诗篇。

【"让世界'中意'中国——中医药文化传承"网络主题宣传活动】
2022 年 9 月，省委网信办联动山东、陕西、安徽、湖北、江苏等中医药文化深厚的省份，承办中央网信办"让世界'中意'中国——中医药文化传承"网络主题宣传活动。9 月 26 日，活动在河南南阳启动，新华网、央广网、央视网等 34 家媒体和《河南日报》、河南广播电视台、大河网、荆楚网、《山东商报》等省级媒体组成的采访团，前往南阳唐河、西峡、淅川等地，宣传报道中医药文化故事和产业发展，挖掘和弘扬中医药文化。国际在线对多篇报道进行翻译，以英语、韩语等多语种进行传播，大河网通过脸书、推特等外宣平台进行了英文拆条分解，强化国际传播。全网共发布相关主题内容 1200 余篇，传播总量突破 3 亿次，其中，微博主话题"让世界'中意'中国"阅读量超过 1200 万次，"洋学生痴迷中医扎根河南学习""金银花变成双黄连全过程"等分话题阅读量超过 300 余万次。

网络文明建设

【首届河南省网络文明大会】 2022 年河南成功举办首届河南省网络文明大会，省委常委、宣传部部长王战营出席大会宣读楼阳生书记批示并讲话，各主管部门、高校负责人和互联网企业、网民代表做主旨演讲，发布新时代河南省网络文明建设 10 件大事，有力宣介了理念，培育了风尚，深化了实践。

【网络文明建设"九大行动"】
2022 年 6 月，省委办公厅、省人民政府办公厅印发深化网络文明

2022年3月10日，首届河南省网络文明大会在郑州举办

建设"九大行动"的实施意见，深入贯彻落实习近平总书记关于网络强国的重要思想和关于精神文明建设的重要论述，坚持发展和治理相统一、网上网下相融合，以实施"九大行动"为抓手，着力加强网络空间思想引领、文化培育、道德建设、行为规范、生态治理、文明创建，全面推进文明办网、文明用网、文明上网。"九大行动"实施意见明确了网络文明建设工作目标、主要任务、保障措施、责任单位，为确保高质量建设现代化河南、确保高水平实现现代化河南，谱写新时代中原更加出彩的绚丽篇章提供坚强思想保证、强大精神动力、有力舆论支持、良好文化条件。

【网络文明系列实践活动】 省委宣传部、省委网信办组织开展"喜迎党的二十大 网络文明你我他"全省网络文明实践月，省市联动策划实施主题党日、好网民分享等系列活动，形成群众性网络文明实践热潮。省委网信办制定《关于贯彻〈网络文明建设的实施方案〉的任务分工》，项目化、节点化加强工作统筹。发布《河南省网络文明行为规范》，组织各地征集发布展示好网民典型、故事270余个，持续壮大河南好网民话题矩阵，总阅读量突破25亿次，讨论量达103.8万条。在《河南日报》刊发《网络同心 文明同行》综述、《汇聚向上向善力量 携手建设网络文明》专版、《让网络空间劲吹文明新风》实践月活动掠影，推出系列网评文章70余篇，"网络文明豫你同行""奋斗者更青春"等话题参与讨论量达2.53万次，总阅读量达3279.9万次。"网络文明豫你同行""非凡十年·豫出彩"等登上微博要闻榜政务榜。推动中央网信办地平线加盟网站"河声"评论品牌建设，聚焦培育了一批有影响力的深度长评作者，推出"庆祝党的二十大 看中原大地新变化"等专题，推出系列网评文章6000余篇，其中78篇被中央网信办全网推送。成功举办全省青年网评大赛暨"豫见好评"创新论坛，100余件优秀作品和10余名优秀创作者脱颖而出。

【网络公益行动】 举行"微光启中原 大爱汇河南——2022河南网络公益盛典"，交流展示抗疫、防汛典型故事，发布网络公益项目。联合省助残济困总会共同开展"曙光行动·亮乡村"公益项目，捐赠安装太阳能路灯，改善农村照明条件，助力乡村振兴。目前已为56个村安装5700多盏太阳能路灯。联合省文明办，指导央广网河南分网、蚂蚁集团实施"河南好店 公益有你"百家公益小店募集帮扶行动，已确立和帮扶140余个"公益小店"，在防疫情况下有效发挥就近便民服务作用。发挥"省网络公益联盟"作用，发动会员企业、网络社会组织突出行业优势，开展免费电商沙龙、法律咨询直播和向学校、基层防疫卡点协调捐款、捐

2022年3月10日，"微光启中原 大爱汇河南"——2022河南网络公益盛典

物等，帮助企业纾困，助力抗击疫情。针对冬季部分地区农产品滞销情况，引导网络大V积极响应"暖冬助农"行动的倡议，开展传递扩散农产品信息、帮助对接产销渠道、网络直播带货、爱心采购等，其中"好网民助力暖冬行动"话题阅读量1.4亿次，帮助外运外销、滞销蔬菜近600万斤。

【互联网企业党建工作】 组织全省互联网行业开展"深学细悟凝心聚力 踔厉奋发争先出彩"党的二十大精神专题学习研讨活动，采取观看直播、座谈交流、撰写心得体会的形式，深入学习热烈讨论党的二十大精神。开展"喜迎二十大 争先出彩跟党走"庆七一党建观摩交流活动，组织赴重点企业观摩，集中学习专题党课。活动话题"我为党旗增光彩"等阅读量近5000万次。省委组织部、省委网信办集中推动互联网党建工作质效提升，组织赴各地专题开展互联网企业党建示范点建设调研，实地察看了解企业党建工作情况，制定《关于对互联网企业党建工作情况的调研反馈意见》，一对一开出问题清单和整改提升建议，以书面形式反馈，加强工作督促，精准指导，规范提升。表彰2021年度互联网行业优秀党员、党务工作者96人和先进基层党组织25个，命名首批省级互联网企业党建示范点16家。组织开展互联网企业第一届省级文明单位测评推选推荐工作，经严格测评，按程序向省文明办推荐河南播浪信息服务公司、洛阳哈他科技公司等互联网企业3家。互联网企业党建工作走在全国前列，受到中央网信办肯定表扬。

网络综合治理

【概　况】 2022年，河南省贯彻落实习近平总书记关于网络强国重要思想和党的二十大报告关于"健全网络综合治理体系，推动形成良好网络生态"重要论述，坚持高站位谋划部署、制度化协同推进、全链条压实责任，全面落实《河南省加快建立网络综合治理体系建设方案》，5项重点工作基本完成，72项具体任务落地见效。召开全省基层网络综合治理体系建设现场会，推广综合治网"兰考模式"。出台全国首部涵盖网络安全、数据安全、个人信息保护等领域地方性网络安全立法《河南省网络安全工作条例》，推动加强互联网新兴领域执法。制定《省委、省政府相关部门网络综合治理权责清单》，明确权责112项，进一步夯实涉网监管部门综合治网主体责任。健全、完善部门协同治理工作机制，党委领导、政府管理、企业履责、社会监督、网民自律等多主体参与，经济、法律、技术等多手段结合的综合治网格局基本形成，网络综合治理体系三年基本建成目标如期实现，受到中央网信办通报表扬。

【网络专项整治行动】 2022年，河南省扎实开展"清朗""净网"等系列专项行动52次，全面排查清理属地网上各类违法违规信息。深入开展党政企事业单位互联网平台账号专项排查治理，对属地各类官方网站平台、账号进行摸底梳理，列入工作台账1.2万余家，查处假冒、仿冒新闻媒体名称和标识、违规从事互联网新闻信息服务的公众账号300余个。组织开展"清朗·规范网络传播秩序"专项行动，重点整治违规采编等9类扰乱网络传播秩序问题。严格管控涉政治类有害信息，加大对历史虚无主义、涉民族、宗教等有害信息举报处置力度，大力整治网络谣言和网络暴力违法信息。协调注销违法违规网站ICP备案6948家，停止互联网接入服务250家，举报处置问题公众号328个，下架违法违规移动应用程序145个，约谈违规网站平台、公众账号负责人24人次。

【互联网新闻信息服务许可管理】按照《互联网新闻信息服务规定》《互联网新闻信息服务许可管理实施细则》等有关规定，依法依规开展互联网新闻信息服务许可审批工作，审批互联网新闻信息服务单位7家、服务项目17个。组织开展全省互联网新闻信息服务单位从业人员培训，提升从业人员政治素养和业务能力。坚持每月对全省166家互联网新闻信息服务单位、500个服务项目内容管理情况进行量化打分、跟踪评估，推动全省互联网新闻信息服务单位强化主体责任意识，提升自我管理能力，优化互联网新闻信息服务。

【互联网违法和不良信息举报】2022年，受理各类互联网违法和不良信息举报3.6万余条，核查处置属地违法违规信息1.09万条，协同有关部门推动解决网上民生诉求4500余条，协调通信管理部门对1279家色情、赌博、诈骗网站采取注销备案、停止接入服务等处置措施，持续维护清朗网络空间。

【网络谣言治理】 2022年，河南省"清朗·打击网络谣言和虚假信息"专项行动清理网络谣言和虚假信息

5.5万余条，辟除网络谣言886起，约谈传播网络谣言或虚假信息网民18人。开展"以案辟谣——拒绝网络谣言 守卫清朗家园"作品征集活动，评选出优秀作品75部，向中央网信办推荐的《拒绝网络谣言 守护清朗家园》获第五届中国互联网辟谣优秀作品称号。举办2022年国家网络安全宣传周高峰论坛网络辟谣分论坛活动，邀请各方嘉宾分享谣言治理研究成果，共商网络辟谣对策，助力营造风清气正的网络空间。

网络安全工作

【2022年网络安全宣传周河南省活动】 2022年9月5日至11日，举办2022年国家网络安全宣传周系列活动，全省各地各单位共举办线下活动近1.6万场，开展网络安全"七进"活动2万余次，发放宣传材料234.1万余份，覆盖17个省辖市158个县区1007.5万人次，参与线上知识竞赛、微课堂观看人数175.6万人次，创作刊发稿件1.2万余篇，阅读量达5118.4万次，广泛宣传普及网络安全知识技能，营造了网络安全人人有责、人人参与的浓厚氛围。组织省重点新闻网站和各地重要网站，常态开展网络安全线上宣传，网络安全科技馆获评中央网信办网络安全常态化宣传特色项目。

【第六届"强网杯"全国网络安全挑战赛】 设置线上赛、线下赛、精英赛、青少年专项赛、人工智能专项赛、密码数学专项赛等六大赛道，吸引3236支战队、11393名选手报名参赛，进一步创新网络安全人才培养、发现模式。线上赛于2022年7月23日至24日举办，采用网上答题模式。线下赛于8月20日至21日举办，选取线上赛排名前32位的战队，8月21日17时，经过连续两天的激烈线下王者之争，最终上海交通大学的0ops战队摘得桂冠。

【推动《河南省网络安全条例》出台】 《河南省网络安全条例》于2017年开始立法调研，2018年列入立法规划，2021年列入立法计划，2022年河南省人大常委会法工委、河南省委网信办联合成立《河南省网络安全条例》起草组，先后开展10余次立法调研，数易其稿，形成《河南省网络安全条例》审议文本。11月26日，《河南省网络安全条例》经省第十三届人民代表大会常务委员会第三十六次会议审议通过，于2023年6月1日起正式实施。《河南省网络安全条例》的出台为河南省依法治网管网，提供了法律依据，奠定了法治基础。

网络基础建设与惠民工程

【网络基础设施建设】 截至2022年底，郑州国家级互联网骨干直联点总宽带达到1920G；互联网省际出口宽带达到83.1T，居全国第5位，同比增长36.1%；互联网内平均时延24.33ms、网间平均时延27.81ms，分别位居全国第一位、第三位，信源汇聚和疏通流量能力日益显现；国家超级计算郑州中心浮点运算峰值计算能力达到100PFLOPS2，主机持续计算性能居国际同期前列。建成超大型数据中心6个，出口总宽带累计达到47.0T，计算能力达到437.3PFLOPS，郑汴洛互联网国际通信专用通道共开通宽带320G，信息通信枢纽和信息集散中心地位持续巩固。推动"双千兆"网络协同发展，5G基站总数达到15.32万个，实现乡镇以上区域5G网络连续覆盖；10G-PON及以上端口总数达到85.03万个，千兆光网实现乡镇以上全覆盖；互联网宽带接入端口达到6228.6万个，同比增长10.6%；工业互联网标识解析二级节点达到5个；NB-LoT基站总数达到4.37万个；深入推进IPv6规模部署和应用，北斗通信基础设施日趋完善。

【互联网创新与发展】 2022年，河南省互联网企业规模不断扩大，全省互联网企业总数达到8986家，较2021年增长14.7%，居全国第3位，其中2家企业入选中国互联网企业综合实力百强企业，8家企业入选工信部专精特新"小巨人"企业，56家企业进入河南省专精特新中小企业；规模以上互联网企业达到56家，较2021年增加14家，收入达到322.7亿元，河南省跨境电商交易额稳步增长，达到2209.2亿元，同比增长9.5%，朝着"买全球、卖全球"的目标迈进。拓展5G应用场景的广度和深度，5G应用居全国第一阵营，各行业领域复制推广5G应用项目达1470个，比2021年增加1068个，增长了265.7%，累计带动效益总增加值达297.96亿元。

【数字经济发展】 2022年数字经济规模突破1.9万亿元，同比增长超过 15%，占生产总值比重超过 30%，对全省经济增长贡献率超过 70%。设立 30 亿元的数字经济政府引导基金，推动华为、腾讯、阿里、新华三、中兴通讯等一批重大合作项目签约。数字核心产业加快发展。智能传感器领域，MEMS 研发中试平台启动建设，骨干企业技术水平国内领先，拥有 10 家上市企业，营收亿元以上企业近 20 家，气体传感器、热释电红外传感器等产品国内市场占有率位居第一。先进计算领域，黄河鲲鹏计算终端产业持续壮大，超聚变服务器产业化加快推进，投产 8 个月产值突破 100 亿元。超聚变研发及总部基地项目开工建设，具有完全自主知识产权的操作系统 FusionOS 在郑州发布。建成智能车间 641 个、智能工厂 278 个，企业上云上平台达到 18.2 万家，天瑞信科工业互联网入选国家跨行业跨领域工业互联网平台。钢铁、焦化、水泥等"两高"行业，推动实施数字化转型项目 110 个，总投资 74 亿元。筹建中原数据交易联盟，开展数据资产评估试点。郑州数据交易中心于 2022 年 8 月揭牌运营，当日实现交易额 3805.5 万元。

【数字社会建设】 教育数字化水平持续提升，2022 年全省多媒体教室覆盖率达到 100%，占在用教室比例超过 93%；建成省基础教育资源公共服务平台，有效承载"名校同步课堂"、教师素养评测等省内特色资源和应用；构建河南省高等教育在线课程中心，认定省级精品在线开放课程 1135 门，选课人数 1496 万人次，师生参与教学互动答疑 1256 万人次。41 所"互联网医院"和远程医疗服务快速发展，开展远程综合会诊 1.2 万次，远程心电诊断 39 万次，远程病理诊断 5.4 万次；省医疗保障信息平台上线启用，全省 8.23 万家医疗机构接入平台；"河南健康"便民服务平台上线运行，汇聚居民电子健康卡 4899.52 万张。创建 40 个省级数字乡村示范县（市、区），建设 39 个"三农"专题数据库，汇集各类涉农数据 8.57 亿条，形成"三农"服务"一张网"，农业生产信息化发展水平达到 29.26%。打造淘宝村 209 个、淘宝镇 144 个，数量位居中西部省级第一，全省农村网络零售额达到 1249 亿元，同比增长 9.4%；农产品网络零售额达到 964.6 亿元，同比增长 12%。

【数字政府服务】 2022 年省级新增 98 个政务信息系统上云部署，累计上云率达到 71.5%，云资源使用效率同比提升 9 个百分点；加快省大数据中心平台建设，新汇聚办件数据 1.35 亿件，新制发电子证照 830 万张；38 个省直部门、220 名审批人员、2323 项事项进驻省政务服务中心，基本实现省级政务服务集中办理、集成服务；市县级政务服务中心部门、事项进驻率分别达到 95%、93%，乡、村基本实现便民服务站点全覆盖，省本级行政许可事项不见面审批比例达到 95% 以上。推进实现 495 项个人和企业生命周期的"一件事一次办"，新增协作省份 4 个、县市区 26 个、事项 376 项，累计 952 项事项实现"跨省通办"。"豫事办"注册用户达到 7459 万，5569 个事项实现"掌上办"。各级政务服务中心、便民服务中心设置"有诉即办"或"办不成事"反映窗口覆盖率超 93%，政务服务差评按期整改率达到 99.2%。

文化产业

2022洛阳河洛文化旅游节暨第五届中原国际文化旅游产业博览会开幕式

概况

2022年，河南省文化产业保持持续、快速、健康发展势头。根据省统计局最新数据，2021年，全省实现文化及相关产业增加值2590.66亿元，比2020年增长17.6%，占生产总值的比重为4.46%，比2020年提高0.4个百分点。省文化和旅游厅加大对文旅企业金融支持，梳理纾困助企政策，搭建银企对接平台，助力文旅企业渡过难关。实施文化产业赋能乡村振兴计划，探索文化产业赋能乡村振兴的有效模式和路径，在全省开展了"文化产业特派员"制度试点工作。全力打造"行走河南·读懂中国"研学旅行品牌体系，打造了一批文博研学、考古研学基地。文化产业园区建设发展迅速，出台示范园区评选认定办法，助力文化产业发展。文化旅游消费持续增加，成功举办洛阳河洛文化旅游节暨第五届中原国际文化旅游产业博览会、第九届中原（鹤壁）文化产业博览交易会。河南省大力实施文旅文创融合战略，着力塑造"行走河南·读懂中国"品牌体系，谋定而动，创意引领，团队进入、数字先行，推动文化和旅游工作取得新进展。

主要工作

《涉文旅纾困助企政策指南》（第二版）

【出台纾困助企政策】 针对文化和旅游企业特别是民营企业、中小微企业的实际困难，加大金融支持力度，满足合理融资需求，推动降低融资成本。组织开展各类投融资促进、政银企对接恳谈等活动，搭建文化和旅游企业与金融机构交流合作平台。完善文化和旅游企业及项目融资需求库，积极协调金融机构为入库企业和项目提供便利化金融产品和服务支持。鼓励金融机构开发适合文化和旅游企业经营特点的金融产品和服务，联合金融机构进园区、进企业，开展金融惠企政策和产品服务宣讲活动，精准对接企业多样化、个性化金融需求。共梳理纾困政策10类112项，编印《涉文旅纾困助企政策指南》，推动企业对政策应知尽知、应享尽享，联合金融机构出台优惠政策，尽全力帮助文旅企业渡过难关。

【文产赋能助力乡村振兴】 文化和旅游部将"文化产业特派员"制度试点工作放在了河南。河南省文化和旅游厅确定了首批以济源市、修武县、光山县、栾川县为试点，各选取5个村，培育建设20个乡创特色乡村的基本思路。先后多批次为光山县导入特派预选项目30余个，已落地签约项目10个，取得了阶段性成效。济源、修武、栾川特派预选项目对接工作也稳步推进。经过对前期工作的梳理，不仅扎实推动文化产业赋能乡村振兴，充分发挥文旅产业的综合带动作用，同时切实调动起农民的积极性、主动性、创造性，促进农民增收致富；充分拓展乡村文旅消费新空间，打造新型文旅业态，推动一、二、三产业融合发展，加速农业农村现代化；深入挖掘提升乡村人文价值，增强乡村审美韵味，丰富农民精神文化生活，焕发乡村文明新气象，培育乡村发展新动能，推动建设宜居、宜业、宜游和美乡村。此项工作得到文化和旅游部产业发展司的高度评价。文化产业特派员制度既是乡村振兴产业的题中之义，也是推动乡村文化与经济融合发展的有效途径。将文化旅游资源优势转化为发展优势，将康养旅游、红色研学旅行等业态融入乡村建设发展体系，以文化和旅游的高质量发展，推动形成新时代乡村共同富裕的新格局。河南省还成立了乡创赋能中心，并连续举办6期乡创云讲堂，广受好评，初步建立乡创导师体系，已有来自66个高校、科研机构、产业机构等70名乡创导师专家入库。

【研学旅行品牌体系塑造】 河南省文化和旅游厅坚持"聚焦一条线、突破两座城、点亮几颗星"的工作思路，全力打造"行走河南·读懂中国"研学旅行品牌体系。世界研学旅游组织（加拿大）河南代表处正式获批落户洛阳，将在河南省文旅行业对外交流、国际化研学旅游人才培养、"行走河南·读懂中国"河南研学品牌打造等方面发挥积极作用。通过研学旅游组织境外办事机构，河南将逐步与境外知名游学联盟建立全面合作关系，抢占世界研学旅游的制高点，扩大河南华夏文明在全世界的影响力，助力打造中华文化传承创新中心、世界文化旅游胜地建设目标。河南省文化和旅游厅与黄河河务局合作，引进清华大学团队打造"黄河文化千里研学之旅"品牌，共同命名10处黄河防洪工程为"黄河文化千里研学之旅实践基地"。推动研学旅行标准化、规范化发展，起草《研学旅行组织与服务规范》，建立资金奖补机制，安排3000万元奖补资金，全力支持各地研学旅行课程和特色研学基地营地建设。推进"研学项目+优质研学团队"合作模式，联手打造沉浸式、体验式研学产品，"红色光山 闪耀信仰"全域研学全面启动，红旗渠元宇宙剧场之时空隧道亮相，成为助力红旗渠红色研学发展的新尝试。采取省外、省内机构联动、文旅教育紧密合作、资金基金保障支撑等一系列举措，全方位培育壮大河南研学市场主体，构建研学旅游新格局。2022年，河南省文旅产业统筹利用文物考古丰富资源，全面规划研学旅行和研学实践，积极引育专业研学机构，打造了以殷墟遗址研学实践等为代表的一大批文博研学、考古研学基地。这一系列举措使河南省研学旅行营基地建设取得突破性进展，涌现了洛阳东方博物馆之都研学营地、林州红旗渠精神营地、鹿邑县老子文化研学营地、新县大别山红营等一批标杆营地。

【文化产业园区建设】 文化产业园区是文化产业规模化、集约化、专业化发展的集聚平台。开封宋都古城文化产业示范园区、郑州国际文化创意产业园（中牟现代服务业开发区）、洛阳天心文化产业园区、濮阳国际杂技文化产业园、洛邑古城、洛龙文化双创产业园、兰考县民族乐器产业园区、睢县惠济文化大观园、驻马店皇家驿站等9家园区参与文化和旅游部"文化产业园区携行计划"，其中开封宋都古城文化产业园区与宝鸡六营泥塑文化产业示范基地、大理鹤庆银器文化产业园，中牟现代服务业开发区与重庆市南滨路文化产业园、烟台1861文化创意产业园，兰考县民族乐器产业园区与正安吉他文化产业园、深圳F518创意园积极推进结对携行工作。文化和旅游部办公厅发布的《关于第二批国家级夜间文化和旅游消费集聚区名单的公示》，拟确定入选的123个项目中，河南省开封市鼓楼特色文化街区、洛阳市龙门石窟、安阳市安阳古城、鹤壁市浚县古城4地上榜。为积极引导园区健康发展，省文化和旅游厅制定出台了《河南省文化产业示范园区认定管理办法》，每两年评选命名1次，助力文化产业园区发展。鼓励文化产业园区在服务好企业的同时，更加注重激发企业的创新创业活力；在"吃瓦片"挣房租的经营模式基础上，增加园区与企业之间的互动、互利模式；将更多的数字科技手段应用在公共服务之中。推动园区在注重经济效益的同时，也更加注重社会效益。

【文化旅游消费拓展】 消费是经济增长的持久动力，文旅"夜经济"是消费的"新蓝海"。2020年，省政府下发《关于进一步激发文化和旅游消费潜力的通知》，明确提出大力发展夜间文化和旅游经济，促进文旅消费市场繁荣。面对当前的经济环境，河南省文化和旅游厅积极开展夜间文旅消费集聚区创建活动，开封市鼓楼特色文化街区等4家夜间文旅消费集聚区被评为第二批国家级夜间文旅消费集聚区，河南总数达到9家。濮阳市杂技文化产业园、济源市王屋老街被文化和旅游部确定为夜间文化和旅游消费集聚区重点辅导培育对象。命名河南银基国际旅游度假区等24个集聚区为第三批河南省夜间文旅消费集聚区。国庆节期间，9家国家级夜间文旅消费集聚区客流量达133.8万人次，营业商户达4349家，营业额达24.4亿元。国家级文旅消费示范试点城市洛阳、郑州、开封国庆节期间共举办文旅促消费活动超过1000场，通过消费补贴，直接带动消费256269万元。在全省部署开展文化和旅游企业服务月活动、"百城百区"文化和旅游消费助企惠民行动、河洛文化旅游节等系列活动，各地积极主动作为，想奇招、妙招，为文旅消费市场释放出了"洪荒之力"。让河南的夜经济融入更多文旅元素，围绕"景城一体"，构建出灯光秀、电音节、星空露营、露天影院、夜市街区、24小时影院、24小时书店、博物馆之夜等新业态，展现出文旅消费的新活力。从电影小镇"一路有戏"夜游项目到郑州如意湖畔"黄河风"文创市集，从"古都夜八点"到"夜开封·欢乐宋"，从景区预售年票再到地市发放文旅消费大礼包，系列举措激发了居民文化消费热情，提振了文旅消费信心。提升会展水平促消费，成功举办第五届中原国际文化旅游产业博览会、第九届中原（鹤壁）文化产业博览交易会。

【文化产业新型业态培育】 落实文化产业数字化战略，大力发展动漫游戏产业，涌现出一批以小樱桃、约克、羲和等为代表的动漫游戏企业和以洛阳卡卡、FB为代表的全国头部剧本娱乐企业。配合省政府、省人大、省政协做好"设计河南"和全省新业态发展等调研规划工作，推动数字文化产业、文化创意、新型演艺娱乐、服务平台等新型文旅业态发展壮大。推动河南优质资源提升转化，运用新技术、新创意赋予中原文化符号更多的新生命、新活力。为着力推进文化和旅游高质量发展，一方面多措并举改善中小文化企业融资难困境，出台一系列政策，为其营造良好的发展环境；另一方面始终坚持谋定而动、创意引领、团队进入、数字先行，持续创新创造、破题破冰，以"行走河南·读懂中国"品牌体系建设为抓手，推动全省文旅文创工作不断取得新成效。以"行走河南·读懂中国"为主题，策划举办洛阳河洛文化旅游节暨第五届中原国际文化旅游产业博览会开幕式、第五届中原国际文化旅游产业博览会、"奇妙城市·游玩盲盒"开箱节、"青春梦想 理想洛城"沉浸式青年友好活动、"行走洛阳 读懂历史"东方博物馆之都系列活动、"伏牛山居 金秋印象"乡村系列旅游季、"古都夜八点"系列休闲活动等7大项文旅活动。持续叫响"行走河南·读懂中国"品牌，推进文旅文创深度融合。

【2022年河南省文化和旅游工作会议】 2022年2月8日，2022年河南省文化和旅游工作会议在郑州召开。河南省文化和旅游厅党组书记、厅长姜继鼎做工作报告。会议指出，2021年全省文化和旅游系统知重负重，迎难克难，推动全省文化和旅游工作取得新进展：庆祝建党百年，唱响时代赞歌，文旅文创融合战略统领发展，传承弘扬文化遗产成效显著，全域旅游发展实现突破，文艺创作、公共服务出新出彩，文化产业和市场体系建设有新提升，宣传推广、对外交流亮点频出，安全发展、保障能力得到加强，党史学习教育凝聚奋进力量。2021年全省游客接待量达7.9亿人次，恢复到2019年的88%；实现旅游综合收入6079亿元，恢复到2019年的63%。

【洛阳河洛文化旅游节暨第五届中原国际文化旅游产业博览会】 2022年9月23日上午，2022河洛文化旅游节暨第五届中原国际文化旅游产业博览会在洛阳会展中心盛大开幕。该届博览会由中共河南省委宣传部指导，河南省文化和旅游厅、洛阳市人民政府主办，博览会延续"新户外、新消费、新生活"主题，以市场化、交易化、产业化、年轻化为导向，努力打造一站式"文化+旅游+产业"展示、交易专业综合服务平台，推进文旅文创深度融合，拉动青年消费快速增长，倾力打造全国沉浸式文旅目的地。秉承颠覆性创意、沉浸式体验、年轻化消费理念，该届博览会首次尝试"主会场+分会场"办展形式。主会场设在洛阳会展中心，以展示、交易为核心，共有200余家国内外知名文旅企业参展，展品达1万余种。分会场设在隋唐洛阳城天街公园，以创意、沉浸为特色亮点，通过露营体验、嘉年华等活动，打造集露营、美食、游乐、音乐为一体的潮流体验地。该届博览会瞄准"户外+"、精致露营、潮流消费等，汇集了民宿露营、户外装备、潮流运动、冰雪运动、乡村旅游、旅居康养、房车机车、文旅消费品等文旅新业态、新产品，并以开放式、场景化的搭建设计和互动体验，真实还原精致露营、户外运动等文旅场景，一站式满足市民游客对出游的所有想象。瞄准青年游客逐渐成为文旅消费主力军的发展态势，着力推动展示范围更新迭代，展品品质提质升级。展会现场不仅有飞盘、轮滑、滑板、平衡车、蹦床等时下广受年轻人青睐的潮流运动展示体验，还有咖啡、桌游、音乐演艺等潮流文化。该届博览会最大的亮点是在2021年"博览会奇妙游"夜游逛展活动的基础上进行了再突破、再创新，为市民、游客奉上了一场"不打烊"的博览会。在分会场隋唐洛阳城天街公园，为给公众更具沉浸感的体验效果，特采取预约制。每日可预约2场，名额各限50人，9时至17时可入场参观，游赏体验野奢、小资、大众等不同露营场景，感受超豪华房车阵容带来的震撼，19时至24时可现场欣赏星空音乐会、参与沉浸式剧本杀等，体验令人向往的露营新生活。展会期间，还举办了第四届全球文旅创作者大会（洛阳站）暨"沉浸洛young城"启动仪式、2022精品旅游民宿高质量发展论坛、中国（洛阳）智慧养老及旅居康养产业发展峰会暨供需对接会、第九届中国·洛阳"三彩杯"（国际）创意设计大赛启动仪式暨大赛应用成果展等丰富活动，邀请专业采购商、文旅专家学者、新媒体创作达人等，聚焦文旅主题友好交流、深层对话、共谋合作。此外，该届博览会也延续了"线上+线下"展会模式，利用新媒体、大数据、云平台等，以官网"云"逛展、现场直播、网红达人探展短视频拍摄等丰富形式，进一步提升博览会的关注度和影响力。

【第九届中原（鹤壁）文化产业博览交易会】 2022年11月19日，由中共河南省委宣传部、省文化和旅游厅、省商务厅、鹤壁市人民政府主办的第九届中原（鹤壁）文化产业博览交易会在鹤壁市城乡一体化示范区朝歌文化园鹿台阁广场开幕。该届文博会以"文博新视野，文创新境界"为主题，通过线上线下相结合的方式进行，坚持以中原文化产业和文创产品为发展方向，以打造文化创意产品交易平台为目标，贯穿"数字文博 文创中原"的理念，突出中华传统文化与现代创意设计的融合创新，突出"文化创意+科技创新"推动中华优秀传统文化的创造性转化、创新性发展，不断提高市场化、专业化水平，创新服务模式，完善交易功能，打造永不落幕的高品质文博会，推动中原地区文化产业高质量发展。该届文博会吸引了来自全国各地的200多家参展商前来参展。其中，保利带来了20余幅珍贵艺术作品，包括徐悲鸿的时代抒怀之作《雄狮侧目》、傅抱石的史诗巨作《屈原》，都是平时难得一见的珍品。展馆内，正上方有一个美丽的环形造型。这是专门为该届文博会打造的，直径6米，环形外部画面节选自展示淇河风貌的长卷《淇河》，环形内部画面节选自反映浚县民俗文化的精粹《正月》长卷，环形中间是《诗经》中的关于淇河的诗句。一内一外，天圆地方，代表了鹤壁这片土地上人与自然和谐共生的美丽画卷。该届文博会，"黄河之礼"成了文创区最大的亮点，其间，省内众多代表性文创品牌"黄河之礼""豫博文创""豫游纪""唐宫夜宴""华冠文化""爱奇葩""爱玩美手工"等集中展出。同时现场还展示了包括鹤壁窑、根雕、汴京宋室风筝在内的10余种非遗项目作品、研学教具。该届展会参展企业487家，展品10多万件，全网点击量超1.7亿次。

【河南文化产业赋能乡村振兴成果亮相第十八届文博会】 2022年12月28日，第十八届中国（深圳）国际文化产业博览交易会正式开幕。为充分展示各地文化产业赋能乡村振兴的典型经验和做法，文化和旅游部首次组织设置了文化产业赋能乡村振兴展区，河南省文化产业赋能乡村振兴实践探索作为重点案例在展区内精彩亮相。文化产业赋能乡村振兴展区，由文化产业赋能、数字文化赋能、非物质文化遗产赋能、文旅融合赋能4个板块组成，涉及部分省区市、知名企业、知名机构的文化，以及旅游赋能乡村振兴的典型案例项目。展区总结出的"河南样本"——"文化产业赋能乡村振兴计划""民宿走县进村行动""非遗点亮计划""黄河文化千里研学之旅""乡村康养旅游示范村创建"等实践思路和方案，全面展现了河南省近年来的乡创资源、体系赋能和工作生态。

【"文化产业特派员"制度试点启动会】 2022年7月31日，"文化产业特派员"制度试点启动会在河南省信阳市光山县举行。文化和旅游部产业发展司司长缪沐阳，河南省文化和旅游厅党组书记、厅长姜继鼎，河南省文化和旅游厅、光山县相关负责同志等出席会议。会议现场启动"文化产业特派员"招募活动，并公布了试点村落特派工作方案，与会专家学者就文化赋能乡村振兴实现路径和经验进行了交流分享。"文化产业特派员"制度的提出基于乡创理念，是文化创意进入乡村的制度性保障，也是促进城乡人才流动的制度性设计。"文化产业特派员"制度是以实现乡村振兴为目标，遴选掌握乡村创新发展理念的公务员、企业家、创业者、社会工作者、艺术家、设计师等人才，将其选聘为"文化产业特派员"，作为乡村"首席运营官"，开展"一村一员"特派服务，引导支持在地产业发展和文化发展，与驻村第一书记形成"双轮驱动"，共建人文乡村，共创乡村高质量发展

河南省文化产业赋能乡村振兴实践探索成果展

"文化产业特派员"制度试点启动会

段性成果。截至 2022 年年底，在河南省乡创赋能中心的统筹推动下，光山县先后共对接了近 30 个项目，其中已落地签约 7 个，拟落地签约 2 个，已完成调研并进入编制方案阶段 6 个，储备项目 15 个。

文化产业发展成绩

【河南省文化产业赋能乡村振兴"乡创云讲堂"】 2022 年 10 月 9 日，河南省文化和旅游厅组织举办文化产业赋能乡村振兴"乡创云讲堂"（第 1 场）。河南省文化和旅游厅党组成员、副厅长、一级巡视员朱建伟，清华大学文化创意发展研究院院长胡钰，清华校友总会文创专委会秘书长、河南省乡创赋能中心主任殷秩松等出席活动，讲座由河南省文化和旅游厅产业发展处处长刘春晓主持。中国社会科学院新闻与传播研究所副研究员、中国文化产业协会乡创分会副秘书长、清华大学文化创意发展研究院特邀研究员沙垚通过在线课堂，围绕《文化产业赋能乡村振兴的基本理念与实践逻辑》，对乡村振兴的重点、乡村文化产业发展过程中存在的主要问题、乡村文化产业发展的基本原则等进行了阐述，并提出了"十点建议"和"一个提醒"，为乡村振兴献计献策。

【河南省文化产业赋能乡村振兴工作推进会】 2022 年 11 月 11 日，2022 年河南省文化产业赋能乡村振兴工作推进会在信阳光山召开，来自河南省、安徽省的红色研学专家学者、文化产业特派员代表及预选对象和当地干群共聚一堂，共话文化产业赋能乡村振兴新理念，共谋文旅文创融合发展新格局。2022 年以来，河南省文化和旅游厅携手清华大学文化创意发展研究院，在全省多个市县推行"文化产业特派员"制度试点工作。信阳市光山县作为制度试点县，取得了喜人的阶

【四地上榜第二批国家级夜间文化和旅游消费集聚区名单】 2022 年 8 月 25 日，文化和旅游部公布了第二批国家级夜间文化和旅游消费集聚区名单，开封市鼓楼特色文化街区、洛阳市龙门石窟、安阳市安阳古城、鹤壁市浚县古城等 4 个集聚区入选，河南省入选总数达到 9 家。开展文化和旅游企业服务月活动、"百城百区"文化和旅游消费助企惠民行动、河洛文化旅游节等系列活动，提振了文化和旅游消费信心。

【世界研学旅游组织（加拿大）河南代表处落户洛阳】 8 月 30 日，由河南省文化和旅游厅作为业务主管单位，世界研学旅游组织（加拿大）河南代表处经河南省公安厅审查、审核并通过备案，正式颁发境外非政府组织代表机构登记证书，落户古都洛阳。通过研学旅游组织境外办事机构，河南将逐步与境外知名游学联盟建立全面合作关系，抢占世界研学旅游的制高点，扩大河南华夏文明在全世界的影响力，助力打造中华文化传承创新中心、世界文化旅游胜地建设目标。

【195 个村入选河南省首批乡村康养旅游示范村创建单位】 2022 年 11 月 19 日，河南省文化和旅游厅、

河南省文旅系统收听收看"乡创云讲堂"现场

河南省乡村振兴局公布了《河南省首批乡村康养旅游示范村创建单位名单》，确定了郑州市金水区兴达路街道马渡村、巩义市小关镇南岭新村、兰考县东坝头镇张庄村等195个村为河南省首批乡村康养旅游示范村创建单位。

【第三批河南省夜间文旅消费集聚区】2022年，全省各地着力培育发展了一批融合文化、旅游、商业、体育、娱乐等多种业态的沉浸式夜间文旅产品，以及沉浸式灯光秀、星空露营等文化内涵丰富的夜间文旅项目，为游客带来全新体验的同时，也为河南"夜经济"注入新活力。12月17日，经各地遴选推荐、专家评审，省文化和旅游厅命名表彰河南银基国际旅游度假区、荥阳市忆江南旅游度假区、郑州市金水区农科路酒吧休闲一条街、开封市汴梁小宋城、开封城墙、开封市西司文旅商圈、洛阳市洛龙区环开元湖商圈、栾川县凤凰天街、鲁山县墨子文化旅游区等24个集聚区为第三批河南省夜间文旅消费集聚区。

【命名10处黄河防洪工程为"黄河文化千里研学之旅"实践基地】2022年12月28日，河南省文化和旅游厅与河南黄河河务局联合印发《关于公布首批"黄河文化千里研学之旅"实践基地名单的通知》，确定孟津黄河铁谢险工、巩义荥阳黄河金沟控导工程、郑州黄河花园口险工、开封黄河黑岗口险工、兰考黄河东坝头险工、孟州黄河开仪控导工程、封丘黄河曹岗险工、濮阳黄河渠村闸、台前黄河影唐险工、武陟沁河杨庄改道工程等10处工程为河南省首批"黄河文化千里研学之旅"实践基地。

【2022年认定河南省乡村旅游特色村、休闲观光园区、特色生态旅游示范镇和创客示范基地名单】河南省文化和旅游厅组织开展了2022年河南省乡村旅游特色村、休闲观光园区、特色生态旅游示范镇和创客示范基地认定工作。在各地文化和旅游行政部门遴选推荐的基础上，经专家评审、文旅厅党组研究和网上公示，认定138个河南省乡村旅游特色村、50个河南省特色生态旅游示范镇、50个河南省休闲观光园区和10个河南省乡村旅游创客示范基地名单。

文化产业营业收入

2022年，河南省文化产业实现营业收入4865.1亿元[1]，比2021年减少110.7亿元，下降2.2%。分产业类型看，文化制造业实现营业收入1778.8亿元，比2021年增长[2]1.1%；文化批发和零售业、文化服务业分别实现营业收入1030.0亿元和2056.3亿元，比2021年分别下降8.6%和0.8%。分领域看，文化核心领域[3]、文化相关领域分别实现营业收入3219.0亿元和1646.2亿元，比2021年分别下降0.7%和5.1%。分行业类别看，新闻信息服务、文化装备生产、文化投资运营、内容创作生产等行业营业收入比2021年分别增长31.2%、26.2%、3.0%和2.4%；创意设计服务、文化娱乐休闲服务、文化消费终端生产、文化辅助生产和中介服务、文化传播渠道等行业营业收入分别比2021年下降3.5%、5.6%、7.4%、8.4%和9.4%。

随着国家文化数字化战略的深入实施，以互联网服务、数字化、智能化等为主要特征的文化新业态行业迅猛发展，成为推动河南省文化产业高质量发展的重要支撑。2022年，河南省规模以上文化新业态特征较为明显的16个行业小类[1]实现营业收入249.1亿元，比2021年增长39.4%，增速快于全部规模以上文化产业41.6个百分点。文化新业态的发展壮大有力地推动了河南省文化产业的转型升级和结构优化。2022年，文化服务业营业收入占全部文化产业营业收入的42.3%，比2021年提高0.7个百分点；文化批发和零售业所占比重为21.2%，比2021年下降1.5个百分点；文化制造业所占比重为36.6%，比2021年提高0.9个百分点。

文化产业主要指标

【法人单位基本情况】2022年，河南省规模以上文化产业法人单位数为2894个，总量与2021年2895个单位基本持平。其中，微型企业数量比2021年增长9.6%。文化产

---
[1] 文化及相关产业年度数据包括规模以上文化及相关产业企业年度数据，以及规模以下文化及相关产业法人单位（含事业单位等）年度数据。
[2] 以下如无特殊说明，均为未扣除价格因素的名义增长。
[3] 文化核心领域包括新闻信息服务、内容创作生产、创意设计服务、文化传播渠道、文化投资运营、文化娱乐休闲服务6个行业，文化相关领域包括文化辅助生产和中介服务、文化装备生产、文化消费终端生产3个行业。

业企业结构发生变化。分产业类型看，文化制造业、文化批发和零售业企业数比2021年分别增长2.0%和2.8%，文化服务业比2021年下降2.8%；分行业类别看，新闻信息服务、文化消费终端生产、内容创作生产和创意设计服务企业数比2021年分别增长14.5%、10.5%、0.6%和0.2%，文化辅助生产和中介服务、文化传播渠道、文化投资运营、文化娱乐休闲服务企业数比2021年分别下降0.4%、5.8%、5.9%和6.8%，文化装备生产与2021年持平。

【文化产业利润指标】 2022年，河南省规模以上文化企业实现营业利润110.3亿元，比2021年减少11.1亿元，下降9.2%；实现利润总额119.4亿元，比2021年减少9.9亿元，下降7.6%。2022年河南省规模以上文化产业营业收入利润率为4.8%，比2021年下降0.3个百分点。人均营业收入、人均利润总额分别为89.5万元和4.3万元，比2021年分别增加7.4万元和0.1万元。

2022年文化及相关产业主要指标情况

指标名称	营业收入	
	绝对值（亿元）	比上年增长(%)
合计	4865.1	-2.2
按产业类型分		
文化制造业	1778.8	0.1
文化批发零售业	1030.0	-8.6
文化服务业	2056.3	-0.8
按领域分		
文化核心领域	3219.0	-0.7
文化相关领域	1646.2	-5.1
按行业类别分		
新闻信息服务	263.5	31.2
内容创作生产	1102.6	2.4
创意设计服务	932.7	-3.5
文化传播渠道	583.7	-9.4
文化投资运营	41.5	3.0
文化娱乐休闲服务	295.0	-5.6
文化辅助生产和中介服务	896.9	-8.4
文化装备生产	184.9	26.2
文化消费终端生产	564.4	-7.4

注：1. 表中速度均为未扣除价格因素的名义增速。
　　2. 表中部分数据因四舍五入，存在总计与分项合计不等的情况。

附注
指标解释
文化及相关产业指为社会公众提供文化产品和文化相关产品的生产活动的集合。《文化及相关产业分类（2018）》规定文化及相关产业包括新闻信息服务、内容创作生产、创意设计服务、文化传播渠道、文化投资运营、文化娱乐休闲服务、文化辅助生产和中介服务、文化装备生产、文化消费终端生产9个大类。

---

① 新业态特征明显的16个行业小类是：广播电视集成播控，互联网搜索服务，互联网其他信息服务，数字出版，其他文化艺术业，动漫、游戏数字内容服务，互联网游戏服务，多媒体、游戏动漫和数字出版软件开发，增值电信文化服务，其他文化数字内容服务，互联网广告服务，互联网文化娱乐平台，版权和文化软件服务，娱乐用智能无人飞行器制造，可穿戴智能文化设备制造，其他智能文化消费设备制造。

舞台艺术

豫剧《大河安澜》剧照

综 述

【艺术创作】 河南舞台艺术精品创作工程。扎实推进河南舞台艺术精品创作工程，河南省推出重点剧（节）目50余台，豫剧《大河安澜》、越调《山花烂漫》、京剧《突围》、交响合唱《兵团颂》等一批优秀剧目受到社会各界好评。豫剧《大河安澜》成功入选文化和旅游部新时代现实题材创作工程，曲剧《鲁镇》荣获第十七届文华编剧奖，安阳市的豫剧《马丕瑶出京》被第九届中国-东盟（南宁）戏剧周组委会评为"朱槿花奖·优秀剧目"，濮阳市杂技《长空啸——浪桥飞人》获第十一届中国杂技金菊奖金奖，周口市杂技《空中大飞人》入围第十一届全国杂技展演，郑州市舞蹈《门神》《三足问鼎》入围第十三届中国舞蹈"荷花奖"古典舞决赛。三门峡市蒲剧《布衣英雄》、歌曲《黄河水从我家门前过》，濮阳市豫剧《黄河红帆》，许昌市豫剧《杨水才》，漯河市豫剧沙河调《郾城大捷》荣获河南省第十三届精神文明建设"五个一工程"奖。开封市《东京梦华——大宋运动会》成功登录河南卫视，并同步在抖音、视频号、哔哩哔哩上线。洛阳市豫剧《工匠春秋》、新乡市豫剧《太行之子》、郑州市豫剧《黄河儿女》、濮阳市豫剧《英雄无名》、鹤壁市豫剧《许穆夫人》、驻马店市豫剧《嫘祖》、济源市儿童剧《七色花》登上舞台。2022年，河南省共有18个艺术类项目入选国家艺术基金2022年度资助项目，资助金额达1000多万元。自2014年至2022年，河南省获得国家艺术基金资助总金额突破1.7亿元，位居全国前列。

2022年河南省艺术创作工作会议。2月24日，河南省文化和旅游厅在郑州市召开河南省艺术创作工作会议。会议指出，文化和旅游系统要全面贯彻落实党的十九大和十九届历次全会精神，深入推进文旅文创融合战略，切实增强艺术创作工作的紧迫感和使命感，坚守人民立场，书写生生不息的人民史诗，坚持艺术创作与时代同行，讴歌伟大时代。充分挖掘河南文化资源的时代价值，推动艺术创作与文旅产业融合发展，发挥艺术创作的引领作用，以迎接宣传贯彻党的二十大精神为主线，坚持以人民为中心的创作导向，把抓创作、出精品作为核心任务，推出一批思想精深、艺术精湛、制作精良的优秀作品，以优异成绩迎接党的二十大胜利召开。会议强调，全省艺术工作者要把艺术创作工作统一到省委、省政府中心工作上来。牢牢把握全年工作的主线，要在为党的二十大胜利召开营造浓厚文化氛围，为党的二十大精神落实凝心聚力上下功夫，集中精力谋划创作推出一批艺术精品，组织一批高水平的展演展播和展览，全方位、多形式、多渠道做好党的二十大精神的学习宣传工作。深入推进河南艺术精品创作工程。始终坚持以人民为中心的创作导向，紧紧围绕黄河流域生态保护和高质量发展、乡村振兴等国家重大战略，围绕弘扬焦裕禄精神、红旗渠精神、愚公移山精神和大别山精神，遴选重点选题，推出更多具有中原风格、中原气派的艺术精品。重点打造豫剧《大河安澜》，曲剧《都市丽人》，话剧《老家》《天空，还是那片天空！》等反映新时代建设成就与时代风貌的艺术精品。办好各项重大艺术活动和艺术赛事。深入推进文旅文创融合战略实施。充分挖掘河南文化资源的时代价值，叫响"行走河南·读懂中国"主题，讲好"黄河故事"，留住文化记忆，增强文化自信，形成高度文化自觉，让更多人走进河南，真切感知河南。

【文化惠民活动】 "舞台艺术送基层"惠民演出。"河南省舞台艺术送农民"活动是河南省首创的公益文化惠民演出活动。自2018年起，河南省"舞台艺术送农民"和"戏

2022年河南省艺术创作工作会议

2022年，河南豫剧院一团开展"舞台艺术送基层"演出

曲进校园"活动统称为"舞台艺术送基层"活动。该活动坚持把惠民演出当作重点任务，努力把优秀精神食粮奉献给人民。2022年河南省、市、县三级专业艺术表演团体克服困难，抢抓演出时间，演出达1.5万余场。信阳市全年开展文化惠民演出活动2560余场次。南阳市投入资金1365.8万元，组织"舞台艺术送基层"演出2313场。驻马店市演出2051场。

2022年"中原文化大舞台"活动。6月3日，由河南省文化和旅游厅联合中共河南省委宣传部等单位举办的"中原文化大舞台"活动正式启动。2022年度"中原文化大舞台"共遴选演出剧目103部（场），其中整剧（含音乐会、综艺晚会）77部，折子戏、名家名段26场，演出院团汇聚河南歌舞演艺集团、河南豫剧院（一团、二团、三团、青年团）、河南省曲剧艺术保护传承中心、河南省京剧艺术中心、河南省话剧艺术中心、河南省越调艺术保护传承中心等九大院团，各省直文艺院团以剧场演出录制、线上展演形式开展，由百姓文化云、梨园频道、移动戏曲、文化豫约、老家河南新媒体矩阵等直播平台播出。该次展演的一大亮点是，以戏剧整剧演出为主，兼顾名家名段、折子戏专场、音乐会、综艺演出等，演出剧目主要是中宣部"五个一工程"获奖剧目、文化和旅游部"文华奖"获奖剧目、国家舞台艺术精品工程资助项目、省"五个一工程"获奖剧目、省"文华奖"获奖剧目及近年来新创作、新推出、深受观众喜爱的优秀作品。

【艺术展览活动】 持续推动美术馆免费开放，举办了由文化和旅游部主办的"长河大道——黄河文化主题美术作品展巡展（河南站）"、2022年"春满中原·老家河南"美术馆里过大年线上展、《黄河流年——于德水摄影作品展》、《乡村百变——河南省乡村振兴进程中的影像见证》等各类展览活动50余场，发布14个线上展厅，助力全省脱贫攻坚和乡村振兴工作。以提升展览活动质量为目标，组织20件美术、书法、摄影作品参加第十三届中国艺术节展览，提升了河南省在全国美术行业的地位。全省各地也通过线上、线下展览等方式，提升城市品位。郑州市举办各项展览23个，周口市举办书法、美术、摄影精品展览6个，平顶山市举办"文化创意点亮鹰城"创意设计大赛打造城市文化新名片，新乡市举办"创建文明城，丹青云展出"等系列展览活动，信阳市举办网上展览活动233次。

【艺术人才队伍】 河南省6位优秀中青年艺术人才参加文化和旅游部2021年度全国文艺院团管理领军人才培养项目、2022年全国戏曲表演领军人才培养计划、2022年全国地方戏精粹展演，为全省艺术事业发展提供了重要人才支撑。扎实推进"河南省艺术名家推介工程""河南省青年艺术人才扶持计划"，努力造就德艺双馨的艺术名家大师，培养高水平优秀青年文艺创作演出人才，培育打造高素质专业化人才队伍。截至2022年年底，河南省共有40位艺术名家、33位青年艺术人才得到推介和扶持。南阳市艺校和南阳市曲剧团开启"校团合作模式"，安阳市建立"老艺人带徒弟"技艺传授机制，漯河市成立豫剧王（素君）派艺术传承基地等，形式多样的人才推介、培养模式，发现和培养了一大批各类艺术人才，全省艺术人才梯队更加合理，艺术人才队伍进一步壮大，艺术水平和素养显著提升。

【国有文艺院团改革】 与河南省委宣传部联合成立了河南省国有文艺院团改革专班，形成了《河南省国有文艺院团改革实施意见》。高起点推进省直国有文艺院团重塑性改

革，与上海戏剧学院专家组成立课题组，形成《河南戏剧院团重塑性改革研究》与《河南省省直国有文艺院团重塑性改革总体方案》。全省各级院团也都结合各自工作实际，加快推动院团改革，以改革促发展，提升内部活力。郑州市制定了《郑州市文化广电和旅游局局属事业单位重塑性改革方案》；鹤壁市指导市牛派艺术研究院不断完善院领导和内部中层架构，制定了重大事项议事、财务管理、演出管理、考勤管理等一系列内部管理制度，建立了牛派艺术研究院内部决策和管理机制，实行了重大决策、重要人事任免、重大项目安排、大额度资金运作集体讨论并按规定程序执行的工作机制；许昌市积极推进文化艺术学校整体移交工作。

【庆祝党的二十大胜利召开系列展演活动】 2022年"乐享新时代"周末音乐汇。为迎接党的二十大胜利召开，进一步厚植广大人民群众爱党、爱国、爱社会主义的情感，不断满足人民群众多样化、多层次、高品质的精神文化需求，河南省文化和旅游厅联合中共河南省委宣传部、河南省教育厅，在全省范围开展2022年"乐享新时代"周末音乐汇活动。该次活动贯穿全年，覆盖全省，坚持重点节日活动和平时活动相结合；坚持专业院团和社会团体相结合；坚持郑汴洛三市和其他地市相结合；坚持高校教育和高校实践相结合；坚持省内院团和省外院团相结合；坚持线上展演和线下演出相结合。活动形式多样，内容丰富，涵盖了交响乐、二胡专场、独唱音乐会、儿童音乐会、电糖音乐节、管风琴音乐会、民歌音乐会、古乐赏听会、河南坠子专场展演、民族音乐会等多种类型。全年安排64场，其中线上演出主要在百姓文化云、"学习强国"河南平台、老家河南新媒体矩阵等平台播出。

河南艺术中心"云剧院"优秀剧目线上展演。 由河南省文化和旅游厅、北京保利剧院管理有限公司主办，河南艺术中心、河南保利艺术中心管理有限公司、百姓文化云承办的"河南艺术中心'云剧院'——优秀剧目线上展演"活动，4月3日起正式上线。该次河南省优秀剧目线上展演，从4月3日至5月7日共涵盖15台剧目，有荣获第六届全国少数民族文艺会演圆梦奖的豫剧《情满合欢寨》，有入选第九届中国京剧艺术节的京剧《突围》，有荣获第十五届河南省戏剧大赛的优秀剧目话剧《老街》、豫剧《小推车》、豫剧《故乡记忆》、曲剧《信仰》、曲剧《河洛工匠》等。

"梆声豫韵唱起来"河南豫剧院庆五一线上演出系列活动。 为满足人民群众多样化、多层次的精神文化需求，传承发展好戏曲艺术，《行走河南·读懂中国"梆声豫韵唱起来"——河南豫剧院庆五一线上演出系列活动》于4月26日启动，4月30日至5月2日在云端展示3场各具特色的演出。该次活动由河南省文化和旅游厅主办、河南豫剧院等单位承办，5场线上演出通过央视频、新华网等平台进行直播。4月30日的首场演出《河南豫剧院名家名段演唱会》受到观众热烈欢迎，在线观众达到126万多人次。5月1日，河南豫剧院一团以"戏比天大·艺起出彩"为主题线上演出，弘扬"香玉精神"，擦亮"金字招牌"，豫剧名家和新秀献演众多拿手好戏，既有观众喜闻乐见的常派"红、白、花"经典片段，也有原创剧目《常香玉》《中国红》等精彩段落。5月2日，河南豫剧院二团以"守正创新，唱响世界"为主题进行线上直播，众多艺术家和优秀中青年演员共同表演豫剧经典唱段，进行戏曲技巧展示。

"五月的鲜花"庆五一专场综艺演出。 为热烈庆祝五一国际劳动节，面向社会传递对劳动者的赞美，以优异成绩迎接党的二十大，由河南省文化和旅游厅主办、河南歌舞演艺集团承办的"五月的鲜花"专场综艺演出于5月1日在百姓文化云、老家河南新媒体矩阵等平台同步推出。作为河南

2022年4月，河南艺术中心"云剧院"优秀剧目线上展演

2022年5月,"五月的鲜花"庆五一专场综艺演出

省文化和旅游厅"行走河南·读懂中国"五一线上演出系列活动,河南歌舞演艺集团高度重视,精心策划,积极筹备,认真排练,河南民族乐团、河南交响乐团、河南省歌剧团、河南省舞蹈团、河南省曲艺团的艺术家们以饱满的热情投入创排工作,为大家献上了一场集合声乐、器乐、舞蹈、曲艺等不同艺术门类,展现劳动者风采、讴歌祖国繁荣富强的综艺晚会。演出用生动的艺术形式抒发了新时代中原儿女"奋勇争先、更加出彩"的满腔热情,彰显了河南人民在省委、省政府的领导下,锚定"两个确保",实施"十大战略",意气风发沿着习近平总书记指引的方向勇毅奋进,向着全面建设社会主义现代化河南奋勇前行。

大型情景交响合唱《兵团颂》。7月18日至21日,由河南歌舞演艺集团创排的大型情景交响合唱《兵团颂》在新疆生产建设兵团第十三师文化馆演出4场,吸引了线上、线下十几万观众观看。《兵团颂》以一位援疆干部与第一代兵团老战士的对话为串联主线,引出十万大军挺进新疆、屯垦戍边、艰苦奋斗、无私奉献的感人事迹,描绘出瀚海通大道、荒漠变良田、戈壁建新城的波澜壮阔的历史画卷。它是对兵团战士理想信念、深情大爱、家国情怀的深情奏鸣,是新时代维稳戍边千秋大业的雄浑交响。

该次进疆,除了连续演出4场《兵团颂》之外,集团还组织了2支文艺小分队,在《兵团颂》演出间隙,利用白天时间,克服重重困难,分赴基层团场、乡镇开展5场综艺演出活动,充分发挥红色文艺轻骑兵的作用。

豫剧《大河安澜》。为喜迎党的二十大胜利召开,营造浓厚氛围,8月12日,大型原创新时代现实题材豫剧《大河安澜》在河南艺术中心展演。该次活动由河南省文化和旅游厅主办,河南豫剧院、河南省文化艺术研究院、河南豫剧院三团承办。河南豫剧院三团创作的豫剧《大河安澜》是一部聚焦厚重黄河文化的新时代现实题材作品,目前已经成功入选文化和旅游部新时代现实题材创作工程、国家艺术基金资助项目,是中共河南省委宣传部、河南省文化和旅游厅重点创作剧目。《大河安澜》由国家一级编剧王宏担任编剧,国家一级导演张平担任导演,国家一级作曲赵国安担任作曲,国家一级指挥兼作曲李宏权担任音乐指挥,中央戏剧学院舞台美术系教授边文彤担任舞美设计,国家一级演员贾文龙、杨红霞领衔主演。该剧讲述了父子两代人用生命守河、治河的动人故事,地域特色浓郁,直面普通百姓,贴近真实生活,在近50年的时间跨度中浓缩了人与河的爱恨情仇、生死较量,展现了以主人公大河为首的河南百姓生生不息、自强不屈的生活状态与生命历程,抒发了"千年万年,大河安澜"的满怀期冀和壮志豪情。

弘扬焦裕禄精神文艺精品展演。8月15日,由中共河南省委宣传部、河南省文化和旅游厅主办

2022年7月,大型情景交响合唱《兵团颂》赴新疆演出

的"弘扬焦裕禄精神文艺精品展演"——河南豫剧院三团创排的大型豫剧现代戏《焦裕禄》在河南艺术中心大剧院上演。豫剧《焦裕禄》曾荣获中宣部第十三届精神文明建设"五个一工程"奖、第十一届中国艺术节暨第十五届中国文化艺术政府奖"文华大奖",该剧以独特的视角,对县委书记的好榜样——焦裕禄这一典型人物进行了真实的艺术的解读和诠释。选取了"火车站礼送灾民""瓦窑村访贤举才""买粮救荒""带病抗洪抢险"事件,以及"痛斥浮夸风"等几个典型故事,通过跌宕起伏的戏剧冲突,展现了焦裕禄"亲民、求实、奋斗、无私"的公仆情怀和崇高品质。演出还通过郑州影视戏曲视频号、郑视频抖音、百姓文化云、文化豫约、顶端新闻、明星有戏、梨园频道、移动戏曲,河南豫剧院三团抖音、快手、视频号等同步进行网上直播。除了豫剧现代戏《焦裕禄》,线上还集中展播了河南省反映焦裕禄精神题材的优秀文艺作品,如话剧《焦裕禄》、戏歌《念奴娇·追思焦裕禄》等作品。

戏　剧

【概　况】河南省戏剧家协会在中共河南省委宣传部和河南省文学艺术界联合会党组正确领导下,以习近平新时代中国特色社会主义思想为指导,认真贯彻落实党的二十大精神,充分发挥戏剧艺术自身独特优势和价值引领、精神激励的重要作用,组织开展了一系列主题鲜明、有影响力的戏剧活动。如"喜迎二十大　欢乐进万家"盛世梨园我来唱——河南省戏迷擂台赛系列活动,"喜迎二十大　好戏看中原"河南戏曲名家演唱会、"喜迎二十大　戏曲惠万家"大型原创曲剧《鲁镇》文化惠民演出、再唱"红旗渠"系列戏剧作品展播活动等。打造品牌活动,如"中国戏剧梅花奖"戏曲电影云展演等,在推出精品力作、培养骨干新秀、开展文化惠民活动、推动人才队伍建设等方面取得了突出成绩。

【戏剧品牌活动】*梅花迎春——"中国戏剧梅花奖"戏曲电影云展映。*《梅花迎春——"中国戏剧梅花奖"戏曲电影云展映》共制作推出35集,集合了河南省17位荣获"中国戏剧梅花奖"老、中、青艺术家所主演的戏曲电影。该活动在河南省戏剧家协会视频号、新华网客户端、大象网客户端以及华人头条客户端等多个平台进行刊发,并以专题栏目形式通过"学习强国"平台集中刊发。

*河南省《艺术家》口述史影像档案。*紧扣习近平总书记在黄河流域生态保护和高质量发展座谈会上的重要讲话精神,以讲好黄河故事、延续历史文脉、坚定文化自信为创作使命,中原文艺精品创作工程重点项目之一的"河南省《艺术家》口述史影像档案"选取具有代表性的河南戏曲艺术家,对其艺术作品和艺术人生进行个人记忆的影像采集,以口述历史纪录片的方式呈现,这既是对黄河文化遗产的抢救性保护,也是对黄河精神的弘扬。截至2022年底已推出毛爱莲、高洁、王善朴3位表演艺术家影像档案。

*第十九届河南省少儿戏曲小梅花大赛。*该届大赛参赛选手参与度高、覆盖面广。经过各省辖市剧协、各艺术院校推荐,共有来自全省的101名个人选手、19个集体节目报名参赛。参赛剧种涵盖了豫剧、曲剧、越调、京剧、宛梆、蒲剧等,呈现出河南少儿戏曲百花齐放的喜人景象。最终经过层层优选,共产生20个人金奖、4个集体节目金奖。充分展现了河南省少儿戏曲发展良好生态,促进少儿戏曲事业的发展和专业化推进,为弘扬民族戏曲艺术、挖掘和储备戏曲人才作出了积极贡献。

*豫剧电影《新七品芝麻官》首映式。*2022年7月27日,豫剧电影《新七品芝麻官》在河南省鹤壁市芝麻官大舞台举行首映式。《新七品芝麻官》是豫剧电影《七品芝麻官》原作的再创作,由中国戏剧家协会与鹤壁市豫剧牛派艺术研究院联合出品,知名导演吕蔚执导,豫剧表演艺术家轩玉亭做艺术指导,金不换、徐福先、张国朝等主演,影片总时长2个小时。本影片已纳入中国文联、中国剧协梅花奖演员优秀剧目数字电影工程,是一部对传统艺术传承发展的作品,也是戏曲艺术更好地服务时代的一部新作品。

【文艺惠民活动】对内乡申报"河南省戏曲之乡"进行现场考察。河南省戏剧家协会先后考察了内乡县赵店乡岗堤村戏曲文化广场、内乡县城关镇戏曲文化合作社、南阳宛梆艺术中等职业学校、内乡县宛梆艺术传承保护中心、宛梆戏曲艺术博物馆;观看了宛梆艺术中等职业学校汇报表演;出席了"出彩宛梆"戏迷擂台赛和戏曲纪实微电影《宛梆》首映式;听取了内乡县申报"河南省戏曲之乡"的筹备情况,推进"戏曲之乡"命名工作,助力乡村文化振兴。

"我们的中国梦 文化进万家"基层慰问活动。河南省戏剧家协会组织主席团成员、戏曲名家分别走进封丘黄河滩区的荆隆宫乡港北新区、济源示范区柿槟新村、郑州圆方集团等地,用实际行动践行着为人民服务的从艺初心,丰富基层群众精神生活,为乡村文化振兴贡献力量。

【奖项荣誉】 河南省戏剧家协会荣获中国戏剧家协会2021年度优秀团体会员称号。河南省戏剧家协会已连续3年获此殊荣。河南省选送的朱雅菡、周钰凯、袁超杰等河南省少儿戏曲小梅花金奖选手参加第26届"中国少儿戏曲小梅花荟萃"活动,13位小选手荣获个人节目"小梅花"称号,8个集体项目荣获"小梅花集体节目"称号。推介优秀青年演员参加第五届中国(黄河流域)戏剧红梅奖大赛,参赛选手在比赛中大放异彩。谢彦巧、李晶花、张欢欢、张路潇等4位实力唱将摘得一等奖,李晶晶、马永辉、王宁、席梦等4位优秀选手揽获二等奖。河南省戏剧家协会近年来注重新媒体矩阵搭建及宣传,于2022年初荣获中国主要重点新闻网站——新华网旗下客户端新华号"2021年度最具影响力文化新华号"称号,累计发布文章、视频、音频等各类优质内容130篇,累计阅读量达1128万次。2022年,曲剧《鲁镇》、豫剧《大河安澜》代表河南角逐第十七届中国文化艺术政府奖,分别荣获文华编剧奖(编剧陈涌泉)、文华大奖提名奖。

曲 艺

【概 况】 2022年,河南省曲艺家协会坚持与时代同步伐,围绕中心,服务大局,开展了"喜迎二十大 说唱新时代"一系列曲艺特色活动。同时,河南省曲艺家协会坚持把培养和造就一支高素质曲艺人才队伍作为根本性、基础性工作,强化激励约束机制,努力为他们搭建平台,加强服务,提供助力。

【"喜迎二十大"主题系列曲艺特色活动】 **第十七届马街书会优秀曲艺节目网络展播。**2月13日至20日,第十七届马街书会优秀曲艺节目网络展播通过曲艺杂志融媒播出。8天时间里,来自全国22个省、自治区、直辖市的69个优秀曲艺节目集中在网络云端亮相,展示了广大曲艺工作者聚焦建党伟业、国家发展、时代变迁、人民生活等现实题材创作演出的丰硕成果。马街书会是中华曲艺传承历史中宝贵的文化遗产,自元代以来传承700余年,绵延不断,保留至今。其厚重的历史积淀和文化内涵感染着一代又一代的曲艺人和曲艺观众,是曲艺名家和民间艺人向往和云集的精神殿堂,被誉为"中国十大民俗"之一。

第八届河南曲艺牡丹奖总决赛。9月28日至30日,由河南省文学艺术界联合会和河南省曲艺家协会联合主办的第八届河南曲艺牡丹奖总决赛,赛事作品聚焦"喜迎二十大 说唱新时代",展现了河南曲艺艺术的创新实力和曲艺人推动文艺繁荣发展的使命担当。38个作品从全省18地市推选的近80个作品中产生,曲艺曲种涵盖相声、小品、快板儿、河南坠子、南阳大调曲、三弦书、喷空、永城大铙等十几个艺术门类,凸显了全省各地独特曲艺曲种特色。参赛作品多元化特点突出,聚焦党的二十大主题、乡村振兴、红色革命题材、中华优秀传统故事等,既有传统经典曲艺作品的演绎,也有原创新作的展示。经过该赛事平台,众多曲艺节目和人才走向全国舞台,其中河南坠子《英烈忠魂方志敏》《武松打虎》《出征之前》,三弦书《谁能当主播》,大调曲子《对药名》《杨书记买羊》,相声《带你玩儿》,快板书《红船起航》等荣获第十二届中国曲艺牡丹奖入围奖。河南坠子

2022年9月,第八届河南曲艺牡丹奖总决赛

《端砚》入选第八届全国少数民族曲艺展演，大调曲子《入群风波》、快板书《奇袭摩天岭》、河南坠子《红军向导》入选全国第四届"走马杯"讲好中国故事曲艺节目网络展演。

第三届"赊店杯"鼓曲唱曲优秀作品网络展演评选。 6月8日，河南省第三届"赊店杯"鼓曲唱曲优秀作品网络展演评选工作在郑州成功举行。该次展演全省有15个地市和高校团体近100个节目参加竞选，河南坠子、三弦书、大调曲子、河洛大鼓等河南四大曲种精彩纷呈、佳作频出，现实题材和新创节目集中亮相，《黄河妮儿》《大槐树》《春暖青石沟》《谁能当主播》将传统曲艺形式与时代元素巧妙融合，集中展示了近2年来全省曲艺创作和曲艺表演的优秀成果，绽放出时代曲艺风采。

第十二届河南省少儿曲艺大赛。 8月12日，第十二届河南省少儿曲艺大赛在郑州举行。大赛由河南省文学艺术界联合会、中国曲协河南坠子艺术委员会主办；河南省曲艺家协会、全省各地市曲艺家协会、河南省教育人才学会承办。该次活动共收到来自全省各地100多个参赛作品，节目类型涵盖河南坠子、大调曲子、河洛大鼓、三弦书、相声、快板、快书、评书等多个曲艺门类，专家们经过认真评选，精选出55个节目进入总决赛。最终评出表演一等奖17个，二等奖12个、三等奖13个，集体节目一等奖4个、二等奖4个、三等奖3个，最佳网络人气奖1个，园丁奖9名，儿童曲艺作品文学奖4个，优秀组织奖6个。活动结束后，河南省曲艺家协会择优推荐参加第十届全国少儿曲艺展演，河南坠子《出征》《偷石榴》，三弦书《狮子楼》3部作品成功入选第十届全国少儿曲艺展演。12岁曲艺新苗张著迁表演的山东快书《信仰的味道》荣获"喜迎二十大·奋进新时代"2022北京少儿曲艺新作品比赛"新苗奖"。

太康县人民广场群众文化"曲艺书场"演出。 3月3日，河南省曲艺家协会带队来到太康县调研曲艺工作开展情况，先后莅临太康县道情艺术保护传承中心、太康县文联、宏泰"曲艺小剧场"，走进档案室、展览厅，听取工作人员汇报，察看县文联活动开展情况，并与工作人员进行交流。其中省曲艺名家观看并参与在太康县人民广场群众文化"曲艺书场"演出，走进人民群众当中，与当地民间艺人进行联合演出，白军选、陈红旭等曲艺名家的精彩表演让现场掌声雷动，极大丰富了群众文化生活，增强了群众生活获得感、幸福感。

舞 蹈

【概 况】河南省舞蹈家协会坚持以习近平新时代中国特色社会主义思想为指导，围绕党和政府工作大局，广泛团结全省广大舞蹈工作者和爱好者，精心策划组织举办了系列主题活动，弘扬主旋律，树立新形象，打造河南舞蹈新品牌。加强会员管理。通过完善省舞蹈家协会会员条例，进一步规范会员管理，利用网络管理增强会员服务的实效性、可操作性。召开主席团会议专题研究审核审批上报的新会员；调研、审批并通过河南芳腾文化传播有限公司成为河南省舞蹈家协会首家企业团体会员单位，发展新会员，延伸服务手臂，为河南省舞蹈事业的发展注入新鲜血液。

【舞蹈活动】"行走河南·读懂中国"创作采风活动。中国舞蹈家协会"国风舞语"传承和弘扬中华优秀传统文化系列活动是深入贯彻落实习近平总书记关于"传承和弘扬中华优秀传统文化"系列重要讲话精神的重要举措，该项目第一季首站落户河南。该次活动以"行走河南·读懂中国"为主题，由中国舞蹈家协会、中共河南省委宣传部、河南省文学艺术界联合会、中国文联舞蹈艺术中心、河南省舞蹈家协

2022年8月，第十二届河南省少儿曲艺大赛

会、河南博物院共同承办，在河南地区开展精品舞蹈采风创作展演系列活动。这一活动共包括3个阶段内容：第一阶段为主题创作采风交流活动，已于8月完成。活动期间，中国舞蹈家协会党组书记、驻会副主席罗斌，《舞蹈》杂志执行副主编张萍等领导偕同著名舞蹈编导王舸、王玫、田露、黄佳园、田湉、韩瑾、张鹏等组成采风小组，和河南省一线舞蹈编导走进黄河沿岸开展采风，深入挖掘中原文化、黄河文化蕴含的时代价值。第二阶段为主题精品创作实践活动。创作采风小组成员已创作出4部弘扬河南优秀传统文化、彰显中原文化魅力的优秀原创舞蹈作品。第三阶段为庆祝党的二十大胜利召开暨中国舞蹈家协会"国风舞语"传承和弘扬中华优秀传统文化——"行走河南·读懂中国"大型文艺晚会。

"舞动中原"群众舞蹈优秀作品网络展演。为响应中国舞蹈家协会《关于举办2022年全国群众舞蹈网络展演活动的通知》要求，河南省舞蹈家协会于2022年5月15日中国舞蹈日启动并开展"2022年'一舞动四方'群众舞蹈网络展演"活动。河南省舞蹈爱好者积极响应，在"一舞动四方"的抖音话题中相约起舞，用舞蹈的方式展示河南人的良好精神风貌。活动期间，多部优秀群众舞蹈作品在中国舞蹈家协会官方公众号进行展示。

【文化惠民工程】 2022年3月，在第59个学雷锋纪念日到来之际，河南省舞蹈家协会偕同焦作市、郑州市、平顶山市、三门峡市、许昌市、洛阳市、驻马店市、濮阳市、商丘市、周口市、南阳市、信阳市舞蹈家协会，在全省开展"文艺进万家 健康你我他"学雷锋文艺志愿主题服务活动。该次活动的舞蹈文艺志愿者服务群众近1万名。

【培训活动】 5月23日，河南省舞蹈家协会发动组织各地市舞蹈家协会开展纪念毛泽东同志《在延安文艺座谈会上的讲话》发表80周年、喜迎党的二十大——"到人民中去"广场舞线下培训活动，现场教授红歌广场舞。11月25日至27日，由河南省舞蹈家协会主办的河南省少儿舞蹈骨干民族民间舞训练营在洛阳成功举行。河南省有30多名学员少儿舞蹈骨干参加了该次培训。

音 乐

【概　况】 河南省音乐家协会坚持以习近平新时代中国特色社会主义思想为指导，深入学习领会党的二十大精神，在中国音乐家协会的有力指导下，在河南省文学艺术界联合会的坚强领导下，坚持以人民为中心的工作导向，聚焦创作生产优秀作品这一中心环节，团结带领全省广大音乐工作者听党话、跟党走，开展了内容丰富、形式多样的音乐活动，如优秀歌曲展播、音乐比赛等。在2022年上半年中国音乐家协会会员申报中，经地市音协、高校推荐，河南省音协严格筛选，共向中国音协提交报送了62名会员申请，最终通过44名，通过人数位居全国音协系统前列。

【音乐创作】 *"阔步新时代 开启新征程"主题优秀歌曲征集活动*。为深入学习习近平新时代中国特色社会主义思想和党的十九届历次全会精神，坚持以人民为中心的创作导向，大力繁荣音乐精品创作，在回顾过去、谋划未来，开启新时代、新征程的关键时间节点，由河南省文学艺术界联合会、河南省教育厅、河南省音乐家协会共同主办的"阔步新时代 开启新征程"主题优秀歌曲征集活动顺利完成。该次活动共征集歌曲153首，于3月17日至18日完成了评审工作。通过初评、复评两个环节，选出《向未来》《一句誓言，一生作答》等20首思想性、艺术性、可听性俱佳的优秀音乐作品。省音协通过微信公众号对评审结果进行了公示，并分10期对20首优秀歌曲进行了专题展播，阅读量近1万次。

优秀歌曲展播活动。为庆祝党的二十大胜利召开，大力营造弘扬主旋律、传播正能量、歌颂伟大的中国共产党的浓厚氛围，展现河南音乐人同心向党、团结奋进的精神情怀，10月24日起，河南省音乐家协会开展"献礼二十大·放歌新时代"庆祝中国共产党第二十次全国代表大会胜利召开优秀歌曲展播活动，分3期推送《永恒的航线》《花开日出》《无我的心》《有你》等9首思想性、艺术性、可听性俱佳的优秀原创音乐作品。

【音乐赛事活动】 *2022中国音乐小金钟——全国古筝、管乐、琵琶、二胡、电子键盘展演河南选拔赛*。根据中国音协《关于举办2022中国音乐小金钟——全国古筝、琵琶、二胡、电子键盘、管乐展演的通知》要求，4月至6月，河南省音协举办2022中国音乐小金钟——全国古筝、管乐、琵琶、二胡、电子键盘展演河南选拔赛。通过前期地市选拔推送，省音协组织专家评审，最终评选出各专业入围全国比赛的选手38名，获评河南选拔赛"新星"12人、"新秀"18人、"新人"30人、优秀指导教师若干人。

首届河南省少儿钢琴比赛。为更好地向全省少年儿童提供音乐展示平台，丰富音乐交流渠道，激发少年儿童学习音乐的热情，发现和培养音乐艺术人才，河南省音乐家协会组织举办"首届河南省少儿钢琴比赛"。7月底，地市选拔的优秀选手的视频报送省音协参加复赛，通过复赛选拔，全省共有204名选手入围决赛。10月2日至4日，决赛在郑州举办，受疫情等因素影响，共有149名选手参加了线下决赛，通过专业评审，共有56名选手分获一、二、三等奖。11月中旬，河南省音协微信公众号分6期展播获奖选手的决赛现场视频。

第八届河南省专业声乐器乐大赛暨"黄河之滨音乐周"展演活动。由河南省文化和旅游厅、省文学艺术界联合会、省教育厅联合主办，省音乐家协会、省文化艺术研究院、河南理工大学音乐学院承办的第八届河南省专业声乐器乐大赛暨"黄河之滨音乐周"展演活动自6月开始，至8月底结束，分为声乐类、器乐类、音乐理论评论3类，其中声乐类以个人独唱形式设美声组、民族组和流行音乐组3组别进行比赛；器乐类以独奏形式设西洋乐器组、民族乐器组、戏曲伴奏组3个组别进行比赛；音乐理论评论类为该届新增项目，旨在发掘河南省新时代优秀音乐理论评论人才和作品。按照"公平、公正、公开"的比赛原则，经过大赛评审委员会严格核查、评审、确认，最终评出声乐类奖项222个、器乐类奖项302个、音乐理论评论文章103个、组织工作奖28个。该届大赛的决赛环节采用线下比赛线上观看的形式，每场决赛有数万人次在线观看。

【专场音乐会】 人民江山——纪念毛泽东同志《在延安文艺座谈会上的讲话》发表80周年音乐会。为纪念毛泽东同志《在延安文艺座谈会上的讲话》发表80周年，河南省音乐家协会策划演出了"人民江山——纪念毛泽东同志《在延安文艺座谈会上的讲话》发表80周年音乐会"，讴歌在党的文艺路线指引下，人民音乐事业取得的丰硕成果。音乐会通过一首首经典名曲，回望光辉历程，咏唱家国情怀，鼓舞大家在实现中华民族伟大复兴的时代洪流中踔厉奋发、勇毅前进，以实际行动迎接党的二十大的胜利召开。音乐会于5月25日通过顶端新闻、河南交通广播、河南音乐广播等新媒体平台线上播放。

"初心与使命——献礼中国共产党建党101周年音乐会"暨"喜迎二十大 乐享新时代"周末音乐汇声乐专场。为庆祝中国共产党建党101周年，迎接党的二十大胜利召开，6月26日，由北京保利剧院管理有限公司、河南省音乐家协会、河南艺术中心主办，河南保利艺术中心管理有限公司承办的"初心与使命——献礼中国共产党建党101周年音乐会"暨"喜迎二十大 乐享新时代"周末音乐汇声乐专场在河南艺术中心·音乐厅落幕。音乐会在《南湖的船，党的摇篮》的合唱声中拉开序幕，随后《映山红》《黄河怨》《松花江上》等经典歌曲次第唱响。

"喜迎二十大 永远跟党走"红色经典管弦音乐会。作为河南省2022年"乐享新时代"周末音乐汇活动的重要一站，9月28日，由濮阳市委宣传部、市文学艺术界联合会主办，濮阳市音乐家协会等承办的旗帜颂——濮阳市"喜迎二十大 永远跟党走"红色经典管弦音乐会成功举办。音乐会紧紧围绕迎接宣传贯彻党的二十大精神、全面建设社会主义现代化国家新征程的主题，以《我的祖国》《唱支山歌给党听》《黄河魂》等一首首经典曲目，大力讴歌了党的光辉奋斗历程，特别是新时代以来的伟大成就。

碧桂芬芳——曹派古筝艺术专场音乐会。7月12日，河南省音乐

2022年6月，第八届河南省专业声乐器乐大赛暨"黄河之滨音乐周"展演活动

2022年7月12日，碧桂芬芳——曹派古筝艺术专场音乐会

家协会古筝专业委员会联合北京保利剧院管理有限公司、河南艺术中心、河南保利艺术中心管理有限公司举办的"碧桂芬芳——曹派古筝艺术专场音乐会"及讲座系列公益活动在河南艺术中心圆满落幕，该次活动由曹桂芬之子曹勃倡导，在河南省音乐家协会的大力支持下，为传承、弘扬、发展河南古筝艺术，讲好河南古筝故事发挥了积极作用。该次音乐会受到了《人民日报》《郑州日报》《河南日报》、郑州电视台、中国古筝网等媒体的高度评价。

杂 技

【概　况】河南省杂技家协会是中国杂技家协会、河南省文学艺术界联合会的团体会员，是河南省委领导下的全省杂技家自愿组成的专业性人民团体，是党和政府联系全省杂技工作者的桥梁和纽带。协会成立以来，秉承建会宗旨，广泛团结全省广大杂技工作者，在组织杂技精品创作、活动开展、人才培养、理论建设等方面做了大量工作，推出了一大批优秀的杂技节目和杂技人才，节目在国内外杂技赛场上屡屡获奖，为繁荣和发展河南杂技事业作出了积极贡献。

【杂技活动】*河南省魔术进校园暨"教你一招"魔术支教活动。*2022年8月13日，由中共河南省委宣传部指导，河南省文学艺术界联合会、河南省文化和旅游厅、河南省直文明办、中共郑州市委宣传部共同主办，河南省杂技家协会、河南省图书馆、郑州市文联联合承办的"喜迎二十大 欢乐进万家"——河南省魔术进校园暨"教你一招"魔术支教活动在河南省图书馆举行。数十位魔术师同台献艺，《奇花幻舞》《幻》《德龙秀》《鸳鸯棒》《金玉满堂》《倒立技巧》《欢乐气球秀》《鸽剧魅影》《幻彩魔音》等奇妙节目轮番登场，既有新奇魔术刺激眼球，又有传统戏法继承创新，观众掌声此起彼伏。同时，主承办单位组织多名魔术师开展魔术支教。魔术师们现场传授魔术技艺，耐心辅导同学们掌握魔术道具的表演方法和技巧。

河南省优秀杂技魔术作品展演。"喜迎二十大 欢乐进万家"——河南省优秀杂技魔术作品展演活动于6月16日正式启动。该次展演由中共河南省委宣传部指导，河南省文学艺术界联合会、河南省文化和旅游厅主办，河南省杂技家协会承办。该次展演节目包括杂技《顶板凳》《时光流转——魔轮飞球》《中原女孩——空中芭蕾》《花枝俏——单手顶》《笠影——斗笠旋技》，魔术《幻歌》《流光略影》《大红灯笼高高挂》以及魔术情景剧《希望的田野》、杂技剧《槐树爷爷》等作品。参加展演的作品，均为全国、全省大赛中获奖的优秀杂技、魔术作品，形式多样、内容丰富，持续1个月在线上平台陆续展演播出。

2022年11月，第五届中国杂技艺术节表演

第五届中国杂技艺术节。2022年11月8日至13日，第五届中国杂技艺术节和第十一届中国杂技金菊奖两项国家级活动在濮阳市举办。根据中国杂技家协会有关通知精神，河南省杂技家协会积极引导协调全省各杂技团体、杂技学校组织精品节目参加比赛。河南省3个杂技节目从全国150多个报送节目中脱颖而出，入围决赛，最终，河南省杂技集团有限公司、濮阳杂技艺术学校打造的《长空啸——浪桥飞人》以总分第一的成绩获得金菊奖杂技节目奖。

【文艺志愿服务活动】 2022年3月，河南省杂技家协会积极组织全省杂技界广泛开展"文艺进万家 健康你我他"学雷锋文艺志愿服务主题活动，全省杂技工作者积极履职，主动作为，组织优秀杂技节目走进学校、社区、养老院等场所，开展了形式多样、内容丰富的文艺志愿服务活动。

演艺团体

【河南豫剧院】 基本情况。2022年，河南豫剧院积极创新思路，打造艺术精品，推动文化交流，大力传承和发展豫剧艺术，使豫剧在新时代、新征程中又有了新的发展。院属各团全年共完成各类演出256场，收入1038.18万元。在具体工作中，狠抓创作和演出，繁荣发展豫剧艺术。河南豫剧院始终坚持"出人出戏"和"示范、引领、研究、帮扶"的工作宗旨，下大力气做好剧目创作生产，打造艺术精品。以精品剧目生产为龙头，狠抓

河南豫剧院新址

全院剧目的创作生产。重点打造了《中国红》《大河安澜》《黄河滩上的女人》3台剧目，复排和加工了《南水迢迢》《五世请缨》《秦雪梅》《守望红旗渠》《血溅乌纱》等5台优秀剧目。其中新创剧目《大河安澜》参加第十三届中国艺术节展演并广受好评。青年团新创剧目《孔雀东南飞》已经进展到坐排对词阶段。成功举办"梆声豫韵唱起来"线上演出系列活动，5月1日前后和年底前共演出8场，网上观看人数近1000万人次，开辟了省直院团在网上演出的先河；成功举办河南豫剧院新院址暨豫剧大剧院落成启用仪式，河南又添一座文化新地标；成功承办"'高歌二十大·奋进新征程'庆祝河南豫剧院三团建团70周年"系列演出活动，优秀剧目连续展播48天，近400万人次在线观看。

项目资金和国家艺术基金年度项目。做好国家艺术基金2022年度艺术人才培训资助项目——"豫剧常派表演（红·白·花）艺术人才培训班"，该项目自开班培训以来，来自全国7个省24个院团和3所大学的42名学员参加培训。20多名艺术家的精心传授，让学员们开阔了视野、提高了技艺。成功完成2022年度国家艺术基金大型舞台剧和作品资助项目豫剧《大河安澜》专场验收演出工作。

人才梯队建设。河南豫剧院积极组织院属各团参加河南省第十届青年戏剧演员大赛和第八届河南省声乐器乐大赛，锤炼青年人才队伍。院属各团青年演员取得了优异成绩，其中戏剧大赛金奖获得者20人，器乐大赛一等奖获得者11人。

【河南歌舞演艺集团】 活动情况。围绕迎接宣传党的二十大，精心打造颂扬大别山精神的民族歌剧《银杏树下》，参加"喜迎二十大""三大精神"优秀剧目线上展演活动。全年线上、线下演出30余场，累计受众超3500万人次，线下演出剧场气氛热烈，观众反响强烈。该剧特别受青年观众的欢迎，青年观众占到70%以上。此外，该剧倍受业内专家与观众好评，被誉为近年来全国歌剧舞台难得的精品力作，是党史学习教育的"活教材"，是讲好红色故事、用好红色资源、创新学习方式的有益尝试和具体实践；打造歌颂兵团精神的情景交响合唱

《兵团颂》，并于 7 月紧随习近平总书记视察新疆步伐赴疆巡演，致敬兵团战士，共唱豫疆友谊，喜迎党的二十大胜利召开，受到《人民日报》《河南日报》等 20 多家主流媒体的广泛报道和宣传。此外，集团组织的文艺表演小分队，分赴基层团场、乡镇开展文艺演出活动，扎实推进"文化润疆"工程；推出一批新创作品歌曲《花开日出》，表演唱《我是宣讲员》，河洛大鼓《领航》《领袖泪》《忠烈英魂方志敏》《放歌二十大》，曲艺联唱《赞颂二十大》，河南坠子《红船故事》。

作品创作。学习落实习近平总书记视察河南重要讲话重要指示精神，指导引领艺术创作，创作了一批作品，主要有弘扬黄河文化的民族交响音画《黄河新畅想》、传承中原人文精神的方言话剧《老家》、弘扬大别山精神的民族交响音诗《大别山》、弘扬传承红旗渠精神的交响音诗《红旗渠》等。完成国家级和省级项目舞蹈《水云行》、河南坠子《忠烈骄阳》、交响组曲《兵团颂》、民族交响音画《孙子兵法回响》、民族管弦乐组曲《大别山》等创作任务。

文艺活动。河南歌舞演艺集团以优秀文艺作品满足人民群众多样化、多层次、高品质的精神文化需求。2022 年度共演出 212 场，线下演出 86 场，线上演出 126 场，受众 7829.1 万人次。重点打造传统节日品牌音乐会，继续推出元宵节、端午节、中秋节专题民族音乐会，国庆节、新年专题交响音乐会等，为传承弘扬中华优秀传统文化、增强文化自信作出了努力。继续推出"经典音乐进课堂"演出 22 场，提升学生的音乐素养和综合素质，引导青年学生深入学习中国民族文化的精髓，传承民族精神。继续实施"中原文化大舞台"演出 36 场，增强广大基层百姓的获得感和幸福感。继续推出音乐季系列演出 16 场，加大高雅艺术的普及和推广，不断提高城市品位。继续实施"舞台艺术送基层"演出 15 场，切实满足群众日益增长的精神文化需求。推出"乐享新时代"周末音乐会系列演出 9 场，不断丰富广大人民群众艺术感受。以实际行动扎实推进"文化润疆"工程，携《兵团颂》剧组赴疆巡演，其间还组织文艺小分队，发挥红色文艺轻骑兵的作用，分赴基层团场、乡镇开展专场慰问演出。另外，公益惠民演出 8 场，其他公益演出 14 场。在河南卫视推出的系列"奇妙游"栏目中，集团创作演绎的作品《王风·采葛》《屈子吟》《钧瓷》等精彩亮相。

【河南省话剧艺术中心】 河南省话剧艺术中心成立于 1952 年 8 月，70 多年来，在党的"双百"方针和"二为"方向的指引下，共排演大、中、小型话剧 200 多部，创作和演出了一大批有影响的剧目。党的十八大以来，中心紧跟时代，深耕艺术创作，树立精品意识，服务人民群众。原创大型话剧《红旗渠》《焦裕禄》《兵团》等剧目荣获中国艺术节"文华大奖"、中宣部精神文明建设"五个一工程"奖、曹禺剧本奖、国家艺术基金资助项目等荣誉。2022 年，河南省话剧艺术中心组织参加省青年演员戏剧大赛 12 人获奖；话剧《兵团》首次进京，并荣获多项大奖；创排《奋进·出彩——庆祝二十大召开诗歌朗诵会》；圆满完成"中原文化大舞台"活动系列展播；进行话剧《焦裕禄》网上展演等。

【河南省曲剧艺术保护传承中心】 2022 年，根据省厅工作部署和中心的统筹计划，河南省曲剧艺术保护传承中心积极开展艺术创作和各项演出活动。加强艺术创作和艺术生产，进一步在全国宣传推广河南曲剧。重视人才培养，较好地完成了 2022 年度河南省省级公共文化服务专项资金青年人才培养项目曲剧《杜十娘》一剧排练演出和剧目研讨会结项工作。重视原创剧目创作，完成了年度省重点剧目《雪绒花开》（原《都市丽人》）剧本第七稿的修改工作，并召开了 2 次省

2022 年 7 月，话剧《兵团》剧照

内外专家参加的剧本研讨会。认真准备、大力支持培养青年人才，给青年演员创造机会。积极组织参加河南省第十届青年演员大赛，在该次大赛中荣获一等奖5名、二等奖6名、三等奖2名，并荣获优秀组织奖。积极组织参加第八届河南省专业声乐器乐大赛，荣获一等奖2名、二等奖6名、三等奖4名。完成《黄河砚娘》《雪绒花开》《吕氏春秋》3部大型舞台剧目申报2023年度国家艺术基金工作，并于10月份完成《雪绒花开》国家艺术基金复评答辩。完成2023年度省级公共文化服务专项资金原创剧目《黄河砚娘》，加工提高《鲁镇》，完成名家推介、青年人才扶持等项目的申报工作。完成国家非物质文化遗产保护单位履职尽责报告、国家非物质文化遗产传承人和2023年度国家非物质文化遗产保护资金项目的申报工作。

【河南省越调艺术保护传承中心】河南省越调艺术保护传承中心2022年喜获5项荣誉。越调新创历史剧《华佗》获得文化和旅游部2022年度历史题材创作工程剧目；越调现代戏《山花烂漫》获得国家艺术基金2022年度资助项目；获得2021年度周口市社会文化工作先进单位称号；参加河南省文学艺术界联合会、河南省戏剧家协会主办的第十届小戏小品推优活动，越调小戏《初心闪耀》荣获"最佳剧目"称号，《脱贫幸福路》荣获"优秀剧目"称号。新编历史剧《华佗》顺利入围2023年度国家艺术基金新创剧目的复审答辩环节。在2022年工作中，河南省越调艺术保护传承中心抓演出市场和文化惠民工程，丰富群众文化生活；抓文艺精品工程，创作水平明显提高。联合创排大型革命现代戏《山花烂漫》，入选获国家艺术基金2022年度资助项目。创排历史剧目入选国家级创作工程，为周口人民增光添彩；抓对外文化交流，展示越调良好形象。参加2022年度中原文化大舞台，筑牢文化惠民系列活动。参加"喜迎二十大 好戏看中原"河南戏曲名家演唱会和2022中国农民丰收节；培养越调新人，促进越调传承。

【河南省京剧艺术中心】2022年，河南省京剧艺术中心坚守发展理念，推动业务建设，舞台艺术开新局。联合河南保利艺术中心和郑州大剧院开展了5月"云上看大戏"线上演出系列活动，推出了传统京剧《野猪林》、原创大型现代京剧《突围》、折子戏专场和现代京剧《沙家浜》，为广大观众展现了当代河南京剧人的精神面貌。于6月10日和12日在河南艺术中心举办了传统京剧《四郎探母》（青春版）和京剧传统折子戏专场演出；于8月、9月、10月举办了现代京剧红色经典名段专场、红色经典折子戏专场和传统京剧流派名段专场线上展播。百姓文化云、河南广播电视台梨园频道、移动戏曲频道、河南省文化和旅游厅官网、文化豫约等平台同步直播，直播在线观看300余万人次。于7月31日至8月2日在河南艺术中心小剧场举办了庆八一系列展演——现代京剧《红灯记》《沙家浜》《杜鹃山》经典名段专场演出，带领广大观众回顾革命征程，重温革命岁月，礼赞人民军队军魂。进一步发挥优秀舞台艺术作品的引领示范作用，中心秉承精益求精的原则，对2022年省级专项——大型原创现代京剧《突围》再度进行了排练和加工提高。该剧荣获第十五届河南省戏剧大赛文华大奖并入选第九届中国京剧艺术节。为巩固扩大"名师传艺"成果，中心2021年省级专项——青年艺术人才推介赵岩的传统京剧《赵氏孤儿》，在著名京剧表演艺术家张克让老师的指导下，顺利完成彩排，并在送基层演出中多次演出。2022年，河南省京剧艺术中心完成了现代京剧《突围》加工提高、名师传艺，中原文化大舞台和舞台艺术送基层等演出活动共计61场（含直播29场），其中公益性演出29场，得到全省10多家媒体持续关注，新闻报道累计53篇；直播演出得到多家电视和网络平台支持，直播在线观看累计367万人次。

艺术研究

【河南省文化艺术研究院】2022年，省文化艺术研究院在省文化和旅游厅、省科技厅的正确领导和大力支持下，围绕文旅厅的中心工作，担当作为，踔厉奋发，圆满完成各项目标任务。强化人才队伍建设，提供人才支撑和智力保障。高度重视人才招聘和引进工作，2022年参与厅直属事业单位招聘工作，招聘到文学、舞蹈和行政管理专业3名工作人员，其中2人为硕士研究生。注重发挥典型示范引领作用，根据民主评议，评选出5名优秀党员和2名优秀基层党务工作者。聘请多位离退休专家组成院学术委员会，邀请指导、参与院重大学术活动。

【文化艺术研究】 河南省文化艺术研究院承担的国家社科基金艺术学重大项目——《中国戏曲剧种全集》关于河南省内容的编撰工作任务，完成《越调》《罗卷戏》等14个剧种的撰稿任务。完成《中国民间文学大系·说唱·河南卷》书稿整理工作，整理三弦书136个曲目40万字。完成《中国大百科全书·豫剧》书稿的编撰工作，共计2813个词条197万字。完成《河南稀有剧种线上传播模式探索》等2项文化和旅游部青年艺术人才扶持项目。专著《历史进程中的河南剧作家群研究》获得河南省哲学社会科学优秀成果奖三等奖，入围第七届"啄木鸟杯"中国文艺评论年度推优终评。此外，河南省文化艺术研究院获批3项河南省哲学社会科学规划项目。

【艺术创作】 河南省文化艺术研究院职工新创作舞台剧剧本8部。创作音乐作品3部。创作的曲艺作品《出征之前》获得河南省第三届"赊店杯"鼓曲唱曲一等奖、中国曲艺牡丹奖大赛表演提名奖。河南坠子《黄河妮儿》获得河南省第三届"赊店杯"鼓曲唱曲一等奖、河南省曲艺牡丹奖表演奖。新创作的歌曲《永远的母亲河》获得河南省文化和旅游厅"赶考路上有我"歌咏比赛一等奖。职工作曲的曲目，获河南省委宣传部"河南省乡村文化合作社才艺大赛"十佳作品称号。

【艺术基金】 河南省文化艺术研究院完成了"郑州轻工业大学、信阳师范学院、周口师范学院、洛阳师范学院、黄淮学院、河南工程学院"国家艺术基金2023年度申报项目论证会，共论证65个项目。完成国家艺术基金2023年度河南省申报工作及申报项目受理审核工作（河南省2023年度共计申报项目389项，申报数量全国排名第七）。组织专家完成了国家艺术基金2022年度艺术人才培训项目。完成"2023年度河南省省级公共文化服务专项资金（省直补助资金艺术创作项目）"的申报工作，共收到申报材料60项，并完成申报登记工作。完成国家艺术基金2023年度申报项目河南省复评项目答辩工作，河南省2023年度进入复评项目42项。

【艺术赛事】 2022年全年河南省曲剧艺术保护传承中心承办了"河南省第十届青年戏剧演员大赛""全省艺术创作会议""第十七届文华大奖"河南省选拔赛评审会务工作。承办了"第九届河南省优秀剧本征集活动""第八届河南省专业声乐器乐大赛暨黄河之滨音乐周"展演活动。

美术 书法 摄影 民间艺术

千年宋陵（第二十二届河南省摄影艺术展作品）钮晨／摄

美 术

【概　况】 2022年，河南省美术家协会坚持"走出去、请进来"发展战略，持续推进"中原画风河南省优秀美术作品"全国巡展，引进多场全国美术大展在郑州举办，全年共举办国家级、省级展览15场，有效满足了人民群众美好生活需要。坚持以人民为中心的创作导向，充分发挥各艺委会的学术引领作用，加强理论学习，切实为会员办实事，积极开展"翰墨润中原"活动，深入基层开展创作、辅导等公益活动，惠及群众10余万人。团结带领广大美术工作者走精品创作道路，打造河南美术品牌，推动美术事业高质量发展。截至2022年年底，河南省共有省级美术家协会会员7264人，中国美术家协会会员811人，全国排名第七，连续6年新加入中国美术家协会会员人数在50名/年左右，全国排名第五。

【美术展览】 第七届全国画院美术作品展览。2022年2月24日，由中国国家画院、中共河南省委宣传部、河南省文学艺术界联合会共同主办，中国国家画院交流合作部、河南省美术家协会、河南省书画院、郑州美术馆联合承办的"第七届全国画院美术作品展览"在郑州美术馆（新馆）举行。展览共展出903件美术作品，包含中国画、油画、版画、雕塑、水彩、粉画作品766件，书法篆刻类作品137件。作品聚焦中国的发展历史、现代社会的巨变和成果，充分体现了爱国主义主旋律和社会主义核心价值

2022年2月24日，"第七届全国画院美术作品展览"在郑州美术馆开幕

观，既有对传统的坚守，也不乏积极、大胆、有益的艺术探索，展现了历史厚度、思想深度、时代温度与艺术高度，集中呈现了全国各地画院的创作面貌与实力水平。

河南省写生创作美术作品网络展。2022年，在纪念延安文艺座谈会召开80周年之际，河南省美术家协会在中共河南省委宣传部、河南省文学艺术界联合会指导下，开展了"纪念毛泽东同志《在延安文艺座谈会上的讲话》发表80周年——河南省写生创作美术作品网络展征稿"活动，河南省美术家、美术工作者和爱好者积极行动，热情参与，创作了一大批有思想、有温度、有技术、有能量的精品佳作。河南省美术家协会通过网络平台，依次向公众展示该次征稿活动优秀作品。

中原画风·河南省青年优秀美术作品展。2022年7月26日，由河南省文学艺术界联合会、河南省美术家协会共同主办的"中原画风·河南省青年优秀美术作品展"开幕式在郑州升达艺术馆举行。该次展览共收到河南省青年美术家创作的中国画、油画、版画、雕塑、水彩·粉画等作品2400余件，经评委会初评、复评，共展出作品251件，此批作品代表了河南现阶段青年画家的创作水平。展出作品紧扣时代脉搏，传承中华文明，主题鲜明，思想深刻，围绕河南省委"十大战略"和重大现实，重大革命、历史事件，黄河文化和乡村振兴等题材，大力弘扬焦裕禄精神、红旗渠精神、大别山精神等，展现了河南人民在党的领导下，在革命斗争、社会主义建设和改革开放中建立的伟大功勋、取得的伟大成就。

2022年度"中原画风"全国巡展。8月23日上午，由中共河南省委宣传部、中国美术家协会、河南省文学艺术界联合会、广西壮族自治区文学艺术界联合会主办，河南省美术家协会、广西壮族自治区美术家协会、广西美术馆承办的"中原画风·河南省优秀美术作品"在广西美术馆开幕，拉开了2022年度"中原画风"国内巡展的帷幕。200余幅精品力作集体亮相，全面展现了中原地区博大精深的传统文化、浓郁厚重的地域

风情、优雅静美的自然景观。展览萃集了河南省老、中、青三代美术家近年来精心创作的国画、油画、版画、水彩（粉）画、雕塑等作品200余幅（件）。

河南省第二十届中国画艺术展暨河南省第七届中国画学会学术展。9月27日，河南省第二十届中国画艺术展暨河南省第七届中国画学会学术展在信阳市书画院开幕。该次展览由河南省美术家协会、河南省中国画学会和信阳市文学艺术界联合会主办，信阳市书画院、信阳市美术家协会承办。展览自2022年2月征稿以来，得到了全省美术界的高度关注。参展画家中既有老一辈艺术家，也有中年骨干画家，还有青年新锐，年龄跨度超过60年，体现了河南中国画队伍的庞大和人才梯队的合理。

全国第六届中国画线描艺术展。2月15日，全国第六届中国画线描艺术展在郑州升达艺术馆开幕。展览由中国美术家协会、河南省文学艺术界联合会、郑州航空港经济综合实验区管理委员会主办，中国文联美术艺术中心、河南省美术家协会、郑州市文学艺术界联合会、郑州市美术家协会、郑州航空港经济综合实验区教育文化卫生体育局承办。展览作品呈现广大美术工作者植根中华文化沃土，自觉将中华美学精神融入艺术创作，以线为媒，以墨为魂，不断传承和创新中国传统线描艺术，以大美之艺绘传世之作，用线描艺术描绘新时代、新征程，用情用力讲好中国故事。

2022年2月15日，"全国第六届中国画线描艺术展"在郑州升达艺术馆开幕

【**美术研讨活动**】2022年"中原美术"全国第七届研究生学术论坛。12月11日，"中原美术"全国第七届研究生学术论坛暨郑州大学第十七届研究生学术论坛美术学院分论坛于线上举行。该届论坛由郑州大学、高等教育出版社、河南省美术家协会、中国艺术学科研究生教育联盟主办，由郑州大学美术学院、郑州大学党委研工部、全国高等学校艺术教学研究中心中原基地、中原美术创作与研究基地共同承办。共收到来自国内外45所高校硕、博研究生投稿论文100余篇，经初审和复评，最终选出30篇做论坛宣讲，共分为4场。毛建波、郑志刚、张自然、陈涛4位学术评议专家对所在场次的每位宣讲同学都进行了深入细致的点评。从研究选题立意、研究对象挖掘、研究主体分类、文献分析梳理、研究思路确立、最佳研究方法、学术研究细节、文献的解读，甚至某些关键字词意思的偏差等诸多方面进行了细致指导。

2022年第九届"中原美术"学科建设学术研讨会。12月10日，由郑州大学、河南省美术家协会、中国艺术学科研究生教育联盟主办，郑州大学美术学院、全国高等学校艺术教学研究中心中原基地、中原美术创作与研究基地、郑州美术馆共同承办的第九届"中原美术"学科建设学术研讨会开幕。该届"中原美术"学科建设学术研讨会，围绕"融合·开拓"这一主题，开展"中原美术的内涵及学科架构""中原美术资源转化""中原美术的美学价值"等多个议题展开。该次研讨会为期1天，分为6个时段。26位国内知名专家和青年学者，围绕中原美术的创作实践、理论创新、学科建设等议题深入探讨，对于推进中原美术的学科建设和发展具有十分重要的意义。

【**公益帮教活动**】4月起，河南省美术家协会开展"喜迎二十大 欢乐进万家"群众文化活动，通过"文艺志愿＋专家授课"的形式，组织文艺骨干深入基层开展群众喜爱的美术创作公益帮教活动，为党的二十大胜利召开营造浓厚氛围、凝聚奋进力量。着力发展群众美术，深入县乡为广大美术工作者点评授课，积极扶持商丘民权画虎村、洛阳平乐牡丹村、新乡大召营村、漯河舞阳农民画等现代民间美术发展，助力乡村振兴。热心公益慈善，以创作笔会的形式捐赠作品，帮助河南省残疾人福利基金会等筹募资金，用于扶残、助残项目，为公益事业做贡献。

书　法

【概　况】　2022年，河南省书法家协会持续锚定"两个确保"，认真落实"十大战略"，积极助力省文旅文创融合战略和文化强省建设，不断开拓新时代中原书法事业发展的新局面。在第七届中国书法兰亭奖评选中，河南继续保持书法创作方向的获奖、入展人数双第一。在书法创作方向的44名入展作者中，河南作者有6人；在总共10名获奖作者中，河南省有2人，占全国获奖作者人数的五分之一。河南省书法家协会被中国书法家协会授予组织工作先进单位。截至年底，河南省有中国书法家协会会员1520人，省书法家协会会员16199人。

【书法展览】　*2022年河南省临书大展*。5月16日，由河南省书法家协会主办，郑州市书法家协会、郑州经济技术开发区列子文化办公室、郑州列子美术馆共同承办的2022年河南省临书大展在郑州市升达艺术馆开幕，展出200位作者的400件临创作品。该次展览是河南省近年来规模最大、参与者众多，体现河南省书坛特别是新生代作者最高临创水平和整体风貌的重要展览之一。

2022"中国书法·年展"全国行书、草书作品展。5月18日，由中国书法家协会、河南省文学艺术界联合会支持，中国书法出版传媒有限责任公司、河南省书法家协会、渑池县人民政府主办的2022"中国书法·年展"全国行书、草书作品展开幕式在河南渑池隆重举行，共收到来稿6395件，共有98件作品入展，作品风格多样，或沉稳大气，或古朴率真，或新颖别致，集思想性与艺术性于一体，涵盖了诗、词、曲、赋、联、文等多种体裁，该次展览更好地激励广大书法家、书法爱好者，沉潜中华传统书艺，广泛研究学习经典，正本清源，守正创新，推动当代书法繁荣发展。

大道同行——山东河南中青年书法作品联展。8月3日，由河南省书法家协会、山东省书法家协会主办的"大道同行——山东河南中青年书法作品联展"开幕式在河南省美术馆举行，共汇聚了山东、河南两省120名优秀中青年书法家精心创作的120件书法、篆刻作品，加强了山东、河南书法交流，有效促进了两省书法事业繁荣发展。

首届全国龙门书法双年展。9月27日，由河南省文学艺术界联合会、洛阳市政府主办，省书法家协会、洛阳市书法家协会承办的首届全国龙门书法双年展在洛阳市龙门石窟开幕。该次展览为省书法家协会重点推出的全国性书法品牌大展，重在持续打造"南有兰亭、北有龙门"的业界影响力和品牌美誉度。展览自征稿以来，得到了全国书法界的广泛关注，共收到来自全国各地的作品4195件。经过评委会的严格评审，共有177件作品入展，其中获奖作品20件。该次展出的作品，或沉稳大气，或古朴率真，精彩纷呈，体现了作者在传承传统的基础上，呈现的时代新气象、新风貌、新特征。该次展览为进一步提升洛阳形象、丰富城市内涵、坚定文化自信、推动洛阳市文化事业繁荣发展作出了贡献。

第七届"四堂杯"全国书法大展。11月16日，由中国文字博物馆、河南省书法家协会主办的第七届"四堂杯"全国书法大展在安阳开幕。自2022年4月20日发布征稿启事以来，截至7月20日，共收到全国各地投稿作者5475人，6211幅作品，其中篆书收稿792件，篆

2022年8月3日，"大道同行——山东河南中青年书法作品联展"开幕式在河南省美术馆举行

2022年9月27日，首届全国龙门书法双年展在洛阳市龙门石窟开幕

刻收稿506件，隶书收稿1085件，楷书收稿1217件，行书收稿1351件，草书收稿1125件，包含来自马来西亚、韩国、加拿大、澳大利亚等国家和地区的华人、华裔及国际友人的书法作品，受到了国内及国际广大书法爱好者的广泛关注和热情参与。展览持续2个月，共评出200件入展作品，其中20件优秀作品，展览汇集了当代书坛各个领域创作骨干的精品力作，作品风格多样，特色鲜明。

"翰墨润中原"河南省美术书法作品大赛作品展。"翰墨润中原"河南省美术书法作品大赛是《河南省"喜迎二十大 欢乐进万家"十大群众文化活动方案》的有机组成部分，大赛的指导单位为中共河南省委宣传部、河南省文学艺术界联合会，责任单位为省美术家协会、省书法家协会，各省辖市美术家协会、书法家协会。活动分三个阶段，初赛阶段为2022年3月至6月，以县（区）级为单位，从入选作品中评出10幅书法作品参加市级复赛。复赛阶段为2022年7月，由市一级组织评审，评出书法作品20幅参加省级决赛。决赛阶段为2022年8月，由省书法家协会负责，对各市上报的书法作品组织专家进行评选。获奖作品巡展先后在郑州、洛阳、信阳、安阳、周口展出。

【公益活动】 学雷锋文艺志愿服务。3月2日，省书法家协会组织举办"学雷锋文艺志愿服务"公益培训活动，6名书法专家来到新乡市原阳县行政学院，为当地群众进行书法培训，并有针对性地作了创作示范，与当地书法爱好者进行了交流。5月23日，为纪念毛泽东同志《在延安文艺座谈会上的讲话》发表80周年和第九个中国文艺志愿者服务日，河南省书法界代表20余人来到郑州航空港经济综合实验区，以现场创作的形式，为郑州航空港区纪检监察工作委员会党性教育廉政馆书写党性廉政建设书法作品，并与纪检监察委员会书法爱好者进行交流。

"名家公益辅导日"活动。从2022年3月1日起，河南省书法家协会开始组织实施"名家公益辅导日"长期活动，将每周的星期二定为"河南省书法家协会名家公益辅导日"，定期举行公益辅导活动。活动至今已开展20多期，受到广大群众欢迎。为了探索更加灵活的公益辅导形式，2022年4月30日，河南省书法家协会成功举办了迎"五一"名家公益辅导直播活动。

【学术研讨】 8月19日，由河南省书法家协会、河南博物院主办的王铎书法艺术研讨会在河南博物院举行。该次研讨会以河南博物院展出的"风樯阵马 笔力扛鼎——王铎书法艺术展"为"蓝本"，邀请了来自中国书法家协会、浙江大学、郑州大学等单位的13位专家参加研讨，共同探讨了王铎书法的艺术内涵与当代价值。与会专家认为，王铎在河南书坛乃至中国书坛都占

2022年8月19日，由省书法家协会、河南博物院主办的王铎书法艺术研讨会在河南博物院举行

据了重要地位，王铎书法和当代书法复兴之间有很深的渊源。王铎书法"气势逼人而不失余音绕梁，深入传统而不失耳目一新"，其艺术价值主要表现在王铎书法的现代性、创作活动的表演性、艺术形式的视觉性和材料工具、碑帖石刻、诗词文学等诸多方面。

【获得荣誉】3月28日，由中宣部、人力资源和社会保障部、中国文联主办的第五届全国中青年德艺双馨文艺工作者表彰大会在北京召开，省书法家协会副主席王乃勇作为全国44名中青年德艺双馨文艺工作者之一，受到表彰。省书法家协会理事宋高峰、娄红卫、冯华被中国书法家协会评为"送万福进万家下基层公益活动"先进个人，受到中国书法家协会表彰。

摄　影

【概　况】2022年，河南省摄影家协会与中国摄影家协会所属报刊及各级政府、景区、企事业单位等开展合作，全年共举办摄影比赛、摄影讲座等多种形式的摄影活动10余项。成立了河南省摄影家协会企业家摄影分会，并先后启动了"豫哈情 文化行"摄影培训及采风创作活动、"人民的风采——献礼党的二十大胜利召开"摄影展、第十六届河南省"新人新作"摄影展、"献礼二十大 奋进新征程'乡村振兴杯全国摄影作品展览'"、"我眼中的大美中原"河南省优秀摄影作品大赛等主题摄影创作及展览活动。中国摄影家协会2020年度批次新会员名单中，河南有20人被批准为中国摄影家协会会员，位居全国第六。

【摄影展览】第二十二届河南省摄影艺术展览。2月23日，由河南省摄影家协会主办的第二十二届河南省摄影艺术展览在河南省文学艺术界联合会艺术馆开幕。第二十二届河南省摄影艺术展览于2021年5月启动，征稿期间共收到1666位作者的12297幅作品。经过评审委员会公平、公正的评选，共评出获奖作品120幅，其中，纪录类62幅、艺术类44幅、商业类14幅。纪实类作品显示出摄影人贴近生活，为时代写真，在观照人民生活中关注时代的变迁，作品大多有温度、有情节、有故事；艺术类作品在光影、色彩、质感肌理、立意等方面，呈现出摄影本真的艺术之美；商业类作品将商业摄影概念回归到以推广商业产品、商业理念或消费方式为目的的原则上来，引领时代的潮流。

"我眼中的大美中原"河南省优秀摄影作品展。9月22日，由河南省文学艺术界联合会主办、河南省摄影家协会承办的"我眼中的大美中原"河南省优秀摄影作品展，在河南省文学艺术界联合会开展。该活动于3月正式启动，涵盖宣传发动、基层文艺帮扶、作品征集推荐以及评选等多项内容，包括初赛、复赛、决赛等多个环节，最终共评选出入展作品130幅（件），其中摄影作品119幅，短视频11件。

"人民的风采"——献礼党的二十大胜利召开摄影展。9月23日至10月7日，由河南省文学艺术界联合会、河南省文化和旅游厅、新华通讯社河南分社、河南日报社主办，河南省摄影家协会、河南省文化馆、大河报·豫视频承办的"人民的风采——献礼党的二十大胜利召开"摄影展在河南省文化馆展出。该次展览致力于通过摄影语言集中讲述非凡十年的河南百姓故事，展现奋斗新征程的河南人民风采。通过影像聚焦民生、教育、医疗、乡村振兴等诸多领域，以真实人物故事生动记录时代，触摸中原儿女内心深处的温度和情感。展陈的作品是从全省近万件来稿中精选出的100幅优秀作品。这些具有中原特色、中原风格、中原气派的作品，富有浓郁时代气息和艺术感

2022年9月23日，"人民的风采——献礼党的二十大胜利召开"摄影展开幕式现场

2022年7月5日，河南省摄影家协会到郑州进行调研

2022年2月15日，梨河镇的劳动模范和60岁以上老人拍摄肖像照片留念展示

2022年5月23日，河南省摄影家协会走进信阳平桥区，举办文化进万家活动

染力。

【摄影培训】7月5日，河南省摄影家协会调研组来到郑州参观"我眼中的大美中原"中原区"喜迎党的二十大"摄影作品展，并现场指导了大赛评选工作。7月27日，河南省摄影家协会调研组来到南阳，现场观摩大赛评审会，并进行细致的指导。同月，商丘摄影家协会在睢阳区摄影家协会举办"我眼中的大美中原"摄影创作培训班。

【志愿活动】2月15日，河南省摄影家协会文艺志愿者走进新郑市梨河镇，为梨河镇的劳动模范和60岁以上老人拍摄肖像照片留念，用行动致敬平凡英雄，同时也传播了"奉献、友爱、互助、进步"的志愿服务理念。河南摄影家协会理事郭浩在"摄影公益大讲堂"上，结合当前摄影常见问题为观众进行讲解，讲座为当地摄影爱好者带来了新的摄影理念，拓宽了他们的摄影视野。

"我们的中国梦——摄影文化进万家"公益活动。3月4日，河南省摄影家协会举办"我们的中国梦——摄影文化进万家"公益活动走进滑县。为了更好地体现家乡变迁和精神风貌，成立了由滑县籍中国摄影家协会会员和河南省摄影家协会会员组成的小分队。小分队全体成员深入滑县6个乡镇，为22户老党员、"二好二孝"、农村致富带头人、四世同堂代表家庭拍摄了全家福。5月23日是毛泽东同志《在延安文艺座谈会上的讲话》发表80周年，也是第九个中国文艺志愿者服务日。当日上午，由河南省摄影家协会、信阳市摄影家协会共同主办的文化进万家活动在信阳市平桥区举行。近20名摄影志愿者分成两组，分别走进平桥区彭家湾乡潘寨村、陆庙办事处陈畈村，为村民拍摄"全家福"照片、肖像照，为村干部拍摄工作照。

民间艺术

【概况】 2022年，河南省民间文艺家协会积极开展"喜迎二十大，欢乐进万家"群众文化活动，强力推进《中国民间文学大系·河南卷》编纂出版工作，广泛开展"我们的节日"主题系列活动和民间文化惠民活动，全面推进新时代河南民间文艺事业的繁荣发展。截至2022年，河南省共有中国民间文艺家协会会员976人，河南省民间文艺家协会会员4643人，会员人数名列全国前列。2022年河南省民间文艺家协会以团体会员总分排名第一的成绩，受到了中国民间文艺家协会表彰。

【编辑出版工作】 《中国民间文学大系·河南卷》编辑出版工程。《中国民间文学大系·河南卷》编纂出版工程是国家"十四五"重点文化工程。自2018年6月开始，截至2022年，河南省共承接了33卷，占全部规划内容的十分之一。其中：2018年承接5卷，2019年承接5卷，2020年承接11卷，2021年承接1卷，2022年承接11卷。至此，河南省大系工程累计承接33卷，居全国第一。河南的大系编纂工作受到了中国民间文学大系出版工程领导小组的充分肯定。2022年，已正式出版6卷，分别为《故事·平顶山分卷》《谜语（一、二、三卷）》《神话（一、二卷）》，特别是《故事·平顶山分卷》和《谜语·河南分卷（一）》成为全国首批示范卷。同时，《神话卷（三）》《故事·安阳分卷》《故事·濮阳分卷》《传说·安阳分卷》《故事·南阳分卷》及《谚语（一、二卷）》等9卷，已通过国审并进入出版程序。其余各卷正紧张编纂，并陆续通过省审后提交国审进入正式出版程序。

《中国民间工艺集成·河南卷》编辑出版工程。"中国民间工艺传承传播工程"是国家社科基金特别委托项目，"十四五"国家重点图书出版项目。《中国民间工艺集成·河南卷》作为全国首批示范卷，自2017年启动以来，在编委会主任程健君、副主任田晓的带领下，先后奔赴14个地市进行调研，走访122个采访点，110位民间工艺美术家累计田野考察68日，获得丰富的文献和实物资料，共拍摄图片2万余幅，在全国率先完成编纂任务，成书文稿32.6万字，图片1500余幅，可望近期正式出版。

【培训交流】 民间文艺精品创作和对外文化交流与合作。河南省民间文艺家协会先后组织艺术家参加中国民间文艺家协会、山东省文学艺术界联合会、中共菏泽市委宣传部主办的"喜迎二十大 奋进新征程"2022全国面塑艺术创作展，河南省面塑艺术家张新芳的面塑作品《希望的田野上》和《记忆老家河南》入展，其中《记忆老家河南》最终被评为20件精品之一，并被组委会收藏。与浙江省民间文艺家协会共同主办"宋韵千年"·越窑与五大名窑艺术展、参加"大美民间"——2022中国（南京）农民画优秀作品双年展。参加中宣部文艺局牵头组织的2023年"新时代·新风尚·新年画"——我们的小康生活美术作品，河南省共有14位农民画家参加，其中，舞阳县农民画艺术家胡秀如的作品《浇灌幸福花》成功入选。

中国民间文学大系出版工程实施项目编纂工作（中部片区）培训交流会。《中国民间文学大系·河南卷》编纂出版工程是国家"十四五"重点文化工程。9月24日至25日，由中国民间文学大系出版工程领导小组办公室、中国民间文艺家协会、河南省文学艺术界联合会主办，河南省民间文艺家协会等承办，中国民间文学大系出版工程实施项目编纂工作（中部片区）培训交流会在河南省郑州市举办。培训会上，各卷本主编介绍了卷本进度，提出了困难和问题。专家组成员、出版社编辑解答关于编纂工作的问题，并提出指导意见及解决办法。

【民间文化惠民活动】 民间文艺会客厅。为全面推进乡村文化振兴战略，发挥民间文艺赋能乡村振兴生力军作用，河南省民间文艺家协会决定自2022年春启动河南省乡村民间文艺会客厅建设试点工作。首批参加试点的地市包括郑州、开封、洛阳、安阳、平顶山等。2022年，各试点区域的会客厅建设稳步推进，首家民间文艺会客厅开封市朱仙镇（河东村）已投入运营。会客厅由当地民间文艺家协会组织负责管理运营，当地民间文艺家协会会员担任主持，外地民间文艺家协会会员以客座身份加入，定期赴会客厅举办各类民间文艺惠民活动。河南省已有鲁山县张官营镇和洛阳市嵩县挂牌建立乡村文化振兴实践基地。

乡村文化振兴。河南省民间文艺家协会按照河南省委农村工作领导小组的工作部署，遵循乡村振兴战略，大力加强民间文化之乡载体和品牌建设，实施"河南省民间文化之乡"调查、申报、命名工作。2022年，先后考察并命名平顶山叶县为河南省叶公文化之乡、南阳市淅川县为河南省范蠡文化之乡、新郑市为黄帝文化之乡、平顶山宝丰县为河南省小米醋文化之乡、驻马店市驿城区为河南省驿站文化之乡、驻马店市平舆县为河南省太任文化之乡、商丘市宁陵县为河南省梨文化之乡。配合中国民间文艺家协会中国起源地研究中心，在河南试点开展起源地课题研究工作，先后到三门峡市、商丘市民权县进行考察调研，并启动庄子文化等起源地课题研究，为"一带一路"民间文化探源工程开辟新路。继续开展第九批"河南老字号"、第八批"中原贡品"申报工作，助推"河南老字号"发掘保护和创新性发展。

"到人民中去"文艺扶贫志愿服务主题活动。河南省民间文艺家协会推动民间文艺进社区、进校园、进课堂，继续推进河南省民间文化教育示范学校和河南省民间文化教育研学旅行基地申报命名；开展文艺志愿服务主题活动，先后举办"民间文化产业助力乡村振兴研讨会""文艺进万家 健康你我他"活动。南阳市民间文艺家协会、浚县民间文艺家协会等地方民间文艺家协会组织广泛开展了民间文艺志愿服务活动。2022年，河南省民间文艺家协会授予许昌圆融颈肩腰腿病医院中医文化研学旅行基地、平舆县挚都民俗文化博物馆"河南省民间文化教育研学旅行基地"称号。

【"我们的节日"系列主题活动】

基本情况。2022年，河南省民间文艺家协会采用线上线下结合的形式举办围绕中国传统节日如春节、端午、中秋等积极开展"我们的节日"传统节庆文化活动，推进优秀传统文艺的传承发展。举办"我们的节日"——2022年中国·朱仙镇年文化节、"我们的节日"——中国（鹤壁）第十四届民俗文化节、"我们的节日"——中国（开封）清明文化节系列活动、"奋进新征程 建功新时代"之"我们的节日·春节"——2022南阳首届民间工艺精品展、"我们的节日"——2022中国（鲁山）云上端午节活动。此外，还举办中华民族之母——嫘祖壬寅年拜祖大典、"第六届'云上'世界汉字节仓颉文化"系列民俗活动等大型活动，传承弘扬中华优秀传统文化，助力"文化强省"建设。

我们的节日·春节——2022南阳首届民间工艺精品展。2022年2月13日，由河南省民间文艺家协会、南阳市文学艺术界联合会指导，南阳市文化馆、南阳市民间文艺家协会主办的"奋进新征程 建功新时代""我们的节日·春节"——2022南阳首届民间工艺精品展（农历正月十三）在南阳市文化馆（三馆一院）开幕，展期约3周。作品涵盖了玉雕、烙画、汉画、陶艺、泥塑、面塑、剪纸、布艺、石雕、石砚、根雕、奇石、版画、年画、农民画、刺绣、编织、古琴制作、毛笔制作等20个门类，展出精品近300件，可谓种类齐全、众彩纷呈。举办该次民间工艺精品展，旨在综合展现南阳市地方特色优秀传统文化，弘扬中华优秀传统文化。

中秋祭月民俗文化活动。9月10日晚，鹿邑县在老子诞生地太清宫景区举行"中秋祭月祈福大典"暨传统民俗活动。活动现场，来自鹿邑县社会各界的汉服爱好者，身着端庄华美的礼制汉服，通过"献祭舞乐""三献读祝"等礼仪，分别展现了国家级非遗"老子祭典"和传统民俗"中秋祭月"等仪式，再现了中华传统文化祭祀礼仪之美。另外，活动以汉服国风、传统节日祭祀礼仪等为切入点，打造青年群体关注热点话题，不断创新文旅融合新途径，老子故里鹿邑知名

2022年9月24日至—25日，中国民间文学大系出版工程实施项目编纂工作（中部片区）培训交流会现场

度和美誉度得到进一步提升。

2022河南省第五届中国农民丰收节。 9月23日,"我们的节日"——2022河南省第五届中国农民丰收节活动在漯河市临颍县皇帝庙乡商桥村开幕。该次丰收节民俗文化系列活动由中国民间文艺家协会、河南省农业农村厅、河南省文学艺术界联合会、漯河市人民政府主办,河南省民间文艺家协会、漯河市文学艺术界联合会、临颍县人民政府共同承办。活动期间,河南省民间文艺家协会共组织4项活动,举办了"匠心神韵"——河南省传统民俗技艺、绝活绝技展,吹糖人、纸雕、布艺、泥塑、草编、刺绣、木版年画、秸秆画等具有代表性的艺术品现场展示。同时,还举办了大河儿女"庆丰收"河南老字号、中原贡品展等。

2022第二十届重阳文化节启动仪式暨孝心模范、孝道家庭颁奖典礼。 10月4日,由中国民间文艺家协会、河南省文学艺术界联合会主办,河南省民间文艺家协会、驻马店市文学艺术界联合会和上蔡县委、县政府承办的"我们的节日"——2022中国·上蔡第二十届重阳文化节启动仪式暨孝心模范、孝道家庭颁奖典礼举行。该次重阳节突出"九九重阳日·殷殷孝老情·喜迎党的二十大胜利召开"这一主题,共有活动7项:孝心模范、孝道家庭表彰,上蔡县非物质文化遗产及重阳习俗展,"欢庆重阳节,喜迎二十大"老干部文体活动会演,"情系重阳日·浓墨颂金秋"书画采风交流活动,敬老、爱老、孝老评选挂牌活动,"九九重阳情·三关怀一帮助"活动,全县中小学"敬老爱老孝老·我践行"主题活动,内容丰富,特色鲜明。

【拜祖大典活动】 中华民族之母——嫘祖壬寅年拜祖大典活动于4月6日举行,由中国民间文艺家协会、河南省文学艺术界联合会、河南省炎黄文化研究会、河南省民间文艺家协会、驻马店市文学艺术界联合会、驻马店市炎黄文化研究会、驻马店市民间文艺家协会、中共西平县委宣传部主办,西平县炎黄文化研究会、西平县文化广电旅游局、西平县文学艺术界联合会、西平县企业家协会承办。该次西平县的拜祖大典共分为:盛世礼炮、敬献花篮、净手上香、行施拜礼、恭读拜文、祈福中华6个环节。该次壬寅年网络拜祖活动还配合有"中华母亲颂"诗歌朗诵会、嫘祖文化系列征文和短视频大赛、文化学者访谈、书画剪纸作品大赛等内容。

2022年9月23日,"2022河南省第五届中国农民丰收节"在漯河市开幕

2022年4月6日,嫘祖壬寅年拜祖大典活动现场

文物 考古

渑池仰韶村遗址公园

文 物

郑韩故城郑国贵族墓地地面标识展示（由北向南）

【概　况】　河南省现有不可移动文物65519处，其中世界文化遗产5处，全国重点文物保护单位420处，省级文物保护单位1521处，不可移动和可移动文物总量均居全国前列。国家文物局公布和立项的国家考古遗址公园17处。国家级历史文化名城8个、名镇10个、名村9个，省级历史文化名城15个、名镇51个、名村46个。中国传统村落204处，省级传统村落1018处。开放省级以上文物保护单位970处。中国八大古都河南独占4座。自1990年"全国十大考古新发现"开始评选以来，河南省共有53项考古发现获此殊荣，位居全国首位。全国百年百大考古发现，河南14项入选，位居全国第一。"十四五"时期，全国150处大遗址中河南占16处，另有涉及长城、大运河两条线性遗址5处，总数达到21处，数量全国第一。截至2022年年底，河南省各级各类博物馆达395家，三级以上博物馆为72家。河南文物数量多、分布广、品类全、价值高，是传承华夏历史文明、促进河南经济社会发展的"金名片"。

【文物保护与管理】　**文物博物馆工作规划**。3月11日，《河南省文物博物馆事业发展"十四五"规划》公布。该规划指出，"十四五"期间，河南文物博物馆事业发展着力推进中华文明标识体系等十项重点任务，打造中华文明标识体系。助力黄河、大运河、长城、长征国家文化公园建设。发掘并研究灵井"许昌人"、新密李家沟、新郑裴李岗等遗址，探寻东亚现代人类起源和农业起源。整合提升北阳平、双槐树等仰韶文化遗址，实证"早期中国文化圈"的形成发展。挖掘研究登封王城岗、偃师二里头遗址等一批文化遗址，深化夏文化研究。依托郑州商城、安阳殷墟等国家都城遗址，打造中国历史主根脉文化地标。

大遗址保护利用。支持郑州、洛阳等地大遗址综合保护利用，推动贾湖、城阳城等国家考古遗址公园立项单位加快建设，推动安阳殷墟、汉魏洛阳城遗址、隋唐洛阳城遗址、郑韩故城等国家考古遗址公园继续提升建设水平。强化文物古迹保护。建设现代考古管理和技术体系、强化文物科技创新等基础工作、大力推进让文物"活"起来、深化文物保护利用改革、加强文物机构人才队伍建设等。

文化建筑保护。统筹城乡文物建筑保护，重点实施嵩山古建筑群、济源古建筑群、百泉古建筑群以及古塔、古桥梁等的保护和展示利用。做好焦作寨卜昌、郏县临沣寨等传统村落的整体保护。推进二里头遗址和万里茶道河南段申遗工

汉魏洛阳城遗址公园

作，做好仰韶文化重要遗址、开封明清城墙、关圣文化史迹、红旗渠等申遗准备工作。

红色革命文物保护。加大红色革命文物保护力度，推进鄂豫皖片区、冀鲁豫片区、河南片区和长征片区（红二十五军）等片区的革命文物保护规划编制实施工作，形成"三山两水一线"革命文物保护利用新格局。

博物馆群体系。完善以河南博物院为龙头，市县级博物馆为主体，行业和非国有博物馆为补充的具有中原文化特色的博物馆群落体系。谋划建设河南博物院新院、张仲景博物院等项目，积极推进中国文字博物馆二期、殷墟遗址博物馆等项目建设；实施世界一流博物馆创建计划。支持郑州百家博物馆和洛阳"东方博物馆之都"博物馆群建设。

【文物保护项目实施】 *文物系统灾后恢复重建*。3月，河南省政府办公厅印发《河南郑州等地特大暴雨洪涝灾害灾后恢复重建文物保护专项规划》，此《规划》被列为全省12个专项规划之一，涉及文物保护修复项目158项，资金6.7亿元。河南省文物局4月27日召开专题会议安排部署专项规划实施。6月28日，向相关27个县（市、区）政府发出《关于推进灾后恢复重建文物保护项目的函》，督促落实项目资金，统筹专项规划实施。组成9个检查组，对纳入规划的158个项目分类开展检查推进。2022年度，累计开工153个项目，开工率96.83%；完工130个项目，完工率82.27%；累计投资2.7亿元，投资完成率40.01%。为指导全省文物系统防汛减灾，印发《河南省文物

洛阳市偃师区水泉石窟实施文物保护措施

局防汛减灾应急预案》和《河南省文物防汛减灾工作指南（试行）》，并针对汛期安全，下发《文物系统防汛预警提示函》11次，转发国家文物局《不可移动文物洪涝灾害预警预报》48次，强化督导，确保了全省文物安全度汛。

文物保护工程。积极组织申报2023年全国重点文物保护单位文物保护工程立项计划，最终国家文物局批复57项文物保护工程立项计划，增加了文物保护修缮项目储备。文物保护方案审批方面，组织评审了郑州文庙大成殿、巩义石窟、巩义杜甫诞生窑、巩义青龙禅寺、安阳永和桥、浚县古城墙姑山段城墙遗址、浚县碧霞宫、浚县高真观、尉氏县洧川城隍庙、郏县山陕会馆、济源市阳台宫、济源二仙庙、辉县白云寺、辉县宝泉玉皇庙、辉县百泉、汝州文庙、郑州清真寺、潢川县三义观、邓州市汲滩镇山陕会馆、扶沟县文庙、获嘉县同盟山遗址（武王庙）、郏县北三郎庙村古建筑群、渑池县龙耳寺、卢氏县翁关村史家大院、民权县张庄清真寺、三门峡市南梁万寿宫、漯河市三晋乡祠、商丘市阏伯台、商丘市穆氏四合院、林州市惠明寺等一大批省级及以上文物保护单位修缮保护方案55个。

文物保护工程监管。严格工程开工备案，掌握各地文物保护工程的组织、进度、重点难点和保护措施，加强工程中期检查，按照《全国重点文物保护单位文物保护工程检查管理办法（试行）》要求，实行开工一个月现场检查制度，对检查出的问题下发检查意见、督促有关单位限期整改，并将检查整改结果作为验收内容，进行检查情况通报，落实竣工验收制度，按照国家文物局《全国重点文物保护单位文物保护工程竣工验收管理暂行办法》要求，督促文物保护工程项目完工后由业主、施工、设计、监理四方评验，市级文物部门开展初验，整改合格一年后由省文物局组织专家进行竣工验收，对不符合验收条件的，要求其限期整改。

全国行业职业技能竞赛。8月18日，2022年全国行业职业技能竞赛——全国文物行业职业技能大赛河南省选拔赛在洛阳职业技术学院开幕。该次竞赛由河南省文物局、人力资源和社会保障厅、省

2022年，全国行业职业技能竞赛参赛选手修复壁画

2022年，全国行业职业技能竞赛河南省选拔赛陶瓷文物修复师组获奖人员

总工会主办，洛阳市文物局、洛阳市人力资源和社会保障局、洛阳市总工会、洛阳职业技术学院承办。大赛围绕"保护文化遗产 弘扬工匠精神"的主题，突出对从业人员工作理论和技能的考核，旨在大力弘扬劳模精神、劳动精神、工匠精神，加强河南文物行业职业技能人才队伍建设。竞赛的每个项目均设理论考核和实际操作两个环节。实际操作比赛内容分木作文物修复、泥瓦作文物修复、陶瓷文物修复、壁画彩塑文物修复、金属文物修复、考古探掘6个项目。来自全省的115名选手参加大赛各个奖项的角逐。比赛共产生一等奖6名、二等奖12名、三等奖17名。

文物保护区域评估。通过考古调查、勘探（含试掘）等方式，对各类开发区范围内的地面文物和地下文物遗存的保存分布情况进行确认，并提出保护措施建议，可以有效解决建设项目开工后发现文物造成停工的矛盾；可以有效避免因发现地下文物需要原址保护，造成项目建设与文物保护的冲突。同时，通过文物资源调查，明确评估区域内文物资源情况，提出保护建议和要求，使文物得到科学的保护和合理的利用。2022年度，河南省文物考古研究院完成全省各地产业集聚区10余处文物保护区域评估工作，合计评估面积70余平方公里。

【工程建设地下文物保护】 地下文物保护法规。河南省人民政府办公厅印发《关于进一步加强工程建设地下文物保护工作的通知》，将法律规定的"大型基本建设工程"明确为"国家和省、市、县重点建设项目"；将法律规定的"规划成片开发的土地"明确为"城镇规划建设用地范围内以及各类开发区、高新区、产业集聚区、城乡一体化示范区等规划成片开发的土地"。

考古调查勘探。2022年度河南省文物考古研究院完成洛阳—新郑国际机场航煤管道项目、三门峡—新安—伊川天然气输气管道工程、洛阳伊川—郑州薛店天然气输气管道工程、平顶山储气库工程至舞阳县卤水输送管道工程、焦作九渡水库、方城县汉山水库移民安置区、安阳至新乡高速公路新乡段等大型基本建设考古调查工作，调查线路长度合计约482公里，水库类调查面积约1.7平方公里，完成勘探面积达300余万平方米；承担了新建平顶山至漯河至周口高速铁路、沁阳至伊川高速公路、郑州至洛阳高速公路、河南省沿黄高速公路武陟至济源段、安阳至罗山高速公路豫冀省界至原阳（兰原高速）段、兰考至沈丘高速公路兰考至太康段、安阳至新乡高速安阳至鹤壁段、沈丘至卢氏高速沈丘至遂平段、沿太行高速公路焦作至济源段等20余项重点项目建设的考古发

安新高速鹤壁上曹遗址整体航拍

沿黄高速焦作南东陶遗址陶窑

掘工作，共涉及文物点56个，涉及发掘面积6.915万平方米。

明代郑藩王陵勘探。在沿太行高速公路工程焦作至济源段校尉营明代郑藩王陵范围内，共发现明代墓葬5座，祭祀遗迹2处，石砌寝园墙1处，以及寝园墙基址1处。寝园遗址保存较为完好，遗址内保存有享殿、配殿、寝园门，以及随墙门基址。为复原研究郑藩王陵的建筑规制提供了翔实的材料。出土有陶、瓷、铜、铁、金、银、石、木、琉璃等多种制品的文物，开展了人类体质学、植物考古、冶金考古等相关研究。

郑州商城遗址勘探。为配合郑州商都历史文化街区建设，对遗址进行发掘，在塔湾共发现2101个遗迹现象，遗迹年代主要分为二里岗文化时期、战汉时期与唐宋时期三个阶段，以唐宋时期遗迹为主，历时3000余年。遗址文化内涵丰富，延续时间较长，结合历史文献和当地传说，特别是商代夯土遗迹上的唐代人骨埋葬坑，对于研究该时期郑州商城区域的城市文明、都城布局以及文化生活都有重要意义。

【文物建筑保护】 文物建筑数字化平台。利用社会资源和智力，提升数字化创新能力，先后开展浚县大伾山石窟、鸿庆寺石窟一号窟数字化保护方案、嵩岳寺塔数字化测绘、传统拓片数字化、院早期图片档案数字化等项目，对文物建筑数字化保护进行了有益的尝试。

古建筑保护科研基地及工作站。实施外联内引，开展科研工作基地或工作站建设，满足基层文物工作的需求。与行业内高水平业务团队——古建筑木材科学研究与保护国家文物局重点科研基地（北京工业大学）合作，成立木构古建筑国家重点基地河南工作站，实施校院共同开展基础研究，促进河南省古建筑保护科技水平的进一步提高。响应国家文物局开展预防性保护战略及市县需求，先后在洛阳、登封设立院科研工作站，为基层文物单位提供更快捷的服务、培养基层科研团队。其中，省文物建筑保护研究院文物建筑病虫害防治科研基地，针对省内部分市县木构建筑病虫害问题，积极主动开展工作，解决了基层文物单位的燃眉之急。

文物建筑社科基金项目。组织河南省文物建筑保护研究院申报国家社科基金项目1项、河南省科技攻关项目2项，省社科项目2项、省社会科学优秀成果奖2项、省科技基础条件专项资金1项。完成科研论著3部。河南古建筑史编撰工作顺利进行。申报相关文物规范、标准4项。

【石窟寺保护利用】 龙门石窟修缮。强化龙门石窟保护利用。在文物保护工程方面，奉先寺渗漏水治理与危岩体加固工程在保护过程中加强科学研究和多学科联合攻关，采取动态设计、信息化施工模式。在施工过程中由传统的"四方参与"到设计、施工、监理、建设方、专家组"多方参与"，2022年7月21日完工，历时228日，该工程入选"2022十大文博年度影响力榜单"。完成宾阳洞雨棚修缮工程、敬善寺区域综合治理等工程。2022年8月开始实施龙门石窟监测系统升级改造项目，主要提升监测系统运行环境，确保龙门石窟数据进行高效、高质量可视化展示，提升龙门石窟监测成果展示水平及应急指挥能力。

龙门石窟数字化。在数字化利用方面，2022年，西安交大造型艺术中心与龙门石窟研究院、芝加哥大学东亚艺术研究中心、

龙门石窟奉先寺卢舍那大佛雕像群

纳尔逊·阿特金斯艺术博物馆四方合作，共同启动《龙门石窟宾阳中洞帝后礼佛图虚拟复原及展示项目》，西安交大教授贾濯非带领的研究小组，是该项目的技术执行团队。项目通过"数据聚合"收藏在海外博物馆浮雕碎块、宾阳中洞残壁母体、浮雕原始拓片和历史照片所提供的信息源，进行造型复原和环境还原。截至2022年年底，完成分处于国内外3地的皇后礼佛图残壁、礼佛图碎块及陈列于美国纳尔逊博物馆的礼佛图的数据采集、处理工作，完成数字复原方案的论证设计、"数据聚合"可行性研究报告及1:3验证缩比模型。龙门石窟研究院利用三维数字技术、科技考古、艺术再现等手段，通过洞窟三维扫描、精准测绘数据、模型建设、色彩现状调查研究分析、色彩成分分析及历史艺术风格研究，完成宾阳中洞窟顶藻井彩绘复原研究，并以平面二维的形式进行解读与再现。

龙门石窟数字化修复展示。龙门石窟研究院将三维数字技术运用于流散文物的寻探确定原位、虚拟复位研究展示中，根据流散文物的不同情况采取不同方式进行复位复原研究展示。从海外回归的8件龙门石窟流失文物中，3件能够确认在石窟中原位的造像：古阳洞高树龛主尊佛首、火顶洞北壁菩萨头像、看经寺迦叶上半身像与其造像残存，龙门石窟研究院通过数字技术，以"数据聚合"的方式完成虚拟复位，并以3D打印实物形式展现其完整样貌。2022年，龙门石窟研究院开发运营"云上龙门"小程序。通过VR、AR、动画、音频、视频等新媒体传播方式，让公众足不出户了解龙门，云赏龙门。另外，龙门石窟研究院官网于2021年4月21日上线，设置走进龙门、学术龙门、数字龙门、文化弘扬等7个版块。

小型石窟寺保护利用。推进中小型石窟寺保护利用工作。开展河南省中小型石窟寺数字化建库工作，初步完成豫北地区全部中小石窟的数字化采集工作。开展河南石窟寺数字化展示利用方法研究工作，以浚县大伾山千佛洞为例，2022年年底已完成初步样本制作。持续开展《河南省中小型石窟调查》的后续资料整理及出版筹备等工作。完成起草河南省地方标准《石窟石刻拓印保护工程技术规范》《石窟石刻文物建筑保护工程数字化勘察测绘规范》。组织审批了大伾山摩崖大佛及石刻综合保护项目、巩县石窟上部岩土体抢险加固工程等一批重要石窟寺保护设计方案，实施修缮了小南海石窟抢险加固工程。组织全省石窟寺机构参与中国文化遗产研究院举办的全国

龙门石窟卢舍那大佛局部

大伾山摩崖弥勒大佛

大伾山唐建中元年谏议大夫洪经纶题记

大伾山明书法家王铎摩崖石刻

王阳明《登大伾山》诗

石窟寺讲解员线上培训班。

石窟寺考古。落实《中国石窟寺考古中长期计划（2021—2035年）》和《河南省石窟寺考古重大项目实施方案（2021—2035）》《河南省"十四五"时期石窟考古工作计划》，推进石窟寺考古工作。继续开展龙门石窟古阳洞数字考古三维扫描后的建模、考古绘图及洞窟文字记录；开展了龙门石窟东山看经寺及以北区考古报告编写工作，先期开展了三维数字化技术扫描和绘制考古实测图。继续开展龙门石窟唐代香山寺遗址考古发掘第一阶段工作出土遗物的室内资料整理，编写考古发掘报告。同奉先寺保护工程相结合，组建项目团队，开展奉先寺大卢舍那像龛考古报告编写，持续进行现场考古调查、考古测绘、文字记录、高清拍摄和多基线近景摄影建模。

考 古

【概　况】考古工作主要分为考古调查、考古勘探和考古发掘三种基本方式，其中的重点是勘探和发掘。据统计，2018年以前，河南省平均每年开展考古勘探1300项，开展考古发掘135项左右。2018年以后，考古勘探与发掘项目数量迅猛增长，考古勘探平均每年增至2000项，考古发掘平均每年达310项，是全国各省中开展考古工作最多的省份。2022年，随着河南偃师二里头都邑网格式布局、安阳殷墟商王陵及周边遗存、开封州桥及附近汴河遗址入选2022年度全国十大考古新发现，河南省入选全国十

瓦店遗址绘图工作照

大考古新发现的项目已达53项，在全国各省中处于领先地位。除大量配合基本建设开展考古工作外，河南省各考古单位围绕国家重大历史课题，如夏文化研究、商文化研究、中华文明探源、大遗址考古、石窟寺考古等持续开展主动性考古发掘项目，每年获批项目维持在30项左右，不断获得重大考古新发现。

【考古管理】 2022年，河南省组织上报主动性考古发掘项目42项，其中32项获得批准，初审并上报248项配合基本建设考古发掘项目，获批实施233项。重要遗迹保护方面，对邓州团结中路安置房项目、安阳市陶家营商代遗址、淇县墨香里安置小区项目、辛村遗址、郑州商城遗址东城垣内侧环境整治项目、安阳市小八里庄遗址、郑州商都历史文化区两院二期项目考古发现青铜墓、安阳高陵一号墓、小双桥遗址等9项考古发现重要遗迹保护工作提出指导意见。

考古工地管理。河南省文物局指导省考古院、鹤壁市文物部门规范辛村遗址范围内搭建考古工作临时用棚工作。对小双桥遗址、黄山遗址搭建考古临时用棚工作进行指导。成果发布管理方面，指导省考古院、安阳市文物局规范辛村遗址、安阳小八里庄遗址考古新发现成果发布。配合国家文物局，在"考古中国"平台上对偃师二里头遗址考古发掘、郑州商城两院二期考古发掘、开封州桥遗址考古发掘3项重要考古新发现成果进行了发布。辛村遗址考古发掘90周年纪念大会暨中国两周考古学术研讨会于11月21日在鹤壁召开。

考古工作站建设。河南省文物局同意省考古院在邓州建立邓州考古工作站，并加挂城市考古与保护国家文物局重点科研基地邓州工作站牌子。在汝州成立汝州旧石器考古工作站，在罗山县建设古息文化考古研学基地暨考古资料整理基地。同意省文物考古研究院与鹤壁市政府联合筹建豫北文物整理基地，于2022年8月23日举行奠基仪式。举办2022年度市县考古发掘技术人员培训班，时长为3个月，培训市县文物博物馆单位人员22名。

考古资料整理。督促夏文化研究项目、三峡工程重庆库区考古工作各参与单位加快考古资料整理出版，批复了《偃师商城》第二卷《宫城区发掘报告》出版工作计划。

文物勘探管理监督。开展2021年度勘探资质单位年审，经审查，河南省59家文物勘探单位，54家单位年审合格，5家单位不合格。为洛阳市孟津区、永城市、滑县辖区内3家单位办理了文物勘探许可证，为6家单位的文物勘探许可证、文物勘探技术员证变更了相关信息。文物勘探技术员管理方面，对2016年度获得文物勘探技术员证的84人进行了综合考核，为考核合格的61人换发了新证，取消23人技术员资格。组织开展全省基本建设考古调查、勘探、发掘和文物保护、排查工作。督促商丘市推进"考古前置"改革。对马店市辖区内文物勘探招标行为进行规范管理。为开封市、洛阳市、新安县文物勘探单位跨区域作业办理备案手续。

【考古发掘】 殷墟—洹北商城考古发掘。自1928年起，中国考古工作者开始对殷墟进行科学的考古发掘，至今已发现殷墟宗庙宫殿区、居址区、王陵区、墓葬区、手工业作坊区等重要遗迹，以及与之毗邻的商代中期都城洹北商城，出土了大量甲骨文、青铜器、陶器、玉石器等各类珍贵文物，基本廓清了殷墟的分布范围与结构布局，构建起殷墟文化分期编年体系，为探索早商乃至夏代考古学文化提供了基础，商代都城制度、墓葬制度、祭祀制度、手工业生产体系，以及建筑、水利、精神信仰等各方面研究不断深化，实证了文献记载的商代

洹北商城总平面图

洹北商城殷墟祭祀沟现场图

历史，系统展现了商代社会文化面貌、商代文明发展成就。

殷墟池苑与道路。小屯宫殿宗庙区新发现大型池苑、水道及与之相关的建筑遗迹，池苑面积达6万多平方米，通过水道与洹河联通，改变了以往对于殷墟宫殿宗庙区整体格局的认识。殷墟内部的道路系统不断被揭示出来，殷墟宫殿宗庙区南约1公里处发现2条直通宫殿区的南北向道路，洹河北岸发掘出宽达15米的大型道路，道路之上有清晰的车辙痕迹，道路两侧密集分布居址、墓葬、手工业作坊等，道路揭示的框架体系为进一步探索殷墟城市布局、族邑分布提供了重要线索。

辛店商代铸铜遗址。遗址位于安阳市北部柏庄镇辛店集南部一带，西南距殷墟约10公里。2016年发现该遗址，遗址南北长约1400米，东西约750米，总面积约100万平方米，是一处殷墟时期以"戈"铭为主体的"居、葬、生产合一"的超大型青铜铸造基地和大型聚落。发现与铸铜相关的中小型建筑、大型取土坑、沉淀池、制作场地、熔炉遗迹、烘范窑、铸铜场地等与铸铜相关的遗迹异常丰富，其中独立铸铜作坊1处，陶范堆积坑15处。出土各类器物共12000余件，其中包括有陶范9500余件、炉壁2000余块，以及铜块、鼓风管、磨石、制范工具、骨器、木炭等与铸铜相关遗物。这对研究的商都手工业布局，大邑商范围等有重要价值。

陶家营商代中期环壕聚落。陶家营遗址位于安阳市北关区柏庄镇陶家营村北地，西南距殷墟宫殿遗址7.2公里，南距洹北商城3.8公里，东北距辛店商代晚期铸铜遗址2.6公里，是洹北商城北部同一时期的重要的伴（卫）城。该遗址平面呈长方形，东西约560米，南北长约330米，总面积约18.5万平方米。在遗址东部发现平面略呈方形的环壕，南北长约330米、东西宽约300米。现已发掘出灰坑（含窖穴）66处，墓葬26座，另有壕沟、陶窑、夯土基址、水井等遗迹。出土各类器物约172件，包括铜器、陶器、玉石器、骨器、蚌器、贝等。其中出土青铜礼器、兵器、工具70余件。聚落内功能分区较为

辛店遗址位置图

出土的铸铜相关器物

清晰。生产生活区和墓葬区相对独立，南北成排、东西成列的墓葬排列方式更是突显了其规划特征。陶家营遗址人类牙釉质的锶、氧、碳同位素分析初步结果显示陶家营人类以粟黍为主食，部分个体是从外地迁到本地，对研究安阳地区中商时期人口来源具有重要意义。陶家营青铜器的科技分析显示其合金类型分为锡青铜和铅锡青铜两类，锡含量变化较大。其中，92.3%的铅锡青铜的铅同位素组成属于高放射成因铅，87.5%的锡青铜的铅同位素组成属于普通铅，反映了铜料和铅料的来源不同，这为研究商代青铜矿料的产地和流通提供了新的资料。

邵家棚商代晚期聚落遗址。邵家棚商代遗址位于殷墟南区中心位置，安阳市殷都区铁西路与新安街交叉口西南，北部是殷墟苗圃北地铸铜遗址、郭家庄西南和东南遗址，西北2.4千米是殷墟宫殿宗庙遗址，东部为第七人民医院遗址，西南约600米为任家庄铸铜遗址。遗址发掘面积为6000平方米，共发掘清理商代晚期的灰坑176座、以18处房基组成的3座多进式院落、墓葬16座、车马坑4座，出土了一批商代青铜器、玉石器、陶器、骨蚌器、车马器等器物。遗址

陶家营遗址勘探调查（双黄色线为外环壕）

南环壕剖面正摄影像

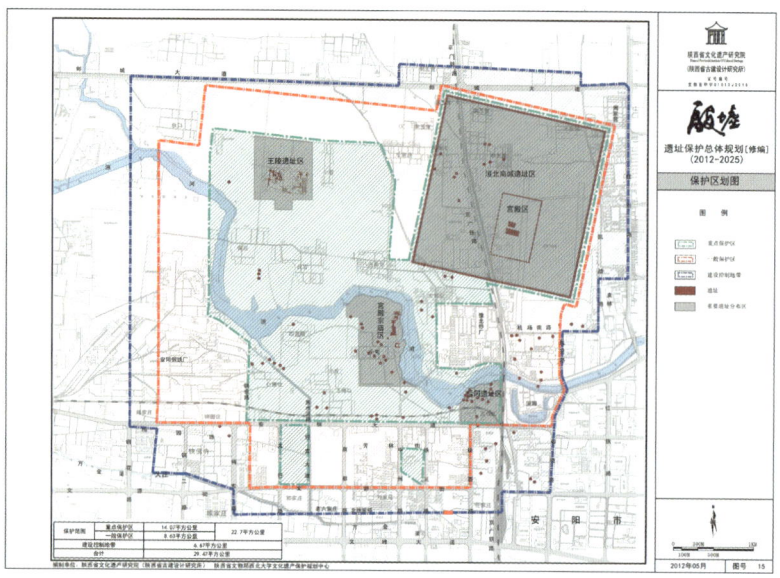

遗址位置图（红色方框）

M98 出土的部分器物组合

H243 出土的铜觥及铭文

时代始于殷墟三期，止于殷墟四期晚段，特别是殷墟四期是其繁荣时期。该遗址对研究殷墟遗址范围、布局和殷墟南区商代遗址文化内涵、文化发展序列具有重要的意义。新发现的商代晚期四合院和房基为商代建筑布局、建筑构筑方式、建筑内部装修等研究提供了新的资料。

【2022年度全国十大考古新发现】 开封州桥及附近汴河遗址。州桥是北宋东京城御街与大运河汴河段交叉点上的标志性建筑。始建于唐代建中年间（780—783年），时称"州桥"，五代称"汴桥"，宋代改称"天汉桥"，因"正对大内御街"，又名"御桥"。至明末崇祯十五年（1642年）被黄河洪水灌城后的泥沙淤埋。自2018年开始，河南省文物考古研究院联合开封市文物考古研究院对州桥遗址开展了持续性的考古发掘工作，已完成发掘面积4400平方米，揭露出唐宋至清代各时期开封城内的汴河形态。明代州桥结构基本完整，青石铺筑桥面，砖砌拱券；桥东侧保留宋代石壁，石壁上雕镌有海马、仙鹤、祥云，纹饰通高约3.3米，显露出的石壁最长约23.2米，构成巨幅长卷。宋代州桥为柱梁平桥，桥下密排石柱，现已不存。州桥石壁画是目前国内发现的北宋时期体量最大的石刻壁画，从规模、题材、风格方面均代表了北宋时期石作制度的最高规格和雕刻技术的最高水平。

河南偃师二里头都邑多网格式布局。二里头遗址中心区"井"字形主干道路及其两侧的墙垣，把二里头都邑划分为多个网格，形成多网格式布局。在这个网格中，宫殿区处在最核心的位置：它距离都邑东、西边界的距离大致接近；祭祀区、宫殿区和官营作坊区这三个最重要的区域恰好在都邑的中路区域，中路区域的东、西两侧，都是贵族居住和墓葬区；祭祀区、贵族居住和墓葬区、加工贵族奢侈品的官营手工业作坊区都拱卫在宫殿区

宋代东京州桥汴河石雕壁画

明代州桥遗址全景

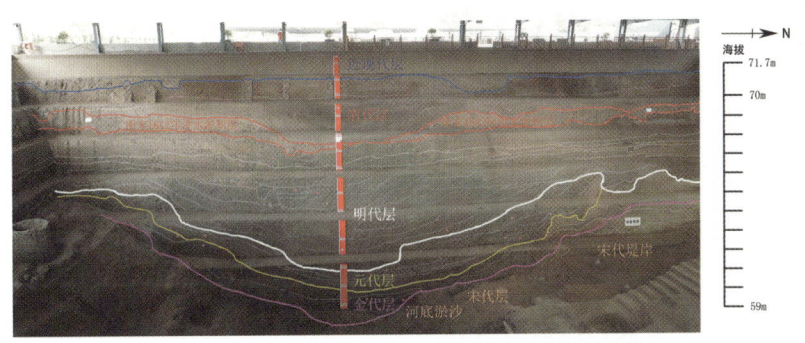

汴河西壁剖面

的周围。都邑内部形成了"宫殿核心区——祭祀区、官营作坊区、贵族居住区、墓葬区等中心区——一般居住活动区"的"向心式"布局结构。二里头都邑极可能已出现了宫城居中、显贵拱卫、分层规划、分区而居、区外设墙、居葬合一的多网格式布局。二里头都邑严谨、规整的布局，显示当时有明确、清晰的规划，社会结构层次明显、等级严格，统治格局井然有序，暗示当时有成熟发达的统治制度和模式，是二里头进入王朝国家的最重要标志。这是二里头都邑布局考古中的一项重大突破。河南偃师二里头都邑多网格式布局入选2022年度全国十大考古新发现。

*河南安阳殷墟商王陵及周边遗存。*殷墟是中国开展考古工作最早的遗址之一，2006年列入《世界文化遗产名录》。商王陵区位于殷墟西北部，是殷墟大邑商都的重要功能区。1934年秋到1935年秋的殷墟第10—12次发掘，清理了10座带墓道的殷商大墓、1座未完成的大墓及1000多座小墓，见证了中国古代青铜时代鼎盛时期辉煌的国家文明、社会发展阶段、高超的技术和工艺水平，为研究商文化和商王国、商代社会结构和社会性质提供了重要证据。结合早期工作成果，2021年启动的以商王陵为核心的洹河北岸地区考古，探明商王陵区规模16万平方米，外围有隍壕，宽超过10米。这是商代陵园制度研究的重大进展。祭祀坑大半以人与狗的组合坑为主，骨骼完整的多，部分坑埋藏器物，年代明确为武丁时期。这为研究商代社会性质、商代祭祀活动及其形式等提供了新资料。王陵区西南部一带的西周遗址面积超过4万平方米。这是殷墟范围内发现的面积最大的一处西周遗址。这将推动周人灭商以及周王国国家治理方式的研究。河南安阳殷墟商王陵及周边遗存入选2022年度全国十大考古新发现。

【中原地区文明化进程研究】"考古中国·中原地区文明化进程研究"项目于2020年经国家文物局批准实施，2022年度豫晋陕冀四省继续开展考古发掘、调查和勘探、资料整理、发表出版报告和论文等工作。其中主动性考古发掘项目6项，合计发掘面积7000余平方米，配合实习和基本建设考古发掘项目6项，合计发掘面积1万余平方米，发现仰韶文化早期防御设施、仰韶中期、晚期和庙底沟二期文化大型房屋建筑、壕沟、墓葬等重要遗迹，取得了较大成果。

*仰韶文化初期和早期。*河南灵宝城烟、山西夏县师村遗址丰富的

河南偃师二里头都邑多网格式布局示意图

2022年商王陵及周边考古发掘三处鸟瞰

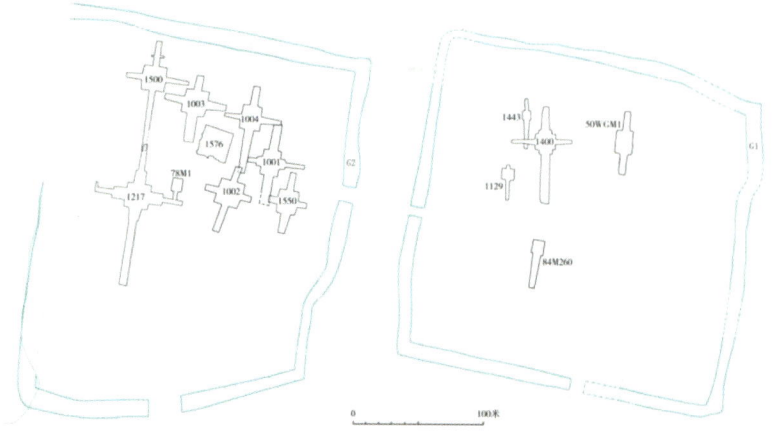

商王陵区大墓和围沟平面分布图

仰韶初期、早期材料对两期文化谱系关系认识奠定坚实基础。城烟揭示出由墙基、壕沟构成的防御系统，师村发现两道城墙。两者均发现门址，结构复杂、设施全面，防御色彩浓厚。其中前者年代为距今约6300年前，是迄今发现中国最早功能显著的人工防御系统。表明聚落间已出现分化，文明化迈出坚实一步。师村夯土基址、城烟大型回廊式房址分别是迄今发现的最早实例。城烟石雕蚕茧、师村石雕和陶塑蚕蛹是目前所见最早蚕类艺术品。城烟检测发现有丝织品和谷芽酒、酿酒控温技术，为丝绸起源与酿酒活动增添新证据。仰韶早期中原最早出现社会复杂化和文明化现象，由此开启中国史前文明化新进程。

仰韶文化中期。灵宝北阳平遗址发现多座大型房屋建筑和数条壕沟。F2保留大量炭化木构件，对复原屋顶结构具有重要意义。大中型房屋与周边同时期者形制结构、营建方式、建筑材料等基本一致。山西汾阳杏花村遗址、陕西西安鱼包头遗址也有类似发现，表明房屋建筑已趋于模式化和成熟化。结合区域调查可知豫晋陕交界一带聚落之间差异显著，区域聚落呈现出金字塔型结构，灵宝西坡墓葬显示社会成员间身份等级差异明显。仰韶中期庙底沟类型文化发展繁盛，内部统一性加强，对外辐射力强大，影响深远。仰韶中期中原社会复杂化和文明化加速发展，文明化显著呈现，进入初期古国时代。

仰韶文化晚期。河南宜阳苏羊遗址大溪、屈家岭、红山、大汶口等文化因素反映出文化交流现象，亦是文化谱系研究的新材料。河南渑池仰韶村大型房址、大型人工壕沟，出土玉器、象牙制品等高等级遗物，似混凝土居住面、丝绸、酿酒均有发现。河南郑州大河村遗址发现有夯土城墙、地震裂缝、洪水迹象等。河南荥阳楚湾遗址揭露一片墓地。陕西泾阳蒋刘遗址发现总面积 20 余万平方米环壕聚落。富平灰坡岭遗址面积约 150 万平方米，发现房址、沟等。灞桥湾子遗址发现小型环壕聚落。双槐树大型中心居址和大型建筑群初具中国早期宫室建筑的特征，大型院落、"一门三道"等凸显其高等级性和源头性，为探索三代宫室、城市制度的渊源提供重要素材。郑州西北地区文化和社会发展成就突出，已步入文明阶段，是中国最早产生的区域文明之一，为实证 5000 多年中华文明提供重要证据。仰韶文化中晚期文明化是在初期、早期基础上的发展，具有自发性、渐进性特征，是一支原生文明。河南巩义双槐树遗址面积 117 万平方米，是仰韶中晚期一处大型三环壕聚落遗址。重要发现有三重环壕、大型中心居址、大型夯土建筑群基址、4 处大型公共墓地、1 处小型房屋群基址、3 处祭坛及北斗九星等遗迹。小型房屋和墓葬，显示层级差别。发现牙雕家蚕与纺织工具，见证五千年前中原地区农桑文明形态。双槐树遗址是迄今为止在黄河流域发现的仰韶文化中晚期规模最大的核心聚落，发现大型中心居址和大型夯土建筑群，开启古代大型宫殿式建筑形制之先河，填补了中华文明起源关键时期、关键地区的关键材料。双槐树遗址入选 2020 年度全国十大考古新发现。

仰韶文化综合研究。 项目各参

灵宝城烟遗址二里头时期陶窑

灵宝城烟遗址仰韶早期二次葬

渑池仰韶村遗址出土的仰韶文化混凝土地坪

与单位还开展了大量多学科多技术研究工作,包括动物考古、植物考古、环境考古、人骨考古、天文考古、古DNA、碳氮稳定同位素、人骨面貌复原等,获取了丰富的考古信息和成果。考古发掘资料加快整理,发表和出版了多篇考古简报、论文和报告,较大促进了中原地区文明化进程相关课题研究。2022年11月,首届仰韶文化论坛在河南省三门峡市举办,会中对项目考古成果进行了汇报,起到较好的宣传作用。

【夏文化研究】 2022年,河南省承担"考古中国·夏文化研究"考古发掘、区域调查、考古勘探等项目,并着力推进夏文化相关考古遗址公园建设、积压资料的整理与研究、多学科综合研究等工作,均取得较为丰硕的成果。夏代祭祀、礼制、宫殿结构、聚落布局等研究方面取得较大进展。研究表明,夏代手工业生产日益专业化、体系化,特别是青铜容器的出现,极大地推动了夏代社会的发展。出版《寻夏记——二里头考古揭秘最早中国》《夏文化十二讲》等,推动了夏文化相关专业问题探讨和社会公共传播。

夏文化遗址。禹州瓦店、登封王城岗、叶县余庄等龙山时期大型都邑性聚落,以及新密古城寨、淮阳时庄、淮阳朱丘寺等具有特殊功能的中小型聚落。瓦店遗址发现的龙山晚期祭祀遗存,为研究夏代祭祀和精神思想提供依据。余庄遗址环壕合围面积125万平方米,系现已发现的河南省内最大的龙山时期遗址,发现的高等级墓葬具有显著的礼制色彩,填补了学术空白。古城寨遗址新发现的夯土建筑基址

登封王城岗遗址 TG12 回廊

淮阳时庄遗址地上式粮仓 F6

淮阳朱丘寺遗址地上式建筑(上为西)

淮阳朱丘寺遗址连间建筑(上为北)

与早期发现的F1、F4应为一组建筑群落，或是二里头宫殿建筑的更早渊源。朱丘寺龙山晚期城址的发现，对进一步探讨龙山晚期区域社会组织结构和文明化特质具有重大意义。偃师二里头遗址发现"井"字形多网格的聚落布局，进一步明确了遗址内的功能分区。方城八里桥遗址面积约130万平方米，发现了环壕、夯土台基、道路和车辙等遗迹，是二里头文化分布最南端的大型聚落，也是夏王朝经略南土的直接证据。

夏代国家发展模式及治理体系。研究表明，在重世俗重管理的传统"中原模式"基础上，中原先民广泛吸收多元因素，不断探索有效的组织和管理模式，兼收并蓄，深度融合，创新发展，诞生了先进的早期国家政治体制，开启了夏商周三代文明。各课题取得的一系列新进展，进一步丰富了夏文化的内涵，推动了对夏文化兴起的环境状况、生业形态、社会结构、治理模式、相互关系等问题的认识。

【2022年河南省考古新发现】 郑州商都遗址书院街贵族墓地。2021年6月至2022年12月，郑州市文物考古研究院在郑州商都遗址内城东南书院街北侧配合基建考古中发现一处商代白家庄期贵族墓地。发现的目前中国境内最早的贵族墓地"兆域"，极可能是殷墟王陵东西并列方形兆域的源头，对"兆域"起源和中国陵寝制度的发展意义极为重要。墓地的祭祀规范、墓葬等级秩序等丧葬文化特色鲜明，体现了商代早中期祭祀礼仪的基本规范。墓葬礼器组合丰富、规格极高，特别是M2随葬大量青铜器、金器、玉器、绿松石器等，凸显了商代神权与王权的神圣与威仪。以金覆面为代表的黄金文化体现了中西方文明的交流、互鉴，并开启了中国金玉文化的新篇章，极大拓展了商文化及早期国家礼乐文明研究的内涵。墓地及其南侧的夯土建筑对应北部的宫殿区，揭示了郑州商都遗址中轴线文化的一隅。墓地南侧发现6组夯土建筑基址，结构为长方形多间排房式及四合院式，部分建筑有回廊结构。时代为商代二里岗下层至白家庄期。书院街墓地是郑州商都遗址70年来最重要的考古发现之一，引起社会各界高度关注，2022年9月16日在国家文物局"考古中国"重大项目进展会上予以阶段性发布，并入选2022年河南省"五大考古新发现"。书院街墓地的考古发现对于塑造城市历史文化名片、"行走河南·读懂中国"等具有重要意义。

洛阳孟津朱仓北朝墓。2022年10月，洛阳市考古研究院在进行小浪底南岸灌区建设项目的考古发掘中，在孟津区平乐镇朱仓村东北部发现北朝时期的一家族墓地，发掘3座墓葬M260、M261、M262。M260墓室北部置有一围屏石棺床，由石屏风和石棺床两部分组成，图像为减地平钑，由4块石屏风，1对石刻子母阙组成。每块石屏风各有3幅图像，共计12幅，局部涂朱贴金。除1幅似为男性墓主人外，其余内容为"郭巨埋儿""老

叶县余庄遗址航拍

叶县余庄遗址M75

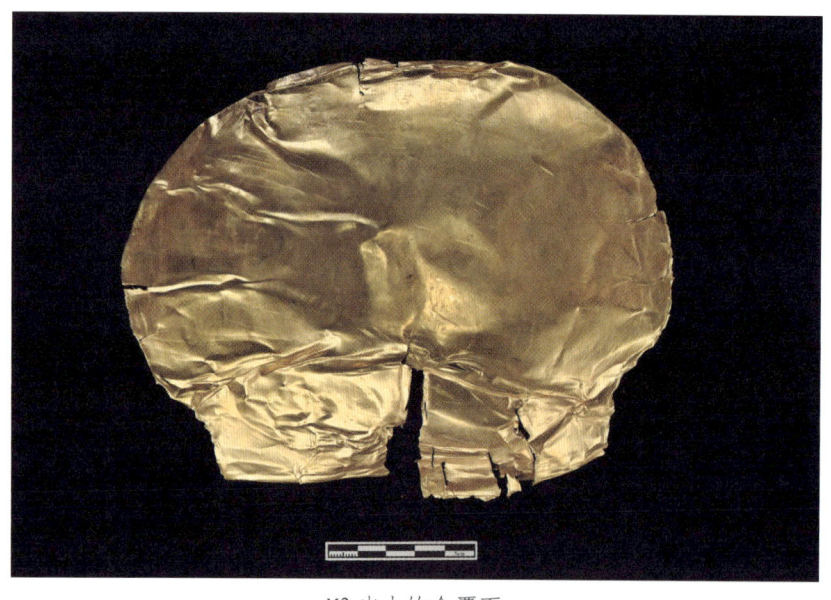

书院街墓地在郑州商都遗址位置示意图

M2 出土的金覆面

莱子戏彩娱亲""秋胡戏妻""临深履薄"的孝子、列女、高士故事及墓主出行仪仗内容。棺床外侧共计11幅图像，内容为畏兽等怪异神兽图像，床腿两侧为狮子，中间为兽面。墓 M262 墓室北部置有一围屏石棺床。石屏风内容为"董永七仙女""郭巨埋儿""孝孙原谷""伯俞泣杖"孝子故事，以及侍女持帐出行画面，棺床上部为高浮雕双层莲瓣，莲瓣全部贴金并有红绿彩绘，外侧9幅图像，内容为畏兽、翼兽、千秋万岁和兽首衔莲图案，床腿两侧为狮子，中部为莲花火坛。该次发现的围屏石棺床为洛阳地区的首次考古出土，石围屏的图像内容为中原传统的孝子和出行故事，但两套围屏的图像风格又有所差异，反映了北魏晚期以后绘画风格的变化，逐渐由"瘦骨清像"向"雄健饱满"转变的过程。墓中的葬具及随葬器物反映了孝文帝迁洛以后汉化的强烈影响以及鲜卑本民族的自身特征，为研究北朝时期的民族大融合提供了重要的图像和实物资料。

【考古工作重要进展】 *河南省文物考古研究院工作进展*。2022年，河南省文物考古研究院在河南省文化和旅游厅、科技厅和河南省文物局的领导下，认真学习贯彻习近平总书记对考古工作的重要指示批示精神，务实进取，完成了年初制订的各项工作阶段目标和任务。

基本建设考古工作。为服务好经济社会发展大局，2022年度积极做好配合省内铁路、公路、水利等重点建设工程和城市基本建设工程的配合性文物保护工作。完成安阳至新乡高速公路新乡段等 7 项考古调查项目，调查线路长度合计约 482 公里，水库类调查面积约 1.7 平方公里；完成开封、漯河等地产业集聚区 10 余处区域评估工作，合计面积 70 余万平方公里；开展省级和国家级文物保护单位文物影响评估工作 8 项。配合性考古发掘项目 190 余项，发掘面积 12 万余平方米、发掘古墓葬 2000 余座。

重大考古项目。积极承担"中原地区文明化进程研究""夏文化研究"课题，同时对郑州小双桥、开封州桥及汴河遗址等大遗址开展了考古工作，获批并开展主动性考古发掘项目 12 项，考古发掘面积 7860 平方米。完成省级文保专项经费资助项目，如灵宝铸鼎原仰韶

洛阳朱仓北朝M260围屏石棺床及随葬器物

遗址群、平顶山地区旧石器遗址群的调查勘探，面积约300万平方米。

文物科技考古与科技保护。动物考古实验室扩充了现生动物骨骼比较标本库40余具；体质人类学实验室扩充人类骨骼标本400余具。编制完成各类文物保护方案22项，提取沁阳校尉营墓地等5项考古遗迹。完成了安徽当涂洞阳东吴墓、重庆大足千手观音等项目三维扫描面积800平方米。与宁夏须弥山石窟、洛阳龙门石窟、四川三星堆等单位开展重大科研合作。实验室完成近200份文物样品检测分析，修复完成鹤壁市博物馆青铜器50件。

对外合作研究。积极广泛地开展与世界各国相关科研院所和科研机构进行学术交流与合作。与牛津大学和山东大学合作开展仰韶村遗址出土猪骨骼、牙齿科技分析和研究；与法国图卢兹第三大学开展"新郑郑韩故城三号车马坑等遗址马骨基因组学研究"；与美国纽约大学合作开展"商代骨器研究"；与韩国国立中原文化财研究所合作开展了城市考古论坛。

科研成果与荣誉。出版《三门峡庙底沟》《高勒毛都2号墓地2017—2019中蒙联合考古报告》等著作、简报共计90余篇（部）。申请国家级、省级科研项目5项，参与2项。南阳黄山遗址分别入选2021年度河南省五大考古新发现、国家社科论坛全国六大考古新发现、全国十大考古新发现。2022年，第二次被人力资源和社会保障部、文化和旅游部及国家文物局评为全国文化工作先进集体。

【大遗址保护与考古遗址公园】 大遗址保护管理。2022年，初审报批了隋唐洛阳城玄武门遗址保护展示工程设计方案、隋唐洛阳城遗址天街北延保护展示工程设计方案、殷墟王陵遗址区保护展示（一期）工程勘察设计方案、隋唐洛阳城永泰门遗址保护展示工程方案4个大遗址保护展示利用工程方案。批复了新密古城寨城址东、北城墙保护方案、新密古城寨城址南城墙维修保护设计方案、宋英宗永厚陵封土病害治理和局部加固修缮方案、郑韩故城城墙郑州"7·20"特大暴雨灾害受损部位维修加固设计方案、巩义宋陵永昌陵土遗址保护修缮设计方案、郑州商代遗址抢险修缮工程设计方案等10个大遗址维修保护、展示利用工程设计方案。核准了郑韩故城郑国贵族墓葬1号车马坑本体保护加固方案、贾湖考古遗址公园规划等3个大遗址规划、方案。

大遗址保护进展。大河村考古遗址公园园林景观现已基本完成，新仰韶文化博物馆已封顶。郑州商城遗址灾后抢险修缮和宫殿区考古工作棚建设已基本完成；郑韩故城北城墙维修保护工程完成70%；小双桥遗址保护规划已完成编制，考古发掘工作继续推进；宋陵永厚陵、赵普墓生态文化公园建设完工，7月1日开园，永厚陵土遗址病害治理工程开始实施；《双槐树遗址文物保护规划》编制已接近尾声。北宋东京城顺天门遗址博物馆开展遗址区桩基施工和北瓮城区域主体结构施工；州桥遗址区域，对前期搭建的考古工作大棚往南进行扩建。隋唐洛阳城遗址保护规划正在修编，启动了自定鼎门至玄武门遗址中轴线贯通工程，洛河以南天街遗址区域对占压村庄开始拆迁，南城墙遗址保护展示工程已基本完工。二里头遗址保护总体规划正在修编，二里头遗址保护条例已提交省人大常委会审议；汉魏洛阳故城遗址博物馆已经立项，已上报项目选址方案；含嘉仓160号窖藏遗址本体保护工程施工前准备已完成；殷墟王陵区保护展示项目方案已上报国家文物局审批；殷墟遗址博物馆主体施工至地上三层，陈展知识大纲完成初稿，登记文物8000余件套。安阳高陵本体保护与展示工程基本完成。灵宝西坡遗址F105、F106大房址保护展示项目和仰韶村遗址断面文化层保护工程按计

郑韩故城的东北角（由北向南拍）

郑韩故城东城墙中段（由东北向西南）

巩义永泰陵遗址全景航拍图

划推进；庙底沟遗址博物馆《花开中国》基本陈列获全国十大精品陈列奖。清凉寺汝官窑遗址环境整治（一期）项目按计划进行汝官窑区石材道路及环岛绿化施工。淮阳平粮台古城遗址博物馆项目区域按计划进行考古发掘。

考古遗址公园管理。2022年全年，根据国家文物局通知要求，组织各地准备第四批国家考古遗址公园立项及评定申报材料。经初步审核，专家们同意偃师二里头遗址、渑池仰韶村遗址、郑州大河村遗址、舞阳贾湖遗址、郑州商城遗址、三门峡庙底沟遗址、偃师商城遗址7处古遗址类全国重点文物保护单位申报国家考古遗址公园评定。同意安阳高陵、宝丰清凉寺汝官窑遗址、濮阳西水坡遗址、三门峡虢国墓地、淮阳平粮台古城遗址、巩义宋陵、郑州西山城址7处古遗址类全国重点文物保护单位申请国家考古遗址公园立项。

巩义宋陵考古遗址公园。巩义宋陵始建于公元963年，前后经营达160余年，除"七帝八陵"外，另祔葬有后妃、宗亲、皇子皇孙和功臣墓等300多座，总面积约189.04平方公里，是我国现存面积最大、地面遗址最完整的帝陵之一。2022年以来，郑州市不断加强北宋皇陵文物保护利用，加快推进宋陵重点文旅项目建设，加大宋陵大遗址展示利用力度。2022年12月，宋陵成功入选第四批国家考古遗址公园立项名录，按照市政府工作安排，力争3年内国家考古遗址公园挂牌。投资约700万元的宋词文化园于2022年年底建成开放，运用古典园林设计手法将宋词文化积淀再现，让游客全方位体验宋词

文臣石像

武将石像

花洲书院牌楼

文化。拍摄北宋故事汇短视频65期，连续被中宣部"学习强国"平台推送，成为郑州市宣传宋文化的一个亮点名片。

邓州古城及宋金商业街遗址公园。邓州市历史悠久，1996年被河南省政府命名为历史文化名城。邓州境内的八里岗仰韶文化遗址，距今已有6800年历史。春秋时期邓国侯吾离陵，为邓氏祖茔。名胜古迹有邓国春秋园、杏山楚长城、北宋福胜寺塔、"忧乐"精神发源地——花洲书院、明朝"回"字形内外城河、汲滩山陕会馆、登城"突破口"公园、双忠祠、南水北调引丹大会战纪念馆等。北宋福胜寺塔出土的金棺银椁、舍利子为国家一级文物。宋金商业街遗址是邓州市重大考古发现，充分表明了邓州是宋金时期重要的工商业城市，现正在建设遗址公园。

古都开封及考古遗址公园。开封是闻名中外的八朝古都、国务院首批公布的历史文化名城，也是习近平总书记提到的黄河沿岸四大古都之一，隋、唐、五代、宋、元、明、清不同时代文化遗存层层叠压，素有"城摞城"之称。现有各级文物保护单位347处353项，其中全国重点文物保护单位27处、省级文物保护单位68处；各类博物馆（纪念馆）32家，馆藏文物10万余件，其中珍贵文物近万件。开封地下文物有埋藏厚、保存好、分布集中三大特点，形成了"立体叠压"的文化堆积，是古今重叠型城市的典型代表。全市有295处不同类型的文化遗址，其中夏文化遗址18处。正在建设顺天门遗址、州桥和汴河遗址、永宁王府遗址、周王府典仪所遗址等多处考古遗址公园。

顺天门遗址

北宋繁塔

开封铁塔（祐国寺塔）

非物质文化遗产保护

2022年11月29日,"中国传统制茶技艺及其相关习俗"被列入联合国教科文组织人类非物质文化遗产代表作名录

综 述

【概　况】 2022年，河南省文化和旅游厅深入学习贯彻习近平总书记关于非物质文化遗产保护传承工作的重要论述精神和党的二十大精神，全面落实中共中央办公厅、国务院办公厅《关于进一步加强非物质文化遗产保护工作的意见》要求，夯实基础，创新实践，扎实推进《"十四五"非物质文化遗产保护规划》落地见效，推动中华优秀传统文化创造性转化创新性发展，加强非物质文化遗产系统性保护，助力河南省文旅文创融合战略实施，着力塑造"行走河南·读懂中国"品牌体系。

人类非遗项目河南情况

【信阳毛尖茶制作技艺】 11月29日，中国申报的"中国传统制茶技艺及其相关习俗"在摩洛哥拉巴特召开的联合国教科文组织保护非物质文化遗产政府间委员会第十七届常会上通过评审，被列入联合国教科文组织人类非物质文化遗产代表作名录。该项目是有关茶园管理、茶叶采摘、茶的手工制作，以及茶的饮用和分享的知识、技艺和实践，共涉及15个省（区、市）的44个国家级非遗代表性项目，河南省信阳毛尖茶制作技艺作为重要组成部分位列其中。至此，中国共有43个项目被列入联合国教科文组织非物质文化遗产名录、名册，居世界第一，河南省人类非遗代表作名录项目数达4项（6个社区），分别为太极拳（陈氏、和氏）、二十四节气（登封、内乡）、皮影戏（罗山）、信阳毛尖茶制作技艺（信阳）。12月10日，河南省文化和旅游厅、信阳市人民政府在信阳市浉河区召开"茶和天下·共享非遗"信阳毛尖茶制作技艺履约保护工作现场会，庆祝"中国传统制茶技艺及其相关习俗"列入联合国教科文组织人类非遗代表作名录，推进信阳毛尖茶制作技艺文化保护传承弘扬。会上，信阳毛尖茶制作技艺项目非遗代表性传承人和茶产业代表进行了茶文化保护传承经验交流。

【太极拳履约工作】 2月18日，中国非物质文化遗产保护协会太极拳专业委员会（以下简称太极拳专委会）成立大会在河南理工大学举行。随后，相继启动了"太极拳实验室"建设，举办了"太极拳与健康"学术研讨会。会前，太极拳专委会召开了会员大会及第一次委员大会。会议审议通过了《太极拳专业委员会管理办法》，选举产生了太极拳专委会第一届委员和领导机构成员，姜继鼎当选为太极拳专委会第一届主任。太极拳专委会按照"强平台、强研究、强交流、强推广、强融合"的发展理念，持续抓好自身建设，打造一支专业化、专职化的工作队伍；加快太极拳实验室建设，打造国际一流太极拳研究高地；延续太极拳代际传承、师徒传承机制，逐年增设公益性传承基地，开展进社区、进学校、进军营等公益活动；建好太极拳表演队，建设"国际汉语+太极拳"教育实践基地；积极推动太极拳文旅融合、文创融合、文体融合，助力太极拳文化走出国门、走向世界。12月17日，由文化和旅游部非物质文化遗产司指导，河南省文化和旅游厅、焦作市政府联合主办的"共享太极·共享健康"太极拳申遗成功两周年系列活动在焦作市温县陈家沟举办。活动发布了"全球太极一小时习练计划""太极大师免费公益教习月""百名书法家太极楹联送全球""全国太极一张图"等一系列文化互动内容和文旅公益举措。由张艺谋担纲艺术指导，历时四年打磨的沉浸式体验大作《印

2022年12月17日，"共享太极·共享健康"太极拳申遗成功2周年系列庆祝活动现场

象太极》全球首演，也在该次活动上正式拉开帷幕。同期，河南省文化和旅游厅联合百度打造的"太极拳一张图"正式上线，以"一张图"方式集中展示太极拳非遗项目资料、传承情况、文化场所、新闻资讯等信息，搭建起太极拳非遗资源的"数字资产库"和太极拳文化交流传承的集中展示空间，将传统文化与现代审美相结合，以符合公众习惯的传播方式让太极拳保护传承"活"起来，实现"人人参与"太极拳知识共创，助力太极拳文化创新传承。一式懒扎衣、一个抱拳礼——一场太极拳快闪，从陈家沟开始，在全国70余个城市、全球20余个国家接力开展。太极拳传承人、数百名网络青年"大V"积极响应参与，在海外主流社交媒体平台引起了广泛讨论。全球太极拳爱好者通过视频的形式，将祝福带回了太极拳的发源地——陈家沟。

重大战略中的非遗

【非遗助力乡村振兴】 7月，文化和旅游部将河南省确定为首批"非遗助力乡村振兴"试点省份，支持河南省开展"非遗助力乡村振兴"试点工作，要求河南省以非遗工坊建设为重点，围绕推动非遗保护传承、培养优秀带头人、提供灵活就业岗位、形成部门工作合力等重点内容先行先试。8月15日，省文化和旅游厅在洛阳举行的"河南DOU是好风光"暨乡村康养旅游推进会上，发布了河南首批"非遗助力乡村振兴"8个试点市、县（市、区）名单，分别为鹤壁市、栾川县、宝丰县、长垣市、辉县市、温县、林州市、信阳市浉河区。截至2022年12月，河南省共建有非遗工坊（含非遗扶贫就业工坊）156个，原国家级贫困县域内非遗工坊97个，44个工坊纳入巩固脱贫攻坚成果和乡村振兴项目库，非遗工坊直接带动脱贫4330余户，直接带动脱贫人口12000余人。河南省文化和旅游厅、人力资源和社会保障厅、乡村振兴局联合推荐报送的信阳赛山玉莲茶非遗工坊、周口淮阳芦苇画非遗工坊、南阳中原周庄非遗工坊、河南旺鑫食品有限公司非遗工坊、洛阳段氏传统手工布鞋衲制技艺非遗工坊5个非遗工坊典型案例入选文化和旅游部、人力资源和社会保障部、国家乡村振兴局联合公布的2022年全国"非遗工坊典型案例"，入选数量居全国前列。

【"非遗点亮老家河南"计划】 7月9日，"黄河非遗点亮老家河南"首届全国大学生乡村振兴创意大赛参赛空间揭牌仪式在林州市石板岩镇举行。2022年，继续深化实践，变"赛"为"营"，创新开展"黄河非遗点亮老家河南"青年乡村营造行动，邀约国内外40个优质团队，通过陪伴式在地乡建、非遗乡创"元宇宙"等形式，在鹤壁淇滨区桑园、山城区中石林、淇县鲍庄、浚县古城，新乡辉县宝泉、郭亮，长垣官路西，温县陈家沟，栾川重渡沟9个村镇（古城）开展非遗资源挖掘和利用，落地90个空间和文创项目，实现在地文化与旅游融合，助力乡村振兴。自2021年起，河南省文化和旅游厅与浙江财经大学中国乡村振兴研究院合作，实施"非遗点亮老家河南"计划，2021年开展首届全国大学生乡村振兴创意大赛，2022年升级为青年乡村营造行动，借助优质团队和全国高校的力量，挖掘非遗故事、建设非遗空间、打造非遗文创，探索出一条"政府搭台、高校赋能、企业助力、乡村重塑、传承人参与"的非遗助力乡村振兴新路径，对弘扬传统文化、赋能乡村振兴、促进非遗的创造性转化、创新性发展带来可持续的积极影响。

【信阳赛山玉莲茶非遗工坊等入选2022年全国"非遗工坊典型案例"】 为深入贯彻习近平总书记关于非物质文化遗产保护和乡村振兴重要指示精神，推动非遗助力乡村振兴，文化和旅游部、人力资源和社会保障部、国家乡村振兴局共同组织开展了"非遗工坊典型案例"评选工作，确定了66个2022年"非遗工坊典型案例"。其中，信阳市光山县、周口市淮阳区、南阳市社旗县、信阳市潢川县、洛阳市汝阳县5地推荐的案例入选。

【"非遗进民宿"活动】 9月3日，由河南省文化和旅游厅主办，林州市人民政府、携程集团以及河南省民宿协会共同承办的"豫见非遗·美宿河南"河南省"非遗进民宿"活动启动仪式在林州举行。省文化和旅游厅党组书记、厅长姜继鼎致辞表示，河南省是文化和旅游部认定的"非遗助力乡村振兴"试点省份之一，开展"非遗进民宿"活动是推动"非遗助力乡村振兴"试点工作落地见效的有效途径，是贯彻落实省委书记楼阳生关于民宿发展要求的重要抓手。省文化和旅游厅与携程集团联手，在林州先行先试，点上示范，面上推广，鼓励民宿协会、民宿主和非遗

2022年9月3日，"豫见非遗·美宿河南"河南省"非遗进民宿"活动启动仪式现场

传承人积极参与，依托林州的文化资源和非遗匠人，与民宿进行有机融合，通过非遗使民宿更有文化品位、更加彰显特色和个性，用3个月的时间把林州打造成非遗进民宿的样板。接下来河南省将以民宿为依托，为"非遗"文化提供新的展示空间，做好内在品质和服务，力争通过走集群化、产业化民宿发展之路，满足游客多元化度假消费需求，做大做强精品民宿品牌。活动公布了首批参与"非遗进民宿"活动的民宿名单。云述山居、携程度假农庄、桃花雅居、岩语、淇心小筑、班门石府、院望、苍溪丽舍、一家人·归墅、青芸山民宿10家民宿代表与河南省文化和旅游厅正式签约。2022年，他们在"非遗进民宿"的探索中，扮演打头阵的角色，积极挖掘当地的农耕文化和非遗，放大现有河南精品民宿的文化和生态资源优势，研发传统文化与现代审美相结合的文旅产品，通过在公共空间及客房打造非遗文创场景、设立非遗大师工坊、推出非遗体验线路、推出非遗集市、设计特色非遗文创产品等方式，打造"可观、可学、可游、可玩、可憩"的非遗民宿体验，在实现非遗生产性保护、活态化传承的同时，助力乡村振兴，让非物质文化遗产绽放出更加迷人时代风采。

非遗保护工作

【文化生态保护区建设】 以文化生态保护区为主要抓手的区域性整体保护工作，是中国非遗保护工作进程中保护理念和保护方式的重要探索与实践，也是中国在非遗保护领域的一大创举。4月，由河南省文化和旅游厅、洛阳市人民政府共同编制的《河洛文化生态保护区总体规划（2021—2035）》获省政府批复并发布。《规划》明确了32个重点建设项目、96项具体任务，提出3年后将初步建成国家级河洛文化生态保护区。说唱文化（宝丰）生态保护实验区率先建立县乡村三级非遗工作体系，成立乡镇非遗传承中心、非遗协会乡镇工作站、村级非遗传习所、体验点，实行科级干部分包乡镇非遗工作，打通非遗保护"最后一公里"。完善出台《宝丰县"非遗助力乡村振兴"工作实施方案（试行）》《说唱文化（宝丰）生态保护实验区联席会议制度》等11个管理办法（文件），为说唱文化生态保护区规范化、制度化建设夯实了基础。

【非遗保护法规】 2月，河南省文化和旅游厅制定印发《河南省"十四五"时期非物质文化遗产保护规划》，明确了未来五年河南省非遗保护的总体要求、目标任务和保障措施；为深入贯彻实施中共中央办公厅、国务院办公厅印发的《关于进一步加强非物质文化遗产保护工作的意见》精神，6月，省文化旅游强省建设工作领导小组印发《河南省关于进一步加强非物质文化遗产保护工作的实施意见》，《意见》调整确立由28个部门组成的河南省非物质文化遗产保护工作厅际联席会议制度；同月，省文化和旅游厅印发《黄河流域非物质文化遗产保护传承弘扬规划》；9月，河南省财政厅、省文化和旅游厅印发《河南省省级非物质文化遗产保护资金管理办法》，对原《河南省省级非物质文化遗产保护资金管理办法》进行了修订完善，为进一步规范省级非物质文化遗产保护资金管理，提高财政资金使用效益提供了依据。

【传统医药保护工程】 为深入推进传统医药类非物质文化遗产保护，促进中医药传承使用和创新发展，5月，河南省文化和旅游厅制定《河南省非物质文化遗产传统医药保护工程实施方案》，印发《关于实施河南省非物质文化遗产传统医药保护工程的通知》，计划利用一年时间，开展传统医药类非物质文化遗产分类保护工作。传统医药保护工程按照建立一套基础档案、推出一批宣传作品、推广一批研究成果、培养一批专业人才、支持一批重点项目、培育一批特色品牌"六个一"的工作任务安排，充分发挥传统医药优势，助力全民健康，组织举办"中医体质辨别与养生"健康知识公益讲座；积极组织河南省中医药特色企业参加首届国际非遗交流周、第七届中国非物质文化遗产博览会、2022中国非物质文化遗产保护年会等国内文旅产业展览博览会；有序实施南阳医圣祠文化园暨张仲景中医药博物院（馆）、宋氏中医博物馆、汝州市金庚康复医院、毛氏济世堂中医展示馆等项目建设。

【国家级非遗传承人记录工作】
2015年，文化部印发《关于开展国家级非物质文化遗产代表性传承人抢救性记录工作的通知》（文非遗函〔2015〕318号），正式启动国家级非物质文化遗产代表性传承人抢救性记录工作，明确由各省、自治区非物质文化遗产保护中心承担此项工作，既记录活态文化、保存历史文脉，又锻炼队伍、培养人才，这标志着中国非物质文化遗产保护工作迈上一个新台阶。2019年，传承人抢救性记录工作正式提升为传承人记录工作。2022年，河南省申请国家级非遗代表性传承人记录项目资金200万元，对朱仙镇木版年画任鹤林、花鼓戏（光山花鼓戏）魏桂凤（魏桂香）、钧瓷烧制技艺任星航、淮调孙国际、唐三彩烧制技艺高水旺5名国家级非遗代表性传承人开展记录工作；5月，文化和旅游部非物质文化遗产司公布了国家级非物质文化遗产代表性传承人记录工作2018年支持项目验收结果，共计90个项目中19个项目被评为优秀，其中河南省有8个，分别为王西安（陈氏太极拳）、朱天才（陈氏太极拳）、雷恩久（南阳三弦书）、吕延芝（心意六合拳）、范应龙（宛梆）、毋启富（苏家作龙凤灯舞）、王朋草（灵宝剪纸）、孟玉松（汝瓷烧制技艺），获评的优秀项目占2018年全国优秀项目总数40%以上。记录工程重在保护，根据非物质文化遗产的活态化特点，采取资料收集与影像记录并举方式，将传承人作为特定保护对象对传承人进行口述史、实践、教学的全方位记录，对已有文献进行收集，建立传承人专题资源库，并将记录成果制作成纪录片，进行公共传播。该项工作的开展是全面、真实、系统地记录国家级非物质文化遗产代表性传承人掌握的丰富知识和精湛技艺，通过对文献进行收集整理以及剪辑制作综述片、口述片、传承教学片、项目实践片，浓缩展示展现国家级非物质文化遗产代表性传承人一生的艺术精华，功在当代，利在千秋。

非遗传播推广

【参加第七届中国非物质文化遗产博览会】 8月25日至29日，由文化和旅游部、山东省政府主办的第七届中国非物质文化遗产博览会在济南举行。文化和旅游部党组书记、部长胡和平，文化和旅游部党组成员、副部长饶权，中共山东省委常委、宣传部部长白玉刚等出席了活动。该届博览会以"连接现代生活绽放迷人光彩"为主题，在策展设计上，以"天、地、人、和"为脉络，设有"新时代新成就"党的十八大以来全国非遗保护成果展、"欣欣向荣"大运河沿线非遗展、"美好生活"非遗助力乡村振兴展、"茶和天下"中国传统制茶技艺及其相关习俗展4个板块，共有全国各地332名非遗传承人、284个非遗项目参展参演。太极拳、光山花鼓戏、仰韶彩陶制作工艺、汝瓷烧制技艺、钧瓷烧制技艺、唐三彩烧制技艺、信阳毛尖茶制作技艺等16个河南非遗项目及4个非遗美食企业亮相博览会，以展示、展演方式呈现了中原优秀传统文化的独特魅力，生动诠释了"天、地、人、和"的展览理念。

【"文化和自然遗产日"宣传展示活动】 "非遗购物节"。2022年非遗购物节主会场活动于5月15日至6月14日以线上形式开展。全省600多个非遗商家（非遗工坊、老字号企业）参加，涵盖衣、食、住、行多个方面，共同推介河南非遗好物。其中，非遗工坊和老字号企业213个，占比36%。上线项目总数387个，占比65%。线上销售768万元，线下销售2072万元，总计2791万元。6月11日，线上销售76万元，线下销售154万元，总计230万元。开展"行走河南 云购非遗"活动，在线上推介50个富有地域特色的非遗项目，含非遗工坊11个，老字号33个。其中，省级项目齐氏大刀面，活动期间销售额提升22%；市级项目新县刺绣（匠心工坊），其销售额提升28%。活动通过推介商品信息、个人二维码等方式，为未开通电商平台的传承人提供新的宣传、销售渠道，帮扶非遗项目及传承人，助力

2022年8月25日至29日，文化和旅游部、山东省政府主办的第七届中国非物质文化遗产博览会开幕

经济发展。其间，全省各地广泛开展非遗展销、购物活动，形式多种多样。如平顶山市举办"鹰城故事·非遗焕心声"——平顶山市非遗线上购物活动，50余个非遗项目、100余件非遗产品集体亮相平顶山中骏世界城微信直播间，市文化广电和旅游局党组书记、局长徐渊走进直播间现场带货，实时直播获得1.6万赞，下单交易项目达99项，最高交易单个项目达69单，交易额共计5.2万余元；许昌市举办"许昌礼物"线上直播、钧瓷淘宝专场销售等，线上销售7400单，共计86万元，线下销售870单，共计636万元；新乡市开展非遗网上让利活动400余场，销售额达300多万元，同时线下开展活动50余场，销售额达100多万元；漯河市非遗购物节聚焦"吃""用"，线上线下销售额共计104万元；信阳市开通线上直播间120个，销售非遗衍生品、农特产品8600单，计35万元；新蔡县发动非遗企业和工坊20余家开展线上线下活动，销售额达30多万元。

第二届河南省非遗曲艺展演周。6月11日至16日，作为2022年"文化和自然遗产日"河南省非遗主场活动，第二届河南省非遗曲艺展演周绽放"云端"。展演周分为河南歌舞演艺集团曲艺团、宝丰国家级说唱文化生态保护实验区、豫东、豫中豫西、豫北、豫南6个曲艺专场，约400位曲艺人共计展演近30个曲种、88个曲目、870分钟节目，让观众足不出户即可欣赏河南曲艺魅力、领略了中原曲艺风采。该次展演涵盖了河南省主要地市、主要曲艺种类和主要代表性传承人。曲种以河南省国家级、省级非遗曲艺项目为主，并适当吸收具有特色的小曲种。102岁高龄的省级非遗代表性传承人余书习，国家级非遗代表性传承人雷恩久、陈胜利，著名曲艺名家范军等都登台献艺；曲（书）目以经典传统节目为主，并融入新时代元素，选取了许多讴歌党、讴歌时代、讴歌人民、讴歌英雄的曲艺新作。其中一大亮点是，该次展演创造性地采用"主持人+专家"串联节目的形式，邀请河南曲艺专家，对曲种、曲目、演员表演等进行解析，突出普及性，让观众不仅欣赏曲艺表演的"热闹"，还可以看到河南曲艺的"门道"。据统计，展演期间，每日场均观看人次都在5万以上，演出惠及了更广泛的民众。为更好地宣传推介该次活动，主办方还根据每场节目的特点，先后设置了12个微博话题，其中8个话题登上本地热搜，实现了场场有热搜的目标。如"河南人为啥爱喷空"话题总阅读量680万+、"102岁曲艺活化石再登舞台"话题总阅读量137万+，其他话题阅读量均有数十万，整个展演活动期间，话题总阅读量近2000万。

云游非遗·河南影像展。为进一步提高人民群众非物质文化遗产保护意识，传承弘扬中华优秀传统文化，营造非遗保护良好社会氛围，向公众呈现河南省丰厚的非遗资源和优秀的匠人风采，宣传展示河南省非遗保护成果，2022年6月11日至30日，由省文化和旅游厅主办、省非物质文化遗产保护和智慧化中心承办的"行走河南·云游非遗影像展"正在线上展出。展示内容为以"人民的非遗 人民共享"为宗旨，通过摄影、摄像方式记录河南非遗，集中展示河南非遗的各类优秀资源，包括河南省国家级传承人记录工程优秀项目10个：毋启富（苏家作龙凤灯舞）、王秀玲（曲剧）、宋光生（板头曲）、吕延芝（心意六合拳）、王朋草（灵宝剪纸）、孟玉松（汝瓷烧制技艺）、郭泰运（朱仙镇木版年画）、沈少三（撂石锁）、魏守现（大平调）、李成杰（四大怀药种植与炮制）和非遗献礼集锦视频10个。截至年底，影像展推出河南省国家级传承人记录工程优秀项目4个，让观众

2022年2月22日，2021"河南非遗年度人物"推选宣传活动颁奖典礼在"只有河南·戏剧幻城"举行

领略到朱仙镇木版年画、汝瓷、龙凤灯舞、心意六合拳的艺术魅力。观众还可通过河南省文化和旅游厅官网、河南非遗微信公众号、文化豫约微信公众号、河南非遗抖音官号、"学习强国"、今日头条等平台观展。

【非遗传承人推介】 1月，王振芳、李哲、柴战柱、郭艳幸4名传承人入选由文化和旅游部非物质文化遗产司指导，光明日报社、光明网主办的2021"中国非遗年度人物"100位候选人名单。2月22日，由河南省文化和旅游厅指导、河南日报主办的2021"河南非遗年度人物"推选宣传活动颁奖典礼在"只有河南·戏剧幻城"举行，汴绣国家级代表性传承人王素花、豫剧国家级代表性传承人李树建、汝瓷烧制技艺国家级代表性传承人王君子、张氏经络收放疗法省级代表性传承人张喜钦、钧瓷烧制技艺省级代表性传承人高丙建、太极拳省级代表性传承人陈炳、长垣烹饪技艺省级代表性传承人李志顺、王氏老粗布制作技艺市级代表性传承人王爱琴、孟津剪纸省级代表性传承人畅杨杨、空心挂面制作技艺市级代表性传承人姚芳雨获2021"河南非遗年度人物"称号。活动以"璀璨非遗·领创未来"为主题，旨在推选出具有引领性、示范性、创新性、贡献性非遗年度人物，记录非遗传承发展的生动创新实践。通过对这些优秀典型人物的宣传，讲好非遗传承人的故事，发挥其示范引领作用，以期推动非遗融入时代，融入现代生活，让非遗"活"起来、"火"起来。活动自1月21日启动以来，吸引了全省近300位非遗传承人积极报名参与，引起了社会各界的广泛关注。经过报名征集、专家初评，确定了30位候选人名单。最后，结合网络投票结果和专家评审，从30人中确定了10位2021"河南非遗年度人物"。

【"献礼党的二十大·河南非遗这十年"系列宣传】 党的十八大以来，河南非遗工作取得长足进展。为展现十年来河南非遗的新成就、新变化，10月15日，由河南省文化和旅游厅出品，河南省文化艺术研究院、大河美术报社联合制作的"献礼党的二十大·河南非遗这十年"系列融媒产品上线，以"河南非遗

2022年10月15日，"献礼党的二十大·河南非遗这十年"系列融媒产品上线

这十年"短视频、长图、剪纸长卷和工作集锦图册等，生动展现十年来河南非遗战线、非遗工作的辉煌成就，引起较大反响。短短三分半钟的短视频，以河南人的一天为主线，河南省十余位国家级、省级非遗代表性传承人积极配合，通过现场实拍、巧妙转场，展现了河南省非遗十年来的重点亮点工作，涉及太极拳申遗、助力脱贫攻坚、生态区、黄河战略、非遗进校园、传统工艺振兴、乡村振兴、文旅融合等内容。

【非遗宣传中的科技手段】 12月17日，"太极一张图"正式上线，成为深入推进非遗数字化保护体系建设和传播推广的又一创新举措。借助知识图谱和AI技术，打造领先全国的"太极一张图"，收录了共同申遗的7个流派725位传承人及弟子、325个太极拳相关场所等，用户可通过智能检索、太极拳地图、太极拳资讯、太极拳视频图集等内容，快速了解太极拳项目，并可在"我要上图"板块，进行内容补充，参与太极拳互动。"河南非遗"公众号升级完成。截至12月5日，微信公众号共发稿件708篇，其中"[行走河南·读懂中国] 瑞虎呈祥：壬寅虎年非遗创意展"，河南省非物质文化遗产保护中心豫剧、河南坠子新晋第五批省级代表性传承人座谈会暨授牌仪式，非遗在社区，豫剧名家面对面，文化和自然遗产日"非遗购物节"等活动信息被人民网、新华社、《河南日报》转载报道，社会反响强烈。2022年马街书会被文化和旅游部"文化进万家 视频直播家乡年"活动列为全国重点年俗之一，宝丰非遗官方抖音号在全国31个省区直辖市各官方非遗账号中播放量位居全国第一名，得到文化和旅游部通报表彰。

黄河流域非遗保护传承弘扬协同机制

【设立黄河流域非遗保护传承弘扬协同机制秘书处】 为深入贯彻落实习近平总书记关于黄河流域生态保护和高质量发展的重要讲话精神，统筹推进黄河流域非物质文化遗产保护传承弘扬工作，经报文化和旅游部领导批准，建立黄河流域非物质文化遗产保护传承弘扬协同机制，设立黄河流域非物质文化遗产保护传承弘扬协同机制秘书处。首届协同机制秘书处设在河南省文化和旅游厅，主要承担协同机制日常工作事务，完成召集人交办的其他工作。秘书处由河南省文化和旅游厅负责人员、非物质文化遗产处及相关处室有关人员组成，河南省文化和旅游厅负责人员兼任秘书长。协同机制设联络员，由各成员单位非物质文化遗产处处长担任。在文化和旅游部非物质文化遗产司、河南省文化和旅游厅的指导下，2022年，秘书处对照《黄河流域非物质文化遗产保护传承弘扬协同机制工作方案》，编制《河南省沿黄区域非物质文化遗产保护传承弘扬规划》，编发《黄河非遗保护传承弘扬工作交流》《2022年黄河流域非物质文化遗产保护行动计划》，并完成年度黄河流域非物质文化遗产保护行动计划的征集和编写。

【制定《河南省沿黄区域非物质文化遗产保护传承弘扬规划》】 黄河流域非物质文化遗产保护传承弘扬协同机制秘书处就《河南省沿黄区域非物质文化遗产保护传承弘扬规划》邀请国家级专家进行了中期论证，并于2021年委托国家发改委小城镇中心进行提升。2022年5月初，经河南省文化和旅游厅非物质文化遗产处、秘书处全体人员和河南省文化艺术研究院、河南省非遗中心相关人员的两次通稿，现已定稿发布。《规划》整体架构分为前言、规划背景、总体思路、主要任务、保障措施五个部分，简要概述了河南省黄河流域非遗的特点、价值、规划范围，介绍了近年来河南省在黄河流域非遗保护传承弘扬方面所做的工作、存在的不足以及保护传承弘扬黄河流域非遗的重大意义，提出了近期（2021—2025年）、中期（2026—2035年）、远期（2036—2050年）三个阶段目标，制定了强化系统保护、推动有序传承、促进弘扬创新的具体任务，提出了加强组织领导、完善政策法规、提高管理水平、加大扶持力度四点保障措施。《规划》为河南省沿黄区域非遗保护传承弘扬工作提供了长远性、全局性、战略性的智力支持和理论保障。

【制定《2022年黄河流域非物质文化遗产保护行动计划》】 黄河流域非物质文化遗产保护传承弘扬协同机制秘书处在征求了沿黄九省（区）文化和旅游厅意见的基础上，整合提炼，完成了《2022年黄河流域非物质文化遗产保护行动计划》，从专项规划、资源调查记录、项目和传承人保护、传承体验设施建设、区域性整体保护等10个方面给出了具体目标，并明确了责任单位，使黄河流域非物质文化遗产保护工作有据可循，协同共进。

【编发《黄河非遗保护传承弘扬工作交流》】 为充分发挥黄河流域非物质文化遗产保护传承弘扬协同机制作用，统筹推进黄河流域非物质文化遗产保护传承弘扬工作，促进黄河流域非物质文化遗产系统性、整体性保护，2021年至2022年度，黄河流域非物质文化遗产保护传承弘扬协同机制秘书处共编发《黄河非遗保护传承弘扬工作交流》5期，及时传递沿黄九省（区）的工作动态。

【出版《中国国家地理》"发现黄河：沿黄非物质文化遗产"特辑】 4月初，在文化和旅游部非遗司指导下，黄河流域非遗保护传承弘扬协同机制秘书处、省文化和旅游厅统筹协调，联合沿黄各省区出版《中国国家地理》"发现黄河：沿黄非物质文化遗产"特辑。该特辑聚焦"美·好"这一主题，梳理、寻找、发现和呈现九省区从雪域高原到黄海之滨最具代表性和传播价值的非物质文化遗产，分"山河诗意""巧夺天工""吟唱古今""生生之美"四条线索，让非遗传播黄河人文之美、讲述历史文化故事、传递温暖人间美好。特辑于2022年4月正式出版，首批面向全国发行5万册，各大网上书店均上架发售。

《中国国家地理》"发现黄河：沿黄非物质文化遗产"特辑

文学

2022年12月8日，安阳市文体中心项目全面竣工

文学创作

【概　况】2022年，河南省第十三届精神文明建设"五个一工程"奖中，小说《河洛图》《黄河故事》《第一个十月》《山河传》《三山凹》，报告文学《时代答卷：来自一个国家级贫困县的脱贫攻坚报告》《粮食，粮食》《人民永和》《像土地一样寂静：回大周记》，儿童文学《大银杏树的小秘密》，通俗理论读物《中国特色社会主义为世界贡献了什么》《简明河南党史》，共12部图书类作品获奖。邵丽创作的小说《黄河故事》获得第七届郁达夫小说奖中篇小说奖首奖。3位作家作品入选中国作家协会重点扶持及定点深入生活项目，周口市作家协会项目入选2022年文学志愿服务示范性重点扶持项目。2022年，河南省作家协会共发展省级会员230名；推荐100余名省级会员参加中国作家协会会员评审，最终有34人入选。

【小　说】《金枝（全本）》。邵丽创作的长篇小说《金枝（全本）》，刊于《当代》2022年第6期，获评《当代》2022年度长篇小说五佳作品。该作品源自中原千年故土的颍河岸边一个古老的村庄——上周村，将一个家族五代人的梦想与现实、根系与支脉、缘起与当下，活生生地呈现在这部小说之中。在家族精英从乡村汇集到城市，又从城市返回到乡村的历史轮回里，真实展现了城市和乡村的巨大差异和变迁，写出从隔阂到交融的人生悲欢。通过城市和乡村两个女儿的叛逆、较

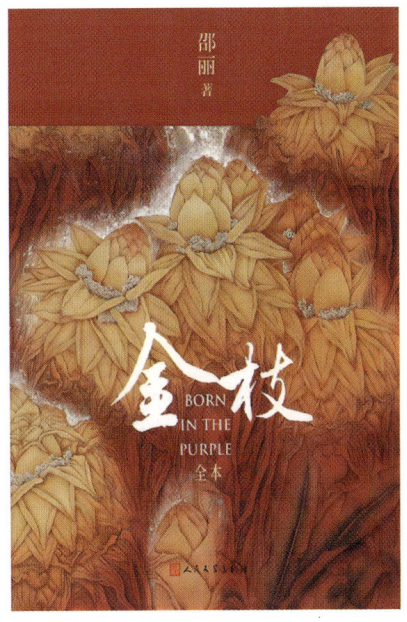

邵丽创作的长篇小说《金枝（全本）》

量和理解，殊途同归，从而表露出家族女性在传统文化下的恪守与抗争、挣扎与奋斗，撑起了这片故土的魂魄与新生。《金枝（全本）》直面历史的创伤和隐痛，通过周语同和周拴妮的互文讲述，用富有表现力的语言塑造了性格典型鲜明的人物形象。该作品富有文化内涵，将中国式的夫妻、婆媳、父女、姐妹等亲密关系置于历史文化的脉络里予以呈现，将当代文学中的家族书写推向了一个新的高度和新的境界。

《黄河故事》。邵丽创作的《黄河故事》，获河南省第十三届精神文明建设"五个一工程"奖。该作品的故事背景设置在改革开放前后，通过一个家庭、一座城市的变化反映时代的变化。这个家庭在改革开放之前很穷，家里人经常饿肚子，父亲是个厨艺爱好者，几乎把所有心思都用在了"吃"上面。改革开放后，受父亲影响，家里的孩子基本都从事餐饮行业的工作，生活条件有了很大的改善。作品跳出了家族史书写的惯性模式，勾勒出女性自立自强的命运史，其叙述语调的生活化和平实性带来了艺术技法的"陌生性"，令人耳目一新，既内在地写出了一个多子女家庭内部亲情伦理的纠结、缠绕，又辐射开来记录了一段个人的奋斗史。

《河洛图》。李佩甫创作的长篇小说《河洛图》，获河南省第十三届精神文明建设"五个一工程"奖。该作品通过解读一个家族命运沉浮的生存智慧，折射出晚清到民国时代的国运家境，人文蕴涵丰沛，人性细节绵密。李佩甫以河南巩义康百万家族人物为原型，描写了在河洛文化孕育下，以康秀才、周亭兰、康悔文为中心的三代人，由"耕读人家"走向"中原财神"的创业史，刻画了在大是大非面前忠于国家、在巨额财富面前心系百姓、在恩怨情仇面前宽容待人的一代豫商的形象。

《第一个十月》。孟宪明创作的长篇小说《第一个十月》，获河南省第十三届精神文明建设"五个一工程"奖。该小说讲述了一个发生在新中国成立之际的反特故事。1949年1月，北平和平解放；6月15日，聚集了中国共产党优秀代表和各民主党派精英的新政协筹备会议在北平亚洲饭店召开，共商民族前途和国家大事。败退孤岛的国民党集团不甘心自己的失败，向北平派出了大量特务，对共和国的诞生造成了重大威胁。共产党对敌人的行动早有准备。他们同特务斗智斗勇，不怕牺牲，艰苦卓绝，在新中国成立前夕，把计划炮击天安门的中外特务一网打尽。该作品全篇36章，内含36个谜语，谜语和故事紧密相连，丰富了读者的阅读

体验。

《山河传》。张新科创作的长篇小说《山河传》，获河南省第十三届精神文明建设"五个一工程"奖。该作品从主人公杨靖宇于1923年在开封读书开始，到渐次走上革命道路，直至1940年在东北抗日战场壮烈牺牲为主线，以充满感染力的语言、波澜起伏的叙事，全面呈现了民族英雄杨靖宇是如何百炼成钢的过程，真实展现了杨靖宇将军惊天地、泣鬼神的革命生涯，进而弘扬了他高尚的爱国主义情怀，彰显了中华民族优秀儿女为民族解放和自由不屈不挠的斗争精神。小说不仅是宏大的英雄叙事，更可从中见事、见人、见心，能借助动人的细节看见英雄背后的欢喜与忧愁、青春和梦想、成就与牺牲的细致的文学力作。

《三山凹》。李天岑创作的长篇小说《三山凹》，获河南省第十三届精神文明建设"五个一工程"奖。该小说以一个叫三山凹的小山村为故事叙述空间，以三山凹村20世纪50年代中期出生的三个发小柳大林、张宝山、侯子耀（外号白娃）在改革大潮中不同的成长经历，不同的人生追求及不同的命运结局为经，以他们三个家庭及新一代孩子们柳鹭、张革儿、侯友友的成长过程为纬，勾织出一幅农村和以农村为主的农村城市在改革大潮下，在脱贫致富奔小康的过程中，错综复杂而又丰富多彩的社会画卷，展现了人与社会、家庭、亲情、人情、爱情、伦理、道德、责任、担当、追求、乡情、乡愁等各种跌宕起伏的生存关系。

【诗歌】**《河海谣与里拉琴》**。蓝蓝创作的诗集《河海谣与里拉琴》，2022年9月30日入选第一届艾青诗歌奖参评著作（诗集）公示目录；2022年11月13日入围2022花地文学榜年度诗歌名单。该作品是蓝蓝近年来创作的一批重要作品的结集，收入中国题材的诗作和与希腊相关的抒情诗80余首，外加一部以爱琴海之恋为主题的原创诗剧。蓝蓝作为古希腊诗人荷马故乡——希奥斯市的荣誉市民，曾受邀赴希腊访问与创作，从黄河之滨到蓝色爱琴海给她带来了丰富的素材和感受，诗集中的部分作品可见其对蓝色爱琴海文明以及所遇所见的人与事的感怀。尤其是收入其中的诗剧《阿基琉斯的花冠》，以先锋的写作方式刻画出女战士阿基琉斯的形象，展现出诗人对古希腊文化的思考，对东西方两个文明古国精神特质的探究。

《故乡光芒》。吴浩雨创作的诗集《故乡光芒》，2022年9月由河南文艺出版社出版。该诗集分为3个部分：移民星辰、赤子爱恋和故乡光芒。处在鄂豫陕三省交界的丹淅之地，偏远、贫瘠，却是一道古老的历史长廊，这里山高、林茂、水丰，因岁月的积淀，使作者的作品充满浓浓的乡愁。

《大地萤光》。武建华创作的诗集《大地萤光》，2022年8月由北岳文艺出版社出版。该诗集共收录了作者2017年以来创作的新诗200余首，分"亲情悠悠""乡愁袅袅""情丝绵绵""风情缕缕""心深幽幽""诗思深深""友情常常""时代昭昭"8个部分，展示了诗人近年来的诗歌创作风貌。作者以饱满的民间情感，丰富的生命经验，捕捉社会生活和自然中的人、事和现象，并进行描摹和透视，将个体生命与时代精神品质同频共振，使得诗歌在意象营造、文化表达等方面富有了深刻内涵，且极具张力。

【散文】**《怼画录——捕色者说》**。冯杰创作的散文集《怼画录——捕色者说》是2022年5月作家出版社出版的图书。在河南话中，"怼"含鲁莽猛烈状，其意多指作壮汉粗事，作者将其引申为"讨论""碰撞"之意。作者画人物、画翎鳞、画草蔬、画兽虫、画杂项、画虚实，将文作为画来"画"，又将画作为文来"写"，捉字捕色，让文图互怼，其意趣自见，让读者不觉开怀大笑。作者在画笔和写作间闲庭信步，画面或清新质朴，或清新活泼，语言亦庄亦谐、至真至趣，尽显赤子情怀。

《盐》。王剑冰创作的散文《盐》，发表于《十月》2022年第6期。该作品以敏锐的目光去凝注和测量历史的暗角，透析人类文明进程中一个行业的兴起、挫折与兴衰，打捞漫长岁月里普通民众的甘苦、智慧与创造。作者的叙事沉郁而活泛，诗性而跳脱，以历史长河中生命个体的沉浮悲欢，赋予了盐以物质和精神的双重光芒。

《山居：一万年太久》。丁威创作的散文《山居：一万年太久》，发表于《广西文学》2022年第1期，并入选百花文艺出版社出版的《中国2022生态文学年选》。该散文书写了终南山三天的日常，一座古朴的院落，万亩青山在望，人从俗世生活中抽离，面对如一粒尘埃落定的静寂中的自我，像揽镜自照，如静水观月，这样才更能窥探到真实、真诚的内心。丁威还创作了散文《暮色中的杂耍人》《人间遇雨》《一生都在锄心头的草》《哀乐之野》《与书有关的青春日子》《背负土地的牛》等，其中《与书有关的青春日子》被《哲思》2022年第7期转载。

《悬空》。杜永利创作的散文《悬空》，发表于《星火》2022年第3期，并被《散文·海外版》2022年第7期及《散文选刊》2022年第9期转载，入选《春花崇礼——散文海外版2022精选集》一书。该散文记录了2021年夏季洪水过境之后乡村受损的风貌，热情歌颂了政府与劳动人民重建家园的雄心壮志。

【报告文学】《粮食，粮食》。何弘、尚伟民创作的报告文学《粮食，粮食》，获河南省第十三届精神文明建设"五个一工程"奖、2021年度豫版好书优秀奖。该作品从国家粮食安全的高度着眼，以粮食进化历史、生产历史与人类发展的关系、中国各时期粮食政策、与粮食相关的重大事件为背景，以中国粮食核心区建设、生产技术进步、粮食生产取得的辉煌成就为主线，从粮食问题出发，基于个人经验、溯及民族记忆，立足河南、放眼全国，立足当下、着眼未来，居安思危，力图在对河南从"天下粮仓"到"国人厨房"转变的描写中，促使大家牢记粮食安全的重要性，深刻理解中国在国家治理体系和治理能力现代化方面的巨大进步，彰显中国特色社会主义制度的优越性。作者以生花妙笔，让读者通过一粒粒粮食，不仅领略了各大作物从野生到人工种植的进化历程、中国粮食生产对社会经济的影响，读到了管仲治齐的故事、古代军队粮草被烧导致战败与国家被灭的故事、古代漕运的故事，还了解了近百年来世界和中国的粮食生产及政策状况。

《时代答卷：来自一个国家级贫困县的脱贫攻坚报告》。梁庆才创作的报告文学《时代答卷：来自一个国家级贫困县的脱贫攻坚报告》，获河南省第十三届精神文明建设"五个一工程"奖。该作品以新时代为背景，瞄准"创一流走前列"的高质量脱贫目标，全景描述光山县脱贫攻坚的辉煌历程，以有血有肉的人物和故事情节描绘出一幅波澜壮阔、跌宕起伏的壮丽画卷。光山的脱贫攻坚报告，不仅对河南全省的脱贫攻坚具有引领和示范作用，而且对全国的脱贫攻坚也具有榜样和感召效应；不仅具有划时代的战略意义，而且具有新时代里程碑的启示意义。

《人民永和》。石金科创作的报告文学《人民永和》，获河南省第十三届精神文明建设"五个一工程"奖。该书以纪实文学的笔法，记述了时任辉县县委书记郑永和为党的事业、人民的利益奋斗终身的光辉事迹，再现了辉县人民在党的领导下，艰苦奋斗、治山治水，在实现美好生活愿望征途上奋勇拼搏的历史画卷；描述了郑永和晚年仍带领辉县老干部服务队重上太行深山区，根治虫害、开山铺路、开渠引水，帮助困难群众脱贫致富，直到生命最后一息的感人故事，塑造了一位心底无私、全心为民、担当使命的优秀领导干部形象，展现了郑永和一生忠诚党的事业、一切为了人民幸福的共产党员情怀。该作品语言质朴、内容翔实，是了解郑永和生前故事的生动读本，也是开展初心教育活动的鲜活教材。

《像土地一样寂静：回大周记》。周瑄璞创作的报告文学《像土地一样寂静：回大周记》，获河南省第十三届精神文明建设"五个一工程"奖。作者重返故乡，倾听、观察与采访，亲身感受这一片土地发生的巨大变化。作者通过重新认识与感受这片熟悉而陌生的土地，捕捉它不为人知的热闹与冷清，聆听日常生活的喧嚣之声，感受乡亲沉默时的内心诉说，从而达到情感共振。大周村，"一个热乎乎的真实人间"，既是中原乡村当下风貌的留影，也是中国广袤乡村的现实缩影。该作品通过讲述一个又一个普通人的故事和经历，描绘乡村日常生活，书写他们所思所想所盼所念，记录乡村的变迁，尤其是改革开放以来农村的新变化新发展。

【网络文学】《生命之巅》。麦苏创作的现实题材网络小说《生命之巅》，由海燕出版社出版，先后获得第六届"咪咕杯"IP赛道铜奖、郑州市第二十三届文学艺术优秀成果奖、第四届辽宁网络文学"金桅杆"优秀作品奖、第六届中国"网络文学+"大会优秀网络文学作品奖、入选中国网络文学影响力排行

麦苏的现实题材网络文学小说《生命之巅》

榜（2021年度）网络小说作品榜，还被中国音像和数字出版协会列为2022年数字阅读推荐作品。该作品展示了平凡岗位的敬业精神、奉献精神和牺牲精神，坚持了正确的价值取向，弘扬了新时代青年医护工作者蓬勃向上、责任担当、一心为病患着想的主流价值。该作品坚守人民立场，书写与人民群众息息相关的医疗救援，用情用心讲好新时代中国故事，向世界展现可信、可爱、可敬的中国最基层的医务工作者的美好形象，不仅满足了人民群众的精神文化需要，而且满足服务大局、凝心聚力，服务国家、服务社会、服务人民的现实需求。

《谁不说俺家乡美》。舞清影创作的现实题材网络小说《谁不说俺家乡美》讲述了选调生赵钰在豫西山区驻村扶贫时与村主任徐连翘之间发生的曲折浪漫的扶贫故事，将"悬浮"的网络小说与现实紧密地结合起来。同时，小说中描写了三门峡市卢氏县深山区的自然风光、河南方言、卢氏民歌、农村丧仪、卢氏民居、乡情馆、卢氏面塑技艺、卢氏槲叶包粽、卢氏美食、河南豫剧等文化元素，这些元素在以往的网络小说中并不多见。这部小说也是河南文化的宣传书，为读者和外界了解河南，了解豫西山区的民俗文化提供了展示的舞台，架起了沟通的桥梁。

【通俗读物】《中国特色社会主义为世界贡献了什么》。董振华创作的《中国特色社会主义为世界贡献了什么》，获河南省第十三届精神文明建设"五个一工程"奖，入选《2022年农家书屋重点出版物推荐目录》，2022年4月又获得2021年度豫版好书优秀奖。该书是全面分析、深入研究宣传中国特色社会主义理论体系的通俗理论读物，各部分内容有机统一，从中国特色社会主义为世界贡献中国经验、中国道路、中国模式、中国理论、中国制度、中国方案、中国智慧、中国精神、中国力量、中国话语的角度全面系统解读中国特色社会主义的精髓要义、丰富内涵以及蕴含的深刻哲理，尤其对习近平新时代中国特色社会主义思想进行了系统阐释，使习近平新时代中国特色社会主义思想入脑入心。该书分为10个章节，分别为"举世公认的中国经验""守正出新的中国道路""自觉自信的中国模式""与时俱进的中国理论""显著优势的中国制度""担当负责的中国方案""贵和尚中的中国智慧""凝心聚力的中国精神""气势磅礴的中国力量""走向世界的中国话语"，是研究中国社会发展进程的专业、权威理论读物。

《简明河南党史》。中共河南省委宣传部、中共河南省委党史研究室编著的《简明河南党史》，获河南省第十三届精神文明建设"五个一工程"奖。该书采取编年史的写作方法，以关键历史人物、重要历史事件、经典历史符号为主线，从中国共产党在河南建立党组织开始，通过各个历史时期发生的重大历史事件，描述了大革命时期、土地革命战争时期、抗日战争时期、解放战争时期，河南人民在中国共产党的领导下，为了民族的独立、人民的解放，浴血奋战的革命旋律；以及新中国成立后，河南人民在国民经济恢复时期、社会主义革命和建设时期、改革开放时期战天斗地和团结奋进的时代凯歌。

文学活动

【概　况】2022年，河南省组织了多项内容丰富的文学活动，如举办"深入生活，扎根人民"2022年河南省基层作家文学创作培训班，举办"建设书香河南"系列活动；推出文学精品力作，以优质图书奉献社会；承办2022年全国网络文学工作会议等。

【青年作家培养】由河南省作家协会、河南省文学院主办的"深入生活，扎根人民"2022年河南省基层作家文学创作培训班在新乡开班，来自全省各地的40多名基层作家齐聚一堂，开启为期4日的文学创作培训。该次培训活动邀请了省内外著名作家、编辑为学员授业解惑，如广东省作家协会副主席，鲁迅文学奖获得者，《作品》杂志社社长、总编辑王十月；《湖南文学》主编，著名剧作家黄斌等。该次培训活动还组织了社会实践参观活动，力求通过多种教学形式达到最佳学习效果。

【"建设书香河南"的文学和阅读活动】为深入贯彻习近平总书记关于推动全民阅读、建设书香社会的重大要求和首届全民阅读大会精神，进一步营造书香河南建设的浓厚氛围，河南省作家协会把"建设书香河南"当成工作的重中之重，举办形式多样的文学和阅读活动，营造全民阅读良好氛围。组织各省辖市作家协会收看"文学照亮生活"——中国作家文学公开课，以"世界读书日"为契机，开展文学阅读分享会，邀请国内著名教授、作家到郑州分享各自对文化建设

"深入生活 扎根人民"2022年全省基层作家文学创作培训班

和全民阅读的真知灼见，开展省内著名作家进校园，在河南高校、中学、图书馆等场所举办文学讲座，组织庆祝建党百年主题阅读活动，开展读书学史活动。推出文学精品力作，以优质图书奉献社会。推动青少年阅读，使全民阅读理念深入人心。先后举办"决胜全面小康、决战脱贫攻坚""传承大别山精神""讲好黄河故事""河南文学之夜""讲好党的故事"等与阅读相关的重大活动，以不同平台、创新载体开展全民阅读和文学普及。

【中国作家协会扶持项目】 河南省作家协会组织作家申报中国作家协会有关扶持项目，其中邵丽作品入选中国作家协会2022年重点作品扶持项目，陈宏伟入选2022年度中国作家协会定点深入生活项目，麦苏作品入选2022年网络文学重点作品扶持项目，周口市作家协会项目入选2022年文学志愿服务示范性重点扶持项目。

【编辑出版工作】 《新世纪河南女性文学作品选》。河南省作家协会联合北京十月文化传媒有限公司，编辑出版《新世纪河南女性文学作品选》（共四卷）。其中短篇小说卷的作品有《天台上的父亲》《取暖》《帅旦》《迷失》《夜色荒凉》《会跳舞的雪茄》《白夜照相馆》《苦心误》《幸福的花儿越开越胖》《活期存款》《綦毋潜的奇幻漂流》《旋转的钢铁厂》《秋姑的婚礼》《别在深夜叫我的名字》《迷宫蛛》《寻找一匹马》《做主》《轻如萤火》《麻辣不是味》《孝子麻三》《告别》；中篇小说卷的作品有《最慢的是活着》《天河》《白衣胜雪》《危险时请敲碎玻璃》《迁徙》《将离》《消失的顿河》《花殇》《第四十圈》《天堂门》《聊吧随录》《象人》《换亲》《苏七月的七月》《理想生活》《来生不要错过我》；散文卷的作品有《历史与我的几个瞬间》《卧铺闲话》《大河上下碎碎念》《碧水丹山》《我对不起郝美丽》《母女关系》《温暖的故乡》《以一棵树的形式》《翅膀》《迷路》《羊来羊去》《我的可疑身份》《江南散记》《埋在土里的爱》；诗歌卷收录何向阳、杜涯、蓝蓝、邵丽、扶桑、张晓雪、小葱、楚茗、萍子、马万里、韩冰、半壁心空、黄俊霞、芥子豆、庞娟、张悦、刘术香、袁瑞芳18位女作家的诗歌作品。该作品选旨在全面收集、整理新世纪以来河南女作家所取得的创作成绩。

《新世纪河南女性文学作品选》

《2021年河南文学作品选》新书发布会。8月18日，由郑州大学出版社、河南省文学院共同主办的《2021年河南文学作品选》新书发布会在郑州大学东校区举行。发布会上，与会领导、专家、作者就新书首发展开研讨。《2021年河南文学作品选》包括中篇小说卷、短篇小说卷、小小说卷、诗歌卷、散文卷、评论卷等，所选作品均在国内公开发行的报纸或期刊发表过，部分作品发表后又被有影响力的刊物转载。该书较为全面地展现了河南作家2021年度的创作成绩以及"文学豫军"达到的新高度。

文艺评论

【概 况】 河南省文艺评论家协会坚持把学习贯彻习近平新时代中国特色社会主义思想和党的十九大精神引向深入，持续深入强化思想理论武装。2022年5月23日是毛泽东同志《在延安文艺座谈会上的讲话》发表80周年，河南省文艺评论家协会组织纪念80周年漫谈，笔谈文章发表在《中国艺术报》、今日头条、顶端新闻等新媒体，后被中宣部"学习强国"平台转载。河南省文艺评论家协会自觉融入学习党的二十大报告的热潮中，笔谈学习体会，引起媒体关注，中国文艺评论网、《中国艺术报》客户端、今日头条、顶端新闻、河南手机报、大河艺术网等相继报道。河南省文艺评论家协会联合大河美术报推出专栏《文艺界畅谈学习贯彻党的二十大精神》，笔谈学习体会。扎实落实意识形态工作责任制，河南省文艺评论家协会先后注册今日头条、顶端新闻新媒体官方账号，把意识形态工作贯穿河南省文艺评论家协会工作各方面、全过程，加强评论活动的组织管理和内容审查，确保各类评论活动政治导向正确、内容健康向上。

【文艺评论研究】 河南省文艺评论家协会会员在《文学评论》《中国现代文学研究丛刊》《中国艺术报》《光明日报》以及各类学报发表文艺评论文章400余篇，出版文艺评论专著40余部。其中，李勇的专著《新世纪文学的河南映像》、吕东亮的论文《身份意识与晚期风格》、张清民的论文《两个文艺"讲话"的话语意义分析》等获河南省第七届文学艺术成果奖；李红艳的论文《论改革开放四十年的河南戏剧》获第三十六届田汉戏剧奖理论奖二等奖；王思琦的专著《中国当代流行音乐史稿》、吕东亮的专著《中原文学新风景》、魏华莹的专著《贾平凹研究论衡》、李红艳的专著《历史进程中的河南剧作家群研究》，张清民的论文《中国共产党领导文艺百年发展与成功经验》、武新军的论文《1980年代初文学规范的调整与转换——以时代的报告（1980—1982）为中心》等获河南省社会科学优秀成果奖。赵慎珠的专著《中原古建筑的文化密码》、李韬的专著《中国古代艺术范畴论》入围第七届"啄木鸟杯"中国文艺评论年度推优终评作品。另有多人获批国家社科基金、国家艺术基金、教育部、河南省社科规划项目等资助项目。

【文艺评论活动】 *"典籍里的中国"经典诵读大赛*。2022年7月12日至14日，河南省"喜迎二十大 欢乐进万家"十大群众文化活动之——"典籍里的中国"中华经典诵读大赛评审工作在郑州师范学院举行。"典籍里的中国"中华经典诵读大赛以诠释中华优秀文化内涵、彰显中华语言文化魅力、弘扬中国精神为目标，通过诵读我国古代、近现代和当代有社会影响力的、体现中华优秀传统文化、革命文化和社会主义先进文化的经典诗文，反映人民群众对美好生活的向往，抒发爱国爱党情怀、弘扬正能量，以及歌颂为国家富强而奋斗的英雄楷模。该次大赛分为小学生组、中学生组、职业院校学生组（含中职、高职学生）、大学生组、留学生组、教师组和社会人员组7个组别。大赛启动以来，各省辖市、省直管县高度重视，经过层层选拔，实现了以比赛方式引导社会大众特别是广大青少年亲近中华经典，激发广大干部群众爱党、爱国、爱社会主义的热情，为中华民族伟大复兴凝聚精神动力，迎接党的二十大胜利召开的目标。

河南文艺评论优选活动。8月8日，河南省文艺评论家协会启动河南文艺评论选优活动。河南文艺评论选优活动以"河南文艺这十年"为主题，聚焦文学评论，影视评论，展演评论（含戏剧、音乐、美术、曲艺、舞蹈、民间文艺、摄影、书法、杂技等评论），艺术理论（含文艺、新媒体艺术的理论探讨），美学美育，其他评论六大领域，旨在认真贯彻落实中宣部等五部门《关于加强新时代文艺评论工作的指导意见》，回顾河南文艺的发展道路，总结发展规律，发现一批优秀文艺评论作品和优秀中青年评论人才，进一步凝聚文艺评论人才队伍，汇聚文艺评论创新发展的合力，构建山清水秀的文艺生态。

【文艺评论队伍】 7月，河南省文艺评论家协会召开三届二次主席团会议、三届二次理事会议暨2022年度工作会议，审议通过《河南省文艺评论家协会个人会员入会细则》，2021年工作总结和2022年工作计划，审评一批新会员。河南省文艺评论家协会积极联系各方面评论人才，队伍不断壮大，2022年入选中国文艺评论家协会会员5人，河南省文艺评论家协会发展会员29人。

图书馆 博物馆 文化馆

中国文字博物馆宣文馆、徽文馆、博文馆和汉字公园

图书馆

【概　况】 截至2022年年底,河南省共有公共图书馆168个,其中省级馆1个,市级馆23个(含少儿馆),县区级馆144个。各级公共图书馆总建筑面积95.8009万平方米,共有分馆2670个,在岗职工3101人,馆藏图书总量4576.7888万册,持证读者298.8303万人;当年财政拨款53658万元,其中购书经费5704.5万元;接待读者3232.7775万人次,外借文献2302.8045万册,举办各类读者活动5070场次。

【河南省图书馆】 河南省图书馆是我国建馆最早的公共图书馆之一,于1909年2月开馆,馆址在开封,初名"河南图书馆"。1915年改为河南省立图书馆。1928年改为河南省图书馆。抗日战争期间河南省图书馆迁至南阳、淅川等地,1946年迁回开封。1957年5月,河南省图书馆由开封迁往省会郑州纬二路省人民委员会礼堂。同年10月在优胜北路建设新馆舍,次年7月建成迁入,建筑面积5000余平方米。1985年在嵩山南路与伊河路交叉口西北选址建设新馆,1989年建成并交付使用,馆舍总建筑面积2.95万平方米。2022年,根据河南省事业单位重塑性改革精神,原河南省少年儿童图书馆并入河南省图书馆。河南省图书馆在第三次、第四次全国公共图书馆评估定级中被文化和旅游部命名为一级图书馆,第五次、第六次全国公共图书馆评估定级时因馆舍面积不足,被文化和旅游部命名为二级、三级图书馆。河南省图书馆主要业务工作包括:实施免费开放,文献资源建设,古籍保护与利用,开展学术研究,提供决策参考服务,文化创意研发等;开展有"中原大讲堂·豫图讲坛"文化讲座、豫图趣缘读书会、"七色花"少儿系列活动等品牌全民阅读活动;开展智慧图书馆体系建设,实施中华古籍保护计划。经过多年发展,河南省图书馆已发展成为东西两个馆区、馆舍面积4.15万平方米,藏书426万余册(件)、35个服务窗口、3000余个阅览座位的现代化大型图书馆。同时,它还是省级精神文明单位、全国文化科技卫生"三下乡"先进集体、全国人文社会科学普及基地、省社会科学普及示范基地。

【图书馆建设】 文献资源建设。2022年河南省图书馆文献资源购置费共1002.2万元(含原河南省少年儿童图书馆),中文图书购置费614万元,新增藏量57571册(件),全年接受捐赠图书427种,1268册,累计藏书总量达到4385259册(件),其中包括原河南省少年儿童图书馆藏书729389册(件)。数字资源购置费388.2万元,购买及续订中国知网、中文期刊服务平台、维普考试服务平台、云图有声数字图书馆、读秀学术搜索系统、博看期刊全文数据库、万方数据库、3Q豆少儿空间学习平台、鸿讯图书馆咨询平台、国研网数据库、掌阅精选品质阅读库、超星电子书、晨星创文中华诗词库学习平台、名师讲坛、新东方微课堂、喜马拉雅听书有声图书馆、阅图综合资源库、PAD购书(你选书我买单)书香诗词简笔画系统、全民信息素养教育数据库、中华传统音乐资源数据库20项数据库服务。完成《书里书外话黄河》《微游河南》《书香河南》《河南红色记忆》《中原姓氏——我从哪里来》自建数据库等审验工作。承接国家版本馆征集图书工作,完成国家版本馆征集河南展示图书工作,共完成1780种图书,3628册的文献征集送交任务。

人才建设。8月8日至12日,河南省图书馆、河南省图书馆学会举办图书馆阅读推广及智慧图书馆建设培训班。培训班邀请的专家分

河南省图书馆

别讲授了《"十四五"规划相关问题探讨与智慧图书馆建设》《手机图书馆：阅读推广及智能服务探索》《公共图书馆阅读服务》《公共图书馆阅读推广的价值回归和智慧转型》等课程。线上参加培训的馆员达 5000 人次。9 月 6 日至 9 日，由国家图书馆、中国图书馆学会主办，河南省图书馆学会承办的"革命文献与民国时期文献保护计划"专题培训班在河南省图书馆学术报告厅举办。来自河南省图书馆界的近 120 名学员参加了培训。培训班邀请 5 位专家分别讲授了《革命文献与民国时期文献保护计划的实践与思考》《民国时期革命文献概论》《缩微技术与民国时期文献抢救保护》《民国文献普查著录》等课程。

古籍保护工作。全年复审 31141 条国家图书馆出版社返回的古籍普查登记目录，提书核对 4417 册；完善和新增馆藏普查登记目录 262 条，其中著录民国目录 132 条，补充完善古籍 130 条目录，上传书影 2495 拍；完成馆藏珍贵古籍 65 种 589 册的数字化拍摄工作，共计 61791 拍；完成拍摄馆藏古籍（善本）46 种，约 3 万拍；修复古籍 46 册 1223 叶。组织有关专家对申报第二批《河南省珍贵古籍名录》的 1324 部古籍进行评审与版本核定，对 9 家申报第二批河南省古籍重点保护单位的古籍收藏单位进行材料审核和现场查验。组织和整理全省 9 家入选全国古籍重点保护单位的复审资料。配合人民网对古籍修复人员进行采访、拍摄工作，拍摄的《在指尖化腐朽为神奇——探秘古籍修复师》及对馆藏明刻本《李卓吾先生批评西游记》和明末汲古阁影宋抄本《农书》进行的推介等在人民网、微信公众号等平台予以发布和传播。根据国家古籍保护中心关于征集"中华古籍保护计划"开展以来各地区取得的古籍保护成果案例宣传稿件的通知，组织和征集全省 6 家古籍收藏单位提交宣传稿件；其中河南省古籍保护中心撰写的《坚守无声 砥砺前行——河南省图书馆十五年古籍保护成果印记》被选为优秀稿件，由国家古籍保护中心通过微信公众号等平台集中向全社会推送宣传。6 月 25 日，根据中共河南省委宣传部通知要求，河南省图书馆选送 86 种 757 册古籍参加"国家版本馆开馆系列展览"，在河南博物院与国家版本馆工作人员完成古籍展品的清点交接工作。

文化服务工作。通过"请进来"和"走出去"的形式，凝聚和培育壮大一批志愿者，开展为弱势群体和特殊群体服务工作，拓展阅读推广服务。8 月 3 日至 5 日，"文化志愿者乡村行"暨"城乡手拉手 阅读齐步走"活动在信阳郝堂村举行。开展"大手拉小手"爱国主义教育实践活动、"蒲公英驿站花间驿站"揭牌暨阅读美丽乡村等系列活动。活动通过文化志愿者与乡村儿童、自闭症儿童手拉手，切实履行图书馆社会职能，深入推进精神文明创建工作，同时吸引了更多的文化志愿者成为乡村儿童阅读的"点灯人"，为乡村振兴注入新的活力。8 月 13 日，开展"手拉手·阅读齐步走"暨"图书馆研学"活动。活动中文化志愿者们与乡村小学师生、特殊群体儿童手拉着手，一同参加了"好书共读""数字体验"等多项活动。通过与乡村儿童、特殊群体儿童手拉手，营造乐学共育、互帮互助的良好氛围，让小读者尽享"书式"生活。2022 年河南省图书馆申报的"手拉手 阅读齐步走"文化志愿者乡村行、"蒲公英驿站"文化志愿服务行动两个项目，分别获志愿服务项目大赛的金奖和铜奖。开展"喜迎二十大 强国复兴有我"中小学生文化志愿服务行动，包括"小志愿者"服务、"书香满屏"云上阅读推广共 13 场。在少年儿童群体中，弘扬"奉献、友爱、互助、进步"的志愿精神，做好各项特殊群体读者

2022 年 8 月 30 日，河南省图书馆举办"手拉手·阅读齐步走"活动

服务工作。

【公共图书馆服务一体化建设】 截至2022年底，河南省依托文旅公共设施共建分馆2670个。河南省图书馆持续推动分馆、图书流动点建设，积极投身文旅文创融合发展战略，拓展阅读服务覆盖面，探索"图书馆+民宿"服务模式，打造"蒲公英驿站"服务品牌。建成安阳林州石板岩站、信阳郝堂花间驿站和信阳浉河茶苑站，配备图书近1万册，向其他30多个图书流动站配送图书11800多册。少儿绘本阅览室升级改造完成，增设VR机器人智能导览系统、少儿数字资源体验区，推出少儿红色资源VR/AR体验展示、少儿AR互动百科智慧阅读体验、VR眼镜红色资源互动展示等，成为体验新亮点。

【学术研究与交流】 2022年是中韩建交30周年，河南省图书馆与韩国庆尚北道图书馆建立关系，并计划开展一系列交流活动。河南省图书馆依托河南省图书馆学会、中部六省公共图书馆联盟等平台，积极开展学术研究与交流。组织河南省图书馆界馆员线上收看中部六省图书馆共读一本书系列活动。组织中部六省公共图书馆联盟共同策划的"三晋长城——万里长城的璀璨华章"百幅摄影作品巡展活动。6月15日，百幅长城摄影巡展由山西省图书馆发起，开启为期4个月的中部六省公共图书馆巡展之旅。开展"学习二十大，奋斗新征程"书法作品巡展，组织河南省图书馆界图书借阅情况暨"馆藏纸质文献的价值与意义"主题征文。

【图书馆活动】 线上活动。举办"奋进新征程 阅读再出发——河南省'2022全民阅读'系列活动启动仪式暨云上阅读推广直播活动"，总观看人数达22万。线上活动品牌效应进一步显现，全年制作阅读宣传推广短视频30期，"云课堂""童书推荐——馆员荐书""豫图@你""爱党小萌心"等系列活动收获大批忠实粉丝；线上互动服务版块"朗读时间""美文时刻""红色经典阅读·点亮爱党红心"等得到了广大读者的积极参与。2022年"中原大讲堂 豫图讲坛"共录制线上讲座35场，内容涵盖历史教育、健康养生、传统文化、党史教育等五大主题，并通过"文化预约""文化河南""百姓文化云"三个平台播放，观看总人数累计达467万。参与讲坛的专家有历史文化类著名专家张得水，传统文化专家包括刘景亮、崔波、宋功等，党史教育专家包括刘正杰、郭晓平等，艺术教育专家包括张伯鸿、韩妮、赵力民等，文学赏析类专家包括张广涛、牛水莲等。"大家讲堂"共录制8期，内容包括"讲给孩子们的博物馆""中国传统文化中的家训"系列、"献礼二十大"系列等主题。

启卷知新 文脉流长——2022年河南省中华传统晒书活动。2022年9月15日，由河南省图书馆、河南省古籍保护中心主办，焦作市文化广电和旅游局、武陟县文化广电和旅游局、武陟县嘉应观景区管理局承办，全省11家市县公共图书馆、河南省民间古籍保护协会协办的"启卷知新 文脉流长——2022年河南省中华传统晒书活动"启动仪式在焦作市武陟县嘉应观举行。该次活动以"品读黄河古籍文献 传承弘扬黄河文化"为主题，结合古籍保护和黄河文化宣传，采取古籍文献展、民间非遗展、传统文化体验等多种形式，让书写在古籍里的文字活起来。活动分为晒珍藏、晒传统、晒技艺三个板块。"晒珍藏——黄河文献展"，从河南省图书馆、武陟县图书馆、焦作市图书馆、新乡市图书馆、开封市图书馆、洛阳市图书馆全省10余家古籍收藏单位以及私人藏品中精心遴选出相关黄河文献33种50册（件），分"黄河图考""黄河溯源""治河方略""治河名家及著述""中原方志中的黄河"共5个专题，通过展示黄河历史史料、考证黄河史迹等，挖掘黄河文化的现实意义，赓续黄河血脉，弘扬光大黄河文明。"晒传统——黄河非遗表演"，展示和讲解黄河泥埙、

2022年4月22日，"奋进新征程 阅读再出发"——河南省"2022全民阅读"系列活动启动仪式

黑陶等黄河流域传统特色乐器,并现场演奏黄河泥埙、黄河飞龙等非物质文化遗产项目,让中原黄河文化贴近群众、走向大众,进一步激活黄河文化遗产的生命力。"晒技艺——传拓印刷体验",通过石碑传拓、雕版印刷、泥埙制作等传统技艺体验活动,由古籍修复专家和非遗传承人现场讲解与演示,使参观者近距离接触古代传拓印刷技艺,感受传统技艺的魅力。

少儿阅读年系列活动。"2022全民阅读"河南省少年儿童阅读年系列活动内容包括线下线上八项阅读推广活动,分别是:"童声颂党恩 献礼二十大"线上音频征集活动、"诗词里的河南"诵读活动、"礼赞黄河"系列活动两项("黄河·非遗·少年说"微视频征集活动、"童画黄河"少儿美术作品征集暨巡展)、阅读服务联盟提升计划、"少儿阅读空间"案例征集活动、"手拉手 阅读齐步走——特殊群体儿童阅读"服务案例征集活动、"乐学共育 书香进校园"主题活动。

"行走河南 读懂中国"暑期少儿研学活动。2022年暑期,以游学为契机,以实践为平台,河南省图书馆举办两期图书馆研学活动。内容包括:参观河南省图书馆,让参观者了解百年馆史的同时,体验图书馆海量馆藏和特色服务,了解图书馆功能和使用,"零距离"感受图书馆员日常工作;参观"中原印记·豫图展厅",从愚公移山精神、大别山精神、红旗渠精神、焦裕禄精神中感受"老家河南"辉煌奋斗史,通过聆听讲解、示范讲解,将红色基因厚植于心;听中原服饰礼仪发展和国学经典诵读方法,并跟随趣缘读书会团队领读熟读《朱子治家格言》,分享心得,感悟传统文化;感受现代智慧化图书馆,体验AR红色景区敬礼拍照、绘本阅读机系列有声绘本阅读、VR裸眼4D百科知识全书等智能设备;体验传拓技艺,用拓片和纸墨,穿越千年历史,与文字零距离接触,让书写在古籍里的文字都活起来,用传拓这个"古代的照相机",亲身感受中华传统文化的独特魅力和古籍保护与修复的匠人技艺。

"河南省公共图书馆未成年人阅读服务联盟"提升计划。该计划包括共享"新春资源包"、参与"全国图书馆未成年人服务提升计划"线上培训等。开展"图书馆云游记"端午暨"六一"线上直播活动,观看人次达30.23万。制作阅读宣传推广短视频30期。打造系列"云课堂"共74期。制作"书香云端"系列微视频200期。包括"手工坊""趣味故事会""新书开箱""图书推荐""小厨与大厨"等系列主题。开设"云端彩虹科学俱乐部",为读者打造科普知识分享平台,包括航空航天、气象、生物等主题。举办"童画黄河——少儿美术作品巡展"、童心绘自然——"归真"儿童美育自然主题展、"虎虎生威 童看非遗"云展览、"斯是陋室"中国书斋文化艺术展等系列展览。开展"喜迎二十大 欢乐进万家"魔术演出、绘本剧等展演活动。举行大家讲堂"送给孩子们的100个博物馆""献礼二十大"主题讲座、"中华优秀传统文化中的家训"等系列讲座,以及"自然之旅""童梦剧社""周末亲子阅读活动"古琴赏析公益课堂等"小而精"的阅读活动。其中古琴赏析公益课堂全年累计开展2期共48节课,河南省少年儿童图书馆获第十二届河南少儿曲艺大赛优秀组织奖。

2022年9月30日,"童画黄河"少儿美术作品征集暨巡展

博物馆

【概　况】 河南历史悠久,文物资源丰富,基本形成了以河南博物院为龙头,以县(市)级博物馆为主

体，以非国有博物馆为补充的具有中原文化特色的博物馆网络体系。截至2022年底，河南省各级各类博物馆数量已达395家，其中，国有博物馆247家，非国有博物馆148家。三级以上博物馆72家，其中，一级博物馆9家，二级博物馆32家，三级博物馆31家。2022年，全省共举办各种展览1756个，参观人数达到3606.6万人次，实施教育活动10291次（含线上），博物馆的公共文化服务职能得到充分发挥。

【陈列展览】 宅兹中国——河南夏商周三代文明展。7月29日至11月10日，由河南省文物局、上海市文物局和中国社会科学院考古研究所指导，上海博物馆、河南博物院主办的"宅兹中国——河南夏商周三代文明展"在上海博物馆举办。该展览作为该馆"何以中国"系列展的首个重磅展览，汇集了河南博物院、河南省文物考古研究院、中国社科院考古研究所等20家博物馆和考古机构收藏的文物207件（组），其中珍贵文物127件（组），展出的重要文物有新密新砦遗址出土的猪首形陶器盖、二里头遗址出土的镶嵌绿松石兽面纹牌饰、网格纹铜鼎，殷墟妇好墓出土的妇好鸮尊、跽坐人形玉佩，三门峡虢国墓地出土的金腰带饰，淅川徐家岭楚墓出土的镶嵌绿松石神兽等，集中展示夏、商、周三代重要考古发现，讲述中国历史上奠定华夏文明、逐鹿中原的恢宏历史。展览着眼于中华文明探源，以文物为点、以时间为线、以王都为面，带领观众回到夏商周时期的中原大地，探寻中华文明的起源；为了更好地理解今天的中国，以全新视角追溯历史，以实物遗存和文献记载解释了"何以中国"，充分体现了中国之源、中国之中、中国之本，回答和展示了"何以中国"的首要命题。

繁星盈天——中国百年百大考古发现展。9月2日，"繁星盈天——中国百年百大考古发现展"在郑州博物馆文翰街馆面向公众开放。该次展览以"百年百大考古发现"为主线，通过中国百年来100处考古发现出土的代表性文物，集中展示中国考古百年发展历程和取得的辉煌成就，展现中华民族悠久的历史和灿烂的物质精神文化，并带领观众探索东亚人类起源、中华文明探源、统一多民族国家的形成与发展等历史问题。展览所选取的全国百大考古发现中，旧石器时代遗址5处，新石器时代遗址33处，夏商周遗址25处，秦汉及以后遗址37处，以清晰的脉络见证了中华100多万年的人类史、1万多年的文化史和5000多年的文明史。同时推出的"文明的渊薮——河南百年百大考古发现展"，展示河南地区百年考古一系列重大发现。两个展览汇集来自全国21个省份79家考古文博单位参展，共展出889件（组）精品文物，其中一级文物多达115件（组），部分文物为考古发现后首次面向公众展出。

新时代博物馆百大陈列展览精品展示推介活动。8月22日至24日，由中国博物馆协会、中国文物报社联合开展的"新时代博物馆百大陈列展览精品展示推介系列活动"在湖北武汉举行。该活动集中展示推介新时代以来获"全国博物馆十大陈列展览精品推介奖"的15项特别奖项目、100项精品奖项目和14项国际及港澳台合作奖项目。河南省共有9项展览入选。其中精品奖项目7项，国际及港澳台合作奖2项。

【宣传与指导】 河南省博物馆志愿服务典型案例推介活动。5月至9月，为进一步提升博物馆志愿者服务水平，河南省文物局和河南省文明办在全省开展博物馆志愿服务典型案例推介活动，经过各地推荐和专家评审，共评选出河南省博物馆志愿服务典型案例9项：河南博物

2022年7月29日至11月10日，"宅兹中国——河南夏商周三代文明展"在上海举办

院"我用我心讲党史"志愿服务项目；郑州博物馆"郑博小剧场——心中的幸福河"舞台剧志愿服务项目；洛阳周公庙博物馆"礼乐传承 共享文化"志愿服务项目；殷墟博物馆"殷商文化宣讲"志愿服务项目；中国文字博物馆"文字文化校园推广"志愿服务项目；二里头夏都遗址博物馆"以'夏'之名·薪火相传"志愿服务项目；濮阳市博物馆"移动博物馆进校园"志愿服务项目；洛阳博物馆"河洛文明的无私传播者"志愿者团队；安阳博物馆"文物传承少年声——安阳博物馆小志愿者"志愿服务项目。其中，河南博物院"我用我心讲党史"志愿服务项目、郑州博物馆"郑博小剧场——心中的幸福河"舞台剧志愿服务项目、中国文字博物馆"文字文化校园推广"志愿服务项目3个案例入选全国博物馆志愿服务典型案例。

河南"5·18国际博物馆日"宣传展示活动。5月18日是第46个国际博物馆日，活动主题为"博物馆的力量"，由河南省文物局主办，平顶山文物局、平顶山博物馆、河南-百度联合承办的博物馆的力量——"5·18国际博物馆日"河南省主会场启动仪式在平顶山博物馆举行。该次河南主会场活动全程采用河南-百度等多家平台进行线上直播，这也是河南首次以"云端"见面的创新形式参与"5·18国际博物馆日"这一全球文博界的盛会，观看总量超500万，河南电视台等报道30余篇；同时组织全省300多家博物馆纪念馆，通过举办特色展览、社教活动、公益课堂、节目展演等多种形式，开展内容丰富、精彩纷呈的主题宣传及展示教育活动；诸多有条件的博物馆在微博、微信、快手、抖音等不同平台带领观众"云游博物馆"，感受博物馆的力量。

第九届"中国博物馆及相关产品与技术博览会"中的河南展团。9月1日至4日，由国家文物局、河南省人民政府指导，中国博物馆协会、中国自然科学博物馆学会、郑州市人民政府共同主办的第九届"中国博物馆及相关产品与技术博览会"（简称"博博会"）在郑州举办。该届"博博会"河南展团由河南省文物局指导，河南博物院承办，组织省内90余家博物馆共同参与。整个会场以"行走河南·读懂中国"为主题，分为中原文博、文化中原、红色中原、未来博物馆

2022年9月1日至4日，第九届"博博会"河南展区文创产品展示

和文创中原五大展区。展览亮点纷呈。主舞台节目表演不仅有歌舞演出，还推出社教活动、文创新品发布和非遗互动等丰富多彩的活动；文创中原展区集中展出40余家博物馆的文创精品，充分展示了河南省的文创发展水平和最新成就。河南省文物局获该届"博博会"的"突出贡献奖"。

第八届河南省博物馆文创大赛。1月24日，由河南省文化和旅游厅、河南省文物局指导，河南博物院主办，漯河市博物馆承办，河南省博物馆学会文创专委会全体会员单位共同参与的第八届河南省博物馆文化创意设计大赛，在河南博物院举行了作品复赛与决赛的评审工作。大赛于2021年7月9日

启动,收到了千余份稿件,主办方从中筛选出112份作品入围复赛。该次大赛特设国潮生活、传统技艺(非遗技艺)、智慧文博3个组别。2022年1月底,中央美院设计专家、博物馆文博专家、文创单位商业投资人三方评审汇聚河南博物院,对作品进行复赛和决赛评审,通过不断对比作品的创意水平、文化内涵、使用价值、契合人群、推广形式等要素,最终选出45组优秀获奖作品。

河南省优秀陈列展览推介活动。2月至5月,根据中国博物馆协会《关于开展第十九届(2021年度)全国博物馆十大陈列展览精品推介活动的函》相关要求,河南省文物局开展2021年度河南省优秀陈列展览推介活动,经各地推荐,组织专家推选出全省优秀陈列展览16个。其中,境内展14个:河南博物院"出彩中原——河南红色文化陈列";郑州博物馆"黄河珍宝——沿黄九省(区)文物精品展";三门峡庙底沟博物馆"花开中国——庙底沟与中华早期文明的发生历程";渑池县仰韶文化博物馆"《仰韶和她的时代》——仰韶文化陈列展";南阳市博物馆"文明在宛——南阳历史基本陈列";洛阳博物馆"上洛——新·乡土志系列展览之一";宝丰中原解放纪念馆"千里跃进 逐鹿中原"展;巩义市博物馆"斑驳灿烂 变化万千——巩义窑三彩展";开封博物馆"正值人间好时节";二里头夏都遗址博物馆"巍巍如天——陶寺遗址考古成果精华展";安阳博物馆"楮墨重生——安阳博物馆藏濒危书画保护修复成果展";焦作市博物馆"巧手赋新生——焦作文物保护科技成果展";西峡县博物馆"西峡历史文化陈列展";周口市博物馆"周口考古成果展"。入境展1个:郑州博物馆"微观之作——英国V&A博物馆馆藏吉尔伯特精品展";出境展1个:洛阳博物馆、大同市博物馆、呼伦贝尔博物院共同举办"交融·魅力——北魏鲜卑拓跋部的历史足迹"。

参与全国博物馆十大陈列展览精品推介活动。5月18日,由国家文物局指导,中国博物馆协会、中国文物报社主办的第十九届(2021年度)全国博物馆十大陈列展览精品推介活动,在"5·18国际博物馆日"中国主会场——湖北武汉揭晓结果,39个展览项目获奖。其中,三门峡庙底沟博物馆"花开中国——庙底沟与中华早期文明的发生历程"获精品奖;郑州博物馆"微观之作——英国V&A博物馆馆藏吉尔伯特精品展"获国际及港澳台合作奖。上海大学博物馆申报的"铭心妙相——龙门石窟艺术对话特展"获优胜奖。

"弘扬优秀传统文化、培育社会主义核心价值观"主题展览项目征集工作。2月至5月,为充分发挥博物馆陈列展览在培育社会主义核心价值观中的重要作用,河南省文物局积极组织各地博物馆重点围绕"庆祝中国共产党第二十次全国代表大会胜利召开"的主题,开展展览项目征集工作。评选出全省优秀主题展览项目17个:河南博物院"金相玉式——沿黄九省区金玉特种工艺瑰宝展";郑州博物馆"创世王都——郑州历史文物基本陈列";郑州二七纪念馆"千秋二七";中国文字博物馆"厘改为继 典藏说史——陈光尧捐赠文字改革史料展";焦作市博物馆"丰碑——'特别能战斗'焦作工人阶级的奋斗史篇";南阳市博物馆"渠首遗珍——南水北调中线工程南阳段文物保护成果展";清丰县冀鲁豫边区革命根据地旧址纪念馆"冀鲁豫边区革命旧址复原陈列展、革命前辈生平业绩暨廉政家风展";郑州博物馆商都遗址分馆"雕画汉韵——寻找汉梦之旅";郑州华彩艺术博物馆"色耀中华——中国传统色彩体系研究应用陈展";开封市博物馆"刘岘纪念展";洛阳民俗博物馆"轨物范世——门楣上的家风";平顶山博物馆"鹰

2022年5月18日,郑州博物馆"微观之作——英国V&A博物馆馆藏吉尔伯特精品展"获第十九届(2021年度)全国博物馆十大陈列展览精品推介活动"国际及港澳台合作奖"

飞锦拾——平顶山博物馆开馆十周年文物征集成果展";安阳博物馆"器以藏礼——识读博物馆的生僻字";安阳民俗博物馆"光辉历程——喜迎中国共产党第二十次全国代表大会安阳地区百年生活变化展";濮阳市博物馆"李文祥、李连成、李全芳先进事迹展";台前县刘邓大军渡黄河纪念馆"伟大的转折";许昌市博物馆"自然天成入画来——许昌市钧瓷文化艺术展"。其中,河南博物院"金相玉式——沿黄九省区金玉特种工艺瑰宝展"、郑州二七纪念馆"千秋二七"、焦作市博物馆"丰碑——'特别能战斗'焦作工人阶级的奋斗史篇"、南阳市博物馆"渠首遗珍——南水北调中线工程南阳段文物保护成果展"4个陈列展览,获2022年度"弘扬中华优秀传统文化,培育社会主义核心价值观"主题展览国家推介项目称号。

【数字化建设】 *虎虎生风 文物贺岁——博物馆地图"寻虎记"活动*。1月31日至2月15日,河南省文物局与百度百科、百度百科博物馆计划、河南-百度联合策划开展《虎虎生风 文物贺岁——博物馆地图"寻虎记"》主题活动,邀请河南博物院、郑州博物馆、开封博物馆、洛阳博物馆等15家河南省重点博物馆的"馆长"们纷纷拿出馆藏中最具代表性的虎元素文物,以及"河南文物盲盒"等文创好礼,在《河南省文物地图》词条内通过短视频的形式每日发布新春视频,广大网友借助百科词条平台,查看当日动态并积极与馆长们进行猜谜互动。

河南省博物馆数字群落。5月18日,由河南省文物局联合百度百科博物馆计划、河南—百度共同打造的"河南省博物馆数字群落"正式上线。作为国内首个省级文物地图,"河南省博物馆数字群落"以"国风地图"为媒介,以百度地图精准定位为支撑,通过数字化展馆、高清大图、音频讲解等互联网技术和融媒体形式,完成了河南上线305家博物馆,共6000余件文物的线上数字化建设,实现足不出户,逛遍河南所有线上博物馆,云上遨游,一览中原数千年。

河南文博·这十年。10月14日,河南省文物局联合河南-百度推出《河南文博·这十年》系列专题片,邀请河南博物院、郑州博物馆、开封博物馆、洛阳博物馆、二里头夏都遗址博物馆、隋唐大运河文化博物馆、洛阳古墓博物馆、平顶山博物馆、许昌市博物馆、漯河市博物馆、南阳市博物馆、兰考县焦裕禄同志纪念馆、清丰县冀鲁豫边区革命根据地旧址纪念馆等13家博物馆,共同讲述河南文博这十年的成长之路,见证河南文博不断"出圈儿"背后的"重塑与新生"。2012年至2021年底,河南的博物馆由173家增长到384家,实现倍数增长;博物馆在这10年的发展过程中,不仅陈列展览水平得到全面提升,而且陈展方式呈现多样化、现代化、数字化的发展态势。坚持每年开展"河南省优秀陈列展览"评选活动,全省共评选出优秀

2022年1月31日—2月15日,河南省文物局联合百度开展《虎虎生风 文物贺岁——博物馆地图"寻虎记"》主题活动

2022年5月18日,"河南省博物馆数字群落"上线仪式

2022年10月14日，河南省文物局联合河南-百度推出《河南文博·这十年》系列专题片

陈展项目104个，其中已有15个展览先后获全国博物馆十大陈列展览精品推介活动"精品奖""国际及港澳台合作奖"等一系列的荣誉。自1992年以来，已连续成功举办了8届讲解员大赛，一批批优秀讲解人才脱颖而出，队伍整体实力明显提升；同时依托"讲解员讲解培训基地"和"河南省博物馆社会教育培训基地"，参训学员达到3000余人次，成为全国重要的博物馆社教人才培训基地。围绕让文物"活"起来，还通过举办文创大赛来提升博物馆的文创水平，支持全省各级博物馆依托馆藏资源，大力研发文化创意产品。

【重要活动】 河南省研学实践教育精品课程评选活动。2月22日，河南省教育厅、河南省文旅厅、河南省文物局联合公布2021年河南省研学实践教育精品课程评选结果。经过各地推荐、专家评审、展示答辩、网上公示等程序，评选出《寻黄河之美做有根少年》等9门课程为2021年河南省研学实践教育精品课程，《探寻"最早的中国"》等20门课程为2021年河南省研学实践教育特色课程。其中，中国文字博物馆"奇趣汉字游"和二里头夏都遗址博物馆"研读夏都文化 走进第一王朝"2项入选精品课程；河南博物院"探寻'最早的中国'"、南阳市博物馆"穿越历史 触摸汉文化"、周口市博物馆"千字韵文润童心——刷活《千字文》"3项入选特色课程。

郑州商都遗址博物院、郑州市文物考古研究院考古博物馆开馆。7月26日，郑州商都遗址博物院和郑州市文物考古研究院考古博物馆正式开馆。两馆开馆仪式由郑州市人民政府、河南省文物局主办，郑州市文物局、复旦大学文物与博物馆学系协办。"雕画汉韵——寻找汉梦之旅"数字展等同日开展。1961年，郑州商城遗址被公布为首批全国重点文物保护单位，2021年入选"百年百大考古发现"。郑州商都遗址博物院位于郑州商城国家考古遗址公园内，是一座专题遗址博物馆，综合展示郑州商城考古科研、保护历程、文化阐释的专业平台。展厅面积约5500平方米，基本陈列"巍巍亳都 王都典范——郑州商代都城文明展"分为文明摇篮、玄鸟生商、巍巍商都、大邑商都、四方之极、生生不息、守望保护7个单元，展示郑州商城遗址出土文物、遗迹、考古研究、遗址保护成果。该院藏品丰富，种类多样，展出青铜器、玉器、骨器、陶器等文物1000余件，并利用沙盘模型、场景复原、艺术作品、多媒体技术、声光电技术等辅助手段展示商都历史文明核心内容。郑州市文物考古研究院考古博物馆展厅面积2100平方米，重点展示了郑州市考古发掘重大成果，主要包括"郑州百年考古""郑州旧石器文化""中华牙璋""百年泰斗——中国考古学家展"等内容，以郑州考古与中国现代考古相起始为脉络，引领公众从考古的视角来参观、认识郑州作为中国八大古都的前世今生。

中国文字博物馆

【概 况】 中国文字博物馆是经国务院批准建设的集文物保护、陈列展示和科学研究为一体的国家一级博物馆，基本陈列以世界文字为背景，以汉字为主干，以少数民族文字为重要组成部分，荟萃历代中国文字样本精华，讲解中国文字的构形特征和演化历程。中国文字博物馆分两期建设，2009年11月16日建成开馆的一期工程，占地面积54000平方米，建筑面积22700平方米，包括主体馆、字坊、广场等；2022年11月16日建成开馆的续建工程，建筑面积68300平方米，包括文字文化研究交流中心和文字文化演绎体验中心等。续建工程完成后，中国文字博物馆成为功能完善、面向国内外开放的知识型、信息型博物馆，成为向全世界展示中华文化的窗口和国际性文化交流平台。2022年中国文字博物馆接待游客51万人次，受到社会各界广泛赞誉；成功举办各类展览6个，特色展3个；开展线上图文活动 308 场，线下活动 62 场，举办直播活动 6 场，参与人数达 600 余万，向"学习强国"平台推送 126 期，总阅读量 120 余万人次，总点击量超过 1128 万余人次。拍摄制作视频上传"学习强国"平台 20 集，点击量达 37 万。2022 年中国文字博物馆积极开展学术研究工作，深入开展甲骨文考释研究项目，发表相关文章 10 余篇，完成两期馆刊编辑出版工作，出版学术专著两部，数据中心初步完成"汉字古今"建设；申报完成安阳市社会科学规划项目 29 项，获一等奖 4 项、二等奖 3 项、三等奖 5 项；申报安阳市社科成果奖 8 项，获一等奖 2 项、三等奖 1 项；申报完成河南省社科联、经团联课题 7 项，获一等奖 1 项、二等奖 2 项。

【陈列展览】 诚信在兹——契约文化展。2022 年 6 月 23 日至 8 月 22 日，由中国文字博物馆、聊城中国运河文化博物馆联合主办的"诚信在兹——契约文化展"在中国文字博物馆三楼南厅展出。展览精选清代以来契约文献，按所涉及的典当、买卖、继承等社会关系进行分类展示，种类有典当契、法律文书、过继契、卖地契、换契、宅基契、分家契、补契等。一张张契约文献展示着百姓生活的方方面面，展示着社会文明程度的不断进步。契约自由、契约平等、契约信守、契约救济等精神逐步成为契约精神的核心内容。展览现场还设置了观众互动体验项目"我们的约定"，父母和孩子可以现场订立"家庭合约"，助力构建和谐家庭。展览是从契约文献藏品中精选出来 97 件契约代表作品，以期"契古约今"，发扬诚信守约精神，为打造诚信中国贡献智慧和力量。

字道——汉字设计的现代之路艺术展。2022 年 8 月 16 日，国家艺术基金 2020 年度传播交流推广资助项目"字道——汉字设计的现代之路艺术展"全国巡展首展在中国文字博物馆举行。中国文字博物馆党委委员、副馆长段艳琴，北京第二外国语学院国际传播学院教授、中国文字博物馆学术委员会委员常耀华，安阳博物馆馆长周伟，中央美术学院城市设计学院绘本专业负责人杨忠副，中央美术学院城市设计学院绘本专业教师冯烨、汉仪字库品牌市场部总监杜立平等嘉宾现场出席了开幕式。中央美术学院协同创新办公室主任岳洁琼线上出席了开幕式。开展仪式由中央美术学院副教授刘钊主持。段艳琴在开幕式上致辞。展览以"汉字设计的现代之路"为主题，旨在通过对近现代汉字设计技术发展的梳理和视觉呈现的变化，让更多的人关注汉字本身和汉字设计的发展。在汉字的发展过程中，知识的传播从手抄发展到刻版印刷，到中国传统活字印刷，到现代活字印刷，再发展到制版打字机，一直到计算机应用，从中清晰地看到知识传播的技术线的脉络。展览部分以时间发展为线索，通过具有代表性的作品尽可能全面地向公众呈现汉字设计发展中经历的艰辛困苦及辉煌的成就，让大众在字里行间感受到汉字之形美、情美、意美。展览分为序和汉字设计的现代化之路两大部分，序为中国传统活版印刷开启文字设计历史；展览主体从现代印刷字体的萌芽、字体设计的自主开发、国家主导的字体设计、汉字开始进入信息时代、中国现代字体蓬勃发展和文字展现文化共同体等几个角度梳理了汉字设计之路，展览共展出 38 套字库设计成果，260 余位作者的 600 多件作品。

"党的语言文字事业百年光辉历程"展。2022 年 8 月 30 日，为喜迎党的二十大胜利召开，全面总结党领导下的语言文字事业走过的光辉历程，彰显作为中华基因的语言文字对当代提升"文化自信"、建设"文化强国"的重大价值和意义，充分发挥博物馆的社会教育职能，由国家语言文字工作委员会主办、河南省语言文字工作委员会协办，中国文字博物馆承办的"党的语言文字事业百年光辉历程"展在中国文字博物馆展出。展览共展出包括档案、图书、实物等 330 件展品，分为"星火燎原""日月新天""与时俱进""奋勇逐梦"4 个篇章，全面系统呈现了新民主主义革命时期、社会主义革命和建设时期、改革开放和社会主义现代化建设新时期、中国特色社会主义新时代党领导的语言文字政策和实践的变迁、发展进程，展现了语言文字工作为服务国家发展大局所发挥的重要作用和取得的显著成就。

《汉字》巡展同济大学博物馆展。9 月 13 日至 10 月 12 日，《汉字》巡展同济大学博物馆展线下展在同济大学博物馆展出。展览为第二十五届全国推广普通话宣传周的重要组成部分，由中国文字博物馆和上海同济大学国家语言文字推广基地、同济大学图书馆和同济大学博物馆联合举办。中国文字博物馆党委委员、副馆长段艳琴以视频方式发表致辞，同济大学语言文字工作委员会主任、副校长顾祥林，同济大学图书馆馆长陈欣出席开幕式并致辞。展览通过图片展板、实物、视频、讲座、宣传册、互动游戏、微信平台知识竞赛等多种形式相结合的方式，系统全面地展示了汉字的起源、发展、演变及应用历程，生动鲜活地展现汉字的书写艺术形式及其数千年积淀下来的妙趣精华，立体呈现汉字的无限魅力。首展结束后《汉字》展还在同济大学沪西校区图书馆和嘉定校区图书馆继续展出。

2022年8月30日，"党的语言文字事业百年光辉历程"展在中国文字博物馆三楼南厅展出

中国文字博物馆续建工程基本陈列。2022年11月16日，中国文字博物馆续建工程基本陈列开展。该展览是在现有基本陈列"中国文字发展史"线性表达中国文字发展演变历程的基础上，择点铺面，对中国文字发展重要内容和节点作出横向诠释的特色展览，是对现有基本陈列的有力补充和拓展；两者相辅相成、相得益彰，共同构建起宏大立体的中国文字叙述体系，让公众在参观学习中沉浸式认知和感受中华五千年文明史的厚重积淀，感悟中国文字鲜活的生命力、强大的凝聚力和广泛的影响力。该展览由中国文字学会会长、中国文字博物馆馆长黄德宽选题策划，分为"汉字民俗""字书琼林""书苑英华"3个部分，分别聘请李运富、李国英、刘守安3位国内顶级文字语言专家组建团队倾力打造，历时两年有余，多次组织宋镇豪、刘钊、王立军、王贵元、言恭达等著名专家学者研讨评审，精雕细琢，确保了内容的权威性和专业性。

中国文字博物馆续建工程基本陈列展局部

【**学术研究**】 **基本情况**。2022年继续深入开展甲骨文考释研究项目。该项目的子课题《甲骨文全文数据库及商代语言文字释读研究》，在全面整理殷墟甲骨文原片释读资料的基础上，出版了《甲骨文可释字形总表》《殷墟甲骨文辞类编》，发表了《卜辞"翌""来"再论》（《甲骨文与殷商史》新九辑，2019年）等相关文章10余篇；完成2022年两期馆刊、《中国文字博物馆集刊（第三辑）》的编印工作；完成《文字墨影——中国文字博物馆馆藏墓志拓片选释》《绝学新知——2019—2021年甲骨文考释成果选编》的编印；进一步充实学术研究中心的研究力量，引进7名古文字、文博专业高学历人才，推动中国文字博物馆甲骨文考释研究和活化利用工作；数据中心初步完成"汉字古今"网站建设。在北京以线上线下相结合的方式成功举办第八届中国文字发展论坛。

第八届中国文字发展论坛。2022年8月4日，为学习贯彻习近平总书记致甲骨文发现和研究120周年贺信精神，树牢文化自信，扩大研究成果，壮大研究队伍，传承和弘扬汉字文化，"第八届中国文字发展论坛"在北京举办。论坛以"甲骨文等古文字及新出土文献研究"为主题，以促进文字学与考古学互动融合、推进学术成果的普及转化为基本定位之一，云集70余位甲骨学、文字学、考古学、简帛学、文博研究、人工智能等多学科、多领域的专家学者，围绕甲骨文、金文、战国文字与秦汉简帛、古文字与人工智能等多个专题进行深入研讨。论坛以线上线下相结合的形式，为文字文化爱好者了解和学习文字文化最新研究成果提供便利条件。

【社会服务】 文字文化社会服务活动。中国文字博物馆先后走进林州市七泉村、林州桂林镇中心小学、许家沟乡下堡中心小学等 21 所学校，开展文字文化进校园、进社区活动，活动惠及 4.1 万余人。通过开展活动，使更多的群体了解中国传统文化，了解汉字文化。依托甲骨学堂阵地，结合传统节日和重要节日先后开展"传拓古今庆元旦""清明时节话清明""端午飘香 诗歌寄情""欢度国庆节 喜迎二十大""今日又重阳"等主题教育，向大众普及传统文化，获得了良好的教育效果。积极发挥国家研学基地辐射带动作用，针对社会研学团队、亲子家庭和夏令营推出了一系列分众化教育活动，在强化教育性和知识性的同时，又突出趣味性和互动性，暑假新开设了"我是小小讲解员"夏令营活动，成功举办 6 期，社会反响强烈。配合安阳市委统战部录制《探秘中国文字博物馆——趣说汉字》3 节汉字教育课程，配合国务院侨务办公室和河南省人民政府侨务办公室共同举办"线上中华文化大乐园——欧洲园第十四期"线上教育活动，让海外华裔青少年认识汉字、爱上汉字。做客上海外国语大学推出的"SISU 兰台文博"系列讲座，利用线上直播平台，以"古为今用——甲骨文与甲骨文识字教育的现状和实践"为主题，面向社科院大学、复旦大学、西北师范大学等 9 所高校师生及在华海外留学生开展讲座，将中华文化走出去落到实处。

"学习强国"专项工作。中国文字博物馆向"学习强国"平台推送 126 期图文资料，包括《识读甲骨文》《甲骨名人》《鼎喵看冬奥 学汉字》《字在安阳》等内容，阅读量达 1000 万人次；推送视频资料《甲骨文动漫故事：鼎喵喵和鼎小喵》、《中华文字》讲坛、《文字载体知多少》、《甲骨文成语故事》，阅读量 120 余万人次；总点击量超过 1120 万人次。制作图书《学习强国"中华文字"集萃（2019—2021）》，创作视频类栏目《古今文字专家访谈》《字语黄河》《甲骨文动漫——鼎喵喵和鼎小喵》（中国节日节气系列）等系列视频。

获得荣誉。参加河南省"红色文物说——革命故事大赛暨第六届红色故事会"获专业组一等奖，参加"2022 年度河南省科普讲解大赛"获优秀奖，参加"河南省红色文物说安阳市讲解员选拔赛"分别获得专业组二等奖、三等奖。提供志愿讲解 982 次，公众服务 76 次，共计服务时长 3345 小时，新招募志愿者 31 人，招募文字小博士 49 人。上传"志愿河南"全国、省级平台活动 96 次。在国家文物局、中央文明办举办的全国博物馆志愿服务典型案例征集推介活动中，"文字文化校园推广"志愿服务项目获评 2022 年度全国博物馆志愿服务典型案例。中国文字博物馆文字小博士积极参加省市大赛，在河南省科普大赛中获青少年组二等奖；在安阳市"红色文物说——革命故事大赛暨第六届红色故事会"志愿者组比赛中获一等奖和二等奖。

【文物藏品征集与保护】 2022 年，根据《中国文字博物馆文物藏品征集方案》《中国文字博物馆续建工程展览藏品征集方案》，征集青铜器、古代墓志、明清字画、古代雕版、木活字等共约 830 件（套）；借展河南博物院、敦煌博物馆、西安博物院、湖南省考古所等 13 家文博单位青铜器、简牍、瓦当、铜镜等共计 184 件（套）；接收西江流域民间文献研究中心、周恩来邓颖超纪念馆等单位及个人捐赠的拓片、契约文书、南湖泥、青铜剑、书籍等 80 件（套）。接收个人或公司捐赠 80 件（套）。在馆藏文物保护修复方面，根据续建库房面积和馆藏藏品实际情况，对续建库房急需使用的柜架进行公开招标，购买藏品柜架 94 节。对馆藏崔铣祠堂书画进行了初步评估，撰写了《关于"崔铣画像"等纸质文物保存现状及初步整理方案的汇报》并邀请河南省文物局相关领导现场查看文物保存现状，让其对下一步文物的保护修复提出指导意见。为中国版本图书馆制作馆藏《弟子规》木雕版仿制品 2 块，作为其展览展品进行移交。

【文化产业】 2022 年，中国文字博物馆参加第九届"博博会"，获得第九届"博博会"弘博奖优秀展示奖，推出的系列活动深受线上线下观众的喜爱，其中《甲骨文字秀》受到关注，十二生肖木雕版印刷被新华社专门采访报道；与清华大学美术学院品牌授权（IP）设计研究所合作，打造了中国文字博物馆首个 IP 形象——"小仓颉"正式发布并相继开发系列衍生文创产品；以科技创新激活博物馆数字文创，在线上阿里资产推出"祈福"系列数字文创作品、"中国甲骨文趣味系列数字作品"、"5·18 国际博物馆日"打造《宋公栾簠》数字文创产品。

【交流与合作】 2022年1月19日，中国文字博物馆党委委员、副馆长魏文萃参加由国声智库、中国文物交流中心、中国商业史学会、中央财经大学中外经济比较研究中心联合主办，当代世界信息科技研究院、智慧中国杂志社大数据中心承办的"2022智库观中国创新发展论坛"云会议。论坛以"服务国家战略布局，加强文化软实力建设"为主题，与会领导、专家学者围绕共建"一带一路"、文明互鉴与文化交流、数字中国建设与"元宇宙"等议题进行了研讨交流。2022年9月1日，中国文字博物馆参加第九届中国博物馆及相关产品与技术博览会。中国文字博物馆携墨缘、甲骨文魔方、鼎喵小文创、生肖明信片等近百种特色文创产品亮相该次展会，创意与实用性的结合，形成了具有浓郁特色的文字文化产品。中国文字博物馆表演的《甲骨文字秀》舞蹈引爆现场，演员用肢体演绎甲骨文文字，为观众呈现出"人""天""众""水""美""好""安"等甲骨文字。中国文字博物馆甲骨学堂受该届"博博会"组委会邀请在该次"博博会"研学云课堂宣讲《韦编三绝》竹简研学体验课程，多元化地呈现了中国造字方法及文字载体，让观众了解文字载体竹简编联和书写的相关知识。

【重要活动】 中国文字博物馆续建工程建成开馆。2022年11月16日，中国文字博物馆续建工程和汉字公园正式建成投运，"汉字民俗""字书琼林""书苑英华""字里乾坤"4个专题展览同步开展。中国博物馆协会、故宫博物院、清华大学、复旦大学等30余位专家学者分别通过贺信、电话、视频等方式向中国文字博物馆续建工程和汉字公园的建成开放表示祝贺，开馆仪式直播在线观看人数达到130万；续建工程开馆系列主题活动第七届"四堂杯"全国书法大展、"艺文双修 书写经典"鼎甲·研修班成果汇报展、中国文字博物馆IP形象及衍生产品发布会暨河南省博物馆学会文化创意发展专业委员会成员单位文创产品展同期举办，受到社会关注，成为安阳市优秀传统文化教育的新打卡地。

文化馆

【概 况】 2022年，河南省共有文化馆181个，包括省级馆1个、市级馆18个、县（市、区）级馆161个。除按照行政区划设有文化馆机构外，郑州市高新区、平顶山市新城区、焦作市高新区增设文化馆，安阳市殷都区设水冶分馆，与区文化馆同级别、同待遇。全省各级文化馆举办演出、辅导、培训等各类惠民活动9000余场次。泌阳县、商水县新馆舍于2022年投入使用。

【河南省文化馆】 河南省文化馆建成于1956年，原名河南省群众艺术馆，2015年7月更名为河南省文化馆。2022年，在省文化和旅游厅党组的领导下，河南省文化馆以"喜迎党的二十大"为主线，提供优质文化服务、创作优秀文艺作品，积极探索、敢于创新，着力推进群众文化事业高质量发展。全年组织开展各类公共文化活动百余场次，其中线下活动30余场次，线上活动100多场次，受益观众超过500万人次；包括示范性惠民演出8场、"厚重中原 出彩河南"系列作品展等主题展览9个，常态化艺术培训56班次、公益讲座2讲，基层演出活动2项，受到社会各界关注。由省文化馆牵头组织的全省群众文化活动，如河南省首届"惠民文化节"系列群众文化活动、河南省乡村村晚、河南省全民艺术普及周等活动开展2800多场次，线上线下惠及百姓3100多万人次。河南省文化馆先后获中国文化馆协会"时代·文化·传承——首届群文影像大展"组织工作荣誉单位、河南省文化和旅游厅2021年度精神文明创建工作先进集体、"河南省直文化和旅游系统'赶考路上有我'主题系列活动"优秀组织、2022年河南省首届"惠民文化节"集体组织、河南省文化和旅游志愿服务项目大赛优秀集体组织、第二十九届"东丽杯"梁斌小说评论活动优秀组织单位等称号。

【"黄河故事"——河南民俗文化展示馆】 "黄河故事"——河南民俗文化展示馆于2月23日正式开馆。展厅总面积520多平方米，集中展出了河南省300余种优秀沿黄民俗文化。展厅秉承文化弘扬和旅游体验相结合、传统性和现代性相结合、知识性与观赏性相结合、互动性与体验性相结合、实物展示和动态展演相结合的五大陈展理念，立足于河南省沿黄8个省辖市丰厚的民俗文化资源，共设立了序厅、三门峡厅、济源厅、洛阳厅、焦作厅等8个民俗文化专题展厅，以图片文字、实物展出为主，结合多媒体演示、视频专题片、手动触摸屏等数字化手段为陈展方式，常年向

2022年2月23日,"黄河故事"——河南民俗文化展示馆局部

公众免费开放并定期更新。该场馆位于河南省文化馆市区馆、郑州市金水区花园路繁华地段,周边有若干学校及大型商超、住宅小区,整体地理区位优越。该馆运转近一年来,成为代表黄河文化形象、彰显新时代文化繁荣发展气象的一处文化新地标,并入选2022全国"最受欢迎公共文化空间"TOP 50。

【数字化建设】 河南省文化馆数字化平台于2017年底建成运行。完成了全省50%的市县级以上文化馆的场馆、人员、设备、信息资讯、品牌活动、服务项目、艺术普及资源、培训课件、预约项目等资源与国家公共文化数字支撑平台进行全面对接。2022年,河南省文化馆数字服务平台先后为百姓准备了100多门公益课,涵盖绘画、音乐、美术、舞蹈、戏剧、影视等多个门类。推出"文化易点通""有声读物"数字资源库,共约3500课时视频资源。此外,河南省文化馆相继推出了"不一样的春节"图片及文字线上征集活动、"燃情冬奥"线上知识竞答活动、"正月十五元宵节有奖灯谜猜!猜!猜!"等活动,特色栏目《诗词鉴赏》《爱上简笔画》等,让古典诗词爱好者可以诵读经典,让少年儿童可以在家中学习绘画。河南公共文化网全年更新内容超100万字,河南省文化馆微信公众号推出多个网上展厅,组织多场线上活动,全年发布信息600余条,发布总量较2021年增长近50%,平均每月更新信息约50条,单篇最高阅读量超2万,用户比上年增长超30%。同期官方微博、抖音等一并运营,发布信息近百条。2022年全年直播百余场次,直播总时长逾1.1万分钟,在线观众超过500万人次。与天津等文化馆牵头组建了省级文化馆直播联盟,共有天津、北京、浙江、江苏、山东、河北、吉林、辽宁、宁夏、湖南、湖北、安徽、江西等20多家省级文化馆参与。此外河南省文化馆完成了文化和旅游部资源建设项目"中原民间演艺""寻味中原 行走河南""河南特色小镇""黄河岸边的民间艺术(技艺篇)"等微视频拍摄制作,逐步在新媒体平台对外推送。还遴选推荐10位省文化馆优秀馆员参加文化和旅游部资源建设项目"学才艺"慕课录制,录制音乐、舞蹈、摄影、非遗等艺术门类慕课视频,在国家公共文化云等媒体呈现,供群众浏览学习。其中,河南省文化馆庞东晨的摄影慕课《舞台舞蹈摄影》入选国家公共文化云2022年度榜单"云上名师榜"。

【文艺精品创作】 河南省文化馆全年先后创作推出舞蹈《领航》、取材自中原泥塑的少儿舞蹈《黄河泥娃》、音乐作品《路过》《孩子,别哭》等,参与创作书本剧《山河传》、戏曲电影《三拂袖》、小品《春天里》等。其中,作为2022年全省艺术广场舞展演普及推广作品的《领航》,作品动作设计结合"歌词编舞法",简单易学,具有普及性、艺术性,更具有很强的时代性和艺术广场舞的特质。4月,业务专干通过网络公益直播培训,群文工作者在各地积极响应、纷纷在家里练习、录制、加强推广和普及,用中原儿女的美妙舞姿,向党的二十大献礼。歌曲《路过》为中央电视台《中国三农报道》年终盘点特别节目创作。

【人才队伍培养】 为更好地为群众提供服务,河南省文化馆采取专题讲座、定向培训、以评促训、编发专业学习资料的方法,提高基层专业干部的业务能力。举办文化志愿服务与管理、合唱指挥艺术、主持艺术、数字化建设、公共文化写作等各类基层队伍线上培训班5期,培训基层群文骨干11930余人次。派员参加全国意识形态、文化志愿服务、群文文艺创作能力提升培训班等35人次。组织业务干部赴基层演出、培训及辅导等26人次。举办第二十届河南省文化艺术论文评选,加强公共文化理论体系建设,促进队伍理论研究水平的提高。编印内资《瞬间艺术》4期。创刊自1985年的音乐专业期刊《青年歌声》，全年编辑、出版、发行12期，刊发歌曲151首、歌词223首、各类资讯消息304篇。

【文化志愿服务】 河南省文化馆积极推进全省文化和旅游志愿者队伍建设管理，承办了2022年河南省文化和旅游志愿服务项目线上大赛。该次大赛自6月底启动后，收到来自各地申报项目67个，涵盖文艺演出、展览展示、遗产保护、数字服务、特殊群体服务、阅读推广、文明旅游等11个项目类型；通过各地初审、省级复审，32个项目进入线上展示、投票环节，最终16个项目进入决赛，并通过项目展示、专家提问等环节，最终评选出特等奖1个、金奖4个、银奖11个、铜奖16个、网络人气奖5个。该次大赛是2022年度国内唯一的省级文化和旅游志愿服务项目大赛，被文化馆发展研究院列入2022年度全国文化和旅游志愿服务十件大事之一。辅导、推荐河南省多台乡村"村晚"参加全国示范展演，通过国家公共文化云、央视频、新华网等平台向全国人民展示中原乡村风情风貌。发挥自身优势和职能作用，着眼农村生产生活需要，先后与林州、确山、上蔡等基层帮扶点联系，送文艺器材、送优质培训、共享文化资源，推动优质公共文化资源向农村地区、革命老区倾斜，缩小城乡和地区之间公共文化服务差距。还多次组织志愿者团队进社区，丰富老年人、进城务工人员的公共文化供给。河南省文化馆具体指导、河南省文化和旅游厅推荐的"艺术之光点亮山乡"文旅志愿服务项目代表文化和旅游部参加第六届中国青年志愿服务项目大赛，从1万多个项目中脱颖而出，获得金奖。

2022年9月16日，"文化筑梦 绽放中原"河南省青少年文化志愿服务项目系列活动在河南省文化馆正式启动

【"喜迎二十大"主题活动】 河南省文化馆带动各级文化馆上下联动，在全省范围内组织承办了围绕"喜迎二十大"为主题的全省民间艺术大赛、"人民的风采——献礼党的二十大召开摄影展"、"乡村百变——河南省乡村振兴进程中的影像见证"摄影展、"翰墨丹青迎盛世"河南省美术书法作品展、河南省第十八届艺术摄影展、"群星耀中原"河南省第六届艺术广场舞大赛、河南省群众合唱大赛、河南省第十一届少儿才艺大赛、"赶考路上有我·唱响出彩中原"歌咏比赛、"春满中原 老家河南"春节系列文化活动等群众性文化活动，主办了中共党史烙画专题展、木版年画专题展、"厚重中原 出彩河南"系列作品展、河南省首届手机摄影展、"我的家乡我的县"河南省优秀基层文艺作品展演、河南省第十一个全民艺术普及周、"我眼中的乡村振兴"征文、"文化筑梦 绽放中原"河南省青少年文化志愿服务项目系列活动等在内的各类社会文化活动。其中，2022年度河南省省级公共文化服务专项资金（省直补助资金艺术创作项目）"乡村百变——河南省乡村振兴进程中的影像见证"摄影展受邀赴多地市巡展。

教育 体育

2022年8月6日,"羽动中原"2022年河南省羽毛球公开赛在新乡市平原体育中心举行

教 育

【概　况】 2022年，河南省共有各级各类学校4.99万所，各级各类教育在校生2682.31万人、教职工196.28万人。学前教育毛入园率为91.8%，义务教育巩固率为96.15%，高中阶段毛入学率为92.7%，高等教育毛入学率为55.5%。

【基础教育】 **总体概况**。2022年，全省共有幼儿园2.39万所；小学1.69万所，另有不计校数小学教学点1.17万个；初中4658所，其中九年一贯制学校1235所；普通高中1050所，其中有完全中学134所、十二年一贯制学校149所。在园（班）幼儿371.48万人、小学在校生987.39万人（其中教学点在校生52.49万人）、初中在校生493.02万人、普通高中在校生250.45万人。

学前教育。2022年，中共河南省委、省政府将实施"学前教育普惠扩容工程"纳入省重点民生实事，目标任务是：新建公办幼儿园200所，改扩建公办幼儿园300所，新增公办学位9万个。3月4日，省教育厅印发《2022年河南省重点民生实事学前教育普惠扩容工程实施方案》（教基〔2022〕55号）。截至12月底，全省新建公办幼儿园253所，完成年度目标任务的126.5%；改扩建公办幼儿园406所，完成年度目标任务的135.33%；新增公办学位13.65万个，完成年度目标任务的151.68%。规范幼儿园办学行为。开展全省幼儿园名称规范清理行动，对冠以"中国""中华""全国""国际""世界""全球"等字样，包含外语词、外国国名、地名，使用"双语""艺术""国学""私塾"等片面强调课程特色以及带有宗教色彩的名称，民办园使用公办学校名称或简称等进行整治，共清理规范幼儿园名称3388个；开展城镇小区配套幼儿园治理"回头看"工作，开展无证园、小学化治理工作，遏制幼儿园"小学化"倾向。全省纳入国家治理系统台账的1388所配套园全部完成治理，其中公办园520所、普惠性民办园857所、建设竣工11所。增加普惠性学位36.22万个，其中公办园学位14.53万个、民办园学位21.69万个。2022年，河南省继续推进幼小衔接工作，32个实验区开展区域联合教研活动，举办四轮覆盖全省的幼小衔接专题培训，依托省教育科学研究院立项幼小科学衔接专项课题25项，开展幼小衔接巡回辅导项目，举办2期河南省幼小科学衔接工作培训会，面向全省征集幼小衔接主题优秀视频案例和绘画作品。6月，省教育厅对2022年新申报的31所省级示范性幼儿园进行评估初验，对2022年新申报省级示范性幼儿园和省级示范园满五年进行复查的幼儿园进行评估验收工作。2022年，省教育厅完成了对第一批食育试点幼儿园的评估工作，遴选确定19个"食育试点幼儿园"区域发展共同体，开启幼儿园食育工作的区域协同发展进程。12月14日，省教育厅等十部门印发《河南省"十四五"学前教育发展提升行动计划实施方案》（豫教基〔2022〕139号）。

义务教育。义务教育优质均衡发展工作。2022年11月14日，省政府办公厅出台《关于推进义务教育优质均衡发展的若干意见》（豫政办〔2022〕105号），重点开展义务教育优质均衡发展监测等8项重点工作，进一步缩小区域、城乡、校际差距。11月23日，省教育厅公布37个河南省义务教育优质均衡先行创建县（市、区），其中6个被教育部确定为全国义务教育优质均衡先行创建县（市、区）。11月19日，河南省教育厅等五部门印发《河南省县域义务教育优质均衡发展监测方案》（豫教督导〔2022〕129号），启动全省县域义务教育优质均衡发展监测工作。控辍保学工作。2022年，全省排查疑似辍学学生35789人，其中疑似辍学学生整改完成28836人，启动联合劝返学生6953人。规范民办义务教育发展。2022年，中共河南省委教育工作领导小组秘书组印发《关于加快推进规范民办义务教育专项工作的通知》（豫教组秘〔2022〕2号）等文件，对全省18个省辖市和10个直管县进行逐一调度，有针对性地提出意见建议。省委、省政府高位推动，将重点民生补助资金中专项用于规范民办义务教育的经费占比由5%上调至15%，安排21亿元专项资金用于支持各地规范民办义务教育工作。截至秋季学期开学，实现了全省民办义务教育在校生省域占比5%以内，按时完成规范民办义务教育各项工作任务。2022年，省教育厅推进义务教育集团化办学提质扩容工程，认定河南省义务教育阶段优质教育集团100个。开展义务教育教学改革示范区、示范校建设工作，认定郑州市金水区等15个县（市、区）为河南省义务教学改革示范区，郑州市金水区文化路第一小学等115所学校为河南省义务教育教学改革示范校。择优向教育部推荐124项基础教育教学成果参评基础教育国家级教学成果奖。

普通高中教育。2022年，省教育厅实施普通高中育人方式改革"1256"工程。遴选首批普通高中新课程新教材实施省级示范校，认定普通高中新课程新教材实施省级示范校33所、省级示范校创建单位84所。开展普通高中省级学科基地建设工作，遴选了首批省一级学科基地24个、省二级学科基地52个。启动评选首批河南省普通高中学生发展实践基地，认定郑州大学物理国家级实验教学示范中心等20个基地为首批河南省普通高中学生发展基地，华北水利水电大学数学与统计学院信息中心等18个基地为首批河南省普通高中学生实践基地。10月19日，公布河南省教育科学规划2022年度基础教育专项（普通高中育人方式改革）立项名单，共30项。12月14日，省教育厅联合9部门印发《河南省"十四五"县域普通高中发展提升行动计划实施方案》（豫教基〔2022〕139号），制定了规范招生管理、健全教师补充激励机制、提高县中教师能力素质、实施县中托管帮扶工程、改善县中办学条件、完善县中经费保障机制、提高县中教育质量7项主要政策。

特殊教育。1月，省教育厅领受中共河南省委、省政府安排的河南省十大民生实事第八项——残疾儿童康复救助，要求对具有河南省户籍或居住证且符合条件的视力、听力、言语、肢体、智力等残疾儿童和孤独症儿童开展康复救助工作，2022年救助不少于2.4万人。截至年底，已协助省残疾人联合会对34895名残疾儿童提供康复救助服务，超额完成重点任务分工目标。7月6日，省教育厅、省残疾人联合会印发《关于做好2022年适龄残疾儿童少年义务教育招生入学工作的通知》（教基〔2022〕216号）。截至12月底，全省适龄残疾儿童少年义务教育入学率为98.26%。

【普通高等教育】 2022年，全省共有普通（职业）高等学校156所，其中普通本科学校56所、本科层次职业学校1所、高职（专科）学校99所，成人高等学校10所。普通、职业本专科在校生282.33万人，成人本专科在校生69.44万人，在学研究生9.19万人（其中博士研究生在学5307人）。

本科高校综合改革。2022年3月25日，省教育厅召开河南省本科高校全面深化改革工作调度会。5月16日，中共河南省委办公厅、省政府办公厅印发《河南省普通本科高校全面深化改革工作方案》《郑州大学一流建设体制机制改革方案》等方案。7月8日，中共河南省委书记楼阳生主持召开十一届省委常委会第二十九次会议并指示："组建工作专班分别进驻郑州大学、河南大学，就深化高等教育改革、完善现代大学治理体系等事宜开展调查研究并提出具体举措。"7月15日至9月26日，中共河南省委常委、组织部部长、省委教育工委书记陈舜和副省长宋争辉牵头组建了省委、省政府推进郑州大学、河南大学改革试点工作专班，形成了《一流大学质量控制原理》《一流大学质量控制方法》，指导郑州大学、河南大学专题研究制定改革试点方案。12月22日，省教育厅公布立项建设河南科技大学丽正书院等29个河南省高等学校书院制育人模式改革示范书院，积极稳妥推进河南省高校书院制育人模式改革。

学科与专业建设。新工科、新医科、新农科、新文科建设。2022年，省教育厅先后印发《河南省本科高等学校深化产教融合促进高质量发展行动计划》（教高〔2022〕52号）等文件，推进高等教育与

2022年6月27日，河南省人民政府新闻办召开河南省高考综合改革新闻发布会

产业发展融合互促，加快培养卓越设计人才，引导全省高校培育建设一批高水平工业软件学院，探索具有中原特色的工业软件人才产科教融合培养新路径等。6月12日至14日，省教育厅、省卫健委组织专家对2022年申报的临床教育基地进行集中会评，共审定备案附属医院5家、实习医院20家。6月28日，省教育厅公布立项郑州大学河南省新农科卓越农林人才教育合作育人示范基地等73个河南省卓越农林人才教育基地建设项目，引导高校进一步服务面向新农业、新乡村、新农民和新生态发展需求，完善农科教协同育人机制，提升农林人才培养质量。6月7日，教育部公布2021年度国家级和省级一流本科专业建设点名单，河南省有31所高校的146个专业被认定为国家级一流本科专业建设点，219个专业被确定为省级一流本科专业建设点。

院办校发展模式改革。5月16日，中共河南省委办公厅、河南省人民政府办公厅印发《关于河南省高等学校学科学院调整优化的指导意见》（豫办〔2022〕17号），指出要强化学院（本科高校二级学院）学科建设主体地位，打造"学院、学科研究院、产业研究院"共同体，形成学科学院高质量协调发展新格局。8月15日，省教育厅召开全省高校"院办校"改革座谈会；9月8日，在9所"双一流"建设、创建高校和许昌学院、周口师范学院、洛阳理工学院等12所高校启动"院办校"改革试点工作，进一步探索"院办校"发展模式改革。

"双一流"建设与创建。2022年1月13日，中共河南省委、河南省人民政府印发《关于进一步支持郑州大学世界一流大学建设的若干意见》《关于进一步支持河南大学"双一流"建设的若干意见》《关于实施高等学校"双一流"创建工程的意见》（豫发〔2022〕3号），"十四五"期间，分别安排给郑州大学50亿元、河南大学25亿元、河南农业大学等7所"双一流"创建高校55亿元作为建设引导资金。3月，省教育厅指导河南农业大学制定《河南农业大学创建中国特色世界一流农业大学方案（2021—2025年）》。4月15日，省教育厅、中共河南省委人才工作领导小组办公室发布《关于印发〈河南省一流学科引进人才工作细则〉的通知》（豫教人〔2022〕40号），建立完善"政策惠才、环境引才、平台聚才、服务留才、事业成才"体制机制，吸引更多优秀人才服务河南省一流学科建设。定期召开"双一流"建设和创建工作会议，坚持常态化推进。建立监测平台，持续跟踪监测。编制学科发展规划，明确建设赶超路径。3月至4月，组织25个一流建设、创建和倍增学科分别制定发展规划，累计邀请180名院士进行逐一论证。进行倍增学科建设，遴选优先发展学科。4月11日，省教育厅从郑州大学遴选考古学、物理学、水利工程、化学工程与技术、公共卫生与预防医学、马克思主义理论6个学科，从河南大学遴选地理学、中国语言文学、教育学、化学4个学科进行倍增学科建设，力争进入"双一流"建设行列。

学位与研究生教育。截至2022年12月31日，全省58个学位授予单位（含2个在豫科研院所）累计报备各级各类学位授予信息392708条，其中博士学位授予信息779条、硕士学位授予信息20893条、学士学位授予信息371036条。共评选出26篇全省优秀博士学位论文、222篇全省优秀硕士学位论文、824篇全省优秀学士学位论文。2022年，国家首次单列研究生教育国家级教学成果奖，河南省共推荐15项研究生教学成果奖参加2022年高等教育（研究生）国家级教学成果奖评选。开展河南省博士、硕士学位授权点对应调整工作，原有的31个学位授权点调整为39个，进一步优化了学位点。

打造高端学科平台。2022年，郑州大学牵头建设中原关键金属实验室和河南省首个重大科技基础设施——超强超短激光平台，智能集群系统项目获得2022年度教育部工程研究中心立项建设；河南农业大学动物生物安全三级实验室（ABSL-3实验室，又称P3实验室）正式获得科技部批准建设，为"中原农谷"建设提供支持。2022年，河南省建设的4批10个省级实验室全部由高校牵头或参与组建；省教育厅高质量完成全省教育系统河南省工程研究中心的优化整合工作，2022年度河南省工程研究中心获准立项建设45家；省教育厅、省财政厅新认定8个河南省协同创新中心；省科技厅、省教育厅认定2022年度河南省大学科技园2家（南阳理工学院大学科技园、安阳工学院大学科技园）。全省高校共有国家（省部共建）重点实验室、国家工程研究中心、国际联合研究中心、国家工程实验室等国家级创新平台35个及省部级科研平台近1000个。2022年，河南省重点支持33个创新人才和10个跨学科跨领域的创新团队,培育一批知名专家和中青年骨干人才。持续实施哲学社会科学领军人才培育工程,建设一支高层次社科研究队伍。持续实施高校品牌智库建设工程,完成78个高校智库备案,重点支持建设19个新型品牌智库,评选出河南省高校影响力十强新型智库。其中,河南大学黄河文明与可持续发展研究中心入选(CTTI)全国高校百强智库,河南大学区域创新与高质量发展新型智库、黄淮学院产业创新发展研究院等7个智库入选2022年度全国高端智库名录(CTTI)。

高校毕业生就业与创业。2022年,河南省高校毕业生81.7万人,较上年增加11万人,总量和增量均创历史新高。省教育厅将毕业生就业工作列为2022年全省教育工作30项重点任务之一,省委教育工作领导小组秘书组成立高校毕业生就业工作专班,统筹32个厅局,扩大公务员、事业单位、国有企业、专升本招录和"选调生""三支一扶""特岗教师"等就业项目规模,提供政策性岗位19.5万个,较上年增加3.1万个,增幅约18.9%,缓解了就业总量压力,政策性岗位稳定器作用更加突出。举办线上线下双选活动7800余场,以省就业创业工作领导小组名义协调征集各地、各部门、各驻豫单位就业岗位34.2万个。深入开展高校书记校长访企拓岗行动,新走访企业1.62万家、开拓就业岗位32.18万个,累计挖掘市场化岗位295.3万个,人岗比达1:3.6,有效对冲疫情对就业的不利影响。2022年,河南省3所高校双创学院被认定为国家级创新创业学院,5所高校双创载体被认定为国家级创新创业教育实践基地,754个大学生创新创业训练项目获批国家级"大创计划"。

【高校思想政治工作】 学校思政课建设。开展"大调研、大听课"活动。2022年春季和秋季学期开学后,中共河南省委教育工委、省教育厅抽调190位思政课专家组成34个调研组,采取"听""谈""看""议"等方式,召开160余场座谈会,听取了414名教师的516节课,对全省高校思政课建设情况进行集中调研和"质检"。开展"大研讨、大备课"活动。8月,在中共河南省委教育工委书记陈舜的直接指导和领导下,组织全省62位骨干教师集中工作3个月,召开6次座谈会,分学科编写了190余万字的5门高校思政课《教学要点及参考资料》,并同步印发《关于上好高校思政课的指导意见》,被中共中央教育工作领导小组专期简报刊发,在教育部召开的高校思政课建设工作推进会上,河南省代表作典型发言。开展"大练兵、大比武"活动。2月至6月,中共河南省委教育工委、省委宣传部组织全省学校思政课教师"大练兵、大比武、大展示、大提升"活动,来自全省156所高校的519名选手参加,《光明日报》等30余家新闻媒体对此进行关注报道,着力打造思政工作的河南品牌。开展"大思政、大培训"活动。推动大中小学思政课一体化建设,构建13个区域协作联盟,举办全省大中小学思政课一体化工作推进会暨骨干教师培训班,线下530人、线上30万人次参加;先后10次开展"一月一主题"分主题大中小学思政课集体备课活动,通过线上"云课堂"的形式,全省600万人次师生同上思政大课。

学校思想政治工作。推进网络思政建设。2022年,省教育厅重点打造"豫教思语"网络综合平台,共推文1791篇,阅读量1043.5万人次,关注人数为336.6万;重点推进"融媒体+育人"网络思政矩阵建设,推出《润心》《领航》《青春引路人》等网络思政育人栏目,以"云端思政"的方式加强学生

2022年9月9日,"闪亮的名字"——2022年"最美教师"发布仪式,郑州大学马克思主义学院教师周荣方获得2022年"最美教师"称号

思想引领。加强校园文化建设。开展"巨浪青年、思想引领"思政辩论赛、"舞动青春、绽放未来"视频接力活动；指导全省教育系统精神文明建设，会同省文明办完成第二届河南省文明校园（标兵）评选及全国文明校园年度复查工作，表彰新一届文明校园标兵61所、文明校园33所；持续加强"两创两争""最美大学生""感动中原年度教育人物"等品牌建设。强化心理健康教育。启动心理健康教育工作标准化建设（2022—2025）工作，评选出河南省大学生心理健康教育优秀课程20门，成立河南省大学生心理危机干预研究基地2个，举办心理健康月、心理宣传周等活动。

思想政治工作队伍建设。加强培养培训。2022年，中共河南省委教育工委、省教育厅举办高校党委副书记、党委学工部部长、马克思主义学院院长、团委书记、大中小学思政课一体化等5个专题培训班，线下参加培训1100人次，线上参加培训11万人次。举办全省高校辅导员素质能力大赛，省内130所高校的133名辅导员参加，辅导员在线观摩学习达4.5万人次。注重典型激励。开展全省高校思想政治工作奖评选工作，评选出河南省高等学校思想政治工作先进个人123人、河南省高等学校优秀辅导员141人、河南省高等学校优秀思想政治理论课教师82人、河南省高等学校优秀心理健康教育工作者115人；选树第九届全省高校辅导员年度人物，举行颁奖典礼，编印辅导员专刊，推荐郑州大学任怡、河南农业大学朱瑞萍参加教育部组织的2022年"高校辅导员年度人物"评选；遴选15个河南省高校思想政治理论课名师工作室、10个河南省高校网络教育名师工作室、10个河南省高校心理健康教育名师工作室、10个河南省高校辅导员工作室，培养了一批思政领军人物，带动队伍能力整体提升。强化作风建设。开展"一站式"学生社区综合管理模式建设试点工作，"面对面"打通育人"最后一公里"。5月、9月至12月，推动高校领导班子成员主动进课堂、进班级、进宿舍、进食堂、进社团、进讲座、进网络，深入一线联系学生，2022年约3600人次县处级及以上领导干部上讲台开展思想政治教育6000余场次，线上线下受众500余万人次。

【职业教育与成人教育】 职业教育会议。2022年2月24日，中共河南省委、省政府在郑州市召开全省职业教育大会，传达了中共河南省委书记楼阳生关于做好全省职业教育工作的批示精神，省长王凯出席并讲话，副省长戴柏华出席，副省长霍金花主持会议。8月16日至18日，全省职业院校教学工作会议召开。会议系统总结了"十三五"期间河南省职业教育教学工作成就，分析了新时期职业教育改革发展面临的新形势、新任务，部署了今后一个时期全省职业教育教学工作。这是河南省职业教育历史上首次召开的全省职业院校教学工作会议，是在深入实施创新驱动、科教兴省、人才强省战略的新形势下召开的一次重要会议，在河南省职业教育改革发展史上具有重要意义。

职业教育技能大赛。承办或组织参加国家级职业教育技能大赛。8月12日至15日，2022年全国职业院校技能大赛高职组艺术专业技能（声乐表演）赛项在河南职业技术学院举办。8月15日至19日，2022年全国职业院校技能大赛（高职组）园艺赛项在河南省农业职业学院举办。11月6日，2022年金砖国家职业技能大赛决赛在厦门落幕，河南省高校师生获得大赛国际赛银牌3项，全国一等奖4项、二等奖14项、三等奖10项，30人获评优秀专家。其中郑州铁路职业技术学院、黄河水利职业技术学院和郑州市经济贸易学校分别在增强与虚拟现实、网络营销和无人机操作赛项比赛中获得国际赛银牌、全国

2022年10月14日，"出彩河南人"第五届最美大学生颁奖典礼暨"青春的选择"主题思政课在河南农业大学举行

一等奖。12月16日，2022年全国职业院校技能大赛教学能力比赛获奖项目名单公示，河南省共有19所中、高职业学校的27个教师团队获奖，其中高职组获得一等奖5项、二等奖6项、三等奖5项。据"中国高职发展智库"统计排名，河南省高职组获奖成绩全国排名第一，是具有历史性的优异成绩。举办河南省职业教育技能大赛。7月4日至9日，2022年河南省高等职业教育教学能力大赛举办，该次比赛设公共基础课程组、财经农医相关类课程组、制造电建相关类课程组3个组别，省级竞赛共收到全省各高等职业学校报送的427件参赛作品，1500余名教师参加，实现全员参与、全专业覆盖。7月12日，2022年河南省"互联网+"大学生创新创业大赛职教赛道现场决赛暨第八届中国国际"互联网+"大学生创新创业大赛河南赛区选拔赛在河南职业技术学院开幕。8月21日至31日，2022年河南省中等职业学校班主任能力大赛在郑州市举办，共有来自全省的129个代表队382名选手参加。

成立职业教育集团。6月11日，河南机械设计制造与装备技术省级骨干职业教育集团成立大会在河南职业技术学院举行；7月7日，河南交通运输省级骨干职业教育集团成立大会在河南交通职业技术学院举行；9月15日，河南电子与信息省级骨干职业教育集团成立大会在郑州铁路职业技术学院举行；9月22日，河南省公共管理与服务骨干职业教育集团成立大会在许昌职业技术学院举行；9月28日，河南省食品药品与粮食骨干职业教育集团成立大会在河南工业贸易职业

2022年6月24日，河南省交通运输厅、河南省教育厅共建河南交通职业技术学院签约仪式在河南交通职业技术学院举行

2022年9月15日，河南省骨干职业教育集团（电子与信息）成立大会在郑州铁路职业技术学院召开

学院举行。

【教师教育与师资队伍建设】师德师风建设。2022年，省教育厅开展"当好引路人，一起向未来"师德主题教育系列活动，选树"出彩河南人"2022"最美教师"10名、特别奖2名、优秀奖8名，1名教师获全国最美教师称号，张玉滚、周荣方当选中国共产党第二十次全国代表大会代表。启动"师德课堂"系列线上研修活动，构建常态化的师德培训新机制。开展向"新乡师德先进群体"学习活动，形成师德光辉长耀中原大地的师德先进群体现象，12月16日，《中国教育报》以《以群体之名，擦亮师德之光——河南"新乡师德先进群体"素描》为题在头版进行宣传报道。

教师队伍建设。2022年，省教育厅扎实实施"特岗计划"，招聘特岗教师1.68万名，超出原定计划20%；落实中共中央总书记习近平给北京师范大学"优师计划"师范生重要回信精神，定向招收"优师计划"等公费师范生5350名，超出原定计划53%，优化了农村教师的学历结构、学科结构和年龄结构。在全国率先全面实施乡村首席教师岗位计划，建立3244个乡村首席教师工作室，采取

2022年9月6日，"出彩河南人"2022"最美教师"发布仪式现场

"1+10+100"的"师带徒"模式，支持全体乡村教师专业成长常态化、长效化，教育部专门委托河南省开展"中西部乡村中小学教师岗位计划"项目研究。高质量完成"组团式"援疆教育人才选派工作。

教师培养培训。2022年，省教育厅累计安排"国培计划"2.46亿元、"省培计划"1.24亿元实施教师培训项目，培训教师25万余人次；组织信息技术2.0工程优秀案例成果展览，全省教师尤其是农村教师素质大幅提升；在教育部2022年"国培计划"管理者高级研修班上，河南代表作经验做法典型发言。会同相关部门实施《河南省基础教育教师能力素养提升行动计划（2022—2025）》，对"十四五"期间全省教师培训工作进行分层、分岗、分类规划设计，一体部署，重点推进。印发《河南省"国培计划"项目县建设指南》，整合各级各类教师培训资源，建好建强教师培训基地，为40个县探索建立教师发展支持服务体系。20项教师培训出彩项目按期结项，优秀率达65%，汇集了一批教师培训领域的理论研究和实践创新成果，市（县）教育局局长、高校校（院）长引领破解教师培训事业的改革发展瓶颈问题成为常态。2022年，省教育厅推进教师梯队攀升体系建设计划，培育认定中原名师57人、省级名师1108人、省级骨干教师7588人，9名教师入选"中原英才计划"教学名师，2名教师入选国家高层次人才特殊支持计划教学名师，连续五年保持入选。遴选22名中原教研名家培育对象、42名省骨干教研员培育对象。依托教育家书院培育教育家型教师和校长12名，依托中原名师和省级名师工作室培育省级名师535名、新入职教师3万余名，新时代"大先生"不断涌现、一线名师培育一线教师的局面基本形成。

教师资格管理。2022年，完成全省666名教育类研究生和22339名公费师范生的中小学教师资格免试认定工作；高校教师资格面试10697人，认定15347人；中小学教师资格认定165408人，定期注册165866人。顺利完成全省41万余人教师资格笔试和42万余人的教师资格面试工作。

【"双减"工作】 作业管理与课后服务。2022年，省政府教育督导委员会办公室将"双减"作为"一号工程"，调动全省1万余名责任督学开展6万余次的"点对点"督导。省本级督办查处1672条群众投诉。省教育厅办公室印发《义务教育阶段15个学科作业设计与实施指导意见》（教办基〔2022〕26号）、《关于进一步加强"双减"和"五项管理"工作的通知》（教办基〔2022〕57号）等文件，加强作业指导与管理。3月11日至13日，省教育厅开展义务教育阶段作业设计优秀案例和作业管理典型案例遴选活动，共评选出义务教育阶段作业设计优秀案例一等奖292节、二等奖466节、三等奖404节。4月，省教育厅印发通知，在全省范围内遴选利用信息技术手段加强作业管理案例，并择优向教育部推荐；许昌市城乡一体化示范区"一管三精一辅导"的作业管理模式，被教育部确定为利用信息技术手段加强作业管理的典型案例在全国推广。9月，认定郑州市金水区等21个县（市、区）为义务教育阶段课后服务示范区、河南省实验小学等88所学校为义务教育阶段课后服务示范校。

校外教育培训监管。健全体制机制。2022年4月，由中共河南省委、省政府有关领导共同担任组长，省纪委监委、省委组织部等24部门为成员单位的省级"双减"工作协调机制成立。省、市、县三级全部成立校外监管专门机构，建成一支覆盖全省的监管执法队伍。2022年，省教育厅联合省发展和改革委员会等部门先后印发《河南省校外培训机构预收费资金监管暂行规定》《河南省校外培训机构预收费资金监管暂行规定》（豫双减办〔2022〕2号）等78份配套文件，细化政策要求，优化执行程序，确保"双减"政策落实有计划、有依据、有力度。严查违规培训。2022年，省教育厅充分调动责任督学、社会监督员等力量，推广"县包乡镇、乡镇包社区、社区包小区、小区包楼长"四级包干制，累计排查机构60978家次，查处隐形变异违规培训6412起，通报曝光751起。在省教育厅官网设《双减曝光台》栏目，曝光情节严重的违规培训典型案例，持续巩固治理成果。

十大专项行动。2022年，省教育厅以校外培训治理"攻坚年"为主线，深入实施"十大专项行动"。组织全省学科类校外培训治理"回头看"。对前期已注销或转型的校外培训机构及现存的学科类校外培训机构（含高中阶段）收费管理、培训内容、从业人员资质等进行问题查找和整改，进一步推动170余家学科类培训机构注销或转型。开展全省违规学科类培训线上巡查工作。紧盯寒假关键时间节点，开展为期两个月的线上巡查专项行动，对巡查中发现的违规从事线上学科类培训机构，将其网站和线下有关机构予以关停。全面落实"两种监管方式"和"两个全面纳入"的监管要求，在全省开展校外培训机构预收费监管核查和整改工作。开展全省培训材料及从业人员排查工作。安排省内各地整改教育部交办的问题材料，加强对材料审核的指导和检查，对培训材料进行常态监管。累计排查学科类机构629家、培训材料4168份、从业人员3606人，查处问题机构46家，组建学科类审核专家组152个；累计排查非学科类机构3744家、培训材料5417份、从业人员10280人，查处问题机构91家，组建各类非学科类审核专家组106个，检查发现的所有问题均已整改完毕。在全省范围内开展暑期"监管护苗"行动。暑假期间对隐形变异查处、预收费资金监管、非学科培训治理、监管平台推广应用、风险防范化解、"双减"政策宣传等工作进行全面系统部署。各地累计派出检查人员2.2万人次，检查各类机构6943家，查处学科类隐形变异违规培训行为494起，化解群众退费纠纷2067起，涉及学生761人，协调退费433.94万元。组织全省高考志愿填报咨询排查工作。对开展高考志愿填报咨询的校外培训机构进行全面排查，严肃查处经营不合规、服务不规范、收费不合理等问题，累计排查培训机构7520家，发现经营不合规、超范围经营机构290家，服务不规范、虚假宣传机构69家，收费不合理机构43家，责令停业整顿79家，以其他方式处罚28家，处理违规人员131人次。在全省范围内开展涉境外课程校外培训机构治理工作。7月初，全面排查涉境外课程校外培训机构，把涉境外课程校外培训机构专项治理纳入校外培训机构常态化监管事项。开展全省艺考培训机构治理工作。联合省文旅厅、省公安厅、省市场监管局等部门开展艺考培训机构专项治理行动，共排查艺考类培训机构352家，涉及在校学生17629人，发现问题机构79家，完成整改机构78家，取缔1家；排查从业人员1744名，其中从业禁止人员1名，已清退并列入黑名单管理。在全省范围内开展竞赛活动整治工作。印发《关于进一步规范中小学生参加竞赛活动的通知》，核查处置参加"全国奥林匹克英语作文大赛"违规竞赛活动的17所参赛学校和1家培训机构；对全国奥林匹克数学竞赛和全国禁毒知识竞赛在河南赛区的筹备工作提出指导意见并进行规范监督。在全省范围内开展非学科集团化办学专项整治工作，将排查出的1家文化艺术类集团化办学机构录入全国监管平台，加强日常监管。

【艺术教育】 2022年1月6日，省教育厅下发《关于同意成立河南省中小学美育素质监测指导中心的批复》（教体卫艺〔2022〕3号），同意委托省教育厅机关服务中心成立河南省中小学美育素质监测指导中心，将新乡市作为河南省第三个美育评价改革试点城市，自2022年始在全市范围内全面实施中招艺术考试工作。2月18日，中共河南省委办公厅、河南省人民政府印发《关于全面加强和改进新时代学校美育工作的实施方案》（豫办〔2022〕7号），推动全省学校美育高质量发展。

艺术实践与普及。2022年3月至5月，省教育厅与省生态厅、省广播电视局、省林业局联合举办生物多样性保护主题短视频征集活动，并在下半年对获奖作品进行全省巡展。6月至8月，与省文旅厅、省文联联合举办第八届河南省专业声乐器乐大赛暨"黄河之滨音乐周"展演活动；6月至12月，与省文旅厅联合举办河南省第十一届少儿才艺大赛；7月，开展河南省第三届"创意河南"主题作品艺术设计大赛。2022年，河南大学等10所高校入选全省首批体育美育浸润行动计划。依托高校美育教师和学生力量，引导高校师生提升服务社会能力，为本地区农村中小学校体育美育课程教学、社团活动、校园文化建设、教师培训等提供持续性的定向精准帮扶和志愿服务。全省共有安阳学院等9所高校入选第三批省级中华优秀传统文化传承基地；河洛大鼓等12个新增项目入选第一、二批中华优秀传统文化传承基地。

【语言文字工作】 2022年，河南省继续实施"古文字与中华文明传承发展工程"，以古文字研究为中心，不断推进科研成果的转化和应用。在教育部组织的古文字与中华文明传承发展工程协同攻关创新平台第一建设年度测评中，郑州大学在地方高校组排名第一。8月，省教育厅开展"甲骨文知识进校园、进课堂"活动，培训甲骨文教育骨干教师100名。

语言资源保护工程。截至2022年，河南省历时5年完成34个方言调查点的调查任务，出版《中国语言资源集·河南》，全书分4卷，分别为语音卷、词汇卷、语法卷和口头文化卷，共200万字；该书是教育部、国家语委"中国语言资源保护工程"的标志性成果"中国语言资源集（分省）"系列之一，内容涵盖了河南境内晋语和中原官话33个方言点的音系、各种音变、1000个字音对照表、1200个词汇对照表、50个语法例句对照表、歌谣、故事、自选条目等内容。启动"第一次全国汉语方言普查成果汇编·河南"工作，建设河南语言资源有声数据平台。

语言文字活动与比赛。4—8月，第四届中华经典诵写讲大赛"诵读中国"经典诵读大赛（河南赛区）与中共河南省委宣传部组织的"典籍里的中国"中华经典诵读大赛合并举行，参赛人数达200余万人，举行各级赛事3000余场。9月22日，"书香润万家 奋进新时代"经典诵读晚会在郑州市举行。5月19日至22日，2021年河南省汉字大赛复赛决赛在线上举行，大赛呈现"多校、多角色、四机位、直播"的模式，共有来自省内74所高校、222所中小学近千名选手参加。5月至12月，2022年河南省诗词大赛举办，该次大赛历时7个月，决赛通过线上进行，分为小学组、中学组、大学组、社会组4个组别，参赛选手覆盖10余个省辖市（直管县、市）、1000余所学校，正式报名者超60万人，全程互动参与人次达100余万。

推普助力乡村振兴。5月至10月，省教育厅制定《河南省2022年"经典润乡土"实施方案》，委托信阳师范学院，推进河南省尤其是大别山革命老区乡村语言文化建设，提升乡村青壮年人才语言应用能力，形成"教育培训+红色文创+非遗文旅"特色语言文化服务助力乡村振兴的新模式。筹措资金10万元，援助新疆哈密市普通话水平测试站标准化建设，并赠送推普书籍《普通话1000句》680册。指导河南省国家语言文字推广基地分别对国家乡村振兴重点帮扶县陕西省商南县、甘肃省秦安县、甘肃省环县、四川省新龙县400名教师的国家通用语言文字能力提升开展在线示范培训。部署"推普助力乡村振兴"全国大中专学生暑期社会实践志愿服务活动。实施学前儿童普通话教育"童语同音"计划，向河南省乡村振兴重点帮扶县嵩县、台前县、卢氏县、淅川县等农村地区幼儿园赠送《幼儿普通话365句》2300余册。组织信阳市语委开展"推普助力乡村振兴"送教活动。在语言文字规范化示范校创建、中小学骨干校长培训、经典诵读骨干教师培训、语言文字规范标准培训等工作中向重点帮扶县倾斜。

第八批省级语言文字规范化示范校评审。3月，省教育厅开展第八批省级语言文字规范化示范校创建活动，共确定163所学校及幼儿园为第八批河南省语言文字规范化示范学校。

体 育

【概 况】 2022年，河南省体育局以体育河南、体育强省建设为目标，不断推进全省体育事业高质量发展，被授予省级文明单位标兵称号。全省17个省辖市、济源示范区均建成或在建"两场三馆"，建成12个体育公园，城市社区"15分钟健身圈"、乡镇和行政村体育健身设施均实现全覆盖。完成全省583处受灾健身场地和52个体育场馆的灾后重建，更新健身器材6000余件。组织全民健身月、全民健身日、全国新年登高健身大会和"智慧中原"新春社会体育网络大联赛等活动，带动经常参加体育锻炼人数达到3505.4万人，占全省总人口36.4%。组织社会体育指导员开展志愿服务、体育技能培训和推广活动，服务22.4万人次。落实"人人持证 技能河南"要求，培训体育职业技能人才1321人次，新增3599人。2022年，5名运动员参加北京冬奥会4个大项8个小项的比赛，实现了河南省参加冬奥会的历史突破。在世界比赛中获得7金8银4铜、在亚洲比赛中获得3金1银2铜、在全运会项目中获得12金14银23铜。东京奥运会冠军吕扬、鲍珊菊获第二十六届中国青年五四奖章，奥运冠军团队河南籍运动员吕扬、鲍珊菊、尹笑言、王金刚获"2021感动中原年度集体"荣誉称号。实施青少年体育活动促进计划，推动田径、游泳、足球、篮球、乒乓球、武术、冰雪等项目进校园，打造"每天1小时校园体育活动"。组织青少年体育夏令营86场、"冠军进校园"活动31次、体育进社区（农村）20站，吸引2万名青少年参加。举办"奔跑吧·少年"儿童青少年主题健身活动，带动50万名青少年参与。举办"首届河南体育产业（郑州）博览会"，填补河南省体育展会空白。举办中国飞行家大会暨第十四届安阳航空运动文化旅游节，签约投资额161.3亿元。发挥体育健身优惠券引领作用，发放体育健身消费券600万元。落实支持体育产业发展税费等政策，成功申报国家体育领域贷款财政贴息项目136个，到位资金5780万元。全年共销售体育彩票179.85亿元，位居全国第五位。承办"体总杯"中国城市排球联赛选拔赛和全国射箭奥林匹克项目锦标赛、跆拳道锦标赛、场地自行车联赛、BMX自由式锦标赛、武术锦标赛，以及新乡WTT世界杯决赛等重大赛事，有效发挥了体育推动开放的功能。

【群众体育】 第六届河南省大众冰雪系列活动。2022年2月27日，历时半个月的第六届河南省大众冰雪系列活动落下帷幕。活动共设郑州、洛阳、焦作等9个分会场，吸引了超过1万人次的冰雪运动爱好者参与其中，间接带动了数万群众走进"冰雪世界"，乘冬奥东风在全省范围内又一次掀起了冰雪运动高潮。

河南省全民健身活动月。2022年5月10日，河南省全民健身活动月暨"喜迎二十大 行走是吾乡"环中原·河南省自行车公开赛群众组启动仪式在洛阳市举行。活动采取线上直播、分会场连线、全省动员的方式进行，通过平台交流和互动，足不出户开展科学健身，培养良好健身习惯。

纪念"发展体育运动，增强人民体质"题词70周年座谈会。2022年6月15日，纪念毛泽东同志"发展体育运动，增强人民体质"题词70周年座谈会举行，来自各个岗位的河南体育代表参与其中。6—7月，系列全民健身主题活动在全省范围内以线上方式开展。

河南省第九届太极拳健身大赛。2022年7月，"共享太极，共享健康"河南省第九届太极拳健身大赛，采取线上参赛的方式进行。全省共有26支代表队487名运动员参加，提交参赛视频831个，同时各地积极开展交流展示活动，参与人数达3000余人。

河南省"奔跑吧·少年"主题健身活动。2022年7月16日，河南省"奔跑吧·少年"儿童青少年主题健身活动启动仪式在商丘工学院举行。活动包含主题活动、系列活动、夏令营活动、线上活动、科学健身指导、中华体育精神教育活动等6部分内容。

"行走是吾乡"环中原2021—2022年度河南省自行车公开赛。2022年7月23日至25日，由河南省委宣传部指导的"行走是吾乡"环中原2021—2022年度河南省自行车公开赛前三站比赛先后在三门峡、灵宝、义马举行，共吸引省内26支高水平车队的140多名运动员参加。作为河南"喜迎二十大 欢乐进万家"系列群众文化活动之一，该次比赛共分16站。

"羽动中原"2022年河南省羽毛球公开赛。2022年8月6日，

2022年7月16日，河南省举办"奔跑吧·少年"主题健身活动

2022年8月7日，河南省全民健身日暨河南省社区运动会

"羽动中原"2022年河南省羽毛球公开赛揭幕战暨启动仪式在新乡市平原（建业）体育中心举行。"羽动中原"分新乡、信阳、南阳、郑州、焦作、洛阳6站分站赛和郑州总决赛，时间跨度为5个月。

河南省全民健身日暨河南省社区运动会。2022年8月7日，全民健身日河南省主会场在安阳市文体中心体育场举行。该次活动也标志着河南省社区运动会的启动，全省共设19个分赛区，通过开展群众体育赛事、科学健身指导、全民健身志愿服务、国民体质监测、国家体育锻炼标准达标测验等活动，让群众感受到浓厚的全民健身日氛围。

河南省第十届中华轩辕龙舟大赛。2022年9月12日，第十届中华轩辕龙舟大赛郑州站比赛在郑东新区龙湖水上基地举行。赛事设有标准龙舟公开组200米直道赛、混合组200米直道赛、亲子组200米直道赛3个大项，吸引了来自全市各行各业的20余支龙舟代表队参赛。

首届中网联赛河南省级联赛。2022年9月17日，首届中国大众网球联赛河南省级联赛暨"中国体育彩票杯"第六届河南网球球王争霸赛在河南省体育场馆中心（东区）举行，来自全省29支队伍的300余名网球爱好者参加。

第七届河南省大众乒乓球公开赛总决赛。2022年9月24日，"乒动中原"第七届河南省大众乒乓球公开赛总决赛在河南省体育馆开赛。赛事采用团体赛赛制，分为5个组别，共有50余支队伍参加。

第九届全国大众冰雪季暨第七届河南省大众冰雪系列活动。2022年12月24日，"中国体育彩票杯"第九届全国大众冰雪季暨第七届河南省大众冰雪系列活动在洛阳栾川伏牛山滑雪度假乐园启动。活动包括冰雪嘉年华、河南省滑雪公开赛、河南省冰球公开赛、河南省冰壶对抗赛、冰雪优惠活动5个部分，持续近4个月，掀起全民冰雪运动热潮。

洛阳获国家第一批全民运动健身模范市称号。根据《第一批全民运动健身模范市和全民运动健身模范县（市、区）申报评审办法》，按照坚持标准、优中选优的原则，经申报、推荐、评审、公示等程序，洛阳市被国家体育总局授予"全民运动健身模范市（区）"称号。

【竞技体育】 全国射箭奥林匹克项目锦标赛。2022年7月29日至8月6日，全国射箭奥林匹克项目锦标赛在济源举办。来自全国29个省（自治区、直辖市）的32支参赛队进行了男子、女子反曲弓个人赛，男子、女子反曲弓团体赛，反曲弓混合团体赛，男子、女子复合弓个人赛，男子、女子复合弓团体赛，复合弓混合团体赛等10个项目比赛的激烈争夺。

"体总杯"中国城市排球联赛选拔赛（河南赛区）。2022年7月至8月，"体总杯"排球中国城市联赛河南赛区选拔赛男子、女子组比赛分别在河南省篮球协会、郑州大学举行，全省6个地市、4所学校、12支队伍的174名运动员参赛。

全国武术散打锦标赛（漯河赛区）。2022年8月24日至28日，全国武术散打锦标赛在漯河市体育馆举行。赛事分为重庆和漯河2个赛区。其中漯河赛区设男子48公斤级、52公斤级、75公斤级、80公斤级、85公斤级、90公斤级、100公斤级和100公斤以上级8个级别，共有全国36支代表队的224名运动员参赛。河南队最终夺得3金3银1铜，并获团体总分第一名。

全国BMX自由式锦标赛暨全国青年BMX自由式锦标赛。2022年9月20日至21日，全国BMX自由式锦标赛暨全国青年BMX自由式锦标赛在濮阳举行，来自河北、安徽、福建等9个省份10支代表队的67名运动员参赛。比赛共分成年男子团体、成年女子团体、成年男子组、成年女子组、青年男子组、青年女子组6个组别的赛事。最终，河南队获得成年女子团体第二名。

新乡WTT世界杯决赛2022。2022年10月27日至30日，新乡WTT世界杯决赛2022在平原体育中心举办。WTT世界杯决赛是除奥运会、世锦赛外的大满贯三大赛事之一，是世界乒乓球单项最高级别赛事。该次决赛是年度收官之战，也是2022年在中国大陆地区举办的首场国际单人体育赛事。

【体育产业】"公益体彩快乐操场"（河南站）活动。2022年3月29日，河南体彩2022年"公益体彩 快乐操场"活动启动。该活动已在河南举办10年，该次活动为河南省内30所公立乡村小学赠送价值近2万元的体育器材设施、2节快乐体育课，并为部分受助学校提供体育支教服务。

2022首届河南体育产业博览会。2022年8月27日，2022首届河南体育产业博览会在郑州国际会展中心开幕。体博会以"创新、融合，打造体育新生态"为主题，整个展场面积1.1万平方米，吸引全国各地参展商67家。体博会内容包括新产品、新技术服务展示以及现场论坛、赛事表演等内容，同时聚焦体育产业、体育用品、健身器材、场馆设施、体育中考、体育培训、发展成果，搭建中原地区最大的体育产品、技术、信息综合展示交流平台。

第十四届安阳航空运动文化旅游节。2022年11月16日，中国飞行家大会暨第十四届安阳航空运动文化旅游节在安阳举行。大会以"文字之都 飞翔之城"为主题，除安阳主会场外，大会还在北京和广州分别设立了分会场，同时开展线上论坛和各类交流活动。该届航空运动文化旅游节期间，共组织签约项目27个，总投资额161.3亿元，涉及通用航空、装备制造、新能源、纺织服装、食品医药等产业。

河南体育旅游再登全国"精品榜"。2022年，在中国体育文化博览会、中国体育旅游博览会上，河南省8项入围中国体育旅游精品项目，包括陈家沟太极拳文化旅游区（十佳景区）、鸡公山国家级登山健身步道、徒步中国·宝泉"丹崖天路"健身步道线路、中国郑州国际少林武术节（十佳赛事）、安阳航空运动文化旅游节（十佳赛事）、三门峡天鹅女子马拉松暨黄河半程马拉松、信阳市新县（十佳目的地）、焦作市（十佳目的地），其中5项荣膺十佳。中国郑州国际少林武术节、安阳航空运动文化旅游节以及焦作市三度荣膺十佳。

【体育合作与交流】省体育局携手工行助力体育高质量发展。2022年1月21日，河南省体育局与中国工商银行股份有限公司河南省分行签

2022年10月27日至30日，新乡WTT世界杯决赛2022现场

2022年8月27日，2022首届河南体育产业博览会开幕

署《关于发展体育产业战略合作协议》。双方协商在体育项目产业、全民健身设施、赛事培训、体育彩票等产业市场进行主体合作，助力体育企业做大做强，助推全省体育事业高质量发展。

河南省羽毛球"双基地"挂牌。 2022年3月12日，"河南省羽毛球体教融合示范基地""河南省羽毛球队训练基地"签约暨揭牌仪式在华北水利水电大学江淮校区体训馆举行。河南省羽协协商与华北水利水电大学以及相关企业联手，推进"体教融合"，践行"体育河南"，进一步促进羽毛球运动在高校的普及和发展，提高河南省羽毛球运动整体水平。

漯河市与马来西亚砂拉越州诗巫市开展心意六合拳线上交流。 2022年7月22日，漯河市与马来西亚砂拉越州诗巫市开展心意六合拳线上交流活动，漯河市武术协会和诗巫市拳术健身协会就进一步提升中华体育文化影响力进行了深入交流，并签订了合作备忘录，协商在武术培训、市场开发、赛事品牌打造等方面进行深度合作。

第二届中拉美"Z世代"少年儿童网络围棋对抗赛。 2022年7月23日至31日，第二届中拉美"Z世代"少年儿童网络围棋对抗赛在郑州举行。该次比赛是积极贯彻落实中宣部、国家体育总局关于推动中国围棋文化走出去有关要求和关于加强"Z世代"青少年群体推广中华文化的具体工作部署，有利于加强中国和拉丁美洲地区围棋交流与合作。

河南省与俄罗斯萨马拉州线上围棋交流赛。 2022年9月24日，河南省与俄罗斯萨马拉州庆祝结好25周年线上围棋友谊交流赛举行。该次活动拉开了两地共同庆祝结好25周年系列活动的序幕，为密切中俄两国体育、人文交流作出了积极贡献。

庆祝中格建交30周年"中文+围棋"活动举行。 2022年10月30日，为庆祝中国与格鲁吉亚建交30周年，河南省围棋协会与格鲁吉亚第比利斯围棋联合会举办的"中文+围棋"项目圆满结束。该次活动设置了中文学习、围棋技能讲解、围棋文化介绍、走进河南四大古都等精彩课程。同期还举办了围棋比赛，活动持续1个多月，为中格围棋爱好者架起了切磋棋艺、建立友谊的桥梁。

中国女排运动员朱婷获金狮奖。 2022年12月21日，朱婷荣获意大利中国理事会颁发的金狮奖，肯定其为推动和促进中意两国体育文化交流作出的积极贡献。

民族 宗教

民族歌剧《银杏树下》剧照

民 族

【概　况】河南省是一个典型的少数民族散居省份。全省56个民族成分齐全，少数民族人口约158万。其中，占比较高的少数民族有回族、蒙古族、满族。有3个城市民族区：郑州市管城回族区、开封市顺河回族区、洛阳市瀍河回族区。

【民族团结进步创建】*全省民族团结进步创建经验交流会召开*。2022年4月20日，全省民族团结进步创建经验交流会以视频会议形式在郑州召开。会议深入学习贯彻习近平总书记关于加强和改进民族工作的重要思想，贯彻落实中央和省委民族工作会议精神，总结交流河南省民族团结进步创建工作成绩和经验，谋划部署今后一个时期开展创建工作的重点任务。强调要坚持铸牢中华民族共同体意识主线，全面深入持久推进新时代全省民族团结进步创建工作。落实中央精神，打牢维护民族团结基层基础，抓好学习贯彻，突出维护民族团结首要地位。加强宣传，构建各民族共有精神家园，充分发挥中原文化深厚底蕴优势，为铸牢中华民族共同体意识提供强大文化资源支撑。坚持守正创新，推动创建工作提质扩面。在做好"七进"的基础上，逐步向各个领域各个方面拓展延伸。突出共建共享，助推各民族共同走向社会主义现代化，深入开展"同心圆·共发展"活动，促进乡村振兴，落实"五个嵌入"，实施"十四五"促进民族团结进步事业规划。强化法治建设，提升民族事务治理体系和治理能力现代化水平，依法保障各民族合法权益，坚决防范民族领域风险隐患。努力构建民族团结、社会和谐的大环境，为实现"两个确保"、谱写新时代中原更加出彩的绚丽篇章作出新贡献，以优异成绩迎接党的二十大胜利召开。

全省民族团结进步创建培训班暨互观互学活动举办。2022年7月13日至14日，全省民族团结进步创建培训班暨互观互学活动在开封市举办。活动指出要立足全局，深刻认识打造民族团结进步创建工作升级版的重要意义，进一步增强使命感和责任感，抓好关键环节，着力打造民族团结进步创建工作升级版。民族团结进步创建工作站位要高，时刻牢记"国之大者"；布局要准，团结进步两手并重；形式要活，切实贴近群众需求；路径要宽，不断延伸工作领域；着眼要远，持续助推提升成效。要优化民族工作格局，完善打造创建工作升级版的体制机制，进一步完善党委统一领导、政府依法管理、统战部门牵头协调、民族工作部门履职尽责、各部门通力协作、全社会共同参与的工作格局，持续推动全省民族工作高质量发展，以优异成绩迎接党的二十大胜利召开。国家民委民族团结促进司副司长杜宇做专题视频讲座。

第六批河南省民族团结进步示范区示范单位。2022年9月，郑州市回民高级中学、荥阳市贾峪镇马沟村等20个地方和单位被省民族和宗教委命名为第六批河南省民族团结进步示范区示范单位。命名周期为5年。

《中华民族交往交流交融史料汇编·河南卷》编纂工作领导小组扩大会议。2022年6月2日，《中华民族交往交流交融史料汇编·河南卷》（以下简称《史料汇编·河南卷》）编纂工作领导小组扩大会议在郑州召开，深入学习贯彻习近平总书记关于加强和改进民族工作的重要思想，贯彻落实中央、省委民族会议精神，对《史料汇编·河南卷》编纂工作进行安排部署。省委常委、统战部部长王东伟指出，编纂《中华民族交往交流交融史》是以习近平同志为核心的党中央作出的重要部署，是贯彻习近平总书记关于加强和改进民族工作的重要思想的重大举措。河南作为中华民族多元一体格局的重要缩影，自古就是各民族交往交流交融的大舞台，要提高政治站位，发挥历史文化资源优势，高标准高质量编纂好《史料汇编·河南卷》，为"三交"史编纂提供有力史料支撑。会议要求，要坚持正确政治方向，紧扣铸牢中华民族共同体意识这条主线，聚焦各民族交往交流交融这个主题，树牢正确的中华民族历史观，深入挖掘历史事实，有效运用文物遗存，通过丰富翔实、有说服力的史料展示中华民族共同体形成发展的历史进程，揭示"四个共同"的深刻内涵，讲好民族团结的河南故事。会议强调，要加强组织领导，搞好分工协作，汇聚工作合力，努力交出一份政治上把得准、学术上立得住、经得起历史检验的史料经典。

【河南省第九届少数民族传统体育运动会】*省民族宗教委调研河南省第九届少数民族传统体育运动会筹备工作*。2022年2月23日，省委统战部副部长、省民族宗教委主任张然一行赴周口调研河南省第九届少数民族传统体育运动会筹备工作情况，强调要充分认识举办省第九届少数民族传统体育运动会的重要意义。要扎实推进各项筹备工作的有序开展，按照时间节点推进筹备工作的落实。要严把工作质量关，细化工作方案，加强沟通协调和部门联动，确保每个环节、每个节点都高标准开展、高质量推进。2022年8月9日，省委统战部副部长、省民族宗教委主任张然一行赴周口市调研河南省第九届少数民族传统体育运动会筹备工作，听取周口市副市长马明超关于筹备工作的汇报。

河南省第九届少数民族传统体育运动会筹备工作会议。2022年12月15日，省民族宗教委召开会议，听取了周口市副市长马明超关于河南省第九届少数民族传统体育运动会筹备工作情况汇报。会议要求，要高度重视，深刻认识其重大意义。要严把节点，确保落地见效。要紧盯重点任务。要遵循运动会筹备工作的基本原则，确保各项工作落细落实。要抢抓时间进度，倒排时限，倒逼责任，全力推进。要始终突出河南省第九届少数民族运动会的政治定位，做到精益求精，经得起实践和时间的检验。要统筹协调，持续高效运转。要完善制度机制，确保筹备工作事事有人管，件件有着落。要加强指挥调度，确保筹备工作机构的每个层级都有总调度员、总协调人，专职负责沟通上下、联系左右。要确保信息畅通，确保工作信息在主承办单位之间、筹委会之间、各工作层级部门之间的传递及时、高效。

【"同心圆·共发展"活动】 省民族宗教委2021年全省定点帮扶考核再获优异成绩。2022年5月30日，省委办公厅、省政府办公厅印发通报，省民族宗教委在全省2021年度定点帮扶考核中，综合评价再获"好"的成绩，受到通报表扬。2021年，省民族宗教委深入贯彻习近平总书记在全国脱贫攻坚总结表彰会上的重要讲话，按照省委、省政府统一部署，认真履行定点帮扶责任。省委统战部副部长、省民族宗教委主任张然3次召集党组会研究定点帮扶工作，到2个帮扶村调研，指导当地以规划为引领，通过项目带动，发展特色产业，巩固脱贫成果，推进乡村振兴。班子成员多次到帮扶村调研，帮助解决实际问题。驻村第一书记团结带领村两委班子，引资金、上项目、抓党建、促和谐。机关各处室及委属二级单位认真履行帮扶职责，统筹运用资金项目支持帮扶村发展产业、增加群众收入、壮大集体经济，通过党建结对帮扶，组织帮扶村党员干部外出参观学习，提升带领群众脱贫致富能力，组织党员干部结对帮扶脱贫户，到帮扶村开展慰问活动，为群众办了一批好事实事。2021年，省民族宗教委向2个帮扶村直接投入和帮助引进资金246万元，新上项目5个，帮助村集体经济增加收入16万元。人居环境整治直接投入75.7万元，引进资金192.5万元，帮助帮扶村改善水电路基础设施，帮助柘城县东街村消除火灾等安全隐患。通过产业带动有劳动能力群众600多人就业增收，通过多渠道开辟就业岗位帮助1500多人实现就业创业。帮助2个帮扶村销售农产品278万元，直接购买帮扶村农产品近10万元。省民族宗教委充分发挥部门优势，结合东街村少数民族聚居村实际，指导东街村与周边村结对子，深入开展"同心圆·共发展"活动，铸牢中华民族共同体意识。东街村利用蔬菜种植技术优势，帮助周边4个村发展绿色韭菜种植1万亩，年产值过亿元，定期开展联谊走访、文体活动，将增进民族团结、巩固脱贫攻坚、实现乡村振兴有效衔接，实现了相互融入、共同发展。

全省"同心圆·共发展"促进乡村振兴现场会。2022年6月30日，省民族宗教委联合省乡村振兴局在平顶山召开全省以"同心圆·共发展"促进乡村振兴现场会，总结以"同心圆·共发展"促进乡村振兴的典型经验，安排部署工作任务。省委统战部副部长、省民族宗教委主任张然对近年来全省各地坚持以习近平新时代中国特色社会主义思想为指导，以铸牢中华民族共同体意识为主线开展的"同心圆·共发展"活动，对于增进民族团结、巩固拓展脱贫攻坚成果、推进乡村振兴有效衔接、相互促进、共同发展取得的显著成绩给予肯定。从加强优势互补、推动现代化建设同步，加强规划引领、推进公共服务同质，加强铸牢中华民族共同体意识教育、推动精神家园同建，坚持依法治理、推动法治保障同权，深化民族团结进步创建、推动社会和谐同创5个方面提出了下一阶段的主要任务和工作要求。强调必须完整准确全面把握和贯彻习近平总书记关于加强和改进民族工作的重要思想，以铸牢中华民族共同体意识为主线，深入贯彻落实中央和省委民族工作会议精神，锚定

"两个确保",加强协作配合,形成工作合力,全面深入持久开展以"同心圆·共发展"促进乡村振兴,以优异成绩迎接党的二十大胜利召开。

【援疆服务管理】 哈密市百名民族团结模范代表团来豫学习参观交流活动圆满结束。2022年7月18日至25日,省民族宗教委组织接待了哈密百名民族团结模范代表团来豫学习参观交流,落实河南省"十四五"援疆工作规划,促进豫哈两地各民族交往交流交融,铸牢中华民族共同体意识。省委统战部副部长、省民族宗教委主任张然,省公安厅副厅长、新疆驻豫工作组组长艾斯卡尔·吐尔迪,中共哈密市委常委、市委统战部部长、代表团领队付剑伟等出席了交流活动启动仪式。哈密百名民族团结模范代表团由汉族、回族、维吾尔族、哈萨克族4个民族的100名代表组成。在豫期间,代表团先后赴郑州、开封、安阳、新乡、洛阳等地,参观河南博物院、黄河博物馆、中国文字博物馆、殷墟遗址、龙门石窟等爱国主义教育基地,焦裕禄纪念馆、林州红旗渠、洛阳一拖等红色文化教育基地,郑州航院中华民族共同体意识主题展馆、郑州黄河文化公园等民族团结进步示范单位,到辉县市回龙村、巩义市竹林镇参观学习,聆听张荣锁、赵明恩带领群众苦干实干、勤劳致富的经验介绍。与河南省干部群众座谈交流、联谊互动,相互学习民族工作经验,共话团结发展美好前景。通过实地学习参观交流,哈密代表团加深了对中华民族多元一体的理解,坚定了对伟大祖国、中华民族、中华文化、中国共产党、中国特色社会主义的高度认同。深刻认识到只有在中国共产党的领导下,坚持走中国特色社会主义道路,才能实现各民族大团结,实现中华民族伟大复兴。大家纷纷表示,要把博大精深的中原文化、河南人民艰苦创业争先出彩的奋进精神带回哈密,深入学习贯彻习近平总书记关于加强和改进民族工作的重要思想,认真贯彻落实习近平总书记视察新疆重要讲话精神,教育引导各族群众正确认识新疆历史特别是民族发展史,树牢中华民族历史观,铸牢中国心、中华魂,构筑中华民族共有精神家园,让各民族像石榴籽一样紧紧抱在一起。以河南先进典型为榜样,团结带领各族群众艰苦奋斗、无私奉献,为建设团结和谐、繁荣富裕、文明进步、安居乐业、生态良好的美好新疆作出应有贡献。2018年至2022年,河南省已连续3次组织接待哈密市百名民族团结模范代表来豫学习参观交流,省民族宗教委坚持铸牢中华民族共同体意识主线,不断拓宽参与主体,创新交流模式,深化交往成效,通过潜移默化的宣传教育、多种方式的交流互动,相互学习借鉴民族工作经验,增进豫哈两地各民族情感友谊,促进了团结交融,为铸牢中华民族共同体意识发挥了积极作用。

2022年豫哈青少年夏令营河南分营闭营暨新疆分营开营仪式在郑州举行。2022年8月5日,2022年豫哈青少年夏令营河南分营闭营暨新疆分营开营仪式在郑州举行。仪式在郑州设主会场,在哈密设分会场,通过视频连线方式同时进行。河南省委统战部、共青团河南省委、河南省发展改革委、河南省民族宗教委、河南省文化和旅游厅、河南博物院等单位的相关负责人在郑州主会场出席仪式,河南省援疆工作前方指挥部、哈密市委宣传部、哈密市委统战部、团哈密市委、兵团第十三师团委等单位相关负责人在哈密分会场出席仪式,豫哈夏令营河南分营、新疆分营营员代表100余人分别在两个会场参加仪式。实施豫哈青少年夏令营工作项目,是落实中央和省委民族工作会议精神,根据各族青少年交流计划动员部署会安排,在豫疆两地青少年中推进铸牢中华民族共同体意识工作的有力举措,是河南省对口援疆工作的重要项目。在省委、省政府的关怀下,2022年豫哈青少年夏令营以"豫哈情融石榴籽,喜迎

2022年7月18日,豫哈百名民族团结模范代表来豫参观学习交流活动启动仪式现场

2022年8月5日，豫哈青少年夏令营河南分营闭营暨新疆分营开营仪式现场

党的二十大"为主题，组织750名涵盖汉族、维吾尔族、回族、哈萨克族、蒙古族、满族6个民族的青少年分别在河南、新疆两地开展夏令营活动。其中，200名哈密各民族青少年来豫，赴洛阳、安阳、郑州三地开展了为期6天的实践交流；50名河南青少年赴疆，与500名哈密青少年结对，开展为期8天的实践交流。

第七期在豫新疆少数民族群众国家通用语言文字培训班。2022年8月至9月，省民族宗教委举办少数民族群众国家通用语言文字培训班，该次培训为期20天，培训学员45人，该期培训班把《民法典》知识和电商技能作为新增培训内容，受到学员普遍欢迎。

宗 教

【概　况】　河南省有佛教、道教、伊斯兰教、天主教、基督教5种宗教。有7个全省性宗教团体：河南省佛教协会、河南省道教协会、河南省伊斯兰教协会、河南省天主教爱国会、河南省天主教教务委员会、河南省基督教"三自"爱国运动委员会、河南省基督教协会。有3所宗教院校：河南佛教学院、郑州伊斯兰教经学院、河南神学院。

【河南省佛教道教界代表人士培训班】　2022年7月25日至26日，河南省佛教道教界代表人士培训班在郑州举办，来自河南省佛教协会、省道教协会理事以上人员，省佛教学院公共课教师，省佛教、道教中国化研究中心研究人员及各地带队干部共160余人参加培训。该次培训，是学习贯彻全国、全省宗教工作会议精神、支持宗教界全面从严治教、加强佛教道教教职人员队伍建设的重要举措。培训班邀请中央社会主义学院统战理论教研部民族宗教教研室主任王珍教授，河南省人大教科文卫委员会原主任委员、常委会教科文卫工作委员会原主任夏林，省委党校党史教研部王春亮副教授，省民宗委政策法规处处长徐晓光等进行授课，授课内容主要涉及全国、全省宗教工作会议精神，宗教政策法规，中华优秀传统文化，"四史"教育，宗教中国化等。

【河南省伊斯兰教代表人士和经学院教师培训班】　2022年7月13日至15日，河南省伊斯兰教代表人士和经学院教师培训班在郑州举办，培训班主旨是学习习近平总书记关于宗教工作的重要论述，学习全国及全省宗教工作会议精神。省伊协理事及经学院全体教职工90余人参加了培训。

【河南省基督教第九次代表会议】　2022年7月25日至27日，河南省基督教第九次代表会议在郑州召开，来自全省17个省辖市和济源示范区的110名基督教界代表参加会议。中国基督教三自爱国运动委员会主席徐晓鸿牧师通过视频致辞，省民族宗教委主任张然、省委统战部副部长陈照顺、省民族宗教委二级巡视员赵建国出席开幕式。张然代表省委统战部、省民族宗教委对上届河南省基督教两会工作给予充分肯定，对继续做好全省基督教工作提出了要求。徐晓鸿主席代表中国基督教两会对会议的召开表示祝贺。会议审议通过了《河南省基督教三自爱国运动委员会第八届、协会第六届常务委员会工作报告》《河南省基督教三自爱国运动委员会章程（修订草案）》《河南省基督教协会章程（修订草案）》和《河南省基督教教会规章（修订草案）》；选举产生了河南省基督教三自爱国运动委员会第九届、协会第七届委员会和领导班子。唐卫民牧师当选河南省基督教三自爱国运动委员会新一届主席，胡俊杰牧师当选河南省基督教协会新一届会长。

【省伊协新"卧尔兹"演讲比赛】　2022年9月23日至25日，省伊协在郑州举办全省第十四届"喜迎二十大 奋进新征程"卧尔兹演讲比赛。全省各地市、郑州经学院共计55名选手参赛。经过角逐，比赛评出一等奖1人、二等奖2人、三等奖3人，优秀奖若干人。

档案 史志

2022年6月28日,中共河南省委党史和地方史志研究室组织参观"追寻红色足迹 赓续红色血脉"航拍摄影图片展

档 案

【概 况】 2022年，河南省档案馆聚焦主责主业，认真开展能力作风建设，奋力推进各项工作，红色档案开发更加深入，数字化转型成效显著，档案收集成果丰硕，服务能力明显提升，助力文化自信更加主动，安全屏障更加坚实，自身建设持续加强，特别是围绕两馆建设、内涵提升，运用新理念、引进新技术，不断强化档案安全保管中心、电子档案中心、档案查询服务中心、展览展示中心、修复保护中心建设，较好发挥了全省爱国主义教育示范基地、全省关心下一代党史国史教育基地、河南省国防教育基地、河南省直机关主题党日活动基地作用，为中原更加出彩作出了档案贡献。

2022年8月16日，焦裕禄档案文献纪录片《永恒的印记》开机仪式现场

2022年7月22日，省委办公厅、省档案馆红色故事宣讲团到惠金河务局开展"红色故事宣讲 传承黄河文化"活动

【学习贯彻党的二十大精神和习近平总书记对档案工作重要批示精神】 河南省档案馆坚持把学习贯彻党的二十大精神作为首要政治任务，通过馆务会专题研究、理论学习中心组研讨交流、青年理论学习小组学习交流等形式，开展深入学习，从中汲取精神伟力、凝聚精神合力，把全馆干部职工思想和行动统一到大会精神上来，统一到贯彻落实大会的各项决策部署上来。在习近平总书记对档案工作作出重要批示一周年之际，河南省档案局、馆联合向省委报送贯彻落实习近平总书记批示精神、推动档案事业发展情况，省委书记楼阳生作出批示予以肯定。坚持将学习贯彻党的二十大精神与学习贯彻习近平总书记对档案工作的重要批示有效贯通，馆长李修建的署名文章《以党的二十大精神为指导 推动档案事业高质量发展》在《中国档案报》发表。

【阵地作用发挥】 河南省档案馆被选定为省委党校主体班学员第二课堂，先后接待中央党史学习教育第三巡回指导组、省委党史学习教育巡回指导组、省直机关等上万人次。在发挥红色教育阵地作用方面，与省委办公厅、省委直属机关工委、省委党校联合举办的"不忘初心、牢记使命""百年恰是风华正茂"主题教育展入选河南省庆祝中国共产党成立100周年精品展览推介名单；与省委宣传部、省乡村振兴局联合举办"一切为了人民——河南脱贫攻坚成就展"，被纳入省委、省政府国际消除贫困日系列活动重要内容。2022年，河南省档案馆充分发挥"百年恰是风华正茂"党史党性主题教育展、"一切为了人民——河南脱贫攻坚成就展"作用，深挖档案中的红色元素，对党史党性主题教育展进行改造升级，致力于传承弘扬伟大建党精神。河南省档案馆与中共河南省委办公厅、省委直属机关工委联合组建红色档案故事宣讲队，联合开展"红色档案故事"宣讲活动，通过宣讲活动进机关、进农村（社区）、进企业、进校园，引导广大党员干部群众高举红色旗帜、传承红色基因。2022年，先后组织宣讲队赶赴惠金河务局、巩义市夹津口镇等地开展《本色——戴衍钦》《他们特别能战斗——焦作煤矿工人大罢工》《大闹敌后的武工队长——双枪"李向阳"》《唱支军歌给你听》《野菜的味道》等红色篇目宣讲。

【档案收集】 稳步推进档案接收。加大对省直单位及所属机构档案移交工作指导，克服不确定因素影响，采取"线上问题解答＋线下实践指导"模式，对40余家单位进行业务指导上百次。全年接收9家省直单位文书档案2207卷、6589件，专业档案9798卷、党史学习教育及疫情防控档案2372件。规范完善档案征集。加强顶层设计，强化政策支撑，在充分调研其他省市档案馆的基础上，制定《河南省档案馆档案征集办法（试行）》，明确了征集范围、鉴定评审、经费保障、奖励方式等。创新档案征集方式方法。以合作促征集，与省委老干部局、省委党史和地方史志研究室联合开展"河南改革开放以来口述史"采集项目，已收集口述声像档案400余分钟，提纲20余页；与中国摄影报社、河南省姓氏文化研究会、河南省摄影家协会联合举办"老家河南 根在中原"全国摄影大展，征集摄影作品上万幅。以活动带征集，通过河南戏曲档案展开展活动，有力激发社会各界特别是戏曲界的捐赠热情，现场征集到一大批珍贵的实物档案、照片档案。

【查阅利用服务】 采取网络预约、电话预约等方式接待利用，保证服务不断档；积极对接"全国档案查询利用服务平台"，方便公众跨区跨馆利用；利用"全省数字档案资源共享平台"、"云上数字档案室"、"豫事办"政务服务App、河南省"12345"热线平台等开展网络服务、线上服务，让数据多跑腿，让群众少跑路，为群众办实事。高标准设计建设新馆档案利用大厅，努力为社会各界提供更高效的查档体验。积极探索开放鉴定智能辅助手段，参与国家档案局全国档案智能开放鉴定科研项目，加快推进档案开放鉴定步伐，2022年完成3万余件档案开放审核。

【档案信息参考】 "能力作风建设年"活动开展以来，省档案馆找准档案工作服务活动开展的切入点，组织专门力量，深入挖掘馆藏档案资料，发挥档案资政作用，启动《河南档案参阅》编撰。为贯彻落实习近平总书记重要指示精神，讲好红旗渠精神、弘扬红旗渠精神，深挖馆藏红旗渠精神档案，组织人员及时撰写《从档案看红旗渠决策和精神形成过程》，从档案视角，为传承弘扬红旗渠精神提供生动教育素材。

【主动融入文旅文创融合战略】 实施"档案＋文创"，深入挖掘以传统文化为核心的馆藏档案资源，积极开发档案文化创意产品，使档案以更加具象化、更具趣味性的方式呈现出来，更好地服务群众。集合多重文化元素，设计发布由西泠印社员顾建全主创、中国书法家协会名誉主席张海题写的"河南省

2022年7月，河南省档案馆发布新徽标

档案馆"，融合篆刻艺术设计而成的河南省档案馆新徽标。设计制作"流水磐石笔筒（活性炭）"等文创产品。

【档案文化服务】 深入挖掘馆藏，整合各方资源，大力传承弘扬优秀传统文化。充分发挥已建成的"老家河南"家谱档案展、河南戏曲档案展、"档案看河南"固定陈列展，以及档案特藏室的宣传作用，传承弘扬蕴含在各类档案中的根亲文化、戏曲文化、档案文化，让社会各界在参观中体味中原文化的瑰丽璀璨、博大精深。依托"老家河南"家谱档案展，宣传弘扬以姓氏家谱为纽带的根亲文化及中华传统家风家训文化，全年接待社会各界参观4000余人次。为更好满足人民群众参观需求，搭建"档案看河南"固定陈列展虚拟展厅，打造档案系统首家档案展览类App，实现线上畅游实景展厅。

【河南戏曲档案展开展暨河南戏曲声音博物馆开馆】 2022年7月19日上午，"梨园有戏"——河南戏曲档案展开展暨河南戏曲声音博物馆开馆活动在河南省档案馆新馆举行，中华豫剧文化促进会会长王全书等多位关心河南戏曲事业发展的老同志，以及汪荃珍、范军、贾文

龙等豫剧表演艺术家等亲临现场。"河南戏曲档案展"是在原有"河南戏曲声音博物馆"的基础上，由中华豫剧文化促进会、河南省档案馆、郑州广播电视台联合举办，展览分为"序厅""根深叶茂""豫剧华章""豫见名家""百花齐放""体验厅"6个板块，以300多件翔实、珍贵的戏曲文献、文物、图片和音像资料组成，全方位展示河南戏曲艺术发展成就，展示河南戏曲名家风采，彰显河南戏曲强大影响力与感召力。在"兰台献宝"环节，多位老艺术家慷慨献宝，有效丰富了河南戏曲档案展和河南省档案馆馆藏，也为社会各界了解河南戏曲、传承豫剧文化起到积极的促进作用。

【开展中国档案文献遗产申报和河南省档案文献遗产申报】 积极参与第五批中国档案文献遗产申报和第一批河南省档案文献遗产申报，分别与少林寺和千唐志斋博物馆联合申报中国档案文献遗产，将《少林寺宗法档案》《千唐志斋博物馆墓志石刻》2项作为中国档案文献遗产申报对象并成功入选。认真准备申报材料，将馆藏《中福公司档案全宗》作为河南省档案文献遗产申报对象。

【档案信息化建设】 积极响应省第十一次党代会制定的"十大战略"特别是数字化转型战略，先后投入资金4300余万元，高标准建成数字档案馆，实现了全省档案资源远程利用和社会共享。2022年6月，河南省数字档案馆顺利通过国家档案局组织的全国示范数字档案馆系统测试，成为省级综合档案馆中全国第四家、中部地区首家全国示范数字档案馆，并为全省档案系统制定了标准、打造了样板，助推全省档案信息化发展。在建成数字档案馆的基础上，构建历史档案资源专题知识库，对历史档案数字资源进行数据化、知识化管理，通过信息技术将档案利用引向深入。依托数字档案馆集中推进馆藏档案数字化，馆藏档案数字化比例达到93%。利用全省档案数字资源共享系统，联动省辖市档案馆，全年上传开放档案目录4万条。加强电子档案移交和档案数字化等业务指导，全年对43家省直单位电子档案移交、档案数字化工作进行调研，组织51家省直单位档案部门、150余人开展电子档案接收工作培训，接收12家省直单位电子档案45578件、数字化成果32505件。

【档案安全】 2022年，河南省档案馆加大安全隐患排查，堵塞安全漏洞，进一步强化全馆干部职工"主人翁"意识，全面提升新老馆安全保障能力。强化安全保障体系建设和应急处置工作，确保档案实体和信息绝对安全。持续强化人防、物防、技防建设，利用RFID技术对档案清点、出入库登记进行智能化管理、高标准建成档案特藏室等，确保档案绝对安全。建立多重保险的灾难恢复机制，新老馆档案同城

2022年6月15日，在河南省数字档案馆系统测试工作反馈会议上，河南省档案馆数字档案馆系统通过全国示范数字档案馆测试

2022年7月19日，"梨园有戏"——河南戏曲档案展开展

2022年6月20日，河南省档案馆新老馆联动，以新馆为主场开展针对暴雨灾害天气的防汛应急演练

备份，与山西省档案馆档案结对异地备份。积极推进省级区域性档案保护中心建设，科学设计保护中心建设总体规划，2022年投入111万元用于理化实验室建设，严格规范档案进馆、修复、开放鉴定等各个环节，湖南卫视、河南卫视民生频道等媒体均对省档案馆档案保护中心建设进行了报道。争取国家档案局"红色档案抢救与修复"项目经费157万元，统筹开展全省各级国家综合档案馆红色档案修复保护，已完成17527页修复任务。针对档案工作特点，制定应急预案，定期开展消防演练、防汛演练，提升全馆干部职工安全意识，强化应急管理能力。

【档案科研】 积极申报科技项目，《基于HTML5技术的档案三维数字展陈关键技术研究及应用——以河南省档案馆"中福公司"历史档案数字展陈为例》通过国家档案局立项，《河南省档案馆馆藏〈拂晓报〉抢救修复研究》通过省档案局立项。河南省科技攻关项目《人文视域下中福公司档案开发利用研究》已申报结题。组织召开中福公司历史与档案史料研讨会暨《中福公司档案史料汇编》新书发布会，邀请全国历史学界和档案学界的专家对中福公司档案进行研讨。出版发行《历史回响——档案里的中福公司》，获得档案学界好评。完成面向深度利用的历史档案资源专题知识库构建技术与方法研究、全国档案智能开放鉴定一盘棋课题研究子任务研究，推进国家局科技计划项目《省级档案保护中心建设与运行机制研究》相关工作。

【服务乡村振兴】 2022年，派驻结对帮扶村第一书记团结带领驻村工作队、村"三委"、党员群众，紧紧围绕定点帮扶工作任务和第一书记职责，以党建为引领，扎实做好巩固脱贫攻坚成果同乡村振兴有效衔接，确保结对帮扶村韵沟村各项工作稳步有序开展。坚持加强基层党组织建设、巩固脱贫攻坚成果、积极开展消费扶贫、推进美丽乡村建设与灾后重建、巩固集体经济等多种举措并行，支持韵沟村药材基地建设，引进投资建设民宿酒店，打通村落之间断头路等，曾经的省级贫困村，现已成为"春望鹅黄（连翘）夏看绿，秋赏红叶冬观雪"的乡村休闲观光游胜地。2022年9月，韵沟村获得"河南省乡村旅游特色村"称号。2022年11月，河南省档案馆人事处获得全省"驻村第一书记选派工作先进单位"称号。

【自身建设】 认真开展"能力作风建设年"活动。开展学习培训和练兵提升，举办线上系列讲座6期，编印《河南省档案馆能力作风建设典型案例汇编》。坚持"学的导向、严的导向、干的导向"，注重在工作实践中培养、选拔、使用优秀干部。充分运用职级并行政策优势，优化干部年龄、专业、知识等各方面结构，全年提拔任用、职级晋升处级干部27人次。积极组织参加全国档案专家、档案工匠型人才和青年档案业务骨干评选，省档案馆3人分别被评为全国档案专家、全国档案工匠型人才、全国青年档案业务骨干。定点帮扶工作不断深化，被评为"河南省驻村第一书记选派工作先进集体"。以驻厅纪检监察组专项监督调研反馈意见整改落实为契机，着力提升各项业务水平，消除安全隐患，规范内部管理。坚持全面从严治党，压实党风廉政建设主体责任，严格执行中央八项规定及其实施细则精神，强化重要事项全程监督，机关纪委全程跟踪监督招标项目23个。严格选人用人，提拔任用、职级晋升处级干部27人次未发生任何问题。加强机关精神文明建设，成功创建省级文明单位标兵，被命名为省直机关廉洁文化教育基地。

地方史志研究

【概　况】 2022年，河南史志建

设硕果累累。志书编纂工作迈出坚实步伐。《河南简志》编写工作稳步推进,已收集资料465万字。《河南抗日战争志》已完成出版社专家审稿。总结二轮修志工作,撰写《二轮〈河南省志〉编纂工作的回顾与思考》,已提交第十二届中国地方志学术年会。谋划三轮志书编纂,编写《省志编纂手册》作为培训教材。三级年鉴编纂工作稳步推进。扎实推进《河南年鉴(2022年)》出版工作,增设中原亮点、黄河流域生态保护和高质量发展、乡村振兴等类目,全方位展示河南年度经济社会发展的最新成就。举办河南省第二届年鉴创优示范工程,表彰37部获奖年鉴。组织开展河南省"精品年鉴品读季"活动,发挥精品年鉴示范引领效应,推动全省年鉴事业高质量发展。乡镇村志编纂迈上新台阶。鼓励有条件的乡镇开展乡镇村志编纂工作,截至2022年年底,全省已出版乡镇(街道)志334部,村(社区)志682部。方志馆建设富有成效。河南已初步建成以国家分馆和省馆为引领、以地市馆为纽带、以县区馆为前沿、以乡村馆室为补充的中原特色方志馆体系,社会影响力日益扩大。全省首届村史馆示范点评定工作有序进行。方志资源开发利用取得新进展。积极筹备《河南金石志》《河南美食小吃图志》编写工作。围绕"两个确保""十大战略"开展资政研究,坚持大事当月记当年编,完成《河南大事月报》12期编辑任务,出版6期《河南史志》,围绕现实热点问题刊发高质量资政文章20余篇。

【志书编纂工作】 2022年,河南省志书编纂工作稳步推进。《河南简志》已完成资料收集,编写工作有序进行。《河南抗日战争志》专家审稿已完成,责任编辑审稿完成70%。筹备三轮志书编纂,编写《省志编纂手册》。开展扶贫志和全面小康志"两志"编修调研和指导工作,推荐开封、濮阳、汝州为中指办扶贫志编写试点单位,推荐林州、滑县为全面小康志试点单位,推荐兰考、光山、林州为中国扶贫志丛书入选单位,指导《滑县扶贫志》《汝州市扶贫志》《淅川县脱贫攻坚志》等志书的编写工作。市县层面,信阳市持续编纂《信阳市扶贫志》《信阳市小康志》,《鹤壁市全面小康志》《鹤壁市扶贫志》和《濮阳市扶贫志》制定了基本篇目,《永城市扶贫志》《永城市全面小康志》完成初稿,《滑县扶贫志》《汝州市扶贫志》完成出版。平顶山市完成三轮修志实施方案,鹤壁市、鲁山县、孟州市、卢氏县启动三轮志书编修工作。

【乡镇村志编纂】 2022年,出版乡镇(街道)志40部,部分为内部出版;村(社区)志79部,多为内部出版。《焦作市安乐寨村志》入选第六批中国名村志丛书。《焦作市寨卜昌村志》《洛阳市平乐村志》《焦作市西滑封村志》《平顶山市冢头镇志》通过审核,入选中国名村志文化工程。郑州市在编名镇志名村志名街志12部,其中《中岳庙社区志》《花园口镇志》完成出版,《方顶村志》《海上桥村志》入选中国传统村落志首批出版项目。南阳市全市纳入编纂乡镇志的乡镇224个,其中正式出版18部、完成初稿84部(通过市级评审24部)、在编122部。三门峡市累计出版村志119部。安阳市出版乡镇志29部,村志38部。信阳市10部乡镇志完成市级评审。

【旧志整理与出版】 2022年,省委党史和地方史志研究室对18种省级综合志书卷数、年代、编者、篇目、评价、存录状况等进行汇总,并形成调研报告。全省各级史志机构致力于地方旧志整理和开发利用。郑州市完成清顺治、康熙、乾隆《新郑县志》点校。南阳市《明嘉靖南阳府志校注》获2021年度南阳市社会科学优秀成果特别荣誉奖。新乡市共收集旧志29种,中华版本170余册。济源示范区完成清·康熙《济源县志》点校工作,查找到民国《济源县志》手稿。商丘市整理、编辑《商丘黄河史料》《清·顺治〈归德府志〉点校本》《〈宋州从政录〉点校本》《〈文子〉原文及译文》《明·沈鲤〈亦玉堂稿〉》。安阳市点校、审核清·乾隆《彰德府志》。鹿邑县抢救保护清·顺治《鹿邑县志》。明万历《汝州志》进入印刷出版程序。襄城县重印发行明·嘉靖《襄城县志》精装本。滑县对区域内的旧志及旧志整理成果进行普查汇总,形成《滑县旧志资源及整理情况》。

【年鉴编纂出版工作】 2022年,河南省共编纂省、市、县三级综合年鉴175部,其中公开出版129部。省委党史和地方史志研究室对《河南年鉴(2022)》框架进行调整,新增设中原亮点、黄河流域生态保护和高质量发展、乡村振兴类目,在中原亮点部分设置"创新河南""中原文旅开发十大亮点""河南民生亮点"等栏目,设置庆祝建党100周年、抗洪救灾、新冠疫情防控、乡村振兴、经济建设、政治建设、文化建设、社会建设、生态文明建设图片专题，体现年度特点、地域特色和时代特色。举办河南省第二届年鉴创优示范工程，共评出获奖年鉴 37 部，其中特等奖 6 部、一等奖 9 部、二等奖 11 部、三等奖 11 部。

【方志开发与利用】 2022 年，全省方志资源开发与利用工作富有成效。省委党史和地方史志研究室启动《河南美食小吃图志》初稿编写，围绕"推动中华优秀传统文化创新性发展创造性转化"整理收集资料，撰写《河南：践行"两创"精神 让传统文化"活"起来》《坚持守正创新 促进中华优秀传统文化创造性转化创新性发展》等文章，并为多家媒体提供文稿和图片。安阳市开展史志文化"六进"活动，捐赠志书、年鉴及各类地情书籍 7000 余册。济源示范区向各类图书馆、纪念馆、城市社区、农村党群服务中心赠送《济源市志》《古今济源》《济源年鉴》等书籍。洛阳市参与地理标志产品、老字号等评选活动，助力相关产业发展。南阳市向知府衙门博物馆、南水北调干部学院、南阳师范学院等捐赠史志书籍。平顶山市开展"一村一馆"特色村史馆建设，将农耕文化、民情民俗、传承乡愁融汇在一起。三门峡市将史志宣传教育与舞台艺术、影视作品等融合，发挥良好社会效应。信阳市累计向 190 余家单位赠送《信阳市志》《信阳茶叶志》《鸡公山常见药用植物志》等地情图书 1.3 万余册，直接受益干部群众 20 余万人。

【方志馆建设】 2022 年，河南省方志馆优化馆藏书籍布局，拓展志鉴的社会服务功能。全省首届村史馆示范点评定工作有序进行，共接收省辖市推荐的村史馆材料 61 家。省方志馆建设整理新库房 190 平方米，归类整理志书 648 套 9720 册；开辟建设党史资料库，入库书籍近 2 万册。与省内外史志部门开展史志书籍的交流工作，不断增加馆藏书籍数量。向省内市县区征集各种旧志 101 种 161 册；全年接收外省交换志书 559 册、年鉴 149 册；向外省赠送《河南年鉴（2021）》162 册。开展方志文化进高校活动，向全省 47 家本科高校图书馆赠送《河南省志（1978—2000）》93 套 1395 册、赠送历年《河南年鉴》280 册。向党政机关、社会各界赠送志书 400 册、年鉴 150 册。制作方志馆介绍短视频 1 个。市县方志馆建设持续推进。郑州市建成方志文化教育基地 3 家。开封市以方志书屋为平台，组织开展"北宋四艺"展演、"笔墨书盛世 丹青绘华章"书画笔会等活动。焦作国家方志馆南水北调分馆先后被评定为全国科普教育基地、全国法治宣传教育基地。三门峡党史方志馆收集 4000 余部电子版书，不断丰富馆藏资源。新乡市史志馆升级改造后于 8 月底正式对外开放，凤泉区成立党史方志书屋，新乡县史志馆建成党史方志室、图书资料室。商丘市方志馆与城市规划馆融合为城市展示馆，正在邀标布展中。信阳市建成全国首个方志文化广场，与市图书馆合建全省首家"方志信阳"主题馆。

【网站建设】 2022 年 9 月 30 日，河南党史方志网（http://www.hndsfz.com）正式上线运行，河南党史方志网移动端建设同时启动。河南党史方志网设置一级栏目 13 个、二级栏目 47 个、特设专栏 6 个，新开通《学习二十大 奋进新征程》专栏。网站共整合数据 1.2 万多条，其中查错纠错 5000 多条，整合后发布各类信息 400 余条。2022 年，郑州、鹤壁、安阳、焦作、周口、商丘、济源的地情网站管理系统迁移到当地政府网站统一技术平台。截至 2022 年底，全省有省级网站 1 个、地市级 18 个（其中独立网站 15 家，另有 3 家纳入当地政府统一政务平台），所有县（区）级史志机构都纳入当地政府统一政务平台。

【数字化建设】 2022 年，省委党史和地方史志研究室持续推进"河南党史文献资料库"数字化工作，完成各类图书 182 本 8.62 万页、档案资料 77 本 1.03 万页的扫描、数字化工作。10 月，启动省情数据库整体向河南党史方志网迁移工作，原省情数据库 478 本志鉴和地情书，约 11 万条信息、3.5 亿字的数据全部完成迁移。12 月 6 日，"河南党史方志数字化展示平台"和"河南数字方志馆"正式上线。

【地方志理论研究和宣传】 2022 年，《河南史志》始终坚持刊物的学术性、理论性，深入开展学术探讨，促进方志学学科建设。刊物全年出版 6 期，刊登稿件 85 篇、39.9 万字，开设有关史志工作的重要文献、修志问道、理论研究、志鉴编纂、经验交流、弘扬优秀传统文化、旧志整理、史海钩沉等栏目，是全省广大修志工作者探讨修志理论、交流经验的有效平台。省委党史和地方史志研究室与河南日报社合作，在《河南日报》（农村版）开辟《史志中原》专版，打造河南史志领域权威、真实的历史文化传播平台。《史志中原》栏目全年刊发 8 期，发挥史志文化优势，讲好

"黄河故事",助力中华文明探源工程。

【《河南大事月报》编纂】 2022年,《河南大事月报》围绕"客观求是,领导参阅,资政存史,鉴往昭来"的宗旨,按照大事突出、要事不漏的原则,逐月汇总、整理、筛选、分类大事稿件,连续编辑印刷出版12期,共刊发信息1800条,积累资料30余万字。《月报》由省委党史和地方史志研究室主任刘汉征任主编,设特别关注、中原亮点、创新动态、时政、工作动态、乡村振兴、经济、社会事业、生态环保、基础建设、人物等栏目,客观、全面地记录了全省政治、经济、文化、社会事业、生态等方面的资料信息。该刊创刊于2006年,已累计编辑出版204期。

【乡镇村志业务培训】 2022年12月14日至16日,省委党史和地方史志研究室举办河南省乡镇村志编纂业务培训班。该次培训采取视频会议的形式举行,主会场设在河南省方志馆,全省地方史志工作机构及乡镇村志编纂人员1500余人参加培训。培训班就《乡镇志编纂的政治性与人物入志》《综合年鉴的质量提升》《镇村志出版要求及行文规范》《方志基础知识与概述、大事记的编写》《乡镇村志编纂方法》等专题进行讲解。

【《河南省志(1978—2000)》获河南优秀图书奖】 2022年,《河南省志(1978—2000)》获本年度河南优秀出版奖图书奖。《河南省志(1978—2000)》由河南省地方史志编纂委员会编纂,中州古籍出版社出版。全志共15卷,1600余万字,主要记述了1978年至2000年河南省在自然、经济、政治、文化、社会领域的发展情况,反映了河南省改革开放的历史性变革和取得的历史性成就。

【全省"精品年鉴品读季"活动】 2022年9月至12月,省委党史和地方史志研究室根据中国地方志指导小组要求,以"对标精品 磨'鉴'中原"为主题,开展河南省"精品年鉴品读季"活动。全省各级地方史志部门深入学习领会党的二十大精神,以品读四本精品年鉴(《连云港年鉴(2019)》《长沙年鉴(2020)》《北京朝阳年鉴(2020)》《孝义年鉴(2020)》)为重点,以争创精品年鉴为目标,深入开展大学习、大讨论活动,取得明显成效,尤其是形成一批优秀理论成果,有15篇论文获得省级表彰,3篇获中国地方志指导小组办公室优秀论文。

【组织参观"追寻红色足迹 赓续红色血脉"航拍摄影图片展】 2022年6月28日,省委党史和地方史志研究室组织党员干部到郑东新区龙湖外环红色主题公园参观"追寻红色足迹 赓续红色血脉"航拍摄影图片展。省委党史和地方史志研究室副主任、机关党委书记张守四参加活动并进行开放式党课教育。活动中,河南省航拍协会主席张春详细介绍了"百年·百姓——中国百姓生活影像大展"128张图片,从普通百姓的衣食住行、生产生活入手,以"岁月如歌""沧海

2022年12月14日至16日,2022年河南省乡镇村志编纂业务培训班在郑州举行

2022年9月20日至22日,省委党史和地方史志研究室组织收听收看"精品年鉴品读季"活动启动会议暨2022年中国年鉴精品工程研讨会、第七期全国年鉴主编培训班

桑田""百年好合""百家百福"4个板块，多方位展示百年中国翻天覆地的伟大变革，反映中国共产党"为中国人民谋幸福、为中华民族谋复兴"的初心和使命。

【组织党员干部参观省直机关能力作风风采展】 2022年9月14日，省委党史和地方史志研究室组织党员干部赴河南博物院参观省直机关能力作风风采展。该次风采展分为政治忠诚、能力锻造、改革创新、统筹发展、为民服务5个篇章，以文字、图片、视频、实物等形式，集中展示了省直机关党员干部知重负重、敢为善为、出彩添彩的良好形象，以实际行动践行习近平总书记"奋勇争先、更加出彩"的殷殷嘱托，以高度的政治责任感和历史使命感，锚定"两个确保"、实施"十大战略"，积极投身改革创新最前沿、经济发展主阵地、为民服务第一线，知责于心、担责于身、履责于行的过硬本领和良好作风。通过观看专题短片、聆听专业讲解、观看现场实物，参观人员品味典型事迹、感悟先进力量，引发了精神共鸣、促进了能力提升。

党史研究

【概　况】 2022年，按照省委关于省直事业单位重塑性改革的决策部署，原河南省委党史研究室和原河南省地方史志办公室合并，5月27日，中共河南省委党史和地方史志研究室挂牌成立，为省委直属公益一类事业单位。省委党史和地方史志研究室，以学习宣传贯彻党的二十大精神为主线，融合提升党史和地方史志业务工作，持续服务党史学习教育常态化长效化，各项工作取得新进展新成效。2022年，《简明河南党史》获中央党史和文献研究院优秀成果著作类二等奖、河南省第十三届精神文明建设"五个一工程"优秀作品奖、2022年度河南优秀出版奖图书奖。

【党史专题研究】 2022年，省委党史和地方史志研究室全力服务全省"能力作风建设年"活动，编发《持之以恒正风肃纪　全面增强执政本领》作为全省能力作风建设年活动读书会学习资料。贯彻省委工作部署，启动河南改革开放口述历史征集工作，与省委老干部局等单位联合下发《河南改革开放口述史项目工作方案》，完成对任克礼等3位副省级以上老领导及陈都浩等4位省直单位厅级老同志的专题访谈、口述资料整理工作。积极融入乡村振兴、文旅文创等重大战略实施，征集脱贫攻坚与乡村振兴有效衔接的第一手资料，编辑《河南省全面建成小康社会大事记》《河南省脱贫攻坚大事记》《河南省脱贫攻坚口述史》等专题资料，真实记录、全面反映脱贫攻坚成果。参与国家重大文化工程长征国家文化公园建设，申报《长征片区（红二十五军）河南段革命文物调查、整理与利用研究》课题。

【党史编研】 2022年，省委党史和地方史志研究室抓好党史研究工作，组织编写、再版党史著作60余部。其中，38卷本的《中共河南地方党史基本著作集成》、6卷本的"红色中原"丛书正在加紧出版；《中国共产党河南历史》第三卷编写稳步推进，档案文献、资料查阅等基础性工作有序开展。

【党史资料征编】 2022年，省委党史和地方史志研究室注重跟进中国特色社会主义新时代发展步伐，及时收集整理习近平总书记视察河南资料，补充完善《习近平总书记关心指导河南工作纪事》。征集28篇河南省地（市）、县委书记口述历史（社会主义革命和建设时期）口述和回忆文章。编写完成《毛泽东与河南》《老一辈党和国家领导人在河南》《河南改革开放45年大事记（1978—2023年）》《改革开放以来河南重大发展战略演变历程研究》《河南第一个党组织——中共洛阳组党史文献资料汇编》《河南党史人物传》（第15卷）等一批资料集，筑牢筑实党史研究的资料支撑。

【党史重大项目】 2022年，省委党史和地方史志研究室积极推进党史重大项目。申报的"麦子""1942年'南召惨案'相关史实收集整理"2个课题获批2022年度中央党史和文献研究宣传专项引导资金项目。2021年批准立项的"鄂豫皖苏区根据地与大别山精神研究""牢记嘱托 砥砺奋进——兰考脱贫攻坚实录"等4个中央党史和文献研究宣传专项引导资金项目已按时申请结项。河南党史网上展览馆、河南党史文献资料库上线进行试运行。

【党史资政研究】 2022年，省委党史和地方史志研究室积极为全省发展建言献策。编辑出版《中共河南省委执政纪事（2021）》，记录习近平新时代中国特色社会主义思想在河南的生动实践，全面反映省委决策部署和落实情况。落实中央党史和文献研究院工作部署，组建专班承担"新时代新发展新成就——从党的十八大到二十大"重大课题，编写完成河南篇《牢记领袖嘱托 奋力谱写新时代中原更加出彩绚丽篇章》专题文稿。围绕"两个确保"、实施"十大战略"，开展资政研究，持续开展河南党史大事当月记当年编，完成《河南党史》12期编辑任务，围绕现实热点问题开设《资政论坛》专栏征集、刊发《学懂弄通做实习近平新时代中国特色社会主义思想》等资政文章12篇。

【服务党史学习教育常态化长效化】 2022年，省委党史和地方史志研究室依托河南丰富的党史资源，着力讲好党的故事、革命的故事、根据地的故事、英雄和烈士的故事，为党员干部群众学习党史编写辅导读物。《简明河南党史》被列入各级党委（党组）理论学习中心组学习推荐书目，发行6万册，在"学习强国"平台全文刊登，并制作成音频在河南广播电视台播放；《讲好"四个故事"》作为全省县处级以上领导干部学习"四史"的普及性读物，在高质量服务河南党史学习教育中发挥积极作用；联合河南博物院编著图书《见证——中原红色文物故事》，展示河南省革命文物，宣传优秀案例传承革命精神；编写出版《河南百年红色记忆》《红旗渠精神与党的建设》等读物，为党史学习教育常态化、长效化提供支撑。配合重大宣传，对接河南电视台等有关部门，参与录制《穿越百年的思念》《七七事变85周年特别节目》《共和国不能忘记 传承红色基因 我为烈士寻亲》；与省关工委联合举办"青少年党史学习月"暨游基地、学党史活动和"英雄在我身边"——青少年学"四史"线上答题活动，联合大河网推出《100秒学习党代会知识》文字动漫；与云书网联合举办《讲好"四个故事"》最美读书声名家分享会活动，推动党史学习教育常态化、长效化取得实实在在的成效。

【党史业务指导】 2022年，省委党史和地方史志研究室发挥专业审读审核、业务指导作用，加强对涉及河南党史的书籍、著作、影视作品等审核把关，共审读44本图书、9部电影和网络剧、3个工作条例意见、7个图片展陈设计等1400余万字。在河南党史方志网持续更新《坚决反对历史虚无主义》专栏，刊发300余条信息稿件，配合省委网信办编写《河南省历史虚无主义典型问题指导手册》，牢固树立正确党史观。

【《中共河南省委执政纪事（2020）》出版】 2022年3月，《中共河南省委执政纪事（2020）》由河南人民出版社出版发行。该书由省委党史和地方史志研究室组织编纂，全面客观准确记述在以习近平同志为核心的党中央坚强领导下，河南省委团结带领全省人民立足新发展阶段，完整、准确、全面贯彻新发展理念，紧抓构建新发展格局战略机遇，为确保高质量建设现代化河南、确保高水平实现现代化河南，谱写新时代中原更加出彩的绚丽篇章而努力奋斗的光辉历程、主要成就和基本经验。主要设图片实录、决策部署、执政实践〔省辖市（区）篇、省直篇、人民团体篇〕、大事记、附录等栏目，可作为河南各级领导干部推动工作的重要参考。

【学习贯彻党的二十大精神暨全省党史干部培训班】 2022年12月20日至22日采取视频会议形式举办全省党史干部培训班。各省辖市、县（市、区）党史部门主要负责人及业务骨干，省委党史和地方史志研究室全体干部职工共600余人参加培训。省委党史和地方史志研究室主任刘汉征出席开班式并作动员讲话，副主任李海民主持。培训邀请专家分别就《二十大报告中几个重要理论问题解读》《延安时期的中国共产党》《新时代部分党史研究和编写的几个问题》《走中国式现代化道路加快现代化河南建设》《新时代新征程大力弘扬红旗渠精神》等内容开展专题讲座。

【党的二十大精神宣讲】 2022年，省委党史和地方史志研究室深入学习宣传贯彻党的二十大精神。广泛开展理论宣讲，1名班子成员作为学习贯彻党的二十大精神省委宣讲团成员参与宣讲，80余名地方党史宣讲团成员积极开展"党的二十大精神""党在河南的百年历程"等专题宣讲活动。扎实深化理论阐释，与《河南日报》、《党的生活》以及大河网、顶端新闻联合策划《学习二十大进行时》《学思践悟二十大 党史教育开新局》《红色耀中原》《青年论坛》《学报告见行动争出彩》等专栏，围绕喜迎二十大、党的二十大报告中的新观点新论断，撰写、刊发理论文章和学习体会60余篇。河南党史方志网开设《学习二十大 奋进新征程》专栏，刊发党史文章和信息90余条；《党史博览》开设《迎接党的二十大的胜利召开》专栏，推出党的一大至七大的相关纪念文章。精心组织学术研讨，参加、举办"学习贯彻党的二十大精神"专题学习研讨会、"学习贯彻党的二十大精神 深入推进新时代党的建设新的伟大

2022年8月，河南省中共党史学会召开第七届理事会第一次会议

工程"理论研讨会、"传承弘扬红旗渠精神 全面推进现代化河南建设"理论研讨会、第二届红色文化论坛暨大别山精神研讨会等高质量学术研讨10余场，为谱写新时代中原更加出彩绚丽篇章提供历史借鉴和智力支持。

【获奖情况】 2022年，省委党史和地方史志研究室获得多项荣誉。由省委宣传部和原省委党史研究室共同组织编写、河南人民出版社出版发行的《简明河南党史》出版后广受好评，取得良好社会反响，先后获中央党史和文献研究院优秀成果著作类二等奖、河南省第十三届精神文明建设"五个一工程"优秀作品奖、2022年度河南优秀出版奖图书奖。由省委组织部和原省委党史研究室共同编写、河南人民出版社出版发行的《讲好"四个故事"》，作为全省县处级以上领导干部学习"四史"的普及性读物，在服务河南党史学习教育中发挥积极作用，获2021年度豫版好书优秀奖、2022年度河南优秀出版奖图书奖。省委党史和地方史志研究室4项党史成果获得2016—2020年全国党史和文献部门优秀科研成果奖。省委党史和地方史志研究室被评为全国党史和文献部门2022年度网站信息报送工作先进单位、2022年度省直单位老干部工作先进单位。

【河南省中共党史学会换届】 2022年8月3日，河南省中共党史学会第七次会员大会在郑州召开，大会宣读了河南省社科联关于同意河南省中共党史学会换届的批复、中国中共党史学会的贺信，并做河南省中共党史学会第六届理事会工作报告、河南省中共党史学会换届筹备工作情况汇报。会员代表们还表决通过了《河南省中共党史学会章程（修订案）》，投票选举新一届理事会理事及会员大会监事。随后，新当选的23名理事召开了第七届理事会第一次会议，新任监事列席会议，选举产生新一届会长、副会长和秘书长。

【河南党史方志网改版】 2022年9月30日，由省委党史和地方史志研究室主办的河南党史方志网（www.hndsfz.com）、微信公众号和新浪微博正式上线运行。事业单位机构重塑性改革后，省委党史和地方史志研究室优化整合原河南党史网和河南省情网资源，新建河南党史方志网作为官方网站。同时，将原"河南党史"和"河南记忆"微信公众号、新浪微博整合为同名微信公众号、新浪微博"河南党史方志"。

【《那时的你》广受好评】 河南省委党史研究室与河南广播电视台联合制作的大学生红色舞台剧实景记录节目《那时的你》系2021年度中央党史和文献研究宣传专项引导资金结项项目，是河南省委党史研究室庆祝中国共产党成立100周年和服务党史学习教育的重要成果。该节目采取舞台剧、纪录片、真人秀三重跨界，从当代青年的视角切入，通过记录在校大学生排演红色

2022年8月，河南省首批革命文物协同研究基地授牌仪式暨工作座谈会

剧目，重温革命历史记忆，感悟红色精神实质，展现"00后"年轻一代的"正青春、正担当"。节目共3集，在河南卫视和网络正式播出后，先后21次登上微博热搜榜、要闻榜、同城榜，全网总阅读量超12亿，迎来社会各界一致好评。2022年1月6日，《光明日报》以《走近那时的你 激励现在的我》为题对《那时的你》进行了专题报道。

【河南省革命文物协同研究基地评选命名】 2022年4月，省委宣传部、省委党史和地方史志研究室、省文物局联合开展首批河南省革命文物协同研究基地评选命名工作。在各地推荐、专家评审遴选和公示的基础上，8月1日发布了《关于命名第一批河南省革命文物协同研究基地的通知》。命名河南大学、河南工程学院、红旗渠干部学院、信阳师范学院、河南博物院、郑州二七纪念馆、鄂豫皖革命纪念馆、确山竹沟革命纪念馆8家单位为第一批河南省革命文物协同研究基地。8月22日，为首批8家河南省革命文物协同研究基地进行了授牌。

【河南省中共党史学习教育基地评选命名】 截至2022年年底，河南省中共党史教育基地总数达到67个。河南省中共党史教育基地评选命名工作从2011年开始，每两年评选一批。2021年6月，第六批河南省中共党史教育基地授牌仪式在新乡举行，对中原豫西抗日纪念园等15家单位授予第六批河南省中共党史教育基地。

【《见证·中原红色文物故事》出版】 2022年12月，省委党史和地方史志研究室、河南博物院联合编纂的《见证·中原红色文物故事》由海燕出版社出版发行。该书以河南博物院院藏5000多件（套）革命文物为基础，精选其中代表性强、内涵深刻的30多件（套）珍贵革命文物，通过小切口展现大主题，采取文字结合图片、视频的形式，讲述河南发生的重大革命史事、涌现的重要英雄人物、孕育的革命精神，生动再现了烽火连天、波澜壮阔的峥嵘岁月，深情讴歌了革命先烈不畏牺牲、英勇奋斗的革命英雄精神，集中反映了中国共产党人精神谱系，是开展党史学习教育的生动教材。

【红色资源保护利用】 2022年10月12日，省委党史和地方史志研究室主任刘汉征在《河南日报》刊发署名文章《推动红色基因传承常态长效》，指出要用心守护好红色阵地，健全红色资源保护管理运用工作机制，更好发挥红色资源的教

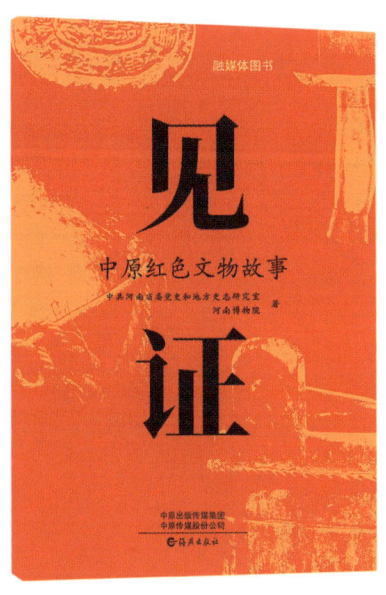

2022年12月《见证·中原红色文物故事》出版

育功能；要用情讲好红色故事，推进党史学习教育常态化长效化，让党的历史知识和党的创新理论"飞入寻常百姓家"；要用力化为实际行动，把红色基因融入血脉，最终落实到履职尽责、为民谋利上。

【红色资源调查摸底】 2022年，省委党史和地方史志研究室会同省委宣传部对全省革命历史类纪念设施、遗址和爱国主义教育基地建设进行全面核查，共核查汇总全省革命历史类纪念设施、遗址、烈士纪念设施2918处，并起草《河南省革命历史类纪念设施、爱国主义教育示范基地展陈内容和讲解词审核办法》。

文旅 文创

2022年9月19日至21日,"老家河南"精彩亮相2022中国-东盟博览会旅游展

综 述

2022年，全省文化和旅游系统以学习宣传贯彻党的二十大精神为主线，以习近平新时代中国特色社会主义思想为指导，认真学习贯彻习近平总书记系列重要讲话重要指示精神，围绕省委、省政府关于实施文旅文创融合战略、塑造"行走河南·读懂中国"品牌的战略部署，推动文化和旅游工作取得积极进展。河南省文旅文创融合创新基地打开工作局面，分别设立河南省文旅文创融合创新基地（洛阳）和河南省文旅文创融合创新基地（开封），把两个基地建成文旅文创的策划班子、创新班子、工作班子、招商班子，加快引入国内外一流文化创意和科技创新团队，持续为河南省文旅文创赋能。

重要活动

【"行走河南·读懂中国"品牌全面叫响】 在中央电视台投放"行走河南·读懂中国"宣传片。面向全球近40个国家集中宣发"中国节日"系列节目，成为我国驻外使领馆"讲好中国故事"的重要支撑。太极拳、少林功夫进入中宣部"Z世代"重点外宣项目。遴选"行走河南·读懂中国"百大标识项目，邀请全国80余家专业团队对项目进行数字化提升，列支8000万元对36个优秀数字化项目进行补贴。统筹2.9亿元文物保护资金，扶持"行走河南·读懂中国"百大标识项目保护及展示。举办"行走河南·读懂中国"元宇宙创造者大赛，邀请全国60多个专业团队对"行走河南·读懂中国"相关文旅IP进行数字化创作，黄帝故里、大宋东京城、老君山、龙门石窟、应天书院、太昊陵、少林寺、春秋楼、武侯祠等一批大赛作品已经推出，官渡之战、牧野之战、隋唐洛阳城等18个游戏场景已经上线。以"行走河南·读懂中国"主题，坚持"聚焦一条线（黄河），突破四座城（郑州、开封、洛阳、安阳）"，列支3000万元资金对研学旅游进行奖补。世界研学旅游组织河南代表处落户洛阳。联合黄河河务局、清华文创院，共同打造"黄河文化千里研学之旅"品牌。中国文字博物馆续建工程、郑州商都遗址博物院、洛阳隋唐大运河文化博物馆等建成开放。殷墟遗址博物馆、黄河国家博物馆等加速推进。黄河、大运河、长城、长征国家文化公园建设有序推进。红旗渠精神营地一期总投资5亿元，可同时容纳5000余名学生，设置201门活动课程。全省共安排3000万元奖补资金，支持研学旅行课程和基地营地建设。

【文化旅游项目建设】 2022年，河南省共谋划有138个省级重点文化旅游项目，总投资4223.36亿元，其中新开工重点文化旅游项目39个，总投资1216.59亿元。以郑州国际文化创意产业园为例，汇聚了华强方特旅游度假区、海昌极地海洋公园、建业·华谊兄弟电影小镇、王潮歌"只有河南"等一批重大文旅项目，这些已成为颇具影响力的旅游目的地，也是引领全省文旅项目发展的标杆。

注重培养文化产业专业人才。鼓励企业参加全国文化和旅游干部网络学院"文化和旅游产业公开课"培训学习。结合本地区实际，重点面向文化和旅游领域中小企业经营管理人员、个体工商户、专业技术人员等，组织开展有针对性的经营管理和专业技能培训活动。加强对本地区文化和旅游领域急需紧缺职业（工种）人才的技能培训和政策支持。

主动与企业搭建沟通交流机制。建立健全文化和旅游行政部门与企业的常态化沟通交流机制，采取集中座谈、实地走访、干部包联等方式，深入企业、个体工商户、产业园区、社会组织等听取意见建议。及时了解企业经营发展和政策落实过程中的难点堵点问题，形成调研报告和问题清单，为党委、政府提供决策参考，推动调研走访成果转化为优化完善政策措施、提升惠企服务水平的有效举措。

拓展乡村民宿产业带动乡村旅游。始终把准产业趋势，抢抓政策机遇，认真落实省委、省政府部署，坚持生态优先、绿色发展、创新引领，进一步提高站位、找准定位、锚定方位，以民宿产业高质量发展带动乡村旅游提质升级，促进乡村一、二、三产业融合发展。依托禀赋优势，加强统筹谋划，推动非物质文化遗产与民宿结合，努力实现民宿和非遗的双赢；学习先进理念，借鉴成功经验，在乡村业态、发展方式、运营模式上求创新；聚合优质资源，吸引客商创办精品民宿，引进建设运营团队和社会资本参与乡村民宿建设运营，强化文旅融合、部门联合、群众聚合，助力乡村振兴，带动农民增收，推动共同富裕，打造民生福祉。

【乡村康养旅游示范村创建】 在全国率先出台《乡村康养旅游示范村等级划分与评定》省级地方标准，印发《河南省乡村康养旅游示范村管理办法（试行）》，到2025年分3批打造400个乡村康养旅游示范村，县级财政可使用衔接资金对每个示范村给予500万—1000万资金支持（可直接使用资金达40亿元）。2022年分2批遴选391个乡村康养旅游示范村创建单位，对首批创建成功的40个村，每村奖补800万元，共下达奖补资金3.2亿元。

【文产特派员分批入驻】 文化和旅游部在河南省率先启动"文产特派员"制度试点，文化赋能乡村振兴的"河南样本"在全国推广。选择光山、修武、栾川、济源4地20个村开展乡创实践。光山县共遴选匹配30个文产特派预选项目，已落地签约余粮乡创（东岳村）、中国年轻设计师创业大赛（光山羽绒服）等7个项目。通过"文产特派员"引入优质团队和文创项目，实现乡村文化和旅游高质量发展。

【"非遗点亮"精彩纷呈】 开展"非遗点亮老家河南"青年乡村营造行动，邀约国内外40个优质团队，通过陪伴式在地乡建、非遗乡创"元宇宙"等形式，在栾川重渡沟、鹤壁中石林村等9个乡村落地90个非遗空间和文创项目。天路之家——郭亮艺术研学营地获评2022优秀公共空间设计。鹤壁中石林村将当地非遗与文创相结合，开发系列文娱活动和文创产品，打造综合性文旅度假村样板。河南被列为全国"非遗助力乡村振兴"5个试点省份之一。

2022年8月15日，"河南DOU是好风光"暨乡村康养旅游推进会在洛阳栾川召开

2022年7月31日，"文化产业特派员"制度试点启动会在河南省信阳市光山县举行

【民宿发展如火如荼】 持续推进"民宿走县进村"，一大批民宿品牌在河南落地。截至2022年年底，全省已建成运营2461家民宿，建成"红旗渠"人家（林州）、"小有洞天"山居（济源）、南坪古村落（济源）、云台山（修武）、孟州西部岭区、龙翔山居（中站区）、皇家驿站（驿城区）、红石崖（遂平县）、卢氏县河洛文化宿集等145处民宿集群。宿描文旅在焦作、信阳等地已开业陪嫁妆天空之城（焦作）、浉河枕溪秘境（信阳）等5家民宿。河南中旅集团已投资开发运营灵泉妙境（淇县）、云堡妙境（汝州）等7家精品民宿。"山人行"文旅已投入运营太行秘境（辉县）、隐心谷（栾川）等4家民宿。

【2022精品旅游民宿高质量发展论坛】 为全面促进民宿提质发展，推动民宿建设模式创新、业态创新、产品创新，塑造文旅发展新态势，助力乡村振兴。9月24日，由洛阳市文化广电和旅游局、洛阳文化旅游投资集团共同主办的2022精品旅游民宿高质量发展论坛成功举办。近年，洛阳民宿产业经历了从无到有、从有到优、从优到精的蝶变，有效拉动了农业增效、农民

增收、农村增美。截至2022年底，洛阳市已形成民宿集群1个，基础较好的民宿200个，为全市文化旅游业高质量发展注入了强劲动力。

【交旅融合工程】 印发《河南省旅游公路网规划（2022—2030年）》。布局建设"一带一廊多环"旅游公路，总规模约16600公里，直接连通全省90%以上旅游景区。打造"黄河古都""太行云天""生态伏牛""红色大别"旅游公路品牌。制定《河南省旅游公路示范县创建管理办法》《河南省旅游公路示范路创建管理办法》等，召开全省加快交旅融合发展工作会议，积极推进"一河三山"重点区域、重点县、重要线路的旅游公路试点建设。黄河小浪底交通与文化旅游融合发展示范区19个码头加快建设，1条航线被确定为国家水路旅游客运精品航线试点。

【文旅产品业态不断丰富】 鸡公山成功创建国家AAAAA级旅游景区，天鹅湖成功创建国家旅游度假区。宝泉旅游景区累计投资20亿元建设的丹崖天路、悬崖宿集等项目，成为高品质旅游景区的重要支撑。开封鼓楼等4个街区成功创建国家级夜间文旅消费集聚区。洛阳中国一拖东方红等2家单位成功创建国家工业旅游示范基地。巩义明月村等10家单位成功创建全国乡村旅游重点村镇。新县被文旅部确定为红色旅游融合发展试点。开封宋都古城等9家文化产业园区入选文旅部"文化产业园区携行计划"。中牟现代服务业开发区获评国家旅游科技示范园区。龙门石窟数字孪生项目入选2022年文化和旅游数字化实践优秀案例。

【文旅市场有序恢复发展】 省文化旅游投资集团正式挂牌，打造一流文旅产业旗舰劲旅。银基文旅、建业文旅、洛阳文旅、省文旅投4家文旅文创企业进入"全国文旅集团品牌影响力百强榜"。累计投资40.69亿元，用于2258个文旅类项目灾后恢复重建。联合中原银行提供文旅专项授信额度，帮助314家文旅企业获贷近103亿元。编印《涉文旅纾困助企政策指南》，梳理纾困助企政策十大类112项。遴选文旅白名单企业805家，享受税费减免、社保费缓缴等1.2亿元。为522家旅行社暂退旅游服务质量保证金3831万元。为景区争取免门票补贴1.6亿元、贷款贴息3000万元。为文旅行业争取恢复资金2000万元。

【文物保护利用工作】 举办第九届中国博物馆及相关产品与技术博览会。挂牌仰韶村等3个国家考古遗址公园，立项平粮台古城等4个国家考古遗址公园。上线省博物馆数字群落，纳入305家博物馆、6000余件文物。在全国率先建成省级文物保护单位数字化监管平台。开展全省革命文物资源摸底和抗美援朝文物资源调查。洛阳"东方博物馆之都"、郑州"百家博物馆"加快建设，全省博物馆数量达到398家。

【非遗保护利用工作】 "信阳毛尖茶制作技艺"入选联合国人类非遗代表作名录。省文化旅游强省工作领导小组印发《关于进一步加强非物质文化遗产保护工作的实施意见》。建立由28个省直部门组成的非遗保护厅际联席会议制度。《河洛文化生态保护实验区建设整体规划》获省政府批复。成立中国非遗保护协会太极拳专业委员会，创建太极拳实验室，开展太极拳与健康实证研究，联合百度发布"太极拳一张图"。举办"非遗购物节""非遗新青年"等活动。

【艺术创作不断丰富】 推出豫剧《大河安澜》、曲剧《鲁镇》等50余台重点剧（节）目，《大河安澜》入选文化和旅游部新时代现实题材创作工程，曲剧《鲁镇》获第十七届文华编剧奖。"文化润疆"工程代表剧目《兵团颂》赴新疆演出大获成功。成功举办第五届中国杂技艺术节、河南省第十届青年戏剧演员大赛、第八届专业声乐器乐大赛等重大赛事活动。

【公共文化服务显著提升】 出台

2022年6月20日，河南省文化和旅游厅组织召开文化和旅游业白名单企业座谈会

豫剧《大河安澜》剧照

《河南省公共文化服务保障促进条例》。以"喜迎二十大"为主题，开展九大类2000多项"惠民文化节"活动。民权县"画虎促发展、文化助振兴"等3个案例入选"中国民间文化艺术之乡"建设典型。推进省图书馆等7家智慧图书馆试点和郑州等7个"公共文化云"试点。"文化豫约"注册用户超230万人次，发布活动3.2万场。登记注册6637家线上文化合作社，发布62万余条视频，评选100家示范性文化合作社。

【文旅治理能力不断提升】 制定文化市场综合执法从轻处罚事项清单、行政处罚裁量标准等。开展12项文旅市场专项行动，出动执法人员52.5万余人次，检查经营单位18.8万余家次，办结案件1247件。洛阳、平顶山、新乡等办理的4个案件被评为全国文化市场综合执法重大案件。配发全省文化市场综合执法制式服装和标志。举办第三届河南省文化市场综合执法岗位练兵技能竞赛。重塑239项政务服务事项审批流程，进驻省政务服务大厅提供政务服务事项326项。全年共审批经营性互联网文化单位设立79家，演出经纪机构设立123家，旅行社设立35家。深入推进放权赋能改革，将10项省级权限下放至郑州、洛阳。开展文旅市场安全行业安全生产专项整治，制定印发《旅游民宿基本要求与等级划分》等，用标准和制度规范市场。创新互联网监管、信用监管、新业态监管等监管方式。

宣传推广

【宣传推广工作】 "老家河南"新媒体矩阵直接阅读量达68.82亿人次，微信公众号、微博信息发布量连续数月居全国文旅系统第一。举办第四届全球文旅创作者大会，在只有河南·戏剧幻城策划"麦田里的博物馆"，话题浏览量超3亿人次。联合抖音举办"河南DOU是好风光"乡村游助农专项活动，传播总量6亿次，带动助农交易总额近8000万元。联合快手举办"全国学子游安阳"快手网红文旅大会。联合携程策划"石板岩校友会作品展""百万游客进太行"等活动。联合人民网举办"美好生活看信阳"系列活动。

【对外合作交流】 组织"大河之南·功夫营"项目，吸引15个国家的华裔青少年参加。在海外主流社交平台开通运营"Visit Henan"官方账号，推出《在河南 遇见China》等深度报道和推文。省文化和旅游厅新媒体国际传播综合影响力指数首次升至全国第二名，其中Facebook的单项传播影响力指数排名跃居全国第一。推荐鸡公山、赊店古镇、龙门石窟列入"万里茶道"（中国段）文化旅游品牌。组织参加2022中国国际旅游交易会、中国-东盟博览会旅游展、中国大运河主题旅游海外推广季等国际展会活动。

2022年6月25日上午，第四届全球文旅创作者大会（方特站）在郑州方特欢乐世界启动

红色文化传承

新县田铺大塆

综 述

【红色文化传承弘扬】 2022年，河南制定下发《河南省爱国主义教育示范基地管理办法》，加强全省各级各类红色教育基地建设管理使用，持续开展"红色耀中原"主题教育实践活动，努力打造红色教育河南品牌；组织召开长城、大运河、长征、黄河国家文化公园（河南段）建设工作专题会议，督促落实《长征国家文化公园（河南段）建设保护规划》，各项工作稳步推进；贯彻落实中央文件精神和省委主要领导同志批示要求，组织召开全省革命历史类纪念设施、遗址和爱国主义教育基地核查专题会议，统一部署安排全省核查工作；组织开展第一批列入中国共产党精神谱系的大别山精神的研究论证。

【实施红色文化弘扬工程】 坚持以习近平总书记关于党的革命精神的重要论述为遵循，坚持正确的党史观、历史观，深入挖掘、系统阐释焦裕禄精神、红旗渠精神、大别山精神、愚公移山精神的丰富内涵，推出了一批有价值有分量的研究成果。会同安徽、湖北等有关地区部门，组织研究论证了大别山精神基本内涵，并按照程序上报中央。

【实施红色文物保护工程】 对重要红色遗址遗迹等不可移动文物，进行常规维修、日常维护、局部修葺。对具有较大政治影响和历史价值的，或由于年久失修濒临毁坏的重要革命旧址、革命纪念建筑和革命烈士纪念设施，重点加以抢救保护。采取走访革命前辈、烈士遗属、亲历者、专家学者、民间收藏人士等形式，开展实物、文献、档案、史料和口述史征集等活动，有序推进各个时期革命文物史料的抢救、征集和研究工作。

【实施红色展陈提升工程】 落实展陈内容和解说词研究审查制度，把好政治关、史实关，增强展陈说明和讲解的准确性、完整性、权威性。积极对接中宣部，对新县鄂豫皖苏区首府革命博物馆、竹沟革命纪念馆、罗山红二十五军出发地何家冲纪念园改陈布展申请经费支持。创新展陈方式，推出焦裕禄纪念馆、红旗渠纪念馆、鄂豫皖革命纪念馆、确山竹沟革命纪念馆、光山王大湾会议会址纪念馆等爱国主义教育示范基地网上展馆，升级打造了红色数字家园。

【实施红色传人培育工程】 深化举办"红色故事会"讲解员大赛、"红色文物说""永远的纪念 英烈精神传承"等主题实践活动，依托红色资源，以"传承红色基因 赓续红色血脉"为主题，加强红色故事讲解员队伍建设，讲好党的故事、革命的故事、根据地的故事、英雄和烈士的故事。采取"政府＋媒体＋公众"等方式，持续开展"为烈士寻亲"活动，推出"共和国不会忘记 传承红色基因——我为烈士寻亲"（第二季），广泛地发动了社会力量参与，打造全省褒扬英烈精神的特色品牌。

【实施红色文旅融合工程】 整合政府、行业、企业等宣传资源和渠道，充分运用新媒体新手段，聚焦目标市场和主要客源地，加强大别山红色圣地游、长征精神游、中原抗日故地游、中原解放战争战地游、时代精神游等红色经典旅游线路的宣传推介力度。持续推进大别山北麓全域旅游示范区建设，以"红色中原之旅——赓续红色血脉传承革命文化"主题文化线路为中心，发展红色旅游及红色研学旅行，打造红色经典景区和精品线路。推动培育"红色文化＋文化遗产＋生态康养"为一体的乡村红色旅游示范业态，使红色旅游与民俗旅游、生态旅游相融合，助力乡村振兴和革命老区振兴发展。

【实施红色资源提质增效工程】 制定了《河南省革命历史类纪念设施管理办法（试行）》，从严控制历史类纪念设施新建改扩建，充分发挥其在爱国主义教育、培育和践行社会主义核心价值观中的重要作用。制定了《河南省爱国主义教育示范基地管理办法（试行）》，健全管理考核、动态退出机制，注重日常考核与年度考核相结合，发挥《河南省爱国主义教育示范基地测评体系》的"指挥棒"作用，推动设施、遗址和基地工作长效健康开展。

【实施长征国家文化公园（河南段）建设工程】 依托红二十五军长征史实，编制印发了《长征国家文化公园（河南段）建设保护规划》。督促指导了长征沿线地市高质量编制本地区实施方案。召开了长征国家文化公园建设工作推进会，集中研究解决突出问题。加快推进了鄂豫皖苏区根据地（信阳片）、光山县花山寨、罗山县何家冲、方城县独树镇、鄂豫陕革命根据地（卢氏片）等重点建设项目落实落地，以重点突破带动整体提升。

红色旅游

【概　况】 2022年，河南省在完善全国红色旅游经典景区体系、凸显红色旅游教育功能、发挥红色旅游脱贫攻坚作用、提升红色旅游规范化水平、开展红色旅游宣传推广活动、推进红色旅游人才队伍建设等方面，加强组织领导，加大资金投入，深化改革创新，完善政策扶持，强化责任分工，持续推动全省红色旅游发展。全省红色旅游呈现出发展氛围更加浓厚、产品类型更加丰富、基础设施更加完善、服务水平显著提升、品牌效应更加凸显、客源市场稳步扩大的良好发展态势，红色旅游发展质量和发展效益得到了全面提升，发展成效显著。截至2022年年底，河南省共有红色资源1263处，其中全国红色旅游经典景区数量14家，有165个（不含全国红色旅游经典景区）红色旅游景区；全省A级以上的红色旅游景区（点）44家。全省共有革命历史类纪念设施、遗址和爱国主义教育示范基地3000余处，零散烈士纪念设施5000余处；收藏在博物馆的可移动革命文物2万余件，革命博物馆纪念馆150余家。

【推动红色资源挖掘】 开展资源普查工作，制定红色资源分类和评定标准，明确红色资源的范畴和资源品级，完善红色资源普查名录，做好红色资源的实体保护维护和资源梳理整合工作。利用现代数字和信息技术，通过共建共享方式整合资源，建好区红色文化数据库。发挥革命旧址、红色纪念馆作用，开展红色文化展览、教育培训等活动。充分挖掘、整合、利用好现有红色资源，加快发展新型红色旅游业态和消费模式，讲好"四个故事"，打造全国知名的红色文化研学基地和爱国主义教育基地。

【推进机制体制创新】 强化组织领导，构建多部门、多地区联动的工作机制和协同机制，加强红色旅游资源集聚区的统一规划和整体开发。做好资源跨区整合，强化区域链、大数据、互联网、人工智能等新技术在红色旅游领域的应用，加快提升红色旅游载体和精品线路建设水平，以及红色旅游开发运营的统筹水平。构建红色旅游融合发展共同体，搭建政府主导、社会主体、多元参与的融资体系和运行平台，更好地发挥财政资金的引导作用，激发和引导社会资本参与红色旅游项目开发运营，切实提升红色旅游项目实际效益。以新县列入国家红色旅游融合发展试点单位为契机，支持新县开展相关工作，按照"扮靓一座城，叫响红色首府城市IP品牌、突出一座山，打造大别山精神高地、擦亮一座营，提高红色旅游融合发展综合效益、服务一家亲"的标准，营造近悦远来旅游环境。推动建成一批红色景区（点）、研学基地、红色教学点，串点连线打造红色乡村游精品线路，发展壮大研学游、教育游、体育游，带动"红色民宿""红色文创""红色餐饮"等产业发展，持续巩固拓展脱贫攻坚成果，全面推进乡村振兴，以点带面，示范引领，推动全省红色旅游高质量发展。

【红色旅游人才队伍培育】 围绕壮大红色旅游景区人才数量、优化红色旅游景区人才结构、注重红色旅游人才培训交流、培育红色旅游研究机构、扎实推进红色旅游人才队伍建设。以文化和旅游部开展的红色旅游"五好"讲解员大赛为契机，举办河南省新时代"红色讲解员大赛暨第六届红色故事会"，深入挖掘红色资源的精神内涵，讲好红色故事，以会代训，提升讲解员素质。开展"赓续红色血脉　培育时代新人"红色讲解员进校园活动，大力发展红色研学游，提供个性化团队研学服务，开设经典课程，打造红色研学旅行实践教育新标杆，拓展旅游市场，丰富研学内涵，提升景区软实力，依托景区红色历史资源研发实践课程，积极开展"传

新县大别山红营广场

承红色基因，坚守文化自信"乡村振兴主题研学活动。2022年，全省红色旅游景区共接待中小学生研学约80万人次，推进了全省"红色研学"品牌建设，有效提升了景区品牌知名度，塑造了品牌影响力，取得了良好的市场效果。持续开展晋冀鲁豫革命文物优秀讲解交流推介、"党的故事我来讲——争做红领巾讲解员"实践体验等活动，进一步提升讲解水平和能力，优化红色讲解员人才队伍年龄结构，确保全省红色旅游人才队伍建设工作稳步推进。

【重点项目建设】 推进红色旅游综合体项目建设，争取上级政策支持，加快布局精品民宿、乡村酒店、艺术聚落、乡创集市等人文体验空间。重点依托林州红旗渠、郭亮村挂壁公路、济源愚公移山红色教育基地、青天河精神纪念馆、新乡市南太行创业精神景区（京华村、裴寨村、郭亮村）等，建设太行精神文化基地和红色文化旅游基地。重点指导新县鄂豫皖苏区革命首府、罗山何家冲红军长征出发地、竹沟红色军事文化体验地等建设，继续支持鄂豫皖苏区首府创建国家AAAAA级景区。深入贯彻落实习近平总书记视察安阳重要讲话精神，支持安阳市加快开通红旗渠旅游专线，打造红色精品研学基地营地、"红旗渠人家"民宿集群，推动写生与红色教育一体化发展，打造全国知名红色文旅品牌。持续巩固林州全域旅游示范市创建成果，围绕打造"精神高地、旅游胜地、培训基地、人气旺地"要求，全面提升红旗渠景区质量，深挖红旗渠精神蕴含的时代价值，大力弘扬红旗渠精神，积极拓展"旅游+"新业态，不断丰富产品供给，补齐旅游要素短板，高标准全面提升红旗渠景区质量。加快实施长征国家文化公园、遗址遗迹综合保护提升项目、基础设施建设项目、红色旅游文化村项目、红色村史馆项目建设，重点培育一批全国红色旅游经典景区。加强革命文物保护利用工作，以区域联动、连片保护、整体展示、梯次利用为原则，有序推进抓实抓好省内革命文物片区的规划编制工作，发挥革命文物保护利用片区示范引领作用。鼓励革命场馆打造智慧展厅、数字化展示体验展馆，充分利用沉浸式视觉全息影像、元宇宙等概念和技术还原场景，在陈展设计提质升级中通过科学设置展现、生动刻画人物特征、精选文物组合等方式，增强展馆的互动性、体验性，让革命文物"活"起来，沉浸式体验红色精神。

【完善配套基础设施】 以全国红色旅游经典景区为重点，打造主线串联、支线循环、联通景区、贯通城乡的全域旅游公路网。重点完善沿大别山、太行山高速公路和主要通景区公路沿线的旅游交通标识，做好A级以上景区、度假区、生态示范区、旅游风情小镇、乡村景区、星级饭店、文化产业园区、精品民宿等主要旅游资源的道路指引，确保内容规范、指示清晰、布局合理、规范统一。大力实施交旅融合发展，打造红色大别一号旅游公路。加快推进沿大别山高速明港至鸡公山段和鸡公山至商城段、阳新高速商城至豫鄂省界段（一期）等项目建设，打造省道224线、环南湾湖旅游公路等一批大别精品路线。

【助推老区乡村振兴】 持续强化龙头带动作用，支持鄂豫皖苏区首府开展AAAAA级旅游景区创建，南湾湖、嵖岈山温泉小镇开展国家旅游度假区创建，加快开通红旗渠旅游专线，打造红色精品研学基地营地、"红旗渠人家"民宿集群，推动写生与红色教育一体化发展，打造全国知名红色文旅品牌。积极推动交旅融合发展，以全国红色旅游经典景区为重点，打造主线串联、支线循环、联通景区、贯通城乡的全域旅游公路网。重点完善沿大别山、太行山高速公路和主要通往景区公路沿线的旅游交通标识，加快建成以"红色信仰、绿色体验"为主题的红色大别一号旅游公路，全面形成高效、便捷、安全、舒适的"快进慢游"旅游交通网络。继

红旗渠精神营地举行誓师仪式

红旗渠青年洞铁姑娘打钎

续深化乡村运营。开展乡村旅游提升示范工程,将全国重点村、省级乡村旅游特色村和乡村康养旅游示范村建设相结合,在大别山、太行山革命老区分别遴选50个村作为示范典型,总结和提炼发展模式,形成可推广可复制的经验推向全省。强力推进研学行动,充分挖掘大别山、太行山红色资源,推动"教""学""游"相融合,与大别山干部学院、焦裕禄干部学院、红旗渠干部学院、愚公移山干部学院等形成联动,将红色景区(点)纳入红色教学实践点,积极开展国学教育、红色教育、党性锤炼等特色教育。全面实施营销推广,借助网络营销、媒体营销、体验营销,紧紧依托新媒体、新技术,组织开展全方位营销推广,协同提升大别山、太行山革命老区红色旅游和乡村旅游知名度、美誉度。

【打造业态品牌创新】 实施"红色旅游+"工程,加快红色旅游与乡村旅游、研学旅游、休闲农业、森林康养等的有机融合,推进红色旅游产品体系创新,开发系列红色场景体验项目,提升红色景区品位和产品附加值,重点面向青少年群体开发红色旅游线路。重点打造林州红旗渠、新县大别山、兰考焦裕禄纪念园、新乡南太行、济源愚公移山、淅川南水北调、确山竹沟等红色经典景区、品牌红色旅游工程。重点打造一批红色研学培训品牌和青少年研学旅行品牌。在2021年"改天换地·中原奇迹""革命大别山·红色鄂豫皖""南水北调·活水之源""山乡巨变·美在中原"入选文化和旅游部"建党百年 红色旅游百条精品线路"的基础上,2022年推出"红色传承 红旗渠精神研学之旅""信仰永续 大别山精神研学之旅"两条红色旅游精品研学线路。加快红色文化传承创新,鼓励引导文艺团体创作演出大型歌舞剧等红色精品剧目。建设一批非遗展示传习馆、乡村文化合作社。以红色精神命名开发文旅文创产品,以红色旅游景区为依托,发展农家乐、旅游纪念品、旅游饭店、快递等行业,为群众提供更多的就业岗位,带动地方经济发展,助推新农村建设和乡村振兴发展。统筹利用传统传播渠道和新兴媒体刊播红色旅游公益广告,加强推进区域智慧旅游建设,联手打造红色旅游公共信息服务平台、红色旅游门户网站,举办各种大型红色旅游专题展会活动、建立多渠道、多层次的红色旅游宣传机制,不断增强革命老区红色旅游的影响力和传播力。

红色档案

【概　况】 2022年,河南省高度重视红色档案资源保护与传承工作,持续提升红色档案资源保护利用水平,充分发挥红色档案资源在加快建设社会主义现代化建设、全面建设社会主义现代化国家新征程以及服务省委"两个确保""十大战略"中的独特作用,取得明显成效。红色档案开发更加深入,红色档案征集更加有力,红色档案保护更加扎实,教育阵地作用发挥更加充分。

【红色教育阵地作用发挥】 河南省档案馆落实习近平总书记"把蕴含党的初心使命的红色档案保管好、利用好"的批示精神,发挥红色档案资源优势,与省委办公厅、省委直属机关工委、省委党校联合举办的"不忘初心、牢记使命""百年恰是风华正茂"主题教育展,入选河南省庆祝中国共产党成立100周年精品展览推介名单,并被选定为省委党校主体班学员第二课堂,先后接待中央党史学习教育第三巡回指导组、省委党史学习教育巡回指导组、省直机关等上万人次。与省委宣传部、省乡村振兴局联合举办"一切为了人民——河南脱贫攻坚成就展",被纳入省委、省政府国际消除贫困日系列活动重要内容。

2022年，河南省档案馆充分发挥"百年恰是风华正茂"党史党性主题教育展、"一切为了人民——河南脱贫攻坚成就展"作用，同时深挖档案中的红色元素，对党史党性主题教育展进行改造升级，致力于传承弘扬伟大建党精神，发挥了重要的宣传教育作用。

【红色档案开发】 焦裕禄系列档案。2022年8月16日是焦裕禄100周年诞辰纪念日，围绕这一重要时间节点，河南省档案馆于2021年年底策划了《焦裕禄档案系列开发项目》。该项目旨在深度解读被纳入中国共产党精神谱系的焦裕禄精神，表达对焦裕禄同志的深切缅怀，同时对如何更好弘扬焦裕禄精神进行理论探索。项目得到国家档案局支持，入选2022年度"国家重点档案专题保护开发项目"，内容包括编撰书籍《永不磨灭的焦裕禄精神》、制作纪录片《永恒的印记》。2022年8月16日，文献纪录片《永恒的印记》开机仪式在河南省兰考县焦桐广场举行。该片紧扣习近平总书记高度概括的"亲民爱民、艰苦奋斗、科学求实、迎难而上、无私奉献"的焦裕禄精神，以"档案+故事+追忆"的形式，深挖档案中焦裕禄的典型事迹，全面展示焦裕禄的光辉形象，生动解读焦裕禄精神内涵。新华网、人民网、河南电视台等20多家省级以上媒体争相报道。截至2022年年底，文献纪录片样片及书籍《永不磨灭的焦裕禄精神》初稿均已完成。

《抗日战争档案汇编》工作启动。《抗日战争档案汇编》由国家档案局组织全国各级综合档案馆梳理、鉴定和汇编，丛书收录范围涵盖政治、军事、外交、经济、文化、宣传、教育等领域，选用的档案很多是首次公布，采用影印出版的方式，完整呈现档案原始面貌、还原历史真相。河南省档案馆积极申报并获批国家档案局《抗日战争档案汇编》项目2个，作为2年期项目，已完成档案筛选、目录编制等工作，图书体例和内容分类已确定。

《中福公司档案史料汇编》项目。中福公司档案形成于1897年至1956年，真实反映了英帝国主义通过中福公司掠夺中国矿产资源，以及中国工人阶级和民族资产阶级与之抗争的历史。河南省档案馆馆藏中福公司全宗4485卷，保存完整、主题多元、内容丰富，具有时间跨度大、门类齐全、载体多样、领域宽泛、史料价值较高等特点。围绕中福公司所发生的一系列惊心动魄的交涉，促进了工人阶级队伍的壮大，为河南工人运动储备了火种，毛泽东评价焦作煤矿工人"他们特别能战斗"。为了推进中福公司档案开发利用，河南省档案馆争取国家档案局专项资金用于中福公司档案的整理、翻译、数字化及编印等，截至年底，第一、二、三辑均已出版发行，以中福公司档案为素材拍摄制作的文献纪录片《焦作煤矿工人运动纪实》入围2022第十三届澳门国际电视节名单。

【红色档案征集】 河南省档案馆与省委老干部局、省委党史和地方史志研究室联合开展"河南改革开放以来口述史"采集项目，收集口述声像档案400余分钟，提纲20余页。联系接洽《河南日报》老记者，征集照片9800余张，内容包含毛泽东、周恩来等老一辈党和国家领导人在河南，以及中共河南省委、省政府领导调研视察等珍贵记录，对开展党史研究等具有较高价值。

【红色档案修复】 河南省各级综合档案馆馆藏红色档案共计12万件，其中河南省档案馆馆藏47448件，其余大部分分散保管在各市（县）综合档案馆。由于年代久远，以及受保管条件和修复技术限制等因素，这些红色档案有相当一部分不同程度出现了变色、污渍、水渍、酸化、老化、霉变、字迹扩散、褪色等情况。据统计，有1.4万件（共计12万页）红色档案急需抢救和

2022年9月27日，中福公司历史与档案史料研讨会暨《中福公司档案史料汇编》新书发布会

2022年9月20日，河南省档案馆持续开展红色档案修复保护工作。图为工作人员正在对红色档案进行无水纳米脱酸

修复。河南省档案馆在前期摸底调研的基础上，抓住申报国家重点档案保护与开发工程项目的契机，申报三年期"红色档案抢救与修复"项目，获批专项资金157万元，统筹开展全省各级国家综合档案馆红色档案修复保护工作。该项目于2022年7月正式启动，河南省档案馆领导班子高度重视，多次召开专题会议研究部署，分管领导不定期现场查看推进情况，协调解决项目推进中的困难和问题；针对不同类型档案和不同类型病害，研究制定消毒杀虫、去污脱酸、字迹加固、纸张修裱等详尽科学的修复方案；高标准选聘专业修复人员，高标准挑选修复材料，严格修复标准和修复质量把控，确保参与项目人员专业技术过硬、能力素质过硬；针对修复中遇到的疑难问题，先后邀请陕西师范大学李玉虎教授、中央档案馆原档案修复专家刘小敏等行业内专家学者通过远程咨询、现场指导等多种方式给出指导意见，以保证修复质量。2022年，共完成17527页修复任务，并对部分红色档案进行了数字化处理，有力保护了红色档案原件，便利了红色档案的开发利用。

【红色故事宣讲】为深入贯彻落实习近平总书记"把红色资源利用好、把红色传统发扬好、把红色基因传承好"的重要指示精神，发挥档案馆独特优势，用好用活档案资源，讲述档案中的党史故事，教育和引导广大党员干部深植理想信念之根、铸牢爱国奋斗之魂，服务党建工作高质量，河南省档案馆与中共河南省委办公厅、省委直属机关工委联合组建红色档案故事宣讲队，联合开展"红色档案故事"宣讲活动。"红色档案故事"宣讲活动以党的政治建设为统领，以档案实物、手稿、影像资料等为素材，深度挖掘中国共产党党员和优秀中华儿女的感人事迹，通过宣讲活动进机关、进农村（社区）、进企业、进校园，引导广大党员干部群众高举红色旗帜、传承红色基因。2022年，河南省档案馆先后组织宣讲队赶赴惠金河务局、巩义市夹津口镇等地，宣讲《本色——戴衍钦》《他们特别能战斗——焦作煤矿工人大罢工》《大闹敌后的武工队长——双枪"李向阳"》《唱支军歌给你听》《野菜的味道》等红色篇目，用实际行动助力乡村振兴，服务"两个确保""十大战略"。

红色文物

【概 况】2022年，河南省文物局组织开展中国特色社会主义新时代主题展览活动，宣传报道河南革命文物工作成果，在《中国文物报》《河南日报》、《大河报》和"学习强国"平台等多个融媒体平台发表百余篇新闻报道。设立首批河南省革命文物协同研究基地。联合省委网信办开展"见证新时代——晒晒我们的新物件"推荐工作。开展高校思想政治理论实践教学基地申报工作。开展"红领巾寻访"实践教育活动。开发党史学习教育课程，强化沉浸式体验。举办河南省"红色文物说——革命故事大赛暨第六届红色故事会"。推进印发《河南省人民政府办公厅关于进一步加强新时代革命文物保护管理利用工作的通知》。印发《关于〈河南省新时代革命文物保护管理利用三年行动计划（2023—2025年）〉的通知》（豫文物革〔2022〕44号）。向河南省政府报审《河南省革命文物保护条例（草案）》。梳理文物资源，填报国家文物局革命文物数据平台革命文物资源。参与国家文物局中国文物信息咨询中心"红色基因传承平台"建设。开展抗美援朝文物资源专项调查。开展红色标语类革命文物专项调查。推进革命文物保护管理利用片区工作。加强文物维修保护，提升工程管理质量。

【组织开展中国特色社会主义新时代主题展览活动】 党的二十大召开前夕，河南省文物局组织全省革命博物馆纪念馆开展一批中国特色社会主义新时代主题展览和活动，充分展示宣传以习近平同志为核心的党中央统揽伟大斗争、伟大工程、伟大事业、伟大梦想并推动党和国家事业取得的历史性成就、发生的历史性变革，进一步振奋精神、凝聚力量。同时联合省委宣传部指导河南博物院举办"奋进新时代——河南十年主题成就图片展"。党的二十大胜利召开后，为深入学习贯彻党的二十大精神和习近平总书记考察河南安阳重要讲话精神，河南省文物局在《中国文物报》发表《赓续红旗渠精神 创建革命文物典范》，深挖红旗渠精神时代内涵，拓展弘扬宣传新渠道。同时联合河南省文化和旅游厅指导河南博物院举办"红旗渠精神主题展"云展览，深度展示红旗渠精神所蕴含的中国精神、中国力量、中国道路。

【推进新时代革命文物保护管理利用制度建设工作】 根据全国革命文物工作会议精神，结合河南省实际情况，河南省文物局组织起草《关于进一步加强新时代革命文物保护管理利用工作的通知（代拟稿）》，2022年6月8日，呈请省政府办公厅审阅。8月17日，河南省人民政府办公厅印发《关于进一步加强新时代革命文物保护管理利用工作的通知》（豫政办〔2022〕77号）。9月29日，河南省文物局印发《河南省文物局加强新时代革命文物保护管理利用工作任务分工方案》。12月6日，河南省文物局联合省委宣传部、省文化和旅游厅印发《河南省新时代革命文物保护管理利用三年行动计划（2023—2025年）》的通知（豫文物革〔2022〕44号）。编制《河南省革命文物保护条例（草案）》，2022年初组织专家开展文献调研、实地调研、座谈访问工作，汲取上位法、异地立法、省内地方立法成功经验。3月7日，初步完成《河南省革命文物保护条例（草案和大纲）》。9月29日向全省文博系统发函征求《河南省革命文物保护条例（草案）（征求意见稿）》的修改意见建议。11月24日将修改完善后的《河南省革命文物保护条例（草案·征求意见稿）》在河南文物网进行公示。12月28日，向省政府报审《河南省革命文物保护条例（草案）》。

【推进革命文物保护管理利用片区工作】 河南省文物局批复并实施《河南片区革命文物保护利用工作规划编制方案》，启动"河南片区"内相关革命文物资源分区分类实地调研和汇总整理工作。前期实地调查工作对象以河南片区45处抗日根据地为主题的革命文物为重点，兼顾片区现存的154处相关主题革命遗址，并涵盖区域内市县级文物保护单位和一般不可移动文物，重点完成各级文物保护单位的资料收集、现场调查、资料整理分析、评估报告编写、规划编制工作。河南省文物局与山西省、河北省、山东省、江苏省文物局联合申报的《晋冀豫片区革命文物保护利用工作规划》编制项目、《冀鲁豫片区革命文物保护利用工作规划》编制项目，获得国家文物局立项批复，对两个片区保护利用项目中涉及河南省的前期文物资源实地调研工作正在有序开展。

【开展文物资源专项调查】 梳理文物资源，填报数据信息。2022年1月，河南省革命文物处牵头指导全省各地市填报国家文物局革命文物数据，包括112处革命博物馆和纪念馆、已公布的河南省第一批和第二批不可移动革命文物（共计366项）、已公布的河南省第一批和第二批可移动革命文物［共计7756件（套）］的详细信息，为进一步摸清河南省革命文物资源家底和保存状况，开展革命文物保护利用和传承弘扬革命精神提供技术支持和数据保障。1月24日，河南省文物局转发《国家文物局办公室关于开展抗美援朝文物资源专项调查工作的通知》，组织调查统计与抗美援朝有关的不可移动文物数据信息。全省共调查统计到13个地市、98处抗美援朝不可移动文物信息，其中涉及省级文物保护单位3处，市县级文物保护单位18处，其余为未定级一般文物点。2022年4月将河南省抗美援朝不可移动文物数据信息报送至国家文物局。按照国家文物局《关于开展全国红色标语类革命文物专项调查的通知》要求，2022年7月，河南省文物局编制专项调查实施方案和工作计划，并于7月20日印发《关于开展河南省红色标语类革命文物资源专项调查的通知》。2022年8月至10月，成立专项调查工作组，确定红色标语类革命文物调查试点，编制专项调查经费预算按照统一组织、分级负责的原则实施专项调查。填报专项调查数据表，并向国家文物局申请立项。

【文物维修保护】 推进八路军洛阳办事处旧址维修保护、国共"黄河归故"谈判旧址维修保护、商丘淮海战役总前委驻地旧址维修保护、红旗渠维修保护、晋冀鲁豫野战军指挥部旧址维修保护、鄂豫皖革命纪念馆预防性保护、郑州二七纪念馆数字化保护等已纳入国家文物局革命文物保护项目计划的修缮或维修保护工程。组织开展四望山新四军五师驻地旧址群、鄂豫皖苏区税务总局旧址修缮工程、商城县第四区苏维埃政府旧址修缮工程、赤城县苏维埃政府旧址修缮工程、郑州二七大罢工纪念塔和纪念堂等6处项目竣工验收工作。同时,对宝丰县中共中央中原局机关旧址抢救性修缮工程、豫中抗日根据地旧址、安阳县抗日民主政府旧址、新密禹抗日民主政府旧址、花山寨会议旧址群、鄂豫皖边特区苏维埃政府旧址、中国工农红军第一军司令部旧址等修缮保护和展示利用项目方案提出审核意见建议。

【首批河南省革命文物协同研究基地设立】 4月25日,河南省革命文物协同研究基地申报工作正式启动。7月28日,经各地推荐、专家评审遴选和公示,省委宣传部、省委党史和地方史志研究室、河南省文物局研究决定,命名河南大学、河南工程学院、信阳师范学院、红旗渠干部学院、河南博物院、郑州二七纪念馆、鄂豫皖革命纪念馆、确山竹沟革命纪念馆共8家单位为首批革命文物协同研究基地。8月22日,河南省首批革命文物协同研究基地授牌暨工作座谈会在郑州举行。各基地将重点围绕科学保护、价值挖掘、展示展览、科技

2022年8月22日,河南省首批革命文物协同研究基地授牌暨工作座谈会在郑州举行

应用等方面共同加强基础研究、人才培养和跨学科合作,推动河南革命文物资源得到更好保护利用与传承。

【河南省"红色文物说——革命故事大赛暨第六届红色故事会"】 12月22日至24日,省委宣传部、省委党史和地方史志研究室、省文化和旅游厅、省退役军人事务厅、省军区政治工作局和河南省文物局在郑州联合举办河南省"红色文物说——革命故事大赛暨第六届红色故事会"。经过专家对决赛视频评审,共评出优秀组织奖12个,专业组一等奖10名、二等奖15名、三等奖20名、优秀奖40名,志愿者组一等奖10名、二等奖13名、三等奖13名。该次活动于2022年6月启动,分初赛、复赛、决赛3个阶段进行,有专业组和志愿者组。大赛收到专业讲解员、红领巾讲解员和非物质文化遗产代表性传承人宣讲红色故事、传承弘扬革命精神的参赛视频100多个,这些讲解深刻阐释了焦裕禄精神、红旗渠精神、大别山精神的深刻内涵和时代价值,生动展现了河南人民坚定不移跟党走、矢志不渝奋斗新时代的实践成果。

【各类实践教育活动】 专题实践教育基地打造。2月24日,通过各地申报,河南省文物局初核,共向国家文物局推荐报送10家高校思政课实践教学基地。7月29日,河南博物院、鄂豫皖苏区首府革命博物馆、红旗渠纪念馆、郑州二七纪念馆、兰考县焦裕禄纪念馆获得教育部、国家文物局联合设立的"中华优秀传统文化、革命文化、社会主义先进文化专题实践教学基地"称号。根据《关于开展河南省"红领巾寻访"实践教育活动的通知》要求,2021年4月,河南省文物局组织各地市文物部门,围绕红色基因、制度自信、文化传承等12个主题,充分挖掘本地域校外实践教育资源,构建本级寻访线路,全省共征集300余条市、县两级寻访线路。2022年2月27日,河南省文物局联合省文明办、省关工委、省教育厅、省文化和旅游厅共同筛选并打造形成了100条主题鲜明、内容丰富、体验感强的红领巾寻访线路,其中"红色基因"主题线路41条,涵括"郑州烈士陵园——二七纪念塔——二七纪念堂"等多个重要

革命文物点。

开发党史学习教育课程。八路军驻洛办事处纪念馆以感人至深的人物故事为素材，推出面向广大党员干部和社会群体的"走进洛八办 迈向新征程"全景沉浸体验式党史学习教育课程，探索建立红色实物"入眼"、革命故事"洗耳"、体验线路"动脚"、启发感悟"开口"、心得分享"用手"的五官联动教育模式，打造高互动性、高参与度、高体验感的党史学习教育课程。该项目成功获评"第三届全国革命文物保护利用十佳案例、优秀案例"。

参与"红色基因传承平台"建设。为纪念馆搭建优秀展览、思政课程、音视频内容的集中展示传播空间，国家文物局下属中国文物信息咨询中心积极邀请河南参与"红色基因传承平台"建设。截至2022年10月，河南省文物局搜集整理17地市、43家单位的优秀展览展示资料，并精选出20家单位的约50G相关数字资源提交中国文物信息咨询中心，助力河南省革命纪念馆积极发挥党史学习教育、革命传统教育、爱国主义教育作用。

【宣传报道河南革命文物工作成果】 河南省文物局在《中国文物报》《河南日报》《大河报》和"学习强国"平台等多个融媒体平台发表百余篇新闻报道，并组织编印了《河南省红色故事讲解员大赛优秀讲解词汇编》《河南省革命纪念馆概览》《习近平关于革命文物工作重要论述摘编》，向社会公众宣传介绍了河南省一年来在革命文物维修保护、管理创新、展示利用等方面的具体工作成效，助力全社会更好地传承弘扬革命精神。

对外文化交流

2022年4月3日,壬寅年黄帝故里拜祖大典,全球华人"云"聚黄帝故里

综 述

2022年，河南省聚焦生动宣传阐释习近平新时代中国特色社会主义思想，展示总书记大党大国领袖形象，聚焦服务锚定"两个确保"、实施"十大战略"，深入推进外宣"三重"，构建大外宣工作格局。着力重塑外宣业务、重整外宣流程、重构外宣格局，进一步加强对外文化交流工作顶层设计和统筹谋划，推动文化交流、文化传播、文化贸易协同发展。加强国际传播能力建设，提升对外传播效能。为提升国际传播影响力，积极挖掘梳理中原文化、黄河文化中体现中华文明和中华文化精髓、具有时代意义和河南特色的文化标识，聚焦打造"行走河南·读懂中国"文化外宣品牌，充分发挥特色文化资源优势，多渠道、多平台、多维度加强对外文化交流，提升河南对外形象，形成同河南省综合实力和现代化河南建设相匹配的外宣新格局，为提升中华文化国际影响力作出更大贡献。生动讲好河南故事，营造良好舆论环境。聚焦中央及省委、省政府重大决策部署，通过现代化河南建设的生动实践，对外宣介河南省贯彻落实习近平总书记视察河南重要讲话重要指示精神，全面推进"四个强省、一个高地、一个家园"建设的重大机遇、举措成效和广阔前景，为中国式现代化建设河南实践营造了良好的舆论环境。

文化外宣矩阵

【成立河南国际传播中心】 深入推进"河南国际传播中心"建设，河南日报社统筹外文网站、外文App和海外社交平台个人账号、机构账号、城市账号和媒体账号建设，推动构建"网络文化外宣"传播矩阵。指导河南日报社启动河南国际传播中心建设并推动将其纳入《河南省"十四五"文化强省建设规划纲要》。河南国际传播中心建设启动后，上线HiHenan英语网站，开通运营"HiHenan""精彩河南""黄河故事"等多个海外账号，在党的二十大、北京冬奥会等重要节点制作外宣精品内容，组织全省各类海外账号发布，全球曝光量超6亿次，初步构建了"1+1+N+X"对外传播矩阵。

河南日报社推出"党的二十大报告热词双语说"系列海报

【构建海外新媒体传播矩阵】 推动文化艺术、影视出版、动漫游戏等各类外宣载体上国际互联网，组织17个省辖市和济源示范区开设城市账号，初步建成了海外社交平台传播矩阵。河南广播电视台充分借助YouTube、Facebook、Twitter等海外主要新媒体平台，加强与驻外使领馆的沟通，构建国际化传播体系。省文化和旅游厅着力构建"Visit Henan"海外新媒体传播矩阵。2022年新媒体国际传播综合影响力指数升至全国文旅厅（局）第二名，Facebook的单项传播影响力指数排名跃居全国文旅厅（局）第一，吸引130余个中国驻外使领馆官方账号、海外文化中心账号的点赞关注。

【持续培育传播品牌】 以实施"文旅文创融合战略"为抓手，遴选和打造一批在华夏文明演进历程中具有重大意义、代表中国精神和价值、享誉海内外的知名文化IP，推动"读懂中国"文化图谱具象化、场景化呈现。重点培育黄帝故里拜祖大典、中国（洛阳）牡丹文化节、中国（安阳）国际汉字大会等节展赛会，积极打造拜祖寻根之旅、华夏古都之旅、中国功夫之旅等10条精品线路，涌现出《禅宗少林·音乐大典》《大宋·东京梦华》等实景演艺品牌和"网红打卡胜地"，推动了"中国节日""中国节气"等系列节目在海外持续"出圈"，"武林风"节目连续20余年在海外巡演。通过持续培育传播品牌，为提升河南省国际传播能力提供了重要抓手。

文化交流

【"文物名片"更加闪亮】 聚焦贾湖骨笛、仰韶彩陶、夏都绿松石龙形器、殷商青铜器、甲骨文等河南代表性文物遗存、文化遗址，策划系列传播活动。以习近平总书记致信祝贺仰韶文化发现暨中国现代考古学诞生100周年纪念大会为契机，持续开展"仰韶花开"国际文化宣传推广活动，加大仰韶文化的宣传推广力度。在习近平总书记视察河南安阳前后，制作"总书记安阳行""总书记讲话金句""人工天河""元宇宙里的殷墟""中国水长城"等90余条英文短视频、60余张英文海报、70余条图文报道，对外阐释红旗渠精神和汉字文化精髓。

【"中国功夫"走向世界】 充分发挥太极拳、少林功夫资源优势，持续擦亮功夫文化外宣品牌。围绕"少林功夫"和"陈氏太极拳"国际传播，研究功夫研学IP形象，组织开展功夫进校园、功夫请进来等沉浸式体验活动，着力打造全球功夫爱好者"打卡圣地"。春节期间，组织"全球太极拳弟子云拜年活动"，相互送祝福、共练太极拳。

【"对话窗口"愈来愈多】 深入实施"节展赛事提升计划"，筹备打造"世界大河文明论坛"，连续多年举办"黄帝故里拜祖大典""中国（郑州）国际旅游城市市长论坛""世界古都论坛""嵩山论坛"和"中国（郑州）国际少林武术节""中国（焦作）国际太极拳交流大赛"等文化类节展、赛事，国际知名度和影响力逐步提升。

【"走读河南"成效显著】 加大政治、经济、科研、学术等领域高端人士请进来力度，通过功夫体验、寻根拜祖、研学交流等方式，做好重大活动期间来豫嘉宾文化服务工作，帮助其全面了解中华传统文化和当代河南发展面貌。连续多年组织"海外华裔青少年夏令营"，累计吸引来自美国、西班牙等20余个国家的海外华裔青少年报名参加，增进了这些青少年对"老家河南"的文化认同和情感认同。

【"人文交流"持续升温】 省教育厅加强"留学河南"品牌建设，做好"汉语+"项目，组织"黄河文化"主题线上游（研）学等活动，组织高校开展"汉语桥"夏令营等品牌项目，积极推进教育和人文交流。组织河南大学等8所高校与20多个国家的3000余名学生开展多种主题的"汉语桥"线上中文学习交流活动，进一步提升了中原文化的国际影响力。

【"翻译河南"精品频现】 推动22种图书入选"丝路书香工程""经典中国国际出版工程""中国当代作品翻译工程"。中原出版传媒集团达成国际合作出版协议193种，促成87种图书在海外完成出版，所属6家单位进入"海外馆藏影响力排名"前100强。《安的种子》《中国古代火药火器史》"中国创造故事"丛书等多部图书精品实现多语种输出。

文化传播

【举办壬寅年黄帝故里拜祖大典】 2022年4月3日，新郑现场与港澳台地区和美国、英国、法国、澳大利亚联动，"同时同像同主题同拜黄帝"，全网累计发布信息26.2万多条，拜祖平台互动人数达2098万人，传播覆盖190多个国家和地区。

【"豫见你我他"系列网络传播活动】 打造"豫见非遗音乐会"传播品牌，话题全网阅读量突破19.4亿次。"学习强国"平台设置"豫见非遗音乐会"专题，直播和《九千年回响》等6条短视频被"学习强国"全国平台收录，专题被《中国音乐》和《看文艺》2个栏目置顶推荐。《牧羊曲+少林少林》等一系列视听作品，使贾湖骨笛等文化标识"活"了起来、"火"了起来。

【举办系列活动】 举办"2022年线上中华文化大乐园——欧洲园（第十四期）"，来自英、法、德等国的400余名华裔青少年参加云端学习。组织20余国的30余名侨领参加"河南海外侨领国情省情研修班"，将传统文化、红色文化作为重要宣讲内容，增进了中外人文交流。加强"留学河南"品牌建设，做好"汉语+"项目，组织"黄河文化"主题线上游（研）学等活动，组织高校开展"汉语桥"夏令营等品牌项目，开展文化传播活动。开封市《成语里的开封》系列双语短视频在国外视频平台上播出。新乡市积极通过华人头条等平台做好WTT 2022决赛对外宣传工作，WTT官方推特账号以"WTTXinxiang"为话题发布相关消息数百条并被奥运会官方账号转发。濮阳市成功举办第五届中国杂技艺术节，新华社等央媒在海外平台发表20余篇稿件宣推。驻马店市举办第十五届嫘祖故里拜祖大

2022年10月7日,《豫见非遗音乐会》上线播出

典,传承弘扬传统文化。

【加强与中央外宣单位合作】 配合中国国际电视台CGTN、五洲传播中心等拍摄《鸟瞰丝路》《星空瞰华夏》等国际传播纪录片。新华社围绕在洛国际青年群体,拍摄《塞尔维亚篮球教练的中国情结》《英国摄影师眼中的"牡丹花城"》等系列短视频,全网浏览量6000万人次。CGTN"国际生物多样性日"直播节目对信阳董寨朱鹮进行慢直播,4个语种频道直播全球阅读量63万。在部省合作框架下,与拉脱维亚里加中国文化中心联合推出"行走河南·读懂中国"系列云展览,共展出河南省人文和自然景观80幅,精品视频50条,在拉脱维亚网络受到广泛关注。

【"中国节日"系列节目海外传播】 精心组织河南广播电视台进行"中国节日"系列节目的外文翻译和海外推广。"中国节日"系列节目海外直播总量超5000万次,曝光量超5亿次。1月30日,"虎虎生风中国潮——2022河南春节晚会"于优酷视频首播,河南卫视、大象新闻客户端、河南春晚官方微博、人民日报客户端、人民日报官方微博、中国日报ChinaDaily客户端、ChinaDaily官网、Meta、YouTube平台、@China culture全球同步直播,合计播放量超20万次。《泰晤士报》《欧洲时报》等外媒也对《2022河南春节晚会》进行了报道。除此之外,春节期间,河南春晚官方账号同步更新了《2022河南春节晚会》所有节目拆条,相关内容均配有中英文对照字幕。2月2日,外交部发言人汪文斌在Meta(原名为Facebook)平台上重点推介了《2022河南春节晚会》节目《国色天香》。河南春晚、《元宵奇妙游》节目Facebook、YouTube平台传播量突破《中国日报》多项海外传播记录,《2022端午奇妙游》在海外社交平台直播量达459万次,覆盖70多个国家和地区。"中国节日"系列节目获得中宣部第十六届精神文明建设"五个一工程"奖、第二十七届中国电视文艺"星光奖"。外交部将"中国节日"系列节目作为中国文化的一张亮丽名片予以推介,"外交天团"华春莹、汪文斌等在海外社交账号持续宣推;文旅部中外文化交流中心开展了数十次全球线下推介和展映活动,推动中华优秀传统文化走向世界。

【春节文化走出去】 参与主办纽约时报广场2022年新年倒计时活动。活动组委会先后3次向美中主流媒体发布活动信息,哥伦比亚广播公司、福克斯新闻网等200多家英文媒体进行报道,《人民日报》(海外版)、中国日报网等中央重点新闻媒体所属海内外平台相继推出《"老家河南"纽约迎新》等重点报道。活动当晚,约1.5万名观众在现场观看,通过30秒河南宣传片、特色文艺演出、活动宣传报道、文化旅游推介、宣传横幅和标识红围巾等,突出河南元素,展示中华文化魅力,为全球观众带来一场独具中华文化风味的"年夜饭",在国际舞台叫响了"行走河南·读懂中国"主题形象。

"中国节日"系列节目《2022中秋奇妙游》《千里共婵娟》

打造"河南省线上海外春晚"。充分利用线上直播、线下体验、云端展示等新传播途径,通过海外"点单"、省内"供餐"精准模式,打通海外文化认同"最后一公里"。活动收到美国、加拿大、澳大利亚、英国等12个国家30余个节目及15个海外拜年视频,筛选了8个节目作为海外展演部分,和省内节目整合形成时长75分钟的线上春晚节目。美国、加拿大、英国、澳大利亚、巴西、日本、肯尼亚、泰国等30个国家近50个侨团进行"点单",在这些国家营造了欢天喜地迎北京冬奥、过中国农历春节的浓厚氛围。1月28日,线上春晚在中国侨网、中新网、华人头条等平台开始播出。《天地之间》《字说》《功夫少林》《花木兰》等富有中原文化特色的节目再次"出圈",直播当晚在线人数突破339万,其中海外点击量突破290万,"霸屏"海内外华人社交网络,海内外网友纷纷留言点赞,在海外侨胞及民众中掀起过中国春节、了解河南文化的热潮。

协助举办海外春节联欢活动。协助中国驻巴巴多斯使馆举办第八届巴巴多斯鱼龙节暨中国春节系列文化活动,河南选送的4个节目集中国武术、太极和杂技的元素为一体,深受当地民众喜爱。为弘扬中华优秀传统文化,搭建民间交往互动平台,美国华亿国际文化基金会、达拉斯美中专业人士协会ACP和达拉斯美中商会等,于当地时间2022年1月30日共同主办《春满四海——2022美国华人华侨春节联欢晚会》,晚会以录播的形式,在YouTube和中国国内多家视频网站平台同时播出。河南省提供的汪荃珍豫剧、少林武术、漯河杂技、郑州歌舞等充满中原文化元素的7个节目,闪亮登场《2022美国华人华侨春节联欢晚会》,在YouTube和中国国内多家视频网站平台播出后,好评如潮。1月31日,"感知中国——走进迪拜世博会"活动在迪拜世博会中国馆揭幕,来自焦作市修武县的汉服作品登上世博会舞台。中国馆的工作人员身着各色汉服向游客拜年,精美绝伦的汉服引发惊叹,汉服展演、汉服音乐快闪等活动陆续登场,为迪拜世博会带来浓浓的中国味儿。

【**面向"Z世代"功夫文化推广**】加大做国外青年群体特别是"Z世代"工作力度,深入开展寻根探源、功夫体验、游学访学等活动,打造青年交流品牌。打造基于Z世代为目标群体的河南功夫文化推广项目,整合文旅、教育、侨务等多种外宣渠道,搭建"ikungfu"国际传播平台,打造《豫见功夫》研学课程体系,开展"少林功夫走

《"老家河南"纽约迎新》,"虎年家书"新年祝福视频在美国纽约时报广场播放

《武林风》在柬埔寨吴哥窟举办"吴哥王者之战"武林风中柬搏击对抗赛

进国际校园"等系列活动，推动中国功夫深度植入海外青少年的学习和生活。对加拿大蒙特利尔孔子学院开展了为期半年的线上直播教学，组织上海协和双语学校等"Z世代"学生到武术馆研学交流。会同省侨联组织"大河之南·功夫之源"中国功夫文化传播行动，邀请功夫名师在线教学直播9期，发布视频16期，播放量超过110万次。举办"'亲情中华·为你讲故事'海外华裔青少年功夫特色营"活动，来自美国、俄罗斯等20个国家和地区的4000余名海外华裔青少年参加。组织实施Z世代中国功夫（太极拳）国际化培育推广计划，坚持以太极文化为核心，以太极拳为载体，依托焦作太极拳发源地优势，借助中国非遗保护协会太极拳专委会和教育部语合中心平台，针对国内外青少年身心发展特点，依托"太极实验室"创作太极外宣精品，创新太极拳新内容、新形式，通过"线上+线下"的互动方式，面向全球"Z世代"推广太极拳。河南广播电视台《武林风》栏目受柬埔寨王国奥委会邀请，在世界文化遗产——柬埔寨吴哥窟举办了"吴哥·王者之战——武林风中柬搏击对抗赛"。省体育局结合"中俄体育交流年"活动，筹备河南省中华武术线上培训班，不断扩大功夫品牌的国际影响。

文化贸易

【推进国家文化出口基地建设】"建设河南省艺术品保税仓迪拜国际交易中心"项目纳入中宣部、商务部《对外文化贸易"千帆出海"行动计划2022年工作方案》。国家文化出口基地·双创园正式开放。在迪拜设立开封国家文化出口基地宋文化展示交易文化专柜，探索建设开封·自贸试验区吉尔吉斯斯坦国际艺术品展示交易中心，打通文化贸易渠道，推动"文化出海"。着力通过打造平台促进发展，推动中国（河南）自由贸易试验区开封片区成功获批国家文化出口基地，实现河南省特色服务出口基地"零"的突破。

【提升文化产品与服务国际竞争力】 大力发展区域特色文化产业和新型文化业态，支持数字文化产品服务出口，积极推动图书、影视剧、广播电视节目、舞台艺术节目和网络视听节目、网络游戏、动漫等文化产品通过商业渠道进入国际文化市场，在内容创作中融入更多文化元素，加快推进对外文化贸易高质量发展，不断提升河南省文化产品与服务的国际竞争力。通过示范项目带动发展，先后推动约克动漫的《发明家创想乐园奇遇记》项目、河南省杂技集团的北美训演基地布兰森大剧院项目等11个项目获批国家文化出口重点项目。

【推动文化出口重点企业发展】 积极扶持创意设计、动漫游戏、电子出版物等文化产品和服务出口，凝聚商务、宣传、文旅、海关等部门合力，助推文化出口企业发展。通过培育骨干引领发展，先后推动中原出版传媒投资控股集团有限公司、河南约克动漫影视股份有限公司、河南省山河柳编文化产业有限公司等企业多次获国家年度文化出口重点企业称号。

人物 荣誉

洛神水赋

人 物

【2021"河南非遗年度人物"】 2022年2月22日，由省文化和旅游厅指导、河南日报社主办的2021"河南非遗年度人物"推选宣传活动颁奖典礼在"只有河南·戏剧幻城"举行，汴绣国家级代表性传承人王素花、豫剧国家级代表性传承人李树建、汝瓷烧制技艺国家级代表性传承人王君子、张氏经络收放疗法省级代表性传承人张喜钦、钧瓷烧制技艺省级代表性传承人高丙建、太极拳省级代表性传承人陈炳、长垣烹饪技艺省级代表性传承人李志顺、王氏老粗布制作技艺市级代表性传承人王爱琴、孟津剪纸省级代表性传承人畅杨杨、空心挂面制作技艺市级代表性传承人姚芳雨获2021"河南非遗年度人物"称号。这是河南省首次举办"河南非遗年度人物"推选宣传活动，既是河南非遗传承振兴的创新之举，又是贯彻落实文旅文创融合战略的具体举措。活动以"璀璨非遗·领创未来"为主题，旨在推选出具有引领性、示范性、创新性、贡献性非遗年度人物，记录非遗传承发展的生动创新实践。

【"德耀中原"第八届河南省道德模范】 河南省道德模范评选从2007年开始，每两年评选一届。第八届河南省道德模范共评选出14名河南省道德模范。"助人为乐模范"：心系他人、无私奉献的左春秀、张冬香、方凯；"见义勇为模范"：危难面前挺身而出的张大生、付会斌、刘冠中、杜全甫；"诚实守信模范"：诚信为本、踏实做事的宋振廷、梁海磊；"敬业奉献模范"：舍生忘死为百姓的杨旭恒，扎根深山铸师魂的张锦文，淡泊名利攀高峰的王泽霖；"孝老爱亲模范"：用柔弱双肩挑起家庭重担的禹宗圻、边巧云。另有7人获提名奖。2022年2月22日，"德耀中原"第八届河南省道德模范颁奖仪式在郑州举行。

【2021年度"河南好人榜"】 2021年，河南省文明办从村、乡（镇）、县、市、省5个层面深入选树，一大批群众身边可亲可敬、可信可学的好人典型被推选出来、传播开去。2021年，罗德强等157人获得"河南好人"称号。2022年2月28日，"河南好人 德耀中原"——2021年度"河南好人榜"发布活动举行，活动汇聚每一个奉献时刻，致敬来自城市山乡、各行各业的"河南好人"。仪式现场，"中国好人"代表刘建营等为上榜好人代表颁发"道德传家宝"，并共同宣读倡议书，向全社会发出诚挚邀约，倡导每个人都努力成为更好的自己，让美德光辉传递，照亮前行的道路。

【"出彩河南人"2021感动中原年度人物】 "出彩河南人"感动中原年度人物宣传推介活动是河南省重点打造的典型宣传品牌，该活动自2005年开始，至2022年已连续举办17届。2022年4月13日，"出彩河南人"2021感动中原年度人物揭晓。当选2021感动中原年度人物的分别是：60年奋战科研教学一线，为中国地图科学和地理信息系统发展以及军事测绘教育事业作出重大贡献的中国工程院院士、河南时空大数据产业技术研究院院长王家耀；恪尽职守、为保护群众生命财产安全不幸牺牲的汝州市公安局临汝镇派出所前副所长叶光辉；身残志坚、战胜重重困难带领百姓过上幸福生活的南阳市桐柏县埠江镇付楼村党支部书记李健；在暴雨中勇救51人、越是艰险越向前的新密市公安局副局长杨旭恒；修路架桥23年，以绿水青山筑起百姓"金山银山"的洛阳市栾川县潭头镇拨云岭村党支部书记杨来法；在抗洪抢险过程中英勇冲锋，和战友连续战斗200个小时的郑州市消防救援支队陇海西路消防救援站站长张奇；58年信守承诺义务守护红军洞，赓续红色精神血脉的信阳市新县郭家河乡湾店村潘湾组村民张爱华；用青春滋养乡村教育，以行动诠释师者大爱的周口市太康县清集镇二郎庙小学校长张鹏程；为病人募捐上千万元，用妙手仁心打开"折叠"人生的河南省人民医院脊柱脊髓外科主任高延征；舍生忘死、在边境冲突中为捍卫祖国领土英勇牺牲的中国人民解放军某机步营战士肖思远和中国人民解放军陆军某部战士王焯冉。当选2021感动中原年度集体的分别是：英勇善战、连续60余年安全生产无事故的八一采煤队，在2020东京奥运会、残奥会上勇创佳绩为国争光的河南籍运动员，在河南暴雨中用血肉之躯筑起生命堤防的杨根思部队。

荣 誉

【2021年度河南省社会科学优秀成果奖】 2021年度河南省社科优秀成果奖申报成果涵盖了哲政、经

济、文艺、教体、历史五大门类、25个学科，既有河南优势特色学科，又有具有传承意义的"绝学"，中青年学者申报成果占较大比例，生力军作用凸现。经过严格评审实际评出优秀成果275项，其中一等奖30项、二等奖110项（含三报一刊1项）、三等奖135项（含三报一刊3项、网上理论文章2项）。

【全国第十六届精神文明建设"五个一工程"】 第十六届精神文明建设"五个一工程"是中共中央宣传部组织开展的评选活动。参评作品主要包括戏剧、电影（含动画电影、纪录电影）、电视剧（含动画片、文化类纪录片和专题节目）、广播剧、歌曲、图书（包括文学类图书、通俗理论读物和少儿读物）共六大类，为2019年6月1日至2022年5月31日首次播映、上演、出版的作品，参评作品要体现正确导向，坚持质量第一、双效统一，具有广泛影响力，确保优中选优，推选出思想精深、艺术精湛、制作精良的精品力作。2022年12月，中共中央宣传部印发表彰决定，对第十六届精神文明建设"五个一工程"组织工作先进单位和优秀作品进行表彰。河南省申报推荐的文化类专题节目《中国节日系列节目2021季》，以及河南省委宣传部与湖北省委宣传部、山东省委宣传部、四川省委宣传部联合申报的电影《我的父亲焦裕禄》入选第十六届精神文明建设"五个一工程"。

电视剧类入选作品《中国节日系列节目2021季》。由河南广播电视台出品，坚持"创意驱动、美学引领、艺术点亮、科技赋能、融合传播"的创作推广理念，把中国传统文化中内核最为饱满的中国节日作为创作主线，深入挖掘中国节日文化内涵，找准风气方向、审美取向，2021年连续推出春节、元宵、清明、端午、七夕、中秋、重阳7场中国节日系列节目，总点击量破300亿次，《唐宫夜宴》《洛神水赋》《龙门金刚》等节目广受关注和好评。

电影故事片《我的父亲焦裕禄》。由河南茂松影视文化公司制作，从一个女儿的视角回溯焦裕禄42年人生的精彩片段，通过展现焦裕禄同志在洛阳矿山机械厂和兰考工作生活的场景，以及焦裕禄带着家人回家祭祖等大量真实生动的细节呈现，塑造了一个既平凡又伟大、接地气、有温度的党的好干部形象。

【第七届河南文学艺术优秀成果奖】 河南省文学艺术优秀成果奖是以省委、省政府名义表彰的全省文化艺术界最高奖项。1991年开始设立，每三年评选一次，评选五届（其中，有些届别因故延期评选）后，于2009年在全省性评比达标表彰工作清理整顿中被取消。2017年1月，经省委、省政府批复同意后予以恢复，三年一届，并继续以省委、省政府名义表彰奖励，2017年12月组织开展了第六届评选。根据《全省宣传思想工作"八大工程"2021年度重点工作安排》（豫宣〔2021〕1号）和《关于做好河南省第七届文学艺术优秀成果奖评选工作的通知》（豫宣通〔2021〕4号），按照"评出导向、评出方向、评出效果"的原则，于2021年7月9日至11日组织了河南省第七届文学艺术优秀成果奖评选工作，参评作品涉及文学、戏剧、电影、电视剧、广播剧、美术、书法、摄影、音乐、舞蹈、曲艺、杂技、民间文学、文艺评论、网络文艺15个艺术门类，共评选出优秀作品80部，青年鼓励奖10名。

河南省第七届文学艺术优秀成果奖优秀作品

序号	申报单位	作品名称	创作单位（个人）
文学类15部			
1	中原出版传媒集团	长篇小说《河洛图》	李佩甫
2	省文联	长篇小说《黄河故事》	邵丽
3	省文联	长篇小说《省府前街》	南飞雁
4	中原出版传媒集团	儿童文学《三十六声枪响》	孟宪明
5	信阳市委宣传部 中原出版传媒集团	报告文学《时代答卷——来自一个国家级贫困县的脱贫攻坚报告》	梁庆才
6	中原出版传媒集团	文集《同石斋札记》	田中禾

续表1

序号	申报单位	作品名称	创作单位（个人）
7	郑州市委宣传部	长篇诗报告《飞行者礼赞》	刘先琴
8	省文联	长篇小说《陆地行舟》	陈宏伟
9	开封市委宣传部	长篇小说《大宋王朝·宋太祖》	赵国栋
10	中原出版传媒集团	报告文学《健康丝绸之路：中国国际卫生合作纪实》	罗元生
11	省文联	散文集《非尔雅》	冯杰
12	开封市委宣传部	诗集《开封，开封》	李俊功
13	许昌市委宣传部	纪实文学《小车不倒只管推》	张小莉
14	省文联	纪实文学《龙行亚欧》	郑彦英
15	中原出版传媒集团	散文集《一碗面里的乡愁》	赵瑜
戏剧类 10 部			
16	省文化和旅游厅	豫剧《重渡沟》	河南豫剧院三团
17	省文化和旅游厅	歌剧《银杏树下》	河南歌舞演艺集团
18	省文化和旅游厅	话剧《老街》	河南歌舞演艺集团
19	省文化和旅游厅	曲剧《信仰》	省曲剧艺术保护传承中心
20	民盟河南省委 省文化和旅游厅	话剧《焦裕禄》	省话剧艺术中心
21	商丘市委宣传部	豫剧《小推车》	商丘市豫剧院
22	郑州市委宣传部	舞剧《精忠报国》	郑州歌舞剧院
23	洛阳市委宣传部	曲剧《河洛工匠》	洛阳曲剧院演艺公司
24	省文化和旅游厅	豫剧《义薄云天》	河南豫剧院二团
25	驻马店市委宣传部	豫剧《樊粹庭》	驻马店市演艺中心
曲艺类 3 部			
26	省文联	曲艺联唱《老家河南》	省曲协
27	平顶山市委宣传部	小品《找得准》	舞钢市文化馆
28	省文联	河南坠子《黄河人家》	省曲协
广播剧类 1 部			
29	河南广播电视台	《抢滩帕哈姆》	河南广播电视台生活事业部
电影类 4 部			
30	河南广播电视台 郑州市委宣传部 三门峡市委宣传部	《鹭世界》	河南良品文化传媒有限公司
31	开封市委宣传部	《千顷澄碧的时代》	河南影视制作集团
32	河南广播电视台	《蓝色防线》	河南影视制作集团
33	商丘市委宣传部	《驻村第一书记》	河南晨曦文化传媒有限公司
电视剧类 5 部			
34	河南广播电视台	电视剧《花开时节》	河南电视传媒发展有限公司
35	河南广播电视台	电视政论片《雄关》	河南广播电视台新闻频道

续表2

序号	申报单位	作品名称	创作单位（个人）
36	河南广播电视台	电视纪录片《太行·王屋》	河南广播电视台全媒体营销策划中心
37	省广播电视局	电视纪录片《楚汉》	河南华之杰文化传播有限公司
38	郑州市委宣传部	电视动画片《快乐星球》第五部	河南超凡影视制作有限公司
美术类 7 部			
39	省文联	油画《习总书记考察河南小麦高产田》	丁昆、刘东鑫、刘杰
40	省文联	中国画《刘邓大军千里跃进大别山》	马国强、房巍、乔云
41	省文联	油画《西北革命烽火》	侯震
42	省文联	动态雕塑《和弦》	翟书豪
43	省文联	中国画《邙塬清逸图》	张一心、周祥
44	郑州市委宣传部 省文联	壁画《五彩祈福》	张松正
45	焦作市委宣传部 省文联	中国画《绝壁有路》	李弘林
书法类 6 部			
46	省文联	草书条幅·古风《胡杨颂》	张建才
47	省文联	篆书《中国加入世界贸易组织》	周斌
48	省文联	隶书《积庆续章：耿自礼书挥云斋诗词集》	耿自礼
49	焦作市委宣传部	行楷隶三体（行书《东坡题跋》、楷书《黄山谷题跋》、隶书《自作文》）	刘占甫
50	安阳市委宣传部	行草（行书《怀钟陵旧游》、草书《太常引》）	王志立
51	周口市委宣传部	楷书《黄州快哉亭记》	娄红卫
摄影类 6 部			
52	许昌市委宣传部	摄影集《河图》	郑伟杰
53	省文联	《带着全家去南山》	杨峰
54	洛阳市委宣传部 省文联	《梦天鹅》	高均海
55	省文联	《重症监护室的胶囊宾馆》	曾宪平
56	省文联	摄影集《看见，不一样的故宫》	苏唐诗
57	省文联	《即物·郑州》	宋鑫一
音乐类 4 部			
58	省文化和旅游厅	民族交响音画《孙子兵法回响》	河南歌舞演艺集团
59	省文联 许昌市委宣传部	歌曲《小村微信群》	许昌市群众艺术馆
60	省文联 驻马店市委宣传部	歌曲《大娘的珍藏》	驻马店市文联
61	省文化和旅游厅	民族管弦乐《祖国颂》	河南歌舞演艺集团
舞蹈类 5 部			
62	洛阳市委宣传部	古典舞《大河三彩》	洛阳歌舞剧院演艺有限公司
63	省文联	街舞《黄河》	省舞协

续表3

序号	申报单位	作品名称	创作单位（个人）
64	省文化和旅游厅	当代舞《英雄赞歌》	河南歌舞演艺集团
65	郑州市委宣传部	古典舞《唐宫夜宴》	郑州歌舞剧院
66	省文联	少儿舞《爷爷奶奶来接我》	省文旅厅艺术幼儿园
杂技类 3 部			
67	周口市委宣传部	马戏《满韵骑风》	河南金贵演艺集团
68	郑州市委宣传部	杂技《步步高》	郑州星光演出有限公司
69	漯河市委宣传部	杂技《小城·雨巷》	漯河市杂技艺术中心
文艺评论类 4 部			
70	省教育厅	《两个文艺"讲话"的话语意义分析》	张清民
71	省文联	《新世纪文学的河南映像》	李勇
72	省文联	《李佩甫评传》	孔会侠
73	省文联	《身份意识与晚期风格——论1985年之后的张一弓》	吕东亮
民间文学类 2 部			
74	新乡市委宣传部	《中原民间经歌》	申法海
75	省文联	《中国民间文学大系·谜语·河南卷（一）》	省民协
网络文艺类 5 部			
76	三门峡市委宣传部	长篇小说《最后的村庄》	塬上草（董彦礼）
77	省纪委监委	微视频《据典话廉》	省纪委监委宣传部
78	省广播电视局	微动画《战疫英雄》	河南玄蚂文化传播有限公司
79	漯河市委宣传部	微视频《我姓包》	河南影之力文化传播有限公司
80	河南广播电视台	歌曲《我们能》	河南广播电视台音乐广播

河南省第七届文学艺术优秀成果奖青年鼓励奖

序号	申报单位	申报人	作品名称
1	省文联	省网络文学学会 甘海晶（麦苏）	小说《荣耀之上》
2	省文化和旅游厅	河南豫剧院青年团 吕军帅（表演）	豫剧《情满合欢寨》
3	省文联	省文化艺术研究院 杨泥堃（编剧、导演）	话剧《天黑得很慢》
4	河南广播电视台	河南广播电视台 陈雷（导演）	《感动中原》系列网络文艺作品集
5	新乡市委宣传部	丁志伟	综合材料绘画《英雄》长卷
6	郑州市委宣传部	郑超	草书《书论选抄》

续表

序号	申报单位	申报人	作品名称
7	省文联	省摄影家协会 黄小一	摄影《确山县小提琴产业园》
8	省文联	李俊伟（作词）	歌曲《为幸福奋斗》
9	省文联	河南歌舞演艺集团 邹艳（编导）	街舞《齐天大圣》
10	驻马店市委宣传部	新蔡徐家班冰上艺术发展有限公司 徐永威（表演）	杂技《空中漫步》

【河南省第十三届精神文明建设"五个一工程"奖】 为激励全省广大文艺工作者守正创新、锐意进取，倾心创作精品，反映新时代文艺新气象，2022年8月2日至30日河南省委宣传部组织开展了河南省第十三届精神文明建设"五个一工程"奖评审工作，经专家评审、部务会研究和媒体公示等环节，最终评选出入选作品50部（首）和10个"优秀组织奖"。在获奖作品中，建党百年题材作品20部，脱贫攻坚和乡村振兴题材作品11部，黄河文化题材作品7部，基本涵盖了2019年5月至2022年6月河南省文艺创作生产的主要成果，较好地体现了"五个一工程"的示范引领作用。

河南省第十三届精神文明建设"五个一工程"奖优秀作品奖

序号	报送单位	作品名称
戏剧12部		
1	省文化和旅游厅 信阳市委宣传部	歌剧《银杏树下》
2	省文化和旅游厅	豫剧《大河安澜》
3	省文化和旅游厅	话剧《兵团》
4	商丘市委宣传部	豫剧《小推车》
5	洛阳市委宣传部	曲剧《河洛工匠》
6	省文化和旅游厅	豫剧《情满合欢寨》
7	濮阳市委宣传部	豫剧《黄河红帆》
8	周口市委宣传部	豫剧《黄河边》
9	驻马店市委宣传部	豫剧《金凤归来》
10	三门峡市委宣传部	蒲剧《布衣英雄》
11	许昌市委宣传部	豫剧《杨水才》
12	漯河市委宣传部	豫剧《郾城大捷》
电影6部		
13	开封市委宣传部	电影故事片《我的父亲焦裕禄》
14	开封市委宣传部	电影故事片《千顷澄碧的时代》
15	郑州市委宣传部	电影故事片《红旗渠之归来仍是少年》
16	省文联 洛阳市委宣传部	电影故事片《伊水栾山》

续表1

序号	报送单位	作品名称
17	河南广播电视台	电影纪录片《大国粮仓》
18	省文联	电影纪录片《蓝色防线》
电视剧 8 部		
19	省广播电视局 郑州市委宣传部 南阳市委宣传部	电视连续剧《花开山乡》
20	安阳市委宣传部	电视连续剧《红旗渠》
21	省广播电视局 河南广播电视台	电视连续剧《花开时节》
22	河南广播电视台	文化专题节目《"中国节日"系列节目 2021 季》
23	河南广播电视台	电视纪录片《黄河人家》
24	驻马店市委宣传部	电视纪录片《大水的记忆》
25	郑州市委宣传部 民建河南省委员会 黄河水利委员会	电视动画片《焦裕禄》
26	省广播电视局	电视动画片《我是发明家》
广播剧 4 部		
27	河南广播电视台	《一泓清水北上》
28	郑州市委宣传部	《郑州 1923》
29	开封市委宣传部	《泡桐花开燕归来》
30	驻马店市委宣传部	《将军的口琴》
歌曲 8 首		
31	郑州市委宣传部	《小山窝里的得劲事》
32	焦作市委宣传部	《一句誓言,一生作答》
33	驻马店市委宣传部	《亲爱的共产党》
34	三门峡市委宣传部	《黄河水从我家门前过》
35	新乡市委宣传部	《就是这双手》
36	商丘市委宣传部	《伟业》
37	安阳市委宣传部	《奋斗才有幸福来》
38	洛阳市委宣传部	《客家 回家》
图书 12 部		
39	中原出版传媒集团	通俗理论读物《中国特色社会主义为世界贡献了什么》
40	省文联	长篇小说《河洛图》
41	中原出版传媒集团	报告文学《时代答卷:来自一个国家级贫困县的脱贫攻坚报告》
42	中原出版传媒集团	长篇小说《黄河故事》
43	郑州市委宣传部	纪实文学《粮食,粮食》
44	省文联	长篇小说《第一个十月》
45	新乡市委宣传部	纪实文学《人民永和》

续表2

序号	报送单位	作品名称
46	驻马店市委宣传部	长篇小说《山河传》
47	信阳市委宣传部	儿童文学《大银杏树的小秘密》
48	南阳市委宣传部	长篇小说《三山凹》
49	省委党史研究室	通俗理论读物《简明河南党史》
50	漯河市委宣传部	纪实文学《像土地一样寂静：回大周记》

河南省第十三届精神文明建设"五个一工程"奖优秀组织工作奖

序号	单位	序号	单位
1	驻马店市委宣传部	6	新乡市委宣传部
2	郑州市委宣传部	7	漯河市委宣传部
3	开封市委宣传部	8	三门峡市委宣传部
4	洛阳市委宣传部	9	商丘市委宣传部
5	安阳市委宣传部	10	南阳市委宣传部

市、县（市、区）文化概览

洛邑古城夜景

郑州市

【文化概览】 郑州是河南省省会，位于河南省中部偏北，地跨黄河、淮河两大流域。1928年3月建市，现辖6区、5市、1县和郑州航空港经济综合实验区、郑州经济技术开发区、郑州高新技术产业开发区等国家级功能区及郑东新区。全市总面积7567平方公里，常住人口1274.2万。郑州是中国历史文化名城，是华夏文明的重要发祥地，是我国百万年人类史、一万年文化史、八千年农业史、五千年文明史的主要实证地之一，系统呈现了中华文明在新石器时代、青铜器时代、铁器时代等历史时期的辉煌文明成果。全市拥有不可移动文物8651处，其中世界文化遗产2处（天地之中历史建筑群、大运河郑州段）15项、国家级重点文物保护单位74处80项，在全国直辖市和省会城市中排名第二。现有市级公共图书馆2个，文化馆、美术馆各1个，博物馆2座；县级图书馆14个，图书馆分馆191个，其中国家一级图书馆5个，一级文化馆6个。城市书房79座、文化驿站90个、大中型剧场8座、小剧场10座，民营博物馆34家，基层综合性文化服务中心建成率和达标率均达100%。郑州不断加强城市整体建设，是全国文明城市、中国优秀旅游城市、国家卫生城市、国家园林城市、全国科技进步先进城市、全国绿化模范城市、全国双拥模范城市。

理论学习研究。 实施党委（党组）理论学习中心组和"第一议题"学习提升行动，并扎实开展县处级以上党委（党组）"第一议题"学习示范点和理论学习中心组学习示范班遴选活动，市委理论学习中心组被评为省级理论学习中心组学习示范班。以线上线下相结合方式开展"党的创新理论万场宣讲进基层"活动，全年组织开展各类宣讲5000余场，受众达286万余人次。积极开展思政课改革创新，郑州博物馆、二七纪念馆入选全国首批"大思政课"实践教学基地。深入开展"研究郑州"活动，推出《郑州国家中心城市建设的比较分析、方位研判及对策建议》《全面打造郑州特色宜居街区 引领"低调奢华"城市建设》等6篇高质量资政专报，制定《郑州市"十四五"时期哲学社会科学发展规划》。

媒体宣传工作。 建好用好"学习强国"郑州学习平台，扎实推进县级融媒号全部上线，被评为河南省"学习强国"学习平台推广运用工作先进单位。创新搭建"社科专家线上谈""知郑明理""中州智库"等社科理论移动端网络传播矩阵，组织各类线上理论普及活动184期。圆满完成党的二十大宣传报道任务，组织市属媒体先后开展《奋进新征程 建功新时代》《喜迎二十大》《二十大时光》《新时代新征程新伟业》等专栏专题，持续推出"奋进新征程 建功新时代 沿着总书记的足迹"系列报道和"大地流金"特刊等重磅报道，受到各界广泛好评。精心组织"全面开展'三标'活动 深入推进'十大战略'行动"主题宣传，先后推出《"十大战略"的省会实践》《稳健前行开新局·书记访谈》《全面开展"三标"活动 我该怎么干》等系列报道。聚焦实施文旅文创融合战略，与新浪河南深度合作，设置微博话题，组织网络"大V"和新媒体平台话题推送，相关微博话题阅读量达20亿人次。完善建立"两个奔赴、两个在线"工作机制，开展记者下沉社区活动，加大"三起来"（党旗飘起来、党徽亮起来、党员动起来）典型报道，走好网上群众路线。

精神文明建设。 制定《郑州市新时代加强和改进思想政治工作的实施意见》，推动郑州市新时代思想政治工作守正创新。开展"全民国防教育日""五星红旗点亮城市风景""国庆吃面 国泰民安""童心向党"等爱国主义教育活动，大力挖掘学习宣传"时代楷模""道德模范""最美人物""身边好人""新时代好少年"等先进典型。郑州市红十字水上义务救援队、二七区淮河路街道绿云社区分获2021年度"全国最佳志愿服务组织""全国最美志愿服务社区"称号，"郑博小剧场——心中的幸福河"舞台剧志愿服务项目入选2022年度全国博物馆志愿服务典型案例。中国志愿服务研究中心河南（郑州）分中心正式揭牌，郑州志愿服务研究工作进入"国家队"。制定《郑州市志愿服务积分兑换激励办法（试行）》，进一步完善全市志愿服务激励回馈机制，深入开展"绿城使者"志愿服务行动，持续深化"社区党建+志愿服务"工作模式，全市注册志愿者人数达239.6万人。

文化宣介工作。 2022年举办第九届"博博会"，网络点击关注人次达5.35亿。持续举办中国（郑州）黄河文化月，进一步凝聚讲好黄河故事的广泛共识。承办全国网络文学工作会议，有力增强了郑州网络文学影响力。舞剧《水月洛神》全国巡演14场，歌曲《站在这里看黄河》获得"唱响黄河"全国优秀原创合唱作品征集一等奖，6部作品入选河南省第十三届精神文明建设"五个一工程"，数量居全省之首。举办"喜迎二十大 欢乐进万家"群众文化活动5000余场，受益群众2000万人次，有力宣传了郑州十年来取得的辉煌成就，充分展示了郑州争先出彩的生动实践。

公共文化建设。"郑州文旅云"注册用户数超134万，平台服务覆盖人次超4000万。承办2022年长三角及全国部分省市最美公共文化空间大赛，全市6个公共文化空间被评为最美公共文化空间。创新举办郑州市首届少儿网络春晚、郑州春晚等文艺活动，完成"舞台艺术进乡村、进社区""戏曲进校园"等活动1000余场，"精品剧目演出活动"36场，农村公益电影放映2万余场。全市博物馆纪念馆推出"繁星盈天——中国百年百大考古发现展"和"文明的渊薮——河南百年百大考古发现展"等精品展览93个，接待参观210万人次。制定《书香郑州建设实施方案》，举办郑州市第十九届绿城读书节等各类读书活动3000余场。公共文化服务全面提档升级，郑州市顺利通过国家公共文化服务体系示范区复核。

文物文博工作。中华文明探源工程深入实施，双槐树遗址、大河村遗址、王城岗遗址、新砦遗址等重要考古遗址遗存成果显著，郑州商都书院街商代墓地考古成果入选"考古中国"重大发现。塑造"行走河南·读懂中国"文化品牌，加快推进中华文明主题乐园、黄河国家博物馆、大河村国家考古遗址公园等一批重点文旅项目建设，持续推进"百家博物馆"建设，郑州商都遗址博物院、郑州市文物考古研究院考古博物馆建成开放，全市已建成博物馆110家、遗址生态文化公园50处。郑州商城入选第四批国家考古遗址公园名单，宋陵入选国家考古遗址公园立项名单。"博物馆群＋大遗址公园"全景式中华文明集中展示体系加快形成。

文旅文创融合。印发《郑州市建设文化旅游强市支持文化旅游融合发展实施细则》，设立产业扶持资金激励文旅文创产业发展。精心组织45项文旅消费活动，出台67项优惠措施，发放2000万元文旅消费券，全年接待游客8949.28万人次，旅游总收入1132.35亿元。举办"逐梦黄河 创领未来"郑州市2022年文化创意设计大赛，有力促进了黄河流域文化交流。

【黄帝故里拜祖大典】 2022年4月3日，在河南郑州新郑黄帝故里，壬寅年黄帝故里拜祖大典以线上拜祖方式隆重举行。全球华人通过观看直播、网上拜祖、社交互动等方式，跨越时间空间，辐射全球190个国家、地区华人"云"聚黄帝故里，共同恭拜中华人文始祖轩辕黄帝，为华夏祈福祈愿祈新程。拜祖大典现场直播与网上拜祖实现无缝衔接，身处世界各地的华夏儿女相约在屏幕前，齐赴一场"云拜祖"盛典。

【全国网络文学工作会议】 2022年8月8日至11日，全国网络文学工作会议在郑州举办。中作协党组成员、书记处书记胡胜，中作协网络文学中心主任何弘，省委宣传部副部长黄玉国，省文联主席邵丽，市委常委、宣传部部长陈明等领导和全国各省级网络作协的主席或副主席，以及知名网络作家、网络文学评论家参加了会议。会议期间，发布了《2021年中国网络文学蓝皮书》。网络文学高质量发展（郑州）创作论坛、网络文学高质量发展（郑州）产业论坛、中国作协网络文学中心与中共郑州市委宣传部战略合作签约仪式、全民共享阅读《芈月传》作者蒋胜男郑州分享会、杜甫奖——文艺名家推介计划甘海晶专家研讨会等各项活动成功举办。

【文化创意设计大赛】 2022年8月17日至23日，"逐梦黄河 创

2022年8月，全国网络文学工作会议在郑州成功举办

领未来"郑州市文化创意设计大赛成功举办，共收到来自北京、上海、江苏、福建、内蒙古等全国23个省、自治区、直辖市的作品862件。参赛作品共分"郑州礼物""郑州智造""郑州印象""黄河记忆"四类，围绕黄河文化、郑州"山""河""祖""国"丰富历史文化资源进行创作，推动黄河文化活态传承和郑州文化形象化、具体化。郑州290件入围作品在二砂文化创意园展出。大赛通过大众网络投票，社会各界踊跃参加，累计斩获广大网友投票300多万张。9月3日晚，大赛颁奖典礼在郑州大剧院戏曲厅举行，《鼎立中原·乳钉纹红陶鼎文创套盒》《逐梦黄河·电耀未来》《郑国编钟·茶具》《郑州印象》等24件（套）作品获奖。

【第九届"中国博物馆及相关产品与技术博览会"】 在国家文物局、中国博协和省、市各级相关单位指导下，9月1日至4日在郑州国际会展中心举办了第九届"博博会"，主题为"新时代的博物馆：创新·发展·传承"，展览总面积6万平方米。设置了《与文博事业同行——中国博物馆协会四十周年》主题展区、博物馆展区、文博企业展区、公益展区四大展区。创新策划举办"博物馆之夜"、"第二届国际博物馆青年论坛"、"喜迎二十大 强国复兴有我——青少年中华文物我来讲"博物馆志愿服务项目经验交流会等4类20多项配套活动，437家博物馆、208家企业参展参会，10万余人次预约参观，5.35亿网络点击关注，规模前所未有，创出历史新高。该届"博博会"紧扣时代主题，创新"4+4+100"模式（4大展览展示、4项配套活动、100个小时直播），精益求精策划组织，通过"云上"体验"云下"参与，催生博览会新样态，被誉为打造了一场"永不落幕"的博博盛会。

·中原区·

【文化概览】 中原区位于郑州市城区西部，辖14个街道。面积193平方公里，常住人口97.98万人。区内有14个新时代文明实践所、105个新时代文明实践站、101个社区综合性文化服务中心、4个城市书房建成运营，庙沟、白寨、马庄遗址生态文化公园基本建成对外开放，文体功能区建设蓬勃发展。奥体中心、大剧院、美术馆、博物馆等投入运营，二砂文创园入驻杨丽萍美学馆、豫游纪、约克动漫等18家知名文创公司，三厂历史文化街区项目加快推进，全区文创企业达200家，华侨城大型文旅项目、金科贾鲁小镇项目有序推进，文化事业繁荣发展。

*理论学习研究。*第一议题带头学。2022年，党的二十大召开以后，区委常委会先后召开多次区委常委会会议，第一议题坚持学习党的二十大精神，示范引领全区上下层层跟进；中心组专题研讨学，区委理论学习中心组采用分组交流的形式，展开专题学习研讨。各级理论学习中心组也通过分小组交流、视频会议等方式，及时开展专题学习研讨，推动会议精神向基层党组织有效延伸；多种组合方式拓展学。为每位区委中心组成员、全区科级以上干部、各级党组织配发党的二十大学习书籍，同时借助"学习强国"、河南干部网络学院等平台，以宣讲视频、理论文章等形式，引导各级党员干部深读细思党的二十大报告和党章等原著。

*文物保护工作。*有序开展灾后恢复重建，启动保吉寨寨墙与寨门保护工程项目，对文物本体采取系统性的全面修复，修缮方案省文物局已批复，同时开展保吉寨文物本体防汛工程，已顺利完工。持续做好文物保护，郑州第二砂轮厂旧址主办公楼本体保护与修缮设计项目通过省文物局终期验收，同时推进4栋国保建筑的立项工作。突出生态保遗，白寨商城遗址生态文化公园文物保护规划和设计方案已通过专家评审。同时，积极推动文物保护和文化遗产传承、落实文物安全，与区消防救援大队联系形成检查组，对辖区内文保单位及博物馆单位进行文物建筑消防安全专项检查30余次。

*文旅文创融合。*坚持高位谋划、高标推动，在年初策划文旅产业融合发展、文化软实力提升等计划方案的基础上，依据《郑州市十大战略行动计划方案》等文件精神，研究制定《中原区贯彻落实省市文旅文创融合战略行动具体方案》，并多方邀请专家及业内人士论证，对文旅文创融合发展举措进行补充提升，为中原区加快文化旅游高质量发展提供了行动指南。按照中原区产业发展思路和现代服务业产业布局，积极打造特色文化旅游街区，稳步推进郑州二砂文化创意园、芝麻街1958双创园等项目建设，支撑中央文化区、二砂文创园区等市定核心板块及周边辐射片区的文旅产业腾飞。

*公共文化服务。*积极强化阵地管理，提升文化引领力。14个街道依托社区建成街道综合文化站，

105个社区建成社区综合性文化服务中心，建成率100%；城市图书馆建立：总馆、街道分馆、社区基层服务点、城市书房、24小时微图的总体构架，逐步实现基础设施标准化、文献资源共享化、服务工作网络化。区图书馆开展线上活动16场，线下读者活动26场，微信公众号发布阅读文章332篇，外借图书2.7万册次，新增办证读者326人。全年开展"舞台艺术进乡村、进社区"演出40场、"悦生活"魅力课堂公益培训292节，受益人群9000人次。开展"学习雷锋精神"非物质文化遗产项目展示活动，向群众展示线香、虎头布鞋、剪纸、泥猴、古琴、烙画等非遗项目。积极组织参加省市级书画、舞蹈等大赛，在郑州市美术大赛、第六届中老年舞蹈大赛等赛事中多次获一等奖，在"喜迎二十大 清风满绿城"廉洁文化短视频作品征集评选活动中，《大唐监察官》获河南省二等奖、郑州市一等奖。

【《大唐监察官》获廉洁文化短视频作品奖项】 为大力弘扬廉洁文化，涵养清风正气，助推"清廉河南"建设，以实际行动迎接党的二十大胜利召开，省纪委监委组织开展了"喜迎二十大 清风满绿城"短视频作品征集评选活动。社会各界积极响应、踊跃参与，围绕"廉洁"主题，创作了内容丰富、形式多样的各类作品359部。2022年10月8日，评选活动结果揭晓，由郑州市中原区纪委监委报送的短视频作品《大唐监察官》（公益广告）获得河南省二等奖、郑州市一等奖。作品以古代御史职官为视角，选取了"籍占洛阳"的大唐监察官刘禹锡作为故事主角，视频以刘禹锡发明的"举报箱"——"蚍筒"为引子，蚍筒"口小，保护好检举人的安全；肚大，装得下罪恶和贪念"。从刘禹锡一生仕途的辗转升降为线索，讲述了古代为民做官当气正风清，"心怀有天地，襟怀有正气"。

·二七区·

【文化概览】 二七区因纪念京汉铁路工人大罢工而得名，面积156.2平方公里，辖17个乡镇（街道）、175个行政村(社区)、3个管委会，常住人口106.13万。辖区中二七纪念塔是河南省零公里点标志，二七纪念堂、郑州烈士陵园等传承着浓郁的红色文化；老奶奶庙旧石器遗址，入选"2011年全国十大考古新发现"；百年老街德化街见证着郑州近现代商业发展历史。二七区是全国综合实力百强区、全国投资潜力百强区、国家知识产权强县工程试点县区、全国双拥模范城。

理论学习宣传。深化"党的创新理论万场宣讲进基层"活动，建立完善专家讲理论、干部讲政策、基层讲感悟"三讲"模式。组建"百姓宣讲团"10个，吸收百姓宣讲员46人，构建以专业人才、社会人才、网络名人、身边典型为主要力量的多元化宣讲队伍，广泛开展各类群众性主题宣传教育活动430余场。

文旅文创融合。坚持文化产业数字化战略，充分利用二七商贸供应链集聚优势，培育发展"网红经济"、"直播+产业"经济业态，新媒体文创经济取得明显成效，海一云商、致欧家居等一批企业快速发展。推进文旅文创融合发展，抓好瑞光创意工厂文创园、建业足球小镇等18个文旅项目，樱桃沟社区、申河社区等美丽乡村精品村初见成效，卡丁车公园、特兰斯童话世界等项目竣工投用，12个灾后重建项目基本完工，侯寨乡入选第二批全国乡村旅游重点乡镇，德化步行街入选首批国家级旅游休闲街区。

精神文明建设。深入推进文明实践中心建设运营，建好用好"二七志愿进行时"网络平台，实现"志愿服务队供单、群众点单、中心派单、所站接单、多元评单"的"一领五单一平台"文明实践模式。组建180余支涵盖理论教育、科技文化、法律法规等领域的专业化文明实践志愿服务队，策划实施"四点半课后延时"、"点点爱"等27个特色文明实践志愿服务项目。以年度总分全市第一获"未成年人思想道德建设先进区"荣誉称号。招募志愿者12万余名，累计提供服务时长超300万小时。

【全力打造"二七悦读"品牌】 打造中小学"乐读"空间、"宜读"环境、"悦读"社团、"善读"课堂"四个阵地"，开展汉字大赛、经典诵读、系列阅读、读书征文、书香评选五项活动。建设省级书香校园2所、省级书香班级3个、市级书香校园26所、市级书香班级26个，区级书香校园38所，校园阅读中心3个。同时建设全国工会职工书屋示范点2家，省级工会职工书屋示范点5家，各级工会职工书屋示范点20家。推动全民阅读进机关、进企业、进社区，建立区级亲子阅读实践基地2个。举办10场"名家来身边"便民阅读分享活动，推选"书香家庭"20户，努力营造"爱读书、读好书、善读书"

的家庭氛围。全年共开展"二七悦读""六进"活动920场，努力擦亮"二七悦读"品牌。

·金水区·

【文化概览】 金水区因流经辖区的金水河而得名，是郑州市中心城区，位于郑州市东北部，东临郑东新区，南连管城回族区、二七区，西接中原区，北靠惠济区，总面积136.66平方公里。金水区历史文化底蕴深厚，是中华文明的重要发祥地之一。1964年，辖区内发现了大河村遗址，经考古发掘遗址包含仰韶文化、龙山文化和夏商文化等时期的遗迹遗存，出土的大量彩陶，绘有太阳纹、日晕纹、星座纹等天象图案，具有重要的文化研究价值，在其中也出土了极具代表性的中国古代彩陶之冠"双莲壶"。1974年，辖区张砦南街出土的2件商代"重器"——乳丁纹青铜方鼎，是研究商代前期青铜冶铸的重要实物资料。其中，大方鼎"杜岭一号"现藏于中国国家博物馆，小方鼎"杜岭二号"现藏于河南博物院，为该院"九大镇院之宝"之一。

文化建设工作。金水区第十届群众文化艺术节精心组织实施15项主题文化惠民活动，其中组织参加的摄影、美术、合唱、器乐大赛，广场舞比赛均获郑州市级比赛一等奖，原创舞蹈《大河之韵》获河南省艺术广场舞一等奖，街头艺术创新案例被中宣部选中入选《宣传思想文化工作案例选编》。积极开展"强国复兴有我"群众性主题宣传教育实践活动，并获河南省"强国复兴有我"大赛一等奖。认真筹备组织全市"黄河文化月"系列活动之"美丽郑州 炫舞世界"活动周，组织开展中国（郑州）国际标准舞全国公开赛和郑州市青少年霹雳舞选拔赛，铸造了金水区舞蹈文化名片。全力做好文艺精品创作项目申报工作，其中金水区推荐的歌曲《河魂组歌》获得河南省重点文艺项目扶持；另有电影故事片《女婿》、长篇小说《河畔》等获郑州市第二十六届精神文明建设"五个一工程"优秀作品奖，区委宣传部被郑州市授予优秀组织工作奖；图书《面膜》、摄影作品《居村联养点》获郑州市第二十三届文学艺术优秀成果奖。

文化产业建设。2022年，全区文化产业始终保持稳步发展态势。全区文化企业产量总值位居郑州市各县市区之首。组织9家文化企业申报市级文旅融合发展奖励资金，共有6家企业获得市级文化产业扶持资金307余万元。积极服务辖区企业成功申报郑州市新型业态文化企业；优享文创空间被评为全市唯一的文化创意产业空间。大力推动文化产业园区、楼宇、空间建设，持续打造马渡梦想科创小镇、国家知识产权创意产业试点园区等工程。

公共文化服务。区图书馆全年免费开放，到馆10万余人次，外借图书8.8万余册次，开展线上线下阅读推广活动共186场。区文化馆组织各类展演、直播活动37场，线上教学课程8个班次，选拔5个非遗项目参加"云端看非遗——历史里的炫丽金水"系列直播活动，发表线上文艺作品展演96篇。开展"送文化进基层"演出40场，非遗进社区、进校园活动10余场；举办"文化和自然遗产日"宣传展演活动和"我的乡村文化合作社"非遗作品展；开展免费培训477个班次，参加培训5000余人；"金水文旅云"数字服务平台共发布各类信息541篇，累计浏览量24115人次；发布线上线下活动770场，参与人数7392人次。

【中原黄河沿岸石窟造像高浮雕拓片艺术展】 2022年9月19日，由河南省文物局指导，中共郑州市委宣传部、郑州市文物局、郑州市地方史志办公室主办，郑州商都遗址博物院、郑州仁清金石传拓艺术博物馆承办，《石窟里的绝唱——中原黄河沿岸石窟造像高浮雕拓片艺术展》在郑州商都遗址博物院开展。该次展览共展出作品95件，以黄河沿岸具有代表性的9个石窟寺高浮雕内容为主。这9个石窟寺是：巩义石窟寺、洛阳水泉寺石窟、浚县千佛洞石窟、安阳灵泉寺大住圣窟、博爱县石佛滩、新乡香泉寺石窟、焦作窄涧谷石窟、鹤壁五岩山石窟、林州洪谷寺。作品主要出自郑州仁清金石传拓艺术博物馆馆长李仁清和他的团队之手，是他和团队多年来走遍河南各地完成的石窟高浮雕传拓精品艺术作品和成果。李仁清是国家级古籍修复技艺传习导师、河南省非物质文化遗产高浮雕传拓技艺代表性传承人。2016年国家古籍保护中心在郑州仁清金石传拓艺术博物馆设立国家级古籍修复技艺传习中心李仁清传习所。李仁清认为："高浮雕传拓技艺和作品，对文物保护具有重要意义，是科学性、系统性和完整性研究古代石刻文化、中国历史文化、传统艺术的第一手有重要价值的资料。"该次作品展艺术性高、学术性强，显示出中原黄河沿岸的石窟高浮雕

管城回族区

【文化概览】 管城回族区位于河南省郑州市中心城区，因春秋时期管国都城所在地而得名。全区总面积107平方公里，下辖12个街道、1个省级经济技术开发区，总人口约82万。管城历史悠久，人文积淀深厚，拥有全国重点文物保护单位3处（郑州商代遗址、郑州清真寺、尚岗杨遗址）4项，省级文物保护单位3处5项，市级文物保护单位9处。其中，距今3600余年的商代王城遗址，是郑州作为中国八大古都的重要佐证。此外，辖区内还留存有东汉时期的文庙、元代的北大清真寺和明代的城隍庙等多处历史文化古迹，管城辖区是郑州的根之所系、魂之所属。书院街商代墓地考古成果入选"考古中国"重大发现，全国首个商代金覆面考古发现刷新中原黄金文化认知，商都文化已成为传承弘扬华夏文明核心展示区的重要窗口和平台。

理论学习宣传。严格落实"第一议题"制度，管城区持续深入学习习近平新时代中国特色社会主义思想，2022年组织区委中心组（扩大）学习、研讨、专家辅导讲座等8场次，指导全区各级党委(党组)中心组学习700余次，配发政治理论书籍2500余本，"管城大讲坛"听众超过2000人次，联合有关部门成立了67人组成的区级百姓宣讲团。积极参加"党的二十大精神"全省理论宣讲网上培训。打造"学习强国"学习平台"管城回族区融媒号"，累计上传稿件1100余篇，通过新闻报道、小微视频、有声读物等表现形式，全方位展现全区上下推动党的二十大精神在管城落地生根的生动实践。

精神文明建设。从严从细推进精神文明建设，持续弘扬时代新风尚。探索建立"135"工作法，即坚持区委书记、区长任组长的领导组织建设，建立健全点位地图、完善点位专班、细化问题台账三项工作措施，全面落实书记区长签批、月考核排名等五项督导考核工作制度，探索与网格化管理有机结合，推动文明城市创建不断深化。先后组建志愿服务队伍300余支，打造萤火虫志愿互助中心、北下街胡同里等志愿服务品牌，整合公共服务阵地资源，打造"阵地融汇、机制融通、队伍融合、技术融聚"的"管城区三中心"。

文化宣传工作。精心策划《喜迎二十大·管城非凡十年》主题宣传活动，全方位多层次展现管城十年发展的非凡成就和宝贵经验。加强与中央、省级主流媒体的交流协作，央视《焦点访谈》等中央媒体相继4次播发陇海马路街道办事处红色物业等相关新闻。主动挖掘平等街"国韵潮声"民俗非遗文化IP，元宵节期间《平等街"上元奇妙游"》被中央省市各级媒体纷纷点赞报道，组织央广网等中央级媒体对管城回族区商代王城遗址建设进行实地采访。强化对外宣传与整体策划，与顶端平台合作开展"让世界看见郑州，郑州之心在管城"系列报道，微博话题"郑州之心在管城"阅读次数达500万；在《郑州日报》头版发表文章《商代王城遗址：在这里，行走商都感知早期中国》；策划小李庄火车站、金岱科创城等管城南部片区主题宣传报道《心动管城——打造中国枢纽经济新地标》。

公共文化服务。2022年，依托区图书馆、文化馆等载体，开展"我们的节日""喜迎二十大·欢乐进万家"等各类文化活动；开设舞蹈、书法、钢琴、街舞、吉他等公益课程；建立"郑州文旅云"平台进行长效稳定对接机制，提升公共文化服务效能。优化升级图书馆藏文献结构，举办主题阅读推广品牌，充分发挥区图书馆、城市书房、社区分馆等文化主阵地作用。提升博物馆服务社会效能，持续做好非国有博物馆的督导服务工作和日常监督管理。举办全民健身月暨"千村百镇"系列活动集中展演，开展三级社会体育指导员培训，规范和加强社会体育指导员队伍建设与管理，打造特色品牌化群众体育活动，以点带面推进全民健身热潮。

文旅融合发展。推进文化强区建设，深化文旅文创融合。讲述黄河文化根脉传承，2022年1月30日，非遗传承人赵恩民携《黄河泥娃》登上河南春晚，视频点击量突破80亿。原创舞蹈《一条大河》代表河南省参加全国群众舞蹈网络展演。加大文旅产业融合发展扶持力度，郑州商都遗址博物院、郑州市文物考古研究院、城垣遗址公园、宫殿区遗址公园等全部竣工并对外开放。开展"醉美商都·畅游管城"文旅文创消费季。7月27日，平等街非遗文创街区获"郑州夜经济地标"网络投票第一名。北顺城·代书胡同文化街区成功入选2022年河南省省级旅游休闲街区认定名单。原创舞蹈《骨笛声声》获郑州市中老年舞蹈大赛一等奖。

12月，十八里河街道青翠路社区合作社被评选为"河南省示范性乡村文化合作社"，管城文化魅力进一步彰显。

非遗保护工作。成功申报省级非物质文化遗产代表性项目7个，市级代表性项目30个，区级代表性项目71个。认定省级非遗代表性传承人6人，市级非遗代表性传承人18人，区级非遗代表性传承人65人。2022年，剪纸连德林被评为郑州市"非遗年度人物"之一。漆器作品《漆艺青瓷水瓮》、泥塑作品《老鹰捉小鸡》分获河南省第二届民间艺术大赛一等奖、三等奖。完成市级以上非遗代表性项目保护单位认定、数字化档案整理及传承人培训工作；组织参加"喜迎二十大·非遗新变化"郑州市非遗摄影展活动；举办"如虎添翼闹元宵"优秀非遗作品展示宣传活动和为期三个月的"醉美商都·畅游管城"优秀非遗项目互动体验系列活动，赢得辖区群众好评。

【商城遗址入选国家考古遗址公园】 2022年12月29日，国家文物局公布第四批国家考古遗址公园名单和立项名单，郑州商城国家考古遗址公园位列其中。该遗址公园2010年启动，将大型古遗址保护利用融入所在区域经济社会发展，兼顾了文物安全与人民群众日益增长的公共文化服务需求，被列入国家"十四五"规划内容，受到各级政府关注，该次入选既为省、市增添了一枚"国"字头名片，也为管城的文化旅游事业发展增添了浓墨重彩的一笔。

【郑州商代遗址发现首个商文化金覆面】 2022年9月，入选"全国百年百大考古发现"的郑州商城遗址，迎来了最新重大考古发现——郑州商城遗址内城东南部一处商代贵族墓地首次发掘出土了商代中期的金覆面，刷新了中原黄金文化认知。这是全国范围内所有商文化遗址中首次发现金覆面，也是发现的商代唯一一个金覆面，年代上早于三星堆黄金面具，这对于探讨我国西南地区相当于中原商文化晚期时段黄金面具文化的直接来源问题，提供了非常重要的线索。

·惠济区·

【文化概览】 惠济区位于郑州北部，黄河南岸，辖区总面积232.8平方公里，常住人口56.09万，下辖2个镇、6个街道和河南惠济经济开发区（惠济特色商业区）、郑州黄河滩地公园（郑州农业高新技术产业示范区）。辖区拥有国家级文物保护单位西山遗址、古荥汉代冶铁遗址、荥阳故城3处、省级文物保护单位5处、市级文物保护单位8处，古荥镇是郑州市唯一的全国历史文化名镇，辖区内黄河澄泥砚、郑州窑青瓷、烙画、蛋雕等非物质文化遗产闻名遐迩，世界文化遗产中国大运河通济渠郑州段穿境而过，枯河、索须河、贾鲁河、东风渠"二河一渠"贯穿其间，是"国家级生态示范区""国家级绿色农业示范区"。

文艺精品创作。策划实施"喜迎二十大·欢乐进万家"系列群众文化活动和"新时代新征程争出彩"主题宣传教育实践活动，组织文艺战线人才参加合唱、舞蹈、器乐、美术、摄影、戏曲比赛。惠济区"黄河之声"合唱团获全省群众合唱比赛第一名，舞蹈《我和我的家乡》获全省"舞动中原"优秀作品奖、郑州市艺术广场舞展演一等奖，8组器乐作品和7幅美术作品分获郑州市比赛一等奖、二等奖。组织申报郑州市第二十六届精神文明建设"五个一工程"、文学艺术优秀成果奖和文艺精品创作扶持奖励工作，油画《快雪时晴》、民艺《郑州窑青瓷》等4部作品受到市委、市政府表彰。

文化产业发展。出台《惠济区支持文化创意旅游产业发展的实施办法（试行）》，激励文艺工作者创作更多精品力作，引导辖区文创企业做大做强。打造黄河文化创意品牌，创作"郑国编钟·茶具""黄河瑞兽十二生肖"等文创产品，"郑国编钟·茶具"获郑州市文化创意设计大赛一等奖，郑州窑青瓷受到原文化部副部长励小捷等领导肯定。召开文化产业统计培训会，做好规上和规下文化企业清查盘点、新增入库摸底工作，统计规下文化企业2100余家，做到文化产业统计"颗粒归仓"。服务保障黄河博览馆等重点项目建设，黄河博览馆等文化项目正在加快进展，助推文化强区建设由愿景变为现实。

非遗传承保护。开展全区非遗项目和传承人现状调研工作，深挖、储备非遗资源，规范"非遗"人才队伍管理，完善四级"非遗"传承体系建设，陈国胜、张铁牛两人成功入选为市级非遗传承人。举办2022年惠济区第六届非物质文化遗产系列活动。邀请剪纸、香道、传统编结、面塑等优秀非遗项目传承人制作非遗宣传、"非遗小课堂"系列微视频16部，在"学习强国"、郑州音乐广播公众号等多个平台播放，全年共开展"非遗

四进"20余场，营造传承保护非遗项目的浓厚氛围。

文旅文创融合。挖掘辖区文旅资源，建成黄河滩地公园约63公里彩色慢行道路及南裹头、海事码头、惠武浮桥3个观景点，郑州沿黄生态廊道示范段完工。创新宣传推介方式，以辖区文物古迹、自然风光、非遗文化、民俗活动等为题材，制作惠济文旅宣传系列微视频，推出"立春""端午""中秋"等32个微视频，全面展示惠济特色、惠济风采。打造特色精品旅游线路，聚焦文化体验、生态休闲、非遗研学等主题，推出特色精品旅游线路9条，辖区A级旅游景区共接待游客154.27万人次。依托辖区非遗文创、非遗美食，开展"5·19中国旅游日文旅消费月"等系列文旅消费惠民活动；探索"文旅+体育"融合发展新模式，开展精品文体赛事活动，先后举办惠济"沿黄贺岁杯"足球邀请赛、骑行活动，着力提高群众文体生活水平。

公共文化服务。全区建有基层综合文化活动中心74个，其中镇（街道）综合性文化服务中心8个，行政村（社区）综合性文化服务中心66个，并拥有配套的室外活动场地。完成"舞台艺术进乡村、进社区"演出44场。建设区级图书馆1个，分馆8个；区级文化馆1个，分馆8个；24小时自助图书馆4个，城市书房10个，藏书量40万余册；文化活动广场34个，农家书屋53个。组织"翰墨润中原"惠济区书画展、舞台艺术进乡村进社区等惠民活动100余场次，为群众带来身边的视觉盛宴和文化大餐。打造"惠声惠色"公益培训，开设舞蹈、戏曲、模特、书法、剪纸、陶艺等培训科目18个，丰富文化服务供给，将优秀传统文化送到群众家门口。

【**2022年中国（郑州）黄河合唱周**】承办中国（郑州）黄河合唱周活动，征集黄河合唱主题曲原创作品170件，评选《黄河摇篮曲》《花园口纪念碑》《黄河情郑州缘》等优秀作品10件，诠释演绎黄河故事，彰显黄河流域特色文化元素。该次活动采用"小线下、大线上"模式，推选优秀合唱视频48个进行线上展播，举办音乐名家网络直播课，为广大音乐爱好者搭建学习和提升的平台，加强了沿黄九省（区）之间的协同联动，推动各地优秀传统文化创造性转化、创新性发展，持续擦亮黄河文化品牌。

·上街区·

【**文化概览**】 上街区位于黄河之畔、汜水之滨，是郑州6个市辖行政区之一，总面积61.73平方公里，总人口约20万。辖1个镇、5个街道，是首批国家通用航空产业综合示范区。已建成区新时代文明实践中心（所、站）70个，区级图书馆、文化馆各1个，城市书房3个，综合文化站6个，基层综合性文化服务中心59个。现有省级文物保护单位3处，分别为西柏社遗址（龙山文化遗址）、重阳观（明清）、方顶传统民居（方氏宗祠、石寨墙、火神庙、关帝庙)(明清)；市级文物保护单位10处，分别为卢医庙［初建于西汉鸿嘉三年（前18年），现存建筑为明清建筑风格］、马固王氏宗祠（明清）、曹彬墓（宋代）、王博文墓（宋代）、沙固遗址（裴李岗文化遗址）、南峡窝遗址（仰韶文化早期遗址）、寨沟遗址（夏代遗址）、观沟遗址（龙山文化遗址）、魏岗遗址（新石器时代晚期遗址）、石嘴遗址（商周文化遗址）；县区级文物保护单位1处，为汉寿亭侯画像碑（明代）；1处重大考古发现，为鹊山贵族墓葬群。

理论学习工作。区委把学习宣传贯彻党的二十大精神作为首要政治任务，第一时间召开常委会（扩大）会议、全区领导干部会议进行传达学习，带动各级党委（党组）及时跟进，推动学习贯彻党的二十

惠济区承办中国（郑州）黄河合唱周活动

大精神各级党组织全覆盖、广大党员全覆盖。深入学习贯彻习近平总书记视察陕西延安和河南安阳重要讲话精神，组织广大党员观看央视专题片《红旗渠精神》。区委班子成员以普通党员身份参加组织生活会，带头践行红旗渠精神。分级分领域组建宣讲团（小分队）15 支，扎实开展对象化、分众化、互动化的宣讲活动 200 余场，推动党的二十大精神家喻户晓、深入人心。

媒体宣传工作。深入开展"奋进新征程 建功新时代"重大主题宣传活动、"喜迎二十大·欢乐进万家"群众文化活动、"新时代 新征程 争出彩"主题宣传实践活动。在市级以上主流媒体刊发稿件 4200 余篇，其中《九个方面发力 建设现代美丽上街》《打造郑西物流枢纽重要节点》等多篇文章阅读量创历史新高。在"学习强国"学习平台上线"上街融媒号"，打造展现上街区经济社会高质量建设新窗口。推动新时代文明实践中心、融媒体中心、网络应急指挥中心"三中心"融合发展，构建以"上街发布"为首发的信息发布矩阵，积极回应社会关切。

精神文明建设。深入贯彻《郑州市新时代公民道德建设实施方案》，实施公民道德建设工程，不断深化文明培育、文明实践、文明创建，扎实开展志愿服务工作，推进精神文明建设持续提升。深入开展"新时代文明实践推动周"活动，全区开展各类文明实践活动 750 余场，受益群众 15 万余人。实施志愿服务组织孵化行动，全区特色志愿服务队由 13 支扩大至 21 支，夯实队伍建设基础。持续放大"绿城使者"志愿服务品牌效应，"志愿红"成为上街亮丽风景。

文旅文创融合。研究制定《郑州市上街区文旅文创融合战略行动计划方案》，以美丽上街现代化建设为统揽，以创建"两翼一心"文旅格局为基础，提出了 12 项重点任务计划，高位谋划全区文旅产业。依托上街区现有资源，谋划打造 AAAAA 级旅游景区：上街通航产业公园、鹊山文化公园、铝工业基地，国家级度假区：五云山国家旅游度假区。按照产、城、游联动，工、农、旅融合，打造上街城市 IP。大力发展文旅新业态，精心谋划低空旅游、研学旅游等新业态，包装打造"通航+文旅"飞行体验及研学基地，谋划以人文生态和中原农耕文化为核心的青青文旅集团系列研学基地，研发包括科技、文化、历史、体育、自然等多种主题的特色研学课程。谋划精品主题旅游线路，整合石嘴、马固优秀文化资源，统筹"上街十景"，结合区内其他优秀点位资源，多角度、全方位宣传上街，讲好"上街故事"。

文物非遗工作。开展文物保护修缮工程，完成马固关帝庙内火神殿、老君殿、圣母殿等明清时期古建筑的保护修缮。以"线上+线下"形式，举办"认识虢国"第二季活动，进一步深入挖掘和宣传"虢文化"蕴含的思想观念和人文精神。持续做好文物勘探工作，先后完成京华仪器、上益气体等 5 处拟建项目的文物勘探工作，并积极协调上级部门推动通航片区海王项目古墓葬发掘工作，确保各项目建设工作顺利进行。加大对灾后重建文物的巡查力度，落实分包制，定岗定责，严格做好文保单位日常巡查和专项检查工作，确保全年文物安全无事故。以"迎二十大"为契机，开展"文化和自然遗产日"非遗展演展示活动。加强非物质文化遗产传承人队伍建设，2 名传承人获得民间艺术中级职称资格，秋秸画非遗传承人闫玉虎获郑州市非遗年度人物称号。

文化惠民工作。注册乡村文化合作社 37 家，成功举办"我的乡村文化合作社"才艺大赛。扎实开展文化惠民活动，开展"订单式"送文化到家门口服务，开展"喜迎二十大 欢乐进万家""我们的节日""红色文艺轻骑兵"等活动 200 余场，惠及群众 10 万余人次。依托新时代文明实践所（站）、"绿城使者"志愿服务站等基层站点持续开展"快乐星期天"活动 200 余场，完成市重点民生实事"舞台艺术进乡村、进社区"文艺演出活动 32 场。开展传统文化公开课暨"双百工程"艺术培训 300 余期，培训基层文艺骨干、文化馆分馆业务骨干、文艺爱好者 1 万余人次。与社会艺术团体联合举办培训 200 余期，培训人员 2 万余人次。上街区灵雀合唱团和唯特合唱团在"唱响新时代"郑州市群众合唱人赛中获均 等奖，上街区舞协文化志愿团队在"中原舞翩跹"郑州市艺术广场舞大赛中获一等奖，展示出上街区深厚的文化底蕴。举办"书香润万家 奋进新时代"上街区庆国庆诗词朗诵会，以及"朗读之星""品书香·沐春风""选择你想要的生活读书分享会""上街区职工阅读分享"等读书活动，取得了良好的社会效果。推进智慧文旅服务，建立与"郑州文旅云"平台长效对接机制，将海量公共文化活动信息提

2022年上街区灵之雀合唱团参加"唱响新时代"郑州市群众合唱大赛

前搜集、投放、接受预订，全年上传活动400余场，为群众提供更加便捷的文化服务体验。

【灵之雀合唱团参加"唱响新时代"郑州市群众合唱大赛】 2022年11月2日，"情韵郑州 公益舞台"——"喜庆二十大 强国复兴有我"郑州市群众合唱优秀团队网络展演月开幕，上街区灵之雀合唱团参加"唱响新时代"郑州市群众合唱大赛。合唱团由上街区各单位在职员工和企事业单位退休的音乐爱好者共同组成。近年来，先后在全国、省、市等各类大型合唱比赛中获得全国金奖2次，省金奖7次，市一等奖2次，并于2017年、2019年在上街区独立举办了合唱音乐会。2019年由河南省合唱协会推荐参加全国中老年合唱邀请赛并获金奖第一名、最佳指挥奖、最佳钢琴伴奏奖。2021年4月在河南省郑州市举办的"中国黄河合唱周"比赛中获一等奖。

·郑东新区·

【文化概览】 郑东新区位于郑州市区东部，管辖面积260平方公里，规划控制面积370平方公里，辖区内有12个乡（镇）和3个园区（中原科技城、郑东新区先进制造业开发区、中央商务区）。2003年1月启动开发建设，已建成区面积近120平方公里，入住人口达130万人，建成公共绿地面积40平方公里，水域面积18平方公里，核心区绿化覆盖率接近50%，由一片鱼塘村路变为一座现代化国际化新城，成为展示郑州乃至河南对外开放形象最靓丽的窗口和名片，高水平的规划设计更是被习近平总书记誉为"新城区建设的点睛之笔"。辖区现有国家级文物保护单位2处，分别是大河村遗址和祭伯城遗址；市级文物保护单位3处，分别是东周古城、列子祠和小营点军台；非国有博物馆2家，分别是郑州山海砗磲博物馆和郑州市黄淮艺术博物馆；国有博物馆1家，为郑州市大河村遗址博物馆。

理论学习工作。郑东新区宣传部起草下发《2022年度郑东新区党（工）委理论学习中心组分专题集体学习的安排意见》，明确了全区各级党（工）委理论学习的方向和学习重点。累计开展党工委会议"第一议题"学习25次，学习中心组组织学习8次。对12个乡（镇）办事处开展中心组学习巡听旁听，全年指导推动全区各级党（工）委理论学习中心组组织学习114次。围绕党的二十大精神和伟大建党精神，党工委、管委会班子成员进学校讲思政课、进基层讲党课16次，征集制作宣讲短视频39个，依托新时代文明实践中心（站、所）等平台开展各类宣讲活动640余场。学好用好"学习强国"平台，组织开展好领导干部应知应会线上理论考试、"学习强国"答题挑战赛等，遴选3名选手参加全市比赛，获优秀组织奖和1个二等奖、2个三等奖，增强了"比学赶超"学习氛围。

新闻宣传工作。围绕中原科技城建设、人才机制、科创体系、优化营商环境、推进城市高品质建设等党工委中心工作，在新华社、《人民日报》等国家级媒体刊发《"智慧大脑"让城市管理开启"云"模式》《中原科技城郑州国际文化交流中心主体结构建设有序推进》等报道383篇次。紧扣市委实现"开门红、全年红，开门稳、全年稳"目标任务和聚焦"十大战略""三标"活动，"奋进新征程 建功新时代"重大主题宣传、"能力建设作风年"、"万人助万企""五星"支部创建等重点工作，依托省级媒体推出《郑东新区："六抓六提升"推进能力作风建设》《加快推进中原龙子湖智慧岛建设 营造一流创新生态 打造全省科创品牌》《云签约为郑东新区全员招商赋能高质量发展》等报道6369篇次，有力地把东区以项目强支撑、靠改革增活力、科技赋能增效的成绩宣传出去、推广开来。围绕"赢未来·汇

郑东"青年大学生郑东行活动，推出《青年学子再聚郑东新区 感叹"郑东行"共话"郑州兴"》《5000余名青年学子沉浸体验"郑东行"！感受"郑州兴"坚定留郑发展决心》等宣传报道230余篇次。深入开展"新时代 新征程 争出彩"十大主题宣传教育等实践活动，弘扬伟大建党精神，营造爱党爱国爱社会主义的浓厚氛围。全年推出媒体报道14677篇次。

文化宣传活动。广泛开展"喜迎二十大·欢乐进万家"系列群众文化活动，组织群众合唱、全民阅读、街头艺术、广场舞大赛等活动17项50余场次，推荐选送优秀作品589件，获省级一等奖1个，市级一等奖2个。在"我眼中的大美中原"摄影比赛和"唱响新时代·建功'十四五'"职工歌手大赛获得优秀组织奖。策划举办了抖音线上"文化和自然遗产日"宣传活动，抖音参与直播互动的观众达2.8万人，累计点赞量突破100万。直播中向大家展示了大河村遗址的发掘保护、文化内涵、发展规划。组织开展了"童心向党·喜迎二十大"少年儿童书画作品展活动，展览作品围绕喜迎党的二十大、黄河流域生态保护、红色基因传承、郑州高质量发展四类主题进行创作。国庆期间成功举办"城市向上·美好焕新"中原科技城金融岛·首届美好生活节。依托郑东版权服务工作站，不断提升服务质量，2022年共办理作品著作权登记148件，完成年度任务的185%，全市排名第一。东区规模以上文化企业上半年营业收入位居全市第二，文化产业增加值增速位居全市第一。

公共文化建设。出台《郑东新区城市书房管理办法》《郑东新区公共文化服务效能考核实施方案》《郑东新区提高乡村公共文化服务水平实施意见》和《郑东新区城市书房经营管理规范》，进一步推动6家城市书房的规范化建设及管理服务工作，以公共文化服务标准化引领城市内涵提升。累计建成综合文化站12个，基层公共文化服务中心127个，农家书屋67个，全部免费开放。配备专（兼）职工作人员，每年开展文化专干队伍培训、文化志愿者业务素质培训，常态化开展各类文娱活动，丰富群众业余文化生活。同时充分利用城市书房、综合文化站、农家书屋等文化阵地，积极开展讲座、诵读、读书会、亲子互动、志愿者公益等活动，并依托郑州文旅云平台及时发布公共文化活动360多场，扎实推进公共数字文化服务高效、高质量发展。在75个行政村（村改居社区）同步开展农村公益电影放映617场，丰富群众"夜"生活，为新时代乡村振兴注入新活力。建成"乡村文化合作社"60多家，不断提升社区生活品质。

精神文明创建。着力培育标杆点位，全方位打造208个文明城市点位，重点打造19个精品点位，修订印发《郑东新区文明单位、文明乡镇、文明校园积分制管理办法》。全区共获评2021年度市级文明单位11家、文明村镇3家、文明社区2家、文明校园11家，文明细胞培育不断增强。精心筹划新时代文明实践周系列主题活动，累计组织2.1万余名志愿者参与。深入开展"快乐成长"乡村学校少年宫文艺志愿服务暑期特别行动，招募返乡大学生志愿者开展活动305场次，服务时长614小时，累计服务青少年7713人次。组织开展"喜迎二十大 建功新时代""我们的节日"等文明实践活动105场次。开展文明实践所、站专项督导考核，共督导12个所63个站，在新时代文明实践中心专项测评中以满分成绩名列第一。大力选树培育"新时代好少年""乡村光荣榜"等13类113名先进典型，获"河南好人""郑州市文明市民"等省、市级荣誉11个。持续推进未成年人思想道德建设，评选表彰2022年郑东新区"新时代好少年"91名，5名被评为郑州市"新时代好少年"。

【"赢未来·汇郑东"青年大学生郑东行活动圆满完成】 2022年8月17日至8月31日，郑东新区举办"赢未来·汇郑东"青年大学生郑东行活动，全国共有9330位在校大学生及2022届毕业生通过"郑东行"小程序报名注册，据统计有5000余人次参加该次活动。该次活动为参与的大学生提供了免门票、免食宿、免交通等5项补贴政策，有来自清华大学、北京大学、新加坡国立大学等高校的学子们纷纷报名，参观走访金融岛、中原科技城、大河村遗址等涵盖科技、创业、文化等各个领域的10家东区标志性建筑和场馆，向参与者充分展示了郑东新区中原科技城龙头引领、科创企业聚集、驻区高校云集和宜居宜业宜商"四个优势"。

·高新区·

【文化概览】 郑州高新区位于郑州城区的西北部，始建于1988年，1991年获批国家高新区，2016年成为郑洛新国家自创区核心区。截至 2022 年年末，实际管辖 99 平方公里，已建成 67.5 平方公里，常住人口近 80 万。已建成区级图书馆、文化馆、非遗馆各 1 个，城市书房 4 个，综合文化站 5 个，基层综合性文化服务中心 40 个。近年来，高新区积极落实公共文化服务体系建设工作要求，在加强公共文化服务设施建设的基础之上，着力建立健全公共文化服务政策保障机制，推进文化队伍建设，扶持文艺团队发展，辖区公共文化服务体系建设城乡一体，文艺活动精彩纷呈，人民群众享受公共文化服务的便利性、获得感和幸福感不断提升。

公共文化服务。组织召开公共文化服务高质量发展专题会议，制定出台《郑州高新技术产业开发区管委会社会事业局 2022 年提高乡村公共文化服务水平工作方案》《郑州高新技术产业开发区管委会社会事业局 2022 年度基层公共文化服务效能考核工作实施方案》等公共文化服务发展指导性文件。同时，着力开展相关培训，以多形式鼓励文艺团队发展，积极引导社会力量参与，大力推进文化志愿服务。创新工作方式，聚力公共文化服务城乡一体化建设，充分发挥办事处、乡村（社区）自身公共文化服务原有优势资源，以阅读活动为抓手助推沟赵办事处获省委宣传部"豫见最美书香村镇（社区）三等奖表彰，以狮鼓民俗活动为着力点支持祥营村全面推进公共文化服务高质量发展，并成功入选郑州市公共文化服务高质量发展示范村（社区）行列。

文化艺术活动。全年开展各类培训 300 余场，线上＋线下各类文化活动近 200 场。区社会事业局牵头开展 2022 年传统文化（戏曲）进乡村进社区活动，在双桥办事处观悦社区开展戏曲进社区专场演出 6 场。区文化馆举办"春满高新·欢度佳节"春节联欢文艺晚会、"金虎迎春·喜闹元宵"元宵节联欢会、"郑州西美高新合唱团专场音乐会""瑞兔迎春"2023 年元宵晚会线上直播演出等多场公益演出。区"星冉"舞蹈艺术团先后排练了《盛装舞》《忆》《我和我的祖国》《不会忘记》《游山恋》等多个舞蹈作品。积极推进"非遗"进校园工作。区非遗传承人分别走进高新区外国语小学、高新区复新实验中学、郑州市五十八中学开展非遗保护与宣传工作。积极开展全民阅读活动。在高新区网络安全科技馆、图书馆、四个郑品书社建设校外读书基地，充分结合"喜迎二十大"主题，开展"翰墨丹青 书香高新"少儿硬笔书法展、"就地过年 书香暖心"30 天阅读打卡活动、"4·23 世界读书日"系列活动等活动。

【《唐宫夜宴》IP 文创生态体系】郑州歌舞剧院自 2021 年 6 月 24 日，正式与河南华冠文化科技有限公司达成合作，携手共同推动《唐宫夜宴》IP 的活态开发工作。提出《唐宫夜宴》IP"六化"模式，目前成功搭建了《唐宫夜宴》IP 文创生态体系、打通了 IP 化开发的成长路径、建立了完善的 IP 标准，并形成了多媒体矩阵。一是 IP 形象化建设。提炼舞蹈特色和人物个性，明确 IP 形象的故事背景和社会主义核心价值观，确定《唐宫夜宴》舞蹈官方动漫版 IP 形象"唐媚儿"。二是 IP 品牌化建设。确立了《唐宫夜宴》相关联的标志、字体、应用组合、图形、标准色值等各方面的应用标准，制定统一的品牌形象和应用规范。三是 IP 内容化建设，延伸开发推出多系列表情包、插画等创意内容，进一步扩大 IP 在市场中的知名度。四是 IP 文创化建设。精准定位消费群体，在全国范围内精选产业开发合作伙伴，推出了多系列高颜值、强文化、好品质、大流量的文创产品，其中唐宫小姐姐盲盒、唐宫文具、唐宫夜宴文创酒、牙膏、虎年伴手礼唐卜虎等多系列创意产品已进入大众日常生活，深受市场欢迎认可。还发布了河南省首套数字艺术藏品，创下了 34000 份上线秒空的记录。五是 IP 场景化建设，通过线上和线下场景化营销，启动《唐宫夜宴》主题美陈展，助推 IP 品牌、文创产品和实体经济的融合发展。六是 IP 人格化建设。强化 IP 人格化属性，保持 IP 在受众群体中的热度。吸引了全网超过 30 亿人次的点击关注，间接带动了上亿元的经济效益。同时，IP 和多家品牌建立商业合作。《唐宫夜宴》先后获"2021 十大年度国家 IP"、"十佳潮玩产品"、"十佳 IP 联名项目"、第六届中国文旅 IP 大会"IP 有光 向阳而生"等多项荣誉，为中华优秀传统文化的活态开发进行了深层次的有益探索。

·经开区·

【文化概览】 经开区面积 158.7 平方公里，常住和从业人口 50 余万人。经开区有尚岗杨文化遗址、圃田故城遗址、青龙山老庙岗遗址等，是战国时期著名思想家、文学家、哲学家、文学家列子的故里，是解放战争时期著名的蒋冲阻击战发生地，拥有祥云寺、法云寺、延福寺等文化名胜，拥有"列子传说"等省、市、区级非物质文化遗产共12项。经开区是河南省百亿企业最多、最集中的区域，是河南省第一家六星级产业集聚区，先后获国家新型工业化产业示范基地、国家生态工业示范园区、国家示范物流园区等荣誉。2022年在全国230家国家级经开区中位居第23名，连续三年稳居全国前30强。

理论学习宣讲。 经开区实时跟进学习习近平总书记最新讲话和中央、省市最新决策部署，理论学习经验交流材料在省委宣传部《中心组学习动态（2022年第12期）》刊发。搭建开放式学习平台，创办"经开大讲堂"，邀请各领域专家学者、高级人才做专题辅导。开展巡听旁听，带动推动基层组织把理论学习持续向广度深度拓展。整合线上线下资源，举办"党的创新理论宣讲"主题宣传教育实践活动宣讲大赛，组建经开区宣讲团，开展对象化、分众化、互动化宣讲，推出宣讲短视频、微视频、微党课50余期，党的二十大精神持续入脑入心入行。

新闻媒体建设。 打造高质量新闻传播矩阵体系。集中力量做强"郑州经开发布"微信公众号、视频号宣传主阵地，整合《联播经开》《经开周报》《经开时报》等联办栏目和媒体资源，构建外宣矩阵体系，官方公众号关注量由2020年年底的1.7万人增长至8.1万人，占全区常住人口的24%，分众传播、分类覆盖的"经开宣传IP"持续叫响。精心策划重大主题宣传。围绕党的二十大精神、省市重要会议，深入宣传全区上下聚焦总目标、把握总要求，全面开展"三标"活动，深入推进"十大战略"行动的具体实践。全年各级媒体累计发稿5457篇，主要央媒重点栏目正面报道数量位居全市16个开发区、区县（市）第一名。走好新时代网上群众路线。深化落实"为民解忧办实事，助人为乐办好事"实践活动，获评顶端新闻"我为群众办实事"先进办理单位。

精神文明建设。 全力推动全国文明城市创建。对标"六城"定位，扎实开展"三治三优"行动，制定完善书记、主任签批，问题交办"四单"和"评优评差"等多项工作制度，深化细化文明城市创建"1+4+3"的高效推进机制。扎实推进群众性精神文明创建。圆满完成2022年度各级文明单位、学校以及社区庭院等工作任务，2022年省级文明单位获批数量达历年之最。有序推进志愿服务工作。辖区在册志愿者人数稳步上升，新注册志愿机构数8个。开展法律服务、科学普及、文化文艺服务、助学支教、医疗健身、卫生环保、扶贫帮困志愿服务等多类主题志愿服务活动1500余次，累计招募志愿者2.3万余人次，志愿服务时长42万小时。

群众文化活动。 精心组织"喜迎二十大·欢乐进万家"系列主题群众文化活动，成功举办"我眼中的大美中原"摄影大赛、书香经开·全民阅读、经开区惠民艺术节、"传承红色精神"文明实践、"列子文化诵读""传统文化过大年"、"喜迎冬奥优秀书画作品展"、"舞台艺术进乡村、进社区"等各类活动。在郑州市第十五届歌手大赛、艺术广场舞大赛、群众合唱大赛等比赛中取得良好成绩。

文化事业发展。 加快发展新型文化企业、文化业态、文化消费模式，大信博物馆聚落、宇通客车博物馆、彩虹盒子、中铁盾构全国爱国主义教育示范基地等文化品牌影响力持续扩大，新增6处非国有博物馆，中国（郑州）直播电商产业基地、河南叙述方式文化传媒等重大项目落户经开区。统筹推动版权服务、新闻出版等工作，全力维护文化市场繁荣稳定，获评AAA级版权服务工作站。成立经开区旅游星级饭店评定委员会，组建星评员队伍，推动全区旅游星级饭店行业高质量发展。积极推动工业研学旅游，开展文旅推介及惠民活动15场，提振了文旅消费。

非遗保护利用。 经开区第三批非遗传承人评选及非遗代表性项目征集，一批高品质文化艺术作品不断产出。"吴氏手绘扇面"传承人吴优创作的扇面作品、华夏铜艺成型技术研究院创作的铜雕作品"黄河龙马"等作品生动出彩、百花齐放。金属浮雕项目传承人刘福喜获2021年度郑州市非遗年度人物提名奖。深化列子文化推广，张广智《智说列子》一书出版面世，中小学"列子诵读"活动常态化开展。开展抓好黄河文化保护传承弘扬，举办少林功夫非遗传习班系列培训180次，围绕"文化和自然遗产日""二十四节气""列子传说"主题，组织开展创作、展播、展演活动23场（期），线上浏览量达5.5万人次。

公共文化建设。 加快推动经开区图书馆、城市书房、农家书屋、实体书店、公共阅报栏（屏）、新型公共文化空间建设。城市书房、农家书屋总建筑面积达到近 5000 平方米、藏书近 6 万册。在企事业单位开辟读书角、书吧等阅读空间。公共阅读空间建设不断扩大，经开区图书馆建成馆舍面积达到 4108 平方米，阅览座席 350 个，同步推动企业分馆、电子书借阅机建设。开展送书进企业、进校园、进基层活动，2021 年至 2022 年累计赠送各类图书 1 万余册。选荐"经开最美十佳读书人""书香校园""书香机关""书香家庭""书香社区"等单位和个人，全民阅读持续掀起高潮。通过郑州文旅云平台开展各类线上线下文化活动 309 场，打造乡村文化合作社 23 个，将司赵村、弓马庄村乡村文化合作社打造成试点进行推广。

【"豫"见最美经开读书人暨书香经开全民阅读活动】 2022 年 4 月 23 日，经开区"豫"见最美经开读书人暨书香经开全民阅读活动正式启动。区委宣传部（文明办）、党群工作部、教文体局等主办单位联合发布系列视频，大力倡导全区干部职工及群众积极行动起来，参与阅读、推动阅读、享受阅读。活动采用线上诵读的形式，由区教文体局征集遴选优秀诵读作品以线上方式面向社会展播，同时，活动还评选出经开区"十佳最美经开读书人""书香家庭""书香机关""书香社区""书香校园"等奖项予以表彰，并推荐至省、市参加最美读书人选拔活动，推动形成"人人爱读书、家家飘书香"的全民新风尚。

·巩义市·

【文化概览】 巩义地处省会郑州和古都洛阳之间，南依嵩岳，北濒黄河。秦时置县，因"山河四塞、巩固不拔"得名巩县，面积 1043 平方公里。巩义是华夏文明发祥地的核心地区之一，有裴李岗、仰韶和龙山文化遗址 70 多处，距今 5300 多年的双槐树遗址被誉为"河洛古国"、入选全国"百年百大考古发现"。巩县石窟是全国九大石窟之一，其中的《帝后礼佛图》是该题材石刻造像的孤品，《飞天》亦为艺术瑰宝。北宋皇陵是我国现今保存完整的两大帝王陵墓群之一，康百万庄园是全国三大庄园之一。这里英才辈出，"天下贤士"程子华、纵横家苏秦、西汉著名经济学家桑弘羊、世界上第一位植物学家嵇含、诗圣杜甫、人民艺术家常香玉和当代书画家谢瑞阶、陈天然均诞生于此。巩义是全国综合实力百强县市、全国文明城市、国家卫生城市、国家园林城市、全国双拥模范城和中国优秀旅游城市，已 4 次上榜"中国最具幸福感城市"。

理论学习工作。 实施党委（党组）理论学习中心组和"第一议题"学习提升行动，市委常委会开展"第一议题"全年学习 37 次、市委理论学习中心组集中学习 18 次，巡听旁听乡科级党委（党组）理论学习中心组学习 36 家，市委常委会被评为河南省县处级以上党委(党组)"第一议题"学习示范点。扎实开展"党的创新理论万场宣讲进基层"活动，邀请省委、郑州市委宣讲团集中宣讲 3 次，全年开展各类宣讲 1000 余场次。积极开展思政课改革创新，"青春巩义"公众号发布优秀思政课视频 15 期。常态化长效化开展党史学习教育，扎实推进市镇两级 236 项民生实事落地落实。

对外宣传工作。 加强对外传播和文化交流，邀请中央、省、郑州市媒体集中采访 80 余次，刊发报道 6900 余篇，其中中央级媒体 420 余篇，中央广播电视总台新闻联播等重点栏目播出新闻 30 条。巩义市上榜 2022 全国城市传播百强、2022 中国县级市品牌百强，分别位列全国第 28 位、第 39 位，均为河南省第一。

文物文博工作。 不断推动文物文化整合化利用、活态化展示、具象化传播，千方百计让文物活起来。实施大遗址保护利用工程。加快推进已立项的宋陵国家考古遗址公园项目，逐步实施北宋皇陵"七帝八陵"展示利用、环境整治、本体保护和防护工程三大板块 13 个项目，谋划启动黄冶三彩展示馆、宋词文化园、黑石通津、石窟寺数字展示馆等新一批文旅融合项目建设。同时紧盯双槐树国家考古遗址公园立项工作，启动考古遗址公园一期建设。立足文物发展成果惠民利民宗旨，加快推进生态保遗项目，2022 年北宋皇陵永昌陵一期、永厚陵、赵普墓 3 个遗址生态文化公园已竣工并对外开放，成为"文旅融合"新晋网红打卡地。

文旅文创工作。 沉浸式夜游丰富多彩，策划了"又见·康百万"、"梦回大唐·夜游故里"、长寿山恐龙灯光节和露营音乐会等沉浸式夜游活动，有效拉长游客驻留时间。其中，杜甫故里、康百万庄园通过增加夜景亮化、实景演绎和文创开发等项目，启动夜游模式，受到游客热捧。2022 年，央视一套新闻联播报道杜甫故里景区，宣传效果较好，与上年同期接待游客量相比增长 67%，收入增长 520%。精心打造"访·梦回大宋""寻·革命先烈""探·沿黄文脉"3条研学线路，巩义市博物馆策划推出的古村落艺术之旅、"小小讲解员"等系列研学活动反响热烈。丰富产品供给，建设完成常香玉故里红色教育基地、园丁街特色街区改造、宋词文化园、山谷觉醒度假酒店等项目。创新业态场景，杨树沟野奢帐篷露营地、嵩顶帐篷露营地、南岭新村趣野宿营地3个露营地项目对外营业。投运以来共接待游客563.4万人次，实现旅游收入11.19亿元。

精神文明建设。扎实推进全国文明城市创建，统筹推进文明村镇、文明单位、文明家庭、文明校园建设，修订《巩义市文明单位、文明村镇、文明校园动态管理暂行办法》。坚持以文明村镇创建助力乡村振兴战略，开展第三届"乡村光荣榜"选树活动，"星级文明户"认领实现全覆盖。创成河南省级文明单位35个、郑州市级13个、巩义市级23个。创成省级文明校园（标兵）5所、郑州市级7所、巩义市级17所。评选表彰巩义市第五届"新时代好少年"24人，5人入选郑州市"新时代好少年"。积极发挥典型引领作用，评选表彰第十一届"孝老爱亲"模范4类40人，评选文明市民120人，入选中国好人1人、河南好人6人、郑州市道德模范及提名奖3人、文明市民16人。巩义市文明办、巩义市科协等组织开展的2022年全国科普日主场活动被中国科协评选为2022年全国科普日优秀活动。市委宣传部获评郑州市优秀职工志愿服务组织，"义剪美""书香满城"志愿服务项目分别获河南省二等奖、郑州市"最受群众欢迎项目"。

群众文化活动。深入推介杜甫文化名片，举办让世界聆听杜甫——第八届杜甫国际诗歌周活动。举办2022年电视春晚、河洛大舞台暨"我的乡村文化合作社"才艺大赛、第十届戏曲文化艺术节、"诗乡月明"经典诵读大赛等大型群众性文化活动30场。开展"喜迎二十大"主题活动，开展"新时代 新征程 争出彩"十大主题宣传教育实践活动，开展"强国复兴有我""红色精神'巩'传承"等主题活动1500余场。常态化开展"幸福巩义"广场文化活动以及"舞台艺术进乡村、进社区""戏曲进校园""河洛大鼓进基层""红色文艺轻骑兵""快乐星期天"等文化惠民活动4300余场次，让群众共享文化发展成果，持续提升城市形象和文化魅力。

文化产业推进。成立巩义市文旅文创产业发展工作领导小组，规划"三带三区"文旅发展布局，制定《巩义市文旅文创融合战略实施方案》《旅游民宿管理办法》《非物质文化遗产保护办法》等政策文件，推动杜甫故里、常香玉红色艺术纪念馆、宋陵遗址公园、城市书房等国有资本市场化运作。巩县石窟寺提升改造等20个项目列入文旅文创重大项目库，新签约正商五星级酒店、清境小镇和大汉影视城3个文旅项目，累计投资12.17亿元。联合省社科联，举办第三届河南发展高层论坛·黄河论坛，并签订建设黄河论坛主地标城市战略合作协议。文旅文创工作获国家级荣誉1个、省级荣誉10个，其中明月村获评全国乡村旅游重点村，大南沟村、韵沟村获评河南省特色生态旅游示范镇，嵩顶旅游度假区获评河南省休闲观光园区，海上桥村获评河南省乡村旅游创客示范基地，长寿山旅游度假区获评河南省旅游度假区，里山明月获评河南省五星级民宿，南岭新村获评河南省首批乡村康养旅游示范村，长寿山风情古镇获评河南省旅游休闲街区，巩义市获评河南省旅游市场恢复奖励单位。

公共文化服务。创新基层文化服务模式，以"乡村文化合作社"建设为抓手，推动公共文化服务向基层延伸，建成并注册乡村文化合作社36个，吸纳社员613名，上传作品1606个。创新开展"文化公开课乡村行"活动，线上线下受益人群14万余人。大峪沟海上桥村乡村文化合作社被评为"河南省示范性乡村文化合作社"。打造"小而美"新型公共文化空间，充分发挥5座城市书房文化效能，全年共接待读者约15万人次，举办各种公益培训等活动25场，海上桥传统村落成功入选2022年长三角及全国最美公共文化空间。完善公共文化数字平台建设，依托"巩义文旅云"数字文化服务平台，全年组织开展线下配送活动31场，直播活动12场，产生活动订单5201个，发布推文638篇、线上活动512场，平台预订率100%，受益群众达41万余人次。加强非遗保护传承，挖掘海上桥村中国传统古村落优势，打造巩县窑陶瓷、金石传拓非遗研学基地，开展非遗研学活动30余场，让非遗文化传承和保护焕发新活力。持续开展非遗研学艺术交流活动53课时，非遗进校园活动130余场次。

【第八届杜甫国际诗歌周活动】2022年4月29日，以"让世界聆

2022年4月29日，让世界聆听杜甫——第八届杜甫国际诗歌周开幕式活动现场

听杜甫"为主题的第八届杜甫国际诗歌周开幕式在杜甫故里举办，活动开幕式现场直播累计观看量突破310万人次；首次开发"拜诗圣"小程序，线上参与上香祈福人数突破200余万人次；与中新社大型学理型融媒体报道专栏《东西问》合作，推出《杜甫专栏》，邀请30位国内外知名诗人、学者进行线上访谈，将专栏内容进行全媒体传播。中新网河南平台开设《报道精选》《名家谈杜甫》等专栏4个，"云上巩义"客户端开设专栏1个，邀请上级主流媒体、市属媒体对活动进行全方位报道，累计发稿突破2500余篇，持续提升城市形象和文化魅力。开展"我和诗圣有个约定"第五季全民诵诗线上打卡活动，累计参与人数突破40万人次，营造了全民诵诗的浓厚氛围。

·登封市·

【文化概览】 登封市位于河南省中西部、中岳嵩山南麓，全市总面积1217平方公里，辖8个镇、3个乡、4个街道办事处；344个行政村（社区），总人口73万人。拥有"天地之中"历史建筑群世界文化遗产、"二十四节气"世界非物质文化遗产、少林功夫等众多世界级名片，是全国著名的文物之乡、武术之乡、大禹文化之乡，享有世界功夫之都的美誉。现存文物古迹1497处，其中国家级重点文物保护单位24处26项，位居全国县（市）单项之首。

理论宣传工作。扎实做好党的创新理论宣传工作，凝聚全市人民共同奋斗的精神力量。把学习宣传贯彻习近平新时代中国特色社会主义思想作为首要政治任务，引导广大党员干部做党的创新理论的坚定信仰者、积极传播者、忠实实践者。强化市委理论学习中心组学习，健全完善"第一议题"学习制度，灵活运用"五种学习方式"，全年组织开展市委理论学习中心组集体学习17次，集中研讨5次。深化"党的创新理论万场宣讲进基层"活动，开展对象化、分众化、互动化宣讲800余场，推动党的创新理论"飞入寻常百姓家"。强化青少年思想政治教育，组织开展"精彩思政课"主题活动，300余名思政课教师参与教学技能"大练兵、大比武、大展示"，培养堪当民族复兴大任的时代新人。

媒体宣传工作。统筹内宣外宣、网上网下，唱响主旋律、弘扬正能量，新闻舆论传播力引导力不断提高。组织"学习宣传贯彻落实党的二十大精神"主题采访，策划推出"推动党的二十大精神落地生根"系列报道，有效引导全市广大干群用党的二十大精神统一思想、指导实践。围绕"奋进新征程 建功新时代"重大主题，建立新闻宣传策划协调机制，在各级各类媒体刊播报道3000余条，全方位、多角度展示登封市开展"三标"活动，深入推进"十大战略"行动的生动实践。邀请、配合上级和海外媒体来登拍摄专题片、纪录片及开展直播30余批次，《人民日报》、中央电视台多次点赞登封乡村振兴、文旅融合发展等成效，《天下武林看中原》《壮阔嵩山云雾起》《航拍中国》等视频在新华社及其多语种平台浏览量均破百万。

文化建设工作。文旅融合发展步伐加快，少室阙、会善寺、启母阙3个文物景点面向社会开放，新增AAAA级景区2家、AAA级景区2家，A级景区达到8家。群众文化活动形式不断创新，以"喜迎二十大·欢乐进万家"为主题，通过线上线下相结合的形式，先后举办了"盛世梨园我来唱"郑州市戏迷擂台赛暨少儿戏曲小梅花大赛（登封赛区）、"翰墨书天中"登封市群众书法主题展、"我眼中的大美中原"登封市优秀摄影作品大赛等11项文化活动。精品文艺创作再创新高，创作戏曲《任长霞》、《明月初照人》及长篇小说《何处是归处》等文艺精品31部，豫剧

嵩山论坛2022年年会在登封举办。十一届河南省政协党组副书记、副主席，河南省国际文化交流中心理事长，嵩山论坛组委会主任张广智致辞

现代戏《老有所依》获省文艺精品创作项目扶持。

精神文明建设。以创建全国文明城市为抓手，持续推进新时代公民道德建设，大力培育和践行社会主义核心价值观。按照《全国县级文明城市测评体系》，常态化开展氛围营造、市容市貌、交通秩序、城市社区、城乡整治等"五项治理"，提升全国文明城市创建水平。营造全国文明城市创建氛围，建设社会主义核心价值观主题公园6座，让社会主义核心价值观抬头可见、驻足即观。深化拓展文明实践，组建398支志愿服务队伍，注册志愿者8.6万人，常态开展"每周奉献一小时·争做嵩山志愿者"志愿服务活动。不断深化文明村镇创建工作，全市县级以上文明乡镇实现全覆盖，县级以上文明村199个，占比75%。

【嵩山论坛2022年年会】 2022年11月26日至27日，嵩山论坛2022年年会在登封举办，年会主题为"天下归仁：文明对话与人类共同价值"。该次年会把不同国度、不同文明、不同文化的30余位专家学者"请进来"，开展世界文明交流对话，累计收到学术论文20余篇，组织演讲近30次，引起了国内外新闻媒体、专家学者的广泛关注。嵩山论坛已成为当今国内持续时间最长、影响良好的国际高端文化论坛之一。

·新密市·

【文化概览】 新密市地处中原腹地、郑州西南，北望黄河、西依嵩山。总面积1001平方公里，人口83万，辖13个乡(镇)、4个街道、1个风景区管委会，304个行政村、52个居委会。公元前206年始置密县，1994年撤县建市。新密是一座千年传承、底蕴厚重的城市，是华夏文明的重要发祥地之一，被命名为"中国羲皇文化之乡""岐黄文化发祥圣地"和徐霞客游线标志地，是河南传统餐饮历史文化名城、河南豆腐之乡，也是我国最早的诗歌总集《诗经》中《郑风》《桧风》产生地。有国家级文物保护单位9处，拥有距今约8000多年历史的我沟北岗裴李岗文化遗址、被誉为"中华第一都"的古城寨遗址、保存最完整的汉墓群打虎亭汉墓、保存最完好的县级府衙新密古县衙和佛教净土宗祖庭列"名刹拾伍"的超化寺，古城寨遗址、李家沟遗址分别于2000年、2009年被评为全国十大考古新发现，国家非物质文化遗产超化吹歌被誉为中国古代宫廷音乐的"活化石"。

理论学习研究。制定印发《关于印发〈2022年度全市各级党委（党组）理论学习中心组分专题集体学习的安排意见〉的通知》，组织市委理论学习中心组集中学习会议11次，每月通过微信群和信箱发送学习资料不少于5篇。开展集中学习300余场（次），做宣讲辅导报告2场，开展党的二十大精神宣讲6场次，开展"党的创新理论万场宣讲进基层"活动450余场次，受众达3万余人次。组建学习小组92个，注册学员共计49820名。向"学习强国"平台供稿593篇，签发通过348篇，其中图文稿件92篇，视频稿件222篇，图集稿件30篇，音频稿件4篇。市委理论学习中心组获郑州市县处级以上党委（党组）理论学习中心组学习示范班荣誉称号。

文化宣传工作。紧紧围绕学习宣传贯彻党的二十大精神工作主线，印发《新密市关于党的二十大精神宣传报道方案》《新密市"奋进新征程 建功新时代"重大主题宣传工作实施方案》《"喜迎二十大 欢乐进万家"新密市群众文化活动实施方案》和《新密市"新时代 新征程 争出彩"十大主题宣传教育实践活动方案》等系列文件，开设《二十大精神在岗位闪耀》等专栏。举办了"喜迎二十大 翰墨庆三八"新密市首届女子书法临帖展、"中原舞翩跹"艺术广场舞比赛、"典籍里的中国"2022年新密市第五届经典诵读大赛、"喜迎二十大 争当时代先锋"第三届感动新密十大人物评选活动、"新密市首届退役军人书画展"、"喜迎二十大 翰墨写华章 影像记华彩"、"强国复兴有我"微宣讲大赛等中大型活动70多场。在河南省"我眼中的大美中原"摄影展中，入选摄影作品7幅，3人获奖，新密市获"优秀集体组织工作"奖。原创歌曲《希望之光》获2022年河南省"赶考路上有我"主题系列活动优秀奖。

文旅文创融合。深刻把握"古城、山城、旅游城"特点，深化历史文化挖掘传承保护，大力实施文旅文创融合战略，全面推进文化事业繁荣发展。银基旅游度假区提速创建国家旅游度假区，魏长城文旅融合区列入"长城自然生态休闲之旅"主题国家级旅游线路，新密市楼院村列入"长城古村名镇寻访之旅"。建成河南省首批露营地5处，成功申报五星级民宿1家、四星级民宿3家，新密美食大道、伏羲山百姓街开放迎宾，郑州大都市区休闲康养和近郊游、乡村游的首选目的地已享誉中原。全年接待游客1000万人次，旅游综合收入35.5亿元。古城保护和有机更新项目盛大开工；持续跟进8个郑州市重大文产项目，建立《新密市重大文产项目库》。

文化宣传工作。充分挖掘文旅资源，多角度、全方位宣传新密，讲好新密故事。制作《云游县衙纪录片》，全景展示密县县衙丰厚的历史文化底蕴和建筑特点；推出系列报道《镜头里的新密》，聚焦新密四季美景、市井烟火气、感人精彩瞬间等内容，全面展示新密的美与内涵；举办《龙腾伏羲山》电影首映暨"清凉一夏·夜游伏羲山"活动启动仪式，邀请人民网、《河南日报》、《郑州日报》等媒体报道新密市深度推进文旅融合、大力发展夜经济、全力恢复市场活力和提振消费信心的典型经验做法。

非遗保护工作。举办新密市《千年遗响 雅乐迎春》超化吹歌2022年网络直播新春音乐会，开展"非遗过大年 文化进万家"等线上展示展演活动；挖掘、搜集并组织开展第五批新密市级非物质文化遗产代表性项目申报工作；配合央广网《遇见非遗》栏目，采访拍摄超化吹歌；开展"非遗过大年 文化进万家"等线上展示展演活动31期；在伏羲山红石林景区、银基国际旅游度假区成功举办"连接现代生活 绽放迷人风采"新密市2022年"文化和自然遗产日"非遗宣传展示活动暨新密非遗购物节。

文化研究成果。编著完成《新密文化概览》一书，新密市黄帝文化研究会编纂的《溱洧文化荟萃》（一套八册）丛书由中州古籍出版社出版，八册分别是《羲皇之乡》《岐黄圣地》《溱洧古都》《祝融故里》《郑氏祖地》《溱洧传说》《陶瓷之乡》《密玉之都》；由中国文联出版社出版的《中国民间文化大系·河南·神话卷》以"新密伏羲女娲神话群"为题，共收入新密市100篇优秀传说故事编入"中华优秀传统文化传承发展重大工程"项目，其中伏羲女娲传说23篇、黄帝传说56篇、岐伯传说12篇、祝融传说9篇。

精神文明建设。广泛开展移风易俗活动，涵育文明乡风，做好"乡村光荣榜""星级文明户"等先进典型选树活动，评选出新密市十星级文明户3800余户，文明家庭200余户，新密市乡村光荣榜上榜168人，郑州市级文明家庭11户，郑州市乡村光荣榜上榜22人，河南省乡村光荣榜上榜3人。大力挖掘学习宣传"道德模范""身边好人""新时代好少年"等先进典型，评选出新密市文明市民30个、郑州市文明市民10个、河南好人候选人1个；开展"学习贯彻条例 争做文明市民"主题实践活动，举办各类活动100余场次、发放宣传页5万余份，文明城市创建礼品1万余份。建立文明实践志愿者队伍499支，日常开展敬老救孤等志愿服务活动8000余场次，受益群众13万人次，服务时长累计235万小时。

公共文化服务。新密市已建成市、乡（镇）、村（社区）三级公共文化服务体系。现有1个国家一级文化馆、1个国家二级图书馆、4个城市书房、18个图书馆分馆、18个文化馆分馆、1个豫剧文化演艺中心、18个乡（镇）街道综合文化站、348个村（社区）基层综合性文化服务中心。2022年新密市城关镇被评为河南省民间文化艺术之乡；来集镇苏砦村被评为河南省文化产业特色乡村；超化镇被评为郑州市公共文化服务高质量发展示范乡镇，苟堂镇小刘寨村、矿区办事处道南道北社区被评为郑州市公共文化服务高质量发展示范村、社区。密玉俏色雕刻文化合作社被评为2022年"河南省示范性乡村文化合作社"。

【《龙腾伏羲山》首映暨"清凉一夏·

电影《龙腾伏羲山》首映式暨"清凉一夏·夜游伏羲山"活动

夜游伏羲山"活动启动】 2022年6月18日晚,电影《龙腾伏羲山》首映暨"清凉一夏·夜游伏羲山"活动启动仪式在新密市伏羲山红石林景区举行。《龙腾伏羲山》以伏羲山旅游开发的真实事迹为原型,讲述的是优秀共产党员、民营企业家李松辰克服重重困难、冲破阻力到伏羲山开发旅游,将"荒山变青、青山变宝",把一个省级贫困山区变成风光旖旎、车水马龙的河南省著名旅游区,带动伏羲山上万名群众脱贫致富的故事。同时启动的"清凉一夏·夜游伏羲山"活动,时间从6月18日至8月31日,历时2个多月。通过开展免费观影、新密美食品鉴、非遗展演、民宿促销季、景区免费游、山海经夜游、亲水避暑等一系列特色旅游活动,为前来游玩的各地朋友奉上一场内容丰富的休闲娱乐盛宴。

·荥阳市·

【**文化概览**】 荥阳地处河南省中部,面积943平方公里,常住人口74万,辖14个乡镇(街道)和1个风景区管委会。该市先后入选国家园林城市、国家卫生城市、全国综合实力百强县市、投资潜力百强县市、科技创新百强县市,被誉为"中国嫘祖文化之乡""中国象棋文化之乡""中国诗歌之乡""郑氏祖地"。现有国家AAAA级景区2个(古柏渡飞黄旅游区、丰乐樱花园),国家AAA级景区3个(环翠峪风景名胜区、塔山旅游休闲度假区、禹锡园景区),国家级重点文保单位12处(织机洞遗址、青台遗址、千尺塔、京城古城址等),国家级非物质文化遗产名录1项(苌家拳),省级非物质文化遗产名录7项(黄河土门号子等)。

文旅文创融合。 优化顶层设计,制定出台《荥阳市实施文旅文创融合战略行动计划方案》,融合文化、旅游、文创、文物、非遗五大产业政策,重点扶持骨干文化旅游企业和新型文旅业态发展。聚焦资源转化,以实施文旅文创融合战略为抓手,确定重点建设项目9个、前期谋划项目2个、计划开工项目2个、储备投资项目5个;实施精品民宿培育行动,叫响"河阴民宿""黄河人家"等民宿品牌;支持吾悦广场、新田奥特莱斯、蓝山玖巷、香堤湾温泉亲子度假区等,打造文旅消费街区。擦亮文旅品牌,依托丰厚的文旅资源,推进文化旅游资源加速转化为产业发展优势,成功创建省级全域旅游示范区;王村镇薛村、环翠峪管委陈庄村、广武镇张庄村被评为河南省乡村旅游特色村,刘河镇分水岭村三山森林溪谷温泉庄园被评为河南省休闲观光园区;忆江南旅游度假区被评为河南省夜间文旅消费集聚区。2022年,荥阳累计接待游客671.22万人次,比2019年增长9%;实现旅游综合收入5.81亿元,比2019年增长13%。

文物非遗工作。 持续推进千尺塔、苏寨民居、阴氏节孝坊、汉霸二王城、秦氏旧宅、秦氏家庙、魁星楼等不可移动文物灾后修复,推进文保单位系统保护。编制完善《荥阳市可移动文物预防性保护方案》,2022年出土文物5000余件,物探面积达到50万平方米。开展非遗标准化建设,指导国家级非遗项目苌家拳,河南省级非遗项目霜糖(柿霜糖制作技艺)、柿树栽培、柿饼制作技艺等有序开展标准化创建,苌家拳传承人苌红军获评2021年郑州非遗年度人物,笑伞传承人李同中获评第五批省级代表性传承人。推进非遗有序传承,开展第四批荥阳市级非物质文化遗产代表性传承人评审工作,共有传统技艺、传统音乐、传统舞蹈等七大类共计22个项目39人通过评审;通过钉钉直播开设线上课堂,开展"非遗进校园"活动。推广非遗展示展演,组织开展"6·11文化和自然遗产日"系列活动,郑州市级非遗项目荥阳狮舞和冯寨狮鼓在黄河源休闲旅游区进行展演，隋青瓷、象棋、霜糖等15家非遗项目在刘禹锡公园郑品书舍进行展示展演。

公共文化服务。出台《荥阳市"三级四化"文体惠民工程绩效考核办法》，构建市—乡(镇)—村(社区)三级联动的公共文体服务设施网络，推动文体活动均等化、常态化、纵深化、品牌化，推动城乡公共文体服务均衡发展。组织开展"四季风"系列活动、"一村一艺"文艺培训、"翰墨飘万家"书画培训等活动。树立文体场馆新地标，市文博中心集文化馆、图书馆、博物馆、大剧场、会展中心于一体，文化馆、图书馆均为国家一级馆，建成河南省第二家县级市美术馆、全民健身活动中心。实施文化惠民，培训市乡村三级公共文化服务业务骨干，为全市村（社区）配备文化管理员，招募文化志愿者，全市每村至少有1支文艺团队、1支体育团队，依托两级综合文化服务中心常年开展排练、培训、演出等文体活动，丰富基层群众精神文化生活。

群众文化活动。更新理念观念，强化互联网思维，依托新媒体平台现场直播，创新开展"舞台艺术进乡村、进社区"文艺惠民活动，通过"云端赏戏"为群众送上"文化大餐"，共举办线上演出50余场，观看总人数45万人次。丰富种类形式，紧贴节庆组织"元宵节经典歌曲大家唱"、第八届嫘祖文化节、"4·23世界读书日"等系列活动。创编舞蹈《黄河儿女黄河魂》参与"中原舞翩跹"郑州市艺术广场舞展演；"唱响新时代"4支群众合唱队全部进入郑州决赛；1人获郑州市职工歌手大赛三等奖；音乐快板《喜迎二十大·奋进新征程》获郑州市"党的创新理论万场宣讲进基层"文艺类比赛三等奖。启动2022年"全民健身日"暨"千村百镇"系列体育活动，成功承办全国象棋民间棋王争霸赛河南省总决赛、河南省象棋锦标赛等高级别象棋赛事活动，擦亮象棋城市文化品牌；复排《假婿乘龙》《大孝柳迎春》等传统戏剧，创编《启航·筑梦》《看山看水看中国》等舞蹈、音乐类作品，进一步丰富城乡群众精神文化生活。

荥阳古柏渡丰乐园樱花盛开

【河南·荥阳第七届黄河樱花节】2022年3月11日，第四届全球文旅创作者大会暨河南·荥阳第七届黄河樱花节在古柏渡丰乐樱花园盛大开幕。丰乐樱花园位于荥阳市王村镇，是河南沿黄旅游规划区域内的重点生态观光旅游项目之一，为国家AAAA级景区。景区以樱花观赏为主题，集合了80余种12万余株来自全国各地的珍稀樱花品种，配以完善的旅游服务配套设施，打造成为集旅游观赏、休闲娱乐为一体的樱花文化主题公园。景区自2016年3月开园以来，已成功举办了六届"河南·荥阳黄河樱花节暨春季黄河樱花风情生态游"活动，每年吸引游客100多万人次前来赏花游园。"黄河樱花节"成为省内外具有较高社会影响力、知名度的节会品牌和城市宣传载体，有力推动了荥阳全域旅游、生态文明、特色小镇、乡村振兴建设。

·新郑市·

【文化概览】　新郑地处河南省中部，北靠郑州市区，是郑州市辖县级市。1994年5月撤县设市，面积1072.25平方公里（含郑州航空港区代管的370.49平方公里），辖15个乡镇（街道、管委会），户籍人口65万，常住人口120万，城市建成区面积131.4平方公里，位列河南省县（市）区第一。新郑拥有8000年的裴李岗文化、5000年的黄帝文化、2700年的郑韩文化和神秘的具茨山岩画文化，中华人文始祖轩辕黄帝在此出生、创业、建都。历史文化名人有春秋名相子产、战国思想家韩非、唐代大诗人白居易、宋代中国古建筑学鼻祖李诫、明代政治家高拱等。区域内现有高校10余所，重点发展食品加工业、物流业、高新科技制造业。景区有黄帝故里、裴李岗遗址、郑王陵博物馆等，其中黄帝故里景区为国家级重点文物保护单位、国家级AAAA景区。新郑连续18年成功举办了扬名海内外的"黄帝故里"拜祖大典，"黄帝故里""老家河南"等品牌在中原大地乃至全国打响。先后获得国家卫生城市、国家园林城市、中国优秀旅游城市、全国平安建设先进县（市）、国家县城新型城镇化建设示范县（市）、全国文明城市提名城市、全省首批县域治理"三起来"示范县（市）等荣誉称号。

文艺精品创作。创作原创文艺作品《国家》《一起向未来》《最美人间四月天》《溱洧踏歌》《请党放心 强国有我》《我宣誓》《华夏"郑"声·奏支山歌给党听》等歌舞MV。举办"盛世梨园我来唱"戏曲比赛、"中原舞蹁跹"艺术广场舞比赛、"龙腾狮跃闹新春"新郑市第一届轩辕龙狮会、"七彩文旅闹新春 砥砺奋进新征程"新郑市首届民俗文化旅游节等品牌活动。其中，编排的原创舞蹈《根》及《鹤舞铜莲》分别获得郑州市艺术广场舞展演一等奖及郑州市第六届中老年舞蹈比赛一等奖。

非遗文化工作。建成新郑市非物质文化遗产展示厅1座。新申报省级非遗传承人1个，市级非遗传承人3个，县级非遗传承人40个。开展新郑市首届民俗文化旅游节，设置非遗展示专区。拍摄新郑非遗美食系列短视频，在视频号"享悦新郑"播出。举办壬寅年黄帝故里拜祖大典，海内外炎黄子孙共赴"心灵之约"，通过观看直播、网上拜祖等方式，"云"聚黄帝故里，共拜人文始祖轩辕黄帝，凝聚团结奋进力量。为迎接党的二十大胜利召开，举办"喜迎二十大·欢乐进万家——我眼中的黄帝故里"新郑市摄影作品展、喜迎二十大·诗声颂祖国"清廉新郑"之白居易诗词诵读展演等活动。

数字服务推进。2022年全年，新郑市数字化公共文化服务平台"郑韩文旅云"运营效果显著，公众号关注量突破3.6万，用户粉丝社群10个，社群用户1400人；开展志愿者地面服务50余次，地面服务覆盖人次超1000余次；平台发布专题活动2个，开展文化直播、录播活动72场，直播累计点击人次224万余次；上线数字视频资源193个，在线招募公共文化主体数量10家、在线申报公共文化产品数量20个，共发送推文592篇。

公共文化服务。完善村、镇两级综合文化服务中心建设，现建成乡镇（街道）综合文化服务中心13个，村（社区）综合文化服务中心237个。建成市级文化馆1座，市级图书馆1座，图书馆分馆20座，城市书房3座。组织"戏曲进乡村"演出320场；完成"红色电影进基层"电影放映786场。社会体育指导员人数达3120人（每千人拥有社会体育指导员2.6个），全市基层健身指导站点达到538个。制订《新郑市公共文化服务目录》，深入开展精准、有效的公共文化服务，推进公共图书馆、文化馆、体育中心、基层综合文化服务中心等公共文化设施免费开放。打造新郑市全民阅读活动品牌，举办"我们一起走进春天"新年读书会、"主我风采·'持'骋舞台'小小主持人'"大赛、"书香新郑 全民阅读"、"典籍里的中国"经典诵读大赛；"豫"见最美读书人；华夏"郑"月明中秋诗会等活动。为迎接党的二十大胜利召开，推出"喜迎二十大·欢乐进万家"系列群众文化活动，开展涵盖艺术广场舞、群众合唱大赛、乡村文化合作社才艺大赛、民间艺术大赛、艺术摄影展、美术书法作品展、少儿才艺大赛、音乐舞蹈戏曲曲艺群众艺术创作等20余项群众性文化活动，惠及群众近万人。举办"全民健身月""千

2022年9月7日，华夏"郑"月明——新郑2022年中秋音乐诗会在郑州西亚斯学院举办

村百镇"等系列体育活动，暑期开展全民健身公益行体育公益课堂活动，切实丰富群众业余文化生活。

【华夏"郑"月明中秋音乐会】 为迎接党的二十大胜利召开，展示全民阅读丰硕成果，展现中秋之夜皓月当空、中华昌盛、家国团圆的美好景象，9月7日晚，华夏"郑"月明——新郑2022年中秋音乐诗会在郑州西亚斯学院举行。来自新郑市的文学爱好者与线上的众多网民共享了一场别开生面的视听盛宴。音乐会分为《月·韵》《月·思》《月·明》3个篇章，通过吟诵、朗诵、合诵等丰富多彩的形式，观众陶醉在激情澎湃的语言世界。通过"云上新郑""郑韩文旅云"等线上网络平台同步直播，观看量达到10万人次。

·中牟县·

【文化概览】 中牟地处中原腹地、黄河之滨，隶属河南省会郑州，是郑州建设国家中心城市的东部新城、郑汴一体化的战略支点、郑汴港"金三角"经济活跃区，土地面积917平方公里，人口70万，辖10个乡镇、4个街道。中牟是萑苻泽起义、官渡之战发生地，是"楷书鼻祖"钟繇、民族英雄史可法等历史名士的故乡，是孔子回车处、战国梁惠王墓、宋代寿圣寺双塔等遗址遗迹的所在地。中牟现有国家AAAA级以上景区4个，国家级文物保护单位1处，省级文物保护单位4处，市级文物保护单位11处，县级文物保护单位57处，馆藏文物970件。省、市、县级非物质文化遗产代表性项目名录158个，代表性传承人223名，省级展示馆1个，市级社会传承基地3个，县级社会传承基地29个。2022年，获评发展潜力、投资潜力、科技创新、营商环境四个"全国百强县"，上榜国家旅游科技示范园区，成功创成河南省文明城市和郑州市公共文化服务高质量发展示范县。

理论学习宣传。扛稳牵头推动全县理论学习教育政治责任，严格落实党委（党组）"第一议题"制度、巡听旁听制度，创新采用"理论学习＋现场交流＋旁听督促"等形式，强化县乡两级中心组理论学习，推动领导干部理论素养的提升，连年获评郑州市中心组理论学习先进集体。中牟县委理论学习中心组又作为全市（共推两个）唯一一个县市（区）中心组示范班，被市委宣传部推送至省委宣传部参加遴选。其中，"小板凳理论宣讲""小院党史讲堂"等经验做法被省、市委宣传部肯定推广。

文物非遗工作。邀请省内外20余名知名历史学、考古学专家完成钟繇故里钟城在中牟的论证（刁家城前张村）。编制县级文物保护单位邵岗集火车站本体保护维修方案，编撰"中牟历史文化丛书"以及《古牟邑考》《中牟记忆》等系列图书，破解诸多历史争议，并补录中牟遗失历史近百条。建成寿圣寺双塔遗址生态文化公园并实现对外开放，启动梁惠王墓本体保护项目工程。建立非遗数据库，开展"馆校合作"特色教育活动，举办高校大学生线上讲述非遗故事大赛等活动。成功申报第四批中牟县非物质文化遗产代表性传承人34人、第六批郑州市非物质文化遗产代表性传承人7人。抢救性保护省级非遗项目《黄河打硪号子》，举办黄河打硪号子公益培训班。开展"非遗过大年，文化进万家"非遗展示展演系列活动8场次。在中牟电视台、云上中牟开辟《非遗传承》栏目26期。

文旅文创融合。大力实施文旅文创融合战略，组织开展"中国旅游日"惠民促消费和"暑期文旅消费季"活动，推出40余条惠民政策和20余项主题活动。培育打造"电影小镇摩登星河夜市"，推出露营地线路、夏日风情乡村主题游等线路产品。万滩镇关家村、狼城岗镇北堤村入选河南省乡村旅游康养示范村，姚家镇、万滩镇七里店村、沙窝森林公园成功创建省级特色生态旅游示范镇、乡村旅游特色村、休闲观光园区，青山后被评为河南省五星级旅游民宿。只有河南·戏剧幻城、电影小镇上榜郑州夜经济十大地标，只有河南·戏剧幻城成功创建国家AAAA级景区，获批2022年度内地与港澳文化和旅游交流培育项目。建立郑州绿博园研学实践教育营地。

精神文明建设。实施创文"17851工程"，顺利创建成为河南省文明城市，全县共创成全国文明单位1个、文明村镇3个；省级文明单位（标兵）23个、文明村镇10个、文明校园（标兵）7个；市级文明单位46个、文明村镇16个、文明校园19个；县级文明单位45个、文明村197个、文明校园39个、文明社区12个，全县78%以上行政村创成县级以上文明村。设立了首批9个新时代文明实践点，实现了"中心、所、站、点"四级文明实践体系，搭建了"1+10+N"的志愿服务组织框架，注册志愿者11万余人，孵化出文明实践志愿服务队伍1005支，开展文明实践活动2600余场次。持续开展"道德模范""中国好人""河南好人"系列等先进典型选树，全县共有14人获评"中国好人"，5人获评"河南好人"、11人获评"郑州市道德模范及提名"，3人获评郑州市"新时代好少年"。

文艺创作与文化惠民。创编《重回红旗渠》《月亮》《念亲恩》等歌曲12首，组织创作的《重回红旗渠》MV，歌曲由国家一级演员王丽达演唱，被人民日报、新华社、央视网、环球网等媒体报道；歌曲《月亮》被央视网、人民网、人民日报、军事频道等国家级各大媒体报道。原创舞蹈《最美小康梦》《又闻雁鸣》2个，分别获郑州市第二十三届文学艺术优秀成果奖和郑州市广场舞大赛一等奖。持续开展"双优""双带"文艺演出180场。开展郑州市"舞台艺术进乡村、进社区"活动120场，累计受众达20多万人次。开办管笛筷、民乐、舞蹈、书法等公益培训班96期。开展"义写春联"活动12场。举办"春满中牟""翰墨绽放"书画展，开展"书法进校园"、"书画进社区"活动。开展"非遗进校园"300余场，非遗线上公益小课堂26期，暑期公益培训班365节。

【"小板凳"红色宣讲活动】中牟县东风路街道结合实际、创新宣传载体成立由班子成员、支部书记、党团员和辖区政协委员、人大代表、居民群众等组成的"小板凳"红色宣讲团。"小板凳"红色宣讲志愿者，打破传统理论宣传的"正襟危坐"，搬着板凳，走街串巷，采取"理论宣传+文艺演出+便民服务"的形式，不讲地点，不拘形式，"小板凳"一摆，"小喇叭"一开，通过"活色生香"的"小故事"讲述家国情怀的"大道理"，使群众了解"身边事"、认识"身边人"，打通宣传教育群众的"最后一公里"。东风路街道"小板凳"红色宣讲活动共开展120余场次，宣传惠及群众2万余人次。活动信息先后被《郑州日报》、《郑州晚报》、大河网、《河南日报》、"学习强国"等主流媒体采用，并在河南卫视《河南新闻联播》栏目进行报道，收到了良好的社会宣传效果。

2023年2月24日，"小板凳宣讲二十大"活动走进中牟县东风路街道郭庄村

开封市

【文化概览】开封市地处中原腹地、黄河之滨，总面积6266平方公里，总人口560万人，辖兰考县、尉氏县、杞县、通许县4县，祥符区、城乡一体化示范区、禹王台区、鼓楼区、龙亭区、顺河回族区6区以及1个国家级先进制造业开发区、7个省级先进制造业开发区。作为八朝古都，开封是首批被命名的国家历史文化名城，也是中国优秀旅游城市、国家卫生城市、国家园林城市、国家森林城市、全国"双拥"模范城、全国海绵城市建设示范城市和中国书法名城、中国菊花名城、中国收藏文化名城、中国茶文化名城、中国成语典故名城。开封迄今已有4100多年的建城史和建都史，夏朝老丘，战国时期的魏国，五代时期的后梁、后晋、后汉、后周，宋朝、金朝等相继在此定都。夏朝立国470年，在开封老丘建都216年。北宋在开封建都168年间，孕育了上承汉唐、下启明清、影响深远的"宋文化"，涵盖的宫廷文化、府衙文化、戏曲文化、宋词文化、饮食文化、书法文化等驰名中外，《清明上河图》描绘了北宋国都汴梁的繁华景象。全市现有开封城墙、河南留学欧美预备学校旧址等国家重点文物保护单位24处27项，国家级非物质文

化遗产名录项目 9 个。开封历史名人灿若星辰，有包青天、杨家将、岳飞、王安石、信陵君、张择端、蔡邕、阮籍等。革命时期，刘青霞、辛亥革命十一烈士等先驱在开封点燃了中原民主革命的烽火。建设时期，焦裕禄同志带领兰考人民除"三害"，用生命铸造出熠熠生辉、穿越时空、被纳入中国共产党人的精神谱系的焦裕禄精神。

政治理论学习宣传。习近平总书记五年内三次亲临开封，作出"深学细照笃行焦裕禄精神"、县域治理"三起来"、乡镇工作"三结合"等重要指示。开封市坚持以习近平新时代中国特色社会主义思想为指导，把习近平总书记视察河南重要讲话重要指示作为总纲领、总遵循、总指引，在省委、省政府坚强领导下，锚定"两个确保"、实施"十大战略"，明确勇做全省新时代高质量发展开路先锋定位，全力推进制造立市暨"万人助万企"、文旅强市暨文明城市创建、平安治市暨"三零"创建、开放兴市暨招商引资、改革创新活市暨郑开同城化发展等重点工作。2022 年 11 月，抽调部分市直单位主要负责人、市委党校、市属高校教师 43 人组建市委宣讲团，抽调党的二十大代表、基层优秀宣讲员、致富能手、宣讲大赛优秀选手 29 人组建市级百姓宣讲团。以习近平新时代中国特色社会主义思想为指导，努力在"学懂弄通做实"上下功夫。2022 年 4 月，印发《2022 年县处级以上党委（党组）理论学习中心组集体学习分专题安排意见》。全年结合全省开展的"能力作风建设年"、"中原大讲堂"和市"宋都创新大讲堂"等活动，对《习近平谈治国理政》第四卷开展研讨交流，同时组织市委理论学习中心组成员撰写心得体会。

党的二十大精神宣传。开封广播电视台全媒联动，策划推出《非凡十年 出彩开封》《喜迎二十大》等专栏，推出"学讲话 当先锋"系列评论，举办"春潮·锦绣"音乐诗会等文化活动，策划制作《越汴越美·我们这十年》系列短视频，通过多种形式大力宣传全市人民高举旗帜、牢记嘱托、干事创业的非凡成就，生动展示开封越变越美的幸福生活，以实际行动迎接党的二十大胜利召开。开封全媒体密集转载播发《一图速览二十大报告》《人民日报》社论等稿件，迅速营造了浓厚舆论氛围。开设《我们的二十大》《二十大时光》等专栏，采访报道开封市干部群众收听收看二十大的热烈场景，社会各界对党的二十大报告和修改党章的热议和坚定拥护，圆满完成党的二十大等重大活动的转播任务。连续推出党的二十大精神解读、专家阐释和社会反响，推出"学报告 当先锋"系列评论、《学习宣传贯彻党的二十大精神》《党代表的第一课》专栏报道等，推出原创歌曲 MV《花开日出》等文艺作品，反映了全市各级掀起学习贯彻党的二十大精神的热潮。

文旅产业发展。完成《开封市"十四五"文旅融合发展规划》编制。修订完善全称，市财政兑现 2021 年度"文旅 30 条"奖补资金近 1000 万元具体数字核实。推动文旅系统资源整合，做强开封市文旅演艺集团，实施城市焕新——开封市文化演艺场馆综合改造工程，并入围财政专项债支持项目。建成国家文化出口基地双创园，积极培育复合型文化产业集群。成立文旅产业特色银行，设立中小文旅企业服务中心，入库服务文旅企业近 300 家，为首批 12 家企业发放贷款 2732 万元，相关做法被评为 2022 年全省第二季度改革典型红榜案例，中国文化报作专题报道。《开封文化旅游演艺集团改革发展调研报告》入选省社科联《河南文化旅游发展报告 2022》蓝皮书。成功发行郑开旅游年票。新创建省级乡村旅游特色村 7 个、休闲观光园区 3 个，特色生态旅游示范镇 4 个，乡村旅游创客示范基地、乡村康养旅游示范村各 1 个。国家文化和旅游消费试点城市、国家文化和科技融合示范基地创建工作扎实推进。抢先布局未来文旅新赛道，成立悦千年宋元宇宙文旅开发公司，实施宋元宇宙虚实共融文旅场景开发"1 号工程"，积极打造历史穿越之城。建设剧本娱乐产业总部基地，积极拓展剧本娱乐产业链，打造剧本娱乐之城。

文艺精品创作。文学创作方面，完成了 5 部革命题材的长篇小说和 140 万字传记体《豫东革命史》的写作。创作改编多部电影、动漫电视剧在院线票房和网络平台播出。戏剧方面，在第十九届河南省少儿戏曲小梅花大赛中，开封市剧协选拔报送的 10 个节目全部获奖，其中金奖 1 名，银奖 2 名，铜奖 5 名，集体节目《军民鱼水情》获集体节目类银奖。美术方面，完善队伍建设，有 6 个艺术委员会完成了换届或成立工作，并创作出了一大批优秀作品，举行了线上展。河南省第二十七届新人新作展中，开封市美术家协会推荐的 90 余位作者获优秀作品奖。书法方面，第六届中国书坛兰亭雅集展中，同时获得"兰亭七子之一"称号。杂技方面，开封市杂技团体开封市杂技团有限责任公司杂技剧《槐树爷爷》、杂技《顶板凳》受邀参加河南省杂技家协会承办的"喜迎二十大 欢乐进万家——河南省优秀杂技、魔术作品展演"活动，开封市中国古彩戏法节目入驻开封市素真剧场。民间文艺方面，民间文学作品《水火神针》、汴绣作品《金明池》入围"第十五届中国民间文艺山花奖"。《中国民间文学大系·传说/故事·河南卷·开封分卷》编纂工作正式启动。

文旅市场监管。开封市以迎接党的二十大净化文旅市场为统领，组织开展文化产品内容安全、经营秩序、安全生产、文旅市场专项整治系列行动等重点工作。提升日常管理规范化水平，召开文旅市场管理工作会，指导县区履职尽责。将剧本杀娱乐场所纳入监管职能，指导剧本杀专业委员会加强行业自律。落实"1+3+N+1"旅游市场综合监管机制，建立常态化联合执法检查工作机制。深化提升"旅游服务质量提升年"活动，开展星级饭店、等级民宿评定及复核工作。扎实推进文旅市场信用体系建设。提升旅游投诉效率和权威，将"12318"文化市场举报电话、"12301"旅游投诉电话并入"12345"政务服务便民热线，累计受理游客投诉64起，结案率100%，游客满意率达到90%以上。出台《关于支持旅行社承接机关事业单位有关公务活动实施细则》，为21家旅行社暂退质保金116万元。

文明单位创建。坚持创优导向，开展全国文明单位创建风采巡礼，开展"永远跟党走"网上展示活动。为充分展示全市精神文明建设成果，调动广大干部群众参与精神文明创建活动的积极性，推荐评选出112个开封市文明单位（标兵）、56个文明社区、37个文明服务窗口、33个文明诚信企业，有力地推动全市精神文明建设深入开展。市文明办按照省文明办要求，坚持公正、公平、公开的原则，严格标准、严格程序、严格纪律，在自愿申报、资格认定、征求意见的基础上，对开封市在届全国及新申报河南省文明单位（标兵）进行了考评，并上报省文明办。5月，经省委、省政府《中共河南省委河南省人民政府关于命名新一届河南省文明城市文明村镇文明单位文明家庭的决定》（豫文〔2023〕50号）下文命名，开封市新增省级文明单位（标兵）16个，省级文明单位55个。

对外文化宣传。在"非凡十年出彩中原""十大战略""领航中国"等重点主题报道方面发表于央媒、省媒稿件千余篇，多次登上央视新闻联播、焦点访谈，其中配合央视制作的视频《出彩中原 权威访谈》开封篇、配合省台制作的视频《出彩项目看河南》开封篇，引起了强烈社会反响。深化拓展网络文明建设"九大行动"，持续培育"汴地有爱"活动品牌，深入实施争做河南好网民工程、网络公益工程，被省委网信办评为争做河南好网民工程先进单位。8月，全国网络文明大会在天津举办，开封市作为全省6个代表城市之一参加活动并展示工作成绩。组织召开全市网络作家座谈会、网络名人座谈会、网红短视频创作分享会，开展网络名人读中原、"豫讲豫精彩"网红小纵队宣讲等系列主题活动，全市网络名人队伍建设工作被全省通报表扬。打造《开封网评》《汴梁时评》栏目，刊发高质量评论文章500余篇，多篇被省级媒体采用。推出的《州桥到底是一座什么桥？》阅读量很快突破10万+，吸引众多网友纷纷点赞开封，弘扬了开封文化，宣传了开封城市形象。

精神文明建设。自2019年开始，开封市文联在"不忘初心、牢记使命"、"学党史"教育、"喜迎二十大"系列活动中，围绕贯彻落实习近平总书记在河南、开封有关文艺工作的重要讲话精神，以革命老区杞县宗店乡程庄村、虎背岗村等为起点，持续谋划建设豫东革命文化教育创作基地。坚持市县乡三级联动推进，当地人民群众踊跃参与，在革命文化资源挖掘整理、文艺作品创作、基础设施建设、陈展等方面稳妥推进，开展一系列采风、创作活动，创作一系列革命文化题材文艺作品，以文艺创作促进基地建设，以基地建设丰富文艺创作。2022年，教育基地基本建设和宣传效果成效显著，党员干部培训、革命文化传承教育、文化旅游产业、现代特色观光农业、美丽乡村建设和乡村振兴共同发展，已在社会上形成广泛影响。豫东革命教育基地项目入选开封市"我为群众办实事"50个群众满意度高的实事名单。

公共文化服务体系建设。新建成主题城市书房5座，累计开放城市书房13座。修订"书香汴梁"城市书房建设标准、扶持补助及管理办法，开展文化资金专项督查，加快弥补公共文化服务设施建设短板。进一步激发乡村文化合作社创新创造活力，开展"我的乡村文化合作社"才艺大赛，2022年在全省乡村文化合作社线上交流展示平台已注册411家，已注册成员1424位，发表文化活动短视频44312篇，点赞635016次。市政府购买市直院团公益性演出240场。3家国有文艺院团进行线上演出，平均每场观看超过5000人次。在2022年河南省"喜迎二十大 欢乐进万家"群众文化活动中，开封市获一等奖3个，二等奖6个，三等奖4个，主题作品奖3个；在第八届河南省专业声乐器乐大赛中，开封市9人获大奖；在河南省第十届青年戏剧演员大赛中，开封市8名演员获大奖。开封市加快构建文化传承创新体系，深入实施文化惠民工程，加快城市书房建设，着力推动全民阅读，努力打造"15分钟阅读圈"，打通公共文化服务"最后一公里"，提升人民群众的获得感和幸福感，"好读书、读书好、读好书"的全民阅读氛围正在逐步形成。

优秀传统文化传承发展。国家文物局领导代表先后到开封市调研指导工作。市委成立宋都古城申遗工作领导小组，积极推动古城申遗和国家文物保护利用示范区创建。成立了正县级文物考古研究院。北宋东京城外城遗址保护展示等3个项目获国家文物局立项。铁塔公园改造提升基本完成。州桥遗址出土北宋巨幅石雕祥瑞壁画及明代州桥遗存，相关考古成果经国家文物局"考古中国"平台发布，在国内外产生广泛影响。国家级非遗项目汴绣代表性传承人王素花入选2021"河南非遗年度人物"。大鼓书《棒打杨广》，河南坠子《红娘下书》《老包夸嫂》入选第二届河南省非遗曲艺展豫东曲艺专场。做大做强"宋文化"品牌，讲好开封故事。开封市一直致力于打造"宋文化"品牌，彰显"一城宋韵东京梦华"城市主题形象。全市24家A级景区中有17家是以"宋文化"为主题。着力打造国家级节会品牌。截至2022年，菊花文化节已成功举办40届、清明文化节已成功举办14届，"菊香汴梁""开封四月最清明"影响力不断扩大。持续打造"大宋中国年""大宋不夜城""夜开封·欢乐宋""研学开封读懂中国"等品牌，推动"宋文化"在海内外传播，提升开封文化软实力。

【《梦华录》网络主题宣传活动】以《梦华录》热播为契机，联合百度策划开展了"看得见的开封力量——追《梦华录》趣开封城"网络主题宣传活动，组织百家号6名优质自媒体大V走进开封，对话非遗传承人、开封文史研究专家等9位知名人物，聚焦汴绣、宋代点茶、宋室风筝、木版年画等非物质文化遗产，在《梦华录》的故事里寻找开封文化趣味。构建线上"沉浸式互动"直播新场景，邀请开封文史研究专家刘海永、非物质文化遗产项目宋代茶艺代表性传承人王东走进直播间，与2万+网友进行趣味互动，直播曝光量达262万。拍摄制作创意精品短视频《梦回汴京》，以95后女孩追剧打卡开封城市文化地标，再现剧中剧外的开封精彩瞬间。活动整体曝光量达5109万。

【第四十届中国（开封）菊花文化节】 在菊花文化节期间，积极协调人民网、新华网、央广网、央视网、光明网、国际在线、大河网、映象网等中央级、省级重点网络媒体及其驻豫网站、新媒体平台，百度、新浪、今日头条、腾讯、凤凰等知名商业网站，围绕该届菊花文化节《官宣！中国开封第40届菊花文化节如期举办》《组图抢先看！开封菊花文化节"云展览"一睹为快》《中国开封第40届菊花文化节系列经贸活动圆满结束》等宣传内容开展重点推介，省级以上网络媒体推送稿件达1500余篇。

【第七届"两宋论坛"】"两宋论坛"作为紧密联系南宋、北宋，开封、杭州的桥梁，在密切两地经济文化交流中发挥了重要作用，自2016年起轮流在杭州和开封举办。2022年11月4日至6日第七届"两宋论坛"在杭州举办。论坛期间，汴杭两地共同举办"两宋书画展""两宋图书展""宋韵文化数字影像展"等系列活动，开封市政协主席代表开封市在论坛开幕式上发表致辞。两宋论坛不仅在弘扬优秀传统文化上作出了积极的贡献，而且在学术研究上取得了丰富成果，更为汴杭两地、豫浙两省的合作搭建了桥梁。

【2022中国旅行服务产业发展论坛】 12月24日上午，"2022中国旅行服务产业发展论坛"在古都开封开幕。该次论坛由中国旅游研究院、河南省文化和旅游厅、开封市人民政府、河南大学主办，开封市文化广电和旅游局、河南大学文化产业与旅游管理学院承办，以"虚实共生·旅城共荣"为主题，采取"线上+线下"联动的形式开展。该次论坛主题鲜明，亮点纷呈，开封首个文旅虚拟偶像——"梁爱

豫"闪亮登场,并担任部分环节的主持人。首部开封文旅动漫宣传片《坚守》正式发布。在论坛现场,开封还发布了2021年度"文旅30条"奖补的决定。来自腾讯、新浪、《河南日报》、凤凰网、《东方今报》、开封日报报业集团、开封广播电视台等省内外多家新闻媒体也参加了会议。国际在线、中国旅游研究院视频号、河南省文化和旅游厅新媒体矩阵、开封市文化广电和旅游局新媒体矩阵对论坛进行了全程直播。

·龙亭区·

【文化概览】 龙亭区位于开封市中北部,北临黄河,是北宋皇城所在地,辖2个乡、4个街道,总面积91.51平方公里,常住人口15.62万人,辖区内纵贯开封市中部宋都古城保护修缮区和北部沿黄生态涵养区,是开封市文化旅游产业发展的核心区。龙亭区黄河文化历史资源丰富。有于谦治黄镇河铁犀、林则徐治黄林公堤、冯玉祥兴修水利碑、毛主席视察黄河处、仓颉文化园、柳园口黄河湿地公园、黄河古渡口槐树林公园、黄河老船厂等。龙亭区文物遗存丰富。全区共有各类不可移动文物61处,国保文物4处,省级文物6处,市级文物10处,非物质文化遗产有汴绣、大宋官瓷、大宋皮影、汴菊、盘鼓、花生糕等。

党的二十大宣传文艺活动。 2022年度,通过官方微博"龙亭在线",及时转发推送权威媒体重要社论、反响报道等内容,全面准确宣传党的二十大的重大意义、丰富内涵、精神实质,并参与了"你好二十大""二十大时光""聚焦二十大""二十大声音"以及"深入学习宣传贯彻党的二十大精神"等热点话题讨论,转发推送相关内容183篇,加大了宣传力度,提升宣传效果。充分利用官方微信公众平台,深度宣传辖区广大党员干部群众认真学习领会、深入贯彻落实二十大精神的实际行动,在官方微信公众号"龙亭微报"设置了《聚焦二十大 奋进新征程》《党的二十大》专栏,编辑发布相关内容28篇;在"龙亭微视"开设了《喜迎二十大·欢乐进万家》文艺节目展播栏目,发布视频52个,累计投票35708张,并开展《畅谈新发展·开启新征程》学习贯彻党的二十大精神系列访谈节目、宣讲节目,《放歌党的二十大·砥砺奋进新征程》文化志愿活动展播栏目,共发布视频9个,市级及以上媒体发布刊播相关内容48篇。还积极组织了"广场舞大赛""合唱比赛",最终评选出两支优秀队伍表演的舞蹈《大美河南》、合唱《把一切献给党》参加市里、省里舞蹈和合唱比赛。为更好地营造"喜迎二十大"的文艺宣传氛围,在全区组织开展线上文艺节目视频展播评比活动,展播文艺节目视频52个。

精神文明建设。 推进创文工作。成立了10个创文专项攻坚指挥部,制订创文工作"一方案三机制",组建志愿者队伍69支、志愿者达6000余人。开展创星光荣榜评选活动。助推各村(社区)"幸福和谐星""文明幸福星"创建工作。设置"好媳妇""好婆婆""好邻居"等12个评选类别,评选榜单共72人。开展文明单位评选工作。完成了新一届河南省文明单位、校园、社区创建工作(省级文明单位标兵3家、省级文明校园标兵1家、省级文明单位19家、省级文明社区1家)。利用线上线下紧紧围绕"喜迎二十大 欢乐进万家"这一主题,利用"我们的中国梦——文化进万家""欢乐周末""快乐星期天""戏曲进校园"等活动,以及"红色文艺轻骑兵"焦裕禄精神宣传小分队、"非遗宣传"等群众文艺宣传平台,深入基层社区、学校、单位等积极组织开展各类文艺宣传活动,共组织开展线下各类文艺宣传活动36场,利用省"百姓文化云"和"龙亭微视"两个线上传播平台,开展线上文艺宣传直播活动6场,线上文艺宣传活动观众达30余万人,取得了较好的社会效果。

推进"赶考在路上"主题活动。 组织50余家文明单位参与向市里推荐书法、绘画、摄影等优秀作品50余幅。有序推进"开封好人"和"龙亭好人"选树活动。评选出"龙亭好人"30人,入选"开封好人"7人。持续开展"身边好人教育身边人"宣讲活动。持续开展"学雷锋 我行动"志愿服务活动,受益群众达到2万余人。打造乡村少年营10家,组织志愿者分别前往开展体育、美术、音乐等各类志愿帮扶活动。

"清明文化"主题宣传。 立足"传承清明文化""展示城市发展""倡导云上祭奠""共享生态文明",开展多渠道、多样化的网上宣传。制作推出《又见清明》《天下由此重清明》《大宋运动会》《寻春铭记》《幸福不忘焦书记》等精品宣传内容并展开重点推介。其中,极具文化风韵的《瑞鹤千年》、沙画《又见清明 一城春意》及王立群专访视频被新华网、国际在线、央广网、中国搜索等央级媒体重点推送，总浏览量超过200万。国际在线还对《瑞鹤千年》进行了多语种宣传，助推开封文化、中华文化走向世界。

新时代文明建设活动。奋进新征程，建功新时代。开封市委宣传部组织市属媒体在总专栏下开设"牢记嘱托看变化""沿着总书记的足迹""非凡十年""汴地当先锋""聚焦开封""伟大变革""老区新貌""大美边疆""我们的新时代""领航中国"等子专题，《开封日报》推出《奋进新征程 建功新时代 高质量发展看开封：扬起高质量发展创新风帆》《奋进新征程 建功新时代 高质量发展看开封：活化历史 打造文旅文创高地》《深入践行"三起来"凝心聚力谋振兴》《让"三结合"在基层落地生根开花结果》《生态廊道美如画 和谐宜居是我家》《焦裕禄精神熠熠生辉》等一系列报道，刊发和集纳开封市及省级以上主流媒体新闻报道、新媒体作品650余篇（条）。

【龙亭公园精品菊花展斗菊大赛】 10月15日，开封市龙亭公园精品菊花展斗菊大赛盛大开幕，精彩的赛菊、斗菊、赏菊活动以及多姿多彩的精品菊花让市民游客流连忘返。开封菊花栽培历史悠久，北宋时期，养菊蔚然成风。作为当时的都城，开封的养菊之风更为盛行，家家户户都以养菊、赏菊为乐事。为传承菊花文化，展示开封市菊花种植成果，开封市每年都会举办此类活动。龙亭公园菊花展的"斗菊"大赛，汇集了全市的养菊专家培育出来的精品菊花，以切磋技艺提高开封市养菊水平为目的，向人们展示着精湛的菊艺水平。该次比赛共设置布置奖、独本菊、五头菊、九头菊、十六头菊、案头菊、大立菊、小立菊、悬崖菊、塔菊、艺菊、盆景菊、百菊赛13大评比项目，每个项目均设一、二、三等奖，由专家评审团现场打分评选而出。经过赏菊、夸菊、斗菊3个环节的比拼，获得2022中华菊王争霸赛菊王称号的品种菊花一一诞生，获奖作品在龙亭公园凝芳苑展出，让游客一睹菊王风采。

龙亭公园精品菊花展

·城乡一体化示范区·

【文化概览】 城乡一体化示范区位于开封市主城区西部，东接开封老城区，西临郑州中牟，南至郑民高速，北依黄河大堤，现辖8个乡（场）街道，常住人口43万，规划面积287平方公里。开封新区作为郑汴新区的重要组成部分，发展定位是建设内陆开发开放高地，打造"三化"协调发展先导区，形成中原经济区核心增长板块和最具活力的发展区域。下辖国家级开封经济技术开发区，拥有国家级空分设备特色产业基地、国家级科技企业孵化器，在中原经济区建设中以其独特的区位优势和战略定位，成为全省乃至全国政策聚集、目光聚焦、要素聚合的最前沿。

文化事业发展。示范区按照开封市公共文化服务中心建设标准，加快完善区、街道（乡）、社区（村）三级公共文化服务网络体系，不断推动社区（村）内文化广场、文化活动室、图书阅览室等基层公共文化服务设施建设；加快探索"城市书房+"新型公共阅读空间的创新发展路径，建成并开放城市书房6处，占全市建成城市书房的50%，形成全方位多辐射的"城市书网"，有效补充了全区公共文化服务设施建设的短板。2022年，示范区充分发挥"红色文艺轻骑兵"焦裕禄精神小分队的作用，全年共开展"喜迎二十大、欢乐进万家""欢乐周末"等文化活动100场；广播剧《花生庄的西瓜》被评选为河南省2022年度重点文艺创作项目；共成功申报省级非遗项目2项，市级非遗项目36项，现有省级非遗项目代表性传承人11人，市级非遗代表性名录36项，市级非遗项目代表性传承人36人，组织非遗传承人到全区8个乡（场）办事处开展"非遗兴趣课堂"12次。

文化贸易制度创新。示范区充分发挥中国（河南）自由贸易试验区（开封片区）先行先试制度创新优势，在文化领域深挖改革创新经验亮点和做法，形成创新案例进行复制推广，以制度创新推动工作提质增效；《着眼"双循环"聚焦国际化 构建艺术品进出口贸易全链条服务体系》案例入选《国家文化出口基地第二批创新实践案例》，成为全国16个案例之一；《创新艺术品交易"新路径"打造文化产业开放先行区》案例入选2022年度河南省经济体制改革十大案例。

对外文化合作交流。立足国家文化出口基地，示范区不断加强文化贸易外向联动，突破交流壁垒。基地"一仓一园一谷一中心＋海外两中心"项目相继落地，其中迪拜国际艺术品展示交易中心于2022年4月27日成功入选商务部等6部门组织实施的对外文化贸易"千帆出海"行动计划，成为河南省唯一入选该计划的项目；受邀赴迪拜参展文旅部海外"欢乐春节"活动，将汴绣、木版年画、活字印刷及兰考古琴等一系列开封优秀文创产品和非遗传统产品带至迪拜参展，向迪拜人民展示中华优秀传统文化，讲述中国故事；吉尔吉斯斯坦国际艺术品展示交易中心围绕"一带一路"倡议，深化经贸文化交流，推进合作共赢发展，首批文化产品于2022年12月抵达吉尔吉斯斯坦，并在吉尔吉斯斯坦国际艺术品展示交易中心进行了展陈，让更多优秀中原文化在国际市场落地生根，推动了中华优秀传统文化的海外传播。

文化产业集群效应。依托国家文化出口基地·双创园，充分发挥基地文化引擎的推动作用，大力整合中部地区文化资源，形成具有中原文化特色的复合型文化产业集群。采取"引进外商＋本土产业孵化"相结合的发展模式，引进"唐宫"文创、彼努登思文创中心等30多家非遗与本土文化企业、老字号入驻园区，引进直播电商鲸喜先生、模拟飞行体验馆、脱口秀剧场、文金东宋代古法合香、薪火文化少儿研学、艺术剪纸等项目，以孵化和培育外向型文化企业为目标，深入探索建设开封市文化事业和文化产业联合的集聚区。

文旅特色发展。整合优化商贸布局，构建示范区文旅特色商圈，整合全区文化资源要素，在原有基础上提质增效、试点先行，打造万达广场、开元广场、小宋城、星光天地核心特色商圈，塑造一批夜间旅游、购物餐饮、风情街区、节庆活动等文旅消费场景，丰富吃、住、行、游、购、娱全链条供应，满足本地居民和外来游客消费升级

迪拜参展文化和旅游部海外"欢乐春节"活动

2022年8月18日，中国检验认证集团艺术品唯一性认证专场鉴定活动

需求，打通接引郑州旅游人流的最后一公里，其中星光天地、万达广场、汴梁小宋城先后被评为首批、第二批、第三批省级夜间文化和旅游消费集聚区。

【打造艺术品贸易全产业服务链条】 设立保利（厦门）国际拍卖有限公司驻河南办事处，成功在汴举办保利厦门——开封书画精品拍卖会，线下成交总额达人民币3000万元；与中国检验认证集团联合举办中国检验认证集团艺术品唯一性认证专场鉴定活动；着力推动"国有博物馆文物藏品征集平台"、博物馆知识产权（中原）服务中心、"国博数藏"数字藏品交易平台等项目落地，通过数字技术赋能提升公共文化服务数字化水平，培育打造国家文化出口基地艺术品展示、储存、交易等全产业链。

·顺河回族区·

【文化概览】 顺河回族区1953年建区，因惠济河纵贯辖区、回族群众相对聚居而得名，是全国5个少数民族城区之一，也是开封市"中保""东兴"发展布局主战场。全区总面积86.73平方公里，下辖8个街道和1个省级产业集聚区，71个社区居委会，全区常住人口为22.78万人，有汉族、回族、满族、蒙古族等28个民族，回族人口约3万人，占全区总人口的近10%。历史文化底蕴深厚。有经政府批准的各宗教活动场所27处；有开封铁塔、双龙巷、东大清真寺、刘青霞故居、河南大学等国家、省级文物保护单位17处；辖区内民族餐饮品牌集聚，庞记桶子鸡、沙家牛肉、双麻火烧、羊肉汤等一批老字号独具特色。顺河回族区境内人文景观众多，文化遗存丰富，拥有天主教河南总修院旧址、祐国寺塔、刘青霞故居、河南留学欧美预备学校旧址、开封东大寺等国家级文物保护单位5处，张钫故宅、北清真寺、河南贡院碑、开封天主堂等省级文物保护单位4处，王家胡同清真女学堂、刘峙故居、河南省佛学社旧址、田家宅院、岗西墓群、毛泽东主席像、四面钟、文殊寺街清真寺（照壁）等市级文物保护单位8处，有汴京灯笼张和开封市东大寺武术馆两项国家非物质文化遗产。

"非遗+"文旅新体验。顺河回族区以非遗文化为切入点，陆续推出非遗旅游新项目和新场景，进一步激活非遗和旅游的内在潜力，丰富旅游供给，实现业态的共通共融，为文旅融合发展注入新动能，让非遗"活"起来，使旅游"火"起来。非遗进景区，打造沉浸式体验新场景。通过积极探索"非遗+景区"发展模式，开封市顺河回族区将非物质文化遗产有机融入旅游景区、休闲街区等旅游空间，提升文化底蕴。在重大传统节日期间，为清明上河园、翰园碑林、开封府等景区引入近30个非遗项目进行展示展销，丰富游客旅游体验。此外，在双龙巷历史文化街区、龙亭景区前门、珠玑巷、开元广场等地设立会场，汴京灯笼张、汴绣、摞石锁等30余个项目展销展览，通过静态展示、现场加工、动态展演等方式全方位展示非遗产品，将非遗文化融入旅游发展，用旅游元素推动文化传承。

饮食文化与历史。美斋月饼、凤鸣斋花生糕等，结合产品定位，设计出口感丰富、包装新颖的新产品，惠民斋花生糕——包公府系列烘焙糕点以花生为主原料研制出的包公豆深受广大外地游客的好评，在不断提高产品质量的同时，探索打开新用户的途径，让一些老式糕点"唤醒"年轻人的味蕾，作为"开封礼物"的首选，形成"看得见、带得走"的顺河味道。他们还在市区中心地带打造了非遗糕点体验店4家。

公共文化服务体系建设。开封市东大寺武术馆。开封东大寺自明代永乐五年（1407年）重修以来，一直是开封回族的文化传承中心，尚武健身之风盛行不衰，保留大量武术功力项目，武术套路、器械套路更是数以百计，群众基础深厚，是中华武术传承发展的原生态区域。这里已经申报的传统体育类非物质文化遗产有4项，其中国家级1项（石锁）、省级1项（黄派查拳）、市级2项（耍砘子、抛接沙袋）；准非遗项目更多，且涉及食品、习俗、文艺、服饰、节庆等方面。东大寺武术馆，历史悠久，影响深远，是享誉国内外的武术传统基地。

精神文明建设。举办第三届"新时代文明实践推动周"文明实践主题日活动。围绕"学报告 强引领""学《条例》树新风""学精神 续血脉""学雷锋 讲奉献"等专题，举办"传承红色基因 弘扬爱国精神"参观红色基地刘青霞故居、培育践行主流价值"学先进 争一流"到烈士陵园革命烈士事迹陈列馆参观学习等5场文明实践主题日活动，参与者近千人。引导广大干部群众树立文明理念，促进文明行为养成、社会文明程度提升。

文物与非遗开发。顺河回族区青霞书房将非遗项目宋代点茶引入城市书房，营造具有较高格调的书香氛围，为周边居民和读者增添了一处接触、了解非遗文化的"家门口"平台，让读者近距离沉浸式体验非遗课程。非遗促消费，开发文化创意新产品。顺河回族区找准契机，帮助非遗项目推出体验性、互动性强的非遗与旅游融合业态产品。非遗助研学，探索融合发展新途径。2022年暑期，顺河回族区组织开展"品游传统文化 快乐暑期研学"活动，将非遗项目融入景区、培训机构等场所，近两个月共开展10期，接纳中小学生近300名，汴京灯笼张、汴绣、宋代点茶等13个非遗项目和非遗传承人代表参与授课，让参与活动的中小学生体验不同的非遗文化，培养文化认同感，让传统文化的"种子"在童心中萌芽生长。

"**酒文化**"**乡村建设**。做活"酒文化"，建设美丽乡村。齐寨社区积极挖掘发扬本土文化，注重促进优秀文化与产业发展融会贯通，不断丰厚内涵，建设酒文化地标，打造专属文化名片。齐寨社区村民自发组织成立盘鼓队，参与公益表演，大头娃娃、跑旱船、挑花篮、腰鼓等民间传统艺术文化的传承，丰富了居民的文化生活，激发群众对民俗文化的热爱。土柏岗乡立足齐寨社区发展现状及短板，以打开品牌知名度和促农民增收为目标继续谋划，依托社区原有主街，打造酒文化一条街，旧街改建装点酒坛、酒窖、酒幌等酒元素、打造古法酿酒工艺展示区、增设宋代酒文化体验区，传播特色酒文化，实现经济发展与文化发展两手抓，让产业旺起来，钱包鼓起来，文化扬起来，脑袋"富"起来。

【**汴京灯笼张**】"汴京灯笼张"是制灯艺人中的佼佼者，世居开封，为开封著名彩灯制作世家。其第一代先祖张泰全，少年拜师学艺，在书画及装裱方面造诣颇深。他将自己的专长与制灯工艺相结合，在对北宋精品彩灯深入研究和继承的基础上，将花灯的制作推上了一个新的高度，成为清代制作彩灯的名家。当时官府门前高悬的宫灯及府内悬挂的各种彩灯，大多出自张泰全之手。清光绪二十七年（1901年）十月，慈禧太后与光绪皇帝自西安回京途中，经过开封，地方官员为取悦慈禧，指派张家率工匠装修、布置行宫。由此张家名声大振，被赞誉为"汴京灯笼张"。七代"灯笼张"张俊涛、张俊丽在顺河回族区理事厅街创办汴京灯笼张彩灯展览馆，将中国彩灯艺术传播后世。"汴京灯笼张"于2008年被批准为国家级非物质文化遗产。

·鼓楼区·

【**文化概览**】鼓楼区坚持把保护好古城作为历史责任，以打造中国宋文化核心承载区为抓手，以保护城市记忆、延续历史文脉、传承优秀文化为核心，持续推动文旅融合发展。鼓楼建于明洪武十二年（1379年），它所在的位置，曾是开封的商业文化中心。鼓楼东西对称，在一条线上，十分威严、齐整。目前，鼓楼区现有AAA级以上景区4个，文保单位16处，老字号企业20家，非物质文化遗产代表性项目78个，是宋都古城保护与修缮的核心区，又是开封府衙文化、民俗文化、饮食文化的集中展示区，拥有全市最为丰富的文化遗存，最富魅力的商业街区，最为优质的旅游资源，最具影响的特色美食，千年古刹大相国寺、"中国第一道观"延庆观、气势恢宏的开封府衙、威严耸立的包公祠等，都是古城内的宝贵文化遗产。

党的二十大宣传活动。制作发布《母亲河畔止开封——献礼二十大》系列短视频，展示开封全面贯彻新发展理念、迈上新征程的壮美画卷，受到了省委宣传部和开封

刘青霞故居

市领导的表扬。开展"喜迎二十大 十年巨变看开封"网络主题宣传活动,《开封鼓楼：声震天中 赓续繁华》等多篇稿件被中国青年网等重点媒体推送。统筹新闻媒体开设《二十大时光》《二十大代表风采》《喜迎二十大 中原更出彩 大河奔腾》等专题专栏；制作发布《母亲河畔正开封——献礼二十大》系列原创短视频；推出《为美丽中国建设贡献更多的开封力量》等原创稿件及系列微海报；积极参加省委网信办"我家住在黄河边"短视频征集活动，报送作品数量及展播数量均在全省名列前茅。参与讨论"你好二十大""二十大时光""十年来我们经历了三件大事"等党的二十大相关话题，阅读量达40万。

文明实践活动。发挥新时代文明实践中心阵地作用，每月制定文明实践活动计划，系统谋划活动主题，全年共开展1200余场活动，参与2万余人，宣传教育引导群众6万余人。结合"五星"支部创建契机，深入推进移风易俗，全面推行"一约四会"，以"载歌载舞传新风"活动为抓手，采用"文艺+宣讲"的形式，开展送文化进社区、进村入户等活动150余次。逐步推广"村史馆"建设，集中展现乡土文化，改善乡风民风。开展"鼓楼好人"、道德模范等先进典型选树宣传活动100余场，2022年推选"开封好人"8名、"鼓楼好人"43名，高标准打造"好人街"，推荐西司门油坊社区入选第六批河南省学雷锋活动示范点，营造向上、向善、向美的社会环境。

文明城市创建。对辖区32处老旧小区、43条背街小巷进行改造提升，完成墙体破损整治14932平方米、架空飞线整治37处。治理各种类型乱象近3.3万起，创文工作"五结合"经验被市四大班子联席会表扬，区委宣传部、区委文明办获创建全国文明城市集体嘉奖。西司门油坊社区被命名为第六批河南省学雷锋活动示范点。2022年以来，油坊社区坚持以"全心全意为人民服务"为宗旨，将弘扬雷锋精神融入为民服务的各个环节，依托"时间银行"志愿服务平台积极开展公益志愿服务活动。方便群众提高服务效能。2022年，"时间银行"共有注册志愿者1300多人和8支专业志愿服务队，累计服务时长超4万小时，受益群众超3000人。认真组织开展实践活动。油坊社区围绕学习雷锋精神，与辖区学校制订"与雷锋同行 创文明校园"主题活动方案，并通过"小手拉大手"文明家庭共建，助推全社会营造学雷锋做好人做好事的浓厚氛围。

特色文化产业发展。大力发展夜经济，站位大开封、大文化、大旅游，对鼓楼夜市资源进行整合，以"夜市小吃"入手，以宋都文化为基础，结合中国传统节日文化和鼓楼的文化特点，运用现代的表现形式，塑造鼓楼文化IP，形成鼓楼夜间文旅商业区大品牌概念，开封鼓楼特色文化街区成功创建第二批国家级夜间文化和旅游消费集聚区，获开封市"文旅30条"奖励30万元，西司文旅商圈获第三批河南省夜间文旅消费集聚区。首届"文投杯"开封美食大赛在多家省级以上媒体进行报道，浏览量超千万。2022年10月，鼓楼区人民政府成立开封鼓楼特色文化旅游休闲街区申请国家级旅游休闲街区规划工作领导小组成立，补齐消费短板，发挥促消费载体作用，做好第二批国家级旅游休闲街区有关工作。以州桥遗址展示、城墙贯通等重大项目为抓手，推动文商旅融合发展出彩。

"文化和自然遗产日"活动。2022年6月11日，由中共鼓楼区委宣传部、鼓楼区文化和旅游局主办，鼓楼区美术馆承办的以"连接现代生活 绽放迷人光彩"为主题的2022年中国"文化和自然遗产日"非遗宣传展示活动在鼓楼区美术馆举行。该次活动集中展出馆藏精品340余件，包括兰生电影艺术、汴梁婚俗文证、北宋官瓷、大宋皮影、语哲茶文化、石庵木艺、古钱币、酒文化、史志、雷锋纪念品等众多精品，令参观者大开眼界，被开封深厚的文化底蕴所吸引。活动当日，鼓楼区文旅局组织线下品鉴论坛、文创座谈及文商旅项目洽谈等专题活动3场，邀请开封文艺、餐饮、图书、文创企业、手工制作等各界名人参观指导，吸引河南大学艺术学院、黄河水利学院、开封大学、开封文化职业艺术学院等6所高校艺术生300余人以及140余名社会艺术爱好者观摩学习，为古朴典雅的美术馆四合院增添了浓厚的文化气息。

公共文化服务。出台《鼓楼区公共文化服务体系建设补短板工作意见》，对50个基层文化站点进行实地验收，配送图书500余册，在油坊社区、包南社区、西苑社区、中华社区挂牌河南文化合作社，全面提升公共文化服务水平。开展"喜迎二十大 欢乐进万家""红色文艺轻骑兵"等党的二十大主题文化惠民活动70余场，线上展播空中文化课堂、鼓图讲座等文化节目46期。组织非遗代表性传承人和传统技艺传承人开展线上线下活动近20场，群众参与近23万人次。依托"鼓楼文化"微信公众号、美篇、百姓文化云等平台，开展了包括文艺演出、文化课堂、艺术展览等26项形式多样、内容丰富的文化活动，让就地过年的广大群众在春节期间也能享受愉快的精神文化生活。鼓楼区文化和旅游局通过拓展云端文化，让广大群众足不出户便能畅享文化大餐，给虎年春节增添了文化年味。春节假日期间线上文化活动受众达37.63万人次。

网络安全建设。2022年，围绕网络综合治理体系建设"六体系一工程"总体布局，高标准谋划推进基层网络综合治理体系建设工作。截至2022年年底，全市基层网络综合治理体系已基本建成，初步构建起了党委领导、部门配合、上下贯通、社会协同的基层网络综合治理格局，形成了基层网络综合治理体系建设开封模式。在全省率先完成全市一体化网络应急指挥体系和县级互联网应急指挥中心建设，市级互联网应急指挥中心升格为首批全国示范单位，被市委、市政府授予集体二等功。6月中旬，全省基层网络综合治理体系现场活动在开封市召开，相关工作经验被中央网信办《网信动态》专刊推广，市委网信办被市委、市政府授予集体三等功。科学谋划网络安全和信息化发展五年规划，出台网络安全事件应急预案，成立网络安全事件应急指挥部，进一步完善了网络安全事件应急工作机制。加强与河南大学、开封文化艺术职业学院合作，开展网络安全宣传教育、人才培养，进一步强化了各单位网络安全素养。

【州桥及汴河遗址入选年度十大考古新闻】 州桥遗址考古取得重大成果，累计发掘州桥和汴河遗址4400平方米，发现不同时期各类遗存遗迹117处，出土各类文物标本6万余件，国家文物局"考古中国"重大项目发布会进行了专题发布，孙春兰副总理专门作出批示，"河南开封州桥及汴河遗址重现古城千年繁华盛景"，入选2022年度国内十大考古新闻。2022年9月28日，州桥及汴河遗址考古成果在国家文物局"考古平台"全球发布。为做好"州桥发布"全媒体宣传报道，全面展示本地媒体的良好形象和精深的业务能力，开封日报报业集团在当天发布了新闻纪录片《看见·州桥》。该片全面介绍了州桥及汴河考古发掘整体工作，专家学者也从各自角度带大家深入了解州桥重要考古成果和未来州桥及汴河遗址的保护规划，不仅广大开封市民纷纷转载点赞，也吸引了国内众多网友点赞评论，获得社会各界的高度肯定和好评。专题宣传片《看见·州桥》转载量为2.5万+，浏览量突破30万，点赞103696次，不仅在开封引发了持续关注和热议，并在全网刷屏出圈，在国内众多媒体的宣传报道中独占鳌头，激发了人们对宋文化研究探索的浓厚兴趣，引发国内文旅界、考古界对州桥的持续研究热情，进一步扩大了开封作为大古都城市的影响力。该作品获第四十届（2022年度）河南新闻奖三等奖、2022年度中国地市报新闻纪录片类二等奖、2022年度中国城市党报融合创新二等奖。

【特色文化街区入选国家夜间文旅消费集聚区】 鼓楼特色文化商业区管委会于2022年8月被文化和旅游部办公厅确定为第二批国家级夜间文化和旅游消费集聚区。统筹规划有特色。打造夜间经济示范街区，巩固"网红"新地标，优化夜间消费环境，营造夜间消费新场景，培育特色餐饮街区，挖掘夜游、夜展、夜读、夜市等消费潜力，举办多种夜间消费主题活动。摆摊经营强规范。聚焦夜市摆摊经

州桥遗址

营不规范等问题，积极推行"十统一"：强化规范化管理，树立鼓楼夜市经济新形象。基础设施更完善。加大财政投入力度，推进5G应用，建设智慧街区；完善公厕等基本设施，有效解决游客停车难、如厕难等问题，夯实夜市经济发展根基。环境保洁无死角。采取分时段保洁方式，做到动态清扫、及时保洁。紧盯短板补弱项。管委会按照"打造全国一流夜市"的标准，结合工作实际，制定《鼓楼观光夜市管理办法》《鼓楼观光夜市"十必须""十不准"》等一系列规章条例。紧盯"硬件短腿"和垃圾处理等补弱项不足，有效破解夜市环境差管理难的问题，培育特色增强竞争力。

·禹王台区·

【文化概览】 禹王台区位于开封市的东南部，是古城的南大门，因千年古园禹王台坐落于此而得名。面积57.25平方公里，常住人口12.08万，辖2个乡和5个街道。禹王台区交通便利，陇海铁路穿境而过，310国道横贯东西；东临阿深高速、106国道，西傍京广铁路、京珠高速，距新郑国际航空港仅50公里，南靠日南高速，北临连霍高速。开封火车站、长途汽车中心站均在辖区内。优越的地理位置，便利的交通条件，使禹王台区成为豫东地区的交通枢纽和物资集散地。禹王台区旅游资源丰富：千年古塔——繁塔，是开封现存最古老的地面建筑；千年古园——禹王台，记载着大禹治水的英雄事迹；著名的开封古城墙，见证着铁马冰河的征战岁月。众多的名胜古迹，使禹王台区成为中外游客理想的旅游和度假胜地。辖区的南郊乡是享誉国内外的菊花生产基地，是国家命名的唯一一个菊花之乡。每年金秋时节，古城大街小巷千姿百态的菊花大多源于这里，吸引众多中外游客光顾。

文旅融合。禹王台区积极建设1898南院坊历史文化街区，打造夏理逊花园、老食品厂，开展街景提升；持续提升小微博物馆，打造精品红色文化旅游线路；全力推进非遗馆建设，增强文化自信，提升知名度，打造区域形象名片；积极打造工业记忆馆，保留工业记忆，接驳工业发展的历史与未来；做好清明上河城·繁塔·禹王台片区建设，计划对繁塔·禹王台景区进行整体开发，对景区内的文物古迹、历史建筑开展保护修缮、提升改造，对景区周边棚户区进行拆除，推动城市焕新。文物保护与非遗传承：加强宣传，积极保护。利用"文化遗产日""全民健身日"等重大节日，组织非物质文化遗产项目进行展演展示；争取资金，传承保护；积极向上级申请市级非物质文化遗产代表传承人补助资金，挖掘非遗项目，做好申报工作；整理挖掘非遗文化，加大力度做好申报传承工作。

文旅市场管理。扎实开展安全生产工作，坚持日常监管和专项整治相结合，结合全市创建文明城市工作开展网吧、娱乐场所接纳未成年人乱象整治11次，排查辖内是否有私设景点4次；广泛做好群众宣传，利用微信、公众号等平台，同时结合安全生产月等开展宣传活动，开展文化市场法律法规宣传活动，发放各类宣传材料共300余份。在对全区各级文保单位竖立保护标志的基础上，悬挂了文物安全公示牌；加大文物安全巡查、检查力度，消除不安全因素；做好文物修缮，积极向上级申请，开展国民革命军阵亡将士纪念塔修缮工作。

文化艺术创作。制作"红色文艺轻骑兵"焦裕禄精神宣传优秀文艺作品MV3首，其中《焦桐花儿开》获市优秀作品二等奖，《永恒的承诺》获市优秀作品三等奖，《老焦》也在视频公众号播发。随后文化馆又继续制作了《喜迎二十大文化演出禹王台区专场》《讲好禹王台故事》，更好地将两个主题相结合，充分发挥文化馆创作优势，将好的文化作品以更新的形式展现在大众面前。访问量3万次；在建党101周年之际，禹王台区委宣传部、禹王台区文旅局、禹王台区文学艺术界联合会、禹王台区汪屯乡，在横船湾社区文化广场共同开展"喜迎二十大 颂歌献给党"文艺会演暨"七一先进表彰"活动。依托"欢乐周末"百姓文化活动，开封市文化馆、禹王台区文化和旅游局、禹王台区民政局、禹王台区三里堡街道办事处共同开展"喜迎二十大 欢乐进万家"活动；成功举办了"复兴强国有我"线上文艺展演活动。开展"到人民中去"文化文艺志愿活动5场。

公共文化服务。加强场馆设施建设，提升开封市雷锋纪念馆，建设完成集阅读推广、文化创意、公益平台、社区服务等功能为一体的繁台春色城市书房；大力发展文化合作社，2022年共发展成立16家文化合作社，其中，汪屯乡大李庄文化合作社获2022年"河南省示范性乡村文化合作社"称号。拍摄主题宣传片《国家级非遗项目——

开封盘鼓》，该片在2022年河南省"喜迎二十大 欢乐进万家"十大群众文化活动评选中，获"我的乡村文化合作社"才艺大赛十佳作品称号；丰富群众文化活动，开展"喜迎二十大 欢乐进万家"等系列活动、世界读书日等各类文化活动30余场次；高标准开办节会活动，成功举办了第二届"清明上河图线上论坛"，进一步推动清明上河图研究向国际化迈进；高标准承办了由中国收藏家论坛和开封市人民政府主办的"首届繁塔论坛"，继续举办了中国开封第四十届菊花文化节、第四届师旷古琴艺术节，并使其逐步成为开封市的一项重要节会活动。

精神文明建设。大力加强公民思想道德建设，深入推进道德模范、身边好人宣传教育活动；持续开展"开封好人""禹王台好人""乡村光荣榜"等文明细胞评比、推选活动。全年共评选表彰"禹王台好人"59名，受表彰"开封好人"10名。利用春节、端午、中秋等重要传统节日，开展"我们的节日"系列文明实践活动，常态化开展"文明交通""文明旅游""助力高考"等文明实践活动。在第二届"新时代文明实践推动周"中，以学习宣传贯彻《条例》为主线，组织开展"学文明条例""做红色传人""倡节俭风尚""守社会秩序""学雷锋我行动"五大主题日文明实践活动。2022年，线上线下开展文明实践活动2000余场，受益群众达3万余人次。禹王台区开展好人榜评选启动仪式。为深入实施公民道德建设工程，2022年2月25日下午，"2022年1月禹王台好人榜发布活动暨评选启动仪式"在开封市第

2022年10月9日，开封首届繁塔论坛开幕

2022年11月16日，开封古琴艺术节开幕演出

三十一中学举行。

【**第四届师旷古琴艺术节**】 2022年11月16日下午，由禹王台区举办的中国开封第四十届菊花文化节、第四届师旷古琴艺术节在市博物馆开幕。开幕式通过线下展演+线上直播的形式进行，通过以"师旷古琴艺术"为主题，师旷"劝学"典故、古琴名曲《流水》伴以舞蹈、诗朗诵、合唱等艺术形式展示了乐圣师旷的事迹以及古典艺术的魅力。禹王台区高度重视文旅融合发展，依托丰富的历史文化资源，大力推动文旅文创融合，打响文化资源牌，全力争创河南省全域旅游示范区。艺术节旨在为广大古琴艺术爱好者搭建相互学习、交流展示的平台，进一步提升城市底蕴，推动古琴文化遗产活起来、传下去、走得远，为开封文化事业高质量发展做贡献。

【**大李庄社区成为"河南省文化产业特色乡村"**】 2021年12月30日，河南省文化和旅游厅下发《关于命名河南省文化产业特色乡村的通知》（豫文旅产业〔2021〕7号），禹王台区汪屯乡大李庄社区榜上有名。大李庄社区位于禹王台区汪屯乡西南部，社区特色是盘鼓艺术，拍摄主题宣传片《国家级非遗项

大李庄特色——开封盘鼓

目——开封盘鼓》，在2022年河南省"喜迎二十大 欢乐进万家"十大群众文化活动评选中，获"我的乡村文化合作社"才艺大赛十佳作品称号。汪屯乡大李庄文化合作社被省文旅厅命名为开封市唯一一个农村文化合作社建设试点单位，成功打造了集文化产业、文化产品、文化活动、文化服务四位一体的民间文化品牌。

·祥符区·

【文化概览】 祥符区史称祥符县，历史悠久，文化积淀深厚，地处中原，北依黄河，下辖14个乡镇，1个街道，1个省级先进制造业开发区，1个省级文化旅游发展试验区，总面积1302平方公里，总人口82万。"祥符"取"祥瑞的符命"之意，深含"福、禄、寿"之意，富有祥瑞满溢之气。自夏朝设都以来，已有4000多年的历史。中华第一朝夏朝曾在老丘建都，春秋时期郑庄公在此封疆拓土，建"启封城"，铸就开封城的前身，成就了"八朝古都"的美誉，孕育了上承汉唐、下启明清、影响深远的"宋文化"。辖区内有"中州名镇"陈留镇，有豫剧祥符调、木版年画发源地的"中国四大名镇之首"朱仙镇，曹操在此起兵、岳飞在此被十二道金牌召回、李自成青龙背大破明军等典故流传至今。祥符区现有国家级文物保护单位4处5项，不可移动文物552处，各级文物保护单位66处，国家AAAA级景区2个，国家非物质文化遗产2项。这里被誉为"中国民间文化艺术之乡"。

思想文化学习。祥符区举行学习党的二十大报告读书会，会议以视频形式召开。学习宣传贯彻党的二十大精神作为当前和今后的首要政治任务，结合实际融会贯通，广泛宣传凝聚共识，努力营造浓厚的学习氛围。召开党史学习教育总结会议，深入学习贯彻党的十九届六中全会和中央、省委、市委党史学习教育总结会议精神，通过党史学习教育，全区上下风清、气正、劲足，广大党员干部群众众志成城、共谋发展，汇聚起了奋勇争先、更加出彩的强大合力。召开宣传思想文化工作推进会，会议总结了上半年新闻宣传工作及创文巩卫工作成果，安排部署"学习强国"学习平台建设暨"喜迎二十大 欢乐进万家"群众文化活动工作。

文化服务体系建设。召开公共文化体系建设工作推进会，会议传达学习了《开封市公共文化服务体系建设重点工作暨2022年度绩效考核工作安排》，对全区公共文化服务体系建设工作进行再安排、再部署。2月22日，祥符区举行2021年度农家书屋补充图书配送仪式，2021年以来，祥符区启动了农家书屋补充更新工作，通过公开招标采购了32万元的图书，补充到全区327个行政村农家书屋中。农家书屋图书补充更新工作是文化惠民工程重要内容之一，对推进全民阅读工作、提高基层群众的思想道德和文化素养，具有重要的意义。农家书屋工程建设是一个长期的系统工程，各有关部门坚持把农家书屋办好，把群众实事做实，方便村民阅读，汲取知识。并集中力量做好服务，在最短的时间内把图书配送、上架到位，惠及祥符群众。祥符区在世纪广场开展以"喜迎二十大，档案颂辉煌"为主题的宣传活动，工作人员向群众发放宣传资料，宣传档案工作的重要性以及普及档案法律法规、档案与社会公众的关系等知识。

文化产业发展。朱仙镇国家文化生态旅游示范区规划汇报会召开，聚焦保护朱仙古镇历史文化，加强分析研判工作，进一步细化完善方案。会议强调，要强化产业融合发展，加强区域内基础设施建设。要做好文物保护和利用，根据《城乡规划法》制定规划，履行相应程序，推动朱仙镇国家文化生态旅游示范区项目顺利开展。召开全市科技创新"六个一流"工作推进电视电话会议。会议强调，推进科技创新是执行中央决策部署的深入实践，是落实省委、省政府重大要求的具体行动，是推动开封高质量发展的迫切需要，要以大魄力、超常规举措推动科技创新。培养创新精神，形成尊重知识、尊重人才、尊重创新、尊重创造的浓厚氛围。区委常委领导调研文化中心项目的建设情况，要求有关部门要进一步做好沟通对接，采取有力措施，推进项目建设进度。召开"数字祥符"工作推进会，会议邀请国研科技集团有关专家对什么是数字政府，怎样建设数字政府进行了授课，与参会人员就信息化业务处理中存在的问题进行了深入讨论。传承振兴祥符调暨杂技魔术艺术研讨会在开封文化客厅举行，素真剧场扛起弘扬祥符调的大旗，将开封得天独厚的历史文化资源转化为文化旅游产品，走出了一条文旅文创的新路子。

精神文明建设。祥符区投入30余万元建设祥符区好人主题公园，集中展示16位"祥符好人"典型人物事迹，激励带动全区更多的干部群众以典型人物为榜样，传承传统美德，弘扬良好风尚，以文明乡风优良家风丰富广大群众的精神生活，激发干部群众苦干兴业，建设"实力祥符、创新祥符、美丽祥符、开放祥符、人文祥符、幸福祥符"六个祥符。举行庆祝"三八妇女节"112周年暨表彰大会，大会共表彰"三八红旗集体"20个、"巾帼文明岗"25个、"三八红旗手"100名、巾帼建功标兵30名、"美丽庭院"示范户5000户、"和睦家庭"创建工作先进集体22个、"和睦家庭"示范户50户及"最美巾帼"网格员30名。召开"五一国际劳动节"、"五四青年节"表彰大会，对获奖单位和个人颁发了奖牌和证书。祥符区"五一劳动奖章"获得者宣读了倡议书；祥符区优秀团干部获得者做了典型发言。举行"两优一先"表彰大会暨"光荣在党50年"纪念章颁发仪式，为老党员颁发纪念章，以此来鼓舞全区各级党组织和广大党员不忘初心、牢记使命。

文化市场监管。调研书店、影城等文化场所，对春节期间文化市场管理，加强文化市场排查，及时消除风险隐患，确保节日期间文化市场平稳有序，营造和谐的节日氛围。发表的海报"以青春之我，护网络清朗"被中央网信办、省委网信办采用。"五四青年节"来临之际，祥符区委网信办将网络辟谣工作融入青年节主题，明确"以青春之我，护网络清朗"的宣传主题，制作主题海报，被省委网信办所采用。祥符区收听收看2022年国家网络安全宣传周开封市活动启动仪式

文明城市建设。召开城市规划区街景宜居化改造规划汇报会，深度挖掘祥符区的历史文化、故事，融入祥符调、盘鼓等祥符元素，定位宜居化改造或未来祥符区新建建筑的祥符风。召开朱仙镇片区工程建设工作推进会，强调在设计游玩、亮化等板块过程中，既注重历史文化元素，也要适当植入现代AR、VR等科技手段，打造古今辉映的文旅融合。召开城市品牌形象设计规划汇报会，城市品牌形象是对外展示祥符区发展的重要举措，要充分融入全区历史文化底蕴和现代发展特点，设计符合祥符区特色的城市品牌，同时要加快祥符区城市品牌专利的申报，确保祥符区城市品牌形象建设工作落到实处，不断提升城市形象和品质。陈留镇立足艾灸产业基础，以"鲍姑艾"品牌为引领，打造黄河下游"生态康养小镇"。

"学习强国"答题赛。6月30日，祥符区举行2022年"学习强国"万人答题挑战赛活动，比赛以"学习强国"App挑战答题方式进行，在规定的20分钟时间内参赛选手可进行多次挑战，不限次数。比赛现场紧张有序，各单位预选出来的"挑战达人"全力以赴、沉着冷静，一个个聚精会神、争分夺秒地挑战答题。"学习强国"学习平台功能强大、资源丰富、操作便捷，自上线以来，祥符区积极组织职工通过平台开展各种类型的学习活动。"上强国、学时政、晒积分、比学习、谈体会"已经成为祥符区干部群众日常学习的新风尚、新常态。"学习强国"万名学员答题挑战赛的举办，进一步调动了全区干部群众运用"学习强国"学习平台学习的热情，为全区上下建设全民学习型社会、促进祥符区经济社会高质量发展凝聚心智力量。

【"书香润万家 喜迎二十大"经典朗诵】 9月9日，祥符区举行"书香润万家 喜迎二十大"经典朗诵活动。诵读活动只是一个载体，更重要的是让读书成为日常生活的一部分，将弘扬中华传统文化引向深入。要号召全区上下高度重视优秀中华文化、中华经典对于滋润时代精神的重要作用，进一步提升文化内涵，营造良好的书香氛围。活动现场，大家通过诗文诵读活动，诠

释中华诗文魅力，表达对党和祖国深深的祝福，通过声音之美与文字之美完美结合，歌颂中国共产党领导中国人民建设新中国的伟大历程、伟大成就，为党的二十大胜利召开献礼。

·杞县·

【文化概览】 杞县位于河南省东部，隶属八朝古都开封市，总面积 1243 平方公里，耕地 133 万亩，辖 21 个乡镇、总人口 120 多万，是开封市第一人口大县。杞县历史悠久，商朝时建立杞国，距今已有 3700 年的历史。杞县人杰地灵，历代名人辈出，是"省级历史文化名城"，夏朝时期的杞国曾在这里建都立国长达 1000 余年。古有商代名相伊尹、西汉刘邦著名谋士郦食其、东汉著名文学家、书法家蔡邕，女诗人蔡文姬等历史名流。杞县是近代著名的豫东革命根据地，豫东战役大量战斗发生于此，是河南 14 个一类革命老区之一，杞县抗日战争、解放战争时期，为新中国成立作出了突出贡献，近代有著名记者穆青，当代有香港、澳门区旗、区徽设计者肖红，2008 年北京奥运会会徽设计者张武等知名人士。获"全国科技进步先进县""全国科普示范县""河南省对外开放先进单位"等称号。

思想文化建设。召开铸牢中华民族共同体意识工作推进会，加强组织领导，增强工作合力，压紧压实责任，进一步铸牢中华民族共同体意识，不断开创民族团结进步事业新局面。召开宣传思想文化战线工作例会，传达省委主要领导在开封调研指导时的重要讲话精神，会议强调，要持续加强对意识形态工作的督查检查和考核问责，确保意识形态和宣传思想各项工作任务落地落实落细。组织参加"2022 年国家网络安全宣传周开封市活动"启动仪式。召开县委理论学习中心组（扩大）集中学习研讨会议，会议强调，全县各级理论学习中心组要把《习近平谈治国理政》第四卷列入学习计划，领导带头在学懂弄通做实上下功夫，不断提高政治判断力、政治领悟力、政治执行力，切实把学习成果转化为奋进新征程、建功新时代的工作举措和实际成效。召开宣传思想文化战线工作例会，牢牢把握正确方向，组织好、开展好群众性爱国主义文化活动，创新方式方法，增加时代元素，为全县高质量发展营造了良好舆论氛围，以实际行动迎接党的二十大胜利召开。

精神文明建设。举办纪念"三八国际劳动妇女节"112 周年暨表彰大会，总结了 2021 年全县妇女工作，表彰了 2021 年度妇女工作先进集体和个人，并进行了颁奖仪式。举办的"好媳妇、好婆婆、美丽庭院"表彰大会暨"学雷锋、扬正气"文艺会演志愿服务活动在沙沃乡杨寨村举行。县委常委有关领导等实地察看县农村公益电影放映工作，将公益电影放映打造成为农村弘扬正能量与主旋律的全新宣传阵地，增强群众的精神力量，有效助推乡村振兴。河南省老促会调研组深入杞县开展红色历史文化及特色产业调研活动。杞县人武部政委带领部分官兵来到县融媒体中心参观"纪念焦裕禄书画展"，感受焦裕禄同志全心全意为人民服务的高尚情操。县工商联开展非公经济人士"重阳节爱老敬老"活动，切实为农村空巢老人、独居老人、孤寡老人、残疾失能老人送去了节日温暖和祝福。

公共文化活动。"丹青绘江山、翰墨颂党恩。"为庆祝中国共产党建党 101 周年，歌颂党的丰功伟绩，由县委宣传部、融媒体中心联合举办的庆"七一"书画笔会在县融媒体中心举行。县委常委有关领导等深入平城乡等地实地察看农家书屋管理、新时代文明实践站（所）等工作开展情况，听取各乡村农家书屋工作情况汇报。召开"能力作风建设年"活动第四组读书分享会，围绕学习习近平总书记关于能力作风建设重要论述，结合深化杞县"能力作风建设年"活动开展和各自工作实际，就工作推动情况，进行了研讨交流。县委党校 2022 年度春季主题班班委承办的 2022 年度春季主题班结业典礼文艺汇报演出在县委党校举行。举办 2022 年"全国科普日"文明实践科普志愿宣传活动，帮助群众认识和了解科学知识，提升全民科学文化素质，积极营造爱科学、用科学的良好氛围。举办 2022 年"庆国庆 喜迎二十大"文艺活动，表演了扇子舞《祖国你好》、大合唱《歌唱祖国》、健身操《中国范儿》等节目。

文明城市创建。各级各部门从讲政治、顾大局的高度切实增强"创文"工作的紧迫感和使命感，全力以赴抓实抓细各项分包工作，以最大的决心扛起责任，以最硬的举措冲刺攻坚、最严的作风统筹推进省级文明城市创建工作。召开全域文明创建工作推进座谈会，听取人大代表、政协委员提出全域文明创建工作的意见与建议，并对下一步工作进行安排部署，加强宣传引导，加大舆论宣传力度，营造文明创建的浓厚氛围；以更高标准和更严措施，推动文明创建各项工作见实效。召开 2022 年文明城市创建工作座谈会，听取文明城市创建工作进展情况及存在问题的汇报，并对下步工作进行具体安排部署。召开创建省级文明城市"十大攻坚行动"责任落实部署会议，明晰工作措施，加强统筹协调，多措并举、多管齐下，全力推进各项工作任务有序推进。召开文明城市创建工作推进会，加大文明城市创建工作的宣传力度，营造良好的宣传氛围，提高群众对创城工作的知晓率、参与率和满意度，形成全社会齐抓共管文明城市创建工作的良好局面。

红色文化宣传。县委宣传部特邀《人民日报》、新华社、中央广播电视总台、《光明日报》、《农民日报》、《环球时报》、央广网、中央广播电视总台国际在线、《中国日报》、中国网、"学习强国"、《河南日报》、河南广播电视台、《开封日报》、开封广播电视台等中央、省、市媒体记者走进杞县，组成传统媒体和新媒体采访团，到红色革命精神的发源地进行实地采访。编写了近 10 万字的《红色化寨读本》，创作了《魅力化寨我的家》村歌，建起了师陀故居小院和三间展厅，建成了村民娱乐健身广场和红色文化广场。截至 2022 年，杞县烈士陵园共安葬烈士 1189 名，其中无名烈士 313 名，有名烈士 876 名，这里已成为爱国主义教育基地。走进杞县融媒体中心，采访团一行首先参观了"纪念焦裕禄书画展"，

《铭记》新书发布会暨赠书仪式

共同追忆焦裕禄同志的模范事迹。

【《铭记》新书发布会暨赠书】 由开封市委党史研究室与河南大学出版社共同主办，杞县县委组织部、大观杂志社协办的献礼"七一"《铭记：豫东 40 名党员烈士的故事》（以下简称《铭记》）新书发布会暨赠书仪式在杞县双拥广场举行，现场为开封市烈士陵园管理处、杞县退役军人事务管理局、水东烈士陵园捐赠图书 100 册。仪式结束后，全体人员来到水东烈士陵园开展烈士祭奠活动，向水东革命烈士纪念碑敬献花篮，悼念为国捐躯的烈士和所有为中华民族解放事业作出贡献的革命先辈，向烈士三鞠躬，表达敬仰和缅怀之情，并重温入党誓词。大家纷纷表示将继承和发扬革命先烈精神，在各自工作岗位上真抓实干、努力奋斗，以优异成绩迎接党的二十大胜利召开。

【尘封 70 年的焦裕禄珍贵手稿】 2022 年 8 月，在精心筹备学习焦裕禄精神系列活动查阅大量资料时，工作人员在杞县档案馆查找到了《杞县一区谢寨乡土改复查运动第一步工作报告》和《杞县一区谢寨乡地主站队强化专政情况的报告》两份焦裕禄同志的珍贵手稿。这两份手稿记录了 1951 年冬焦裕禄来到杞县，带领工作队到城关区谢寨乡、葛岗区大云所乡等地开展民主大检查，整干整风；广泛发动群众，开展土地复查；对地主分类站队，展开政治攻势；布置生产，开展冬耕发展副业等四项工作开展情况。展现了焦裕禄同志亲民爱民、艰苦奋斗、科学求实、迎难而上、无私奉献的精神。新华社、《人民日报》、中央电视台、《光明日报》等 300 多家媒体对此进行了专门新闻报道，总浏览量达 3000 万＋，吸引社会各界广泛关注。

·通许县·

【文化概览】 通许县地处中原，位于河南省中部偏东北，地处豫东平原。东接杞县、西连尉氏，南邻扶沟、太康，北交开封市祥符区，毗邻古城开封，在开封厚重文化延伸带上，与其根之所系、脉之所维，故人才辈出，令人仰慕，仅从宋真宗咸平五年（1002 年），建县至清代之不完全统计，通许县登进士榜者达 28 人。宋朝有王拱辰，元朝进士赵端卿、娄兴，明朝有孙确通等历史文化名人。通许县文化古迹遗

留较多，有子羽墓、庞涓墓、董仲舒墓、曹植墓等，此外还有上仓城故址、东水沃遗址、状元桥遗址、郭槐庄园遗址等。河南省稀有剧种、非物质文化遗产保护对象——锣戏，生存在练城乡西朱庄村，以及通许、尉氏、扶沟交界处的偏僻地带——通许大岗李乡赫庄村。至2011年，全县有非物质遗产省级3个，市级4个。通许县是一座人文与自然景观交相辉映的县城，古有羽墓春云、寇坟秋雨、柏岗晚渡等八大景，今有一湖二河三广场景观。1939年，共产党员张相石、毛春林、席廷彦等，在通许首先建立共产党组织，组建革命武装，开辟革命根据地，为新中国的成立作出了不可磨灭的贡献。

文艺创作精品。 深耕"文化惠民"。3月1日，国家艺术基金公布的2022年度资助项目名单，通许县文广旅局张文修创作的小戏曲《半条棉被》获国家艺术基金资助项目。红色经典小戏曲《半条棉被》为河南省唯一一部小型戏剧资助项目，是通许县精心组织国家艺术基金申报工作取得的重大成果，实现了开封市市县级艺术专业院团获得国家艺术基金资助项目零的突破。《半条棉被》是县文广旅局在深入学习习近平总书记纪念红军长征胜利80周年大会时的重要讲话精神的过程中，职工张文修听到习近平总书记讲述的长征中三个女红军与当地百姓发生的故事后，深有感触而创作的，表达了共产党和人民群众须臾不可分离的鱼水深情。通许县文广旅局积极发挥文化工作优势，组织号召广大文艺工作者、非遗传承人创作优秀红色文艺作品，以大家喜闻乐见的形式介绍党的光辉历程、传播红色力量，已征集《永远报党恩》《建党百年看中国》等13首红色曲艺作品，充分利用微信公众号、抖音等新媒体，拓展宣传展示渠道，为群众公共文化服务提供优质保障，为高质量建设文明和谐通许注入文化力量。

非遗文化传承。 开展春节、元宵节民俗文化、曲艺、唢呐等乡村文化合作社节目录制43个，依托文化馆、图书馆公众号、抖音、火山视频等新媒体，举办非遗线上展播。同时积极引领通许非遗走出去，在河南省第二届曲艺展演周活动中，开封市入选3个节目，通许县占2个，越来越多的非遗的项目、非遗传承人在创新发展续写出通许文化的魅力和自信。通过"非遗+旅游""非遗+民宿""非遗+文化"等多种跨界融合新模式，将传统文化融入现代消费环境，用非遗保护为当代文化创新提供宝贵资源，赋予消费市场更多活力。在举行的2022年通许县省级县级非遗项目授牌仪式暨文艺演出活动中，搭建消费展示平台，毛氏膏药、汤氏泥塑等非遗产品，以实物、展板的形态进行了展示，有效促进了民间优秀传统文化与群众及市场的对接。开展县级非遗项目、代表性传承人命名工作。对申报的10个县级非遗项目、36名代表性传承人进

红色经典小戏曲《半条棉被》

2022年"文化和自然遗产日"——通许县省级县级非遗项目授牌仪式暨文艺演出

行评审、公示。积极引导非遗传承人开展非遗文艺作品创作，组织剪纸传承人创作"迎奥运"系列剪纸，被省非遗中心、开封网等报道。通过多次调研，县非遗保护中心撰写多篇非遗文稿，其中5篇入选河南省政协《乡村记忆》一书。

文旅融合产业发展。创建雨诺生态观光园国家AAA景区，通许县以"田园通许 花乡农旅"为发展总体目标，立足新发展阶段，持续开展"康养文旅 厚重通许"文旅品牌建设，以AAA级景区为龙头引领，实施"文旅+"融合模式，积极培育"旅游+"文旅融合产业，推进全域旅游发展。雨诺生态观光园民宿。雨诺生态观光园位于通许县孙营乡，是通许县重点文化旅游项目。该项目以宋文化为底蕴，是文旅+研学、文旅+民俗、文旅+宋宴的农文旅研学休闲观光园，占地面积300亩，含文旅、高效农业、研学游学3个版块。该园区充分利用田园景观和乡土文化，开发具有特色的农副产品及旅游产品，逐步拥有一定的发展规模，对外影响力和吸引力不断扩大，按照AAA景区标准自查、整改、完善，成功申报为国家AAA景区。

精神文明建设。落实"立德树人"，举行"孝感天下 爱满咸平"通许县2022年庆国庆、"喜迎二十大 孝老敬老"颁奖典礼。2022年8月至10月，通许县开展"孝感天下、爱满咸平"评选活动，"孝老敬老模范"是全县孝老敬老的杰出代表，传承中华民族敬老爱老的传统美德，诠释着孝道思想的新时代内涵，是全社会学习的楷模。全县各行各业以他们为榜样，广泛学习和宣传他们的敬老、爱老先进事迹，

雨诺生态观光园民宿

为老年人"老有所养、老有所医、老有所教、老有所学、老有所为、老有所乐"创造良好的社会环境。该次活动分为宣传发动、推荐初选、专家评审等阶段。10月1日，该次活动颁奖典礼在孙营乡举行。

讲好通许故事。举办"丽星杯"我眼中的大美通许微视频大赛。通许以酸辣粉产业为抓手，坚持丽星食品龙头带动和延链强链共进，全力打造"中国酸辣粉之都"；依托地热资源优势，坚持地热能源开发利用与产业转型升级相结合，着力打造"中原温泉之乡"。为展示通许县日新月异的新面貌、新变化，9月22日，通许县举行"丽星杯"我眼中的大美通许微视频大赛颁奖活动。该次大赛自2022年6月开始，共征集到170余部参赛作品。这些作品充分运用艺术化、生活化、平民化的手法和视角，以微视频形式充分展现了通许历史之美、生态之美、人文之美，展示了广大群众的幸福生活和幸福故事。大赛经初评、网络投票和最终评审，分别评出一等奖1名、二等奖2名、三等奖3名。

党史学习教育。1月25日下午，全县党史学习教育总结会议召开。会议深入学习贯彻党的十九届六中全会精神和习近平总书记关于党史学习教育重要讲话重要指示精神，全面落实中央政治局专题民主生活会和中央、省委、市委党史学习教育总结会议精神，对全县党史学习教育进行总结，对巩固拓展党史学习教育成果、推进党史学习教育常态化长效化进行安排，动员全县上下大力弘扬伟大建党精神，牢记初心担使命、勇毅笃行向未来，争当试点、争当示范、争当标杆，以优异成绩迎接党的二十大胜利召开。全县广大党员干部始终笃学笃信，在学党史中坚定理想信念；始终对标对表，在悟思想中激发奋进力量；始终用心用力，在"办实事"中夯实为民情怀；始终求实求效，在"开新局"中实现担当作为。会议以视频会议形式召开。县政府和一中心四平台设立了分会场。

【书香河南首届全民阅读大会通许分会场】 书香润泽心灵，阅读成就人生。9月29日上午，通许县在县融媒体中心举行书香河南首届全民阅读大会通许分会场开幕式。全民阅读大会利用线上、线下各种宣传方式，广泛动员，营造全民阅读氛围。坚持正确的思想导向，注重

引领,把握全民阅读导向,鼓励党员干部阅读习近平新时代中国特色社会主义思想的权威著作。充分发挥阅读平台作用,强化保障,优化全民阅读服务。以开展全民阅读活动为契机,在全县掀起新一轮读书热潮,营造全民读书的良好风尚,唱响爱党爱国爱社会主义的时代主旋律,为迎接党的二十大胜利召开营造浓厚的文化氛围。

·尉氏县·

【文化概览】 尉氏,地处豫东平原,自秦始皇三年(前244年)置县,距今已有2200多年的历史。下辖12个乡镇、1个街道和1个先进制造业开发区,土地面积1100平方公里,人口87万人,耕地面积97.7万亩。境内文物古迹众多,现存有三国时期阮籍啸台、北宋兴国寺塔、清末刘青霞故居等多处国家级和省级文物保护单位。这里人文荟萃,名人辈出。战国军事家尉缭、东汉文学家蔡邕、"竹林七贤"中的阮籍,并称"尉氏三贤";"建安七子"中的阮瑀、"竹林七贤"中的阮咸,以诗文、音律彪炳史册;辛亥女杰刘青霞,素有"南秋瑾,北青霞"之称;表演艺术家唐喜成、牛得草享誉中原,"梅花大王"王成喜蜚声中外。2022年,尉氏县在全面学习、系统掌握、深刻领悟中央、省、市宣传思想工作总体部署的基础上,坚持守正创新、担当作为,全力服务中心大局,各项工作取得显著成效,为开封勇做新时代高质量发展开路先锋,"融入航空港 建设新尉氏"提供了坚强思想保证和强大精神力量。

意识形态工作。在"云上尉氏"设置学习宣传贯彻党的二十大精神主题专栏《融入航空港建设新尉氏——对标百强县思想大讨论》。组建县委宣讲团、百姓宣讲团,走村入户把党的十九届六中全会精神和党的二十大精神用通俗易懂的方式讲给群众,累计开展宣讲60余场次。实行意识形态领域风险排查日报告制度,每月对各地各单位排查结果汇总研判。8月,省委意识形态专项督查组对尉氏县开展专项督查。9月,全省召开2022年度意识形态工作专项督查反馈问题整改落实督办会议,尉氏县作为督查成绩排名前列的县市区在会上做了交流发言。

新闻宣传。中央广播电视总台刊播尉氏报道23条,《人民日报》刊发尉氏报道31篇,新华社刊发45篇,《农民日报》《经济日报》《光明日报》《法治日报》等中央级媒体刊发尉氏稿件68篇,《河南日报》、河南电视台等省级以上媒体累计刊播尉氏稿件728篇,省委宣传部《宣传要讯》采用21篇。在全市省级以上重点媒体发稿、能力作风建设年新闻报道、《宣传要讯》采用量、央媒重点栏目正面报道排名中,位居全市各县区前茅。新闻宣传工作多次获得市四大班子点评会议和市委宣传部领导表扬。

网络安全建设。高标准打造县级互联网舆情研究和应急保障中心。组织县融媒体中心、全县新媒体宣传矩阵、域内自媒体紧扣时代主题发布正能量宣传稿件1.5万余篇。推出"尉氏县互联网违法和不良信息举报中心""尉氏县涉网络暴力有害信息""尉氏县涉养老诈骗""尉氏县辟谣"等举报辟谣专区,发布稿件300余篇。引导域内自媒体、"网络大V"开展助力乡村振兴、我为群众办实事、网络名人读中原活动6次。

基层网络综合治理。投资近200万元,高标准打造440平方米的县级互联网舆情研究和应急保障中心。已建成1个县级中心,87个乡级和县直单位网信办,390个村级网信工作服务站的县乡村三级网信工作体系。坚持把"三个强化"作为提升基层网络综合治理工作实效的强"引擎"。强化考核导向。县委常委会研究通过网信工作运行考核机制,加大干部实绩考评力度。强化技术支撑。强化培训提升。网信办对全县网信干部、村级网信员队伍进行专题培训。各乡镇科学组织,对网信员及有意愿从事网络相关行业的群众进行培训。组建由尉氏网络的微信群主、网络大V、志愿者协会等组成的"扶贫代销点"微信群,深入开展互联网+扶贫活动,累计帮助销售水果蔬菜270余万元。

精神文明建设。以社会主义核心价值观为引领,大力实施公民道德建设工程。坚持百花齐放、百家争鸣,推动志愿服务全民化,成立8个志愿服务队,实名注册志愿者2.62万人,先后开展了"春运暖心""健康义诊暖人心""清明祭英烈""爱心助考""未成年人远离电子烟""文物探源我来说"等系列志愿服务活动,服务对象达3.8万人次,传递社会正能量,弘扬中华传统美德。以人民为中心的创作导向,制作了增强人民精神力量的优秀作品。《文明始于点滴创建从我做起》《文明是什么》《遵守社会公德 文明尉氏有我》《光盘行动拒绝盛宴》《垃圾分类小知识》等短视频，宣传倡导了人人争做文明践行者。入选河南省优秀志愿服务工作者 1 人、河南省乡村光荣榜 2 人、"开封好人" 16 人、市级乡村光荣榜 18 人。以新时代文明实践中心（所、站）为依托，两中心深度融合发展。围绕学习实践科学理论、培育践行主流价值、宣传宣讲党的政策、丰富活跃群众文化生活、深入移风易俗为主题，广泛开展"多彩暑假公益培训班""学习光辉党史——理论指导实践"等系列活动累计 560 场次，并在融媒体《云上尉氏》专栏同步发布，受益群众达 4.5 万余人，浏览量达到 10 万+次，增强了文明传播力影响力。

文化活动。尉氏县紧扣学习宣传贯彻党的二十大精神主线，通过文艺进广场、进学校、进场馆、进乡村，融入主题元素，巧妙编排设计，将文艺与民俗、文艺与非遗、文艺与读书、文艺与宣讲、文艺与书画等主题融合，让文艺演出主题更鲜明、方向更明确、形式更新颖、群众更喜欢，切实发挥好文艺的精神引领、价值引领作用。先后组织开展了尉氏县红色优秀文艺作品展演、文化合作社民俗文艺节目展演、广场舞大赛、戏迷擂台赛、经典诵读大赛、欢乐周末广场演出、少儿才艺大赛、舞台艺术送基层、"唱响新时代"群众合唱大赛、"我们的中国梦——文化进万家"云端赏艺迎新春等各类文化文艺活动 150 余场，线上线下宣传同步，线下受众 6 万余人；利用百姓文化云、尉氏文化云、尉氏融媒等线上平台直播回播宣传，受众达 50 万人次，受到群众的广泛好评，营造了浓厚的宣传氛围。其中广场舞《领航》获全省广场舞大赛三等奖、开封市赛区一等奖。

【"传承红色基因 弘扬革命传统"主题教育】"八一建军节"前夕，县退役军人事务局在全县中小学生中开展了"传承红色基因 弘扬革命传统"主题教育活动，邀请退役老兵进校园、进社区，讲述参军打仗保家卫国的故事。活动中，军队退休干部孙志平、王小海为两湖办事处的孩子们讲述了自己参军打仗保家卫国的故事。该次活动旨在通过邀请退役军人讲故事的方式，引导青少年传承红色基因，让年轻学生近距离感受老一辈军人为国家为人民的无私奉献。同时培育青少年爱国情怀，树立青少年尊重军人、崇尚军人的信念。

·兰考县·

【文化概览】兰考县地处于开封、菏泽、商丘三角地带的中心部位，总人口 87 万，总面积 1116 平方公里，下辖 13 个乡镇、3 个街道，464 个行政村（社区）。兰考是焦裕禄精神的发源地，是习近平总书记第二批党的群众路线教育实践活动的联系点。兰考历史悠久，由历史上的谷县、东昏（东明）、济阳、兰阳、仪封、考城诸县分合演变而来，素有"孔子过化"之地之称。兰考县历史文化资源丰富，历代英贤辈出，他们中有汉将陈平、一代才子江淹、中原哲人王廷相、天下"第一清官"张伯行等；境内有全国重点文物保护单位 1 处（焦裕禄烈士墓）、国家级非物质文化遗产 1 项（兰考麒麟舞）、省级文物保护单位 6 处、省级非物质文化遗产 8 项、AAAA 级旅游景区 1 家（兰考焦裕禄纪念园景区）、AAA 级旅游景区 1 家（兰考县文化交流中心景区），是国家红色旅游线路之一，2020 年获全国文明城市荣誉称号、2022 年被评为"中国民族乐器之乡"。

新闻宣传。配合省级以上主流媒体采访 260 余批次，圆满完成中宣部"沿着总书记的足迹""纪念焦裕禄诞辰 100 周年"等系列重要采访任务。在中央级主流媒体刊发兰考稿件 412 篇，其中《人民日报》头版 4 篇，中央广播电视总台《新闻联播》5 条。市级以上主流媒体刊发兰考新闻稿件 2000 余篇，中央级媒体新闻稿件刊发数量占 20% 以上。打造新媒体传播矩阵，"学习强国"兰考融媒号上线，"学习强国"学习平台用户量 41801 人，注册率达 159.15%，刊载上线稿件 704 篇，全国平台采用 66 篇，供稿量位列全市县区第一。开设兰考融媒新华号，在云上河南客户端发稿近 2000 篇，多次居全省指尖排行榜前十，新闻信息生产、传播、服务能力不断凸显。坚持移动优先战略，兰考县融媒体中心制作《兰考县黄河防汛演练》《兰考这五年》等专题片 30 余部，云上兰考 App 发布作品 5000 余篇，移动平台全网粉丝近 50 万。《纪念焦裕禄同志逝世 58 周年》主题系列报道，被《人民日报》客户端、新华网客户端等近百家媒体转载，阅读量达 300 万以上，《兰考纳入郑开同城化进程》等报道 100 余篇登上微博同城热搜榜单。

网络安全建设。注重坚持和加强党对网络综合治理的集中统一领导，成立县直 36 家重点部门网络安全和信息化工作领导小组，设立

兰考图书馆

乡镇（街道）网信办16个，行政村（社区）网信工作服务站463个，构建"县乡村三级上下贯通，县直重点单位左右协同"的网信管理组织架构。投入相关资金100余万元，高标准完成互联网应急指挥中心建设，统筹财政资金200余万元对县直重点部门及关键信息基础设施的网络安全进行整改提升，全县网络安全环境明显改观。2022年6月15日，全省基层网络综合治理体系建设现场会在兰考顺利召开。2022年8月30日，全省应急指挥中心建设现场会在兰考县召开。兰考网信办被市委、市政府评为全市基层网络综合治理体系建设工作嘉奖集体，基层网络综合治理工作受到市委高建军书记批示表扬。开封市基层网络综合治理体系建设高起点谋划、高标准要求、高效率推进，各级网信部门积极性、主动性、创造性不断增强，试点工作进展顺利、初见成效，呈现出顶层设计谋划实、综合协同整合实、工作推进成效实的显著特点。

现代公共文化服务体系建设。 打造城区"10分钟阅读圈"，新建和改造"城市书房"29个，配备图书7.5万余册，建成"听书墙"2处，兰考县图书馆年接待读者23万余人次，获河南省"2022全民阅读"系列活动优秀组织单位、优秀阅读品牌等8项荣誉。加快"数字图书馆"建设，与掌阅、大河书局等机构合作，引进数字图书资源30万册，实现464个行政村（社区）、全县企事业单位、中小学数字图书馆全覆盖。启动人文乡村建设，在乡镇文化站设置图书馆分馆和文化馆分馆，累计建设文化广场728处，农家书屋藏书量92.6万册，村级文化服务中心设置率达到100%。深入发掘乡村历史文化、农耕文化和文化发展史，依托全县55处文物保护单位和97项非物质文化遗产，建成乡贤馆16个、村史馆37个。注册文化合作社55个，堌阳镇徐场村、东坝头镇张庄村文化合作社被评为河南省示范性乡村文化合作社。全县现有专业性演出团体21个，文化类协会组织12个，各类文艺队伍497支，全年开展广场舞、秧歌、腰鼓等文化活动1.5万余场。堌阳镇徐场村举办的2022年全国"村晚"展示活动，先后被央视网、央视《朝闻天下》、《人民日报》等媒体报道。2022年，兰考县在文化体育传媒方面的财政支出达到1.58亿元，获得社会各界赞助公共文化活动经费600万元，在全省公共文化服务体系建设绩效考核中获得"优秀"等次。

特色文化产业发展。 兰考以实现民族乐器"产业+旅游+文化"融合发展的目标，建设民族乐器产业园区、音乐小镇、民族乐器商业街，倾力打造民族乐器专业村，加强与中央音乐学院战略合作，成立民族乐器发展研究院，深圳佳音王

兰考县民族乐器村——徐场村

科技股份有限公司、上海民族乐器一厂、苏州民乐一厂、西安朱雀入驻兰考，形成"泡桐种植—音板及配件供应—研发—生产—展示—销售—电商—物流—演艺—培训"为一体的完整产业链，兰考县民族乐器产业园区成功入选文化和旅游部全国大众创业万众创新活动周主题展示项目推荐名单。

音乐小镇。 全县共有乐器生产企业及配套企业219家，生产古筝、古琴、琵琶等20多个品种30多个系列产品，年产销各种民族乐器70万台（把）、音板及配件500万套，全国市场占有率达35%，远销40多个国家、地区，年产值30亿元。乐器产量和企业数量均居中国民族乐器行业四大基地第二位。自主研发、注册、引进民族乐器品牌316个，拥有敦煌、中州、焦桐等知名品牌30多个，获得专利388项。2022年8月获"中国民族乐器之乡"称号，在全省文化产业发展大会上，兰考县作为全省唯一县区代表做典型发言。

【"'赶考路'上再寻焦裕禄"全国网络媒体采访活动】 8月15日，由中央网信办网络传播局指导，多省份网信办共同参与的"'赶考路'上再寻焦裕禄"全国网络媒体采访活动在开封兰考启动，省委常委、宣传部部长王战营出席启动仪式。中央级、省级重点新闻网站、中央驻豫媒体、知名商业网站等70余名媒体嘉宾、记者受邀参加采访活动。其中，央广网《"赶考路"上再寻焦裕禄全国网络媒体采访活动启动》、新华社《河南杞县发现焦裕禄近万字工作手稿》被中央网信办全网推送。微视频《声音》《这一天，兰考人民从未忘记》《图解：这些数字读懂焦裕禄精神》被省委网信办全网推送。"'赶考路'上再寻焦裕禄"全国网络媒体采访活动开封站的宣传报道共6000余篇。

【红色基因传承】 大力弘扬以伟大建党精神为源头的中国共产党人精神谱系，深入学习贯彻习近平总书记"深学细照笃行焦裕禄精神"的重要指示，充分发挥焦裕禄精神发源地优势，着力打造新时代弘扬焦裕禄精神传承基地，让焦裕禄精神在新时代发扬光大。与上海戏剧学院合作创作编排大型舞台剧《兰考》，创新编排现代剧《桐花颂》，用优秀的作品鼓舞人心。电影《千顷澄碧的时代》《我的父亲焦裕禄》获河南省委宣传部第十三届精神文明建设"五个一工程"优秀作品奖，电影《我的父亲焦裕禄》入选全国综合类文艺最高奖项——全国第十六届精神文明建设"五个一工程"电影类优秀作品奖。2022年8月，新华社研究院、河南省委宣传部联合举办的焦裕禄精神理论研讨会在兰考顺利召开。

电影《千顷澄碧的时代》首映式在中国电影博物馆举行

音乐小镇

洛阳市

【文化概览】 洛阳位于河南省西部，辖区主要在黄河南岸，现辖7县8区，13家省级以上开发区，其中2家为国家级开发区，总面积1.52万平方公里，常住人口707.9万。洛阳有5000多年文明史，先后有13个王朝在此建都，有二里头遗址、偃师商城遗址、东周王城遗址、汉魏洛阳城遗址、隋唐洛阳城遗址等五大都城遗址，有龙门石窟、中国大运河、丝绸之路等3项6处世界文化遗产，全国文物保护单位51处（54项），河南省文物保护单位146处，一般不可移动文物9000余处，各类特色博物馆、纪念馆102家，馆藏文物60多万件（套）。现有A级景区66家，其中AAAAA级景区5家、AAAA级景区30家。红色教育基地有中共洛阳组诞生地纪念馆、八路军驻洛办事处纪念馆、洛耐职工怀念习仲勋同志展览、习仲勋纪念馆等。

洛阳有国家、省、县（区）级非物质文化遗产项目1056个，覆盖非遗名录全部十大类。国家级非物质文化遗产项目有河图洛书传说、洛阳牡丹花会、洛阳宫灯、唐三彩烧制技艺、真不同洛阳水席制作技艺、白马寺（平乐）郭氏正骨等9个。省级非物质文化遗产项目有洛阳海神乐、黄河澄泥砚、青铜器制作技艺、洛阳肖氏烧伤自然疗法、象庄秦氏妇科、纯德堂口疮散、传统膏药等89个。市级非物质文化遗产项目有武皇十万宫廷乐、雀金绣织绣技艺、洛阳铲锻造技艺、黑陶制作技艺、汝瓷刻花技艺等240个。县级非遗项目718个。

洛阳市是国务院首批公布的历史文化名城，是国家区域性中心城市、中原城市群副中心城市、"一带一路"重要节点城市，先后获"中国优秀旅游城市""国家园林城市""全国创建文明城市工作先进城市""中国人居环境范例奖""全国双拥模范城市""中国十大最佳魅力城市"等多项荣誉。

理论宣讲与研究阐释。 实施理论学习提质增效行动，常态化开展理论学习巡听旁听活动。深化思政课改革创新，广泛开展思想政治理论课教学技能"大练兵、大比武、大展示、大提升"活动。提升基层理论宣讲质效，广泛开展学习贯彻党的二十大精神等专题宣讲，开展"党的创新理论宣讲·理响洛城""理河洛青年说"等主题宣传教育实践活动，洛阳市委宣传部获全省理论宣讲大赛优秀组织奖。加强理论研究阐释，举办学习贯彻习近平新时代中国特色社会主义思想系列理论研讨会，在《洛阳日报》分期刊登理论文章134篇，完成2022年度洛阳市社会科学规划研究一般项目、重点项目600余项。"学习强国"洛阳学习平台供稿采用量居全省前列，被授予2021年度"学习强国"河南省推广运用工作先进单位称号。

新闻宣传报道。 制定《洛阳市"奋进新征程 建功新时代"重大主题宣传工作实施方案》，组织开展"奋进新征程 建功新时代"重大主题宣传活动，推出"奋进新征程 豫见新气象""十大战略深度看""非凡十年 出彩洛阳""深入学习贯彻党的二十大精神""二十大报告中的'我'"等系列融媒体报道。开展"走进乡村看振兴"集中采访活动，开设"风口产业一行线""城市提质 让生活更美好""落实151工作举措 全面推进乡村振兴"等专题专栏。在人民日报社、新华社、中央广播电视总台等央媒平台推出《洛城四月尽芳菲 牡丹花开香满城》《大运河之歌》《记住乡愁 洛阳古城》《航拍中国》《寻古中国》等重点报道。配合新华社、中央广播电视总台、人民网开展"隋唐大运河文化博物馆开馆"、《直面卢舍那大佛——走进"大修"中的龙门石窟》、《观盛唐 来洛阳看龙门石窟》等直播活动。2022年在中央、省级以上媒体共刊播洛阳稿件12000余篇，央视《新闻联播》先后21次关注报道洛阳。推动洛阳日报社实施洛报融媒大厦全媒体物理空间重塑工程，指导洛阳广播电视台推进全媒体新闻中心建设，上线推出"看洛"客户端。

文艺精品创作。 国家艺术基金舞台艺术创作资助项目豫剧现代剧《工匠春秋》被搬上舞台。豫剧《工匠春秋》、歌曲《客家 回家》、电影《伊水栾山》获河南省第十三届精神文明建设"五个一工程"奖，洛阳市委宣传部获河南省"五个一工程"组织工作奖。作家任禾被授予"洛阳文化旅游推广大使"称号，入选"最美洛阳人"十佳人物。任禾（笔名"会说话的肘子"）作品《夜的命名术》入选"首届扬子江网络文学最具IP潜力榜"、2022年中国作家协会网络文学重点作品扶持项目。其另一网络文学作品《第一序列》被收录至大英图书馆。作家王小朋作品《细腰》《黄梅路鱼铺简史》入选2021年河南文学作品选短篇小说卷、中篇小说卷，小说《生云寺》获得2022年度《莽原》文学奖。李红都《蝶梦飞扬》（报告文学）获得由《中国作家》杂志社、中国残疾人联合会宣传文化部、浙江省残疾人联合会等联合举办的"献礼新时代征文"三等奖。商玉玲《陪妈妈洗澡》、贾红松《欢欢》获2021年度中国散文年会奖"散文类"二等奖。高源（洛阳文学院签约作家）作品《落叶蝴蝶》（浙江少年儿童出版社）入选2022文学报年度最佳童书文字类作品。郭爱和入选第八届中国工艺美术大师名单，成为洛阳首位中国工艺美术大师。

文化惠民活动。围绕"喜迎二十大"主题和重大节庆时间节点，在全市范围内开展丰富多彩的群众性文化活动，线上吸引3万余人参加比赛、评选各类优秀作品1000余个，线上线下展演活动吸引近10万人观看。在全省"喜迎二十大 欢乐进万家"十大群众文化活动总结大会上，洛阳市共获42个奖项，其中一等奖6项。全市15个文化馆组织举办各类文化活动3050余场，受益群众176万余人次；全市乡村两级综合性文化服务中心组织开展各类群体文化活动6.3万余场次，受益群众359万余人次。全市基本实现文化场馆全覆盖，共有乡镇（街道）综合文化站190个、行政村（社区）综合性文化服务中心3146个。在全省率先推动文艺力量下沉社区开展"周末有约"广场文化活动和"文化进社区"等"点对点"培训辅导。依托各级文化阵地，组织开展洛阳市"河洛欢歌·惠民文化节"系列群众文化活动，"周末有约"广场文化活动、少儿才艺大赛、民间艺术大赛、"群星奖"音乐舞蹈、戏剧曲艺大赛等群众文化活动，累计受众13万余人次。

社会宣传教育。制定《"新时代 新征程 争出彩"十大群众性主题宣传教育实践活动方案》，广泛组织开展主题宣传教育实践活动，集中举办了两场优秀项目交流展示活动，推荐上报的5个活动视频作为优秀作品在全省进行展播。协调指导相关部门，采取落实"第一议题"学习制度、抓好"五星"支部创建、提升思政课教学质量、开展"中国梦·劳动美"主题宣传、深化"理响洛城·河洛青年说"主题宣讲、选树"最美职工""最美教师""最美农民工""最美科技工作者"等，强化学校、农村、社区等领域及青年群体、科技工作者、新一代产业工人等群体的思想政治工作。会同市委党史研究室，编纂《红二十五军长征与洛阳》书籍，制定《关于在乡村振兴中加强红色资源保护利用的指导意见》。命名李翔梧革命事迹展览馆等9个单位为第六批洛阳市爱国主义教育示范基地。举办《李俊贤传》新书发布暨李俊贤科学家精神研讨会，广泛宣传空空导弹研究院首席专家段朝阳等12名爱国强军先进典型。组织评选2021年度"最美洛阳人"十佳人物，社会关注浏览达63.24万人次。两个单位被评选为第六批河南省学雷锋活动示范点、两名个人被评选为第六批河南省岗位学雷锋标兵，营造了比先进、学先进的浓厚氛围。

对外宣传推介。策划推出"外国人看洛阳"系列短视频，拍摄"外国人在洛阳过春节""遇见洛阳 爱上洛阳——我在洛阳闹元宵"等内容，并推送到国际互联网社交平台播放，让国际青年感受、体验特色的河洛文化、元宵节文化，为青年友好型城市建设营造良好氛围。与新华社合作，围绕身在洛阳的国际青年群体，拍摄《塞尔维亚篮球教练的中国情结》《英国摄影师眼中的"牡丹花城"》《丹麦姑娘朱丽"爱"在洛阳》《美国人霍利的"地道"洛阳生活》《摩洛哥小伙亚瑟的"小确幸"》《古巴姑娘"舞动"洛阳》等系列短视频，在新华客户端浏览量达692万人次。围绕"5·18国际博物馆日"，组织全媒体直播，制作重点文物外语解说视频，推介洛阳城市；拍摄英语、日语、韩语、意大利语等宣传片宣传洛阳博物馆、二里头夏都遗址博物馆、天子驾六博物馆、牡丹文化博物馆；新华社、央视推出3场直播，在报纸、广播、电视和新媒体平台推出相关稿件20余篇，浏览量达到2500万人次；举行博物馆文物外文推介活动，选取6件洛阳博物馆、隋唐大运河文化博物馆的国宝级文物，拍摄英文、日语、韩语解说，在新华客户端被浏览710万次。制作世界客属恳亲大会宣传片，通过宣传片的制作传播，不断提升洛阳市开放水平和国际影响力，增进全球客家人对洛阳"客家祖源地"的认同感，增强客家人寻根问祖的吸引力、凝聚力。

精神文明建设。选树发布了2021年度"最美洛阳人""洛阳好人""新时代好少年"等典型。杜向阳入选"中国好人"，魏驰卓等10人入选"河南好人"。开展洛阳市市民素质提升"八项文明实践"活动，发起"洛阳牡丹赠英雄"活动。建成新时代文明实践中心15

个、所189个、站3177个，实现县（区）、乡镇（街道）、村（社区）三级全覆盖。承办"2022年河南省志愿服务项目大赛"，洛阳市3个项目获得一等奖；洛阳师范学院乐心志愿服务团获得2021年度全国最佳志愿服务组织。全力推进全国文明典范城市创建工作，实施了"八大专项"整治提升行动。全市县级以上文明村占比超70%，入选市级"乡村光荣榜"113人。

文化市场管理。市、县（区）联动举行书香河南首届全民阅读大会洛阳分会场系列活动，受到省委宣传部通报表扬。贯彻省委、省政府《书香河南建设实施方案》，洛阳市委、市政府联合印发《深入推进书香洛阳建设的若干措施》。洛阳市新华书店购物中心、洛阳席殊书屋获评"首届书香河南全民阅读大会·年度最美书店"。洛阳市新华书店有限公司获全省先进出版单位奖；洛阳市新华书店有限公司图书业务部主任刘青青获全省优秀出版人物奖。洛阳市实验小学栾川分校教师杨毅曼《守护他的成长》一文，获沿黄九省（区）"扫黄打非·护苗"诗歌大赛成人组优秀作品奖。

文化产业发展。加强市属文化企业国有资产监管，洛阳广电传媒集团有限公司资产划转工作顺利完成并开展实质性运营。开展洛阳广电传媒集团2021年度经营业绩考核。持续推动市属新闻媒体深化改革，构建新型采编发流程，推动掌上洛阳客户端等新媒体平台着力提升聚合功能、交互功能，向平台型媒体转型发展。召开全市产业发展工作推进会，实施重大文化产业项目带动战略，隋唐大运河文化博物馆等建成开放，汉魏洛阳城遗址博物馆、隋唐洛阳城国家历史文化公园、黄河非遗展示中心等重点项目加快建设。做强剧本娱乐产业，举办中国洛阳剧本行业峰会。组织全市优秀文化企业和特色文化产品参加第十八届中国（深圳）国际文化产业博览交易会和第九届中原（鹤壁）文博会，进一步扩大全市特色文化产品影响力。

文旅融合发展。打造世界级文旅IP，龙门石窟入选《国家地理》2023年度全球推荐最佳旅游目的地名单。洛龙区开元湖商圈、栾川县凤凰天街获评第三批河南省夜间文化和旅游消费集聚区；嵩县陆浑镇陆浑村、孟津区白鹤镇长秋村获评省级文化产业特色乡村。举办中国洛阳剧本行业峰会、全国沉浸式文旅目的地暨加快发展剧本娱乐产业新闻发布会，剧本娱乐产业园和全国总部基地建设走在全国前列。省文旅集团、省文旅文创融合创新基地落户洛阳。促成世界研学旅游组织河南代表处落户洛阳，研学基地数量居全省首位。乡村康养旅游示范村、乡村旅游重点村数量全省第二，省民宿发展推进会、"河南DOU是好风光"暨乡村康养旅游推进会在洛阳召开。洛阳先后在世界旅游合作与发展大会、第五届中国-中亚地方合作论坛上做主题发言。"洛阳旅游"微信号影响力稳居全国重点旅游城市前二；5个项目入选"行走河南·读懂中国"100项重大标识项目，位居全省首位；在2022全国城市传播热度指数排行榜中，洛阳位列全国第七。联袂抖音推出第四届全球文旅创作者大会（洛阳站）活动，"沉浸洛young城"抖音播放量超过2.2亿。开展"街头艺术表演""博物馆奇妙夜"等十大主题活动，叫响"古都夜八点"品牌，被文化和旅游部"产业发展动态"选登。

网络宣传及综合治理。2022年4月15日，由中央广播电视总台策划的——"云赏牡丹"新媒体直播活动在隋唐城遗址植物园进行，姹紫嫣红的牡丹、精致的牡丹工艺品，通过央视新闻客户端、央视频客户端、央视新闻微博、CGTN、国际视通，为广大网友带来了一次与众不同的"云裳牡丹之旅"。配合4月6日起，洛阳市精心策划开展的"洛阳牡丹甲天下"网络宣传活动，通过丰富多彩的线上内容和年轻化的交互方式，让广大网友在线欣赏牡丹芬芳，观赏洛阳美景。

第三届洛阳乡村文化旅游季。2022年6月2日，2022第三届洛阳乡村文化旅游季开幕，首次以中央—省—市—县全媒体矩阵联动、全面线上形式举办乡村文化旅游季，总体覆盖面超3亿人次，进一步扩大了"伏牛山水"影响力。

"黄河安澜"网络主题宣传活动。2022年9月14日，中央网信办"黄河安澜"网络主题宣传活动启动仪式在洛阳举行。河南省委常委、洛阳市委书记江凌，河南省委宣传部常务副部长曾德亚，河南省委网信办主任郭岩松及陕西、山西、山东、内蒙古等省区网信办代表出席启动仪式。启动仪式直播观看人数突破550万人次，"黄河安澜"微博话题阅读量2.2亿次，制作推出《黄河安澜》《你要写黄河》《与黄河相约洛阳》等短视频作品，累计播放量突破5000余万。50余家中央、省级主流媒体来洛阳采访，发表相关报道170余篇，全方位、多角度展现洛阳市黄河流域生

市、县（市、区）文化概览 347

2022第三届洛阳乡村文化旅游季活动启动仪式现场

2022年国庆节"黄河安澜"主题集体婚礼

2022年5月18日隋唐大运河文化博物馆开馆

态保护和高质量发展成就。

第五届中原国际文化旅游产业博览会。2022年9月23日至25日第五届中原国际文化旅游产业博览会在洛阳举办。该届博览会由河南省委宣传部指导，河南省文化和旅游厅、洛阳市人民政府主办，洛阳文化旅游投资集团承办，分两大会场，九大主题展区，参展企业200余家，近万种文旅产品，现场交易额8742万元，线上下单交易额478万元，总交易额达9220万元。

"五个一工程"奖。2022年10月，豫剧《工匠春秋》、歌曲《客家 回家》、电影《伊水栾山》获河南省第十三届精神文明建设"五个一工程"奖；洛阳市委宣传部获河南省"五个一工程"组织工作奖。

【隋唐大运河文化博物馆揭牌】2022年5月18日，河南省委常委、洛阳市委书记江凌，河南省人民政府副省长何金平共同为隋唐大运河文化博物馆揭牌。国家文物局党组副书记、副局长顾玉才，世界运河历史文化城市合作组织秘书长邓清、中国博物馆协会理事长刘曙光在线视频致辞。隋唐大运河文化博物馆是国家"十三五"重点文化工程、国家大运河文化带重要节点工程、河南省文化强省建设重大工程、洛阳市重大文旅项目工程，2020年正式开工建设，2022年5月18日国际博物馆日正式开放。

【洛阳古墓博物馆重新开馆】2022年9月29日，洛阳古墓博物馆（河南古代壁画馆）整体提升、重新开馆仪式在洛阳古墓博物馆太虚殿前广场举行，中国博物馆协会理事长刘曙光、河南省文物局博物馆处处长康国义、洛阳市人民政府副市长魏险峰共同为洛阳古墓博物馆揭

2022年9月29日，洛阳古墓博物馆整体提升重新开馆仪式

牌。洛阳古墓博物馆占地130亩，于1987年正式对外开放，是世界上第一座古墓葬类专题博物馆，也是国内唯一一座集帝陵、古墓葬及其附属文物、石刻和古代壁画为一体的大型墓葬类博物馆。2020年起，洛阳市投资1.3亿元对该馆进行整体提升改造，于2022年完工。

【二里头遗址列入国家考古遗址公园】 2022年12月29日，二里头考古遗址公园被列入第四批国家考古遗址公园名单。至此，洛阳市已有3处国家考古遗址公园，数量位居河南省第一。另两处是汉魏洛阳城国家考古遗址公园、隋唐洛阳城国家遗址公园。国家考古遗址公园是以重要考古遗址及其背景环境为主体的特定公共空间，具有科研、教育、游憩等功能，在考古遗址保护和展示方面具有全国性示范意义。

· 涧西区 ·

【文化概览】 涧西区位于洛阳市涧河以西，南临洛河，北面东面以涧河为界，东邻西工区，成立于1955年7月，全区辖区面积161.65平方公里，2022年年末常住人口69.68万，下辖14个街道、112个社区。辖区内教育科技资源密度高、文化资源雄厚、红色旅游资源丰富、文博单位众多。涧西区历史悠久，公元前11世纪，周公旦在涧河东岸构筑王城，城墙西跨涧河七里河村至兴隆宅一带；公元605年，隋炀帝在阳洛涧西营建东都皇家西苑；1954年新中国进行大规模经济建设，国家计划委员会决定将"一五"期间苏联援建的156个重点建设项目中的6个设在洛阳涧西区，自此拉开了开发涧西、建设涧西的帷幕。涧西区成为中国重要的工业区之一。如今具有苏式建筑风格的涧西区一拖、中铝、洛铜等企业的厂房，涧西区2号街坊、10号街坊、11号街坊等，已规划为洛阳涧西工业遗产街。洛阳涧西工业遗产街是新中国工业成长的见证，具有重要的历史价值、科学价值、城市文化价值。

精神文明建设。开展"强国复兴有我"新时代文明实践暨"社区亲邻日"主题活动，承办"让文明之光照亮新征程"洛阳市2022年新时代文明实践推动周暨学雷锋志愿服务活动月、社区"亲邻日"新时代文明实践主题活动启动仪式。建成1个新时代文明实践中心、14个新时代文明实践所、112个新时代文明实践站，常态化开展新时代文明实践活动。

新闻宣传。在人民网、新华网、经济网、"学习强国"等国家级媒体和新媒体平台发稿53篇；在《河南日报》《大河报》、河南电视台、中原经济网等省级主流媒体和新媒体平台发稿35篇；在市级以上媒体发稿1153篇。在人民网刊发《洛阳涧西区：以项目为抓手 全方位打造青年友好型城区》，在《河南日报》刊发《洛阳："工业锈带"变"生活秀带"》《穿起氢城之链 打造中国氢城》《文旅新业态! 涧西打造全国最具影响力的剧本娱乐产业集聚地》。

坚持"移动端、视频化、交互性"的传播理念，加快推进"涧西融媒"新媒体平台建设，构建新媒体传播新生态。"涧西融媒"微信公众号、视频号、抖音号第一时间"准确、快速、及时"宣传推送区委、区政府的重要决策部署和全区重点工作，已经成为展示全区各部门和基层各单位工作风采的重要平台。"涧西融媒"微信公众号全年共推送363期、2230条、总阅读量364万次，在2022年度洛阳政务新媒体排行榜中排名全市第二、城市区第一。

红色教育基地。洛耐职工怀念习仲勋同志展览，建立在中钢集团耐火材料厂旧址，以纪念习仲勋同志在耐火材料厂的工作、生活，以及习仲勋同志为中国革命、建设、改革开放立下的不朽功勋。

习仲勋纪念馆，建立于习仲勋同志生活旧址，创办于2000年，现位于洛阳烧伤医院院内，陈列有习仲勋同志青少年求学、为中国革命奋斗、引领改革开放等各时期的照片、文物等，馆藏文物众多。后院是习仲勋同志在洛阳期间考虑中国前途命运及改革开放的地方，有习仲勋三泪亭旧址及"一九七八改革开放从这里出发"雕像。

文化惠民活动。围绕"喜迎二十大、奋进新时代"，开展"全民阅读"等系列主题活动817场，开展流动服务进基层活动53场次，开展"河洛欢歌 我们的生活充满阳光"广场文化月、广场舞大赛等文化惠民活动38场；联合市直院团，开展"周末有约"广场舞、豫剧免费培训等系列群众文化活动16场，开展小型文艺惠民演出及文化培训课程等"文化进社区"主题活动37场，共惠及群众四万余人次。全区综合性文化服务中心举办文化活动3372场，受益群众8万余人次。

非遗保护传承。2022年9月，组织开展第七批县（区）级"非物质文化遗产"项目认定，认定8个项目。现全区共有省、市、区三级非遗项目共计71项，其中省级项目6个，分别为洛阳传统儿歌、面塑、烧伤自然疗法与自然烧伤膏、中医诊疗法"双隆号"咽炎疗法、金属锤锻工艺、五更太平丸制备技艺；市级项目11个；区级项目54个。代表性传承人40余人，其中省级代表性传承人6人，市级代表性传承人11人。县区级代表性传承人20余人。

文旅融合发展。2022年6月开

2022年9月，在山水隐庐·水云涧开展草坪音乐会

山水隐庐·水云涧微度假综合体项目

工建设的SoReal 5G+XR元宇宙产业园项目将5G+XR科技与涧西工业历史文化融合，布局沉浸式体验新业态，打造元宇宙电竞乐园，盘活全区工业遗产，截至2022年底地基已完成50%左右，项目整体施工进度完成35%。山水隐庐·水云涧微度假综合体项目自从2022年7月1日开营以来累计吸引客流量45万余人，并入选河南首批露营地推荐名单、洛阳新潮向"十大露营地"。牡丹广场光影秀项目于2022年底完成最终调试并已具备放映条件。推动竹林溪谷（礼乐小镇）乡村振兴建设项目、洛阳半坡农业文化实践教育基地项目、农丰核桃庄园发展。推荐采方本草医药等4家企业参加第五届中原国际文化旅游产业博览会。2022年9月，向导故事馆、室外红色剧本《回望·峥嵘》入选洛阳十大沉浸式文旅项目。2022年11月，中国一拖东方红景区被文化和旅游部评为国家工业旅游示范基地；开展区级首批研学旅行示范基地评选工作，通过洛阳钟鼎青铜艺术博物馆、兴旺坡地农业合作社等4家单位资料初审。打造"古都夜八点"文旅消费品牌，协助文旅企业举办"月下田涧"音乐会等活动。

【洛阳SoReal 5G+XR元宇宙产业园项目】 项目位于一拖704老厂区，占地面积7500平方米，建筑面积15000平方米，包括元宇宙幻境超体空间、载具生产、部分研发及调试、办公区域四大板块。项目将

SoReal 5G+XR元宇宙产业园项目效果图

5G+XR技术与洛阳深厚的历史文化相结合，助力传统工业遗产全面升级，着力打造集国风文化、工业质感、未来科技于一身的洛阳文旅新体验。

·西工区·

【文化概览】 西工区位于洛阳市市区中部，总面积55.95平方公里，2022年年末常住人口36.87万。西工区文化积淀深厚，有东周、隋、唐、后梁、后唐、后晋等6个朝代在西工区建都。现有区文化馆、街道文化站、社区文化服务中心等公共文化场所75家，全年免费开放的城市阅读空间16处。有不可移动文物29处、营业性演出场所2家、营业性演出团体9家、艺术品经营单位2家、游艺娱乐场所1家、星级宾馆（酒店）3家、旅行社30家、旅游集散中心1个；景区景点4家，其中AAA级景区2家、AAAA级景区1家、其他类景点1家；市级研学旅行基地2家，市级研学承办机构16家。

新闻宣传。"精彩西工"微信公众号开设"奋进新征程 建功新时代""喜迎二十大、百姓说变化""聚焦二十大""二十大时光""一把手话发展""深入学习贯彻党的二十大精神"等栏目，通过专题、专访、专版、专栏等形式，发表宣传稿件、视频近100条；《西工通讯》编辑喜迎二十大特刊，以36个版面展示西工"非凡十年"发展成就；聚焦省、市、区重点工作，围绕"非凡十年、出彩西工"主题策划，在国家、省、市主流媒体刊发新闻宣传稿件300余篇。其中，在新华社客户端播发的3篇专题报道阅读量均超过150万；《河南日报》《洛阳日报》刊发头版专题稿件20余篇、头题5篇、专题报道100余篇；洛阳电视台播出头条新闻及专题报道近30条。拓展新媒体平台，在人民网、"学习强国"、顶端新闻、掌上洛阳等发布重点新闻150余篇。整合媒体资源，打造提升以《西工通讯》、"精彩西工"微信公众号、视频号、抖音号为主要平台的媒体矩阵，形成传统媒体、新媒体相结合的宣传构架。《西工通讯》刊登稿件950余篇、图片近700张、设置专版专栏90余个；"精彩西工"微信公众号发布信息270期近1000条，视频号发布视频160余条，版面持续优化，影响力持续扩大，粉丝数量比年初上涨34%。

精神文明建设。持续提升老旧小区改造、停车秩序、农贸市场、背街小巷、交通秩序和市民文明素养，完成5个新建停车场建设，新增停车位1330余个，完成137个民生实事老旧小区改造、93个重点创建点位达标、14条道路的提升改造等工作。按照全国文明典范城市创建工作标准，精心谋划全市文明创建暨城市提质观摩会，全面规划西工地片区、芳林路停车场、凯旋东路43号院3个点位文明创建元素的打造工作。阵地建设巩固扩展。组织推选"诚实守信""见义勇为""敬业奉献"等43名区级道德模范候选人和38户区级文明家庭候选人。辖区9个办事处、66个社区实现新时代文明实践所（站）的全覆盖，成立理论宣传、文化文艺、卫生健康、孝善敬老和关爱未成年人等19支志愿服务总队，孵化志愿者队伍800余支。

非遗保护传承。西工区现有非物质文化遗产项目64项，其中省级4项、市级14项、区级46项。持续推动非遗展示、传习活动走进图书馆、城市书房、社区、学校等场所。2022年组织开展线下非遗项目展览2场、线上非遗项目传习展示38场、非遗进校园20场、非遗展演1场，受益人数达万余人。

文化惠民活动。西工区文化和旅游局结合辖区群众文化新需求，采取"云上推送+线下覆盖"的方式，大力实施公共文化服务惠民行动，累计开展各类文化活动233场次，组织开展各类主题的文艺推广普及活动千余场，辐射惠及群众4.08万人。围绕"喜迎二十大 欢乐进万家"文化主题活动，组织开展"红山樱桃文化节"开幕式线上直播、优秀文艺节目展演、艺术广场舞大赛、群众合唱比赛、专业文艺院团结对帮扶、"文化进基层"公益演出、广场文化"周末有约"、"云服务"系列文艺推广普及等活动，不断充实、丰富人民群众精神文化生活。

基层文化建设。2022年"文化西工"微信公众号更新文章483篇，其中线上活动类249条，总点击量9.26万次；定期推送"云收听""云展厅""云课堂""好书推荐""西图畅听""艺术赏析""少儿绘本故事会""少儿手工"等线上文化及社区文化活动资讯，为提升公共文化服务效能开创了新路径。邀请洛阳豫剧院演艺公司（二团）和洛阳市歌舞剧院演艺有限公司对西工区的10个社区进行"结对帮扶"。整合资源，形成了1个文化合作总社、9个办事处文化合作分社、65个社区文化合作社的三级管理服务体系，建成软硬件设施较为成熟的社区文化合作社20个，成立各类文化志愿服务团队130支。召开各类文化活动主题工作会议92场，培训人数近3700人，不断提高志愿者队伍服务社区文化建设的能力和水平。"按照一社区一特色"工作目标，指导9个办事处充分挖掘辖区内社区现有文化资源，围绕各社区自身文化特色进行技能提升培训指导，打造以芳林北路社区书画和市府院社区舞蹈为样板的"文化特色"试点社区，开展特色课程24节，受众达500余人次。

旅游亮点提升。完成"何尊"雕塑树立，丰富东周王城广场的文化元素，吸引游客和市民从文化上寻找最早的中国。助推西工小街完成空间功能转型、保留修缮和提升改造工程，入选省级旅游休闲街区。民国风主题文化街区——西工地环保巷特色文旅街区项目华丽登场，通过互动式场景，从立体空间、视觉效果、休闲观光多角度展示西工文化街区建设，得到群众广泛认可。红山欢乐谷旅游度假区入选省级夜间文旅消费集聚区，点亮红山片区夜经济，推动乡村振兴业态美，成为大力发展夜间文化和旅游经济的先进典型案例。

文旅融合发展。汉德九洲城唐风步行街项目、升龙广场文旅街区招商项目、西工区文旅配套设施综合提升项目、洛阳红山野生动物园项目等一批特色文化旅游项目相继落户西工，为西工旅游业强势崛起提供良好载体。红山欢乐谷入选河南省休闲观光园区，樱桃沟村入选河南省文化产业特色乡村，隋唐洛阳城国家遗址公园入选国家AAAA级景区、河南省夜间文旅消费集聚区。组织辖区9家文旅企业参加第五届中原国际文化旅游产业博览会，为文旅企业搭建发展平台，促进企业对外交流。积极开展招商引资和产业集聚工作，利用重大节庆活动、重要时间节点，积极开展文化旅游产业项目的推介招商工作。

【书香西工建设】 2022年，打造"社区精品书屋"3座，不断延伸公共文化基础设施建设网络，拓建公共文化服务版图，使"十五分钟阅读文化圈"更加畅通，巩固"书香西工"建设成果。开展了首届全民阅读大会"黄河文化读书月"系列活动，如"书香润万家 奋进新时代"主题书展、"讲好黄河文化 传承红色精神"主题期刊展、"传承国学经典 树立文化自信"经典诵读活动、"喜迎二十大 书香润万家"西图畅听、第二届"牡丹杯"诵读活动等。据统计，西工区图书馆、城市书房全年办理读者证1361张，场馆总流通人数39.30万人次，书刊文献外借49896人次，书刊外借25.1341万册次，开展各类品牌阅读活动千余场，参与人数达11万余人次。

·老城区·

【文化概览】 老城区位于洛阳市区中部，总面积56.7平方公里，下辖

隋唐洛阳城国家遗址公园夜景

邙山、洛浦、道北路、西关、西北隅、西南隅、东北隅、东南隅、南关9个街道，50个社区，2022年年末常住人口26.92万人。老城区作为"老洛阳客厅"，是洛阳市最早的建成区，也是中国唯一以"老城区"命名的行政区，历史文化悠久，区位交通优越，文旅资源丰富。全区共有文物保护单位65个，其中周公庙等全国重点文物保护单位7个，吕祖庙等省级文物保护单位10个。有应天门、明堂天堂、洛邑古城以及"洛阳古都第一门"丽景门等景区7家，其中AAAA级景区2家，AAA级景区3家。还有以隋唐洛阳城、洛邑古城为代表的古都文化，以隋唐大运河文化博物馆为代表的运河文化，以非遗产业园为代表的非遗文化，以八路军驻洛阳办事处纪念馆、贴廓巷红色文化步行街为代表的红色文化，以国家首批命名的"中国牡丹之乡——邙山镇"为代表的牡丹文化。洛阳古城特色文化街区被评为"第一批国家级夜间文化和旅游消费集聚区""首批国家级旅游休闲街区""首批河南省示范步行街"，洛邑古城、天心文化产业园被评为"河南省夜间文旅消费集聚区"。

新闻宣传。老城区围绕文旅文创、科技创新、牡丹产业、城市提质、基层党建、乡村振兴等重点工作，精心组织开展宣传报道，在各级主流媒体发稿870余篇，其中市级媒体发稿680余篇，省级以上媒体发稿180篇，专版、专栏稿件7篇，"精彩老城"微信公众号编发信息2340余条。《洛阳老城区：文旅文创融合创新 打造全国沉浸式文旅目的地》等稿件在新华网、人民网等媒体刊发；《洛阳老城区：牡丹产业绘就提质新蓝图》在《河南日报》头版头条刊发；《老城区：牢记嘱托勇争先 千年古城焕新彩》在《河南日报》专版刊发。精心做好"精彩老城"微信公众号编发工作，及时编发全区工作动态新闻。"精彩老城"视频号、抖音号制作推各类短视频1114条，浏览量频频突破10万+。

文化惠民活动。积极开展线上文化活动，举办"文化老城"系列慕课、国家大剧院优秀节目展播、"喜迎二十大"牡丹精品书画展等活动30余场，推介有声读物等数字资源200余册；文化馆组织开展古筝、书法、吉他、声乐、二胡等艺术培训200余场，开展"迎新春闹元宵"系列文化演出、"强国复兴有我 共绘出彩华章"老城区民族管弦乐专场音乐会等文化惠民活动10余场，组织辖区10支文艺团队参加洛阳市"河洛欢歌·惠民文化节"系列活动4场。联合洛阳曲剧院、豫剧院在社区开展戏曲培训、"周末有约"广场文化活动等100余场；完成邙山办事处中沟社区、西南隅办事处公园巷社区等3座精品书屋建设，开展读书沙龙等阅读推广活动8场。

对外宣传推介。积极配合中央广播电视总台、新华社、中国日报网等各大媒体栏目组协调来老城取景拍摄工作，相继完成录制《记住乡愁——洛阳古城》《大运河之歌》《颜真卿》《领航新时代》等大型纪录片、短视频8部；配合完成高质量形象宣传片《古今辉映 青春老城》，并在新华网、人民网、河南日报客户端、河南卫视等视频号、抖音转发扩散，老城区的影响力和知名度进一步增强。做好"非凡十年出彩洛阳"喜迎二十大系列新闻发布会老城区专场发布工作，展现老城魅力，讲好老城故事。

精神文明建设。进行城市提质"351"整治行动，开展背街小巷、老旧小区环境等八大专项整治和市容市貌"四清四严"行动。开展"立行立改"整治行动，督促整改问题126个。全域推进新时代文明实践中心（所、站）建设，率先实现新时代文明实践中心、所、站三级全覆盖，高标准建设新时代文明实践中心1个、新时代文明实践所9个、新时代文明实践站50个。积极开展选树道德典型实践活动，娄建党家庭被评为省级"文明家庭"，刘向前、陈勇、杨鹏飞被评为"洛阳市劳动模范"。组织开展"新时代好少年"等未成年人先进典型学习宣传活动，评选表彰2022年度老城区新时代好少年34名。

文化产业发展。制定《老城区文旅文创产业发展实施方案》，编制《洛阳市东西南隅历史文化街区保护规划》《洛阳市东西南隅历史文化街区修建性详细规划》等规划。建成隋唐大运河国家公园、隋唐大运河文化博物馆；打造"诗起洛邑"剧本杀、卡卡九门沉浸式剧场、隋唐洛阳城《无字梵行》等"剧本杀"娱乐产业项目6个；加快推进洛邑古城一期续建、春都文创园、上清宫自然文化与探索文化公园、风动工具厂牡丹产业社区、文旅文创大厦等项目。以洛邑古城为重点，围绕盛唐主题打造梦唐阁、《风起洛阳》沉浸体验场景，通过"仿真式实景+沉浸式剧情+游戏式互动+体验式消费"的创新运营模式，丰富游客体验感、沉浸感。利用"微改造"，通过老校场衙门历史建筑复原区、老公馆建筑风貌保护区、老厂房建筑修复利用三大片区项目建设,打造具有历史特色的天心校场里旅游休闲消费场景;打通明堂景区和天心文化产业园,实现业态互通互融、联动发展,通过增加"旧城记"怀旧主题餐厅、"相声新势力"等沉浸式体验业态,培育网红打卡地。指导洛邑古城、隋唐洛阳城推出《心画·神都洛邑》系列节目、"唐宫乐宴"等沉浸式实景演出,打造更加多元化、差异化的夜间消费场景,吸引年轻人消费。积极引进洛阳河缘洛聚文化传媒有限公司、卡卡九门沉浸式剧场、鹿鸣推理馆等30家文旅文创品牌企业。

文旅融合发展。依托洛邑古城、明堂天堂等研学基地,积极开发历史文化、国学礼仪等100余项课程,10余条线路产品,接待研学游客8.6万余人次。洛邑古城先后获"河南省中小学专项性社会实践教育基地""河南省中小学生研学旅行实践基地""洛阳市优秀研学旅行基地";应天门景区《推开应天门回望大唐之国》课程获"洛阳市研学精品课程设计大赛"一等奖。推进"文旅+非遗",通过在景区开展非遗文化展,参加中原国际文化和旅游产业博览会、黄河非遗文化展等活动,让非遗从"养在深闺人未识"到"飞入寻常百姓家"。推进"文旅+科技"。依托隋唐洛阳城、洛八办等文旅资源,加快推进AR、VR、MR、5G等前沿技术手段应用,加快"数字隋唐""数字洛八办"等沉浸式数字博物馆场景建设;开发迎合年轻旅游群体喜好的应天门城门博物馆沙盘投影、洛邑古城VR体验馆、应天门3D投影秀、洛邑古城水幕电影等新型数字文旅项目,增强游客体验感和沉浸感;由洛阳成周文化发展有限公司开发的数字藏品"文峰塔"在"速藏"平台全国首发,3000余份数字藏品瞬间秒罄。

非遗保护传承。加强各级非物质文化遗产名录项目代表性传承人的认定和保护,摸排上报民间艺术及相关项目18家;积极开展老城区第七批非物质文化遗产评审工作,收集线索80余条,评选出第七批区级非物质文化遗产名录共计30项。老城区拥有国家、省、市、县(区)级非物质文化遗产项目90余项,其中国家级2项,分别为灯彩(洛阳宫灯)、"真不同洛阳水席制作技艺";省级项目7个,分别为"南无拳""笙制作技艺""唐白瓷烧制技艺""口腔咽喉疾病疗法(纯德堂口疮散)""传统膏药(杨氏沙园膏药)""传统膏药(济世堂李占标膏药)""洛阳喝汤习俗";市级项目19个、县(区)级项目62个,涉及民间文学、传统美术、传统音乐、传统舞蹈、传统体育、游艺与杂技、传统技艺、传统医药等多个类别。

【**老城区历史文化街区挂牌首批"河南省示范步行街"**】 老城区历史文化街区东起新街、西至金业路、北通中州路、南达九都路,总占地面积约1360亩。2019年以来,河南省商务厅在全省范围内先后两批共遴选13个改造提升试点,洛阳市老城区历史文化街区步行街是首批省级试点。2022年8月9日,首批"河南省示范步行街"授牌仪式在老城区洛邑古城举行。

【**洛阳老城《城市音乐地图》**】 2022年11月,由老城区文联选送的青年歌手赵程远原创歌曲《书说洛阳》获"第五届河南十大流行金曲奖"。为宣传推广青年文艺人才原创优秀作品,老城区创新举办"焕发老城活力·唱响古城新韵"老城区新时代文明实践活动暨洛阳老城《城市音乐地图》发布会,用音乐"绘制"古城老街、解读厚重历史,唱诉家乡情怀,讲活老城故事,让更多人了解洛阳、爱上老城。活动信息得到各大省市级媒体广泛转发。

隋唐大运河文化博物馆

·瀍河回族区·

【文化概览】 瀍河回族区位于洛阳城区东部,总面积41.67平方公里,2022年年末常住人口26.59万。瀍河区交通便利,历史悠久,民俗文化底蕴深厚,辖区内历史遗迹星罗棋布,有老子故居、赵匡胤出生地(爽明街八孔窑)、勒马听风街(关羽勒马听风处)、九龙台(曹操点兵台)、铜驼暮雨(洛阳八大景之一)等,散落瀍河两岸。东关大街上的"孔子入周问礼至此"碑,相传曾是孔子向老子请教礼乐制度到过的地方。大福先寺,又名古唐寺,始建于唐朝。该寺坐南朝北,和一般中国佛寺坐北朝南迥异。含嘉仓、回洛仓,是隋唐大运河的重要粮仓,见证了隋唐时期中国南北漕运的兴旺。塔西清真寺,始建于清朝,见证了伊斯兰教在洛阳的历史。洛阳民俗博物馆,原为清代潞泽会馆,民国初改为博物馆,现馆藏珍贵文物上万件。春节期间的洛阳民俗文化庙会,有一场场民俗演,体现中原文化魅力。2022年年末,全区共有文化馆1个,公共图书馆1个,博物馆7个。全区已建成乡镇(街道)综合性文化服务中心9个,社区综合性文化服务中心53个,城市书房12座。全区A级以上旅游景点2家。

文化瀍河建设。2022年3月,召开《文化瀍河》编纂研讨会,推动瀍河历史文化挖掘研究;7月举行了《文化瀍河》评审会,出版发行等工作正在有序进行。积极宣传区域非遗文化,制作"云端赏非遗,瀍河区非遗项目资源展"10期,并在"文化瀍河"微信公众号上集中展示,推动非遗保护传承。组织非遗传承人开展非遗进校园、进社区、进书房等活动10余场。推荐郭珈宜等10名非遗传承人为区新时代文明实践活动"策划师",积极探索非遗传承与新时代文明实践活动联动发展;为平乐郭氏正骨、心意六合拳、洛阳铲等非遗项目申请非物质文化遗产保护传承专项资金850万元。为推动瀍河文旅文创产品研发,积极推进与青年企业家杨鹏程合作,共同打造"瀍河有礼"特色文创品牌,已研发"瀍小河""瀍小美"等多款文创产品;9月,组织中鼎天下等企业参加2022年第五届中原国际文化旅游产业博览会,聚焦"云上洛阳,数创瀍河",大力展现瀍河区加快数字化发展成果,在博览会上瀍河区再次获优秀组织奖。

非遗保护传承。2022年3月份组织部分符合条件的非遗项目传承人和洛城中街项目负责人,召开国家级文化生态保护实验区补助经费申报工作会议,编制申报了瀍河区文化生态保护非遗展示传承、洛城中街文商旅非遗街区、平乐郭氏正骨法保护传承三个项目,大力开展资金申报。截至2022年年底,瀍河区拥有国家级、省级、市级、县(区)级非遗项目50个,涉及传统医药、传统技艺、舞蹈、传统音乐、传统美术、民俗、民间文学等多个类别。其中国家级项目1个,平乐郭氏正骨法;省级项目7个,分别为象庄秦氏妇科、洛阳铲锻造技艺、洛阳心意六合拳、大里王狮舞、陈家制鼓技艺、白马寺金银器制作技艺、孙氏十六挂转秋;市级项目7个,分别为二鬼摔跤、老雒阳五碗四、东关大石桥陈记驴肉汤制作技艺、马杰山牛肉汤制作技艺、东关双龙、陈屯社火、古陶器制作技艺;县(区)级35个。

文化惠民活动。2022年牢固树立"文化为民"理念,牢牢把稳瀍河文化建设的政治方向、政治立场,相继组织开展了"2022年青春瀍河·创新瀍河"灯光秀表演、"文化进社区"艺术培训、"瀍河欢歌"社区文化合作社文艺会演、"欢乐夜瀍河·青年相声汇"相声演出、少儿才艺大赛瀍河区选拔赛、"喜迎二十大·童心齐向党"文艺展演、"喜迎二十大·青年视角看瀍河摄影大赛"、"中原舞蹁跹·喜迎二十大"河南省艺术广场舞大赛洛阳

2022年8月15日瀍河区非遗项目"唐式大袖衫"参加"河南DOU是好风光"暨乡村康养旅游推进会非遗展演

市瀍河区决赛、"唱响新时代·群星耀中原"群众合唱大赛、"国庆七天乐"文化惠民等多场特色文化活动。8月，大力对接市级院团，启动并开展了"文化进社区"文艺院团结对帮扶社区艺术培训60场，受益4700余人次。全年累计开展基层文化惠民演出116场，受益群众近2万人。同时，利用各类文化阵地开展了民族舞蹈培训及各类讲座培训学习等86期，受益群众1300人次。指导各乡办文化活动中心和基层社区活动室共开展各类文化活动876场次，受益群众达5.35万余人次。

文化合作社建设。研究制定下发《文化服务进社区专项工作方案》《公共文化服务进社区工作任务目标》等，在全区大力开展了社区文化合作社建设，已累计完成了48个社区文化合作社的挂牌建设，组建成立文艺演出队伍117支，社区文化合作社社员规模达2145人，实现了每个社区文化合作社均有1—2名文化能人、8—100名社员、每月每个社区举办文化活动场次数均不低于2场的目标。同时，按照"一社区一特色"工作目标，培育建成了2个特色文化社区和2个示范性社区。

【阅读推广活动】 2022年初谋划了《2022年文旅工作谋划》《全民阅读推广计划》等，结合实际研究制订并下发《社区精品书屋建设工作方案》《读书月活动方案》等，推动并完成了东城水郡邻里中心等3座社区精品书屋建设。4月在全区组织实施了"全民读书月"活动，举办"使阅读成为风尚·让书香飘溢瀍河"世界读书日主题活动；5月，瀍河区朱樱塔河洛书苑与研书房教育科技（洛阳）有限公司签约，联办河洛书苑；揭牌瀍河区第一个政校企三方携手打造的"瀍河区青年双创中心"；9月开展了"书香河南"首届全民阅读大会瀍河区专场活动。全年累计开展"小荷绘本课堂""传统文化进书房""喜迎二十大·阅读颂辉煌系列活动"等各类阅读推广活动126场次，参与群众7300余人次。

·洛龙区·

【文化概览】 洛龙区位于洛河南岸、洛阳市区南部，辖1镇、13街道，157村（社区），面积271平方公里，2022年年末常住人口72.4万，是河南省全域旅游示范区、河南省夜间文旅消费集聚区。洛龙区文旅资源富集，拥有龙门石窟、隋唐洛阳城里坊区、关林三个世界级文旅资源，AAAA级及以上景区5处，洛阳博物馆、定鼎门遗址博物馆、牡丹博物馆等各类博物馆25座，非物质文化遗产70项。

新闻宣传。在中央级传统媒体发稿6篇，省级传统媒体发稿40余篇，市级传统媒体发稿640余条，洛阳电视台播出电视新闻200余条；通过中央、省、市级网络全媒体发稿500余篇。洛龙区广播电台《洛龙新闻》共播出新闻稿件2190条，专题节目1095期。"精彩洛龙"微信公众号推文4000余条，抖音短视频900余条，视频号短视频1200余条，更新洛龙区政府办公大楼电梯卫士500余条。打造集洛龙区广播电台、内刊、新媒体在内的全媒体平台，实现"一次采集多端发布"，融媒矩阵全网粉丝量已突破30万。以"媒体+政务+服务"的融媒体建设思路，在"精彩洛龙"微信公众号中融入"举报辟谣平台""意见建议""政府官网""志愿河南""整治自媒体乱象"等政务生活服务和互动功能，打造群众"指尖上的服务窗口"。

文艺精品创作。2022年洛龙区作家协会、戏剧家协会、民间文艺家协会、书法家协会、美术家协会陆续完成换届，或备案成立。其中，洛龙区美术家协会举办了共迎"七一"绘画、"喜庆二十大 翰墨抒情怀"等线上作品展活动；区书法家协会举办首届全国龙门书法双年展现场观摩活动、学习二十大专题书法网络展、且以笔墨作赞歌——庆"八一"书法作品网络展等活动，并联合区美术家协会开展洛龙区"学习二十大 一起向未来"——大型书画作品展活动；区戏剧家协会举办《洛阳曲剧志略》专家评审座谈会、走进龙门唐韵小区开展基层社区帮扶活动等；区民间文艺家协会和区戏剧家协会创作最新作品，加入洛龙区二十大专题宣讲团，宣传党的二十大精神。

文化惠民活动。引进樊登读书会，打造喜马拉雅有声图书馆，新建文仲大道城市书房、龙跃小区城市书房2座，打造河东社区精品书屋、龙祥社区精品书屋、光合城社区精品书屋3个，并顺利通过河南省现代公共服务体系考核。围绕"喜迎二十大 文化进万家"举办牡丹专题展、合唱比赛、"中原舞蹈跶·喜迎二十大"洛龙区艺术广场舞大赛、全民阅读系列活动、工会文艺下基层活动、线上全民健身运动会、"典籍里的中国"中华经典诵读大赛活动、"豫"见最美读书人系列活动，开展流动服务下基

层30次、举办公益培训班40场，全市文化进社区现场会在洛龙区召开。围绕青年友好型城市建设，打造"洛龙读书会"，开展"音乐会客厅""露营新体验"等线上直播活动4期，点击观看量超百万人次，共开展活动436场，被《人民日报》等中央、省、市级媒体报道100多次。

社会宣传教育。充分组织利用全区户外大屏、电梯卫士、LED显示屏等各类宣传媒介展播公益广告、主题海报、视频等45次，受众人群达30万余人次，取得了良好社会宣传效果。积极组织全区机关单位、各镇（街道）观看《郭富山》《我的父亲焦裕禄》《你是我的春天》等影片，为进一步凝聚团结力量、实现中华民族伟大复兴的中国梦注入强劲精神动力。发挥现有李楼党史教育纪念馆和佃庄无篱园石雕艺术博物馆两个爱国主义教育基地的积极作用，开展各类主题宣教活动。2022年9月，洛龙区档案史志馆被市委宣传部评为市级"爱国主义教育示范基地"。

对外宣传推介。打造出圈出彩品牌，聚焦"露营""斜杠青年"等热点，城市书房、新时代文明实践主题公园等基础设施、公共服务"贯穿式"出镜，尝试多种叙事形式，引入趣味互动，打造"闪光的青春 动人的音乐""青年周末文艺嘉年华""古都夜八点 露营新体验"等系列主题直播20余场，观看人数破百万。

精神文明建设。评选2022年度"精彩洛龙人"60名、年度十佳"精彩洛龙人"10名；2022年累计向洛阳市委宣传部推荐"最美洛阳人"106名，其中商长斌、付云龙的事迹得到上级部门认可，市级媒体对其进行采访报道；评选2021年度道德模范42人、文明家庭24个、乡村光荣榜先进人物83人；评选2022年度区级"新时代好少年"20名。与全省同步开展2022年新时代文明实践推动周活动，全区共组织学雷锋志愿活动共220余场，受益人2.6万余人。建设完成区级新时代文明实践中心1个，镇（街道）级新时代文明实践站14个，村（社区）新时代文明实践站131个，除新建社区和拆迁村外实现全覆盖。按照"10+N"模式组建理论政策宣讲等10支常备队伍和乡村文化合作社等6支特色志愿服务队伍。全区共计成立417个志愿服务团队，招募辖区志愿者14万余，推广打造洛龙区图书馆"书香洛龙"、"百姓宣讲团"、开元路街道"时间银行"、龙瑞社区"龙瑞大叔"、学府街道"萤火虫"、古城街道东方今典社区"有事找小今"等30余个特色志愿服务品牌。

文化市场管理。4月23日组织开展"世界读书日"宣传活动，在洛龙区对世界读书日、知识产权保护、打击侵权盗版内容进行了广泛宣传。8月，积极组织开展"扫黄打非"进基层示范点评选创建工作，成立督查组进行实地督导检查，针对性提出改进意见，提高各站点建设水平，洛龙区行知小学"扫黄打非"基层站点被评选为2022年河南省"护苗"工作示范站。

文化产业发展。2022年推进文旅项目16个，谋划项目4个，总投资约105亿元，年度计划投资约40亿元。天街遗址保护展示贯通工程、剧本娱乐产业园区、洛阳大河荟、龙门海洋馆（二期）、洛龙文化双创产业园（明义坊）小吃街、黄河非物质文化遗产展示馆展、泉舜万豪酒店、大宋名相园（二期）、龙门数字展示中心等项目有序推进。龙门"文旅文创+"项目全面竣工，"龙门奇妙物"系列文创产品硕果累累；隋唐里坊文化数字展示馆和光影秀项目对外营业；北京幻方文创园暨市民夜校基地投入运营。实施非遗焕新计划，建立非遗四级名录，组织海神乐、田山十万等参加国庆非遗展演、中原国际博览会，积极开展第七批非遗项目申报。增设文物遗存标识标牌60个，实施郭氏官府保护修缮工程，提升博物馆服务质量，助力"东方博物馆之都"建设。配合市文物局做好

2022年9月1日，"古都夜八点""古都焕新"暨文旅商贸促消费活动启动仪式

《隋唐洛阳城遗址保护总体规划》修编工作，实施《洛南里坊区人口和道路规划课题》，逐步破解发展与保护难题。

文旅融合发展。举办中国洛阳剧本行业峰会，组织三彩艺、牡丹瓷参加中国（深圳）国际文化产业博览会。2022年7月6日，洛阳市城投集团和洛龙区举行洛阳剧本娱乐产业总部园区落地签约仪式，占地2万平方米的剧本娱乐产业园正式落户大河荟。围绕"颠覆性创意、沉浸式体验、年轻化消费"，举办咖啡生活体验节、青年文化潮流市集、"豫见春天·惠游老家"等特色文旅活动20余场，洛阳市"古都夜八点"文旅商贸促消费启动仪式在洛龙区举行。组织星级饭店参加河南省星级饭店从业人员技能竞赛，洛龙区东方博物馆之都研学营地、Just here 在隋唐新青年露营地、宜人坊城市露营地入选全省首批露营地推荐名单。河南省文旅文创融合创新基地落户洛龙。

【**文旅商贸促消费活动启动仪式在洛龙区举行**】2022年9月1日，由洛阳市文广旅局、市商务局、市文旅集团、洛龙区人民政府联合主办的"古都夜八点""古都焕新"暨文旅商贸促消费活动启动仪式在洛龙区永通门里坊展示路北侧举行。

·偃师区·

【**文化概览**】偃师区位于洛阳市辖区东部，东接巩义，南邻登封，面积668.58平方公里，2022年年末常住人口53.96万。偃师区因周武王在此息偃戎师而得名，历史源远流长，文化底蕴深厚，先后有夏、商、东周、东汉、曹魏、西晋、北魏等七个朝代在此建都，是一些考古学家认定的"最早的中国"，还是佛教高僧唐玄奘的故乡。偃师境内拥有众多文化遗产、文物保护单位、非遗保护项目。偃师区还是中国书法之乡、中华诗词之乡，文化名人辈出。

新闻内宣外宣。申请专项资金12万元用于新闻发稿奖励，褒扬先进，激发宣传活力，大大提高了通讯员供稿积极性和主动性。围绕党的重大工作部署、中心工作，策划推出了"奋勇争先 出彩有我""喜迎党的二十大""融媒探村""文化进基层""乡村振兴进行时"等专题专栏40余个，对内刊播各类新闻6000余篇（条）。积极开展外宣，提高偃师知名度和美誉度，加强与上级媒体沟通联络，优化选题策划、多渠道推送新闻稿件。2022年在上级媒体刊播报道1300余条（篇），其中，中央媒体100余条（篇）、省级媒体200余条（篇）、洛阳市级媒体刊发800余条（篇）、"学习强国"平台200余条（篇）。7月至12月，在洛阳市15个县区主要央媒、省媒、市媒外宣成绩排名中连续排名第一。积极开展"强国复兴有我"主题宣传教育活动，组织开展了"永远跟党走奋斗新征程""百站同读《习近平谈治国理政》第四卷""让红色精神代代相传""红色故事进校园"等系列宣传教育活动。积极参加洛阳市"强国复兴有我"主题演讲活动。

公共文化服务。公共文化设施日趋完善，建成"童悦书房"和槐新街道槐庙社区书房2个社区精品书屋；打造少儿特色书房、地方文献特色书房、青年友好书房、书画特色书房4座特色城市书房；建成洛阳市少年儿童图书馆——偃师区童悦书房少儿分馆；新建首阳大厦城市书房。投资11.8万元为基层图书室配备图书4326册，投资20万元对全区农家书屋数字化建设进行提升改造。文化活动开展丰富多彩，完成农村（社区）公益电影放映2904场、"周月文化集会"活动18期，192场、"送戏下乡"惠民演出154场、城区周末免费电影放映52场。

文艺精品创作。豫剧团豫剧《唐知县放粮》、曲剧团曲剧《老实官》入选洛阳市第十届精神文明建设"五个一"作品名单。结合偃师蔡伦造纸之地的历史文化，曲剧团精心打造了新编大型原创历史剧《纸圣蔡伦》成功排演，巡回演出10场。曲剧团编排了大型双拥现代戏剧《兵嫂兵妈兵奶奶》于7月首演。创排《通知书来了》《步步高节节甜》《新柜中缘》等戏剧小品3部。

文化遗产保护。境内拥有世界文化遗产汉魏洛阳故城1处、全国重点文物保护单位13处，省级文物保护单位20处、洛阳市级文物保护单位20处，偃师区（县）级文物保护单位15处，一般文物保护单位601处；偃师博物馆馆(库)藏文物达29236件套，其中一级文物35件，二级文物218件，三级文物1661件。辖区内的二里头遗址是夏朝末期都城遗址，偃师商城遗址被夏商周断代工程确定为夏商断代界标，汉魏洛阳故城遗址是五朝都会、世界文化遗产，邙山陵墓群是中国最大的陵墓群。

非遗保护传承。自2008年开始，偃师区先后公布了6批103项县级非物质文化遗产保护名录。截至2022年年底，偃师区拥有103个非遗项目，涉及民间文学、传统音乐、传统舞蹈、传统戏剧、曲艺、传统体育、游艺与杂技、传统美术、传统技艺、传统医药、民俗等10个类别。其中国家级项目2个：河洛大鼓、玄奘传说；省级项目5个，分别为银条种植栽培及烹饪技艺、石砚雕刻（会圣宫石砚雕刻）、抬阁（东蔡庄"高抬故事"）、黄大王传说、传拓技艺（偃师传拓技艺）。市级项目13个，分别为糖塑技艺、二鬼摔跤、牛心山信俗、洛神的传说、蔡伦造纸传说、鲍氏祭祀、古轮拳法、面塑（河洛面塑）、制鼓技艺（缑氏金屯马氏制鼓技艺）、汝瓷刻花技艺、牡丹花灯制作技艺、徐记蔓菁汤制作技艺、夏历；县（区）级项目83个。

精神文明建设。大力践行社会主义核心价值观，新打造首阳山新时代文明实践公园、商都新时代文明实践广场等场所8处，设置安装社会主义核心价值观公益广告2100余处。在区属新闻媒体刊播公益广告5000余条（次）。设立先进典型人物宣传栏60余处。扎实开展"文化进社区"活动，统筹成立偃师区文艺志愿服务队的基础上，全区12个文艺协会分别成立了志愿服务分队，12支分队按照"三对一"帮扶模式，3个分队对接服务一个街道。同时，选派200余名文艺志愿者以策划师身份进驻各个街道开展活动策划和教育培训，建立了协会街道合力推进、"纵向有队、横向有人、全方位无缝衔接"的文艺服务体系。活动中，选拔新时代文明实践活动策划师261人，指导镇村成立文化合作社177家，广泛开展文艺会演、诗歌朗诵会、书法表演、绘画展览、文化讲座等文化活动240场次，服务群众5万人次；举办广场舞、剪纸等培训班14场次，培养文艺骨干200余人。同时，创新打造"夜八点"文化品牌，开展"创建夜八点"培训、"偃艺夜八点"直播、"偃艺进万家"公益课活动；依托新时代文明实践站（所）打造"暑期加油站"服务品牌，助力青少年健康成长。

【**新建首阳大厦城市书房**】 在首阳大厦东面一楼新时代文明实践中心新建一座城市书房。该书房配置了自助办证、借书机和科技、少儿、历史、经典名著等4503册图书。市民群众、机关人员可凭身份证或偃师区图书馆借阅证进入书房阅览图书，可通过自助借还机自助办理借阅证和图书借还手续。在该书房办理的借阅证，也可以在偃师城区的其他10个城市书房借还图书。

【**创新打造"夜八点"文化品牌**】 每周六晚在太学路足球公园内开展"创建夜八点"培训、"偃艺夜八点"直播、"偃艺进万家"公益课活动，丰富群众夜间文化生活，提升城市品位，深得城区居民特别是青年人的喜爱，成为文明典范城市创建工作的一个亮点。

2022年9月16日，首阳大厦河洛书苑挂牌仪式

2022年9月，"'偃'艺夜八点"直播现场

·孟津区·

【文化概览】 洛阳市孟津区地处洛阳市北部，是黄河中下游分界线所在地，因北邻孟州，扼守黄河要津而得名，2021年3月撤销孟津县、洛阳市吉利区，设立洛阳市孟津区，面积838.7平方公里，2022年年末常住人口48.3万人。孟津先后获得"全国文化先进县""中国民间文化艺术之乡""中国书法之乡""河南省杂技之乡"等多项荣誉。有汉光武帝陵、龙马负图寺、王铎故居、卫坡古民居、班超纪念馆、北魏万佛山石窟等景区；有平乐镇牡丹画、朝阳镇唐三彩、会盟镇王铎书法、白鹤镇黄河石画等特色文化产业；农特产有孟津贡梨、孟津草莓、精品西瓜、红提葡萄和铁谢羊肉汤、黄河大鲤鱼、横水卤肉、平乐脯肉等特色美味。孟津区内有1个国家级乡村旅游创客示范基地、1个国家美丽宜居村庄、3个河南省生态旅游示范镇、4个河南省休闲观光园区、4个河南省乡村旅游特色村、3个河南省乡村旅游创客示范基地；1个河南省级文化产业示范园区、1个市级文化产业示范园区、1个省级文化产业示范基地、1个市级文化产业示范基地。

对外宣传推介。 围绕产业发展、城市提质、乡村振兴等市委重点工作和黄河流域生态保护和高质量发展、高端石化产业、万人助万企等区委中心工作，在各级媒体发播布稿件信息900余篇。加强网络正面舆论引导，指导首批50个自媒体公众号做好运营维护。建立完善"专家｜骨干｜基础"三级网评工作队伍结构。成立孟津区互

"黄河情·青年说"2022第八届中国诗歌春晚洛阳分会场

联网应急指挥保障中心。开展"清朗"专项行动，集中举报投诉处理违法违规网页1500余条次，搜集上报涉政治类有害信息5400余条，构建风清气正网络空间。

文化惠民活动。 开展"百场公益性演出"150场，举办文化进社区活动137场，开展"喜迎二十大 百姓嗨起来"文艺演出66场，"街头艺人音乐节"活动15场次；开展各类辅导培训165期，举办各类展览16期。开展线上线下阅读活动380余场，组织城市书房管理员业务培训210人次，参加全市图书馆业务培训5次，打造城关镇马步社区和朝阳镇煤窑新村2个社区精品书屋。建成乡村文化合作社134个，包含舞蹈、书法、绘画、柔力球等各类文艺社团数量363个、社员4162人，其中建成特色文化合作示范社14个，开展各类活动876场次，服务群众4.5万余人次。

精神文明建设。 持续推进移风易俗，建立完善新时代农村思想文化建设长效机制，开展先进典型选树活动，评选孟津区2022年度"乡村光荣榜"上榜人物24人。大力开展新时代文明实践活动，以志愿服务为引领，依托全区285个新时代文明实践中心（所、站），开展"社区亲邻日""强国复兴有我"等文明实践活动4076场。以全国文明典范城市创建为抓手，聚焦基层社区创建，加快推进小区物业管理全覆盖，大力推动社区养老服务中心、社区健身中心等公共服务设施建设，谋划实施老旧小区改造、社区体育公园、社区邻里中心等六大类、129个具体项目。

文化产业发展。 积极培育文化产业市场主体，狠抓转型升级，"规上"文化产业22家。唐三彩工艺美术大师高水旺获"第九批河南省优秀专家""河洛大工匠"称号；"90后"小伙儿畅杨杨让河南省非物质文化遗产——孟津剪纸享誉全国。朝阳镇南石山村75家各类唐三彩生产企业，从业人员近2000人，年产值超3亿元；平乐镇培养1000余名农民牡丹画师，牡丹画产业年产值1.5亿元。

文化遗产保护。 孟津区现有汉魏洛阳城、邙山陵墓群、万佛山石窟、卫坡古民居等文物保护单位52家。推动邙山陵墓群长陵保护展示工程和汉光武帝陵环境整治与古树保护工程；组织设计单位编制大汉冢、阎凹玄帝庙舞楼、王氏诰

命楼、省级传统村落刘寨村等文物保护工程方案；完成28项重大项目建设文物勘探工作共完成勘探面积598220平方米，发现古墓葬12座；配合洛阳市文物考古院开展考古发掘工作，共出土文物200余件（套）。公布一至四批县级文物保护单位保护范围和建设控制地带；公布了孟津区不可移动文物名录。

文旅融合发展。2022年共谋划实施重点文旅项目4个：黄河生态廊道及配套基础设施、黄河文化传承教育基地、卫坡文旅项目（二期）和三彩小镇文化旅游区，项目总投资额73.18亿元，年度计划投资1.7亿元。为汉陵景区量身定制原创互动剧场——"汉陵奇谈"项目；卫坡景区在提升改造完成的基础上谋划沉浸式体验项目——卫坡·新序。

【"黄河情·青年说"2022第八届中国诗歌春晚洛阳分会场】3月12日，"黄河情·青年说"2022第八届中国诗歌春晚洛阳分会场颁奖典礼在孟津区融媒体中心演播大厅举行，共颁发突出贡献奖4名、文艺奉献奖4名、青年风采奖1名。黄河小浪底风景区和洛阳隋唐城遗址植物园同时摘得"黄河情·青年说"2022第八届中国诗歌春晚洛阳分会场诗意景区称号。

·城乡一体化示范区（伊滨区）·

【文化概览】 城乡一体化示范区（简称伊滨区）位于洛阳市区东南部，辖4个镇87个社区，面积240平方公里，2022年年末常住人口25.46万人。伊滨区是国家级产城融合示范区、郑洛新国家自主创新

倒盏村民俗表演

示范区辐射区、省级先进制造业开发区，洛阳市"创新发展主平台 风口产业主阵地 城市拓展主空间"。伊滨区"科技产业新城"是引领洛阳市创新发展的"新引擎"。

文化阵地建设。全年建成提升改造新时代文明实践（站）所87个，城市书屋10个，农家书屋社区全覆盖。完成1座社区精品书屋建设，将诸葛镇康庄社区原有图书室迁入"乐养居"，打造"一老、一小、一青壮"新型精品书屋。该书屋分上下两层，占地1200平方米，图书3500册。配套多功能室、文娱活动室、文体活动室、未成年活动区域以及书画室等，为附近居民提供良好的读书、绘画、娱乐、健身场所。

文化活动开展。开展"青年城市青年讲，我和伊滨共成长"系列主题宣传活动，选拔征文、演讲、书画、摄影作品参加省、市、区各类比赛，获奖93人次；举办"书香润万家 奋进新时代"书香伊滨系列演出、书画展、读书会等83场次。在全区图书室、10座城市书房开展"全民阅读"活动，推动线上、线下阅读推广活动1300余场次，着力擦亮"书香伊滨"名片。

指导各社区成立文化合作社79支，发展社员2450余人，开展群众文艺活动128场次，群众文艺会演16场次。实施"文化惠民工程"，为社区、重点项目工地放映公益电影30余场次；开展戏剧进社区、下农村活动，组织演出10场。开发小剧本娱乐创作，倒盏村、万安山舜耕智慧田园根据自身特点，结合年轻化消费理念，打造出《村长来了》《助农小侦探》等剧本，强化沉浸式体验，丰富景区业态。

文艺精品创作。伊滨区诸葛镇第一初级中学自行编导的微电影《前锋》，在2022年"从小学党史 永远跟党走"主题教育活动之"灿烂花儿向阳开 童心向党筑未来"微电影作品征集活动中获一等奖。2022年原创动画片《洛客奇缘》入选河南省2022年度重点文艺创作项目。

文物保护。重点实施司马光文化游园、豫西经典民居郭氏大院、中共豫西特委（省委）梁村旧址修缮工程等文物保护展示工程。协调完成3900亩的中州时代项目文物普探和考古发掘；完成佛光项目、大华地块、明康药业、国药控股、万茗堂文创产业园、万安山通用航

空产业园项目等文物普探和考古发掘工作。在保护文物的同时,依托客家之源纪念馆等12家艺术馆(博物馆)和历史文化资源开展研学,让参观游览者"行走伊滨区,读懂汉魏晋"。实施"红色+"战略,在各文化遗址游览地建立讲解制度,讲好革命故事,传承红色基因。据统计,2022年参观中共豫西特委梁村旧址纪念馆等红色遗址的基层组织达130余个。

非物质文化遗产。实施非物质文化遗产抢救及传承工程,规范非遗项目名称认定。开展"非遗在社区""非遗在学校"和"非遗在景区"宣传活动,让当地群众了解"宋氏通背拳""少林功夫""河洛剪纸""木质烙画""河洛大鼓"等非物质文化遗产,推动国际青年文化交流,让当地的非物质文化遗产走出伊滨,走向社会。

公共文化设施建设。高标准建成公共文化设施5处,其中,中央公园文化广场1处,立雪公园、司马社区中心公园、沙河公园、九贤社区中心公园等文化公园4处。联合洛阳师范学院、洛阳职业技术学院及市属国有文化产业企业,统筹掌握区域内艺术馆、博物馆资源6个,分别是:洛阳客家之源纪念馆、马金凤戏曲艺术博物馆、洛阳汉画艺术博物馆、河洛古代石刻艺术馆、中图期刊创刊号博物馆、中国三彩艺术馆,有效提高场馆利用率、群众参观率。

爱国主义教育基地。在区级爱国主义教育基地中共豫西特委(省委)旧址纪念馆、王仲伟等抗日英烈纪念地2处的基础上,命名首批区级爱国主义教育基地3处,分别是:洛阳兄弟连国防军事教育主题营地、洛阳万安山舜耕智慧田园、红袁沟。

·新安县·

【文化概览】 新安县位于洛阳市西北,面积1160平方公里,辖1个街道、10个镇、1个经济技术开发区,2022年年末常住人口47.64万。新安县历史悠久,文化积淀丰厚,是仰韶文化的集中分布区,河洛文化的主要发祥地。人文始祖黄帝在此营建密都。新安县在秦时已置县,迄今已有2200多年历史。"诗圣"杜甫在此写下著名诗篇"三吏三别"之一的《新安吏》。新安县函谷关是丝绸之路西行第一关,2014年成功入选世界遗产名录。"石刻唐书"千唐志斋是全国唯一的墓志铭博物馆。新安县是"全国县城新型城镇化建设示范县""全国县域共青团基层组织改革综合试点县""中国旅游强县""中国书法之乡""中国澄泥砚之乡"。新安县城于2020年获"全国文明城市"称号。

新闻宣传。着力做强"新安县发布""新安融媒"微信公众号,运营"新安融媒"官方短视频号,大力建设"云上新安"客户端和"学习强国"新安融媒号,搭建微博、河南日报顶端新闻新安融媒号等融媒体传播矩阵。各平台总粉丝数达50余万人,"云上新安"App下载量突破20万,粉丝量和日活量均稳居全省县级融媒云上系列前十名。"学习强国"新安融媒号2022年以来共发稿件254条,推送稿件数量稳居全市县级融媒首位。各平台开展直播活动38场次,采编发布小视频1028个,总播放量达243540人次,其中播放量超10万次的作品达到了5个。原创作品《有你在 更心安》在新安电视台、新安融媒视频号首发后,被中央、省、市级媒体转载,全网累计播放量达350余万次。围绕"喜迎二十大 我的这十年"这一主题,聚焦基层人物,小切口,大视角,采编13条短视频作品,总浏览量达到30余万次,并有6条短视频被《人民日报》新媒体和农业农村部新媒体平台推送。

文艺精品创作。新安县创作的歌曲《好梦圆》《惦记》《春色家园》《好邻居》等在腾讯、QQ音乐、喜马拉雅等全国知名音乐平台上播放。其中,《惦记》《春色家园》获洛阳市第十届精神文明建设"五个一工程"优秀作品奖,新安县委宣传部被洛阳市委宣传部评为优秀组织单位。书法家李孟渊编辑出版的《学书偶得》在业界产生了较大影响。石吉刚的长篇小说《河庄梦情》被中国作协确定为重点作品创作扶持项目,《河庄守望》获扬子江网络文学作品大赛三等奖。

文化惠民活动。"百名文艺志愿者百场公益演出进百村"活动,共招募500余名文艺志愿者,遍布全县各镇,共开展文化科技卫生"三下乡"集中服务、送文化进基层等各类演出活动150余场。成功举办"书香河南"首届全民阅读大会新安分会场活动,开展"4·23世界读书日"及"书香新安"全民阅读活动100余场。新安县农家书屋配送图书1万余册,实现数字化阅读全覆盖,仓头镇张村、铁门镇土古洞社区、五头神堂村被评为洛阳市"书香之村(社区)"。完成全年农村公益电影放映3000余场。

对外宣传推介。新安县对外宣传工作始终围绕迎接宣传贯彻党的二十大精神这条主线，聚焦县委提出的产业发展、城市提质、乡村振兴、文旅文创"四项重点工作"，在市级及以上主流媒体刊发稿件1510篇，其中报纸头版稿件69篇，头版头条15篇。新安县委宣传部获2021年度县（市、区）新闻宣传工作先进单位荣誉。围绕"黄河流域生态保护和高质量发展"主题，在《人民日报》刊登新安县黄河神仙湾"荒山变金山"的新闻；《洛阳晚报》以《我们住在黄河边 吃上生态旅游饭》为题，整版篇幅报道了新安践行黄河流域生态保护和高质量发展的鲜活事例；与洛阳市影视家协会、洛阳广播电视台联合组织推出《大美黄河 出彩新安》融媒作品。

文旅融合发展。千唐志斋新馆建成开放，新安县烈士陵园被命名为洛阳市第六批爱国主义教育基地。高标准建成黄土泊宿集、星空云舍等5处"黄河人家"民宿集群，成功举办河南省民宿产业发展推进会和洛阳市乡村文化旅游节新安分会场活动，成功创建河南省全域旅游示范区，仓头镇获评省特色生态旅游示范镇，仓头镇云水村、南李村镇江村入选省乡村旅游特色村，石井镇老街紫砂文化产业园、黄河神仙湾被认定为省乡村旅游创客示范基地。

文化遗产保护。新安县现有不可移动文物835处。其中世界文化遗产1处：新安汉函谷关遗址；全国重点文物保护单位3处：新安汉函谷关遗址、千唐志斋博物馆、新安洞真观；省级文物保护单位14处、市级文物保护单位24处，县级文物保护单位27处。县级博物馆1个，馆藏文物7528件（套），其中一级文物6件、二级文物67件（套）、三级文物1235件（套）。世界文化遗产新安汉函谷关，2022年入选全国"新时代百项考古新发现"。千唐志斋博物馆是中国唯一的墓志铭博物馆、全国重点文物保护单位、国家二级博物馆，馆藏唐及历代墓志石刻1400余件，为民革中央党史教育基地，洛阳市爱国主义教育示范基地。

非遗保护传承。新安县非遗省级项目共4项分别为：黄河澄泥砚、黛眉手织布工艺、九连灯、新安烫面角；市级项目5项分别是：新安理气化滞丸、瓷窑烧制技艺、黄河故事、洛阳黑陶制作技艺、传统斫琴技艺；县级非遗保护名录75项，主要包括洛阳紫砂制作技艺、瓷窑烧制技艺、传统医药傅氏正骨、刘世民止痒健肤霜、狮子上老杆等。列入省级非物质文化遗产代表性传承人4人（已故1人），市级非物质文化遗产代表性传承人8人，已公布的县级非物质文化遗产代表性传承人26人。

精神文明建设。新安县坚持"全面全民全域全程"创建，召开创建推进会12次，县领导督导调研145次，开展以"新安是我家，我为我家添光彩"为主题的全民创建日、爱国卫生日等活动130余场次，顺利通过全国文明城市年度测评。推进两中心融合，完善点单、派单、接单、评单、晒单文明实践"五单"模式，孵化百余个新时代文明实践项目，"指尖上的春天 手工艺传承"文明实践项目获河南省2022年文明实践志愿服务优秀项目展示一等奖。举行了道德模范、新时代好少年颁奖仪式和新安好人发布活动，表彰道德模范和身边好人57人，推荐上报省、市级先进典型10人，3人获2022年度"最美洛阳人"称号。新安县委宣传部被评为全市文明创建工作先进单位。

【"黄河安澜"网络主题宣传活动】2022年9月15日，新安县委宣传部承办了由中央网信办举办的"黄河安澜"网络主题宣传活动新安篇，88家省级以上主流媒体集中报道新安县黄河流域生态保护和高质量发展生动实践。

2022年9月19日，"黄河安澜"网络主题宣传活动新安篇

伊川县

【文化概览】 伊川县位于洛阳市区以南，是洛阳南大门，总面积1059平方公里，下辖12镇1乡2个街道，367个行政村（社区）和1个省级先进制造业开发区，是河南省25个优化开发县之一，2022年常住人口76.81万人。伊川县因伊河得名，伊河穿县域而过，流经41.3千米。县域四周群山环绕，东有太室山、少室山，西有龙凤山，南有九皋山，北有万安山，有国家A级景区4处。伊川县文化底蕴深厚。神农氏、伊尹、太康、姚崇、范仲淹、邵雍、程颐、程颢等名人先后在这里生活。著名的历史文化典故有杜康造酒、鹤鸣九皋、问鼎中原、李白斗酒、二程归乡、程门立雪等。因此，伊川有酒祖故里、圣贤之乡、理学名区之美誉。

新闻宣传。打造以县广播电台、电视台、新华社现场云、微信、微博、头条号、抖音号、视频号等为支撑的全媒体矩阵，新媒体平台粉丝数均突破10万，综合覆盖受众超过100万，各平台累计发播新媒体作品1.6万余条。融媒体中心在全市县级媒体中持续排名第一，在全省县级网络媒体平台矩阵中排名前十，"伊川新闻"微信公众号入选全国县级媒体微信号百强榜。

对外宣传推介。围绕乡村振兴、产业发展、生态文明建设等内容，在中央、省、市级以上媒体发稿1200余篇。11月份，"学习强国"伊川融媒号上线。伊川在市"学习党的二十大精神"网络知识答题赛县区成绩第一名。2022年度积极在市级以上媒体发稿820余篇，讲好伊川故事，传递伊川声音。《伊川：线上集中签约！总投资102.55亿元》等一大批围绕重大项目建设、乡村振兴、经济发展惠及民生等方面的重点稿件，分别在新华社、"学习强国"、河南电视台、云上河南App、《洛阳日报》、洛阳电视台、无线洛阳等媒体重要位置发表。"学习强国"伊川融媒体号于11月26日正式上线，1个月时间连续发稿80余条，为宣传伊川起到了重要作用。

公共文化服务。实施伊川县优秀传统文化提质工程，大力弘扬伊尹"民本文化"、杜康"酒圣文化"、陆浑戎"民族融合文化"、范仲淹"忧乐文化"、邵雍"安乐文化"、文彦博"孝善文化"、王拱辰"诚信文化"、周敦颐"廉政文化"、二程"诚敬文化"等，挖掘伊川文化底蕴，激发全社会文化自信。完成省、市"舞台艺术送基层"和"洛阳市百场公益性文化演出"活动、志愿者服务乡村行等各类基层文化活动共计2136场。开展书画展、诗歌朗诵会等文化惠民活动80余场。建立10个图书流动服务点，举办各类公益培训班6个，公益放映4455场。提升打造2座示范性城市书房和1座法制书屋。

社会宣传教育。通过选树先进典型、宣传推介、事迹宣讲等形式，强化榜样力量。评选表彰10名"新时代好少年"，县乡村三级"乡村光荣榜"人物2548名，举办2021年度"最美伊川人"颁奖典礼，胡晓伊、宋定欣等11人获得2022年市"乡村光荣榜"人物，樊石滚荣登2021年度"中国好人榜"。加强公民思想道德建设。以"五星"支部创建为抓手，不断加强公民思想道德建设，完成"星级文明户"认领工作，各村农户参与认领率达100%。

文化遗产保护。伊川县共有不可移动文物保护单位49处，其中国家级文物保护单位4处：土门遗址、徐阳墓地、范仲淹墓、二程墓；省级文物保护单位10处：白元遗址、新城故城遗址、南岳庙、姚崇墓、邵雍墓、伊川书院、朱温墓、大觉寺、温氏宅院、自由县县衙旧址；市级文物保护单位16处：杨楼遗址、槐庄遗址、陈村遗址、古城遗址、窑底遗址、石佛寺石窟、吕寨石窟、张齐贤墓、文彦博墓、元宣武将军克烈公墓、王良臣墓、净土寺、王庄黄龙庙、兴隆寨寨门（白沙东寨门）、白区地下活动办公室旧址、明辛学校旧址；县级文物保护单位19处。

非遗保护传承。伊川县共有42个非物质文化代表性项目。其中省级非遗项目5个，分别是"杜康酿酒工艺""烟云涧青铜器制作技艺""邵雍的传说""十盘""跑阵"。现有省级非遗传承人2人；市级非遗项目8个，市级非遗传承人6人；县级非遗项目29项，县级非遗传承人32人。项目涉及民间文学、传统音乐、传统美术、传统技艺、传统医药等多个类别。

精神文明建设。指导基层开展"孝老饺子宴""文化新春进基层"等实践活动，让活动亲民化、长效化、持续化。顺利通过省文明委组织的省级文明城市创建验收，大力推进公共服务进社区、进乡村，深化农村移风易俗，统筹推进城乡精神文明建设融合发展。同时，以"孝贤村"创建为载体，开展"伊川县传承发展中华优秀传统文化进

基层"和"孝贤村"培育对象培训等活动，共培育23个孝贤村，开展爱国主义教育、孝老爱亲、优秀传统文化宣讲等实践活动1200余场。大力拓展新时代文明实践站。建成新时代文明实践所15所、新时代文明实践站367个，组织开展新时代文明实践公益课堂90场，文明实践活动80余场次。

文化产业发展。2022年，伊川县共接待游客201万人次，实现旅游收入共1.25亿元。南府店村、张瑶村被评为"洛阳十大乡村旅游特色村"，葛寨镇烟涧村被评为"河南省文化产业特色乡村"。二程文化园景区先后创建成为国家AAAA级旅游景区、河南省研学旅游示范基地、洛阳市研学旅行基地、洛阳市中小学社会实践教育基地、洛阳市优秀研学基地、洛阳市文博研学基地、市级非遗项目"程门立雪传说"的保护单位。龙凤山古镇景区被评选为河南省夜间文旅消费经济集聚区、河南省观光休闲园区。建业绿色基地被评为河南省乡村旅游创客基地、洛阳市中小学教育研学基地。

文旅融合发展。谋划实施40余个文旅项目，其中万安山片区项目12个、龙凤山片区项目13个、伊河片区项目14个、九皋山片区项目4个。以二程文化园、龙凤山景区、建业绿色基地为龙头，指导二程文化园构建沉浸式理学文化教育中心，推动建业绿色基地建设全龄段的"体适能运动乐园"、第三方剧场表演等项目，完善交通配套基础设施，进一步提升景区品质；发展"文旅+体育""文旅+农业""文旅+康养"等复合业态，大力支持如水寨彩虹农场、天室山滑雪场

二程文化园

龙凤山古镇夜景

2021年度最美伊川人颁奖晚会

等融合性新业态提质升级；依托平等张奇庄村、葛寨烟涧村、江左张瑶村等重点乡村加大基础设施及公共服务设施投入，创建乡村康养旅游示范村；引导龙凤山夜间经济集聚区向特色化、品牌化发展，持续丰富夜间文旅业态，创新夜间产品供给，积极创建全国夜间经济集聚区。

【传承弘扬中华优秀传统文化】 以"孝贤村"创建为载体，弘扬中华传统文化，伊川县先后开展了"伊川县传承发展中华优秀传统文化进基层"和"孝贤村"培育对象培训等活动，开展爱国主义教育、孝老爱亲等实践活动700余场；开展"最美伊川人""出彩伊川人"评选、表彰活动，发掘、宣传伊川各条战线涌现出的先进人物和团体，倡树伊川精神；以"五星"支部创建为抓手，开展"星级文明户"认领和"五美家庭"等先进典型选树活动，通过多形式榜样引领，提升社会道德水准和文明素养。

·宜阳县·

【文化概览】 宜阳县位于洛阳市西部，东接洛阳涧西区、洛龙区、伊川县，北邻新安县、义马市、渑池县，西接洛宁县，南邻嵩县，总面积1616平方公里，辖1个街道、11个镇、4个乡，2022年年末常住人口56.65万人。宜阳县历史悠久，西游文化、诗词文化、汉唐文化、红色文化、丝路文化、李贺文化和康养文化底蕴深厚，孕育了"苏羊竹马""李贺故事""灵山庙会""福昌庙会"等独具魅力的民间艺术、民间故事和民俗文化，是"中国西游文化之乡""中华诗词之乡"。宜阳境内有省级非物质文化遗产保护项目3个，市级非物质文化遗产保护项目5个，县级非物质文化遗产保护项目25个。有6处国家级重点文物保护单位，4处省级重点保护单位，及11处市级和35处县级文物保护单位。红色旅游文化资源分布于全县12个乡镇，拥有多处优秀革命历史文化遗产，是该县红色旅游开发的重要依托。有AAAA级旅游风景区花果山、AAA级旅游景区灵山风景区、AAA级乡村旅游景区赵老屯、洛水昌谷、红星小镇、七彩童话·动物王国、汉唐驿城、乡愁养马、水韵陈宅、杏花村等18家景区。

新闻宣传工作。围绕"双园同开""五星"支部创建，美丽乡村建设、产业发展、学习宣传贯彻党的二十大精神等重大主题的宣传报道在纸媒发稿494篇，其中中央级媒体13篇，省级110篇。3月31日《人民日报》11版刊发《孩子们在红星小镇玩耍》图片新闻，在国内最高级别纸媒上展现宜阳县文旅风采；6月12日，中央电视台新闻频道《朝闻天下》《新闻30分》栏目报道河南小麦抗旱保丰收，其中宜阳县小麦收割画面浓墨重彩展示了宜阳县稳丰收、促发展的工作实绩；7月25日，新华社客户端刊发《河南洛阳：41个农村联合党委试水 开辟乡村治理新图景》视频，其中讲述宜阳县白杨镇建立融合共建型党委经验做法，在全国性媒体形成良好宣传效应。

社会宣传教育。挖掘推送王向飞、牛红霞等先进人物10余人，均被市媒报道。配合上级拍摄最美人物冯飞燕、王聚才视频并传播。举行第五届宜阳县道德模范表彰大会，对50名道德模范进行了表彰。组建了第五届道德模范和2022年劳动模范事迹6人宣讲团，在全县范围内开展先进事迹巡回宣讲，用身边人讲述身边故事，传递社会正能量。2022年，宜阳县积极申报市级爱国主义教育基地5家，配合市委宣传部做好宜阳县5家爱国主义教育基地验收工作。县博物馆和县烈士陵园成功申报市级爱国主义教育示范基地。

文明创建工作。对宜阳县新时代文明实践中心、16个乡镇新时代文明实践所、353村（社区）新时代文明实践站建设进行优化提升

2022年7月21，宜阳县第二十一届"滨河之声"广场文化活动现场

改造。开展各类新时代文明实践活动23650余次。7月,印发《关于开展2022年度宜阳县"乡村光荣榜"选树活动的通知》,评选出11个类别102名入选2022年度宜阳县"乡村光荣榜",推荐市级"乡村光荣榜"先进人物33名,其中12名入选2022年度市级"乡村光荣榜"先进人物名单。组织全县各级共81家文明单位召开文明单位创建观摩培训交流会议,按照省、市创建要求对各单位进行创建业务培训,不断提高各单位创建质量和创建水平。完成了全国、省级文明单位考评推荐工作,2022年到届省级18家,争取指标3个。组织各级文明单位开展历时71天的"赶考路上有我"系列主题活动,共向市文明办报送优秀作品47件。

公共文化服务。完成"送戏进乡村""舞台艺术送农民"等文化惠民演出活动300余场次,开展各类文化活动2560场。充分发挥文化馆、图书馆、博物馆、乡镇文化站等公共文化场馆阵地作用,组织开展各类读书活动120余次、文化活动600余次、博物馆宣教活动430余次。投资459.8万元,全面建成县级应急广播平台,覆盖全县16个乡(镇)、353个行政村。县群众文化中心项目持续推进。建成示范性乡村文化合作社39个,已累计145个,开展各类文化活动200余场次,受益群众5万余人次。开展以"喜迎二十大、奋进新征程"为主题的第二十一届"滨河之声"群众性系列广场文化活动,活动由城区主会场、乡镇分会场及"滨河之声"进景区三部分组成。

文艺精品创作。复排大型古装豫剧《李贺》,开展巡回演出,提升

2022年6月2日,第三届乡村文化旅游季宜阳县会场启动仪式

李贺诗词文化影响力。讲好赵保红色故事,传播赵保红色文化,深入推进红色文化与旅游融合发展,拍摄20集系列微电影《红赵保·小延安》,完成《王三山搬兵》《雪夜宣誓》《李萍》三集,并于6月30日在故事发生地赵保镇于沟岭欢乐谷、高村镇王莽民俗村举行首映式。

文化保护传承。加大文物保护,筹措1204万元对五花寺塔、福昌阁、灵山寺进行维修、保护。完成第八批省级文物保护单位宜阳福昌城遗址、光武庙文物保护范围及建设控制地带踏勘测绘划定工作。完成黄河流域渡槽水文化资源调查。对涧河口发现的汉代墓群、董王庄粮站旧址建设项目工程中发现的宋墓,进行抢救性发掘。

非遗保护名录体系进一步完善。省级非遗保护项目有"灵山庙会""聂麟郊膏药""苏羊竹马""福昌庙会""刘秀的传说"5个。市级非遗保护项目有"同乐社盘""李贺的传说""张乾泥塑""冬至""韩城羊肉汤制作技艺"等10个,县级保护项目46个。有省级非遗传承人2人,市级非遗传承人有9人,县级非遗传承人35人。

【**全民阅读活动启动**】 启动2022年"4·23世界读书日"宣传,开展宜阳县"书香宜阳"全民阅读活动、宜阳县第二十九届青少年爱国主义读书教育活动、宜阳县"扫黄打非"护苗联盟集中宣传活动、宜阳县"世界知识产权日"版权宣传周活动。

【**"滨河之声"活动与文化合作社才艺大赛**】 7月21日,宜阳县第二十一届"滨河之声"群众性系列广场文化活动开幕。8月4日至10日,宜阳县文化合作社才艺大赛在县文化馆公益剧场举办,参与乡镇16个,参与各类节目50个,参与优秀合作社38个,参与演出群众200余人次,受益群众2000余人次。

·汝阳县·

【**文化概览**】 汝阳县位于洛阳市东南部,地势南高北低,呈"七山二陵一分川"分布,横跨黄淮两大流域,总面积1332平方公里,辖8镇5乡和1个先进制造业开发区,

2022年年末常住人口43.22万。汝阳历史文化悠久，有杜康造酒、云梦鬼谷子故里、魏明帝高平陵、恐龙遗址园等诸多遗址遗迹。汝阳是中国秫酒——杜康酒的发源地，是国字号文化品牌。汝阳发现亚洲最大的恐龙化石——巨型汝阳龙。汝阳的杜鹃花海万紫千红、蔚为壮观。前坪水库大坝号称"千里淮河第一坝"。西泰山是中国上古名山，位于汝阳县城南的伏牛山腹地，是炎帝部落和黄帝部落会盟后举行祭天大典的地方，有炎黄峰等著名景点。汝阳县先后获"中国杜康文化之乡""中国恐龙之乡""中国杜鹃名县""全国绿化模范县""国家卫生县城""国家园林县城""平安中国建设示范县""省级文明城市"等称号。

文化惠民活动。全年通过线上线下开展群众各类文化活动、辅导培训、展览286场次，参与5722人次，受益78800人次。放映公益电影2640场次，受益32560人次。汝阳县顺利举行洛阳市拓展新时代文明实践中心建设暨乡村文化合作社推进会。开展线上线下阅读推广活动300余场，书香汝阳氛围浓厚。全年组织书画家100余人次，深入柏树乡柏树村、漫流村、蔡店乡杜康村等开展"书画艺术走基层"活动，书写赠送春联3万余副。组织多名摄影家到汝阳县陶营镇上坡村，免费为村民拍摄全家福。组织汝阳县摄影家参加洛阳市"喜迎二十大 清风满河洛"摄影赛，最终一、二、三等奖均有汝阳县会员获得。汝阳县柏树乡窑沟文化合作社被河南省文化和旅游厅认定为"河南省示范性乡村文化合作社"。积极参与省、市、县文化艺术交流、展演等活动10场次，汝阳县文化馆选送的舞蹈《心声》在"中原舞蹁跹 群星耀中原"广场舞大赛中获省级三等奖、市一等奖，《新农村放歌》获得洛阳市乡村文化合作社优秀节目展演活动最佳村歌奖。

社会宣传教育。组织开展"喜迎二十大、永远跟党走、奋进新征程"主题教育实践活动之"青春心向党 奋进新征程——纪念五四运动暨建团100周年合唱比赛"。举行汝阳县2022年烈士纪念日公祭活动，深切缅怀革命先烈丰功伟绩，大力弘扬爱国主义精神。

新闻宣传和对外宣传推介。新媒体平台"今日汝阳"微信公众号发送365期2100余条，"汝阳融媒"客户端发稿8500余条，抖音、视频号等刊发800余条。《今日汝阳》全年编发37期，刊发新闻稿件2000余条；电视新闻共播发260余期，新闻综述52期，转播中央人民广播电台《新闻和报纸摘要》《新闻联播》365档，同步播出汝阳《新闻联播》260余组，自办文艺节目880余组，播出小说连续广播365集，播放公益广告2200余条次，编辑制作播出自办栏目《生活与健康》52期、《龙乡风韵》52期、《学习》52期。制作县域专题片《如画乡村 醉美汝阳》《山水汝阳 汝此幸福》等10余部。全年被"学习强国"、新华社、《人民日报》（海外版）、《河南日报》、《洛阳日报》、洛阳电视台等国家、省、市级新闻媒体刊发600余篇。《洛阳日报（县区版）》全年编发25期，刊登重大新闻稿件60余条。2022年11月18日，"学习强国"汝阳融媒号正式上线。

文旅融合发展。建成汝阳县陶营镇上坡村"遇见初心·龙潭云溪谷"精品民宿并投入运营。靳村乡石寨村、陶营镇上坡村、陶营镇体育小镇、小店镇李村、上店镇布河村、柏树乡布岭村、三屯镇东保村等2022年巩固拓展脱贫攻坚成果7个乡村旅游项目已完工。旅游特色小镇建设顺利推进。稻田小镇已完成旅游公厕、内部道路建设；体育小镇已完成自行车赛道环线（一期）、旅游公厕、游客接待中心、民宿区基础配套设施、污水处理、户外露营地建设；红薯小镇已完成民宿、木栈道、污水处理；甜瓜小镇已完成民宿、旅游公厕、污水处理及内部采摘体验通道；漂流小镇已完成商业街区；湖滨小镇已完成民宿、旅游公厕及旅游外部道路。加快推进"百里画廊"项目建设，18个旅游驿站已建成2个（前坪印象旅游驿站、靳村石寨旅游驿站），剩余16个旅游驿站及观景平台正按照时间节点有序施工。

文化产业。针对蔡店乡杜康村杜康文化（酒文化）、陶营镇上坡村文化体育（非遗文化）、柏树乡窑沟村农耕文化（乡愁文化）、付店镇牌路社区炎黄文化（杜鹃文化）、十八盘登山村红色文化（农耕文化），结合5个试点村的资源特色，向5个试点村派驻文化旅游专业人员，参与试点村文化旅游资源发掘，文化旅游产业发展及建设，推动"文化产业特派员"试点工作。

文化遗产保护。汝阳县共有县级以上文物保护单位32处。文化遗迹有古严庄遗址、古城寨遗址、南寺遗址、上店遗址、圣王台遗址、柳沟遗址、红里遗址、杜康造酒遗址。名胜古迹有杜康庙、鬼谷故里、汝阳文庙、风穴寺、观音寺。杜康造酒遗址公园是中国第一个酒文化旅游区。鬼谷故里被称为"天下第一军校"。观音寺是独特的集儒释道为一体的宋代寺庙。魏明帝高平陵位于洛阳市汝阳县大安乡工茹店村东南部,为全国重点文物保护单位。2022年完成魏明帝高平陵档案整理与上报工作。

非遗保护传承。汝阳县有省级非遗项目3个,市级非遗项目8个,县级非遗项目34个;省级非遗传承人3人。段氏传统布鞋衲制技艺、李阿婆香包缝制技艺、张氏艾珠枕疗3个非遗项目已设立非遗工坊。段氏传统布鞋衲制技艺入选2022年文化和旅游部、人力资源和社会保障部、国家乡村振兴局"非遗工坊典型案例"。

精神文明建设。开展"新春送温暖"文化进万家、"学党史、知党情、颂党恩、跟党走"、"党在我心中"演讲、"奋进新时代·宣讲党的二十大"主题等教育实践活动。全县共有51052人参与志愿服务活动,累计56739人完成志愿者注册,在"志愿河南"注册志愿服务队伍50支。制作了《二十大知识快问快答》《红事缓办 白事简办 宴会不办 汝阳这样办!》《鼓传情心向党》《青春城市青年讲》等新时代文明实践活动视频。开设了《文明创建曝光台》《党建引领 德治先行》等宣传专栏,向广大群众普及交通安全知识。评选出汝阳县"乡村光荣榜"69名,乡镇"乡村光荣榜"720名,其中有11名优秀人员荣登洛阳市"乡村光荣榜"。

【第三届洛阳乡村文化旅游季主会场】 2022年6月2日,"喜迎党的二十大 乐享'伏牛山水'美"第三届洛阳乡村文化旅游节(季)汝阳主会场启动仪式在汝阳县三屯镇东保村举行。活动以麦田为舞台、蓝天为画布、青山为背景,结合端午节民俗,展现开镰收割小麦、艾草丰收景象,让观众在欣赏丰富多彩的文艺演出之余,在乡村田野间享受最纯粹的快乐。活动期间,积极开展了特色历史文化、杜康文化、非遗传承项目、特色镇(村)评审、特色美食展示、优质农产品宣介和精品乡村旅游线路推荐等线上展示活动,有效提升了乡村旅游服务品质和品牌,着力打造集文化、旅游、休闲娱乐于一体的乡村旅游发展新格局,助推乡村振兴,推动县域经济高质量发展。

【省文旅投资集团到汝阳考察调研】 6月22日,河南省文旅投资集团党委书记、董事长吴孟铎到汝阳县考察调研文旅融合发展工作,强调要充分发挥资源优势、强化规划引领、创新运营模式,积极推进优质项目带动,加快文旅产业高质量发展。

·洛宁县·

【文化概览】 洛宁县,原名崤县、永宁县,地处豫西山区,洛河中上游,总面积2306平方公里,下辖1个街道、11个镇、6个乡,384个行政村、6个社区。地貌总体呈"七山二塬一分川",是典型的山区农业县、林业县,2022年年末常住人口37.41万人。洛宁是河洛文化发祥地,境内有标志中华文明渊源的"洛出书处""仓颉造字台""伶伦制管"等众多根源性文化遗存;西子湖水利风景区、金门绿竹风情园、竹梦小镇等风景旅游景区,春山溪谷景区被确定为AAA级乡村旅游景区,神灵寨国家森林公园是国家AAAA级旅游景区。洛宁县是全国经济林产业示范县、全国绿化模范县、全国森林采伐管理改革试点县,全县现有林地230万亩,活立木总蓄积量530万立方米;更有全国重点文物保护单位1处,省级文物保护单位14处,市级文物保护单位28处。

社会宣传工作。在全县范围内广泛组织洛宁县"新时代·新征程·争出彩"和"强国复兴有我"主题宣传教育实践活动、"喜迎

2022年7月30日,汝阳县举行第六届典型模范人物颁奖典礼

二十大·欢乐进万家"群众文化活动，持续营造喜迎二十大的浓厚社会氛围。在共青团中央、农业农村部联合开展的首届"全国乡村振兴青年先锋"评选活动中，李萱萱获首届"全国乡村振兴青年先锋"称号。积极组织洛宁县文艺作品参评省、市精神文明建设"五个一工程"评选，歌曲《河之南》获洛阳市第十届精神文明建设"五个一工程"奖。李翔梧革命事迹展览馆和洛宁县抗日民主政府旧址被命名为第六批洛阳市爱国主义教育示范基地。

2022年9月29日中国·洛宁第十八届上戈苹果文化节暨2022年农民丰收节在上戈镇众森苹果庄园文化广场开幕

新闻外宣工作。聚焦洛宁县委经济工作会议、两会、基层党建等重大会议，及主要工作：乡村振兴"151"工作部署落地见效、乡村振兴中涌现出的典型人物、乡村旅游及节会赛事活动、公共文化事业发展等；在《人民日报》、《河南日报》、《河南日报（农村版）》、《河南商报》、《洛阳日报》、新华网、人民网等各级主流媒体刊发《花树凹变身"陶艺村"》《洛宁县：全面振兴稳步起航》《兴业兴城 强县富民》等新闻稿件189篇，其中重点稿件56篇。

精神文明建设。持续开展"八大专项"整治提升行动，推进城市提质建设，2022年全国文明城市创建综合测评成绩位居全省同类城市第一。全县建成18个乡镇（街道）新时代文明实践所，390个行政村（社区）新时代文明实践站，累计开展理论宣讲、市民教育、文化活动、科普宣传、健身活动等活动1.9万余场次，受益群众35万余人次。持续开展"洛宁榜样"选树工作，符少武获评"2021年度河南好人"。开展高价彩礼专项治理，推动移风易俗，全县建成"乡村大食堂"16个，各级媒体以"过事一碗菜，节省一万元"为题进行广泛报道。

文化惠民活动。2022年组织开展"送万福进万家"义写春联志愿服务活动、"传承家国情怀 竹福美丽洛宁"、"喜迎二十大 小手绘洛宁"、庆"六一"过端午等系列文化活动共25场次，丰富群众文化生活；举办"喜迎二十大·欢乐进万家"2022年洛宁县竹乡神韵惠民文化节系列群众文化活动。组织文艺志愿团队走进兴华竹梦小镇、上戈镇庙洼村、景阳镇南洞村等6个行政村开展12场次文化志愿服

2022年6月10日，"文化和自然遗产日"洛宁县非遗展演

务活动。2022年投资18.1万元，新采购图书5000册，先后到洛宁县青年创业中心，洛宁县全民健身体育活动中心开展送图书、送文化进工地活动，向工地上的农民工赠送1005本（册）图书和杂志。

非遗保护传承。持续提高非物质文化遗产传承人群的传承水平和传承能力，推进非物质文化遗产融入现代生活，开展河洛响器文化合作社艺术培训及传统竹编技艺培训。截至2022年年底，洛宁县拥有各级非遗项目90个，其中国家级项目1个：河图洛书的传说；省级项目5个，分别为：河图洛书的传说、洛宁剪纸、洛宁竹编、下

峪崇阳垛子、河洛响器；市级项目8个，县级项目76个，涉及传统技艺、舞蹈、传统音乐、传统美术、民俗、民间文学、美食制作技艺等多个类别。

文化遗产保护。洛宁县有全国重点文物保护单位1处，省级文物保护单位14处，其中位于洛宁县长水镇西长水村的"洛出书处"碑、洛宁县老城的文庙、洛宁县陈吴乡金山庙村的金山庙、洛宁县回族镇的王范清真寺等文物保护单位为大家熟知。市级文物保护单位28处，县级文物保护单位53处、馆藏文物2700多件。洛宁有仰韶、龙山文化遗址20多处，主要分布在洛河两岸乡（镇），另外，河底、东宋、下峪等乡（镇）也有分布。其中最为著名的有禄地遗址、西王村遗址、唐坡遗址、坡头遗址、古村遗址和寨子遗址等，均为省级重点文物保护单位。

文旅融合发展。聘请浙江乡村旅游研究院编制《河南省洛宁县乡村旅游发展规划》。2022年赵村镇土桥村、兴华镇沟门村分别成功创建市级、省级乡村旅游创客示范基地；洛宁县故县镇成功创建河南省特色生态旅游示范镇；罗岭乡讲理村和故县镇寻峪村成功创建河南省乡村旅游特色村；连宝河成功创建AAA级旅游景区，灵栖谷、银洞河山庄成功创建AAA级乡村旅游景区。端午节期间组织举办第三届洛阳乡村文化旅游季洛宁县会场活动，洛宁县兴华镇沟门村被命名为第二批洛阳十大乡村文化旅游特色镇（村）。2022年统筹资金约5600万元建设乡村旅游示范村项目34个。争取中央专项彩票公益金5000万元，整合涉农资金9000万元，全力打造洛书文化生态旅游乡村振兴示范区，辐射带动周边4个村，形成集旅游观光、休闲度假、研学旅行为一体的乡村旅游示范区。引进宿联·中国、慢居十三月等知名民宿品牌，培育苹果来了、界外·微度假等一批具备形象和规模的精品民宿。

【**非遗传承增添新亮点**】 全力包装和推出洛宁非遗文化品牌，对省级非物质文化遗产"河洛响器"进行重新包装和艺术提升。在2022年"文化和自然遗产日"，成功举办洛宁县非遗节目——大型音舞诗画剧《河洛响器》展演活动，通过《河洛响器起源》等9个篇章以人们喜闻乐见的沉浸式体验形式充分展现给广大人民群众，来自6个乡镇的300余名群众参加展演，受到广大群众的热烈欢迎和一致好评。

·栾川县·

【**文化概览**】 栾川古称鸾州，因传说远古时期鸾鸟群栖于此而得名，地处豫西伏牛山腹地，位于洛阳、南阳、三门峡三市交界处，面积2477平方公里，2022年年末常住人口31.94万。栾川县有不可移动文物保护单位531处、馆藏文物874件。其中孙家洞遗址被国家文物局评为2012年度"全国十大考古新发现"，是第八批全国重点文物保护单位。现有老君山、鸡冠洞2个国家AAAAA级景区，龙峪湾、重渡沟、伏牛山滑雪场等8个国家AAAA级景区，森林覆盖率和绿化率均居河南省首位，环境空气优良天数常年保持在330天以上，有"中原肺叶"之称。栾川县是国家卫生县城、中国旅游强县、国家生态县、国家园林县城、全国休闲农业与乡村游示范县、全国魅力新农村十佳县、世界十大乡村度假胜地、中国乡村旅游发展名县、国家生态文明建设示范县。

新闻宣传。策划学习贯彻党的二十大精神重大主题宣传，推出重点栏目18个，累计刊播包含短视频在内的报道200余篇。开展党的二十大精神"七进"活动，以图文、短视频等形式推出系列报道13期。聚焦乡村振兴、城市提质、旅游产业提质增效、产业发展、"五星"支部创建等重点工作，先后策划开展"乡村运营看栾川""栾川正青春 一起来打拼"等一系列集中宣传活动，深入基层蹲点，扎实践行"四力"。

文化惠民活动。组织栾川县曲剧团编排群众喜闻乐见、寓教于乐的精品文艺节目，深入全县213行政村（社区）演出426场次，受益群众达23.1万人次。开展书法、摄影、钢琴弹奏、"非遗+"等公共文化直播课程40期，参与群众2500人次。采取"戏曲+直播"的形式，演出95场次，累计观看群众达150万人次。举办"4·23世界读书日""我的书屋·我的梦""你读书我买单"等节假日特色阅读活动，全年累计举办读书活动100余场次，参与读者3万人次。建成文化合作社36个，制定《栾川县乡村文化合作社建设方案》《栾川县乡村文化合作社章程》等，形成"总社—分社—合作社"三级管理模式，全县实现菜单服务项目500余项。

非物质文化遗产。栾川是河南省首批"非遗助力乡村振兴"试点地区，共论证、公布101项非遗

项目，其中省级非遗项目6项：老君山庙会、端午节习俗（榼包）、栾川豆腐、靠山黄、独角兽、伊尹传说；市级非遗项目14项，除省级项目包含项目，还有养子沟与梨花教子传说、豫西民居营造技艺、红薯粉条制作技艺、拉荆笆的传说、豫西小木作技艺、马氏壮骨丹、二十四节气、打獐子歌；县级项目101项，共涉及民间文学、传统美术、传统音乐、传统舞蹈、传统技艺、传统戏剧、医药、民俗多个类别。为保护和传承非物质文化遗产，栾川县公布了第一批县级"非遗"传承人36人，鼓励支持县级非物质文化遗产项目代表性传承人开展传习活动。建立豫西小木作技艺、端午节习俗（榼包）、栾川豆腐制作技艺等6个研学基地。2020年至2022年，连续3年在"文化和自然遗产日"、端午节、冬至等重要传统节日组织"非遗进景区""非遗走进云台""非遗进校园""非遗大集""豆腐非遗文化大集"等系列非遗项目集中展示和文旅融合活动，引起《人民日报》、中央电视台、河南卫视等主流媒体的关注并报道。

文化遗产保护。栾川共有不可移动文物保护单位531处，包括七里坪旧石器遗址和孙家洞遗址两处国家级文物保护单位、8处省级文物保护单位、57处市县级文物保护单位，2022年，孙家洞旧石器遗址入选"新时代百项考古新发现"。近年来，栾川不断夯实文物保护基础，开展文物安全隐患大排查大整治专项行动，确保全县874件馆藏文物安全无事故。2022年5月，栾川挑选16件龙泉洞遗址标本参与隋唐大运河文化博物馆举办的"洛阳百年考古成果展"展出，拓展文物展览交流渠道，提高栾川旧石器文化的外部影响力。

社会宣传教育。依托栾川红色资源优势，持续提升红二十五军红色文化旅游教育基地建设，推荐马海明先进事迹展馆为洛阳市第六批爱国主义教育示范基地。在清明、五四青年节、"七一"、"十一"等重要时间节点开展"礼敬国旗、国歌、英雄"、缅怀先烈、回顾党史、重温入党入团誓词等系列主题活动，教育引导广大党员干部群众发扬革命传统、传承红色基因、赓续精神血脉。

对外宣传推介。配合组织中央、省级和市级媒体开展主题采访活动8次，在市级以上主流媒体刊发稿件1500余篇，其中刊播聚焦栾川乡村振兴、产业发展等领域新闻稿件300余篇，包括《人民日报》头版刊登《乡村振兴这一年》、新华社刊发《90后农场主的青春选择》、中央电视台《东方时空》专题报道栾川县特殊教育学校逐梦冰雪的故事、《河南日报》头版头条刊发《乡村运营带火特色游》、中央电视台《朝闻天下》《新闻直播间》等栏目关注国庆假期栾川旅游情况等。邀请并接待上级媒体来栾采访30余次，协调采访10余次；完成《洛阳日报》栾川专版26个，组织洛阳手机报栾川专版48期，完成《河南日报》《洛阳日报》等媒体约稿20余篇。

精神文明建设。组织开展"新春送温暖""清洁城市""爱国卫生运动""文明交通""文艺轻骑兵""爱心助考""快乐暑假 共同成长"等活动1800余次，参与志愿者超过2.4万人。上报河南省、洛阳市优秀志愿者13名、优秀志愿服务组织12个、优秀新时代文明实践所（站）9个、优秀志愿服务工作者11人、河南省项目大赛参赛项目7个。推荐河南省文明单位培养对象28个，洛阳市文明单位培养对象18个。围绕11个类别积极开展"乡村光荣榜"选树活动，共评选村级"乡村光荣榜"3000余人，乡镇级"乡村光荣榜"300余人，县级"乡村光荣榜"91人。

文旅融合发展。举办"云游栾川中国年""奇境栾川DOU是好风光"等推广活动，举行首届"栾川517美好乡村线上嗨购节"、栾

栾川县2022年乡村文化合作社优秀节目展演

2022年9月16日，栾川县"百村千宿"全国招募计划发布会

川县"文化赋能乡村巾帼雅集"、第三届洛阳乡村文化旅游节、"清凉栾川·免票畅游"等旅游惠民活动，全年接待游客1300万人次，实现旅游综合收入90亿元。栾川入选2022年第四届全国县域旅游综合实力百强县以及2022年中国旅游强县。潭头镇获评2022年河南省特色生态旅游示范镇，潭头镇大王庙村获评2022年河南省乡村旅游特色村，潭头镇拨云岭村成功入选河南省首批乡村康养旅游示范村、第二批洛阳市十大乡村文化旅游特色镇（村）。

【栾川县2022年乡村光荣榜表彰大会】 2022年7月6日，栾川县委宣传部、县文明办在君山广场举办"喜迎二十大 欢乐进万家"栾川县2022年乡村光荣榜表彰大会暨乡村文化合作社优秀节目展演。91人入选"乡村光荣榜"，3人入选"河南好人榜"。展演由15个乡镇文化合作社选送的68个节目组成，持续展演5天时间。

【栾川县"百村千宿"全国招募计划发布会】 2022年9月16日，栾川县"百村千宿"全国招募计划发布会在郑州"只有河南·戏剧幻城"举行，面向全国招募民宿投资人、民宿设计师、民宿运营者以及民宿配套产业供应商，以民宿经济"小切口"助力乡村振兴"大战略"。会上，栾川县委书记赵莉发布了栾川"百村千宿"全国招募计划，表示栾川将面向全国招募民宿投资人、民宿设计师、民宿运营者以及民宿配套产业供应商四类人群，招纳热爱民宿、热爱农村的有志之士与栾川一道，共同落地"百村千宿"计划，绘就乡村振兴新蓝图。

· 嵩县 ·

【文化概览】 嵩县位于洛阳市西南部，东北接伊川县，东邻汝阳县，西邻栾川县，北邻宜阳县，总面积3008平方公里，居全省县区第四位，现辖12镇4乡296个行政村41个社区，耕地面积60万亩，2022年年末常住人口54.05万。嵩县在炎帝时称伊国，秦始皇二十六年（前221年）置新城县，西汉增置陆浑县，唐先天元年（712年）析陆浑县置伊阳县，南宋绍兴十一年升伊阳县为顺州，金改为嵩州，明降为嵩县。现有古文化遗址39处，有伊尹祠、二程故里等众多文化景观。文化传承有伊尹宰相文化、汤药文化、饮食文化，以及宋明理学文化。县境有伏牛、外方、熊耳三山环抱，跨伊河、白河、汝河三域，分属黄、淮两大流域。境内有世界地质公园、国家AAAAA级景区白云山等A级景区14个，百里隽秀陆浑水库是国家湿地公园、国家水利风景名胜区。嵩县是全国革命老区县，红色文化资源丰富。1932年红三军战略转移路经嵩南。1934年12月，红二十五军战略转移路经嵩南。1945年，八路军河南军区司令部设在嵩县车村镇两河口村。1947年刘邓野战军陈谢兵团解放县城。

新闻宣传。2022年，嵩县新闻联播累计播发新闻230期，播发新闻1752条。开设"奋进新征程 建功新时代""新春走基层""走进乡村看振兴"等栏目。组成专题摄制组，及时完成专题汇报片《乡村振兴的嵩县画卷》《淬火》《城市再提质，扬帆又启航》等，不忘初心使命，弘扬家国情怀，坚定理想信念，着力打造"一山一水两圣人"亮丽名片，在全社会持续掀起"湖山圣域、嵩县爱你"的乡村旅游热潮。

文艺精品创作。2022年，出版《陆浑文学》特刊《湖山圣域、嵩县爱你》专刊，《少年二程》连环画等系列书籍。春节前夕，举办嵩县迎新春书画展，书画作品参展近200幅。"十一"前夕，举办"乡村振兴杯"嵩县书法美术摄影盆景艺术作品展，展出书法、美术作品85件，摄影作品280幅，盆景作品

100余件,以优秀作品,向新中国成立73周年华诞献礼,喜迎党的二十大胜利召开。举办"学习二十大报告精神"网络书法展、"元湾杯"书法美术摄影大赛。参加"翰墨润中原"书画展,在市级获奖11人。参加省委宣传部和省文联、省美术家协会共同举办的"赶考路上有我 描绘出彩中原"主题活动中,5人获省级荣誉。美术家协会吴占峰、任红霞作品入展中国画牡丹专题研究展,任红霞作品入选2022"江山如此多娇"中国山水画作品展。组织参与河南省第30届群众书法展,4人入选。摄影家协会牛记卫、丁建智被评为"洛阳市优秀摄影家"。桂林、郭凯剧本《一只母鸡案》获得2022年洛阳市优秀剧本征集活动二等奖;铁海峰、阎书卿剧本《琴台善政》获得三等奖。

文化惠民活动。先后举办洛阳市乡村(社区)文化合作社优秀节目嵩县展演、2022年"中原舞翩跹·喜迎二十大"河南省艺术广场舞大赛嵩县选拔赛、"喜迎二十大·奋进新征程"群众合唱大赛、"喜迎二十大"剪纸作品展、书法美术摄影盆景艺术作品展、红色经典文学诵读等活动180场次。春节前夕,组织开展"新春送祝福、欢乐进万家"送春联活动,为20余个村群众义务书写春联6000余副。开展孝老美德在乡村、喜庆丰收在乡村、沉浸旅游在乡村、文化风采在乡村四大乡村游板块系列活动200余场次。全县337个村(社区)组织开展群众喜闻乐见的文艺节目3000多场次。持续开展河南戏曲进乡村、文化进基层、舞台艺术进基层等惠民活动186场次,受益群众14万余人次。

非物质文化遗产。嵩县非物质文化遗产已公布72项,其中省级项目5个分别为:民间文学《伊尹传说》、传统戏曲靠山簧(又名靠山吼、西府调、靠调戏)、嵩县大铜器、传统舞蹈《旧县背装》和《抬阁》;市级项目5个分别为:传统舞蹈《鳖官断案》,王记烧鸡制作技艺、民俗姜公庙会、放河灯和黄牛交易习俗;县级62项,涵盖民间文学11项、传统音乐4项、传统舞蹈6项、传统戏剧1项、曲艺2项、传统体育、游艺与杂技1项、传统美术6项、传统技艺21项、传统医药4项、民俗16项。省级传承人4人,市级传承人6人,县级68人。

对外宣传推介。在国家和省、市等主流媒体刊发宣传稿件757篇,国家级媒体96篇,省级媒体272篇,市级媒体307篇,"学习强国"82条。其中,中央电视台9条,新华每日电讯1篇,人民日报客户端3篇,新华社客户端6篇,新华网22篇,人民网36篇,在中央电视台、新华每日电讯、新华社客户端、人民网、新华网、《河南日报》、《洛阳日报》等主流媒体刊发新闻《五星连珠村美人富产业旺》《河南嵩县:画笔绘就伏牛山村振兴新貌》等报道,进一步展示了嵩县高质量发展的出彩形象。

精神文明建设。依托新时代文明实践中心、所(站),组织开展"学文明行为促进条例""做红色传人""倡节俭风尚""守社会秩序""学雷锋我行动"等文明实践主题日活动500余场次,参与活动志愿者人数5000人次,活动受益人数7万余人。将道德模范、社会主义核心价值观以及嵩县八大景、成语故事、历史典故融入公园建设,把嵩州公园打造为新时代文明实践主题公园。组织大学生志愿者开展"手绘乡村"志愿服务活动,到城关镇叶岭村、菜园村,陆浑镇万安村、陆浑村,饭坡镇曲里村开展以"乡村振兴"为主题的墙绘活动50余场次,助力乡村振兴,弘扬时代新风。2022年重阳节前后,嵩县开展孝老节活动,全县100多个村庄先后举办"孝老节",老人们同吃幸福宴共赏文艺节目,营造孝老爱亲的浓厚氛围。在全县开展先进典型选树推学行动,着力打造"感动嵩州人物""嵩县道德模范"等道德品牌,涌现出河南省乡村光荣榜

嵩县白云山风景区美景

2022年5月27日嵩县新媒体联盟启动仪式

"好媳妇"刘松俭、"好丈夫"王水社等一批孝老爱亲先进典型。全县上下见贤思齐、向上向善的氛围更加浓厚。

文旅融合发展。打造白云天路、陆浑故城等沉浸式项目，推出两河口红色文化游、阡陌桑田农旅研学游、伏牛山度假区康养游和"三环叠翠"自驾游等新业态，提升精品旅游线路12条，沿线建设驿站30余处，运营"伏牛山居"精品民宿45家，形成全域旅游新格局。举办国风赏花季等系列节会活动百余场次，全鱼宴、爱泥节等沉浸式活动出圈出彩，网络综合报道量达到1.8亿次。2022年，省级乡村旅游特色镇（村）达到20家，铜河村成功创建省内首批AAAA级康养旅游示范村，车村镇获评全国乡村旅游重点镇，河南省伏牛山文化旅游发展有限公司落户嵩县，全年共接待游客812.5万人次，旅游收入达32.5亿元，文旅融合发展进入新阶段。

【嵩县新媒体联盟成立】5月17日，召开新媒体联盟成立大会，成立由县网信办主导和管理，县融媒体中心牵头发起，嵩县同城会、嵩县微生活等全县有影响力组成的嵩县新媒体联盟。

【"中原舞翩跹"选拔赛】7月17日上午，2022年"中原舞翩跹"喜迎二十大河南省艺术广场舞大赛洛阳市嵩县选拔赛开幕，有23支舞蹈队参赛。各个节目精彩纷呈，最终，城关镇枫叶舞蹈队《嵩州戏韵》获一等奖，嵩城河畔舞蹈队《中国梦》、城关镇霞光伊彩舞蹈队《在希望田野上》获二等奖；舞动旋律舞蹈队《歌唱祖国》、城关镇西关社区舞蹈队《梅花赋》、车村镇天桥沟村舞蹈队《美在天桥农家》获三等奖。

平顶山市

【文化概览】平顶山市位于河南省中部，1957年建市，现辖2市4县4区和1个国家级高新技术开发区、1个城乡一体化示范区，面积7882平方公里，总人口555万。市辖区在西周时期为武王宗室应侯封地应国；应国以鹰为图腾，因此平顶山又称鹰城。平顶山境内有千手观音证道祖庭香山寺，有全国保存最完整的明代县衙叶县县衙、苏轼父子三人的安息地三苏园、国家重大考古发现汝官窑遗址。平顶山市是河南曲剧的发源地，也是世界叶姓、刘姓、应姓、沈姓的祖籍地。全市现有不可移动文物5273处，位居全省第四。其中有宝丰县清凉寺汝官窑遗址、叶县县衙等全国重点文物保护单位31处，数量位居全省第三；有马街书会、郏县金镶玉制作技艺等国家级非物质文化遗产保护项目8个、省级47个；博物馆（纪念馆）16个，其中平顶山博物馆为国家一级博物馆，镇馆之宝——白玉线雕鹰为一级文物。平顶山是中国曲艺名城、中国魔术之乡、中国书法城、中国冶铁文化之都、中国陶瓷艺术之乡、中国民间文化艺术之乡、中国观音文化之乡、中国牛郎织女文化之乡、中国水灯文化之城。

理论学习宣传。把习近平总书记关于文化传承发展、建设中华民族现代文明的重要讲话精神作为理论学习重点内容，市委常委会"第一议题"学习50次，市委理论学习中心组集中学习7次，交流发言16人次、书面交流102人次，2篇中心组学习简报和交流发言被省委《中心组学习动态》刊发。组织"党的创新理论宣讲"主题宣传教育实践活动，动员广大文艺骨干队伍、非遗传承人等组建"文艺轻骑兵"宣讲小分队，打造了"文化大叔""点亮心灯·文艺人才讲理论"等宣讲品牌。2022年共开展各类宣讲4500余场，其中集中宣讲党的二十大精神1500余场，探索形成的"七种宣讲模式"在河南宣讲网、河南文明网刊发。举办"党的创新理论"宣讲大赛30多场,在全省宣讲大赛中获故事类优秀组织奖、文艺类宣讲一等奖。建好用好"学习强国"平顶山学习平台,9家县级融媒体中心上线"学习强国"县级融媒号,获评全省"学习强国"学习平台推广运用先进单位。

新闻媒体工作。围绕迎接宣传贯彻党的二十大精神,组织市县媒体开设"学习宣传贯彻党的二十大精神""二十大精神在基层"等专题专栏,策划开展"书香润万家 奋进新时代"主题宣传、"新时代 新征程 争出彩"十大主题宣传教育实践、"出彩河南 绚丽鹰城"主题宣传教育实践等活动,全力营造团结奋进、昂扬向上的浓厚氛围。聚焦经济发展、文明创建等主题开展专题报道,2022年在省级以上媒体发稿12000余篇(条),刊发头题(头条)24个。特别是围绕历史文化、文旅文创等,精心策划了"魅力鹰城"系列宣传活动,人民网、"学习强国"、凤凰新闻、大象融媒、大河网、顶端新闻等370多家媒体跟踪转发、深度报道,全网阅读量达3.4亿多次。成功举办"河南这十年"平顶山专场新闻发布会,全面展现十年来平顶山取得的重大成就。组织市级新闻发布会18场,回应社会关切、强化正面引导。持续推进媒体融合发展,2个市级、10个县级融媒体中心建成运营,平顶山日报社全媒体融合改革顺利完成。

精神文明建设。以创建全国文明城市为统领,充分发挥文化育人功能,常态化推进文明城市、文明村镇、文明单位、文明家庭、文明校园"五大创建",持续实施创建全国文明城市三年行动计划,2022年1月发布《平顶山市文明行为促进条例》,统筹开展十项专项整治,城市品位和综合承载能力进一步提升。强化理想信念教育,组织开展"强国复兴有我""红色文物说""童心向党"等活动80多场,培植薪火相传的精神家园。推进思想道德建设,建立"出彩河南人·鹰城楷模"发布厅,评选表彰"道德模范""最美人物""感动鹰城"年度人物等先进典型300余名。深化"星级文明户"认领、"乡村光荣榜"选树活动,12人入选河南省"乡村光荣榜"。全域推进新时代文明实践中心(所、站)建设,已建成实践中心12个、实践所152个、实践站2819个,实现县乡村全覆盖。健全文明实践"10+N"志愿服务队伍,全市建立志愿服务队伍4032支,应急志愿服务团队290个,注册志愿者63万人。组织省级、市级文明单位开展"四送一助力"活动,动员9.5万名志愿者参与,成为一抹亮丽的"志愿红"。

文化建设工作。加强文化遗产保护,着力实施"东亚现代人起源、中华文明探源"工程,截至2022年底,发现旧石器文化遗址100多处,约占河南省的五分之一;发现新石器文化遗址100多处,其中,与夏文化相关的遗址60处。鲁山仙人洞遗址、汝州温泉旧石器遗址、叶县余庄遗址在国家文物局"考古中国"平台发布。聚力文艺精品创作,2022年,创作文学、戏曲、电影等各类文艺作品4750余件,《平顶山文学大系(1979—2019)》出版发行,美术作品《和声》获河南省美术书法作品大赛一等奖,戏曲电影《血溅乌纱》被评为第五届中国戏曲电影展"优秀戏曲电影"和"优秀改编戏曲电影"。举办"翰墨润鹰城"美术书法作品大赛、"我眼中的大美鹰城"优秀摄影作品大赛等活动,不断激发创作热情。优化公共文化服务,精心组织"喜迎二十大 欢乐进万家"十大群众文化活动,34个节目受到河南省委宣传部表彰。举办"相约马街 云上书会"、中国(鲁山)第六届"云上"世界汉字节等文化活动。开展各类文化惠民

腾飞中的鹰城

活动 23000 余场次，其中，《平顶山市宝丰县：弘扬民间曲艺艺术 激活传统文化活力》入选文化和旅游部"中国民间文化艺术之乡"建设典型案例名单，舞钢市人头山村和宝丰县大黄村"村晚"进入 2022 年央视全国"乡村村晚"。积极实施"书香鹰城"建设行动，举办"书香润万家 奋进新时代"全民阅读大会。截至 2022 年底，建成城市书房 47 座、乡村文化合作社 137 个，乡村文化合作社案例入选全国基层公共文化服务高质量发展典型案例。

文旅文创产业。强化文旅项目建设，印发《关于加快建设文旅康养城的实施意见》，围绕公共服务、文化旅游、智慧化建设、健康养老等产业，精心谋划重点项目 360 个，总投资额达 1114.78 亿元；其中已建、在建项目 196 个，完成投资 163.21 亿元。壮大文旅市场主体，推动旅游景区管理、服务、景观、交通提档升级，全市 A 级旅游景区新增 34 家，增长率 113.3%，总数升至 64 家。其中，AAAA 级旅游景区新增 7 家，增长率 100%，总数升至 14 家；AAA 级旅游景区新增 23 家，增长率 186.9%，总数升至 36 家。建成旅行社和分支机构 200 余家、星级酒店 23 家、精品民宿 195 家、田园综合体 50 家、乡村旅游经营单位 7000 余家。提升品牌创建水平，创建 3 家省级全域旅游示范区、2 家省级旅游度假区，新华区、汝州市和宝丰县等 3 个省级文化和旅游消费示范县（市、区）和 1 个河南省旅游标准化示范县。创建全国乡村旅游重点村、省级 AAAA 级乡村康养旅游示范村、中小学生研学旅行实践基地、星级乡村旅游民宿等文旅品牌 150 余个，鲁山县上坪村被文旅部、国家发改委确定为第四批全国乡村旅游重点村，云堡妙境民宿集群、乌篷雅居和一鸣书居民宿分别被认定为河南省首批五星级、四星级乡村旅游民宿。积极发展文创产业，成立平顶山市文创产品研发中心，培育各类文创企业 600 余家，推出文创产品 3800 余种，成功举办"文化创意 点亮鹰城"平顶山创意设计大赛。

【"两源"工程取得重要进展】 平顶山市紧紧围绕实证百万年人类史、1 万年文化史、5000 多年文明史，在东亚现代人起源和中华文明探源研究方面取得重要进展。联合河南省文物考古研究院在全市范围开展"平顶山地区旧石器时代考古调查"项目，共发现旧石器文化遗址点 100 多处，约占全省的五分之一。特别是发现了两处对我国旧石器时代考古有重大影响的文化遗址，一是鲁山仙人洞遗址，发现了中原地区最早的现代人骨骼化石；二是汝州温泉旧石器遗址，经论证专家一致认为这是一处超大型旧石器时代旷野遗址，地层完整，文化序列清晰，文化特点突出，学术价值重大，具有重要的社会政治意义。遗址面积超 10 万平方米，已发现石器、化石、木材等 3000 余件，在国家文物局"考古中国"平台发布。而在中华文明探源研究方面，查明平顶山市共有属于实证的 1 万年文化史和 5000 多年文明史的新石器时代文化遗址 100 多处。其中，与夏文化相关遗址 60 处，最大的亮点是发现了叶县余庄遗址，遗址环壕以内面积超过 125 万平方米，是中原地区面积最大的龙山文化遗址，是龙山文化时期沙河流域的中心聚落；遗址中发现的龙山文化墓地是已知在河南境内墓葬数量最多、等级最高的龙山文化墓地；遗址测年下限距今约 4000 年，对夏文华研究具有重要意义。该遗址被省政府直接公布为河南省第八批文物保护单位，考古发掘成果在国家文物局"考古中国"平台上发布。

【在全省十大群众文化活动中斩获 37 个奖项】 2022 年 9 月 28 日下午，全省"喜迎二十大 欢乐进万家"十大群众文化活动工作总结电视电话会议召开，平顶山市 3 家单

2022 年 2 月 21 日，"感动鹰城"2021 年度人物发布仪式在平顶山市广播电视台举行

位获优秀组织工作奖、34个优秀节目受到表彰。为营造喜迎党的二十大良好文化氛围，省委宣传部在全省组织开展了"喜迎二十大 欢乐进万家"十大群众文化活动。自3月份活动启动以来，平顶山市各级各部门上下联动、有序组织，线上线下同步进行，协力推进："中原舞蹁跹"艺术广场舞大赛、"唱响新时代"群众合唱大赛、"盛世梨园我来唱"戏迷擂台赛、"我眼中的大美中原"优秀摄影作品大赛、"翰墨润中原"美术书法作品大赛、"典籍里的中国"中华经典诵读大赛、"豫"见最美读书人书香鹰城全民阅读系列赛事活动、"我的乡村文化合作社"才艺大赛、"共享太极·共享健康"太极拳健身大赛、"行走是吾乡"自行车公开赛等活动的成功举办。社会各界群众广泛参与，反响强烈。汝州市文广旅局、宝丰县文广旅局、市美术家协会等3家单位获优秀组织工作奖；《奇花幻舞》《大鼓声声唱河南》《和声》等34个优秀节目受到省委宣传部通报表彰。

·新华区·

【文化概览】 新华区成立于1969年，是平顶山市中心城区之一，总面积62.7平方公里，辖1个镇、9个街道、1个管委会、31个行政村、35个社区，常住人口33.7万，是全市经济、文化、商贸中心，境内有大香山普门禅寺和白鹭洲国家城市湿地公园、鹰城广场等大型公园。先后获全国社区教育示范区、全国创新社会治理优秀城市、中国曲艺之乡、全省平安建设优秀县区、全省法治先进区等多项国家级、省级荣誉。

新闻媒体工作。在中央、省、市级媒体累计刊发稿件5500余篇，在《中国企业报》《河南日报》《河南日报（农村版）》《河南商报》《大河报》各刊发专版1项，在《平顶山日报》刊发专版25项，累计浏览量达50多万。"新华区微报"先后开辟10余个专题专栏，全年共发布135期、758条。策划拍摄原创短视频280余条，累计点击量300余万，浏览量170多万。"新华区微报"先后8次荣登平顶山市县（区）类政务微信周榜前五名。

文化产业发展。培育打造了以农业生态种植为主题的焦店镇龙山村、果店村采摘观光村，以保护和恢复古风貌村落为主题的石桥营历史文化村；相继建成了乡愁郏山阳、孝善边庄、神韵龙门口等一批有亮点、有特色的美丽乡村。在推进文旅文创融合发展进程中，一方面，依托优势生态文化资源，打造特色文化旅游板块。截至2022年底，已建成白鹭洲驿站、义乌商城驿站、名门天街驿站、东方今典驿站等8个"鹰城书苑"驿站。建成平顶山市海洋馆，占地面积1.5万平方米，总投资2亿元；另一方面，依托城市文化底蕴，打造城市文化商贸综合板块。实施推进的重点项目有：树雕艺术博物馆，占地100亩，总投资3亿元。丛林英雄探险营地项目，位于白鹭洲国家城市湿地公园，总投资3.5亿元。星峰研学基地项目总投资1亿元，主要服务对象为全市中小学生校外劳动实践活动和省内外中小学生研学旅行，12月被认定为平顶山市研学旅游基（营）地。

精神文明建设。全国文明城市创建在第三、第四季度评比中位列全市第一。全区新时代文明实践中心（站、所）开展宣讲活动、文艺演出等1120余场，受众达3.7万余人。不断深化身边好人评选，先后推出"乡村光荣榜""社区光荣榜"人物宣传选树活动，选出20名区级"乡村光荣榜"人物。认真开展"新时代好少年"评选，共推出30名区级好少年。积极开展"我们的节日"主题活动，全年开展活动580余场。

群众文化活动。全年组织举办各类文化活动共计40余场。在"喜迎二十大 欢乐进万家"暨"中原

2022年9月15日，平顶山市"廉洁家风润鹰城"文艺展演新华区专场暨"五好家庭""最美家庭"颁奖典礼在新华区举办

舞蹁跹 群星耀中原"河南省第六届艺术广场舞展演中,新华区选送的《我的祖国》获得金奖。依托区文化馆及特色分馆,常年开设广场舞、合唱、瑜伽等传统课程培训,定期开展文艺专干培训活动以及"文化客厅"公益课堂培训。

【开展"艺心向党·艺赞鹰城"系列文化文艺活动】 为迎接党的二十大胜利召开,新华区制定了《"艺心向党·艺赞鹰城"系列文化文艺活动方案》,6月16日至9月23日,共开展11场文艺演出,以歌舞、小品、合唱等群众喜闻乐见的形式,让党的思想深入人心,推动党的创新理论更加贴近群众,为党的二十大胜利召开营造良好氛围。

·卫东区·

【文化概览】 卫东区位于平顶山市区东部,是平顶山市中心城区之一,总面积101.06平方公里,辖12个街道,34个社区,24个行政村,常住人口32万。卫东区的文化底蕴深厚,历史悠久。区属内有门楼张、城隍庙、千佛山、白云山等,众多遗存见证了卫东区的历史和文化。此外,卫东区还有皮影戏、陶艺等民间文化艺术。辖区内有全国农业旅游示范点1家(金牛山风景石榴园);主要风景名胜有山顶公园、东湖公园、青年公园、湛河公园、《创业》雕塑、地质纪念碑等。卫东区先后获全国和谐社区建设示范城区、全国文化先进区、全国科技进步先进区和河南省文明城区等20多项国家级和省级荣誉。

文化遗产保护。积极参加"行走河南 读懂中国"作品征集活动,卫东区报送苗曼剪纸、郭巧连传统

2022年7月1日,平顶山市鹰城书苑·卫东区东城文旅广场驿站举行揭牌仪式

刺绣和王秋枝蛋雕3个项目,其中苗曼的原创作品《五谷丰登虎》在河南非遗网进行宣传。开展第五批市级非遗项目申报工作,包含传统技艺、传统美术、传统医药和传统体育四大类8个项目,推荐申报8个市级非遗项目。开展卫东区第三批非遗项目传承人申报工作,确定11位传承人为卫东区区级非遗传承人。开展非物质文化遗产日宣传活动,组织传承人在文旅基地开展非遗项目的静态展示,现场教授制作香包技艺,免费发放福利粽子,增添节日氛围,弘扬传统文化。

文旅文创融合。做好全域乡村旅游规划工作,先后对金牛山石榴园、土寨沟村、观上村和门楼张等地方进行实地考察规划,梳理辖区内乡村旅游资源。推进平顶山文旅基地项目,该基地占地面积1.5万平方米,共入驻商户60余家,开发文创产品20余种,先后被卫东区社区建设指导委员会授,被"终身学习教育品牌项目"称号、平顶山民间文艺协会授予"平顶山民间艺术示范基地"称号,3家门店被共青团平顶山市委授予"平顶山市红领巾校外寻访教育实践地"称号。加强门楼张民居开发利用,推进蒲城店遗址整体保护规划。河南省文物考古研究院、郑州大学城市规划设计院联合对蒲城店遗址开展了夏文化调查研究工作,蒲城店遗址保护规划已完成。

群众文化活动。开展卫东区第十个全民艺术普及周活动,举办了"线上美术画展",共征集优秀作品120余幅,线上参展7000余人次。组织参加"中原舞翩跹 群星耀中原"河南省第六届广场舞大赛平顶山市选拔赛,选送的节目《祝福你盛世中国》获得银奖,卫东区文化广电和旅游局获得优秀组织奖。组织参加"喜迎二十大 欢乐进万家"暨"唱响新时代 群星耀中原"河南省群众合唱大赛平顶山市群众合唱展演,选送的节目《好儿好女好江山》获得优秀作品奖,卫东区文化广电和旅游局获得优秀组织奖。

公共文化服务。成立乡村文化合作社12个。组织开展声乐、少儿舞蹈、爵士舞、少儿美术、非洲鼓、剪纸等系列培训达96课时,培训人员近两千人。积极参与平顶山市"童话黄河"少儿美术作品大赛、"喜迎二十大,经典润人生"平顶山市经典诵读大赛、"喜迎二十大,弘廉树家风"演讲暨讲故事比赛、"我和我的家乡"短视频大赛等活动,举办了迎"七一"红

色电影展播、"喜迎二十大 书香润万家"红色图书展等活动,丰富了市民文化生活。

【推进城市书房建设,打造"书香卫东"】 采用政府引导、社会投资、商业运营的模式,拟在辖区建设8个城市书房,组织协调各职能部门积极进行规划调研、落实选址和建设等工作,2022年建成鸿鹰社区卫东书苑、军分区军营驿站、东城文旅广场驿站、东苑驿站、东湖新城驿站、东环聚星驿站6个城市书房。

·湛河区·

【文化概览】 湛河区位于平顶山市市区南部,是平顶山市3个主城区之一,辖区总面积125.5平方公里,人口29.09万人,辖1乡、9个街道。现有省级文物保护单位2处(马秃塔儿墓、陈家大院),市级文物保护单位5处(鱼陵山墓群、肖庄祝愿台、肖庄龙头石桥、银王炮楼、前ল遗址),区级文物保护单位32处(李绿园故居等)。2022年获平顶山市群众文化活动先进单位称号。

精神文明建设。举办"推荐评选万名群众身边的热心人"活动、"第二届文明家庭"、先进工作者、学雷锋志愿服务优秀志愿者和"最美鹰城大妈"推荐评选活动,选出田玲等20户文明家庭、刘春芳等60名先进工作者、史花丽等90名志愿者、葛莉丽等20名"最美鹰城大妈"。与市文明办联合举办中秋文艺会演,组织"文艺轻骑兵"到辖区敬老院、消防大队等进行慰问演出。积极开展老旧小区综合改造,设置创文宣传展板2514块,景观小品129个,围挡、墙面宣传面积约1.2万平方米,发放宣传手册5000份,营造文明城市创建的浓厚氛围。成立了4.3万余人的创文志愿者队伍,协助所在社区(村)进行居民创建签名、开展创建问卷入户调查,定期发放创建宣传页、张贴创建标语、开展文娱演出、流动播放小喇叭,带动辖区居民参与到创建活动中来。组织开展"小手拉大手,共建文明城""新时代文明实践进社区"等志愿服务活动等,受益群众达2万余人。

新闻宣传工作。聚焦全区中心工作及重点任务,先后在《人民日报》、新华社、《河南日报》等10余家省级以上传统媒体发稿340余篇,分别在《河南日报》《河南商报》《东方今报》刊登了整版报道;在《平顶山日报》发稿230余篇,头版头条稿件1个,头版稿件25个,发表2版、3版头题稿件28个;在"学习强国"发稿270余篇。

公共文化服务。104个村(社区)基层综合性文化服务中心全部建成,建成率达100%。常态化开展全民阅读活动,举办读书会、"幸福家庭 智慧父母"家庭教育公益讲座等活动,构建书香湛河、提升城市品位。开展线上线下服务,举办暑期少儿公益培训30期、公益培训下基层40余场,建成"鹰城书苑"7座。全年举办"舞台艺术送基层""送戏下乡""文艺轻骑下基层"各类群众文化活动200余场,不断满足群众精神文化需求。

非遗保护工作。成功申报平顶山市第五批非物质文化遗产代表性项目名录5项。区级非遗项目古琴斫制技艺、传统合香制作技艺、曹镇水席制作技艺、曹镇卤肉制作技艺、阴阳八卦拳5个项目被列为第五批平顶山市非物质文化遗产代表性项目名录。组织举办非物质文化遗产摄影展进社区、进乡村、进军营巡展活动23场,开展"文化自然遗产日"宣传展示活动,组织非遗传承人参加第二届河南省非遗曲艺展演、平顶山市廉洁文化剪纸展及市非遗中心举办的非遗展演展示活动,加强对非遗资源的宣传和保护。

【湛河区河滨街道"蟠桃节"】 2022年6月,湛河区举办了每年一度的蟠桃节会。河滨街道潘庄村从20世纪90年代初开始规模种植桃树,是湛河区的传统重点产桃区,有蟠桃、水蜜桃、雨花露等10

2023年6月10日,湛河区河滨街道举办"蟠桃节"活动

多个品种，其中蟠桃最为出名。从2017年起，湛河区河滨街道连续举办了6届"蟠桃节"，桃农已由最初的30余户增加到了200余户，桃树种植面积由300余亩增加到了600余亩，仅桃产业一项，每年创造经济效益300余万元。

·石龙区·

【文化概览】 石龙区位于河南省中西部，地处伏牛山系外方山东麓浅山丘陵地带、韩梁煤田腹地，是平顶山市4个市辖区之一。全区总面积60.6平方公里，辖4个街道，3个城市社区，24个农村社区，总人口6.1万。辖区南部有位于宛（南阳）洛（洛阳）古道边的元次山陵、云台观等名胜古迹，也是清末民初农民起义领袖白朗及"民国奇人"樊钟秀等名人故里。先后获河南省林业生态区、农产品质量安全区、食品安全达标区、全国义务教育发展均衡县（区）等荣誉称号。

文明城市创建。以"十项专项重点整治"为抓手，深入开展道路修建、老旧小区综合改造等民生工程，投入资金1000余万元。新时代文明实践中心、所、站公益广告设置全部到位，理论宣讲室、未成年人活动室、图书阅览室等各个功能重新打造，设施更健全，功能更便民。建立完善日督导、周观摩、月推进机制，实施"观摩督导—反馈—整改—回头看"闭环督导模式。充分发挥各级志愿服务队作用，开展党的理论政策宣讲、文化文艺服务、科学普及等志愿服务活动50余场，向市创文办提供合格图片资料165张，提交说明报告11篇。在全区道路、小区显眼位置设置公益广告、小品景观500余处，发表创文报道60余篇，在全区营造了浓厚的创建氛围。

群众文化活动。春节前夕开展送文化下乡活动，义写春联2000副，福字1500张。先后举办了"喜迎二十大·美丽新石龙"系列美术作品巡展、"喜迎二十大、奋进新征程"文艺下乡活动、"奋进新征程·建功新时代""七一"朗诵会、"喜迎二十大 奋进新征程"舞动新时代文艺演出、乡村戏迷擂台赛等系列群众文化活动，群众精神文化需求得到更好满足。

文旅文创融合。石龙区全域旅游发展规划修订完成。中央公园升级改造项目完工，独立工矿区综合文体科技艺术中心建设项目、石龙区产业服务发展平台项目、石龙区全域旅游总体规划项目、石龙区玉带河治理项目、石龙河综合治理5个项目即将建成，石龙欢乐矿区项目、元次山产业园项目、石龙河水上乐园项目、宛洛古道文化带项目等9项已完成项目规划，正在招商。

非遗保护工作。"琉璃不对儿"制作技艺传承人房红勋评为市级和省级非遗传承人，汝瓷烧制技艺项目通过第五批市级非遗项目评审，陈二欢、宋召冰、樊尚冰、牛振华4人被评为石龙区第一批区级非物质文化遗产项目代表性传承人。组织召开了以"连接现代生活 绽放迷人光彩"为主题的"文化和自然遗产日"非遗项目展。

公共文化服务。投资1.5亿元、占地105亩，涵盖图书馆、文化馆、博物馆、演艺中心、电影院等公共文化服务设施的石龙区综合性文体中心开工建设。建成21个行政村文化广场，并按照"七个一"标准，投入90多万元为基层文化中心配备了文化、广播、办公、影视等设备，建成区级数字图书资源库，新建2座城市书房，规范图书阅览室24个。建成占地2000平方米藏书4万余册的区图书馆总馆，彻底告别了自建区以来没有图书馆的历史。建成了区文化馆总馆，并为声乐培训室、书画培训室、排练厅、活动室等配齐了钢琴、古筝、画架等必备设施；被中华人民共和国文化和旅游部评定为三级馆。坚持公共文化设施免费开放，公共图书馆每周免费开放不少于56小时，文化馆、综合文化站每周免费开放不少于42小时，基层综合性文化服务中心每周免费开

6月10日上午，石龙区召开创建全国文明城市攻坚推进会议

放不少于 36 小时，为残疾人提供了盲文和有声读物等阅读服务，文化馆、图书馆均设有无障碍通道。

【开展 2022 年度"石龙好人"评选活动】 紧紧围绕"推荐好人好事，传播核心价值"主题，从大处着眼、小处着手、以小见大，突出"身边人、普通事、真感情、正能量"，经过街道、单位、企业推荐，征求相关单位意见，网络投票，评审组审核等环节，最终评选出王可可、安鹏军等 10 人为 2022 年度"石龙好人"。

·汝州市·

【文化概览】 汝州市位于河南省中西部，是平顶山市下辖的县级市，是汝瓷之乡、曲剧故里。区域面积 1573 平方公里，总人口 120 万，辖 21 个乡镇（街道）、462 个行政村。有 AAAA 级景区 2 个（风穴寺、九峰山）、AAA 级景区 7 个（怪坡景区、丹阳湖景区、汝水湾景区、沙滩公园景区、汝瓷小镇景区、青瓷博物馆、弘宝汝瓷文化园）、AA 级景区 2 个（文庙、华予生态园）。九峰山景区获得第一批省级文明旅游示范单位，风穴寺景区获评 2021 年度钻级智慧景区。

文艺精品创作。组织力量复排《花为媒》《马英》，创作《英烈蕴华》《古城古事》《镖天下》《烽火顺昌》等剧目。艺术广场舞《挥汉耕耘汝河爱》获 2023 年平顶山市第二届惠民文化节舞蹈类一等奖；歌曲《汝州曲剧万花开》获平顶山市 2023 年惠民文化节音乐类二等奖、河南省第二届惠民文化节音乐类前 100 名；曲艺《曲乡曲韵唱楷模》获平顶山市委宣传部组织的宣传文化活动优秀奖。特别是精心编创并排演了红色革命戏曲《马英》，根据汝州市革命烈士马英真实事迹以艺术的形式生动再现了感人至深的革命故事。

文旅文创融合。汝州市文旅康养城建设项目共有 15 个，已完成项目 4 个，开工建设项目 9 个，拟建项目 2 个。大力推动民宿产业发展，云堡妙境和九峰山乌篷雅居船屋民宿分别获河南省首批五星级民宿和四星级民宿。开展非遗进校园活动，持续推进非遗进景区、进乡村旅游景点。推动旅游与文化、教育、工业、农业等产业融合发展，推出了润灵制药工业游、温泉康养游、主题研学游、越野赛体育游、蚕桑文化旅游节等一大批新业态新载体，成为游客乐享生活的新体验。持续开展"茶马古城——中大街"文艺展演系列活动，着力打造汝州文旅融合发展和夜间文化的新亮点。

文物保护工作。2022 年完成 12 个项目的文物勘探，勘探面积约 420 亩。积极推进万里茶道申报世界文化遗产工作；配合河南省文物考古研究院做好张公巷窑址及温泉遗址的考古发掘工作；全年共完成风穴寺中佛殿及配殿等 2 个文物保护单位修缮保护工程，争取省级以上文物保护专项补助资金 2050 万元。全年共出动 600 余人次，对 81 处市级以上文物保护单位进行不间断巡查，组织文博单位开展消防安全演练及文物消防安全专题知识培训共计 12 次，确保了文物安全。

非遗产业发展。注重汝瓷文化传承，投资 800 万元高标准规划建设非遗展示馆，全方位、立体化、多视角地演绎汝瓷等非物质文化遗产。汝瓷大师朱文立作为陶瓷界唯一代表，入选全国 30 名各行业能工巧匠并拍摄《大国工匠》专题片，在中央电视台播出。注重汝瓷文化推广，先后举办两届全国陶瓷烧制技艺大赛，组织汝瓷企业参加西安文博会、北京国际陶瓷博览会等活动。提出"汝瓷知己、汝州等你"汝州城市宣传口号，将汝瓷作为汝州发展全域旅游的代表性文化和品牌进行全方位宣传推广。注重人才培育、引进和交流，与清华大学联合开展了非物质文化遗产传承人才培训班。积极组织汝瓷企业开展技能人才认定工作，2022 年共新增汝

2022 年 7 月 31 日，河南省东亚现代人起源国际联合实验室汝州旧石器考古工作站签约奠基

瓷行业技能人才729人。

公共文化服务。加强汝州市文旅云平台建设，追加投资60余万元，总投资超过130万元，着力打造汝州市公共文化数字化服务的典型。实施文化惠民工程，2022年完成公益电影放映3000场、送图书下乡5000册，组织"送文化下乡"文化扶贫、"舞台艺术送基层"等各类演出165场。图书馆等各类场馆服务人次约55.8万人次，各乡镇（街道）、行政村（社区）服务人次约70万人次。

【温泉旧石器遗址论证会】 2022年7月22日，汝州市邀请高星、王幼平等18位旧石器考古领域权威专家在汝州温泉旧石器时代遗址召开论证会，专家一致认定汝州温泉旧石器遗址是一处大型旧石器时代旷野遗址，具有石器加工场的性质。石器在多层位连续分布，地层清晰，存在两种典型的旧石器工业技术体系，遗址研究潜力巨大，科学价值突出，具有重要的社会政治意义，是一项重要考古发现。汝州温泉遗址现公布有6个发掘区，已完成发掘面积150平方米。

· 舞钢市 ·

【文化概览】 舞钢自古为冶铁重地，以钢而立、以钢而兴，现已发展成为一座新兴的现代化工业生态旅游城市。总面积646平方公里，辖7个乡镇、7个街道，总人口35万。拥有二郎山、灯台架、祥龙谷3个AAAA级景区以及多家AAA、AA级景区。"治淮第一坝"石漫滩水库被评为"河南省十大美湖"之一，石漫滩国家森林公园、石漫滩国家湿地公园、石漫滩国家水利风景区景色独特。连续2年在全省经济社会高质量发展综合评价中居第一方阵，现葆有国家园林城市、国家卫生城市、全国文明城市提名城市、全国文化先进市、平安中国建设示范市、全国信访工作示范市、全国科普示范市、中国优秀旅游城市、中国冶铁文化之都、中国水灯文化之城、全国乡村清洁行动先进市、国家水土保持示范市、国家级电子商务进农村综合示范市、中央财政支持绿色种养循环农业试点等多项城市荣誉。

文艺创作活动。成功举办了庙街乡人头山、红山街道办事处王大苗村乡村"村晚"，在国家文化云平台点击量达到40多万次。升级音乐喷泉，实施滨湖美化亮化工程，举办了第十九届舞钢水灯节，网上点击量达58.6万人次。开展送戏下乡164场，受益群众15万人次；送电影下乡、进校园、进社区、进敬老院2558场次，受益群众22.2万人次。建立文艺创作月研究推进制度，完成廉政题材小戏《使命》、乡村振兴内容小品《门前有条沟》，以喜迎党的二十大为主题的《四面八方传喜讯》《跨越赶超开新局》《巾帼文明岗、光彩更耀眼》等作品的创作与排练。

文旅文创融合。谋划开工旅游康养项目25个，完成投资28.2亿元。孤山寨民宿集群建设主体已经建成，正在招商运营企业；姬庄村一鸣书居图书馆民宿、楼子沟民宿、红石崖民宿等特色民宿建成投用。人头山、王大苗、臧坪、姬庄、大刘庄等5个村成功申报省乡村康养旅游示范村创建单位，杨庄乡红石岗村认定省乡村旅游特色村。舞阳矿业旅游园区建设完成了中原第一坑、矿石博览园等旅游观光服务设施。全年接待旅游人次120万人次，实现旅游综合收入5.2亿元。推进馆藏文物、冶铁文化、非遗产品等向文创产品转化，培育评定了龙泉宝剑、轧琴等40余种文创和旅游产品。实施"舞味俱全"区域农产品公用品牌发展战略，持续擦亮"中国鸽都""舞钢莲藕""舞钢鹁鸽""灵珑山白茶"等名片，推动农特产品向文创旅游商品转化。持续举办二郎山·灯台架春季文化旅游节、油纸伞旅游文化节、农民丰收节等活动。

文物非遗工作。安寨关帝庙公布为平顶山市第四批市级文物保护单位，完成20处县级文物保护单位标识牌竖立、平岭楚长城2021年大雨800米滑坡点护坡治理。配合省文物局完成尹集镇虎头山、武功乡刘川沟、八台镇河南省委办公地等革命文物调查，完成石门郭冶铁遗址绿化方案评审和建设。公布第四批舞钢市非物质文化遗产代表性项目10项，其中舞钢市非物质文化遗产代表性项目8项，扩展项目2项。挖掘整理苗氏八八水席、热豆腐、尚店丁记清真罐饺子3个县市级项目成功申报平顶山市级非物质文化遗产代表性项目。舞钢市母龙寨祈祷习俗公布为河南省级非物质文化遗产代表性项目，刘卫东被公布为河南省级非物质文化遗产代表性项目传承人。

公共文化服务。文化馆举办了合唱、古琴、书法、茶艺等公益培训班100多期，培训累计1万多人次。图书馆举办全民阅读和读书会系列活动20多场，举办了"曹灿杯"舞钢赛区赛3场，受益师生5000余人次。博物馆在免费开放

2022年5月23日下午，全市"喜迎二十大 奋进新征程"党的创新理论宣讲大赛决赛在市融媒体演艺中心举行

的基础上，采用"请进来走出去"的方式接待参观人员1万余人次。扎实推进文化馆、图书馆总分馆制建设，各乡镇办成立了分馆、牌子和各项规章制度上墙，选派了常务副馆长。充分发挥"政法合作""政企合作""馆企合作"的优势，利用"图书馆+检察院""文化馆+景区""文化馆+培训机构"等形式，在检察院建成图书馆分馆1个，二郎山、灯台架、祥龙谷3个AAAA级景区和母龙寨景区建成文化馆分馆4个。建成乡村文化合作社115家，注册社员534人，开展文化活动演出500多场。文化和旅游部到舞钢调研公共文化服务建设，对舞钢市的经验做法给予高度肯定。

【"喜迎二十大 奋进新征程"党的创新理论宣讲大赛成功举办】
5月23日下午，全市"喜迎二十大 奋进新征程"党的创新理论宣讲大赛决赛在市融媒体演艺中心举行。该次比赛以"喜迎二十大 奋进新征程，以优异成绩迎接党的二十大胜利召开"为主题，采用故事类和文艺类的形式进行宣讲比赛。经过前期选拔，48名选手、31部作品参赛中，15个优秀作品脱颖而出进入决赛，其中故事类11个，文艺类4个。《小萝卜头》《跨越赶超开新局》分别获得故事类、文艺类一等奖，与会领导为获奖个人和单位进行了颁奖。

· 宝丰县 ·

【文化概览】 宝丰县位于河南省中西部，属平顶山市下辖县，西倚伏牛山脉，东瞰黄淮平原，沙河润其南，汝水潆其北，总面积722平方公里。辖9镇3乡2个示范区和1个办事处，常住人口50万。因"宝货兴发，物宝源丰"，北宋宣和二年，宋徽宗赐名"宝丰"。宝丰拥有中共中央中原局、中原军区司令部、刘邓大军"宝丰会议"旧址等红色文化遗存，是千年古县、曲艺之乡、魔术圣地、酒祖故里、汝瓷之都、长寿之乡，是全国文明城市提名城市、国家卫生县城、园林县城，先后获全国文化建设先进县、科技进步先进县、电子商务进农村综合示范县、农民专业合作社质量提升整县推进试点县、"中国民间文化艺术之乡"称号等荣誉，属国家级可持续发展实验区、重点开发区域。

文艺创作活动。围绕"喜迎二十大 奋进新征程"成功举办2022年油菜花节、第十一届中国酒祖仪狄文化节等38项文化活动。原创广场舞《灯火里的中国》在河南省"喜迎二十大 奋进新征程"系列文化活动中获三等奖；原创艺术广场舞《奇花幻舞》获得"强国复兴有我 喜迎二十大 欢乐进万家"暨"中原舞蹁跹 群星耀中原"平顶山市选拔赛金奖第一名，并获河南省艺术广场舞大赛一等奖；河南坠子《陈毅赔碗》入选第六届"岳池杯"中国曲艺之乡曲艺展演；河南坠子《和谐移民一路歌》在全市"党的创新理论宣讲"主题宣传教育实践活动理论宣讲大赛上获二等奖，并在河南省"党的创新理论宣讲"主题宣传教育实践活动理论宣讲大赛获一等奖。

文旅文创融合。依据全县非遗资源科学设定覆盖全域的5条旅游线路，以马街书会和杨家大院（豫西行政干校旧址）为龙头带动，打造集休闲娱乐沉浸式体验为一体的中国曲艺文化和中原民俗文化旅游区。马街书会景区创成国家AAAA级景区，珍稀菌产业园创成国家AAA级景区。成功举办第一届中国（宝丰）官窑瓷器交流大会、首届"酒类消费与创新"国际会议等活动，成功创建第一批全省文化和旅游消费示范县。宝丰魔术成功入选国家级非物质文化遗产名录，精品方言剧《老街》先后在北京民族剧院、北京人民大会堂万人大礼堂展演。文化、旅游及相关产业投资增加28亿元，11个文旅项目序时推进，完成投资20亿元，接待游客550万人次。成立工作专班，大力推进文旅"四上单位"培育工作,新增规上文旅单位9家。打造文旅融合发展新亮点,创建国家AAA级旅游景区2家以上。

文化产业发展。 清凉寺汝窑文化展示园、非遗展示馆入选国家文化公园项目储备库,县文化服务中心一期、马街书会景区创建工程全部建成,中原解放纪念馆等4个场馆重新开放。康龙理想田园、龙王沟示范区文旅融合产业园等4个项目部分功能区完工已开放。开放宝丰汝窑博物馆、刘兰芳艺术馆等13座特色文化场馆,涉及文旅康养城建设目标任务17项。龙王沟研学旅行营地等其他6个项目有序推进;其中汝窑博物馆获批国家二级馆,中原解放纪念馆获批国家三级馆。文旅实体不断壮大,新增嘉恒文旅等"规上"单位2家,累计创成四星级乡村旅游经营单位2家、三星级8家、二星级1家。"引客入宝"成效显著,全年接待游客达500万人次,旅游综合收入突破10亿元。

文化遗产保护。 在全县公开征集实物展品,实物征集现已征集实物50余项、文字资料80余份、图片视频资料60余份等。组织第六批国家级非遗代表性传承人申报工作拟推荐国家级传承人3人;组织第五批市级非遗代表性项目申报;组织开展第五批县级非遗代表性传承人申报。组织各乡镇非遗工作者、重点保护项目负责人、非遗代表性传承人等参加培训,培训班特别邀请从事非遗方面以及视频直播方面的专家授课,切实做好非遗保护传承弘扬工作。

公共文化服务。 全县34个图书馆文化馆总分馆免费开放,挂牌组建37个乡村文化合作社和20个"文化驿站"。实现群众点单、政府买单、两馆派单,将其作为乡村振兴的重要载体与抓手,乡村文化合作社建设暨数字化建设工作分别在省、市交流经验。以"喜迎二十大,奋进新征程"为主题,开展"文化惠民·送戏下乡"演出190余场,戏曲文化进校园10余场,河南省第十五届戏剧大赛暨文华奖获奖剧目《玉兰花开》巡演14场。编排《金銮喜》《寻儿记》《五凤岭》等3部新剧目,并在送戏下乡演出中进行演出。农村电影放映工程完成放映3226场,爱国主义电影进校园完成338场。文化志愿者下基层文艺演出活动演出680多场,受益群众29万人次,文化惠民深入人心。

【举办"相约马街 云上书会"马街书会线上直播活动】 2022年,马街书会改为线上举办,共录制和征集艺人"亮书"视频300余条;在抖音、快手、微博、哔哩哔哩、微信视频号、"云上宝丰"等网络平台投放,总播放量达2亿多人次。大部分艺人线上线下同时参与,云端赴会,和来自不同地区的选手说唱献艺,让更多观众领会到曲艺之美。

· 郏县 ·

【文化概览】 郏县地处河南省中部偏西,是平顶山市的北大门,辖8镇5乡2个街道,377个行政村,782个自然村,总面积737平方公里,总人口64.78万。1955年,毛泽东主席为郏县写下批示:"农村是一个广阔的天地,在那里是可以大有作为的。"郏县是千年古县,文化遗产众多,有全国重点文物保护单位4处,河南省重点文物保护单位20处,市、县重点文物保护单位80处。拥有中国传统村落20个、河南省传统村落86个。先后获全国百佳旅游目的地、中国县域旅游品牌百强县、中国乡村休闲旅游首选地、中国休闲旅游最佳县、河南省全域旅游示范区、全国传统村落集中连片保护利用示范县等荣誉。

文艺精品创作。 邀请知名专家创作了《张良传》《苏东坡》《金玉魂》《故乡情》《空山妇女》《五星红旗迎风飘扬》等大型文艺作品,有序推进"郏县历史文化丛书"编

2022年1月25日,宝丰县网络春晚在融媒体中心举行

印。精心编排快板《郏邑尽吹清廉风》获平顶山市廉洁文化主题艺术（曲艺、戏曲）作品一等奖。高质量打磨的全省首部大型德善现代曲剧《情满幸福院》，在平顶山市各县（市、区）巡回演出，并入选"第十届黄河戏剧节"。回望脱贫攻坚峥嵘历程的电影《山那边的美好》在郏县影视拍摄基地拍摄完毕。

文旅文创融合。聚焦全业融合，做好"旅游+"文章。做精"旅游+美食"，立足"烧鸡、牛肉、饸饹面，茶水、三炖、豆腐菜"郏县特色美食品牌，连续多年举办郏县美食文化周等活动。做美"旅游+农业"，打造集休闲观光、餐饮、研学、民宿等"三产融合"为代表的马头岭现代农业产业园，变农区为景区、田园为公园，促进康养农业等新业态发展。做优"旅游+住宿"，充分利用传统村落等资源，依托水美乡村、人居环境整治等工程，优化民宿发展环境。邀请省、市相关领导，省内外知名民宿创始人及运营团队持续走进郏县，实地参观考察郏县民宿资源，洽谈民宿合作项目。先后建成一鸣书居、耕读人家、岭上人家、渡口客栈等特色民宿品牌。

文化遗产保护。一方面，全面加强文物保护利用。按照"国保、省保维修保护全覆盖原则"，先后编制并通过了山陕会馆修缮项目、广阔天地大有作为知青村旧居修缮项目（一、二、三期）、李渡口村传统民居消防工程项目等14个文物保护项目。实施了临沣寨、三苏祠和墓、文庙、知青旧居等文保单位维修保护及三防工程，文物保护利用基础更加牢固。另一方面，持续推进非遗项目传承。深入开展"非

2023年2月5日，河南省平顶山市郏县举行第三十届民间艺术表演赛

遗进校园"，打造非遗传习所、展示馆10余家，形成了非遗保护名录、传承人群体、传承场所等完整的非遗保护体系。

公共文化服务。全县15个乡镇（街道）文化馆、图书馆总分馆已全部建设完成并投入使用，全县图书达到统借统还。377个行政村基层综合性文化服务中心已全部建成，县域有馆、乡镇（街道）有站、村有中心的三级公共文化服务网络已形成。精心打造了6处"郏邑书香驿站"；谋划建设3处"东坡书苑"城市书房。扎实开展文艺、戏曲、图书、公益电影"四进"活动。2022年，组织开展文艺下乡100场、公益电影放映4524场、送图书下乡1万余册。举办了第二十九届民间艺术表演赛、"文化和自然遗产日"宣传展示、首届郏县王家庄荷花文化节、郏县"庆丰收·迎盛会"中国农民丰收节等活动，为全县群众送上文化大餐。

【**央视电视剧《山河锦绣》在郏县拍摄**】《山河锦绣》是一部全景式、立体式、史诗般展现脱贫攻坚历史画卷的作品。该剧由李乃文、王雷、颜丙燕等实力派演员担纲主演，2022年7月15日在郏县茨芭镇构树张村启动拍摄，90%以上的镜头在郏县拍摄。为了支持剧组的拍摄，郏县县委、县政府高度重视，成立了服务保障工作专班，有关乡镇和单位抽调专人全程跟班服务，从场景选取、搭建布设、群众演员招募、后勤保障等环节积极对接剧组需求，高效完成了保障任务。11月，该剧在央视一套黄金时段首播。

【**李渡口村成功创建首批河南省乡村康养旅游示范村**】冢头镇李渡口村高质量构建夜游、夜赏、夜食、夜购的"四夜"产品体系，致力营造"生态义史两相宜，诗与远方入梦来"的村落氛围，按照《河南省乡村康养旅游示范村等级划分与评定》标准，结合自身实际，量身定做，包装项目，对标乡村设计、生态环境、公共服务等九项指标，依托AAA级旅游景区厚实基础，进一步完善康养业态和服务功能，充分发挥示范带动作用，打造郏县乡村振兴和乡村旅游发展标杆。2022年12月5日，郏县冢头镇李渡口村成功入选首批乡村康养旅游示范村名单。

·鲁山县·

【文化概览】 鲁山县地处中原城市群中西部，西倚伏牛山脉，东望黄淮平原，北接郑州、洛阳，南连南阳、襄阳，是人文荟萃、商贸汇聚之地。古称鲁阳，汉代置县，唐始名鲁山。现辖20个乡（镇）、4个街道、3个服务中心、555个行政村，人口102万。面积2432平方公里，百分之七十为山区，有"七山一水二分田"之称。现有全国重点文物保护单位5家、不可移动文物182处，已建成A级景区13家，国家名胜风景区、国家AAAAA级景区、国家地质公园尧山集"雄、险、秀、奇、幽"于一体，有"中原独秀"的美誉，是国家级生态示范区、国家园林县城、国家卫生县城、中国天然氧吧县、中国长寿之乡、中国温泉之乡、中国墨子文化之乡、中国牛郎织女文化之乡、中华名窑花瓷之乡、中国屈原文化传承基地。

文艺精品创作。创作《痴心》等各类文艺作品6000余件，编撰完成《中国民间文化大系·传说·河南·平顶山分卷》，编印《中国传统文化研究·河南鲁山》《中国墨子文化之乡》《伏牛山轶闻九论》《中国传统节日文化研究·端午》《桑梓情》《老树着花》《一方山水》《鲁山文艺》《西鲁探秘》等图书，弘扬传统文化。

文旅文创融合。成功创建省级全域旅游示范区，继续实施文旅深度融合发展计划。实施重大项目带动战略，加快推进鲁山花瓷古镇、牛郎织女产业园、梁洼镇鹁鸪吴文旅综合体等项目建设。举办杜鹃花节、桃花节等文旅活动，让鲁山文旅特色品牌立得住、叫得响、传得开。推进文旅康养城建设，加快推进中影城市文化中心、河南尧山文化旅游生态综合体、特色旅游综合民宿、上坪村民宿集群、国家清水河退役军人培训就业康养基地、中原云裳牧场、华谊兄弟星剧场、鲁山县户外装备产业园、鲁山县云栖谷旅游度假区、绿韵巢养等12个在建项目；总投资2.25亿元的尧山风景名胜区停车场项目，总投资15亿元中药植物园游览区项目正在有序推进，2022年度共计完成投资15.5亿元，位列全市第二。

文化遗产保护。加大文物遗产保护传承。对楚长城鲁山段遗址进行全面勘察摸排，申报红佛寺等11处市级文物保护单位，高质量完成省级文保单位徐玉诺故居安防工程，国家级文保单位豫陕鄂军政大学旧址安防工程正在加紧施工中，积极完成吴镜堂故居保护修缮计划。

公共文化服务。555个行政村均建有综合文化服务中心和农家书屋，建成文化广场298个、乡村文化合作社27个，全县所有公共文化服务设施免费开放，进一步夯实了基层文化阵地。开展"世界汉字节"、端午节、七夕节、"戏曲进乡村"等文化惠民活动380余场，受益群众50余万人。围绕"喜迎二十大 欢乐进万家"开展红色文艺轻骑兵走基层等系列文化活动。举办了鹁鸪吴村的"跟着大象过大年"年味活动、瓦屋镇高桩故事展演、全县健身操大赛、花开四季书法展、"童画黄河"少儿美术大赛、丰收节等系列文化惠民活动。投入资金35万元，建成了图书总分馆"林河书苑""百城书屋"，新增瀑布流、图书阅读机、朗读亭等相关设施，充分利用信息技术拓展公共文化服务能力，加大文化传播力度。全民推进志愿服务活动，叫响"天南地北鲁山人""书香鲁山"等志愿服务品牌项目，"书香鲁山"——经典公益诵读志愿服务项目获河南省志愿服务项目三等奖。

【举办"云上"系列民俗活动】 2022年举办"云上"系列民俗活动。4月28日，举办中国（鲁山）第六届世界汉字节仓颉文化系列民俗活动。该次活动中推出了如《谷雨粟》《字里乾坤》《龙的春天》《鼓舞东方》《娃娃神读》等一批精品，对进一步传承弘扬仓颉文化推进文旅融合发展、弘扬中华优秀传统文化和推动汉字国际化作出了积极贡献。端午期间，在县琴台第四小学举行了"我们的节日——对话端午"校园主题活动，通过"鲁山和屈原的关系""屈原文化传承基地的命名"等话题，与活动现场嘉宾、孩子们进行互动，制作端午美食"槲坠"，并为孩子们系上五彩祝福绳。8月4日，举办"我们的节日——2022鲁山县云上七夕节"活动，中国牛郎织女文化研究中心主任邢春瑜在鲁峰山现场为群众讲述七夕故事；演员们身着华服，走进历史场景，表演了乞巧、凤仙花染指等民俗，体验了放河灯、吹糖人、杂耍等传统技艺，为观众们展现了不一样的《七夕鲁山游》；县诗词楹联协会、朗诵协会会员深情款款，朗诵《七夕》《鹊桥仙》《赞织女》等原创诗稿，传承七夕文化，丰富群众精神文化生活。

·叶县·

【文化概览】 叶县位于河南省中部

偏西南，总面积1387平方公里，辖18个乡镇（街道），554个村（社区），总人口90万。叶县为古豫州地，周时为应侯国之地，春秋时属楚，是"河南省十大古城"之一，也是海内外2300万叶氏、沈氏后裔的祖地。著名的"昆阳之战"就发生于此，孔子游叶，叶公问政，留下了"近者悦，远者来"的为政嘉言。县域内有全国保存较好的唯一一座明代县衙及年代最早、保存最完整的春秋许公宁编钟，被誉为中国"长城之父"的楚长城入选国家第一批长城重要点段，距今4000多年的余庄龙山文化遗址可追溯中华文明起源。现有国家A级旅游景区9个、省级特色生态旅游示范镇4个、省级乡村旅游特色村9个、省级休闲观光园区7个、研学旅游基地4个；有全国重点文物保护单位5处、省级文物保护单位14处、市级文物保护单位40处、县级文物保护单位36处、不可移动文物点930余处，文物藏品2000多件，有省级非遗项目4项、市级非遗项目25项。是全国民族团结进步示范县、全国科普示范县、中国民间文化艺术之乡、河南省叶公文化之乡、河南省书法之乡。

精神文明建设。按照《河南省文明城市创建测评体系》深化文明单位创建，立足长效机制提升创建水平，形成良好的创建氛围。截至2022年底，全县省级文明单位17个、市级文明单位36个、县级文明单位66个。叶县3个街道办事处20个社区，享受市级文明社区荣誉称号2个，县级文明社区18个。深化文明村镇创建，组织召开农村精神文明建设工作部署会，制定了考核验收方案，在创建村镇开展自查的基础上，组织专班人员入乡镇（街道）入村逐条进行了考核验收。命名县级文明村镇39个，表彰2021年度叶县"十星级文明户"50户、"文明家庭"37户，表彰年度叶县"乡村光荣榜"先进人物85人，上榜年度平顶山市"乡村光荣榜"12人。叶县县级以上文明村镇375个，占比67.7%。全力推进"好婆婆""好媳妇""乡村光荣榜"系列评选树立和"星级文明户""文明家庭"创建活动，2022年选树表彰各类典型450余人（户），开展"我们的节日"主题活动120余场次。

未成年人思想建设。组织开展叶县"快乐成长"乡村学校少年宫文艺志愿服务暑期特别行动、"赶考路上有我"主题系列活动。在全县招募返乡大学生志愿者120余名，开展农村未成年人志愿服务活动160余场次，受益未成年人2500余人次，对表现突出的32名优秀大学生志愿者予以表彰，其中3名大学生志愿者获全省"快乐成长"乡村学校少年宫文艺志愿服务优秀志愿者称号。

志愿服务活动。成立新时代文明实践志愿服务总队，下设理论政策宣讲、文化文艺服务、卫生健康、科技科普、法律服务等18支专业志愿服务队，分别由对应的18个职能部门牵头组建。在乡镇（街道）组建志愿服务队18支，村（社区）志愿服务队554支。全县共成立志愿服务队673支，志愿云网站注册志愿者达12万余人。叶县尚善爱心志愿协会为60岁以上老人义务理发2000余人，叶县心天地社会工作服务中心资助孩子200余人，叶县尚善爱心志愿协会为环卫工人提供爱心早餐达30万人次。

【2022年中国农民丰收节活动】2022年9月23日，"庆丰收，迎盛会"叶县中国农民丰收节庆祝活动在保安镇杨令庄村举行。丰收节以叶县特色民俗地域农产品为载体，展示叶县农业农村发展丰硕成果，呈现新时代新农民的精神风貌，传承弘扬中华农耕文明和优秀文化传统。活动现场进行了叶县各乡镇（街道）名优特农产品展示、新型农业机械展示销售、叶县农业龙头企业宣传、叶县特色小吃品鉴、名

2022年4月2日，叶县首届新时代文明实践志愿服务项目大赛开赛

优特新农产品展示、农业科技知识宣传、"金秋助就业"现场招聘、叶县"庆丰收·迎盛会"书画摄影展、自行车骑行比赛、叶县非遗产品展示、叶县农民丰收节主题邮局等多项活动。

安阳市

【文化概览】 安阳市位于河南省最北部，地处山西、河北、河南三省交界处，是豫晋冀三省交界地区区域性中心城市，京津冀周边协同发展区城市。西临长治，东接濮阳，北临邯郸，南接鹤壁、新乡，总面积7413平方公里。下辖1个县级市、4个县、4个市辖区，截至2022年年末，全市常住人口541.7万人。安阳历史悠久、文化灿烂，是中国八大古都之一，是甲骨文的故乡、周易的发源地、红旗渠精神的发祥地。殷商文化、甲骨文化、周易文化、建安文化等在此交相辉映，盘庚迁殷、妇好征战、文王演易、精忠报国等耳熟能详的历史事件发生于此。安阳自然山水和人文景观齐聚，是国家历史文化名城和中国优秀旅游城市，现有世界文化遗产2处（殷墟、大运河滑县段），国家级重点文物保护单位26处、河南省文物保护单位80处，博物馆和纪念馆17家，建成105座甲骨文书屋和3346个基层综合性文化服务中心。国家A级旅游景区37家，其中AAAAA级2家（殷墟、红旗渠·太行大峡谷），AAAA级景区7家，AAA级景区21家，AA级景区7家。精心打造"红旗渠人家"民宿品牌和"中国画谷"写生品牌，培育民宿、写生、培训、研学等文旅融合新业态。

理论学习研究。理论学习提质增效。深入学习领会习近平总书记关于社会主义文化建设重要论述，围绕"增强历史自觉 坚定文化自信 深入推进文明探源工程""牢记领袖嘱托 坚定文化自信 走好新时代赶考之路"等开展专题学习研讨。理论宣讲深入人心。市委宣讲团、各县（市、区）百姓宣讲团、宣讲轻骑兵等宣讲队伍走进机关、农村（社区）、企业、学校，开展各类宣讲7096场，受众101万余人次；制作推出短视频1586个，播放量125万余次，有效推动习近平总书记关于社会主义文化工作重要论述入脑入心。理论阐释系统深入。着力深化新时代党的创新理论体系化研究和学理化阐释，召开"殷商文化兴盛于安阳"专题研讨会，承办"传承弘扬红旗渠精神 全面推进现代化河南建设"理论研讨会，编印研究专辑，增进探讨提升；习近平总书记视察陕西延安、河南安阳重要讲话精神学习研讨。社科活动丰富多彩。举办"讲安阳故事 品古都文明"主题征文和"党的光辉照万家"短视频征集等"喜迎党的二十大"系列活动；围绕殷商文化、甲骨文化、周易文化、曹魏文化，开展"安阳文化大讲堂""甲骨学堂""安阳市殷商文化""安阳周易文化"等公益讲座。深入开展"兴文化工程"，立足安阳文化资源优势，将殷商文化、甲骨文化、周易文化、曹魏文化、南水北调精神、红旗渠精神、谷文昌精神岳飞精忠报国精神、红色沙区革命精神的研究作为重要选题方向。

文化体制改革。制定了《关于国有文物景区"两权分离"改革工作的实施意见》及《安阳市国有文物景区"两权分离"改革工作实施方案》，结合县域特色，推进民营景点市场化改革，《"一抹新绿"吹响文旅融合集结号，昆玉山景区的"守与变"》在凤凰网河南刊发。省委宣传部景区管理体制改革专题调研组来安阳深入调研，景区管理体制改革得到省委宣传部景区管理体制改革专题调研组的充分认可。2022年安阳市被中宣部确定为全国市级融媒体中心建设试点市。

文物文博工作。2022年度文物工作成果丰硕，完成文物勘探面积262万余平方米，发掘面积0.9万余平方米，发掘商代至明清时期墓葬650余座，出土文物2200余件（套）。"河南安阳殷墟商王陵区及周边遗存"等10个项目入选2022年度全国十大考古新发现。8月20日安阳召开相州窑复烧成果发布会，共26种器型、70件复烧作品基本符合相州窑材料配方、造型、釉色、装饰技法等特征，达到了预期效果，标志着安阳相州窑复烧成功，成功填补了相州窑文化传承的空白。重点文物保护利用项目高质量建设，殷墟遗址博物馆主体结构已顺利封顶，曹操高陵遗址博物馆已进入布展阶段。安阳高陵成功入选河南省首批省级考古遗址公园，红旗渠干部学院被列入第一批河南省革命文物协同研究基地。文物保护持续跟进，牵头制定《安阳市文物违法行为有奖举报办法》，印发《安阳市"十四五"文物博物馆事业创新发展规划》《关于加强新时代革命文物工作的通知》，完成了第四批市级文物保护单位评审及碑刻石刻资源摸底调研工作，完成各级文物保护单位维修工程方案审核共计19处。

文艺精品创作。制定《安阳市文艺创作推荐主题（2022年度）》，打造突出安阳特色、展示时代精神文艺精品力作。其中，短视频《鼎喵喵和鼎小喵之春夏秋冬》入选省2021年度重点文艺创作项目；电视剧《红旗渠》获得中国电视"金鹰奖"提名奖、"飞天奖"提名奖；开展安阳市第十届精神文明建设"五个一工程"评审推荐工作，电视剧《红旗渠》、歌曲《奋斗才有幸福来》入选河南省第十三届精神文明建设"五个一工程"获奖作品。完成2022年重点文艺创作项目申报推荐工作。电影《有爹有娘才有家》取得电影公映许可证，网络电影《天命玄女》取得上线备案号；电影《飞回山沟是凤凰》《皂角树下》通过省电影局初审，送审国家电影局；积极推进豫剧《红围巾》宣传推广工作，少年版话剧《红旗渠》搬上舞台；学习宣传贯彻党的二十大精神，开展文艺创作宣传。5集纪录片《殷墟之谜》中央电视台四套《国家记忆》栏目6月27日起黄金时段播出；8月28日，中央电视台一套播出正大综艺安阳特辑节目（旅游目的地林州石板岩镇），以石板岩镇为基点对殷墟、中国文字博物馆等旅游地进行了报道；9月30日，中央电视台四套播出《记住乡愁安阳古城》，讲述安阳古城殷商文化、周易文化、汉字文化、岳飞精神、红旗渠精神等文化基因"家住安阳"公众号对节目内容进行转载，阅读量10万+，在社会上引起强烈反响；10月24日至25日，《根脉——红旗渠精神》在中央电视台四套《国家记忆》栏目播出；《航拍中国》河南篇播出红旗渠和滑翔基地内容，12月19日至20日《人类的记忆——殷墟》在中央电视台四套播出。

新闻宣传平台建设。2022年10月28日，习近平总书记到安阳市红旗渠、殷墟视察，市属新闻单位回访调研陪同人员，推出反响报道，市融媒体中心制作推出全媒体节目《沿着红旗渠讲故事》，讲述红旗渠畔的经典故事。组织对上宣传专班，在中央主要媒体发稿660余篇，主要网络媒体发稿25500余篇，两项均位居全省前列。组织开展《出彩安阳2021—2022跨年直播剧——聚变2021 谋变2022》，开展第三届"遇见最美安阳"短视频大赛。围绕"A级景区""非物质文化遗产""安阳特色美食""宝藏美宿"等文旅内容，组织开展"云游安阳"慢直播活动，启动仪式及前四季直播累计观看人次达到2791万人次，实现了安阳文旅IP内容的线上聚焦，擦亮了"活力古都·出彩安阳"城市名片。在海外社交平台脸书和推特开通"发现安阳"城市账号，国际化推介宣传安阳，做好纽约时报广场2022年新年倒计时活动"古城安阳 心向往之"主题视频宣传推介。加强"学习强国"平台推广运用，安阳学习平台参与度长年保持在60%左右，位居全省首位。9月21日，林州市、安阳县、滑县、内黄县、汤阴县5个县（市）"学习强国"县级融媒号全部上线，安阳市成为河南省第一个完成"学习强国"县级融媒号全覆盖的省辖市。"学习强国"安阳学习平台重点建设了《学用新思想》《厚重安阳》《彰德学堂》等10个主栏目；建好审核员、供稿员、评论员3支队伍，搭建完善的供稿链路，先后推出一批有深度、有温度、感染力强的精品力作，生动展现了安阳在党建引领、转型发展、乡村振兴、生态建设、文旅融合等工作中的亮点和成效，"学习强国"学习平台已成为宣传推介安阳的重要载体。2022年，全国平台刊发安阳作品近200篇（条），发稿数量位居全省前列。

文化宣介工作。"2022第六届殷商文化高峰论坛暨甲骨文书画展"于8月28日在安阳开幕，该活动是全面落实市第十二次党代会"打响安阳殷商文化品牌"要求的具体行动，是助推安阳市文旅融合发展、突出展示安阳市殷商文化研究成果的集中体现。"2022海峡两岸周易文化论坛暨第三十三届周易与现代化论坛"于9月25日至26日在安阳举行，该届论坛的主题是"弘扬中华优秀传统文化、增进两岸同胞心灵契合"。9月25日上午线上举办2022海峡两岸周易文化论坛，主平台参与人数达25万，下午线上举办第三十三届周易与现代化论坛，专家学者围绕主题，畅所欲言，线上对周易进行了多角度、宽领域、深层次的研讨，深化了两岸文化交流，促进了文旅融合发展，取得了较多的学术成果。9月26日，在汤阴县羑里城举行壬寅年羑里城周文王祭祀大典。

精神文明建设。深化文明村镇创建。2022年，安阳市先后有14个村镇成功创建全国文明村镇，有58个村镇成功创建省级文明村镇，市级文明村镇242个。深化文明家庭创建。充分发挥文明家庭的示范带动作用，安阳市共有全国文明家庭3户，河南省文明家庭7户，安阳市文明家庭150户。开展"身边好人"评选树立活动。认真贯彻落实习近平总书记重要回信精神,召开学习贯彻习近平总书记给"中国好人"李培生、胡晓春重要回信精神座谈会,研究制定《关于开展"安阳好人榜"选树发布活动的实施方案》《安阳市身边好人礼遇帮扶实施办法》,建立常态长效的选树机制。2022年有6人荣登"河南省好人榜",1人荣登"中国好人榜"。开展"乡村光荣榜"选树活动。印发《2022年度安阳市"乡村光荣榜"人物宣传选树工作方案》,在全市农村自下而上层层开展"乡村光荣榜"选树,先后评选表彰村级"乡村光荣榜"10814人,乡镇级"乡村光荣榜"2640人,县级"乡村光荣榜"654人,市级"乡村光荣榜"110人,向省推荐的22人中有15人入选河南省"乡村光荣榜",上榜人数位居全省前列。

书香安阳建设。2022年安阳市建成甲骨文书屋105座,在全市61条公交线路开通"书香公交",打造15分钟阅读圈。4月和9月先后组织两次全民阅读季活动和遇见最美读书人全民阅读系列赛事活动,征集各类优秀作品100余个,在全省3个竞赛项目70个获奖作品中,安阳市9个作品获奖,其中一等奖3个。扎实推进农家书屋建设。安阳市5个农家书屋获评省级示范农家书屋,4个农家书屋管理员获评省级优秀农家书屋管理员。其中,内黄县农家书屋管理员李翠利"微光书苑"作为农家书屋创新示范案例推荐上报中宣部。获全国农家书屋15周年"乡村振兴十大阅读推广人"称号,并作为先进典型在"全国首届全民阅读大会·乡村阅读推进论坛暨2022新时代乡村阅读季"启动仪式上发言,总台央视《全民阅读大会·2021年度中国好书》节目对李翠利和她的"微光书苑"进行了视频报道。组织农家书屋阅读活动,在全市农家书屋组织开展了新时代乡村阅读季"我爱阅读100天"线上读书打卡活动,全市农村群众9.8万人参与活动。在"我的书屋 我的梦"农村少年儿童阅读实践活动阅读活动中共征集书画作品8类200余篇(幅),评选出64个优秀作品推荐上报省委宣传部。

主题文化活动。2022年3月至10月,市委宣传部牵头组织开展了以"喜迎二十大 欢乐进万家"为主题的十大群众文化活动。参与群众涉及党政机关、企事业单位、社会团体、中小学校等各个领域,人群涵盖老中青幼各个年龄阶段,参与人数11.5万余人次,线上线下受众超146万人次,比赛共获得51个奖项。"器以藏礼——识读博物馆里的生僻字"展览、《三字经》经典解读两项活动入选全省"五一"期间主要文化文艺活动安排。6月21日举办了"洹水飞歌 唱响未来"安阳市原创作品音乐会,集中展示了安阳音乐家和音乐爱好者的原创作品。中国文字博物馆的"党的语言文字事业百年光辉历程"展览列入全省中秋、国庆主要文化活动安排。并开展"光影古都 出彩安阳"主题宣传教育实践活动,迎接党的二十大优秀影片展映展播活动等系列活动。

文旅文创融合。2022年5月24日,由安阳市政府与安阳师范学院、安阳工学院、市委党校、文旅行业头部企业合作成立安阳市文旅文创融合发展研究院。11月16日中国文字博物馆续建工程和汉字公园建设项目开放,标志着中国文字博物馆全面建成。安阳市上报的"文旅+""文创+"讲好古都故事经验材料《加快实施文旅文创融合战略 努力打造新时代"活力古都出彩安阳"》在省文旅文创融合战略专班办公室第6期简报上刊发,被省"能力作风建设年"活动办公室选为典型案例,省委《河南工作》和市委《决策论坛》也分别进行刊发。《舞动的汉字——汉字文化普及互动体验课程》《"萌宝遇见国宝"殷墟研学真人秀》《"谈装

2022年8月2日,"盛世梨园我来唱"安阳市戏迷擂台赛

说裱"研学课程》共3个案例入选2022年度全国文博社教百强案例，获奖数量河南省第一。红旗渠精神研学和劳动教育营地建成投用。安阳古城上榜第二批国家级夜间文化和旅游消费集聚区。全市获得省级以上乡村旅游品牌规模达70余家。

【习近平总书记安阳考察，就传承弘扬红旗渠精神和中华优秀传统文化作出重要指示】 2022年10月28日上午，习近平总书记考察了河南安阳林州市红旗渠纪念馆。习近平总书记指出："红旗渠就是纪念碑，记载了林县人不认命、不服输、敢于战天斗地的英雄气概。要用红旗渠精神教育人民特别是广大青少年，社会主义是拼出来、干出来、拿命换来的，不仅过去如此，新时代也是如此。没有老一辈人拼命地干，没有他们付出的鲜血乃至生命，就没有今天的幸福生活，我们要永远铭记他们。今天，物质生活大为改善，但愚公移山、艰苦奋斗的精神不能变。红旗渠很有教育意义，大家都应该来看看。"习近平总书记强调："红旗渠精神同延安精神是一脉相承的，是中华民族不可磨灭的历史记忆，永远震撼人心。年轻一代要继承和发扬吃苦耐劳、自力更生、艰苦奋斗的精神，摒弃骄娇二气，像我们的父辈一样把青春热血镌刻在历史的丰碑上。实现第二个百年奋斗目标也就是一两代人的事，我们正逢其时、不可辜负，要作出我们这一代的贡献。红旗渠精神永在！"10月28日下午，习近平总书记考察了位于安阳市西北郊洹河南北两岸的殷墟遗址。他指出："殷墟出土的甲骨文为我们保存3000年前的文字，把中国信史向上推进了约1000年。

殷墟我向往已久，这次来是想更深地学习理解中华文明，古为今用，为更好建设中华民族现代文明提供借鉴。中国的汉文字非常了不起，中华民族的形成和发展离不开汉文字的维系。在这方面，考古事业厥功至伟。考古工作要继续重视和加强，继续深化中华文明探源工程。中华文明源远流长，从未中断，塑造了我们伟大的民族，这个民族还会伟大下去的。要通过文物发掘、研究保护工作，更好地传承优秀传统文化。"习近平总书记强调："中华优秀传统文化是我们党创新理论的'根'，我们推进马克思主义中国化时代化的根本途径是'两个结合'。我们要坚定文化自信，增强做中国人的自信心和自豪感。"

【新发现八里庄裴李岗文化遗址】 2022年4月，安阳市文物考古研究所在安阳市文峰区（高新区）原小八里庄村南地，新发现并确认一处以裴李岗文化为主体兼具磁山文化因素的新石器中期聚落遗址。遗址区内地层堆积清晰，文化遗存丰富，保存状况较好。碳十四测年结果显示距今7800年至7400年。该遗址是已知的裴李岗文化分布的最北界，也是同时期豫北地区最大的遗址，填补了安阳地区乃至整个豫北地区新石器时代中期文化的空白，进一步完善了当地考古学文化发展序列，对于揭示豫北地区裴李岗文化地方类型的文化内涵与特征、探讨与磁山文化的交流互动等问题具有重要的学术研究价值。

【《红旗渠》获得中国电视"金鹰奖"提名奖、"飞天奖"提名奖】 2022年10月27日，第三十三届中国电视剧"飞天奖"颁奖典礼新闻发布会在京举行。第三十三届中国电视剧"飞天奖"共入围46部作品，其中电视剧《红旗渠》获提名作品奖。11月6日，第三十一届中国电视金鹰奖颁奖典礼暨第十四届中国金鹰电视艺术节闭幕式晚会在湖南长沙举办。电视剧《红旗渠》获"优秀电视剧作品奖提名"。该剧于2014年10月开始筹划，2020年9月19日在林州开机拍摄，2021年制作完成。在党的百年华诞之年，作为红色献礼剧于2021年10月17日在央视一套黄金时段播出，收视率持续走高、好评如潮。

·文峰区·

【文化概览】 文峰区因国家级重点保护文物——文峰塔而得名，是安阳市的核心城区和政治、商贸、文化中心，市委、市政府机关所在地。下辖1镇、15个街道、2个商业步行街综合服务中心，105个社区、47个行政村。文峰区充分发挥区位优势、产业优势、科技优势，开展丰富多彩的文化体育活动，服务百姓群众文化生活，挖掘古城文化资源，传承优秀传统文化，谱写文化事业发展高质量新篇章。

理论学习研究。文峰区以区委理论学习中心组学习为抓手，选好题、忙策划，通过县级领导带头学，做表率，调动各级党委、党组政治理论学习热情，切实增强党员党性修养。系统学习了《习近平谈治国理政》第四卷和"习近平总书记地方工作经历系列图书"等指定书目，以及习近平总书记最新重要讲话、重要指示批示精神90余篇，营造了浓厚学习氛围。特别是把"悟透弄通"党的二十大精神视为关键之关键，区四大班子和全区81

2022年7月25日，"仓巷之约"-文峰区文艺演出

个单位、105社区、47个行政村集体实时收看直播盛况，认真聆听党的二十大报告。区委理论学习中心组成员把深入学习贯彻党的二十大精神同习近平总书记视察安阳重要指示精神结合起来，结合实际工作撰写心得体会。

理论宣传工作。以迎接党的二十大胜利召开为契机，坚持守正创新、开拓进取，打好新闻宣传主动仗。2022全年发稿200多篇，组织自媒体到社区、村庄采风，发布短视频作品30余个，图片摄影作品20多幅，围绕迎接、文艺文化活动、文明城市创建、改善人居环境、乡村振兴等重点工作，在《安阳日报》文峰专版刊发报道30期240条，协调安阳电视台播发文峰新闻76期196条，热搜安阳视频号发布视频613条，大美文峰公众号发布新闻449期，大美文峰视频号发布视频405条，开设微信公众号《文峰耸秀》专栏，开展文峰区（高新区）百姓宣讲团学习贯彻党的二十大精神百名社区（村）书记千场大宣讲微视频宣讲活动；青年骨干"谈担当"，选调生在专栏中发声，展示勇于担当，勇于挑战的新时代的青年风貌，传递了文峰好声音，树立了文峰好形象。

精神文明建设。2022年文峰区积极推进新时代文明实践中心（所、站）建设工作，16个镇办新时代文明实践所、144个行政村（社区）新时代文明实践站已全部按照标准挂牌成立；登记文明实践志愿服务队伍300余支，注册志愿者10万余名，组织开展文化文艺、卫生健康、科普法制、环境保护等文明实践志愿服务活动800余场；开展"新时代好少年"、第七届"道德模范"评选、"乡村光荣榜"宣传选树、"星级文明户"认领创建、"整治农村陈规陋习"等推动文明建设的主题活动，不断深化"书香文峰"建设，推动全民阅读开展，引导辖区干部群众"爱读书、读好书、善读书"，丰富大众精神文化生活，提高文明素养，推动精神文明建设高质量发展。

【"喜迎二十大 清风颂中华"文峰区首届成扇精品展成功举办】2022年9月22日，为深入学习贯彻习近平新时代中国特色社会主义思想和习近平总书记关于文艺文联工作的重要论述及十一次文代会精神，喜迎党的二十大胜利召开，聚焦扇面书画文化传承与发展，以书坛清风歌颂伟大祖国，集中展现近年来文峰区书法创作成果，推动文峰区文化产业进一步发展，文峰区举办"喜迎二十大、清风颂中华"文峰区首届成扇精品展。该次共展出名家精品成扇60余把，正草隶篆，龙飞凤舞，流派纷呈，百花齐放，作者队伍，老中青济济一堂，围绕弘扬党的二十大精神主旋律，讴歌新时代，主题鲜明，内容丰富，格调高雅，气象万千。

· 北关区 ·

【文化概览】 北关区地处中原，区域地理位置优越，位于四大经济圈中心位置，是中原地区经济发展的主要区域。全区下辖9个街道、1个省级高新技术产业开发区（安阳中原高新技术产业开发区）1个镇（柏庄镇）。辖区内现有文物保护单位有5处，其中辛店商代晚期铸铜遗址、魏文帝甄妃墓、明义士旧居3处为省级文物保护单位，圣寿寺、关帝庙2处区级文物保护单位。北关区彰德文化街是在省级三星级特色商业街区的基础上打造的综合性文旅项目，贯穿于中国文字博物馆—袁林—殷墟旅游线路之中，充分挖掘安阳古都文化资源，弘扬中华传统文化。非遗项目共35项，其中省级5项，市级项目20项，区级项目10项。

非遗保护传承。孟氏剪纸已成功申报为市级非物质文化遗产代表性项目。为了进一步弘扬中华优秀传统文化，特邀省级非物质文化遗产代表性传承人魏红刚老师走进学校,为学生们传授面塑技艺,让他们亲身体验制作面塑的乐趣。同时,在第十七个"文化和自然遗产日",诚邀桑培德老师在区图书馆开设非遗课堂,向公众传授笼箩编织技艺。此外在幼儿园深入开展剪纸技艺培训,使孩子们能够近距离感受非物质文化遗产的独特魅力。多位非遗传承人积极利用抖音短视频平台,与广大网友分享中国传统文化的无穷魅力,共同守护和传承这份宝贵的人类文化遗产。

精神文明建设。通过文化活动的开展积极推广精神文明创建,完善了"创文"工作方案,分级培训覆盖15万余人。组成6个督导组、印制9万份宣传页推动"一盔一带"文明交通。为28名"最美乡村志愿者"颁奖。注册志愿服务队189支。文明实践中心、所、站实现全覆盖。发放《安阳市市民文明手册》5万余册,调查问卷8万余份。推荐地区医院的单春格为第三季度"中国好人"助人为乐类候选人。持续开展"四送一助力"活动,60余家文明单位开展送政策、送健康、送文艺、送温暖活动180余次,助力北花村乡村振兴94次,累计投入资金23万余元。依托全区10个新时代文明实践所、110个文明实践站常态化开展政策宣传、文明劝导、垃圾清理、扶弱助残、文化文艺等新时代文明实践志愿服务活动总计165次。组织辖区大学生志愿者深入社区、农村新时代文明实践所(站)开展"快乐暑期"文明实践活动112次,为326名中小学生的暑假学习提供帮助。组织辖区60名青少年到柏庄镇北花村新时代文明实践站开展研学活动。

公共文化服务。区、街道(乡镇)、社区(村)三级文化设施建设推进见成效。共建成12座甲骨文书屋,其中包括1座图书馆。区图书馆、区文化馆和已建成的119个街道(乡镇)、村(社区)基层综合性文化服务中心全部免费开放,并努力完善文化中心硬件设施设备。群众文化活动得到丰富。开展"中国梦·劳动美"千场文艺送基层活动全年演出63场。永远跟党走·奋进新征程演讲活动覆盖中小学生4.8万余名,建设运行复兴乡村少年宫17所。组织"喜迎二十大 奋进新征程"红色文艺轻骑兵助力乡村振兴文化演出9场,受益群众800人。举办"喜迎二十大"首届北关区专业声乐器乐大赛,开展第七届"炫出北关"广场舞和第五届红歌会展演,16支队伍近500人参加。9家甲骨文书屋开展活动200余场,线上直播6期。通过多种形式的展示,让群众充分感受到艺术的精彩与魅力。

【"强国复兴有我"冰石刘海清藏品拓片甲骨文书法题跋展成功举办】 2022年6月29日,以"强国复兴有我"为主题的拓片甲骨文书法题跋展在安阳市北关区行政办公楼一楼大厅举办。在甲骨文发现和研究123周年之际,该次展览共展出中国书法家协会会员刘海清题跋的甲骨、砖文、瓦当、画像石、造像、钱币、扇骨等拓片123件。此外,还有20余名来自全国各地的甲骨文专家学者的祝贺作品。该次展品艺术语言多元融合,并通过注释进一步讲解甲骨文故事,以更加通俗易懂的方式对甲骨文活化利用起到了一定的推动作用。

·殷都区·

【文化概览】 殷都区位于安阳市区西北部,是世界文化遗产——殷墟所在地,是中国最早成熟文字甲骨文的发现地,是安阳市的文化名区,人口72万。有仰韶、龙山、商周、曹魏等时期文化遗存,殷墟遗址、"中国第一华塔"修定寺唐塔、"中原第一大官宅"马氏庄园、魏武帝曹操高陵和国家级古村

2022年2月15日,"我们的节日·元宵"民俗展演活动在洹水公园举办

落渔洋村、红旗渠、人造天河跃进渠等。国家级重点文物保护单位5处，省级文物保护单位10处，市级文物保护单位7处，区级文物保护单位49处。殷都区是山水景观荟萃，漳河峡谷国家湿地公园、水冶珍珠泉、清凉山风景区、塔山等远近闻名。"安阳八大景"之柏门珠沼、漫水长虹、漳河晚渡等均在殷都区辖区内。殷都区正主动融入黄河文化旅游带和世界级大遗址公园走廊，积极建设"三天两夜全域旅游"精品线路，努力打造"东品殷商文化，北读三国故事，西游漳河峡谷，南猎塔山风光，中阅马氏春秋，赏柏门珠沼"的全域旅游强区和国际文化旅游目的地。

殷墟重大项目建设。殷墟作为中华文明探源工程之一，2021年被列入《国家"十四五"规划和二〇三五年远景目标纲要》。殷都区积极推进重大工程项目实施并取得了进展，完成了殷墟入口区及宫庙区保护展示工程（一期）和王陵区保护展示工程（一期）设计方案编制工作；启动殷墟入口区及宫庙区环境整治工程（二期），完成王陵区环境整治工程预算评审；扎实推进殷墟国家考古遗址公园规划范围内5个重点项目土地性质调整举证工作，涉及的102.7公顷基本农田已获中华人民共和国自然资源部批复调整。

殷墟重大宣传活动。为充分彰显殷墟在中华文明探源工程的重要作用，讲好殷墟故事，2022年与网易公司合作联合推出以"殷墟文化"为主题的《梦幻西游》手游系列活动，举办"守护殷墟探源文明"庆祝"文化和自然遗产日"暨殷墟申遗成功16周年宣传月活

2022年10月1日，殷墟宗庙遗址门前举行大型开门迎宾仪式

动，联合12家相关单位先后推出"一起云考古"直播活动、"行走殷墟·探源文明"特色活动及殷墟文物活化利用成果展、"呵护千年殷墟文明遗产文化'邮'我传承"现场活动、殷墟文物活化利用成果展等20余项宣传活动，推出《"中国宝藏·藏宝安阳"之殷墟故事》。殷墟申遗成功16周年宣传月活动被《中国新闻报道》、国家文物局、河南省文物局官网等主流媒体报道，殷墟文物保护工作经验在《中国文物报》《中国文化报》《光明日报》《工人日报》《河南日报》《安阳日报》、文旅中国网等刊发文章6篇；安阳电视台、安阳融媒体宣传报道9篇。

文旅文创发展。文旅文创初见成效，殷都区广益纱厂小镇国庆期间部分开园；曹操高陵主体完工，打造曹魏文化品牌；马氏庄园景区《红色印记 青春留痕》研学项目受到广泛欢迎；珍珠泉景区已引入四川九域旅游发展有限公司提质升级，增加游乐设施和二次消费项目20余项，打破"门票经济"；投资1.54亿元打造英烈村红色教育基地暨乡村建设项目；投入1.2亿元围绕都里镇许家滩村、盘金垴村等漳河沿边村落打造生态旅游。河南安钢绿色冶炼文化有限公司的《钢铁是怎样炼成的》、国家体育总局安阳航空运动学校的《筑梦航空》以及河南司母戊文化传播有限公司的《洹水之南 殷商大邑》等4门研学课程入选2022年安阳市十佳研学实践教育精品课程。

豫剧展演和非遗传承。2022年10月20日，优秀传统文化和非物质文化进校园走进安阳市二十一中学。市豫剧团青年演员王红霞的水袖表演，豫剧名家张宝英弟子、河南省梨园春播主司晓青的豫剧展演，市非物质文化遗产传承人栗如明偕弟子的非遗项目五花炮拳等节目精彩绝伦。广大师生兴致勃勃观看了书法国画名家的作品，河南省民间工艺美术师董焕娇的剪纸、黄艳泳的麦秆画、黄辰的泥塑。11月3日，园林路小学举办篆刻艺术润校园活动，市书协主席李建学、中书协会员、市书协篆刻委员会主任李现军开办了篆刻讲座，并进行了现场示范。

【《情满五里沟》获安阳市第十届精神文明建设"五个一工程"奖】 广播剧《情满五里沟》，是殷都区剧作家霍学军创作的脱贫攻坚题材剧目，共三集。以殷都区伦掌镇大五里涧驻村第一书记、市委党校下派干部李连海为原型采写的扶贫感人故事。广播剧在安阳广播电台进行了播放，并获得安阳市第十届精神文明建设"五个一工程"优秀作品奖。

·龙安区·

【文化概览】 龙安区位于安阳市区西南部，辖区常住人口近30万，总面积373平方公里，下辖2个乡、3个镇、6个街道。辖区西部为低山丘陵地形，与林州、鹤壁的太行山区连为一体，属于北太行山余脉，洹河贯穿全境，沿线分布有赵河湿地、小南海水库、南海涌泉、彰武水库等天然山水胜景。所辖龙泉镇为全国三大花木之乡之一，著名文物古迹文化遗存众多，有灵泉寺石窟、小南海石窟、兴阳禅寺（丈八佛塔）等3家国家级重点文保单位，有小南海洞穴遗址、楼上坡瓷窑遗址等8处省级重点文保单位，有万佛沟、小南海古庙、圣旨碑、兴禅寺等著名历史文化古迹，山水资源、文化资源丰富，在安阳市城区四个区之中，龙安区具有发展生态旅游的得天独厚的资源优势。目前已建成国家A级旅游景区5家，其中昆玉山、洹河峡谷、双峰山雪花洞为国家AAA级旅游景区，蜡梅园、洹水古寨为国家AA级旅游景区，马投涧凤凰岗休闲农庄、龙泉镇冬雪枣基地、善应镇爱情岛3家省三星级乡村旅游经营单位。

理论学习研究。 紧扣学习宣传贯彻党的二十大精神和习近平总书记视察陕西延安、河南安阳重要讲话精神的工作主线，贯彻落实全国、全省、全市宣传部长会议精神及重要决策部署，组织区委中心组集中学习11次、交流研讨10次，其他科级中心组学习800余次，各级理论学习中心组成员撰写《习近平谈治国理政》第一至四卷、"习近平总书记地方工作经历系列图书"心得体会、调研文章260余篇。巡听旁听、现场点评科级中心组学习20余次。党政领导干部讲授思政课58场，受教师生3000余人。开展"学习贯彻党的十九届六中全会精神""党的创新理论宣讲""党的二十大精神宣讲"等宣讲活动共计400余场次。先后推送优秀宣讲员17人，涌现出一批宣讲典型，被省委、市委宣传部评为市级"百姓宣讲员""基层理论宣讲集体"。依托"龙微讲""龙工会"微信视频号等新型媒介，精心策划、集中报道，分专题制作发布理论宣讲微视频，推出"踔厉奋发新征程 喜迎党的二十大""学习二十大 永远跟党走"等主题系列宣讲微视频51期。在2022年"党的创新理论宣讲"主题宣传教育实践活动宣讲比赛中，龙安区选送的话剧小品《红围巾》获河南省文艺组比赛第三名、安阳市第一名。

理论宣传工作。 "学习强国"注册率、舆情信息报送工作均在全市县（区）排名前列；充分挖掘龙安区生态环境、人物事迹、农特产品、历史故事等，加强与中央、省、市级媒体沟通，《海归回乡创业 助力乡村振兴》《安阳龙安区：聚力提升 描绘城乡融合新画卷》等稿件在新华社客户端、光明日报客户端、经济日报客户端报道，1月—12月份在中央、省级媒体发稿1219篇（条）。在《河南日报》刊发《多彩龙安 奋勇争先》专版、在大象新闻《东方今报》刊发《龙安：如椽巨笔绘新景》专版，在《安阳日报》刊发《龙安区：乘势而上谱写高质量发展新篇章》专版。先进典型赵中福被评为"出彩河南人"2022感动中原年度人物；东风乡小坡村党支部书记范途途理论宣讲稿《甘当绿萝向阳生》被省委宣传部评为优秀讲稿。

群众文化活动。 为迎接党的二十大胜利召开，进一步厚植广大人民群众爱党、爱国、爱社会主义的情感，大力营造团结奋进、开创新局的浓厚氛围，龙安区组织开展

2022年6月3日，龙安区举行"我们的节日·端午"主题活动

了丰富多彩，形式多样的群众文化活动。组织开展"岷山环能杯·遍拍魅力新龙安""魅力龙安网络达人行""赶考路上有我""翰墨丹青写龙安""悦读溢龙安"等"喜迎二十大"系列主题活动。开展"强国复兴有我""同唱爱国歌曲""我和国旗合个影"等群众性爱国主义教育活动，营造浓厚社会氛围，受到了群众的广泛欢迎。

文明实践中心建设。高标准建设龙安区新时代文明实践中心新址。中心功能区总面积3600平方米，总投入达800万元。设有理论宣讲室、市民教育室、文化活动室、科普宣传室、健身活动室，另设有龙安风采展示厅、志愿者之家、名家工作室、书画艺术室、音乐室、融媒体直播间等10余个特色功能区块，设施齐全，功能完备。在全区各乡镇（街道）成立新时代文明实践所11个，村（社区）成立新时代文明实践站196个。在城乡社区、窗口单位及乡镇政府所在地等公共场所，设立学雷锋文明使者志愿服务站点100多个，打造15分钟志愿服务圈。依托龙安区特有的社会资源、自然资源、人文资源，开展各种富有龙安特色的实践活动，广泛动员和激励基层群众参与文明实践活动，积极投身新时代现代化强区建设。

【原创大型红色情景豫剧《红围巾》成功首演】 由龙安区委宣传部主办，龙安区文广体旅局承办，龙泉镇政府、安阳市群艺馆协办的"喜迎二十大"红色情景豫剧《红围巾》首场演出在市群艺馆成功举办。《红围巾》是根据龙安区龙泉镇西洪沟村赵中福老人和老伴十四年如一日，编织数万条围巾邮往祖国边防哨所的感人事迹创作，表现了老党员赵中福不忘初心、牢记使命的高尚情操，脚踏实地传承红色基因的博大胸怀，赵中福老人应邀观看了演出。该剧由安阳市豫堂春艺术团创作打造，完全由安阳市主创团队创作完成。国家一级演员、市戏剧家协会主席崔小田担任艺术顾问，国家一级编剧赵秀琴担任编剧，国家一级演员杨国胜、国家二级演员呼润荣领衔主演。

·林州市·

【文化概览】 林州市地处太行山东麓，晋冀豫三省交界处，是红旗渠精神发源地。全市总面积2046平方公里，下辖20个镇（街道）和1个国家级经济技术开发区，总人口116万。先后获全国文明城市、国家卫生城市、国家全域旅游示范市等国家级荣誉35项。2022年又相继被评选为河南省民营经济示范城市试点、"国培计划"项目县、义务教育优质均衡先行创建县。林州已成为"有山有水有精神"的文化旅游胜地，集野营观光、休闲养生、滑翔攀岩、绘画写生、科考探险、爱国主义教育等多种旅游功能为一体的山岳型风景名胜区，"国字号"旅游品牌达25个。以红旗渠为代表的红色教育游、以太行大峡谷为龙头的绿色生态游和以国际滑翔基地为主导的蓝天翱翔游，"红、绿、蓝"三色旅游交相辉映，令国内外游客近悦远来。

主题理论宣讲。2022年10月28日，习近平总书记到红旗渠视察，林州市以"弘扬红旗渠精神、传承红色基因"为主题，组织创建了"红旗渠精神"宣讲团，创作出一批弘扬时代主旋律的红色宣讲作品，开展红色文化进企业、进农村、进机关、进校园、进军营、进社区、进网络的"七进"宣讲活动。宣讲团成员奔赴水利部、中部战区、清华大学、同济大学等全国各地宣讲红旗渠精神，引起强烈反响，展示了红旗渠精神。截至2022年底，红旗渠精神宣讲团共开展各类宣讲活动1100余场次，并借助微信公众号、视频号等平台，开办线上《微党课》等栏目，"红旗渠精神"宣讲团被省委宣传部推荐为受中宣部表彰的先进单位。

文旅融合发展。林州的红旗渠干部学院、红旗渠廉政教育学院、红旗渠精神营地，日接待能力达到5000人，规模达到省内最大，正在推进国家级研学营地创建。发展其他研学培训机构80余家，每年红色培训人数50余万人次。开发研学课程30余种205门，部分课程入选文旅部精品研学旅游课程。依托林州和周边研学旅游资源，设计红色精神研学体验特色精品线路20余条，其中石板岩研学线路被文旅部评为全国研学精品线路。石板岩镇依托山水人文资源，培育打造绘画写生、摄影健身等多维度山水美学产业体系，实施了太行山美术馆、画家村、艺术街区、旅游民宿综合合体等项目。全镇共有写生基地、民宿、农家乐326家，日接待能力1.5万人。中国美院、清华大学、北京大学等200余家大中专院校在石板岩镇设立了写生创作基地。

特色民宿工作。康养度假旅游成为林州当前旅游的主流，在原来创成石板岩、万泉湖两个省级旅游度假区的基础上，现在正在创建国

家级旅游度假区。到石板岩旅游的人数每天达到了2万人次，康养度假游占到80%。不仅是周末，平日里高中端民宿都是一床难求。为助推康养旅游，林州把发展民宿当成头等大事来抓，围绕全省民宿发展第一县、全国民宿特色县目标，要求每一个民宿要有原创名家字画、书吧和写生设施，打造民宿+艺术的民宿体验。围绕这个定位，高标准规划、高起点建设、高质量管理，现林州民宿已达到679家，床位1万张。

精神文明建设。林州市在全省率先设立市新时代文明实践中心，各镇（街道）均成立新时代文明实践所，588个村（社区）建有新时代文明实践站，整合基层党员活动室、农家书屋等阵地资源，全部达到"有场所、有队伍、有制度、有标识、有活动、有保障"的六有标准。构建起市、镇、村（社区）三级文明实践体系，吸收党员干部、道德模范、文明家庭、新乡贤、专业人才等宣讲员900多名，开展实践活动4.5万场次、受众达80万余人次，有力推动党的创新理论"飞入寻常百姓家"。在电视台、电台、报纸、网络平台开群《清洁家园》《文明新风》《志愿者风采》《创建文明城市，我们在行动》等专栏，播出各单位创建活动、文明交通警示片、公益广告等100余期。印发《林州市创建全国文明城市知识手册》《林州市民文明手册》等宣传页100多万份，将文明创建精神传播进家家户户，群众参与度和满意度连年保持在98%以上。四是全民行动。全市建成志愿服务队810支、"文明使者"志愿服务站370个、社区"志愿者超市"39个，注册志愿者21.3万人，占城区常住人口的比例超过18%，培育了"林州市红旗渠应急救援中心"等知名志愿服务品牌。

文艺精品创作。2022年，林州市文学艺术界深入学习贯彻习近平新时代中国特色社会主义思想和党的二十大精神，文艺工作取得丰硕成果。音乐作品方面，音协在"喜迎二十大"首届安阳市专业声乐器乐大赛中，王沙塬获通俗组二等奖；在"喜迎二十大 奋进新征程"安阳市第三届歌词、歌曲创作征集评选活动，《童年的时光》获一等奖，《又见中秋》获二等奖，《人民至上》《念奴娇·追思焦裕禄》《向西》获三等奖，《桂林美》《高举党旗去奋斗》获优秀奖。美术作品方面，美协主席靳林峰剪纸系列作品10幅分别被中国民协、中国剪纸、河南省民协、安阳市多家平台刊发。其中《天佑中华》《福虎祥瑞》《虎虎生威》被河南省中原非物质文化研究院永久收藏，《最美奋斗者》永久入展中国民间文艺家协会会员数字博物馆。《抬头见喜颂中华》《喜迎二十大》分别获河南省第二届民间艺术大赛安阳赛区一等奖、二等奖。文学创作方面，长篇小说《大国工匠》《陌上花》等相继出版，民协在公众平台发表作品30多篇，其中，张国生《清泉水河》、方建增《幸福水河》、山水《水河放歌》等文章在河南顶端新闻媒体发表。

【牢记殷殷嘱托 打造国际旅游目的地】 林州市加快推进重点项目，着力打造"红旗渠人家"民宿品牌，做好非物质文化遗产保护和申报，早日把林州打造成为国际旅游目的地。打造"红旗渠人家"民宿品牌，围绕"民宿+研学+培训+写生+乡村振兴"的发展方向，落实"红旗渠人家"品牌创建实施意见和管理办法，投资6亿元，新增民宿120家、新增床位2000张以上，全市民宿数量达到800家，推动全市民宿产业向高端化、集群化方向发展，为乡村振兴贡献文旅力量。加快推进重点项目，建成并运营投资2亿元的"中国画谷"、投资5000万元的刘家古庄园旅游基础设施提升工程等重点项目；推进投资2亿元的数字红旗渠、投资23亿元的太行水镇一期等大项目建设；积极谋划茶马古道景区、红旗塔景区开发；巩固提升全域旅游创建成果，入力实施"旅游+"战略，打造旅

2022年10月2日，红旗渠景区红色主题快闪演出

游新业态，按照 AAA 级景区标准培育省级示范村 50 个以上。开展品牌化群众文化活动，因地制宜举办线上线下、形式多样的公共文化活动，开展进景区、进民宿、进工地、进弱势群体、进学校、进农村社区、进军营、进企业等文化活动"八进"服务。推进数字化图书馆、文化馆、博物馆建设，提供优质数字文化产品。借助"红旗渠之声百姓大舞台""欢乐进万家"等群众广场文化活动品牌，城乡联动，充分挖掘林州市优秀文艺人才和作品，不断丰富群众精神文化生活。

·安阳县·

【文化概览】 安阳县位于安阳市区东部，辖 7 个镇、2 个乡。全县总面积 509.32 平方公里，常住人口 41.92 万人。现有国家级重点文物保护单位 1 处（安阳永和桥），省级重点文物保护单位 2 处（大寒遗址、邓伍双碑），市、县级重点文物保护单位 28 处，各级非物质文化遗产项目 19 项。2022 年安阳县深入学习宣传贯彻党的十九大、党的二十大精神和习近平总书记在河南安阳考察时重要讲话精神，深入领会习近平总书记对文化工作的重要指示，以建设文化强县为目标，以繁荣社会主义先进文化为主线，积极推进各项工作开展。

思想文化工作。坚定不移把政治建设摆在首要位置，持续深化理论武装。以新时代文明实践所（站）和网络平台为载体，用好"专家讲理论、干部讲政策、百姓讲故事"宣讲模式，组建各类轻骑兵队伍走进各行业领域开展对象化、分众化、互动化宣讲。利用县域网络平台创办"安阳县 V 讲堂"和"新时代 V 讲堂"，举办"喜迎二十大 我来云宣讲"短视频征集活动，通过拍摄制作推送乡村振兴、劳模精神、建党精神及国家安全等特色系列短视频，推动党的创新理论宣讲入脑入心。组织开展同唱国歌、升国旗、与国旗合影以及到县烈士陵园、东北务村地下交通站旧址等地进行爱国主义教育等活动，大力宣传红色革命文化，传承民族精神。强化舆论引导，做大做强正面宣传。实施"一二三"工作法，全面提升新闻宣传引导策划服务水平，在省级及以上媒体发稿 4700 余篇，在中央级媒体发稿 175 篇，典型做法被《河南宣传信息》刊发。建设"两微、一端、一报、两台、多号"全媒体矩阵，实现媒体融合宣传效果最大化，切实担负起"举旗帜、聚民心、育新人、兴文化、展形象"的使命任务。

文旅融合发展。重点打造西裴小镇、杜庄古镇、航空科普馆、广润坡田园风光体验区精品旅游线路，创新实施"文艺+媒体+运营"文旅融合新模式，开展常态化演出 21 场，网上观看人数 10 万余人。2022 年 6 月，西裴小镇被省文旅厅公布为乡村旅游示范区；9 月杜庄古镇获省文旅厅颁发的"省乡村旅游特色村"；11 月西裴小镇获省文旅厅颁发的"河南省首批乡村康养旅游示范村创建单位"，杜庄被省文旅厅公布为第二批省级康养旅游示范村创建单位。积极推动乡村旅游发展。7 月 5 日，在安阳县召开全市乡村旅游推进大会，开创了安阳县承办市级旅游大会的先河。9 月 7 日，在省文旅厅召开的全省康养旅游推进会上，西裴村党支部书记贾海军作为全省唯一的村级代表作典型发言，提高了安阳县知名度，省厅领导对安阳县乡村旅游工作给予充分肯定。

文物非遗工作。成功申报邓伍级双碑为省级重点文物保护单位，成功申报东北务村地下交通站旧址为省级红色革命文物。申报韩陵镇电灌站、东北务地下交通站旧址为第四批市级文保单位。争取中央预算内投资 228 万用于完成安阳永和桥文物本体修复。争取市级文保资金 112 万用于完成东正寺桥本体维修。完善"一保一警一消防"制度，该项工作走在全市前列。组织河南省濒危剧种保护扶持项目"安阳淮调"公益演出 110 场，人才培养、技艺传承 30 场；百场文化下乡淮调演出 5 场，利用国家级非物质文化遗产专项保护资金演出淮调 40 场；2022 年度争取濒危剧种保护扶持项目资金 50 万元，非遗保护资金 76 万元，完成《清风亭》排演及展演工作，完成淮调主要剧目的唱腔和伴奏带的录制工作，为淮调传承留存宝贵资料。

文艺演出活动。2022 年组织创作文艺作品 25 部，举行 2022 年网络戏曲春晚线上直播，4 场"虎年吉祥——安阳淮调唱元宵"线上直播演出活动；开展云游安阳第二季——"身边的非物质文化遗产：吕村战鼓"实况网络直播活动；为喜迎党的二十大，举办"唱响新时代"——河南省群众合唱安阳县（示范区）选拔赛暨安阳县（示范区）第二届群众合唱大赛，以及"中原舞蹁跹"——河南省广场舞大赛安阳县（示范区）选拔赛暨安阳县（示范区）第三届艺术广场舞大赛；8 月 10 日，在安阳市五一广场成功

举办安阳市首届惠民文化节"喜迎二十大 奋进新征程"消夏惠民演出安阳县专场；8月24日举办"奋进新时代·唱响新安东"安阳县首届河南坠子戏剧曲艺大赛；8月24日举办"奋进新时代·奏响新安东"河南省第七届"古调中州"民乐展演安阳县专场活动；组织公益演出和文化下乡1985场，观众达38万人；完成农村公益电影放映1830场，累计观影人数25万余人，让共享文化真正惠及民生。

精神文明建设。大力弘扬中华优秀传统文化，培育和践行社会主义核心价值观，提升文明创建质量和层次。创建省级文明单位、文明校园21个，省级文明镇、村6个，市级文明镇、村32个，新申报县级文明单位、校园、村镇69个。以宣传弘扬孝善文化为核心，持续开展"孝善之家"评选活动，建立"乡村光荣榜"常态化选树表彰机制，其中1名入选省级"乡村光荣榜"。开展安阳县第三届道德模范文明家庭评选活动，评选出道德模范及提名20名，文明家庭及提名20个。全县县级以上文明乡镇达到全覆盖，文明村占比近70%。

公共文化服务。为建设书香安阳县，推进全民阅读，截至2022年底，安阳县共建设甲骨文书屋7座。其中政务中心甲骨文书屋成功申报2022年河南省工会职工书屋示范点，其作为安阳县图书馆与安阳县新华书店馆店联合运营模式走在全省前列。优化基层公共文化服务体系建设，积极推动农家书屋提质增效，成立18个全民阅读俱乐部并授牌，开展"书香安阳县"全民阅读活动29场、"七进"活动12场，白璧镇东北务村农家书屋被评为省级示范农家书屋、崔家桥镇北街村管理员被评为省级优秀管理员。安阳县305个村综合性文化服务中心已经建成，投资146.5万元对130个村综合性文化服务中心进行改造提升，安阳县西裴村综合性文化服务中心入选全国最美公共文化空间。新建文化广场约2万平方米。

【吕村镇申报为"2022—2024年度河南省民间文化艺术之乡"】"吕村战鼓"是安阳县吕村镇的特有文化形态，该舞以古代战事及村名合而谓之。其舞蹈动作刚健大方，粗犷豪放，由六种阵势、十二种步伐，频繁有序变换完成。吕村战鼓在史脉和文脉方面与传统相承，具有较高的历史、文化和民俗研究价值。安阳县致力推进这一省级非物质文化遗产的传承保护，2022年，吕村镇成功申报为"2022—2024年度河南省民间文化艺术之乡"。

·滑县·

【文化概览】 滑县曾是颛顼帝的都城和卫国的都城，周代滑伯在此建立滑国。境内有多处仰韶文化遗址、龙山文化遗址，是中华文明的重要发祥地之一。瓦岗寨隋唐演义永载史册，道口烧鸡被誉为"中州名馐"。物质文化遗产和非物质文化遗产丰厚，有世界文化遗产1处、国家级文物保护单位3处、县级以上非物质文化遗产217项，其中，国家级非物质文化遗产4项。

文旅产业融合。着力探索文化+旅游+体育+康养的区域生态文化旅游发展新范式。2022年11月，道口镇顺南村被文化和旅游部公布为第四批全国乡村旅游重点村。12月，道口镇被河南省文化和旅游厅命名为河南省民间文化艺术之乡。城关街道东小庄村、枣村乡堤上村入围省级康养旅游示范村创建名单，八里营李丁将村、半坡店西常村、上官镇郭固营村成功创建市级乡村旅游特色村。

文化遗产保护。开展滑县非遗项目欧阳书院展览活动，完成编印《滑县非物质文化遗产图录》1000册，对217项非遗项目进行全面展示。组织举办非遗宣传展示线上群

2022年2月6日，"非物质文化遗产"吕村战鼓表演现场

众文化节暨非遗购物节活动，搭建40项非遗项目现场制作演示区、26项非遗项目作品展示区，展现滑县非遗的魅力，激发观众非遗保护意识。实施文博单位"雪亮工程"建设，全县文物保护单位实现视频监控联网全覆盖。

精品文艺创作。 创作《领航》MV、坠子《这十年》、舞台情景剧《粮安人心》、小品《彩礼风波》《喜事新办》、戏曲《夸媳妇》、歌曲《滑州 我的家》等各类精品文艺。电影《花开飘香》、戏剧《瓠子堵口》、歌曲《岗位在坚守》等5个作品获市第十届精神文明建设"五个一工程"优秀作品奖，图书《旗手和德生》列入全市重点文艺创作项目。制作推出短视频栏目《看见》《粮安天下》《平安滑州》等公益短视频91部。

群众文化活动。 举办大运河阅读行动计划·滑县站直播活动，经典诵读活动开展350余场，举办"遇见最美读书人"全民阅读分享活动40余场，成立阅读俱乐部31个。举办群众书法美术摄影作品大赛，展览作品110幅，网络平台展播优秀作品17期。"强国复兴有我""赶考路上有我"主题活动共收到各类作品326篇（组）。举办13期建团百年线上文艺晚会。开通"盛世梨园我来唱"滑州云剧场，戏曲艺术工作者每日定时进行直播。举办全民艺术普及周系列活动、广场舞大赛和广场操舞培训班，以直播形式开启"互联网＋全民健身"互动模式。开展"运河之夜·滑县原创音乐汇"6场。开展"网络中国节"等主题宣传活动，组织参与＃网络中国节＃相关话题讨论，节日期间播放次数达360万。在全县范围内组织开展"唱响新时代"群众性网络歌咏接力赛，唱响爱党爱国爱社会主义的时代主旋律。展播优秀视频31个，浏览量达5万余人次。

精神文明建设。 评选出"乡村光荣榜"2136人，其中6人、23人分别入选省、市"乡村光荣榜"。1名县道德模范获第八届河南省道德模范提名，2名县道德模范荣登河南好人榜。2022年度选树"两好两孝"模范4742人，模范累计达到25696人。举办2022年"新时代好少年"发布会，评选出县级"新时代好少年"20名，3人获安阳市"新时代好少年"称号。建成乡村"复兴少年宫"15所。依托"我们的节日"主题活动，精心组织乡镇（街道）开展各类文化活动100余场次。组织开展文明实践推动周线上线下主题活动、线上志愿者培训等30余场次，线上观看6万余人。开展"快乐成长"文艺志愿服务暑期活动400余场次，服务时长2800余小时。

公共文化服务。 在城区成功打造22处文体场所，分批次为102个行政村（社区）补充配备音响设备和服装乐器等文化器材近2000件（套）。首届书院文化节暨欧阳书院开院仪式2月份举办，并免费对外开放。实施"书香滑县"建设行动，加大全民阅读数字化建设，实现滑县图书馆、23个乡镇（街道）分馆与城市书房之间图书借阅的互联互通，通借通还；打造滑县图书馆有声听书墙，推出了滑县图书馆官方抖音平台，购置了"云图有声"等数字阅读平台。农家书屋出版物补充更新共涉及23个乡镇（街道），1019个行政村网点。优秀影片展映611场，全县巡回演出《滑县革命斗争》《村医初心》两部原创戏曲152场。

【"行走滑州 读懂中国"主题系列直播活动，擦亮滑州地域名片】 滑县深挖本地地域文化、孝道文化、节日民俗文化，自5月份开始，组织开展"行走滑州 读懂中国"主题系列直播活动。"走进运河 千年画卷""云游滑州"直播活动涵盖了道口古镇、瓦岗寨景区、欧阳书院等一批具有滑县标识的地域名片，全面展示滑县丰富的历史文化资源。"孝行滑州"直播活动深入各乡镇，邀请"两好两孝"模范代表亲自讲述各自的故事，同时引导

2022年5月30日，滑县在大运河直播"走进运河 千年画卷"活动

观众进行线上交流互动，吸引了广大观众特别是年轻人的参与。依托"我们的节日"活动载体，开展"喜庆闹元宵""品端午文化 悟家国情怀""端午寄情国乐和雅"等直播活动，展示中华传统文化的强大魅力。全年共开展"行走滑州 读懂中国"主题系列直播43场，受众60万余人。

·内黄县·

【文化概览】 内黄县位于河南省北部，冀、鲁、豫三省交界处，地处黄河故道，因黄河而得名。县域面积1145平方公里，辖15个乡镇、2个街道、543个行政村（社区）。汉高祖九年（前198年）置县，至今已有2200多年历史。内黄文化资源丰富，文化积淀深厚，素有"帝乡""枣乡""画乡""中国民间艺术之乡"之美誉，是中华祭祀文化和姓氏文化的发源地、华夏寻根祭祖胜地。共有各级文保单位74处，其中国家级2处，省级11处，市级1处，县级60处。三杨庄汉代遗址是全国考古十大发现之一，被誉为"中国的庞贝古城"。内黄县是春秋时期政治家商鞅、唐代大诗人沈佺期的故里，是民族英雄岳飞童年生活成长的地方。内黄县是革命老区，被誉为"红色沙区"，现有内黄县农民革命起义旧址、冀鲁豫军区四分区被服厂旧址、中共濮阳县委旧址、冀鲁豫行署成立旧址、二八年农协旧址、白条河四·一二红色沙区革命烈士陵园。内黄县非遗保护传承成果丰硕，其中国家级非遗项目1项，省级非遗项目15项，市级非遗项目36项，县级非遗项目49项。

非遗推介工作。对接新科技，加大线上宣传推介力度。2022年内黄县举办了非遗民俗展、非遗日展演等系列活动。其中开展的"云游安阳"第二季——身边的非物质文化遗产内黄梅花拳、梅花拳舞狮直播活动，各类媒体直播浏览量达到近70万次。开展非遗进校园活动，着力非遗传承普及年轻化。开展非遗进校园活动20余场，培养青少年传承人3000余人。对接时代科技生活，让非遗走进现代人的生活。举办了"内黄县非遗年货网上直播展示活动"、"文化和自然遗产日"非遗购物节·线上线下乐享非遗好物活动，通过抖音、快手、微信等线上平台，进行非遗线上宣传推广和销售。

文物安全工作。内黄县按照国家文物局要求填报录入393处不可移动文物基本信息登记工作，完成了281处未定级不可移动文物的安全责任人公示工作。申报的14处革命文物点入选安阳市第一批、第二批革命文物名录。申请专项资金完成省级文物保护单位"刘次范遗址"的大门和护碑亭，县级保护单位"岳飞庙"的大殿和附属建筑设施的维修工作。完成了第八批县级文物保护单位"聂氏祖茔及碑刻"的申报工作，已由内黄县人民政府公布实施保护。完成了内黄县三杨庄遗址国家考古遗址公园的立项申报材料填报工作，完成了市级文物保护单位《康熙圣旨碑》保护建设工程实施方案和补助资金的申报、批复工作。为更进一步做好文物保护工作，内黄县在2022年规范完善了"一保一警一消防"制度和各级文物保护单位的标准化管理创建工作，完成了全县石刻文物管理专项排查整治工作，并制作管理制度和禁拓标识。

文艺精品创作。围绕喜迎二十大主题，举办了2022年"中原舞翩跹"广场舞大赛、"唱响新时代"内黄县合唱比赛、"盛世梨园我来唱"戏迷擂台赛、"书香内黄"全民阅读活动、"我的乡村文化合作社才艺大赛"等十大群众文化系列活动。其中，筛选的选手在安阳戏迷擂台赛获成人和少儿组2个二等奖和优秀组织奖。内黄农民画《天天过新年》入选文化和旅游部举办的"新风尚、新生活、新年画"画游中国网代表河南唯一一件代表作推出。内黄农民画《老歌》《天天过新年》入选国家云上美术作品展；内黄坠剧《大宋金鸿记》参加沿黄九省（区）暨晋冀鲁豫四省传统戏剧展。演创作的音乐快板《二十大精神照内黄》、小品《二十大精神知识PK赛》《老主任与新主任》，戏剧小品《聚会》等二十大宣传专题文艺节目，在宣讲党的二十大巡演中陆续跟观众见面。

重点项目建设。内黄县重点项目建设初见成效，文化体育图书馆项目于2020年7月开工建设，2022年底，已完成投资3.4亿元。项目主体结构已完成，二次结构工程完成90%。计划总投资约20.5亿元的"内黄县三杨庄、二帝陵黄河文化大遗址公园"大型文旅项目已经完成部分立项的前期筹备工作，将着力打造成为国家AAAAA级旅游景区。

公共文化服务。内黄县投资75万元，新建3座甲骨文书屋，累计完成9座甲骨文书屋建设。并持续开展"两馆一站"免费开放工作。新书分编上架1000余册，购置新

2022年7月1日，内黄县举办"喜迎二十大 欢乐进万家"广场舞大赛

书100余本。利用电子借阅机开展线上数字阅读推广工作，持续开展全民阅读推广活动。3月6日，内黄县图书馆走进马上乡李石村开展了"书香河南"送书下乡志愿服务活动，该次活动共展出图书1000余册，涵盖了多方面，活动最后，内黄县图书馆向李石村捐赠优秀书籍300余册。4月24日，在北京举行的首届全民阅读大会·乡村阅读推进论坛暨2022"新时代乡村阅读季"启动仪式上，"微光书苑"创办人内黄县马上乡李石村李翠利入选"乡村振兴十大阅读推广人"；内黄县文化馆联合实验幼儿园开展农民画民俗文化交流活动，让优秀的民间艺术更好地在幼儿群体中传承；举办基层文艺骨干戏曲培训班，对县域内近30名基层文艺骨干、戏曲爱好者进行现场指导与教学，提高基层戏曲文艺骨干和戏曲爱好者的技能水平，为文化惠民活动吸引新鲜血液，全面提升内黄文化繁荣发展水平。

【池家®文创产品入选中国好礼产业促进计划年度推荐产品名录】2022年9月4日，由中国贸促会主办、中国贸促会商业行业委员会和中国贸易报承办的第二届中国对外贸易合作发展论坛——中国好礼产业发展论坛在北京国家会议中心举行。内黄县池家年画坊的《双龙五凤福》等150款文创产品，入选对外文化贸易"千帆出海"行动计划重点项目"中国好礼产业促进计划"——《中国好礼产业促进计划年度推荐产品名录（2022年）》。

·汤阴县·

【文化概览】 汤阴县位处中原腹地，隶属于河南省安阳市，总面积636平方公里，下辖10个镇，298个行政村，人口53万。汤阴县历史有5000年文明史、3400多年文字史、2200多年建县史，是著名的"三圣文化之乡"："文圣"周文王姬昌羑里演易，成就中华智慧文化之源，"武圣"岳武穆岳飞民族英雄诞生，激励着一代又一代中华儿女精忠报国，"医圣"秦越人扁鹊悬壶济世及源于其墓庙周围的北艾，在神奇的中医药文化中写下了一道浓墨重彩；是中国传统"音、舞、诗、画"的重要发祥地。现有AAAA级景区3处、AAA景区1处。省级乡村旅游特色村2个，省级休闲观光园区1个，省级首批"乡村康养旅游示范村"创建单位2个。4个国家级文保单位、12个省级文保单位，省级项目代表性传承5人，省级非物质文化遗产6项，国家级非物质文化遗产1项（跑帷子）。是联合国地名专家组命名的"千年古县"，省级文明城市、省级森林城市、"中国文化百强县"、"中国民间艺术之乡"。

文化遗产保护。服务重大项目建设，落实文物考古调查勘探发掘前置工作。加大文物保护和宣传力度。推进馆藏文物整理建档工作。利用"国际古迹遗址日""中国文化遗产日""国际博物馆日"等广泛开展文物保护宣传活动，组织推进《文物背后的故事》编撰、整理。加强文物安全管理，深入落实"一保一警一消防"制度，强化县级以上文保单位日常视频监控和每月一轮的多部门联合安全检查，坚持落实各个文物点每季度一轮覆盖式安全巡查。推进非遗项目传承与保护。刘氏空心挂面制作技艺、汤阴泥彩塑、双头黄酒酿造技艺成功晋级为省级项目。传统彩绘、黄河陶塑、扁鹊脉法等11个项目成功申报为安阳市非遗项目。组织汤阴县《跑帷子》《周易》等非遗项目参加"云游安阳""云游汤阴"网络直播活动。

精神文明创建。汤阴县按照"横到边纵到底"的要求推进文明城市创建成果巩固提升。2022年汤阴县依托新时代文明实践中心，开展了"文明交通"、保护母亲河、"喜迎二十大 观影学党史"红色

影视系列展播、"小手拉大手"、冬日送温暖等10多项常态化志愿服务活动，参加人数达到3.2万余人次。在汤阴县融媒体中心开辟专栏制作播发文明城市创建短视频，开辟访谈录、曝光台等专栏，为文明城市创建营造了浓厚的氛围。印发《2022年汤阴县文明村镇评选实施方案》，瓦岗乡被表彰为市级文明村镇，南张贾村等15个村被表彰为市级文明村，市级文明镇达到5个，市级文明村达到33个。宜沟镇、古贤镇、北陈王村、向阳庄村、大朱庄村、庵上村被列入省级文明村镇后备村镇，8月份已考核验收。汤阴县十乡镇已全部评选为文明村镇，其中国家级1个，省级3个，市级5个，县级1个，实现了全覆盖。县级以上文明村共187个，其中国家级1个，省级1个，市级33个，县级152个，覆盖率达到63%。

公共文化服务。不断完善基础设施建设。投入3000余万元，完成公共文化基础设施灾后修复重建和提质工程。完成9座甲骨文书屋的建设任务并有序开放运行。完成全民健身馆建设工作，持续丰富文化体育活动，举办全民健身月、全民健身日线上线下展示交流活动，开展"全民健身公益课堂"进机关、进社区、进广场活动。积极推进文化艺术博览馆建设，博物馆推出"博物馆里的生僻字"等春节线上活动和革命文物云展览。开展"文化大舞台""戏曲进乡村"演出100余场。大力加强人才队伍建设。通过组织各类文化体育活动，引导社会体育指导员、民间文化文艺人才积极带头，吸引群众广泛参与，实现发挥人才作用、培养壮大队伍的目的。

【发起打造"东方智慧地、精忠报国城"全新文旅IP话题挑战赛】
2022年10月，汤阴县以"打卡千年古县，畅游文化汤阴"、"品周易悟道东方智慧地，爱家国情动精忠报国城"为主题发起话题挑战赛，旨在打造全新文旅IP。汤阴县历史悠久，底蕴厚重，文化灿烂，人杰地灵。通过这次话题挑战赛，吸引了众多自媒体人士用镜头去讲述汤阴故事、发现汤阴美景，聚焦真善美，传播正能量，树立了汤阴美好形象。网络达人充分发挥自媒体优势，用短视频大力推介汤阴文化旅游资源。邀约天下宾朋到汤阴打卡，将汤阴打造为文旅新地标、旅游目的地。

鹤壁市

【文化概览】 鹤壁位于河南省北部，1957年建市，面积2182平方公里，人口171.5万，下辖2县3区和3个功能区。因相传"仙鹤栖于南山峭壁"而得名，因最早开采煤炭资源而出名，因淇河及淇河文化而扬名。鹤壁曾是殷商末期国都，与春秋战国时期卫国、赵国国都，所辖淇县古称朝歌，是殷商文化发源地之一和《封神演义》神话故事的发生地，境内的云梦山被誉为"中华第一古军校"，鬼谷子王禅在此培养出苏秦、张仪、孙膑、庞涓、毛遂等名士；所辖浚县古称黎阳，是国家历史文化名城和儒商鼻祖端木子贡的故乡，浚县古庙会已有1600多年的历史，被誉为"华北第一古庙会"，有全国最早、北方最大的伾山石佛。淇河是鹤壁人民的母亲河，是一条诗河、史河、文化河，《诗经》中有许多诗歌描绘了淇河沿岸的风土人情和自然风光。鹤壁自然生态山清水秀，人文生态开放包容，政治生态风清气正，先后获中国优秀旅游城市、国家森林城市、国家生态园林城市等90多张"国字号"名片。"一刻钟生活圈"试点社区实现了中心城区全覆盖，典型做法被商务部在全国推广，新提名全国文明城市考评在全国97个城市中排名第八，民俗

2022年5月13日，国家非物质文化遗产跑帷子在汤阴县羑里城前表演

文化节、樱花文化节、中原文博会等节会成为品牌，获评平安中国建设示范市、蝉联全国社会治安最高奖"长安杯"。

政治理论学习和普及。 2022年，鹤壁市委理论学习中心组坚持开展集体学习，采取集中学习研讨与专题讲座相结合的方式，中心组成员学用结合水平不断提升；健全理论学习中心组学习巡听旁听制度，基层理论学习质效持续提升。开展"党的创新理论宣讲"主题宣传教育实践，成立青年宣讲、巾帼宣讲、劳模宣讲等10支宣讲小纵队，分赴基层一线开展宣讲2800余场、受众39万人次。实施理论宣讲品牌打造计划，举办"党的创新理论宣讲"理论宣讲大赛，培塑形成"善行山城""巾帼传薪火"等理论宣讲品牌，山城区"青言青语·理响山城"新时代理论宣讲团获中共中央宣传部"2022年度全国基层理论宣讲先进集体"称号，也是全省唯一一个获此殊荣的团队。扎实做好省市社科课题立项申报工作，其中省级立项7个、市级立项76个。以社科知识普及展览、社科知识"大篷车"进基层、社科普及基地"免费一日游"等为载体，扎实开展"社科普及周"活动100余场、惠及群众10万余人。2022年以来鹤壁市2个项目获评省社科普及优秀活动项目、3人获评河南省基层优秀宣讲员、10人获评省优秀社科普及指导员、4篇调研报告获评省社会科学普及与应用优秀成果，淇县灵山街道大石岩村入选第九批河南省社科普及基地。

党的二十大精神宣传。 2022年鹤壁以宣传贯彻党的二十大精神为工作主线，把统一思想、凝聚力量作为中心环节，深入实施主流舆论聚力计划，生动讲好出彩鹤壁故事。开展"奋进新征程 建功新时代"重大主题宣传，精心组织"十大行动深度看""奋进新征程 豫见新气象"集中采访、"行走鹤壁"主题采访、"非凡十年·出彩鹤壁"直播等活动，策划推出《奋进新征程 建功新时代》《奋斗者 正青春》《党的二十大代表选举》《二十大时光》《二十大精神进基层》等专题专栏，累计刊发刊播新闻报道9500多篇，全面展现党的十八大以来鹤壁市取得的可喜成绩、生动实践，为宣传贯彻党的二十大精神营造了浓厚舆论氛围。

强化新闻舆论宣传。 以上大报、上大台、上大网、上头条为主攻方向，加强统筹谋划，畅通供稿渠道，做到重大主题精选送、亮点题材抢先送，2022年以来中央级媒体发稿2955篇、省级媒体发稿16286篇，央视《新闻联播》头题刊发鹤壁市"一刻钟生活圈"经验做法和党的二十大代表康天平先进事迹。注重新闻发布，2022年围绕招商引资、营商环境、项目建设、乡村振兴、灾后重建等召开新闻发布会83场，举办"鹤壁这十年"系列主题新闻发布会27场次，及时回应群众关切，有效提升了鹤壁对外形象。成立市加快推进媒体深度融合发展领导小组，下设综合工作、场地设备、人员编制3个推进专班，明确"一统二融三合"总体思路，加快推动"五个一体化"建设，2022年，鹤壁市被确定为全国市级融媒体中心建设试点市。

打造文化强市品牌。 打造了一批站得住叫得响的文艺精品。推出豫剧小戏《党课》、豫剧《许穆夫人》、豫剧电影《新七品芝麻官》、长篇文旅生态散文《倾听淇河》；拍摄录制戏曲电影《许穆夫人》《太行故乡情》、电影《泪光中的妈妈》《传世银牌》；组织创作报告文学《鹤壁2021年7月特大暴雨抗洪抢险纪实》、舞台剧《靳月英》、豫剧电影《新七品芝麻官》纳入中国文联、中国戏剧家协会梅花奖演员优秀剧目数字电影工程，豫剧《芝麻官下江南》入选国家文旅部中国戏曲音像工程。开展鹤壁市2022年"行走鹤壁·传颂家乡"文艺作品大赛暨研学交流活动，面向全社会征集作品100余件。组织开

2022年9月29日，"喜迎二十大 欢乐进万家"鹤壁市艺术广场舞展演活动

展"喜迎二十大 欢乐进万家"群众文化活动，包括合唱比赛、广场舞大赛、书法美术摄影大赛等10项系列群众文化活动13项子活动，举办赛事800余场，收到各类参赛作品5000余件，参与群众近10万人，真正体现了热在基层、广泛参与。开展了"喜迎二十大 欢乐进万家"文化活动周，集中开展合唱展演、广场舞展演、音乐会、文创展等14场文化活动，天天有活动，场场都精彩，全市群众广泛参与，线上线下同步进行，参与群众、线上观看达160万人次。

遗址保护与开发。制定出台了《鹤壁市辛村遗址保护条例》，推动辛村遗址保护利用走上了法治化、规范化、科学化轨道。实施淇河文化探源工程，高质量推进辛村遗址发掘保护利用，如期建成辛村遗址考古保护大棚，成为河南省唯一达到三星堆考古标准的考古大棚。成功举办了辛村遗址考古发掘90周年纪念大会暨中国两周考古学术研讨会，入选2022年度河南文物考古十大新闻。推行文物安全管理网络化，定期召开文物安全工作联席会议，多部门联合打击文物犯罪，全年未发生文物被盗案件及文物舆情。加强非遗传承与发展，推出了"非遗+学校、+产业、+景区"等模式，泥咕咕、鹤壁窑等非遗活态传承效果明显。开展"非遗点亮老家河南"青年乡村营造行动，推进非遗与文创相结合，开发系列文娱活动和文创产品，完成了鲍庄、白龙庙、中石林、浚县古城等4个非遗空间和文创项目。鹤壁市成为全省首批"非遗助力乡村振兴"试点市。

文明创建提质增效。坚持以社会主义核心价值观引领精神文明建设，深入实施文明创建培元计划，开展"百日攻坚行动""集中攻坚提升月行动"等，深化文明单位结对小区共建，开展文明市民等"十大选树"活动，评选文明市民等典型1000名，建立"点位长"奖励和季度考核机制，创作1000余幅公益广告，拍摄《一醉越千年》公益广告获河南省一等奖。命名市级文明村镇182个，推荐省级文明村镇25个，对市级以上文明村镇拨付资金奖补159.1万元。命名市级文明单位174个，推荐省级文明单位32个，开展"赶考路上有我""四送一助力"等主题实践活动2万余场次。命名市级文明校园76所，推荐省文明校园标兵4所、省文明校园12所，文明校园创建参与率达到100%。出台《鹤壁市文明家庭礼遇关爱措施清单十二条（试行）》，对20个文明家庭进行表彰，评选10个市级家风家教基地，以良好文明家风涵养社会文明新风。

精神文明建设。连续23年开展鹤壁好人、道德模范、"乡村光荣榜"等选树活动，累计培育各类先进典型2万余名，2022年以来2人入选中国好人，4人入选2022年上半年河南好人榜，1人入选全省"新时代好少年"，10人入选省"乡村光荣榜"，33人入选鹤壁好人、20人入选市级新时代好少年、经典诵读好少年。完善礼遇帮扶道德模范常态长效机制，印发《鹤壁市道德模范礼遇帮扶实施办法（暂行）》，建立10种礼遇方式、6大帮扶措施，鹤壁好人专项基金作用有效发挥，对38名生活困难的模范好人慰问帮扶，奖励模范好人34名，累计支出11.9万元，"好人之城"品牌更加响亮。建立市级志愿指挥部、县级志愿服务总队、乡级志愿服务支队、村级志愿服务大队四级志愿服务体系，鹤壁市现有志愿者8万余人、志愿服务组织1556个，谋划开展志愿服务活动1.8万个，在全省文明实践志愿服务项目大赛中2个项目获二等奖、2个项目获三等奖。

公共服务体系建设完善。持续推进公共文化服务全民共享。围绕创造高品质生活，创建了一批全省全国公共文化服务体系示范区、示范项目，建设了文化街区15个、特色文化小巷51条、文化游园63

2022年10月10日，鹤壁市"喜迎二十大 文化进万家"群众文化活动——"梨园盛世我来唱"戏迷擂台赛颁奖晚会

个、城市书屋50座、乡村文化合作社189个，形成了覆盖全市的"15分钟公共阅读圈"，河南省对市现代公共文化服务体系绩效考核连续4年位居全省第一方阵。2022年11月，鹤壁市被中国诗歌学会授予"中华诵读之城"称号，成为全国首个获此国字号殊荣的地级市。深挖文旅品牌示范带动效应，大力实施特色文旅品牌创建，推动文旅产业多业态、差异化发展。2022年，成功创成国家夜间文旅消费集聚区、全国乡村旅游重点村、全国甲级民宿等3个国字号品牌，创成太行山北斗七星康养旅游度假区、休闲观光园区、旅游休闲街区等省级品牌18个，有3个乡村创成首批省级乡村康养旅游示范村，每村获奖补800万元，遴选23个乡村入选省创建单位。

文旅宣传与开发。鹤壁文旅抖音、视频号、微信公众号等新媒体矩阵平台作用日益凸显，制作发布的"路过人间""辉煌岁月""人潮汹涌·山水一程"等文旅推介宣传片相继在国家媒体平台上火播，"鹤壁·文旅"官方抖音号发布主题视频200余条，累计播放量超过2000万；培育"网红达人团"400余人，粉丝总量超550万，创作发布作品300余条，播放量超1.8亿次，达人团宣传模式被省厅点赞。文旅市场有序恢复，围绕文旅促消费，打出提振市场信心组合拳，推出景区门票减免、贷款贴息、社会力量办文旅节庆等扶持政策，遴选文旅白名单企业12家，享受税费减免、社保费缓缴等惠民政策。组织开展"文旅消费季"系列活动，依托浚县古城、朝歌老街、鹿台阁等开发体验式、沉浸式产品，激活夜间经济；高标准举办民俗文化节、樱花文化节，统筹吃住行游购娱等要素，营造可看、可玩、可买、可回味、可感受的"鹤壁味"，持续激发民众消费热情。各级文化旅游投资集团坚持以市场为导向，积极发挥内引外联、招商融资、项目建设平台作用，积蓄了文旅发展势能，形成了同频共振效应。2022年，鹤壁市共接待旅游人数809.52万人次，旅游综合收入11.3亿元。

推动网络综合治理。制定《鹤壁市2022年网上重大主题宣传和重大议题设置方案》，谋划"喜迎二十大 十年巨变看鹤壁""创新奋进正当时""平安花开 香绕中原"等网络主题宣传活动22项。组织开展的"喜迎二十大 十年巨变看鹤壁"网络主题采访活动，营造鹤城儿女接力奋斗，喜迎党的二十大的浓厚氛围。开展"搜索见义勇为 点赞时代网络媒体采访"活动，广泛宣传鹤壁市见义勇为模范，扩大鹤壁市网络传播正能量。开展"我和我的鹤壁"短视频大赛，点击量超3000万。评选报送互联网行业"两优一先"名单，积极引导互联网企业发挥示范作用，肩负社会责任。开展"清朗"系列专项行动，包括"清朗·春节网络环境""清朗·暑期未成年人网络环境""全市平台账号专项排查治理""清理政治谣言""民族宗教领域负面信息""养老诈骗""网络水军"等专项行动31次，排查属地互联网站2500余家、各类平台账号3.8万余个。

"学习强国"鹤壁学习平台。2022年2月25日，鹤壁学习平台正式上线，11月1日"学习强国"浚县、淇县融媒号正式上线，鹤壁市在全省第5家实现"学习强国"矩阵全覆盖。在宣传推广运用方面，坚持周排名、月通报工作机制，鹤壁市"学习强国"参与度、人均积分均保持在全省的第一方阵。在扩大"学习强国"平台影响力方面，精心组织了学习党的二十大精神知识竞赛、"我与'学习强国'的故事""我为农产品"代言等线上学习活动，加强学习平台的宣传推广，获得全省推广运用工作先进单位。

【第九届中原（鹤壁）文博会】 第九届中原（鹤壁）文化产业博览交易会于11月18日至21日安全有

2022年11月19日第九届中原（鹤壁）文化产业博览交易会在鹿台阁举办开幕式

序举办，参展企业487家，交易展示展品10万余种，累计网络点击量1.73亿次，得到了各级领导、展商和观众的一致好评。其中，中国（鹤壁）烽火文创大会实时在线观看人数突破百万，包括黄河非遗文化产业园在内的35个项目进行了集中签约，总投资额达235.8亿元。

【辛村遗址考古暨两周考古学术会举行】 11月21日上午，由中国考古学会、省文物局、市政府共同主办的辛村遗址考古发掘90周年纪念大会暨中国两周考古学术研讨会在鹤壁迎宾花园举行。辛村遗址，是指以鹤壁市淇滨区金山街道辛村为核心区域、国务院核定并公布为全国重点文物保护单位的商周时期文化遗址。作为西周卫国文化的核心区，辛村遗址考古发掘始于1932年，开启了我国西周考古的序幕，目前已出土国宝级文物"康侯簋"，发掘国君级大墓10座、车马坑15座、其他墓葬500多座，是集王陵区、铸铜作坊区、制骨作坊区等于一体的都邑级超大型聚落群。该次研讨会围绕辛村遗址考古发掘情况、西周考古发现与研究、东周考古发现与研究等专题，系统回顾了辛村遗址考古90年历程以及西周和东周考古发掘与研究近年来取得的重要成果及新进展。

·浚县·

【文化概览】 浚县位于河南省北部，商代称黎，西汉置县，明初改称浚县至今，县域面积966平方公里，淇河、卫河、共渠贯穿全境，境内国道3条、省级干线公路5条，郑济高铁过境设站，鹤濮高速、范辉高速、晋中南铁路横穿全境，是儒商鼻祖端木子贡的故里、王阳明圣贤人生事功起航地、国家历史文化名城、中国民间文化艺术之乡、全国农村产业融合发展试点示范县、国家卫生县城、省级园林城市、省级文明城市。境内名胜古迹300多处，其中，世界文化遗产2处，国家级保护单位5处，省级保护单位9处。大运河浚县段、黎阳仓遗址为世界文化遗产；大伾、浮丘两山古刹林立，北魏大石佛全国最早、北方最大；泥咕咕、民间社火、西路大平调、正月古庙会是国家非物质文化遗产，正月古庙会素有"华北第一古庙会"之称；古城街区结构布局保存完好，是明清时期北方县城建筑的典范；大伾山景区、古城景区均为国家AAAA级旅游景区。特别是近年来，浚县以古城、运河和两山为载体，全面启动AAAAA级旅游景区创建，"两架青山一溪水，十里城池半入山"的古城风貌日益彰显，获评"国家级夜间文旅消费集聚区""全省特色文化产业示范园区""省级全域旅游示范区"等。

公共文化服务。 围绕文化强县目标，加快推进现代公共文化服务体系建设，实现县有馆（图书馆、文化馆）、镇有站、村有室（村级综合性文化服务中心）全覆盖，文化馆入选全国一级文化馆，成为全市第一个省非物质文化遗产研究基地。投资100万对全县120多个村基层文化中心广场、舞台进行修复、购买文化活动器材，建立健全各项规范管理制度和分级责任制，将考评指标纳入年度责任目标。谋划实施灾后重建项目6个，申报重建资金0.81亿元。投入公共文化资金50万元，建设全县区域性公共文化云平台，打通县、乡、村、景区四级数字文化服务网络。实施送书、送戏下乡活动，年均配送各类图书8000余册，送戏40场次。图书馆举办各类讲座、展览、培训80场，惠及群众9万人次。文化馆组织品牌节庆活动、文艺活动、展览、培训等142场，各镇、街道文化站开展活动518次。建成文化合作社116个，现有合作社社员606个。

群众文化活动。 围绕迎接宣传贯彻党的二十大精神，采取线上线下结合的方式，开展"喜迎二十大 欢乐进万家"群众文化活动，

2022年9月27日，鹤壁市"喜迎二十大 文化进万家"群众文化活动周

举办"中原舞蹁跹"浚县艺术广场舞大赛、"唱响新时代"浚县群众合唱大赛、"盛世梨园我来唱"浚县戏迷擂台赛、"我的乡村文化合作社"才艺大赛、"喜迎二十大 健步走运河"浚县全民健身健步走等各类文化惠民活动300余场,极大丰富了农村、社区群众的文化生活。围绕迎接宣传党的二十大精神等重大主题,举办"人民至上 生命至上"——2021年7月浚县抗洪救灾摄影展,展出近200幅作品,用朴素的镜头语言,记录了抗洪救灾现场动人的故事;举办"古韵黎阳 富美浚县"摄影作品大赛、"翰墨润黎阳"浚县书法美术作品展系列主题活动,全县广大文艺工作者创作诗歌、剧本、书法、绘画等文艺作品1200余幅(件),小戏《党课》被鹤壁市纳入精品文艺创作项目,创作歌曲MV《黄土赤子》在"云上浚县"发布,县文联获评市文艺志愿服务先进单位,为党的二十大胜利召开,营造团结奋进、自信自强、国泰民安、争先出彩的浓厚氛围。

精神文明建设。对标文明城市测评体系标准,开展"文明提升、基础提升、宣传提升"行动,建成浚县好人广场、黎阳故城遗址森林公园等,创成省级文明城市。扎实开展"乡村光荣榜"选树工作,选树"乡村光荣榜"系列人物1500人次。指导全县468个村(社区)加强"一约五会"群众组织建设,结合实际设定彩礼指导标准、红白事消费标准、办事规模等,推动移风易俗,革除陈规陋习。深化"扣好人生第一粒扣子""童心向党""学雷锋我行动"等主题演讲和"典籍里的中国"中华经典诵读大赛等主题教育实践活动,举办新时代好少年先进事迹发布会,推出浚县"新时代好少年"30名,建成乡村"复兴少年宫"19所,浚县被评为河南省家风家教示范基地,形成共建共享的社会氛围。深化拓展"我为群众办实事"活动,围绕全县广大群众急难愁盼问题,打造"理"响黎阳、"健康医家"、"金牌月嫂"、"家事我来帮"等一批优秀志愿服务项目。鹤壁积极开展"志愿服务乡村行"活动,指导组织全县500多支志愿服务队伍引领6万余名在册志愿者,常态化开展各类志愿服务活动4000余场次,志愿服务在保障大局、服务民生中发挥了重要作用。

【正月古庙会品牌】 浚县正月古庙会历史悠久,源于北魏,盛于明清,已有1600多年的历史,至今保存着明清民俗特色;规模宏大,始于每年的正月初一,结束于二月初二,历时1个月;空间独特,庙会所在的主会场大伾、浮丘两山于浚县古城紧依相连,原生态的民间社火表演、独具特色的民间工艺品以及文创产品展销、源远流长的民间艺术表演等民俗文化活动与旅游观光有机融为一体,每年吸引晋、冀、鲁、豫、皖等5省80多个市县400多万游客前来观光旅游,与山东泰山庙会、陕西白云山庙会、北京妙峰山庙会并称为华北地区四大庙会。2004年,浚县正月古庙会被财政部、文化部公布为"中国民族民间文化保护工程第二批试点项目";2006年被列入"河南省首批非物质文化遗产保护名录";2007年被河南省委宣传部、省文联评为"河南民俗经典";2008年,浚县民间社火被列入第一批国家非物质文化遗产扩展项目名录;2010年,被《人民日报》、中国节庆委员会评为"中国最受欢迎传统庙会",2014年,被列入第四批国家非物质文化遗产扩展项目名录。浚县县委、县政府高度重视民间民俗文化的保护传承与发展,依托正月古庙会,邀请专门的文化创意机构,包装策划古庙会,丰富庙会内容,挖掘庙会潜力,按照高标准、高品位,欢乐祥和、安全有序、文明节俭的原则,连续成功举办了十五届民俗文化节,努力把浚县正月古庙会办成传承民俗文化、活跃群众生活、发展旅游产业、促进经济发展的盛

2022年浚县正月古庙会

浚县古城夜景

会，打造"国字号"民俗文化品牌。

【泥塑文化品牌】 浚县泥玩具久负盛名，伾山街道杨玘屯村以制作泥玩具著称，全村几乎家家精于泥塑，素有"泥咕咕之乡""中国泥塑第一村"之称，被民俗学专家称为研究历史的活化石，是典型的地域文化。2006年，浚县泥玩被列入首批国家非物质文化遗产保护名录。现有国家级、省级、市级非物质文化遗产传承人26人，先后参加亚洲艺术节、中俄友好文化交流等国内外文化交流活动，获金奖、银奖百项，中央电视台、新华网等主流媒体给予专题报道，产品远销俄罗斯、美国、法国以及北京、天津等国家和地区。西杨玘屯村被农业部评为"全国'一村一品'示范村"，被河南省政府评为"河南省特色文化基地"，被鹤壁市委评为"鹤壁市文明旅游村""五强村"等。浚县县委、县政府高度重视非物质文化遗产的保护、传承与发展，紧紧抓住创建乡村建设示范县的历史机遇，依托地域优势、资源优势，以"基层党建为动力、泥塑文化为引擎、乡村文旅为主线"的工作思路，坚持传承与创新相结合，文化与旅游相融合，壮大规模，做强品牌，成立泥塑产业合作社，推行"统一研发、统一管理、统一注册、统一包装、统一销售"的"五个统一"经营管理模式，注册泥塑作坊280家、企业15家，每年接待研学旅游人数近8万人，生产泥塑产品达800多万件，村集体经济收入31.7万元，把小泥塑做成了大产业，让黄泥巴变成了"金疙瘩"。

·淇县·

【文化概览】 淇县，古称朝歌，是中国商朝首都、周朝最大诸侯国卫国首都，因淇河流经于此而得名，素有"东临淇水观鱼跃，西依太行闻鹿鸣"之美誉。淇县是《封神榜》故事演绎地，中原历史文化名城，屡见于《诗经》。全县567平方公里土地上，遍布着240余处历史文化遗存，95处国家、省、市、县级文物保护单位，118项各级非物质遗产项目，13000余件馆藏珍贵文物。县域内山岳、峡谷、岩洞、泉溪、河流等旅游资源丰富，拥有云梦山、古灵山、朝阳山3个国家AAAA级旅游景区和纣王殿、摘星台、鹤淇发电工业旅游园、沫水园、尼龙小镇5个国家AAA级旅游景区，朝歌老街、帝辛陵、折胫河、鹿台、荆轲冢、卫国故城遗址等历史文化遗存星罗棋布。

文旅文创发展。打造"中国成语之都小巷""中国姓氏之乡"等一批朝歌文化展示街区，与朝歌老街、文昌阁、摘星台等共同形成朝歌古城历史文化符号。对云梦山黑陶、王婵居铁壶等文创产品进行指导升级，与非遗项目传承利用相结合。立足本土特色，开发出五彩平安扣、围棋、象棋、冬凌草、德润朝歌养生套组等文创产品，与专业团队合作，对"朝歌之礼"高端文创产品进行初步设计。文旅灾后重建项目已完成12个，古卫国博物馆、鲍庄康养基地项目主体工程已完成，摘星台公园提升项目已基本完工，"云端天路"项目，朝歌老街二期、三期工程加速推进，安钢假日农场项目成功签约，沿淇河休闲旅游观光带、民宿集群等项目初步方案均已设计完成。

群众文化活动。录制和投放《朝歌档案》节目90期。举办"击鼓催征再出发 激情担当创一流"大合唱比赛，共有24支合唱队、近千人参加，参赛曲目达48首。开展"百场演出惠民生"红色轻骑兵送戏下乡演出110场。举办"欢乐淇县 舞动朝歌"广场舞大赛，通过线上线下进行评选，共有30支队伍参加，线上参与人数28万人次。举办"戏曲公益培训班"，培训学员273名。举办"盛世梨园我来唱"欢度国庆节戏曲演出活动20场。举办"我的乡村文化合作社"才艺大赛，参赛社员320余人。实施"千人千艺"乡村文艺人才培育计划，组建"红色文艺轻骑兵"文艺志愿服务团队，开展培训活动89次，培训群众600余人。举办"淇县喜迎二十大书法美术摄影展"，展出书法作品56幅、美术作品30幅、摄影作品40幅、剪纸作品32幅。开展"世界读书日"系列活动。原创剧目《许穆夫人》获河南省第十届黄河戏剧节优秀剧目奖、河南首届民间职业剧团优秀剧目展演奖。自创的微电影《红山勇士》被"学习强国"、腾讯网等多家媒体纷纷报道。舞蹈《草原牧歌》获河南省艺术广场舞大赛三等奖。《党的女儿靳月英》参加河南省音乐舞蹈大赛并进入决赛，木雕作品《剑出天下平》参加河南省第二届民间艺术大赛获省一等奖。县戏剧家协会协助拍摄的纪录片《端牢中国饭碗》在央视一套播出。

精神文明建设。2022年，淇县常态化开展"城市清洁行动""文明小区创建""老旧小区改造""背街小巷治理"等专项行动，以93.06分的优异成绩在全省文明城市（同类城市）测评中排名第一，顺利通过了河南省文明城市复审。新创建省级文明单位（标兵）1家、省级文明单位2家（含1家非公单位），省级文明村镇5个，省级文明校园1所，省级非公单位和省级文明校园均实现了"零"的突破。充分发挥先进典型示范引领作用，推荐评选出"鹤壁好人"8人、"河南好人"2人、"中国好人"2人，鹤壁市"新时代好少年"2人、鹤壁市"文明市民"10人。全面推广"星级文明户"认领制，促进群众自我教育、自我管理、自我约束、自我提高。广泛开展好婆婆、好媳妇、好儿女等"乡村光荣榜"典型人物选树活动，2022年淇县共评选出11类先进典型64人，其中21人经市文明办评定，荣登鹤壁市"乡村光荣榜"。

【2022年文化旅游工作会议】 3月10日，淇县组织召开2022年文化旅游工作会议，对全县2021年文化旅游工作进行了总结，对2022年全县文化旅游各项工作任务进行安排部署。进一步号召全体干部职工继续发扬拼搏奉献、真抓实干的精神，努力开创淇县文化旅游工作新局面。灵山街道办成功入选首批全国乡村旅游重点乡（镇）；凉水泉村"灵泉妙境·石光院子"入选全国首批甲级旅游民宿；朝歌老街成功创建省级首批旅游休闲街区和省夜间文旅消费集聚区；鹤淇电厂成功创建AAA级景区，开辟了工业旅游景区新业态；纣王殿村、北阳镇、朝歌山庄分别被省文旅厅评为河南省乡村旅游特色村、河南省生态旅游示范镇、河南省休闲观光园区；古灵山景区先后被评为河南省文化产业示范园区、三钻级智慧景区和首批省级文明旅游示范单位。

【2022年"新时代乡村阅读季"】 为进一步丰富基层群众精神文化生活，鼓励百姓走进农家书屋，引导广大农民群众爱读书、读好书、善读书，推动乡村文化振兴，鹤壁集镇以农家书屋为平台，在王家荒村开展了以"阅读小康气象，奋进振兴征程"为主题的2022年"新时代乡村阅读季"活动，大力弘扬文明新风。鹤壁集镇和王家荒村干部职工积极组织村民到农家书屋借阅书籍，图书室活动开展效果显著。在王家荒村的农家书屋里，村民们纷纷挑选自己喜欢的书籍阅读，有的阅读惠民的政策，有的阅读医药生活类方面的书籍，阅读后大家还结合所学所识，分享阅读的感想，现场学习气氛浓烈。

·淇滨区·

【文化概览】 鹤壁市淇滨区位于河南省北部，鹤壁市中部，太行山脉向华北平原过渡地带，因居于淇水之滨而得名。淇滨区作为鹤壁市首善之区，是鹤壁市委、市政府所在地，鹤壁市的政治、经济、文化、信息中心，总面积335平方公里。下辖6个街道、2个镇、2个乡。共有非遗项目48个，省级非遗项目1个（白蛇闹许仙）；市级非遗项目3个（形意拳、黄河古陶、崔莺莺的传说）；区级非遗项目44个（李志军黑膏药、鹤壁窑——化妆白瓷、艺俸斋手工药香制作技艺、王氏梨烘肉、万医堂高要制作技艺、金属浮雕等），"白蛇闹许仙"项目于2007年申报成为河南省第一批省级非遗项目。

公共文化服务。淇滨区打造新时代文明实践中心1个，新时代文明实践所10个，新时代文明实践站130个，为开展文明实践活动打造坚实阵地。全力打造"书香淇滨"品牌，持续对10个乡镇街道54个社区、75个村的"基层图书室"进行完善提升，同时在全区各机关单位、企业、学校等场所因地制宜，打造图书室、读书角等阅读阵地，阅读设施服务更加完善。为满足居民"家门口"体验文化的需求，在城市游园、街区、社区首批建设了11座淇河书屋，与市、区图书馆借阅系统对接，实现资源共享、信息交互、图书通借通还；引

导全区大型商超、步行街、商业门店、小区等人员密集地段且具备市民停留、休息条件的阅读场所打造1000个"微书吧"示范点位,打通公共阅读服务的"最后一米",形成覆盖全区的"15分钟公共阅读圈"。充分挖掘城市文化元素,书香大道、海棠书巷、非遗小巷、芝麻官小巷、光影小巷、怀旧小巷等20余处文化特色小巷应运而生,为市民群众提供了常态化生活休闲空间。开发"书香淇滨"线上阅读平台,在全域318个小区、游园、书屋等场所设置"书香淇滨"二维码,"即扫即阅、即扫即听",实现公共阅读线下到"云上"的转变和升级,保障在"零接触"的前提下,为群众提供更加丰富、便捷、实用的公共文化服务。

群众文化活动。组织开展"中原舞蹁跹·群星耀中原"艺术广场舞大赛,"唱响新时代"群众合唱比赛,"中原舞蹁跹·群星耀中原"2022淇滨区艺术广场舞大赛,"典籍里的中国"经典诵读比赛,"喜迎二十大 平安淇滨有我"微党课比赛,"我们的节日"、"义写春联"、"书写新时代 喜迎二十大"等系列主题书画展等活动近千场,开展"喜迎二十大文化惠民百姓大舞台——戏曲进基层"活动,全年共计演出80余场。创作并发布小品、快板、河南坠子、诗歌等文艺作品100余个。举行"书香鹤壁"全民阅读活动,依据自身特色开展了一系列以"黄河文化读书月""经典诵读"为主题的阅读活动,共开展阅读活动60余次,累计参与人数1500余人次,市级及以上媒体宣传报道次数20余次。深入挖掘淇滨区示范农家书屋、优秀农家书屋管理员典型,积极开展河南省示范农家书屋和优秀书屋管理员评选工作。淇滨区金山街道水泉村农家书屋和管理员申国印被评为2022年河南省示范农家书屋和优秀书屋管理员。

精神文明建设。积极创建全国文明城市。扎实开展达标提质,"亮""靓"行动,百日攻坚、"清洁家园齐动手,环境卫生大提升"、徒步淇滨"大排查、大整改、大提升"、"集中提升月"等活动百余场。完成淇滨区新时代文明实践中心整体搬迁工作。积极培育精品志愿服务品牌(项目),明达社区"邻+助老服务队"项目、九江社区"春天小喇叭"聆听春天的故事2个志愿服务项目获得省级二等奖。9人评为"鹤壁好人",2人评为"河南好人",10户家庭被评为市"文明家庭",1人被评为市2022年新时代好少年,2人被评为2022年市"经典诵读好少年",天山路街道金融社区被评为2022年度省级优秀志愿服务社区。淇滨区黎阳街道黎阳社区新时代文明实践站、淇滨区金山街道"红雁"志愿服务队、淇滨区税务局志愿服务队、淇滨区明达小学教师王璐被评为2021年度"防汛救灾"学雷锋志愿服务河南省"四个"优秀。钜桥镇被评为省级文明村镇;明达小学、齐贤中学、福源中学3所学校被评为省级文明校园;湘江中学被评为省级文明校园标兵。

新时代文明实践中心建设。高质量推进新时代文明实践中心(所、站)建设全覆盖,建成新时代文明实践中心1个,新时代文明实践所10个,新时代文明实践站130个,文明实践点(基地)302个,文明实践阵地建设实现全覆盖。成立18+N支区直志愿服务总队,每月5日常态化开展新时代文明实践活动,所、站组成各具特色志愿服务队伍1060余支,深入社区、农村开展活动600余场。打造"淇心向善 滨彬有礼"文明实践品牌。2022年淇滨区规范化建立学雷锋志愿服务站点180多个,全区在"志原河南"App注册志愿服务队伍200支,注册志愿者70%有活动时长记录。2022年6月,淇滨区黎阳街道黎阳社区新时代文明实践站、淇滨区金山街道"红雁"志愿服务队、淇滨区税务局志愿服务队、淇滨区明达

2022年9月25日下午,淇滨区举行"唱响新时代"合唱大赛

小学教师王璐被评为2021年度"防汛救灾"学雷锋志愿服务河南省优秀。

文物建设保护情况。强力推进《诗经》里民宿集群、辛村遗址考古大棚、豫北文物整理基地等文旅项目3个，建成了贯穿东西的旅游大环线100公里，改造提升7段31公里慢行景观道，完成景区游步道修复18000平方米、景观小品12处、绿化51500平方米，进一步提升了游客观感度和体验度。紧扣国家支持文化公园、重点文物保护单位、康养旅游、重大旅游基础设施项目建设方向，精准谋划大赉店遗址保护传承、桑园小镇·太极图景区基础设施提升等中央预算内项目22个，辛村遗址考古公园项目（一期）、河南省鹤壁市赵南长城（淇滨区段）遗址保护展示等债券项目3个，成功申报赵南长城（淇滨区段）遗址保护展示项目、辛村遗址考古公园项目（一期）2个。

【第八届中国（鹤壁）樱花文化节】4月2日"浪漫樱花 富美鹤城"第八届中国（鹤壁）樱花文化节以"云赏樱"的形式盛大启幕。该届樱花文化节在往届传统形式的基础上，大胆创新，利用5G技术、3D手段，引入云直播、虚拟演播厅，还原现场开幕式、文创大赛启动仪式场景，实现了虚拟场景与樱花美景相结合，虚实同频、相互交融，网友在线即可欣赏浪漫樱花，观赏富美鹤城，获得置身其中的全新体验。全网线上赏樱累计超过5.39亿人次。其中，中央电视台《朝闻天下》栏目以《10万余株樱花竞相盛开，在线赏樱获好评》为题对淇滨区线上赏樱进行报道，阅读量1.19亿人次；人民网、环球网、中国日报网、中国搜索、中华网等国家级媒体阅读量1233.4万人次；微博话题传播总阅读量2.3亿人次；央视频线上直播阅读量1184.4万人次。

·山城区·

【文化概览】 山城区位于河南省鹤壁市中北部，地处太行山东麓，总面积197平方公里。山城区原是鹤壁市委、市政府驻地，历史上是一座古城，历史文化源远流长，曾为赵国首都39年。有汉冶铁、宋元古瓷窑遗址。公元前510年，齐桓公在鹤壁山城区设中牟邑。1947年6月10日，晋冀鲁豫大军首长刘伯承、邓小平等在辖区石林镇法隆寺召开重要军事会议，研究制定了强渡黄河、挺进大别山的进军方案，如今这里仍保留着会议遗址。

群众文化活动。组织开展"喜迎虎年 恭贺新春 送福到家"义写春联活动、年味山城"云端视听 善行山城"第二季视频活动、山城区"喜迎二十大 中原舞蹁跹"广场舞比赛、山城区最美公共文化空间大赛等活动百余场，通过线上线下相结合的方式，打造山城文化品牌，内容涵盖非遗展演、戏曲传唱、舞蹈表演、摄影展览等形式，通过总分馆联动，丰富群众文化生活，提升公共服务效能。打造乡村文化合作社建设试点，结合省、市乡村文化合作社建设模式要求，制定山城区乡村文化合作社建设方案，建立乡村文化合作社相关制度，并张贴上墙，配备相关文化器材，完善乡村文化合作社线上平台人员注册、活动发布等信息，组织现有乡村文化合作社积极参与"乡创美拍"短视频作品征集大赛线上视频评比活动，共征集作品400余件。

精神文明建设。深入挖掘推荐"鹤壁好人"，加强"道德模范""最美人物""山城好人"等先进典型宣传推介，其中张桂芳等3人入选河南省"乡村光荣榜"。山城区无疆公益救援协会获全市防汛救灾优秀志愿服务组织称号、2人获学雷锋志愿服务"四个优秀"先进典型、山城大拇指社会工作服务中心获学雷锋优秀志愿服务组织称号、东一巷社区获学雷锋优秀志愿服务社区称号。实施文明单位（校园）创建提质增效行动，75家单位分别获市区级文明单位（校园）表彰。围绕好家风好家庭，深入推进文明家庭创建，山城区红旗街道朝霞南社区等3个社区被命名为第三批鹤壁市家风家教示范基地。不断完善区志愿服务体系，全区现有199支文明实践志愿服务队，依托区新时代文明实践中心、所、站三级阵地，积极组织开展学雷锋志愿服务活动、"新时代文明实践推动周""新时代宣讲师"等活动1.7万余场，参与志愿者8000余人次，受益群众5万余人次，辖区群众对文明实践工作的满意度达到96%。

文旅文创融合。2022年，山城区旅游发展呈现增长态势，春节期间累计接待游客58.6万人次，实现旅游总收入1987万元。清明节期间开展线上"云"观红色石林、"云"赏桃花 鹤鸣湖畔桃花缘，充分展现山城旅游资源，进一步加大对旅游景区宣传；在景区开展"红色故事我来讲""历史穿越"等活动；参加第九届中原（鹤壁）文化博览会，将石林镇邶风堂"石林剪纸、马氏面塑、石头画"等文创产品推广出去，由特色乡村旅游产品，带动文化旅游消费；发挥红色旅游资源优势，深入实施"旅游+"战略，积极培育新业态、新模式，搭建旅游业发展新平台，加快打造文化旅游产业发展新格局，推进工业旅游、康养旅游、研学旅游等。石林会议旧址创建成首批鹤壁市中小学研学旅行实践基地，梦溪园已创建成首批鹤壁市中小学研学旅行实践营地；实施乡村振兴和乡村休闲旅游精品工程，组织辖区乡村参与评选，大胡社区、中石林村入选河南省首批乡村康养旅游示范村；石林镇西酒寺村、石林镇郑沟村入选第二批全省乡村康养旅游示范村；景区设置扶贫摊位、提供公益性岗位，通过乡村旅游发展、带动农民增收，鹤鸣湖景区共设有扶贫摊位17家，增设5个公益性岗位，旅游民宿梦溪园增设5个公益性岗位。

【"青言青语·理响山城"新时代理论宣讲团】 山城区以"讲时代故事、发时代先声、做时代新人、领时代新风"为主题，创新开展"青言青语·理响山城"主题宣传教育实践活动，组建"青言青语·理响山城"新时代理论宣讲团，聚焦党的创新理论，深入基层传播党的声音，讲好党的故事。截至2022年，共开展宣讲700余场次，受众达20万余人次，制作"青言青语·理响山城"系列宣讲微视频20余期，点击量超过百万人次。2022年10月20日，"青言青语·理响山城"新时代理论宣讲团被中宣部授予"基层理论宣讲先进集体"荣誉称号，全省唯一。

【石林会议旧址晋级AAAA级旅游景区】 12月15日，省文化和旅游厅发布公告，确定11家旅游景区为国家AAAA级旅游景区，石林会议旧址名列其中，成为全市11家AAAA级旅游景区中唯一的红色旅游景区。"石林会议"旧址位于鹤壁市山城区石林镇，1947年6月10日，为贯彻执行党中央、中央军委制定的"不失时机地由战略防御转向战略进攻，以主力打到外线去，实施大举出击，经略中原"的指示精神，晋冀鲁豫野战军司令员刘伯承、政委邓小平在现鹤壁市山城区石林镇石林村法隆寺召开由各纵队首长以上领导参加的"石林军事会议"，简称"石林会议"。"石林会议"是刘邓大军千里跃进大别山进行战略进攻准备阶段的一次重要会议，"石林会议"的召开正式揭开了解放战争由战略防御转向战略进攻的序幕。

·鹤山区·

【文化概览】 鹤山区位于太行山东麓、鹤壁市北部，总面积139平方公里，辖区共1镇1乡5个街道，共34个社区（含12个村改居社区），47个行政村。鹤山区有旅游景点、文化遗址、名胜古迹28处。其中省级文物保护单位2处（五岩山东魏石窟、鹤壁集古瓷窑遗址），市级文物保护单位2处（孙真人洞、张陆沟石窟），市级旅游景区2处（五岩山旅游景区、盘龙寺风景区）。辖区还有黄庙沟省级森林公园、南山省级森林公园、阿斗寨旅游区。宋代采煤遗址位于鹤壁集乡古楼河村，是全国迄今发现最早的一处古代采煤遗址。东齐古植物化石群位于姬家山乡东齐村滴水岩地带，岩体长600余米、宽300米、高约36米。2002年，北京中国科学院地质研究所副所长王艺芬和中国著名自然风景区及旅游洞穴研究专家陈诗才徒步考察后确认，东齐古植物化石群保存完好，为华北第一石灰岩古植物化石群，是开展科研、科普教育活动的好教材，具有重要的科研、科普价值。

推动公共文化服务提质增效。 以喜迎二十大开展惠民文化活动为抓手，开展全民阅读、送书进军营、全民艺术普及周、中国旅游日、非遗宣传展示、艺术摄影、书画展活动、文艺进军营广场舞大赛、"唱响村戏"系列活动300余场次，受到群众广泛好评。其中在"喜迎二十大·欢乐进万家"群众文化活动、市第二届艺术摄影大赛、"非凡十年·富美鹤城"摄影大赛、"翰墨丹青迎盛世"、"经典民艺颂中华"等活动中获市优秀组织工作奖，"我的乡村文化合作社"才艺大赛获优秀团队奖，"盛世梨园我来唱"擂台赛获优秀团队奖、最佳创作奖与优秀组织奖，"中原舞翩跹"《山笑水笑人欢笑》《领航》获银奖。"党的创新理论宣讲"主题宣传教育实践活动宣讲大赛获"文艺类"宣讲三等奖。

拓展城乡公共文化服务空间。 建成乡村文化合作社14个，组织开展各种活动累计达100多场。积极打造中山森林公园站、乌金巷站、鹤源里站"淇河书屋"、紫薇花城站书吧、滨湖音乐书屋、西杨邑传习所、云端西顶、伴山静居等最美公共文化空间，基本建成覆盖城乡的"一刻钟"公共文化服务圈，其中王家荒村农家书屋被评为省示范农家书屋。同时不断加强文化阵地建设，2022年完成"淇河书屋"

鹤源里站建设工作，结合乡创美拍工作，围绕"阅读+非遗""阅读+景点、游园、广场""阅读+商业"。

繁荣文艺文化事业。创作开展非遗活态化传承，组织开展非遗进校园、进社区、进景区60余场。打造鹤源古街淇河书屋非遗传习所，创新"非遗+古街+阅读"模式，丰富群众文化生活体验。歌曲《七星传说》获得第五届河南流行音乐十大金曲奖、最佳作曲新人奖、网络人气金奖；歌曲《鹤之源》入围河南省第十三届精神文明建设"五个一工程"作品歌曲类省级名单；张卫国作品获第四届"千杯万盏"单色釉茶盏文化收藏展大赛第三名；张卫国作品被黑龙江省博物馆收藏。单瑞彬入展全国第五届草书作品展。鹤山区王兵、周晨入展河南省群众书法作品展。吴仙满作品入选第九届中国北京国际美术双年展作品；区级非遗刺绣传承人常贵芬刺绣作品《花卉组合》获省第二届民间艺术大赛三等奖。

【"云端西顶"旅游品牌投入运营】西顶村是国家级传统村落、河南省乡村旅游特色村、鹤壁市十大最美文明旅游村、鹤壁市"五强"村。该村位于鹤山区姬家山乡西部山区，西顶村利用自身独特的自然风光优势，积极引进康元农产品开发有限责任公司，全力发展乡村旅游，打造的"云端西顶"旅游品牌已投入运营，建成了一个重要的产业扶贫基地和红色教育基地，高标准打造鹤壁党史教育宣传基地——中共林安汤边工委旧址，林安汤边工委成立于抗日战争时期，这是开国将军蒋克诚和第一任汤阴县委书记邢真共同工作的地方，点燃了鹤壁及周边地区的抗日烽火，中共林安汤边工委办公旧址被评为市党史教育基地、市社科普及基地、区爱国主义教育基地，是各级党组织开展红色研学、缅怀革命先烈、开展共产党员先进性教育重要场所。

【阿斗寨景区】阿斗寨位于河南省鹤壁市鹤山区鹤壁集乡蜀村东万柏山上，是三国时期蜀汉后主刘禅（阿斗）亡国被俘封为"安乐公"后，被司马昭父子秘密羁押之地。阿斗寨的石寨门保存完好，门额"中山寨"三个石刻楷书大字清晰可见。关于"中山寨"三个字，传说是当年阿斗亲笔所书。主要景点有万柏山、阿斗墓、金线河、中山寨、龟头泉、古柏林、跑马场、晒水坑等。2021年，阿斗寨成功创建为AAAA景区。2022年该景区已成为集观光旅游于一体的休闲胜地。

·国家经济技术开发区·

【文化概览】鹤壁经济技术开发区位于鹤壁市城区北部，成立于1992年，总面积66.76平方公里，2010年升级为国家级经济技术开发区，现辖渤海、海河、龙岗3个街道办事处，金山、城北、城东3个工业园区及正在申建的综合保税区，主导产业为汽车电子、光电子和镁基新材料。开发区先后被评为国家级绿色园区、国家安全应急产业示范基地创建单位、河南省首批数字化转型示范区、省级新型工业化产业示范基地。

公共文化服务。全区1个新时代文明实践中心、3个新时代文明实践所、33个新时代文明实践站、5个淇河书屋全部实行免费开放，17个行政村农家书屋，每周开放时间不少于5天。推进建设万州汇商业综合体、全民健身活动中心、汽车主题公园等一批文化引领性项目，建成"经天江海"等景观文化游园17处，打造花园式工厂30家、花园式产业园区9家、花园式生态廊道示范带6条，推动全区公共文化服务实现全覆盖。

群众文化活动。开展习近平新时代中国特色社会主义思想理论研讨会等活动12场次，依托新时代文明实践站所创新开展"大学习、大宣传、大服务"活动近400场次，让党的创新理论"天天见""天天新""天天深"。以"强国复兴有我"为主题，开展"翰墨书香话发展"、书韵经开读书分享以及戏曲等"喜迎二十大·欢乐进万家"系列群众文化活动60余场次。大力实施文化普及工程，放映公益电影262场次，举办"快乐星期天""我们的传统节日"系列活动300余场次。

加强新闻宣传。围绕《非凡十年 出彩中原》《喜迎二十大 奋进新征程》等主题，组织开展集中采访活动10次；依托开发区建区30周年之机，策划《风雨三十 书华章"二次创业"谱新篇》主题宣传报道，拍摄专题纪实片1部，专版报道6期，全媒体开设专栏发稿60余篇，全面展示开发区30年来项目建设、科技转型等方面取得的明显成效、城乡融合发生的明显变化、人民群众得到的明显实惠，邀请中央、省级各级媒体走进开发区、推介开发区，全年累计发稿1.5万条。

文化市场管理。开发区持续对出版物市场和重点网络平台开展日常巡查，突出网上打击，坚决治理

网上网下传播和销售盗版、非法出版物及其非法活动。全年共开展各类专项行动42次，累计出动执法人员100余人次，检查书店、印刷企业等经营单位20余家次。

精神文明建设。坚持把打造"诚信经开"作为文明城市创建的重要抓手，评选出一批诚信企业、经开工匠，大张旗鼓进行表彰，全面培树"信立经开·诚就百强"品牌。常态化开展"讲文明礼仪"等文明实践活动，广泛开展"我为群众办实事"十大志愿服务活动，持续深化"传家训、立家规、扬家风"等特色活动，形成了"六红志愿队""经开护苗"等文明志愿品牌；广泛评选表彰道德模范、身边好人、最美家庭、好公婆、好儿女和好村民，涌现出了鹤壁好人谢继飞、好支书张现伟、好党员焦克义、返乡创业好青年户胜利等先进典型，有力推动文明城市创建走深走实。

【传统戏剧"落腔"】 落腔属于"落子腔"系的一支，是在民间曲艺"莲花落"的基础上形成的地方戏，因其曲调轻快、欢乐，由第六代传承人更名为"乐腔"，2021年被列入河南省非物质文化遗产名录。开发区市民焦树国，为鹤壁市"落腔"第六代代表传承人。在焦树国的努力下，2005年，其以鹤壁淇滨区斜里村落腔人为基础，吸收浚县、汤阴、卫辉等落腔艺人组建演出团体"鹤壁市落腔剧团"，2011年被列入鹤壁市淇滨区非物质文化遗产名录，2013年被列入鹤壁市非物质文化遗产名录，2015年因落腔曲调轻快、欢快，将落腔更名为"乐腔"，工商注册《鹤壁市兴鹤乐腔剧团》，使这一非物质文化遗产得到了有效的保护和发展。

·宝山经济技术开发区·

【文化概览】 宝山经开区（宝山循环经济产业集聚区）成立于2009年，规划面积30.56平方公里。宝山经开区是全省首批重点发展和对外开放产业集聚区、省循环经济试点园区、省专业化工园区。2015年被省政府认定为省级经济技术开发区，2018年被省政府确定为全省重点建设的4个国内一流的现代煤化工基地之一，2019年晋升为二星级产业集聚区，2021年获河南最具竞争力"百亿产业集群"荣誉称号，被认定为省级现代化工与新材料外贸转型升级基地。

党的二十大精神宣讲。宝山街道机关干部，各社区支部书记参加宣讲会。关越从深刻理解大会主题、深刻理解过去5年工作和新时代10年伟大变革的里程碑意义、深刻理解习近平新时代中国特色社会主义思想的世界观和方法论等七个方面，对党的二十大精神进行了全面深入地宣讲解读。坚持"学"字为先，坚持"宣"字为要，坚持"干"字为重。聚焦重点产业上下游，延链补链强链，创新招商方式，全面优化产业生态，推动产业链式发展、集群发展。扎实开展"万人助万企"活动，深入企业纾难解困，确保辖区重点企业满产达效。

文明城市建设。新时代文明实践点获企业职工称赞凝聚精神力量提升文明素养。为进一步加强园区宣传思想文化工作和精神文明建设，宝山经开区建立了新时代文明实践点，打通宣传职工、教育职工、关心职工、服务职工的"最后一公里"。出"实"字，优化服务项目塑品牌。树立"文明实践、融入治理"工作品牌，成立新时代文明实践志愿服务队、平安建设志愿服务队，组织职工开展学雷锋志愿服务月、文明交通志愿服务、共建文明城市、义务植树、治安联巡联防等活动80余次。持续提升宜业指数助力文明城市创建，对宝园路、煤化大道、石化路等3条主干道进行改造提升，按照"高、大、密、厚、彩"的理念，确立了以高大乔木林带为主体，营造搭配合理、高低错落、层次分明、色彩综合、功能完备的自然生态廊道，最终实现"一路一景、彩化绿化、立体绿化"的目标。

【521宝山大讲堂】 521宝山大讲堂，含义即全年52周，每周开展1期大讲堂集中学习，以贴近生活、贴近实际、贴近群众为着力点，在讲堂形式和方法上充分考虑职工群众的实际需求、理解能力和职业习惯。大讲堂开设以来，结合干部职工学习实际，年初制定学习计划，全年52周每周四坚持开展多形式、多内容、多载体的集中学习，针对形势政策、社会主义核心价值观、党史知识、爱国主义、民主法制、思想道德教育、化工知识、安全生产等多个方面内容，安排选定授课内容，持续推动学习教育入脑入心。2020年至2022年，坚持开展大讲堂共计110余期，对推动全区学习型机关创建、营造浓厚学习文化氛围起到极大助推作用，经验做法及活动受到《鹤壁日报》、大象新闻等媒体的宣传报道，同时也受到全区广大干部职工的一致肯定与好评。

·城乡一体化示范区·

【文化概览】 鹤壁市城乡一体化示范区位于鹤壁市南部，成立于2012年，规划面积约130平方公里，包括60平方公里生态宜居区、25平方公里高新技术产业开发区、45平方公里现代农业示范区。AAAA级景区朝歌文化园、湿地公园沿河风貌带熠熠生辉。有殷商时期的古石桥、有商代风格的鹿台阁，有代表中国南北朝佛教皇家造像艺术的田迈造像碑。示范区立足"稳经济、抓复苏、促发展"，抓紧抓实稳经济一揽子举措，形成促稳强大合力。以淇河自然美景为"肌理"，用文化和活动赋能，以项目带动文旅产业发展，以融合发展助推文旅产业提档升级，打造"会展游、节庆游、特色游、赛事游"等节庆赛事会展品牌，形成"春来赏樱花、夏来游淇河、秋来赏文博、冬来逛庙会"的独特景致与游憩方式，叫响了"休闲度假哪里去 南部新城示范区"城市宣传名片。

群众文化活动。利用综合文化服务中心和文化广场，开展文化科技卫生"三下乡"、"我们的中国梦——文化进万家"文化惠民演出、农村电影放映和"我们的节日"系列活动，2022年，共开展新时代文明实践文化活动90余场，放映公益电影130余场次。举办网络名人走进示范区采风、"喜迎二十大·建功新时代"摄影比赛等活动，营造"奋勇争先、更加出彩"浓厚氛围。

新闻外宣工作。持续在上大报大台大网上下功夫，充分发挥新媒体与传统媒体融合效应，充分利用"报、台、网、微、端"等平台载体，挖掘人无我有、人有我优的新闻切入点，矩阵传播，立体推介，全面展示示范区经济社会高质量发展亮点。2022年以来，在各级主流媒体发稿11303条、专版9个，同比增长99.2%，《河南日报》头版头条发稿实现零的突破，《鹤壁日报》头版发稿10篇。"鹤壁示范区"官方微信公众号编发推送215期、1523条信息。对重大活动实施"央级媒体+省级媒体+市级媒体+区级自媒体"四级联动矩阵传播模式，构建整体联动"大融通"。以中原（鹤壁）文化产业博览交易会、新春文化节、樱花文化月、中秋·国庆系列文化活动为契机，策划推出系列主题宣传活动，强化"预热宣传+跟进宣传+直播云赏+成效总结"，在各级各类媒体刊发相关稿件1302条，制作宣传海报40余幅，直播15场，累计观看人数130余万人次。其中示范区新春文化节启动仪式、中秋·国庆系列文化活动均被央视新闻宣传报道，同步在新浪、搜狐等主流平台和省市报纸、广播、电视、互联网等平台播发，全媒体传播效果显著。

文旅融合发展。示范区拥有AAAA级景区1处——朝歌文化园景区，位于城乡一体化示范区淇水湾商务休闲区，占地面积1200亩。朝歌里人文小镇2022年12月被省文旅厅评为夜间文旅消费集聚区，成为新的旅游商圈和城市旅游坐标。示范区坚持"文化搭台、经贸唱戏"，培育壮大"文化+旅游+经济"融合发展业态，深挖消费潜力、培育消费热点，2022年朝歌文化园在淇澳翠境园观澜码头引进"观澜1号"游艇、摩托艇，成为夏日休闲度假新宠。举办樱花文化月等系列活动，打造集音乐餐厅、户外露营、画舫停靠为一体的樱花湾文旅消费场景和特色文创产品，示范区已成为八方来客、常来常往、常来常新的首选之地，成为鹤壁文旅消费的一张亮丽名片。

【新春文化节】 聚焦"寻年俗文化、逛年货市集、观炫彩灯景、游南部新城"主线，梳理挖掘现有文化旅游资源，突出重点区域、重点活动，特邀河南卫视助阵，总投资150余万元，开展富有示范区特色、群众喜闻乐见的新春文化系列活动——月半弯"炫彩灯光秀"、鹿台阁"全息灯光秀"、电音节等新春文化节系列精彩活动20余项

2022年11月12日，鹤壁好人先进事迹发布会

60余场，集视、听、味、游、购、娱为一体，倡导社会各界和群众参与，日均参与人数达20余万人次。重点活动采取"高清直播车＋多机位切换＋全网多平台直播"的大型直播模式，对元旦、春节期间多个活动进行直播。此间，"示范区新春文化节启动仪式"活动现场情况得到央视新闻报道。

新乡市

【文化概览】 新乡市位于河南省北部，南临黄河，与郑州、开封隔河相望；北依太行山，与鹤壁、安阳毗邻；西连焦作并与山西接壤；东接"油城"濮阳并与山东相连。新乡市辖12个县（市、区）、1个城乡一体化示范区、2个国家级开发区，总面积8291平方公里，常住人口617万，经济综合竞争力居全省第四位。是全国文明城市、国家卫生城市、国家园林城市、国家森林城市、中国优秀旅游城市、全国农村改革试验区、全国双拥模范城市、郑洛新国家自主创新示范区、国家首批装配式建筑示范城市、国家知识产权示范城市、国家循坏经济示范城市、国家产融合作试点城市、中国电池工业之都、全国社会信用体系建设示范区、国家公交都市建设示范城市。新乡历史文化悠久，是华夏文明起源核心区，2万年前的史前时期、8000多年前的裴李岗文化时期，考古证实新乡境内就有了文明的曙光，仰韶文化、龙山文化在新乡都有遗存；是《诗经》重要发源地之一，流行于古代新乡地区的诗歌占国风的四分之一；诞生了姜尚、比干、陈平等众多历史人物。新中国成立初期曾为平原省省会。新乡旅游资源丰富，拥有八里沟国家AAAAA级景区1家，国家AAAA级景区10家，国保单位22处。新乡产业基础雄厚，是全国重要的商品粮基地和优质小麦生产基地、国家新型电池及材料产业基地、新能源汽车推广应用示范城市、生物医药特色产业基地和中国起重装备之乡。新乡创新能力显著，拥有河南师范大学、新乡医学院、河南科技学院等12所高校，中电科22所等4家国家级科研院所、各类研发平台1480家，科技人员13余万人，成功入围国家创新型城市建设名单。

理论武装工作。 深入学习宣传习近平新时代中国特色社会主义思想，印发《新乡市党委（党组）理论学习中心组学习制度》《新乡市党委（党组）"第一议题"制度》，全市各级理论学习中心组开展学习1000余场次。在河南省委宣传部主办的《中心组学习动态》刊发新乡市经验交流文章2篇。联合市直有关行业主管部门，成立10支宣讲队伍，建立定期集中宣讲工作机制，开展宣讲活动300余场次。积极开展党的创新理论宣讲大赛，市委宣传部被省委宣传部授予优秀组织奖。围绕党的二十大精神宣讲，组建市委宣讲团和市级"百姓宣讲团"，协调组织县级宣讲团成员300余人开展"六进"宣讲3000余场。制作"微宣讲 云课堂"网上理论宣讲系列视频。

新闻宣传。 紧扣迎接宣传贯彻党的二十大精神工作主线，统筹全市各级各类媒体平台同步开设《认真学习宣传贯彻党的二十大精神》等专题专栏。精心策划二十大"奋进新征程 建功新时代"重大主题宣传活动，紧跟打造"两地三区一枢纽"、实现"进五争四"奋斗目标步伐，紧贴全市"十大目标""十大行动"及年度"九项重点工作"，紧密结合宣传思想工作提质年"六大提质行动"，策划"牢记嘱托 崭'新'答卷"等10个重大主题宣传活动。完善全市"3+N"网格化管理、"数智谷"建设、中原农谷等重点工作，成功举办第五届高博会和WTT世界杯决赛等重大活动。坚持精品打造，"攻大刊、登大报、上头条"成效凸显，2022年，在省级以上重要主流媒体平台刊播相关报道1000余篇（条），总点击浏览量10亿+。

新闻出版。 所有服务企业事项实现一网通办，按时完成全市376家印刷企业和514家发行单位的年度审验核验、26家连续性内资的年度审验工作。制定《新乡市新闻出版安全生产应急预案》，组织开展两次行业集中整治活动，全面无死角对全行业企业进行风险排查。推进从业人员技能提升，组织参加第八届河南省印刷行业职业技能大赛，共计18人获奖，市新闻出版局荣获大赛优秀组织单位荣誉称号。开展"剑网2022"等专项版权保护行动，查处侵权盗版案件7起，涉案金额2000余万元，捣毁窝点5个，取缔违法经营单位12家，12人获评国家版权局2021年度查处重大侵权盗版案件有功个人，市委宣传部荣获有功单位一等奖。组织18家"人民院线"影院开展优秀影片公益放映，统筹做好农村公益电影主题放映活动，全年放映公益电影19168场；做好电影专项资金管理有关工作，拨付补助影院资金共计147万元。

特色文化活动。新乡市县同步开展"喜迎二十大 欢乐进万家"系列群众文化活动，举办首届"惠民文化节"。在河南省群众文化活动工作总结大会上，新乡市获评4个优秀组织工作奖和29个优秀个人、优秀作品奖。在省广场舞大赛和群众大合唱比赛上，新乡市代表队荣获两个一等奖，市文旅局获优秀组织奖。策划开展一系列综艺晚会、主题书画摄影展等活动，组织艺术广场舞大赛、"我的乡村文化合作社"才艺大赛、"盛世梨园我来唱""小梅花奖"戏曲大赛、"典籍里的中国"诵读大赛等群众性文艺赛事，"非凡十年·出彩新乡"主题摄影展成为市民"网红打卡地"，广场舞"百团展演"为市民献上了一场文化盛宴。全市共开展群众性文化活动8万余场次，参与群众达500余万人次。

文化遗产保护。《新乡市不可移动文物保护条例》正式施行，新增2家博物馆列入中央补助免费开放博物馆名录，新增非国有博物馆备案2家，56处市保、13处省保保护范围全部划定。新乡文庙和新乡李大钊遗址2处保护规划经市政府公布实施。2022年争取到8个"三防"工程项目，项目数量在全省排第二名。全年开展文物勘探87处，考古发掘面积约15000平方米（在全省名列前茅）。提请市政府公布第六批73个市级非遗项目，成功推荐2名省级传承人参选国家级非遗传承人。评选认定新乡市首批21家非遗工坊，得到省厅高度评价。完成了《牧野古韵Ⅲ》的编撰、印制工作。聚焦优秀非遗传承创新实践，张氏经络传承人张喜钦、烹饪技艺传承人李志顺入选2021"河南非遗年度人物"，省级非遗传承人刘玉伟荣获中国第八届民间工艺美术大赛银奖。

公共文化服务体系建设。2022年，新乡市本级已建成公共图书馆、群众艺术馆、博物馆等公共文化设施9类15个。建设"馨香书坊"101座，城市书柜400个，打造市民家门口"精神粮仓"，城市"15分钟文化生活圈"进一步丰富。打造一批特色文化小镇，建成了8家非遗展示馆、传习所、村史馆、基层党建纪念馆等公共文化场馆。加快推进公共文化服务数字化进程。"百姓文化新乡云""新乡文化云"两个公共数字文化平台，全年开展文艺直播活动62场次，共上传活动1400余个、资讯2100余条、视频1100余个。市图书馆、市群众艺术馆、市博物馆等市级公共文化服务场馆均配置现代数字化智能化服务设施设备，各县（市、区）相继全面完成了数字平台的建设，实现了县级平台全覆盖。

文化体制改革和文化产业发展。《新乡市实施文旅文创融合战略工作方案》《新乡市"十四五"文化旅游融合发展规划》印发实施，《大运河新乡段发展战略与行动规划》通过评审，顶层设计进一步完善健全。启动开展"创意之光 礼赞新乡"新乡市文旅IP创意设计大赛，大赛获奖作品"新小爵"被选定为新乡城市官方IP吉祥物。围绕黄河安澜和中华文明探源工程，成功举办黄河保护与文化发展论坛。久鼎筌筷应邀参加2022中国-东盟博览会旅游展，参演中国东方演艺集团出品、太合音乐集团联合出品的音乐诗画《听此青绿——乐咏千里江山》。

文旅文创融合。广泛开展"十大战略在新乡"系列学习活动。天路之家——郭亮艺术研学营地获评"非遗点亮老家河南"青年乡村营造行动优秀公共空间设计。推动馆藏文物创造性转化，初步设计"牧野礼物"近20件。牧野之战选题亮相"行走河南·读懂中国"元宇宙创造者大赛并将通过游戏场景复原。宝泉创成河南省五钻级智慧景区，辉县市成功创建第二批省级全域旅游示范区，辉县市、长垣市纳入河南省首批文旅消费示范县创建名单，原阳九多肉多酱卤文化园入选AAAA级旅游景区公示名单；平原示范区黄河文化生态旅游度假区（凤湖）被评为省级旅游度假区；凤泉区入选2022年至2024年度"河南省民间文化艺术之乡"；辉县市张泗沟村成功创建第四批全国乡村旅游重点村，实现了新乡市在该领域创建上零的突破；卫辉古村探索之旅、辉县清爽太行研学之旅等3条线路纳入全国乡村旅游精品线路；林境三湖民宿成功创建首批全国乙级民宿，林境三湖民宿和山的礼物2家民宿被评为全省首批五星级乡村旅游民宿。

精神文明建设。制定颁布了《新乡市文明行为促进条例》。长垣市孟岗镇等36个村镇入选河南省文明村镇，辉县市卢新河等4个家庭入选河南省文明家庭，9名典型入选河南省2022年"乡村光荣榜"名单。2022年共推出2位中国好人、10位河南好人，各类典型选树共7项153名。共复查40所省级以上文明校园，新申报34所省级文明校园、11所省文明校园标兵；

中原农谷　农科"芯"城

2名学生获得河南省新时代好少年荣誉称号，新评出30名新乡市新时代好少年。在青少年中开展"童心向党"和"学雷锋我行动"等主题教育实践活动喜迎党的二十大。进一步加强网络文明建设，新乡文明网开设了文明新乡等19个专题栏目，2022年共发布信息2500余篇，被河南文明网、中国文明网采纳近百篇。

【新乡WTT世界杯决赛2022】 世界乒乓球职业大联盟（WTT）世界杯决赛于2022年10月27日至30日在新乡市平原（建业）体育中心举行，全球最顶尖的男女各16名运动员，在此向赛季末的最后一项冠军和总额100万美元的奖金发起冲击。此项赛事是包含奥运会、世锦赛在内的大满贯三大赛事之一，经过4天的激烈角逐，10月30日晚，中国选手王楚钦、孙颖莎分别获得男单、女单冠军。河南省委常委、宣传部部长王战营和WTT董事会主席、国际乒联第一副主席、中国乒协主席刘国梁分别为其颁发奖杯。世界级乒乓球赛事花落新乡，源于新乡作为"乒乓热土，冠军摇篮"，多年来，新乡连续不断向省队、国家队输送了大批优秀的乒乓球选手，培养了张立、葛新爱、刘国梁等乒乓球世界冠军及国家体育栋梁。新乡给世界奉献一场精彩、圆满、成功、令人难忘的国际乒乓盛会的同时，也让更多人从不同视角更深入地认识新乡，从而提升新乡的知名度和美誉度。

【文艺精品创作荣获省"五个一工程"奖】 新乡市积极组织参与河南省第十三届精神文明建设"五个一工程"评选工作，两部作品获得省"五个一工程"优秀作品奖：一部是由河南人民出版社出版的石金科创作的纪实文学《人民永和》；另一部是由中共新乡市委组织部与中组部全国党员教育培训示范基地——新乡先进群体教育基地共同委约，由秦新民作词、鲁璐、孟文豪作曲，陈静演唱的歌曲《就是这双手》。此外，市委宣传部被授予组织工作奖。

【"非凡十年·出彩新乡"主题摄影展】 2022年10月8日上午，由新乡市委宣传部主办，新乡日报社、新乡市文学艺术界联合会、新乡市摄影家协会承办，各县（市、区）委宣传部、"学习强国"新乡平台协办的"喜迎二十大 奋进新时代"之"非凡十年·出彩新乡"主题摄影展在新乡市政府南广场开幕。该次主题摄影展作为全市"喜迎二十大"系列宣传活动的重要组成部分，通过一幅幅生动鲜活的艺术作品，全方位、多维度展现了新乡市十年来在经济发展、社会稳定、文化繁荣、科技创新、党的建设等方面取得的辉煌成就。该次主题摄影展从万余张图片中精选展出120余幅，以中国结、同心圆为布局，分为大美新乡、创新引领、交通先行、项目为王、强农兴农、绿色发展、人民至上、党旗飘扬8个篇

2022年10月27日，新乡WTT世界杯决赛2022开幕式

章，由太行魂、黄河颂、平原美组成"好看新乡"，采取线上、线下融合展的方式，面向全社会展示，共吸引了全市数万名职工群众观展，成为市民"网红打卡地"，反响热烈。

·卫滨区·

【文化概览】 卫滨区位于新乡市区西南部，是新乡市的商业、交通、文化、医疗中心。因地处卫河之滨而得名。全区共有22处县级以上文物保护单位，其中县级10处，市级8处，省级2处，水东定觉寺尊圣陀罗尼经幢和河朔图书馆为新乡市区仅有的两处国家级文物保护单位，圣陀罗尼经幢也是全国仅存的两处唐代经幢之一，络丝潭龙山文化遗址历史6000年，以及张固城越王赵佗墓、获嘉古城址、李村东魏高永乐石刻造像碑、传承2000年济渎文化的源头——济渎庙、冯石城遗址等；全区共有非遗项目28个。其中，省级面塑、牛忠喜烧饼制作工艺、卫滨区剪纸、郭峰膏药制作技艺4个，市级老君庵庙会、八卦拳、百年赵记牛肉制作技艺等12个，区级武术大红拳、张氏布老虎、古旧字画装裱与修复等12个。全区共有非遗传承人23人。其中省级代表性传承人3人，市级代表性传承人8人，区级代表性传承人12人。

政治理论学习。成立道德模范宣讲团、党的二十大精神宣讲团等基层宣讲团4个，开展宣讲72场次。在抖音号、微信公众号等平台，开设"学四史""学习进行时"等专题专栏。举办卫滨区"党的创新理论宣讲"主题宣传教育实践活动宣讲大赛，创作的快板作品《让青春闪光》在全市"党的创新理论宣讲"大赛荣获文艺类一等奖，入选省委宣传部主编《"喜迎二十大 豫讲豫出彩"基层理论宣讲优秀讲稿汇编》一书。

精神文明建设。大力开展未成年人思想道德建设。推荐、选树、宣传"新时代好少年"，推荐评选市级5人，省级1人。深化拓展新时代文明实践活动，广泛开展"文明实践十大活动"等活动150余场，发放创建宣传品1.2万余份。举行"喜迎二十大——'砥砺奋进新征程 文明绽放新时代'2022年卫滨区新时代文明实践文化文艺会演暨《新乡市文明行为促进条例》宣传进社区活动"。持续打造"卫滨好人"品牌。全年组织道德模范宣讲团开展新时代文明实践宣讲活动60余场。

文化活动。2022年新建成卫滨区图书馆和5座城市书房。围绕重大节日持续开展"舞台艺术送基层"等各类文艺会演、美术书法作品展20余场。大力推进乡村文化合作社建设，开展"寻找村宝""齐秀村艺""唱响村歌"等主题活动。加强文化队伍建设和文化人才的引进和培养，全年共举办戏曲、书画、摄影等各类培训班9场，培养基层文艺骨干700余人。积极开展全民阅读推广活动，为26个农家书屋配送67种图书。举办卫滨区"喜迎二十大 奋进新征程"美术书法摄影展，组织"喜迎二十大 欢乐进万家"合唱、广场舞大赛等群众文化活动，在重大时间节点，开展"喜迎二十大 童心寄党情""童心向党 党的故事我来讲""歌声颂祖国"等线上线下文艺活动50余场。

非物质文化遗产保护与传承。举办非遗"进社区""进校园"系列活动10余场，促进传承人主动参与非物质文化产业化。2022年，成功发掘"张氏布老虎""黑陶""古旧字画装裱与修复""食品雕刻技艺"四项非物质文化遗产项目，申报为第七批区级非遗保护项目。辖区内三名非遗传承人成功入选第五批河南省省级非物质文化遗产代

2022年6月25日，"喜迎二十大——'砥砺奋进新征程 文明绽放新时代'2022年卫滨区新时代文明实践文化文艺会演暨《新乡市文明行为促进条例》宣传进社区活动"在新乡市体育场举办

2022年9月14日，"喜迎二十大 唱响新时代"群众合唱大赛（卫滨赛区）在新乡市人民公园南门广场举办

表性传承人，分别是：传统美术类《面塑》传承人刘玉伟、传统技艺类《牛忠喜烧饼制作工艺》传承人牛奔和传统医药类《郭峰膏药制作技艺》传承人郭振阳。

【打造省级旅游休闲街区】 推进东方文化商业步行街景区文创项目发展，发展"石榴市集"夜经济，进一步促进文化和旅游夜经济。通过布局文创新业态，结合现有雕塑、石刻等文化作品，进一步突出传统文化特色。二层"石榴巷"主题文化街区，入驻有非物质文化遗产苏绣、面塑、版画、泥塑、陶艺等近50家品牌，已成为新乡市文创品牌最为集中的综合性平台，被誉为"新乡市城市文化会客厅"。2022年11月，东方文化商业步行街代表卫滨区参加第九届中原鹤壁文化产业博览交易会活动。12月，被认定为省级旅游休闲街区。

· 红旗区 ·

【文化概览】 红旗区位于新乡市东南部，是新乡市的主城区和核心区，市委、市政府所在地。区内驻有5所高校，各类在校学生约15万人，是全市的政治、金融和教育中心。先后荣获"全国自然资源节约集约示范区""全国科普示范区""全国和谐社区建设示范城区""全国普法工作先进单位""全国青少年校园足球试点区"等35项国家级、100余项省级和400余项市级荣誉。红旗区历史文化悠久，辖区共有国家文物保护单位1处，省级文物保护单位5处，市级文物保护单位7处，38处文物保护点。全国重点文物保护单位大观圣作之碑，省级文物保护单位文庙、七世同居坊等均坐落于此。正在筹建的大运河国家文化公园区域内现存多处市级文物保护单位，包括李家大院、付家大院、游家书屋、金龙四大王庙、百年药店等历史建筑与潜在遗产建筑，充分彰显红旗区厚重的文化底蕴。

理论武装工作。深入学习贯彻习近平新时代中国特色社会主义思想，理论学习中心组开展专题学习研讨10次。积极发挥"红旗大讲堂"作用，开展"党的创新理论万场宣讲进基层"活动20余场，推出展播视频10余期。依托"两中心一平台"，开展网上云宣讲、现场云直播，通过红旗宣传公众号、抖音视频号、腾讯视频号等新媒体平台，持续推出"红旗大讲堂""小小宣讲员""红旗人讲红旗故事""党的二十大精神"等系列微宣讲视频100余期，其中"小小宣讲员"系列宣讲微视频被"学习强国"河南学习平台采用刊发。

精神文明建设。挖掘出497个先进模范人物事迹和38个家庭家风家训故事。依托红旗展览馆，召开"出彩红旗人"发布会，评选出"出彩红旗人"个人17个、团体13个。评选先进典型事迹30余个，王文洋荣登"中国好人榜"，李瑞睿荣登"河南好人榜"。深入推进乡村光荣榜宣传选树和星级文明户认领活动，8人荣登新乡市"乡村光荣榜"，41人荣登区级"乡村光荣榜"，37个行政村的1267户农户认领星级文明户。举办文明实践集市11期，287支"星火红旗"志愿服务队开展文明实践活动2500余场，累计受惠群众达8000人次。

新闻宣传。在中央、省、市各主流媒体共发表稿件1090篇，同比增长100%。其中，国家级媒体发稿58篇，省级303篇。《人民日报》刊发《河南新乡有座中原诚信博物馆古今诚信事 说与众人听（解码·博物馆的力量）》，央视频客户端播发《同新抗疫 党群同心》等文章。"学习强国"发稿总数164篇，其中《百灵炫｜河南新乡：红旗人共读一本书》和《百灵炫｜超轻黏土制作小小宇航员》被全国学习平台采用。

物质和非物质文化遗产保护。辖区共有国家文物保护单位1处，省级文物保护单位5处，市级文物保护单位7处，共38处文物保护点。2022年市慈善总会拨款114万元用于李家大院、付家大院、游家书屋以及留庄营戏楼的抢险加固。协调资金160余万元，对留庄营戏楼和洪门泰山庙进行了维修加固。建立健全非遗保护体系，2022年新增区级非物质文化遗产名录5项，区级非物质文化遗产保护传承人5人。截至2022年底，辖区内有国家级非遗项目1项，省级非遗项目1项，市级非遗项目2项，区级非遗项目名录10项。

【红旗展览馆（红旗先锋馆、家风家教家训馆）】 2022年4月28日红旗展览馆正式开馆，展览馆共两层，总面积达2000平方米，一层红旗先锋馆，二层家风家教家训馆。展览馆共展出497个先进人物和38个家庭家风家训故事。2022年共有17个人，13个团体的先进事迹入馆。同年9月，荣获"河南省级社会科学普及基地"荣誉称号。

·牧野区·

【文化概览】 牧野区原名"新乡市郊区"，位于新乡市区中北部，2003年经国务院批准更名为"新乡市牧野区"。牧野区古属大禹分天下时的华夏九州之首——冀州，为商汤时期京畿之地。历史记载牧野大战曾发生于此，现在的杨岗村、茹岗村、畅岗村原名为古龙岗、古凤岗和古龟岗，相传是武王伐纣兵临牧野时驻扎的村落。新中国成立初期，新乡是平原省省会，省会旧址位于牧野区。现存有春秋时期卫国

2022年6月8日，牧野区2021年度公共文化服务体系建设绩效考核培训会议在牧野区会议中心3号会议室召开

贤人蘧伯玉故居和仰韶、龙山时期文化遗址，以及兴国寺、马坊遗址等省、市级文物重点保护单位。牧野区是晋冀豫四省接壤地带的重要商埠、豫北地区重要国家公路运输枢纽城区。辖区生态环境优良。

精神文明建设。精准策划实施文明实践项目。先后举办《国学经典 公益诵读》《文明促进条例》等宣讲、文艺活动30场。将文明创建和未成年人工作相结合，在辖区内设置彩绘墙，用中小学生画笔下的"文明城市图景"装点文明城市，助力文明之花盛开。文明单位创建有序推进。2022年辖区新推荐省级文明单位2个，省级文明单位标兵1个，省级文明校园1个，市级文明单位3个，文明村镇1个，文明校园3个。讲好"牧野故事"。《河南日报》、河南广播电视台等媒体推出《"谷"城竞风流》《凝"政"能量"协"力抗疫情》《擘画新蓝图 阔步新征程》等文章。

物质和非物质文化遗产保护。顺利通过省市考核组对牧野区省级非遗项目岳家拳专项资金绩效考核。成功申报风筝制作技艺为第五批省级非物质文化遗产。举办"以刀代笔，游刃薄卵"蛋雕作品展。非遗核雕作品《日出东方，百年辉煌》和木雕《丝路方舟》荣获河南省民间艺术大赛二等奖。组织传承人参加黄河非遗国际创意周及新乡市委党校黄河文化论坛展，省级非遗传承人张成礼被授予全民健康生活方式新乡志愿团队专家团顾问并被今日头条采访。牧野区市级非遗项目常派木雕、区级非遗项目邱氏中医治疗法申报新乡市非遗工坊，全面助力乡村振兴。

群众文化活动。举办2022年"同心逐梦共联欢"新年音乐会、"永远的丰碑·雷锋之歌"清明节原创诗词线上朗诵会、"浓情过端午戏曲进校园"少儿文艺演出等文化文艺活动30余场次。举办"如虎添翼"壬寅虎年迎春书画展、书画艺术进乡村等展览10次。开展"诗情花意 闻香绽放""三八妇女节"艺术插花及阅读分享、深入学校开展"我们的节日——端午"主题阅读、"书香绽放童年 放飞青春理想"全民阅读和"喜迎二十大，经典图书进校园"图书推广等活动

共12场次。组织全民艺术普及周文艺培训、广场舞骨干培训等各类培训26次。

公共文化服务体系建设。召开全区公共文化服务体系建设推进会议。在政府网站上公布《新乡市牧野区基本公共文化服务标准（2021—2025）》。积极引入社会力量投入公共文化场馆建设，完成定国湖书房馆、师大怡景馆、丑小鸭馆、东风路明锐馆、牧野花园馆五座城市书房的建设任务，接待读者共计9100余人次。不断推进数字化建设，通过微信公众号持续发布名师讲坛、牧野讲坛、慕课学习、文艺培训等，相继发布国学讲座15期、国学诵读10期、牧野新书推荐56期、展览14期、少儿绘本故事44期等线上活动，2022年度文化馆通过线上发布信息达到324条，点击率达54488人次；图书馆发布推文293条，浏览量达22054人次。

【"行走新乡 云游牧野"系列非遗影像展】 2022年6月9日至11日，以2022年牧野区"文化和自然遗产日"系列活动为契机，牧野区文化馆在牧野区文化馆微信公众号平台发布三期"行走新乡 云游牧野"系列非遗影像展，喜迎党的二十大胜利召开。该次展览共3期［第一期：牧野区市级非遗项目《太行核桃微雕》传承人毛彦雷，作品《战争与和平》《抗疫》等；第二期：牧野区市级非遗项目《布贴画》传承人张秀琴，作品《寿星》《连年有余》《四美图》等；第三期：牧野区市级非遗项目《木雕（常派）》传承人胡文杰，作品《达摩》《弥勒佛》《十八罗汉》等］。共展出微雕、布贴画、木雕作品37幅，扩大了牧野区非物质文化遗产的知名度，历史优秀传统文化实现活态传承。

·凤泉区·

【**文化概览**】 凤泉区位于新乡市城区北部，太行山余脉凤凰山麓。文旅资源丰富，连接南太行旅游带与卫辉人文旅游带，境内有仰韶文化、龙山文化、"武王伐纣"遗址等省、市级文物保护单位30余处；凤凰山是"国家矿山公园""省级森林公园"；凤泉湖规划面积21.24平方公里；愚公泉被称为"世界水利工程史上的奇迹"；AAAA级景区"中原定陵"潞王陵，是全国最大、保存最完整的明代藩王陵墓，被列入世界文化遗产预备名录；"五陵春晓"曾是新乡老八景之首；还有化纤厂等工业遗迹等。

新闻宣传。开通"厚德凤泉"抖音、今日头条官方账号，持续做好学习宣传贯彻党的二十大精神、疫情防控、全国文明城市创建等宣传报道；增设《网络文明实践月》《凤泉区身边好人》等专栏，形成"新闻+商务+政务+服务"矩阵服务；搭建"稿件池"，定期设置宣传话题，布置宣传任务；积极对接上级媒体，光明网刊发《从吃"资源饭"到吃"生态饭"！凤泉建区40年，要当新乡"后花园"》，中国日报网刊发《新乡市凤泉区委书记杨洁带队调研传统产业转型升级和产业集聚区建设管理工作》等文章，全方位、多角度、立体式讲好凤泉故事。

精神文明建设。表彰区级"乡村光荣榜"人物11类、22人，表彰区级道德模范10人。全区54个新时代文明实践中心、所、站三级体系建设均已完成挂牌并常态化开展文明实践活动。成立新时代文明实践志愿服务总队1支，专业志愿服务队11支，强化"10+N"志愿服务队伍培育，持续开展"四德教育""移风易俗"等主题活动。广泛推进爱心超市、村史馆建设，打造"五陵时间银行"积分管理品牌，建立健全"五会组织"，形成党的领导和村民自治有机结合的乡风治

2022年6月11日，凤泉区文旅局联合汉风博物馆、潞简王墓博物馆及优秀非遗传承人，在凤泉市民文化广场开展2022年世界"文化和遗产日"集中宣传活动

理新体系。

物质与非物质文化遗产保护。 提升汉风博物馆整体建设，安装电子宣传大屏，展出馆藏文物近200件。成功申报潞琴艺术等9个非遗项目为新乡市第六批非遗保护项目，大块镇成功申报"河南省民间文化艺术之乡"称号，凤泉区灵芝种植与炮制技艺被评为新乡市首批非遗工坊。加强文化推介，联合潞简王墓博物馆、汉风博物馆，深入开展博物馆送文化下基层，广泛宣传文物知识；集中开展文化和自然遗产宣传活动，邀请省级非遗项目小咚鼓代表性传承人牛如顺、市级非遗项目潞琴艺术代表性传承人郝秉鹏、市级非遗项目烙画艺术项目代表性传承人王子健现场表演，深受群众喜爱。

文旅文创品牌塑造。 3月底至5月初召开潞王陵景区"牡丹花节"活动，塑造具有凤泉特色的节庆品牌；举办"国风音乐会"，展演凤泉区非遗文化潞琴艺术，不断促进文旅融合发展。推荐潞王坟乡成功申报生态旅游示范镇，推荐潞王坟乡五陵村成功申报乡村特色旅游村。全国首家以征集、收藏、展示、研究诚信文化为主题的中原诚信博物馆向公众免费开放，展出实物共400余件(套)，图片300多张，荣获2022年度新乡市"优秀社科普及基地"称号。

【**大块镇成功申报2022—2024年度"河南省民间文化艺术之乡"**】大块镇是省级文化先进乡镇，其书画艺术历史悠久、资源丰富，书画人才和优秀作品层出不穷、别具特色。现有书画协会会员350余人，其中国家级会员2人，省级会员37人，市级会员46人，走出了著名书法家齐白石弟子李霞生、杨现富、潘广明等，知名画家郭世富、石子庆等，民间行草高手秦守亮、篆刻高手高培才等。自2013年起，大块镇全力争创河南省民间艺术之乡，经过不懈努力，12月成功申报2022—2024年度"河南省民间文化艺术之乡"(书法类)。

·平原城乡一体化示范区·

【**文化概览**】2010年2月，新乡平原新区经河南省人民政府批准正式成立，位于黄河北岸，紧邻郑州都市区，2013年更名为新乡市平原城乡一体化示范区，简称平原示范区。是豫北地区联系郑州的重要节点，也是郑州辐射豫北的"桥头堡"。辖区现有6个文化站、132个基层综合性文化服务中心、6个城市书房、各级文物保护单位44处、各级非物质文化遗产项目14项。所辖区域多为古原武县区域，历史文化深厚，建于北宋的玲珑塔为全国重点文物保护单位，是目前世界上发现的最古老的斜塔，建于明代的原武城隍庙为河南现存最早的城隍庙。平原示范区英杰辈出，曾涌现出毛遂、周勃、周亚夫、娄师德等历史名人，孕育了毛遂自荐、细柳屯兵、唾面自干等成语典故。辖区内拥有126平方公里黄河滩区，万亩槐林、万亩桃林、万亩花海、万亩湿地，拥有1840亩凤湖、1300亩凤冠湖等七大生态湖泊、超百公里生态水系蜿蜒其间，书画着"大美平原，豫北江南"的魅力画卷，2022年成功创建省级旅游度假区，且成为新乡市黄河流域首家省级旅游度假区。

精品文化活动。 持续深化"我们的节日"主题活动。开展"一地一品、一乡一味、一馆一色、一节一魂"创建活动，打造富有地域特色的乡村节日文化活动品牌。以新乡市惠民文化艺术节为载体，开展"印象平原""唱响平原""舞动平原""书香平原""魅力平原"五大系列活动，策划并举办书画展、全民阅读、文化艺术展演、文化艺术培训、舞台艺术送基层、文化艺术志愿服务、端午节活动、重阳节活动、农村"村"晚等活动。在新乡市"群英奖"音乐舞蹈大赛、戏曲曲艺大赛中《花儿朵朵》舞蹈荣获新乡市第一名，《大中国》《我的糖果工厂》等6个舞蹈均获得市级优秀奖。由龙源街道办事处选送的《打金枝》在新乡市《小戏 小品》大赛中荣获优秀奖。

精神文明建设。 持续开展文明城市常态化创建，在年度各县(市、区)督导考核中排名第三。成功创建省级文明村镇6个、省级文明校园2个、省级文明单位1个，市级以上文明乡镇创建率达100%，区级以上文明村镇创建率达到80%。大力开展"文明家庭""乡村光荣榜""星级文明户"等群众性精神文明创建活动，新增区级以上各类先进典型人物102名，其中，省级以上先进典型人物2人。实现新时代文明实践中心(所、站)全覆盖。制订2022年度新时代文明实践活动计划和每月活动清单，精心组织开展"新时代文明实践推动周"活动，2022年共开展新时代各类文明实践活动1150余次。

公共文化服务体系建设。 夯实基层文化阵地建设，提高居民幸福指数。加强基层综合性文化中心建

2022年8月25日,平原示范区"喜迎二十大 文化艺术展演"在凤湖美食广场举办

设提升工作。全区6个综合文化站和131个行政村、1个社区基层综合性文化服务中心,按照"七个一"的标准建成投入使用,后期又对19个亮点村进行亮化提升。加强书香城市建设。持续打造"全民阅读·书香平原"活动品牌,2021年到2022年,投资70余万元,2年建设城市书房6个(标志型2个、简约型4个),配备图书约1.5万册。全区共建设农家书屋131个。加强文化合作社建设,成立"乡村文化合作社"67个。草坡文化合作社获得河南省首批乡村文化示范合作社、新王村文化合作社获新乡市首批乡村文化示范合作社。

【举办系列文化艺术展演活动】2022年8月25日,平原示范区举办"幸福新乡 欢乐万家"系列群众文化活动,"喜迎二十大 文化艺术展演"。共举办文化艺术展演2场,内容包含歌唱、舞蹈、小品、朗诵、戏曲、绘画、沙画等,200余名选手参与展演,现场观众达3000余人次。通过艺术展演带领和鼓励群众参与到文化活动中来,丰富群众文化生活、增强群众的体验感、幸福感、获得感。

·高新区·

【文化概览】 新乡高新区成立于1992年,位于新乡市区正南部,2012年8月被国务院批准升级为国家高新区。2022年,新乡高新区注重以丰富多彩的公共文化活动鼓舞人心、凝聚力量,注重以多元的公共文化设施供给夯实宣传阵地,注重以规范管理加强文化市场安全,注重以常态化管理保护文化文物传承,辖区内共有省级文物保护单位1处、市级文物保护单位2处、县级文物保护单位1处,一般文物保护点10处。

群众文化活动。围绕传统节日开展"喜迎二十大,书画进万家"书画比赛、"喜迎二十大,中原舞翩跹"广场舞大赛、"诗话端阳·喜迎盛会"原创诗歌朗诵会、"文化惠民·送书下乡"、"文化惠民·送戏下乡"、"过快乐端午,品传统文化"、"喜迎二十大、书画庆丰收"等文体活动。充分利用各类资源,组建群众性文化文艺宣传队,举办"喜迎二十大,礼赞新时代"第一届"金阳杯"书画展、"喜迎二十大,翰墨传真情"书法展、"同庆中秋佳节,喜迎盛会召开"中秋节文艺会演、"'扫黄打非'树新风'护苗'在行动"朗诵会等活动。

公共文化设施建设。建设1700余平方米的街道文化站。联合高新区老年大学、新乡市居家养老管理服务中心、12349居家养老网络服务中心等机构,建立以社会组织为驱动、以社会工作为手段、以社区服务为载体的"三社联动"运作机制。以"社工+义工"的模式完善"幸福家园"社区志愿服务体系,提供多功能综合服务。建成新乡高新区馨香书坊"开元新城"馆。使用面积达150余平方米,藏书2000余册,配备各类智能设备。提升公共文化设施综合能力。完善8个社区综合文化服务中心配套设施,建设乡级综合文化站1个,基层文化服务中心19个。

文化市场管理。建立区、乡(街道)、行政村(社区)三级文化市场安全工作队伍,建立常态长效管理工作机制。开展文化旅游市场安全隐患排查整治工作、互联网上网服务营业场所专项整治行动、文化市场管理"闪电"系列行动、校园周边文化市场环境集中治理等活动,全年共出动工作人员1000余人次,检查各类文化经营单位200余家次。建立文化市场扫黄打非工作每月巡查机制,强化校园周边扫黄打非工作。建立社区"周排查"和台账管理工作机制,将扫黄打非等工作纳入社区网格员工作职责,共建立专项排查台账117户、编制相关宣传教育信息26篇。

历史文化传承。辖区共有省级

文物保护单位1处、市级文物保护单位2处、县级文物保护单位1处，一般文物保护点10处。2022年，对全区14处文物保护单位责任公示牌进行提升改造，持续开展文物安全大排查专项行动，同时，积极组织非遗文化进社区、学习贯彻文物保护法等系列活动，加强对非遗文化的宣传与保护。重点开展市级文物"贾心斋墓"保护工作，建立健全保护单位安全保卫管理工作制度，全年共开展文物排查30余次，配合市级文物部门对贾心斋墓进行保护范围测量2次，组织安全卫生消杀12次。

【开发高新区关堤乡近郊游项目】建设特色近郊乡村休闲旅游环线（简称乡村游环线），以白马村为起点，将8个近郊村贯通。画趣白马、塔小庄。聘请本土网红"大新"、景观建造师王正龙以特色墙绘为切入点对环境美化和产业发展布局进行规划提升。白马村墙绘吸引市民参观打卡。周末客流量达1000人次/日。生态"渔"乐郭小庄建设，投入300余万元资金，依托集装箱养鱼项目带动群众利用闲置宅院建造清水池养殖鲈鱼创业，每年每户每池净利润约6000元。田园农景柿园、司马、刘庄。依托种植结构调整和品质提升，以农业附加值高且带有观光采摘功能的农作物为主，丰富乡村游环线休闲观光内容，构建多样化乡土特色农产品生产销售链条。马堤村水墨文化历史悠久，投资150万元规划建设水墨马堤。结合水墨文化，打造乡村休闲旅游精品点位。

·经开区·

【文化概览】　新乡经济技术开发区位于新乡市区东部，2003年建区，2006年升级为省级经济开发区，2012年升级为国家级经济技术开发区。辖区总面积50平方公里，建成区面积25平方公里，总人口11万。与新乡市同生共长，黄河文化、太行文化、牧野文化在此汇聚，穿越千年的丝路箜篌、蜿蜒曲折的黄河故道、"古胙地第一大抗洪防沙工程"太行堤，都是经开区历史悠久、传承千年的独特印记。2000余亩大美平原湖和11万平方米大沙河湿地公园交相辉映，全球唯一的箜篌博物馆魅力非凡，经开区正日益成为"宜居、宜业、宜游、宜学、宜养"的幸福之区。

宣传报道。与市电视台合作的《魅力经开区 新乡向东方》电视新闻栏目，自成立以来共播出83期新闻综合电视片，累计播出520余条新闻视频。坚持将重点宣传与常规宣传有序有效相结合，做到"报刊上专版、电视有专题、网络全覆盖"。中欧班列、箜篌、常态化疫情防控物流保通保畅等经开新闻首

2022年12月25日，高新区关堤乡政府"迎新年"活动在张八寨村举办

白马村打卡网红画墙

次在中央电视台《新闻联播》《焦点访谈》《新闻30分》栏目，以及《光明日报》《经济日报》客户端、新华网、中国网等中央级媒体频繁刊发（播），实现建区以来央级层面主流媒体"大爆发"。

精神文明建设。围绕喜迎党的二十大胜利召开，组织开展"我们的节日"系列活动，挖掘传统节日文化内涵，创新传统节日的载体形式。开展"新时代文明实践推动周"活动，结合实际开展学《条例》争做文明河南人、悟思想争做红色文化传承人、强意识争做勤俭节约人、守规则争做秩序维护人、献爱心争做志愿服务人等五大主题文明实践活动，共计开展活动102场，受益人数4000余人。

文旅融合发展。平原湖公园位于经开区北侧，以黄河海河水文化、牧野文化为主题，建设了湖中心小岛、南岸城市形象广场、西岸沙滩草坪、北岸桥头广场和东岸老年活动中心等多个功能区域。2022年，以平原湖景区为核心，围绕黄河文化和箜篌艺术，全力打造特色文化露营基地品牌。重点围绕景区草坪地毯、湖畔近端、沙滩围廊等19处景观节点，投资1500万元规划建设露营酒店1座、贝壳帐篷4套、莲花帐篷4帐外天幕5套、六角天幕4套、三角帐篷4套、网红火锅三角帐篷5个，活动团建区1个，集装箱自选超市1个、露天汽车影院1座、游船艇餐厅1个。针对不同人群分别制订"露营场景"，通过"设施完善、品质高端、野趣十足"的系列露营产品赢得更多市场。打造"平原湖IP"，建成经开区平原湖慢享雅奢露营地。

2022年，经开区平原湖打造绿地开放共享区，搭建的临湖观景三角帐篷，让市民"乐享"绿地

2022年，新乡经开区久鼎箜篌博物馆中国馆现代箜篌陈列区

【**建设国际箜篌文化艺术交流中心**】 久鼎箜篌博物馆于2018年始创，涵盖中国3000年箜篌史与世界60多个国家地区的1200多款非遗箜篌影像及数千条非遗史料。为了强化文旅文创融合战略，久鼎已开始了展馆二期工程项目的建设计划。原箜篌博物馆将改造为六个展馆集群：黄河箜篌史展馆、中国箜篌博物馆、世界箜篌遗存馆、箜篌涅槃研学馆、鲁璐箜篌文化馆、久鼎箜篌演绎馆。

·长垣市·

【**文化概览**】 长垣市位于河南省东北部，新乡市东部。长垣历史悠久，夏商时期属豫州，秦设郡县，"长垣"之名始于战国，定于宋朝，沿用至今。约6000年前，就有人类在长垣劳动生息，长垣有浮邱店仰韶文化遗址，小岗、苏坟、宜邱等龙山文化遗址，有华夏第一名相关龙逢、千古君子蘧伯玉。长垣是全国文明城市、国家卫生县城、国家园林城市、国家新型城镇化综合试点城市、全国"城市双修"县级试点城市、全国农村人居环境整治成效明显激励县、河南省首批社会信用体系建设示范县、全省乡村振兴示范县。享有"中国起重机械名城""中国医疗耗材之都""中国防腐蚀之都""中国厨师之乡"等美誉。

理论学习。制定印发《关于建立健全党史学习教育常态化长效化制度机制的实施方案》等文件,乡科级党委(党组)理论学习中心组集体学习1560场次。累计开展"党的创新理论宣讲"等宣传教育实践活动4000余场次。打造全民思政理论宣讲品牌。实施"头雁工程",市委理论学习中心组学习了20次;实施"先锋工程",通过专题培训、岗位历练、交流互鉴、在职自学等方式不断提升综合素养和工作能力;实施"匠心工程",组织全市486个"两新"组织党支部3900余名党员学习党的二十大精神;实施"春蕾工程",评选2022年度长垣市"优秀少先队员"93名;实施"堡垒工程",开展群众进革命烈士陵园、小渠惨案遗址、李寨红色记忆馆等红色遗产展馆活动。

新闻宣传。在中央、省、市级以上媒体刊发宣传报道742篇,其中中央主要媒体刊发信息25篇。构建"两台一报、两微一端、两抖音一视频"的县级融媒体矩阵,实现9个平台互融互通。"云上长垣"App推出7000多条推文;长垣电视台生活、长垣新闻抖音账号发布原创短视频737条,播放量累计5.1亿人次;长垣融媒视频号发布原创作品801篇,总浏览到达1366万人次。党的二十大召开前夕,在"云上长垣"App设置"喜迎二十大"开机画面。2022年10月24日,"学习强国"长垣融媒号正式上线。原创公益广告《喜迎党的二十大 河南擘画新蓝图》荣获2022年度河南省广播电视公益广告和微视频征集活动广播类优秀奖。

精神文明建设。全国文明城市创建工作作为能力作风建设年典型案例上报新乡市,城乡融合发展被推荐为省先进经验。新时代文明实践中心(所、站)实现全覆盖,开展各类文明实践活动,受益人群达14万余人。重点培育"庄稼帮"志愿服务品牌,帮扶在外务工、无劳动能力群众5960户;创建"向阳花开"心理健康和家庭教育志愿服务品牌。"法润万家"志愿服务项目在河南省文明实践志愿服务项目交流大赛中荣获二等奖。组织开展"我为正能量代言""出彩长垣人""长垣好人"评选,评选推介宣传最美长垣人10名,出彩长垣人10名,长垣市道德模范5名,长垣好人9名,长垣市"岗位学雷锋"标兵10名。评选长垣市2022年乡村光荣榜人物79人,推荐新乡市乡村光荣榜人物22人。举办"出

2022年5月12日,"长垣市强国复兴有我 携手同心向未来百姓故事汇"在长垣市综合办公楼第三会议室举办

2022年7月23日,长垣市诗词楹联学会走进长垣市红色文化教育基地——赵堤镇进行采风创作

彩河南人"楷模发布厅进校园活动6场。

公共文化服务。 2022年7月,河南省考核组对长垣2021年度现代公共文化服务体系建设工作进行考核,长垣获得良好等次。积极推进数字文化馆、数字图书馆、"文旅云"平台,实现了文化服务"零距离"。推出数字阅读、文化慕课、名师讲坛等多元体验服务形态,共开展线上文化宣传62期。大力开展流动文化服务,争取文旅部配送流动舞台车1辆,完成送戏下乡150场,组织"舞台艺术送基层"演出活动14场。组织"锦绣长垣"基层文艺人才队伍培训11期,培养各类文艺人才470余人次。举办"强国复兴有我 携手同心向未来"百姓故事汇,长垣选手荣获全省2022年"强国复兴有我"主题宣传教育实践活动二等奖。2022年8月,长垣市入选河南省第一批"非遗助力乡村振兴"试点。

文化阵地建设。 积极推进打造15分钟阅读圈,2022年共建共享城市书房4座。以农村文化艺术队伍为依托,引导群众开展自娱自乐活动,建立"美丽常村""不同凡响""开心戏曲"等"乡村文化合作社"19家,发布作品152部,进一步推动了乡村文化繁荣。积极争创创建国家一级图书馆,完成了全国第七次公共图书馆评估定级工作。

文旅文创融合。 积极开展文旅文创品牌打造,开展河南省乡村旅游特色村、休闲观光园区、特色生态旅游示范镇、乡村旅游创客示范基地申报工作,2022年新评定7家三星级乡村旅游经营单位。芦岗乡西陈村被评为"省级乡村旅游特色村",月亮湾生态园被评为"省级休闲观光园区",丁栾镇官路西村纳入"首批省康养旅游示范村"创建单位。

【创建河南省诗词之乡】 以诗词"六进"工作为重点,着力打造了一批诗廊碑廊、文化墙等诗词文化景观,形成了独具特色的诗词文化村庄、诗词文化广场和诗词文化墙。在蒲北杜楼村将传统文化诗词、红色革命诗词和长垣本地诗人撰写的优秀诗词等刻石上墙,打造出了一道靓丽的诗词书法文化长街。在蒲西米屯、云寨、魏庄街道王庄村由名家刻制书写,打造了一批诗词文化特色鲜明的诗词文化广场。2022年组织开展大型诗词采风创作活动4次,营造了学习诗词、传承诗词、热爱诗词的社会氛围。

·卫辉市·

【文化概览】 卫辉市位于新乡市东北部,地处卫水之滨、太行东麓、南太行核心区域,辖13个乡镇、341个行政村,总人口50万,总面积868平方公里,是中国财神文化之乡、中国最佳文化生态旅游城市、全国科普示范市、省对外开放工作先进市、省投资环境优秀市、省级历史文化名城、省级文明城市、省级园林城市、省级卫生城市。卫辉历史厚重,名人辈出。自西汉高祖二年(前205年)设置汲县,距今已有2200多年的历史,起始时间最早、编纂时限最长的编年简史竹书纪年,在汲郡(卫辉)的战国时期魏墓中发现。卫辉自古以来就是豫北地区政治、经济、军事、文化中心,素有"南通十省,北拱神京"之称,是谋圣姜太公故里,亘古忠臣比干茔葬地、天下林姓发祥地。卫辉钟灵毓秀,宜居宜游。以苍峪山、霖落山等为代表的山水景观,以比干庙、望京楼、香泉寺石窟等为代表的人文景观,以唐庄红色教育基地、华新纱厂工人罢工旧址等为代表的红色景观交相辉映。现有国家AAAA级景区3家(比干庙、跑马岭、龙卧岩),国家AAA级景区1家(大禹湖),以及镇国塔、姜太公故里、孔子击磬处等文物保护单位、文化古迹百余处,拥有百年老校3所,曾培养出我国著名书画家卢光照、秦岭云、侯德昌等多位知名人士。

理论武装工作。 2022年,制定印发《卫辉市党委(党组)理论学习中心组学习制度》《卫辉市党委(党组)"第一议题"制度》等制度,带动全市各级党委(党组)开展理论学习500余场次,市委常委会落实"第一议题"学习25次。在融媒体中心各平台账号开办《二十大时光》等专题专栏,刊发各类稿件100余篇。开展各种主题宣传教育实践活动60余场次,征集主题实践活动优秀宣讲视频13条。开展党的二十大精神线下宣讲330余场,其中后河镇被评为新乡市示范宣讲点。

新闻外宣。 2022年共计在中央、省、市级主流新闻媒体刊播稿件2153篇,共计在中央人民广播电视总台、《人民日报》、新华社、《经济日报》、《光明日报》5家主流新闻媒体的重点栏目刊播稿件69篇。河南广播电视台《河南新闻联播》栏目连续播发《卫辉再生辉》专题报道5期,展现了建设幸福美丽新卫辉的各项重大成就和卫辉百姓的幸福生活。卫辉电视台、广播电台、卫辉融媒公众号、云上卫辉客户端共发布稿件1317篇。其中,《家里的麦子有人收 有人管 请放心!》浏览量35.9万多。举办《好大夫》和《文化会客厅》栏目24期。

公共文化服务。卫辉市现有三级图书馆1个、图书馆分馆19个,一级群艺馆1个、群艺馆分馆13个,博物馆1个,全部实行免费开放。建成乡镇综合文化站13个,成功申报新乡市级乡村文化示范合作社4家,建成城市书房3座,共摆放不同种类书籍近1万册。开展"喜迎二十大 建设新卫辉"乡村文艺会演等各种群众文艺活动70余场,开展卫辉市第二届群众书画展线上展等展览活动近70场次,开展"文艺进万家 健康你我他"新时代文明实践文艺志愿者服务活动20余场,组织戏曲进乡村12场,送电影下乡588场。开展柳位高跷非遗演出等新春走基层系列活动7场,大力弘扬优秀传统文化。

精神文明创建。深入开展"八项行动、五大提升"系列创建活动。新时代文明实践中心(所、站)实现县、乡、村全覆盖。建立学雷锋志愿服务站136个,发展"桂花树"等民间志愿服务组织18个,全市志愿服务系统正式注册登记4万余人。2022年,入选河南好人1人、新乡市级道德模范1人、新乡好人好事榜5人,评出卫辉市"乡村光荣榜"典型人物38人,12人成功当选新乡市"乡村光荣榜"典型人物。开展"我们的节日"系列主题实践活动。

文旅文创融合。"卫辉太行赏花之旅"成功入选文化和旅游部推出的"全国乡村四时好风光"精品

2022年10月4日,在"我们的节日·中秋节"主题实践活动中卫辉市"星火爱心志愿团队"前往顿坊店养老院开展慰问活动

2022年9月16日,"遇见美丽新卫辉摄影展"在卫州广场举办

旅游线路;苍峪山旅游度假区被认定为河南省省级旅游度假区;太公镇成功创建为省级特色生态旅游示范镇,狮豹头乡抵鹿泉村、南寨沟村、龙卧村成功创建为省级乡村旅游特色村;搭建卫辉文旅抖音公众号,策划制作"行走河南,豫见卫辉"等系列旅游宣传片,其中"姜太公故里"等多部短视频被"学习强国"平台采纳。灾后重建项目南门里天主教堂、贡院街清代民居、李敏修故居、香泉寺石窟安防工程均已圆满完工。

【"豫见河南 邂逅美好"卫辉市摄影作品展】9月16日,由卫辉市委宣传部主办,卫辉市文联和卫辉摄影家协会承办的"遇见美丽新卫辉"摄影作品展卫州广场开幕。展览以"加快建设幸福美丽新卫辉,以优异成绩迎接党的二十大胜利召开"为主题,展示新乡市经济社会发展及灾后恢复重建等方面奋力取得的阶段性成果。参展作品主要围绕《古城新辉》《奋斗之歌》《山

水如诗》三条主线，展出优秀作品100余幅。

·辉县市·

【文化概览】 辉县市位于河南省西北部，是一座有3000多年历史、集壮美太行山水和厚重文化底蕴为一体的历史文化名城，1988年撤县建市，是国家级旅游业改革创新先行区、全国科技进步先进县、全国文化先进县、中国书法之乡、中华诗词之乡、共工故里，是新时代文明实践中心国家级试点县、全国义务教育发展基本均衡县、国家首批绿色能源示范县，是全省旅游扶贫示范县、乡村旅游示范县、美丽乡村建设示范县、农村人居环境整治先进县和省级文明城市、卫生城市、园林城市、森林城市。辉县历史文化底蕴厚重，远古时期为共工氏活动地，夏代属冀州，商代为畿内之域，周为共国，西汉置共县，隋设共城县，唐立共州，唐贞祐三年，改称辉州，明洪武元年（1215年）始称辉县。公元前841年发生了"国人暴动"，共国国君共伯和代王行政，史称共和元年，是中国历史的准确纪年。境内有共城文化、仰韶文化、龙山文化遗存及殷商、战国、汉代大量历史古迹，20世纪20、30年代，子龙鼎出土于辉县，与后母戊鼎"一圆一方"并称为青铜国宝中的绝世双璧；20世纪50年代，由中国科学院组织的新中国第一次考古发掘活动就在辉县。现存各类各级不可移动文物443处，其中，全国重点文物保护单位7处（百泉、白云寺、孟庄遗址、共城遗址、大运河遗址、琉璃阁和善济塔），省级16处，馆藏文物达1.4万余件套。

理论学习与宣讲。全年开展市委理论学习中心组集中学习14次，市委常委会"第一议题"学习22次，开展中心组学习巡听旁听15场次，全市抓党员干部理论武装做法被省委宣传部《中心组学习动态》刊发。市委书记署名文章《奋力谱写新时代中原更加出彩的辉县绚丽篇章》先后在《展望》《党的生活》杂志刊发。充分利用小板凳课堂、乡村大喇叭、小广播、"田园说唱新思想"等宣讲形式，开展宣讲300余场次。《群众心中有面旗》《"赶考"路上的家书》2篇讲稿被省委宣传部党的创新理论教育与传播中心《"喜迎二十大 豫讲豫出彩"基层理论宣讲优秀讲稿汇编（2022年度）》收录，"小板凳红色宣讲团"被省委宣传部评为2022年基层理论宣讲先进集体，辉县市委宣传部获新乡市委宣传部"党的创新理论"宣讲大赛优秀组织奖。

新闻宣传。聚焦新时期重大发展成就，全年在中央级媒体发稿150余篇，省媒280余篇，新乡市级720余篇，其中头版稿件70余篇，推出了《在抓细抓实各项防疫举措基础上，全力以赴保夏粮丰收：河南小麦苗情好于预期》（《人民日报》头版头条），《大美中国 太行美景》（《光明日报》头版）等系列重磅报道。"攻大报、上头条"的好做法受到新乡市委主要领导肯定。"学习强国"辉县融媒号的4篇稿件登上"学习强国"全国平台，视频《天界云海》在全国平台播放量近700万次，点赞量5万余次。组织40个部门与中国日报网展开深入合作，发稿600余篇。

精神文明建设。成功申报1个省级文明单位标兵单位，2个省级文明单位，省级文明村镇5个，省级文明校园3所，10名中小学生获得"新时代好少年"荣誉称号，顺利通过文明城市创建工作年度复审测评。辉县市义工志愿者服务中心被评为全国"四个100"最佳志愿服务组织。入选全国最美文艺志愿服务社区1个，全国第二届学雷锋文艺志愿服务先进典型1人。获省文明实践志愿服务项目展示交流活动二等奖1个，三等奖1个。

文化活动。以党的二十大胜利召开为主线，开展系列群众性主题宣传教育活动，创作推出书画、绘画、摄影作品100余幅，各类图文、视频、节目等700余条。开展文艺进基层演出400余场次、"舞台艺术送基层"190余场，受众达15万余人。成功举办"全国崖上徒步大会"、"5·19中国旅游日"、宝泉冬奥冰雪节、宝泉郁金香踏青赏花节、关山连翘花节等有影响力的大型主题活动。中国文联、河南省文联走进峪河镇开展"礼赞二十大、讴歌新时代"新时代文明实践文艺志愿服务活动，线上直播观看人次达64万余人。

文艺精品创作。纪实文学《人民永和》获省第十三届和新乡市第十二届精神文明建设"五个一工程"图书类优秀作品奖；《一村之长》《古桥传奇》获新乡市第十二届精神文明建设"五个一工程"图书类优秀作品奖；现代豫剧《青梅》获河南文华优秀剧目奖、河南省第九届黄河戏剧节最佳剧目和新乡市第十二届精神文明建设"五个一工程"戏剧类优秀作品奖。辉县籍街舞选手刘清漪荣获国际街舞大赛金奖。本土女作家王秀兰（王姝晴）成功加入中国作家协会会员，美协冯娟成功加入中国美术家协会会员，书协8人成功加入河南省书法家协会。

文旅文创融合。获评"2022年第四届全国县域旅游发展潜力百佳县"，成功入选全国"新时代·中国美丽城市、美丽乡村"名单，成功入选河南省第一批"非遗助力乡村振兴"试点市县、首批河南省文化和旅游消费示范县。宝泉获评五钻级智慧景区，新增1个省级特色生态旅游示范镇、3个省级乡村旅游特色村，张泗沟村被评为全国乡村旅游重点村，入选河南省首批乡村康养旅游示范村，填补了新乡市全国乡村旅游重点村空白。三湖林境小院民宿被评为国家乙级民宿，太行秘境民宿获评省级五星级乡村旅游民宿。继续开发柴瓷、共砚、泥塑、太行山水画、太行石雕摆件、烙画和"辉县山楂"等中药保健品等，推动文创产品成为辉县文旅产业新的经济增长点。

【义工志愿者服务中心获评全国最佳】 辉县市义工志愿者服务中心成立于2012年3月，长期致力于贫困地区爱心帮扶，结合"精准扶贫"，开展"爱心小信封助学"项目，被河南省慈善总会认领，在腾讯公益平台上线，每年"99公益日"筹资20余万元，被河南慈善总会评为先进单位。多年来，为600多名贫困学生发放助学金128.8万元。开展"幸福来敲门"助老活动，定期组织到敬老院慰问演出，看望慰问抗战老兵和百岁老人。加入"大爱清尘·寻救尘肺病农民兄弟大行动"，为更多的尘肺病患者减轻病痛，带来生命的希望。荣获2022年度"全国最佳志愿服务组织"称号。

【"黄河非遗点亮老家河南"青年乡村营造行动宝泉营座谈会】 12月15日至16日，河南省文化和旅游厅党组书记、厅长姜继鼎一行人莅临宝泉景区先后调研了宝泉悬崖宿集·精舍、五间房、黄岩根等民宿赛点。近年来，宝泉以"黄河非遗·点亮老家河南"青年乡村营造行动为契机，拉长旅游产业链条，在推动文化旅游高质量发展中挑大梁，在提质扩量增效上下功夫，在盘活优化存量与做大做强增量上唱主角，努力为助力乡村振兴，推动共同富裕，做强做优做大文旅产业作出新的、更大的贡献。

2022年12月15日，省文旅厅领导一行在宝泉听取辉县市"黄河非遗·点亮老家河南"、"宝泉营"乡村营造相关项目情况汇报

·新乡县·

【文化概览】 新乡县地处豫北，位于新乡市西南，紧邻新乡市区。全县共有国家级重点文物保护单位3处；省级文物保护单位3处；市、县级文物保护单位47处。第三次全国不可移动文物普查名录80处。现博物馆馆藏文物1071件，其中二级品5件、三级品939件、一般文物124件、未定级3件。石刻艺术博物馆藏品22件，其中三级品22件。共有公共图书馆1个，分馆7个，城市书房6座；文化馆1个；乡镇综合文化服务中心7个，村级综合文化服务中心目前已全部建成。公共文化数字平台已建成新乡县文旅云、图书馆公众号、云上新乡县——文化馆平台等，县、乡、村三级公共文化服务网络基本建成。已公布八批43个非遗项目，其中，国家级1个、省级5个、市级16个、县级21个，国家、省、市、县四级非遗名录体系已经建立。全县共有A级旅游景区3家。京华园景区于2005年被评定为国家AAAA级景区。刘庄景区于2011年被评定为国家AAA级旅游景区。建有刘庄展览馆史来贺同志纪念馆，年平均接待量15万人次。龙泉苑景区于2008年被评定为国家AAA级旅游景区，是全国农业旅游示范点，"龙泉黄金梨"获中国果菜十大驰名品牌。

精神文明建设。广泛开展"我们的节日"主题活动，创建省级文明单位25个，文明村镇10个，文明校园2个，文明家庭1个，1人入选市第八届道德模范，1人入选市级新时代好少年。朝阳社区新时代文明实践站被评为省疫情防控优秀新时代文明实践站，泰山小分队被评为省疫情防控优秀志愿服务组织。组织110个单位开展"赶考路上有我"主题系列活动，组织65个单位与65个村结对帮扶开展"四送一助力"活动，推动城乡精神文明建设协调发展。组织63个文明单位开展"文明实践志愿服务月"活动。

公共文化服务。2022年建成一座标志型书房，一座实用型书房，一座简约型书房，总建筑面积约350平方米，总投资约63万元。县、乡、村三级公共文化单位全部免费开放，公共文化数字平台"新乡县文旅云"已建设完成，为群众提供"活动在线订、场馆在线约、演出在线看、培训在线教、节庆在线办、需求在线点、服务在线评"等"一站式"服务。依托图书馆、文化馆、城市书房及县乡村各类文化活动场所，围绕节庆、民俗、非遗展演等，共计组织开展活动近80场。

非物质文化遗产保护和传承。新乡县西河武术、霸王鞭、石村舞狮3个非遗项目被新乡市人民政府公布为第六批新乡市市级非物质文化遗产项目名录，张娘娘传说、女子圣五大鼓、七止膏药等被新乡县人民政府公布为第八批新乡县县级非物质文化遗产项目名录。编撰新乡县非遗宣传册《鄘南古韵 魅力非遗》；开展新乡县2022年"文化和自然遗产日"非遗宣传展示活动；组织对新乡县非遗项目进行资料拍摄，对非遗传承人进行2场培训。

文旅项目。大召营乡村康养旅

2022年6月1日，新乡县文化广电和旅游局在小宋佛学校开展"非遗进校园"学生课外实践活动

游基地建设项目。总规划用地890亩，总投资32.5亿。目前大召营村已成功创建河南省首批乡村康养旅游示范村。新乡县八柳津文旅产业发展项目，已完成投资1700万元，主要建设熙华苑休闲观光园区以及在八柳树村废弃纸厂基础上进行整体改造的八柳树文创艺术园，已建成100余间店面。

【孝道文化大餐】"新乡县孝道文化大餐"项目，是新乡县重点文明实践活动项目。依托全县178个新时代文明实践站，以统一名称、统一标识、统一氛围、统一着装、统一流程、统一方案、统一培训等"七统一"为推广模式，以"吃饺子+看大戏+志愿服务"为主要形式，全年共开展302场。各实践站借助孝道文化大餐活动开展"星级文明户"认领、"乡村光荣榜"表彰等活动，大力弘扬"孝道文化"。将"孝道文化"与中华传统节日相结合，通过举办文化活动，引导人民群众不断践行社会主义核心价值观，助力乡村振兴。

【"非遗进校园"活动】 新乡县文

2022年10月6日，新乡县合河乡石村开展孝道文化大餐活动（合河乡人民政府供图）

旅局联合小宋佛学校成立小宋佛百花高跷传承基地，每周三下午延时课邀请省级项目小宋佛高跷省级传承人张福利老师、张德运老师现场教学，为学生们传授高跷技艺。通过教育阵地传播，营造人人知非遗，人人爱非遗，人人学非遗的浓厚氛围。2022年，多次被《中国教育报》《民生大参考》、大河报豫视频等媒体采访报道。

·获嘉县·

【文化概览】 获嘉县位于河南省北部、新乡市西部，与郑州市隔河相望，区位优越，交通便利，是著名的建筑之乡、花木之乡、乒乓之乡。现存有各级文物保护单位80处，其中省级文物保护单位9处，省级非遗项目6项，市级非遗项目11项，县级非遗项目24项。其中马皮舞、杨庄木版年画、罗汉拳等列入省非物质文化遗产保护名录。获嘉县历史文化底蕴厚重，夏商称宁邑，公元前1046年，周武王与800诸侯在此会盟，发动牧野大战，灭商建周，留下了同盟山、武王庙、72将军冢等大量历史遗存和文物古迹，被誉为中国同盟文化发源地、封神故里、宁氏祖根地。公元前111年，汉武帝东巡至此，获南越国叛相吕嘉首级，遂在此置县，赐名"获嘉"。先后被确定为全国农村集体产权制度改革试点县，被授予全国国土资源节约集约示范县、全国法治先进县、全国义务教育均衡县等。

精神文明建设。获得命名省级文明单位2个，文明村镇2个，文明校园1个，荣获新乡市道德模范称号2人；评选出文明职工18人，文明干警9人，文明医护17人，文明教师45人；评选出县级"乡村光荣榜"22人，9人荣登市级"乡村光荣榜"，其中好媳妇李小富荣登省级"乡村光荣榜"。开展"乡村振兴 文明出行"主题实践活动700余场次，"我们的节日"等系列主题活动1200余场次，举办"喜迎二十大 同盟出新彩"书法美术摄影展，共征集作品480余件。

公共文化服务体系建设和特色文化活动。筹措资金采购各类演出服装2128套，完成3个城市书房建设；建成文化合作社88个，社员2000余人，发布作品1326余个。城关镇文化合作社总社、城关镇四街魅力乡村文化合作社被命名为2022年"河南省示范性乡村文化合作社"。才艺作品《王太来群众书法培训谱新篇》，荣获河南省文化和旅游厅"我的乡村文化合作社"才艺大赛的优秀作品。打造"同盟耀中原·奋进新征程"系列品牌文化活动460余场次；组织线上"获嘉县乡村网络春晚"、非遗展播等60余场次；开展舞台艺术送基层51场，农村公益电影放映2412场。

网络综合治理。在省级以上网络媒体发稿850余篇，央级网络媒体刊发稿件150余篇。县融媒体中心策划的《喜迎二十大 奋斗正当时》等专题栏目，"大河初心｜永远跟党走的许福卿"系列纪录片，观看人数累计超2万余人次。开展"清朗""净网"等网络生态治理专项行动，发布辟谣信息17条，完成网评指令40余条，转发、评论超10万余次。

文旅文创融合。立足全县全域旅游信息，聘请专家编制旅游手绘地图；打造同盟文化、乡村休闲、花卉观赏、红色精品四条特色文化旅游线路；获嘉县城关镇后寺村休闲观光区（香菇采摘园）成功入选河南省休闲观光园区，冯庄镇王井村入选第二批全省乡村康养旅游示范村创建单位；持续做好投资4000万元的奇幻玫瑰庄园的停车场、木屋餐饮街、民宿区建设和北方有嘉木微旅游度假小镇项目规划和招商，以项目建设助推全域旅游提档升级。

2022年8月29日，在获嘉县城隍庙公园获嘉县音乐家协会联合获嘉县多家会员单位挑选优秀古筝乐手举办"喜迎二十大 欢乐送万家"百家筝鸣演奏会

【"喜迎二十大 欢乐送万家"百家筝鸣演奏会】 2022年8月29日，为迎接党的二十大胜利召开，获嘉县音乐家协会组织举办首届百人古筝大型音乐演奏会。演奏会在《我和我的祖国》的乐曲声中达到了高潮，《在北京的金山上》《万疆》等乐曲把演奏推向了巅峰，以耳熟能详的旋律和激昂磅礴的阵势，惊艳了听众。演奏会的举办，提升了文化魅力和艺术气息，增强了群众的文化获得感和幸福感。

2022年9月18日，原阳县"书香润万家 奋进新时代"红色经典诵读活动在原阳县抗日民主政府纪念地举办

·原阳县·

【文化概览】 原阳县南依省会郑州，北接市府新乡，系黄河冲积平原，水资源充沛，地势西南偏高，东北偏低。原阳古称博浪沙，秦时置阳武县，西汉置原武县，1950年，原武、阳武二县合并成原阳县，素有"宰相之乡""成语之乡""毛氏祖籍地"之美誉。自秦汉至元代，诞生了张苍、陈平、周勃等16位官居宰相之职的历史名人，留下了"毛遂自荐""脱颖而出"等成语典故，古博浪沙、陈平祠、夏家院等历史文化遗址成为原阳悠久历史的见证。原阳坐拥黄河湿地6.13万亩，全县森林覆盖率20.9%，依托沿黄生态通道、黄河大堤、万亩槐林，规划建设的同心湖、博浪沙森林公园、"水牛稻"田园综合体等项目，逐步成为沿黄生态旅游的新亮点。现有AAAA级景区1个、AAA级景区1个、开放性景区2个、申请开放性景区1个、培育性景区5个。原阳民间文化艺术繁荣，原阳盘鼓以其高昂激越、振奋人心的气势，被誉为"中华一绝"。2022年，原阳县紧抓预制菜产业"新风口"，以打造"中原农谷"现代食品产业新高地为目标，加快建设集"产业链+创新链+金融链"为一体的中国（原阳）预制菜创新示范产业园，培育县域经济新的增长极，"老家河南 吃在原阳"成为今日原阳独具魅力的文化名片。

理论武装工作。印发《原阳县委（党组）理论学习中心组学习制度》《2022年乡科级以上党委（党组）理论学习中心组分专题集体学习的安排意见》等文件；围绕学习宣传贯彻党的二十大精神，组织县委宣讲团开展示范宣讲13场、县级"百姓宣讲团"宣讲26场，带动县乡村三级党员干部宣讲200余场；扎实推动理论宣讲进网络，推出"二十大精神进万家"巾帼微宣讲8期，制作"党的二十大精神我宣讲"短视频25个；坚持"以考促学"，启动上线"学习贯彻党的二十大精神"网上答题平台，全县参与在线答题5万余人次；发挥"文艺+理论"的宣讲优势，创排《学习贯彻党的二十大精神》《新时代十年大家谈》等文艺宣讲作品25个。

新闻宣传。在市级以上媒体刊发稿件1120余篇（条），在中央级媒体刊发稿件62篇；借势预制菜行业大会、全省"三个一批"等重大活动，刊发相关报道350余篇，微博话题阅读量达4298.7万，"预制菜 看原阳""老家河南 吃在原阳"品牌逐步叫响全国；开通"原阳融媒"抖音号、"原阳融媒"视频号、"原阳融媒""学习强国"号、"人民号"、"新华号"等官方账号，累计播发新闻稿件2.7万篇（条），全网浏览量达12400万次；建立新闻媒体"我为群众办实事"常态化机制，开通"飞毛腿"民生新闻热线，累计收听群众来电话842个，梳理群众投诉问题18期，助力解决群众"烦心事"。

文艺活动。深入开展"喜迎二十大"系列活动，举办"喜迎二十大 欢乐进万家"合唱、广场舞大赛、摄影展等30余场；举办原阳县2022年曲艺会演暨首届书会、原阳县第十一届戏曲大赛和第一届小戏小品大赛等活动70余场；打造文艺精品，排演《迎接二十

大 打好抗疫战》和《河南力量》抗疫曲艺小品 2 个，豫剧《普法路上》荣获新乡市第十二届精神文明建设"五个一工程"优秀作品奖；在原阳县抗日民主政府纪念地举办"书香润万家 奋进新时代"红色经典诵读活动，不断巩固拓展党史学习教育成果。

精神文明建设。顺利完成省级文明城市创建实地点位测评考核工作；组织各乡镇（街道）开展"星级文明户"和"乡村光荣榜"选树活动，评选县级"乡村光荣榜"42 人，入选市级"乡村光荣榜"5 人；开展"户户有好人"评选活动，全县 13 个乡镇（街道）458 个行政村（社区）开展"户户有好人"评选活动，15 万户挂上了"好人"红牌；积极开展新时代文明实践所（站）认领共建；发展壮大社会志愿服务组织，共组建各类志愿服务团体 498 个，开展各类志愿服务项目 3548 余项，重点孵化"斑马救援""心理援助"等 13 支社会志愿服务组织。

文旅文创融合。加快预制菜文旅文创发展，以九多肉多中原酱卤文化博物馆 AAAA 级景区为引领，打造预制菜文旅文创融合发展 IP；打造最美预制菜美食街，着力促进餐旅融合，弘扬预制菜文化；深挖乡村旅游资源，推进"旅游+乡村"融合发展，新乡市摄影家协会摄影创作基地落户菜吴村，助力原阳文旅文创融合发展；建成高标准粮田数字博物馆，配套建设停车场、稻田栈道长廊、旅游小品等设施；做优"旅游+研学"文旅品牌，整合盛景研学教育基地、大信魔数屋、水牛稻田园综合体、九豫全酱卤博物馆等资源，打造教育研学基地线路，开拓中小学校研学旅游市场。

【"书香润万家 奋进新时代"红色经典诵读活动】9 月 18 日，原阳县"书香润万家 奋进新时代"红色经典诵读活动在县抗日民主政府纪念地举行，10 余个优秀作品依次展演，合力为原阳献上了一部感人肺腑的沉浸式红色诵读大片。活动共分为《民族的丰碑》和《为祖国而歌》两大篇章，诵读者个个精神饱满，语气铿锵，声情并茂，一字一句流露出对祖国和党的挚爱真情，红色经典作品讲述了革命老前辈艰苦卓绝的奋斗历程和中国共产党的百年辉煌业绩。

·延津县·

【文化概览】延津县位于新乡市东南部，黄河北岸，全境为平原，区位交通优越，是河南省公路网密度最大、交通最便利的县之一。延津县有史记载三千多年，秦时以境内多棘而置酸枣县，宋政和七年（公元 1117 年）以黄河渡口改称延津县延续至今。千年来，延津遇千灾而不徙，历万劫而不泯，名胜古迹星罗棋布，现存广唐寺白马塔、沙门遗址等为全国重点文物保护单位，大觉寺万寿塔、唐代酸枣阁、陈玉成纪念馆等为省级文物保护单位，现有黄河故道森林公园万亩槐林被誉为桃源氧吧，亦有延浚汲淇四县边抗日办事处、野厂抗日纪念馆等红色文旅资源；延津还是茅盾文学奖获得者刘震云的故乡，其《1942》《为了一句话》《一句顶一万句》等作品脍炙人口。延津民风淳朴善良，连续六年蝉联全省平安建设先进县，荣获河南省平安建设最高奖"中原平安杯"。

理论武装工作。印发《延津县党委（党组）理论学习中心组分专题集体学习安排意见的通知》《延津县党委（党组）"第一议题"制度的通知》《清廉延津建设理论武装铸魂行动实施方案》《关于组织开展"党的创新理论宣讲"主题宣传教育实践活动工作方案》《延津县迎接二十大主题宣传教育活动实施方案》《延津县关于开展学习宣传贯彻党的二十大精神集中宣讲的工作方案》，研讨学习 17 次，"第一议题"16 次，组建青年、巾帼等 10 支宣讲队伍，制定宣讲菜单 300 余份，征集"高擎旗帜 理响延津"主题实践活动优秀宣讲稿 15 篇、宣讲视频 30 余条，宣讲 60 余场次，受众 5700 余人次，"党的创新理论宣讲大赛"初赛线上观看人数 5000 余人次，"点单+接单+派单"精准宣讲 20 余场。开展"强国电单车杯""学习强国"评选活动，评出 13 个先进集体，40 名先进个人，活跃度达 35% 以上。"学习强国"河南学习平台发表稿件 8 篇，新乡学习平台发表稿件 101 篇，延津融媒号刊发稿件 47 篇。

精神文明建设。举办网上悼念革命先烈、"情暖端午"等系列活动 200 多场次。组织开展 2022 年"河南省新时代文明实践推动周"活动 368 场，建成 12 个乡村"复兴少年宫"，开展"学雷锋 我行动""童心向党""新时代好少年"实践活动，荣获"新乡市 2021 年新时代好少年"称号 1 人。积极开展"社会主义核心价值观"集中宣讲活动、志愿服务培训活动、新时代文明实践所（站）长培训等。组织"法律知识"主题宣讲 1 次，"欢度国庆节 喜迎二十大"文明实践活动1次,"赶考路上有我"活动3场,编发《新时代文明实践中心活动简报》12期。

物质和非物质文化遗产保护。申请国家级非物质文化遗产"大平调",省级非物质文化遗产"二夹弦",市级非物质文化遗产保护项目7个,县级非物质文化遗产保护项目43个,非遗传承人44名。挖掘整编大平调传承剧目《赵公明下山》,复排加工提高传统剧目《程婴救孤》,收集存档传统曲牌9个。申报延津錾刻技艺、延津面塑等8个项目入选新乡非遗工坊,申报延津"錾刻技艺""沙庄舞狮"第六批市级非遗保护项目成功。配合省考古研究院对安罗高速延津段大城遗址工地发掘探访12处,古生活遗迹2处,建筑遗址1处,古墓葬十几座以及纵深几十米的夯窝层。挖掘黄河故道、渡口和农耕文化,完成《延津黄河故道历史文化丛书》中《延津非遗》和《延津文物概览》两部书籍编撰工作。

公共文化服务活动。发挥县图书馆文化阵地作用,举办"安东尼亲子阅读"系列活动186期。组织"喜迎二十大 书画乡村行"活动走进马庄乡原屯村、王楼镇任庄村;组织"喜迎二十大 欢乐进万家"少儿书画大赛活动;开展"喜迎二十大 文化进军营"慰问演出活动。组织大平调到司寨乡李楼村开展"喜迎二十大 欢乐进万家"演出活动。开展"绿书签行动",整治校园周边文化环境,学校、家庭、社会综合发力保护未成年人。

文旅文创融合。打造特色旅游风景区,将"森林氧吧"轻奢露营主题项目植入延津县整体视野和城市规划,谋划延津县广唐寺塔文化公园二期、酸枣书院等文旅项目,建设成黄河故道文化标志。组织黄河故道森林公园景区参加"豫见春天·惠游老家"活动,接待游客1600余人次;沙门城址、广唐寺塔、延浚汲淇四县边抗日办事处旧址、野厂抗日保卫战纪念地等景点入选新乡市发布的"行走河南·读懂中国"牧野探古——八条考古旅游线路。"延浚汲淇"四县边抗日办事处旧址接待宣传教育350余场次,已成为网红打卡红色旅游基地和爱国主义教育基地。

公共文化活动与惠民工程。建成总建筑面积1.8万平方米的文化传媒中心,2022年承办大型文化活动20余场次。全年建成13个图书馆分馆、13个文化馆分馆、30个图书馆服务点。坚持"政府购买、院团演出、群众受益"的原则,组织开展"舞台艺术送基层"和"戏曲进校园"活动,大平调艺术传承保护中心87场、延津县二夹弦剧团70场。

【现代公共文化服务体系建设成绩良好获奖励资金】 建成6座城市

2022年8月30日,延津县文化馆在延津县武警中队组织开展"喜迎二十大 文化进军营"慰问演出活动

2022年9月9日,延津县"喜迎二十大 舞台艺术送基层"演出活动走进延津县高张寨村

书房,"大平调""二夹弦"两处非遗传习所。2022年获省级荣誉5个,市级荣誉7个,全年举办2000多场次文化娱乐活动,非遗项目精品剧目展演157场次,"春满槐乡""大美延津""弘扬传统文化"等活动受到省、市级表彰,2022年获奖金80万元。

·封丘县·

【文化概览】 封丘县位于新乡市东南隅,南与开封隔河相望,县域内黄河流经56公里。封丘县是中国长寿之乡、中国树莓之乡、中国道地金银花之乡、豫剧母体祥符调发源地、中国相思文化之乡、全国首批电子商务进农村示范县、全国休闲农业和乡村旅游示范县、全国粮食生产先进县、全国农业综合开发策源地、2022年"四好农村路"全国示范县创建单位、全国绿色种养循环农业试点县、全国生猪调出大县。封丘历史文化底蕴厚重,古为封父侯国,置县于西汉,因汉高祖刘邦为答谢翟母在其落难时的赠饭之恩钦封"丘地"而得名。黄池会盟、平丘会盟、虫牢会盟、"在天愿作比翼鸟,在地愿为连理枝"、宋太祖赵匡胤陈桥兵变等典故都出自封丘。现有宋太祖黄袍加身处、青堆遗址等遗址。毛泽东主席曾在《介绍一个合作社》中盛赞应举社。封丘人文兴盛,涌现出阎立品、金不换、范静等著名豫剧表演艺术家,是豫剧祥符调发源地;诞生了乒乓球世界冠军刘国梁。封丘主导产业为健康食品、先进装备制造、服装加工,特色农产品有金银花、树莓、石榴、封芹等,有封丘汴绣、洛寨杂技、李金梅制笔、夜来坊老粗布等传统工艺。

理论武装工作。修订完善"第一议题"制度和党委(党组)理论学习中心组学习制度,组织县委理论学习中心组集体学习研讨11次。开展《习近平谈治国理政》第四卷学习交流活动2次,编发《封丘县理论学习动态》4期,发放《理论学习应知应会手册》2000余册。"县—乡—村"三级宣讲队伍联动深入基层开展理论宣讲1100余场,获得市委宣传部党的创新理论宣讲大赛优秀组织奖。形成"'周通报、月总结、年表彰'+答题赛"学习模式,累计评选优秀学习组织18个、学习标兵32名、挑战达人35名。

公共文化服务体系建设。建成馨香书房10个,其中标志性书房2个。注册文化合作社85个,其中示范性文化合作社6个。2022年9月9日,新乡市馨香书房暨乡村文化合作社建设观摩调度会在封丘召开。成立朗诵协会10余个,出版封丘本土作家作品《聊聊祥符调那些事》,完成《封丘故事》编纂工作。定期在春节、国庆等重要节日开展书画作品展、非遗展演展示、文艺演出等文体活动。县文化馆、图书馆等举办文化活动均超50场,基层文化中心文化举办文化活动达7000次,文艺演出达6000次。

非物质文化遗产保护。现有省级非物质文化遗产保护项目5个、市级22个、县级60个,2022年新增市级非遗项目16项。把北街小学、凯旋城小学打造为"戏曲进校园"示范学校,邀请"非遗"传承人关小凤等在阳武里幼儿园等学校举办"非遗进校园 筑梦润童心"活动,组织县豫剧团成员到前荆乡回民小学等学校开展"戏曲进校园之戏曲小课堂"活动。

对外宣传。谋划"奋进新征程 建功新时代""非凡十年"等重大主题宣传活动,新华社、《人民日报》、中央广播电视总台等市级以上媒体共计发稿661篇。新华社分别以《老顶牛搬迁记》《井长管好万眼井,百万农田不愁浇》《浇好第一桶丰收水》为题,先后3次对封丘进行报道;央视纪录片《航拍中国》第四季在封丘陈桥湿地取景;6月8日,《人民日报》、人民网刊发《封丘小麦喜"开镰"》报道封丘"三夏"景象等;国庆期间,央广网、《人民日报》、新华社、中央广播电视总台连续4天对封丘进行报道。10月24日,"学习强国"封丘融媒号上线,全年共编发信息170条。

精神文明建设。封丘县新时代文明实践中心新址对外开放,各乡(镇)、村新时代文明实践所、站均挂牌成立。实践中心14支常备志愿服务队全年共计开展活动730余次。推进网络赋能文明创建,组织网络自媒体、大V开展"e心向党 公益助农"活动15期。入选新乡市"新时代好少年"2人,推荐命名省级文明单位12个、省级文明村镇3个、省级文明家庭1个、省级文明校园2个、中国好人1名、河南好人1名。

筑牢文化安全防线。印发《封丘县"扫黄打非"积分制管理考核办法》等。打造新乡市首座"扫黄打非"暨法治建设主题公园和陈桥湿地"扫黄打非"主题景区,率先在全市开展"绿书签行动"系列宣传活动,"闹元宵趣味护苗"等活动被中央、省、市媒体采用。

2022年10月8日，封丘县"戏曲进校园"之戏曲小课堂走进复兴少年宫活动在荆乡回族乡前荆乡回民小学举办

组织开展网络安全宣传周宣传活动15场。组织开展网络安全"六进"活动22次、"封丘好网民 喜迎二十大"主题寄语短视频展播活动25期。

【文化合作社】 按照乡村主导、文旅扶持指导的方式，积极促进团体合作模式，组建了文化活动合作型、文化产业促进型、文化精品创作型三种类型合作社，其中市级示范合作社6个，居全市第一，新乡市城市书房暨乡村文化合作社建设观摩会于2022年9月在封丘召开。文化活动合作型代表赵岗镇马道村文化合作社，下辖盘鼓、梨园、秧歌等7个分社，每年开展文化活动40余场。文化产业促进型代表洛寨杂技合作社下辖5个演出团体，年创收近3000万元；李世萍宋绣文化产业合作社按照"合作社+展示馆+培训+贫困户"的模式运营，年创收500余万元。文化精品创建型代表民族乐团合作社线上线下相结合，实地演出30余场，线上直播场观人数达到9.4万人，创作的《黄河滩里飞出金凤凰》等作品被人民网、"学习强国"等省级以上新闻媒体报道。

焦作市

【文化概览】 焦作市位于河南省西北部，北依太行、南临黄河，面积4071平方公里，总人口352万，下辖6县（市）4区和1个高新区，是全国文明城市、国家卫生城市、中国优秀旅游城市、国家森林城市、全国水生态文明城市、全国创新驱动示范市、全国双拥模范城。焦作市历史文化资源丰厚，是陈氏太极拳发源地。现存文物遗迹3014处，其中全国重点文物保护单位28处、省级139处、市县级614处；有联合国人类非物质文化遗产代表作名录项目太极拳1个，国家级非物质文化遗产代表性项目13个，省级87个，市级277个。省级非物质文化遗产生产性保护示范基地3个，省级文化生态保护实验区1个，省级非物质文化遗产研究基地3个，省级非物质文化遗产示范传习所5个和省级非物质文化遗产示范展示馆6个。全市现有公共图书馆9个，文化馆12个，博物馆（纪念馆）13个，乡镇（街道）综合文化站107个，村（社区）综合性文化服务中心1969个。

学习党的创新理论。深入开展党委（党组）"第一议题"学习示范点和中心组示范班创建活动，推动各级党委（党组）中心组学习规范化常态化，焦作市委、温县县委、河南理工大学党委理论学习中心组被评为全省理论学习中心组学习示范班。制定《焦作市市级"新时代百姓宣讲员"管理使用办法（试行）》，遴选"新时代百姓宣讲员"15名，举办宣讲骨干培训3次，培训宣讲骨干560余名。焦作市荣获全省党的创新理论宣讲主题宣传教育实践活动优秀组织奖，马村区百姓宣讲团荣获河南省基层理论宣讲先进集体称号，山阳区"巾帼银发红色宣讲团"宣讲品牌受到省委宣传部肯定。组织开展"非凡十年·出彩焦作"巡礼式报道，策划推出"喜迎二十大、十年发展看焦作"等16项网络主题宣传活动，举办焦作市"喜迎二十大、奋进新征程"主题系列新闻发布会12场。精心组织"喜迎二十大、欢乐进万家"十大群众文化活动，以喜庆的文艺活动讴歌党、讴歌祖国、讴歌人民、讴歌新时代，焦作市3个单位及31个项目、个人获省委宣传部表彰。以"强国复兴有我"为主题，扎实开展"新时代、新征程、争出彩"十大主题宣传教育实践活动。推动党的二十大精神家喻户晓、深入人心，累计开展各类宣讲活动2100余场次，受众37万余人次。

繁荣哲学社会科学。学习宣传

阐释习近平新时代中国特色社会主义思想，围绕"两个确立"的决定性意义，深入进行研究阐释，在《焦作日报》和焦作网刊发《习近平经济思想的焦作实践》等研究文章。举办"喜迎党的二十大、献计献策新时代"主题征文大赛，评选出获奖作品185项。云台山风景名胜区讲解员薛文文参加全国首届社科普及基地讲解员大赛，获得大赛三等奖。积极开展社科调研活动，年度社科调研课题共结项1030项，《焦作市高质量发展策略研究》等10项课题获得特等奖，《焦作市全方位融入郑州大都市圈策略研究》等265项课题获得一等奖，310项课题获得二等奖，445项课题获得三等奖；评选出2021年度社会科学优秀成果290项，著作《焦作黄河志》《我们的扶贫故事》《白居易生平与作品导读》《中华文明礼乐之光：朱载堉研究文集》和调研报告《现代职业教育与区域社会协同发展路径研究》被评为特等奖，焦作市社科联被表彰为中原经济区2022年度社科工作先进单位。

重大新闻宣传。深入挖掘"特别能战斗"焦作精神发源地的时代价值，大力弘扬"特别敢创新、特别重落实"的焦作新风，着力打造"踔厉奋发"词语诞生地的焦作品牌，策划推出焦作城市精神探源系列宣传报道。精心组织"奋进新征程、建功新时代"重大主题宣传，扎实开展"十大战略深度看"主题宣传报道，深入宣传贯彻河南省委书记楼阳生考察调研焦作重要讲话精神，认真做好全市两会、市委全会暨市委经济工作会议、"三个一批"项目建设、能力作风建设年、万人助万企、"五星"支部创建、

2022年9月30日，"盛世华诞 举国同庆"2022年焦作市庆祝中华人民共和国成立73周年文艺演出

党建带群建开展"六帮六助"专项行动等专题宣传报道。开展焦作精神、焦作形象、焦作成就、焦作新路、焦作楷模系列宣传，在省级以上主流媒体刊发《科技赋能高质量发展》《推动小麦种业"芯片"接力创新》《实现高水平科技自立自强》等重点稿件400多篇（条）。大力实施"山水富城·文武福地"系列宣介活动和"行走怀川 纷享焦作"系列网络宣传活动。

精神文明建设。2020年11月，焦作市荣获全国文明城市称号。深化培育和践行社会主义核心价值观，2022年评选首届"焦作楷模"20名，第十六批"身边的榜样"18名，第四届焦作市道德模范20名，焦作市"新时代好少年"30名，焦作大学杨家卿荣登"中国好人榜"，李小忠、张士祥等10人入选2022年"河南好人榜"，山阳区张冬香被授予全国最美志愿者称号，武陟县王小荣、温县郑学锋被评为河南省岗位学雷锋标兵，焦作市追梦志愿服务队和中站消防救援大队被命名为河南省学雷锋活动示范点。出台《焦作市文明行为促进条例》，在示范区召开全市新时代文明实践中心建设观摩会，建成县级新时代文明实践中心11个、乡镇（街道）新时代文明实践所108个、村（社区）新时代文明实践站1977个，实现建设全覆盖。全面推进志愿服务建设，组建各类志愿服务组织（队）3039个，登记注册志愿者46.9万人。精心组织实施"志愿服务乡村行"活动，举办"新时代文明实践推动周"，惠及群众29万人次。开展焦作市优秀村规民约和居民公约征集评选活动，评选出温县觉世头村等样板村规民约和居民公约10篇。在城市，强力推进"四个周边、线缆规整、文明交通、文明实践、全域创建"五大专项提升行动，不断提升文明城市创建质量。在农村，推荐省级文明村镇26个，选树"乡村光荣榜"先进典型8000余名，打造"星级文明户"创建示范点134个。评选推荐省级文明校园20所，扎实做好未成年人思想道德建设工作测评。统筹推进文明家庭评选和"最美家庭"寻找活动，选树第三届焦作市文明家庭30个，在全社会营造爱家爱国的良

好家教家风。

文旅产业发展。编制完成《焦作市实施文旅文创融合战略方案》《焦作市黄河大运河国家文化公园建设保护规划》《焦作市"十四五"文化和旅游发展规划》。强化重大项目为带动，打造白鹿仓·黄河歌谣国际文化旅游度假区、焦作·百年矿业遗址公园暨黄河大运河非遗展示中心、当阳峪绞胎瓷小镇、金岭坡太行艺术小镇、解放区数字动漫产业园等新业态、新项目，焦作·国际首创高塔实景演出、印象·太极沉浸演艺项目质量不断提升，嘉应观景区展陈项目入选"行走河南·读懂中国"百大标识数字化项目，"焦作民风体验之旅"与"太极拳体验和红色研学之旅"入选全国乡村旅游精品线路，云上院子获评全国首批甲级民宿，焦作城市文化形象更加靓丽。推动太极拳文化传承，成立了中国非物质文化遗产保护协会太极拳专业委员会及太极拳实验室。

文艺精品创作。组织开展焦作市第十三届精神文明建设"五个一工程"作品评审，话剧《人民英雄——申亮亮》、豫剧《英雄本色》、歌曲《追梦的人》等13部作品被评为优秀作品。做好焦作市2022年文艺扶持奖励工作，戏剧《杨介人》、广播剧《村官》、李乐观《乐读论语》图书等8个文艺重点项目获得扶持。歌曲《一句誓言，一生作答》荣获河南省第十三届"五个一工程"奖。长篇小说《小城大医》获得2022年中国作家协会网络文学重点作品扶持，儿童小说《雁王红顶》获冰心儿童文学新作奖。编写《怀川文化资源概述》，讲好新时代怀川文化故事。编撰《焦作历史名人名迹》，收录夏商周至清代焦作地域出生或迁居焦作的220位名人名迹。小品《老爸》入围全国第十九届"群星奖"复赛，实现了焦作群文作品入围国家级奖项复赛零的突破。儿童剧《黄河娃》荣获"金画眉"全国优秀儿童剧本最具潜力奖。情景剧《西大井的铃声》已成功上演。

《原味的村庄》被河南人民出版社作为重点图书推荐至"书香河南"主会场展出。陈小庆《幸福的瓷器》获得焦作市精神文明建设"五个一工程"奖；徐立新作品《瑞雪丰年》入选第五届全国中国画展，李弘林作品《绝壁有路》入选第七届全国画院展。谢小毛作品入选兰亭雅集全国首届篆书名家提名展，李彬书法作品入选第六届中国书坛兰亭雅集42人展，王金标作品入选"文翁杯"全国小楷书法作品大赛，贺永齐作品入选"福泽东方"第七届海峡两岸中青年篆刻作品展，陈鑫淼作品入选第三届"赵孟頫杯"全国书法展；赵耀东以弘扬"南水北调焦作精神"为主旨的摄影图册《凝望门前这条河》入选河南省委宣传部重点图书，王利江作品《绝崖有路》荣获第二届"鸟瞰视界"全国航拍大赛自然风光类银奖；面塑作品《1925年焦作煤矿反帝大罢工》入选2022全国面塑艺术创作展；汤小丽陶瓷作品《长青壶》、陈黎明叶雕作品《韩愈》荣获"经典民艺颂中华"河南省第二届民间艺术大赛一等奖。

公共文化服务。开展"我们的中国梦"文化进万家文化惠民活动，依托焦作市百姓文化超市，组织开展"线上+线下"的文化主题活动964场，开展"舞台艺术送基层""周末大舞台"活动250场，放映农村公益电影2万余场，惠及群众987万余人次。打造15分钟文化圈，建成乡村文化合作社90家。壮大民间文艺力量，马村区北孔庄村参加"启航新征程、幸福中国年"全国村晚示范展示，博爱县草根明星"卡友之声"登上央视春晚舞台。扎实推进书香焦作建设，开展全民阅读短视频大赛、全民阅读成果展及线上线下阅读等系列活动2000余场次，持续掀起全民阅读热潮。焦作市荣获河南省印刷行业职业技能大赛优秀组织奖，在国家版本馆建设中受到河南省通报表彰，焦作市新华书店荣获河南省全民阅读大会最美实体书店奖。

【传承"特别能战斗"精神 弘扬"特别敢创新特别重落实"焦作新风】

焦作市是一座以矿起家、因煤而立、因煤而兴的英雄城市。1925年7月9日，焦作王封、李封等矿区工人举行反帝总罢工，坚持8个月之久，取得罢工的完全胜利。毛泽东同志1925年12月在写《中国社会各阶级的分析》一文时，以焦作煤矿和开滦煤矿等地罢工运动为实例，提出"他们特别能战斗"的著名论断。从此，"特别能战斗"精神成为焦作煤矿工人引以为傲的传家宝，成为焦作人民的精神之炬，更成为整座城市的红色基因，生生不息、薪火相传，贯穿焦作城市建设发展各个历史时期。新一届焦作市委认真贯彻落实习近平总书记的创新思维和实干精神，为"特别能战斗"精神赋予新的时代内涵，提出传承"特别能战斗"精神，弘扬"特别敢创新、特别重落实"焦作新风。面对复杂严峻的发展环境和超出预期的风险挑战，面对汛情的冲击，市委深刻领会中央、省委部署，统筹发展和安全，众志成城、攻坚克难，务实重干，稳扎稳打，历"大汛"之险，经爬坡闯关之难，坚定依靠创新驱动转型，依靠人才支撑强市，闯出具有焦作特色的高质量发展新路。实现了2021年的负重前行、突出重围，2022年的整体跃升、拔节起势，生动实践"特别能战斗"城市精神，弘扬"特别敢创新、特别重落实"焦作新风。

【山水富城·文武福地】 焦作市第十二次党代会提出实施高能级文旅战略，推进文旅融合，坚持以文塑旅、以旅彰文，积极创建国家全域旅游示范市，实现由旅游向旅居、由休闲向康养、由观光向度假、由资源依赖型向文旅创新融合型转变，着力打造富有活力、富有特色、富有影响力吸引力的"山水富城·文武福地"，明显提升城市的知名度、亲和度、美誉度、吸引力。2022年举办了云台山冰雪节、汉服花朝节、青天河"风华国乐节"、桃花节，嘉应观黄河文化音乐会等主题活动；推出了云台山音乐露营地、云台古镇"醉梦修武"等文旅新业态。云台山荣登央视《新闻报道》近20次，云台山冰雪节抖音播放量超4亿次，云台山汉服花朝节荣登全国抖音热榜第一名。全面摸排黄河文化旅游资源，设计制作"百里黄河文化旅游"宣传品，推出2条黄河文化旅游精品线路。嘉应观景区推出了专题沉浸式宣传片"行走河南·读懂中国——嘉应观"。焦作·国际首创高塔实景演出文旅项目光影秀、中站区南太行龙翔山居民宿集群项目周窑图书馆建成运营，云台山茱萸峰客运索道工程完成并投运；孟州市西虢镇莫沟村、修武县云台山镇岸上村入选第二批"全国乡村旅游重点村"，大南坡村、十二会村、寨卜昌村等9个村庄获评河南省乡村旅游特色村，云上的院子获评河南省休闲观光园区，温县祥云镇、沁阳市常平乡获评河南省特色生态旅游示范镇；以太极拳成功申报联合国人类非物质文化遗产为起点，建立国家级太极拳文化生态保护区。陈家沟景区推出全域剧场《印象太极》节目。加强太极拳文化旅游国际交流合作，持续建设"世界太极城·中国养生地"。

【陈氏太极拳】 陈氏太极拳起源于明末清初，温县陈家沟陈氏第九世陈王廷在家传武学的基础上，汇集《河图》《洛书》太极阴阳之学说，融入中医经络学和道家导引吐纳术，汲取诸多武学之精华，创编了太极拳，世代相传距今已有三百多年。陈氏太极拳是中国集传统文化、武术、养生为一体的优秀拳种，发源于河南省焦作市温县陈家沟。太极拳创始人陈王廷自幼受

云上院子

2020年12月19日，太极拳申遗成功

中原文化熏陶，擅长拳法，文武兼备，在长拳和养生功的基础上，根据太极文化的阴阳转换之理、《黄庭经》导引吐纳之术以及中医经络学说，将民族英雄戚继光《三十二势拳经捷要》等众家武学之长融会贯通，加之平生所学，创编出一套竞技、强身、健体、益智、修为于一体的太极拳法。新中国成立之初，毛泽东主席就号召全国人民学练太极拳。改革开放之后，邓小平同志曾亲笔题词"太极拳好"。焦作市人民政府长期将太极拳作为城市文化品牌向国内外宣传推广，市民习练太极拳蔚然成风。以陈小旺、陈正雷、王西安、朱天才为代表的太极拳大师走出国门，传拳教艺，使太极拳广为传播世界100多个国家和地区，全世界习练太极拳爱好者达1亿多人。2005年8月，焦作市被国家体育总局武术运动管理中心命名为"太极圣地"。2006年5月，"陈氏太极拳"被国务院公布为第一批国家级非物质文化遗产代表性项目。2007年7月，焦作市温县被中国武术协会命名为"中国武术太极拳发源地"。2020年12月，联合国教科文组织保护非物质文化遗产政府间委员会通过决议，将中国申报的太极拳列入人类非物质文化遗产代表作名录。

·沁阳市·

【文化概览】 沁阳市地处豫西北，北枕太行，南望黄河，辖区13个乡镇（街道），总面积623.5平方公里，常住人口45万人。是"全国文化先进县（市）""中国民间文化艺术之乡""河南省历史文化名城"。拥有各级文物保护单位145处，其中有天宁寺三圣塔、朱载堉墓、沁阳北大寺等6处国家级重点文物保护单位，药王庙木牌楼、静应庙、野王古城墙等30处河南省级文物保护单位；有各级非物质文化遗产项目151项，其中有唢呐艺术、怀梆、高抬火轿等5个国家级非遗项目，郑王词曲、怀帮黄酒酿造技艺等省级非遗项目12项。

公共文化体系建设。积极推进城乡公共文化服务体系建设，向常平学校、山路平学校等10所农学书屋配送图书1500余册；组织盆窑小镇、西荀庄知青之家申报"美丽乡村文化空间"。乡村文化合作社发展到18家，常态化开展培训和活动；组织山王庄镇新店村李商隐文化合作社、覃怀街道文化合作社赴焦作市开展"喜迎二十大、欢乐进万家"展演；指导各乡村文化合作社开展"喜迎二十大"群众文化活动，举办各类活动1000余场次。

群众文化服务。举办2022年"杨氏根雕"作品展、翰墨怀川——沁阳八景、十味美术书法摄影诗词作品展。围绕"呈现中原风韵·展示出彩河南"活动主题，举办怀梆跟我学——2022年怀梆乐器演奏培训、赵俊体国画教学线上推广活动；开展"文旅读书会"、"4·23读书日"系列活动、《论语》"晨读晚诵"活动等全民阅读活动235次，组织送书进校园进乡村、关爱留守儿童、亲子阅读、少儿手工制作等推广活动128次，全力推进"书香沁阳"建设；开展"舞台艺术送基层"和濒危剧种演出80场；举办"喜迎二十大——2022年国庆节沁阳市文化馆葫芦丝音乐会"演出，线上观看群众4.33万人次。

文艺精品创作。组织美术书法作者开展创作活动，推荐40多幅作品参加焦作市"廉洁从家出发"文艺作品征集活动。组织45个文艺节目作品，参加焦作市庆"六一国际儿童节"优秀文艺作品展示、焦作市第十二届戏迷大赛、艺术广场舞大赛、"我的乡村文化合作社"才艺大赛、"群星奖"音乐舞蹈、第二届民间艺术大赛、艺术摄影展，少儿才艺大赛等专业赛事；编印《沁阳文学》（第九期）。举办曹谨诞辰235周年美术书法展活动，收集作品111幅。持续打造红色文化服务品牌，编创怀梆新戏《杨介人》。

非遗活态传承。曹谨的故事、杨香扼虎救父传说、杨氏根雕、清宫酒酿造技艺等6个项目入选第七批焦作市非物质文化遗产代表性项目，数量居焦作市第一；组织两家闲戏、神农传说、黑陶制作技艺、郑王词曲等项目单位及14名省级传承人开展省级非遗专项资金绩效评价工作；举办2022年"文化和自然遗产日"沁阳市集中宣传活动。举办全市非物质文化遗产保护成果展、图片展以及重点非遗项目技艺展示；神农陶、怀帮黄酒酿造技艺传习所被命名为全国优秀公共文化空间。

文旅品牌打造。举办"如梦河内·有情四季"——"陶屯斗茶"沁阳市首届茶文化创意活动，促进乡村旅游市场回暖。举办首届"沁阳市十大藏书家评选"，深化了"书香沁阳"建设，带动了滨河公园"论语"朗读角等群众性读书热潮。举办沁阳市首届"最美村史馆（博物馆）"评选活动，发布"沁阳最美村史馆（博物馆）"视频22个，评选出8个"沁阳市最美村史馆（博物馆）"。开展"壬寅虎年：我与沁阳文物有约"光影文物展等文化和自然遗产日活动。成立李商隐研究会，出版李商隐诗刊、组织系列采风活动，举办纪念李商隐诞辰1210周年"同题诗会"——"假如没有李商隐"活动，扮靓"商隐故里"名片。开展纪念曹瑾诞辰235周年系列活动，举办了《曹瑾传》出版座谈会和书画展。

精神文明建设。沁阳市成功创建为新一届河南省文明城市。沁阳市委统战部、沁阳市党校创建为2个省级文明单位，东沁阳村、袁屯村、南鲁村、赵寨村创建为省级文明村镇，沁阳市第二小学创建为省级文明校园。持续深化先进典型宣传选树工作，郭来义上榜河南省2022年度"乡村光荣榜"好党员，周宁等5名大学生上榜暑期"河南省优秀志愿者"，王永卫入选河南省"四个优秀"优秀志愿者，陈文中、王水平上榜2022年下半年"河南好人榜"。

【朱载堉礼乐文化展示】 朱载堉是明太祖朱元璋九世孙，明代著名的乐律学家，创建的十二平均律理论广泛应用于世界各国的键盘乐器上，被誉为"钢琴理论的鼻祖""东方文艺复兴式的圣人"。河南省社科普及示范基地沁阳市朱载堉纪念馆于2019年7月成立朱载堉雅乐团，宗旨是复原朱载堉作品中的雅乐文字谱，让其以真正有声的方式呈现。乐团拥有团员志愿者50余人，走进各大高校和景区举办朱载堉古典雅乐巡演。朱载堉纪念馆为雅乐团购置了编钟、编磬、古琴、萧、瑟、鼓、埙等中国传统乐器，增添了仪仗、音响等必要的基础设施，古典雅乐表演再现天籁之音，使人们领略到明朝时期歌乐的典雅与雍容。2022年9月，朱载堉雅乐团到郑州国际会展中心参加第九届博物馆博览会，向观众表演中国古典雅乐文化。

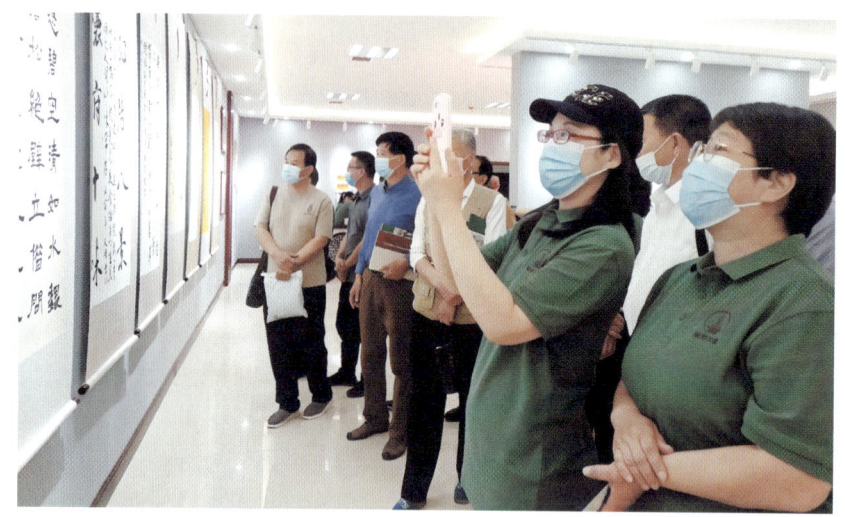

2022年5月，"沁阳八景沁阳十味"艺术作品展览

2022年10月，国庆节葫芦丝音乐会

2022年6月，沁阳市举办"文化和自然遗产日"集中宣传展示活动

·孟州市·

【文化概览】 孟州市位于河南省西北部，总面积541.6平方公里，辖6镇1乡4个街道，人口40万，是全国文化先进县。孟州历史悠久，秦置河雍县，汉晋称河阳，唐宋为孟州，明洪武十年（1377年）改称孟县。1996年5月撤县设市，成为孟州市。孟州名人辈出，具有代表性的有"一文一武一美一仙"。"一文"指"唐宋八大家"之首的韩愈，"一武"指水浒武松，"一仙"指八仙之一的韩湘，"一美"指西晋时著名的美男子潘安。孟州文化古老，境内有龙山文化遗址、仰韶文化遗址、裴李岗文化遗址等，现有国家级文物保护单位2处、省级文物保护单位14处，县级文物保护单位47处。有国家级非物质文化遗产项目2项，省级项目5项，市级项目7项，县级项目26项。孟州景观罗布，有韩园、老家莫沟、美丽源沟、红色岩山、黄河文化苑等人文景观。

文艺精品创作。 围绕韩愈文化，创编大型曲剧《义释奴婢》，实景剧《谏迎佛骨》，戏歌《县斋读书》，民歌《春雪》《晚春》，花鼓戏《早春呈水部张十八员外》等韩愈主题作品12件，创作了一批韩愈诗词书画作品，开发了书签、连环画、笔记本等文创产品。围绕宣传党的二十大精神、乡村文化振兴、"五星"支部创建、疫情防控，创作快板《踔厉奋发新时代》《喜迎二十大 共圆中国梦》《礼赞二十大 奋进你我他》，以及歌曲《扬帆再起航》、戏剧表演唱《五星花开暖万家》、三弦大鼓书《高举旗帜永向前》、小戏剧《联姻》、音乐快板《善恶分明正气扬》、山东快书《春暖花开定有期》等文艺作品20余件，深入基层表演，受到群众喜爱和好评。

全域旅游创建。 整合全市文旅资源，推出文化名人之旅（中华诗词之旅）、黄河文化研学游、乡愁生态体验游、现代商贸购物游、红色文化游、非遗文化游、文保单位游等7条特色文化旅游精品线路。城伯镇西武章村、槐树乡源沟村被评为第六批中国传统村落。西虢镇莫沟村、槐树乡源沟村入选河南省乡村康养旅游示范村创建单位，南庄镇桑坡村被评为河南省乡村旅游特色村，槐树乡入选"河南省民间文化艺术之乡"，西虢镇莫沟村望舒民宿被评为河南省四星级乡村旅游民宿。

文化遗产保护。 开展孟州市第四批非物质文化遗产代表性项目和传承人申报工作，认定代表性项目7个，代表性传承人11人。完成黄河澄泥砚展示馆建设、布展工作。印制孟州市非遗项目宣传手册。首批精选5种老字号特色美食，制作专题片进行宣传推广，以文化赋能美食，推荐4家非遗老字号特色门店（孟州市实诚人家食品加工坊、西关刘光牛肉馆、孟州市国强饭店、孟州市红喜糖饼店）参加焦作市评选。开展第十个全民艺术普及周活动，组织开展2022年"文化和自然遗产日"活动，举办孟州市非物质文化遗产保护成就图片展和孟州市非物质文化遗产实物展，参观人次1300余人。加强国家级非遗项目火龙舞传承保护，围绕火龙舞文史资料、表演技艺、制作工艺等内容定期开展培训，组织开展非遗项目进校园活动。

乡村文化振兴。 投入资金20余万元，对横山村、源沟村等乡村图书室进行提升，助力"五星"党支部创建。整合乡村文旅资源，建成以舞蹈、戏曲、锣鼓等为主要内容的特色文化合作社44个。老苗窑洞书馆被评为全国百佳公共文化空间，岩山村红色教育基地被评为全国优秀公共文化空间，老苗窑洞书馆、岩山村红色教育基地被评为河南省最美公共文化空间。开展"老家人游孟州""山水富城·文武福地"2022焦作文旅消费季——"美食孟州"活动，提振乡村文旅经济。争取省文化旅游灾后恢复重建项目补助资金51万元，省旅游市场恢复发展考核奖励资金120万元，积极推动文旅企业复工复产。

精神文明建设。 文明城市常态化创建稳步推进，实施"八大提升、四大攻坚"专项行动，制作3期"我是韩愈故里人，我为文明孟州代言"主题宣传片，组织开展文明城市创建暨文明养犬集中宣传，"小手拉大手、共创文明城""礼让斑马线、文明交通行""清洁家园"等志愿服务活动，在全市营造出"人人参与、人人共享"的浓厚创建氛围。顺利通过2022年度省级文明城市复检，保留河南省文明城市称号；以"让文明之光照亮新征程"为主题，组织开展新时代文明实践推动周实践活动300余场次。陈湾村、米庄村、子昌村成功申报河南省文明村镇，米庄村"道德银行"、卢村电力爱心超市、梅花园社区便民餐厅先进典型经验做法受到焦作市通报表扬，应急救援协会志愿服务队被评为河南省优秀志愿服务组织。

2022年8月，实景剧《韩愈谏迎佛骨》

2022年6月，文润孟州·韩愈诗文诵读活动

【韩愈故里文化节】 为弘扬传承韩愈文化，全面叫响"韩愈故里"文化品牌，让更多的人了解韩愈、关注孟州，2022年4月3日至7日，举办第二届韩愈故里文化节暨纪念中国孟州韩愈国际学术研讨会召开30周年活动，组织开展韩愈剧目展播。通过焦作百姓文化超市、孟州电视台、"走进孟州""孟州文旅"微信平台、"孟州融媒"抖音、"走进孟州"视频号、"云上孟州"App等平台，开展韩愈剧目展播、韩愈故里LOGO网络投票、韩愈诗词书画作品展、回顾1992年孟县韩愈国际学术研讨会、第二届"韩愈杯"散文原创作品赛等系列线上活动，参与观看、点赞、投票的群众达55万余人次。

·温县·

【文化概览】 温县地处豫北平原西部，总面积为481.3平方公里，辖7个乡(镇)4个街道，262个行政村，人口46.8万，素有"古国、古都、帝乡"之美誉。现存有慈胜寺、遇仙观、王薛民居等古建筑。拥有国家A级旅游景区5个，其中AAAA级2个、AAA级3个；全县有文物保护单位国家级3处、省级16处、县级72处，共有文物遗迹381处，现有馆藏文物4100余件（套）；拥有人类非物质文化遗产代表作名录项目1项、国家级非遗项目4项、省级8项、市级10项、县级26项。温县陈家沟村是陈氏太极拳发源地，荣获省级乡村康养旅游示范村，并成功入选全国乡村旅游重点村；陈家沟村、南韩村、古贤村、仓头村、大尚村和安乐寨村荣获河南省乡村旅游特色村；赵堡镇、祥云镇荣获河南省特色生态旅游示范镇。

公共文化服务。开展"百姓文化超市"惠民工程，完成105个农村基层文化服务中心上档升级。开展"舞台艺术送农民""舞台艺术送基层""戏曲艺术进校园"等文化惠民演出28场。持续开展农村电影放映工作，全年免费为农民群众放映优秀电影3144场。组织举办"奋进新征程、建功新时代"2022年温县百姓文化超市"五一"戏曲晚会，温县2022年喜迎二十大"盛世梨园我来唱"戏曲大赛温县初赛活动。投入文化专项资金提升建设乡村文化舞台38个；提升和修复30个村文化广场，面积约1.5万平方米。推进书香温县建设，2022年4月建成古温书屋，免费对外开放。已建成"文化合作社"4家，分别为黄河街道滩陆庄村文化合作社、岳村街道三家庄村文化合作社、黄庄镇黄庄村文化合作社和招贤乡安乐寨村文化合作社，新注册社员25人，上传作品达80条。

文化艺术创作。2022年出版《静等春暖花开》诗歌散文书籍，创作编排大型现代豫剧《嫂子》《拳乡情》演出。大型现代豫剧《申亮亮》《张祥云》在微信、抖音等网站平台进行了展播。

精神文明建设。成功创建省级

文明单位24个、省级文明村镇6个、省级文明校园2个。大咖国际食品有限公司成为全市仅有的3个省级非公文明单位之一；打造11个乡风文明示范村，全县262个村全部建立"一约五会"，4个村规民约被评为焦作市优秀村规民约，打造3个村规民约示范点，成功创建237个"文明幸福星"支部。选树"乡村光荣榜"县乡村三级共2700余人，其中，11人入选焦作市"乡村光荣榜"，3人入选河南省"乡村光荣榜"。安乐寨村杨家卿入选"中国好人榜"。评选县级新时代好少年19名、校级950名，其中3名荣获焦作市新时代好少年称号。

【太极圣地温县陈家沟入选为2022年国家体育旅游示范基地】 陈家沟太极拳文化旅游区成功入选2022年国家体育旅游示范基地名单，成为全国14家入选单位中河南省唯一上榜单位。陈家沟太极拳文化旅游区位于焦作市温县赵堡镇陈家沟村，是国内外太极拳爱好者及游客心中的太极圣地，有太极拳祖祠、太极拳文化园、太极拳名人故居、中华太极馆、国际太极拳文化交流中心、印象太极全域剧场，先后被评为港澳青少年游学基地和河南省研学旅游示范基地、河南省社会科学普及基地、中国体育旅游十佳精品景区。

·博爱县·

【文化概览】 博爱县位于河南省西北部，太行山南麓，境内山川秀丽，水系成网，人文荟萃，物阜民丰，素有"太行山下小江南"之美誉。商周称郄城，秦属野王邑，汉属河内郡，唐设太行县，后长期属河内县。境内龙山文化遗址、北魏石刻、隋唐摩崖造像、古丹道、大运河永济渠渠首等历史文化遗迹丰富。博爱县有河南太行山猕猴国家级自然保护区、国家AAAAA级青天河风景名胜区，有黄河以北纬度最高、面积最大、历史最久、品种最多的规模化产业化竹林，全县林木覆盖率达31.6%，城市绿化覆盖率达40.21%，人均公园绿地面积达12.06平方米。1927年，吉鸿昌将军取孙中山先生倡导的"自由、平等、博爱"中"博爱"两字，设置博爱县。博爱先后荣获国家全域旅游示范区、全国休闲农业和乡村旅游示范县、国家园林城市、国家卫生县城、全国电子商务进农村综合示范县称号。

公共文化惠民。开展了文化科技卫生"三下乡"活动，举办了2022年"博爱县新时代文明实践推动周"活动。举办靳家岭风华国乐节、乡村文旅节系列活动，"舞台艺术送农民"演出50场，电影放映2400场。选拔优秀节目参加焦作市乡村文化合作社才艺大赛、市群众大合唱比赛、市艺术广场舞选拔赛，舞蹈《八极雄风》惊艳全场。艺术广场舞《盛世欢歌舞中原》获得焦作市一等奖、省级一等奖。持续推进"书香博爱"建设，对全县204行政村农家书屋更新图书5000余册。图书馆增加儿童

2022年7月，喜迎二十大"盛世梨园我来唱"戏曲大赛温县初赛活动

2017年8月，温县陈家沟

图书阅览室、青年学生自习室等学习阅读空间，在县人武部、武警中队、编办等7家单位设立外借图书点，方便职工借阅，组织读书交流学习活动10余次。

非遗文化传承。推广国家级非遗项目八极拳，申报成功7个市级非遗项目，22项县级非遗项目。完成"食在博爱——特色风味"非遗项目宣传短视频拍摄30期。博爱县第四批县级非物质文化遗产名录，共7类22项。民间文学：月山寺的传说、博鳌潭的传说；传统舞蹈：空竹舞龙；传统体育、游艺与杂技：五虎运气捶、劈四门春秋刀、无极拳；传统美术：怀川雕刻、孝敬留村剪纸、毕氏传统木雕工艺、东王贺糖画技艺、张武村李氏匾牌雕刻技艺、清化绳结技艺；传统技艺：许良老田扯面制作技艺、麻庄申家手工粉皮制作技艺、酒奉酒传统酿造制作技艺、武阁寨柳编制作技艺、老虎头制作技艺、清化九街水席宴制作技艺、董氏古建青脊兽孝制作技艺；传统医药：皇甫氏中药加工与炮制技艺、皇甫氏六神曲加工技艺；民俗：春秋时期坞王祭祀朝拜大典。

文旅产业发展。寨豁乡成功创建为河南省特色生态旅游示范镇，探花庄村成为首批河南省乡村康养旅游示范村创建单位，青天河村、下伏头村入选焦作市乡村康养旅游示范村创建单位，江岭村入选第二批省级康养旅游示范村创建单位。全长6.2公里西部旅游环线全线贯通，彻底解决了通往丹河沿线众多旅游村庄和景点道路不畅的瓶颈。打造青天河"中原赏花"第一品牌，举办青天河"红叶节"；落实惠企纾困政策，出台博爱县文旅行业惠

2023年9月22日，博爱县农民丰收节

2023年6月29日，博爱县文化进万家活动

2023年12月22日，博爱县书法走基层活动

企纾困政策，惠企金额4004.14万元，青天河景区成功申报成为首批省级文化和旅游业"白名单"企业。

精神文明建设。博爱县9个乡镇、204个行政村建立了新时代文明实践所、站，实现全覆盖。博爱顺利通过省级文明城市年度复查验收，并申报省级文明单位（标兵）1个、省级文明单位3个，20个省级文明单位到届重新申报，5个河南省文明村镇到届重新申报，新申报河南省文明村镇4个、省级文明校园1个、省级文明家庭2个。选树"乡村光荣榜"，激发乡村振兴正能量，李玉梅、杨应芬、辛忠明等10人荣登市"乡村光荣榜"，形成了点燃一盏灯、照亮一大片的效应。

【博爱县第十五届樱桃节暨乡村文化旅游节】 博爱县以创建国家全域旅游示范区、全国农产品质量安全县为契机，深入推动农业产业升级，大力促进休闲农业与乡村旅游的融合发展，点燃党建引领红色引擎，全面助推乡村振兴。以"林果之乡"著称的博爱县寨豁乡，拥有樱桃种植基地3500亩，依托得天独厚的海拔气候和地理条件，培育出了高营养、高品质、高颜值、绿色生态纯天然的"富硒樱桃"，获得了国家级"无公害农产品产地"和河南省农村科普示范园区等荣誉称号。寨豁乡通过持续推进基础设施和生态文明建设，不断深化农旅融合发展，成功打造探花庄"陌上东园"、焦谷堆"桃花驿站"、小底"爱情公园"、月寨路寨豁节点、大底海棠岭等乡村旅游新地标，叫响了"初恋樱桃""太行冬桃"等特色林果品牌。年接待游客10万人次，樱桃、冬桃及各类土特产销售收入超亿元，直接受益农户1055户，带动518户贫困群众实现脱贫摘帽。

·武陟县·

【文化概览】 武陟县位于河南省西北部，县域面积805平方公里，辖6镇5乡4个街道，347个行政村，总人口74万。武陟，古称"覃怀"，无怀氏部落在此建城，春秋时期置怀县，秦—晋为河内郡治所，四大怀药的"怀"就来源于此。武陟因武王伐纣途经此地，登高望远，会盟诸侯而得名，"陟"是登高、兴起之意。武陟是全国唯一的"中国黄河文化之乡"，境内有全国重点文物保护单位5处、省级文物保护单位27处，国家级非物质文化遗产3项、省级非物质文化遗产16项，馆藏文物3970件，馆藏古籍图书1110种8202册，省级旅游示范基地、示范镇、特色村和休闲观光园区12家。是魏晋名士"竹林七贤"山涛、向秀的故里，历史上著名的人禹治水、武王陟岅、董永和七仙女的故事都发生在这里。

公共文化服务。在城区，全面实施文化馆、图书馆、博物馆改造提升、上档升级工程，人民广场、龙泉湖等4座城市书房高效运营，城区15分钟阅读圈已初步形成。在乡村，常态化督查乡镇综合文化站、村街综合性文化服务中心免费开放工作，新建投用木城等6个图书馆分馆；完成全县369个"思源·云图书馆"项目建设工作。同时，深化"百姓文化超市"惠民工程，打造线上线下展演平台，叫响文化活动武陟品牌。线上开展文化慕课培训，开辟《武博里的中国故事》栏目，更新平台数字化图书12000余册，推出优秀传统文化讲座68期、精品文物展览3场，推送优秀文化作品150余篇。线下开展送文化进基层活动、全民阅读系列活动、戏曲进校园、送戏下乡、优秀数字电影放映等文化惠民活动6000余场；"天安门——太阳的广场"荣获唱响新时代、群星耀中原河南省群众合唱大赛二等奖，教育合唱团荣获全省评优活动二等奖。

文旅融合发展。高标准编制《关于全面提升"中国黄河文化之乡"品牌吸引力的实施意见》《武陟县黄河泥埙进机关进学校进乡村活动实施方案》，黄河泥埙教学基地、艺术学院有序运营，研制开发的文创产品入藏国家方志馆焦作南水北调分馆对外展示。以黄河治理、黄河安澜、黄河故事为主题，策划推出沉浸式文旅形象宣传片《行走河南·读懂中国——嘉应观》；白鹿仓黄河歌谣文化旅游度假区项目纳入了全省2022年重点推进的国家文化公园10大标志性建设项目。御坝黄河文化研学营地项目的研学、游乐园区已于2022年10月开园运营。

精神文明建设。常态化推进文明城市创建，建立健全"一室六组十专班"工作架构，制定《武陟县2022年创建全国文明城市专项提升行动方案》，强化实地创建水平。同时向60余家单位下发创文测评体系，按照时间节点有序收集档案材料；动态化管理文明单位，组织各级文明单位开展"赶考路上有我"主题系列活动，共征集书法、摄影、绘画、征文、歌咏、演讲等六大类别作品136个；持续深化农村精神文明建设，积极做好全

2022年12月9日，第七届群众文化艺术节

2022年10月1日，御坝黄河文化研学营地项目

国文明村镇（乔庙镇、西滑封村、荆辛庄村）、省级文明村镇（谢旗营镇、张菜园村）复审工作的基础上，加强文明村镇后备培育。广泛开展"乡村振兴 文明同行"系列主题活动，推进婚丧礼俗改革，进一步遏制红白事大操大办、铺张浪费陋习；选树先进典型，李栓定家庭、张波家庭、马小利家庭获评市级文明家庭。推荐"河南好人"等候选人19名，其中，文明路荣获下半年"河南好人榜"爱岗敬业称号，贾利斌荣获第四届焦作市道德模范提名奖。评选武陟县"新时代好少年"30余名，其中育英实验小学陈思萱、育才学校陈诗蓓荣获2022年焦作市新时代好少年称号。

【黄河文化和大河风光文旅名城】以文旅融合高质量发展为主业，深耕县域富集文旅资源，围绕"让黄河文化热起来"，深研武陟县厚重黄河文化，深推文旅文创融合战略，全力推动省级全域旅游示范区创建，努力打造黄河文化和大河风光文旅名城。万花、御坝、西滑封被确定为河南省乡村康养旅游示范村创建单位，御坝村被认定为河南省乡村旅游特色村，百姓梨园（河南泰鑫农业休闲观光园区）被认定为河南省休闲观光园区；以黄河治理、黄河安澜、黄河故事为主题，策划的沉浸式文旅形象宣传片《行走河南·读懂中国——嘉应观》被新闻媒体广泛宣传报道；百姓梨园、黄河龙泽园、千亩核桃园入选全国乡村旅游精品线路，嘉应观景区入选"行走河南·读懂中国"第九条主题文化线路，嘉应观景区、圣博健康产业园景区和御坝村入选全市乡村旅游精品线路。

·修武县·

【文化概览】 修武县位于河南省北部，太行山南麓，古称"宁邑"，因武王伐纣途经此地修兵练武，故而得名"修武"，至今已沿用3000多年。修武县总面积611平方公里，常住人口25万人，拥有4处国家级文物保护单位，12处省级文物保护单位、5个省级传统村落、1个国家级非遗项目和国家级旅游休闲街区，是云台山世界地质公园所在地。先后荣获中国最佳旅游名县、国家全域旅游示范区，岸上小镇入围首批国家级夜间文化和旅游消费集聚区。大南坡村成为全国乡村旅游重点村、省级文化产业特色乡村，韩庄村获评中国美丽休闲乡村，岸上村、孙窑村成为全省乡村旅游特色村，大南坡村和叠彩洞精神党性教育基地被列入全国乡村旅游精品线路。怀邦戏入选"第七批焦作市级非物质文化遗产"，云上院子与莫奈花舍一同成为全国优秀公共文化空间案例。

公共文化服务。"百姓文化超市"惠民工程覆盖全县187个基层服务点。在大南坡村和秦厂村推出"文化志愿服务乡村行，寻找村宝"展演活动，以"村宝"为主题创作戏曲和快板融合的节目《出征》。修武县入围省定"文产特派员"项目试点县，选出5个村安排"乡创特派员"；开展送文化戏曲进乡村活动12场，开展文旅活动进民宿、进景区活动12场，进社区6场，举办各类公益艺术培训15期。农村数字电影覆盖全县187个行政村，放映场次2244场，观众人数11.22万人。

公共文化数字化建设。加快图书馆、文化馆分馆建设，8个乡镇已完成文化馆分馆建设任务。完成196家（县级公共图书馆1家、各乡镇文化站8家、街道村庄187家）"思源·云图书馆"建设项目工作。健全市县乡村四级公共文化产品配送体系，已投资37万元，图书已配送到位；依托省级"文化豫约"平台，不断增强"修武县百姓文化超市"平台功能，建设智慧化公共文化场馆。"五一"期间利用百姓文化超市平台开展线上直播豫剧"访帅出征"，观看群众3.72万人次。

培育文旅发展多元业态。开发红色旅游点和乡村旅游线路，高标准打造秦厂村共产主义信仰家园类别的多个党建美学综合体，以及叠彩洞精神党性教育馆、黑岩村修博武中心县委旧址等红色教育教学基地，依托7个红色旅游点和11条乡村旅游线路，建设中小学生研学实践教育基地，推出《走进云台，探秘地质》《云台山二十四节气》《惊蛰》等系列主题课程，吸引众多学子组团探秘打卡；发展康养产业，依托丰富的自然资源优势和悠久的四大怀药优势，打造以森林氧吧、养生主题民宿、中药膳食、养生运动等项目为主的乡村旅游养生目的地，推出云台冰菊、富硒农产品品牌，为游客提供健康膳食、山水康养、温泉疗养、运动休闲等文旅服务；岸上小镇创建省级旅游休闲街区，岸上村成功创建为全省首批乡村康养旅游示范村，大南坡村、金陵坡村、裴庄村、宰湾村入选全省第二批乡村康养旅游示范村创建单位；建设新业态项目，云台山猕猴谷生态营地、茱萸峰索道、青龙峡综合体验项目等11个项目已建成。茱萸峰索道3分钟可直达茱萸峰景点峰顶，极大提升景区服务接待能力及游客体验感。

精神文明建设。高标准完成省级文明城市届满复审工作，在2022年度文明城市检查工作中，修武县综合成绩位列焦作市第二名。建立先进人物数据库，培育弘扬社会正能量典型，古占军被评为上半年河南好人，吴小叶等11人被评选为2022年度焦作市乡村光荣榜先进人物，吴小叶、常士奇、卢军华3个家庭被评为焦作市文明家庭；规范新时代文明实践所站建设，悬挂同乡村"两委"同规格的新时代文明实践所站牌匾。国家税务总局焦作市修武县税务局获评省级文明单

2022年4月17日，世界读书日全民阅读启动仪式

2022年3月5日，云台山汉服花朝节

位标兵，修武县周庄镇、修武县七贤镇宰湾村获评省级文明村镇，国家统计局修武调查队、修武县人民医院获评省级文明单位，修武县第一中学获评省级文明校园。

【打造特色文化节活动】 成功举办第二届云台山冰雪狂欢节、第四届云台山汉服花朝节，引流近30万人。举办音乐露营活动，为期4个月的欢乐夜，相关网络阅读量近5000万，实现人气、效益"双丰收"；深挖竹林七贤等传统文化资源，焕新升级"七贤游园"山水国风演艺，丰富文化产品内涵；云台古镇与唐宫夜宴团队合作打造了"玄镜奇缘"节目，推出"醉梦修武"大型灯光水舞秀演艺；大南坡村策划亲子"手工风物节"，开展怀梆戏表演。以"我们的节日"为主题，举办七贤镇消夏文化活动、小文案村大枣节、郇封镇冰菊节、西村乡农耕文化节、红叶节等极具地方特色的乡村文化活动。文旅市场复苏走在全省前列，有效带动景区周边特色民宿、餐饮、购物、娱乐等区域文旅链条业态的逐步回暖。

·解放区·

【文化概览】 解放区是焦作市的中心城区，总面积67平方公里，辖9个街道、1个健康产业园区、23个行政村、34个社区，常住人口约35万。全区现有省级文物保护单位2处，市级文物保护单位26处。共有48项非遗项目，有省级非物质文化遗产项目4项，市级非物质文化遗产项目20项，区级非物质文化遗产项目24项。先后荣获全国文化先进单位、河南省首批公共文化服务体系示范区、河南省第二批省级全域旅游示范区、河南省公共数字文化工程试点单位等一系列荣誉，拥有焦作市首家河南省公共文化研究中心实践基地称号。

公共文化服务。开展"喜迎二十大、讴歌新时代""喜迎二十大、欢度国庆节""全民艺术普及周"系列活动。在上白作街道春林村、上白作村、健康产业园区设立3个"乡村文化合作社"示范村。组建广场舞等12支文艺团队，组织乡村文化合作社社员参加"乡创美拍"活动。开展"奋进新征程、建功新时代"好书荐读、"情满大怀川、喜迎二十大"中秋空中诗歌朗诵会等线上线下活动。解放区图书馆与焦作市残联合作开展"书香中国 阅读有我"读书交流会活动。

文化艺术创作。组织书法爱好者参加"翰墨丹青迎盛世"河南省美术书法作品展，推荐33个作品，66个作品参加河南省第十一届少儿才艺大赛。组织摄影爱好者参加河南省第十八届艺术摄影展，推荐作品48个。非遗传承人张鸿飞作品参加河南省第二届民间艺术大赛，乡村文化合作社参赛作品参加美丽焦作乡村行2022年焦作市"我的乡村文化合作社"才艺大赛录制工作。

文旅融合。深化文旅与产业融合，打造焦作电厂片区高塔光影秀等一批"夜游焦作"精品旅游休闲街区，焦作·国际首创高塔实景演出首映式被主流媒体进行报道，在互联网关注度和浏览量上表现出一定影响力。大杨树餐饮文化商业街项目今年被评为河南省夜间文旅消费集聚区。形成"张三的民宿""猫岔乡野度假民宿"等旅游新兴业态，焦作市森林动物园成功入选国家AAAA级旅游景区。积极打造红色资源访问点，建设王忠殿烈士红色教育基地。在河南数字动漫产业园成功举办第六届王者荣耀全国大赛海选赛。

文化遗产保护。张氏人物剪影制作技艺项目传承人张鸿飞参加焦作市第二届民间艺术大赛。省级非遗传承人司福源举办绞胎瓷文化及技艺讲授活动。省级非遗项目"通背拳"进行展示活动，推出非遗老字号特色美食门店，靳贤书烧饼制作技艺、面塑等6个项目列入第七批区级非遗名录，刘斌、张雁娜等10人公布为第七批区级非遗项目代表性传承人。完成英福公司煤矿

2022年4月30日，河南省第十个全民艺术普及周解放区文化馆演出活动

2022年8月16日，高塔光影秀演出

1、2、3号井台，井架旧址修缮工程并通过验收，对英福公司钱庄旧址进行修缮验收。

精神文明建设。将社会主义核心价值观融入公民思想道德建设各方面、全过程，加强先进典型的选树和宣传推介，倾力打造叫得响、立得住、经得起历史考验的解放区模范群体。推出"身边的榜样"1名，"身边好人"2名，焦作市"新时代好少年"3名，焦作市"道德模范"1名，"中国好人"1名，"焦作楷模"1名。做好未成年人思想道德建设测评工作，召开文明校园思想道德建设推进会，开展文明校园风采宣传展示。

【**省级非遗项目——猿仙通背拳**】通背拳是解放区省级非物质文化遗产项目，李新平是通背拳第八代代表性传人。猿仙通背拳是模仿山中猿猴动作，集技击、强身健体等诸多功能融为一体，从而形成的一种特有的内外兼修，刚柔并济，中正舒展，轻灵圆活的传统武术。通背拳风格诚如其名，动似猿猴，行如流水，拳势轻灵，跌宕多姿，慢类太极，快逊长拳，摆动如春风拂柳，站立如迎雪红梅，套路舒展大方，刚柔相济，演练时似云翔长空，劲道贯穿始终，周流不息。该拳技击内容丰富且别致新颖，小巧紧凑中似狸猫捕鼠，轻灵显威，进靠短打，上下相随，鸡腿猴形，左闪右进。大开大合时摧枯拉朽如虎下山，舒展大方似灵猿探臂放长击远。

·山阳区·

【**文化概览**】 山阳区是焦作市的核心城区，是全市的经济、商贸、文化、教育、金融中心，也是新型城镇化发展中最具潜力和活力的城区。辖区总面积65.7平方公里，辖19个行政村，35个社区，常住人口30余万人。山阳区历史文化遗存丰厚，拥有大汉王朝遗存的最后一座汉城池——山阳故城。药王孙思邈曾在此悬壶济世、行医著书二十七载，保留有完好的药王祖庭等古建筑。现有文物保护单位32家，其中国保单位2个，省保单位4个，市保单位26个。非物质文化遗产名录国家级1项、省级2项、市级24项。

公共文化活动。选送优秀文艺团队参加河南省首届"惠民文化节"暨焦作市第二届"百姓文化节"系列群众文化活动、"盛世梨园我来唱"焦作市第十二届戏迷大赛优秀节目展演活动，山阳区群众舞蹈参赛节目《在欢腾的大地上》被选送参加"河南省第六届艺术广场舞决赛"；2022年投资100万建立山阳图书馆（覃怀书房），占地约1200平方米，馆内拥有纸质藏书1.7万余册，打造成为主城区具有代表性的城市休闲书屋及网红打卡地。山阳区先后建设了新型公共文化空间9个，分别是覃怀书屋、卢亮沟书房、巡返书院3个城市书房，新城街道苏蔺村史馆、中星街道李贵作村史馆2个村史馆，陈氏叶雕展示馆、当阳峪绞胎瓷展示馆2个非遗展示馆以及典礼学书博物馆和金谷轩绞胎瓷博物馆。

文化遗产保护。山阳区拥有省级"非遗"项目代表性传承人2名，市级"非遗"项目代表性传承人26名；项目传承人承办"非遗"展馆1座、传习所3个、省级非遗生产性保护示范基地3个。2022年山阳区文旅局深入挖掘辖区非物质文化遗产项目和传承人，评选第五批区级非物质文化遗产代表性项目4个和第七批区级非遗代表性项目传承人18个；举办"山阳有礼——山阳有遗篇"系列非遗展示活动。焦作市人民英雄纪念塔成功申报河南省第二批革命文物名录、第八批河南省文物保护单位；整理定和村南水北调工程文物勘探石柱、赵三元故居、焦东矿副井口遗址及地下人防工程资料；推进山阳故城西城墙加固项目；对药王庙大殿地下塌陷、山阳故城北、东、南段受损进行实地勘察，保障文物安全。

文旅产业。山阳区投资1300余万元建设黄龙山登山步道项目，

2022年6月11日，非遗宣传展示活动

以"生态运动、休闲游憩、人文传承"三大主题，将传统的户外运动与体验式旅游、全民健身结合在一起，步道1条A级路和10余条B级路将沿途的自然景观、资源串联起来，可以开展登山健身、露营、峡谷穿越、野外生存与拓展等活动。将卢亮沟户外出发营改扩建为黄龙山体育公园，具备体育健身、运动休闲、赛事竞技和娱乐休憩等多种功能。位于山阳区南水北调天河公园城市阳台A区的真冰滑冰场是焦作市首家室内真冰运动馆。

精神文明建设。山阳区文明办联合区总工会、区妇联、共青团区委在全区各街道、区直各单位和辖区各级文明单位开展"山阳好人榜"发布活动，2022年度共评选出"山阳好人"40人。张冬香作为焦作市唯一人选被评为河南省第八届道德模范。光亚街道姚惠辉荣登2022年"河南好人榜"，中星街道苏蔺村王荟（好媳妇）荣登河南省"乡村光荣榜"。山阳区迷彩志愿服务队被推选为"河南省疫情防控优秀志愿服务组织"，山阳区百间房街道富康社区新时代文明实践站被推选为"河南省疫情防控优秀新时代文明实践所站"，定和街道龙源湖社区王艳玲被推选为"河南省疫情防控优秀志愿者"。

【大沙河景区获得AAAA级景区认定】上马村卢亮沟被确定为乡村康养旅游示范村创建单位，获得2022年"河南省乡村旅游特色村"称号，巡返村入选文化和旅游部"乡村四时好风光"全国乡村旅游精品路线。

·中站区·

【文化概览】中站区位于焦作市区西部，总面积162平方公里，下辖9个办事处，1个经济技术开发区，总人口数约10.7万人。中站区文化底蕴深厚，红色资源丰富，是历史名人许衡故里、太行区第四专区及焦作市党政军机关旧址，也是焦作近代工业发源地，涌现出"太行八英"等抗日英雄。辖区现有文化馆1个，图书馆1个，街道文化站9个，村（社区）文化中心48个，农家书屋56个，藏书17.8万册；AAA级景区1家（西大井1919文旅景区）；国家级非物质文化遗产项目2项（常家武虎、小尚虎舞），省级非物质文化遗产保护项目5项（白猿通背拳、东冯封文武高跷、李封天目瓷烧制技艺、造店查拳、小尚炮捶），市级非物质文化遗产保护项目10项。

公共文化服务建设。2022年，在统筹抓好疫情防控和文旅市场安全工作的基础上，进一步弘扬中华优秀传统文化，丰富辖区群众的文化生活，组织安排"线上+线下"惠民文化活动150余场次，惠及群众7.1万余人次；积极探索乡村文化合作社建设新模式，先后注册运营乡村文化合作社4个，持续拍摄"乡创美拍""寻找村宝""乡村村晚"等丰富多样的线上文化活动视频300余个；提高文化志愿者

2022年8月8日，山阳区"'全民健身日'健身气功展示活动"在建行游园开展

注册工作的业务水平,组织全区文艺爱好者注册志愿者团队30个,志愿者300余人;争取公共文化资金200余万元,用于提升文化馆、图书馆、文化站(中心)基层文化设施建设,创新打造"河南省公共文化创意实验室精品项目"。中站区图书馆即周窑图书馆,是河南省图书馆周窑乡村分馆,在册图书7000余本,与河南省图书馆、焦作市图书馆实现通借通还。线上打造了"文润怀川·书香中站""好书推荐"专栏,让阅读走进千家万户,更好发挥文化育人的作用。

文化遗产保护。继承和弘扬中华优秀传统文化,马记酱卤制作技艺、西王封功夫虎、老三和记包子制作技艺、贾氏汤包制作技艺和王家菜茶制作技艺5个项目成功入选焦作市第七批非物质文化遗产代表性扩展项目;连兆水、许北平、张继峰等民间艺人入选焦作市第七批非物质文化遗产代表性传承人。马记酱卤制作技艺、许衡轶闻故事等6个项目被列入第五批区级非物质文化遗产名录,马二林、韩福利、张咸贞、和好临、贾占胜和张兰英6名民间艺人列入第五批区级非物质文化遗产项目代表性传承人名录。邀请国家非遗项目"小尚虎舞"、省级非遗项目"小尚炮锤"和市级非遗项目"何氏糖画",先后走进辖区学校开展"非遗进校园"活动18次,让孩子们与非遗项目"零距离接触";推广省级非遗项目"李封天目瓷烧制技艺"和市级非遗项目"封氏捏塑",以现场直播的形式进行制作流程和工艺讲解,累计收看人数达7000人次。

发展文旅产业。加快全域旅游示范区创建工作,推进南太行龙翔山居民宿集群项目。周窑十八坊一期民宿、周窑二期温泉帐篷营地、周窑图书馆、"初心楠舍·十二会"研学基地已完成建设,栗井山居美术工坊主体框架全部完工。周窑村入选2022年河南省乡村旅游特色村、河南省首批乡村康养旅游示范村,十二会、北业、赵庄、栗井4个村入选河南省乡村康养旅游示范村创建单位,周窑十八坊入选河南省首批乡村旅游五星级民宿。赵庄"太行八英"红色教育基地、"初心楠舍·十二会"红色文化研学基地被评为焦作市首批中小学研学旅行实践基地创建单位,西大井1919文旅景区打造以"焦作煤矿工人大罢工纪念馆"为核心的工业旅游景区及依托景区配套的综合文旅园区。编排全新情景剧"西大井的铃声",成功演出十余场。南部都市农业公园项目以府城村为中心,以绿色生态为基底,高规格打造"'农'情府城村,'乡'往大自然"为主题的焦作都市农业公园。

精神文明建设。先进模范典型推选成效显著,常卫红被评为第三季度中国好人候选人、第四届焦作市孝老爱亲模范、焦作市文明家庭;龙翔街道周窑村新时代文明实践站荣获河南省疫情防控优秀新时代文明实践站称号,周窑村成功申报2022年度省级文明村荣誉称号,入选河南省A级旅游康养示范村创建单位;多氟多公司捐献造血干细胞志愿服务队评选为河南省"四个100"优秀志愿服务队伍,西张庄村支书张海军当选省级乡村光荣榜好支书,2022年中站区社区创建"幸福和谐星"创成比例居全省第一;组建1支区级志愿服务总队,建强105支志愿服务队伍,3680名志愿者参与志愿服务活动,服务群众共计8万余人次。孵化出李封街

2023年2月6日,中站区春节优秀文体节目展演

2022年1月29日,中站区舞虎非遗项目展演

道"小红李"志愿服务队等18支社会志愿服务组织，中站区"温暖冬天"志愿服务项目和中站区龙洞街道"山里红"志愿服务项目荣获2022年焦作市优秀志愿服务项目称号。

【国家级非遗项目"耍老虎"】

2014年，中站区常家武虎和小尚虎舞与温县西周村虎舞、沁阳言状老虎合并"耍老虎"入选第四批国家级非物质文化遗产名录。其中"常家武虎"由常氏第九世祖常一显、常一桂，于明朝万历年间创编成形，历经数百年30余代，是流传在焦作市中站区许衡街道东冯封村的传统民间舞蹈，其表演形式主要有地虎、山虎和仪仗队组成。"小尚虎舞"是发源于焦作市中站区府城街道小尚村的一种传统民间舞蹈，由张氏第十九世人张书庭，于清朝道光年间在民间庙会祭祀火神、药王活动的基础上创编成形。经过170余年10余代的传承，已逐渐提炼成了由刀、枪、钗6路虎架，平地虎、丘陵虎、高山虎3种表演形式组成的经典民间舞蹈项目。

·马村区·

【文化概览】 马村区位于焦作市区东北部，总面积122平方公里，其中耕地面积6133.33公顷，总人口14.2万，辖7个街道，64个村，14个社区。马村区拥有悠久的历史文化，赵张弓遗址系龙山文化遗址，聩城寨遗址系古仰韶文化晚期遗址，是孔子问礼和武王伐纣的传说起源地。辖区内省级文物保护单位4处，市级文物保护单位37处。有省级非物质文化遗产项目2项，市级非物质文化遗产项目10项。2022年"河马仙果小镇"成功申报荣获省级休闲观光园区称号。

公共文化服务。开展"喜迎二十大、欢乐进万家"系列活动。马村区文化馆累计发布防疫推文18篇。在春节期间，线上进行了春节文艺节目展演活动，受益群众达到6000人次；开展马村区第十个全民艺术普及周，开展舞蹈、声乐、器乐、书法等艺术培训及文艺展览。不断提升非遗保护传承水平，持续打造马村区原乡文化品牌。举办戏曲大赛、广场舞大赛、文化合作社才艺展示大赛，惠及群众3万余人。举办"推进乡村文化振兴，弘扬中华优秀传统文化暨下马村第五届文魁书画院书画展"活动，展览共展出优秀作品20余幅，惠及群众500多人次。

文化遗产保护。马村区非物质文化遗产项目省级2项，分别是唢呐（东马村）、皇杠（义门）。市级非遗项目10项，分别是孔子问礼传说、冯营怀梆、花斑釉瓷烧制技艺、千层钢锻造技艺、永喜砂锅、武王伐纣传说、下马村小洪拳、白庄卢氏祭祖仪式、毛寨张氏接骨、山底村皇杠；市级美食5项，分别是待王永喜饭店、马村烧鸡、马村马车店蒸碗、三五砂锅居、正宗杂面馆；区级美食9项，分别是山底小磨香油、待王黄戏、马车店砂锅、河南坠子、后岳村粉条、卢氏化针、卢氏砖雕艺术、西孔二鬼摔跤、演马二鬼摔跤。配合焦作市考古研究所对上风上水建设工程进行文物发掘工作。完成了下马村王家祠堂的修缮工作。

文旅产业。河南农业大学"河马仙果小镇"项目成功申报为省级休闲观光园区，依托南水北调两侧1800亩优质林木、中线沿线村庄步道，建设集旅游、度假、康养、特色商业街区、森林公园、小镇生活中心、颐养文化中心于一体的"云台天河·文旅康养示范廊道项目""南水北调调蓄湖项目"。举办了"2022焦作文旅消费季马村区启动仪式活动""感党恩·喜迎二十大北孔庄文旅消费活动"，"后岳村粉条文化节"活动已成为马村区新的文旅文创品牌。后岳村乡村康养旅游项目金薯加工体验园、亲子乐园、马文化体验园和亮马村"亲子娱乐园"已建设完成。

精神文明建设。推动社会主义核心价值观落地生根，精心设计开展"我学习、我践行"主题实践活动。注重挖掘传统美德教育资源，选树身边榜样11人。加强乡村光

2022年12月20日，马村区第三届"我的乡村文化合作社"才艺大赛

荣榜、星级文明户创建推选，开展寻找"最美家庭"活动，评选出乡村光荣榜200多人，村民认领星级文明户达到2000多户。完成7个街道、75个村（社区）文明实践阵地建设任务。开展城市文明创建"随手拍"、文明马村"抖"起来系列活动，吸引群众参与8000多人次。结合新时代文明实践中心建设，组建了理论政策宣讲、文化文艺等10支志愿服务队伍和职工志愿服务队、青年志愿服务队等5支专业化队伍。培育了"暖心棉被""五色老兵"等独具特色的志愿服务队30余个。深入实施村庄环境整治改善提升行动，组织农民群众从点滴小事做起、从房前屋后做起、从不文明习惯改起，自己动手净化、绿化、美化家庭院落和公共空间，争做优美生活环境的创造者和守护者。

·示范区·

【文化概览】 焦作市示范区是焦作市辖功能区，成立于1999年，位于焦作中心城区南部，和2013年经河南省委、省政府批准设立的城乡一体化示范区套合发展，辖6个乡镇（街道），108个村（社区），总面积201平方公里，总人口25万。焦作示范区、高新区陆续被批准为国家高新技术产业开发区、国家新型工业化四星级产业示范基地、国家"双创"特色载体。辖区现有国家级非遗项目1项（苏家作龙凤灯舞）；省级非遗项目1项（宁郭黄庄大辫戏），国家级文保单位1处（寨卜昌村古民居）、省级文物保护单位2处（阳邑庙大殿和沈鹿宿火神庙），AAAA级景区1个，AAA级景区3个，其中，苏家作乡是中国民间文化艺术之乡。

公共文化服务。投资30余万元对区文化馆进行维修改造提升，新增设电子阅览室，面向群众免费开放，提供在线阅读、查询等服务；文昌街道姚郭庄村儿童友好村庄建设打造了儿童图书馆、儿童友好之家、儿童体验中心等，为适龄儿童提供公益或普惠性服务，布局了阳光曼波健康烘焙、讲农堂等儿童喜爱的服务功能。姚郭庄获评2022年长三角及全国部分省市最美公共文化空间大赛"优秀公共文化空间案例"美丽乡村文化空间。区文化馆每周开展广场舞、合唱、乐器等线下公益培训10余场次，单次培训服务100余人次，利用公众号平台设立《云端课堂》专栏，开展线上艺术培训15场次，服务2万余人次；开展"全民阅读"线下读书分享活动5场次，服务500余人次，"奋进新征程 阅读再出发"红色经典读书活动线上展播1次，服务近5万人次。全区6个文化站全年共开展文化活动42场次，惠及群众1万余人次；成立文化志愿者服务队123支，文化志愿者人数共2843人，持续开展送演出、送培训等文化惠民活动；成立9个文化合作社，以乡村文化振兴助力实现乡村振兴。

文化艺术惠民。开展示范区"喜迎二十大 欢乐进万家"系列群众文化活动四大专场，惠及群众近13万人次。积极组织参与2022年云上大联欢焦作市春节节目录制。持续开展"翰墨迎春、送福到家"红色文艺轻骑兵新春走基层——书法家义写春联活动，邀请各级书协会员用翰墨传情，将新春祝福送到示范区居民手中，惠及辖区群众千余人。开展"我们的节日·闹元宵"2022年示范区元宵节线上大联欢活动，受惠群众18万余人次。开展"翰墨迎春"书画展，受惠群众2000余人次。开展"华彩秋韵"2022迎国庆秋日烛光音乐会，受惠群众1300余人次；开展"农村电影放映工程"，2022年在104个行政村共电影放映1248场，受惠群众7万余人，送电影进社区活动17场，受惠群众千余人。

文旅融合。大力发展全域旅游挖掘游精品线路，城区游推出中原工业设计城—姚郭庄友好儿童村庄—大沙河生态公园旅游线路，示范区红色游推出鹿村中共第一党支部旧址—寨卜昌村旅游线路，周边游推出古怀州博物馆—花田水乡北西尚—毋氏首饰博物馆旅游线路，阳庙镇北西尚村继成功创建AAA级景区后，又成功入选河南省首批乡村康养旅游示范村创建单位；AAAA级景区大沙河生态公园加快推进文旅产业数字化发展，构建数字化文旅产品和服务供给体系，全力打造智慧旅游各景点VR全景游览、各景点语音讲解、各景点图文介绍等；成功举办"山水富城·文武福地"2022焦作文旅消费季示范区活动，开展百场在线直播活动，特色旅游产品和酥芝麻糖网络直播带货取得良好效果。

精神文明建设。文明城市创建有序推进，怀村、北西尚村焕然一新，示范区顺利通过年度测评。2家村镇、2家单位、1家学校、1家社区入选省级文明村镇（单位、校园、社区）。1名村民入选2022年上半年河南好人；1名保安被评为市级道德模范提名奖，这是示范区

2022年8月19日，示范区"喜迎二十大 欢乐进万家"系列群众文化活动

首次入选市级道德模范。2名学生荣获市级新时代好少年，3个家庭入选市级文明家庭，10人入选市级乡村光荣榜。3名志愿者、2个志愿服务项目、2个社区入选全市学雷锋志愿服务"四个优秀"表彰。108个村（社区）全部建成新时代文明实践站，全市唯一一家三级实践阵地均受到河南省文明办观摩组检阅。全市新时代文明实践中心建设观摩暨城市社区"和谐幸福星"创建工作推进会在示范区召开，示范区作典型发言。

【苏家作龙凤灯舞】 苏家作龙凤灯舞是一种传统的民间舞蹈，第二批国家级非物质文化遗产项目。龙凤灯制作精巧，以竹篾制作龙凤骨架，用彩绘纱布装饰龙身，白纱布彩绘凤衣图案。龙灯由9节组成，每节以一根木棍支撑。苏家作龙凤灯舞以龙游场、龙戏凤、龙脱皮、百鸟朝凤等表演最为精彩，传统节目有《十二美女拉纤》《文王拉纤》《姜子牙钓鱼》等，近代又编创出《丹凤朝阳》《百鸟朝凤》《龙凤呈祥》《龙凤回头看牡丹》《龙凤对戏》等节目。舞蹈根据"丹凤朝阳、龙凤呈祥"等民间传说，将"凤灯舞"大胆融入"龙灯舞"，龙凤共舞，热闹非凡。演员边走边舞，队形不断变化，舞蹈过程中还施放烟花爆竹，场面蔚为壮观。

濮阳市

【文化概览】 濮阳市位于河南省东北部，华北平原腹地，冀鲁豫三省交界处。辖濮阳县、清丰县、南乐县、范县、台前县和华龙区5县1区，设有1个国家级经济开发区、1个工业园区和1个城乡一体化示范区。总面积4271.2平方公里，人口374.4万人。现有国家级非物质文化遗产8项，省级非物质文化遗产50项，涉及戏剧、杂技、工艺、节会、武术、美食、庙会、说唱等多个领域。全市拥有公共图书馆6座，文化馆7座，博物馆、纪念馆15座。濮阳古称帝丘，被命名为"中华龙乡""华夏龙都""中华帝都"，是"中国仓颉文化之乡""中国杂技之乡"。

理论武装。2022年，坚持用习近平新时代中国特色社会主义思想和党的二十大精神凝心铸魂，严格落实"第一议题"制度与党委（党组）中心组研讨交流制度，市委理论学习中心组全年组织集体学习18次。充分运用"五种学习方式"，健全巡听旁听制度，市委理论学习中心组、清丰县委理论学习中心组被省委宣传部评为全省理论学习中心组学习示范班。围绕党的二十大报告、《习近平谈治国理政》第四卷、楼阳生书记莅濮调研讲话等主题组织专题学习研讨，推动党员领导干部以普通党员身份参加所在党支部专题组织生活会。深入学习宣传贯彻党的二十大精神，组建市委、县（区）委宣讲团和百姓宣讲团，依托10个行业领域宣讲小纵队，深入基层开展对象化、分众化、互动化宣讲。举办党的创新理论宣讲活动4081场，线上线下受众52万人，市委宣传部荣获全省理论宣讲大赛优秀组织奖。制定濮阳兴文化工程研究计划，发布社科重点调研课题476项。"学习强国"濮阳平台学员参与度在全省排名稳居第一方阵，1名选手在全省"喜迎二十大·中原更出彩"答题比赛中夺得总冠军。

意识形态工作。2022年，坚持党管意识形态，全面落实意识形态工作责任制。建立意识形态工作联席会议制度，制定《党委（党组）意识形态工作责任制专项检查测评办法》，完善列单、派单、办单、清单"四单"制度，开展季度分析研判，排查风险问题29个，制定防范措施88条，下发预警提示清单7份。开展市委意识形态工作专项督查，围绕4个方面查摆问题25个，并全部整改到位。强力推进市、县两级互联网应急指挥中心建设,开展服务保障党的二十大网络安全应急演练,网络跟评任务完成率居全省前列,市委宣传部获评全省舆情信息工作先进单位。

新闻宣传。紧紧围绕学习贯彻党的二十大精神、统筹疫情防控和经济社会发展、优化营商环境、能力作风建设、文明创建、乡村振兴等重大主题,策划组织集中宣传活动,全年举办新闻发布会34场,"河南这十年"濮阳专场精彩亮相,疫情防控发布直播温暖人心。加大对外宣传力度,在中央、省级媒体发稿7000余篇,进一步提升了濮阳对外形象。"新春走基层"新闻采访、省委宣传部《河南宣传》推广交流。积极推进市级媒体融合改革,建成"濮报融媒"全媒体采编指挥平台和市广播电视台4K制作室。

文明创建。坚持以全国文明城市测评体系为导向,健全工作机制,充实创建力量,实行市级领导分包网格和周排名制度,推动责任单位常态化下沉一线,市民群众广泛参与,市民文明素质和社会文明程度显著提升。推进各级文明单位开展"四送一助力"活动,123家文明单位与75个乡镇实现结对帮创。全市建成新时代文明实践中心(所、站)3122个,实现县(区)、乡镇(街道)、行政村(社区)全覆盖。厚植培铸新时代濮阳精神,评选濮阳市第七届道德模范10名、"濮阳好人"23名、"濮阳榜样·最美人物"100名。2人入选"中国好人榜",8人入选"河南好人榜",1人被评为"河南省新时代好少年"。1人当选全国"四个100"最美志愿者,1人当选河南省"最美志愿者",9个先进典型入选河南省学雷锋志愿服务"四个优秀"名单。

文旅文创。围绕黄河流域生态保护和高质量发展主题,谋划建设文旅项目17个,总投资33.6亿元。市政府与央企保利文化集团成功签约投资8亿元的国际大马戏文旅商集聚区项目,联手打造全省乃至中原地区重要文化演艺平台。范县板桥古镇、示范区班家小镇等综合提升项目如期完工,中原油田展览馆建成开馆,华夏神木博物馆基本建成。利用高铁通车"引客入濮",打造龙文化之旅等主题旅游线路7条,龙山龙湖成功创建省级旅游度假区。加强文物和文化遗产保护利用,市级"非遗"代表性名录达到379项,居全省第一方阵。西水坡以全省第三名成绩参评国家考古遗址公园,戚城遗址入选全省首批考古遗址公园立项名单,澶渊之盟纪念馆等4个项目入选全省"行走河南·读懂中国"百大标识数字化项目。

文艺创作。加强文艺精品创作引导与扶持,创作排演豫剧《英雄无名》和杂技剧《功夫黄河》等重点剧目,豫剧《黄河红帆》入选

2022年7月12日,濮阳市创建全国文明城市工作推进会在濮阳迎宾馆召开

2022年9月23日,濮阳市社会科学普及周启动仪式暨文艺演出在市工人文化宫举行

省第十三届精神文明建设"五个一工程",豫剧《瓠子歌》入选河南2022年度重点文艺创作项目、荣获河南省第九届优秀剧本征集一等奖。排演国乐剧《大河恋歌》、革命红色题材剧《英雄无名》、新编历史剧《吴隐之》、杂技剧《鸡毛信》等剧目。

公共文化服务。将公共文化服务体系建设作为首要民生工程、建设文化强市的重要载体,持续丰富公共文化服务供给,切实推进公共文化服务高质量发展。2022年,濮阳市建成236个乡村文化合作社,注册社员2181人,建成新型公共文化空间63个。全市现已建成51家图书馆分馆,普遍均等、便捷高效的阅读服务网络基本完成。开展群众大合唱、百姓戏迷大赛、全民阅读等各类活动万余场,惠及群众160余万人。

网络治理。加强网络文明建设,召开濮阳市首届网络文明大会和"网络综合治理大家谈 我为网信工作献一计"座谈会,围绕正能量传播、网络内容管理、社会协同治理等六大体系建设,提出意见建议40余条。发挥好网民工程辐射带动作用,命名4家"网络素养教育基地"和4个"好网民工作室",#濮阳好网民#新浪微博话题阅读量达2133万。深入开展"自媒体"乱象整治专项行动,组建8个重点领域工作专班,纵深推进问题线索巡查,先后约谈、行政警告违法违规账号85人次。

【承办第五届中国杂技艺术节】

2022年11月8—13日,由中国文联、中共河南省委宣传部、中国杂协主办的第五届中国杂技艺术节在濮阳市成功举办。该届杂技艺术节以"丰富人民精神世界"为主旨,以"艺绽新时代,技炫新未来"为主题,以展演展览、评奖表彰、研修研讨为主线,实现了安全、精彩、热烈、圆满的办节效果,中国杂技家协会向市委、市政府颁发"突出贡献奖"。该届杂技艺术节共举办了1场开幕式暨展演、4场杂技比赛、7场优秀剧目展演、2场艺术大巡游惠民演出、1场中国杂技对外交流图片展、1期全国杂技理论高级研修班、1场全国杂技创新创作引导会、1场闭幕式暨获奖节目展演,集中展示了中国杂技艺术发展的辉煌成就,充分展现了中国杂技艺术创造性转化、创新性发展的最新成果,为推进文化自信自强、铸就社会主义文化新辉煌作出了积极贡献。

【"2022濮阳张姓文化节"活动】

2022年4月27日至28日,由濮阳市人民政府、濮阳市政协、中共河南省委台办、河南省侨联等单位共同主办的"2022濮阳张姓文化节"在"张姓祖根地"濮阳盛大举行。活动主题为"讲好先祖故事,增强文化自信;弘扬先祖精神,服务复兴大局",包括"上古文化论坛、海峡两岸张姓联谊、华侨华人张姓联谊、经贸洽谈会、30年张姓文

2022年11月13日,第五届中国杂技艺术节闭幕式在水秀国际大剧院举行

濮阳杂技表演

化研究成果展、千架无人机表演、2022濮阳张姓拜祖大典"等内容。濮阳已持续举办21届张姓始祖挥公纪念活动，在海内外产生广泛影响，极大地增强海外张姓华人对祖籍国的认同感和归属感，已成为对外开放的重要窗口和招商引资的重要平台，为推动濮阳改革开放和经济社会发展发挥了积极作用。2021年9月3日，河南省清理和规范节庆研讨会论坛活动工作领导小组将"张姓始祖挥公纪念大会"更名为"濮阳张姓文化节"，是全国唯一以姓氏命名的节庆活动。

【豫剧《黄河红帆》荣获河南省第十三届精神文明建设"五个一工程"奖】 大型现代豫剧《黄河红帆》由濮阳市戏剧传承保护中心排演。该剧以1947年6月刘伯承、邓小平率领12万人民军队在台前县孙口镇强渡黄河、挺进中原、千里跃进大别山的革命史实为背景，以濮阳老区人民不怕流血牺牲、不畏艰难险阻、积极参军参战、踊跃支前的动人故事为切入点，用艺术形式还原那段激情燃烧的光辉岁月，表现了濮阳老区人民拥戴人民军队拥护党的赤诚情怀，展现了人民军队不畏艰险、英勇无畏的革命精神，讴歌了解放战争时期军爱民、民拥军的鱼水深情。

·濮阳县·

【文化概览】 濮阳县地处河南省东北部黄河之滨、豫鲁两省交界处，县域面积1382平方公里，辖12镇8乡1个省级先进制造业开发区，另有2个办事处筹备组，户籍人口123.3万，耕地面积130万亩。黄河流经县境61公里，滩区面积217平方公里，涉及7个乡镇、13.7万人、18.4万亩耕地。近年来，濮阳县成功创建国家级紧密型县域医疗卫生共同体建设试点县、国家农村产业融合发展示范园、全国绿色食品原料标准化生产基地、国家级畜牧业绿色发展示范县；荣获国家生态示范区、中国县域产业集群竞争力百强县、国家农村职业教育和成人教育示范县、全国超级产粮大县等荣誉称号。

理论学习与宣讲。县委理论学习中心组围绕党的二十大精神等集中学习17次，举办澶州讲堂4期，邀请中国产业集聚研究专家、著名"三农"学者、《老杨会客厅》创始人杨建国等专家莅濮授课，全县广大党员干部理论水平不断提高。创新学习方式，党的二十大召开后，立即在全县组织开展"学习二十大、建功新时代"、"七个一"学习活动（组织一次专题学习、开展一次专题研讨、开展一次走访调研、撰写一篇理论文章、开展一次理论文章评比活动、组织一次知识测试、掀起一轮宣传热潮）。全县各级党组织采取"专题学、辅导学、研讨学、调研学、评比学"等形式开展各类学习活动500余场次，组织知识测试140余场次，开展调研200余次。开展理论宣讲，围绕学习贯彻党的二十大精神，成立县委宣讲团、百姓宣讲团、14支行业宣讲小分队，突出"党代表现身讲、专家学者辅导讲、县委宣讲团普遍讲、百姓宣讲团通俗讲、行业宣讲小分队灵活讲、文艺宣讲团线上随时讲"六讲，采取"理论＋事例""文艺＋宣讲""身边人讲身边事"等形式进机关、进企业、进学校、进网站、进农村、进社区开展党的二十大精神宣讲130余场。印发《濮阳县"党的创新理论宣讲"主题宣传教育实践活动工作方案》，多形式、分众化、对象化开展党的创新理论宣讲300余场。

压实意识形态工作责任。落实意识形态工作责任制，创新建立意识形态工作打卡推进清单，将责任目标细化量化，增强可操作性。注重加强社会舆情的收集整理，坚持每季度开展意识形态领域分析研判，对意识形态工作方面存在的薄弱环节，建立风险预警清单，实行台账管理，意识形态风险管控意识和应对能力不断增强。围绕服务保障党的二十大，指导各单位、各部门进行专题分析研判，对苗头性问题制定防范措施，确保了全国重要活动期间社会大局稳定。

新闻宣传。下发《党的二十大精神濮阳县宣传报道方案》，在县融媒体中心媒体平台开设《深入学习贯彻党的二十大精神》《推动党的二十大精神落地生根》等6个专题栏目，及时宣传党的二十大提出的一系列重要思想、重要观点及我县社会各界的热烈反响、学习动态、工作举措等，共采写新闻稿件500余篇；发布《濮阳县持续推动党的二十大精神走深走实》专题报道23期。围绕重点项目建设、乡村振兴、"万人助万企"等中心工作，进行深度报道。2022年以来，在市级以上主流媒体发稿800余篇。其中，在《人民日报》、新华社等中央媒体发稿40余篇。

深化精神文明创建。突出常态长效，巩固提升文明城市创建成果，开展城中村背街小巷集中整治、户外门头牌匾集中整治、小区"飞线"治理等集中整治行动，县

2022年7月3日，濮阳县豫剧艺术中心走进濮阳建业国际学校开展"戏曲进校园"活动

城面貌和秩序有了很大提升，顺利通过河南省文明城市实地测评。加强新时代文明实践中心（所、站）建设，县、乡新时代文明实践中心新址建成投用，建成20个新时代文明实践示范所，912个新时代文明实践站，提前完成新时代文明实践所（站）全覆盖任务。完成15个乡风文明示范村建设，上报推荐"濮阳好人"事迹15人，累计上榜"濮阳好人"4人，濮阳市第七届道德模范3人，形成崇德向善、见贤思齐、争当先进的生动局面。

群众文化活动。扎实开展濮阳县"喜迎二十大 欢乐进万家"十大群众文化活动，举行"颂党恩、倡清廉"濮阳县庆"七一"文艺晚会，廉政书画展、"典籍里的中国"濮阳县中华经典诵读大赛、"喜迎二十大 翰墨颂党恩"书画作品展和"喜迎二十大 我眼中的大美濮阳"优秀摄影作品展等系列活动。打造线上文化品牌"说唱濮阳"抖音直播间，观看人数超过10万人次，先后被新华社、《工人日报》、《中国文化报》、《大河报》等32家市级以上主流媒体报道。组织全县广大文艺工作者，精心策划学习宣传贯彻党的二十大精神文艺创作，并进行线上、线下展示展演。目前已创作各类文艺作品600余件。

【"戏曲进校园"活动】 坚持"普及戏曲文化、传承戏曲精髓"理念，以传承与弘扬中华民族优秀的传统戏曲文化，营造校园戏曲文化氛围，提高学生艺术修养为目标，2022年7月1日至11日，濮阳县豫剧艺术中心分别走进习城乡南五庄学校、濮阳县第三中学、濮阳建业国际学校、濮阳县职教中心、习城乡甘露学校开展"戏曲进校园活动"，参演人数近40人，累计观看人数1500余人。

· 清丰县 ·

【文化概览】 清丰古称顿丘，西汉初年设顿丘县，三国时曹操任顿丘令。隋朝境内出大孝子张清丰，唐大历七年（772年）钦定更名为清丰县，是全国唯一一个以孝子之名命名的县，被誉为"中国孝道文化之乡"。总面积828平方公里，辖8镇9乡2个街道，503个行政村，75万人。清丰是国家一类革命老区，抗日战争时期，中共中央北方局、冀鲁豫军区司令部暨第一兵工厂曾设在清丰县双庙乡单拐村，邓小平、宋任穷等老一辈革命家曾在这里领导抗日战争，被誉为"中原红都"。近年来，先后荣获"全国文明城市提名城市""全国科普示范县""全国科技进步先进县""全国爱国主义教育示范基地"等荣誉称号。

理论武装提质增效。以打造"中心组学习示范班"为抓手，完善学习制度和"第一议题"制度，县委理论学习中心组集体学习12次，其中集体学习研讨7次，作为全市唯一一个县级中心组学习示范班参与省级示范班申报遴选。持续开展"党的创新理论"宣讲40余场，制作短视频12期，宣讲讲稿入选省委宣传部基层理论宣讲优秀讲稿汇编，县红色党史学习教育宣讲团被市委宣传部推荐参加省基层特色宣讲品牌评选。全面推进"课程思政"，9名县级领导干部到中小学讲思政课，总授课时长20课时。印发《关于建立健全六项机制推动党史学习教育常态化长效化的实施意见》，持续巩固拓展党史学习教育成果。

意识形态更加牢固。印发《清丰县迎接党的二十大胜利召开防范化解意识形态领域风险工作方案》，组织开展意识形态风险排查。每季度召开意识形态分析研判暨联席会议，对存在的风险、问题建立风险预警提示清单、问题督办清单。围绕迎接党的二十大，开展"新时代 新征程 争出彩""喜迎二十大 欢乐进万家""奋进新征程 建功新时代"30项重大主题系列活动。落实专项督查制度，开展全县网络安全专项检查4次，开展意识形态专项巡察、专项督查、风险自查等6次。建成全市首家县级网络舆情应急指挥中心，成立市级网络违法信息举报基地2处，获评濮阳市"好网民"2人。获评"扫

"黄打非"省级示范点1个、市级示范点2个、市级"护苗"工作站示范点2个。获评市级学雷锋活动示范点2处、岗位学雷锋标兵1人。

正面宣传出新出彩。深入挖掘典型经验做法，加强与各级主流媒体沟通合作，在上大报、上大网、上头条、上大稿上提质增效，全年共在市级及以上媒体发稿420余篇，其中省级155篇、中央级75篇。清丰20万亩花生丰收先后在中央电视台《新闻直播间》《朝闻天下》《午夜新闻》播发。央视《新闻联播》两次对全县春耕工作进行报道。清丰县非洲酋长孔涛、驻村第一书记孟慧娜、种粮大户周建士先后荣登央视新闻频道《朝闻天下》《新闻联播》等栏目。中央广播电视总台主办的央广网，在首页黄金位置悬挂清丰"家博会"海报，开设专栏发布图文视频信息，举办政府和企业高端访谈，在央广网所属微信、微博、抖音等矩阵广泛传播；人民网、中广网、光明网、中国日报网、环球网等21家媒体45名记者前来采访报道，总计阅读量超千万，新华网单条新闻开幕式当天阅读量超过40万、累计超200万。

文化惠民深入基层。卫河抗战烈士陵园及柳朝琦纪念馆竣工，冀鲁豫边区革命根据地旧址纪念馆文物布展及数字化提升项目、冀鲁豫解放战争博物馆项目、大翟湾红色美丽乡村项目正在加快推进。冀鲁豫边区革命根据地旧址纪念馆与万达酒店管理有限公司签约战略合作框架协议，国家AAAAA级旅游景区创建工作有序推进。开展文化文艺活动230余场次，公益电影放映活动6100余场次，创作文艺作品210余部、美术书法作品18300余幅。小品《蛋糕》、坠子书《千金归朝美名传》、柳子戏《孝子张清丰》等原创作品被河南省纪委监委网站、《河南日报》（农村版）等先后报道，"孝行天下 廉韵清丰"清廉文化宣传展演活动被河南卫视、河南广播电视台报道。县图书馆被河南省文化和旅游厅评为"全民阅读"先进单位，冀鲁豫边区革命根据地旧址纪念馆被评为全国文化和旅游系统先进集体，城关镇葛营村被评为"河南省首批乡村康养旅游示范村"。

文明创建再创佳绩。全国文明城市创建年度验收工作进展顺利。新时代文明实践进一步深化拓展，5名先进个人和1个新时代文明实践站受到省文明委表彰。高林普入选中国好人榜，获评"濮阳好人"6人。成功创建省级文明单位27个，省级文明乡镇5个，省级文明村2个，省级文明校园1所。

【**2022年"孝子张清丰纪念日"主题活动暨清丰县第五届"孝老子女"表彰大会**】4月27日上午，清丰县举行第五届"孝子张清丰纪念日"主题活动启动仪式，表彰108位"农村孝老子女"。孝道文化在清丰已沿袭传承千年，隋朝大孝子张清丰一直坚持将第一炉烧饼敬献给父母先吃，其孝行被历代群众广为传颂。清丰历史上有据可查的孝行人物还有"万里归亲"刘永之、"割股奉祖"侯灿等104人；孝文化遗迹景点有清丰亭、子路墓祠、陈氏祠堂等20余处。近年来，清丰县高度重视清丰孝道文化的宝贵财富，先后成立了孝道文化和烧饼产业两个发展领导小组，精心打造中华孝道文化园、好人馆等孝元素建筑，连续6年举办"孝子张清丰纪念日"主题活动及"孝老子女"表彰大会，涌现出"带母出嫁"李冰、"古稀孝子"高林普等孝行典范600余名。同时大力发展孝道文化衍生产业，深化文旅文创融合发展，打造孝道+红色文旅综合体，全面推进烧饼产业发展，带动了就业和经济发展，产生了显著的经济效益和社会效益。如今清丰以孝道文化"穿针引线"，将千年历史文化精髓与社会主义核心价值观紧密结合，与清丰各项事业发展紧密结合，在孝道文化和孝道精神的感召下，崇孝扬善、聚力发展，形成菌

2022年8月14日，清丰县2022年"体彩杯"太极拳展演大会在清丰县文体中心举行

菇种植、红薯培育、家具产销、食品加工、环保机械等一系列特色产业，走出了一条以孝治县、富民强县之路。未来计划建设好一个"孝道文化馆"、筹办好一个"孝道文化节"、设计好一套"孝道清丰"的 Logo、IP 形象标志，进一步树立和弘扬清丰孝道文化形象。

·南乐县·

【文化概览】 南乐县辖 7 镇 5 乡，322 个行政村，人口 60 万人，面积 624 平方公里。建制于西汉初年，五代后梁时期改称南乐至今。南乐是中华文字始祖、造字圣人仓颉的故乡，境内有国家级重点文物保护单位——仓颉庙，有河南省始建年代最早、保存现状最好的明代文庙建筑——南乐文庙。南乐县红色文化厚重，1927 年建立了中国共产党濮阳地区第一个基层党组织——佛善村党支部，是中共直南特委第一支抗日武装四支队发源地，从这里走出了铁瑛、张西三、郭宝珊等开国将军。近年来，南乐县先后获评全国新型城镇化建设示范县、全国村庄清洁行动先进县、"四好农村路"全国示范县、国家义务教育优质均衡先行创建县区、全国自然资源节约集约示范县、全国科普示范县、全省乡村建设示范县，成功创建国家卫生县城、省级文明城。

理论武装。县委理论学习中心组围绕党的二十大报告、《习近平谈治国理政》第四卷等开展学习 13 次，集中学习情况 3 次被省委宣传部主办的《中心组学习动态》刊载。组建县委宣讲团和"百姓宣讲团"，分行业领域成立了劳模、青年、巾帼等 10 支"党的创新理论"宣讲小纵队，深入基层开展对象化、分众化、互动化宣讲，扎实开展党的二十大精神"六进"活动。围绕党的二十大精神共开展"线上线下"宣讲活动 60 余场，受众 2.6 万余人次。加强理论研究，先后出版《简明南乐》《南乐七十年》《南乐人物》《南乐史话》《红色南乐》等书籍。

网络安全。将网络安全和信息化工作作为"书记工程"，加强机构建设，经南乐县互联网应急指挥中心批复，加挂南乐县互联网违法和不良信息举报中心牌子，为中共南乐县委宣传部所属的公益一类事业单位。新规划办公场所 100 平方米。成立 2 家好网民工作室和 1 家网络素养教育基地，先后开展"直播助农带货""慰问老人""关爱儿童"等网络公益活动 4 次。开展网络安全专项督查检查和"回头看"及"清朗·从严整治'自媒体'乱象"专项行动，共巡查上报违法违规"自媒体"账号线索 122 条，约谈账号 1 个，移交公安落查账号 30 个。

新闻宣传。在市级以上媒体刊发各类稿件 7837 余篇，省级以上各媒体平台刊发稿件 7143 余篇，各级媒体平台刊发稿件 14000 余篇。《14 年后，老师成为同事——长大以后》9 月 10 日在《人民日报》刊发，实现了在《人民日报》上刊发"零"的突破。围绕中心，服务大局，成功组织开展濮阳市 2022 年"中国农民丰收节"暨中原农险公司"第一届客户节"、濮阳市第五届龙都濮阳暨河南省第十届中华轩辕龙舟大赛宣传工作。围绕可降解新材料生物基产业、乡村振兴、脱贫攻坚、产业发展、深化改革等重点工作大力宣传，先后在人民网、新华网、《河南日报》、河南日报客户端、"学习强国"等刊发《河南南乐：草莓陆续成熟 火了市场 富了百姓》《在希望的田野上｜"小苹果"成为乡村振兴"大产业"》等稿件。

文艺精品创作。坚持以人民为中心的创作导向，以县委、县政府重大部署为主题，以弘扬新时代濮阳精神为重点，打造更多增强人民精神力量的优秀作品。组织开展"我们的中国梦 文化进万家"、"乐滋乐味团圆年"南乐县 2023 年线上春晚活动，在"学习强国"、公众号、抖音等网络平台展演。活动共制作 MV 文艺作品 11 个，观看人数 20 余万。在二十四节气传统节日、重要国际节日，开展文化活动，保证"有文化活动、有文艺精品、有新闻宣传"。春节期间推出《抗疫快板》，"五一劳动节"推出短视频《一颗螺丝钉》，清明节推出快板书《文明过节不返乡》等一批优秀作品，同时拍摄制作的《南乐味道》《信仰之光》《谷雨》等宣传片被新华社、新浪、腾讯等全国各级各类媒体转发 6000 余次。

群众文化活动。以喜迎党的二十大为主题，组织开展"喜迎二十大·欢乐进万家"系列群众文化活动，包括"中原舞翩跹"南乐县"舞动幸福"广场舞大赛、"盛世梨园我来唱"南乐县"梨园新韵"戏迷擂台赛、"我的乡村合作社"才艺大赛、"阅读大运河 一起走运吧"——南乐站"行走河南·读懂中国"主题活动等，极大地丰富了群众精神文化生活。

公共文化基础设施。2022 年，县文化馆、图书馆、文化中心、仓

南乐县举办2022年夏季"关爱有家"送文化进农村、社区活动

颉文化博物馆等设施设备全面提升，室内剧场、艺术展厅、民俗展厅、收藏展厅、多功能厅、智慧书屋、文庙博物馆等建成投用。建成了一批村史馆、城市书房、党史科技馆等新型公共文化空间。乡村文化合作社建设取得新进展，合作社以农村文艺队伍为依托，已成立52个文化合作社（1个总社、3个专业合作社、48个村级文化合作社）。

文旅融合发展。讲好文化故事，深入挖掘仓颉文化底蕴，完成仓颉陵文化旅游景区综合提升和数字化建设项目。评选"仓颉故里·乐滋乐味"15道美食和"仓颉故里·乐游乐享"十大旅游打卡地，打造"乐滋乐味""乐游乐享"美食文旅品牌。组织开展"爱国主义教育"书画展、"濮阳人游濮阳"活动、"探寻文字根源、感悟文字创造的魅力"中小学生社会实践教育（研学）等活动。设计制作"行走河南 读懂中国——南乐县文旅文创融合发展宣传画册"。谷雨期间拍摄两条关于仓颉造字的短视频，被新华社客户端、省厅"行走河南·读懂中国"新媒体矩阵采用，点击率超百万。积极创建仓颉庙景区为AAAA级景区，完善景区基础设施，健全旅游标识，提升人员服务水平，推进景区数字化、智慧化建设。

【目连戏】 南乐目连戏是根据民间舞蹈《目连僧救母》而得名，后称《五鬼拿刘氏》，题材源于《佛说盂兰盆经》，是中国最古老、最原始的剧种，被称为戏剧历史上的"活化石"，有"戏祖""戏娘"之称。南乐目连戏是流传于南乐民间的一个口书本，思想内容和唐代目连变文一脉相承，后来又融入了儒、释、道三家文化。目连戏综合戏曲、杂技、烟火、魔术于一身，有锯解、磨研、开肠剖肚等带彩特技，服装、道具、化妆、表演均有独特之处。由于深藏民间，至今仍保留粗犷、原始的本来面目。

·范县·

【文化概览】 范县西汉初置县，因南临范水而过得名，迄今已有2200余年历史，是范姓、顾姓、秦姓、姚姓的起源地。总面积617平方公里，辖8镇4乡2办（筹），耕地54万亩，574个行政村，56万人。黄河、金堤河横贯县境，沿黄线长达47公里。范县是国家卫生城市、国家园林城市、河南省文明城市、全国节水型社会建设达标县、全国森林康养基地试点建设县、国家级电子商务进农村综合示范县，被命名为"河南省郑板桥文化之乡"。县域内现有公共图书馆1个，乡镇图书分馆12个，文化馆1个，乡镇文化站12个，村级综合文化服务中心574个，文化合作社25个。文物保护单位116处，国家级2处，省级4处，市级7处，县级103处。

南乐目连戏演出剧照

AAA级景区3处，省级特色生态旅游示范镇2处，省级乡村旅游特色村3处。

理论武装。始终把学习党的二十大精神作为首要政治任务，精心遴选政治素质好、理论水平高、宣讲能力强的县直机关领导干部、县委党校教师等骨干力量，分层级分行业分领域组建宣讲团，分6个组赴各乡镇（街道）、各系统等开展集中宣讲。抽调20名来自基层的宣讲骨干组成县级百姓宣讲团，重点面向学校、社区、农村、企业等基层群众开展宣讲。充分发挥青年宣讲小纵队、巾帼宣讲小纵队、劳模宣讲小纵队、"银发"宣讲小纵队、"网红"宣讲小纵队、生态文明宣讲小纵队、乡村振兴宣讲小纵队、科技创新宣讲小纵队、法治宣讲小纵队、应急管理宣讲小纵队等10支宣讲队伍作用，在系统内开展对象化、分众化、互动化宣讲活动，以线上线下相结合的方式在本行业本系统本领域开展宣讲，构建了大宣讲工作格局。积极向中央、省、市级媒体推送重点新闻稿件30余篇，在《范县新闻》栏目共播发党的二十大精神相关新闻400余条，《濮阳新闻》48条，"学习强国"106条，河南卫视6条，央视12条，《中国之声》2条，营造了浓厚学习宣传氛围。

精神文明建设。持续开展道德模范和身边好人推荐评选，全县入选"中国好人榜"8人，入选"河南好人榜"5人。新时代文明实践所、站建设实现全覆盖，创建市级以上文明乡镇12个，创建县级以上文明村424个，文明村的比例达到了73.9%。持续推动移风易俗工作，指导各行政村健全完善"一

2022年6月28日，范县文联"庆七一"文艺采风及会演活动在陈庄镇罗庄村举行

约五会"，按季度开展孝善敬老活动。拓展"星级文明户"认领制创建活动，424个县级以上文明村全部开展了"星级文明户"创建活动，7000余户农户认领了不同"星级"。开展"乡村光荣榜"人物选树活动，评选乡村光荣榜先进典型1949名。开展"四送一助力"结对帮创活动200余次。深入推进文明创建，制定范县2022年创建河南省文明城市工作台账、《全国未成年人思想道德建设工作测评体系》系列文件，全力提升创建水平。探索实施"1+10+N"模式，开展理论宣讲传文明、核心价值树文明、先进文化育文明、移风易俗倡文明、村民自治促文明、美丽建设绘文明等多种形式的文明实践活动。牵头成立志愿服务队，围绕理论政策宣讲、文化文艺服务、助学支教、医疗健身、科学普及、法律服务、关爱空巢老人等开展志愿实践活动800余场次。

文艺精品创作。着力推进范县文化艺术中心建设，积极推动范县全民健身活动中心项目，全力推进范县图书馆建设。创作快板《反腐倡廉颂清风》、歌曲《清风颂》等文艺精品20余件。组织文化合作社创作话剧小品《不留情面》等文艺节目10余个，选排豫剧小戏《悔恨》参加濮阳市"我的乡村文化合作社"才艺大赛。

文旅文创融合发展。完善板桥古镇、毛楼生态旅游区、中原荷花园、"柳溪小镇"等景区建设，积极组织灯光秀、民宿展演、音乐节等文旅活动10余场，全县旅游人次达90余万人。板桥古镇被评为国家AAA级旅游景区，王楼镇东张村、辛庄镇毛楼村成功纳入"河南省首批乡村康养旅游示范村"创建名单，龙王庄镇成功入选首批中国名牌乡村振兴示范基地。

群众文化活动。组织四平调、罗卷戏及文化合作社开展送戏下乡演出100余场次，免费开放县图书馆1个，县文化馆1个，农家书屋574个，文化馆、图书馆累计接待线下借阅20000余人。举办2022年春节期间"线上"文化活动、"网络书香 阅见美好"等线上文化活动30余场。以"喜迎二十大 欢乐进万家"为主题，成功举办了范县喜迎二十大·庆"七一"暨新区建设25周年成果展、"盛世梨园我来

唱"范县百姓戏迷大赛、"中原舞蹁跹"范县艺术广场舞大赛、"典籍里的中国"范县中华经典诵读大赛、"我的乡村文化合作社"范县才艺大赛、"翰墨润中原"范县美术书法作品征集、全民健身日暨综合运动会等系列主题活动,舞蹈作品《渔鼓声声》荣获"中原舞蹁跹"河南省艺术广场舞大赛二等奖。

【冀鲁豫边区颜村铺革命旧址纪念馆】 冀鲁豫边区颜村铺革命旧址位于范县新区东北6公里处颜村铺村。革命战争年代,颜村铺村是冀鲁豫边区党政军群机关常驻地,有"红色首府""华北小延安""小莫斯科"之美誉。颜村铺革命旧址为一处青砖黛瓦、古朴自然的农家四合院。该院坐东朝西,分前后两个相通院,共有砖木结构房间23间,建筑面积2349平方米。在朱德、黄敬、段君毅、曾思玉等领导人旧居设有展室,详细介绍了颜村铺革命旧址的革命历史以及领导人的生平事迹,展出136件革命历史文物、2000余幅图片和10余卷文献资料。2000年9月被河南省人民政府公布为河南省文物保护单位,2004年12月被中共濮阳市委宣传部公布为濮阳市爱国主义教育示范基地,2005年被河南省旅游局纳入河南省红色旅游线路,2006年6月被国务院公布为全国重点文物保护单位,2014年6月被市委党史研究室公布为濮阳市中共党史教育基地,2015年6月被省委党史研究室公布为河南省中共党史教育基地。

·台前县·

【文化概览】 台前县是革命老区。1947年6月30日,刘邓大军以台前孙口渡口为中心强渡黄河,揭开了解放战争由战略防御转为战略进攻的序幕,现建有国家级风景名胜区将军渡黄河风景游览区和全国爱国主义教育基地将军渡纪念馆。同时也是炎黄文化的发祥地之一,文化积淀深厚,文化旅游资源丰富,有晋冀鲁豫野战军渡黄河纪念地、八里庙治黄碑刻、魏氏墓碑等省级重点文物保护单位3处,张公艺墓市级重点文物保护单位1处,晋王城、徐堌堆龙山文化遗址等县级文物保护单位30余处。

网络安全和信息化建设。建立任务落实协调推进机制,在全市率先成立县网络安全应急指挥中心。组织开展全县网络安全核查工作专班现场安全检查。招募网评员队伍、网络义务监督员队伍150余人,组织开展应急指挥演练和网络安全督查检查,协同做好网上重大风险防范化解和网络安全服务保障工作。打造县融媒体中心、后方乡王楼村、孙口镇绿苑社区党群服务中心等3个网络举报辟谣示范基地。严格落实网络舆情日报告制度,编发《每日舆情简报》515期,未发生较大舆情。

公共文化服务。组织开展民间艺术展演、义写春联进万家、"过新年 唱大戏"、灯谜竞猜等系列活动80余场,围绕疫情防控宣传,创作线上文艺节目17个,录制线上作品160个。围绕学习贯彻党的二十大精神为主题,先后开展综合运动会、戏曲大赛、文化合作社才艺大赛等文体活动194场。

清廉文化建设。组织县融中心所属媒体平台开设《清廉文化》专栏,发布转载公益广告等相关信息350余条。全面开展清廉文化"六进"活动53次,打造将军渡广场、宋家村家风家训馆、市民广场、铁路公园等清廉文化示范点及纬七路"清廉文化示范一条街",在全县营造浓厚清廉文化氛围。围绕清廉文化建设,创作录制诗朗诵《廉洁颂》和戏曲《永葆江山万年红》《王大年拜寿》《张公艺》等6个清廉主题文艺作品,在县内媒体播放,并向上级媒体推送。

【举行"喜迎二十大·欢乐进万家"群众文化活动暨2022年"全民健身日"启动仪式】 2022年8月8日,台前县举行"喜迎二十大·欢乐进万家"群众文化活动暨2022年"全民健身日"启动仪式。活动节目展演在精彩的舞狮表演中

2022年8月8日,台前县举行"喜迎二十大·欢乐进万家"群众文化活动

拉开了的帷幕，相继演出五行龙珠健身操、武术表演、健身气功《八段锦》和街舞表演《舞出青春》等节目，将现场气氛推向高潮，精彩的表演让人应接不暇，现场掌声连连。

·华龙区·

【文化概览】 华龙区是濮阳市唯一市辖行政区，也是中原油田总部所在地。春秋时期，卫国建都于此，诸侯各国会盟于戚城，现有孔悝城、子路坟、蒯愦台、会盟台等历史遗迹。岳村镇东北庄是中国杂技发源地之一，被称为"中国杂技之乡"，与河北吴桥并称"中国杂技南北两故里"，"东北庄杂技"被列入国家级非物质文化遗产，华龙区被列为河南省文化改革发展试验区。

理论工作。坚持用习近平新时代中国特色社会主义思想武装头脑，严格落实"第一议题"、理论学习中心组学习等制度，扎实开展十九届六中、七中全会和党的二十大精神学习，组织学习《习近平谈治国理政》第四卷。常态化推进党史学习教育，持续深化"四史"宣传教育、"党的创新理论万场宣讲进基层"活动，推动党的创新理论深入人心。省委宣传部《中心组学习动态》先后两次刊发华龙区经验做法。

群众文化活动。组织开展"喜迎二十大 欢乐进万家"十大群众文化活动，其中"中原舞蹁跹"艺术广场舞大赛、"盛世梨园我来唱"第四届戏迷擂台赛等获得省级赛事一等奖2个、二等奖2个、三等奖3个。举办迎元旦书画展、"图说新濮阳 献礼二十大"摄影活动、"翰墨润中原"华龙区美术书法作品大赛等文化活动。华龙区文化合作社被评为全省示范性文化合作社。

文艺创作。组织录制大平调《阴阳扇》参加河南省第十届青年戏剧演员大赛。录制原创纪实微电影《女人的丰碑》。推选4个少儿节目入选河南省少儿戏曲小梅花大赛，获得2金2银，其中2个入选国家级小梅花大赛。创作完成《连心亭》《担当》等剧本4个。

文旅发展。立足区域特色文化旅游资源，谋划打造杂技非遗、乡村振兴、红色研学3条精品旅游线路。濮阳东北庄野生动物园被批准为国家AAA级旅游景区，荣获"濮阳十大网红打卡地"称号。岳村镇东田村被评为河南省乡村旅游特色村，岳村镇东北庄被评为河南省文化产业特色乡村。2022年4月，举办中国濮阳（华龙）第五届牡丹文化节。

公共文化服务体系建设。华龙区便民体育设施实现全覆盖，建设乒乓球场、篮球场、健身步道等活动场地1258处，人均体育面积达2.4平方米。建成全民健身站点、晨晚练点392个，村级文化体育健身广场59个，体育健身站点覆盖率达100%。全区109个社区均安装了健身路径，行政村完成"一场两台"全覆盖，"15分钟健身圈"打造完毕。华龙区荣获省级数字乡村示范县称号，位居全省前十，全市唯一。

文明城市创建。制定《华龙区关于进一步建立健全文明城市创建工作常态长效机制的实施意见》《华龙区创建全国文明城市常态化考核办法》等文件，组织公安、城市管理、市场监管、环卫等职能部门，以乡镇（街道）为网格，常态化开展市容秩序环境卫生集中联合执法行动，进一步巩固文明城市创建成果，顺利通过2022年度全国文明城市复审工作。华龙区被市委、市政府表彰为2022年度文明城市创建工作全市第一名。

【东北庄杂技文化园区】 园区成立于2009年，建有中原杂技博物馆、东北庄杂技艺术学校、虎文化乐园、民俗杂技大剧场等设施，引进建业大集古镇、东北庄野生动物园、濮阳市登星牡丹园、华夏神木馆等产业项目，建成区面积约1800亩。园区坚持"杂技主导，多元配

中原杂技博物馆

套"的原则，扎实开展特色旅游文化活动。2022年，园区先后被河南省文化和旅游厅评定为省级文明旅游示范单位、河南省休闲观光园区。园区创新"文旅+研学"模式，将文旅活动和杂技研学相融合，整理丰富了以杂技观演、互动式体验、老艺人讲故事等内容为主的研学课程。组织开展动物园"六一"欢乐游、虎乐园观光休闲游、博物馆杂技文化体验日、"十一"杂技专场演出等节庆文化旅游活动，累计接待游客15.8万人次。

·经开区·

【文化概览】 濮阳经济技术开发区（以下简称经开区）成立于1992年9月，1994年7月被省政府批准为河南省濮阳高新技术产业开发区，是首批省级开发区。2006年3月国家发改委审核为河南濮阳经济开发区。2013年1月国务院批准升级为国家级经济技术开发区。目前，辖区面积232平方公里，耕地22.4万亩，代管1乡2镇6办（含4个筹备组），132个行政村、13个居委会，常住人口26.1万人。先后荣获全国首家国家火炬计划生物化工产业基地、国家外贸转型升级专业化示范基地、国家级经济技术开发区、国家循环化改造示范园区、国家农业科技园区、国家新型工业化（化工）产业示范基地、国家中小企业创新服务先进园区、国家资源循环利用示范基地等国家级金字招牌。

理论工作。2022年以来，经开区坚持用习近平新时代中国特色社会主义思想武装头脑，把学习宣传贯彻党的二十大精神作为首要政治任务，全力抓好党工委中心组集中学习和日常自学，认真组织好党员素质提升培训，持续做好对外新闻宣传，利用政务网站、微信群、公众号等网络媒体多方位、多角度做好报告精神宣传、宣讲，不断深化理解和认识，持续提升广大党员干部的政治素质和思想境界。凝心聚力抓落实。认真落实新时代党的建设总要求，把坚持和加强党的全面领导落到实处。在深入学习宣传党的二十大报告的基础上，持续强化全面宣传宣讲，着力讲好经开区故事，先后深入迈奇化学、龙丰纸业等一线宣讲；不断创新形式，强化文艺精品创作，积极反映全区广大党员干部群众主动学、深入学的具体行动和生动实践，持续在工作推进中践行新理念、推行新举措、务求新时效，用报告的精神指导实践、促进工作，以实实在在的工作业绩推动报告精神落实。不遗余力促发展，严格按照党的二十大报告要求，结合发展实际，在强化学习、提升素质的基础上，围绕疫情防控、招商引资、重点项目建设、产业转型发展等重点工作，争做守正创新的先行者、厚德自强的奋进者、吃亏奉献的践行者、勇毅担当的开拓者。以更加坚定的理想信念、更加昂扬的斗争精神、更加饱满的奋斗激情，为全面建设社会主义现代化濮阳贡献经开区力量。

廉政文化建设。高标准打造濮上办安康社区、华安办兴濮社区、濮水办前漳消社区等5个"清廉文化"示范点。积极组织清廉文艺进机关、进社区、进农村、进校园等清廉文化进基层文艺巡演活动，组织专题演出12场。充分挖掘本地廉政素材，打造提升大型原创廉政古装戏剧《清风峻节》。通过微信群、微信公众号、各门店电子屏等不定期推送清廉文化建设宣传标语6000余条。

网络综合治理。2022年以来，加强部门协调联动，积极稳妥处置网络舆情。共处理市委网信办交办涉经开区网络舆情线索9条，及时跟进做好舆论引导。重点开展网络安全检查3次，网络安全业务培训1次，受训人员60余人次。接到市委网信办交办的违规网站线索4条，均已完成注销，整改完毕。规范移动互联网应用程序线索举报，不断扩大110、12337和12377举报平台的知晓率和覆盖面，排查登记在册的政务类新媒体10家、社会类新媒体12家，登记在册的新媒体从业人员30人、网络义务监督员27人。从组织、教育、政法等部门选拔出45名工作能力强、政治觉悟高的优秀年轻同志从事网评工作，监测收集舆情线索。

文旅融合发展。2022年以来，配合上级部门谋划瓠子口黄河治水文化公园，完成考古勘探面积18万平方米。6月份，幸福办马辛庄村、王助镇乜村入选河南省首批乡村康养旅游示范村创建单位；王助镇冯寨村、新习镇鹿斗村被评为河南省乡村旅游特色村；濮阳国家农业科技园区被评为河南省休闲观光园区。万达广场、水秀街已成为开发区"夜间经济"文化品牌，同时构建万达、水秀至濮阳高铁东站交通网。2022年河南省杂技集团重磅推出水秀街"杂技欢乐GO"项目，累计吸引近30万人次。

【"喜迎二十大，强国复兴有我"文艺会演】 为迎接党的二十大胜利召开，2022年9月28日至29日，

2022年春节期间，经开区在昆东社区举办"清廉文化"进基层送春联活动

河南省杂技集团重磅推出水秀街"杂技欢乐GO"

2022年9月29日，经开区在安康社区开展"喜迎二十大，强国复兴有我"文艺会演主题实践活动

经开区依托新时代文明实践站，广泛组织开展"喜迎二十大，强国复兴有我"文艺会演进基层实践活动，充分发挥文艺的独特优势，激发群众的爱国热情和民族责任感。文艺会演紧紧围绕喜迎党的二十大主旋律，经开区龙都艺术团志愿服务队、市老干部活动中心艺术团志愿服务队为居民朋友展演了新疆舞《美丽的祖国》、秧歌舞《春风十万里》、歌曲《天下百姓》和小合唱《我和我的祖国》等文艺节目，引导广大群众爱祖国、爱家乡、感党恩、跟党走，以开拓创新的进取精神和昂扬向上的精神风貌迎接党的二十大胜利召开。

· 工业园区 ·

【文化概览】 工业园区是2006年经省政府批准、国务院核准设立的省级经济开发区，下辖1个昌湖街道，23个行政村。辖区面积36平方公里，规划面积26.5平方公里。工业园区以化工、新材料、装备制造为主导产业，是濮阳市经济发展的主力军、主战场、主阵地。

志愿服务活动。工业园区有区级志愿服务小分队24支，志愿服务人员310人，注册率达100%。区志愿服务工作坚持以培育和践行社会主义核心价值观为根本，认真学习《志愿服务条例》，大力弘扬"奉献、友爱、互助、进步"志愿服务精神，开展关爱孤寡老人、关爱留守儿童、关爱残疾人、文明交通、清洁家园、便民服务、科普健康、绿色环保等志愿服务。2022年，走进辖区村清除垃圾2100余方，为村民免费配送蔬菜24000斤；为留守儿童送书籍620本、

书包学习用品 96 套，衣服 76 件，助学金 7400 元；为孤寡老人送去米、面、油等慰问品及慰问金共计 13000 余元。

【群众文化丰富多彩】 利用元旦、春节、"十一国庆节"、"七一建党节"等，开展了形式多样、丰富多彩的文化活动。辖区 23 个村均已配备兼职文化协管员，组建广场舞队 14 个，秧歌队 5 个，戏曲演唱队 4 个。投资 100 余万元对辖区 23 个新时代文明实践站、1 个昌湖街道新时代文明实践所、1 个工业园区新时代文明实践中心进行全面提升。投资 30 余万元对大口寨村、周村、七宝寨村文化大舞台进行改造提升。2022 年以来，共组织村级戏曲演出 10 余场，扭秧歌、广场舞、健身操等文艺演出 30 余场；组织区级演讲、诵读、文艺展演等活动 8 场。

·城乡一体化示范区·

【文化概览】 濮阳市城乡一体化示范区于 2012 年经省委批复建设，规划面积 120 平方公里，是全市新型城镇化的龙头、经济社会发展新的增长极、展示濮阳新形象的窗口。近年来，示范区集中优势、集中力量，先行启动了 30.5 平方公里的核心区建设，现已建成主干道路 32 条 80 公里，形成了东西贯通、南北互联的路网框架；打造了面积 7000 亩、库容 1830 万立方米的龙湖，挖湖堆起的龙山，全长 6400 米，寓意 6400 年前的中华第一龙，1987 年在濮阳出土，通过大力实施岸线综合提升和龙山绿化提升，形成了绿脉水链、和谐生态、宜居宜业的城市环境。当前，示范区正在强力推进实施以总部金融、商贸服务、教育、医疗、康养为主要内涵的产业培育工程，全力打造"四中心一高地"，即"金融中心、科教中心、文旅中心、生态宜居中心和高端服务高地"。

精神文明创建。2022 年，推荐上报田艳浩、娄须忠、班路喜入选濮阳市"乡村光荣榜"；推荐上报檀天煜为市级新时代好少年。建成新时代文明实践所 2 个、新时代文明实践站 17 个，培育文艺志愿服务队 10 个，注册志愿服务队 42 个，共计开展各类新时代文明实践志愿服务活动 300 余场次。目前，全区共有 2 个省级文明单位、3 个省级文明校园、6 个市级文明校园、2 个市级文明家庭。

基层文化活动。2022 年示范区多形式开展"文化艺术送基层"活动。联合社会事业、教育办、卫生办等单位开展文化科技卫生"三下乡"3 次，农村公益电影放映 168 场，"光影世界 出彩中原"主题宣传教育实践电影展映 154 场次；以示范区"新时代 新征程 争出彩"八大主题宣传教育实践活动实施方案为抓手，结合示范区建区 10 周年，持续开展"四史教育"，组织"党史宣讲""红领巾心向党 党史故事我来讲"等党史教育活动 26 场。以"喜迎二十大 欢乐进万家"为主题开展十大群众文化活动。街道办、区直各部门按照活动方案责任分工和疫情防控措施落实要求，结合示范区建区 10 周年庆和辖区群众多样化、多层次、多方面的精神文化需求，因地制宜、因人制宜，精心组织，周密策划，共开展形式多样、富有特色的主题群众文化活动 30 余场次，受众 3.5 万余人次。有声有色，丰富多彩，有效推动全区群众文化活动蓬勃发展，进一步丰富居民精神文化生活。

清廉文化建设。组织开展"喜迎二十大、翰墨映初心"清廉文化主题农民书画展，把清廉文化与美丽乡村建设、旅游产业发展相结合，为班家村打造集廉洁文化、休闲观光、产业发展等于一体的文旅新村助力。打造廉政教育阵地"清廉濮阳"展厅，展厅包含初心永恒、遵规守纪、榜样力量、家风赓续、濮上清风 5 个部分，内容涉及习近平文化思想、党的纪律要求和行为规范、中国共产党人的精神谱系、咏廉诗词名篇、党的优良家风及濮阳本地勤廉先贤人物事迹等方面。组织开展系列"廉洁驻我心，清风伴我行"主题清廉文化读书沙龙活动。该次活动紧扣"清廉"主题，通过诵读廉政书籍、讲廉政故事，锻造广大党员干部清廉品质。

公共文化服务。2022 年，组织开展多形式"文化艺术送基层"活动。联合社会事业、教育办、卫生小等单位开展文化科技卫生"三下乡"3 次，组织农村公益电影放映 168 余场，"光影世界 出彩中原"主题宣传教育实践电影展映 154 余场次。以示范区"新时代 新征程 争出彩"八大主题宣传教育实践活动实施方案为抓手，结合示范区建区 10 周年，持续开展"四史教育"，组织"党史宣讲""红领巾心向党 党史故事我来讲"等党史教育活动 26 场。以"喜迎二十大 欢乐进万家"为主题开展了十大群众文化活动。街道办事处、区直各部门按照活动方案责任分工和疫情防控措施落实要求，结合示范区建区 10 周年庆和辖区群众多样化、多层次、

2022年7月8日，示范区"清廉濮阳"展厅举行启动仪式

多方面的精神文化需求，因地制宜、因人制宜，精心组织，周密策划，开展形式多样、富有特色的主题群众文化活动，共开展30余场次，受众3.5万余人次，有效推动了全区群众文化活动蓬勃发展，进一步丰富了居民精神文化生活。

【示范区建区10周年系列活动】
2022年7月28日，示范区举办"砥砺前行十载·功成不忘初心"庆祝建区10年演讲比赛。2022年8月12日至17日，示范区"奋进十年路 逐梦新征程"暨"喜迎二十大 欢乐进万家"摄影图片展举行，以"艰苦创业""奋进之路""华丽蝶变""展望未来"4个篇章、70余块展板、600余幅图片，充分展现示范区各阶段的发展历程，激发了"担当实干、勇争一流"的坚定信心和决心。2022年8月13日，濮阳市城乡一体化示范区建区10周年庆祝大会在濮阳市工人文化宫举行。大会对建区十周年开发建设作出突出贡献的40多个先进集体和150多名先进个人进行了表扬，勉励广大干部员工以先进为榜样，锐意进取，担当作为，为示范区在更高起点上实现高质量大发展继续努力奋斗，为加快建设"四个濮阳、一个高地、一个中心"贡献示范区力量。

2022年8月13日，"十年奋进路 筑梦示范区"濮阳市城乡一体化示范区建区10周年庆祝活动在濮阳市工人文化宫举行

许昌市

【文化概览】 许昌位于河南省中部，是郑州都市圈"1+8"核心城市，现辖禹州市、长葛市、鄢陵县、襄城县、魏都区、建安区6个县（市、区）和城乡一体化示范区、经济技术开发区、东城区3个功能区，总面积4979平方公里，总人口500万人。许昌市远古称许地、西周为许国、秦时置许县，素有"五都四乡"之称。三国时期，曹操雄踞许昌25年，成就一代霸业，因此许昌被称为"魏都"，是名副其实的"三国文化之乡"。鄢陵县的花木种植面积近100万亩，是长江以北最大的花木种植和销售基地，有"鄢陵蜡梅冠天下"之称，被评为中国花木之都，是"中国蜡梅文化之乡"。禹州市是中国五大名瓷之一钧瓷发祥地，盛产作为国礼赠送外国政要的钧瓷，是"中国陶瓷文化之乡"。襄城县是全国重要的烟草生产基地，有全国最完整的烟草产业链，是中国烟草文化之乡，被毛泽东主席称作"烟叶王国"。禹州市还是全国四大药材集散地之一，故而又有"药都"之称。

理论工作。市委理论学习中心组坚持先学一步，严格落实"第一议题"制度，围绕学习贯彻党的十九届六中全会精神、《习近平谈治国理政》第四卷、党的二十大精神等主题，开展专题学习20次。制定加强和改进新时代思想政治工作责任清单，市、县两级领导班子成员带头到学校讲思政课，推动党的创新理论入脑入心。聚焦"能力作风建设年"活动，举办"解放思想、改革创新"系列大讲堂，全市120多个县处级以上党委（党组）中心组、10万余名党员干部通过集中观看报告会视频等形式集体学习，持续扩大专题学习覆盖面。建安区创新巡听旁听促学制度，对全区各单位定期开展"固定式""随机式"巡听，不定期开展"特邀式""专项式"旁听，有效推动领导干部理论学习。持续深化"党的创新理论进基层"宣讲活动，构建"1+1+N"大宣讲工作格局，开展各类宣讲1万余场，巩固了全市广大干部群众的共同思想基础。举办党的创新理论宣讲大赛和获奖节目巡讲巡演，推选文艺类参赛节目《特殊宣讲会》获省级宣讲大赛一等奖。遴选出50名百姓宣讲员，"85后"参赛选手占比高于80%，"后浪"宣讲力量不断壮大。积极探索"互联网+"宣讲模式，开展微宣讲和宣讲短视频征集展播活动，用好"学习强国"学习平台、"新时代之声"广播系统、"理论面对面@许昌"抖音号、"许昌社科"微信公众号等新媒体平台，宣讲传播矩阵作用凸显。围绕习近平总书记在省部级主要领导干部专题研讨班上重要讲话精神、《习近平谈治国理政》第四卷等课题开展系列征文活动，全年累计刊发560余篇党员干部调研报告、心得体会。在全省率先建立社会科学普及工作联席会议制度，2个项目、4个团队、13名个人、5部作品获评全省社科普及奖项。创新理论研究模式，采取市领导命题和点题、市直单位和高校党校联合攻关的方式确定哲学社会科学课题，申报课题405项，立项394项，社科课题研究提质增效。

新闻宣传。围绕经济社会高质量发展，分阶段、分主题组织"'五个强市'深度看"主题宣传，开展"稳经济 促发展 强信心"系列权威访谈，"许昌时刻"推出贴近民生的系列短视频，总阅读量突破1.5亿次。围绕群众关心的民生热点问题和社会难点，稳妥做好就学就医就业、安全生产等方面的宣传引导，为经济社会高质量发展营造浓厚舆论氛围。加强与上级媒体沟通对接，每月对各县（市、区）在主要央媒、省媒重点栏目正面报道情况进行统计和分析研判，编发7期许昌新闻阅报，有针对性地指导各地各单位做好对上宣传工作，全年在省级以上主流媒体及所属新媒体刊发稿件6300余篇（条）。河南广播电视台推出的《出彩项目看河南·许昌篇》成绩亮眼，相关微博话题#捡破烂一年挣了800亿#当日阅读量2.1亿，登上全国热搜榜第一。日均推送有关工作动态、健康知识等报道超过780篇（条），创下各媒体平台日均发稿新纪录，全平台总阅读量突破10亿次。同时，综合运用大喇叭、宣传栏、微信群、手机短信等多种形式，全方位做好群众沟通宣传工作。获批全国市级融媒体中心建设试点，谋划组建市融媒体中心，会同市政数局建设"我的许昌"App，打造网络舆论新阵地。每月对市直新媒体账号和县级融媒体中心新媒体账号影响力进行排名和解读，提升新闻媒体头部账号的影响力，初步形成了以"许昌时刻""许昌融媒"为引领的主流舆论传播矩阵。大力推动县级融媒体中心体制机制创新，致力打造"新闻+政务+服务"移动新媒体综合平台。

文旅融合发展。成立文旅文创工作专班，创办融合创新实验室，编制"十四五"文旅文创融合发展规划，制定文化强市建设方案，梳理形成全市特色文化旅游品牌。建立文旅产业项目库，5个项目纳入黄河国家文化公园建设规划，4条线路纳入"行走河南·读懂中国"主题线路，8个产业重点项目完成投资2.63亿元。组织开展20多项文旅消费活动，推荐17条研学旅行精品线路，打造提升全国乡村旅游重点村1个、省特色生态旅游示范镇8个、省乡村旅游特色村34个、省休闲观光园区12个、省乡村旅游创客示范基地3个。参加第九届中原（鹤壁）文博会，荣获最佳组织奖。

精神文明建设。召开创建全国文明典范城市动员大会，成立工作专班，坚持创文办周例会制度，高质量推动创建工作。针对交通秩序、市容市貌、集贸市场、公益广告等开展专项攻坚，实行文明单位结对帮扶社区庭院工作，组织开展电动车上牌和小区乱拉线缆集中整治，着力补齐工作短板、夯实创建基础。制定《许昌市2022年创建全国文明城市公益广告宣传方案》，开展创意征集活动，共收集相关作品800余幅（部），评选210余幅（部）纳入公益广告作品库。强力推动城市更新，规范提升窗口行业，进一步拓展城市精细化管理、优质化服务。持续完善协调推进、调研督导、宣传教育、考核奖惩等创建工作机制，高质量完成全国文明城市年度测评资料整理申报等工作任务。结合实施乡村振兴战略和"联乡帮村"活动，统筹开展"乡村振兴文明同行"主题实践活动。开展文明村镇创建提升整改行动,评选市级文明村镇252个,申报省级文明村镇33个,培育各级文明村镇后备力量,建立荣誉称号动态管理机制。深入推进移风易俗,落实"一约五会"、"村规民约"和婚丧嫁娶事项筹办标准,持续促进观念转变,遏制陈规陋习。广泛开展"乡村光荣榜"人物选树活动,市级上榜人物133人,入选省级光荣榜7人。充分发挥"星级文明户"认领工作示范点作用,在全市各行政村全面铺开、落地见效。开展文明单位创建巡礼活动,推进"文明服务我出彩、群众满意在窗口""千家非公企业文明创建育苗"等活动,开展"我们的节日"、家庭文明建设网络活动,评选推出市级文明家庭79户,申报省级文明家庭7户。广泛开展"我推荐、我评议"身边好人活动,1人荣登"中国好人榜",4人荣登"河南好人榜"。组织开展第六届许昌市道德模范暨2022年度"许昌好人"评选活动,集中宣传推广全市道德模范的先进事迹和崇高品德。

文艺文化工作。生产、加工戏剧《村支部书记》,歌曲《我心中国》《小村直播间》《我是中国籍》,舞蹈《母亲是中华》《唱支山歌给党听》等一大批文艺作品,文艺工作者"上网""下乡"成果持续显现,推选出许昌市第十二届精神文明建设"五个一工程"奖戏剧作品8部、纪录片3部、广播剧1部、歌曲11首、图书6部,戏曲《杨水才》荣获全省第十三届精神文明建设"五个一工程"奖。举办许昌市第二届戏迷擂台赛、第八届中青年戏剧演员大赛、第三季(网络)青年学术提名作品展等,积极参加全省第十届青年戏剧演员大赛、第八届专业声乐器乐大赛暨"黄河之滨音乐周"展演活动,广泛培养、历练文化文艺队伍。举办春节文艺晚会、迎"七一"戏曲专场晚会等重点线上线下文艺演出。组织文艺工作者"上网""下乡",全市各院团累计开展"舞台艺术送基层"演出1400余场,荣获全省群众文化活动先进集体,建安区桂村乡颍桂文化合作社、灵井镇霍庄社火民俗文化合作社等荣获全省示范性乡村文化合作社。组织"光影世界、出彩许昌"主题宣传活动,举办公益电影"六进"活动11649场、受众136万人次。在全省率先发布6项公共文化管理服务地方标准,搭建用好数字文化平台,加强图书馆、综合文化站、智慧阅读空间、农家书屋等设施管理使用,支持实体书店发展壮大,持续提升公共文化服务效能。扎实开展全民阅读活动,利用公共文化空间举办读书人大赛,评选最美读书人;在青少年中深入开展中华经典诵读,讲好红色故事,寻找校园最美读书人。加大"二二工程"推进力度,全力支持国家版本馆建设,版本征集工作受到省委宣传部通报表扬。

对外宣传工作。实施城市形象推广暨城市IP打造计划,开展"行走河南·读懂中国"系列宣传行动,在郑州成功举办"河南这十年"主题许昌专场新闻发布会。依托"1+N"新闻发布形式,先后举办全市"非凡十年、出彩许昌"等系列主题新闻发布会5场,常态化开展成就宣传、政策解读80余场。加强"资源厨房"建设,用好海外社交平台,提升境外网上发声能力。邀请香港地区媒体来许采访报道,积极高效应对日本、韩国等海外媒体来许采访。开展海外联谊活动,引导海外侨胞、港澳同胞来许寻根谒祖。

【**青年演员张路潇获第五届中国(黄河流域)戏剧红梅大赛金奖**】2022年6月26日至7月1日,第五届中国(黄河流域)戏剧红梅大赛在山东聊城举办,许昌市戏曲艺术发展中心优秀青年演员张路潇成功摘得大赛一等奖(金奖)。据悉,该次大赛为期5天,共有来自15个省、自治区、市及新疆生产建设兵团的近150名演员、演奏员同

许昌市科技广场

2022年8月1日，举行任宏恩先生从艺66周年系列活动发布会

台竞技，剧目涉及京剧、豫剧、秦腔、山东梆子、曲剧等30余个剧种。河南省参赛选手在比赛中大放异彩，有4位实力唱将荣获金奖。

【举行任宏恩先生从艺66周年系列活动发布会】 2022年8月1日上午，"为人民歌唱"——任宏恩先生从艺66周年系列活动发布会，在河南广播大厦举行，省领导王全书、王明义、李志斌等为任宏恩赠送从艺66周年纪念匾牌。任宏恩老师14岁进入原许昌专区豫剧团，曾任许昌市原豫剧团团长，为国家一级演员，享受国务院政府特殊津贴。在60多年的艺术生涯中，他共主演剧目50多部，在舞台上塑造了一系列颇具影响的艺术形象，其中《人欢马叫》的刘自得、《倒霉大叔的婚事》的常有福、《我爱我爹》的赵铁贤，被誉为其表演艺术的3个里程碑。

【非遗传承人高丙建入选"河南省非遗年度人物"】 2022年2月22日晚，由河南省文旅厅指导、河南日报社主办的2021"河南非遗年度人物"推选宣传活动颁奖典礼在"只有河南·戏剧幻城"成功举办。钧瓷烧制技艺项目省级代表性传承人高丙建在全省报名的近300位非遗传承人中脱颖而出，成功当选2021"河南非遗年度人物"。"河南非遗年度人物"推选宣传活动在河南省尚属首次，活动聚焦2021年度优秀非遗传承创新实践，总结河南非遗工作创造性转化、创新性发展的经验和成效，推选出引领非遗传承创新的年度人物。

·禹州市·

【文化概览】 禹州市地处许昌市的东北方向，中原城市群核心城市群重要节点城市和郑许一体化重点发展区域，毗邻郑州航空港经济综合实验区，北距省会郑州80公里、新郑国际机场60公里，禹亳铁路（三洋铁路）实现禹州与焦柳、京广、京九、京沪铁路大动脉的直接连通，郑渝高铁在禹州按地级站标准设站。现辖26个乡镇（街道）、678个行政村（社区），总面积1469平方公里，户籍人口134万。禹州市是一座历史悠久、人文底蕴深厚、交通体系完善、矿产资源丰富、城乡生态宜居、发展前景广阔的城市。是中国历史上第一个奴隶制王朝夏朝的建都之地、宋代五大名瓷之一钧瓷的唯一产地、明清时期闻名全国的四大中药材集散地之一，素有"夏都、钧都、药都"的美誉。钧瓷烧制技艺、禹州药会入选国家级非物质文化遗产，禹州瓦店遗址、白沙宋墓、钧台窑遗址、神垕钧窑遗址入选"河南考古百年百大发现"。同时是中国优秀旅游城市、国家园林城市、国家卫生城市、全国文明城市提名城市。连年入围全国工业、综合实力、绿色发展、投资潜力、科技创新、新型城镇化质量等百强县（市）榜单；荣登2022中国县级市品牌百强榜第47位；成功入选河南省第二批践行县域治理"三起来"示范县（市）；获批河南高新技术产业开发区。

舆论引导。 严格落实"第一议题"制度和巡听旁听工作机制，市委理论学习中心组集中学习15次、专题研讨6次。加大"学习强国"学习平台供稿力度，申请开通《村支书说乡村》专栏，并成功向平台推送稿件198篇。组建禹州市委宣讲团、禹州市百姓宣讲团和4个系统宣讲团，开展"线上+线下"宣讲活动近2000场（期）。重点组织开展"学习宣传贯彻党的二十大精神""弘扬焦裕禄精神·接续新时代奋斗""践行总书记嘱托·全面推进乡村振兴""非凡十年·出彩禹州"等系列主题采访活动，营造浓厚舆论氛围。全年共在许昌市级以上主流媒体发稿3000余篇（条）。其中，中央级头版头条1个，省级头版头条4个，许昌级头版头条2个、专版37个。微视频《春满禹州》入选新华社主办的《千城胜景》视频展；7月26日《农民日报》头版头条刊发《河南禹州推动乡村振兴出实招——以"五星"支部创建引领基层有效治理》，引起广泛社会反响。聚焦禹州全市重大会议、重要时间节点，围绕两会、高考、防汛备汛、"双减"等工作，召开6场专题新闻发布会。

宣传教育。全媒体平台共发稿6691次，飞播字幕循环13454次，新媒体平台高频次分发小视频3370个，制作特别节目22期、"主播说新闻"16期。在省级以上主流媒体刊发相关稿件1000余篇（条）。通过宣传单页、无人机、乡村大喇叭、飞播字幕、短信、动漫视频、文艺宣传等多种形式，有效增强社会宣传的吸引力、感染力。

精神文明建设。坚持"党建+志愿服务"模式，引导广大志愿者在防洪、关爱空巢老人、关爱留守儿童、文化科技卫生"三下乡"、农村人居环境整治等方面充分发挥示范引领作用。获评河南省2022年优秀志愿者2名、优秀先进工作者2名、优秀志愿服务组织2个，获评许昌市优秀志愿服务组织10个。充分发挥新时代之声广播系统作用，禹州市6832个大喇叭和音柱，常态化开展社会主义核心价值观、文明风尚、移风易俗等知识宣传，牢牢占领农村思想建设阵地。广泛开展"乡村光荣榜""文明家庭""五美家庭"评选活动，入选河南省"乡村光荣榜"2人，入选许昌市"乡村光荣榜"32人。

群众文化活动。《唱支山歌给党听》舞蹈表演荣获"中原舞翩跹"河南省艺术广场舞大赛一等奖，禹州市教师合唱团荣获"唱响新时代"河南省群众合唱大赛一等奖。深入实施"文化惠民"工程，举办"光彩世界、出彩禹州"优秀公益电影展，累计放映公益电影4322场。组织文艺轻骑兵慰问演出50余场次、"舞台艺术送农民"活动400余场次。开展图书流动服务15场次，快乐星期天活动1971场次。不断培育"文艺精品"，大型现代豫剧《支部书记》、纪录片《与钧书》、歌曲《在一起》荣获许昌市第十二届精神文明建设"五个一工程"奖。

文化产业发展。注重钧瓷专业人才培养，与景德镇陶瓷大学签订战略合作协议，连续举办了"钧瓷行业技术人才培训班"和"钧瓷行业人才研修班"，并承办了第二届"China·中国"中国陶瓷艺术设计大展；与郑州轻工业大学合作，在禹州落地陶瓷美术学院和陶瓷艺术研究中心、陶瓷材料研究中心，为钧陶瓷产业发展提供人才支撑。造型已开发1000余种，专利造型突破300个；窑炉在保护传统工艺的基础上，实现了钧瓷烧制的绿色化和多样化。按照"三名一化"即"突出名家、名窑、名品，打造钧瓷文化品牌"的发展战略，推动钧瓷产业品牌化、精品化、差异化发展。目前，禹州市有中国工艺美术大师4人，中国工美行业艺术大师3人，中国陶瓷艺术大师6人，国家级非物质文化遗产传承人4人；省级工艺美术、陶瓷艺术大师156人，省级非物质文化遗产传承人17人。培育孔家钧窑、大宋官窑等龙头企业10余家，逐渐形成一窑一品、规模集聚的良好态势，其中，孔家钧窑、大宋官窑入选国家级文化产业示范基地；孔家钧窑投资3亿元建设的中国钧瓷文化园成为AAAA级景区；大宋官窑当选中国元素十大奢侈品品牌、当代十大名窑和河南省首批十大重点文化企业。持续举办"钧窑万彩"、"中国钧瓷文化四海行"巡展、中国钧瓷精品创作高峰论坛等一系列活动；积极参与《大河儿女》《窑变》《红色钧官窑》等3部电视连续剧的制作，其中，《大河儿女》已在中央电视台一套黄金档播出；与中央电视台合作录制了《钧瓷神韵》《瓷路》《万彩钧瓷》《记住乡愁》等20余部纪录片，提升钧瓷的影响力和知名度。

非物质文化遗产保护。大力推动钧瓷文化产业发展，坚持"传承、创新、提升"并重，采取政府支持和市场运作相结合的方式，有力地推动了钧瓷文化产业健康稳步发展。2003年，钧瓷成功申报国家地理标志保护产品；2008年，钧瓷烧制技艺被列入国家级非物质文化遗产名录；2015年，国家地理标志产品保护示范区（钧瓷）获批筹建并于2021年5月由国家知识产权局验收通过，已经成为河南省乃至国家的一张靓丽名片。目前，钧瓷生产企业发展至186家，年产值24亿元，从业人员达2.8万人。

【举行"多学科视野下的夏文化探索"夏文化论坛】 2022年6月25日，由河南省文化和旅游厅、河南省文物局指导，中国社会科学院考古研究所、河南省文物考古研究院、中国考古学会夏商考古专业委员会、中华炎黄文化研究会史前文化研究分会、河南省文物考古学会、郑州中华之源与嵩山文明研究会等单位主办，河南省夏文化研究中心承办的"2022夏文化论坛——多学科视野下的夏文化探索"在河南禹州举行。国家文物局、河南

"音悦禹州"禹州市喜迎二十大音乐会（禹州市委宣传部）

省文物局、中国社会科学院考古研究所、许昌市、禹州市等有关方面领导，来自全国数十家考古研究机构、大学的专家学者通过线上、线下的方式参加论坛，介绍最新发掘成果、进行学术交流。

【喜迎二十大，举办"音悦禹州"音乐会】 2022年9月26日19时，在禹州市群众艺术馆小剧场，以禹州市交响管乐团演奏为主，加上禹州本土民族、西洋器乐演奏家演奏中外经典独奏、合奏曲目，以云上禹州、百姓文化云网络直播为主。活动分场次进行，9月26日、9月28日分别进行"音悦禹州"。器乐专场、声乐专场。9月29日举行"声动禹州"2022禹州市喜迎二十大流行音乐会。"音悦禹州"以建设美丽乡村、实施乡村振兴和创建文明城市为载体，构建公共文化服务体系示范区，进一步丰富群众精神文化生活，展现新时代群众的精神风貌，推动基层文化繁荣兴盛，发现和培养禹州本土器乐艺术人才，普及器乐艺术，为广大器乐爱好者搭建自我展示、学习交流的舞台。

· 长葛市 ·

【文化概览】 长葛位于河南省中部，隶属许昌市，辖12个镇、4个街道，398个村（社区），面积650平方公里，常住人口71万人，流动人口15.7万人。经济社会高质量发展目标考评2018、2019连续两年居全省93个非重点生态功能县（市）第一位；2020年入选全省第一批15个践行县域治理"三起来"示范县（市）；2021年再次进入全国综合实力百强县（市），居第88位；连续七年进入全国工业百强县（市），居第48位；进入2021年全国营商环境百强县（市），居第62位，在河南上榜的三个县（市）中排名第一。2022年先后入选全国综合实力、工业、科技创新、投资潜力、发展潜力、绿色发展、治理能力、农产品数字化、新型城镇化质量、中国县级市品牌、中国省级开发区高质量发展等11个"全国百强县（市）"；入选全国党建引领乡村治理试点县。2022年实现地区生产总值832.9亿元，增长0.7%，实现正增长；固定资产投资增长11.2%；一般公共预算收入完成38.9亿元，增长4.6%。

理论武装。长葛市委理论学习中心组开展学习22次，其中各类报告会14场，集体研讨3次，增设网络学院课程、网上知识竞赛等形式丰富学习，市委理论学习中心组成员撰写研讨心得文章105余篇，讲党课、思政课60余次，调研报告30余篇。2022年组织长葛市"党的创新理论"主题宣传教育实践活动，举办长葛市"党的创新理论"宣讲大赛和微视频征集展播活动，开展"党的创新理论""能力作风建设"等专题宣讲，指导市镇村三级宣讲团，抓住重大节日、"主题党日"，利用新时代文明实践所（站），做好面对面宣讲，利用宣讲微视频做好线上宣讲，为营造良好社会舆论氛围，迎接党的二十大胜利召开奠定了坚实基础。

思想舆论引导。2022年以来在许昌市级以上主流媒体发稿980余篇，其中中央级媒体220篇，省级媒体525篇，头版头条9个，专版4个，为长葛市经济社会高质量发展坚定了主心骨、汇聚了正能量、振奋了精气神。《河南日报》（农村版）刊发头版头条《长葛市将红色精神转化为生动实践 激发高质量发展强大动能》，全面将长葛市红色资源转变成红色动能，为长葛高质量发展提供源源不断的动力；《许昌日报》头版头条《"省长给我们鼓了劲儿"》《回应企业所急所盼 助力企业高速发展》，以及专版《大周：千亿级"金属王国"正"炼成"》等稿件，对长葛市经济高质量发展、营商环境等，进行了全景式、内涵式总结提炼，充分发挥了舆论引导作用，持续提振干事创业精气神。

志愿服务活动。举办志愿服务项目大赛，培育常态化志愿服务项目50余个，开展志愿服务活动万余场次，形成了葛天新声、"红色讲解员"、"点亮梦想——乡村复兴少年宫"、"乡村放歌文化文艺支教"、"小调解大和谐"、钟繇学堂、悦读悦美、筑起离婚防火墙等40余个品牌项目。其中，长葛市婚姻家庭协会"筑起离婚防火墙"志愿服务项目，开创全国离婚调解志愿服务先河，吸引新疆、宁夏、山东等省份的志愿组织学习。建设新时代之声广播系统，建立市级平台，15个镇建立镇级平台，363个村（社区）建立村级平台。全市利用新时代文明实践周、"9·9"公益日募集项目经费40万元，策划"志愿者加油站""红色讲解员""乡村复兴少年宫"志愿服务项目，为新时代文明实践工作建设和运营创造了良好条件。

精神文明创建。10月8日，召开高规格全国文明城市创建工作推进会，对文明城市创建工作进行安排部署。10月13日至15日，迎接河南省文明办组织的全国文明城市提名城市年度测评，测评组共对长葛市47个实地测评点位进行检查验收，并对桥北社区、刘麻申社区、卓越社区开展了民意调查。与此同时，积极策划开展了"强国复兴有我""赶考路上有我""童心向党""学雷锋 我行动"等主题宣传教育，常态化推进理论学习实践、弘扬文明乡风，吸引全市党员干部群众10万余人参与。

文艺作品创作。围绕"立德树人"目标，扎实推进青少年思想道德建设，组建专兼结合的少年宫师资队伍，开展丰富多彩的教育教学活动1000余场次，受益学生3万余人，切实把少年宫支教项目建设成为农村未成年人思想道德建设的重要品牌。围绕迎接党的二十大创作的书法、美术、摄影、剪纸、雕塑作品1200余件；原创歌曲《最美志愿红》《党旗红》，原创诗词《喊一声长葛加油》《致自己》，戏曲《誓保人民身心安康》120余首。按照"线上线下 部门联动"的工作思路，利用新媒体平台进行线上展播，用生动鲜活的文艺作品唱响主旋律，提振精气神，讲述好长葛故事、河南故事、中国故事，展现了人民群众的获得感、幸福感和安全感，据不完全统计，展播音乐、书法、摄影、小品、绘画等文艺作品512件。

【"非遗"老虎舞，舞出新景象】2022年正月十五、十六，长葛市南席镇胡街、西街社区，举办了热闹非凡的老虎舞展演，吸引群众近千人。老虎舞是中原地区流传下来的民间罕见的集体舞蹈形式。长葛市南席镇胡街村农民艺人代代言传身教，老虎舞流传至今。老虎舞演员阵容有50多人，其中，敲打铜器伴奏者最多。虎头、虎尾各1人，领斗武士1人，还有4至6人吹奏海螺号等。表演舞蹈时，舞者与乐队都全身心投入，动作、鼓点配合得恰到好处，实为一项集体艺术活动。2017年，长葛南席老虎舞被河南省政府公布为河南省非物质文化遗产。宋长山入选为河南省省级非物质文化遗产代表性传承人。如今，老虎舞在漫长的形成、演变过程中，既保留了传统节目，又在传承中不断创新。

孝道文化大餐 倡树文明民风（长葛市委宣传部供图）

【"孝道文化大餐"活动】2018年10月，"孝道大餐文化大餐"活动从长葛市后河镇开始发起，2019年上半年在大周镇得到推广后，迅速扩大到佛耳湖、增福、老城等16个镇，通过举办一系列内容丰富多样、形式创新的孝道文化活动，让城市的现代文明与农村优秀善孝文化有机结合，有力地推进了"善孝长葛"建设。2022年，长葛市大周镇、增幅镇、后河镇等16个镇办先后举办"孝道大餐文化大餐"200余场次，为长葛市乡村振兴奠定了坚实的文化基础。

· 鄢陵县 ·

【文化概览】鄢陵县位于许昌东部，北距郑欧国际铁路货运班列始发站、郑州国际机场50公里，西距机场异地航空枢纽港、京广铁路、京港澳高速20公里，兰南高速、永登高速、安罗高速均设有出站口，311、230国道和321、319、223、222省道贯穿全境。辖12个镇，397个行政村（社区），户籍人口73万人（其中城镇人口25万人、农村人口48万人），总面积869.7平方公里。鄢陵县拥有国家级、省级、市级文保单位27处。荣获国家"四好农村路"示范县、河南省"万村通客车"示范县。鄢陵是"南花北移、北花南迁"的天然驯化基地，形成绿化苗木、盆景盆花、鲜花切花等2400多个品种，花木覆盖率32%、森林覆盖率7.5%，被命名为"中国花木之乡"。花木主产区空气中负氧离子含量超过世卫组织界定的清新空气标准近10倍。陈化店镇地下水富含人体必需的多种微量元素，与"鄢陵蜡梅"一并被列入"国家地理标志产品保护"，被评为"中国长寿之乡"。

主流舆论阵地。围绕鄢陵中心工作，在市级以上新闻媒体刊播发稿件4500余篇，在省级以上主流新闻媒体刊播发稿件900余篇，头版头条6篇。其中，《火红小辣椒 助农增收大》《菊花进入采摘期 村民采摘忙》在中央电视台二套《新闻》栏目播出，《从"工业洼地"到"产业高地"》在《河南新闻联播》栏目播出，《鄢陵重塑》在人民网刊发，《干部转作风 促发展加速》在《河南日报》头版头条刊发。紧扣迎接宣传贯彻党的二十大精神工作主线，以"云上鄢陵""鄢陵发布""鄢陵融媒"为主阵地，组织实施"喜迎二十大·十年巨变看鄢陵""献礼二十大·建功新征程"等重大主题宣传活动，讲好鄢陵故事，为党的二十大胜利召开营造良好氛围。

意识形态工作。深化理论武装，将意识形态工作和理论学习纳入县委巡察，对4个镇和全县教育系统开展意识形态工作责任制专项巡察，压实各党委（党组）主体责任。召开季度联席会议，紧盯党的二十大等重要时间节点，突出报告会、讲座、论坛、宗教等重点领域，开展风险排查研判，强化风险传播渠道日常监管和源头治理。

精神文明建设。开展文明单位、文明家庭、文明村镇创建活动，创建省级文明单位（标兵）16个、市级文明单位（标兵）29个、县级文明单位81个、县级以上文明村镇（社区）256个。深化星级文明户创评活动，推进"星级文明户"认领制，评选"十星级文明户"1.23万户，提升群众文明素养。开展鄢陵"道德模范""身边好人"等先进典型选树活动，评选出第四届鄢陵县道德模范10名和"鄢陵好人"20名，其中4人被评为第六届许昌市道德模范和"许昌好人"。举办"我们的节日""中华经典诵读"等优秀节目展演，不断扩大优秀传统文化社会影响力。组织开展"扣好人生第一粒扣子""新时代好少年""童心向党"等主题实践活动，依托县党史馆、烈士陵园等阵地，开展爱国主义教育4万人次。

群众文化活动。开展"喜迎二十大·欢乐进万家"十大群众文化活动，策划"奋进新征程·建功新时代""赶考路上有我"等主题系列活动，举行朗诵比赛60场，红歌比赛112场，巡回放映《长津湖》《1921》等爱国影片，受益群众10万余人次。创作的豫剧《焦裕禄在彭店》、歌曲《感谢你》获得许昌市第十二届精神文明建设"五个一

鄢陵县唐韵生态旅游区

鄢陵县豫剧团开展新媒体线上戏曲联唱

工程"优秀作品奖。聚焦群众生产生活实际，在文化、文艺、教育、科技等重点领域，培育"10+N"志愿服务队伍16支，开展志愿服务活动2000多次，开展"五项工作"活动682场次，打通宣传、教育、服务群众"最后一公里"。

【举行"喜迎二十大·欢乐进万家"首届戏迷擂台赛】 2022年6月29日至7月1日，鄢陵县精心组织举办了"喜迎二十大、欢乐进万家"鄢陵县首届戏迷擂台赛。活动紧扣"喜迎党的二十大"主题，参加预赛的156名选手，唱响主旋律，弘扬正能量，活动开展得有声有色，进一步丰富了群众文化活动，线上线下取得一致好评。通过评委现场打分，共有15名选手进入决赛，最终评选出一等奖1名、二等奖2名、三等奖6名。

【豫剧团开展新媒体线上戏曲联唱直播活动】 2022年，鄢陵县豫剧团创新开展线上戏曲直播活动，利用新媒体抖音平台开展线上戏曲联唱节目，精心打造戏曲直播间，由起初尝试探索，到最后日渐成熟，经历8个月时间，粉丝量突破20万人，浏览量突破800万次，县豫剧团的演职人员充分发扬"板车剧团"精神，吃住在直播间，坚持排练高质量戏曲作品，给足不出户的广大群众送去了精神食粮。

·襄城县·

【文化概览】 襄城县地处"中原之中"，是河南省版图的几何中心，自古有"九省通衢"之称。毗邻郑州航空港经济综合实验区，距新郑国际机场70公里，平禹铁路、许广高速纵贯南北，漯宝铁路横穿东西。辖9镇5乡2街道，448个行政村（社区），总面积920平方公里，总人口91万。绿化覆盖率38.66%，绿地率34.02%，人均公园绿地面积11.77平方米，被誉为许昌的"南花园"。北汝河国家湿地公园和首山生态公园交相辉映，形成"一山一水润古城"的生态画卷。近年来，先后荣获国家卫生县城、国家园林县城、河南省文明城市等称号。境内有中国历史文化名山、八百里伏牛之首的首山、"中州第一禅林"乾明寺、明代八大书院之一的紫云书院、河南省现存最完整的县级古城墙等名胜古迹100多处，被确认为中国地名文化遗产"千年古县"。襄城县是全省53个资源富县之一，是我国三大烤烟发源地之一，被毛泽东主席称赞为"烟叶王国"。打造了国内最长最完整的煤化工产业链和全省唯一的硅碳新材料产业集群，纳入河南省首批战略性新兴产业集群名单，打造了"单晶硅—太阳能电池片—光伏组件—分布式光伏电站"的光伏全产业链，成为全省最大的太阳能电池片生产基地。获评河南省经济社会高质量发展先进县，荣登"中国创新百强县（市）"榜，跻身"河南省县域工业30强"，县域经济综合实力稳居全省第一方阵。

理论宣讲。2022年，县委常委会集中学习习近平总书记重要讲话和重要指示批示精神33次。坚持"能力作风建设年"活动与县委理论学习中心组理论学习有效融合，县委理论学习中心组开展学习17次，其中，组织专题报告会3次、集中研讨会7次，观看红色电影和专题教育片4次，开展自学2次、政治理论学习1次。推动党的创新理论"落地生根"。扎实开展"党的创新理论进基层"宣讲活动，举办党的十九届六中全会精神宣讲85场。党的二十大召开后，制定《襄城县学习贯彻党的二十大精神宣讲工作方案》，从党政机关抽调10名骨干组建党的二十大精神县委宣讲团，从各行业抽调31名骨干组建党的二十大精神百姓宣讲团，共开展宣讲34场。

新闻宣传。在襄城电视台、今日襄城微信公众号、襄城融媒App等平台开设《喜迎二十大》等20余个专栏，2022年各平台发稿9476篇次，"今日襄城"在2022年河南政务微信影响力月度排名中，11次上榜全省前20名，连续两次排名第六。在市级以上主流媒体刊发各类正面宣传稿件1753篇，其中中央级媒体65篇，省级媒体424篇；市级以上主流媒体播发襄城县正面广播电视新闻稿件186条，扩大了襄城县的知名度和对外影响力。

文化惠民活动。开展"世界读书日"和"护苗2022绿书签"宣传周活动，派发"绿书签"10000余份，发放宣传海报5000余张。深入开展"喜迎二十大"系列文化活动。组织开展"喜迎二十大·唱响新时代"群众合唱大赛、"喜迎二十大·奋进新征程"书画摄影作品展、"我的乡村文化合作社"才艺大赛、"豫"见最美读书人短视频大赛等活动，热烈迎接党的二十大胜利召开。同时，组织全县文艺工作者创作书画、戏曲、诗歌等作品，策划推出作品展27期。

精神文明建设。持续推进省级文明城市创建活动。深入开展市容环境、交通秩序、占道经营、小广

诗意襄城（耿艺彪摄）

告清理等专项综合执法行动，不断提升城市创建水平；认真贯彻落实"日交办、周整改、月通报"制度，逐项对标达标，确保圆满完成各项创建任务。深入开展文明单位、文明校园、文明村镇创建活动。全县共有省级文明单位（标兵）22个，市级文明单位（标兵）36个，拟命名县级文明单位（标兵）25个；省级文明校园1个，市级文明校园7个，拟命名县级文明校园9个；全国文明村镇3个，省级文明村镇2个，市级文明村镇44个，县级以上文明村镇占比超过50%。加强志愿服务队伍建设。根据人民群众不断增长的精神文化需求，精准组建志愿服务队伍。目前，全县共有专业志愿服务队24支，村镇志愿服务队150余支，志愿服务组织320个，志愿者8.02万人。

融媒体中心建设。按照许昌市委宣传部下发的《关于印发〈许昌市新时代之声广播系统建设方案〉的通知》，襄城县成立筹备建设小组，确定在全县448个行政村、963个自然村和有条件的游园广场、住宅小区安装新时代之声广播系统，项目建设由县融媒体中心具体负责，先后组织15支施工队深入全县16个乡镇、963个自然村安装。截至2022年9月25日，襄城县县乡18个指挥平台、448个行政村、963个自然村、977个终端全部安装完毕，制定了《襄城县新时代广播系统运行维护与管理制度》，明确了运维管理和奖惩办法，成立了专门的运行维护与管理领导小组，保障新时代之声广播系统有序、安全、可控运行。运营维护专班组建了建设维护微信群，由县融媒体中心具体负责。播放内容涵盖党的理论政策、移风易俗、健康知识等。襄城县县级指挥平台日常播放内容由县融媒体中心三审三校，重要内容报县委宣传部审核，通过后方可播出。截至日前，已播放各类宣传信息237万余条次，打通了服务群众的"最后一米"。

【**开展45分钟书法课堂志愿服务**】 一些农村的学生，特别喜欢中华优秀传统文化书法艺术，但现实中发现乡村学校专业书法教师严重匮乏，学生又对书法艺术兴趣较大，可就是缺专业书法老师、缺资金培训，志愿者协会结合自身资源邀请身边的专业书法教师和志愿者共同发起了45分钟书法课堂项目。项目运用线上短视频、智能练习册和线下集中授课的方式，自2018年起在社会各界的大力帮助下，进校园下社区授课123期，对困境学生发放书法包和学习补贴，累计受益学生4500名，本项目先后荣获河南省文明实践优秀项目和2021年全国公益慈善项目大赛100

45分钟书法课堂志愿服务项目

强，并于8月上线腾讯公益，目标募捐4万元，让4000名乡村学生通过智能练习册、短视频、书法包、集中授课、书法展等形式了解书法历史、掌握基本技能、传承优秀文化。共同努力为襄城书法之乡奉献微薄之力，为襄城乡村孩子快乐成长根植书法梦想。

·魏都区·

【文化概览】 魏都区地处许昌市中心城区，全区总面积97平方公里，总人口40.1万，辖13个街道，1个省级产业集聚区，1个三国文化产业园区，86个社区居委会。魏都区区位优越、生态宜居、社会和谐，是曹魏文化发源地，享有"三国文化之乡"的美誉，历史悠久、传统文化底蕴丰厚。近年来，魏都区以满足新时代人民群众日益增长的精神文化需求为根本出发点，不断巩固国家公共文化服务体系示范区创建成果，进一步加快了区、街道、社区三级现代公共文化服务体系建设步伐，积极创新公共文化服务机制和服务模式，推行魏都区公共文化"333"服务模式，基本形成了覆盖全区的15分钟公共文化服务圈、15分钟阅读圈。全区公共文化服务设施日益完善，文化惠民活动丰富多彩，文艺精品创作雨后春笋，文化志愿服务团队百花齐放，全区人文底蕴愈发清晰，生态魅力和发展张力竞相显现，群众生活有了更多的文化获得感。

思想理论学习。印发《2022年党委（党组）理论学习中心组分专题集体学习安排意见的通知》。全年全区单位累计开展集中学习780余次，专题研讨300余次，其中，区委理论学习中心组开展集中学习19次，研讨6次。编印《中心组理论学习参考》15期，加强全区各级党委（党组）理论学习中心组的学习指导，确保各级党委（党组）每月至少开展1次集中学习活动。坚持常规学与重点学相结合、一人读与大家谈相结合、"走出去"与"请进来"相结合、集中学与个人学相结合、系统学与调研学相结合。把握学习习近平新时代中国特色社会主义思想"主线"，将"规定动作"做好做实的同时，还重点围绕意识形态、学习宣传贯彻党的二十大精神、"四史"学习教育、党风廉政、"能力作风建设年"等开展专题学习。2022年，共组织收听收看省级报告会1期，市级报告会4期，举办区级报告会7期。选优配强理论宣讲团，成立了以宣传部部长为团长、分管部长为副部长、各级党组织优秀宣讲骨干为团员的33人"魏都区百姓宣讲团"。运用"思政+宣讲""文艺+宣讲"等模式，深入企业、机关、校园、社区，分层次、全覆盖的微宣讲，让党的创新理论飞入寻常百姓家。邀请市委宣讲团成员在我区新时代文明实践中心、所（站）共开展"喜迎二十大 奋进新征程"宣讲30场。围绕学习贯彻党的二十大精神共开展110场微宣讲，打造了大同社区"小人物微党课宣讲团"、七一社区"书香莲城读书会"等一批宣讲品牌。

主流舆论引导。2022年以来，以坚持团结稳定、正面宣传为主，弘扬主旋律、传播正能量，巩固壮大主流思想舆论。把红色治理、党的二十大、"能力作风建设年"等主题宣传作为新闻宣传工作的一项重要内容，统筹发挥报纸、电视、网络、微信、微博等媒体平台作用，组织了系列宣传采访活动，开辟专题专栏，在《河南日报》、河南电视台、《许昌日报》等省、市级以上媒体，以头题、专访等报道形式刊（播）发了《吹响攻坚"冲锋号"奋力实现"双过半"——访魏都区委书记李朝锋》《汲取思想伟力 奋进伟大征程——魏都区社会各界认真学习贯彻党的二十大精神》等百余篇稿件。经济发展新举措、党的建设新经验、为民惠民新实践等采访报道相继登上中央电视台、人民网、新华网、光明网等10余家中央重点媒体。《"红色治理"释放基层社会治理"新活力"》《养老院里的"孙孙"院长》等多篇报道在人民网、新华网、央视新闻等中央级重点新闻媒体刊（播）发。2022年全区共在市级以上新闻媒体刊发稿件856篇，在省级以上新闻媒体累计发布稿件385篇。多融媒体中心分别于2022年1月、7月、10月开通"精彩魏都"视频号、"魏都融媒"抖音号和"新时代之声"广播系统，融媒体中心现运营有"精彩魏都"微信公众号、"魏都融媒"微信视频号、"魏都发布"官方微博号、"魏都融媒"官方抖音号、许昌电视台《许昌新闻·魏都风采》栏目以及《新时代之声》广播系统六大平台。载体多样、渠道丰富、覆盖广泛的媒体传播矩阵，极大地提升了新闻舆论传播力、引导力、影响力、公信力。

文明城市创建。2022年，对农贸市场、交通场站、医院周边、背街小巷等重点区域开展了专项的提升整治。200余个市直单位帮扶魏都区202个老旧小区，投入逾300万元资金，配合做好老旧小区墙体粉刷、路面破损修补、清运垃圾杂物，安装充电桩等基础设施改造、推进小区环境治理和文明风尚建设。加大督查督导，成立办事处、居民楼院、市容环境、公益广告等7个专业督导组，共解决群众反映的各类问题1100个。全区已实现区、街道办事处、社区三级新时代文明实践中心（所、站）全覆盖，已建成新时代文明实践中心1个，街道办事处新时代文明实践所13个，社区新时代文明实践站86个。全年累计举办理论宣讲、文化惠民、科技与科普、医疗健康、扶贫济困等志愿服务活动2000多场次，受益人群达10万余人。全区志愿服务队伍达到259支，注册志愿者13万人。一系列丰富多彩的志愿服务活动，切实打通了宣传群众、教育群众、关心群众、服务群众的"最后一公里"。

文化惠民活动。积极组织开展"新时代 新征程 争出彩"十大主题宣传教育实践活动和"喜迎二十大 欢乐进万家"十大群众文化系列活动。2022年，全区共开展各类线上线下文化、宣传活动共455场；"喜迎二十大"、健康科普、安全科普类群众活动155场；文艺会演进基层活动51场；"我们的节日"传统文化年活动106场；重大纪念日爱国主义教育实践活动74场，惠及线上线下群众100余万人。反映魏都风物及许昌地方文化的书籍《消逝的风物》编辑成书；歌曲《社区干部的心愿》《回家》《让大地绽放出希望的春天》，微视频《爱的声音》等推送"学习强国"平台推广；持续推出《黄老师讲三国》《为魏都代言·我为家乡写首诗》专题栏目。

公共文化服务。魏都区大力推动全区文化合作社建设工作，打造了一批不同特色的文化合作社。截至目前，已注册乡村文化合作社34个，文化合作社人员109人，通过微信小程序发布作品350余条，参与了河南省文旅厅举办的"乡创美拍"活动。开展"流动图书车送书下社区"活动。利用"流动图书车"先后深入魏都区13个街道的33个社区，把文化惠民工程真正落到实处，让图书资源活起来，为群众提供更好更优质的文化服务。组织开展"快乐成长"乡村学校少年宫文艺志愿服务暑期特别行动，参与志愿者96人，服务342小时，受益未成年人1000余人，活动180场次。

【举行"相府奇妙夜"活动】 中秋、"十一"的"双节"期间，魏都区在曹丞相府景区推出了相府奇妙夜活动。该活动通过古装情景剧再现相府迎宾、官渡之战、七步成诗等历史场景，同时，增加戏剧体验、游戏互动、灯光秀等多重元素，以逼真的古装人物、精彩的武打表演、宏大的对战场面，带领游客梦回三国，活动吸引了广大游客游览参观。魏都区进一步释放旅游促消费，推动文旅市场繁荣，将相府奇妙夜活动设定为每周六固定演出项目。

【首届"魏武杯"文旅文创设计大赛顺利举办】 魏都区首届"魏武杯"文创大赛正式开展以来，历经

"相府奇妙夜"活动

"相府奇妙夜"活动

58天的广泛宣传征集，共收到来自全国多所高校和多家优秀企业踊跃报名参赛，其中包括三国人物为主的人物IP形象设计，以曹魏文化、曹魏人物为主创意设计产品，数字文创设计等三大类1100余份创意设计作品。组委会于8月12日完成赛事初评评审工作。来自河南省文旅文创专家、美术学院青年教授、文旅推荐官、文旅文创专班组等人员组成的专家评审团，分别从作品文化元素引用合理性、设计专业性、作品可落地性等领域，对有效投稿作品进行初评。经过激烈讨论与筛选，评出该届大赛入围复赛优秀作品177套。其中，三国人物为主的人物IP形象设计50件，以曹魏文化、曹魏人物为主创意设计产品100件，数字文创设计27件。

·建安区·

【文化概览】 建安区环抱许昌中心市区，距省会郑州70公里、距郑许共建新郑国际机场40公里，毗邻郑州航空港经济综合实验区，处在中原城市群的核心区，也处在郑许一体化和许昌"北进东拓"的主阵地、主方向上。辖区面积809平方公里，常住人口57.86万人，辖16个乡镇（街道），382个行政村、社区。建安区是一座历史文化悠久、交通区位优越、产业基础坚实、发展前景广阔的城市。是华夏文明的发祥地之一，全国知名的"三国文化"之乡和全国重要的发制品加工出口基地、汽车传动轴生产基地、腐竹起源地和生产集散地，全国科技创新百强县、河南省一二三产融合示范试点县和乡村振兴示范引领县。建安区发制品核心企业河南瑞贝卡是全球唯一的发制品上市企业，汽车零部件及装备制造产业核心企业许昌远东传动轴公司是国内同行业中唯一一家上市企业，拥有全省唯一的国家级市场采购贸易方式试点，以及国家发改委等9部委批复的多式联运物流港。

理论武装。突出区委理论学习中心组示范引领作用，全年共开展集体学习12次，交流研讨6次，举办专题辅导报告会11场。在区处级领导的示范引领下，全区各级党组织充分运用好6种学习方式，促进习近平新时代中国特色社会主义思想和中央重大决策部署在建安区落细落实、开花结果。为保证学习效果，全年为各级中心组成员发放辅导读本1万余册，每月编发《中央政治局、省委、市委中心组学习资料汇编》《建安区委理论学习中心组学习资料汇编》等理论学习资料1000余册。建立健全巡听旁听促学制度，对全区各单位定期开展"固定式""随机式"巡听，不定期开展"特邀式""专项式"旁听，进一步促进了各级党组织理论学习中心组学习的规范化、科学化、制度化。广泛开展党的二十大精神宣讲，通过县处级领导带头讲、专家学者辅导讲、宣讲队伍覆盖讲、文艺创作鲜活讲、新型媒体云宣讲等方式深入开展理论宣讲"六进"活动，全力构建大宣讲工作格局。创新拓展"周周有活动、月月有精品"的"1+2+N"理论宣讲机制，即区新时代文明实践中心每周至少举办1场、各新时代文明实践所（站）每月至少开展2场理论宣讲志愿服务，全区各宣讲小分队、文明志愿服务队每月同步开展"N"场理论宣讲。2022年组织开展各类宣讲活动2000多场次，受众10余万人次，真正让广大群众坐得下、听得进、弄得懂、记得牢。

新闻宣传。创新实施新闻外宣"1+1+3+N"工作机制（"1"是成立一个宣传专班，"1"是形成一个新闻外宣体系，"3"是向外推荐一批、采访一批、谋划一批优秀新闻稿件，"N"是凝聚各单位新闻宣传工作合力），制定印发《建安区新闻外宣工作考评实施办法》，下发新闻宣传清单，坚持月排名通报新闻外宣发稿情况。聚焦"党的二十大宣传"主题，党的二十大前及时制定印发《建安区"奋进新征程 建功新时代"重大主题宣传工作实施方案》，党的二十大召开后第一时间制定印发《建安区关于党的二十大精神宣传报道方案》。2022年，累计发布相关新闻3500余篇（条）；在中央电视台《朝闻天下》、人民网、《河南日报》等主流媒体刊发相关稿件700余篇。聚焦发展中的新思路、新亮点、新经验、新成果，持续加大宣传力度，共计在中央、省级主流网络媒体发稿1200余篇，创历年来新高。同时，采用"1+N"新闻发布形式，召开新闻发布会7场，稳步推进新闻发布工作。

意识形态工作。区委坚持把意识形态工作纳入领导班子和领导干部年度综合考核、党建述职评议、巡察督查、民主生活会内容。区委常委会专题研究意识形态工作7次，区委意识形态工作领导小组召开联席会和舆情研判会8次。先后召开宣传思想工作推进会、意识形态工作推进会等，持续推动意识形态工作责任制落细落实。制定印发《党委（党组）意识形态工作责任制实施办法》《党委（党组）网络意识形态工作责任制考核测评办法（试行）》《关于县处级以上党员干部带头讲党课的实施意见》，落实"主体责任定期报告、工作定期督查考核、重大情况通报、严格追责问责"等工作制度。每季度召开1次意识形态工作联席会和舆情研判会，及时下发风险提示清单和问题督办清单。全年共排查出意识形态九大领域36个风险点，并全部有效化解处置。建立全区宣传思想文化工作分包督导机制，宣传部4个副部长分组带队，对全区各单位宣传思想文化工作开展推磨式督导，形成"季督导、月总结、有清单、强整改"的督导制度，促进全区宣传思想文化工作水平不断提升。组织撰写《如何做好新时代意识形态工作》专题党课通稿，要求各乡镇（街道）、区直单位主要负责在所属单位全休党员中或在所在支部、党建工作联系点等一定范围内进行讲授。组织编写意识形态工作应知应会系列手册（一、二册）并印发1200余册，进一步提高了党员领导干部做好意识形态工作的能力。

文艺作品创作。围绕党的二十大胜利召开，制定印发《建安区文艺文化宣传工作方案》，举办诗词朗诵、书画电影展映、北海文化节和乡镇文化节、文艺家进基层、风华建安文化合作社才艺大赛及会演等各类"喜迎二十大"系列文艺活动，2022年累计组织开展各类线上线下文体活动890余场，充分激发广大干部群众奋进新征程、建功新时代的热情和干劲。围绕"撤县设区这五年"主题，开展文艺作品有奖征集活动，大型现代戏《杨水才》荣获河南省"文华大奖"等多

建安区北海公园（牛书培摄）

项荣誉，豫剧《神医华佗》已完成剧本创作并通过省级专家评审团评审，并按专家意见完成修改。创作歌曲、戏曲、快板作品150余件，多幅作品被市级采用。专题召开文艺工作者联乡包村推进会，组织选派文艺人才128名，组成16支文艺工作队，开展活动62次。持续保障电影工作有序推进，2022年农村电影共放映2744场，学生爱国主义电影在全区117所中小学校放映860场次，观影学生46万人次。

精神文明建设。动员全民参与创建全国文明城典范城市，广泛开展志愿者服务和文明实践活动，市民文明程度得到进一步提升。以文明城市创建为主线，融合百城提质，动员全民、覆盖全域、提质全面。以域内商超、公路交通和文明村镇为主体，开展排查整治行动，推动全区乡镇政府所在地行政村创建区级以上文明村全覆盖。积极开展文明典型选树工作，连续8年组织开展"最美"系列评选表彰活动，开展身边好人、中国好人、河南好人推选活动和"星级文明户"认领活动，2022年共推选获评"河南好人"1名、"许昌好人"1名、许昌市诚实守信模范1名，同时推选"最美建安人"10名，通过选树典型，引导社会崇德向善、见贤思齐。

文化品牌打造。建安区建成区、乡、村三级文化合作社网络体系，组建了1个区级"风华建安"

建安区文化合作社开展文化活动

文化合作社，17个各具特色的乡级文化合作社，163个村级文化合作社，拥有342支文艺团队，社员3000余人。通过加强对农村文化合作社的业务培训、搭建平台举办不同的形式的文化活动等方式，增强了基层公共文化发展活力，满足群众精神文化需求。先后建设了河街乡柿张社区柿柿红、桂村乡水道杨村、郏庄村"夕阳红"、灵井镇霍庄村社火民俗、艾庄乡鲁湾村铜器舞、苏桥镇"杜寨书会"等7个示范性乡村文化合作社。其中灵井镇霍庄村社火民俗文化合作社、艾庄乡鲁湾村鼓韵传媒等多个文化合作社，积极开拓发展路径，已经成为具备自我造血功能的群众文艺团体。艾庄乡鲁湾村是河南省首批非物质文化遗产——铜器舞的发源与传承地，被文化和旅游部命名为"中国民间文化艺术之乡"。灵井镇霍庄村是全国著名的戏具之乡，村内常年从事舞狮、龙灯、旱船、花灯、戏服等传统社火戏剧道具生产和销售，年交易额达上亿元。

【新时代文明实践中心开展系列志愿服务活动】 2022年12月8日，河南省百姓宣讲团党的二十大许昌首场报告会在许昌市建安区新时代文明实践中心理论剧场举行，报告会通过建安区新时代之声云广播现场直播，把党的二十大精神传到了千家万户。"金秋助学"志愿服务项目在省市项目大赛中分别获得金银奖。学雷锋活动月期间，建安区新时代文明实践中心动员区直60多个单位、乡镇、村社区积极宣传文明条例、帮扶弱势群体，共开展各类学雷锋活动120多场次，参与人数3000多人，在全社会掀起来倡文明、学雷锋的热潮。

漯河市

【文化概览】 漯河市位于河南省中南部，伏牛山东麓平原与淮北平原交错地带，境内河流为淮河流域沙颍河水系，淮河两大支流沙河、澧河贯穿全境并在市区交汇，滨河城市特色明显，自古就是商埠重镇、水旱码头，明朝永乐年间已是"江南百货萃，此处星辰罗"。漯河1948年设立县级市，1986年升格为省辖市，辖临颍、舞阳两县和郾城、源汇、召陵三区及国家级经济技术开发区、市城乡一体化示范区、西城区现代服务业开发区3个功能区，共有48个农业乡镇，1269个行政村；总面积2617平方公里，总人口237.2万人，是全国文明城市、国家卫生城市、国家森林城市、国家园林城市、全国质量魅力城市、中国优秀旅游城市、中国汉字文化名城、中部最佳投资城市、国家社会信用体系建设示范城市。早在新石器时代，先民就在这里定居生息，舞阳的贾湖遗址使石器时代追溯到8000年前。这里是字学宗师、《说文解字》的作者许慎的

时明实践中心志愿者之家

时代文明实践中心举行义务写春联活动

故里,有着三国时期汉魏政权交替的历史实证"受禅台""三绝碑""天下第一桥"隋代小商桥等一大批名胜古迹。国家级非物质文化遗产"心意六合拳",省级非物质文化遗产"沙河船工号子",记录着沙河漯河港作为省内河航运第一大港、"千年水旱码头"源远流长的历史盛况,省级非物质文化遗产"舞阳农民画"被誉为"最中国"的语言。

理论社科。漯河市规范制定市委理论学习中心组 2022 年学习计划,召开市委理论学习中心组学习 23 次,漯河市(含县区)的理论学习情况 10 次被省委宣传部《中心组学习动态》刊发。漯河市参加河南省"党的创新理论宣讲"主题宣传教育实践活动宣讲大赛,1 名选手获故事类三等奖,漯河市获优秀组织奖,4 篇讲稿入选河南省"喜迎二十大 豫讲豫出彩"基层理论宣讲优秀讲稿,1 人被评为第三批全省"新时代百姓宣讲员"。漯河市开展"党的创新理论宣讲"短视频征集展播活动,评出优秀微视频 28 部并通过新媒体平台进行市级线上展播。漯河市开展党的十九届六中全会精神市级集中宣讲 105 场,覆盖党员干部 3 万余人;拍摄制作学习宣传贯彻党的十九届六中全会精神系列宣讲微视频 15 部并在市属新媒体平台刊发传播。漯河市组建了市委宣讲团、市级百姓宣讲团和 4 支宣讲小分队,开展党的二十大精神宣讲 110 余场。漯河市制定《"学习强国"漯河学习平台建设工作实施方案》并于 3 月 9 日上线运营,坚持每周学习情况通报和供稿工作,全年被学习平台采用达 3022 件,在全市评选表彰"学习强国"学习平台推广运用工作先进单位 24 个、先进个人 47 名,指导临颍县和舞阳县县级融媒号分别于 11 月 11 日和 16 日上线,组织社科专家撰写党的创新理论宣传解读文章 100 余篇,开展理论宣讲 200 多场次,评选出学习习近平总书记在省部级领导干部培训班上的重要讲话精神的优秀征文在《漯河日报》理论专版进行刊发,高质量编印出版《沙澧论坛》杂志 6 期,刊发理论文章 200 余篇,持续做好"漯河社科"微信公众号编发工作,全年发布理论前沿文章 500 余篇,3 篇调研报告荣获 2022 年度河南省社科普及与应用优秀成果(调研报告类)一等奖,获奖数量位列全省第一,取得了历史性突破。8 月 31 日至 9 月 1 日,河南省社科联党组书记、主席李庚香带领调研组莅漯调研社科工作,并应邀为漯河市社科界作了题为《学〈习近平谈治国理政〉第四卷 深悟中国之路、中国之理、中国之治》的辅导报告。

新闻宣传。漯河市策划组织"奋进新征程 建功新时代"、党的二十大、贯彻落实河南省委书记楼阳生调研漯河讲话指示精神、省市两会、"能力作风建设年"、防汛抗旱等重大主题宣传,印发宣传报道方案 15 个,新闻报道提示 12 期,"万人助万企""三夏"等主题宣传 9 次得到省领导和市主要领导的肯定性批示。漯河市围绕"迎接党的二十大",组织开展"奋进新征程 豫见新气象"集中采访、"三个 100"主题宣传、"十大战略深度看·漯河实践"、"我们的新时代·出彩漯河人"、"行走河南 读懂中国"漯河活动、"行走沙澧看出彩"系列新闻发布会等十大主题宣传活动,累计推出相关新闻稿件 2100 余篇。"非凡十年·出彩漯河"主题系列发布会创新"1+5+N"发布模式,即 1 场发布会,分别推出:1 组海报、2 个短视频、2 个专版、N 条发布现场同期声短视频,共推出相关报道 280 篇,全方位展示了党的十八大以来,新时代十年各县区取得的非凡成就。漯河市与河南广播电视台合作推出《坐着高铁看河南·漯河篇》《出彩项目看河南·漯河篇》《创出新天地·漯河篇》《非凡十年 出彩中原·漯河篇》等一系列重点新闻报道。大型融媒体专题报道节目《非凡十年 出彩中原·漯河篇》,于 9 月 9 日在河南卫视频道播出,全省 18 个地市的市级媒体及新闻客户端同步直播,全媒体同时推送,全网阅读数超过 3 亿,相关话题"32 岁总裁辞掉百万年薪返乡种辣椒"登上微博全国热搜榜第二名,总阅读量 2.2 亿。9 月 10 日,河南卫视《新闻联播》播发报道《大型融媒体特别节目〈非凡十年 出彩中原〉漯河篇引发热烈反响》。漯河市重点推出科普系列、"最美"系列、评论系列、暖文系列、统筹系列等宣传报道,全市各级各类媒体推出相关报道 16000 余篇,最高日点击量 800 多万;权威回应群众关切,发布会系列短视频全网点击量突破 810 万。漯河市组建市防汛应急宣传工作专班,指导媒体开设《防风险 除隐患 保平安》等专栏,推出相关稿件 100 余篇。"纾困解难 45 条"政策解读、中招政策等新闻发布会 25 场。《漯河日报》重点打造《政务报道 1+1》,通过领导活动+深度报道的方式,一短一长,立体呈现,全面展示全市亮点工作。市级媒体推出《沙澧论坛》《胡辣汤》

《文化时评》《主播快评》等重点评论栏目，持续丰富报道形式。明确"漯河发布"客户端优先发展战略定位，推动漯河日报社构建漯河手机报、漯河日报微信、微博、抖音号等新媒体平台矩阵式传播；支持市广播电视台着力打造综合视频传播服务平台"漯河手机台"客户端，初步形成网站、公众号、抖音、快手号等组成的新媒体矩阵；推动县级融媒体中心加快形成"新闻+政务商务服务"运用模式，大幅提高用户数和日活率。漯河日报社建成网络新媒体平台16个，新媒体矩阵粉丝突破百万，漯河手机报微信公众号、漯河日报微信公众号成功跻身河南省新媒体第一方阵。2022全国跆拳道锦标赛第一阶段赛事在漯河市体育馆举行，漯河日报抖音号进行直播，最高在线观看人数达20万。两个县级融媒体下载量在全省最新排名中，位于第一方阵。

文化文艺事业。戏剧《郾城大捷》、图书《像土地一样寂静——回大周记》2部优秀作品荣获河南省第十三届精神文明建设"五个一工程"奖，漯河市委宣传部获"组织工作奖"。对漯河市第十一届精神文明建设"五个一工程"项目和市级文艺精品进行评选，共评选出电视纪录片《贾湖》等"五个一工程"项目11部（首）；歌曲《漯河桥》、网络文艺《中秋怀古》等文艺精品48部（首）。出台《漯河市乡村文化振兴2022年度重点工作安排》《漯河市乡村文化合作社建设实施方案》《漯河市示范性乡村文化合作社评选办法》。漯河市在线上平台注册文化合作社229个、社员3000余人、发布作品1.2万余部。1人被文化和旅游部办公厅、中央文明办秘书局表彰为全国优秀文化志愿者；5人上榜全省"百佳村宝"名单；195幅村画荣获全省"最绝妙村画"称号；2部村歌荣获全省"最响亮村歌"称号；4部村歌荣获全国村歌大赛金奖；7部作品荣获2022年河南省"喜迎二十大 欢乐进万家"十大群众文化活动"十佳作品"奖；3部作品被推荐至新华网、人民网等进行推广；7部作品在河南省"我的乡村文化合作社"才艺大赛中获得最佳作品，5部作品获得优秀作品；10家市级示范性文化合作社被命名表彰，其中5家被评定为省级示范性文化合作社。举办漯河市庆"七一"艺心永向党新时代文明实践志愿演出、2022年度漯河市少儿艺术节和2022年河南省"乐享新时代"周末音乐汇之漯河迎"七一"专场音乐会。完成"喜迎二十大'光影世界 出彩漯河'优秀影片展映"活动200余场，完成放映农村公益电影1.4万余场。围绕"呈现中原风韵，展现出彩河南"主题，举办漯河市全民艺术普及周活动，全市文化馆系统累计开展120余场次艺术展播、展览、培训、讲座、欣赏活动，受益群众10万余人次。召陵区翟庄街道燕山路社区等4个基层站点被确定为第五批河南省"扫黄打非"进基层示范点；许慎小学被评为河南省"护苗联盟"牵头单位。

社会宣传教育。漯河市组织开展"强国复兴有我"主题宣传教育实践活动，2000余人参赛，优秀视频通过各类媒体、网络平台进行展播宣传，超过30万人次观看，6名选手进入全省复赛，3人进入全省决赛并获二等奖，漯河市获优秀组织奖；组织开展"红色映沙澧"主题宣传教育实践活动，大力实施红色文化研究、红色资源保护、红色展陈提升、红色传人培育、红色文旅融合、红色基地提质等六项行动；印发《漯河市爱国主义教育基地管理管理类办法（试行）》，许慎文化园、中州抗战纪念馆、市烈士陵园、市第二初级中学、市图书馆、贾湖考古遗址公园等6个单位荣获"漯河市优秀爱国主义教育基地"；建立国防教育新媒体矩阵，在清明节、"八一建军节"、抗日战争胜利77周年、抗美援朝出国作战72周年纪念日、王焯冉烈士牺牲2周年纪念日等重要节点，组织开展"网上祭英烈"、"学习卫国戍边英雄 弘扬喀喇昆仑精神"签名仪式、军营体验日、第22个全民国防教育日、国防教育新媒体矩阵暨"三个进入"活动启动仪式、"爱我国防"签名仪式等系列活动。国庆节前后，漯河市组织开展"美丽漯河光影秀"活动，央视新闻直播间《山河锦绣》栏目以《古镇灯光氤氲夜空 夜市静好簇拥街巷》为题进行报道；组织开展"党的二十大应知应会知识线上竞答"和"学习二十大 阔步新征程"主题演讲比赛等活动；持续开展月评"十佳市民"活动，共评选12期120名（组），制作"十佳市民"系列短视频，在各级各类媒体、户外大屏和公交车、出租车屏幕等广泛播出；隆重举办"感动漯河2021十大年度人物"颁奖典礼并进行网络直播，10余万人次在线观看，漯河籍卫国戍边烈士王焯冉、奥运冠军吕扬入选"2021感动中原年度十大人物"；指导教育、卫生、税务、退役军人等系统分别开展"最美"系列典型评选宣传活动，漯河市向上向善、典型辈出的生动局面进一步形成。

文化工作宣传。全年共在省级以上媒体（含新媒体平台）发稿21000余篇（条），同比增长21%。其中，在中央广播电视总台、《人民日报》、新华网等中央级主流媒体（含新媒体平台）发稿2900余篇（条），同比增长41%，《河南日报》及客户端发稿800余篇（条），同比增长24%，河南广播电视台发稿600余篇（条），同比增长22%。尤其是新华网和央视《新闻联播》的发稿数量增长均在两倍以上。2022年下半年，漯河市主要央媒重点栏目发稿连续6个月排名进入全省第一方阵。10月至12月，漯河市相关报道6次登上中央广播电视总台《新闻联播》，为谱写新时代漯河更加精彩的绚丽篇章凝聚了磅礴力量。

精神文明建设。在中央文明办委托省文明办对漯河市未成年人思想道德建设工作年度测评中，漯河市稳居全省第一名。高质量完成新一届省级文明单位、文明村镇换届评选工作。文明村镇扩面提质，漯河市98%的行政村建立健全了红白理事会，县级以上文明村占比60.3%，县级以上文明乡镇实现全覆盖。牵头成立文明幸福专班，积极助力创建"五星"支部引领乡村治理。表彰11类61人为2022年度漯河市"乡村光荣榜"人物，其中8人荣登河南省"乡村光荣榜"。深化文明单位创建，广泛开展"赶考路上有我"系列宣传教育实践活动和"四送一助力"结对帮创活动。漯河市46个乡镇实现省级以上文明单位"一对一"结对帮创全覆盖，12名专家入选首批全省文明单位"四送一助力"结对帮创活动专家人才库。深化文明校园创建，深入开展"扣好人生第一粒扣子"活动，6万余名未成年人参与开展"新时代好少年讲红色故事""我们的节日"等主题教育实践活动。

文明城市创建。全省全国文明城市和提名城市观摩交流活动在漯河市召开座谈交流会并获得好评。开展"三问于民"（问计于民、问需于民、问效于民）创文进社区大走访大调研活动，累计发放调查问卷10万余份，推动解决一批与群众生活息息相关的急难愁盼问题，得到群众一致好评，群众满意度在全国名列前茅。按照"六有"要求，建成新时代文明实践中心5个、实践所60个、实践站1335个，实现了县（区）、乡镇（街道）、村（社区）"六有"建设三级全覆盖。充分发挥各级文明实践阵地作用，邀请宣讲团、新乡贤和农技人员等，深入乡镇、农村开展文明实践活动，组织文化巡演、农技推广和医疗讲座、义诊等，举办党的理论宣讲、党史学习教育、方针政策解

2022年7月14日，"喜迎二十大·盛世梨园我来演"豫剧沙河调《郾城大捷》戏曲展演活动在市人民会堂拉开帷幕

豫剧沙河调《郾城大捷》剧照

2022年5月31日，漯河市第十八届"过端午佳节 诵中华经典 做有德之人"经典诵读活动主会场在漯河市第二实验小学拉开帷幕

读、文化服务、移风易俗等文明实践活动10万余场，受益群众达到50万余人次。

网络综合治理。"漯河好网民"微博话题阅读量突破11亿，荣获"争做河南好网民工程"先进单位，《引领网民在建设网络文明中主动作为》入选全国网信工作创新实践案例。漯河市成功主办全省"乡村振兴看河南"重大主题采访活动启动仪式，开展"幸福漯河的100个瞬间""出彩漯河的100个故事"等系列网络主题宣传活动；持续用好用活"网信红茶坊"，团结引领属地新媒体、自媒体和网络大咖，切实画好网上网下同心圆，工作案例入选全国城市网络文明案例。

【**2部文艺作品荣获河南省第十三届"五个一工程"奖**】 在河南省第十三届精神文明建设"五个一工程"评选表彰中，漯河市选送的豫剧《郾城大捷》和纪实文学《像土地一样寂静：回大周记》获优秀作品奖，漯河市委宣传部获组织工作奖。

【**举办第十八届经典诵读活动**】 5月31日，漯河市成功举办第十八届"过端午佳节 诵中华经典 做有德之人"经典诵读活动。活动设置3个主会场，各县区、市直各学校设分会场，漯河市共30多万青少年参加了经典诵读。在漯河市第二实验小学，数百名学生齐聚操场，通过吟诵、歌舞等多种形式，声情并茂地对《端午》等经典诗文进行演绎，融诵读、武术表演为一体的《少年中国说》把整个活动推向了高潮。学生们分小组进行端午传统文化展示，龙舟绘画、剪纸、手工粽子、国画等各种民俗作品在同学们的手中活灵活现，生动演绎诠释了端午节的传统文化内涵，呈现出浓浓的节日氛围。

·临颍县·

【**文化概览**】 临颍县辖10镇4乡2个街道办事处，是全国唯一的中国休闲食品之都，并被确定为郑州都市圈临颍特别合作区。临颍历史悠久，文化灿烂，境内有"受禅台"、"三绝碑"、"天下第一桥"隋代石拱桥小商桥、宋朝抗金英烈杨再兴祠堂、台北首任知府陈星聚陵园等国家、省市级重点文物保护单位百余处，"红色亿元村"南街村享誉全国。先后荣获全国食品工业强县、全省营商环境建设先进县、全省首批践行县域治理"三起来"示范县、全省首批乡村振兴示范县、全省首批乡村建设示范县等50余项省级以上荣誉。

理论武装。临颍县综合运用"五种学习方式"深入学习贯彻习近平新时代中国特色社会主义思想。聚焦学习宣传贯彻党的二十大精神，开展为期2天的县委理论学习中心组学习贯彻党的二十大精神研讨班。制定《临颍县党的二十大精神学习阐释宣讲工作方案》，围绕党的二十大精神宣讲进机关、进乡村、进企业、进学校、进社区、进网络，创新宣讲方式，拍摄制作"百姓宣讲我来讲"系列短视频15期，"乡村振兴大喇叭"45期，组织开展"党的创新理论宣讲"主题宣传教育实践活动宣讲大赛、"学习二十大 奋进新征程"微宣讲短视频大赛等活动，推动党的二十大精神宣讲具体化，确保党的二十大精神飞入寻常百姓家。用足用活"学习强国"学习平台，党员干部学习参与度稳居全市前列，累计供稿380余篇，265篇被采用。

新闻宣传。临颍县策划开展"项目为王 工业强县""双千亿工程"系列采访活动，主动邀请中央、省、市级主流媒体，多角度全方位讲好临颍好经验、好故事。全年在中央、省、市主流新闻媒体播发重要新闻稿件5500余篇，先后14次被中央电视台报道，15次被《人民日报》《农民日报》《经济日报》等中央级纸质媒体报道。在新华网刊发《以党建引领促重点项目高质量发展》、新华社客户端刊发《一座"中国食品名城"的舌尖变革》、《河南日报》刊发《临颍：企业复工复产干劲足 奋勇争先实现"开门红"》、河南电视台播发《漯河：优化营商环境 助力企业可持续发展》、《河南日报（农村版）》刊发《临颍：农业革命"辣"天下》等一系列重要稿件。

公共文化服务。临颍县圆满完成集图书馆、文化馆、文艺中心、全民健身中心的文化综合体新建项目立项，6座城市书房实现管理提升有序开放；加大文物保护基础建设力度，完成县博物馆内部装修，文物陈展工作稳步推进。临颍县围绕"喜迎二十大·欢乐进万家"十大群众文化活动和"新时代 新征程 争出彩"十大主题宣传实践活动主线，组织全县各级文化阵地持续开展线上文化宣传活动，6部作品获得市委宣传部表彰；培育建设24个乡村文化合作社，完成会员注册1000多人，积极引导文化合作社发挥作用，丰富基层文化文艺活动、创新民俗文化发展途径。油坊陈村非遗文化合作社荣获省级示范性文化合作社、曹窑村文化合作社荣获市级示范性文化合作社称号。临颍县利用农家书屋开展60余场读书沙龙活动，王岗镇墩台李村农家书屋被命名为2022年度"河南省示范农家书屋"，杜曲镇龙堂村田书霞被授予2022年度"河南省优秀农家书屋管理员"称号。临颍县拍摄制作4部"豫"见最美读书人系列作品参加市级比赛，获一等奖2个，二等奖1个，三等奖1个；开展城市院线"光影世界 出彩临颍"优秀电影公益放映活动180余场次、农村公益电影放映4292场次；开展"春满临颍·欢乐过年"优秀群众文艺节目展演、民间艺术大赛线上展演、临颍县民间音乐器乐戏曲演唱会节目展播、临颍县线上美术书法展、"乡村文化合作社"才艺大赛、"群星奖"文艺大赛、艺术广场舞大赛等活动，有效丰富了群众的文化文艺生活。

非遗保护传承。临颍县大力开展"文化和自然遗产日"系列宣传活动，进一步营造社会关心关注文化遗产的浓厚氛围；公布临颍县第四批非物质文化遗产项目；稳步推进巨陵遗址保护展示项目、杨再兴墓碑修缮项目；调查、发掘抗战时期红色文物资源5处；完成市级以上文物保护单位安全标识牌安装15处；健全基层文物保护队伍，培训基层文物保护志愿者70名；开展"非物质文化遗产传承培训会"，传统舞狮、"岳传心意六合拳"、"老虎会"等传承人现场教学，受益群众3万人次；开展"非物质文化遗产民间艺术展演"，11支参赛队参加展演，5万余人线上观看；组织盘鼓、舞狮等民间非遗节目参加中国农民"丰收节"河南主会场活动展演，15个非遗技艺参加展示。

文旅融合发展。临颍县大力实施A级景区提升和文旅资源打造工程。乡村旅游"最美中原丰收'品味'之旅"线路被列入文化和旅游部公布的"乡村四时好风光——稻花香里说丰年"全国乡村旅游精品线路；建成开放食尚年华田园综合体项目，打造"文旅+生态"旅游新标杆。商桥村荣获河南省首批乡村康养旅游示范村，胡桥村、南街村成功申报河南省第二批乡村康养旅游示范村创建单位；胡桥景区一期项目"蝈蝈部落"游乐园基本完成建设。瓦店镇大李村在打造美丽乡村、民宿旅游的基础上，通过招商引资吸引2000万元的中医康养项目进驻，对两条街区70多间老旧房屋进行民宿改造，发展康养文旅产业。北徐庄村被评为漯河市景区化美丽乡村。

精神文明建设。临颍县成功开展习近平新时代中国特色社会主义思想宣传教育、"喜迎党的二十大"群众性爱国主义宣传教育、2022年"河南省新时代文明实践推动周"、"学文明条例"文明实践主题日暨"学雷锋我行动"等系列活动，设置创文公益广告4000多处；坚持城乡一体、统筹推进文明村镇创建，深化拓展"星级文明户"创建、"治理六乱、开展六清"人居环境整治、"乡村振兴文明同行"、乡村光荣榜人物选树等活动，5人荣登"省级乡村光荣榜"；设置志愿服务热线，实行"百姓点单、中心派单、志愿者接单、群众评单"四单模式。"快乐成长"乡村少年宫、"白金山说唱新时代"宣讲团、"爱在重阳"、"经典永相伴"暑期公益晨读等一大批志愿服务项目精准对接群众需求，累计开展各类志愿服务活动1300余场次，参与单位和社会团体100多个5000余人，及时解决群众反映的痛点、堵点问题300多个，服务群众4.5万人次。"白金山说唱新时代"宣讲团在全省2022年文明实践志愿服务项目展示交流活动中荣获二等奖。2月15日，河南省委常委、宣传部部长王战营到临颍县新时代文明实践中心调研，对临颍县志愿服务"四单"模式落地为民、有特点有服务的做法给予充分肯定。

融媒矩阵构建。临颍融媒作为39个省级试点之一，已拥有广播、电视、微博、微信、云上临颍、抖音、头条等十多个新闻信息及视频播发平台，新媒体粉丝数已达到22万个。其中，"云上临颍"App下载注册人数达到8.6万人，下载注册量居全省县级台前列；抖音短视频粉丝7.1万个，最高单篇视频点击量超过1426万次；"临颍融媒"微博发布的"95后女生演了24年老人"单篇阅读量达到115万人次；"今日头条"粉丝3.6万个，最高单篇阅读量达140万次。2022年11月"学习强国"临颍融媒号正式上线，成为展示临颍形象、讲述临颍故事、传播临颍声音的新窗口，发布稿件280余篇。2022年12月，临颍融媒号直播正式上线。

文化市场监管。临颍县规范制定《临颍县2022年"扫黄打非"工作方案》；坚持日常监管与专项检查相结合、联合执法与网格化管理相结合，全面加大文旅体行业领域安全生产、平安创建、食品安全、校园周边环境整治等工作；全年共出动执法人员8981人次，检查文旅体行业领域2417家次；开展"绿色阅读"等各类志愿服务活动50余场次。对全县218家文艺、体育类校外培训机构进行排查建档。

【中国农民"丰收节"河南主会场活动】中国农民"丰收节"河南主会场活动于9月23日在漯河市临颍县举行，以"庆丰收 迎盛会"为主题，通过线上线下系列活动联动全省，展现中原大地丰收时节蔬果飘香的幸福图景。该次主会场活

12月2日，"白金山说唱新时代"志愿服务团队走进瓦店镇大李村

9月23日，中国农民"丰收节"河南主会场活动在临颍县举行

动现场依托漯河"食尚年华"田园综合体、临颍县现代农业产业园、乡村振兴示范村商桥村"三大板块"，重点呈现了党建引领乡村振兴发展成果、中国食品名城发展成果、现代农业科技创新成果、名特优新农产品以及非物质文化遗产"五大成果展示"。除开幕式外，主会场活动还围绕"五大成果展示"，同步推出传统文化及非遗成果展示展演、农事趣味体验、乡村运动会、"庆丰收、迎盛会"摄影展、休闲食品发展论坛、乡村振兴高端论坛暨粮食主产区农民农村共同富裕研讨会、新型村级集体经济发展论坛、辣椒产业发展观摩研讨会、智慧农田建设及玉米大豆复合种植现场观摩等"十项活动"。

· 舞阳县 ·

【文化概览】舞阳县位于漯河市西南部，辖4乡10镇，398个行政村。全县总面积777平方公里，总人口60万人。是千年古县、革命老区县，是河南脱贫退出机制建立后首个脱贫摘帽的省级贫困县。舞阳最具有代表性的特色文化就是贾湖文化和舞阳农民画。贾湖遗址出土的甲骨契刻符号和骨笛等珍贵文物，创造了11项世界之最。舞阳农民画是河南省首批非物质文化遗产，

先后有 280 余幅农民画入选中宣部、中央文明办"讲文明树新风"和"图说我们的价值观"公益广告，闻名海内外；舞阳文物古迹全市第一，拥有全国重点文物保护单位 3 处，省级文物保护单位 10 处，省级"非遗"5 项，AAA 级景区 4 个，馆藏文物 3000 多件。舞阳有"帝乡侯国"之誉，东汉横野大将军王常、前蜀皇帝王建皆诞生于此，樊哙、司马懿皆封侯于此。舞阳红色资源丰富，澧河岸边下澧河店村是中国工农红军第九军的诞生地。

理论武装。舞阳县发挥县委理论学习中心组"关键少数"的示范和表率带动作用，组织专题集体学习 12 次，编印学习资料 12 期 1200 余册，有效带动了科级（党委）党组中心组集中学习 1200 余次。持续突出党的创新理论与基层实践相结合，3 月 9 日，舞阳县举办"舞阳大讲堂"暨县委理论学习中心组（扩大）集体学习，学习基层干部如何运用互联网思维适应 5G 时代的发展，坚决守好网络舆论阵地。舞阳县注重灵活运用"五种学习方式"，突出专题辅导，被河南省委宣传部《中心组学习动态》采用。

新闻宣传。舞阳县围绕县委、县政府中心工作，聚焦"三个批"重点项目建设、"万人助万企"活动、乡村振兴等，先后在《光明日报》《农民日报》《河南日报》《漯河日报》等市级以上纸质重点媒体刊发稿 628 篇，在中央广电总台、新华网、人民网、河南日报客户端、漯河发布等中央、省、市新媒体网站刊发稿件 3142 篇。6 月 21 日，在舞阳县袁集村举办"乡村振兴看河南"重大主题采访活动启动仪式。成功举办"非凡十年·出彩漯河"舞阳县专场新闻发布会。围绕喜迎党的二十大工作主线，先后在中央、省、市各级媒体网站刊发宣传报道 1400 余篇。做好大型纪录片《寻古中国稻谷记》贾湖篇的拍摄工作。围绕"贾湖文化"，先后在央视、新华网、光明网等媒体网站刊播贾湖遗址系列宣传报道 20 多期。

公共文化建设。舞阳县新建 1 个"字圣书苑"，图书馆总分馆制一体化建设终端体验设备和文旅一体机调试成功；建成了舞阳县数字文化馆总分馆平台，均已投入使用。建立健全三级服务体系。以县级"三馆"、乡镇文化站、村级综合性文化服务中心为主的公共文化设施全部免费开放，年接受公共文化服务达到 200 多万人次。全县 14 个乡镇文化站建设规模均不低于 300 平方米，配套设备完善，398 个行政村全部建成综合性文化服务中心。其中，吴城镇文化站被评为"国家一级文化站"，太尉镇西郭庄村综合性文化服务中心被评为"全省先进综合性文化服务中心"。全县建成城市书房 3 座，藏书类型丰富，配备完善的智能化借阅设备，广泛开展线上线下爱书、读书、用书活动，打通全民阅读"最后一公里"。组织文化合作社和文化志愿者走进社区、学校等地开展慰问演出活动。扎实开展农村公益电影放映和中小学校园"爱国主义教育"电影放映活动，2022 年共放映电影 1236 场、观众 9 万余人次。在全县 160 所中小学放映爱国主义教育电影 430 场、校园安全教育电影 430 场。

文化品牌打造。舞阳县委宣传部、县总工会、县文化广电和旅游局、县民政局、县司法局等单位成功联合举办"喜迎二十大 建功新舞阳"舞阳农民画主题创作优秀作品展、非遗传承舞阳农民画乡村振兴研培班师生画展、"喜迎二十大 同心护未来"舞阳县庆"六一"农民画展、法治农民画大赛等一系列活动。启动了漯河市第二届舞阳农民画大奖赛，举办了"农民丰收节"舞阳农民画展、"书香漯河 全民阅读"主题作品展、"书香润万家 喜迎二十大"主题书展、"礼赞二十大 丹青绘盛世"漯河市第二届农民画作品展，展示了农民画的独特艺术魅力。同时组织农民画家先后配合有关部门围绕《代表法》颁布实施 30 周年、政治协商、劳动最美、法制宣传、乡村振兴、阳光村务等工作进行主题创作 260 多幅，10 多幅作品获得省、市大奖。组织参加第九届中原文博会。

非遗保护传承。舞阳县做好非物质文化遗产的保护和传承工作，认定省级传承人 2 人，县级传承人 11 人，举办农民画传承人培训班 2 期。选送优秀传统手工技艺作品和文艺作品 21 件，分别参加市传统手工技艺大赛和河南省第二届曲艺展演。不断加大宣传力度，开展了国际博物馆日、"文化和自然遗产日"、"墨香润舞阳"书画展、"连接现代生活绽放迷人光彩"线上非遗知识普及优秀项目展播等宣传活动，营造了浓厚的文化遗产保护氛围。

文旅融合发展。舞阳县顺利推进贾湖遗址提升工程，贾湖遗址博物馆建设基本完工。舞阳农民画影响力日益扩大，推出 2 个系列农民画礼品新产品。袁集民俗村项目初显成效，前期运营已经启动，农家院荷花苑、农民画研学基地、法治教育基地开始对外经营。9月份，全省政协调研乡村振兴活动和全市基层政协协商现场会在袁集村召开。莲花稻香渔歌文旅示范区项目第一次项目策划通过评审；北舞渡胡辣汤产业示范园项目，已经确定项目建设土地范围，项目策划持续进行；周汉故城片区开发项目正在进行规划论证，积极申报国家专项资金。顺利开通漯河幸福乡村游2号线，把沙河湿地公园、山陕会馆、贾湖田园综合体、贾湖遗址（民俗村）融入一条旅游线路。大力开发非遗产品农民画、贾湖酒、贾湖陶、骨笛等一系列文创产品。

精神文明建设。以"喜迎党的二十大"为主题，舞阳县开展文化文艺活动50余场，指导康庄文化合作社等艺术团体创作推出了快板《中华复兴尽开颜》、豫剧《伟大复兴》等一大批以党的二十大精神为主题的文艺节目，以"文艺+宣讲"的形式深入阐释党的二十大精神。16人被评为漯河市"十佳市民"，1人荣获漯河市2022年"漯河好人"称号，2人荣获漯河市新时代好少年称号；组织舞阳县第三届道德模范和第二届"最美舞阳人"评选活动。

融媒矩阵构建。舞阳县按照"媒体+政务+服务+商务"发展模式，舞阳县融媒体中心构建了广播、电视、云上舞阳App、"学习强国"舞阳融媒号、舞阳广电传媒微信、视频号、微博、抖音等全媒体宣传矩阵。推荐优质稿件在新华网、人民日报客户端、"学习强国"平台、河南日报客户端等国家、省、市平台发布稿件500篇次。在"云上舞阳"App为全县行政服务中心窗口单位开设"办理事项服务指南"专区，与全县14个乡镇和县直40多个职能部门实现了平台对接，设置了"部门""乡镇"栏目，各单位各乡镇配备专业管理人员，做到政务服务全覆盖。开办的问政服务板块，建立了梳理、研判、快速转交办理、协调督促的问政回复机制，回复率近100%，问政栏目打通了服务群众的"最后一公里"。设置的"生活""便民"栏目，努力打造舞阳的便民信息发布墙、交换站。

历史文化传承。舞阳县完成了樊候祠、金庄古桥修缮保护、县博物馆文物库房提升和消防自备管网、北舞渡当铺等电路线路升级改造、城隍庙三丰祠主体建筑岁修等项目。县博物馆陈列展览改造提升项目已进入招投标阶段。圆满完成博物馆纪念馆免费开放绩效考评工作，舞阳民俗文化博物馆、袁集农耕博物馆等非国有博物馆免费开放。

文化市场监管。舞阳县严守安全红线，开展A级旅游景区专项整治、文旅体行业安全风险隐患大排查等专项行动，组织开展文化市场执法巡查130次，出动执法人员600余人次，检查文化市场经营单位1000余家次，在重点领域、重点时间段开展专项行动8次，查办案件11起，结案11起；下达行政指导意见书7份，指导文化市场主体依法依规经营。出动执法人员560余人次，检查网吧、出版物经营单位等文化经营场所1100余家次。

文艺精品创作。舞阳县深入贯彻文艺工作座谈会精神，健全完善文艺创作激励引导机制、长效保障机制，推动更多增强人民力量的文艺精品不断涌现。深入推进乡村文化振兴，常态化开展红色文艺轻骑兵走基层、文艺志愿服务、农村公益电影放映等文艺惠民活动，加快建设乡村文化合作社。举办了"书香漯河 全民阅读"主题农民画作品展、"礼赞二十大 丹青绘盛世"漯河市第二届农民画作品展等活动。

群众文化活动。舞阳县举办了喜迎新春文艺节目云展演、第34届民间艺术大赛、艺术普及周、"粽情端午志愿先行"2022年舞阳县文化合作社云端文艺展演、"喜迎二十大 奋进新征程"2022年舞阳县"我的乡村文化合作社"才艺大赛、"喜迎二十大奋进新征程"

舞阳县举办"农民画 画丰收"农民画展活动

2022年6月21日，在舞阳县袁集村举办"乡村振兴看河南"重大主题采访活动启动仪式

舞阳县2022年中秋节戏迷擂台赛等活动52余场次。各类文化场馆通过免费培训班、读者活动、公益讲解、线上阅读推广、线上讲座培训、线上展览等形式开展各类活动148场次。

【举办"乡村振兴看河南"网络媒体采访活动】6月21日，在舞阳县保和乡袁集村成功举办"乡村振兴看河南"网络媒体采访活动启动仪式，80余家中央、省、市各级媒体网站走进舞阳县保和乡、北舞渡镇等地，实地深入采访舞阳县乡村振兴的优秀做法，在人民网、新华网、央广网、央视网等多家央级主流媒体刊发报道120余篇。其中，新华网客户端《"聚焦十大战略 共绘出彩河南"系列活动之"乡村振兴看河南"网络媒体采访活动今日启动》稿件，12个小时点击量突破107.1万。

·郾城区·

【文化概览】郾城区历史文化底蕴深厚，是龙山文化的重要发祥地。夏朝时期建立"古郾子国"，秦代设立郾区，隋开皇五年治县，距今有1500多年县制历史。新石器时代晚期龙山文化郝家台、纪念文宗字祖许慎的许南阁祠、裴度伐蔡驻军地裴城古村落、魏文帝行宫凌云台、宋代佛教石刻彼岸寺碑、岳飞"郾城大捷"古战场、儒学圣殿文庙大成殿等文化资源丰富。

理论武装。郾城区深入开展习近平总书记考察调研河南时的重要讲话精神宣讲"七进"活动，组建区委宣讲团、区百姓宣讲团、干部宣讲团、企业宣讲小分队、农村宣讲小分队、社区宣讲小分队和学校宣讲小分队开展宣讲活动951场次，受教育人数达4.5万余人次。

新闻宣传。郾城区先后6次登上央视，"三夏"抢收抢种新闻在中央人民广播电视总台《中国之声》和《东方时空》栏目播出。4次登上报纸一版头题，49次登上报纸一版，在《河南日报》刊发一版头题《郾城区：博士扎堆筑起创新高地》，在《河南日报》（农村版）一版刊发《围绕主导产业 郾城区重金揽才》《人居环境整治"1133"机制的郾城实践》《"暖心加油包"鼓干劲》等报道。

公共文化建设。郾城区实施"农村一公里"文化圈和"十五分钟"健身圈建设，打造"一馆办证，通借通还"的图书馆总分馆服务网络；建成乡村文化合作社29个、文化游园132座、文化大舞台31个、乡村文化长廊42个；辖区9个镇（街道）均建设了配套全面、服务完善的基层综合性文化服务中心；建造体育健身活动场地105万平方米，乡村健身器材配置率实现100%。

文化精品工程。郾城区强化郾韵文化符号，创作了一批优秀文艺作品。戏曲联唱《人民是江山》、曲艺表演唱《二十大光辉指航程》，文艺作品《青龙舞动迎新春》《"线上"过大年》《砖雕》《舞狮》《健身龙》等在"学习强国"平台展播；组织编导的村歌《裴城美》荣获河南省"唱响村歌"大赛最佳作品创作奖，村歌《商桥我的家乡》获得优秀作品奖。作品《面塑》荣获河南省"齐秀村艺"优秀作品奖，作品《虎头鞋》荣获漯河市"我的乡村文化合作社"才艺大赛一等奖。指导申报的课程荣获全市研学实践教育精品课程一等奖、三等奖各1个。其中《赓续红色血脉 培育沙澧少年》荣获河南省研学实践教育精品课程三等奖。

非遗保护传承。央视《探索发现》以纪录片形式讲述了郾城榫卯工艺和古典"木梳"非遗传承技艺。郾城区组建非物质文化遗产保护中心，深入开展非遗资料挖掘整理工作，建立"非遗数据库"，同时运用数字化技术进行活态传承；组织非遗申报公布工作，已成功申报省级项目3项，市级项目17项，区级项目 69 项。省级非遗青龙舞在非遗传承人的带领下，注册"颍河龙"商标，以公司＋农户（家庭作坊）的方式组建非遗手工作坊，生产健身龙、彩带龙等手工产品，打造集生产、加工、销售于一体的产业链条。郾城区根据国家 AAA 级景区创建标准，提升文旅点位基础设施，修缮古民居 3 处，整合历史文化、人物故事、红色文化、古城文化、非遗项目（双人独杆轿、羊肠线）、乡村特产美食等资源，形成裴城古村落项目开发中文化和旅游资源规划方案。

精神文明建设。郾城区 2022 年度共推选出全国"最美家庭"1 人，"中国好人"2 人，"河南好人"3 人，河南省"乡村光荣榜"人物 3 人，河南省"快乐成长"优秀大学生志愿者 8 人，河南省疫情防控优秀志愿者 1 人，河南省疫情防控优秀志愿服务工作者 1 人，漯河市道德模范 1 人，"漯河好人"3 人，漯河市"新时代好少年"5 人，漯河市"乡村光荣榜"人物 21 人，漯河市学雷锋志愿服务"四个优秀"优秀志愿服务工作者 2 人，优秀志愿服务项目 1 个，优秀志愿服务组织 3 个，优秀新时代文明实践所、站 2 个等各类典型达 200 余人。

文化惠民举措。举办民间文化艺术节、月末广场文艺演出、广场舞、群众合唱等活动，开展基层文艺骨干培训，培训学员 200 余人次；举办线上公益课堂 10 余期。郾城区以乡镇文化站为中心，以农村文化大院、社区文化广场为阵地，引导广场舞、抖空竹等文艺爱好者开展文化娱乐活动。农闲时，村村都有娱乐活动，唱戏曲、跳集体舞、舞狮舞龙、秧歌队、腰鼓队形成了一道别样的风景线。

文化品牌打造。郾城区月末广场文艺晚会自 1996 年以来，在黄河广场进行演出，从未间断过，累计组织月末广场文化活动 260 余场，观众达百万人次，已成为郾城区文化活动中一道亮丽的风景线。民间文化艺术节在每年元宵节上演，已经开展 20 余年，有文艺调演、乐器比赛、民间舞蹈、集体舞、民俗展示等多种形式，来自全区九个镇（办）的文艺团队集中展示，激发了民间艺人的创作热情，更展现了郾城民间艺术源远流长、生生不息的强大生命力。

文艺精品创作。郾城区围绕党的二十大精神创作的戏曲联唱《人民是江山》，曲艺表演唱《二十大光辉指航程》《大美郾城》，录制的歌曲《花开中国》、舞蹈《亲亲茉莉花》登上"学习强国"平台；围绕线上春节过大年制作的《青龙舞动迎新春》等作品被"学习强国"平台采用；创作歌曲《千古龙塔情》，以龙塔古篆为主线，呈现龙塔古篆的建筑结构、历史人文、岳飞抗金等内容，入选香港文旅台世界华语原创音乐金曲榜；围绕革命烈士赵伊坪的事迹创作红色歌曲《高举的红灯笼》，生动展现赵伊坪同志短暂而辉煌的一生，弘扬了红色革命文化；编纂《典籍里的郾城》《郾城彼岸寺经幢》《郾城"非遗说"》《洇河儿女》等，推送文艺精品参加漯河市、河南省"群星奖"和"群星耀中原"两个省级文艺赛事。

群众文化活动。郾城区举办了喜迎二十大"赶考路上有我·描绘出彩中原"书画摄影展、"童心向党 强国有我"硬笔书法展览、"唱响新时代"红歌合唱比赛、"宣传二十大 翰墨书华章"郾城区书协书法作品网络展、"礼赞新时代 奋进新征程"迎"双节"书画作品展、"中原舞翩跹"暨"喜迎二十大 舞动新时代"漯河市第六届艺术广场舞展演活动、"我的乡村文化合作社"才艺大赛、"盛世梨园我来唱"郾城区戏迷擂台赛等各类活动。全区有计划、有组织开展的近 10 种群众文化活动达 100 余场次、5 万余人参加，基层自发组织的文化娱乐活动数不胜数，群众性文化活动遍及城乡大街小巷、农家院落，形成"百花齐放"的喜人格局；不断完善数字化建设，如电子阅览室、微信公众号等数字化资源，开展的群众文化活动采取线下＋线上模式，利用云平台发布丰富多彩的线上公益性培训，如"90 分钟教你学""每日一读""公益小课堂"等特色内容。

【举行"倡节俭风尚"文明实践主题日活动】 3 月 1 日至 5 日，漯河市新时代文明实践推动周活动以每天一个县区承办一个主题日活动的形式启动。3 月 3 日，郾城区作为"倡节俭风尚"文明实践主题日活动主会场，共邀请 29 家单位，30 余支志愿服务队主题日活动，各乡镇（街道）也依托新时代文明实践所（站）同步开展活动。

【开展"打造《说文解字》应用研究漯河地标 助力中华汉字文化传播"活动】 9 月 18 日，郾城区委宣传部承办的"打造《说文解字》应用研究漯河地标 助力中华汉字文化传播"主题社科普及周活动在郾城区委党校举行。漯河市城市展示馆馆长、许慎《说文解字》非增补本应用研究课题组负责人裴广

2022年3月3日,"倡节俭风尚"文明实践主题日活动正式启动

平,湖北大学教授易洪川,漯河职业技术学院教师孙健南在报告会上分别做了题为《许慎〈说文解字〉非增补本应用研究论述》《走近许慎 走进〈说文解字〉》《汉字文化与文旅产业》的报告。李培芬以《〈说文解字〉与中华汉字文化推广的现实意义》为题,分享了文字在文明传承中的重要作用。专家王思雨演示了篆易码查索《说文解字》篆字。社科普及周活动进一步丰富和推进了郾城学界关于《说文》学的研究,提供了更为高效、可靠的优质学术资源,还为带动郾城区积极投身学习研究推广《说文解字》树立了好的榜样。

·源汇区·

【文化概览】 源汇区位于漯河市西南部,辖4个街道,3个乡镇,79个行政村,19个社区,是豫中南地区的重要交通枢纽。清丽灵秀的自然风光,底蕴深厚的人文气质,繁华活跃的商业气质,是源汇闻名遐迩的金名片。4个村被评为"省级特色旅游乡村",干河陈村荣获"中国乡村旅游模范村"称号。特色商业区晋升全省一星级服务业"两区"。河上街景区先后获评"国家AAAA级旅游景区""省级首批休闲示范街区""省级夜间文旅消费集聚区""四钻级智慧景区"等荣誉。漯湾古镇景区入选全国非遗与旅游融合发展优选项目,成功创建国家AAA级景区,被央视新闻频道《山河锦绣》栏目报道,获评全省夜间文旅消费集聚区。

理论武装。源汇区坚持不懈用习近平新时代中国特色社会主义思想凝心铸魂,认真落实党委(党组)会议"第一议题"制度,发挥好"学习强国"学习平台作用,及时跟进学习习近平总书记最新重要讲话和重要指示批示精神。通过开展区委理论学习中心组集体学习23次,领导干部上讲台讲思政课、讲党课活动24场,进一步筑牢同以习近平同志为核心的党中央保持高度一致的思想根基,真正学有所思、学有所悟、学有所获。

新闻宣传。源汇区把"出精品、上央媒、强舆论、造氛围、促发展"作为对外宣传工作思路,强化外宣策划和报道选题,围绕党的二十大宣传报道、"三夏"工作和冬季粮油作物安全越冬等重点工作,先后在央视《新闻联播》、央视《朝闻天下》、中央广播电视总台中国之声《新闻和报纸摘要》等重点栏目刊播,实现了在央视《新闻联播》和《新闻和报纸摘要》栏目发稿的双突破。策划组织了"非凡十年 出彩漯河"源汇区新闻发布会,开展了"出彩十年看源汇"等主题宣传活动。在中央电视台、中央人民广播电台、新华网、《农民日报》、光明网等中央级媒体刊发稿件60篇,在《河南日报》、河南广播电视台等省级主流媒体发稿3600余篇,源汇区知名度和美誉度进一步提升。

公共服务。源汇区完善公共文化基础设施,改造建设文化广场、文化游园2个,配备文体器材13套;积极推进"两新一重"惠民工程源汇区公共文化基础设施补短板项目建设,建设源汇新区、干河陈街道群众文化活动中心项目2个,建设唐江河健走步道和2个足球场地,翟庄村足球场、小村铺村足球场均已建成。

文化活动。源汇区举办了迎新春送祝福义写春联、元宵猜灯谜、"平安端午"、"九九重阳节"文艺演出等线下节庆文化活动,组织开展以"喜迎二十大"为主题的源汇区首届惠民文化节、第七届艺术广场舞、月末文化广场、金秋文化季、书画展等系列群众活动,广泛开展舞台艺术送基层、送戏下乡、同绘村画等文化志愿服务乡村行活动,举办了源汇区首届原创小戏、小品、曲艺大赛、首届少儿文化艺术节、全民艺术普及周活动,组织开展了"红红火火过大年"源汇区第二十三届民间艺术大赛、第十届优秀群众文艺节目大赛获奖作品展播等线上活动，累计开展线上线下210场；举办舞蹈、书画线上线下培训班69期，开展"书香涵咏 润泽源汇"、国学经典诵读活动、"黄河文化"读书月活动、"畅读书·同筑梦——云端读书课堂"等线上线下全民阅读活动23期；组织文艺团队参加省、市艺术广场舞大赛、漯河市第十届优秀群众文艺节目大赛、漯河市民间艺术大赛等文化赛事，3部作品在全省乡村文化合作社才艺大赛中获得全省十佳。

文艺创作。源汇区突出组织创作夜幕下的纪检人、巾帼文明岗等系列漫画24幅，制作MV《春暖花开》《等你回家》，快板《静下来，宅起来》《美丽漯河一定行》，诗歌《这个城市有那么多人》，撰写时评；组织文化工作者，深入挖掘乡村文化资源，先后创作歌曲《我飘香的小村庄》《好风好水》，快板《最美风宪里》《半坡日子甜》等脱贫攻坚、乡村振兴题材作品10余个，展现新时代新农村的新风貌，助力乡村振兴。

文旅产业。源汇区引进汤盛温泉、海洋馆项目，打造"运动＋文旅"项目神兽馆，新增家庭过山车、激流飞艇等大型特色游乐设施，丰富文旅消费业态，提升河上街景区竞争力，被评为全省4钻级智慧景区；加快推进漯湾古镇项目建设，3月份正式运营，入驻汝阳浏笔业、孟家老字号中草药香囊等文旅文创类商户140家，打造了"倾城一秀"大型实景演出，编排了《字圣迎宾》《食神传说》等具有当地文化特色的节目15个，累计演出

2022年7月17日，"典籍里的中国"中国成语故事微电影拍摄开拍仪式在源汇区举办

2605场次；大力发展乡村旅游，蔡庄村荣获2021年河南省乡村旅游特色村，马店村成功入围河南省首批乡村康养旅游示范村创建名单。

文物非遗。源汇区组织开展2022年"文化和自然宣传日"活动，利用线上和线下多种方式宣传文物、非遗保护利用工作。切实履行文物安全监管职责，开展全区文物安全、消防安全防火检查5次，落实24小时在岗在位值班制度；编制了省级文物保护单位三晋乡祠修缮保护设计方案并报省文物局审核通过，整理不可移动文物三晋乡祠和可移动文物馆藏文物受降碑的相关资料，积极申报河南省第二批革命文物；做好源汇区大型基本建设项目和重点项目文勘手续办理工作，办理文物行政审批4项。

文旅市场监管。源汇区坚持日常监管和专项整治相结合，持续开展网吧市场专项整治行动、校园周边文化环境整治等行动，查处违规网吧3家次；对"剧本"类经营场所进行底数摸排，现有"密室逃脱"经营场所4家，"剧本杀"经营场所10家；组织开展房屋建筑安全隐患排查整治、"九小"场所专项整治、百日行动等安全生产隐患排查行动，排查消除安全隐患30余处。

【学习宣传贯彻党的二十大精神活动精彩纷呈】 源汇区以习近平新时代中国特色社会主义思想为指导，深入贯彻落实习近平总书记视察河南重要讲话重要指示，围绕举旗帜、聚民心、育新人、兴文化、展形象的使命任务，以"宣传贯彻党的二十大重大主题宣传教育"为主题，制定全区宣传贯彻党的二十大重大主题宣传教育活动实施方案，设计了三大方面17项文化活动，宣传党的二十大精神。组织开展了"不负青春韶华 强国复兴有我"主题演讲比赛，"党的创新理论宣讲""出彩十年看源汇""奋进新征程，源汇新气象"重大主题宣传活动，喜迎二十大书画摄影作品展、微电影拍摄、"说源汇 看发展 曲艺进基层"、"豫"见最美读书人书香源汇全民阅读等系列主题活动，凝聚了全区上下奋勇争先、更加出彩的磅礴力量。

·召陵区·

【文化概览】 召陵区位于漯河市区东部，是2004年9月经国务院批

准成立的县级行政区，总面积405平方公里，总人口50万。召陵区历史悠久、人杰地灵、文化灿烂，春秋时期齐桓公会盟诸侯于召陵，史称"召陵之盟"，战国时期魏国在此建立了召陵邑，秦朝设召陵县。召陵区是东汉时期著名的经学家、文字学家、训诂学家、词汇学家许慎的故里，其著作《说文解字》是我国第一部首创部首、分析字形、考究古音、总汇古义的汉语字典。召陵区是全球最大的肉制品加工企业双汇集团、大型军需骨干企业际华3515等著名企业总部所在地；是全国第二大区域性输电装备生产基地。2022年，召陵区获得全市"党的创新理论宣讲"主题宣传教育实践活动宣讲大赛优秀组织单位、2021年度全市文艺志愿服务活动先进集体、全市喜迎二十大文艺作品征集活动优秀组织奖等荣誉称号。区新时代文明中心的"童心童梦 雅润晨读"经典诵读志愿服务项目荣获河南省2022年文明实践志愿服务优秀项目二等奖。

理论武装。召陵区严格落实党委（党组）会议"第一议题"制度、理论学习中心组学习制度，区委班子以上率下、示范引领，开展区委理论学习中心组集体学习12次、研讨交流5次；积极参与了河南省理论学习中心组学习示范班创建，经验材料《深学细研谋新篇 改革聚力促发展》被省委宣传部《中心组学习动态》刊发；组建了区委宣传团、区级百姓宣讲团，推动党的二十大精神进社区、进农村、进企业、进机关、进校园、进网络；组织开展"党的创新理论宣讲"主题宣传教育实践活动宣讲大赛活动，成功推荐2人为省级宣讲员；组织全区党员干部群众利用"学习强国"、河南干部网络学院等线上学习平台开展学习。"精彩召陵"微信公众号、每日头条，跟进编发习近平总书记重要讲话、指示批示、重要文章和党的创新理论等内容251期。

新闻宣传。召陵区围绕迎接宣传贯彻党的二十大精神工作主线，成功举办"非凡十年 出彩漯河"召陵篇新闻发布会、组织开展"新时代 新征程 争出彩"等重大系列活动，在全区显要位置设置"喜迎二十大""宣传贯彻党的二十大精神"大型立面公益广告50多处，在"精彩召陵"等新媒体开辟党的二十大专栏；围绕中心工作，在人民网、新华网等中央级重点媒体栏目上刊发报道44篇，在中央、省、市级新闻媒体刊（播）发报道3642篇（条）。召陵区不断提升"精彩召陵"编发质量，及时推送各级各部门工作动态，凝聚团结奋斗正能量，规范建成召陵区互联网应急指挥中心。

公共文化设施建设。召陵区新建改建农村文化广场16个，实现所有行政村建成标准化文化广场。建成城市书房6个，为全区166个农家书屋配备、更新了实用图书，4个农家书屋被评为市级农家书屋示范点。建成社会足球场5个，新规划社会足球场5处，修建健身步道15公里，新增、更换、维修体育健身器材200余件。

公共文化服务建设。召陵区已建成镇级综合文化站4个，村级综合性文化服务中心166个，覆盖率和达标率100%。开展文化馆、图书馆、城市书房信息资源数字化平台建设，形成区、镇（街道）、村（社区）三级联动、资源共享。新成立62家"乡村文化合作社"，配发了铜器、腰鼓、服装等文艺器材。组织成立了召陵区文化艺术研究学会，有力推进了文化铸魂、文化赋能。全区15分钟文化圈、读书圈、健身圈已基本形成。常态化开展"快乐星期天"活动，举办"红色文艺轻骑兵"、"戏曲进乡村"、广场舞比赛等文艺活动200多场。组织开展农村公益电影放映1992场次，丰富了基层群众精神文化生活。

文化品牌建设。召陵区举办"同心喜迎二十大 翰墨光影献华章"书法美术摄影展，收集书法作品244幅、美术作品129幅、摄影作品522幅，评出优秀获奖作品162幅。围绕"喜迎二十大""赶考路上有我"等主题系列活动，征集上报省、市书法作品83幅、美术作品52幅、摄影作品99幅，荣获全市"喜迎二十大"文艺作品征集活动优秀组织奖等。

非遗保护传承。召陵区非物质文化遗产以民间文学、民间美术、民间舞蹈、传统医药、传统手工艺等多种形式存在，截至2022年，共有省、市、区级非遗项目31个（区级非遗项目26个、省级非遗项目1个、市级非遗项目4个），认定符合条件的非遗传承人12人，其中唢呐、剪纸、黄氏喉病专科等列入市级非物质文化遗产名录，剪纸评为省级非遗。

文旅融合发展。召陵区打造了"种植文化＋旅游"召陵镇大徐乡村旅游点、"史志文化＋旅游"青年镇王拱璧故居旅游点、"红色文化＋旅游"青年镇沙南工委遗址旅游点、"历史文化＋旅游"召陵古城遗址旅游点、"农耕文化+旅游"万金镇余营乡村旅游点、"党史文化+旅游"老窝镇二村旅游点、"村史文化+旅游"万金镇栗门张乡村旅游点、"非遗文化+旅游"召陵镇拐张乡村旅游点、"体育文化+旅游"召陵镇车视界主题公园旅游点等。

精神文明建设。首届"召陵百星"评选活动高规格隆重举行,105名同志荣获首届"召陵百星"典型人物;赵国锁同志荣获第八届"河南省道德模范提名奖",靳会杰同志荣获"感动漯河2021十大年度人物";广泛开展"星级文明户""五好家庭""好婆婆""好乡贤"等评选活动,全社会形成崇德向善、见贤思齐的浓厚氛围。2022年,获评市级道德模范1人,"感动漯河2021十大年度人物"1人,漯河好人2人,十佳市民15人,3户家庭被评为"市级文明家庭",组织评选表彰"乡村光荣榜"19人、"召陵百星"人物105人,在全社会形成崇德向善的强大正能量。常态化开展志愿服务活动,完成全区新时代文明实践中心(所、站)全覆盖、"六有"标准规范提升任务,开展各类文明实践志愿服务活动2万多场次,受益群众10万人次。其中,组织志愿者开展召陵区"党的创新理论宣传宣讲"大赛、"党的二十大精神学习宣传"、"强国复兴有我"等宣讲100多场次,服务群众8000多人次,袁艺丹荣获全市"强国复兴有我"主题宣传教育实践活动一等奖。2022年,全市"五星"支部创建工作现场会在召陵区召开,观摩了"文明星"示范村创建工作,全区129个村被评为2022年度"文明幸福星"示范村。

2022年2月10日,召陵区"红红火火过大年"民间艺术大赛

历史文化传承。召陵区策划制作系列短片《召陵会盟》《沙南工委》等召陵区文化系列宣传片,在抖音、头条等新媒体平台进行刊播,多方位展示"召陵会盟"、《说文解字》、字圣许慎、著名教育家王拱璧、国内著名画家周彦生等。坚持抓资源普查,对17处文保单位(省级1处、市级5处、区级11处)和31个非物质文化遗产项目进行有效保护利用和宣传推介。

文艺精品创作。召陵区创作文艺精品12件,包括电视纪录片《泪光里的微笑》、歌曲《致敬平凡》、纪实文学《驻村书记的心事》;河南省第三十一届群众书法作品展入展作品2幅,"熔金岁月"河南省老年书法篆刻作品展2幅,"许慎杯"第八届漯河市师生作品展暨第六届漯河市篆刻作品展5幅。歌曲《致敬平凡》、纪实文学《驻村书记的心事》、书法《后赤壁赋》、书法《列子经典数则》获得2022年漯河市文艺精品奖。《山乡凝瑞气》入围第四届"陆俨少奖"全国中国画展。

群众文化活动。围绕"喜迎二十大 欢乐进万家"群众文化活动,召陵区组织开展了"振兴乡村 唱响召陵"乡村春晚、"红红火火过大年"召陵区2022年民间艺术大赛、2022年乡村文化合作社"乡创美拍"作品征集、"许慎文化代代传 元宵佳节猜灯谜"、"非遗进校园 文化共传承"、"喜迎二十大 永远跟党走"红色足迹系列剪纸作品展览、书香召陵全民阅读短视频大赛等活动。持续推进"快乐星期天"活动常态化,开展"红色文艺轻骑兵"、"戏曲进乡村"、广场舞比赛等文艺巡演活动200余场。组织农村公益电影放映1992场。

【**聚力"五星"支部创建,打造生态宜居村庄**】 召陵区整合优势资源,健全工作机制,强化指导帮扶,充分调动基层群众参与"五星"支部创建工作的积极性,全力打造舒适优美的农村生态人居环境。在此基础上,召陵区建立创建会商调度机制,定期召开交办工作推进会,针对创建过程中存在的突出问题,进行分析研判,找出解决办法,要求各成员单位每3天上报一次进度,专班每周通报一次工作推进情况,强化跟踪问效。完善帮扶指导机制,抽调骨干力量成立7支专家技术帮扶团队,联系指导所

漯河市总工会职工之家

分包的镇（街道）现场协调解决创建工作中遇到的难题。同时，建立共建共享机制，引导村民树立简约适度、绿色低碳的生产生活方式，发挥农民群众在人居环境整治等方面的主力军作用，真正成为创建工作的最广泛参与者和最大受益者，让生态环境长治久美，让人民群众安居乐业。目前，召陵区农村在"生态宜居星"推进中，已完成户厕改造4000多户、争创"五美庭院"2000多户、新建村庄游园105个，建成菜园、果园、花园等2700多处，村庄内外"四季有花、路路有景"的生态宜居效果已初步显现。

·经济技术开发区·

【文化概览】国家漯河经济技术开发区位于漯河市区的东南部，是漯河市唯一的国家级开发区。自成立以来，以满足人民群众日益增长的精神文化需求为宗旨，建立了一套具有开发区特色、适应开发区经济文化发展的文化事业，公共文化服务体系日趋完善，文化基础设施显著改进，公共文化服务能力明显增强，基层文化活动蓬勃开展。

公共文化服务。经济技术开发区所辖57个行政村，全面覆盖了有线电视网，全部配备广播设备，按照要求建设集宣传教育、图书阅览、健身娱乐、未成年人教育、娱乐活动于一体的综合性、多功能的综合文化服务中心，周一至周六对村民免费开放，提供优质高质量的文化服务。两镇一办综合文化服务站持续免费开放。区镇两级高度重视公共文化服务体系建设，定期对辖区内健身器材进行大排查，针对排查出的情况及时更新设备，进一步完善城市公共服务设施功能。

公共文化活动。组织举办了经济技术开发区"赶考路上有我"主题系列宣传教育实践活动，完成了"辉煌三十周年"摄影展征集工作；开展征文比赛、书画摄影展、歌咏比赛、演讲比赛等活动60余场次。开展文化进万家、惠民演出、乡村春晚等活动；共放映电影648场，送杂技下乡5场次，送戏下乡35场，积极推进全民健身活动，有效巩固了基层文化阵地。

文旅文创产业。经济技术开发区文旅文创产业发展初具规模，形成了包括休闲娱乐、食品文化旅游、生态旅游等综合性文旅文创产业体系。有罗弗文具、泥塑、制伞、笊篱等10余种文创产品，品类丰富。打造了孙店乡愁馆、韩店、韩庄、徐庄村史馆，建成了党史教育馆、产业规划馆、中山公园、青龙河生态湿地公园等，扮靓了文明城市窗口。

非遗保护传承。经济技术开发区积极推动非遗项目各项保护政策落地，开展非遗项目挖掘、普查、宣传、申报、保护等工作。非遗名录体系不断完善，共有非物质文化遗产资源9类，其中经济技术开发区股骨头医院"骨应膏药制作技艺"被列入省级非物质文化遗产，"智取套环制作技艺"荣获市级非物质文化遗产，沱沟东岳庙会被列入区级非物质文化遗产。

【"漯河市职工之家"项目正式投入使用】"漯河市职工之家"项目主要包含群众文娱活动、学习与业务教辅、群众室内娱乐活动和行政及综合服务等功能，一层设有室内运动/艺术展览长廊区、图书阅览区、电教室、绘画/书法等培训室、咨询室等；二层设有健身区、台球/乒乓球室、瑜伽室等；三层设有8.4米挑高可容纳300余人的多功能报告厅、展览长廊等；4层设有棋牌室、排演厅及办公室。

·城乡一体化示范区·

【文化概览】漯河市城乡一体化示范区原名漯河新区，2010年12月经河南省委、省政府批准成立的城乡一体、产业融合、统筹发展的复合型功能新区。2013年12月，漯河新区更名为城乡一体化示范区。2015年1月，对黑龙潭镇、姬石镇实行属地管理，辖区总面积约66平方公里，6.92万人，下辖30个行政村。城乡一体化示范区历史悠久，文化厚重。在距今约 5000 至 7000 年前，土城王遗址先民在此定居，从事农牧、渔猎、纺织等活动；付庄遗址出土有加沙陶片、骨器、陶器等；"沙河东流碧，螺湾汇双河。舟行此焉薄，估客南来多。江淮百货萃，此处星辰罗……"明代永乐年间郾城知县王季立曾经形容漯河码头兴旺、商船云集。2019 年 7 月，位于城乡一体化示范区的漯河港开港复航，推动中部的钢铁、化工产品和南部的稀有金属、建材等资源交换。漯河港货物年吞吐量逐年攀升，码头盛景再现，成为河南省重要的内河航运港口。

新闻宣传。城乡一体化示范区深入推进"八大系列"宣传报道，在各媒体平台刊发稿件 1600 余篇。在央级重点媒体和省级新闻栏目报道方面实现新突破。推出央媒系列 74 篇、新闻系列 7 部、访谈系列 18 部，《推动冷链物流产业走向规模化 临港经济快速发展》《示范区：全力以赴稳经济促发展》《漯河示范区：项目建设拉满弓 企业生产铆足劲》等多篇信息，先后在经济日报客户端、新华网、中国经济网、央广网等央级重点媒体报道，推送的《漯河：发展临港产业 冷链物流集聚成势》《漯河示范区：关爱困境留守儿童》在"河南新闻联播"播出；《多式联运畅通循环 临港经济快速发展》《打造漯河现代服务业开发区"新名片"》分别在 11 月 27 日、12 月 8 日《河南日报》头版刊发，全方位、多维度展示城乡一体化示范区形象。推出一批暖心报道，通过新闻、短视频、照片集、小故事，制作专题片 5 部，展示示范区人民群众的幸福生活和美好瞬间；树立"好人"典型 5 人，鼓舞人心、凝聚力量。

公共文化服务。城乡一体化示范区 30 个行政村全面覆盖有线电视网，配备广播设备，建成集宣传教育、图书阅览、健身娱乐、未成年人教育、娱乐活动于一体的综合性、多功能的综合文化服务中心 30 个。综合文化服务站设置有心理咨询室、图书室、电子阅览室、文化娱乐室、未成年教育室、科普室、棋牌室等多功能房间，并持续免费开放。建成农家书屋 30 座，每周开放时间不少于 5 天，健全农家书屋管理制度，做好书目更新补充完善，为群众提供更丰富的精神食粮。定期开展阅读比赛活动，提高全民阅读性。

文化惠民活动。城乡一体化示范区开展文化惠民活动，丰富群众文化生活配合省豫剧 2 团送戏曲下乡 11 场，市杂技团表演 7 场。按照每月每村一场的上级要求，全年常态化累计开展送电影下乡 360 场。开展"快乐星期天"、"文明逐村行"、"文艺轻骑兵"进基层文化宣传活动 20 余次。同时，积极邀请市文化馆就文化活动进行指导，在漯河市 2022 年"红红火火过大年"线上评选活动中，《盛世迎春》《铜器鼓》节目荣获三等奖；在漯河市第六届艺术广场舞比赛中，示范区舞蹈队荣获三等奖，在 2022 年"中国农民丰收节"漯河市运动会活动取得综合评比一等奖，进一步繁荣了群众文化生活。

打造文化品牌。城乡一体化示范区建成沙澧河大二期示范区段、弘正园、牡丹江路网红大桥、3D 打印小商桥、廉政文化园等独具特色的文化品牌。沙澧河大二期示范区段以大众休闲、市民健身、文化展示、康体养生为主要功能，涵盖了弘正园党性教育基地、牡丹园、儿童文化游园、体育文化公园和廉政文化主题公园等多个地标游园，逐步形成了沿沙河两岸的文化景观带。示范区党性教育基地——弘正园，多次接待省、市领导参观学习并开展党性教育。牡丹江路网红大桥西起金山路，东至中山路，该桥采用新型拱梁组合体系下承式拱桥，采用两跨拱桥的形式，通过四片异形拱在桥梁中央相互交错，逐渐成为市民打卡的"网红景点"。3D 打印小商桥位于牡丹江路沙河桥西侧路北的街头游园内，全桥总长 19.5 米，上部结构全部采用 3D 打印工艺成型，运输至桥位后拼装式施工，行人可直接在桥面通行，是漯河市首座 3D 打印实景建筑。

文旅融合发展。城乡一体化示范区积极搭建"农业 +"大产业，发展融合生态农业、生态文旅休闲业、生态康养产业。重点发展绿色农业、文旅和康养的"三位一体"优势，以打造国家城乡融合发展试验区和漯河城市品牌为目标，目前建成漯甜农业生态园位于漯河市城乡一体化示范区姬石镇，西靠沙河，地理位置优越，生态环境优美，占地面积 600 余亩；现已形成以精品果蔬种植采摘主导，良种繁育、生态养殖等多种业态齐头并进的良好发展局面；出产的"漯甜"猕猴桃、"漯甜"水蜜桃等产品销售区域遍及周边 10 余个县市，与相关科研部门联合繁育的优质小麦品种更是供不应求，受到农民朋友一致好评，漯甜农业产业园被省文化和旅游厅评为省级休闲观光园区。

沙澧河风景区廉政文化园

历史文化传承。城乡一体化示范区现有省级文物2处,分别是付庄遗址87500平方米、土城王遗址64400平方米;区级文物2处,分别是古建筑状元桥110平方米、古墓葬许冲墓66平方米;其他固定文物10余处。配置安全管理员,建立文物保护台账,扎实推进文物保护工作。城乡一体化示范区拥有国家级传统村落茨寨村,整理较好的有状元府、太极百年老宅、状元桥、红色传统旅游建筑"王震旧居"等历史文化建筑,挖掘整理出状元文化、长寿文化、拉夯号子、铜器鼓乐表演、姬姓文化、莲文化等乡村历史文化传承项目。

【"漯河市廉洁文化教育基地"正式开园】 2022年10月21日,漯河市廉政文化园开园,并被漯河市纪委监委授予"漯河市廉洁文化教育基地"称号。漯河市廉政文化园位于牡丹江路以南,松江路以北,沙澧河大二期示范区段西岸。园区总面积2000余亩,主要以莲花广场为中心,展现"廉政文化"的核心价值观,也是整个廉政公园的核心文化区,以及以廉政故事情景雕塑和景石廉构成的廉政教育文化带,共同组成的"一核一带"。园区通过雕塑艺术的形式,将较为抽象的概念转化成具体的形象,通过直观的艺术形式起到"警示"和"教育"作用。充分运用中国优秀传统文化中"廉"的文化思想和漯河本地的历史文化、地域文化、传统文化相融合,选取具有典型代表性的廉政历史人物,讲好漯河本地的廉政故事,进一步彰显人文漯河的城市魅力与厚重的历史底蕴。廉政文化园结合场地现有的地形地貌,采用通俗易懂的雕塑形式,较好地对廉政文化知识的普及和教育,寓情于景、寓教于景。沙澧河风景区廉政文化园的建设与对岸的弘正园党性教育基地遥相呼应,完善和提升沙澧河风景区整体的人文环境,充分发挥增强党性和警示教育的作用。

·西城区现代服务业开发区·

【文化概览】 西城区现代服务业开发区是省级现代服务业开发区、漯河市沙澧智慧岛所在地,是漯河市新的行政服务中心、商务中心、文化中心、交通中心、金融中心。漯河西城区现代服务业开发区坚持前瞻三十年想问题、作决策、谋发展,凭借着得天独厚的沙澧两河自然环抱水资源优势,秉承"一张蓝图绘到底、倾力打造现代都市"匠心理念,一座朝气蓬勃、璀璨夺目、宜居宜业宜游的现代化崭新都市正在加速崛起于沙澧大地,成为展现漯河城市高质量发展的新名片、助推漯河腾飞的新引擎。

文化遗产保护。河南漯河古城遗址位于漯河市西城区现代服务业开发区阴阳赵乡古城村北部,是一座战国至唐古城址,属小型古遗址类,南距渲河约720米。平面大致呈长方形,南北长约350米,东西宽295—350米,面积约103250平方米。为河南省第四批省级文物保护单位。

文化惠民举措。西城区现代服务业开发区开展文化下乡活动,放映公益电影183场次,惠及群众近1.2万人次。文化场馆免费开放。完善镇级文化站,配备文体活动室、图书室、宣讲会议室等设施,同时及时更新、充实图书种类和数量;对村级文化硬件建设查漏补缺,2022年各村建设文化广场、图书室等活动场所,配齐文化广场设施,设有健身体育器材,达到全覆盖。组织参加了春节网上文艺大赛、文化合作社网上文化大赛、漯河市"中国农民丰收节"农民运动会。

精神文明建设。西城区现代服务业开发区打造宣讲"流动课堂"、深化"健康知识一起学"活动品牌、开展"学习新思想 展现新作为"宣讲活动。各级宣讲员走进社区街道、家庭院落、企业工地，通过5000余场次宣讲，累计让3.6万人次在学习实践中受到理论政策的滋润；突出学习贯彻党的二十大精神，围绕全区创新开展"学雷锋"志愿服务、"爱心助残 阳光助老"、"拥军优属送健康"、"党的声音进万家"等群众喜闻乐见、特色鲜明的实践活动8000余场次，受众5.3万余人次；通过积极开展"中国好人""新时代好少年""最美家庭""最美志愿者"等先进典型推荐评选活动，涌现出"漯河市五星志愿者"1人、"漯河市四星志愿者"2人；开展"文明村镇""文明单位""文明家庭""文明校园"评选活动，西城区管理委员会和西城公安分局荣获"河南省文明单位"荣誉称号；抓好《文明行为促进条例》的学习宣传实施工作，深化移风易俗，创新开展"道德讲堂""文明交通岗""城市大清洁""不文明行为曝光"等行动。

弘扬传统文化。西城区现代服务业开发区广泛开展"我们的节日"等主题活动，在春节、元宵、清明、端午等传统节日，积极开展"孝老爱亲""崇德尚礼"等优秀传统文化传承活动；以端午节为载体，党建综合为抓手，开展"浓浓粽香迎端午，悠悠深情铭党恩"活动；全年开展职工运动会、"三八妇女节"艺术插花活动、"红歌唱响 我心向党"庆祝建党101周年红歌比赛等群众性文化活动50余场次；开展青少年社会主义核心价值观宣传教育系列活动；举办"童心向党""经典诵读进校园""新时代好少年，强国有我"主题读书活动等200余场次，青少年参与总数达1.7万余人次。

西城区水韵西城实景

群众文化活动。西城区现代服务业开发区举办"翰墨飘香 丹心颂党"活动，庆祝建党101周年；发扬"拥军优属，拥政爱民"的优良传统，邀请复员退伍老兵等参加"追寻红色足迹，铭记初心使命"，庆祝"八一建军节"茶话会，庆祝中国人民解放军建军95周年；组织"民间文艺大赛"活动，开展送戏下乡、广场舞比赛、文艺展演等文体活动；利用农家书屋举办主题党课等相关活动；定期组织戏曲下乡活动，推进戏曲走进敬老院，以"一年一村一场戏、一月一村一场电影"为目标，满足村民、敬老院老人对文化生活的需求。

【举办"全民健身 舞动沙澧"比赛活动】 西城区现代服务业开发区以崇尚运动，分享健康为主题，以注重实效为原则，以小型多样，大众有趣为活动开展方式，借助全民健身日这一契机，在全区范围内开展了全民健身日系列活动；邀请市文化馆专业老师进行现场教学，一对一针对性指导，保证了活动的专业性；以各种形式开展了丰富多彩的文体活动，如象棋、围棋比赛、羽毛球比赛、乒乓球比赛等。各村也开展了腰鼓比赛、广场舞等活动。每年春节，西城区现代服务业开发区还举办"全民健身 舞动沙澧"大型比赛活动，23个行政村积

2022年1月16日，西城区阴阳赵镇开展全民健身活动

三门峡市

【文化概览】 三门峡市位于河南省最西部、豫晋陕三省交界处，是1957年伴随着万里黄河第一坝"三门峡大坝"的兴建而崛起的一座新兴城市，总面积9935平方公里，常住人口203.7万人，下辖2县、2市、2区和3个功能区，有着"黄河明珠、文化圣地、天鹅之城"的美誉。从仰韶文化起源、黄帝铸鼎、周历焦国、汉晋弘农郡、唐宋分属陕州虢州，再到1957年建市至今，传承7000年的历史文化留下了浓墨重彩的印迹。这里不仅有大禹治水、秦赵会盟、唇亡齿寒、甘棠遗爱、紫气东来、治大国若烹小鲜等历史典故，上河曙猿化石、仰韶彩陶、中华第一剑等历史文物，也有《道德经》《论共产党员的修养》等驰名中外的经典巨著，还有函谷雄关、崤函古道、空厢古寺等辉耀中华的历史遗存。三门峡市共有3413处文物点，国家、省、市县各级文物保护单位600余处，其中世界文化遗产点1处，国保单位12处、省保单位64处、市保单位90处。全市馆（库）藏文物近7万件，其中珍贵文物1万余件。

强化理论武装。 坚持用好用活"第一议题""五种学习方式"，2022年组织三门峡市委理论学习中心组集体学习16次、"第一议题"学习39次，开展为期3天党的二十大精神集中学习研讨，深化巡听旁听工作，遴选示范点、示范班，强化示范引领。围绕党的二十大精神、"能力作风建设年"、文明城市创建开展"以考促学"线上答题6期，参与人数12万余人。组建市委宣讲团，充分发挥新时代文明宣讲师、基层百姓宣讲团、红色文艺轻骑兵作用，推动党的二十大精神进企业、进农村、进机关、进校园、进社区、进军营、进网络。创新理论宣讲方式，举办"党的创新理论宣讲"主题宣传教育实践活动理论宣讲大赛，选送作品《玉兰花开新农家》获全省宣讲大赛文艺类二等奖，开展"党的创新理论宣讲"短视频展播活动，录制党的二十大精神专题宣讲系列微视频15期，点赞、转发量达320余万人。依托"三门峡党建"微信公众号平台，开设"喜迎二十大"视频展播专栏，精心拍摄制作《先锋印记》系列微视频34期，以先进典型人物事迹引领人。2022年，全市开展党的创新理论宣讲3200余场，受众210余万人，取得良好效果。

落实贺信精神。 坚持以习近平总书记贺信精神为引领，成功举办贯彻落实习近平总书记致仰韶文化发现和中国现代考古学诞生100周年贺信精神一周年座谈会、首届仰韶论坛，仰韶论坛永久落户三门峡。持续深化"学贺信 悟思想 兴文化 促发展"主题活动，创新实施仰韶村考古圣地"七个一"项目，仰韶村考古遗址公园获批全国第四批国家考古遗址公园、入选人民日报社"2022年民生示范工程"案例，庙底沟彩陶花瓣纹惊艳亮相央视春晚、雄霸春晚舞台C位，庙底沟博物馆"花开中国——庙底沟与中华早期文明的发生历程"项目荣获第十九届"全国博物馆十大陈列展览精品奖"。开展"牢记嘱托 崤函实践""总书记贺信一周年"等系列报道，推出《文物会说话》电视栏目15期，"仰韶百年考古百年探秘中国仰韶文化博物馆"系列视频20余个。全面实施文旅文创融合战略，积极融入"行走河南·读懂中国"品牌体系，扎实推进文创产业"三年倍增计划"，大力发展文化＋互联网、＋旅游、＋科技等新业态，推动文化创意产业结构转型升级，天鹅湖旅游度假区成功创建国家级旅游度假区，开发区"婚旅之都"文化产业项目发展势头良好，"战无不胜""美玉出尘""彩陶修复大师"，馆藏精品文物明信片、月牙纹彩陶罐邮票等文创产品市场反响良好。

舆论宣传引导。 坚持借梯上楼，紧盯大报大台，在主流媒体到三门峡市采访人数批次同比下降80%的艰难情况下，外宣势头依然强劲有力，全市在中央和省级主要媒体刊发重头稿件4125篇，在《人民日报》、新华社发稿同比增长84%，在央视新闻联播发稿同比增长150%，重要央媒、重点栏目发稿排名全省第九，宣传要讯稿件采用排名稳居全省第一方阵，《精心打造仰韶文化品牌 讲好仰韶故事》获中宣部《对外宣传通讯》年度优秀稿件。坚持守正创新，着眼基层一线，扎实推进"奋进新征程 建功新时代"重大主题宣传，"记者进百企走百村""在希望的田野上""黄河人 黄河事 黄河情"等基层蹲点采访活动有声有色。同时，紧扣迎接宣传贯彻党的二十大精神主题，由三门峡市委宣传部指导，三门峡广播电视台拍摄制作的六集电视纪录片《崤函蝶变》，共分《青山永记》《创新之城》《绿色

画卷》《文韵流觞》《幸福之源》《砥柱中流》六集，坚持以小切口反映大主题，从脱贫攻坚、转型创新、绿色发展、文化传承、民生福祉、党的建设六个方面入手，全面、深入、生动地展示了三门峡市委带领全市人民深入贯彻落实习近平新时代中国特色社会主义思想，在夺取脱贫攻坚战伟大胜利的同时，积极践行"两山"理念，坚持创新驱动，坚定文化自信，增进民生福祉，加强党的建设，努力实现资源型城市向创新型城市蝶变的壮阔进程。该纪录片得到河南省广电局的高度认可，作为全省地市级唯一作品推至国家广电总局。"学习强国"市、县两级平台全面上线，稿件签发总量位居全省第一方阵。

涵养文明风尚。成功举办曹靖华诞辰125周年纪念活动。持续叫响"新时代文明实践推动月"主题实践活动品牌，全市同步开展新时代文明实践月暨"学雷锋 我行动"主题实践活动2141场次，参与志愿者19.8万余人次，受益群众50.4万余人。以短视频征集、现场讲述、网络展播等方式广泛开展"强国复兴有我"主题宣传教育实践活动100余场次。深化文明单位"四送一助力"结对帮创、老旧小区"结对共建"帮扶等活动，创新开展"清明·网上祭英烈""弘扬传统文化，助力乡村振兴""志愿服务乡村行"等活动。积极推进"星级文明户"认领制，全市62个乡镇、1211个行政村认领率达100%，40万农户，已挂牌38万户，挂牌覆盖率达到95.3%。新时代文明实践中心（所、站）建设实现县、乡、村三级100%覆盖。加强"时代楷模"、道德模范、最美人物等选树宣传，全市共有14人入选"中国好人""河南好人"以及河南省道德模范、"新时代好少年""乡村光荣榜"。

繁荣文化文艺。围绕迎接宣传贯彻党的二十大精神，组织开展"喜迎二十大 欢乐进万家"十大群众文化活动400余场次，参与群众50余万人次。举办"喜迎二十大 颂歌献给党"庆"七一"文艺演出。加强城市主题文艺精品创作，录制推出5首城市形象歌曲，启动了短视频征集大赛、广场舞大赛、K歌大赛和综合展播4项宣传推广活动，共征集全国800多位创作者的短视频1000余件，作品阅读量、点赞量、评论量和转发量共800余万次。策划编撰《三门峡历史文化普及读本》，推出纪录片《仰韶之光》《百年崤函》，广播剧《孩子，祖国在等你长大》、歌曲《筑梦新时代》，图书《南山记》《破茧》等系列优秀文艺作品，原创戏剧《布衣英雄》、歌曲《黄河水从我家门前过》获河南省第十三届精神文明建设"五个一工程"优秀作品奖，坚持文化惠民，组织举办元旦、春节期间线上线下群众文化活动120项，建设乡村文化合作社399个，创新开展"艺"起抗疫，你我同行——主题文艺直（展）播活动40期，获赞30.1万次，话题浏览量达36.4万。

"喜迎党的二十大"主题活动。三门峡市宣传思想战线精心谋划实施"奋进新征程 建功新时代"十大主题宣传、"喜迎二十大 欢乐进万家"十大群众文化活动、"新时代新征程争出彩"十大主题宣传教育实践活动，传递时代声音、描绘时代精神，生动表达了崤函儿女对党和国家的热爱、对美好生活的向往、对新时代的礼赞，有力推动了党的二十大精神深入人心、落地生根。三大主题活动共刊发喜迎党的二十大主题新闻稿件5400余篇，举办各类文艺赛事400余场次，开展主题宣传教育活动100余场次，惠及普及群众120余万人。

【贯彻落实习近平总书记致仰韶文化发现和中国现代考古学诞生100周年贺信精神一周年座谈会】 2022年10月29日，贯彻落实习

2022年6月24日，"喜迎二十大 奋斗新征程"三门峡市党的创新理论宣讲大赛决赛

2022年3月4日，"新时代文明实践推动月"暨"学雷锋我行动"主题实践活动启动仪式

近平总书记致仰韶文化发现和中国现代考古学诞生100周年贺信精神一周年座谈会在三门峡市举行。一年来，全市上下在习近平总书记贺信重要精神的引领和鼓舞下，充分利用"仰韶文化发现和中国现代考古学诞生100周年"主办地、仰韶文化发祥地、文物考古资源富集地的独特优势，大力实施文旅文创融合战略，高水平保护利用仰韶村、庙底沟、西坡等重要遗址，持续做好"中华文明探源工程"等各项工作，仰韶文化知度感、美誉度全面提升，仰韶文化研究高地建设迈出实质性步伐，文旅文创融合发展取得显著成效，以仰韶文化为标志的文化优势进一步凸显。

【首届仰韶论坛】 2022年11月27日，由中国考古学会、中国社会科学院考古研究所、河南省社会科学院、河南省文物局、三门峡市人民政府主办，中国社会科学院古代文明研究中心、河南省文物考古学会、河南省文物考古研究院、三门峡市委宣传部、三门峡市文化广电和旅游局、渑池县人民政府承办的首届仰韶论坛在三门峡市成功举行。该届论坛以"深化仰韶文化研究 探索中华文明起源"为主题，通过主会场结合线上直播方式，组织了开幕式、主题报告和闭幕式3项内容和3场主题报告，来自全国的21位考古专家作了精彩报告，交流分享各地新石器时代考古新发现、研究新认识，有关专家学者探讨交流了仰韶文化彩陶解读取得的诸多成果，对远古仰韶文化彩陶上纹饰有各种新颖的认识，体现了艺术考古学的地位和价值。举办仰韶论坛是贯彻落实习近平总书记致仰韶文化发现和中国现代考古学诞生100周年贺信精神的重要举措和具体体现，将致力于搭建中华文明探源的学术交流平台，推进中华文明研究，弘扬中华文明灿烂成就，提升中华文明的国际影响力。仰韶论坛主会场将永久设在仰韶文化发现地三门峡市。

【三门峡市青年蒲剧团获评第九届全国服务农民、服务基层文化建设先进集体】 2022年4月16日，三门峡市青年蒲剧团被中共中央宣传部、文化和旅游部、国家广播电视总局评为"第九届全国服务农民、服务基层文化建设先进集体"。该团坚持以"为新时代高歌，为老百姓唱戏"为宗旨，精心创作了一大批有温度、有高度、有影响的艺术作品，《甘棠遗爱》《河阳知府》先后荣登中央电视台戏曲频道，《布衣英雄》荣获河南省戏剧大赛文华大奖。该团常年扎根基层，坚持送戏下乡，年均演出300余场。建成蒲剧文博馆1所，建立市、县、乡、村和学校戏曲传承基地58个，为蒲剧的传承发展作出了积极贡献。

·湖滨区·

【文化概览】 湖滨区总面积185平方公里，其中城区面积21平方公里，常住人口32万。湖滨区黄河文化灿烂，是华夏文明的重要发祥地之一，虢国文化、郭氏之姓在此发源，境内有被列为国家重点文物保护单位的虢国上阳城、虢国墓地及车马坑等古迹，也有"中华第一铁剑"、时代最早、形制最为完备的虢季氏缀玉面罩、七璜组玉佩等国宝重器。作为曾经古虢国的都城，1990年虢季墓、虢仲墓的发现分别被评为当年"全国十大考古新发现"之一。2000年，李家窑遗址被证实为虢国都邑上阳城的所在地，将三门峡的城市历史上溯到3000年前。此外，湖滨区作为大禹治水文化的集中承载地，"禹开三门"凝成了大禹治水智慧的人文形象，中流砥柱奠定了华夏民族精神的脊梁，这里还有象征中华民族精神的中流砥柱和举世闻名的"万里黄河第一坝"三门峡大坝等著名景观，这里也是世界郭姓的衍源地，"假途伐虢"的发生地。此外，天鹅文化、楹联文化等文化符号特色明显、内涵丰富。

理论工作。严格落实"第一议题"制度,湖滨区委常委会开展"第一议题"学习29次,区委理论学习中心组集中学习13次,下发《关于加强湖滨区教育系统思想政治教育的实施方案》,推进领导干部上讲台讲思政课常态化制度化。举办湖滨区"喜迎二十大 奋进新征程 新时代 新征程 争出彩"党的创新理论宣讲大赛,挖掘和培育了一批政治立场坚定、理论功底深厚、业务素质过硬、宣讲特点突出的理论宣讲家。组织全区干部积极参与"以考促学""能力作风建设"专项答题活动,全区共有2000余名党员干部参加答题,切实检验了学习成效。制定《关于举办政治理论月度测试的通知》,对全区各单位党政主要领导开展每月一测试,先后组织128人次开展测试,不断提升领导干部的理论水平,加强政治建设、提高政治素养。

新闻宣传。紧紧围绕湖滨区委、区政府中心工作,坚持以迎接宣传贯彻党的二十大精神为主线,制定印发《湖滨区关于党的二十大精神宣传报道方案》等文件,全方位、多视角、大容量地反映湖滨区在"三个一批"项目建设、乡村振兴、文明城市创建等工作中的好经验好做法,持续唱响主旋律、弘扬正能量、提振精气神。着重在"四报一社"国家级主流媒体集中发力,安排专人负责对接沟通,成立写作专班紧抓精品稿件质量,如经济日报客户端刊发《支部领办合作社 激发农村新活力》,光明日报客户端刊发《打造零工服务"全链条"》《高质量打造黄河生态廊道》等稿件。利用宣传工作微信群持续动员全区各单位推转区委、区政府的工作动态信息,共推转信息372篇/条,全区干部职工累计推转15.4万人次。"湖滨融媒"抖音号共发布视频187条,点击阅读量达599万;"湖滨融媒"视频号发布视频281条,点击阅读量达429万。"走近湖滨"微信公众号刊发的消息,阅读量达到20万+的5条,10万+的20条,2万+的50余条。

文艺文化活动。聚焦党的二十大,组织举办"夕阳绽芳华"老干部大学成立20周年书画展、第八届"书香湖滨·涵养文明"读书文化节等系列主题活动30项。加快推进公共文化服务体系建设,常态化开展我们的中国梦——文化进万家、"红色文艺轻骑兵"、义写春联、消夏音乐季等基层惠民文艺演出30场,"送戏下乡"活动38场,开启线上艺术慕课、村晚、书画展、摄影展"云服务"模式,线上线下服务惠及17.2万人次。以喜迎二十大为主题,创作舞蹈、散文诗歌、情景剧等各类文艺精品创作100余件,其中,选送舞蹈《美丽的草原我的家》在全市广场舞大赛中荣获一等奖。

精神文明建设。将《三门峡市文明行为促进条例》宣传推广作为持续提升辖区居民文明素养的总抓手,制定下发《关于进一步做好〈三门峡市文明行为促进条例〉宣传贯彻实施工作的通知》,持续开展《条例》"六进"活动。持续做好"我推荐我评议身边好人"工作,2022年共推选出"河南好人"2人、"三门峡好人"7人、三门峡市"情暖崤函"身边好人3人。2022年,湖滨区以"让文明之光照亮新征程"为主题,开展"新时代文明实践推动月"活动。各级各单位利用新时代文明实践中心(所、站)开展文明实践志愿服务活动660余场次,参与志愿者5.2万余人次。在全区奏响文明城市创建"大合唱",103个文明单位与47个社区开展"结对共建"帮扶,深入开展清理乱堆乱放5600余处,卫生死角6000余处,小广告1.4万余处,帮扶费用达27万元,使老旧小区面貌焕然一新,人居环境更加整洁。百名公共文明引导员遍布交通路口、窗口单位、老旧小区等,志愿服务"红马甲"成为湖滨区亮丽的风景线。

文化体制改革和文化产业发展。落实落细上级纾困帮扶政策,

2022年6月6日,湖滨区"喜迎二十大 奋进新征程 新时代 新征程 争出彩"党的创新理论宣讲大赛现场

先后为镜州文化产业有限公司、虢州石砚有限公司、"陕州印象"文化产业园等8家白名单企业争取到各类扶持资金519万元，帮助文旅行业困难企业渡过难关、恢复发展，稳住文旅业发展基本盘。通过"人人持证、技能河南"开展文旅行业技能培训100人、培育文旅市场线上线下新型主体100家、搭建全市首家文创产品展示交易中心等方式，加快促进消费回补和潜力释放。支持和引导陕州糟蛋、虢州石砚、虢艾艾制品、通草画、剪纸等非遗项目传承发展，组织多家优秀文旅企业参加中国旅游日、豫晋陕黄河金三角文化产业博览会、第四届大运河文化旅游博览会等展会，扩展文创产品价值和企业影响力。2022年，文化产业增加值占地区生产总值比重超过3%。

文旅融合发展。 大力推进沿黄文旅资源开发，重点规划包装大禹文化传承与延展项目、会兴古渡段整治提升项目，着力推进湖滨区综合文化服务中心项目建设。加快沿黄铁路文化公园建设，完善站点及周边规划和公共服务设施建设，推进沿线绿化美化亮化，规划设置游乐、美食、购物、演艺、民宿、休闲采摘、野外体验等项目，开展针对性招商，创新宣传营销手段，不断提高经营效益。促进乡村旅游，在高庙、会兴、磁钟规划建设高品质民宿，慕野星空营地、云岫民宿、东坡园等5家民宿已建成运营。全区乡村旅游年接待游客数量约235万人次，年收入1200余万元。加大宣传推广力度，通过绘制湖滨区旅游导图、开发沉浸式VR全景虚拟云游系统，强化湖滨区文旅IP形象。

2022年9月，湖滨区非遗产品亮相第四届大运河文化旅游博览会

【3个"全省乡村康养旅游示范村"】 湖滨区全面衔接中央乡村振兴战略，围绕农业强、农村美、农民富，全力推进康养旅游示范村建设，大安村、东坡村、马坡村成功创建"全省乡村康养旅游示范村"。其中，大安村以"1957乡遇大安·一个有故事的地方"为主题，重点讲好"大安故事"，叫响"天下黄河、乡遇大安"文化品牌，深入挖掘"红色、绿色、特色"资源优势，全力中流砥柱精神新地标、全国知名文旅康养目的地、全国乡村振兴示范村。东坡村坚持党建引领，成立"三门峡天鹅湾旅游开发有限公司"集体所有制产业，探索发展旅游+研学+文化+农业的经营模式，成立了股份制合作社、蔬菜合作社、花卉苗木合作社，相继发展了东坡园餐饮、拓展基地、东坡民宿、小火车体验、中草药研学基地、水稻研学基地等，通过发挥集体经济要素聚集的平台功能，引领乡村产业转型升级，形成集体经济与乡村产业共生共荣，互为支撑的良好姿态。蹚出了一条村集体经济由原来单一收取租金，到现在的一、二、三产业融合发展之路，实现集体经济收入82万元，村民

人均纯收入达到1.9万元，进一步拓展群众就业，助力乡村振兴。马坡村是湖滨区民俗文化村的突出代表。马坡村深入实施"党建+旅游"工程，充分挖掘特有的台塬式地貌、自然的生态环境、古朴的村落、淳朴的民风等资源优势，实施"田园马坡"美丽乡村建设，发展特色窑洞民宿。按照政府引导、群众自愿、大户带动、循序渐进、流转有偿的原则，在明晰产权归属的基础上，采取租赁、股份合作等形式，建立"企业（合作组织）+支部+农户+基地"的合作社，把项目变为资产，把资产盘活实现集体增收。通过合作社对窑洞民宿进行统一经营管理，村集体按照经济效益和入股比例分配红利，共享发展成果。并在2022年12月入选第二批河南省乡村康养旅游示范村创建单位名单。

·陕州区·

【文化概览】 陕州区位于三门峡市中部，东与渑池县交界，西与灵宝市接壤，南依甘山与洛宁县毗邻，北临黄河与山西省平陆县隔岸相望，下辖4镇8乡1街道，总面积

1610.7平方公里，总人口34万，荣获全国文化先进县、中国地坑院文化之乡、中国民间艺术之乡等荣誉。陕州区古称陕州，自秦惠公置县至今已有2400余年历史，召公勤政、甘棠遗爱、夏商征战、周召分陕、假虞灭虢等众多历史典故均源于此；姚懿、姚崇、上官仪、上官婉儿等历史杰出人物辈出于陕州。拥有世界文化遗产1处（崤函古道石壕段遗址），全国重点文物保护单位3处（安国寺、庙上村地坑窑院、崤函古道石壕段遗址），省级文物保护单位10处（温塘摩崖石刻造像、兀氏旧宅、姚懿碑、夏后皋墓、段岩村传统民居、田家庄传统民居、新建村传统民居、海公禅师塔、窑头遗址、陕州黄河漕运古栈道）。此外，共有列入国家、省、市、区四级的非物质文化遗产项目146项，非物质文化遗产项目代表性传承人336名，省级文化遗产展示馆传习所6所。

加强理论武装。坚持把习近平新时代中国特色社会主义思想作为理论武装中心内容，陕州区委理论学习中心组开展集中学习16次，"以考促学"5次，研讨交流5次。组建"1+13+N"宣讲矩阵、党的二十大精神区委宣讲团、百姓宣讲团、新时代宣讲师等宣讲队伍，开展宣讲活动400余场次，受众1.5万余人。举办"党的创新理论宣讲"主题宣传教育实践活动宣讲大赛，24件优秀作品在网络平台推送，掀起网上宣讲热潮。抓好青少年思政课教育，区委书记带头为陕州中学师生讲授思政课。开展思想政治理论课教学技能"大练兵、大比武、大展示"活动，统筹推进全区中小学思政课一体化建设，持续推动习近平新时代中国特色社会主义思想进教材、进课堂、进头脑。

强化正面宣传引导。2022年，陕州区以学习宣传贯彻党的二十大精神为主线，围绕项目建设、经济运行、城市建设、人居环境整治、文明城市创建等重点任务，策划推出系列有分量的宣传报道。在各大媒体发稿2600余篇，其中，国家级媒体243篇，省级媒体897篇，市级以上1466篇。甘山国家森林公园被中央媒体关注48次，荣登《新闻联播》的《大美中国 层林尽染》栏目。"十一"期间，陕州地坑院、陕州锣鼓书、万亩高粱等12次登上央视各大媒体。围绕"百花经济"策划"二仙坡紫槐盛开季"等系列活动，在人民视频、凤凰网、央视频等媒体推出，网络综合点击量达6000多万次。

繁荣文艺文化事业。陕州区乡村村晚"唱响村戏"专场晚会入选文化和旅游部全国80个活动示范点，成为河南省三个试点之一。微电影《樱桃又红了》在三门峡市第十一届精神文明建设"五个一工程"评选中，获得微电影类作品一等奖，戏曲《连翘花开》获得戏曲类作品二等奖。开展"我们的中国梦·文化进万家"7场、送戏下乡200场、"农村公益电影"放映3072场、"送万福进万家"赠送春联6000余副，书法作品23幅、艺术展览6场、全民阅读推广20场、非遗培训班6场。新建流动图书服务点3个、"流动书吧"7个，推动形成"15分钟阅读圈"，进一步满足群众精神文化需求。西张村镇人马寨村王玉瑞澄泥砚展示馆被河南省文明办、省科学技术协会授予"河南省科普教育基地"。

弘扬社会主义核心价值观。强化典型带动，推荐敬业奉献、助人为乐等先进典型24名，上榜"河南好人榜"3名、三门峡市道德模范3人、"三门峡好人"3名，开展各级各类先进典型事迹巡讲巡展200余场。各级各部门开展"学文明条例""学雷锋我行动"等文明实践志愿服务520余场次。扎实推进文创创建工作，推荐创建全国后备村2个，省级后备村镇4个，荣获市级"乡村光荣榜"先进人物11人。组织开展"赶考路上有我"主题系列活动，征集书画摄影、征文、歌曲、演讲等各类作品373组，荣获省级荣誉4个、市级荣誉5个。坚持立德树人，评选表彰一批"新时代好少年"，建成乡村学校少年宫16所，实现所有乡镇全覆盖。

推动文旅融合发展。2022年，重点推进甘山森林公园生态修复及基础设施提档升级、文物保护修复、崤函古道安防、熊耳山文化旅游风景区AAAA级旅游景区创建、陕州区文旅云中心建设、地坑院基础设施提档升级、黄河生态廊道水上运动等7个项目的建设，以项目建设高质量支撑经济发展高质量。其中，陕州地坑院景区实现了5G信号覆盖、网络购票、刷脸入园、大数据应用、智慧停车、智能充电以及广播系统、紧急救援系统等智慧化服务。甘山国家森林公园坚持把景区管理、服务、营销等环节融入智慧景区的建设，在智慧服务、管理上不断创新和探索，全面助推景区智慧旅游体系建设。

【**陕州锣鼓书《大禹劈三门》入选2022年全国民间文艺展演**】 由三门峡市民协、三门峡市曲协联合选送，中国曲协会员、市曲艺家协会名誉主席李文艺，陕州区曲艺家协会秘书长李凯飞，市豫剧团青年演员王松良联合主创的陕州锣鼓书《大禹劈三门》，以国家级非遗项目陕州锣鼓书为载体，重点讲述《大禹劈三门》的民间传说故事，生动展示了我国古代人民波澜壮阔的治水场面，热情讴歌了不屈不挠、英勇顽强的民族精神，对于讲好黄河故事，弘扬陕州文化，增强文化自信，扩大三门峡市对外影响力都将产生积极而深远的影响。该节目先后荣获首届"鱼龙百戏杯"优秀曲艺国际邀请赛优秀奖、首届"庄子杯"全国优秀曲艺节目展演奖、第三届"通州杯"全国曲艺新作优秀节目展演奖、第八届河南省曲艺牡丹奖等20余项国际、国家及省级奖项，2022年又成功入选全国民间文艺展演。

·渑池县·

【文化概览】 渑池县位于河南省西部，是闻名遐迩的人类远祖起源地和举世闻名的仰韶文化发现地，辖6镇6乡，总面积1368平方公里，常住人口35.83万人。渑池是底蕴厚重的文化之城。人类文明从这里走来，4500万年前，人类远祖在这里繁衍生息；7000年前，仰韶文化在这里氤氲积淀。东汉大将冯异在渑池、洛宁一带大败赤眉军，留下了"垂翅回溪""终能奋翼""失之东隅，收之桑榆"的记载。名士周党隐居渑池不应刘秀征召，隐居之地后称不召寨。"唐宋八大家"之一的苏轼出蜀过渑，写下了著名诗作《和子由渑池怀旧》，"雪泥鸿爪"由此而来。这里还是公廉文化首倡之处，明初曹端"公，则民不敢谩；廉，则吏不敢欺"的箴言今天依然历久弥新。红色文化在这里闪耀，刘少奇、邓小平、彭德怀等一大批老一辈革命家在这里驻足停留，豫西特委扩大干部会议在这里召开，彪炳史册的政治名著《论共产党员的修养》在这里诞生。渑池名胜古迹遍布，共有文物保护单位162处。其中国家级2处（仰韶村遗址、不召寨遗址），省级11处，市级18处，县级131处。

理论武装走深走实。深化运用"第一议题"、"五种学习方式"、中心组学习巡听旁听等形式，渑池县委常委会落实"第一议题"学习31次，组织理论学习中心组集中学习16次，乡科级党委（党组）落实"第一议题"学习1266次，组织中心组集中学习1179次。开展党的二十大专题学习研讨、"以考促学"、"学习强国"百名达人、千名标兵、万人答题挑战赛，组建"1+12+N"宣讲矩阵，开展党的创新理论基层宣讲181次，全面掀起学习宣传贯彻党的二十大精神热潮。

新闻宣传亮点纷呈。聚焦党的二十大、黄河流域生态保护和高质量发展、能力作风建设年、双创争一流、仰韶文化、乡村振兴等重点工作，累计在市级以上各类新闻媒体刊发稿件6400余篇。其中，在中央级主流新闻媒体刊发稿件230余篇。开通渑池融媒和云上渑池视频号"学习强国·渑池融媒号"，特别推出《主播说·二十大》《深入学习宣传贯彻党的二十大精神》等栏目，以及《融媒记者走基层》《新时代文明实践》等系列报道品牌栏目。持续开展"我为渑池代言 争做渑池名片"主题活动，组织县直单位主要负责人、乡（镇）党委书记、村支部书记（第一书记）、渑池籍在外人士等，以短视频的形式对渑池进行推介全面展现渑池的文化、生态、发展之美。

文化活动丰富多彩。围绕迎接宣传贯彻党的二十大，全力推进重大主题宣传，先后举办演讲、朗诵、戏迷擂台赛、书画展、摄影展等群众文化活动110余场，并在全省各项主题宣传活动中，代表三门峡屡得佳绩。其中，渑池县选送的印象仰韶合唱团荣获全省群众合唱大赛二等奖；文艺作品《玉兰花开新农家》获得全省"党的创新理论宣讲"大赛二等奖。此外，开展覆盖线上线下的非遗展、"美丽俏佳人"慕课、舞蹈秀、旗袍秀、科普宣传等活动100余场次，组织送电影下乡2832场、送戏下乡236场、"政府采购百场戏"演出15场，举办"红色文艺轻骑兵"活动16场次，人民群众精神文化生活丰富多彩。

价值引领提升固本。以创建全国文明城市提名城市为统领、城乡精神文明融合发展为牵引，渑池县12个乡镇，成功创建全国文明乡镇1个，省级文明乡镇2个，市级文明乡镇9个，占比100%；236个行政村中，县级以上文明村共计197个，占比达83.4%。全县321个新时代文明实践站（所）、16个新时代文明实践活动基地全部投入运行，组建各类志愿者服务队200支，6.8万余名志愿者开展政策宣讲、科技培训等实践活动5000余场次。坚持把社会主义核心价值观融入思想道德教育、文化知识教育、社会实践教育各个环节，组织全县各级各类学校同上"开学第一

仰韶村考古遗址公园正门前景

课",受教育学生 6 万余人次。

【**仰韶村考古遗址公园成功入选国家考古遗址公园名单**】 仰韶村国家考古遗址公园,位于渑池县城北 6 公里的仰韶镇仰韶村。公园于 2017 年 12 月国家文物局批准立项,规划总面积 189.89 公顷,总投资 3.2 亿元。遗址公园将仰韶文化博物馆、发掘纪念点等景观串点连线,形成"一中心(游客服务中心)、两环(仰韶环壕、龙山环壕)、三广场(韶源广场、韶乐广场、韶华广场)、四点(先后四次发掘纪念点)、五园(考古展示园、考古体验园、聚落模拟园、仰韶陶醉园、韶脉水乐园)"的展示结构,着力打造集文化遗产保护、价值阐释、考古纪念、科学研究、休闲观光等于一体的考古圣地景观。2022 年 12 月 29 日,仰韶村考古遗址公园成功列入第四批国家考古遗址公园名单。

·卢氏县·

【**文化概览**】 卢氏县地处河南省西部,三门峡市西南方向,位于两省八县接合部,总面积 4004 平方公里,辖 9 镇 10 乡,常住人口约 31.7 万人。卢氏县始建于西汉武帝元鼎四年(前 113 年),县域内先后出土了卢氏跗猴、洛河中兽、卢氏恐龙、卢氏智人等一大批古生物化石,是全国唯一有化石实物可考的"人猿相揖别"之地;有新石器时代文化遗址、商代文化遗址等一大批遗迹遗址,是河洛文化的重要发祥地之一;1934 年,红二十五军曾转战于此,是鄂豫陕革命根据地的核心区域,是河南省 13 个革命老苏区县之一。全县共有 515 处文物遗址,包括古建筑 198 处,古遗址 207 处,古墓葬 38 处,石窟寺及石刻 7 处,近现代重要史迹及代表性建筑 65 处。其中,全国重点文物保护单位 1 处,入选国家级非物质文化遗产名录 2 个,入选省级非物质文化遗产名录 8 个,入选市级非物质文化遗产名 13 个。

理论武装更加入脑入心。深入学习贯彻习近平新时代中国特色社会主义思想,服务卢氏县委理论学习中心组学习 17 次。组建理论宣讲团,开展线上线下理论宣讲 1500 余场,受众 16 万余人次。开办习近平新时代中国特色社会主义思想兴贤里社区居民读书班,常态化开展理论教学、读书交流、教育实践等活动。开展"喜迎二十大 新时代 新征程 争出彩"党的创新理论宣讲大赛、"强国复兴有我"微党课、微视频大赛等,荣获全省 2022 年基层理论宣讲先进集体,选送的《卢氏县委土坯房 见证 65 年坚守传承》荣获全省优秀理论宣讲微视频称号。

主流舆论更加同心同向。2022 年,中央电视台 4 次聚焦卢氏县,《焦点访谈》栏目播出《共富路上不掉队》,《人民日报》和《新华每日电讯》均头题报道卢氏,2022 年共在市级以上媒体平台刊发稿件 4000 余篇,其中国家级平台 300 余篇,省级平台 700 余篇,在全市主要央媒重点栏目报道情况通报中,卢氏发稿数量多次位居全市第一,在全市新闻外宣工作推进会上卢氏做经验交流。建好建强新媒体传播矩阵,"清清卢氏"微信公众号粉丝量达到 3.13 万人,融媒体中心官方抖音号粉丝量达到 11 万余人,抖音作品累计浏览量接近 8.3 亿次,点赞量超过 263.7 万次。在全省县级融媒体中心云上系列客户端排名中,卢氏县融媒客户端日活量位居全省第一,下载量全省第六。

文化建设更加出新出彩。弘扬中华优秀传统文化,采取线下+线上的方式,组织开展了新春文艺晚会、元宵节文化惠民活动、端午节电商直播擂台赛、中秋网络音诗会等活动,在全社会营造起浓厚的节日氛围。围绕"喜迎二十大 欢乐进万家"主题,组织书画、摄影、戏曲等系列文化活动,征集各类优秀作品 500 余幅,戏曲大赛线上观看总人数超 15 万人次,举办"连翘花开·幸福卢氏"网络摄影展,收集展出作品 120 幅。开展全民阅

2022年11月19日，《焦点访谈》栏目《共富路上不掉队》

读暨"绿书签行动"启动仪式、举办"纪念曹靖华诞辰125周年"等活动。组织卢氏县作家协会出版《河洛风》杂志3期，微信公众号"卢氏部落"推出130期、"莘川文艺"25期，在市级以上杂志、报纸、公众号等平台累计发表各类文学作品500余篇。持续开展"深入生活 扎根人民"实践活动，卢氏县曲艺家协会拍摄制作《老纪反诈》系列短视频65期，成功出圈，火爆网络；拍摄制作电影《我和我的乡村》、微电影《最后的骡马道》，创新打造《永远的雪涛》《喷空》等节目，用文艺形式生动演绎党的创新理论。

精神文明更加向上向善。扎实开展创建活动，深入实施文明城市创建"七大攻坚行动"，围绕基础设施建设提升、城市精细化管理、社区规范管理、交通秩序整治提升等方面开展专项治理，新申报省级文明单位2个、文明乡镇2个，文明村（社区）3个。广泛开展农村文明诚信家庭争创活动，推选"三门峡好人"3人，三门峡市第三届文明家庭6户，河南省"乡村光荣榜"候选人3人。以创建"文明幸福星"为依托，指导全县271个行政村修订完善村规民约、红白理事会、村民议事会、道德评议会、禁毒禁赌会和孝善理事会制度，充分发挥"一约五会"的作用。深化"国家新时代文明实践创新区"建设，开展活动1900余场次，参与志愿者2.6万余人次，参与干部群众10万余人次。"争创农村文明诚信家庭活动"和"小积分激活大治理涵养新风尚"2个项目作为全市城乡精神文明融合发展优秀项目被推荐至省文明办。

【《焦点访谈》专题报道《共富路上不掉队》】 2022年11月19日19时50分，中央电视台《焦点访谈》栏目以《共富路上不掉队》为题，专题报道了河南省曾经的深度贫困县卢氏县深入贯彻落实党的二十大精神，持续深化金融扶贫"卢氏模式"，巩固拓展脱贫攻坚成果衔接乡村振兴的经验做法，是2022年全省唯一一个被《焦点访谈》报道的县（市、区），央视网、《人民日报》客户端、国家乡村振兴局官微等300余家媒体对该期节目进行了报道。

·义马市·

【文化概览】 义马市隶属于河南省三门峡市，地处黄河流域，在两京（西安、洛阳）之间的崤函古道上，为秦（灵宝）、汉（新安）两函谷关之间的咽喉地带。全市总面积112平方公里，总人口13.58万人。义马市历史文化遗迹星罗棋布，遍布全境，拥有世界上最古老的银杏化石，以及鸿庆寺石窟、新安故城遗址、春秋古墓群、楚坑、慈禧行宫、千秋古镇、石佛古村落、李家大院等文化遗址，其中，上石河春秋墓葬群入选河南省2018年度"五大考古新发现"。这里历史名人不胜枚举，西晋时期，针灸鼻祖皇甫谧在这里写下《针灸甲乙经》，《黄河大合唱》首演领唱、"抗演之花"蒋旨暇等英烈长眠于此。新中国成立以来，这里以煤立城，大力发展煤矿产业，1970年成立立马矿区，逐步形成了独特的工矿文化。此外，这里还是"泥塑""麦秸画""千秋锣鼓""狂口高跷"等非物质文化品牌聚集地。同时，义马也是著名的"武术之乡"和"书画基地"。

理论宣讲。坚持以习近平新时代中国特色社会主义思想为指引，以学习宣传贯彻党的二十大精神为主线，认真落实"第一议题"制度，义马市委常委会及时跟进学习习近平总书记最新重要讲话重要指示批示精神30次，开展市委理论学习中心组集中学习15次，全市各级党委（党组）理论学习中心组集中学习研讨870余次。创新理论宣讲方式，深入开展基层宣讲"一三二一"专项行动，建设建强"1+7+N"宣讲矩阵，初步形成老中青梯次衔接、身份经历特长搭配的宣讲队伍体系。做好理论宣讲与中心工作、党员干部政治素养提升和群众实际需求的三个结合。印发双月宣讲任务分解表，高标准开展理论宣讲八进活动,实现基层理论政策宣讲工作由数量倍增1.0向量质并举2.0的提档升级。印发《党委(党组)基层理论政策宣讲巡听旁听计划安排》,建立"基层宣讲巡听旁听"机制、督导考核机制,构建起"事前征求意见、事中群众评价、事后总结经验"全流程闭环工作模式。

新闻外宣。创新"三三相加""五五相进"宣传方式,2022年义马市在国家级媒体发稿同比增长15.8%,省级媒体同比增长15.7%,地级媒体同比增长6.9%。其中,中央广播电视总台稿件刊播实现三门峡地区零的突破,《人民日报》、中央电视台分别报道,《经济日报》9次着眼,《光明日报》5次聚焦,人民网、新华网9次探访;"学习强国"13次荣登全国平台;《河南日报》253次报道三门峡市高质量发展成效;河南电视台27次讲述义马故事;《三门峡日报》6篇头版头条,新闻发稿在三门峡地区排名靠前。"云上义马"App下载量、日活量分居全省第九、第八位。

文艺文化活动。组织开展"喜迎二十大 欢乐进万家"十大群众文化活动,选送作品《扬强国之正气 做中华之少年》荣获河南省"典籍里的中国"中华经典诵读大赛二等奖。举办义马千秋古村第六届新春饺子宴、"义写春联"、2022年元宵节晚会、非遗剪纸作品展等形式多样的"双节"群众文化活动100余场次,结合中国传统节日、重要纪念日组织全市各机关单位、街道办事处、社区通过文艺演出、戏曲演出、红色电影展播、朗诵会、全民健身等开展形式多样的活动150余场次。推出义马版《领航》MV观看量突破126万人次,《万疆》MV视频观看量突破200万人次,推出书籍《天矿——河南人高原创业记》《名人与三门峡》荣获三门峡"五个一工程"图书类三等奖。"千秋八一采煤队精神"展览馆提前建成,并荣获"出彩河南人"2021感动中原十大年度集体称号。

文旅文创融合。义马市紧紧围绕"点上突破、无中生有、挖潜培特"的工作思路,进行格局重塑,制定了《义马市文化产业发展规划(2021—2025)》,建立了以"抗演三队"纪念馆、苗元古筝文化产业等21个项目为主的《重点文化产业项目库》,确立了一批重点发展、优先发展、鼓励发展的文化产业项目,进行有序开发、梯度开发,形成了特色鲜明、布局合理的产业发展格局。着眼以小见大,挖掘文创单位24家,编制完成包含4大类、19种产品的义马市文创产品宣传册,并进行线上推广,为下一步"挖潜培特"做足准备。打造四条线路,利用义马红色展馆,打造红色精神研学游;依托义马工矿资源及煤化工产业链条,打造地域特色工矿游;抓住全省农村人居环境整治先进市的契机,打造乡村振兴生态游;串点成线历史遗迹,打造义马历史文物探源游,培育义马青少年家国情怀、根植义马记忆。

【"千秋八一采煤队精神"展览馆】依托千秋煤矿矿史馆,河南能源义煤集团建设千秋八一采煤队精神展览馆。该展览馆目前有专职管理人员5人,专职讲解员5人,兼职讲解员25人,管理机构健全完善,共有精神展厅、党支部建设展厅、安全发展展厅、展播厅、书法作品展厅5个展馆,占地1000余平方米,展品560余件,展览馆着重通过实物、图片、文字等,辅以科技化、智能化手段,展现八一采煤队自建队64年以来以爱党爱国为核心的发展历程、八一采煤队精神的形成及传承、安全发展成果、首套国产综采支架模型及先进模范使用过的老物件、荣誉证书等,特别是在展览馆内1975年煤炭工业部授予的"英勇善战"红色旗帜仍耀眼夺目。展览馆自建成后,免费向社会开放,已接待参观人员3万余人次。

"千秋八一采煤队精神"展览馆陈展内景

·灵宝市·

【文化概览】 灵宝地处豫晋陕三省交界，是河南省的西大门，南依秦岭，北濒黄河，总面积3011平方公里，总人口75万，被誉为黄金之城、苹果之乡、道家之源。灵宝是华夏文明重要的发祥地之一，境内的荆山黄帝铸鼎原是5000多年前中华民族始祖轩辕黄帝定居、铸鼎邦国之地；周围有全国重点文物保护单位——北阳平遗址、中华文明探源工程六大遗址首选的西坡遗址；我国古代伟大思想家、哲学家老子在这里著述五千言《道德经》；东汉公正廉洁、不谋私利的"四知"太守杨震在这里任职二十多年。现有国家AAAA级旅游景区4家，分别为中国建置最早的雄关要塞函谷关，国家级森林公园燕子山，国家级地质公园娘娘山，河南省最高峰老鸦岔垴所在的汉山。

加强理论武装。 2022年，灵宝市紧扣学习宣传贯彻党的二十大精神主线，严格落实"第一议题"制度，开展市委理论学习中心组集体学习28次，"第一议题"学习29次。全市各单位累计开展"以考促学"680余场，召开学习贯彻党的二十大精神专题会议320余次，推出《党的二十大精神宣讲·灵宝微讲堂》17期。立足区域实际，统筹宣讲力量，选拔培养100名"新时代百姓宣讲员"，优秀宣讲员王丽娜参加河南省"新时代百姓宣讲员"评选，荣获第一名，开展理论宣讲短视频征集展播活动，阅读量超100万，切实以群众身边人讲述身边事的方式开展对象化、分众化、互动化宣讲。同时，依托"六馆两基地一中心"，红色资源，采取丰富多样形式对党员进行立体式红色教育，选拔49名优秀教师，推出一批让学生愿意听、听得进的思政"金课"，深入推动"党的创新理论"进学校进课堂。

文艺文化活动。 统筹内宣外宣资源，坚持线上线下发力，浓墨重彩开展"党的创新理论宣讲微课堂"优秀短视频展播、"赶考路上有我"等主题宣传教育活动，累计开展各类比赛展演活动400余场，优秀短视频阅读量超100万，大力营造了"喜迎二十大"的浓厚舆论氛围和社会氛围。立足公共文化高质量发展，2022年新建乡村文化合作社30个，全市乡村文化合作社总数达62个。其中，尹庄镇唐窑村文化合作社、五亩乡庄里村文化合作社等2个文化合作社被命名为河南省示范性乡村文化合作社，尹庄镇唐窑村被命名为三门峡市文化产业特色村，全年组织开展短视频创作、文化志愿服务等培训17场，发布视频作品984条，积极参加"魅力乡村我的家"三门峡市乡村文化合作社才艺大赛、河南省"我的乡村文化合作社"才艺大赛并取得优异成绩，进一步推动乡村文化繁荣，提振乡村"精气神"。

文旅融合发展。 灵宝市紧抓黄河流域生态保护和高质量发展、乡村振兴等重大国家战略机遇，围绕河南省委实施文旅文创融合战略政策机遇，坚持科学规划，整合全域资源，牢固树立"大函谷关"理念，加快建设函谷关AAAAA级景区，重点推进函谷关历史文化遗产区东大门片区、函关古道、函谷夹辅、灵宝博物馆等项目建设，以《道德经》研究传播为核心，持续办好《道德经》文化艺术周、函谷论道、道德经吟诵、老子道德经·名家讲堂等特色节会活动，擦亮"道家之源"品牌。大力实施"文化+"战略，积极发展旅游+摄影+研学+康养等新业态，加强遗址调查研究，实施北阳平遗址群数字化展示工程，推进西坡遗址大房基保护性展示工程后续工作。培育壮大虢州石砚等一批核心竞争力强的龙头企业，带动灵宝金石等文创产品迅速发展。加快黄河生态廊道项目建设，全长约60公里的沿黄公路建成通车，系统梳理沿黄5个乡镇42个村人文历史和优势产业，高标准规划建设东寨等观景驿站3个，改造提升黄河入豫处等观景台3个，高质量推进建设省级乡村振兴示范村，着力打造沿黄乡村振兴、文旅文创融合发展示范带。

精神文明建设。 积极做好河南省级、三门峡市级、灵宝市级文明单位申报工作，组织72家文明单位与68个行政村，开展"四送一助力"结对帮创活动；深化文明村镇、文明校园创建，统筹推进"乡村光荣榜"选树宣传、"星级文明户"认领、移风易俗、村史馆建设等工作，点亮乡村振兴文明底色。依托新时代文明实践中心（所、站），常态化开展文明实践活动245场次，参与志愿者7000余人，活动受益人数1.5万余人。大力开展"赶考路上有我"主题宣传教育实践活动，征集征文、书法、绘画、摄影、歌咏等作品630件。持续开展"乡村光荣榜"人物宣传选树活动，其中上榜省级"乡村光荣榜"2人，三门峡市级11人。振宇公司宋振廷荣获第八届河南省道德模范称号，3人荣获第十三届三门峡市道德模范称号，4家单位和5人分

2022年8月11日，《英雄赞歌》灵宝市文化馆舞蹈队在"中原舞蹁跹 群星耀中原"三门峡市第六届艺术广场舞大赛后合影留念

别荣获三门峡市"四个一批"志愿服务先进典型称号。持续做好"志愿河南"信息系统注册使用工作，目前注册志愿服务组织473个，注册志愿者1.8万余人。

【黄帝铸鼎原遗址、灵宝函谷关入选《河南省"十四五"文化旅游融合发展规划》中华文化超级IP工程】 黄帝铸鼎原聚落遗址群是国务院公布的第五批全国重点文物保护单位，并被列为中华文明探源工程六大遗址首选。中央电视台一套《中国影像方志》节目称其中的北阳平遗址为"黄帝时期长安街"、西坡遗址为"黄帝时期人民大会堂"。灵宝函谷关是中国历史上建置最早的雄关要塞，以"名人、名著、名关"闻名于世。我国古代思想家、哲学家老子在此著述《道德经》，成为道家学派经典著作、中国哲学开山之作，也是被翻译语言最多、出版数量最多的中国文化典籍，灵宝因此被誉为"道家之源"。"灵宝黄帝铸鼎原遗址""灵宝函谷关"入选《河南省"十四五"文化旅游融合发展规划》中华文化超级IP工程。其中，"灵宝黄帝铸鼎原遗址"列入"老家河南"全球著名文化IP建设名单，灵宝函谷关列入"东方智慧"国际知名文化IP建设名单。

南阳市

【文化概览】 南阳古称宛，位于河南省西南部、豫鄂陕三省交界处，为三面环山、南部开口的盆地，因地处伏牛山以南，汉水以北而得名。南阳历史悠久，文化厚重，早在50万年以前，"南召猿人"就在这里生息繁衍，西汉时为我国六大都会之一，东汉光武帝刘秀起兵于此，故称"南都""帝乡"。南阳人杰地灵，人才辈出，历史上曾孕育出"科圣"张衡、"医圣"张仲景、"商圣"范蠡及"智圣"诸葛亮，更滋养了哲学家冯友兰、军事家彭雪枫、文学家姚雪垠、科技发明家王永民、作家二月河等当代名人。南阳是全国文明城市、国家卫生城市、国家森林城市、国家园林城市、国家历史文化名城、中国优秀旅游城市，是南水北调中线工程核心水源地和渠首所在地，也是省委、省政府确立的省域副中心城市。全市现辖2行政市辖区、4个开发区、11个县（市），总面积2.66万平方公里，人口961.5万人，现有公共图书馆13个、文化馆16个、文化分馆246个、博物馆26个，诸葛书屋69个，基层文化服务中心5121个，全国重点文物保护单位24处，省级文物保护单位148处，县市级文物保护单位1037处，馆藏文物达10万多件，省级以上非遗代表性项目68个。

理论工作。持续强化理论武装，把学习贯彻习近平新时代中国特色社会主义思想作为首要政治任务和长期战略任务，严格落实"第一议题"制度，及时跟进学习习近平总书记最新重要讲话、重要文章、重要指示批示，2022年共组织市委常委会"第一议题"学习26次，带动全市"第一议题"常态化规范化，卧龙区委常委会被省委宣传部命名为县处级党委（党组）"第一议题"示范点。围绕学习宣传贯彻党的二十大精神，开展党的二十大精神集中宣讲，全市范围内共组建50余支1430余人的宣讲队伍，开展各类宣讲7000余场，受众100万余人。围绕"新时代 新征程 争出彩"，举办全市党的创新理论宣讲大赛及全市理论宣讲短视频征集展播活动，推荐2名选手参加全省决赛，并荣获全省文艺类、故事类二等奖。开展基层理论宣讲推荐评选，南阳市3人被省委宣传部评为党的十九届六中全会精神优秀宣讲队员；南水北调干部学院教师吕淼宣讲的《守好一库碧水实现绿色发展》荣获全国二等奖、河南省第一名；南阳青年宣讲团团长张天业被中宣部评为2022年度基层理论宣讲先进个人；1个宣讲团、3名宣讲员、2份宣讲报告、1个宣讲微视频受到省委宣传部表扬。加强思想引导和理论辨析，组织社科理论界专家学者推出一批理论阐释文章，在《南阳日报》理论专版刊发70余篇。建好用好"学习强国"南阳平台，县市区"学习强国"融媒号全部上线运营，形成"学习强国"南阳矩阵，持续为现代化省域副中心城市建设凝聚正能量、增添新动能。

新闻宣传。围绕习近平总书记视察调研南阳、学习宣传贯彻党的二十大精神等重大主题，开展系列报道。制定《全市关于党的二十大精神宣传报道方案》，统筹安排市属媒体，在重点栏目、重要版面开设"深入学习贯彻党的二十大精神""宣讲团在基层"专栏，全方位聚焦全市广大党员领导干部学习宣传贯彻党的二十大精神的生动实践。围绕奋力建设省域副中心城市主题，开展成就宣传，全面展示近年来南阳发展变化和辉煌成就，让党委政府声音第一时间成为舆论场最强音。围绕"优化营商环境""万人助万企""城市更新提质""项目建设"工作，统筹市属媒体开展高质量新闻报道3800余篇。坚持"走出去+请进来"，做好对上报道，全年主要央媒重点栏目报道780余篇次，全省排名始终保持第一方阵。持续改革创新，加快融合发展，打造具有地方特色的新型主流媒体，以南阳日报社、南阳广播电视台为主体，持续改革创新，加快融合发展，努力打造具有地方特色的新型主流媒体。以县级广播电视台为主体，加强资源整合、技术创新和阵地拓展，13个县级融媒体中心全部挂牌，努力打造县域主流舆论阵地、综合服务平台和社区信息枢纽。

文化事业。加大文学艺术精品创作和扶持力度，推出一批精品力作。长篇小说《三山凹》、电视剧《花开山乡》获河南省第十三届精神文明建设"五个一工程"优秀作品奖，长篇小说《我们的路》入选河南省2022年度重点文艺创作项目。持续开展"深入生活、扎根人民"主题实践活动，创作推出长篇小说《医圣张仲景》、戏剧《大国医魂》、曲艺剧《张仲景》等作品50余部。与高希希导演团队开展全面战略合作，筹划投拍以南阳"三国文化""仲景文化"为核心元素的大型历史剧《三国时代》《大国医圣张仲景》，以"时代楷模"张玉滚真实事迹改编的电影《芳草满天涯》内部试映。聚焦群众文化需求，围绕"喜迎二十大 欢乐进万家"主题，深入开展"喜迎二十大 欢乐进万家"首届惠民文化节、"魅力南阳大家唱"群众文化演出、第八届南阳市青年歌手大奖赛等群众文化活动。通过市、县、乡、村四级联动，线上线下同频共振，共开展经典诵读、广场舞、书法绘画、文艺展演等形式多样的群众文化活动2200余场次。在全省工作总结会上，南阳市文化广电和旅游局等5个先进单位、《追寻》等41个节目和作品受到省委宣传部表彰。扎实开展"舞台艺术送基层""戏曲进校园""公益电影放映"等文化惠民工程，组织文艺志愿者、文艺院团、文艺轻骑兵送文化下乡2万余场，开展"戏曲进校园"活动472场，农村（社区）公益电影放映59118场，累计受众达820余万人次，极大地丰富了群众精神文化生活，切实提升了人民群众获得感、幸福感。

社会宣传教育。围绕迎接党的二十大，统筹推进全市"新时代新征程 争出彩"十大群众性主题教育实践活动，围绕"强国复兴有我""红色耀中原"等主题，开展学习参观、宣讲比赛、文艺展演、百姓故事汇等活动5200余场次，南阳选手王芊寻、邹子金进入全省"强国复兴有我"决赛。党的二十大召开前，在全市组织升国旗仪式800余场次，悬挂国旗17万余面，大街小巷处处飘扬"中国红"；在公共场所LED电子屏滚动播放"喜迎二十大 永远跟党走"等标语110余万次，营造浓厚氛围。深入开展"四史"宣传教育、形势政策教育等活动6300余场，教育干部群众80余万人次；推进"三全育人"，承办河南省"5.25心理健康教育日"主题思政课集体备课活动，直播观看超16万人次，点赞量近800万。印发《贯彻〈新时代爱国主义教育实施纲要〉工作方案》，推动爱国主义教育融入大中小学党日团日、主题班会、班队会中，深入开展"扣好人生第一粒扣子"主题实践活动80000余场次；充分利用"七一"、"八一"、国庆等时间节点，在镇平彭雪枫纪念馆、桐柏革命纪念馆、方城红二十五军鏖战独树镇纪念地等，开展"红色故事会""国庆爱国活动周"等主题活动，进一步打响红色资源品牌。配合央视拍摄专题片《长征之歌》，相关节目在央视综合频道播出。深入开展学雷锋活动，赵印刚、姚青月被命名为第六批河南省岗位学雷锋标兵，内乡县衙博物馆、西峡县科技特派员服务团被命名为第六批河南省学雷锋示范点，命名10名个人和7个集体为第五批南阳市岗位学雷锋标兵和学雷锋示范点。围绕全市"观念能力作风建设年"活动，组织学习研讨、交流反思1200余场次，查摆思想问题4000余条，推动解决群众急难愁盼问题550余个。

对外宣传。围绕迎接宣传贯彻党的二十大，深入贯彻落实习近平总书记视察南阳重要指示批示，高水平建设现代省域副中心城市等重大主题、重大部署，精心组织系列对外宣传活动，全方位打响"南阳，一个值得三顾的地方"城市品牌。组织举办"迎接二十大 逐梦副中心"系列主题宣传活动，中央主流媒体以及省内外知名媒体高度聚焦南阳发展，刊发一专题、系列评论、原创报道、海报、图片故事、短视频等2000余篇（条）精品内容。举办"最美南阳"图片征集评选活动，"喜迎二十大 绿色崛起看南阳"摄影大赛，开展"非凡十年 逐梦副中心"系列主题新闻发布会、充分对外展示南阳高水平建设副中心城市的生动实践。拍摄《南阳，一个值得三顾的地方》城市形象宣传片并在央视综合频道播放，制作《躬耕南阳 走向世界》城市招商片和《南水北调》音乐纪录片。与中国农业电影电视中心合作拍摄大型电视纪录片《你好，南水北调》。加快南阳城市海外账号建设，在脸书、推特、照片墙等海外媒体平台开通南阳城市账号、文旅官方账号，持续对外讲好南阳故事。全力做好第十三届南阳月季花会、第十届仲景论坛、第五届中国农民电影节的对外宣传报道工作，邀请中央驻豫重点媒体、省媒体开展实地采风、报道节会盛况，精心策划推出一系列新闻报道、短视频、H5、海报等融媒体产品10000余篇（条），阅读量3255万人次，相关话题网络总点击量达到2亿余人次。

精神文明建设。开展文明城市常态化创建，建立四项机制，深入推进社区联建，实施周检查、月通报、季考评制度，组织开展"五项行动"，新建大公园7个、各类游园89个、小微绿地景观406处，完成79条林荫道路绿化提升，推进217家公建单位实现无围墙城市建设，完成中心城区22个市场提档升级，城乡环境面貌明显改观。深化拓展文明实践活动，建成13个文明实践中心、253个文明实践所、4815个文明实践站，实现全市新时代文明实践阵地全覆盖。建立市民文明学校236所，全年组织开展"我来讲文明"、文明交通、文明礼仪等各类主题实践活动13万余场，"我来讲文明"志愿服务项目荣获2022年度"河南省优秀志愿服务项目"称号。深化典型选树，杜广云、杨金枝、李兴健3人荣登"中国好人"榜，上榜人数并列全省第一名，胡明跃、刘嘉辉等10人荣登"河南好人榜"，上下半年上榜人数分别并列全省第三名、第二名。评选出吴其运、曾凡斗等21人为第七届南阳市道德模范，郭亮、张二道等33名个人及群体为第七届南阳市道德模范提名奖获得者。组织开展道德模范、身边好人"三巡六进"活动30场。加强未成年人思想道德建设，开展"扣好人生第一粒扣子"等主题教育实践活动，1名荣获省级新时代好少年，评选市级新时代好少年32名，建成乡村"复兴少年宫"86所。以文明村镇创建为载体，不断加强农村思想道德建设，培育文明乡风，评选市级"乡村光荣榜"人物99人，入选省级典型人物7人，创成省级文明村镇80个，市级文明村镇218个。

公益电影放映。开展"公益电影进社区、进农村"公益放映活

2022年12月7日，南阳市"百姓宣讲团"成员，党的二十大代表、全国先进工作者、镇平县高丘镇黑虎庙小学校长张玉滚，在邓州市白牛镇新时代文明实践站宣讲党的二十大精神

2022年7月20日，"唱响新时代，群星耀中原"河南省群众合唱大赛南阳市选拔赛在市文化馆百姓剧场举行

动，根据重要时间节点开展主题放映，保质保量完成"一社区一月四场""一村一月一场"公益电影服务目标，全年社区公益电影放映不少于1万场，农村公益电影放映不少于5万场。探索"公益电影+"放映新模式，在全市推广"影前十分钟"特色活动，把公益电影放映打造成为党史教育新平台、宣传思想教育新阵地。

文化体制改革和文化产业发展。出台《南阳广播电视台全面深化改革方案》，持续深化南阳广播电视台体制机制改革，成立南阳广播电视传媒集团有限公司并正式挂牌运营，由南阳广电集团实行市场运作。持续推进南阳日报社深化改革、加快媒体融合发展，12月30日，南阳市全媒体中心揭牌成立，作为正处级事业单位，与南阳日报社合署办公。截至12月底，南阳日报社全媒体矩阵粉丝量达3800万，日活量2100万，日均阅读量3.5亿人次，粉丝量在10万以上的新媒体账号有30多个。在中国报业协会主办的2022中国报业技术年会上，南阳日报社作为全国唯一一家地市级媒体，作媒体融合经验介绍和典型发言，《南阳日报社"10+1"新媒体小屏行动案例》入选2022年中国报业融媒体"用得好"案例。印发《关于国有文化企业深化改革加快发展的行动方案》，推动国有文化企业高质量、高效率发展。组织9家文化企业以"中医药文化"主题参展第九届鹤壁文博会，评获最佳组织奖2个、展览展示金奖3项、创意设计金奖2项，南阳市委宣传部获评"最佳组织奖"。参展第十八届中国（深圳）国际文博会，烙画《乡恋》系列在第十八届中国（深圳）国际文博会"中国工艺美术文化创意大赛"中获金奖。

文旅融合发展。坚持以文塑旅、以旅彰文，推进文旅深度融合发展。全面落实省委文旅文创融合战略，对标建设现代化省域副中心城市定位，编制《南阳市文化旅游产业高质量发展规划》，出台《中共南阳市委 南阳市人民政府关于加快文旅产业高质量发展的实施意见》，高标准谋划、高质量推进文旅文创产业发展。围绕"两汉文化看南阳"，持续推进卧龙岗文化园、医圣文化园和黄山考古遗址公园等重点项目建设，卧龙岗文化园于10月1日开园，医圣文化园5月12日博物馆主体封顶。开展白河岸游、船游、岛游、夜游，建设高档次灯光秀，点亮夜经济，白河游船码头项目已完工并于10月1日顺利通游通船。大力实施"文化+""旅游+"战略，持续推动文化旅游与教育、农业、工业、体育、医疗、中医药等领域融合发展。鸭河七彩欢乐谷生态旅游休闲度假区、社旗县赊店酒乡特色文化创意园、淅川县环丹江湖康养旅游度假中心、镇平县遮山生态文旅综合体等项目高标准、快速推进。截至12月底，全市旅游人数6971.6万人次、旅游收入375.2亿元，与2021年同期相比分别增长10.02%、50.2%，签约文旅项目26个，累计签约金额173.4745亿元，签约亿元以上项目18个，其中10亿元以上项目7个。

【中国农民丰收节第五届中国农民电影节成功举办】 11月5日晚，2022中国农民丰收节第五届中国农民电影节在南阳市方城县开幕。2022中国农民丰收节第五届中国农民电影节由农业农村部、国家乡村振兴局、中国文联指导，农业农村部办公厅、国家乡村振兴局政策法规司、中国电影家协会、中国农业电影电视中心、中国老区建设促进会、中国广播电视社会组织联合

2022年11月5日晚，2022中国农民丰收节第五届中国农民电影节在南阳市方城县开幕

会、中国科教电影电视协会和南阳市委、市政府共同主办。该届农民电影节以"乡村振兴新征程 光影增辉二十大"为主题，开展"乡村振兴光影方城"公益电影行专场放映、助农公益直播、特色农产品展示、"寻梦乡村中国"采风活动等一系列精彩纷呈的电影主题文化活动。电影节相关报道传播量达13.5亿+，有力展示了南阳新时代农村发展成就和乡村全面振兴成果，全面提升了南阳的知名度、美誉度和影响力。

【"诸葛书屋"城市书房建设】 制定下发《南阳市"诸葛书屋"建设实施方案》，强力打通公共图书服务到社区的"最后100米"，全年新建成并投入运营"诸葛书屋"46个。每个书屋配备图书不少于5000册，每年图书更新率保持在15%，每天开放时间不少于10个小时，并均配备自助办证机、借阅机、急救箱、老花镜、雨伞、手机充电器、饮水机等便民服务设施。同时，依托市图书馆建立书屋智慧管理系统和周转书库，融入全市图书馆总分馆制建设，加入全国城市书房合作共享机制，实现"全市一张网、服务全覆盖"。

【《南阳历史文化辞典》出版发行】 2022年12月30日，《南阳历史文化辞典》出版发行仪式举行。《南阳历史文化辞典》是由南阳市委、市政府主持立项编纂，市委宣传部牵头，市社科联承办组织实施，旨在全面记录总结、宣传弘扬南阳丰厚历史文化资源和良好发展形象的全市重大文化出版工程。《辞典》编纂工作自2017年启动，先后有各界人士近200人参与基础资料的收集、整理和后期编纂精修工作。《辞典》收录了从远古传说至新中国成立前的南阳优秀传统文化，以及在中国共产党领导下的南阳革命文化和社会主义先进文化，主体内容由生态环境、建置沿革、人物、政治与思想、文学与著述、名胜古迹与文物、教育、艺术、科技经济与名物名产、民间习俗10编构成，收录词条5400余个，上下两册计192万余字。

·宛城区·

【文化概览】 宛城区辖1乡5镇7街道，215个行政村（社区），总面积683平方公里，常住人口63万人。2022年，全区生产总值385.2亿元，增长4.3%，位于全市第一方阵。宛城区有近3000年的建城史，是商圣范蠡、汉光武帝刘秀、医圣张仲景故里，拥有医圣祠、南阳府衙、汉代冶铁遗址等各类文物保护单位142处。当前，宛城作为南阳建设省域副中心城市的主战场、主力军，谋划实施中心主城、经开产城、高铁新城"三城"联创，正处于高质量发展的机遇期和黄金期。

文化活动。精心组织"喜迎二十大 魅力南阳大家唱"文化演出、"浓浓粽情 香飘老家"南阳市端午民俗展演、"国庆吃面 国泰民安"等活动，持续丰富群众精神文化生活，让传统节日在新时代焕发新生机。春节期间，宛城区以"古宛城里过大年"为主题，在南阳府衙、城南里街区、唐王府博物馆（王府山）等地组织开展一系列形式多样、主题鲜明的群众文化活动，营造欢乐祥和、热烈喜庆的节日氛围。同时，依托新时代文明实践所（站）等基层文化阵地，实现群众文化活动区域全覆盖。

公共文化服务。高标准建成6个诸葛书屋，全区共开放书屋10个，办证人数2000余人，借书频次3.4万余人，接待人数近16万人。举办"最美读书声""留守儿童走进书屋读书"等特色活动30余场，中心城区的阅读氛围和人文气息大大增强，人民群众的幸福感和获得感全面提升。

文明创建。持续推进"市民文明学校"建设，常态化开展"四德"教育和文明创建活动。利用微信小程序搭建集宣传、学习、活动、志愿服务于一体新时代文明实践中心

云平台,全年共发布文明交通、清洁家园、无偿献血、爱心助残等志愿服务项目4000多个,服务时长50多万小时。同时大力发展专业化志愿服务,持续擦亮宛城区"百姓宣讲团"、画家村"关爱留守儿童"等志愿服务品牌。9月,在河南省志愿服务项目交流展示活动中,宛城区"爱心学堂"和"小巷课堂"志愿服务项目分别获得省级一等奖、二等奖。

文旅融合。坚持以市场为导向、以发展为动力、以项目为引领,不断延伸文化和旅游产业边界,着力实现新时期新理念新格局下文化和旅游的有效融合。2022年,南阳府衙旅游休闲街区获得"河南省旅游休闲街区"称号。持续推进重点文旅项目建设,宛城区古宛城、医圣文化园、范蠡文化园、历史传说"牛郎织女"等文旅项目被纳入省"十四五"文旅规划;卢园创建国家AAAA级旅游景区、张仲景博物院创建国家AAAAA级旅游景区等工作纳入"十四五"市级督导项目。

【中医药文化传承与发展】 宛城区深入贯彻落实习近平总书记视察南阳关于推进中医药文化传承和经济发展的重要指示,从文化、教育、产业等方面组织实施,全力打造中医药文化传承高地。5月,成立南阳仲景养生药膳协会,并举办首届南阳仲景养生药膳大赛等系列活动。协会成员单位结合"八大宛药"优势和地方特色饮食习惯,开发增强体质、四时养生等特色药膳食品,推进"药膳"融入商业片区、旅游景点,全面铺开以"文化"与"康养"为核心的产业链。目前协会已吸纳150多名会员,会员涵盖企业家、中医名师、名厨等,为促进仲景文化产业高质量发展奠定了坚实的基础。在市委、市政府的全力支持下,宛城区投资59亿元,打造集朝圣拜谒、研学问诊、学术交流和康养体验、药材交易、餐饮住宿等功能于一体的医圣文化园,持续扩大"中医药+"发展版图,加快实现"全球中医圣地、全国中医高地、全国中医药名都"的发展目标。

2022年8月3日,宛城区开展乡村学校文艺志愿服务

·卧龙区·

【文化概览】 卧龙区是1994年南阳撤地设市时设立的两个行政区之一,因辖区有诸葛亮躬耕地卧龙岗而得名。卧龙区总面积1017平方公里,辖9个镇、9个街道和1个承担乡镇功能的风景区,共有293个村(社区),常住人口86.6万,是中国月季之乡、中国曲艺之乡。卧龙人杰地灵,三国时期诸葛亮在此隐居躬耕,还孕育了百里奚、张衡、吴汉等历史名人。著名作家二月河创作完成了享誉世界的《康熙大帝》等作品,大调曲、三弦书、南阳鼓词等传统曲艺远近闻名。南阳5所高校其中4所位于卧龙辖区,文脉传承较好。全区拥有国家级文保单位4处、省级6处,各级各类非物质文化遗产100余项。

理论武装。抓实"第一议题"制度和中心组学习,落实"五种学习方式",区委常委会跟进学习习近平总书记重要讲话重要指示44次,区委常委会被评为全省10个县处级党委(党组)"第一议题"学习示范点之一。组织党的二十大精神集中宣讲活动850余场次,制作宣讲视频20余部。扎实开展"周五有约·党的创新理论我来讲",组建基层宣讲队伍46支,开展活动3000余场次,受众20余万人次。举办"党的创新理论宣讲"宣讲大赛,荣获全市一等奖1个,二等奖3个。

新闻宣传。围绕中央和省市区委重大决策部署,聚焦"产业强区""城市更新提质""乡村振兴""改革开放""万人助万企""文旅融合发展"等主题宣传,开设"卧龙成高峰 出彩我先行"企业风采展示、观念能力作风建设年等专栏，全年共在中央级重点新闻媒体发稿117篇，中央级其他媒体发稿600余篇，在市以上新闻媒体发稿3000余篇，在《河南日报》《河南日报（农村版）》刊发头题5个，专版3个，《南阳日报》头题7个，专版15个。2022年，全区举办7场新闻发布会，围绕群众关心期盼的热点、难点分批次进行回应。

文化事业。持续加强文艺精品创作，荣获2022年南阳市精神文明建设"五个一工程"组织工作奖。三弦书《丑女闹嫁》获2022年中国·宝丰马街书会第四届优秀传统长篇大书网络擂台赛一等奖，评书《岳云锤震金蝉子》入选第17届马街云上书会优秀曲艺作品展播，《火烧新野》获第十二届中国曲艺牡丹奖大赛表演提名，三弦书《百里奚认妻》、大调曲子《沁园春·雪》分获第八届河南曲艺牡丹奖表演奖、节目奖。大型曲艺剧《张仲景》成功首演，再现张仲景伟大的医学贡献、精神内涵和时代价值。建成诸葛书屋11个，在建超低能耗书屋1个，有效满足了人民群众对精神文化生活的需求。深入开展举办"喜迎二十大 欢乐进万家"十大群众文化活动，线上线下参与群众达20余万人。

社会宣传教育。组织开展"强国复兴有我""红色耀中原"主题实践活动，组织"红色故事会"讲解员大赛、"赶考路上有我"书画展、摄影展、歌咏比赛、征文比赛等活动100余场次。围绕第二十二个全民国防教育日，开展"开启时代新征程 爱国强军谱新篇"宣传活动。组织基层单位形势政策教育600余场次。充分利用"七一"、"八一"、国庆等时间节点，开展"红色故事会"等主题活动500多场次。

对外宣传。依托本地非遗文化特色，持续在涉外新闻媒体开展"卧龙非遗"宣传，刊发《南阳烙画：以火为墨 铁笔生花》《河南南阳卧龙区：非遗传承进校园 学生争当"守"艺人》《河南南阳中医药事业为何能频频"出圈"？》等一系列重头外宣稿件，全年在中央外宣旗舰媒体和海外媒体平台刊发稿件44篇，其中在《人民日报》（海外版）发稿3篇，新华社英文版发稿1篇。

文旅融合发展。用足用好卧龙厚重的历史文化资源，深入实施文旅融合发展工程，持续擦亮卧龙月季、达士营美食等节会品牌，初步形成以黄山、不见冢、"南诸葛、北张衡"为代表的历史文化品牌，三弦书、烙画、南阳玉雕等非物质文化遗产品牌，叫响"诸葛躬耕地，如花似玉城""一花一草总关情"等地域品牌。2022年共接待游客746万人次，实现旅游综合收入37.1亿元。

精神文明建设。举办第八届全国道德模范提名奖姚海军和"中国好人"卧龙区上榜人物靳兴文、李秀丽先进事迹发布会。开展"我推荐我评议身边好人"活动，胡明跃等被评为2022年度"河南好人榜"上榜人物。邀请道德模范、身边好人参加"我在新时代文明实践中心过春节"等活动17次，建设卧龙好人园、好人广场、好人巷等20余处。全年慰问各级道德模范及其亲属23人次，发放慰问金4.9万元。建成1个文明实践中心、19个乡镇街道文明实践所、294个村（社区）文明实践站，命名5个新时代文明实践基地。开展"我来讲文明""我们的节日"等主题活动，县处级领导干部带头讲课，开展各类活动4000余场，参加市民40余万人。建设299个学雷锋志愿服务站，志愿服务队伍1370支，全区实名注册志愿者已达15万余名，全区志愿服务参与率已达到60%。开展文明交通、"小手拉大手"等志愿服务活动，参与志愿服务8万余人次，培育105个接地气的志愿服务项目。

2022年3月1日，南阳市"新时代文明实践推动周"活动启动仪式在卧龙区新时代文明实践中心举行

【大型曲艺剧《张仲景》成功首演】 卧龙区充分发挥曲艺历史传承和人才资源优势，组织南阳市说唱团创作了大型曲艺剧《张仲景》，围绕张仲景从医生涯的故事片段，首次运用地方曲艺形式表现传统中医药主题剧目，再现了张仲景伟大的医学贡献、精神内涵和时代价值，展示了南阳历史文化的深厚底蕴，坚定了文化自信，弘扬了中华民族传承不息的优秀传统文化。

·邓州市·

【文化概览】 邓州地处河南省西南部，北依伏牛，南连荆襄，西纳汉水，东接宛洛，有豫、鄂、陕"三省雄关"之称。面积2369平方公里，辖28个乡镇（街、区）、626个行政村（社区），人口185万。邓州历史悠久，境内的八里岗仰韶文化遗址，距今已有6400年历史，夏朝的第三个帝王仲康封其子丁邓，始有邓。邓州古称"穰"，有3000年的建城史，宋金古商业街遗址出现的房屋横跨排水设施，印证了《营造法式》中的相关记载，对研究宋代城市排水系统具有重要意义，明朝时形成的"回"字形内外城河，为北方城市所独有。邓州名人辈出，有医圣张仲景，唐代忠烈名将张巡，语言学家丁声树，教育家韩作黎，"曲剧皇后"张新芳，著名作家姚雪垠、二月河、周大新等历史文化名人，范仲淹知邓时写成千古名篇《岳阳楼记》，其名句"先天下之忧而忧，后天下之乐而乐"至今传唱不绝。邓州文物资源丰富，有文物点697处，其中，古遗址157处、古墓葬82处、古建筑318处、石窟寺及石刻2处；北宋福胜寺塔出土的金棺银椁、舍利子，为国家级文物。邓州非遗资源丰厚，有非遗98个，其中，罗卷戏、越调为国家级非遗，老梆子、鼓词、黄酒酿造技艺、邓瓷烧制技艺、剪纸、心意六合拳为省级非遗项目。

群众文化活动。2022年，邓州乡、村两级综合文化站（中心）累计开展各类惠民活动3000余场次。按照"喜迎二十大 欢乐进万家"十大群众文化活动方案要求，组织开展"翰墨润邓州"美术作品展、"喜迎二十大"书画精品展、"我眼中的大美邓州"摄影大赛、"红色文化采风"活动、"红色经典歌曲"大合唱活动等20余场次；认真开展"湍韵手工坊"、"我们的节日——文化进万家"、"网络书香·阅见美好"数字阅读、"元宵节"趣味猜灯谜等线上线下活动200余场次，涌现出了一批优秀群众文化活动节目。其中，舞蹈《万疆》、大合唱《不忘初心》在河南省11人群众文化活动中获奖。利用网络平台发布舞蹈、戏曲、美术、书法等作品，线上展演作品966件，受益群众5000余人次。

公共文化服务。高标准建成邓州市图书馆、文化馆、博物馆。乡镇综合文化站建成28个，达到全覆盖。626个村（社区）综合性文化服务中心图书阅览室、文化活动室、数字资源室、多功能教室等配备齐全，每个综合性文化服务中心建筑面积不少于90平方米，文化活动广场面积不低于1000平方米。免费开放经费全部落实到位，文化服务设施全年对外免费开放。市、乡、村三级组织开展活动2000余场次，受益10万人次，开展农村公益电影放映3460场次。投入资金170万元，在城区建成诸葛书屋3所。

文艺精品创作。长篇小说《心灯》、大型戏曲《医圣张仲景》、中篇小说《大路朝天》、散文集《穰原览秀》等13部作品顺利申报南阳市"深入生活、扎根人民"主题实践活动项目。电影《突破口》等3部作品获南阳市第十三届精神文明建设"五个一工程"优秀作品奖。河南坠子《端砚》入选全国第八届少数民族曲艺展演。摄影作品《高原牧场》在"第二届新时代国际摄影大展"中获得银奖。

文旅融合发展。平成门、西城墙、"突破口"景观广场、内城河景观等工程完工，迎旭门复建、团结路历史文化街区改造、外城河河道景观提升等项目有序推进，古城独特魅力日渐呈现。挖掘整合邓州文旅资源，打造花洲书院、宋金古商业街遗址公园、邓州古城墙等文物保护传承旅游线路，推动文旅融合高质量发展。张村景览馆荣获"河南省康养旅游示范基地"称号。建设习营、韩营、李洼、黑龙、后景营等一批特色村庄、美丽乡村，习营村被评为全国乡村治理示范村，李洼村成功创建省级乡村旅游特色村。组织开展"新嘱托 新发展 新形象"——邓州市第二届（线上）油菜花季体验游暨旅游推介活动，油菜花主体验区、平成门、福胜寺、花洲书院成为远近闻名的"网红打卡地"。全年游客总量800万人次，实现收入39亿元。

文化遗产传承。组织评选并认定第二批邓州市级非物质文化遗产项目40个，邓州市级代表性传承人96人。打造罗卷戏、心意六

2022年9月23日至25日，邓州市举办"颂党恩、庆丰收"乡村振兴产业（产品）展销推介主题活动

合拳、老梆子、黄酒酿造技艺、邓窑"非遗"传习所5个。参加第二届河南省非遗曲艺展演周活动，邓州市曲艺类唱段在河南曲艺专场直播，社会反响强烈。组织邓州市"文化和自然遗产日"非遗宣传展演展示活动，展示展演罗卷戏、老梆子、心意六合拳等国家级、省级、市级非遗代表性项目30余项，展示展销产品300余件。举办非遗进景区展示展演活动，组织省市级非遗项目39个、非遗传承人152人参与，受到各界好评。

文物安全保护。加强文物保护管理，成立邓州市文物保护中心，延伸文物保护网络至村组一级。成立由县处级领导挂帅的宋金古商业街遗址发掘保护工作领导小组，把宋金古商业街遗址纳入国家级文保单位——福胜寺塔的保护范围，提升文物保护级别。先后组织邀请国内知名专家学者110余人，召开文物考古学术研讨会6次，商讨文物保护发展。对全市697处文物点进行安全保护，对164处市（县）级以上文物保护单位分包管理。向省文物局和国家文物局申请保护资金3525万元，持续提升文物保护力度。

【成功举办邓州市"颂党恩、庆丰收"丰收节】 9月23日至25日，邓州市举行"颂党恩、庆丰收"乡村振兴产业（产品）展销推介主题活动。来自南阳市各行业的嘉宾和农民群众欢聚一堂，共享丰收喜悦，共庆乡村振兴美好生活。活动展示了"邓州十宝"、"十佳名吃"、优质农产品线上线下展销推介、28个乡镇（街、区）农产品等，坚持以工带农、以城带乡，围绕"三带四区五集群"，把城市和乡村贯通起来，吸引工商资本、科技、人才等要素从"产业带"无障碍地进入农业农村，全方位促进乡村振兴。

· 镇平县 ·

【文化概览】 镇平古称"涅阳"，金哀宗正大三年（1226年）置县，位于河南省西南部，总人口110万，总面积1580平方公里。镇平历史悠久，文化底蕴深厚，著名诗人元好问为首任县令，"老庄"在此论道、张仲景《伤寒杂病论》在此形成、彭禹廷开创宛西地方自治之先河，滋养了杜祥琬、王占国、王光谦等多名"两院"院士和"时代楷模"张玉滚，是现代著名军事家、一代名将彭雪枫，革命烈士郭庠生的故里。镇平是河南省确定的玉文化改革发展试验区、可持续发展实验区、承接产业转移示范区、城镇化重点县和粮食核心主产区，也是"中国玉雕之乡""中国地毯之乡""中国玉兰之乡"，先后荣获"中国电商示范百佳县""全国民族团结进步模范集体"等称号。

文化事业产业。持续完善城市居民休闲阅读服务设施，新建并投入运营"诸葛书屋"2座。彭雪枫纪念馆、图书馆、文化馆开展场馆改造升级和信息化、数字化技术提升，彭雪枫纪念馆接待服务游客80万人次，图书馆接待服务读者3.5万人次，文化馆接待服务群众1.2万人次。文化馆晋升为国家一级馆，图书馆被评定为国家三级馆，彭雪枫纪念馆入选河南省首批中小学研学教育基地。

融媒矩阵构建。统筹广播、电视、网站、抖音、头条和手机App等媒体业态，形成"融媒体统筹、新媒体首发、全媒体跟进"的"一体六翼"运行模式，打造《玉乡楷模发布厅》《天南地北镇平人》等品牌栏目。"云上镇平"App注册用户数23万余人，下载量、日活量位于全省第一方阵。"云上镇平"抖音、快手号年总阅读量40亿人次，粉丝量120多万，位居全省前列。

社会科学普及。镇平县社科理论界高举习近平新时代中国特色社会主义思想伟大旗帜，深入学习宣传贯彻党的二十大精神，扎实推进

理论培训、研读辅导、社科课题研究和社科普及等各项工作,省级社科普及基地彭雪枫纪念馆、市级社科普及基地杨营荷花博览园社科普及活动丰富多彩。2022年镇平县社科联被授予"2022年度全国社科组织先进单位"称号。

民族团结进步。镇平县共有31个少数民族,6.8万人。新疆籍维吾尔族近几年常住人口保持在1100人左右,年流动人口3万人次。镇平县把做好涉疆服务管理和民族团结进步工作作为首要政治责任,以铸牢中华民族共同体意识为主线,在"空间、文化、经济、社会、心理"五个方面推进各民族交往交流交融,荣获"全国民族团结进步示范县""全国民族团结进步模范集体"。

群众文化活动。打造"红色文艺轻骑兵下基层""寻找村宝""我的中国梦·文化进万家""民间文化艺术大赛"等镇平系列群众文化活动品牌,开展"送戏下乡""舞台艺术送基层"等惠民演出活动200余场次,"戏曲进校园"38场次,开展"文化进万家""全民阅读——送书进社区""全民艺术普及周"等活动80场次,农村公益电影放映活动4920场,受益群众达30万人次。

精神文明建设。制定《镇平县创建全国文明城市工作实施方案》《创建全国城市三年行动计划》,评出文明社区9个、文明机关22个、文明家庭20户、文明商户100户、文明校园10个。命名市级文明单位16个,县级文明单位15个,非公经济和社会组织3个。县新时代文明实践中心和454个新时代文明实践所(站)建成投入使用,开展

镇平玉雕非物质文化遗产省级代表性传承人刘晓强正在指导青年玉雕师进行创作实践

实践活动360场次。

文艺作品创作。成立"镇平人建设新镇平"采风团,深入基层一线创作优秀文艺作品,创作县歌《镇平人建设新镇平》《新时代镇平崛起之歌》,编排剧目《彭雪枫在淮北》《将军卖马》,极大丰富基层群众文化生活。《三山凹》荣获河南省第十三届精神文明建设"五个一工程"优秀作品奖,《开仓纳粮》《商贾云集》入选"我眼中的大美中原"河南省优秀摄影作品展,《特殊的战友会》获得河南省民间文艺"金鼎奖"。

非遗文化传承。坚持传承保护并重,深入民间挖掘整理传统美术、手工技艺等29项县级非物质文化遗产,《镇平鼓词》《镇平侯氏烧鸡制作技艺》入选河南省第五批非物质文化遗产项目。推动文创产品保护、研发、转化,指导省级非遗项目镇平侯记烧鸡创建南阳市非物质文化遗产传习所,侯氏布艺、紫绿玛瑙、独山玉雕刻等创建南阳市非物质文化遗产展示馆。

【玉文化产业】镇平县玉文化历史悠久,近至明清、远溯夏商、盛于现代,建成了河南省唯一设在乡镇

镇平县新城区的中国玉雕大师创意园

（石佛寺）的特色商业区，是全国最大的玉雕加工销售集散地，被称为"中华玉都""中国玉雕之乡"。玉雕产品涵盖摆件类、饰品类和保健类3大系列10大品类5000多个品种，体裁涉及人物、山水、花鸟、历史典故、现实写意等十多类。各类玉雕专业技术人才10万人，从业人员达40万人，"镇平玉雕师"2022年荣获人社部、国家乡村振兴局授予的"全国最具特色劳务品牌"称号。打造了玉雕大师创意园、国际玉城、天下玉源、珠宝玉雕学院、玉文化创意产业园等产业链集群，被列入南阳市20个产业链之一。

·内乡县·

【**文化概览**】　内乡县位于河南省西南部，南阳盆地西沿，自古被誉为"入关孔道""秦楚要塞"。秦时置县，古称"菊潭"，历史悠久，文化底蕴厚重，总面积2465平方公里，耕地73万亩，有"七山一水二分田"之称，辖4乡12镇，295个村（社区），总人口73万人，常住人口54.9万人，城镇化率48.32%。2022年，内乡荣获"河南省民间文化艺术之乡"称号，在全省公共文化高质量发展考中评获"优秀"档次，跃进全省二十强。

理论武装工作。强化县乡党委理论学习中心组学习标准化，突出学习党的二十大精神，县委理论学习中心组全年集体学习研讨15次；坚持每月1次理论学习中心组要点推送制度；大桥乡、桃溪镇成为乡科级党委（党组）理论学习样板乡镇。全年"学习强国"学习参与活跃度位于全市前列；全年签发稿件330余篇，位居全市第三。推动理论宣传普及，认真开展党的二十大精神宣讲工作。

新闻宣传。策划组织"奋进新征程　建功新时代"重大主题宣传，结合"观念能力作风建设年"活动，宣传项目建设、"五星"支部创建等重点工作。启动《图说内乡》《内乡老兵传》新闻采访活动，开展"桃庄河精神"学习宣传，央媒报道稳居全市前三。组织开展"为我的城市点赞"活动，召开乡村振兴局专场、防灾减灾救灾专题等系列新闻发布会，做好《中国推介》县区节目录制工作。向新华社、人民日报海外网、中国网等重点涉外媒体供稿2000余篇（条）。

精神文明建设。内乡县成功创成省级文明城市。35名县处级以上领导、140名正科级正职以上领导实行分包责任制，落实与文明单位评选、与领导班子考核、与领导干部晋升"三挂钩"制度，实施"红黑旗"制度，每季度召开一次讲评会，推动文明城市常态化创建。新时代文明实践中心（所、站）建设实现全覆盖；坚持典型引导，共向上推荐河南好人3人、市级道德模范5人，1人当选市级"新时代好少年"，7人入选南阳市"乡村光荣榜"，1人入选河南省"乡村光荣榜"。

文化事业。全县文艺界作者共在市级以上公开发表、展出各类文艺作品1600余件。其中，韩国民诗歌集《等一场春天》荣获南阳市第二届新锐作家出版奖，杜石栓短篇小说《流火》获得《中华文学》

内乡县地址广场

内乡县举办"诗词里的河南"诵读晚会

杂志 2022 年"中华文学星光大道年度小说二等奖",王国庆散文《醉美宝天曼》荣获网络散文大赛奖。在乡村建设一批民俗馆、村史馆、非遗传习所等主题功能空间,全县乡(镇)、村(社区)乡村文化合作社实现全覆盖。城关镇戏曲文化合作社、板场乡民俗文化合作社获得"河南省示范乡村文化合作社"。围绕"喜迎二十大 欢乐进万家"开展各项活动,组织县图书馆着力打造"菊乡书声 云上诵读"栏目,继续唱响"四大品牌"群众文化活动,持续丰富群众精神文化生活。

【内乡县衙保护与开发】 内乡县衙博物馆围绕"安全、秩序、质量、高效"四统一目标,秉承"保护与开发并重,文化与旅游同行"的发展理念,高度重视古建筑保护应用的科研与创新,衙署文化的传承与挖掘,扎实开展照壁加固等文物古建保护修缮基础建设,着力提升博物馆宣教水平,持续推出"内乡打春牛"民俗活动展演等,积极开展文博业务研究工作和科技创新活动,共申报 2 项国家发明专利,5 项实用新型专利,真正实现了"让历史活过来,让文化动起来"的发展理念。

·西峡县·

【文化概览】 西峡县地处豫西南,豫鄂陕三省交界处,地域特色鲜明,文化类型多样,是我国少有的融黄河长江两大流域文明为一体的文化沃土。西峡县既是中原文化与楚文化的交汇地,又是秦楚文化交汇处,具有鲜明的秦风楚韵地域文化特色,总面积 3454 平方公里,森林覆盖率 81%,药材资源、林果资源丰富,被誉为"猕猴桃之乡""山茱萸之乡""绿色王国"和"天然药库"。西峡县是屈原故里,屈原文化主要遗存地,屈原"扣马谏王"故事发生地。20 世纪 90 年代,西峡因发现数千枚恐龙蛋化石而被称为"恐龙之乡"。西峡县境内文物保护单位共 84 处,非物质文化遗产名录种类 164 项。

文明城市创建。2017 年,西峡在一个创建周期内勇夺"全国文明城市"金字招牌;2020 年,西峡以优异成绩成功蝉联"全国文明城市"桂冠。西峡县始终将文明城市建设纳入经济社会发展"大盘子",着眼于民生福祉持续增进,成立县委书记、县长分别任政委、指挥长的创建指挥部,对标对表全国文明城市测评体系,层层分解指标,实现了县、街镇、村居全域推进,并将文明城市创建投入列入县财政年度预算。通过创建工作,重点工程顺利落地,路网建设有序推进,绿化工程取得实效,公用事业保障有力,社区建设深得民心,乡村厕所革命稳步推进。截至 2022 年底,全县建成新时代文明实践中心 1 个、文明实践所 19 个、文明实践站 295 个,设立实践基地 11 个,成立志愿服务队 262 支,实名注册志愿者人数近 6 万人。

公共文化服务体系建设。西峡县全县公共文化设施覆盖率达到 100%,均实现免费对外开放,免费开放服务项目达 90 余项。文化馆、图书馆、博物馆和 19 个乡镇街道以及部分行政村社区公共数字文化平台全部建成,在全市率先实现了数字文化平台全域全覆盖,文化云平台已投入使用,已具备看直播、享活动、学才艺、订场馆等服务。对 47 个村级文化服务中心配置文化器材和阅报栏,完成双龙镇文化服务中心搬迁,新建白羽街道土门社区文化服务中心、紫金街道小城社区文化服务中心、米坪镇子母村文化服务中心;新建村级文化广场 15 个。2022 年 11 月,双龙镇文化站、紫金街道文化站获评为"南阳市首批市级特色文化站"、西峡县紫金街道礼堂社区文化合作被河南省文化和旅游厅评为"全省示范性文化合作社"。

非物质文化遗产。西峡非物质文化遗产丰富、品类繁多,非物质文化遗产名录囊括了民间文学、音乐、舞蹈、戏曲、曲艺、体育竞技、杂技、手艺、节令、信仰、习俗乃至民间知识 15 个种类 164 项。西峡县组织并上报 4 个非遗项目(每项 1 人)参与南阳市第五批市级非遗传承人评选,《屈原岗传说》张俊伟、《老君洞传说》程显超获得市级传承人称号。在春灯节、端午节等传统节日,西峡县通过积极组织西坪民歌大家唱、手工制作等传统非遗文化活动,引领全社会共同参与到保护非物质文化遗产的队伍中来,让非遗文化链接现代生活。

文旅融合。西峡县坚持"以文促旅、以旅彰文、文旅融合"的发展思路,深入实施文旅康养融合攻坚行动,将文旅康养融合发展纳入县委"十大攻坚行动"。共拥有特色景区 17 家,其中 AAAAA 级 2 家、AAAA 级 4 家、AAA 级 3 家,省级旅游度假区 2 家,国家水利风景区、国家森林公园、国家工业旅游示范点各 1 家、旅行社 20 家,全县旅游日接待能力超过 3 万人

西峡县举办"畅游南阳，走进西峡"暨暑期乡村旅游季活动

次。先后举办了西峡县乡村旅游节、"畅游南阳，走进西峡"暨暑期乡村旅游季等活动。组织全县A级旅游景区参与全省"免门票、促消费"活动，争取省财政补贴217万元。打造老界岭春赏茱萸花开、夏享避暑养生、秋看彩林秘境、冬览冰雪雾凇四季旅游产品，累计26次登上央视新闻。"水墨龙乡·生态西峡"全域旅游品牌、"度假养生地·南阳老界岭"康养度假品牌和"界领华夏·美都西峡"文旅文创品牌，初步形成西峡文旅品牌体系，被评为全国旅游标准化示范县、河南省首批省级全域旅游示范区、河南省乡村旅游示范县、河南省乡村振兴战略示范县、河南省中医药健康旅游示范县。

【国家级非物质文化遗产——西坪民歌】西坪民歌，起源于汉朝，是西峡县地方传统音乐，国家级非物质文化遗产之一。内容丰富、个性独特，具有独唱、二人唱、多人唱、齐唱等多种演唱形式。2008年6月7日，"西坪民歌"经中华人民共和国国务院批准列入第二批国家级非物质文化遗产名录，项目编号：Ⅱ—80。2022年，在县委、县政府的大力支持下，《卖扁食》《采茶扑蝶》《十二月》等代表性曲目进行词曲整理、音频录制、舞蹈编排，并面向全县文化志愿者推广普及。

·淅川县·

【文化概览】淅川县地处豫鄂陕三省七县市接合部，总面积2820平方公里，辖17个乡镇（街道）、487个村（社区），共72.4万人。淅川是南水北调中线核心水源区和渠首所在地，为服务南水北调中线工程建设，先后移民36.7万人，留下了朴实厚重、感人至深的移民文化，形成了"大爱报国 忠诚担当"的移民精神。淅川是全国文化先进县、中国民间文化艺术之乡、河南省文物大县。春秋时为楚国发祥地、楚始都丹阳所在地，楚国800年历史有近400年在淅川，45位楚王23位在淅川，曾孕育了商圣范蠡、史学家范晔、唯物主义思想家范缜等历史名人，境内出土文物9万多件，其中王子午鼎、云纹铜禁等国宝举世闻名。淅川旅游资源丰富，全国重点文物保护单位香严寺和荆紫关古镇，渠首、丹江大观苑等景区各具特色，是国务院确定的南水北调中线生态旅游观光带的龙头，是河南省政府确定的8条旅游热线之一。

党的创新理论学习。落实好各级理论学习中心组学习和"第一议题"制度，通过"沉浸式"体验学、研讨交流深入学、专家解读式学等形式，推动学深学透。邀请省委宣讲团、深圳市委党校教授王定毅，北京农学院经济管理学院教授史亚军等莅淅授课。围绕学习宣传贯彻党的二十大精神，开展集中宣讲活动80余场，持续抓好县处级、乡科级及广大党员干部理论学习。举办"强国复兴有我"宣讲比赛、"百姓宣讲团"巡回宣讲、"企业宣讲小分队"进基层等活动200余场次，2万余名干部群众受益。

宣传工作。坚持正面宣传为主，持续壮大主流思想舆论，2022年在中央、省、市等重点媒体、主流媒体累计刊发、播发新闻稿件5000余篇，刊发在《光明日报》的《清了水源 富了农户——南水北调中线工程生态保护的淅川实践》受到省委副书记周霁及省委常委、宣传部部长王战营批示，《三尺讲台谱芳华——记河南淅川优秀教师群体》受到副省长宋争辉批示，淅川优秀教师群体先进事迹被评为2022年南阳市十大教育新闻之一。围绕"双九"战略实施，组织举办"你好淅川""舌尖上的淅川""'星旗同创'在行动"等五个短视频创作大赛，实现全年赛事不间断、重点工作全覆盖，新媒体平台总阅读量超过5亿人次。

精神文明创建。"双创"工作成效显著，注册志愿者达到128150

人，建成上集镇铁庙农家巷、金河镇尚贤巷等一批精品社区、街巷，改造提升了扬帆市场、金泰步行街等，更新城区主街道灯箱灯杆广告1600余块，城市功能、城区面貌、市容秩序、群众文明素养显著提升。持续深化典型选树，税务干部黄荣会荣膺"出彩河南人"，苏春潮被评为第七届南阳市道德模范，崔丽平、蔡蕊芳两人获得第七届南阳市道德模范提名奖，张高峰等119人获评2022年度淅川县"乡村光荣榜"先进典型人物。

"一旗双星"创建。在建立完善"一旗双星"创建（"星旗同创"中的文明宜居红旗、生态宜居星、文明幸福星）工作机制的基础上，通过设立环境整治集中日、依托村级新时代文明实践站开展各类评选表彰活动、建设"美丽庭院"、探索"社会捐、群众筹、政府补"与"乡贤认捐冠名"等方法，打造了水田峪、赵河、磨沟、唐王桥、肖山等一批各具特色的示范村，成为新时代引领乡村振兴的"领头羊"。

群众文化生活。成功申报"河南省范蠡文化之乡"，在城区高标准建成两个"诸葛书屋"，电视剧《花开山乡》、长篇小说《村歌嘹亮》荣获南阳市第十三届精神文明建设"五个一工程"优秀作品奖。策划制作《荆紫关"八大件"》《丹江全鱼宴》《西簧鹊山鸡》等一批"文化+美食"新媒体作品。先后举办"喜迎二十大 欢乐进万家"广场舞大赛等各类文化文艺活动百余场，服务观众3万余人次。

【成立"中国范蠡文化研究中心"】2022年6月28日，河南省民间文化遗产抢救工程领导小组办公室、河南省民间文艺家协会命名淅川县为"河南省范蠡文化之乡"，并同意建立"河南省范蠡文化研究中心"。2022年9月16日—9月17日，中国民协分党组成员、副秘书长侯仰军，中国文联民间文艺艺术中心研究员刘德伟，河南省民间文艺家协会秘书长刘炳强，著名文化学者杜汉华一行先后考察调研了丹江大观苑范蠡阁、南水北调中线工程渠首和范蠡公园等，观看了范蠡文化、淅川移民电视专题片，听取了马华中等当地领导的有关工作汇报。2022年12月20日，中国民间文艺家协会批准淅川县成立"中国范蠡文化研究中心"。

淅川县丹江口水库风光

·新野县·

【文化概览】 新野地处河南省西南部，南襄盆地中心，土地肥沃，境内无山，百里平川，北依宛洛，南接荆襄，自古便有"南北孔道，中原屏障"之称。新野历史悠久，底蕴深厚。春秋时为封邑，称"烝野"。西汉初期置县，始名新野，是光武中兴的策源地和蜀汉政权的发祥地。新野民风敦厚，俗崇诗礼，是东汉二十八宿邓禹、岑彭、马成的故乡，因"三请诸葛""火烧新野"等典故而闻名天下。现存汉代杂技汉画砖、明代玉杯"一捧雪"等国家级瑰宝。新野是省级文明城市、卫生县城、园林县城，被认定为全省第三批践行县域治理"三起来"示范县。全县现辖15个乡镇（街道），270个行政村（社区），总面积1062平方公里，人口85万人，现有公共图书馆1个、文化馆1个、博物馆1个、诸葛书屋4个，基层文化服务中心285个，省级文物保护单位5处，县市级文物保护单位43处，馆藏文物达5888件，省级以上非遗代表性项目2个。

理论工作。深入推进实施理论武装工程，坚持把学习宣传贯彻习近平新时代中国特色社会主义思想和党的二十大精神作为首要政治任务，打造周二"学习大讲堂"理论学习品牌，全年组织理论学习40余期5000余场次。开展乡科级党委（党组）理论学习星级评定活动，评出五星级理论学习示范班5个。深化党的创新理论宣讲"六进"活动，线下制定个性化宣讲菜单，提供精准有效宣讲服务200余场，线上利用云上新野、新野广电微信公众号等录制"新语新声"节目28

期。在2022年全市"党的创新理论宣讲"大赛中，新野县选送故事类、文艺类宣讲作品双双荣获一等奖，在全省"党的创新理论宣讲"决赛中，新野县代表南阳市荣获文艺类宣讲二等奖。

新闻宣传。深入实施主流思想舆论做大做强工程，围绕迎接宣传党的二十大，精心组织"奋进新征程、建功新时代""足迹·牢记嘱托看变化"等重大主题报道。推进融媒体向全媒体格局转变，新野998抖音号粉丝量突破百万，新野广电公众号入围全国广电新媒体排行月度榜百强，新野融媒被命名为省首批直播基地，被河南日报社授予"顶端政务号传媒奖"。举办"非凡十年 出彩新野"、优化营商环境系列等主题新闻发布会20场次。

文化事业。深入推进文化强县建设，扎实实施各类文化惠民工程，不断满足人民群众对美好生活的新需求新期待。建成投用"诸葛书屋"2个，打造全民"悦读"新空间。完成图书馆评估定级和285个综合公共文化服务中心改造提升工作。持续组织开展舞台艺术送基层、戏曲下乡、戏曲进校园、公益电影放映等惠民活动。统筹推进"喜迎二十大 欢乐进万家"十大群众文化活动，创新开展"喜迎二十大 奋进新征程"新野县第四届青年歌手大赛、新野县首届戏迷擂台赛、"喜迎二十大 欢乐庆国庆"优秀文艺节目展演等特色活动。首次将版面文化融入"两节一会"，运用"云赏花"形式办好"两节一会"，持续打响新野桃花、郁金香、板面和纺织服装品牌。积极推进A级景区、生态康养基地、研学基地、乡村旅游示范村等创建，创建乡村旅游示范村（镇、园）12个。建设覆盖城乡的应急广播体系，谋划储备乡村基层公共文化服务中心提升、广电网络提质增容建设等项目，厚植发展后劲。实施"政府购买服务，百姓免费看电视"改革举措，推进广电5G网络发展。

新野县参赛的《考察》作品荣获南阳市党的创新理论宣讲大赛文艺类一等奖

精神文明建设。以文明创建为重点，以公民思想道德建设为基础，全面提升县域社会文明程度。推动省级文明城市创建提质增效，2022年文明城市创建工作实现历史性突破，新野县成功入选新一届河南省文明城市。实现县乡村新时代文明实践中心（所、站）建设全覆盖，同步挂牌"市（村）民文明学校"。深化拓展文明实践活动，开展市民文明知识教育培训活动11期。扎实开展"文明家庭""星级文明户"等创建活动，组织开展"强国复兴有我""小手拉大手"等主题实践活动。

【"解放思想 更新观念"大讨论】组织党员干部学习"建设年"活动学习篇目摘要、中央决策部署和省市县工作要求以及先进地区发展经验，组织县直和乡镇街道主要负责人"电视访谈"，畅谈"高效突破争一流"。聚焦营商环境、项目建设、"三城联创"等中心工作，播发

位于新野县春风绿地广场的新野县002城市书屋建成开放

解放思想、更新观念"看行动、看变化、看效果"系列报道32条次；围绕"喜迎二十大""党员当先锋、企业当主力、建强副中心、奔向新辉煌"展播城乡新气象、干群新风貌系列报道17期。

·唐河县·

【文化概览】 唐河县位于河南省西南部、豫鄂两省交界处，古称唐州、泌洲，历史悠久，人文厚重，被誉为"友兰故里、栀子之乡、中原粮仓、新兴镍都"。县域面积2512平方公里，总人口145万，常住人口105.3万，辖19个乡镇、6个街道、528个行政村（社区）。先后荣获"河南省戏曲之乡"、国家园林城市、全国文明城市提名城市、全国超级产粮大县、全国绿色畜牧业发展示范县、全省美丽乡村建设示范县、河南省第一批乡村建设示范县等一批国家级、省级称号。

文化惠民活动。成功举办"第七届全国诗歌刊物主编恳谈会"、"行走河南·读懂中国"、建党百年系列活动、"书香唐河——红色经典阅读活动"、农民丰收节等重大品牌活动，有效满足群众精神文化需求。全年开展"戏曲下乡""戏曲进校园""书法进校园""舞台艺术进基层"活动315场次，农村公益电影放映6152场，组织文艺展演610场（次），全民阅读136场（次），书画流动展览90场（次），全年艺术培训12期（次），培训学员1500人次。

公共文化服务体系建设。持续完善县、乡、村三级公共文化服务体系，建成以唐州大剧院、博物馆、图书馆、美术馆、科技馆等为代表的12个公共文化场馆。其中，唐河县图书馆高标准打造馆藏古籍数字资源库，建成全国首家县级古籍修复室，被评定为省级古籍保护传承与展示活动先进单位。唐河县博物馆全年接待社会各界人士14万余人次，作为全省首家试点单位，成功实现了"预约码、健康码"等多码合一的数字化、智慧化提升工程。高标准建成6个"诸葛书屋"，全部免费向社会开放。全县建成三类新型公共文化空间，新型阅读空间有图书馆、"诸葛书屋"；红色文化教育新型空间有红军桐柏军区后方医院、大尖山长征纪念馆、张星江故居；新型基层公共文化空间有孟子文化研学基地、王庄村史馆。

非遗和文物保护。积极挖掘全县非物质文化遗产，全县现有省级非物质文化遗产4项，市级非物质文化遗产31项，县级非物质文化遗产115项。积极开展"寻找村宝""非遗"点亮乡村展演活动、"文化和自然遗产日"非遗宣传展示活动，申报通过市级非物质文化遗产代表性传承人3人。科学编制《泗洲寺塔保护规划》《唐河文庙维修方案》等多个文物保护单位保护方案，完成11处红色文物修缮方案编制工作，位于前庄村的红军桐柏军区后方医院旧址顺利开工修缮。

文化产业发展。大力发展文

2022年8月25日，"畅游南阳·走进唐河"启动仪式在唐河大剧院举行

唐河县召开第七届全国诗歌刊物主编恳谈会

化旅游、红色旅游、乡村旅游、研学旅游、康养旅游。形成了以九龙湖、石柱山景区、农业观光园等为主的生态山水农耕游；以毕店镇张心一村、马振抚前庄村、唐河革命纪念馆等红色革命纪念地为主的红色教育研学游；以博物馆、泗洲塔、文峰塔、南泉、寒泉等为主的民俗历史文化游；以滨河十里画廊、友兰湿地公园、北辰文旅康养公园、迎宾大道七彩公园等为主的城市休闲观光游。成功创建滨河街道王庄村"河南省乡村旅游特色村"，桐寨铺镇福田莲海观光园"河南省休闲观光园区"，毕店镇张心一村首批"河南省乡村康养旅游示范村"，北辰哲思文旅康养基地。12月，唐河张心一景区成功创建为国家AAA级旅游景区。

【第七届全国诗歌刊物主编恳谈会在唐河召开】 8月27日至28日，第七届全国诗歌刊物主编恳谈会在唐河县召开，《诗刊》社副主编霍俊明、《世界文学》主编高兴等15位文艺界名人出席，共叙新时代下诗歌的乡土根脉与山乡巨变的责任和传承，共同见证了一次诗和远方完美结合的盛举。唐河县历史悠久，名人辈出，有哲学泰斗冯友兰、考古学家徐旭生、诗人李季、革命先烈张星江等贤达楷模，孕育了以李季、冯沅君、宗璞、田中禾、马新朝、陈涌泉等为领军人物的"唐河作家群"，唐河与诗歌结下不解之缘。

·桐柏县·

【文化概览】 桐柏县地处河南省南部、豫鄂两省交界地带，是大别山革命老区县。桐柏是淮河之源，位于淮河源头的淮祠建于秦始皇二十年（前227年），是我国历史上最早的官方治淮机构，淮祠现为中国淮河源民俗博物馆所在地。桐柏是盘古之乡，是盘古创世神话的发祥地，盘古庙会、盘古神话入选国家级非物质文化遗产名录。2005年被中国民协命名为"中国盘古之乡"。桐柏是佛道圣地，太白顶云台禅寺是佛教临济宗白云系祖庭，佛脉资源深厚。千年古刹水帘寺为中原四大名寺之一。桐柏是革命老区，1926年南阳第一个中共党小组在桐柏成立，曾先后有3个中央级、6个省级党政军领导机构在此设立。长篇小说《桐柏英雄》改编的电影《小花》影响和感染了一代又一代中华儿女。

理论工作。严格落实第一议题制度，及时跟进学习习近平总书记重要讲话和重要指示批示精神。县委中心组开展集体学习研讨10次，23名县处级领导进行交流研讨，撰写"解放思想 更新观念"专题心得体会126篇，乡科级中心组开展集中学习800余场次，2500余人进行研讨发言，撰写学习心得体会3560余篇，切实把县乡两级理论学习中心组打造成市级，甚至是省级理论学习中心组学习的"示范班"。组建县委宣讲团和百姓宣讲团，围绕十九届六中全会精神、"观念能力作风建设年"活动、清廉桐柏、党史学习教育等主题宣讲165场次。围绕"喜迎和喜庆党的二十大"主题开展专题宣讲，组织选拔推荐优秀宣讲人员，精心组织线下宣讲比赛和短视频宣讲活动。充分利用"学习强国"、桐柏网、云上桐柏等新媒体平台，设置"理论学习"专栏，实时向广大党员干部推送理论知识1600余条，促进学习走深走实。

新闻宣传。重点围绕优化营商环境、"万人助万企"、乡村振兴、清廉桐柏等县委、县政府中心工作，先后在《河南日报》、人民网、大河网等上三级媒体累计发稿3100余篇，发稿总量在全市稳居领先位次。深度整合县内媒体资源，完善管理机制，加快人才培育，加强桐柏网宣品牌建设，着力打造桐柏网、桐柏发布两微一端、今日头条、抖音等品牌宣传平台。持续加强对上宣传报道，先后组织开展"总台央视'走进老区看新貌'"采访团、总台央视《江河奔腾》节目组、新华社"沿着总书记的足迹"、桐柏"三茶"集体采风等各类大型采访活动18次。先后策划举办了"助力乡村振兴"等新闻发布活动4场。

文化事业。以桐柏县李健的典型事迹为原型，创作长篇报告文学《新桐柏英雄》，引发热烈反响，创作编排的大型豫剧现代戏《花开桐柏山》，荣获南阳市精神文明建设"五个一工程"奖，并成功汇报演出。高标准建成"诸葛书屋"2处，常态化组织开展读书活动，深化"书香桐柏"品牌建设。桐柏革命纪念馆被省"扫黄打非"工作小组办公室授予河南省"护苗"联盟牵头单位荣誉称号。围绕"喜迎二十大 欢乐进万家"十大群众文化活动，组织开展各类群众性文化活动达2200余场次。其中，"中原舞翩跹"广场舞大赛荣获全省二等奖。

社会宣传教育。传承好红色基因，持续提升"桐柏革命纪念馆""红军长征转战南阳展览馆"等5个爱国主义教育示范基地，开

2022年桐柏县道德模范颁奖晚会

2022年7月12日，戏曲《花开桐柏山》首演

展爱国主义教育活动730余场次。坚持完善先进典型评选表彰机制，党军红家庭、莫华家庭被评为市级文明家庭，埠江镇张成伦、城关镇安可双被推荐为河南省好人候选人。扎实评选表彰道德模范9名和"桐柏好人"15名，高规格举办颁奖晚会进行礼遇。统筹开展"新时代 新征程 争出彩"十大主题宣传教育实践活动3270余场。其中，"强国复兴有我"主题演讲比赛荣获全市二等奖和优秀组织奖，"光影世界 出彩桐柏"公益电影展播进(社区)农村等文化活动2676场，完成率达100%。积极培育和践行社会主义核心价值观，开展好社会宣传，设置公益广告1360余块，悬挂标语条幅5280余条，文化墙430处，城区沿街LED电子屏日均滚动播放公益广告3万余条次，建筑围挡张贴公益广告6300余平方米，营造了浓厚社会氛围。

【现代剧《花开桐柏山》】 本剧取材自全国自强模范、全国劳动模范、桐柏县埠江镇付楼村党支部书记李健同志的先进事迹，创作成篇。根据李健同志身残志坚，从站起来到动起来、富起来、带起来的真实奋斗故事，进行艺术加工，塑造了一个普通基层党员干部平凡伟大、真实感人的戏剧舞台艺术形象。

· 社旗县 ·

【文化概览】 社旗县地处南阳盆地东缘，总人口76.9万，县域面积1203平方公里，辖14个乡镇、2个街道，275个行政村（社区）。县城所在地赊店镇古称赊旗店，因东汉光武帝刘秀曾在此"赊旗访将，起师反莽"而得名，是"万里茶道"中枢，国家重点文物保护单位——山陕会馆被誉为"天下第一会馆"，赊店古镇被评为中国历史文化名镇、社旗县被授予国家园林县城、国家卫生县城、省级文明城市等荣誉称号。1965年建县时，周总理亲自更名"赊旗"为"社旗"，寓"社会主义旗帜"之意。

文明城市创建。持续深化文明城市创建，制定完善了《中共社旗县委 社旗县人民政府关于建立完善文明城市常态化创建工作机制的意见》等工作制度，及时调整社旗县创建文明城市工作指挥部组成人员及职责，实现了工作的常态化、制度化、规范化，做到上传下达、信息沟通、部门协调顺畅，财政资金优先保证创文需要，对乡镇、部门投入创文项目实行以奖代补，创文工作得到长足发展。

公共文化服务。组织开展全民艺术普及周、网络春晚、广场舞大赛、红歌合唱大赛、戏迷擂台赛、送戏下乡、公益电影下乡等活动3800多场。完成文物勘探项目27起，勘探面积约150万平方米，发掘古文化遗址3处。推进法治政府建设，获得社旗县2021年度法治政府建设先进集体、南阳市行政执法责任制示范点、河南省全面推行行政执法三项制度优秀单位等荣誉。

非遗保护传承。以传统节日和国家重大活动节点为契机，举办非遗"进社区""进校园"、非遗展演系列活动60余场，促进传承人主动参与非物质文化产业化，推出"周庄女子工坊香囊""赊店窑""品山堂"产品等具有社旗县特色的旅游纪念品。组织陈氏木雕、烙葫芦、古琴制作、品山堂铜艺参加全市组织的文旅文创展，周庄女子工坊成功入选全国非遗扶贫工坊典型案例。

文旅产业发展。指导仲景艾草园、酒乡小镇打造市级文旅康养基地，推进旅游+非遗发展，联合中医药局举办中医药文化夜市，丰富旅游业态。大冯营周庄村被评为河南省首批康养旅游示范村创建单位。赊店酒乡特色文化创意园获得省、市两级休闲观光园区及市级第一批夜间文旅游消费集聚区称号，苗店镇老沟刘村获得省、市两级乡村旅游特色示范村称号，下洼镇、金构农牧分别被评为市级特色生态旅游示范镇、市级乡村旅游创客示范基地。赊店古镇瓷器街区和赊店酒乡文化创意园有望获得省级休闲街区和工业旅游示范基地；郝寨镇年庄村、南阳文鑫工艺品公司分别被评为市级文化产业特色乡村、市级文化产业示范基地。

【"醉美赊店 云端书会——2022中国社旗赊店书会"成功举办】为打造文化社旗新高地，传承优秀民俗文化，丰富群众文化生活，4月3日，由河南省曲艺家协会、中共社旗县委宣传部主办，赊店老酒股份有限公司协办的"醉美赊店 云端书会——2022中国社旗赊店书会"在赊店老酒展演中心举办。袁海峰、王远征等表演的大调曲《怕老婆顶灯》、河南坠子《包公十三铡》、小品《称妈》、大调曲《刘胡兰就义》、三弦书《对药名》等曲艺节目，将传统曲艺形式与时代元素巧妙融合，使优秀传统文化绽放时代风采，为观众奉上了一场精彩绝伦的视听盛宴。该次活动吸引了30余万网友观看互动，并获得良好反响。

【2022中国·赊店第九届关公文化旅游节开幕】9月27日，以"弘扬诚信理念，优化营商环境"为主题的2022中国·赊店第九届关公文化旅游节开幕。活动期间，先后举办了关公秋祭大典、关公巡游、关公文化书画展和古镇景区体验游活动。从2014年开始，社旗县将中断了一个甲子的关公文化庙会恢复起来，以"关公文化旅游节"的形式呈现，积极推动以关公文化为代表的优秀传统文化创造性转化和创新性发展，至今已成功举办七届。关公文化旅游节已成为"文化社旗""诚信社旗"建设的知名品牌和亮丽名片。

·方城县·

【文化概览】方城县位于豫西南、宛东北，是南阳的"北大门"，辖14镇1乡4个街道、569个行政村（社区），面积2542平方公里，地处"五界一口"，是中华曾氏祖根地、博望侯张骞封地和西汉廷尉张释之、明末抗清英雄吴阿衡、开国将军栗在山、新中国空军战斗英雄杜凤瑞故里，是国家园林县城、国家卫生县城、全国文明城市提名城市、中国宜居宜业典范县和全国粮食生产先进县、油料生产百强县、绿色农业示范县、丹参之乡、木瓜之乡，被河南省政府确定为首批全域旅游示范区创建试点县，被南阳市委、市政府确定为市域副中心城市。

精神文明创建。开展全国文明城市常态化创建，顺利通过创文省级验收和省文明办实地暗访检查。新时代文明实践中心（所、站）建设实现全覆盖，各类文明实践活动广泛开展。持续深化典型选树，成功举办首届"方城之星"典型评选活动，评选出10类共106名"星级人物"并进行表彰。开展方城县"新时代 新征程 争出彩"十大主题宣传教育实践活动，组织"六文明""强国复兴有我"等宣传教育实践活动500余场次，大力开展爱国主义教育活动，通过展播公益广告、制作宣传板、悬挂国旗、拍摄爱国主义视频，开展"同升国旗 同唱爱国歌""国庆吃面 国泰民安"等活动，促进全县爱国主义教育向纵深开展。建立村级"一约四会"组织469个，评选挂牌星级文明户1.6万户，评选乡村光荣榜6200人。赵河镇渔池村等3个村、博望镇等3个乡镇获2022年度省级文明村镇。大力传承和积极推广中华优秀传统文化，成立河南省孝文化促进会方城县德孝工作委员会，选取基础好的行政村38个，打造德孝文化标杆村、示范村，全域推进德孝文化示范村创建工作。

文化惠民工程。举办"中原舞蹁跹"方城县艺术广场舞大赛、"唱响新时代"方城县群众合唱大赛、"我眼中的大美方城"方城县优秀摄影作品大赛等大型群众文化活动。深入基层开展"公益电影进基层"7114场、"舞台艺术进基层"278场。开展"全民阅读·书香方城"晨读活动，全县51个读书点坚持晨读活动，参与人数达30万人次，评选表彰全民阅读先进个

人41名、书香家庭24户。开展文艺轻骑兵走基层系列文艺志愿服务活动，举办广场舞培训、文物图片展、非遗节目展演、传统文化公益讲座等活动300余场次，服务群众10万余人次。

文化事业。创作文艺精品30余件，长篇历史小说《忠毅公吴阿衡》和长篇纪实文学《烟雨"皇城"石头寨》出版发行，三弦书《刘大爷送梨》荣获河南省牡丹奖，歌曲《红岗》荣获南阳市第十三届精神文明建设"五个一工程"优秀作品奖。完成长征、长城两大国家文化公园（方城段）编制规划。依托广场游园建成"裕州书苑"驿站7个；县中心城区高标准建成"诸葛书屋"2个，藏书均在5000册以上，已全部并入南阳市"诸葛书屋"管理网络；全县569个行政村"数字农家书屋"实现全覆盖，拐河镇东大麦沟村农家书屋入围2022年度河南省示范农家书屋。方城县博物馆、红二十五军独树镇战斗纪念地被命名为第八批"南阳市社会科学普及基地"。

文旅项目建设。聚力创建全域旅游示范区，大力推进长征、长城国家文化公园建设、扳倒井万里茶道申报世界文化遗产等国字号、省级旅游品牌创建。重点打造"十大景区"，提升现有AAAA级景区内涵，相继建成开放七峰山索道、霍比特梦幻庄园、猪猪乐园等一批项目。将红二十五军鏖战独树镇纪念地、德云山风情植物园确定为"研学游"工作重点培育单位，打造研学游特色品牌。着力推进乡村旅游康养示范村创建，杨集镇大朱庄村、二郎庙镇西吴沟村成功入选省级创建单位。推出黄石砚、丹参茶、黄金梨、金木瓜等特色商品，打造"方城礼物"。广阳镇新集村被评为市级文化产业特色乡村，七峰山养心谷被评为市级康养基地，柳河镇段庄村被评为省级乡村旅游特色村，二郎庙镇被评为省级特色生态旅游示范镇。

【长征国家文化公园（方城段）】长征国家文化公园（方城段）是长征国家文化公园（河南段）的重要节点和支撑点，涉及小史店、杨楼、独树、拐河、四里店五镇，其中的红二十五军鏖战独树镇纪念地，是长征国家文化公园（河南段）的核心展示区和集中展示带。方城县以《长征国家文化公园建设保护规划》和长征国家文化公园建设（河南段）总体规划为指导，编制《长征国家文化公园（方城段）建设保护规划（2021—2025年）》，召开长征国家文化公园（方城段）规划评审会，并获得通过。整个规划按照长征红色文化教育融合、解放战争遗址融合、楚长城文化资源融合、南水北调观光工程融合、相关历史文化文物资源融合的"五大融合"理念，以建设红二十五军独树镇战斗纪念馆为重点，串联长征沿线重要遗址遗存、历史文化、自然生态、特色产业等资源，规划管控保护区、主题展示区、文旅融合区、传统利用区等区域，生动展现方城段长征文化的精神内涵和鲜明特色。

方城县红二十五军鏖战独树纪念碑

·南召县·

【文化概览】 南召县位于伏牛山腹地，南阳盆地北缘，自古有"北扼汝洛、南控荆襄"之称，总面积2946平方公里，辖15个乡镇、310个行政村、63万人。五六十万年前，与北京猿人同时代的南召猿人在境内繁衍生息，是中原人类文明的发祥地。境内现存有楚长城遗址、杏花山猿人遗址、曹店南召第一党支部遗址、高嘴坡战役遗址等。有省级非物质文化遗产项目2个（云彩灯、南召灯谜），市级非物质文化遗产项目7个。是中国民间文化艺术（灯谜）之乡、中国辛夷之乡、中国玉兰之乡、中国柞蚕之乡，第二批"国家全域旅游示范区"、全国森林康养基地试点建设县。

理论武装工作。坚持示范引领，推动乡科级理论学习中心组学习提质增效。先后遴选打造了18个乡科级理论学习中心组示范班和29个"第一议题"学习示范点，引领带动全县乡科级理论学习中心组学习提质增效。打造"玉兰飘香·理论+文艺"党的创新理论宣讲品牌。组织开展了"玉兰飘香·理论+文艺"宣讲大赛，组建了"南召县玉兰飘香·党的创新理论文艺宣讲团"，采取"理论+文艺+故事"等接地气的方式方法，切实提高了理论宣讲的针对性、实效性。

新闻宣传工作。全年在主要新闻媒体刊发各类新闻稿件2000多篇，其中中央级媒体发稿500余篇，集中反映了南召县乡村振兴、优化营商环境、项目建设等方面的工作成效。上线"学习强国"南召融媒号，组织新闻发布会13场，在涉外媒体上刊发各类稿件115篇，有力展示了南召出彩形象。先后组织开展了"中国·南召玉兰花赏花游园活动""中国·南召第三届艾草文化节"等一系列外经贸活动。拍摄制作了《发现南阳——南召篇》城市外宣专题片和《立夏悠悠蚕事》《楚长城——孤城绝寨》等外宣短视频10余部。

文化活动。持续丰富群众文化活动，举办了河南省第六届"中原舞蹁跹 群星耀中原"艺术广场舞大赛南召县选拔赛、"唱响新时代 群星耀中原"群众大合唱南召县选拔赛、戏迷擂台赛、"喜迎二十大、欢乐进万家"自行车公开赛等群众性文化活动。建成运行2个"诸葛书屋"（城市书房）实施"文化品牌"工程，打造了南召灯谜、"丽音书香"、南召丰收节3个县级文化活动品牌和乔端镇宝天曼山货节、四棵树捕鱼节、云阳镇桃花节等10个乡镇村级文化活动品牌。

公益电影放映工作。积极探索"公益电影+"放映新模式，影前

2022年6月10日，南召县举办"玉兰飘香·理论+文艺"宣讲大赛

热场加播文明乡村建设、"扫黄打非"等公益宣传片。南召县委宣传部荣获2022年度南阳市公益电影放映工作先进单位称号。

文旅融合发展。以文旅融合为突破点，推进"资源变资产、资金变股金、农民变股民"的"三变"改革，实现"村集体资产增值、村集体经济增加、农民增收"的"三增"目标，推动实现文旅融合取得新成效。乔端镇被评为"省级特色生态示范镇"，云阳镇铁佛寺村和崔庄乡寨坡村被认定为"河南省乡村康养旅游示范村创建单位"，四棵树乡高峰庵村被评为河南省首批"乡村康养旅游示范村"；夜百合蚕丝被、恒利康酵素、华康聚烟随身灸礼盒被评为"南阳礼物"。

【"2022年'中国旅游日'南阳市分会场活动"启动仪式在南召举行】2022年5月19日上午，中国旅游日南阳分会场活动启动仪式在南召县五朵山景区九龙湖举行，市政府副市长刘江出席了启动仪式。近年来，南召县高度重视文化旅游事业发展，坚持项目为王、创新驱动、开放合作，大力推动五朵山等一批重大文旅康养项目建设，旅游资源单体数量和质量均居南阳市第一、河南省前列，是第二批"国家全域旅游示范区"创建单位。

【举办艾灸进万家——中国南召第

2022年5月19日，2022年"中国旅游日"河南南阳分会场启动仪式在南召五朵山九龙湖广场举行

三届艾草文化节】 2022年6月2日，南召县举办"艾灸进万家——中国南召第三届艾草文化节"，在小空山猿人遗址地举行了"冰台取火"仪式，近千名群众现场体验了艾灸理疗效果。南召县有着深厚的艾草文化底蕴和坚实的艾草产业基础。一直以来，南召县着眼于传承和创新艾草文化，坚持走规模化、市场化、品牌化发展路子，深度推进艾旅融合、艾养结合，加快艾草产业园建设步伐，培育壮大龙头企业，打造"艾草文化之乡""艾灸之乡"，大力推动艾草产业发展。全县艾草种植面积3600余亩，野生艾草面积5万余亩，年总产量达6万余吨。

商丘市

【文化概览】 商丘市位于豫鲁苏皖四省接合部，是河南省的"东大门"，是农业大市、人口大市、经济大市、教育大市、文化资源大市、新兴工业城市，辖夏邑县、虞城县、柘城县、宁陵县、睢县、民权县6个县，梁园区、睢阳区2个区，永城市1个省直管县级市和1个功能区（城乡一体化示范区与经济技术开发区合署办公），总面积1.07万平方公里，户籍人口1014万人，常住人口782万人，先后荣获全国文明城市、国家卫生城市、中国优秀旅游城市、国家园林城市、国家森林城市、全国双拥模范城、全国粮食生产先进市等称号。"天命玄鸟，降而生商。"商丘是华夏文明和中华民族的重要发祥地之一，是商祖、商人、商业、商品、商文化的发源地，习近平总书记在河南视察时指出："殷商文化起源于商丘。"商丘素有"中国火文化之乡""汉兴之地""两宋龙潜之地"之称，是国家级历史文化名城，境内文物遗迹数不胜数，历史名人灿若星辰，是孔子的祖籍地、庄子的故里、花木兰的家乡，拥有包括商丘古城、芒砀山汉梁王墓群在内的不可移动文物1.6万多处，通济渠商丘南关段、通济渠商丘夏邑（济阳）段两处遗址列入世界文化遗产名录，商丘古城是当今世界上现存的唯一一座集八卦城、水中城、城摞城三位一体的大型古城遗址。以商丘为中心200公里半径内有1.6亿人口，徐兰、京港（台）高铁和陇海、京九普铁在此交会，是全国为数不多的高铁普铁双"十"字综合交通枢纽中心城市和"八纵八横"高铁网络节点城市。

理论武装创新。 以"四个六"为引领推动党的创新理论走深走心走实。建好用好党委（党组）理论学习中心组组织平台、"第一议题"制度平台、"商丘大讲堂"理论平台、党史学习教育实践平台、市县融媒体和新时代文明实践体系传播平台、"学习强国"学习平台"六个平台"，打造《商丘日报》"固定课堂"、商丘广播电视台广电"有声党课"、市属新媒体网络"置顶课堂"、河南手机报商丘版手机"移动党课"、乡村大喇叭"空中党课"和社会宣传"全域党课""六个党课"，以虚领实、以实彰虚，虚实结合、实虚互促，持续推动党的创新理论"飞入寻常百姓家"。市委理论学习中心组入围全省党委理论学习中心组示范班，市委宣传部入围"第一议题"示范点。"学习强国"商丘学习平台和6县1市"学习强国"县级融媒号全部上线，推广使用做法得到中央宣传部充分肯定。建立"六进六突出"长效宣讲机制，进机关，突出高度，重在"率"字；进企业，突出力度，重在"干"字；进学校，突出温度，重在"领"字；进城乡社区，突出密度，重在"亲"字；进"两新组织"，突出热度，重在"实"字；进网络，突出黏度，重在"融"字，全城全媒、常讲常新、常流水不断线的浓厚宣传氛围不断营造，党的创新理论更加深入人心。

文艺文化事业。 以打造精品为价值导向全面繁荣文化文艺事业。组织开展了"喜迎二十大·欢乐进万家"为主题的文艺晚会、才艺展演等系列线上线下文化活动百余场，农村公益电影放映24122场。"中国梦·春之声·古城美"诗歌朗诵会入选第二季度国家公共文化云网络直录播名单。举办书香商丘首届全民阅读大会，4座城市书屋等公共文化场馆即将投入使用，"思源·云图书馆"公益项目已完成申请3700多个。开展深入实施商丘文艺精品创作工程，开展商丘市第七届精神文明建设"五个一工程"评选活动，评选出37部（首）优秀作品。拍摄表现商丘特色"忠勇文化""忠烈精神"的网络戏曲电影《睢阳忠烈》。柳琴戏《守望》荣获河南省第十四届群星奖曲艺大赛一等奖，多层剪纸作品献礼北京冬奥会入选为"国礼"，快板书《我为中华唱赞歌》等4部作品获得河南省第十二届少儿曲艺大赛表演一等奖。6部作品先后获得河南省精神文明建设"五个一工程"奖，戏剧《浣纱记》《龙河钟声》《李香君》

《王昭君》《天下清德》《小推车》连续荣获河南省戏剧大赛"文华大奖"六连冠。

新闻宣传工作。以"六个领"为牵引提升新闻宣传工作水平。落实好习近平总书记关于新闻舆论工作的重要论述，着力扩大主流思想舆论影响力版图。敢当领队，在大宣传格局中站在前、走在先。本年商丘在中央和省媒体发稿量保持领先地位，在中央电视台发稿170条次，其中中央电视台《新闻联播》13条次，新华社客户端27条次。11月在主要央媒、重点栏目发稿量跃居全省第一方阵。勇于领导，坚定正确政治方向和舆论导向。深入开展"打假治敲"专项行动，在主流媒体公开曝光2起假记者敲诈勒索案件。善于领题，设置议题，引导话题。"我们这十年""寄语二十大"等系列宣传反响强烈，《非凡十年 出彩中原》商丘篇网间阅读突破11亿人次，《对话中原：商丘让中原更美好》惊艳"出圈"。带头领唱，唱响主旋律，凝聚正能量。围绕建设对外开放桥头堡枢纽经济新高地，先后在《光明日报》、印度尼西亚《罗盘报》刊发《以开放拓空间，以枢纽聚产业》《中国商丘：建设对外开放桥头堡枢纽经济新高地》等文章。加速领跑，领着舆论走，跑在舆情前。坚持"1+4+2+N"工作模式和舆情及时快速处置联动机制等相关机制，做到早发现、早报告、早处置、早见效。建强领地，发挥好传统媒体的作用，推动媒体深度融合发展。7个县（市）全部建立融媒体中心，"今日商丘"和"i商丘"两个市级客户端成功上线运行，一体化全媒体传播体系初步建成。

商丘好人品牌。建立完善六大机制，大力推动"商丘好人"品牌建设。组织对983名先进个人和10个先进集体进行走访慰问或帮扶救助，举办第六届河南"商丘好人"文化周暨"德润商丘 云赞好人"先进群体颁奖典礼。按照"六有"标准推动新时代文明实践中心（所、站）规范化建设。全市累计开展文明实践主题活动6.7万余场次，服务群众160万人次。广泛推动"乡村光荣榜"人物宣传选树，17人荣登河南省"乡村光荣榜"，入选数量居全省第一。睢县"孝善敬老"和睢阳区路河镇"幸福大食堂"在2022年全省文明实践项目展示交流活动中荣获二等奖。修订和完善《商丘市文明行为促进条例》。持续实施"七治""五带"工程，全国文明城市创建工作提档升级，顺利通过中央文明办全国文明城市2022年度复查实地考察。

文旅文创融合。编制出台《商丘市建设文化强市实施方案》《商丘市"十四五"文化旅游融合发展规划》。以古城风、现代味、烟火气、人间色为一体，推动古城的修复性保护展示利用。率先在全省落实楼阳生书记"豫菜振兴"指示，成功举办"十大名吃名厨名菜"活动。培育6家省级文化产业基地、2家省级文化产业示范园区，逐步壮大"文旅＋工业"融合产业规模。以景区数智化建设搭建商丘文旅元宇宙的基本框架。打造"五个一"文旅宣传品牌，创建芒砀山五钻级、淮海战役陈官庄纪念馆四钻级、古文化旅游区三钻级智慧景区，推进了日月湖5G智慧景区、凤栖湖智慧岛等一批景区景点数智化改造提升工程。

文化遗产保护。利用集成全息呈现、增强现实、数字孪生等新型体验技术，结合沉浸式演绎等深度还原金缕玉衣、兽耳带盖青铜敦、陶狗等文物，搭建数字商丘古城，展播玄鸟生商等历史传说，在全省率先推进博物馆数字化升级，弥补了数字公共文化场馆的空白。打造"8+15数字化博物馆群"，拓展数字文化体验的新场景。改造提升商丘市非遗展示馆，打造成集动态文化演艺、静态作品展陈、线上产品直播等功能于一体的网红打卡地。

【2022年宋国故城考古取得新发现】 2022年，宋国故城考古取得重大进展。解剖城墙中发现的纴木洞、永定柱、榫卯槽以及城墙内侧大量的桑树枝、柏树枝的堆积，展示了古代高超的筑城技术；城内古地面发掘出的东周古井、东周铸铜遗存以及城墙上唐代墓葬群的发现，对于确定商丘多城叠压的"城摞城"现象以及殷商探源的进一步开展都具有重要实证意义。

这一系列的重要考古发现引起了媒体的广泛关注，新华社、东方卫视、《河南日报》、《大河报》、《商丘日报》、商丘广播电视台等媒体纷纷来到考古发掘现场进行拍摄报道。东方卫视《何以中国》栏目专程派摄制组来商采访；商丘广播电视台外宣部将相关视频报送河南卫视、中央电视台，2022年12月27日河南卫视《新闻联播》播发；2022年12月29日央视《今日环球》进行专题报道，报道时长近3分钟。中国社科院考古所研究员、商丘文物考古研究院院长岳洪彬在片中对宋国故城考古发现的意义进行了详细的解读。此外，人民网、今日头条、大象新闻以及众多的网络平台也大量转载，宋国故城考古发掘引起了社会的广泛关注，对于提高商丘的知名度以及商丘考古融入中华文明探源工程都起到了重要的作用。

【商丘市建成4座城市书房打造高品质公共阅读空间】 2022年，推动城市书房建设项目16个，特别是中心城区按照"统一建设，属地管理"的原则，建成4座城市书房，分别位于汉梁文化公园、金世纪广场、廉政广场和日月湖景区，统一命名为"应天书院"，通过统一外观、统一LOGO、统一布置，推动"应天书院"品牌打造。高规格推动落实，强化城市书房建设保障。市委主要负责人多次调研指导城市书房建设进度，对城市书房建设标准、标识设计等工作提出了具体要求。项目推进过程中，市委宣传部部长、分管副市长主持城市书房工作协调会，并多次调度城市书房推进情况并参与城市书房选址考察工作。高起点谋划布局，明确城市书房推进思路。项目启动伊始，商丘市文化广电和旅游局深入调研全市全民阅读工作实际，从城市书房规划布局、选址设计、运维管理、服务供给等方面进行科学论证，在充分调研的基础上，制定了《商丘市城市书房建设实施方案》《商丘市城市书房管理细则》等文件，明确了商丘市城市书房建设的时间表和路线图。高标准规划建设，确保城市书房实至名归。综合考虑人群分布等因素，重点在人群较为密集的社区、景区、商圈附近布局城市书房，最大限度方便群众阅读。城市书房建设过程中，严格把控各环节，分批次推进开放。坚持"便民惠民"原则，内部装修简约时尚，

2022年2月11日，商丘"名吃、名厨、名菜"评比活动——豫见美食·香约商丘取得圆满成功

阅读空间宽敞舒适，并设有各类自助借阅设备，采用现代化、网络化、自助式的服务方式，确保每处建成开放的城市书房都是精品，都能为市民群众提供高品质的公共文化服务，极大地提升了人们的阅读体验。高品质文化供给，提升城市书房服务效能。将城市书房活动策划作为日常工作的重要内容，定期开展阅读推广、非遗体验、艺术培训等特色活动，组织开展文化志愿者阅读推广活动、元宵节猜灯谜活动、新书推介和全民阅读系列活动等，将商丘特色文化传承与城市书房有机结合。

【商丘"名吃、名厨、名菜"评比活动——豫见美食·香约商丘取得圆满成功】 2022年2月11日，"豫见美食·香约商丘"——商丘十大"名吃、名厨、名菜"评比活动授牌仪式举行。经过现场初评、网络投票、线下技能评比和社会美誉度等综合评判，评选出古城刘家烧饼等商丘十大名吃、李政亮等商丘十大名厨、水激馍等商丘十大名菜。通过该次活动进一步提升商丘餐饮文化品牌和文旅网红美食品牌，鼓励餐饮企业提升品牌意识，不断提升文旅美食影响力、拉动文旅消费和商丘高质量发展。该次活动中，商丘市把宣传商丘文旅资源融入活动的各个环节，积极探索以美食为突破口的文旅融合发展新路径，以"文旅+美食"带动全域旅游产业联动发展。评比活动制作的融媒作品得到中央广播电视总台、新华社、央视频、"学习强国"、《河南日报》、河南广播电视台及全国百家交通广播融媒报道，让商丘味道香飘四海。该次活动仅抖音话题阅读量超过5000万，网络新媒体综合阅读量超2亿次，让商丘味道香飘四海，用家乡味道向世界讲述商丘文化。在该次评比活动中，商丘广播电视台策划制作的商丘美食专属歌曲MV《品味商丘》、沙画《厨祖伊尹》、先导片《豫见美食香约商丘》更是引发热潮全网点赞转发，让无数网友再次认识了商丘的美食和厚重的历史文化，为商丘文旅品牌打造和宣传提升了热度。

·永城市·

【文化概览】 永城市地处河南最东部，素有"中原门户、豫东明珠"之称。全市总面积2020平方公里，人口168万，辖25个乡镇、6个街

道办事处、770个行政村（社区），被称为"汉兴之地、能源之都、面粉之城、生态之市、长寿之乡"，先后荣获全国文明城市、国家卫生城市、国家园林城、全国双拥模范城等一系列国字号荣誉。

文化阵地打造。投资102万元完成了732家农家书屋出版物的补充更新，投资80万元为村级文化广场配备了健身器材，投资30余万元对芒山镇、薛湖镇等乡镇（街道）文化站进行了提档升级，为高庄、演集等14个乡镇（街道）文化站配备了数字文化一体机。创新打造了"城市书房""文化驿站"等新型文化业态。

文化设施建设。建成国家一级文化站8个、二级文化站8个、三级文化站4个、村级文化服务中心727个、"河南省民间文化艺术之乡"6个、"中国民间文化艺术之乡"3个，先后荣获"全国文化建设示范城市""全国文化先进市"等一系列国字号荣誉。

文化惠民活动。扎实深入开展各类文化惠民活动，通过线上线下开展"我们的中国梦·欢乐进万家"系列群众文化活动、乡村村晚活动100余场次，文化惠民进基层演出300余场次，展演民间戏剧戏曲20多个，举办各类培训班48期，举办了永城市首届民俗文化艺术节，推出系列活动50余场。永城市演集街道时庄村文化合作社、高庄镇车集村民俗文化合作社、马桥镇李庄村红心向党文化合作社荣获2022年"河南省示范性乡村文化合作社"称号，太丘镇黄桥村农家书屋获河南省示范农家书屋等荣誉称号。演集街道豫剧（豫东调）荣获2022—2024年度"河南省民间文化艺术之乡"称号、演集街道时庄村被命名为第一批商丘市文化产业示范园区，夫子山景区被命名为第七批商丘市文化产业示范基地等国家、省、商丘市集体和个人各项荣誉称号共计56项。

文艺创演。深入挖掘永城市丰厚的文化资源，新创作了音乐快板《守望相助一家人》、红色儿童情景剧《红色儿童团》《淮海颂歌》等文艺作品20余部，其中柳琴戏《回娘家》在央视十一频道《一鸣惊人》栏目播出、高庄镇车集村"村晚"亮相央视《朝闻天下》频道，取得了良好的社会反响。

非遗保护。利用永城市文体公司群众艺术馆一楼作为非遗展厅进行装修布展，并作为创建国家一级文化馆的重点项目。永城市第五批市级非物质文化遗产代表性项目资源信息共收集310条，整理出重点项目41个。其中，经永城市非物质文化遗产代表性项目评审委员会评审，永城市面塑、传统剪纸、传统匾额雕刻技艺等21个项目入选永城市第五批市级非物质文化遗产代表性项目名录。

文旅融合。日月湖景区成功创建为国家AAAA级旅游景区；苗桥镇张楼村被确定为全省康养旅游示范村、高庄镇被命名为河南省文化产业特色乡村。为鄬城造律台争取项目资金1600万元，用于造律台周边环境整治。永城市柳琴戏传承保护中心积极拓展演出市场，与芒砀山景区加强合作，推出定制性节目大型情景剧《大汉礼仪》、大型系列情景剧《梦回大汉》正在筹排中。积极落实省委、省政府决策部署，大力开展免门票活动，为A级景区申报门票补贴资金1400余万元；积极响应"河南人游河南""商丘人游商丘"活动号召，不断提高永城市旅游景区品牌知名度。

【永城市文化馆荣获第九届全国服务农民、服务基层文化建设先进集体称号】 近年来，永城市文化馆加大遗产保护，促进民间文化传承。现有省级非物质文化遗产名录项目7个，商丘市市级非物质文化遗产名录项目5个，永城市市级非遗保护项目共五批98个。根据爱情故事改编的柳琴戏《梁山伯和祝英台》，多次获得国家级、省级大奖；挖掘在永城民间流传的王三善和苏三的爱情故事，创作了柳琴戏《王三善和苏三》，弘扬真善美，歌颂了爱情的坚贞；依据东汉太丘令陈寔梁上君子的故事，打造了柳琴戏《太丘令》；创作了《芒砀忠魂》，铭记英雄，勿忘历史。编著了《永城文史大观》《永城非遗产记忆》，在市电视台开设《永城非遗》系列专题片。其中《永城非遗》系列专题片和不断收录非物质文化遗产代表性项目资源信息，共计收集非物质文化遗产代表性项目310条，整理出重点项目41个。

·夏邑县·

【文化概览】 夏邑县位于河南省东部，地处豫、鲁、苏、皖四省接合处，素有"豫东门户"之称。县域面积1481平方公里，下辖24个乡镇，1个农贸区，总人口135万。上古古都、孔子祖籍、长寿之乡、彭雪枫将军殉国地、隋唐大运河世界文化遗址等多张"金色名片"享誉国内外。先后获得中国民间文化艺术之乡、河南省民间文化艺术之乡、河南省文化先进县、河南特色产业之乡、河南省文化产业特色乡村等荣誉称号。

文化资源。夏邑地处华夏、孔子、长寿文化交汇处，形成了华夏祖地文化、孔祖文化、长寿文化、运河文化、红色文化等特色文化资源。现有通济渠商丘夏邑段遗址国家级文物保护单位1处、省级文物保护单位10处、市级文物保护单位13处、县级文物保护单位14处。有省级非物质文化遗产6项、市级非物质文化遗产36项、县级非遗保护47项，非遗展示馆2个、非遗传习所6个。现有国家AAAA级景区1个、AAA级景区1个，生态风景区1个。

文化设施建设。现有图书馆（一级）1个、文化馆（二级）1个、博物馆1个、乡镇综合文化站24个、村级文化服务中心731个、农家书屋731个。夏邑县公共服务设施规划及绿地广场系统建设初见成效。天龙湖、毛河、沱浍河、御道河交界区域打造城市生态景观核心；沿毛河、沱浍河规划生态景观带，沿御道河规划文化休闲景观带等。长寿阁坐落于长寿之乡夏邑县的古运河的南岛之上，该阁被誉为长寿之乡夏邑县的标志性建筑，建设有夏邑长寿博物馆，供游人了解夏邑的孔祖和长寿文化。因其高大巍峨的气势和无与伦比的造型，也被誉为中华第一长寿阁。

群众文化活动。大力发展群众文化活动，通过线上线下开展"我的中国梦 文化进万家"100余场次，戏曲进乡村394场次，文艺演出进基层600余场次，"乡村村晚"35场次，让群众家门口享受精彩文化生活；举办了各类培训班159期，各类展览93场次；喜迎

2022年11月13日，夏邑县举办"红色文化志愿者传承红色基因"活动

二十大"红色歌曲、红色图书、红色故事"进校园活动30余场次；举办阅读分享、好书推荐、图书漂流、经典诵读、红色阅读、亲子阅读、读书月等阅读活动80余场次，受众4.2万人次。"豫见最美读书人"全民阅读摄影图片展，展出作品120幅；举办了"歌颂新时代"书画摄影作品展"翰墨润夏邑"夏邑县美术书法剪纸作品大赛，展出美术书法剪纸作品210幅；"我眼中的大美夏邑"夏邑县优秀摄影作品大赛，有180余幅作品参展；"我的乡村文化合作社"才艺展演等活动。"我的乡村文化合作社"才艺大赛，20个文艺团队参加活动。

文化产业。全县文化产业大发展，先后建成省级文化产业示范园区1个、河南省文化产业特色乡村2个，依托中国民间文化艺术之乡品牌优势，打好非遗文化传承牌，火店镇文化产业园区建成标准化厂房22座，家庭式厂房76套，已入住文化产业园的企业50多家，周边从事特色文化产业的中小企业达到8000余户，从业人员达3万余人。网穗远销"一带一路"多个国家和地区。

文旅新兴业态。现有河南省特色生态旅游示范镇3个、乡村旅游特色村7个、休闲观光园区4个。培育集文化、研学、康养旅游示范基地的AAAA级龙港湾景区，已开发建成空中草莓馆、鱼菜共生馆等15个景点，年接待游客超过180万人次。"汉唐文化园"项目是长寿阁景区重要组成部分。依托现有资源，让城市融入大自然，以居民望得见山、看得见水、记得住乡愁为目标而建，保持村庄原始风貌，慎砍树，不填坑，少拆房，尽可能在原有形态上改善居民生活环境，传承文化与历史的城镇化理念。根据县委提出的建设"都市村庄，梦里老家"的构想，进行提升改造的一大景观。

【夏邑县开展"零彩礼"集体婚礼活动推动乡风文明建设】 近年来，由于受多种因素的影响，婚嫁活动中高价彩礼、奢华办婚、相互攀比、陈规陋习等风气蔓延，尤其是农村因婚致贫、因婚返贫现象愈发严重，高价彩礼不仅成为许多年轻人追求幸福婚姻生活的最大障

2022年9月，夏邑县开展零彩礼集体婚礼活动推动乡风文明建设

碍，而且也演变为阻碍乡村振兴进程的突出社会问题。夏邑县委、县政府为推动移风易俗，弘扬时代新风，助力乡村振兴，进一步让文明新风在夏邑生根开花结果，先后在全县连续举办了四届"零彩礼"集体婚礼。该活动由夏邑县委、县政府主办，县委宣传部、县融媒体中心、县民政局等多家单位共同承办。县"四大班子"领导、县直机关主要负责人、各乡镇主要领导和围观群众一起为新人祝福，一起为文明、和谐夏邑点赞。四年来，全县有110对新人参加了"零彩礼"集体婚礼，并受到了县委、县政府的表彰。"我们自愿结为夫妻，从今天开始，我们将共同肩负起婚姻赋予我们的责任和义务：上孝父母，下教子女，互敬互爱，互信互勉，互谅互让，相濡以沫，钟爱一生！今后，无论顺境还是逆境，无论富有还是贫穷，无论健康还是疾病，我们都风雨同舟，患难与共！"新郎新娘铮铮誓言引发出经久不息的掌声。县领导致证婚词后，新郎新娘代表宣读了"文明婚礼"倡议书。新人互赠信物：新娘送给新郎的信物是《习近平谈治国理政》《习近平讲故事》，这两本书告诉我们，只有国泰民安才能生活幸福；新郎回赠的信物是《中国家教百年》《中国历代名人家训家风》，这两本书告诉我们，家道兴盛、和顺美满，来源于重视家庭建设，注重家庭、注重家教、注重家风。夏邑县委、县政府为了鼓励节俭，倡树新风，也为新人分别赠送了"夏邑县零彩礼集体婚礼留念杯"，组委会赠送了65英寸长虹电视机，县融媒体中心赠送了集体婚礼电子相册、无线数字电视机顶盒，县文化广电旅游局赠送了免费读书卡，县第二人民医院赠送了免费健康体检卡，县公交公司赠送了免费公交卡，县人寿保险公司赠送了一份家庭财产保单。接着，参加集体婚礼新人和亲友在工作人员引领下，有序乘坐观光游览车，先后参观了长寿阁、古树园、枇杷洲、红枫园、百竹园等景点，感受夏邑新变化。

·虞城县·

【文化概览】 虞城县位于河南省东部，黄河故道南岸，豫、鲁、苏、皖四省交界处。虞城县地处黄淮海平原中部，总面积1543平方公里，总人口126万。虞城历史悠久，文化灿烂，是夏朝中期的重要都城，是酿酒鼻祖杜康造酒地、中国木兰之乡、中国诗词之乡、中国钢卷尺城，历代诸多名人如司马相如、枚乘、李白、杜甫、高适、苏轼等都曾来此游览，留下许多脍炙人口的诗篇。境内现存有仓颉墓、商均墓、伊尹墓、木兰祠、利民古镇、任家大院、状元故里等名胜古迹。全县共有公共图书馆1个，公共文化馆1个，乡镇综合文化站25个，村（社区）综合文化服务中心680个，有省级文物保护单位4处，市级文物保护单位12处、县级文物保护单位12处。现有国家级非物质文化遗产代表性项目1个，省级项目9项，市级项目41项，县级项目158项。

理论武装工作。虞城县严格落实常委会"第一议题"制度，根据省委、市委理论学习中心组学习的思路和安排，及时制定完善县委理论学习中心组学习内容。印发《关于2022年度全县各乡（镇）、县直各单位党委（党组）理论学习中心组分专题集体学习的安排意见》，制定了20项分专题学习安排及学习要求，指导乡科级党委（党组）理论学习中心组高质量开展集体学习。县委理论学习中心组开展集体学习12次，开展研讨交流6次，县委常委会开展"第一议题"学习研讨29次。全县各乡镇、县直各单位党委（党组）理论学习中心组开展集体学习研讨720余次。

新闻宣传。全力做好喜迎党的二十大和学习宣传贯彻党的二十大精神的新闻宣传工作。在虞城网和云上虞城开设"喜迎党的二十大"专栏，制定出台《虞城县学习贯彻党的二十大精神新闻宣传工作方案》。做好能力作风建设年主题宣传，在县属新闻媒体发稿60多篇，在《商丘日报》、商丘电台电视台、商丘手机报发稿30多篇，中央级、省级媒体亦有发稿。县广播电台发稿1500余条，县电视台发稿1000余条，播出公益广告6100条次，游动字幕每天不间断播出3000多条次，短视频2500多条。市级以上媒体发稿1500多篇。

群众文化活动。举办"我们的中国梦——文化进万家"、基层群众文化活动、"我们的传统节日"等系列文化活动180余场次，文化志愿服务服务120余场次，播放公益电影800多场次。举办"喜迎二十大 欢乐进万家""文化进万家、奋进新时代""文化进万家·端午文化周"等系列群众文化活动，受众达4000余人次。2022年，虞城县聘请100名文化活动辅导员，培训1000名基层文艺骨干，建成1万名文化人才，虞城县创新的"百千万"系列群众文化示范项目模式被省文化和旅游厅推广。《贾艳梅 小剪刀剪出美好生活》在2022年河南省"喜迎二十大 欢乐进万家"十大群众文化活动中，荣获"我的乡村文化合作社"才艺大赛（"寻找村宝"主题）十佳作品。《美丽孝善杨善庙》在2022年河南省"喜迎二十大 欢乐进万家"十大群众文化活动中，荣获"我的乡村文化合作社"才艺大赛（"唱响村歌"主题）十佳作品。

精神文明建设。2022年，虞城县10人获评"商丘好人"。入选商丘市"乡村光荣榜"人物12名，入选总数在全市位居第一；入选河南省"乡村光荣榜"人物2名。持续开展道德模范和身边好人推荐评选工作，开展第三届"虞城县道德模范""道德模范提名奖"及"身边好人"评选活动，评选出"虞城县道德模范"10名、"虞城县道德模范提名奖"10名、"虞城身边好人"70名。在全县建立1个中心、25个乡镇（街道）实践所、607个村（社区）实践站，打造了10个文明实践教育基地、97个学雷锋志愿服务站、10个室外爱心驿站、25个乡级文明实践广场、600多个村级文明实践广场，组建了15支3000余人的本地特色志愿服务队，构成县、乡（镇）、村（社区）三级志愿服务网络体系。2022年，通过中心"制单"、群众"点单"、平台"派单"、志愿者"接单"、考核"结单"的形式开展各类新时代文明实践活动1000多场，覆盖群众20万人。

文旅融合发展。"文化赋能"，推进乡村振兴。以创建"五星"党支部为契机，用文化赋能乡村振兴，为乡村文化"铸魂"，开展独具特色的强信心、聚民心、暖人心、筑同心的"四心"主题文明实践活动。深入开展乡镇综合文化站专项治理，培训乡村网红、导游、电商等专业人才。扎实开展"村晚""戏曲进乡村"等富有文化特色的农村节庆活动，形成具有区域影响力的乡村名片，成立各类特色鲜明、富有活力的乡村文化合作社125个，2个乡村文化合作社被评为河南省示范文化合作社。

【虞城县"乡土名嘴"理论宣讲队常态化开展党的创新理论宣讲】
虞城县"乡土名嘴"理论宣讲队现有宣讲员150人，2020年，虞城县从各乡镇的乡贤村贤、基层干部、中小学教师中选调50名政治素质好、熟悉普通群众和青年学生语言的宣讲骨干，补充到"乡土名嘴"宣讲队伍中。虞城县历史悠久、文化灿烂，县域内有红色湖西单虞县张楼情报站、黄冢乡老赵楼"掩护村"旧址、镇里固乡豫皖苏第一党支部旧址、古王集乡大王庄"抗日英雄纪念碑"、郑集乡张公店淮海战役纪念馆、城郊乡淮海战役解放军某部指挥所旧址等红色教育基地。自2021年以来，各宣讲小分

2022年9月30日，虞城县"乡土名嘴"理论宣讲队常态化开展党的创新理论宣讲

队依托红色资源，以学党史、讲党史为重点，根据不同乡镇的听课对象精心准备宣讲内容，组织开展融入式、嵌入式、渗入式"土味"宣讲。在张楼村红色联络站，宣讲团成员一口流利的乡音土话成为他们的"通行密码"。自成立以来，各宣讲小分队队员们走进企业、农村、机关、校园、社区，用"土腔调""土方言"讲"土故事"，深入浅出地为干部群众讲解党的理论政策，累计开展专题宣讲1000余场次，受益群众达15万人次，有效地打通了党的创新理论传播的"最后一公里"。

·商丘市城乡一体化示范区·

【文化概览】 商丘市城乡一体化示范区是经河南省人民政府批准成立的，位于商丘市区东部，是商丘市区的"东大门"，是商丘市打造"对外开放桥头堡、枢纽经济新高地"新的经济增长极、示范带动的功能区，是产城融合、配套齐全、环境优美、宜业宜居、宜学宜游的现代城市新区。总规划面积328平方公里，常住人口65万人，城镇化率70%。空间管理上包括商丘经济技术开发区（含商务中心区）、商丘现代服务业开发区（即豫东综合物流产业集聚区），辖平台、平安、中州、民欣、民安5个街道和张阁、周集、贾寨3个乡（镇）及1个高铁东站地区管委会。

理论工作。示范区发挥领导班子和领导干部示范带动作用，强化各级党委（党组）理论学习中心组的常态化学习内容，经常性开展专题读书班、交流研讨会，"第一议题"、巡听旁听等形式。基层党组织结合"三会一课"、主题党日等，采取读书交流会、红色故事分享、观看专题片等多种方式开展学习。推进基层干部宣讲队伍建设，组成6支宣讲小分队深入机关、企业、校园、农村、社区、网络开展常态化宣讲，增强理论宣讲针对性实效性。

新闻宣传。2022年，示范区为深入学习宣传贯彻党的二十大精神，持续加强新时代党的创新理论和具有人文风景特色的宣传普及工作，持续加强对外新闻宣传力度，央媒发稿达20余条。在中央电视台、人民网、新华网、《光明日报》、《经济日报》、《河南日报》、河南电视台及所属新媒体等中央、省级以上主流媒体持续刊发、刊播一批有分量、有质量、有新意的新闻稿件及视频。上大报、登大台已成为示范区新闻宣传工作常态。本年在全媒体平台发稿5000余条，对上报道在中央、省、市发稿300余条，"学习强国"发稿国家平台80余条，合计100余条次。

公共文化服务。示范区全年农家书屋活动开展100余次，全年农家书屋活动中农村少年儿童参与约500人次。以方便群众为原则，结合各村实际，多功能会议室相配套，不断加强硬件建设，完善服务功能，更好满足农民群众丰富多样的科普、文化、体育娱乐活动需求。充分发挥公共文化设施的作用，依托文化阵地，与农村党员教育结合起来，使文化合作社、农家书屋成为宣传党的方针政策、传达党和政府的声音以及基层党的建设的重要阵地。通过兴办"文化合作社""全民阅读"等提高了农民的文化科技素质，凝聚了合力，加快推进经济发展，改善了群众的生产生活条件。举行了多次文体活动，丰富基层文化生活，我为群众办实事"喜迎国庆 情暖百姓""书画进万家"等系列新时代文化实践活动。

【商丘好人发布会在示范区"商丘好人"主题公园举办】 为积极培育和践行社会主义核心价值观，大力加强公民道德建设，不断擦亮商丘好人品牌，壮大商丘好人群体，在全社会形成了好人辈出的生动局面。2022年商丘好人发布会在示范区"商丘好人"主题公园举办第六届河南"商丘好人"文化周"德润商丘·云赞好人"先进群体发布仪式，隆重表彰全市涌现的"道德模范""身边好人""新时代好少年"等先进模范人物，共评选出第七届商丘市道德模范43名。其中，助人为乐12人，见义勇为4人，诚实守信7人，敬业奉献12人，孝老爱亲8人。

·梁园区·

【文化概览】 梁园区前身是县级商丘市，设立于1948年，1997年撤市设区，是商丘市经济、文化、信息、交通和区域性商贸物流中心，承担着商丘市主城区、商贸区和交通枢纽核心区功能，全区辖8个乡镇、9个街道，总面积692平方公里，总人口69万。近年来，先后荣获全国科普示范区、国家火炬特色产业基地、国家体育产业示范基地、国家慢性病综合防控示范区、全国义务教育发展基本均衡区、国家级科技企业孵化器等国家级荣誉称号。

理论武装。持续开展"党的创

新理论万场宣讲进基层"活动。理论宣讲"六进"活动，深入各党政机关、校园、农村、社区、企业等基层一线开展对象化、分众化、互动化宣讲活动。商丘市委宣传部主办的"党的创新理论宣讲"大赛决赛 2022 年 9 月 22 日在商丘电视台演播大厅隆重举行。经过层层选拔，参赛选手王福艳以出色的表现、优异的成绩，挺进决赛，取得了 97.02 全场第二名的佳绩。梁园区理论微视频制作"德润梁园"微信公众号等平台，设立《梁园微党课》专题，现已经开展七期"党的十九届六中全会理论宣讲微课堂"二十期，受众 20 万人次。

网信管理。党的二十大胜利闭幕后，利用网络平台全方位宣传党的二十大精神，奋力推动党的二十大精神在梁园落地生根开花结果。在今日梁园、梁园网、"梁园报"、德润梁园、出彩梁园等区级媒体同时开设"学习贯彻党的二十大精神"总栏目，在总栏目引领下，开设了"迈进新时代、奋进新征程""学习贯彻党的二十大精神访谈""梁园群众热议党的二十大""非凡十年·梁园成就"等子栏目，以栏目为引领，精心组织文章、视频、专访、图片，做到报纸上图文并茂，电视上声像同步，新媒体优先推送，全媒体融合发力。

新闻宣传。在习近平新时代中国特色社会主义思想指导下，梁园区持续开展能力作风建设主题宣传，围绕"项目为王 产业强区"发展战略、"万人助万企"、人居环境整治、乡村振兴、安全生产、文化旅游等重点工作进行专题宣传，全方位反映梁园区各领域新变化、新成就。优化调整媒体结构布局，构建了报纸、电视、网站、微信公众号、视频号、抖音等平台，大力推进新闻宣传报道，不断推出新闻精品。全区在中央主要新闻媒体发稿 96 篇，在各级主流媒体和重点网站发表新闻稿件 2200 多篇。

文化建设。文化空间培育和公共文化数字化建设。以刘口镇综合文化站和白云街道广源社区为试点，推动图书馆分馆和"城市书房"建设，2022 年已建成白云图书分馆、刘口图书分馆、广源书屋、康城书房、廉政文化广场城市书房，结合"五星"支部创建工作投资 50 多万元建设平原街道民西文化驿站，让市民在家门口享受"精神粮仓"，打造 15 分钟文化圈。开通了微信数字图书馆、数字文化馆以及商丘视窗、文化商丘、百姓文化云等手机 App 平台，提供新书推荐、图书预约、在线阅读等服务项目；建成"梁园区数字图书馆"，配备数字资源全文 3 万多册、全文期刊 400 多册、每天更新的报纸 30 多种以及实时更新的 300 多种主流期刊，电子图书 4000 册，有声图书 2500 册，视频资源 215 个，图片 1500 张，报纸 141 个（本地 48GB+ 云端 300GB）。城乡公共文化服务体系建设。梁园区公共文化服务中心一期占地 5 亩、总投资 3200 万元、面积 3425 平方米、容纳观众 564 人（包括 1 个智障人士座位）的四平调保护利用设施项目已建成并投入使用；整合资源建成村（社区）基层综合性文化服务中心 214 个，其中"七个一"达标村（社区）89 个，达到省文化和旅游厅要求的"2+2"标准 125 个；2022 年建成占地面积约 5 亩，总投资 1000 万元的梁园区文化馆（美术馆、非遗创作中心）已投入使用；建成了 19 个乡村文化大舞台；以观堂镇 20 个行政村为试点，推行了智慧云广播建设并投入使用；在各乡镇综合文化站、国家级森林公园、三陵台等场所（景区）安装 12 台公共文化数字化服务电子阅报屏。

文艺精品创作。创作了小戏曲《美丽乡村》、快板剧《今夜月儿圆》，参加举办商丘市第四届小戏小品曲艺剧本活动，并获得集体组织奖、个人组织奖、剧本三等奖和快板剧三等奖。拍摄了以埋骨于三陵台景区的明朝吏部尚书宋纁清廉事迹为题材的 3 集廉政剧《廉吏宋纁》，在省纪委监察委网站上播出，并获商丘市委宣传部"五个一工程"奖。四平调艺术研究中心、豫剧二团从 2022 年 3 月 20 日开始利用手机直播平台、App 等途径，变线下为线上把传统剧目《小包公》《打金枝》等通过快手、抖音进行直播。在 2022 年商丘市青年演员大赛中，《劈棺》的表演者张亭亭荣获金奖。梁园区对四平调艺术保护传承的事迹被《光明日报》报道。

文化遗产保护。经过近几年的普查、搜集、整理，共发现非物质文化遗产线索 1.94 万条，初步立项 1004 个，文字 80 余万字，图片 2000 余张，整理资料汇编 14 类 12 卷。整理国家级项目四平调档案：图片 5000 余幅，音像资料达 70 小时（自 1956 年至 2022 年），《小包公》连环画册 3 部、四页屏年画 2 幅（已在 1982 年由中国戏曲剧出版社出版发行）；2012 年出版《四平调艺术》三卷（100 万字）已由中国文联出版社出版；建立了相对完备的艺术档案，现存文字资料达 1000 万字；按照"保护为主、抢救第一"的要求，先急后缓，抓住重点，大力开展对非物质文化遗产的抢救保护。积极开展非物质文化遗产保护名录各级申报工作，建立传承保护机制。梁园区政府公布的非物质文化遗产保护项目为82个。其中包括国家级项目1个，省级项目5个，市级项目56个。区级项目20个。同时，申请命名了省级非遗传习所1个、市级非遗传习所8个、市级非遗生产性保护示范基地1个。

精神文明建设。持续深化文明村镇、文明单位、文明校园创建工作，充分发挥示范引领作用，共推荐评选全国文明村镇2个，省级文明村镇3个，省级文明单位（含标兵）20个，省级文明校园（含标兵）6个，市级文明村镇27个，市级文明单位（含标兵）51个，市级文明校园（含标兵）27个，区级文明村镇128个，区级文明单位37个，区级文明校园12个。指导推进"六文明"和诚信建设工作，推动精神文明建设纵深发展。开展文明家庭创建工作，将文明家庭创建工作纳入创建测评体系，鼓励和激励各单位、乡镇街道积极开展文明家庭评选活动，共推荐评选省级文明家庭1个，市级文明家庭4个，区级文明家庭288个，真正做到社会带动家庭、家庭带动单位创建的大格局。

【梁园区特制廉政剧《廉吏宋纁》获商丘市委宣传部"五个一工程"奖】 2022年7月24日廉政影片《廉吏宋纁》在商丘古城陈家大院开机拍摄，该片是由商丘市梁园区纪委监委、商丘市梁园区文化广电和旅游局制作的反腐倡廉影片。影片由高战导演，参演人员主要来自商丘市豫剧二团演职员和商丘市四平调传承保护中心人员，从选景、选角色、开机拍摄到后期制作仅用了不到一个月的时间，播出后引起了良好的社会反响，得到了社会各界的一致好评，被河南省纪委监委选中于2022年8月22日在河南省纪委监委网站播放。为进一步加强党风廉政建设，加大对历史廉政人物的宣传，扩大商丘历史文化旅游的知名度和影响力起到了积极作用，并获得商丘市第七届精神文明建设"五个一工程"优秀作品奖。

·睢阳区·

【文化概览】 睢阳历史悠久。睢阳区是商丘市委、市政府所在地，是全市政治、经济、文化、旅游中心，地处豫鲁苏皖四省接合部，总面积960平方公里，耕地面积98万亩，总人口100万人，城镇化率53%，辖6个街道、13个乡镇、1个省级高新区、1个生态食品产业园、1个静脉产业园。境内的商丘古城，历为名都大邑，商都南亳，启封宋国，秦建睢阳，汉筑梁园，宋为陪都，拥有5000年不断代的文明史，是一座建制齐全、沿革连续、文脉相承、底蕴丰厚的国家历史文化名城。"游商丘古都城，读华夏文明史""一城阅尽五千年"文旅品牌正擦亮叫响。

理论工作。睢阳区打造宣讲品牌，2022年制作"党的二十大精神微宣讲"系列视频20期，举办"喜迎党的二十大 党的创新理论我来讲"主题演讲比赛等系列活动，完善了区、乡、村三级宣讲体系，组建区级"百姓宣讲团"和6支行业宣讲小分队、7支"新时代宣讲师"服务队、26个红领巾宣讲团。开展各类宣讲活动450余场，线上线下受众超过5万余人次，打通了理论武装的"最后一公里"。

精神文明建设。睢阳区在全区范围内开展文明家庭、文明小区、乡村光荣榜、星级文明户等评选活动，评选出8个优秀志愿服务组织，270名优秀志愿者，59名新时代好少年，211个文明家庭，56个文明小区，2022年度睢阳区"乡村光荣榜"入选人130名，20名商丘好人，7230户星级文明户；在睢阳区辖区内设置（更新）公益广告3.5万余块；2022年度睢阳区推荐省级文明单位标兵2个，省级文明单位18个（含非公组织），省级文明村镇6个，省级文明校园2个，省级文明社区4个。其中新申报省级文明单位标兵1个，省级文明单位3个（含1个非公组织），省级文明村1个，省级文明校园1个，全部通过验收，并被表彰命名。

新闻宣传。2022年以来，新闻宣传紧紧围绕睢阳区中心工作，发挥新媒体优势，通过讲述一个又一个精彩的睢阳故事，不断奏响时代最强音，凝聚起睢阳发展的强大正能量。2022年睢阳区共在中央、省、市主流媒体发稿1291篇（中央97篇、省级424篇、市级770篇）。在中国睢阳网、睢阳外宣视频号、微闻睢阳公众号等平台开设"睢阳要闻""聚焦两会""学习贯彻党的二十大精神"等专栏，全方位、多角度展示了睢阳区经济社会发展取得的显著成效，把党的二十大精神贯彻到基层工作中去。利用微闻睢阳、睢阳网、睢阳外宣等区属平台开设"能力作风"专栏，自能力作风建设攻坚活动开展以来，

相关专栏累计点击量达13万+。

文化建设。 2022年完成建设的城市社区综合性文化服务中心42个，村级文化活动室299个。达标的村（社区）综合性文化服务中心224个，占比65.7%。2022年1月，睢阳区图书馆新馆"范文正公书院"正式对外免费开放。新馆建筑面积3500平方米，拥有藏书20万册，读者服务区配有自助办证、自助借还设备，年接待到馆读者15万人次。"应天书院"城市书房（汉梁书房002、金世纪书房003）建成并免费开放。书房设计采用现代工艺，体现了现代科技的美感与高雅。书房拥有藏书2500册。工人文化宫占地面积7500平方米，房屋建筑面积1.1万平方米，文体活动面积1万平方米，乒乓球训练基地、职工书屋、沙滩木球场等均免费对外开放。2022年累计开展职工文艺各类会演50余场次，参与人员3万余人次；工人文化宫职工乒乓球室年均使用1万余人次，职工书屋借阅量年均3000余人次，职工健身房年均1000余人次。

群众文化活动。 睢阳区为迎接党的二十大胜利召开营造良好氛围，以"文艺+"形式，开展文化进万家活动，组织开展文化活动280余场、"送戏下乡"演出130余场，服务群众21万余人。组织开展了"庆元旦·非遗展演展示""欢乐过大年·文化进万家"，线上线下同时开展河南省第十个全民艺术普及周活动、"我的文化合作社"才艺展演主题活动，录制了《我和我的祖国》舞蹈MV，"品书香，迎春风"线上全民阅读主题活动共13场，举办"奋进新征程，阅读再出发"睢阳区2022年百部优秀图书展暨书香睢阳全民阅读系列活动启动仪式，共展出图书5000余册，参与群众1.5万人。举办"同心书华章，喜迎二十大"书画作品展，活动共收到书画作品300余幅，评选出优秀书法作品114幅，优秀绘画作品85幅。

非遗展示保护。 2022年4月，非遗项目"面塑"传承人刘海珍、"商锦手工织布"传承人魏丽丽的非遗绝活登上河南新闻广播《河南那么大》栏目，约2分钟的视频充分展现了非遗的魅力，彰显了商丘深厚的文化底蕴。睢阳区2022年完成第五批区级非物质文化遗产代表性传承人的申报工作，共申报代表性传承人15人；完成国家级非遗项目《火神台庙会》中央专项保护项目资金申报工作，共成功申请专项资金56万元；成功申报商丘市第七批市级非物质文化遗产代表性项目11项。

特色文化活动。 在重大节庆日和双休日期间，睢阳区结合商丘古城景区特色开展"梦回睢阳城"、"火神祭祀"、梦幻星际沉浸式灯光秀、大型军事展和古城墙赏月听传统戏曲等演出展示活动。开展"周末小剧场"演出，以文化志愿者为主，表演形式有豫剧、坠子书、大鼓、歌曲等，每周安排一个文艺团队进行演出，满足了广大群众的文化需求。火神台春节庙会期间，拍摄制作了《商丘火神台庙会》纪录片；清明节举办了"火神祭祀"活动及民俗文化系列活动——河南老字号、中原贡品和民间老手艺展演、展示活动；国庆节期间，举办了"赶非遗大集、品非遗魅力"等活动。

文艺精品创作。 号称"水袖王"的区戏剧家协会会员吴青峰光荣入选中国戏剧家协会会员；区作协刘成宏举行《刘成宏诗词选集》编撰发布会。《刘成宏诗词选集》共分6卷，精选其精品诗词6000多首；区作协主席蒋友亮创作的戏曲剧本《牵着你的手》，荣获江苏省镇江市2021年戏曲剧本征集三等奖，并光荣入选中国作家协会会员；市委宣传部公示的商丘市第七届精神文明建设"五个一工程"奖37部（首）入选作品，其中图书类由区影视协万济江创作的《村官榜样李连成》、戏剧类由区曲协任金义任编剧的《小推车》、歌曲类区音协郭向前作词《好人之城》、影视剧类万济江任编剧的《李学生》荣登榜首；区舞协组织创作表演的舞蹈《盛世》，在河南省文化和旅游厅举办的线上艺术广场舞大赛，荣获二等奖。

【《中国共产党商丘市睢阳区百年纪事》等书籍编写发行】 《中国共产党商丘市睢阳区百年纪事》《中国共产党河南省商丘市睢阳区简史》完成编写。睢阳区积极组织精干党史编研队伍对《中国共产党商丘市睢阳区百年纪事》《中国共产党河南省商丘市睢阳区简史》进行资料征集，通过查询区档案馆馆藏档案，参照《中国共产党河南省商丘县历史第一卷（1921—1949）》《商丘县志》《睢阳区志》《睢阳年鉴》等公开出版物，顺利完成了整理编写工作。两书记录了中国共产党领导睢阳人民在新民主主义革命时期、社会主义革命和建设时期、改革开放和中国特色社会主义现代化建设新时期、中国特色社会主义新时期等各个时期所取得的辉煌成就和宝贵经验。

·柘城县·

【文化概览】 理论武装。跟进学习了习近平总书记重要讲话重要指示批示精神，组织县委理论学习中心组集中学习13次，印发学习资料24期。依托新时代文明实践中心（所、站）深入基层宣讲500余场次，受教育干部群众2.5万余人次。组织了宣讲员参加全省"新时代百姓宣讲员"评选活动。加强推广"学习强国"学习平台使用，实行了学习周通报、月排名、季评定、年表彰制度，对2021年度学习总积分前20名的学员进行了表彰。推出了5期我身边的"学习达人"系列专题采访。对全县400余位思政课教师利用"预教思语"视频号进行了线上专题培训，加强思政课建设。开展了以"爱柘城从读一本好书开始"为主题，面向全县中小学生开展多场公益直播讲书活动，累计观看17万人次，评论3万多条，点赞量60多万条。

公共文化工作。充分发挥文化阵地作用，开展群众喜闻乐见、丰富多彩的线上线下文化活动，以实际行动迎接党的二十大胜利召开。举办"同筑中国梦·扬帆再起航"2022年庆元旦迎新春文艺会演、"春满中原·老家河南"——2022年柘城县"春节"线上系列群众文化活动、"听乡音·叙乡情·记乡愁——我们的家乡·我们的美好生活"2022年商丘市柘城县线上乡村村晚活动。举办"喜迎二十大·欢乐进万家"庆"五一"线上系列群众文化活动、庆六一儿童节文艺会演、"我们的节日·端午"、庆"七一"系列群众文化活动、"我和我的祖国·国庆节"群众系列文化活动、"九九重阳节 浓浓敬老情"主题文艺演出活动。组织22个乡镇综合文化站利用节假日以"喜迎二十大·欢乐进万家"为主题，开展"乡村村晚""经典诵读""演讲比赛""青少年硬笔书法大赛""广场舞培训班""有奖征文"等文化活动。举办了"喜迎二十大、强国复兴有我"主题演讲比赛，孟炜佳、来美璇2名选手荣获市级演讲比赛二等奖，为迎接党的二十大胜利召开，营造了团结奋进、自信自强、国泰民安、争先出彩的浓厚氛围。全年放映农村公益电影5784场，受惠群众多达60万人次。

文物和非遗保护利用。积极推进柘城故城遗址保护展示工程建设，协调有关单位做好工程南段施工补偿工作，促使施工企业复工建设。经过努力该工程已经完成。与各乡镇签订文物安全目标责任书，进一步夯实文物安全责任。对岗王刘楼村中原野战军指挥部旧址、王金门晋冀鲁豫野战军临时指挥部旧址进行了维修，进一步保护了红色革命文物，为发挥其红色革命文物教育作用打下基础。开展非遗进社区、进校园等展览宣传活动。公布了面塑、果木炭烧饼、邢氏飞针等8个项目，李风荣蒸羊肉制作技艺、王家布袋鸡传统制作技艺等3个扩展项目，共计11项为第四批柘城县非物质文化遗产名录。组织申报了第七批市级非遗项目。

【文旅融合工作】 结合柘城县实际，以生态优先、绿色发展为导向，以推动文化和旅游高质量发展为主题，编制了《柘城县文旅融合战略规划》。充分利用媒体优势，依托县融媒体中心、柘城政府网、柘城县文旅云等宣传主渠道，整合了容湖景区、三和元大酒店等文旅企业宣传平台，形成了一体化的大宣传格局。权威传播柘城文旅声音，准确发布柘城文旅政策，提升了柘城文化旅游知名度。启动炎帝朱襄陵创建AA景区工作。计划用2年时间把炎帝朱襄氏陵创建成为以寻根拜祖、人文观光、追远怀古为主题的国家AA景区。依托岗王镇跃国生态种植园、陈青集镇玉丰生态园、马集油菜花等乡村旅游点开展乡村休闲游活动5次。积极申报岗王镇韦堤口村创建省A级乡村旅游示范村。为全面落实省委文旅文创融合发展战略，坚持立足新发展阶段、贯彻新发展理念、构建新发展格局，使乡村旅游有一个新突破，岗王镇韦堤口村成功创建省A级乡村旅游示范村。通过创建，引领带动乡村旅游高质量发展，实现全域旅游新突破，助推乡村振兴。举办了中国旅游日宣传活动及非遗进景区活动，发放宣传资料1000余份。

文艺精品创作。相继创作了文艺作品《喜迎二十大》《这世界有那么多人》《阳光总在风雨后》《最美的脸》《齐心协力防诈骗》《老爸老妈》《豪情喜迎二十大》等20余部。柘城县作协在省级刊物发表小说23篇，其中入选国家级刊物1篇，省级22篇，被省级刊物转载7篇；发表诗歌15首，其中国家级刊物1首，省级刊物14首。诗词楹联学会市级以上刊物发表诗歌35首，网络展示86首。美术作者30人次参加省级以上网络展览7场，市级展览1场，其中4人获市级奖项一等奖。举办县级职工书画展一次、辣椒节网络书画展一次。国家级美协会员孟新宇在商丘举办个人画展一场。柘城县曲艺家协会国家级会员朱云阁获"2022年马街书会书状元"。开展"戏曲进乡村"演出活动132场，"舞台艺术送基层"24场。

精神文明建设。建立健全了文明城市创建常态长效工作机制，落实了路长负责制、常态化督导机制和乡镇帮扶社区、县直单位帮扶小区等工作机制。全面开展了城区主次干道集中提升行动等"十大行动"，推进"全域创建、全面创建、全民创建"。集中整治弱电线路"蜘蛛网"，全面提升城市绿化，整治了中小学校及周边环境，使居民15分钟生活圈更加便捷舒适。开展了各级道德模范和身边好人评选，黄克明等3人被评为商丘市第七届道德模范，江京华等9人获得2021年下半年"商丘好人"荣誉称号。组织了道德好人开展学习宣传习近平总书记给"中国好人"重要回信精神"三巡六进"活动。柘城县第二实验中学吕明慧同学被评为2022年度上半年商丘市"新时代好少年"，全县共30余名学生被评选为2022年度上半年柘城县"新时代好少年"。组织了全县各级文明单位成立专业帮扶队伍开展"四送一助力"结对帮创活动，开展了"喜迎二十大""赶考路上有我"等系列主题活动268次，深入乡村服务"三夏"生产活动160余次。

【柘城"泥人李"文化产业基地被命名为第七批商丘市文化产业示范基地】 泥人李世家泥塑又称柘城"泥人李"，是第一批河南省非物质文化遗产项目。"泥人李"是以塑造大型庙宇彩塑和小型艺术泥塑为主的一种民间美术，在河南省柘城县传承已经有150余年。2022年7月，被商丘市文化广电和旅游局命名为"第七批商丘市文化产业示范基地"，它集泥塑艺术、晴岚农民画、书法、陶艺、儿童艺术教育、文化交流、非遗研学等多种艺术功能于一身，让观展者有一种立体的艺术视觉体验。泥人李世家文化产业示范基地以泥人李泥塑为主要展示，积极扩展泥塑艺术产业，同时也为多种不同门类的艺术创作提供展示和销售的平台，并积极承担文化交流的使命，从而扩大视野、推动地域文化的丰富发展。2010年6月，建立泥人李世家艺术馆，室内面积400平，位于柘城县学苑路南侧华盛新城9号，展品约300件。每年定期举办各种类型文化艺术展览，免费对外开放，让中国文化经典得以传承发扬。把基层文化工作当作重点，使文化在农村真正生根、成长，真正融入农民的生活之中。

·宁陵县·

【文化概览】 宁陵县位于河南省东部，是商丘市下辖县。宁陵历史悠久，人文荟萃，文化厚重，名人辈出。远古时期为葛地，夏、商、周时期为葛国（又称葛伯国），春秋时期属宋国，战国时期属魏国，称宁陵城，西汉武帝元狩元年（前122年）始置宁陵县，设县至今已有2100多年历史。5000多年前，东夷部落首领葛天氏在此创造了"葛天氏之乐"，是中国音乐、舞蹈的发源地。被授予"中国葛天文化之乡"称号；是战国四公子信陵君封地，是三国曹操起兵之地，是北宋名臣范仲淹安家之地，还是三国名将典韦、宋代经学家程迥、明代哲学家思想家吕坤、山东快书一代宗师高元钧、著名豫剧表演艺术家李斯忠的故里。现有省级重点文物保护单位2处，省级非物质文化遗产名录8项（大搬亲、葛天氏传说、大洪拳、金顶谢花酥梨栽培和加工技艺、刘腾龙毛笔传统制作技艺、张弓酒传统酿制技艺、忠义门拳、肘歌）。

理论武装工作。2022年，宁陵县深入推进习近平新时代中国特色社会主义思想学习宣传贯彻向纵深发展，全县采取多种形式开展党委（党组）理论学习中心组集体学习900余场次，形成了浓厚的理论学习氛围。宁陵县人民政府党组被市委宣传部作为省级"第一议题"学习示范点申报项目。开展"党的创新理论""党的二十大精神"专题宣讲3000余场次。宁陵县选手姜苏芳荣获全市"党的创新理论宣讲"主题宣传教育实践活动宣讲大赛第一名，并成功入围全省"强国复兴有我"理论宣讲大赛初赛。

新闻宣传工作。截至2022年底，全县共在新闻媒体发稿3671篇，中央级64篇，省级285篇，市级671篇。其中，《人民日报》、新华社、《光明日报》、《经济日报》、央视、新华网、人民网、"学习强国"、中国新闻网、《河南日报》均实现发稿，深度宣传报道取得重大突破。采取线上办节会形式，成功举办了宁陵第十九届"梨花节"与"中国·宁陵2022年农民丰收节暨第十六届酥梨采摘节"，通过宁陵融媒体等平台进行直播报道，央视、新华网、人民网等各大网站转载节会相关信息500余条，中央电

视台13套、17套分别报道了宁陵梨花盛开、梨农喜获丰收的景象，对外宣传效果显著。"梨乡宁陵"官方微博积极开设话题互动，发布信息1100余篇，总阅读量突破1464万人次。

精神文明建设。持续开展道德模范和身边好人推荐评选工作，评选出"宁陵好人"30人，入选"河南好人"2人、"商丘好人"7人。文明城市创建成果丰硕。2022年投资1.8亿元，整修主次干道、绿化带25公里，铺设雨污管网36公里，改造背街小巷45条、老旧小区18个，城区新增绿地面积9万余平方米，在省级文明城市测评中取得了全省第二名的好成绩，成功晋级省级文明城市。积极上报省级文明村镇，宁陵县华堡镇被推荐为省级文明乡镇后备培养对象、宁陵县赵村乡孔庄村被推荐为省级文明村后备培养对象。

文艺精品创作。举行各类线上文艺展演活动，创作出许多优秀文艺作品。开展"奋进新征程 抒怀中国梦"诗歌朗诵会、"弘扬传统文化情系浓情端午"主题活动。在商丘博物馆成功举办"翰墨春秋"杨中文书画展。推荐的诗集《父亲的黄岗镇》、戏剧《黄河故道梨花开》获得第七届商丘市"五个一工程"奖。2022年底受农业农村部邀请筹备《黄河故道梨花开》进北京演出事宜。

文化惠民活动。开展线上"魅力宁陵 多彩非遗"活动，推动刘腾龙制笔技艺文化产业园开工奠基，葛天文化城项目有序开展。成立了杨中文艺术馆、宁陵艺术馆，成为宁陵县群众文化活动新的阵地。农家书屋积极助力乡村振兴，全县累计建设362个农家书屋，覆盖率超过98%，更新配送图书2.9万册。宁陵县石桥镇孙迁村农家书屋被表彰为"2022年度河南省示范农家书屋"。

《黄河故道梨花开》演出图

【**宁陵县被授予"河南省梨文化之乡"称号**】2022年，宁陵县着力做好"河南省梨文化之乡"的申报工作，积极组织人员编写申报材料，并邀请专家考察论证。9月29日，"河南省梨文化之乡"省级专家组组长、中国民间文艺家协会顾问、中国民间文化之乡建设专家指导委员会主任、河南省民间文艺家协会名誉主席程健君，专家组副组长、河南省林业资源监测院总工程师徐瑜林，河南省民间文艺家协会主席、河南大学教授彭恒礼等一行先后到宁陵县万亩梨园梨花小镇、百年梨树王、金顶阁等景点和中国农科院郑果所酥梨试验站等地参观考察，并组织召开宁陵县申报"河南省梨文化之乡"省级专家组考察论证会。专家组认为宁陵县为中国梨重要的起源地，是中国酥梨之乡，种植历史悠久，源远流长，最早可追溯到周朝宋国，有近3000年历史；种植面积巨大，全县达22万亩，年产酥梨6.5亿公斤，占河南省的半壁江山，形成世代传承的

2022年9月29日，宁陵县申报"河南梨文化之乡"省级专家组调研会

中原梨农群体，涌现出了以"老坚决"潘从正为代表的在全国有极大影响的果农英模群体；梨文化内涵丰富、自成体系，形成独特的种植加工传统，创造了以省级非遗代表性项目"宁陵梨种植与加工技艺"为代表的丰富多彩的梨文化，是中原地区重要梨文化保护传承基地。10月10日，河南省民间文艺家协会授予宁陵县"河南省梨文化之乡"称号并建立"河南省梨文化研究中心"。

·睢县·

【文化概览】 睢县秦时置县，汉称襄邑，宋升拱州，金元时期改称睢州，民国始称睢县，历史长达2200多年，素有"千年古城、百年州府"之称，是河南省历史文化名城。境内有春秋宋襄公望母台、唐无忧寺塔、宋圣寿寺塔、明袁家山、清汤斌祠等名胜古迹，涌现了现代著名诗人陈雨门和苏金伞、"两院"院士魏子卿和李永舫等杰出人物，拥有2所省级示范性高中和1所国家级重点中等职业学校。睢县是国家级生态水利风景区、国家AAAA级旅游景区、中原水城国家湿地公园，成功创建国家森林城市、国家园林县城、全国百佳深呼吸小城、中国长寿之乡、中国健康宜居小城。

理论学习。2022年，睢县强化理论武装，持续增强宣讲工作生命力。充分发挥县委理论学习中心组的示范带动作用，以专题读书班、交流研讨会、"第一议题"、巡听旁听等形式，组织县委理论学习中心组集中学习交流研讨。建立健全理论宣讲人才库，紧紧围绕党的十九届六中全会、党的二十大精神等，通过"三会一课""主题党日"等形式，开展"党的创新理论万场宣讲进基层"、新时代文明实践中心志愿宣讲等活动。全年累计开展宣讲190余场，覆盖全县各乡镇、街道，县直各单位以及中小学校等8000余人次，努力实现理论宣讲无死角、全覆盖。

新闻宣传。2022年，围绕讲好睢县故事，传播好睢县声音。持续加强对上对外新闻宣传力度，央媒发稿量创历年来新高，达30余条。在中央电视台、人民网、新华网、《光明日报》《经济日报》《河南日报》、河南电视台及所属新媒体等中央、省级以上主流媒体持续刊发、刊播一批有分量、有质量、有新意的新闻稿件及视频。上大报、登大台已成为睢县新闻宣传工作常态。本年在全媒体平台发稿16517条，对上报道在中央、省、市发稿1000余条，"学习强国"发稿国家平台10条、省平台150条，合计160余条次。

文化建设。2022年，睢县突出重点，打造亮点，讲好睢县故事，满足群众文化生活需求。围绕"喜迎党的二十大"主题，策划27项文化活动，在全县范围内开展系列文化活动1600多场次，为迎接党的二十大胜利召开，营造了团结奋进、争先出彩的浓厚氛围。坚持文化为魂、产业为基发展思路，推进袁山文化产业园建设；深化"文化+旅游"推进产业发展，以周龙岗、乔寨等龙山文化遗址和国保单位圣寿寺塔等为重点，发展"历史文化游"业态；培育壮大文化旅游企业，重点扶持惠济文化大观园、云腾生态园、白庙土楼文化艺术村，推动周堂乔寨、城郊保庙、平岗周塔、后台闫庄、承匡故城、潮庄芦笋小镇等一批比较有发展潜力的文旅产业业态提质升级，发展"乡村休闲游"业态；整合睢杞战役纪念馆、刘庄平民夜校、华北野战军司令部旧址等红色旅游资源，发展"红色记忆游"业态。

文艺精品创作。组织睢县党史方面的专家、学者搜集、发掘1925年至1949年发生在睢县境内的党史资料和革命故事，编辑出版了《睢县红色文化史料汇编》。以睢杞战役爆发前夕，睢县民众收集粮食支援前线战争的故事，创作了一部现代革命戏曲《藏粮》，并获2022年度商丘市"五个一工程"奖。所创歌曲《从南湖启航》获商丘市第七届精神文明建设"五个一工程"优秀作品奖。实施豫剧振兴工程，复排了豫剧《大明惊雷》，丰富了戏曲展演曲目。

文化遗产保护利用。加强文物修缮保护利用。2022年新增3处县级文保单位，老睢中教学楼、于氏三烈故居晋升省级文保单位。实施文物保护工程11处。加强非物质文化遗产传承振兴。新增市级非遗保护名录5个、县级非遗名录11个。加大非遗宣传，先后组织非遗进乡村、进校园等各项非遗活动30余场次。建成二夹弦非遗传习所、麒麟舞传习所、皮影戏传习所、睢州敲琴传习所和非遗展示厅。培育了以鸳鸯转香壶、皮影雕刻画、经氏木雕、宏伟木雕、葫芦烙画、红木折扇、土楼手工画等为主的民俗文化旅游产品体系。

【睢县孝善敬老项目获省文明实践志愿服务二等奖】 睢县孝善敬老志愿服务项目，是深入贯彻落实习近平总书记关于注重家庭、注重家教、注重家风的重要讲话精神，由睢县文明办于2016年发起，针对65周岁以上贫困老人，在全县20个乡镇545个行政村组，开展农村敬老、孝老、爱老、助老志愿服务活动，是睢县新时代文明实践中心建设的重要项目内容。睢县孝善敬老志愿服务项目是由县孝善敬老志愿服务协会具体承办实施，采取"家庭为主体、子女为主力、政府引导、社会参与"的模式，推行孝善敬老基金，开展孝善敬老志愿服务活动，通过探索实践，树立子女孝老、社会敬老的良好风尚，助力公民思想道德的提升。项目实施以来，睢县胡堂乡以孝文化为品牌打造了"豫东孝善第一乡"，坚持每月开展幸福大讲堂、孝道文化节、孝心接力赛等孝善敬老活动。胡堂乡李窑村已持续举办幸福大讲堂109期，孝道文化节26期。西陵寺镇以"幸福西陵"为目标，以孝、善为实现路径，家为落点，坚持镇党委、政府主导，镇幸福工程办和各村委具体实施推动的幸福工程，开展"一课""一节""一盆""一碗""一扫帚""一善"等丰富多彩的幸福行动，探索一条可复制、可推广、有实效的乡村孝善之路，让乡村文明建设、农村家风建设、农村精神文明创建活动和新时代志愿服务活动更落地、更走心、更有效。项目实施以来，睢县已向1.8万多位老人发放子女交纳的孝善敬老基金2亿多元，政府奖补资金2900多万元。全县涌现出胡堂乡李窑村、城关镇周庄村、西陵寺镇孟楼村等一大批孝善敬老工作模范试点村。评选表彰1.6万余名三级孝善模范。累计表彰孝善敬老优秀志愿者292名，表彰孝善敬老星级文明户600多户，好儿女、好儿媳52名。2022年孝善敬志愿服务项目获河南省文明实践志愿服务项目展示交流二等奖。

·民权县·

【文化概览】 民权县历史悠久，夏商时期，已有城邑，名戴邑。春秋战国时期，为戴国和宋国的属地。自秦以后，县境内设有外黄、考城等县，1783年以前一直为旧考城县县城所在地。清朝末年，地域分属考城、睢州、杞县。1928年3月8日，豫东前敌总指挥刘镇华倡议，河南省政府主席冯玉祥取孙中山先生"三民主义"之"民权"之意，划睢县七、八、九区，杞县北西肥、巴河、双塔、人和、新兴五社设立民权县，县治李坝集（今老城村），是为民权县之始。1928年，经河南省政府主席冯玉祥批准，1956年5月，划兰考县北关乡、褚庙乡、吴庄寨乡、颜集乡、杨白河乡、顺河乡、程庄乡、吕花园乡、张庄乡、任庄乡共10乡归属民权，至此区域再未变动。民权，古为富庶之域，北有战国时哲学家、文学家庄周故里，南有中州佛教名刹白云寺（内有百年古槐，人称"铁锅槐"）。西有南朝文学家金紫光禄大夫醴陵侯江文通之墓，东有春秋时期齐桓公两会诸侯的会盟台，这些灿烂的古代文化遗址，已成为镶嵌在民权大地上的绚丽瑰宝，峥嵘千古。

理论武装。强带动，深化中心组学习。印发了《关于健全和完善理论学习制度机制推动党员干部理论学习提质增效的通知》等文件，及时跟进学习习近平总书记最新重要讲话和重要指示批示精神，县委理论学习中心组通过集中学习、专题研讨交流、专题辅导报告等形式开展学习54次，县委宣传部通过开展巡听旁听、专项督查、考核，对基层"第一议题"、理论学习情况监督管理。强宣讲，深化党的创新理论进基层。在全市率先启动党的二十大精神宣讲工作，组建县委宣讲团、百姓宣讲团等39支宣讲队伍，开展全方位、多角度、立体式宣讲820余场（次），在新媒体平台推出"党的二十大精神微宣讲""学报告谈感受"等专题专栏，推动党的二十大精神"飞入寻常百姓家"。2022年3月25日，省委宣传部以《庄子大讲堂开设"三步"走夯实理论根基》为题，刊发了民权县开展理论宣讲工作的经验做法。

新闻宣传。2022年，为壮大主流声音，立足上大报、上大台、上头版、上头条，讲好民权故事、传播好民权声音，全县在国家级主流媒体发稿89篇，其中《人民日报》5篇、《农民日报》7篇、中央广播电视总台发稿37条、新华社20条、新华每日电讯2篇，"学习强国"发稿国家平台2条、省平台116条。

文化建设。充分发挥人才优势、阵地优势、资源优势，大力开展"舞台艺术进基层、进社区"活动，举办"奋进新征程 建功新时代"民权县喜迎二十大"强国复兴有我"演讲比赛。选手们用他们朴实的语言、真挚的情感，声情并茂地讲述党的创新理论、家国情怀、时代精神、发展成就和奋进故事；举办了"强国复兴有我"典籍里的中国诗词朗诵大赛。围绕"奋进新征程 建功新时代"这一主题，诵读了《在一起》《红高粱》《大写的中国》《跟着走》等主题鲜明的作品，抒发了对党和国家的热爱之情，发出"强国复兴有我"的铮铮誓言。加强文旅融合。连续举办五届中国·民权槐花文化旅游系列活动，向世界推荐民权；连续三年举办"陪伴"系列亲子活动，以亲子共读、创意手工制作等形式，拉近孩子与家长间温馨、和睦的亲子关系；2022年，通过民权文旅云数字文化平台新增了全民艺术普及《百姓公益课堂》活动，以线上预约抢单、线下参加培训的形式，开辟了口才基础培训课，非遗剪纸培训课，架子鼓、古筝等乐器基础培训课，瑜伽、广场舞教学培训课等数十个门类课程，有效扩大全民艺术普及的覆盖范围，丰富了群众文化生活，改善文化民生，提高全县群众文化生活质量。

文艺精品创作。全县已建成33个文化合作社，吸纳社员共计632人，包含文艺团队54个，编排各类节目80余个，组织开展活动160余场次，在全省文化合作社小程序发布视频作品12865个，惠及群众14万余人次，不仅活跃了乡村群众文化，而且增加了群众的认可度，打造了集音乐、朗诵、舞蹈为一体的情景剧《庄周梦蝶》节目。

文化遗产保护。加强文物修缮保护利用。2022年省级文物保护单位9处，市级文物保护单位10处，县级文物保护单位2处，2022年12月，民权县葡萄酒厂旧址完成一期文物保护维修工程。加强非物质文化遗产传承振兴。省级非遗保护名录7项、市级非遗保护名录17项，县级非遗保护名录55项。加大非遗宣传，先后组织非遗进乡村、进校园、非遗培训班等各项非遗活动20场次。建成柯蓝剪纸传习所、大红拳传习所、贡麻花传承制作记忆传习所、竹马舞传习所、王公庄王培双画虎艺术展示馆和庄子馆非遗展示馆。

精神文明建设。印发倡议书，组织各级文明单位、文明村镇、文明校园围绕"文明健康 绿色环保"主题开展系列活动共500余场次。开展了"六个文明"教育实践行动。围绕文明服务、文明执法、文明经营、文明交通、文明旅游、文明餐桌6个方面组织开展，推进社会主义核心价值观建设。以文明单位创建促进文明城市创建，通过创建，现有省级文明单位标兵1个，省级文明单位21个，省级文明单位后备4个，市级文明单位标兵17个，市级文明单位32个，县级文明单位31个（其中到届重创10个），新创未命名31个（含到届重创）。高质量开展文明村镇创建。现有全国文明村3个，省级文明乡镇2个，省级文明乡镇后备2个，省级文明村后备2个，市级文明乡镇14个，市级文明村26个，县级文明乡镇1个，县级文明村327个（其中到届重创104个），待命名161个。县级以上文明乡镇全覆盖，县级以上文明村占比69%（新创命名后达到77.93%）。

【民权县人民文化馆被评为县级爱国主义教育基地】 民权县庄子文化馆是集庄子文化研究与展示，群众文化活动、图书阅览、文博展示、观光旅游等功能于一体的大型综合性场馆。总投资1.2亿元，建筑面积2.1万平方米，占地面积1.6万平方米，主体五层框架结构。2012年10月投入使用。2013年，庄子文化馆被评定为中国建设工程鲁班奖，成为民权首个获得国家建设工程质量最高奖的工程。2015年底庄子文化馆被国家旅游局批准为AAA级旅游景区。2020年被评为"河南省社会科学普及基地"；2021年被评为"河南省科普教育基地"。近年来，把充分利用传统文化，进行爱国主义教育作为一项中心工作。同时，先后出版《庄子成语故事》《成语漫画》等书籍，使不同年龄层次、文化水准的游客能够有适合自己的读物。结合元旦、"3·5学雷锋纪念日"、"三八国际妇女节"、"五一国际劳动节"、"五四青年节"、"六一国际儿童节"等重要节庆，开展各具特色的庆祝活动、文明实践活动、志愿服务、关爱未成年活动等，进一步激发爱党、爱国、爱家乡的热情。

信阳市

【文化概览】 信阳市地处鄂豫皖三省交界，是我国南北地理、气候过渡带和豫楚文化融合，被誉为"北国江南、江南北国"。全市总面积18916平方公里，人口912.69万人，辖8县2区及6个管理区、开发区，鸡公山是中国四大避暑胜地之一，南湾湖被誉为"中原第一湖"，信阳毛尖是中国十大名茶之一。信阳是历史厚重的文化名城，境内有裴李岗文化、龙山文化和屈家岭文化遗址多处，楚文化与中原文化在这里交汇交融，形成了独具魅力的"豫风楚韵"。信阳根亲文化历史悠久，是中华姓氏的重要发源地之一，被誉为"唐人故里""中原侨乡"。信阳是将星璀璨的革命老区，创造了"28年红旗不倒"的奇迹，铸就了"坚守信念、胸怀全局、团结奋进、勇当前锋"的大别山精神。信阳市先后荣获全国文明城市、国家卫生城市、国家园林城市、国家森林城市、中国优秀旅游城市、全国绿化模范城市、国家级生态示范市等称号。

党的二十大精神学习宣传。 把学习宣传贯彻党的二十大精神作为首要政治任务，常态长效推进党史学习教育，开展了"喜迎二十大""学习宣传贯彻党的二十大精神"等系列主题宣传教育实践活动。开展"奋进新征程 建功新时代"主题新闻宣传报道，"迎接学习宣传党的二十大""足迹·牢记嘱托看变化""美好生活看信阳"等10项主题宣传报道。各媒体通过小切口、小人物、小故事，以短视频、动漫、H5等多种形式，报道各地各部门牢记习近平总书记"两个更好"殷殷嘱托，立足主责主业，践行初心使命，不断提升群众获得感、幸福感、安全感采取的有力举措和实践成效。开设"二十大时光"专题专栏，推出"基层声音""百姓寄语""网言集萃"等栏目，深入宣传全市上下干部群众学习贯彻党的二十大精神的典型事迹和良好风貌。策划实施"党的创新理论宣讲""强国复兴有我""赶考路上有我"等10项群众性主题宣传教育活动，累计举办活动1600余场，收集作品1300余幅，推荐优秀选手参与省级决赛，38部作品获得省级奖项。

政治理论学习和宣传。 坚持把学习贯彻习近平新时代中国特色社会主义思想作为首要政治任务，用党的创新理论武装头脑、推动工作。理论学习提质增效。完善党委（党组）会议"第一议题"制度，推进领导干部"五种学习方式"制度化常态化。全年市委理论学习中心组集体学习16次，集中研讨4次，示范带动全市县处级党委（党组）理论学习中心组学习2300余场次。市委中心组、浉河区委中心组入选全省理论学习中心组学习示范班。成立了理论武装调研小组，对10个县区、8个市直单位理论武装工作以实地、书面形式进行了调研，发现问题，及时整改落实。省委宣传部《中心组学习动态》《河南宣传信息》等杂志、媒体，刊发信阳市中心组典型做法18篇。理论宣传培塑特色。围绕"党的创新理论宣讲""百年党史""永远跟党走"等主题宣讲活动，深入各地各单位开展常态化宣讲120余场次，带动全市宣讲5000余场次。围绕学习贯彻党的二十大精神，赴各地各单位开展集中示范宣讲1600余场次，创作推出"理论＋故事""理论＋文艺"宣讲作品90余篇，征集"喜迎二十大 豫讲豫出彩"基层理论宣讲优秀讲稿36篇。《河南日报》、大河网等媒体刊发信阳市开展党的十九届六中全会精神宣讲典型做法。省委宣传部表彰信阳市基层理论宣讲先进集体1个、先进个人1人，3名宣讲员被评选为2022年度第三批"新时代百姓宣讲员"。理论研究扎实有效。围绕塑造"美好生活看信阳"品牌路径研究、建设全国知名的红色文化传承区等事关全市经济社会发展的重大课题，创新开展课题研究，全年社科规划课题立项497项，重点课题立项9项。继续推动市县乡三级党政领导班子成员进大中小学讲思政课、道德法治课以及开展形势政策教育，市厅级领导干部讲党课或思政课26场次，示范带动县处级党政领导干部进学校讲思政课800余场次、讲党课700余场次。

主流思想舆论营造。 围绕"美好生活看信阳"、"1335"工作布局、信苏合作等重大工作安排以及市委六届二次全会暨市委经济工作会议、第30届信阳茶文化节等重要会议和活动，制定宣传报道方案，大力推进各项主题宣传。在信苏合作宣传工作中，组织市属媒体开展全媒体宣传报道，短时间内刊发刊播图文、短视频报道200余篇（条），总点击量超过600万次。积极梳理全市经济社会发展新闻线索，向中央、省级主流媒体及时报送，邀请媒体前来实地采访。在《人民日报》、新华社、中央广播电

喜迎二十大群众文化活动

第五届信阳市道德模范2021年度"信阳好人"授奖仪式

视总台等中央主流媒体分别推出头题报道、专题报道、系列报道等，全面展示信阳市经济社会发展新变化和新成就，全年在省级以上媒体正面宣传发稿2000余篇（条）。深入策划重大外宣活动，有效提升了信阳正面信息到达率、点赞率。摄制谷雨节目，推出微网剧《谷雨奇遇记》，全网阅读量累计达4亿，覆盖400万人次收看，创造出圈效应。配合CGTN对罗山董寨朱鹮进行慢直播，央视频播放量超275万，CGTN四个语种频道同步直播获全球阅读量63万，访问量59.5万，观看量19.4万。召开政策发布解读系列新闻发布会20余场，承办"美好生活看信阳"城市品牌发布会，策划组织"河南这十年"主题系列新闻发布会信阳专场，全网相关阅读量超过1200万次。

文艺精品创作。组织广大文艺工作者"深入生活、扎根人民"，创作推出一大批文化文艺精品。小说《大别山Ⅱ》、长诗《淮河简史》、散文集《落地生根》出版发行，歌曲《美好信阳》《看信阳》《我的名字》广受好评，电影《红星闪亮》被中国关工委与12部委联合推荐为"中国校园健康行动·红星闪亮新时代 我做革命接班人"中小学生传承红色基因教育和国防教育影片。大力推进乡村文化合作社建设，建成城市书房59座，7个空间入选全国最美公共文化空间，数量居全省第一，公共文化服务体系绩效考核连续两年位居全省第一方阵。中宣部调研组对信阳市农家书屋经验做法给予充分肯定，书香信阳全民阅读活动获省委督查表扬。申报中央文化保护传承利用工程项目储备7项，4个项目被纳入"行走河南·读懂中国"重点展示项目。建设非遗工坊64个、生产性保护基地15家，浉河区入选河南省首批非遗助力乡村振兴试点县区，光山县司马光小镇和东岳村入选2022年"全国非遗与旅游融合发展优选项目名录"，央视《焦点访谈》专题播出光山花鼓戏与时俱进、焕发新光彩的生动故事。开展城市公益电影（社区、广场、校园、养老院等）放映300场，农村公益电影放映2052场。

公共文化活动。围绕"美好生活看信阳"主题，全年共计开展各类群众文化活动1442场次，参与活动66660人次，惠及群众283.3万人次。在全省"喜迎二十大 欢乐进万家"十大群众文化活动中荣获一等奖6个、二等奖14个、三等奖13个，"我的乡村文化合作社"才艺大赛获奖3个，优秀组织工作奖6个，2部作品入围全国总决赛。市委宣传部对全市群众文化活动的372个优秀节目、先进单位和33个优秀组织单位予以表彰。组织开展第六届信阳市精神文明建设"五个一工程"评选，评选出戏剧《油茶花儿开》、图书《大别山》等优秀文艺作品36部；组织开展第四届何景明文学奖的评奖工作，评选出优秀作品30部。3部作品分别荣获河南省精神文明建设"五个一工程"奖、河南省文学艺术优秀成果奖。

文化领域改革。编制《信阳市"十四五"文化发展规划》，《信阳宣传志（1921—2021）》进入收尾阶段。落实市委关于市直事业单位重塑性改革部署，抓好市级主流媒体融合发展，信阳日报社建成启用了融媒体中央厨房，信阳广播电视台大力发展以网站、微博、微信、抖音为代表的新媒体平台，创办了信阳手机台，拓展主流声音的传播途径和覆盖范围。抓好国有文化企业改革，制定《关于推动文化企业坚持正确导向履行社会责任的工作措施》，积极完善现代企业制度，优化国有文化企业布局，将南湾湖风景旅游发展有限公司和鸡公山文化旅游集团有限公司2家市属企业国有股权无偿划转至文投集团。推动市级新闻媒体改革，探索符合事业发展需要、调动新闻工作者积极性的人事编制管理、薪酬分配等制度。推进博物馆、图书馆、群艺馆、鄂豫皖革命纪念馆理事会制度建设，信阳市图书馆、信阳市群艺馆已完成事业单位法人治理结构改革。

文旅文创融合。将"交旅文创出彩"纳入"1335"工作布局，出台《信阳市文旅文创融合战略工作方案》等系列政策文件，组建文旅投资集团公司，明确文旅文创十大龙头工程。鸡公山创建成为国家AAAAA级旅游景区，创建全国乡村旅游重点镇1家，21个村入选省首批乡村康养旅游示范村创建单位，获评省乡村旅游特色村、镇、观光园区共计21家，首批露营地推荐名单4家、首批乡村振兴直播产业基地2家，数量均居全省前列。实施大别山百家主题民宿示范工程，发布中国首部区域民宿发展白皮书，完成50家品牌民宿招商和选址工作，南湖山居民宿、商城别字民宿入选省首批四星级乡村旅游民宿。建成研学基地70个、认定研学旅行专业服务机构15家，推荐15条省级研学旅行精品线路，全省红色研学研讨大会在光山县召开。举办信阳市首届文旅文创大赛，积极链接特色文创进景区、进企业，推动文创成果创造性转化和创新性发展。中国茶申遗成功，河南省庆祝"中国传统制茶技艺及其相关习俗"列入联合国教科文组织人类非遗代表作名录及履约保护工作会在信阳召开。息县（嗨子戏）、潢川县踅孜镇（篆刻艺术）、固始县三河尖镇（柳编）被省文旅厅命名为"河南省民间文化艺术之乡"，光山县文殊乡被文旅部命名为"中国民间文化艺术之乡"，《从农村小舞台到国家大舞台——光山花鼓戏的传承与发展》入选国家文旅部"中国民间文化艺术之乡"建设典型案例。信阳博物馆"博物馆奇妙夜——众里寻TA千百度元宵节主题活动"入选2022全国文化遗产旅游百强案例。

网络文化建设。讲好信阳振兴发展故事，策划开展了"锚定'两个确保'奋进'两个更好'""美好生活看信阳""我是新茶人""走近身边的名中医"等网络主题宣传活动，累计发布原创图文报道1000余篇。其中，人民网河南频道主持的微博话题"活色生香的信阳"当日阅读量达2.4亿，联合新浪河南推出微博话题"美好生活信阳茶"，短时阅读量突破2000万次，登上新浪微博热搜榜。新华社客户端《老区山乡换新颜》阅读量318万次，人民日报客户端《大山深处有人家》阅读量142.6万次，"老区振兴发展"成为网络热词。信阳新闻网推出"践行嘱托三年间"系列报道，全面反映信阳市以实际行动践行"两个更好"取得的新变化。推动优秀传统文化传承，组织开展了"诗词歌赋颂中华"系列活动，线上线下共150万人次参与，话题阅读量达1600万，"i生活·e起来 美好信阳中秋诗会"活动话题阅读量达354万，"风华正茂线上诗词挑战赛"24支战队参赛角逐。春节、清明节、端午节等传统节日期间，共制作推出网络文化作品1543部，点击量超2200万次。打造网络公益活动品牌，策划"2022第十六届爱心护考""网聚信阳正能量 争做巾帼好网民""网上祭英烈""数字惠农 智慧暖村"等网络公益活动50余次，开展"给孩子开学的最好一课"网络公益直播活动。罗山县选送的《罗山县网络赋能"幸福工程队"》入选河南省网络公益典型案例。开展网络安全宣传教育，开展2022年网络安全宣传周信阳市活动，紧扣"网络安全为人民 网络安全靠人民"主题，结合网络安全"七进"开展网络安全校园日、电信日、法治日、金融日、青少年日、个人信息保护日6个主题日系列活动和网络安全宣讲活动，组织网络安全进社区活动160余场次，覆盖社区144个，活动受众近10万人。

精神文明建设。加强"时代楷模""道德模范""信阳好人""身边好人"等先进典型的选树和宣传推介，信阳市程敏入选"中国好人"，9人入选"河南好人"，1人入选2022年度"河南省新时代好少年"。开展先进模范事迹专题展览10余场，媒体宣传报道200余条次，组织道德模范深入宣讲500余场次，受教育群众达10万人次。深入开展"新时代好少年""传承红色基因""劳动美社会实践活动""童心向党""学雷锋我行动"等线上线下形式多样的主题教育实践活动8800多场次，参与学生达100万人次。加强乡村"复兴少年宫"建设，全市已建成运转乡村"复兴少年宫"131所，受益未成年人达8.6万多人。全面提升文明校园创建水平，对11所全国文明校园进行了年度复查，对47所新一届河南省文明校园（标兵）进行了考评推荐。五级文明创建提质增效。以深化全国文明城市创建工作为龙头，统筹做好"五大创建"。成立综合创建领导小组办公室，统筹推进各类城市创建工作，指导县分级争创全国文明城市提名城市和河南省文明城市。充分发挥文明单位示范引领作用，深入开展"四送一助力"活动，组织284家省级以上文明单位结对帮创 181 个乡镇，累计开展活动 650 余次。推荐新一轮省级文明单位（标兵）296 个。深入推进农村精神文明建设，在全市农村评选表彰"三星文明户"38015 户，已有 62811 名"三星文明户"成员享受到各项政策赋能；遴选全国文明村镇后备对象 1 个、省级文明村镇后备对象 25 个、市级文明村镇后备对象 135 个，择优推荐 23 个省级文明村、13 个省级文明乡镇至省文明办；总结推广"饺子宴"等一系列农村精神文明创建载体平台，丰富"饺子宴"活动内容，全市农村共开展饺子宴活动 15276 场，参与群众 76 万余人次；开展 2022 年度"乡村光荣榜"选树活动，评选信阳市"好媳妇""好公婆""好丈夫"等群众典型 138 人，其中 14 人上榜河南省"乡村光荣榜"。开展第三届信阳市文明家庭评选表彰工作，评选表彰 50 户文明家庭。新时代文明实践向纵深发展。全市 11 个县区实践中心、231 个实践所、3434 个实践站均实现全覆盖。全市 2910 支志愿服务队策划实施了"乡村振兴文明同行"、新时代宣讲师、红色基因传承、温暖工程等志愿服务项目 1921 个，开展各类文明实践志愿服务活动 2.8 万余场次。争取上级政策性资金 369 万元，27 个优秀志愿服务组织、项目、社区和个人受到省文明委表彰。

传承弘扬大别山精神。加快推进国家长征文化公园（信阳段）建设，组织召开长征国家文化公园规划建设方案评审会，制定印发了全市建设保护规划，向省委请示汇报红二十五军长征纪念园等重点项目建设工作并获批复。论证和上报"大别山红军城"文旅项目，协助做好央视《长征之歌》摄制组拍摄有关事宜，召开工作对接会，提供了相关素材，并前往有关县区拍摄。完成全省机要交通史料征集工作，报送的石健民烈士故居、鄂豫皖苏区信件、箭厂河地下交通站 3 件历史资料被省委宣传部选中，报中办机要交通局，为党的机要交通成立 100 周年献礼。

文化人才队伍建设。全面完成 2022 年度"信阳文化名家"和信阳市宣传思想文化战线第二批"四个一批"人才评选工作，评选表彰"信阳文化名家"8 名、"四个一批"人才 31 名。推荐国家第七批高层次人才青年拔尖人才（哲学社会科学类和文化艺术类）人选。启动推荐"中原英才计划"——中原文化名家、中原青年拔尖人才（哲学社会科学和文化艺术类）人选。落实全省第三次宣传文化领域人才资源统计调查工作，组织开展信阳市统计调查工作。

【**"美好生活看信阳"城市品牌发布会**】 9 月 17 日，由中共信阳市委、信阳市人民政府、河南广播电视台主办，信阳市委宣传部、信阳市文化旅游投资集团有限责任公司承办的"美好生活看信阳"城市品牌发布会在百花会展中心隆重举行。市长陈志伟出席发布会，并宣布"美好生活看信阳"城市品牌主题 LOGO 和"信阳城市 IP 形象"正式启用。

【**"足迹·牢记嘱托看变化"主题宣传**】 2019 年 9 月 16 日，习近平总书记视察河南深入信阳革命老区时

"美好生活看信阳"城市品牌发布会

"i 生活·e 起来·美好信阳中秋诗会"举办

强调："要把革命老区建设得更好，让老区人民过上更好生活。"为了报道好这一重大主题，信阳市委宣传部高度重视，紧紧围绕"喜迎二十大"这条主线，策划推出"足迹·牢记嘱托看变化"主题宣传，全面展现新时代信阳各项事业发展的重大成就，集中展示老区儿女自信自强、团结奋斗的良好风貌，累计推出原创稿件210余篇（条），融媒体产品130余条，取得了强烈社会反响和良好的传播效果。

【第三十届信阳茶文化节】 4月28日上午，由中国茶叶流通协会和信阳市人民政府主办的"云赏毛尖之都 共享美好生活"第三十届信阳茶文化节以线上直播的方式"云"端开幕。在4个小时的直播中，通过云游模式，集中展示了30年来信阳以茶为媒，大力发展茶产业，以及全市经济社会等各方面取得的巨大成就，呈现了茶乡儿女拼搏进取，奋力创造美好生活，同心共筑幸福梦的精神风貌。

【"诗词歌赋颂中华"系列活动】 为推动中华优秀传统文化繁荣发展，信阳市委网信办组织开展了"诗词歌赋颂中华"系列活动，线上线下共150万人次参与，话题阅读量达1600万，"i生活·e起来·美好信阳中秋诗会"活动话题阅读量达354万，"风华正茂线上诗词挑战赛"24支战队参赛角逐。春节、清明节、端午节等传统节日期间，共制作推出网络文化作品1543部，点击量超2200万次。

·浉河区·

【文化概览】 浉河区位于河南省南部，地处淮河上游、大别山北麓，因浉河穿城而过而得名，是信阳市的主城区、老城区，也是信阳市的经济、文化、交通、商贸和金融中心。全区总面积1778平方公里，下辖9个乡镇、10个办事处，总人口近80万人。浉河区域内自然风光优美，名胜古迹众多，有鸡公山、南湾湖、四望山、黑龙潭等具有典型豫南山水特色的自然景观，也有贤隐寺、文庙大成殿、准提庵、明朝前七子何景明墓等众多具有深厚文化历史渊源的人文景观。

公共文化服务体系建设。 在三五八社区、楼畈村设立图书漂流点，联通总分馆，实现全区范围通借通还。完成五里墩办事处八小书房、五星办事处书房等10座城市书房建设，以嚼有茶主题民宿集群为试点，打造多维一体的"阅读+"区域复合空间，实现"夜住民宿，晓读图书"。注册乡村文化合作社113家，超额完成全年建设任务，数量全市排名第一。

文化传承与创新。 入选第七批区级非物质文化遗产传承人13人、第五批市级非遗展示馆3个、非遗传习所3个。浉河区入选河南省首批非遗助力乡村振兴试点名单。"中国传统制茶技艺及其相关习俗"列入联合国教科文组织人类非物质文化遗产代表作名录，绿茶制作技艺（信阳毛尖茶制作技艺）作为重要组成部分位列其中。2022年12月，河南省"非遗点亮·助力乡村振兴"工作推进会在浉河区召开。

文旅融合发展。 入选河南省乡村康养旅游示范村创建单位8个，郝家冲村荣获省级乡村康养旅游示范村，浉河港镇龙潭村、谭家河乡凌岗村、柳林乡甘冲村入选河南省乡村旅游特色村，神农山庄入选河南省休闲观光园区。龙熙谷创成国家AAA级旅游景区，胜利路步行街创成省级旅游休闲街区和省级夜间文旅消费集聚区。何家寨露营基地入选河南省首批露营基地推荐名单，信阳嚼有茶主题民宿集群、游河卧虎村露营基地对外开放。

文化市场管理。 深入推进"扫黄打非"五大专项行动，共检查出版物经营单位和印刷、包装装潢经营单位600余家次，立案办结12起，出动执法车辆180余台次。组织开展浉河区"绿书签行动"系列宣传活动、"护苗"宣传周活动等，

浉河区天伦广场城市书房内景

何家寨露营基地

共张贴"绿书签"海报 130 余张,发放绿书签 1500 余份。积极参加沿黄九省(区)"扫黄打非·护苗"诗歌大赛,浉河区参赛作品荣获青少年组一等奖 1 名、三等奖 1 名。

群众文化活动。举办"赶考路上有我·描绘美好信阳"浉河区喜迎二十大书画展、"展多党合作风采 喜迎二十大"书画展、浉河区"喜看城市新变化 绘就美好生活新画卷"喜迎二十大·花园城市建造主题摄影展。"乡村文化合作社"才艺大赛参赛作品舞蹈《欢腾的茶香》荣获一等奖。河南省"经典照亮人生"朗诵大赛浉河区作品《鹰的挽歌》获一等奖。打通公共文化服务"最后一公里",打造文艺惠民工程,开展"全民艺术普及周""浉河放歌""教你一招""舞台艺术送基层""戏曲进基层"等各类群众文化活动活动百余场。

文艺精品创作。全年编辑《信阳文学》六期。青年作家付炜作品《鸟鸣剧场》(组诗)发表于《诗刊》2022 年 1 月头条,梁深义作品《乘客》在《莽原》2022 年第 5 期发表。完成《浉情话意——浉河区地情普及读本》编写,撰写《胜利路商业步行街区的人文历史》《胜利路商业步行街文化植入建议》《信阳工运史馆设计建议》等文字资料,完成"浉河区全过程人民民主陈列馆"文献、资料、老照片、老物件的搜集整理及陈列馆布展脚本撰稿工作。

【**浉河区委理论学习中心组被评为省级理论学习中心组学习示范班**】 浉河区委理论学习中心组在持续学懂弄通做实过程中坚持"抓根本+强带动+树品牌+立长远",着力在"三个强化、三个坚持、三个入手、三个关键"上下功夫,探索形成了浉河区委理论学习中心组学习"四+工作法"。2022 年区委理论学习中心组已开展集中学习研讨 9 次,专题辅导 11 次,浉河区委理论学习中心组被评为省级理论学习中心组学习示范班。

·平桥区·

【**文化概览**】 平桥区位于河南省南部,属信阳市中心城区,全区总面积 1889 平方公里,总人口 91 万。平桥区历史悠久,人文荟萃,是著名的"淮上文明"和"古楚文化"发源地,诞生了"亡羊补牢""孔子周游列国"等流传千古的经典寓言,涌现了孪生兄弟作家白桦、叶楠等文化名人。

公共文化服务。共完成 10 座城市书房建设任务,组建文化合作社 29 家,吸收社员 470 人,发布文化文艺类视频 2143 条,加强了基层群众业余文化团体力量。区图书馆、区文化馆、城阳城遗址博物馆、23 个乡镇综合文化站、非遗展馆等公益性事业单位在实施免费向社会开放的基础上,开展富有特色的公共文化服务活动,举办各类知识讲座、读书分享会、阅读推广活动 300 余场次,开展戏曲、乐器、摄影、舞蹈、声乐等"教你一招""第二课堂"等培训活动 30 余场,培训学员 1500 余人次,有力提升了全区文化爱好者的艺术水平。

群众文化活动。利用春节、元宵节、端午节、中秋节等传统节日,大力开展"三下乡"、"青年音乐节"、"传统文化进校园"、"端午粽子宴"、国庆文艺会演、乡村春晚等群众性文化活动 400 余场。举办"艺心向党 书画美好生活"平桥区书法美术作品比赛、"喜迎二十大·奋进新平桥"主题摄影活动等艺术作品展览和文艺赛事活动,平桥区作家"侠客飞鹰"当选中国作家协会会员。

文化遗产保护。平桥区皮影戏、大鼓书、《亡羊补牢的故事》、锣鼓十八番 4 个非遗项目入选省级非物质文化遗产代表性项目名录,4 人成为省级非遗传承人;25 个项目入选市级非物质文化遗产代表性项目名录,32 人成为市级非遗传承人;发掘区级非物质文化遗产项目 89 项,命名区级非遗传承人 330 人。依托"世界文化和遗产日"等时间节点,在郝堂村、小桥胡同、世纪广场等地举行非遗展示展演活动10余场,让非遗传播的种子在群众中生根发芽。

精神文明建设。大力开展五级文明创建工作,巩固文明城市创建成果。建好用好平桥区新时代文明实践中心,全区23个新时代文明实践所、258个新时代文明实践站实现100%全覆盖。开展"孝老爱亲饺子宴""老人集体生日宴"等主题实践活动400余场,助力塑造"美好生活看信阳"品牌。连续第15年开展平桥区"十佳道德楷模"评选活动,累计申报备案"三星文明户"2232户。持续推进农村人居环境整治,把移风易俗作为农村精神文明建设的首要任务,充分发挥"一约四会"的作用,发放移风易俗倡议书5万余份。

文旅产业发展。制定出台《关于建设文化旅游强区的意见》,全面实现文旅规划"多规融合、多规合一"。明确"一核三区四廊多组团"发展定位,以交旅文旅融合发展为方向,以创建省级全域旅游示范区为抓手,持续加快重大文旅项目建设,谋划大埠口·豫见江南田园综合体、上淮金龙湾生态农旅融合发展示范区、郝堂村乡村旅游综合提升项目等文旅文创出彩项目13项,创建城阳城址国家遗址考古公园、美丽新集2个AAA级景区,积极打造美好生活目的地。

【平桥区经典名篇朗诵会】 平桥区持续深化"让书香洋溢平桥、以文化引领发展"的理念,把全民阅读当作一种长期的文化浸润,通过舞台艺术演绎阅读之美,让观众尽情享受到文学巨著带来的无穷魅力,积极打造出属于自己的文化符号和活动品牌。4月22日,平桥区以

"听闻远方有你"主题经典名篇朗诵会

"听闻远方有你"为主题,连续第13年举办经典名篇朗诵会(云上),在线观看人数累计超过100万人,微博话题"品读平桥"获得485.8万人次阅读,全面激发广大群众的读书兴趣和热情。

【平桥区爱心粥屋公益项目】 自平桥区爱心粥屋项目创建以来,先后有4.3万名(次)志愿者参与其中,通过开展煮粥、配菜、搬桌椅、发放早餐、打扫卫生等服务措施,让47万余人次的环卫工免费受益,实现了"一碗热粥温暖一座城"。平桥区爱心粥屋项目先后迎接了来自湖北省、山西省等公益单位的实地

平桥区"爱心粥屋"公益项目

考察、学习观摩,并在全市各县区进行了推广复制,被全国总工会授予了"最美户外劳动者驿站"荣誉称号。

· 罗山县 ·

【文化概览】 罗山县位于信阳市中部,南枕大别山,北依淮河水,是国家重点生态功能区、红二十五军长征出发地以及"小殷墟"商周文化的典型代表。先后哺育过三国名相费祎、治水名臣黎世序、历史学家尚钺等历史名人,是华人罗氏的发源地。拥有国家级文物保护单

位——天湖古墓、国家级非物质文化遗产和人类非物质文化遗产代表作——罗山皮影以及"义阳三关"之一的九里关、国家AAAA级风景名胜区——灵山风景区、董寨国家级鸟类自然保护区等文化资源。

理论学习。中共罗山县委理论学习中心组2022年集中学习22次，专题研讨11次，其中围绕学习贯彻党的二十大精神研讨4次。完成《习近平谈治国理政》第四卷征订工作。举办"党的创新理论"宣讲大赛，荣获市"强国复兴有我"主题宣传教育实践活动优秀组织奖。举办"奋进新征程 建功新时代"演讲歌咏比赛以及"强国复兴有我""赶考路上有我""喜迎二十大、永远跟党走、建功新罗山"演讲比赛；举办"喜迎二十大 书香润万家""4·23世界读书日"启动仪式等一系列主题实践活动。精心制定《关于开展学习贯彻党的二十大精神集中宣讲的工作方案》，抽调科级领导干部和党校讲师等23人组成11个组的县委宣讲团，抽调20名基层党员干部组建县级百姓宣讲团，抽调18人组成学校师生、巾帼、职工、企业、青年宣讲团。各级各类宣讲团分赴各乡镇（街道）、县直各单位、农村社区开展党的二十大精神宣讲30余场，覆盖受众超5000余人次，正在持续推进。制作两个"'学报告见行动出新彩'学习贯彻党的二十大精神党员干部谈"理论宣讲微视频。

新闻宣传。紧紧围绕喜迎党的二十大、学习宣传贯彻党的二十大精神，策划重大主题宣传活动，2022年在市级以上新闻媒体共发稿2300余篇（条），其中在《信阳日报》头版头条和报眼位置刊发文章21篇，《河南日报》专版3个，《信阳日报》专版12个，在《河南日报》及《河南日报》（农村版）上刊发文章多达115篇（条），中央电视台今年累计24次关注该县经济社会发展的亮点成效，刊播一批重要稿件。人民网首页焦点图推送《乡村振兴先行区的"罗山实践"》，浏览量高达300万+；《河南日报》（农村版）头版头条刊登《打造信阳东向"桥头堡"——罗山加快推进信罗同城化发展》总点击量突破400万+。聘请中央电视台专业摄制团队，历时8个月，精心制作高水平城市形象宣传片《罗山的一天》，引发热烈反响。

精神文明建设。完成省级文明城市实地考察测评，扎实推进国家级卫生城市创建。印发《罗山县"三星文明户"创建活动实施办法》，高标准、高质量评选出"三星文明户"1199户、动态调整167户。积极探索政策赋能的新路径，已有921人享受免费健康体检，966人享受旅游景点免门票，开展"小手拉大手"活动80场次，365名"三星文明户"家庭学生得到了表扬激励，"三星文明户"发放贷款76笔1166.81万元。乡镇参加"饺子宴"活动3000余场次。开展"学文明条例""做红色传人""倡节俭风尚""守社会秩序""学雷锋我行动"文明实践主题日活动400余场。先后评选出罗山县新时代好少年35名，年度"文明家庭"24户，"乡村光荣榜"28人；12人荣登信阳市"乡村光荣榜"，3户被评为信阳市"三星文明户"，2户被评为信阳市"文明家庭"。

文化旅游。"喜迎党的二十大"主题文化活动异彩纷呈，配合承办罗山县"赶考路上有我·唱响美好罗山"歌咏比赛，选送女声独唱节目《民心向梦》作为参赛作品，荣获特等奖；选送舞蹈节目《领航》参加"中原舞蹁跹 群星耀中原"河南省第六届艺术广场舞大赛信阳选拔赛，荣获三等奖。利用图书馆、文化馆微信公众号开展"读书惠民""文化惠民"线上主题活动113次，线上点击率高达90%，群众参与热情高涨。文艺创作再创佳绩，国画作品《豫南三月》《豫南写生》《山店母仹注写生》《茶香四溢大别山》入选"美好生活·乐享信阳"第30届茶文化节网络美术作品展。培树文旅品牌品质形象。按照四季风景，精心设计精品

罗山土陶制品

线路，其中"红绿交融，畅游初心路"被评为"信阳市十佳精品旅游线路"。周党仙灵茶旅景区创成国家AAA级景区；何家冲景区荣获全市"十佳精品景区"称号；铁铺镇何家冲村被省文旅厅认定为"河南省文化产业特色乡村"。

【罗山土陶传统烧制技艺】 罗山土陶烧制技艺起步早，历史悠久，传承至今的土陶烧制基地位于罗山县周党镇桂店村黄土岗（原周党陶瓷厂旧址）上，目前有7名土陶制作技艺传承人。罗山土陶种类丰富，特点突出，没有任何图纸和模板，完全依靠匠人的想象、经验和灵巧的双手，极致地展现出罗山民间制陶手工艺的创造能力和表现能力。罗山土陶制品销往山东、安徽、湖北、浙江等全国多地，定制茶壶、花盆、陶缸的客户络绎不绝。在县委、县政府的大力支持和保护下，土陶烧制技艺已被列入罗山县第二批县级非遗保护名录，入选2022年信阳市非遗十大实践案例。

·潢川县·

【文化概览】 潢川县位于河南省东南部，坐落于信阳市地理版图中心，北临淮河水，南依大别山，拥有优越的地理位置和丰富的自然资源。全县辖17个乡镇、4个办事处和黄湖农场，总人口89.3万人，总面积1666.1平方公里。荣获国家卫生县城、省级文明城市等荣誉。潢川是积淀丰厚的千年名邑。古为黄国，是世界中华黄姓发源地。汉置弋阳郡，北齐置定城，唐宋元明为光州，清为直隶州，1913年2月改光州为潢川。1949年1月该地解放后设潢川专署，1952年并入信阳至今。潢川县历来是淮河上游的政治、经济、文化和商贸中心，豫风楚韵交融，文化源远流长。

理论学习工作。严格落实第一议题，县委中心组开展"第一议题"学习27次，研讨交流10次。深入推动党的创新理论进基层，组建30人的理论宣讲队伍，开展党的创新理论宣讲400余场次。加强青少年思想政治引领，县处级党政领导干部、乡科级党委（党工委）书记进校园上思想政治课30人次，受教育师生3000余人。

公共文化活动。百人宣讲团送课下乡活动，开展集中宣讲和专题宣讲1186场次，受众3万余人次。开展"喜迎二十大·振潢有我"主题活动654场次。各类演出、比赛活动惠及80余万人次。创作"振潢有我"主题歌曲82首。农家书屋、乡村"文化合作社"、农村公益电影放映、送文化下乡、"饺子宴"文艺演出覆盖全县所有行政村。2022年，成功申报4个信阳市非物质文化遗产传习所，2个信阳市A级乡村旅游示范村，2个国家级AAA级旅游景区，黄国旅行社有限公司为2022年信阳市研学旅行专业服务机构。

文化新地标打造。建设"光州小屋"，举办"全民阅读，书香潢川"光州小屋阅读沙龙亲子互动活动。建设10座城市书房，每个城市书房提供1000册图书，配备急救箱、老花镜、雨伞和手机充电设备等贴心设施。

精神文明建设。推荐国家、省、市文明村镇20个。积极选树10名同志为"振潢有我·最美潢川人"，评选潢川县第四届"道德模范"10人，"道德模范提名"10人，好党员余天生等300人进入2022年度"乡村光荣榜"，评选"三星级文明户"3645户，落实"三星文明户"7项赋能政策，举办"爱心饺子宴"1844场次，实名认证志愿者10.3万人，培育志愿服务组织、服务队307个，累计服务项目4642个，开展"情满光州"志愿服务活动1051次。

媒体融合发展。围绕县委、县政府中心工作，在各级主流媒体发稿3779篇（条）。中央电视台《焦点访谈》、《人民日报》、"学习强国"平台等主流媒体相继报道了该县黄久生两会声音及参加党的二十

潢川县"喜迎二十大·书香润万家"读书活动启动

潢川县城区全景

大后的生动实践，刊发的《潢川：龙头企业 引领特色产业兴旺》《水城花乡新光州的美好嬗变》等多组稿件全景展示了潢川县经济社会发展新成就。2022年4月，县委宣传部获评河南省《营商环境看河南》2021年度宣传工作先进单位。2022年11月，选送的2件作品获市委、市政府2021年度"好新闻奖"二等奖。举办"优化营商环境"主题系列新闻发布会8场。潢川新闻网、潢川之声微信公众号、"云上潢川"App发稿10200余条，播出新闻900余条、公益广告40余部，发布微博3500余条，推出抖音短视频548条，录制全县大型活动、线上网络会议30余场次，拍摄各类专题片共计17部，现场直播5场，单条播放量过10万+的视频10余条，官方微博共总浏览量达千万余次，账号累计点赞量共47.4万，粉丝量11.3万余人。重点打造"云上潢川"App、"潢川县融媒体中心官方抖音"客户端、"潢川县融媒体中心官方微博"客户端等新媒体平台，为媒体融合发展提供强大动能。

乡村文艺人才库。建立乡村文艺人才库，定期举办"火绫子""空心贡面"等人才免费培训班。打造"教你一招"非遗传承人培训品牌，累计培训2000名非遗传承人，同时培育了91支乡村文艺队伍，拥有1500多名队员。传承模式从以带头人为主体扩展为多元主体参与，积极协同互动本地工匠、非遗传承人等高层次人才。推动了乡村手工艺和非遗项目的发展，羽毛工艺美术饰品远销欧美，"潢川金桂"项目带动数万农户致富。潢川县成立乡村文化合作社，发展1137名社员，覆盖了曲艺、舞蹈、盘鼓、腰鼓、舞狮、旱船、花挑、火绫子等各个民间艺术门类。张果乡、白店乡积极打造羽毛工艺、花卉博览园等特色文化产业，被省文化和旅游厅授予"河南省特色文化产业乡村"荣誉，双柳树镇被命名为河南省文化艺术之乡。

【**大别山青创中心**】 潢川县大别山青创中心自2022年建成投用以来，以"线上+线下"和"数字+实体"为特色，为乡村振兴注入新活力。创业促发展，建立青年创业中心园区，培养并吸引72名电商人才，签约23名优秀主播，孵化28名专职直播主播。开设10个直播账号，带动6家企业，推出46种产品，交易额累计超过5000万元。营销促转型，建设17个直播间，举办657场直播活动，帮助企业建立"三品一标"和可溯源系统，保护8个本地名特产品的商标。兴农促振兴，培养网络达人和孵化网红品牌，农产品平均溢价率高达15%。建立示范带动效应的直播企业，为乡村振兴提供了有力支持。治理促和谐，通过举办多场公益活动，引导正向价值观，与群众互动解决了民生问题，实现基层党建与直播带货的深度融合。

·固始县·

【**文化概览**】 固始县位于河南省东南部，豫皖两省交界处，北临淮河水，南依大别山，因汉光武帝刘秀取"欲善其终，必固其始"之意，封大司农李通为固始侯而得名，建县至今已有近2000年历史。固始县是唐人故里·闽台祖地，河洛文化、吴越文化和荆楚文化在此交汇相融，孕育了楚相孙叔敖、开漳圣王陈元光、闽王王审知、民族英雄郑成功、靖海侯施琅、植物学家吴其濬、爱国华侨陈嘉庚、抗日英雄金振中等历史人杰、中华精英，并先后举办了十届中原（固始）根亲文化节，被国台办确定为国家级"海峡两岸交流基地"。

文化文艺繁荣发展。推动优质文化资源共享共建，建成乡村文化合作社36家，注册社员447人，发表作品1483条，让基层公共文化充满新生活力。开展"元宵喜乐会"、"本草巨擘·状元家声——吴其濬家风家训展"、"庆国庆 迎根亲"固始县第三届民俗文化节、海峡两岸郑成功史迹展、2022年书画名家精品收藏展、竹雕艺术知识讲座等线下活动，受到群众一致好评。开展历史文化宣讲、流动图书车、硬笔书法讲座、文物展览进校园活动15场次。全年开展"送戏下乡""舞台艺术送基层""庆七一 迎根亲"红歌汇等文化惠民演出活动180余场次，配合省曲剧艺术保护中心下乡演出10场，"饺子宴"送文化活动12场，进一步丰富基层群众精神文化生活。选送7个文艺作品荣获河南省"喜迎二十大 欢乐进万家"十大群众文化优秀节目称号，合唱歌曲《康定情歌》在"唱响新时代"河南省群众合唱大赛中获二等奖，广场舞《秧歌扭出心花放》在"中原舞翩跹"河南省艺术广场舞大赛中获三等奖。

文物保护升级出彩。积极实施苏维埃旧址修缮、大荒坡农民武装暴动十八烈士墓环境整治工作。开展121处文物保护范围建设控制地带划定工作，完成7处标志碑设立。开展全县文物大普查工作，增加4处文物点，进一步摸清家底。编制大荒坡农民暴动十八烈士墓环境整治及展示利用设计方案、杨山煤矿工人武装起义旧址文物保护维修方案。做好非遗工作，4家展示馆、传习所入选第五批市级非遗项目并授牌。确定"大别山陶艺文化旅游产业园"为固始县第一批"非遗就业工坊"并挂牌。我县6位参赛民间艺人参加"弘扬传统文化·彰显时代精神——信阳民间艺术巧手大赛"，1人获"信阳民艺巧手"称号，5人荣获"信阳手艺人"称号。

文旅产业发力推进。加快实施文旅文创重点项目41个（省重点项目2个，市重点项目17个，县重点项目22个）。重点打造大别山陶艺文化园精品文旅项目，建设完成小沙河明月园田园综合体、九冲杯生态园、大别山农业艺术公社等特色乡村旅游项目，改造提升杨山煤矿起义旧址等红色景点，推荐申报市级乡村旅游示范村15个（9个AAA、5个AA、1个A）。积极培育特色乡村民宿，建成带有"豫风楚韵"元素的精品民宿5家，农家乐120余家，累计接待游客300万余人次，实现旅游收入11亿余元。

惠企助产提质增效。激活文旅市场消费。组织全县4家A级景区积极开展"豫见春天·惠游老家"活动，对游客实行首道门票免费。开展"激发文旅活力·乐享美好生活"固始县2022年文旅电子消费券发放工作，已消费券活动交易总笔数4.5万笔，优惠总金额101.7万元。开展"诚信兴商宣传月""旅游行业质量月"活动。实施"固始人游固始"美好生活文旅年卡购买工作，多方推动旅游经济回暖增长。服务提升上，制作编印了2022年新《固始县旅游交通地图》，更新旅游标识标牌。成立研学旅行工作管理协调机构，打造3条研学精品路线，提升旅游配套服务能力。开展第六届郁金香文化节、西九华山自驾采茶旅游节、"美好生活看信阳"魅力固始风光摄影大赛等活动，以特色旅游系列活动活跃旅游市场。九华山郁金香花海、茶山竹道、中原竹寨灯光秀等固始美景被央视《新闻联播》"大美中国"隆重推介。

【**第十届中原（固始）根亲文化节**】 10月12日上午，第十届中原（固始）根亲文化节开幕。河南、福建、广东等地的相关领导同志和政商代表，以及海内外的宗亲代表出席了开幕式。固始根亲文化节自2009年10月26日举办首届以来，至今已经是第十届，成为中原与闽台及海外宗亲心手相牵的亲情

第十届中原（固始）根亲文化节盛大开幕

本草巨擘·状元家声——吴其濬家风家训展

盛会,创造了"一县办国事"的斐然成绩,实现了根亲文化的生根开花、枝繁叶茂。"根亲文化"这张独具特色的名片成为固始连接闽台乃至海外宗亲的精神纽带,唤起越来越多海内外同胞的故乡梦、寻根情。"根在中原、根在固始"已成为众多海内外游子的共同心声。

【本草巨擘·状元家声——吴其濬家风家训展】 2022年5月18日上午,由中共固始县委宣传部、固始县文化广电和旅游局、信阳博物馆主办,固始博物馆、吴其濬故居纪念馆、吴其濬文化产业园联合承办的"本草巨擘·状元家声——吴其濬家风家训展"在固始博物馆正式开展。展览以清代河南大地唯一的状元吴其濬的家风家训为主线,用"孝、忠、精、博"四个版块,以图文、实物的形式精致展现了吴其濬光辉灿烂的一生。

·息县·

【文化概览】 息县位于河南省东南部、信阳市东北部,是大别山革命老区的重要组成部分,辖5办6镇12乡,总面积1892平方公里,总人口113万。息县历史厚重,6000年前已有人类在此繁衍生息,是息姓、赖姓、白姓的发源地。自公元前682年设县以来,息县2700年不易"息"名、不改县治,被誉为"郡县制"的活化石。息县人杰地灵,春秋四大美女之一的息夫人,以其忠贞与牺牲护佑乡民,被尊奉为"桃花夫人";东汉新息侯马援,平叛安民,一语"马革裹尸"壮怀激烈、彪炳后世;刘邓大军千里跃进大别山,"狭路相逢勇者胜"的红色基因在这里代代相传。

文旅融合发展。打造文旅融合路60公里,全县主要旅游景点和乡村旅游示范点得到有效贯通。积极推介"游千年古县,启出息之旅"精品线路,打造全县乡村振兴游、生态休闲游、"夜经济"城市观光生活游、红色文化游、科普研学游、文旅融合主题游6条旅游路线。濮公山矿山公园创成国家AAAA级旅游景区,龙湖公园被命名为河南省夜间文旅消费集聚区,淮河休闲旅游度假区入选省级休闲旅游度假区,息县确定为省级全域旅游示范区创建单位。目前,全县拥有国家AAAA级旅游景区1个,AAA级景区6个,省级特色生态旅游示范镇1个,省级乡村旅游特色村3个,省级休闲观光园区1个,星级乡村旅游经营单位9家。

公共文化服务。完成全县城区5座城市书房建设任务,完善内部设施配套,实现图书馆与各个城市书房之间通借通还,形成城区人员集中地的15分钟阅读圈,为广大市民提供了一个温暖、便捷的公共阅读空间。全县21个乡镇(办事处)建设综合文化站和文化馆、图书馆总分馆,全面对外免费开放。已成立乡村文化合作社51家,共吸收社员1230人,组建基层文化志愿者服务队23支,全面充实加强基层群众文化团队力量和服务能力。同时设立项店镇、临河乡为县级公共文化服务创新试点单位,积极推动公共文化服务创新发展。从文化馆抽调精兵强将和文艺骨干,到乡村文化合作社开展"教招送招"、合唱、艺术广场舞、戏曲等各类技能培训活动达43场次,培训各类学员1300余人次。

文艺精品创作。结合息县实际,充分调动利用各界文艺资源,积极打造文艺精品,创作出红色革命历史剧嗨子戏《长淮飞渡》、非物质文化遗产息县大鼓书《美好生活在息县》、大合唱《在灿烂的阳光下》、舞蹈《幸福茶香舞起来》《青春乐章》、民俗舞蹈《濮山淮水民俗情》、歌曲《你手捧着阳光走来》等一批优秀文化文艺作品。原创艺术广场舞《幸福茶乡舞起来》、大合唱《在灿烂阳光下》在河南省第六届"喜迎二十大 欢乐进万家"十大群众文化活动中均获得一等奖。民俗舞蹈《濮山淮水民俗情》荣获信阳市乡村文化合作社大赛一等奖,戏曲豫剧《红灯记》选段(听罢奶奶说红灯)荣获信阳市戏曲大赛一等奖。因嗨子戏非遗传承成绩突出，息县再次获得"河南省民间文化艺术之乡"称号。

文化惠民活动。以"红色文艺轻骑兵进基层""舞台艺术送基层"和全民阅读等活动为载体，开展线上线下各类群众文化活动83场，受益群众近10万人次。充分发挥数字文化平台优势，在传统节日春节、元宵节、中秋节和乡镇各类民俗节日"项店荷花节""东岳红红薯节""长陵龙虾节""十大网红打卡点""十大特色小吃"形象推广等开展直播活动41场，直播累计点击人次52万余次；组织开展"赶考路上有我·唱响美好息县"歌咏比赛、"美好生活看信阳 盛世梨园我来唱"戏曲比赛、"喜迎二十大 翰墨新时代"书画摄影作品网络展、"行走中国·读懂河南"读书会等活动，丰富了群众精神文化生活。

非遗保护传承。顺利完成第六批市级非物质文化遗产代表性项目代表性传承人的申报工作，申报传承人名单：板凳龙传承人万娜、香稻丸种植加工技艺传承人项广永、油酥馍传承人王世军、包信大饼传承人张敏、朱家鸡块传承人朱红梅、葫芦烙画传承人刘娟、息县银器制作传承人徐龙辉。截至2022年12月，息县发掘申报非物质文化遗产省级保护项目4项、市级保护项目28项、县级保护项目152项。

文化市场管理。以"净网、护苗、秋风"等专项行动为抓手，2022年以来共检查各类经营单位820家（次），出动执法人员560人（次），查处各类违规行为4起；联合公安局、市场监督管理局、消防队、文化市场综合执法大队等相关部门执法15次，收缴非法出版物520余册，收缴期刊22期，组织文化市场专项治理检查14次，切实净化了社会文化环境；根据"扫黄打非"线索反馈，联合相关执法单位处理了1起网络销售涉政治非法有害出版物案件、1起邮寄疑似涉政信件情况。突出推进"扫黄打非"基层示范站点、"护苗"示范站点规范化、标准化建设，项店镇、息县小茴店镇邮政支局2家单位入选省级"扫黄打非"进基层示范点。

非遗葫芦烙画在息县第三届豫道·东岳红红薯节上展示

【**刘邓大军渡淮纪念馆**】 息县刘邓大军渡淮纪念馆位于息县谯楼办事处大埠口社区小王湾居民组淮河北岸，2018年建成开馆。2019年11月21日，被列为息县第四批县级文物保护单位，是息县现存26处革命遗址中规模最大的遗址，是国家AAA级红色旅游景点，集纪念、旅游、文化展示、生态景观、休闲游憩于一体，红色纪念与息县历史相交融。2022年，纪念馆进一步保护完善基层设施，新建城市会客厅、游客服务中心，新增一批息县县域革命英烈遗物实物，同时依

息县注重对嗨子戏传承人的培养

托现有历史文化资源，开发微党课"将军试水"。

【嗨子戏的传承与发展】 嗨子戏因唱腔多源于民间小调，唱词以"嗨"字开头而得名，又称花篮戏，是息县特有戏曲种类，列入第三批国家非物质文化遗产名录。近年来，息县非常重视嗨子戏的非遗传承保护与创新发展，积极扶持嗨子戏传承人陈党玉戏曲团队对嗨子戏的探索发展，同时注重嗨子戏的创新，不断挖掘新生代嗨子戏人才力量。因对嗨子戏的研究、保护、传承、创新成绩突出，息县连续两次被河南省文化和旅游厅评为"河南省民间文化艺术之乡"，剧目《长淮飞渡》也多次在省市获得大奖。

·淮滨县·

【文化概览】 淮滨县位于河南省东南部，淮河中上游，因濒临淮河而得县名，是鄂豫皖革命老区的重要组成部分。淮滨是一座淮上古城，西周时为蒋国，是中华蒋姓祖根地。战国时为楚国期思邑，是楚文化的发源地，楚国名相孙叔敖故里。近年来，淮滨县积极组织策划一系列文艺文化活动，同时持续加大文化领域投入，王湾村被评为"河南省乡村旅游特色村"，淮滨县被评为"河南省公共文化服务体系绩效考核先进县"。

文化宣传。依托基层党校主阵地，在全县开展"党的创新理论进基层""百姓宣讲直通车"等活动，用好"学习强国"等平台，刊发报道269篇，其中中央级和省级媒体宣传报道230余篇。围绕淮滨淮河文化、廉吏文化、根亲文化等主题，加大对内对外宣传力度，县融媒体中心"广播、电视、报刊、新媒体和外宣"五大平台同频共振、同向发力，实现一次采集、多元生成发布，广播能声、电视能看、报刊能登、新媒体能宣、外宣能推，形成报网端微、文图音视宣传合力，全面立体讲好淮滨故事。推动文化事业、文化产业繁荣发展。开展"微宣讲+文明实践""三下乡"示范活动等百十余场，推动全民阅读，打造"城市书房"，引领阅读新风尚，积极开展读书月活动。2022年淮滨县累计登陆央视新闻78次、国家级报刊平台上稿50余篇、新媒体播报96条。

文明城市创建。锚定省级文明城市创建目标，坚持以"五大创建"为抓手，提升了省级文明城市创建质效，荣获"河南省文明城市"荣誉称号。创成了17个省级文明单位、3个省级文明村镇、2个省级文明校园。全县注册志愿者7.5万余人，成立志愿服务队221支，开发志愿服务项目724个，重点培育项目15个；深入开展"感动淮滨年度人物""乡村光荣榜""新时代好少年"等正面典型人物选树活动，乡风文明建设全面延伸；以"我们的节日"为主题，广泛开展中华经典诵读、清明祭英烈、邻里节"粽情端午"等系列活动，弘扬中华优秀传统文化、践行社会主义核心价值观；持续优化发展环境，大力推进诚信体系建设，集中开展市容环境、集贸市场等专项治理，带动行业服务水平整体提升。城市小游园、小公园建设，绿化带、景观带升级改造，办公场所拆墙透绿，城市环境和形象得到明显改善。围绕迎接宣传贯彻党的二十大这一主线，组织开展"赶考路上有我·描绘美丽淮滨"书画摄影展和"赶考路上有我·情诉美丽淮滨"演讲比赛等系列活动，举办"喜迎党的二十大""2022年文化科技卫生三下乡"集中示范活动，16家单位现场开展理论宣讲、政策宣传、文艺演出、义务诊治等活动。开展"出彩河南人"楷模发布厅进校园活动。加大文明村镇创建力度，结合县乡村振兴工作，建立全国、省级、市级文明村镇后备库，加强重点培育。加强对文明单位的动态管理，做好文明单位届满申创工作。

淮滨县龙泉城市书房举办文化宣讲活动

深入开展"三星文明户"创建、孝善敬老"饺子宴"、推进移风易俗等系列活动。全县创评"三星文明户"4136户,举办饺子宴906场。召开2022年"乡村光荣榜"人物评选工作会,表彰县级"乡村光荣榜"人物60名,向市级择优推荐24名。

文化惠民活动。举办了"喜迎二十大"广场舞大赛、大合唱会演、经典诵读比赛等赛事活动和书画作品展、摄影作品展等,选送的广场舞节目荣获全市二等奖。开辟《今日淮滨·淮河文物》专栏,宣传推广淮河文物精品和优秀传统文化。创作编排喜迎二十大文艺作品6个,开展各类文化演出活动87场次、阅读推荐和朗诵作品分享34期。组织开展文化惠民活动,开展"戏曲进乡村""舞台艺术送基层""送文化下乡"等城乡文艺交流互动展演100余场,开展广场文化、节庆文化、民俗文化等活动30余场。开展"书香淮滨 全民阅读"系列活动,常态化开展书画展、民俗展、图片展、文物展等展出活动,丰富城乡群众文化生活。新建5座城市书房,提升城市书房建设和运营水平,推行"城市书房+文创+N"模式,打造最美公共文化空间,龙泉城市书房被评为"全市十佳城市书房"。围绕乡村振兴,加快乡村文化合作社建设,打造一批示范样板,已建成25个,实现了乡镇(街道)全覆盖,其中前楼社区文化合作社被评为全省50个示范合作社之一,张庄乡八里村文化合作社被评为全市"十佳文化合作社"。

非遗保护传承。淮滨县强化提升非遗人才技能,实施非物质文化

淮滨泥塑(小叫吹)

遗产传承人群研修研习培训计划,加强全县非遗工作队伍培训。积极鼓励非物质文化遗产传承人进社区、进校园、进景区等。3月,省级非遗项目淮滨泥塑传承人在三空桥乡肖营村开展非遗项目展示活动;5月,在AAA级东西湖景区举办非物质文化遗产日宣传活动,引导社会群众参与非遗保护工作。截至2022年12月,淮滨县共有省级非遗项目2项,即淮滨泥塑(小叫吹)和"孙叔敖故事",市级非遗项目21项,县级非遗项目52项。

【非遗助力乡村振兴】 积极推动文旅融合,在淮滨县打造的乡村旅游示范村中,非遗作为文化遗产的瑰宝,发挥着巨大作用。在三空桥乡肖营村、栏杆街道王湾村、期思镇唐营村建立非遗展示场所,并于2022年10月开展了非遗展示展览活动。2022年淮滨县实施"非遗点亮计划",推进"非遗+"与旅游、研学、节庆、文创、演艺等融合共生项目,打造非遗研学游、非遗主题街区、非遗特色村落。与AAA级旅游景区"走读淮河"文化园合作,在该景区打造集体验、教育、培训、旅游等功能于一体的非遗研学基地,积极鼓励社会力量兴办非遗文明传承体验设施,走读淮河文化园被评为信阳市第五批非物质文化遗产示范性展示传习馆。

·光山县·

【文化概览】 光山县面积1835平方公里,人口93万,辖23个乡镇(街区)、364个村(社区),是中央办公厅定点帮扶县。光山县历史文化厚重,有文字可考证历史4000余年。周为弦子封国,称弦国。隋文帝开皇十八年(598年),更名光山,沿用至今。是司马光的出生地、"司马光砸缸"故事的发生地。光山县红色文化鲜活,"大别山党课别样红"主题党课生动鲜活,广受好评。光山花鼓戏被列为国家级非物质文化遗产,代表剧目《夫妻观灯》于1953年到中南海汇报演出。2019年9月17日,习近平总书记亲临光山县考察调研,叮嘱老区群众"发扬自力更生、自强不息的精神,继续在致富路上奔跑,走向更加富裕的美好生活"。光山县牢记总书记的殷殷嘱托,锚定"美好生活看信阳、红色光山走前

列"的奋斗目标,全力实施"七大行动",先后荣获全国脱贫攻坚先进集体、全国产粮大县、中国羽绒之乡、中国名茶之乡、中国油茶之乡、国家卫生县城、省级文明城市等称号,入选2022年国家乡村振兴示范县创建名单、河南省第一批乡村建设示范县创建单位。

理论学习。严格落实"第一议题"制度和理论学习中心组巡听旁听制度,组织县委中心组集中学习29次,示范带动各级党组织开展理论学习3255场。构建"全领域"宣讲机制,新编花鼓戏《姑嫂逛村》荣获全省党的创新理论宣讲大赛文艺类三等奖、全市一等奖。《徐海东情定周东屏——老虎大将的爱情故事》入选省委宣传部基层理论宣讲优秀讲稿。在习近平总书记到光山考察调研三周年之际,推出《总书记来到我身边》系列党课。

新闻宣传工作。紧扣迎接宣传贯彻党的二十大工作主线,策划制定"奋进新征程 建功新时代"十大主题宣传报道方案,全年在市以上媒体发稿3910余篇(条),新闻发稿稳居全市前列。"喜迎二十大,老区新变化"直播活动,"学习二十大·奋进新征程"专题专栏,"乡村振兴进行时""人居环境整治"等主题宣传活动,唱响了奋斗新时代的昂扬旋律。

精神文明建设。统筹推进文明培育、文明实践、文明创建。积极争创全国文明城市提名城市。常态开展先进典型选树活动,先后组织开展光山县第六届道德模范和第一届文明家庭评选表彰活动,评选道德模范及提名各10人,文明家庭30户。深入开展"三星文明户"评选和饺子宴活动。评选"三星文明户"9487户39221人,开展"饺子宴"活动1298场。进行政策赋能,文明实践阵地提质扩面,提升提质新时代文明实践所站28个。

红色文化宣传教育。开展"大别山党课别样红"系列主题党课103场,受众3万余人次。以"喜迎二十大 青春心向党"为主题把"大别山党课别样红"思政课和《他们的觉醒年代——周恩来邓颖超青年时代图片展》送进校园,覆盖全县中小学师生3万余人。以红二十五军国家长征文化公园建设为契机,深入推进花山寨会议旧址、革命烈士陵园等红色纪念地建设。以发生在光山本地的红色故事为原型,完成红色花鼓大戏《花山寨》的编排及首演。完成大型红色题材花鼓戏剧本《花山寨儿女》初稿编写。开展戏曲进乡村、光山花鼓戏公益性演出、"红色文艺轻骑兵"送文艺下乡等演出活动100余场。

非遗文化传承。依托农村业余文艺队伍,成立19家乡村文化合作社,槐店乡司马光小镇和文殊乡花山村文化合作社被市局推荐申报"河南省示范性乡村文化合作社"。申报市级第五批非物质文化遗产展示馆、传习所7个,市级第六批非物质文化遗产代表性传承人11人,县级第二批非遗传承人146人,文殊乡东岳村、司马光小镇入选2022年全国非遗与旅游融合发展优选项目非遗旅游村寨、小镇,赛山玉莲茶非遗工坊案例入选2022年度全国非遗工坊典型案例。2022年6月,《焦点访谈》播出《非遗:薪火相传 与时俱进》,重点报道国家级非物质文化遗产"光山花鼓戏"的传承和发扬。光山花鼓戏入选"中国民间文化艺术之乡"建设典型案例。

文化旅游融合发展。谋划"1335"重点文旅文创项目21个,总投资129.82亿元,年度计划完成投资35.53亿元。自全县文产特派员试点工作启动以来,在河南省乡创赋能中心的统筹推动下,共有来自北京等全国各地的7批近30个特派员预选团队到光山开展深度调研,为乡村振兴提供了坚实保障。完成《光山县全域红色教育研学整体规划》和《大别山精神传承馆概念性策划》,全力打造国内知名的研学旅行目的地,3年内建成以"红色光山 闪耀信仰"为主题的全域红色教育研学体系,包含"1—6—18"大别山精神传承营地集群体系和"决策—转折—先行"红色研学课程体系,预计年接待研学游客

光山花鼓戏《花山寨》演出

超100万人次。

【"文化产业特派员"制度试点启动会】 7月31日上午,"文化产业特派员"制度试点启动会在光山县举办。河南省作为全国试点,选择信阳市光山县、洛阳市栾川县、焦作市修武县和济源市等三县一市的20个村落进行特派。"文产特派员制度"试点启动后,将开展三期行动计划,首期由清华大学文化创意推动,中国乡创分会作为支撑试点县,二期由清华大学文化创意发展研究院和北京大学文化产业研究院主导,中国乡创分会推动,试点村落将增加到50—100个,三期由中国乡创分会聚合全国相关的创意机构合力推动,试点村落将能达到100~200个。

【光山花鼓戏《花山寨》】 2022年9月6日晚,大型红色革命题材光山花鼓戏《花山寨》在县委党礼堂网上直播上演。该剧以发生在光山本地的红色故事匡氏八兄弟舍命参加红军的故事为原型,歌颂了中国共产党为人民解放、民族独立进行革命斗争的风雨历程,抒写了光山人民为追求理想信念,支援红军的英勇无畏、不怕牺牲的伟大壮举,弘扬了光山人民"坚守信念、胸怀全局、团结一心、勇当前锋"的大别山精神。

·商城县·

【文化概览】 商城县位于河南省东南部、大别山北麓、鄂豫皖三省交界处,素有"江南北国、北国江南"之美誉,是豫南最具特色的"茶乡""药乡""鱼米之乡"和"歌舞之乡",先后获"中国天然氧吧""国家级生态示范县""中国民间文化艺术之乡""中国炖菜之乡""中国长寿之乡"等众多国家级金字名片,是大别山革命老区之一,中国工农红军第四军建军地、红二十五军长征出发地、著名革命史迹"金刚台红旗不倒"所在地、刘邓大军千里跃进大别山立足地,从这里走出了52位开国将军,根据商城民间小调改编的经典革命歌曲《八月桂花遍地开》从这里唱到全国大江南北。

文艺精品创作。大型红色历史剪纸长卷《传承红色基因 弘扬大别山精神 商城起义篇》获河南省民间艺术最高奖项"金鼎奖",《丝弦锣鼓》获"金鼎奖"表演艺术奖,余水获"金鼎奖"个人成就奖。专题摄影作品《千年的回音》26幅被中国民族影像志收藏。纪录片《柏山常青 国脉家承》和图书《大别山的绿脊梁》获信阳市第六届精神文明建设"五个一工程"奖。"红色商城"系列五本丛书完成编撰工作。

文化惠民活动。投资50万建成商城县公共文化服务数字化平台"商城文旅云",建设城市书房5座。开展"喜迎二十大"系列群众文化活动10余项,"舞台艺术送基层""戏曲进乡村"等基层惠民活动100余场,公益电影放映1300余场。举行"我的乡村文化合作社"才艺大赛暨民间艺术展演6场。以花为媒,以节为界,举办了商城县第二届油茶花节。

文化遗产保护。实施商城传统工艺振兴计划,打造"商城有礼"文创产品品牌,"印象商城"等三项作品获信阳市第二届文创大赛二等奖。郭窑陶瓷文化综合体项目举行签约仪式,大别山蜂产品及加工文化产业园顺利开工。成立商城县非物质文化遗产专家委员会,首次评审县级非遗项目27项。实施赵崇德故居、王霁初故居修缮工程。启动了安陂古城遗址公园建设,实施董大畈民居修缮保护工程。长征国家文化公园(商城段)分步分块实施,省重点项目红色小镇已经完成革命历史博物馆主体建设,红二十五军战斗遗址项目完成规划设计。

文化旅游产业。平安驿·逗街打造豫南民俗文化体验地和文旅消费集聚区,成为网红打卡点。启动"大别山百家主题民宿示范工程",集中连片建设示范性民宿集聚区。推进西河景区、金刚台猫儿峰景区整体规划,主打漂流、登山运动产品和红色研学产品,辐射带动民宿、采摘、茶旅产业融合发展。汤泉池景区以创建国家旅游度假区为抓手,倾力打造"温泉康养园"。实施乡村旅游提升工程,苏仙石乡被认定为河南省特色生态旅游示范镇,河凤桥乡田湾村田园综合体被认定为河南省休闲观光园区,赤城街道紫云山社区、双椿铺镇郭寨村被认定为河南省乡村旅游特色村,金刚台镇金刚台村、汪岗镇韩冲村等6个村被命名为信阳市乡村旅游示范村。

文化市场管理。开展"扫黄打非"联合执法检查6次,集中销毁各类非法出版物6000余册。11月初,2021年查处的大猫眼电子商务有限公司侵犯著作权案获国家版权局表彰。高标准打造"扫黄打非"省、市级示范点4个,北街社区被推荐为第六批全国"扫黄打非"进基层示范点。商城县"扫黄打非"工作小组办公室被推荐为2022年

河南省非物质文化遗产火绫子走进河凤桥乡十里头小学

全国"扫黄打非"先进集体。

精神文明建设。393个新时代文明实践所（站）全部实现达标建设。全县评选出"三星文明户"4336户。开展"饺子宴"活动2400余场次，受益群众10万余人次，收到社会专项捐款203万元，商城版"饺子宴"被作为样板在信阳市进行推广。实施移风易俗"六大行动"，18人荣登省市乡村光荣榜。组织开展文明实践和志愿服务活动2000余场次，"焦点·周波'快乐星期二'爱心义剪志愿服务项目"在全省文明实践志愿服务项目大赛中荣获一等奖。1人被评为"信阳市好少年"，两个家庭被评选为"信阳市文明家庭"，3人上榜"河南好人"，丰国明荣获信阳市"见义勇为道德模范"。

重大主题宣传。完成《人民日报》"奋进新征程 建功新时代"主题新闻宣传、中央广播电视总台河南总站老区新貌大型直播、新华社河南分社"沿着总书记的足迹"主题采访报道。策划开展了《走进乡村看变化》《美丽商城乡村行》等系列栏目报道，累计在市以上主流媒体发稿6000余篇次。《春节怎么过》被河南省委宣传部、河南省新闻工作者协会评为2022年"新春走基层"活动优秀作品。

【豫剧电影《大别山的女儿》】2022年6月26日，豫剧电影《大别山的女儿》在商城县举行开机仪式。该电影由屡次获奖的豫剧音乐剧《大别山的女儿》改编而成，以人民艺术家阎肃创作的《党的女儿》为蓝本，以大别山金刚台妇女排游击战争为历史原型，艺术再现了共产党员的忘我牺牲精神。

【郭窑小镇】郭窑村位于商城县双椿铺镇，是一个拥有700多年制陶历史的村落。郭窑村制陶业起源于明代，2018年被郭窑村评为河南省传统村落，2022年郭窑制陶技艺被评为信阳市非物质文化遗产。2022年10月，商城县与浙江礼乐文化创意有限公司正式签约，采取"投融建运"一体化模式，投资2.2亿元，规划用地170亩，打造集"吃住行、游购娱、研教展"等功能于一体的郭窑小镇。建设内容涵盖老龙窑景观区、新建龙窑及景观区、陶艺亲子体验馆、老艺人工作室、产品展示中心、陶瓷研学体验基地、共富直播基地等近30个功能区，集非遗传承、人才培养、教育研学、观赏体验、交流研究、创作设计、产品销售等于一体，让传统民间工艺在传承和创新中焕发活力。

·新县·

【文化概览】新县位于河南省南部、豫鄂两省交界的大别山区，是全国著名的革命老区和将军县，是鄂豫皖边区革命根据地发源地、鄂豫皖苏区首府所在地，养育了许世友、李德生、郑维山等43位开国将军。特殊的地理位置和地形地貌，让这里人文荟萃、乡村秀丽，县内红、绿、古资源丰富，有国家级爱国主义教育基地5个，国家级森林公园1个，有中国传统村落10个、中国景观村落12个、河南省传统村落34个。

新闻宣传。围绕中宣部"奋进新征程 建功新时代""足迹·牢记嘱托看变化"等系列主题宣传活动，在市级以上党报党刊、广播电视及主流媒体刊发新闻稿件2800余条（次），《焦点访谈》《新闻直播间》先后播出《缅怀·前行 不忘来时路 奋进新征程》《网络祭扫 缅怀英烈》，聚焦传承红色基因典型人和事，社会反响强烈。促进传统媒介和新媒体平台融合，聚焦县委、县政府中心工作，发布各类报道6000余条次；围绕乡村振兴、道德模范颁奖、喜迎二十大等工作开设专场直播35期次，各网络平台积累粉丝20万+。

红色基因传承。完成全县革命历史类纪念设施、遗址、爱国主义教育示范基地全面普查，实施中国工农红军第一军司令部旧址、鄂豫皖边特区苏维埃旧址保护修缮及红二十五军司令部旧址基础设施建设、高敬亭故居修缮、吴焕先故居安防、杨氏宗祠维修等工程，加强革命遗址遗迹纪念设施的保养、建设和维护。创新开展"小小讲解员进景区"活动，招募并培训中小学生志愿讲解员600名，成为红色景区的一道亮丽风景。举办"红色故事大家讲"活动132期，弘扬红色精神，传承红色基因。以革命先烈、老将军、老红军的后代张爱华、刘小妹等12人为主体的英雄山党支部，为全县广大党员干部常态讲述"四个故事"。

文化旅游工作。建成运营现代化城市书房5座，新组建乡村文化合作社21家，围绕喜迎党的二十大主题，先后组织开展"美好生活看信阳·舞动新时代"艺术广场舞大赛、第三届红城好声音歌手大赛等大型文化活动，常态化开展"红城文艺轻骑兵""舞台艺术送基层""全民阅读"等群众文化活动600余场次。入选全国红色旅游融合发展试点单位、"2022中国体育旅游十佳目的地"，武占岭生态旅游度假区、陈店乡水润梅花、箭厂河大别山红旗不倒核心地景区创建为国家A级景区，创建河南省乡村康养旅游示范村6个、信阳市乡村旅游示范村5个、市级研学旅行服务机构、市级研学实践教育基地各2家。

精神文明建设。创新开展"一月一主题"活动，先后组织开展"绿色出行月""公筷公勺月""志愿服务月""不乱丢烟头月""交通安全月"等主题活动。推进文明村镇创建提质扩面，创评"三星文明户"1549户，开设"孝善大食堂"22个，举办"饺子宴"活动1439余场次，惠及老人4.5万余人次，推荐创建全国文明村镇4个、省级文明村镇3个、市级文明村镇49个。按照"新建＋整合＋改建"的工作思路，实现17个乡镇、206个行政村（社区）文明实践所、站覆盖率100%。依托中心"党史理论宣讲""文化文艺"等10支志愿服务队、"红色基因传承"等特色服务队及民间志愿服务队伍，常态化开展各类主题实践活动1200余场，开展文明城市创建等志愿服务活动6000余场，服务群众10余万人次。

【文化合作社】 2022年，新县组建乡村文化合作社48家，通过"文化合作社＋N"方式，结合"饺子宴"、送戏下乡、非遗进景区进校园等文化活动，将地灯戏、皮影戏、民间小调、豫南民歌等优秀传统文化文艺表演活动辐射至17个乡镇（区、街道），丰富了乡村群众的文化生活。创新打造出"艾洼社区文明新风""大畈村以文化人""田铺大塆文旅融合""丁李湾非遗传承"等多个特色主题的合作社队伍，培养"台柱子"719人，编排常态化演出节目228个，组织开展各类文化活动900多场次，惠及群众和游客80余万人次，实现"乡镇全覆盖，城区有亮点，村村有队伍，人人能参与"。在合作社的拉动下，西河湾等乡村景点游客增长20%以上，文创商品销售额增长15%，景区人气和经济收益大幅攀升。

【三壁吹打乐】 三壁吹打乐是省级非物质文化遗产，得名于新县陈店乡三壁村，其历史可上溯至南宋时期，现流行于陈店、郭家河、箭厂河等乡镇以及湖北省红安县部分地区，具有浓郁的地方色彩和丰富的乐曲变化形式，其表演队伍被人称之为"响班子"。三壁吹打乐的题材较为广泛，反映的生活和思想内涵也较丰富，有表现山村幸福生活情境的《靠山乐》，表达劳动人民追求美好生活的《青山乐》，以及表现爱国主义悲壮战争场面的《二番》等。截至2022年12月，三壁吹打乐队发展成员63人，其中

新县文化合作社演出活动

新县陈店乡三壁吹打乐

乡村文艺爱好者26人、非遗传承人18人、乡贤能人19人。通过集中式培训、交流式学习、体验式教育，培养乡土文艺骨干300余人，累计举办文艺活动200余场次，服务周边群众游客达8万余人次。

周口市

【文化概览】 周口市位于河南省东南部，面积1.19万平方公里，人口1259万，辖7县1市2区及市城乡一体化示范区、临港开发区。是全国文明城市提名城市、全国双拥模范城、国家园林城市、中国优秀旅游城市、河南省对外开放优秀城市、河南省文明城市。周口有着8000年文化史，是羲皇故都、老子故里，是中华龙文化、姓氏文化、道家文化、农耕文化的重要发祥地，享有"人之祖、史之初、国之根、文之源"之美誉；李、陈、胡、田等130多个姓氏起源于此，是华夏儿女寻根谒祖圣地。周口人文荟萃，先贤圣哲、名人巨擘灿若群星，人文始祖太昊伏羲氏、老子、周兴嗣、陈胜、吴广、谢安、谢灵运、吉鸿昌、袁世凯等均为周口人。周口是全国市级"杂技之乡""文学之乡"，著名的戏曲之乡、书画收藏大市，现有国家级非物质文化遗产代表性项目10项、省级非物质文化遗产代表性项目50项。周口现有全国重点文物保护单位18处、省级文物保护单位72处，平粮台古城遗址入选2019年度"全国十大考古新发现"，时庄遗址入选2020年度"全国十大考古新发现"，2022年，两遗址同时入选全国"新时代百项考古新发现"。周口市共有国家A级旅游景区37家，其中AAAA级景区4家，AAA级旅游景区23家，每年吸引2000多万海内外游客观光游览。

思想理论学习与宣传。2022年，周口市坚持把学习宣传贯彻习近平新时代中国特色社会主义思想与迎接宣传贯彻党的二十大有机结合，严格落实党委（党组）会议"第一议题"、"五种学习方式"、中心组学习巡听旁听等制度，坚持书记领学、研讨交流、学用结合，市委常委会"第一议题"学习39次、市委理论学习中心组集中学习18次，形成领导干部领学促学深学的浓厚氛围。统筹市委理论宣讲团、"百姓宣讲团"和行业宣讲团3支队伍，完善"1+3+3"宣讲模式，采取"理论+故事""理论+文艺""点单+派单+接单"的形式，深入基层开展对象化、分众化、互动化宣讲1600余场次，受众18万余人次。制作推出宣讲微视频320余条，不断扩大宣讲覆盖面和到达率。发挥社科界"思想库""智囊团"作用，实施20项重点课题项目研究，形成课题项目"研究+咨政+宣传+转化"的联动效应。

科研平台搭建与交流。升级更名内部刊物《周口社会科学》，全面提质扩容，推出"社科专家风采"系列宣传报道9期，聘任50名社会科学特聘研究员，新命名21家市级社科普及基地、10个社科重点研究基地，促进全市理论宣传阐释氛围形成和研究水平提升。高质量参与河南省兴文化工程，3个课题被纳入工程项目。4月26日，周口职业技术学院、河南科技职业大学、周口技师学院、周口文理职业学院、周口交通技师学院5所市属高校成立马克思主义学院统一揭牌，周口市高校马克思主义学院建设内涵式发展再有新突破。创立并持续落实思政课教案选题、教案审核、教案公开交流、思政教育与专业课程教学联动、思政教育与学生精神生活和日常生活有效融入"五项制度"，推进大中小学思政课一体化建设。印发《周口市"十四五"时期哲学社会科学发展规划》，建成周口市社会科学研究中心。"市级学习平台+周口日报强国号+县级融媒号"联动发声的"学习强国"宣传矩阵全面搭建完成，平台综合触达受众超5000万人次。

党的二十大精神宣传。市属媒体统一开设"喜迎二十大""深入学习贯彻党的二十大精神""二十大时光"等专题专栏，组织开展"奋进新征程 建功新时代"等重大主题宣传活动，推出一批有深度有分量的新闻稿件。积极对接中央、省级主流媒体，联合河南广播电视台策划推出"坐着高铁看河南"（周口篇）、"非凡十年 出彩中原"（周口篇）等融媒体节目，全面展现周口十年来发展取得的非凡成就，浏览量超15亿人次。2022年，周口市共在中央级媒体发稿510多篇（条）、省级媒体发稿2500多篇（条），其中，在《河南日报》头版头条发稿总量全省第一、在河南广播电视台发稿总量位居全省前列。加快推进"周道""云上周口"新闻客户端建设，各县融媒体中心积极开展"新闻+"运行模式。组织全市各级各类媒体开设求助专栏，走好新时代网上群众路线，全年累计收到求助信息1.67万条，办结率100%。聚焦社会热点，召开各类新闻发布会9场，主动公开政府信息，及时回应群众关切。

对外文化宣传。持续提升外宣影响，展示周口形象。通过新华社海外社交媒体账号、欧洲时报全媒体平台、美国纽约时报广场的"中国屏"等海内外重点城市户外屏幕、媒体平台发布周口城市形象海报，"周口虎年城市家书"短视频等新媒体产品，依托"新华每日电讯"抖音号推出"云上追月"中秋主题慢直播，外宣活动总曝光量超1亿人次，周口知名度不断提升。展现扛稳粮食安全重任、全力打造"中原粮仓"的纪录片《夏天的故事：风吹麦浪》在央视纪录频道、央视频等平台播出。

文艺精品创作。深入实施文艺精品创作工程，编纂出版"周口历史文化典籍丛书"以及《周口历史文化简明读本》等一批重点主题出版物，豫剧现代戏《黄河边》获得河南省第十三届"五个一工程"奖，"典籍周口"被评为河南省2022年度重点文艺创作项目。评选周口市第十二届精神文明建设"五个一工程"奖12部（首）、周口市文艺精品创作工程重点项目24项。

文化惠民活动。深入推进周口市"喜迎二十大 欢乐进万家"十大群众文化活动，其中"我的乡村文化合作社"才艺大赛获奖作品居全省第一。广泛开展"强国复兴有我"群众性主题宣传教育活动，举办"我们的节日""我和国旗合个影""同吃国庆面"等各类文化活动5万余场，受众超500万人次。统筹线上线下，推出云上课堂文艺教学、周末公益剧场·云剧场、"喜迎二十大 奋进新征程""五一"假期优秀剧目线上展演等活动500余场（期），公益放映电影8000余场，不断满足群众精神文化需求。制定《书香周口建设实施方案》《书香周口建设工作专班工作规则和系列考评指标体系》等文件，维护更新数字农家书屋4000多家，配置农家书屋图书、期刊25万余册，组织开展"书香润万家、奋进新时代""共享阅读时光、书香沁润童心"等各类主题阅读活动3万余场，创建河南省示范农家书屋5个，入选首届书香河南"年度最美书店"1家。

精神文明建设。打造社会主义核心价值观暨"道德名城、魅力周口"书法、摄影作品主题街区。深入推进文明城市、文明村镇、文明单位、文明校园、文明家庭"五大创建"活动，组织开展"赶考路上有我""四送一助力"文明单位帮创等系列活动，推动文明创建走深走实。推动志愿服务品牌化、项目化、常态化，涌现出28个河南省志愿服务先进典型，7个项目在河南省文明实践志愿服务交流活动中获奖。在全市选树命名道德文明使者个人7000多名、集体400多个，形成持续广泛的道德文明力量。开展2022年"感动周口"十大人物评选活动。深入实施"德润三川"系列活动，着力打造"道德周口"品牌。2022年，2人被评为"中国好人"，4人被评为"河南好人"，7人入选河南省"乡村光荣榜"。

文旅产业发展。立足"道德名城、魅力周口"的文化定位，持续擦亮"羲皇故都、老子故里"文旅品牌。制定《周口市实施文旅文创融合战略三年行动方案》《周口市申报国家历史文化名城实施方案》等系列文件，融入"行走河南 读懂中国"品牌塑造，构建文旅文创融合高质量发展新格局。推进国家AAAAA级旅游景区创建，举办国际老子文化论坛，加快淮阳区域考古与发掘，持续推进淮阳古城护城河工程、龙湖生态修复工程和游客服务设施建设，开工建设平粮台古城遗址、时庄粮仓遗址展示工程和伏羲文化博物馆，打造周口历史文化核心展示区。举办2023年全国杂技春晚，全网话题量突破31亿，直播覆盖超过800万人次，9个话题阅读量破亿。举办首届周口荷花节，开展"荷花主题展"等系列活动，推出"沉浸式互动体验"主题片《荷花幻境》，抖音话题总计播放3741.9万次。升级沙颍河生态经济带全域文旅项目，打造沙颍半岛风景区、曲水林语露营地、水寨印象休闲街区等20余处景观节点。持续推进周口国际杂技文化产业园建设，累计接待游客近300万人次。高质量建设关帝庙文化旅游区，持续推进太昊陵庙等数字化展示项目建设，打造沉浸式历史体验场景。

文化体制改革。 深化景区管理体制改革，增强文旅文创发展活力，淮阳区设立中华太昊伏羲始祖圣地旅游区管理委员会、景区管委会文物保护中心和湿地保护中心，新组建河南羲皇故都文化旅游集团有限公司，初步实现管理权和经营权分离，实行企业化运营管理。坚持以社会主义核心价值观凝聚人心、汇聚民力，全面宣传贯彻落实《周口市文明行为促进条例》，组织开展"社会主义核心价值观引我前行"征文比赛、名家书法作品展等七个系列活动，引导社会各界广泛参与。统筹线上线下宣传方式，在全市各类媒体设置专版专栏，持续选登刊播文明主题作品。将党的二十大精神融入文明城市创建全过程，组织开展"十大专项整治提升行动""创建五项活动"，持续巩固拓展全国文明城市创建成果。广泛开展"乡村振兴 文明同行"主题实践活动，着力培育农民良好风貌，提升乡村治理水平。通过现场开会、观摩交流、督导提升等方式，推动新时代文明实践提质增效，实现县级中心、乡级所、村级站三级建设全覆盖。

【"道德名城 魅力周口"文化标识】 "道德名城 魅力周口"文化标识在2022年2月召开的中国共产党周口市第五届委员会第二次全体会议上正式提出。为深入打造文化标识，周口市先后召开全市社科界"建设国家区域中心港口城市 打造'道德名城、魅力周口'"座谈会，组建"道德名城、魅力周口"课题组，增强理论支撑。编印《道德名城 魅力周口》系列读本，市属媒体刊播《"道德名城"熠熠生辉，"魅力周口"绚丽多彩！》等一批重要稿件，在全市广大党员干部群众中引发热烈反响。不断提升先进典型选树工作质效，形成持续广泛的道德文明力量。命名表彰市、区、乡镇（街道）、村（社区）四级"道德文明使者"个人1万余名、集体400多个，覆盖了不同领域、不同行业、不同的急难险重工作之中，"道德文明使者"及其义举善行成为周口随处可见的动人风景。

【5所高校马克思主义学院揭牌】 2022年4月26日，周口高校马克思主义学院建设工作会议召开，会议传达学习市委领导对全市高校马克思主义学院建设提出的要求，强调要着力推动新时代马克思主义学院内涵式发展。与会领导为周口职业技术学院、河南科技职业大学、

电视文化访谈栏目《考古周口》

2022年8月12日，"中原舞翩跹·舞动周口"十大群众文化活动在周口人民会堂举行

周口技师学院、周口文理职业学院、周口交通技师学院5所市属高校马克思主义学院统一揭牌，市高校代表围绕马克思主义学院建设做交流发言。

【"文化周口"系列文化活动】 持续打造"考古周口""典籍周口""书香周口"等系列文化活动品牌，以文化精品工程，全方位、深层次展示周口历史文化，仅电视文化访谈栏目《考古周口》媒体点击量突破3.5亿人次，成为一种备受关注的文化现象。《典籍周口》聚焦周口优秀文化经典，通过专家生动解读《道德经》《诗经·陈风》《千字文》等经典作品，展现千年文明风华，目前已播出12期。开展以"唤醒记忆"为主题的历史文化文献资料征集活动，形成全社会了解、关心、支持、参与国家历史文化名城创建的浓厚氛围。

·川汇区·

【文化概览】 川汇区位于河南省周口市西南部，是周口市委、市政府所在地，全市政治、经济、文化中心。全区辖9个办事处，总面积269平方公里，总人口约69万。川汇区前身为县级周口市。原名永宁集、周家渡口、周家口，河南四大名镇之一，已有600余年的城市发展历史。沙河、颖河、贾鲁河三川交汇，横贯区内，三河夹岸，形如鼎足，恰似武汉三镇，被称为"小武汉"。明清时期，沙颖河漕运兴盛，商贸繁荣，成为中原大商埠，与朱仙镇、社旗镇、道口镇并列河南四大名镇，与河北的张家口遥相呼应，共享"南北皮都"之美誉。川汇区文化灿烂，位于市区颖河北岸的关帝庙，是国家重点文物保护单位和国家AAAA级景区。川汇区为龙山文化、大汶口文化的发源地，久负盛名的水灌台、心意六合拳、木版年画、八音楼子、周口糖画等，均已申遗成功，历史文化街区建筑繁多，旅游资源丰富，文化底蕴深厚。

理论宣传。围绕学习宣传贯彻党的二十大精神主题主线，结合党的十九届六中全会和省、市、区党代会精神的宣讲，充分利用"党建零距离初心课堂"、新时代文明实践中心（站、所）阵地作用，在全区开展形式多样的宣讲活动460余场，受众达5万多人次。全区中小学教师每学期进行1次思政课培训，拓展思想政治教育内容，创新教育教学方法，进一步增强师生爱党意识、激发学生爱国情怀。

新闻宣传。聚焦中央、省、市、区重大会议精神和决策部署，紧扣全区中心工作，围绕"能力作风建设年"、"爱家乡 护亲人 保安全 作贡献"、庆祝建党101周年、创建全国文明城市、防汛救灾和农村人居环境整治等工作开展系列专题宣传报道。截至目前，《周口日报》头版刊发稿件20篇，周口报业集团新媒体发稿1800余篇。周口广播、电视《周口新闻联播》栏目播发新闻稿件700余条；《周口手机台》直通县市川汇区播发稿件1700余条；采编播《川汇新闻》71期，1000余条；采编播《聚焦川汇》43期；编发《魅力川汇》公众号540余条；"爱川汇"App发稿2600余篇。

精神文明建设。2022年组织开展了"道德文明使者""好媳妇""好婆婆""文明家庭"等评选活动，选树各类先进典型3600余人、省级文明家庭4个、省级新时代好少年1名、省级优秀志愿者2名、省级优秀志愿组织2个、省级优秀新时代文明实践所（站）2个、省级优秀志愿服务工作者1名。升级新时代文明实践中心，依托新时代文明实践中心建成"1支总队+13支常设志愿服务队+18支特色志愿服务队+68支社区治理志愿服务队+73支文明城市创建志愿服务队"志愿服务网络，发展志愿者6.8万余人，在全区常态化开展理论宣讲、科普宣传、环境保护、生活帮助等常态化、精准化的志愿服务活动6300余场。

文化惠民活动。2022年组织开展"舞台艺术下基层""戏曲进校园""书香川汇全民阅读"等品牌文化活动200余场，组织开展"教你一招""社区、广场、游园"等群众文化活动800余场，做到了城市农村同频共振，资源共享，实现了文化阵地全覆盖。依托文化艺术中心为阵地相继举办了"中原舞蹈跎·舞动周口"川汇区艺术广场舞大赛、"盛世梨园我来唱"川汇区戏迷擂台赛等大型活动13场；举办美术、音乐、舞蹈、全民阅读等线上线下免费开放活动90场次；开展节日主题、公益讲座、手工制作等活动21场次。开展"喜迎二十大 欢乐进万家"十大群众文化活动30场次，受益群众达2万人次，搭建了群众文化活动平台，树立了群众文化活动地标。

文旅产业建设。依托三河五岸水资源和自然风光，对现有村舍、坑塘、民俗院落进行全面规划改造，着力打造休闲大本营。目前已完成项目内道路改造、坑塘整改、

周口市关帝庙民俗博物馆

景观绿化、景区亮化等基础设施建设；已建成民俗院落60个，水上码头140米，水上餐厅180米，初步形成餐饮、民宿、会馆、展馆的复合业态和文创、文培、文育、文娱的"四文"和谐共生的"乡村文旅小镇"新格局。按照"下好生态棋、打好绿色牌、做活水文章"的总体要求，围绕"两点一线"即官坡、后干营驿站和5公里堤顶路建设，全面提升沿河景观水平。堤顶路彩色路面铺设完成，沿途绿化顺利完工，驿站的亮化、绿化、美化等配套设施完善，沿途环境大为改观，初步实现了水清、滩幽、岸绿、景美的目标。

【周口野生动物园杂技文化产业园】 周口野生动物园杂技文化该项目成功申创AAAA级景区，2022年周口杂技文化产业园的建立，承办2023年中国杂技春晚。2022年度实现年接待游客130万人次，增加旅游收入亿元以上，增加就业岗位500人以上。夜场光影演艺美食节7月1日启动，每日接待游客2000人次；开展研学培育，累计接待研学8.2万人次，带动了地方经济发展，弘扬了周口"杂技之乡"文化品牌。推动文旅文创产品融合、业态融合和产业重构，力争打造出"国际上有知名度、国内有影响力"、遐迩闻名的文化旅游名片。

【历史文化街区创建渐成亮点】 深入挖掘周家渡口600年文化历史，以"三寨共生"为核心文化理念，复兴中原第一古镇，展现周家口当年繁华盛况。2022年确定了李家大院—李家当铺院、抗战指挥部、皮件厂三个文物节点和新街"三点一线"为先期历史文化街区重点项目修缮方案，认真抓好工作落实。以荷化渡、圈神庙街、关帝老街为文旅代表的打卡老家河南地，宣传推介川汇区。目前关帝老街初见规模，路网设施基本成型，2022年"关帝庙星光夜市"持续开放，关帝庙双休夜游模式相继启动，夏季每日接待游客近万人次，"夜游地标"初步形成。

·淮阳区·

【文化概览】 淮阳区位于河南省东南部、周口市中部，行政区域面积1334.56平方公里，辖2个街道、8个镇、9个乡，常住人口102.23万人。8000年前，太昊伏羲氏在此建都，名为宛丘；5000年前，炎帝神农氏定都于此，易名为陈；汉高祖七年（前200年）置淮阳郡，淮阳至此得名。境内有太昊伏羲陵、龙湖、东湖自然风景区等多处风景名胜，国家级文物保护单位5处，省级文物保护单位10处，国家级非遗项目2个，省级非物质文化遗产项目2个。平粮台城址、时庄遗址分别入选2019年、2020年"全国十大考古新发现"。太昊陵景区被纳入省"老庄元典文化旅游区"，中华太昊伏羲始祖圣地旅游区通过国家AAAAA级旅游景区省级验收。龙湖总面积近11平方公里，被誉为"天下第一湖""北方水城""中原名珠"，国家首批湿地公园。2020年，淮阳荷花入选全省文化旅游品牌"五朵金花"，素有"神州第一荷"之美誉，2022年正式更名为"周口荷花节"，已连续举办15届。2022年，淮阳区先后荣获国家卫生县城、全国文明城市提名城市、全国未成年人保护示范县、省双拥模范城等称号。

创新理论武装。2022年全市"新时代文明实践推动周"暨"3月学雷锋志愿服务月"活动启动仪式在淮阳举行，淮阳区结合实际开展扎实学文明条例、做红色传人、节俭养德、义诊等新时代文明实践活动500余场次。充分利用新时代文明实践中心（所、站）和文化站、文化广场及各类活动室、功能室，累计开展读书教育、道德实践养成、理论宣讲等文明实践活动1650多场次。积极开展"领导干部大讲堂"活动，区处级领导干部、各单

位主要负责人及专家名师讲座等为主讲人，创新"1+5+N"（以月度干部大讲堂为统领，五个宣讲团为保障，多种宣讲方式并进）宣讲模式，线上线下同频共振，让党的创新理论飞入寻常百姓家。党的二十大召开之后，立即成立了区委宣讲报告团，开展线上线下微宣讲100余场次，受众10万余人次，组织拍摄党的二十大精神宣讲短视频80余条，采取广大党员干部群众喜闻乐见的方式，通过全方位、多角度、立体式的宣传报道，推动党的二十大精神家喻户晓、深入人心，周口宣传第23期刊发了《淮阳区：主动谋划"五团"并进推动党的二十大精神宣讲走深走实》工作简报，经验做法在全市推广。成立中学生思政课宣讲团，宣讲团成员自己撰写讲稿，持续开展线上宣讲活动。"网红"宣讲员围绕"五星"支部创建、环境整治、项目建设等中心工作开展形式多样的宣讲活动拍摄短视频100余条在抖音、快手播出，吸收不同年龄段观众。

新闻宣传。立足综合考评红色档案激励指标，积极采写稿件，努力上大报大台、攻头版头条，在市级以上新闻主流媒体刊发稿件600余篇，在国家省市广播电视台播发新闻报道730余条。强化"学习强国"平台推广运用，2022年8月，"学习强国"淮阳融媒号正式上线，从聚焦淮阳精神文明、历史文化、生态环境、城市建管、乡村振兴等方面，以图文、图集、短视频等形式充分展现淮阳发展成果，让大家更好地了解美丽、和谐、文明、厚重的新淮阳。2022年，平台累计签发淮阳融媒号作品1100余条，总平台采用100余条，学习管理和供稿工作实现新突破，淮阳发稿总数完成任务量的163%，位居全市各县市区第一名，迈入全省第一方阵，市委宣传部多次通报表彰，并对淮阳的经验做法印发了信息专期。

对外宣传。高质量完成"2022·周口荷花节暨周口·淮阳文化旅游消费季"宣传任务，并在中央电视台、《河南日报》、《周口日报》、周口广播电视台等市级以上新闻主流媒体刊发《大美中国·揽夏荷》，以消夏》《"荷"你一起 乘风入夏》等宣传稿件40余件，《云上淮阳》播发《2022·周口荷花节暨周口·淮阳文化旅游消费季启动》等相关稿件73条。组织策划拍摄专题宣传片、短视频《淮阳区：荷花、泥泥狗亮相街头 喜迎文化旅游消费级》《淮阳区：弘扬传统文化 品位华服之美》等92条，中新社、光明图片、视觉中国等媒体刊发了淮阳乡村振兴、经济发展新闻图片150余幅。融媒体中心建成了"台、报、网、微、端、抖"和人民号、新华号、央视频等22个全媒体平台，打造了强大的全媒体传播矩阵，极大提高了宣传推介淮阳的影响力。

文艺精品创作。2022年，在国家及省级以上刊物发表作品30余篇，地市级以上刊物发表作品500篇，编印《陈州文学》，省级以上获奖3人次，新加入省级会员3人，7人获得周口市第七届文学艺术优秀成果奖，1人新加入中国作协，现有中国作协会员19人。举办书画摄影作品展8次，制作专题宣传300多条，编印《蝶变——淮阳区创建国家卫生城市工作掠影》《淮阳新十景》画册，"淮阳新十景"图片及视频被"学习强国"全国平台选用。举办大型书法展5次，举办"爱家乡，护亲人，保安全，做贡献"文艺作品网络展、青年书协临帖网络展等近百期网络展，两人入展全国第五届正体书法展、全国第三届书法临帖作品展。创办"淮阳区国展创作室"，开通"宛丘画坊"直播平台，组织10人到清华美院花鸟画高研班学习，12幅入选国家级展览，一幅被中国军事博物馆收藏，现有中国美术家协会会员10人，荣获国家级奖项4人，省级奖项10人。

群众文化活动。组织开展"戏曲进校园"活动，邀请省曲协主席范军等到大连乡朱庄村演出，在淮阳中学专场演出中，16岁女中学生贾方宇演唱《收姜维》，700万人围观，点赞量31万。以"喜迎二十大，启航新征程"为主题组织开展临帖书法作品网络展，通过《龙都文艺》微信公众号平台，共计宣传展示创作作者26人，临帖作品230幅。开展以"喜迎二十大·奏响新旋律"主题征稿、征唱等喜闻乐见的文艺活动，集谱写歌曲、戏曲、快板等作品22首，通过媒体及自媒体、抖音等平台发布说唱作品十余段，点击量高达100多万人次。举办庆祝党的二十大、元宵节诗会、夜游龙湖等专题诗会4场，精心创作诗词作品数百篇。

精神文明建设。深入推进移风易俗，培育文明乡风，助力乡村振兴，下发了《"乡村振兴 文明同行"主题实践活动任务分工方案》《推进移风易俗、培育文明乡风工作实施方案》《周口市淮阳区"感党恩、话振兴、树新风"主题活动方案》等指导性文件，对文明乡风培育、农村精神文明建设等各项工作进行安排部署。围绕春节、清明节、端午节，依托新时代文明实践中心、所、站等活动阵地和文化广场、公园游园等公共场所，精心组织、认真开展各项新时代文明实践活动106场次。表彰2021年河南省"乡村光荣榜"2名、河南省优秀志愿者、志愿服务工作者、新时代文明实践站3个，6人荣获周口市第一届"道德文明使者"称号，4人荣获"周口好人"称号，表彰第三届淮阳区"孝顺媳妇、好婆婆、文明家庭、优秀志愿者"等156名、道德文明使者1500余人，2021年度淮阳区"乡村光荣榜"173人，"五美家庭"示范户80户，各乡镇办评选"乡村光荣榜"人物2000余人，3000余人成功创评"星级文明户"，在全社会营造了崇德向善、见贤思齐的良好氛围。建设完成468个行政村新时代文明实践站，设置社会主义核心价值观、喜迎党的二十大、"道德名城、魅力周口"、"临港新城、开放前沿"等各类公益广告300余块，选树道德文明使者1500余名，开展"道德文明使者·我为淮阳添光彩"系列活动860余场次。打造淮阳道德文明使者品牌，擦亮"淮阳好人"名片，建成道德书屋11座，打造公共服务新亮点。

【恭祭太昊伏羲氏拜祖连根祈福大典】 2022年3月4日（农历二月初二）凌晨，"2022壬寅年恭祭中华人文始祖太昊伏羲氏拜祖连根祈福大典"在淮阳太昊陵景区统天殿前隆重举行，来自国内外众多嘉宾参加了盛典。在我国北方，广泛地流传着这样的一个民间传说，每逢农历二月初二，是天上主管云雨的龙王抬头的日子，从此以后，雨水会逐渐增多起来，因此这天就叫"春龙节"。龙在中国人的心目中有着极其崇高的地位，古时认为龙是天子的象征，是祥瑞之物，更是和风化雨的主宰，所以"二月二，龙抬头"这句谚语表示春季来临，万物复苏，蛰龙开始活动，预示一年的农事活动即将开始。羲皇故都朝祖会期间，太昊陵景区每晚举行大型的光影秀，光影与古建、光影与剪枝造型的完美结合，给游客呈现一场火树银花不夜天的视觉盛宴。

【中国（淮阳）非物质文化遗产展演】 第十二届中原古韵·中国（淮阳）非物质文化遗产展演线上举行，时间从3月4日至4月3日淮阳太昊陵庙会。活动由河南省文化和旅游厅、周口市人民政府共同主办，河南省非物质文化遗产保护中心、周口市文化广电和旅游局、周口市淮阳区人民政府共同承办。以"共融黄河文旅文创、共赏中原古韵风采"为主题，沿黄九省区国家级非遗项目为内容，以网络科技为载体，为全国各地群众线上奉献一场场文化盛宴。首场直播在唯美动听的《安昭》表演中拉开序幕，紧接着，珙县苗族舞蹈《苗蓝》、独具特色的《凉州攻鼓子》、蒙古族连韵说唱艺术和陕北说书，不断上演。黄羊钱鞭、太极功夫、苗族舞蹈、翼城花鼓、苗族服饰表演和商河鼓子秧歌等一个个精彩纷呈的节目，在直播间引发网友好评不断。"中原古韵——中国（淮阳）非物质文化遗产展演"在羲皇故都、古城淮阳，已连续举办了十一届，是全国历时最长、规模最大的古庙会，已成为面向全国的区域性非物质文化遗产展示展演平台。

·项城市·

【文化概览】 项城市位于河南省东南部，总面积1086平方公里，人口126万，116万亩耕地，辖15个镇、6个街道办事处。先后获得全国文化先进市、中国建设防水之都、全国文明城市提名城市、国家园林城市、中国医护服装产业名城、全国新时代文明实践中心建设试点县（市）、全省平安建设优秀县、全省首批社会信用体系建设示范县等一批省部级以上荣誉。文化底蕴深厚。项城历史悠久，西周初称项子国，汉初置项县，南北朝宋时易名项城县，1993年12月撤县设市，2014年被评定为"千年古县"。"建安七子"之一的应场，民国首任总统袁世凯，著名物理学家袁家骝，著名收藏家、诗词家张伯驹等，皆是项城籍人士。袁氏古民居、南顿故城等古迹，被国务院批准为第七批全国重点文物保护单位。

*强化理论武装。*理论学习提质增效。以打造中心组理论学习"示范班"和党委"第一议题"学习"示范点"为抓手，完善学习制度，推进理论学习提质增效，成功创建全省县处级常委（党工委）理论学习中心组学习示范班，是周口市唯一获评县市。制定下发《项城市2022年度党委（党组）理论学习中心组分专题集体学习安排意见》，服务市委理论学习中心组集体学习13次，出勤率达99%，每次学习均进行研讨交流，为全市领导干部分发各类学习资料2万余册。对各级党委（党组）中心组学习制度和"第一议题"制度落实情况进行了专题检查，并下发了检查通报，全市各单位学习制度落实情

况得到提升。宣讲氛围空前浓厚。组织开展了"党的创新理论宣讲"短视频征集、宣讲大赛等主题宣传教育系列活动，组织"党的创新理论宣讲大赛"6场，2000余名党员干部聆听了宣讲；制作宣讲类微视频20期，在融媒体中心开设专栏进行展播，点击量达20余万人次。组建市委宣讲团、百姓宣讲团和行业宣讲团三支队伍，举行了专题宣讲培训会4场，到机关单位、社区农村、企业、学校等开展中国特色社会主义和中国梦宣传教育、"青年大学习"、"红领巾爱学习"等宣讲活动约80场。"项城市百姓宣讲团"理论宣讲项目在2022年全省文明实践志愿服务项目展示交流活动中荣获二等奖。

"学习强国"推广。"学习强国"推广使用更进一步。项城市"学习强国"学习注册率达到全体党员总数的100%，参与度、人均积分、供稿数量和全国平台采用量始终位居周口前列；11月，组织召开"学习强国"推广使用工作推进会，表彰先进单位、优秀管理员、优秀供稿员、学习标兵等100余人。在驸马沟生态公园、新时代文明实践中心、公交站台设置"学习强国"宣传版面，结合"学习强国"线下体验空间和主题公交的深化运用，知晓率、覆盖面大幅提升。"项城融媒"订阅号2022年发稿686余篇，被省平台选用369篇，被中央总平台选用54篇，始终位居周口地区前列。

奏响主流旋律。依托重大活动策划开展系列主题宣传。坚持团结稳定鼓劲、正面宣传为主，开展了"实施'十大战略'高质量发展深度看"主题宣传，推出"市域经济看项城""赋能乡村振兴"等系列报道。2022年以来，围绕乡村振兴、"三城两高地一家园""一中心四基地三片区"等重点工作和发展成效，开设专栏60余个，刊播各类新闻信息7000余篇。围绕讲好项城故事，传播项城形象。2022年，项城市围绕"讲好项城故事 提升项城形象"，巩固壮大奋进新时代的主流思想舆论阵地。在中央重点媒体刊（播）发新闻稿件33条，省级重点媒体刊（播）发新闻593条，市级重点媒体刊（播）发新闻2880多条，各重点网络媒体刊发或转载3万多条，传播了项城好声音。加强网络内容建设。指导全市重点网站、客户端、微信公众号等新媒体平台，围绕服务保障党的二十大胜利召开和宣传贯彻党的二十大精神，以及市委、市政府中心工作做好网络主题宣传。2022年以来，在新华网、人民网、央广网、"学习强国"等重点媒体发稿1200余篇，较去年增加30%以上。率先在周口市成立首家县级互联网行业党委，在互联网行业组织开展"百年风华心向党"短视频、"项城好网民"故事征集、"跟总书记一起学党史"等网络主题宣传征集展示活动，累计参与点击量超500万人次。

弘扬文明新风。深化社会主义核心价值观体系建设。精心打造了一批社会主义核心价值观主题街道、广场、社区，对城区主次干道的公益宣传牌和景观小品进行了增设维护，新增景观小品78个、创建专栏12个、公益宣传牌591个，更换破损褪色公益宣传版面366个，更换维修创建专栏、景观小品366个。组织"出彩河南人"楷模发布厅模范典型到项城一高、文化路小学、莲溪中学等开展进校园宣讲活动。组织开展群众性爱国主义教育系列活动，开展"我和国旗合个影"活动500余场次，在项城官方抖音、微信平台推广，点击率达20万人次；利用市内公交车、出租车、火车站、街头门面电子显示屏流动播放宣传口号庆祝中华人民共和国成立73周年2400余条。在融媒体中心开辟专栏专题将宣传活动直接下沉到社区、小区，组织各级文明单位与小区进行结对，组织"我的家风故事"宣讲团，用身边的典型来带动引领市民文明素质的整体提升。

精神文明建设。深化拓展文明创建。全市表彰年度"乡村光荣榜"先进人物389名，授予90个家庭为年度"十星级文明户"称号。持续开展文明家庭、文明校园、道德模范等评选推介活动，共有6人和一个团体荣登"河南省防汛救灾身边好人""周口好人"榜，2人评为第八届周口市道德模范。组织全市各级文明单位开展"赶考路上有我"书法、摄影、歌咏、演讲等主题系列活动。在新时代文明实践中心和现有的7所乡村学校少年宫挂牌成立了"复兴少年宫"。项城市第一高级中学、第二高级中学、莲溪初级中学、第一初级中学申报第二届河南省文明校园（标兵）已通过测评验收。

文化事业发展。持续推进文化惠民。以"喜迎二十大 欢乐进万家"为主题，组织开展了形式多样、覆盖广泛的群众文化活动，共开展送戏下乡活动50余场，践行社会主义核心价值观、爱国主义教育、广场舞大赛、合唱比赛、戏

2022年8月20日，项城市群众合唱大赛展演暨颁奖典礼在中心广场举行

迷擂台赛、科普、社教等主题活动300多场，受众5000余人。连续14年举办民间文艺大赛，组织专业人员赴各镇（街道）开展艺术培训，培训学员500余人次。复排了《三哭殿》《穆桂英挂帅》等传统大戏，豫剧团演员在河南省第十届青年演员戏剧大赛中荣获二等奖。"项城市杂技艺术发展中心"建设项目主体工程已完成，围绕"礼遇项城""重瞳之韵"品牌研发了文房四宝、书签、音响礼盒等30余种文创产品。持续营造氛围，净化市场环境。

非遗传承与保护。文物和非遗传承保护扎实推进。完成县级文物保护单位《刘邝庄弹药库文物修缮方案》编制，袁寨古民居（含水寨袁宅）修缮工程通过省级专家评审，积极开展市级、县级、文物点300多处文物保护单位的排查工作，新普查非遗线索10余条。组织开展非物质文化遗产展演活动10次，印发宣传单1万份，掀起了认识和参与非物质文化遗产保护的热潮。深化文化旅游融合发展。围绕建设历史文化名城这个战略目标，谋划南顿文旅片区建设项目、秣陵文旅片区建设项目、中国莲花1983科创小镇建设项目、群众文化艺术中心项目、袁寨古民居综合建设提升项目、南北大街仿古商业改造项目等7个文旅项目，总投资约420亿元。

【"走进老子故里 感悟道家经典"委员读书活动】9月27日至30日，项城市政协常委和政协机关党员干部近50人来到鹿邑县老子学院，开展了"书香政协、乐项阅读"暨"走进老子故里 感悟道家经典"委员读书培训活动。培训活动采取专题讲座、现场教学相结合的方式，内容丰富、教学相长。在专题讲座中，老子学院副院长陈大明向学员们讲解了《老子不老》——老子文化及其深远影响。深入浅出的生动讲解，让参训学员领略了扑朔迷离、玄妙无穷的道家文化，再一次感悟了传统文化的博大精深，领悟了精神与物质、社会与人生、历史与未来的外在联系和内在规律。在现场教学环节中，学员们走进鹿邑县党史馆，参观学习中国共产党百年发展的光辉历程。活动现场，通过聆听讲解、图片展示、视频观看历史资料等形式，形象生动地再现了中国共产党在各个发展时期的峥嵘岁月。学员们还走进太清宫、明道宫、老子文化博物馆等地，亲身感受老子文化的经典魅力。

·西华县·

【文化概览】 西华地处中原腹地，总面积1194平方公里，辖17个乡镇，5个街道，1个省级经济技术开发区，3个农（林）场，451个行政村（社区），总人口97万。西华汉代置县，历称华邑、娲城、箕城、长平、鸿沟，唐代复名西华至今。这里是女娲"创世文化"的重要发祥地，神圣荣光的红色沃土，闻名遐迩的"胡辣汤之乡"，涌现出中国法学泰斗马克昌、中国北坡登顶珠峰第一人王富州等名人。西华县委县政府着力重塑文化价值，培育本土文化，创建女娲"创世文化"AAAA级旅游景区，打造集杜岗会师纪念馆、原国家计委五七干校、三岗革命根据地豫东特委旧址、黄泛区农场场史馆等革命旧址"串珠成链"的红色文化精品线路，将勇敢担当的"女娲创世精神"、不畏艰难的"农垦精神"和西华人民顽强拼搏的"不屈精神"融为一体，努力建设具有丰厚历史底蕴、体现鲜明时代价值的文旅名县。

理论武装工作。2022年，扎实开展"党的创新理论宣讲"主题宣传教育实践活动。印发了《关于领导干部上讲台开展思想政治教育和带头讲党课的实施意见》，组织开展"精彩思政课"、社科普及宣讲进校园等系列活动。尤其是在两会召开后，及时制定《关于认真学习

贯彻全国两会精神的通知》，并将学习两会精神融入"党的创新理论宣讲"主题宣传教育中，全县累计开展"学习两会精神"主题宣讲100余场。做好《中国共产党宣传工作简史》《百年大党面对面》《习近平谈治国理政》第四卷、《百年初心成大道——党史学习教育案例汇编》等的学习及党的创新理论宣讲短视频征集、"喜迎二十大 豫讲豫出彩"讲稿征集活动。积极进行市社会科学普及基地的申报，其中黄桥乡裴庄村村史馆被评为市社会科学普及基地。

新闻宣传工作。突出做好新闻外宣工作，全年在中央电视台1套新闻联播、新闻直播间等栏目播发新闻6条，《人民日报》发稿4篇、《人民日报》（海外版）1篇，《光明日报》发稿2篇，《经济日报》1篇；在《河南日报》发稿19篇，专版1个，《河南日报》（农村版）22篇，其他省部级媒体刊发稿件39篇；在河南广播电视台播发新闻33条。在《周口日报》刊发头版头条3篇，专版28个；周口广播电视台《周口新闻联播》头条8条；在市级媒体刊播1600多条。着力实现平台建设融合，目前已形成了西华县电视台新闻综合频道、西华县人民广播电台（FM91.8），云上西华App，"西华融媒""爱西华"微信公众号，西华今日手机报、"西华融媒"、"西华电台918"抖音号，"西华融媒"视频号、新浪微博号、今日头条号，"学习强国"西华融媒号共计12个传播平台的新闻媒体传播矩阵。截至2022年底，西华电视台《西华新闻》栏目发稿1624条；云上西华App发稿5500条；"西华融媒"微信公众号发布2451条；"爱西华"微信公众号发稿334期；"西华融媒"抖音平台发布短视频1185条；"西华电台918"抖音号发布短视频114个；"西华融媒"视频号发布短视频1027条；"西华融媒"新浪微博发布6367条；"西华融媒"今日头条号发布2393条；"学习强国"发稿348篇。

文旅融合发展。壮大文旅文创品牌，着力打造女娲文化、红色文化、胡辣汤文化、桃文化等特色文化旅游产业。依托女娲文化资源优势，实施女娲城景区扩建工程，擦亮女娲文化旅游品牌，与太昊伏羲文化一道打造成姊妹景区，弘扬中华创世精神。持续推进沙颍河生态文化休闲旅游带建设项目，全面打造张柿园沙颍半岛风景区；加快"乐在逍遥"主题广场、看台游览栈道、生态停车场等基础设施建设；全力推进颍河两岸堤顶路建设；完善黄桥桃花源生态风景区文旅业态；谋划实施逍遥古镇文旅项目建设。举办啤酒节等活动，通过活动的持续举办引流出圈。突出爱国主义和革命传统教育，加强革命文物保护，加大红色景区合理开发利用，高标准打造提升杜岗会师纪念馆、豫东特委旧址、五七干校旧址博物馆、岗张党支部等红色旅游景区，形成红色研学精品旅游线路。2022年9月，杜岗会师纪念馆被中共河南省委直属机关工委授予河南省直机关"主题党日活动基地"；11月，被中共中央宣传部、财政部、文化和旅游部、国家文物局命名为全国爱国主义教育示范基地。2022年11月，黄桥乡裴庄村被农业农村部办公厅授予"中国美丽休闲乡村"荣誉称号。

文艺精品创作。为深入学习宣传贯彻党的二十大精神，创排了一批宣讲、解读党的二十大精神的歌曲、快板、舞蹈、曲艺等文艺作品。县豫剧艺术中心新创新编了戏歌连唱《齐心奋进新征程》，取材人民生活、反映社会变化，让群众在欢声笑语中接受党的二十大精神的洗礼，深受群众喜爱。西华县裴庄村美丽乡村合作社《吴东亮文创赢得桃花红》，西华县艾岗乡半截楼村新时代文化合作社《我的家乡半截楼》，西华县三岗革命根据地红色记忆文化合作社《红色童画映初心》，西华县乡村文化合作社总

西华县女娲补天雕塑（地标）

社《西华鼓乐聚初心》《文创胡辣汤的新味道》等作品，在2022年河南省"喜迎二十大 欢乐进万家"十大群众文化活动"我的乡村文化合作社"才艺大赛中分别获奖。

精神文明工作。统筹文明培育文明创建文明实践，城乡精神文明建设实现融合发展。推选王春丽等95人荣登西华县"乡村光荣榜"。王爱国等7人荣登全市"乡村光荣榜"，樊建党、丁玉华2人荣登全省"乡村光荣榜"。方凯被评为第八届河南省道德模范。在届创建省级文明村镇3个，新申报创建省级文明村镇4个。在届创建省级文明单位标兵1家、省级文明单位13家，新申报创建省级文明单位标兵1家、省级文明单位2家。实验小学学生朱乐瑶被评为全市"新时代好少年"。成功创建4所河南省文明校园，实现省级文明校园创建零的突破。评选县级"文明家庭"40户。其中，朱亚丽等4个家庭被评为市级"文明家庭"，陈桂提家庭被评为省级"文明家庭"。建立健全了县乡村三级文明实践阵地网络，组建了"1+10+N"三级文明实践志愿服务队伍，常年开展理论政策宣讲、文艺文化服务、助学支教、科技科普、法律服务、环境保护等志愿服务，组织开展了"新时代文明实践推动周""学雷锋志愿服务月"乡村学校、少年宫文艺志愿服务暑期特别行动等形式多样的文明实践活动，惠及基层群众21万人次。西华县红十字蓝天救援队被省文明委评为省优秀志愿服务组织。西华县"检察院妈妈"志愿服务项目被省文明委评为省优秀志愿服务项目。

【西华县2022年春节文艺晚会】1月30日在西华县文化艺术中心剧场举办"欢乐过大年·喜迎冬奥会——我们的美好生活"党的光辉照我心2022年西华县乡村村晚。节目以乡村振兴为主题基调，创演了大型音舞诗画剧《三岗烽火》《乡村振兴歌》《光荣的艾岗开新篇》等一大批红色主题文艺作品，成为宣传红色文化、群众欢迎的优秀节目。该次线上"村晚"展示活动，通过国家公共文化云、新华网、人民艺术直播中心、西华县融媒体中心等媒体共计点击播放次数28万次。

【"喜迎二十大·魅力新西华"短视频征集活动】发挥融媒体矩阵优势，设置"喜迎党的二十大""学习贯彻党的二十大精神"等专题专栏，开展"学习贯彻党的二十大精神"系列访谈46条。共征集短视频参赛作品182个，入选作品56个，在抖音平台播放量36.7万次，在视频号播放量7.28万次，受到社会各界的一致好评，在全县营造了喜迎二十大的浓厚氛围。

·郸城县·

【文化概览】郸城地处黄淮平原腹地、豫皖两省交界，北依老子故里鹿邑，西连羲皇故都淮阳。县域面积1490平方公里，耕地163.7万亩，人口137万人，辖19个乡镇3个街道，524个村级组织，先后获得全国超级产粮大县、全国农业科技现代化先行县、全国信访工作示范县、国家电子商务进农村综合示范县等国家荣誉。郸城是老子炼丹之地，智圣鬼谷子王禅故里。郸城是中国书法之乡，现有各级书画会员3000多人；郸城是中华诗词名县，拥有各级会员458人，诗词爱好者2万多人；郸城坠剧、郸城大鼓、张振福泥塑被列为河南省非物质文化遗产；中原民俗园收藏石磨4万多盘，被列入吉尼斯世界纪录；段寨遗址被列入全国重点文物保护单位。

理论学习工作。2022年，郸城县把学习宣传贯彻习近平新时代中国特色社会主义思想和党的二十大精神当作首要政治任务，印发了《县委常委会"第一议题"制度》和《郸城县2022年度党委（党组）理论学习中心组分专题学习的安排意见》，对全县各级党委（党组）落实"第一议题"制度和理论学习中心组学习作出具体安排。县委理论学习中心组带头开展集中专题学习13次，围绕"第一议题"交流研讨32人次，示范带动"第一议题"制度落实。组织督查组对各乡镇（街道）党（工）委、县直各单位党组（党委）落实"第一议题"制度和理论学习中心组学习进行督促指导，推进全县各级党委（党组）理论学习提质增效。推广以交流研讨为主的学习方式，运用好《习近平谈治国理政》第四卷和党的二十大文件等各类学习书目，县处级领导深入调研、认真谋划，做到学以致用、活学活用，带动全县党员干部学思用贯通、知信行合一。统筹县委理论宣讲团、行业宣讲团、百姓宣讲团三支队伍，围绕十九届六中全会精神、习近平新时代中国特色社会主义思想和党的二十大精神，采取"理论+故事""理论+文艺"等形式，开展对象化、分众化、互动化的宣传活动600多场次。

新闻外宣工作。紧紧围绕县委县政府中心工作，坚持"上大报大台、攻头版头条"，加强与中央、省级主流媒体的沟通，紧紧围绕乡村振兴、招商引资、农村人居环境整治、项目建设等重点工作，采取"走出去、请进来、建队伍、多激励、压担子"等措施策划组织新闻外宣攻关，全年在"学习强国"发稿249条，央视频发稿162条，《人民日报》发稿257条，在中央广播电视总台发稿3条，在河南卫视发稿48条，在周口广播电视台发稿685条，位居全市第二名，有力地向外界宣传推介了郸城，树立了郸城良好形象。

文化建设工作。围绕"喜迎二十大 欢乐进万家"主线，开展广场舞大赛、歌咏比赛等文化活动152场次。通过文艺晚会、民俗演出、端午节读书活动等形式，丰富传统节日文化内涵，引领形成新的节日习俗。依托乡镇综合文化站、村文化活动广场，开展义写春联、戏曲进乡村、乡村寻宝等惠民活动300多场次。在周口市"喜迎二十大 欢乐进万家"十大群众文化活动中，推荐的广场舞《老百姓的菜篮子》获一等奖，被推荐参加全省大赛并获二等奖；合唱《祖国不会忘记》获三等奖；中国画《岁月静好》获一等奖；双楼乡村文化合作社和吉祥社区小百花艺术团文化合作社获才艺大赛二等奖；戏迷擂台赛中三名选手分获一金二银；太极拳健身大赛中获个人拳术、器械四个一等奖。建设完成应急广播体系建设项目，覆盖全县23个乡镇（街道）525个行政村，6月中旬通过省市两级应急广播体系建设验收，打通服务农民"最后一公里"的问题。

文艺作品创作。围绕乡村振兴等中心工作创作《乡村振兴新征程》《喜事》多部（首）文艺作品，汇聚社会正能量。其中，《蚂蚁的爱情》荣获周口市第七届文学艺术优秀成果奖，《美丽的蝶变》获《现当代文学》评选一等奖，泥塑作品入选《庆祝中国人民解放军建军九十五周年》文献类珍藏邮册。推荐组织泥塑、女书等特色文化企业参加第十八届中国（深圳）国际文化产业博览会、第九届中原（鹤壁）文博会，展示郸城、宣传郸城、推介郸城。

文明城市建设工作。创省级文明单位（标兵）16个，省级文明村镇10个，省级文明校园3个。加大督导力度，按照"六有"标准，重点督导阵地建设、组织架构、活动开展等要素，不断深化拓展全县新时代文明实践工作。全年建成新时代文明实践所22个、新时代文明实践站524个，开展各类文明实践活动5500多场。牵头抓好省委第九巡视组5专项巡视反馈问题，针对"培育文明乡风任重道远"的问题，通过加大宣传、选树典型、建章立制、开展文化活动等措施，加大推进全县移风易俗工作。播放移风易俗公益广告1000多条，印制《文明婚俗宣传彩页》21余万份；全县488个行政村进一步完善村规民约，制定红白事标准，健全"五会"组织及章程，开展红白事、子女赡养老人等移风易俗活动800多次；线上播放移风易俗节目50场，各行政村开展广场舞1.2万余场次，部分乡镇、县直单位开展了重阳节敬老爱老活动20多场，不断丰富农民的精神文化生活。结合"五星党支部"创建，选择408个行政村、29个社区作为文明幸福星（幸福和谐星）创建试点，县文明办多次进行指导、验收。继续加大评选表彰选树典型。2022年，推出省、市周口市第一届"道德文明使者"先进典型10个、周口好人9人、市级乡村光荣榜6人、全市学雷锋志愿服务"四个优秀"先进典型7个，评选出县级乡村光荣榜、第三届郸城县文明家庭等先进典型170多个，全县营造了崇德向善、见贤思齐的浓厚氛围。

【**"瑞虎呈祥满城春"春节联欢晚会**】晚会以欢快的歌舞戏曲歌颂新时代，以豪情的朗诵赞扬郸城蝶变，以幽默的小品反映幸福生活，以浓郁书画艺术展示国家级名片，以青少年铿锵的模特舞步寓意一起

2022年1月22日，郸城县春节联欢晚会在县融媒体中心演播厅举行

向未来。90岁入党的侯一凤、冰湖救人的刘京山、洺河岸边的群艺队等，2021年度的全县"网红"陆续登场，整场晚会以群众喜闻乐见的形式，用郸城人民群众的心声唱响伟大政党，启航伟大征程。

【元旦戏曲晚会】 晚会通过线上直播的方式进行，全县曲艺名家、表演艺术家和各大艺术团体抽调精兵强将共同为电视机和手机前观看直播的观众奉献了一场精美的文化大餐。现代戏《赞郸城》，戏曲联唱《洼洼地里好庄稼》《祖国的大建设一日千里》《咱这里每年都是好收成》《人生在世孝当先》，曲剧《小苍娃我离了登封小县》，豫剧《让神州大地国泰民安》，京剧《梨花颂》，折子戏《回龙传》等精彩节目轮番上演，让全县观众感受到了传统戏曲的独特魅力。

· 沈丘县 ·

【文化概览】 沈丘县是河南省周口市下辖县，古称秣陵，位于河南省东南部，豫皖交界处，居颍水中游，西临项城，东与安徽界首接壤。位于中原经济区和华东经济区接合部，是中华蒙学经典《千字文》作者周兴嗣的故里，是"槐"文化重要发祥地。境内有乳香台、青固堆、东冢等古迹，均为新石器时代的文化遗址，著名的小顶寺、西周项子国遗址、三国医圣华佗冢等皆出于此。曾荣获"全国平原绿化先进县""河南省对外开放工作先进县""中国聚酯网之乡""中国曲艺之乡""中国玉雕之乡"等称号。

新闻外宣。 加强与上级媒体对接。以创建全县综合考评新闻外宣类红色档案为抓手，主攻《人民日报》、中央人民广播电视台、《河南日报》、河南广播电视台、《周口日报》、周口市广播电视台等中央、省、市级党报党刊党媒，按照"上大报、上头条、上要闻、上专题"的原则，重点策划各类主题宣传活动。共接待国家、省、市级记者100多人次，上半年共在省级以上媒体140多篇，市级390余篇，全面宣传推介了全县经济社会迅猛发展的良好态势，为全县经济社会又好又快发展营造良好的舆论氛围。突出重点，积极开展中心工作主题宣传。全面贯彻落实全国、全省、全市宣传思想工作会议精神，在《人民日报》《经济日报》《光明日报》《河南日报》等党报重点版面刊发县典型经验稿件；其中在《经济日报》《光明日报》重点版面发表3篇超1500字的大篇幅宣传稿件，在《周口日报》刊发头版头条3篇，形象专版5版，为沈丘跨越发展营造了浓厚"气场"。

社会宣传。 近年来，重点围绕庆祝建党100周年、"强国复兴有我"、全民国防教育等系列活动，抓典型宣传，重思想引领，群众性主题宣传教育活动开展深入人心，各项工作有序开展。助力美丽乡村，积极开展"文化科技卫生"三下乡活动。为全面推进乡村振兴战略，建设宜居宜业和美乡村，组织志愿者深入基层开展文艺演出、理论宣讲、普法宣传和技术培训活动。组织书画爱好者走进乡村，开展"义写春联"等送文化下乡活动。开展送"乐"进基层活动，举办乡村音乐会，组织音乐教师送课到基层，为群众送去音乐精神食粮。弘扬红色精神，做好爱国主义教育工作。传承红色基因。围绕红色文化，在全县开展《三条军令，一段传奇》红色故事宣讲活动，组织创作《革命征程未下鞍》《飞夺泸定桥》《刘邓大军渡沙河》，戏曲小品《幸福不忘共产党》，快板《锣鼓喧天歌颂党》，MV《我的祖国》等文艺作品，整理组织沈丘县红色经典故事汇，邀请宣讲员走进基层义务开展红色故事宣讲，筑牢广大干群的精神支柱。

文艺精品创作。 不断加强制度机制建设，实施精品带动战略，创作了一批思想精深、艺术精湛、制作精良的文艺作品。一是组织创作了大鼓书《礼赞二十大》；二是组织编撰了纪实性长篇散文《平原深处》；三是歌曲创作，其中《我生活在美丽幸福里》《幸福谣》《一颗明珠》等歌曲在沈丘大街小巷传唱，为沈丘的宣传提供了有力的名片。《乡村振兴歌》在参加市"五个一工程"评比中获优秀作品奖。

精神文明建设。 全社会文明建设工作稳步推进。自动员会召开以来，采取全民动员、行业推进、专项开展等多种活动方式和载体，大力开展文明交通、文明游玩、文明养犬、文明经营、文明执法、文明服务等活动。再次荣获河南省文明城市称号。2022年度以86.66分的优异成绩位于同类文明城市第十六名，高分蝉联省级文明城市荣誉称号。文明村镇创建继续发力。以文明乡风拓展提升行动为引领，开展"乡村光荣榜"推荐评选表彰活动。文明单位创建提质增效。引导各级文明单位结合"路长制""城市精细化管理"工作深入开展"赶考路上有我""四送一助力"结对帮创活动，常态化开展"文明服务我出彩、群众满意在窗口"活动。文

沈丘县千字文广场

明家庭创建持续开展。积极推荐评选各级各类文明家庭，郭云堂、陈伟家庭被表彰为河南省文明家庭，张东等11户家庭被表彰为周口市文明家庭，评选表彰县级文明家庭50户。文明校园创建不断深化。紧紧围绕"六个好"，组织开展"扣好人生第一粒扣子""新时代好少年""传承红色基因"等主题活动。

【玉文化特色产业（文化创意类）】"一县一品"特色文化艺术典型案例由国家乡村振兴局政策法规司征集发布，旨在通过征集梳理各省乡村特色文化艺术资源，逐步建立健全国家乡村特色文化艺术资源数据库，通过"做示范、树标杆"的形式引导更多人加入乡村文化振兴的队伍，为推进文化振兴奠定坚实工作基础，助力美丽乡村建设。沈丘县通过积极申报、省级推荐、专家评审等环节，玉文化产业（文化创意类）案例已入选。

【建设"两堂三中心"助推乡风】按照打造乡村振兴升级版要求，积极探索解决农村"一老一小一青壮"问题，以纸店镇潘董庄、槐店镇大王楼、付井镇王营、洪山镇臧庄等行政村为试点，创新开展乡村振兴讲堂、文化礼堂、家宴中心、日间照料中心、儿童课后活动中心"两堂三中心"建设工作，坚持"建、管、用、育"一体化推进，先后出台《沈丘县"两堂三中心"建设管理实施方案》《农村宴席管理制度》《老年人日间照料中心工作制度》《儿童课后活动中心管理制度》等配套文件，切实把"两堂三中心"这一民心工程建成传播党的声音的好阵地、群众休闲娱乐的好去处、留守儿童玩耍的好地方、老人幸福生活的好场所、移风易俗的实践地。

·太康县·

【文化概览】 太康县历史悠久、名人辈出，素有"好人之城 孝善之乡"的美誉，是道情之乡、诗歌之乡、书法之乡。东晋太傅谢安、女诗人谢道韫、南朝宋诗人谢灵运等人在太康历史上留下浓厚的文化色彩。太康县文庙、太康墓、寿圣寺塔等文化古迹众多，有着"天下第一团"美誉的太康道情首批即列入了国家非物质文化遗产名录。忆往昔，曾有无数革命先烈在太康这片热土上献出了宝贵生命，薪火相传不息。看今朝，太康县更是接连涌现出一批批道德模范，目前已有81人荣登"中国好人榜"，位居全国县级第一。

公共文化服务。积极拓展城乡公共文化服务空间，按照规模适当、布局科学、业态多元、特色鲜明的要求，投资900余万元，规划了一批新型文化空间。包括新建4个街区文化服务中心、3个文化驿站、3个城市书房，周边形成"十五分钟文化圈"。为迎接党的二十大胜利召开，丰富人民群众精神文化生活，进一步激发广大人民群众爱党、爱国、爱社会主义的热情，组织开展了"喜迎二十大·欢乐进万家"系列群众文化活动。"中原舞蹁跹·舞动太康""太康县艺术广场舞大赛""唱响新时代·韵律太康"太康县群众合唱大赛，参赛队伍十多支，参赛人数1200余人，其中广场舞《中国梦》《火火的中国火火的时代》入选省赛。太康县图书馆举办"喜迎二十大·奋进新征程"中华文明发展历程读书分享会、"喜迎二十大·欢乐进万家"暑期公益晨读活动、"豫见最美读书人·书香太康"等活动60多期，参加人员近千人。线下组织开展的"我的乡村文化合作社·艺绽太康"才艺大赛，参赛作品20多个，涵盖舞蹈、器乐、民间艺术等多个门类，其中3个优秀作品，参选全市乡村文化合作社优秀作品会演。

文物保护。全县各级文保单位、田野文物和馆藏文物的安全保护，开展文物资源调查和文物宣传，推荐、申报各级文保单位。普查和收集非遗项目线索，开展非物质文化遗产保护名录项目申报工

作。2022年6个市级文保单位升格为省级文保单位,全县各级文保单位31处,其中国家级文保单位2处,省级文保单位9处,市级文保单位12处,县级文保单位8处。太康县文物局积极开展宣传《文物保护法》及相关法律法规,发放宣传材料2万多册份,制作宣传板30块,宣传条幅200余幅。

理论工作。壮大宣讲队伍,开展宣讲活动,组织县退役军人事务局、县司法局等行业内部遴选政治素质好、理论水平高、热爱宣讲的人员,组建退役老兵、法制宣传等12支具有行业特色的"宣讲小纵队",打造宣讲"轻骑兵"品牌,把党的十九届六中全会精神和行业政策有机结合,根据不同的宣讲对象进行"靶向式"精准宣讲。传承红色文化、宣讲创新理论,全社会一起动手、共抓宣讲的可喜局面正在深化拓展。设置线上宣讲新专栏。通过云上太康App开设理论宣讲专栏,录制发布包括领导干部、党校老师、驻村第一书记等在内的理论宣讲团成员宣讲视频8期,录制发布"基层干部上讲台"专题理论宣讲视频5期;充分利用远程教育系统平台,组织全县各机关、23个乡镇、782个行政村(社区)党员干部收看"十大战略"25期,观看人数8.3万余人次。提高对党员、干部、群众的理论覆盖面。

新闻宣传。权威媒体发稿稳中提升。2022年,全县新闻宣传工作坚持上大报大台,攻头版头条。在省级以上媒体刊发报道1455篇(条),市级媒体刊发报道1293篇(条),"学习强国"平台刊发604条。出彩人物展示太康形象。2022年4月13日,太康县委宣传部推荐的清集镇二郎庙小学校长张鹏程,获得2021年"出彩河南人"感动中原十大年度人物,为周口市唯一获奖人物。融媒建设再攀新高。2022年,太康县融媒体中心累计发稿34390条,发稿量位居全省前列。太康县融媒体中心荣获河南日报社"2022首届顶端发声者大会"顶端政务号传媒奖荣誉。

对外宣传。中央主流媒体发稿实现新突破。在《人民日报》发稿5篇。中央电视台综合频道、中央电视台新闻频道发稿10篇。其中中央电视台新闻频道3月11日《新闻联播》播发《聚力稳就业 夯实"压舱石"》太康"春风送温暖 就业送真情"活动。马厂镇前何村第一书记韩宇南帮助企业纾困解难事迹,引导中小企业高质量发展,带领群众发展产业,改变贫穷落后面貌。

精神文明建设。选树先进典型,举办太康县第十三届"十行百星"评选活动,表彰133人。表彰"好婆婆""好媳妇""好妯娌"等10个类别、60人,各乡镇评选"乡村光荣榜"人物2000余人。选出"好人"先进典型人物组成报告团,在全县基层巡回宣讲。推介太康籍"中国好人",在县融媒体、太康月刊等媒体展播,扩大宣传效应。推进文明创建,目前,太康县有全国文明单位1个,省级文明单位(标兵)30个,有全国文明村镇2个、省级文明村镇7个。做好文明城市创建工作,建立指挥决策机制、晨会周例会推进制度、目标管理机制、网格化分包制度、多级督导机制、奖惩机制。印发了创文倡议书、宣传折页、问卷调查等宣传资料20多万份,发放《周口市文明行为促进条例》5万余本。坚持把创建文明单位作为提高干部职工文明素养、提升形象、促进工作的重要抓手。各级文明单位结合自身职能,开展庆祝建党101周年、我们的节日、先进典型学习选树、"文明服务我出彩、群众满意在窗口""四送一助力""赶考路上有我"等系列文明创建活动,取得了良好成效。通过试点带动,推进全县752个行政村实现"一约五会"全覆盖,倡导婚事新办、喜事廉办、丧事简办、厚养薄葬,尊老爱老敬老,使"一约五会"切实发挥作用,倡树文明乡风,增强群众认同。

【"书润初心·诗满阳夏"委员读书活动】 发10月14日上午,太康县政协"书润初心·诗满阳夏"委员读书活动在红色水东革命文化园

太康县高贤乡寿圣寺塔

举行，活动锚定新时代人民政协新使命，号召政协委员和机关干部多读书、读好书、善读书，以"书香政协"建设推进凝聚共识，为加快建设社会主义现代化新太康贡献政协力量，县政协主席朱希炎致辞。《长征组歌》《穿越时空的对话》《英雄》《青春中国》《我们这十年》《请党放心 强国有我》展示了太康深厚的文化底蕴和新时代委员风采。大家纷纷表示，太康县政协将在省、市政协正确指导下，在县委坚强领导下，高举伟大旗帜，牢记领袖嘱托，积极开展委员读书系列活动，以读书促本领，以读书促共识，以读书促履职，以读书促绩效，实现读书与履职深度融合、相互赋能，发挥政协优势，助推全县高质量发展。

·商水县·

【文化概览】 商水县位于河南省东南部，总面积1268平方公里，耕地面积142万亩，总人口126万，辖19个乡（镇）、4个街道、595个村（居）。商水历史悠久，建县于秦朝，拥有6000多年文明史、2000多年建县史。历史名人辈出，秦末农民起义领袖陈胜、汉律编纂者曹丘生、东汉末年群雄之一袁绍、宋朝状元姚晔等都是商水籍人。境内名胜古迹众多，有各级重点文物保护单位77处，其中，国家级有叶氏庄园、寿圣寺塔、阳城遗址等，省级有顿国遗址、马村遗址、白塔寺遗址等。拥有中国诗歌之乡、中国长寿之乡、中国健康小城、全国粮食生产先进县和超超产粮大县、国家级电子商务进农村综合示范县、全国双拥模范县等20多项国家、省级荣誉名片。

理论工作。 服务县委中心组学习，增强学习示范带动作用。制定下发了《2022年度全县各级党委（党组）理论学习中心组分专题集中学习的安排意见》，制定学习专题，明确学习目标任务，充分发挥好以上率下示范带动作用。2022年，县委理论学习中心组围绕习近平总书记重要讲话、上级文件会议精神等，开展集中学习18次，其中研讨交流9次，专家学者作辅导报告8次。组建了宣讲小纵队，谋划了全县"党的创新理论宣讲"主题宣传教育实践活动宣讲大赛和短视频征集展播，截至2022年底，开展各类宣讲活动400余场，受教育群众达1万多人次。

新闻宣传。 围绕"喜迎二十大"重大主题宣传活动，全力做好党的二十大精神宣传报道工作。结合高标准良田建设、巩固脱贫成果、人居环境整治、项目建设等亮点工作，加强新闻策划，通过主流媒体宣传商水、推介商水，做大做强主流宣传舆论。2022年，在国家级主流媒体刊发稿件26篇，在省级以上媒体刊发300余篇（幅），在市级以上媒体刊发630余篇（幅）。全面报道了全县经济、社会、文化等社会各项事业迅猛发展的态势，形成了良好的宣传效应，有效提高了商水知名度和美誉度，提升了商水形象。

文化文艺精品创作。 继续创新打造《商水历史》《叶氏庄园》等精品节目，大力宣传推广历史传统、非遗项目、文物保护等成果，发掘整理历史文化名吃邓城猪蹄、固墙捞面、爬河双黄鸭蛋、巴村盆面条等非遗特产，传统技艺渔鼓道情、青铜仿制、糖画等项目的文化价值，叫响商水陶塑《魁星点元》、葫芦画《十二生肖组谱画系》、秸秆画《锦上添花》、仿古青铜器《曾侯谏铜盉（西周）》4件文化精品。小说集《荒坡园子》由中国华侨出版社正式出版，散文《过麦季》荣获2022年"最美中国"当代诗歌散文大赛一等奖，《清水河畔》在河南省文化馆组织的"我眼中的乡村振兴"征文活动荣获三等奖，《撒尼亚的梦》在"汉连杯"世界华文闪小说大赛中荣获优秀奖，作者王献伟获"2022年中国闪小说十大新锐作家"称号。

对外宣传。 2022年，在中央、省、市等网络重点媒体累计发稿1895篇，完成"乡村振兴看河南"网络主题宣传走进商水采风活动，26家中央、省、市主流媒体记者紧紧围绕商水县开展的乡村振兴系列活动，重点网络媒体分别进行了宣传报道。"河南商水"微信公众号全年及时发布高质量稿件98篇，累计阅读量53万次；"商水发布"微博转发中央、省、市推送新闻稿件3600余条次，设置"河南好网民""周口好网民""向谣言说不"等相关话题，阅读量达126万次。

精神文明建设。 聚焦学习宣传贯彻党的二十大精神，以培育和践行社会主义核心价值观为根本，扎实推进群众性精神文明创建活动，切实加强未成年人思想道德建设，提高公民文明素质和社会文明程度，为实现全县经济社会发展提供了强大的精神动力和思想保证。制定县、乡、村三级评选表彰制度，广泛开展"道德模范""身边好人""乡村光荣榜"等评选表彰活动，2022年表彰"好婆婆""好

2022年9月24日,河南省周口市商水县第六届"县长杯"足球联赛暨"最美大课间"展演活动在县青少年活动中心举行

媳妇""好妯娌"等11个类别、67人,各乡镇评选"乡村光荣榜"人物2000余人;表彰商水县文明家庭10个,评选出2022年商水县新时代好少年(含提名)18人。加强对文明城市、文明单位、文明校园、文明村镇的常态化管理,2022年商水县获得河南省文明城市(提名)称号,全县省级文明单位(标兵)19个,全国文明村2个、省级文明村镇7个、省级文明校园4所。

【"喜迎二十大 展现新风采"群众合唱赛】 为迎接党的二十大胜利召开,讴歌中国共产党成立以来取得的伟大成就,展示商水百万人民的精神风貌,9月29日晚,商水县举办"喜迎二十大 展现新风采"群众合唱大赛,用赞歌表达全县党员干部"感党恩、听党话、跟党走"的坚强决心,表达商水人民对中国共产党的无限忠诚,对伟大祖国的无比热爱。比赛现场,选手们统一着装、动作整齐,以饱满的精神状态、真挚的情感、嘹亮的歌声,表达党对祖国的赞美和无限热爱。《我和我的祖国》《旗帜颂》是对党的深情赞美,唱响永远跟党走的主旋律;《走向复兴》《我宣誓》是最坚定的信仰……一首首特色鲜明、催人奋进的歌曲,呈现了干部职工们坚韧拼搏、激情奋斗的风采,唱响爱党爱国的真挚心声。

【第六届"县长杯"足球联赛】 9月24日上午,商水县第六届"县长杯"足球联赛暨全县"最美大课间"展演活动开幕式,开幕式在雄壮的国歌声中开幕。仪式上,与会领导希望参赛运动员要大力弘扬奥林匹克精神,顽强拼搏、公平竞争,比出好成绩,赛出新风尚,为取得运动成绩和精神文明双丰收,为推进全县教育体育事业的发展作出新的更大的贡献,以最好的成绩和精神风貌向党的二十大献礼。

·扶沟县·

【文化概览】 扶沟位于周口市北部,古称桐丘,西汉高帝十一年(前196年)置县。是河南省唢呐之乡、河南省文明城市。全县辖16个乡镇(街道),县域面积1173平方公里,总人口78万。现有全国重点文物保护单位2处,市级、县级文物保护单位61处。省级非物质文化遗产项目3个,市级代表性项目9个,县级代表性项目12个。革命纪念场馆6处。全国文明村2个。

理论宣讲。依托县委理论宣讲团、百姓宣讲团及行业系统宣讲团,深入机关、村、社区、学校、企业开展党的创新理论宣讲活动135场,在全县营造浓厚的理论学习氛围,切实引导广大党员干部群众把学习宣传贯彻党的二十大精神激发出的热情和干劲,转化为推进现代化扶沟建设的强大动力。

新闻宣传。紧紧围绕迎接宣传贯彻党的二十大主题主线,创新策划推出"奋斗者 正青春""二十大时光"等系列图文、短视频报道和电视访谈节目,推动党的二十大精神深入人心、落地生根。聚焦县委县政府中心工作,统筹内宣外宣、网上网下,先后开设"强信心 稳经济 促发展""爱家乡 护亲人 保安全 作贡献""优化营商环境""乡村振兴全面小康"等8个重点专题专栏,全方位、多形式展现扶沟经济社会发展取得的可喜成就。在各级媒体发表稿件2000余篇(条),中央电视台《新闻联播》《朝闻天下》相继3次报道扶沟农业生产,持续擦亮了扶沟特色农业"金字招牌"。

文化惠民活动。举办了"盛世梨园我来唱·擂动扶沟"戏曲大赛等十大群众文化活动,激发了广大群众爱党爱国爱社会主义的热情。扶沟县委宣传部被表彰为全市"喜迎二十大 欢乐进万家"十大群众文化活动优秀组织工作奖。利用"世界读书日"和"世界知识产权日",举办了大型布展和街头赠书活动,向群众宣传"读书好、读好书、好读书"和加强版权法治保障、有力支持全面创新的理念。组织指导新华书店、文化馆、图书馆举办各种读书活动16场,参与人数3120人次。加强规范了全县农家书屋的使用与管理,及时完成书目的配送和更新,目前全县411个农家书屋群众借阅踊跃,使用效果良好。韭园镇湾赵村农家书屋被评为2022年省级优秀农家书屋。

文明创建。深化文明城市创建,完善基础设施,提升了城市形象,被省委命名为河南省文明城市。拍摄制作了《文明行为有你有我》《我是文明小卫士》公益短视频,在"文明周口展播",点击量10万次以上。充分发挥农村群众身边典型的模范引领作用,评选表彰了40名"好媳妇""好婆婆",109名"好党员""好支书""好乡贤"等典型人物,深化"星级文明户"认领制,群众"追星"的积极性愈发强烈。全县共有县级以上文明单位132个,全国文明村镇2个,省级文明村镇6个。各学校文明校园创建参与率达100%,呈现出"文明风来满园春"的喜人局面。着眼满足群众需求,围绕"一老一小一青壮",策划实施志愿服务项目125个,深化志愿服务关爱行动。打造了"健康扶沟行·大医献爱心"、"爱护我们的身体"、女童保护、"蒲公英"文艺支教等9个特色志愿服务品牌,集中组织开展志愿服务活动,参与志愿服务志愿者6263人次,活动受益群众35620人。

"学习强国"建设。为更加持续深入地宣传贯彻党的二十大精神,全面扎实地做好"学习强国"学习平台推广运用工作,更好地满足互联网形势下人民群众多元化、个性化、便捷化的学习需求,10月24日,"学习强国"扶沟融媒号正式上线,为"学习强国"河南矩阵建设添加新力量、注入新活力。"学习强国"扶沟融媒号由中共扶沟县委宣传部主管,扶沟县融媒体中心负责内容生产、编审和运营。开设"推荐""党建引领""经济社会""人文扶沟""影像桐丘"5个栏目,通过图文、音频、视频等多种方式,多维度向广大党员干部群众提供权威、准确、丰富、新颖的学习内容,多角度、全方位展示扶沟在政治、经济、文化等方面的生动实践和丰硕成果。

【**扶沟县举办十大文化活动**】 2022年,扶沟县围绕"喜迎二十大 欢乐进万家",广泛开展一系列主题鲜明、形式多样的群众文化活动,先后举办了"中原舞蹁跹·舞动扶沟"艺术广场舞展演、"'豫'见最美读书人·书香扶沟"全民阅读系列赛事、"盛世梨园我来唱·擂动扶沟"戏曲大赛等,丰富了干部群众精神文化生活。特别是艺术广场舞展演和中华经典诵读展演,每场线上观众都达到3万多人,纷纷点赞评论。"盛世梨园我来唱·擂动扶沟"戏曲大赛吸引了广大城乡群众参与,使观众感受传统戏曲独特魅力。如火如荼的文化活动,不仅为群众献上了一场场文化饕餮盛宴,同时也展示了桐丘儿女积极向上、奋勇前行的精神风貌,抒发了对党和祖国的无比忠诚和无限热爱,凝聚起奋进新征程建功新时代的磅礴力量。

扶沟县吕潭学校旧址(吉鸿昌故居及学校)

·鹿邑县·

【**文化概览**】 鹿邑地处豫皖两省交界处,总面积1238平方公里,辖20个乡(镇)、4个街道、1个开发区、1个农场管委会,511个行政村、54个城市社区,总人口138万,被省委、省政府确定为首批县域治理"三起来"示范县,是"老子故里、道家之源、道教祖庭、李姓之根";是"国家园林县城""国家级卫生城市""省级森林城市""省级文明城市""中国最美乡村旅游名县""中国民间文化艺术之乡"。鹿邑,历史悠久、底蕴深厚,是独具特色的文化之城。古为华夏腹地,境内的隐山、栾台遗址分属仰韶和龙山文化。在这里,公元前571年诞生了我国伟大的哲学家、思想家、道家学派创始人老子,所作《道德经》被视为中华的哲学宝典、宗教圣典、文化名典。唐代以来,鹿邑成为李姓寻根问祖地,宋代时老子诞生地太清宫建筑规模犹如宫殿。"老子祭典"被国务院列为国家级非物质文化遗产代表性项目。鹿邑被省委、省政府确定为中国传统文化华夏历史文明传承创新区。

新闻宣传工作。2022年以来,在市级及以上主流媒体发稿3600余篇,其中,中央级主流媒体发稿、转载700余篇,省级主流媒体发稿、转载900余篇,市级主流媒体(含新媒体)发稿2000余篇。49篇新闻作品被评为2021年度"周口好新闻"。严格落实新闻媒体联席会议机制,今年共召开联席会议16次。《鹿邑时讯》荣获"顶端政务号传媒奖",入选顶端新闻2022年度"政能量"融媒榜。"云上鹿邑"客户端注册用户近19万人,平台功能日趋完善,栏目设置和新闻作品的水平不断提升。

文化惠民。坚持以文化为灵魂,开展了各类系列群众主题文化活动。大胆改革创新,培植扶持社会文艺人才。鹿邑县对符合条件要求的社会培训机构进行授牌,成立了鹿邑县文化馆社会化公益培训基地。培养扶持基层文化志愿者队伍,2022年发展乡村文化合作社360个,加强文艺人才队伍建设。先后组织开展了鹿邑县民间艺术大赛、"唱响新时代 群星耀中原"鹿邑县群众合唱大赛、"我的乡村文化合作社"才艺大赛、鹿邑县艺术摄影展等系列群众文化活动。2022年,鹿邑县共开展各类公益性文化活动和文艺演出61场次,参与演出人员10万多人次,受益观众线上、线下达16万多人次。

精神文明建设。深入推进全域精神文明创建。以文明城市创建为统领,大力弘扬社会主义核心价值观,持续深化文明城市、文明村镇、文明单位、文明校园、文明家庭五大创建再上新台阶。围绕"道德名城,魅力鹿邑"建设,发放创文宣传手册1.6万册,开展文明交通劝导、文明创建政策宣传3600余人次。组织开展了"务工在他乡家事我来帮"等志愿服务活动32场。开展"乡村光荣榜"人物选树和"星级文明户"认领活动,共评选出先进典型6647人(户)。组织开展"学雷锋 我行动""童心向党""赶考路上有我"主题实践活动,推荐优秀作品50余个。唱响好人品牌,打造好人之城,积极推荐各级先进典型孙永清等7人,鹿邑神鹰救援队等3个组织被评为周口市第一届"道德文明使者"。吊继兰被评为"河南好人"。2个组织、2个项目被评为周口市2021年度"四个优秀"先进典型。选送的志愿服务项目获周口市2022年新时代文明实践志愿服务项目展示交流大赛二等奖。

文化基础设施建设。鹿邑县新时代文明实践中心于2019年挂牌,2020年经编办批复为股级事业单位,10个财政全供事业编制。分为新时代文明实践广场和综合办公区两个部分。新时代文明实践广场总占地面积22170平方米,依托不同的功能分区,设置畅享运动、盛世欢歌、文明视窗、梨园乡韵、舞动鹿邑、喷泉舞会、道德长廊七大活动版块,开展文艺演出、运动健身、戏曲传唱、舞蹈展演、典型人物事迹展示等文明实践活动。新时代文明实践中心综合办公区总建筑面积1000多平方米,设置有新时代文明实践大讲堂、市民教育室、科普宣传室、图书阅览室、书法绘画创作室、志愿服务接待大厅、爱心超市、体育建设角、志愿服务孵化区和综合办公室。目前成立了县级新时代文明实践志愿服务总队和理论政策宣讲、文化文艺服务、卫生健康、助学支教、科技科普、法律服务、生态环保、孝善敬老、移风易俗、扶贫帮困等126支志愿服务大队和24支社会公益组织志愿服务队。截至2022年底,全县实现24个乡镇(街道)新时代文明实践所,565个行政村(社区)新时代文明实践站全覆盖。大力实施阵地提升工程,巩固提升"六有"标准,由全覆盖转入高质效发展阶段,提升综合效益、整体效能。在周口市新时代文明实践中心、所、站建设评估中,被评为优秀档次。

【**打造老子文化名片**】擦亮老子文化金招牌,充分发挥鹿邑在老庄元典文化旅游区的地理优势和历史渊源,用活"老子故里、李姓之根"文化名片,融入"行走河南·读懂中国"品牌建设。创新文旅发展模式,全力创建国家AAAAA级旅游景区。深化老子研究院与中国社科院哲学研究所合作,高标准举办"第八届老子元典文化高端论坛",举办2022年"老子祭典·河南省非物质文化遗产线上展演",谋划了老子文化创意产业孵化园项目,不断提升老子文化的影响力。深入挖掘文化遗存和历史人物丰富内涵,围绕老子文化、鹿邑故事,打造老子故里民俗文化体验街区、运河老街等特色旅游街区,充分挖掘黑陶、剪纸、虎头鞋帽等非遗价值,推动"商业+艺术+非遗"融合创新,把文化资源优势转化为高质量发展优势。

【打造"书香鹿邑"阅读品牌】 为深入贯彻习近平总书记关于建设书香社会的重要指示精神,全面落实国务院关于做好全民阅读工作的重要部署,高质量推进"书香鹿邑·文明鹿邑"建设,图书馆全年无节假日免费开放。鹿邑县紧紧抓住"4·23世界读书日"、图书馆服务宣传周、全民阅读季、全民读书月等契机,创新阅读推广活动形式,以"书香润万家 喜迎二十大"为主题,开展了一系列丰富多彩的线上线下相结合的阅读活动,"换书大集"活动为读者搭建起交换闲置图书的平台,盘活了社会上闲置资源,"你荐书,我买单"点单式活动,更好地满足了读者个性化、多元化阅读需求。社会主义核心价值观主题书展、红色诗歌朗诵会、红色主题读书会、爱国主义讲座、公益培训、主题展览、读书分享会、国学经典诵读大赛、青少年学雷锋文化志愿服务等丰富多彩的全民阅读推广活动让读者流连忘返。此外,采取"线下关门 线上服务不打烊",充分利用视频号、抖音和微信公众平台,将阅读推广活动搬上"云端",向读者提供电子图书、电子期刊、知识竞赛、自建资源等在线数字阅读服务的同时,形成了线上鹿图荐书、鹿图云展览、鹿图云讲堂、鹿图线上诗会、鹿图线上读书会、鹿图每周故事会等一系列线上品牌活动。2022年图书馆进馆读者13万人次,开展线下线上阅读推广活动230场,阅读总数达23万人次,阅读活动的开展,大大活跃了全民阅读活动的氛围。

驻马店市

【文化概览】 驻马店位于河南省中南部,因历史上设皇家驿站而得名。全市辖9县1区,总人口966万,面积1.5万平方公里。驻马店历史悠久、文化厚重,是盘古文化、嫘祖文化、梁祝文化、重阳文化、驿站文化、车舆文化等文化发源地。驻马店确山县竹沟镇曾是中共中央中原局和河南省委所在地,老一辈无产阶级革命家刘少奇、李先念、彭雪枫、张震在此留下战斗的足迹,被誉为革命的"小延安"。驻马店自古多才俊,哺育了"千古一相"李斯、《盐铁论》作者桓宽、汉代名臣陈蕃、抗日民族英雄杨靖宇、近代民主革命家任芝铭、现代豫剧之父樊粹庭等历史名人,是蔡姓、柏姓、江姓、道姓、路姓、挚姓等姓氏的起源地。驻马店历史名胜和自然风光浸润着浓郁的文化气息,有国家AAAAA旅游景区嵖岈山、平原人工湖宿鸭湖、道教圣地老乐山、南海禅寺等丰富的文化旅游资源。为了加强推进公共文化服务建设,满足人民群众高品位、高质量的精神文化生活,驻马店打造了图书《山河传》、戏剧《樊粹庭》、纪录片《大水记忆》等文化精品,2022年年末全市有博物馆11个、文化馆11个、文化站201个、公共图书馆11个,市中心城区30个城市书房投入使用,市气象科普馆对公众免费开放。

理论武装。驻马店市坚持推动学习宣传贯彻习近平新时代中国特色社会主义思想走深走实,完善"第一议题"学习制度,全年市委理论学习中心组集中学习14次、研讨交流6次。深入贯彻楼阳生书记调研驻马店提出的"一个中心、七个新作为"工作要求,在郑州举办"驻马店市建设现代化区域中心城市发展论坛"。市县党委宣讲团、"百姓宣讲团"深入基层宣讲党的二十大和省市党代会精神3000余场次,通过网上宣讲、网络直播等,提升宣讲覆盖面、影响力。驻马店市委宣传部牵头开展全市学校思政课教师教学技能"大练兵、大比武、大展示、大提升"活动,并命名6家驻马店市大中小学思想政治教育实践基地。

意识形态。市委常委会7次研究意识形态工作,市委上下半年对意识形态工作进行通报,市委班子成员履行"一岗双责",抓好分管部门、领域的意识形态工作。驻马店市委宣传部召开季度意识形态联席会议、风险危机管控周例会,研究部署意识形态工作,压实各地、各部门意识形态工作主体责任。市委宣传部针对重点领域开展风险排查,下发风险预警提示单、问题督办单,稳妥化解处置风险隐患,形成研判报告40余篇。驻马店市委宣传部认定29家意识形态领域强基示范点,对21家单位举办论坛、讲座、报告会等进行报备审批,做好事前审核把关。

2022年6月10日，驻马店市在郑州举办驻马店市建设现代化区域中心城市发展论坛

新闻舆论。驻马店市深入开展喜迎党的二十大重大主题宣传、"非凡十年 出彩驻马店"集中采访等活动，围绕建设省委、市委中心工作推出重点报道，在上级主流媒体刊播稿件3000余篇（条），讲好驻马店故事，提升驻马店形象。市委宣传部召开新闻发布会41场，展示发展成绩，回应社会关切，彰显出彩形象。加快媒体融合发展，驻马店市入选全国市级融媒体中心建设试点。驻马店日报社"今日驻马店"客户端注册用户突破150万，经验做法入选2022年中国报业媒体融合"用得好"案例库名录。9个县的融媒体中心"云上"客户端下载量、日活量稳步提升，完成省定目标任务。

文化事业。驻马店市实施"兴文化"工程，深入挖掘利用天中文化资源，不断满足全市广大人民群众精神文化需求。驻马店市5部作品获河南省第十三届精神文明建设"五个一工程"奖，获优秀组织奖第一名。举办"书香天中"全民阅读大会、"豫乡豫情"二胡专场音乐会、全市戏迷擂台赛、重阳文化节等系列大型文化活动，深入开展"我们的中国梦——文化进万家""红色文艺轻骑兵"等文化惠民活动。组建"乡村文化合作社"，动员基层群众主动参与到文化活动。驻马店市方特"熊出没"旅游度假区开工建设，"中部欢乐城"文旅项目签约，嵖岈山风景区、三秋醋博园分别入选全国首批国家级文明旅游示范单位、国家工业旅游示范基地。建设运营驻马店数字文旅一体化监管平台。

精神文明建设。驻马店市委宣传部召开全市道德模范和身边好人座谈交流会、学习贯彻习近平总书记给"中国好人"重要回信精神座谈会，评选表彰道德模范、"身边好人"、"天中最美"等先进典型，2022年全市累计107人荣登"中国好人榜"。持续擦亮全国文明城市"金字招牌"，驻马店市颁布实施《驻马店市文明行为促进条例》，推动全市精神文明建设步入有法可依新阶段。9县1区新时代文明实践中心（所、站）三级阵地全覆盖，"两中心"互联互通体制机制不断完善，市县文明办策划开展形式多样的便民志愿服务项目。杨靖宇将军纪念馆入选首批河南省职工爱国主义教育基地。

网络空间治理。坚持正能量是总要求，管得住是硬道理，用得好是真本事。驻马店市压实网络意识形态和网络安全工作两大"责任制"，开展网络意识形态安全专项治理。驻马店市坚持聚焦习近平新时代中国特色社会主义思想和党的二十大精神，加强网络正面宣传。驻马店劳模网上展馆获得"全国职工网民网络素养教育基地"称号。9个县的县委宣传部成立网络应急指挥中心，网上有害信息排查被省

2022年7月31日，"非凡十年 出彩驻马店"集中采访活动启动

【入选全国市级融媒体中心建设试点】 2022年4月，驻马店市被中宣部确定为全国60个市级融媒体中心建设试点市之一。按照中宣部市级媒体深度融合发展试点要求，结合本地实际，驻马店市融媒体中心重点打造具有区域影响力的市级重点客户端"今日驻马店"，逐步融合其他市级媒体客户端，并打通与9县融媒体中心客户端的互联互通，解决功能重复、内容同质、力量分散等问题，实现信息内容、技术应用、平台终端、管理手段的共融互通。

【华强方特"熊出没"旅游度假区项目开工建设】 2022年9月29日，驻马店方特"熊出没"旅游度假区项目正式启动建设，驻马店市委副书记、市政府市长李跃勇宣布项目开工。驻马店方特"熊出没"旅游度假区一期项目占地面积672亩，包括熊出没乐园、熊出没水上乐园、熊出没主题酒店和后勤配套设施等项目，是以方特原创动漫IP"熊出没"为创意思路，以"合家欢互动式娱乐，全方位沉浸式体验"为核心理念，依托华强方特集团卓越的创意实力、先进的游乐技术、丰富的运营经验，打造一座集休闲度假、娱乐探险、购物餐饮、科普教育为一体，包含熊出没乐园、熊出没水上乐园、熊出没主题酒店的一站式高端旅游目的地。

·驿城区·

【文化概览】 驿城区因明成化十年（公元1474年）皇家在此设立驿站而得名，原为县级驻马店市，2000年撤市建区，是全市唯一的建制区。现辖8个乡镇、10个街道、123个行政村、56个社区，常住人口105.22万人，总面积1327平方公里。驿城区协助市委、市政府一届创成全国文明城市、连续两届保持全国文明城市荣誉称号。成功创建"河南驿站文化之乡""首批河南省文化和旅游消费示范县（市、区）"两个省级文旅荣誉。

理论学习。驿城区委理论学习中心组围绕习近平新时代中国特色社会主义思想和党的二十大精神等集体学习12次，开展集中研讨6次，对全区30多家单位进行了理论学习中心组巡听旁听。驿城区委组建党的二十大精神区委宣讲团、百姓宣讲团、行业宣讲小纵队等14支宣讲队伍，充分利用新时代文明实践中心（所、站）等宣传阵地，深入基层宣讲习近平新时代中国特色社会主义思想和党的二十大精神。驿城区委宣传部成立了驿城区理论研究宣传专家库，开展理论研究专家学习《习近平谈治国理政》第四卷专题研讨会2次。驿城区委宣传部举办驿城区2022年社科普及周开幕式、社科知识图片展，发放社科知识宣传资料1万余份。驿城区"学习强国"平台党组织覆盖率100%，党员注册覆盖率100%，注册人数39401万人。

新闻宣传。围绕学习宣传贯彻党的二十大精神、乡村振兴、万人助万企等重点工作，驿城区在媒体发稿1.3万余篇，省级以上3500余篇。驿城区委宣传部举办"奋进新征程，建功新时代"专题宣传报道，邀请"非凡十年 出彩驻马店"新闻媒体大型主题采访团，到驿城区开展集中采访活动，为党的二十大胜利召开营造良好舆论氛围。驿城区开设"学习党的二十大"宣传专题栏目，营造全区上下学习宣传贯彻党的二十大精神的浓厚舆论氛围。驿城区委宣传部开创"今日驿城""文明驿城"微信视频号，录播"百名志愿者讲红色故事"112期，"学习强国"全国平台推广采用1篇。"驿城发布"平台推出"直播带货"栏目6期，助力解决农产品销售难的问题。围绕群众关心的热点问题，驿城区委宣传部召开"优化营商环境""优化营商环境信用体系建设""万人助万企"3次新闻发布会。

文旅强区建设。驿城区中部欢

2022年5月1日，驻马店市驿城区"皇家驿站"景区举行文艺表演

乐城文旅综合体、红色军事文化园、蚂蚁山国际旅游度假区等项目签订框架协议，方特"熊出没"旅游度假区、乡野拾光文化艺术乡村项目开工建设。蚁蜂镇鲁湾村、水屯镇孟庄村被评为河南省首批乡村康养旅游示范村创建单位。皇家驿站被评为河南省文明旅游示范单位。三秋醋博园被评为2022年国家工业旅游示范基地。驿城区成功申创"河南驿站文化之乡"。驿城区实施"舞台艺术送基层"活动，开展舞台艺术进基层演出339场，"戏曲进校园"活动110余场次，超额完成市定目标任务。驿城区宏扬豫剧团创排的现代豫剧《追梦》荣获驻马店市第七届文学艺术成果奖。驿城区举办"书香驿城"驿城区首届"最美读书人"、"欢乐天中和谐驿城"才艺大赛、戏迷擂台赛等各类文化活动。

精神文明建设。驿城区打造驻马店第四中学和驻马店市第三十六小学新时代文明实践站。驿城区委宣传部成立驿城区志愿服务联合会，组织全区23557名党员志愿者深入一线开展文明实践活动。"农民工劳务输出扶贫帮困农民工志愿服务项目"，在河南省2022年文明实践志愿服务项目展示交流活动中荣获一等奖。驿城区委宣传部深入开展道德模范、"星级文明户"和身边好人等评选活动，选树各类先进典型1万余名，发挥先进典型模范带动作用。驿城区委23所文明校园组成23支"手拉手·共成长"——驿城区文明校园与乡村学校结对帮扶志愿服务队，常态化深入全区农村中小学校，形成了驿城区未成年人思想道德建设工作亮点和志愿服务品牌。

2022年8月19日，驻马店市驿城区志愿服务项目获得省文明实践志愿服务项目一等奖

意识形态与网络安全工作。驿城区委及时调整意识形态工作领导小组，严格落实季度研判、年度报告等制度，区委常委会专题研究意识形态工作2次，召开意识形态联席会议4次。驿城区制定落实意识形态工作责任制测评办法、驿城区舆情引导处置工作机制等制度，坚持把意识形态纳入党建工作责任制，纳入领导班子和领导干部目标管理，推动意识形态工作责任制落细落实。驿城区扎实开展"绿书签2022"进校园、进村（社区）宣传活动。驿城区通过舆情信息报送系统，上报省委宣传部舆情信息1567篇，被省平台采用255篇，位居全省直报点第一。驿城区委宣传部被命名为中宣部舆情信息直报点，上报信息被中宣部采用14篇。

【志愿服务项目荣获全省一等奖】

驿城区为解决农民出行难、就业难的问题，驿城区第八届"全国道德模范提名奖"获得者贺新义，创建了"以客运带动劳务，以劳务促进脱贫"的志愿服务模式。20多年来，他先后输出安置农民工就业累计300多万人次，为贫困务工人员减免车费7000多万元，组织农民闲时外出务工，忙时返乡种田，让农民实现了出家门、上车门、进厂门的"一站式"服务，带动3000多个贫困家庭脱贫致富。2022年8月19日，驿城区推荐的"农民工劳务输出扶贫帮困农民工志愿服务项目"，在河南省2022年文明实践志愿服务项目展示交流活动中荣获全省一等奖。

【创建"河南省驿站文化之乡"】

驻马店市驿城区地处中州腹地，交通便利、商贾辐辏，驿站文化源远流长，最早可追溯到夏禹时期"夏道"，西汉设立汝南郡及汝南驿，东汉设立征羌驿，被称为"豫南锁钥，楚汉咽喉"，并因驿站而闻名天下。千百年来，驿站文化积淀深厚，文物遗迹及民间传说众多，驿站习俗异彩纷呈，成为中原驿站文化的重要传承地和活态博物馆。2022年11月10日，河南省民间文化遗产抢救工程领导小组、河南省民间文艺家协会联合发布文件，命名驻马店市驿城区为"河南省驿站文化之乡"，并同意建立"河南省驿站文化研究中心"。

·遂平县·

【文化概览】 遂平县位于河南省中南部,全县总面积1080平方公里,总人口57万,辖18个乡镇、街道,203个行政村、居委会。古称房,为房姓发源地,西周为房子国,春秋后期称吴房,公元817年唐朝李愬据此雪夜入蔡州平定吴元济叛乱,唐宪宗敕改县名为遂平至今,取事事顺遂,天下太平之意。中华人民共和国成立前,刘少奇、李先念等老一辈革命家曾在这里领导过革命战争。遂平县境内有国家AAAAA级旅游景区嵖岈山。

理论武装。遂平县委中心组开展理论学习17次、理论研讨6次,全县各级党委(党组)书记讲专题党课100多场。遂平县委宣讲团、百姓宣讲团深入基层,开展党的十九届六中全会精神、党的二十大精神、省、市党代会精神宣讲近300场。聚焦主题主线,遂平县举办各类党史学习教育题材文艺演出、展播等活动277场次,举行"学党史·祭英烈·传承红色基因"等线上线下纪念活动415场次,参与干部群众5万多人。遂平县扎实推进"我为群众办实事""我为企业解难题""我为提效走流程""我为乡村振兴当先锋"实践活动。

意识形态。全面落实意识形态工作领导责任,遂平县委常委会会议定期对意识形态领域工作进行研究部署。遂平县坚持把意识形态工作责任制作为党的建设重要内容,纳入执纪问责,纳入科级班子和科级干部考评重要内容,纳入巡察内容。2022年遂平县对28个科级单位意识形态工作情况进行专项督查。积极开展领导干部带头上思政课,引领广大学生"扣好人生第一粒扣子",县乡党政主要领导先后到学校讲思政课、做报告60多场。

文化宣传。围绕迎接宣传贯彻党的二十大精神这条主线,遂平县在中央、省级媒体推出重点稿件27余篇(条)。其中,《河南在希望的田野上农机具"换装"备战秋粮收获季》在央视新闻播出,《老家丰收啦》等登上河南电视台新闻联播。遂平县成功承办了2022年驻马店市第五届农民丰收节主会场开幕式。围绕"十四五"和经济社会发展情况,遂平县主动对接新华社、《人民日报》、《农民日报》、《河南日报》等主流媒体开展实地调,打造高质量外宣平台。

创建文明城市。遂平县深入推进社会主义核心价值观进基层,利用新时代文明实践中心开展道德讲堂、道德论坛等活动206场次。遂平县委宣传部评选"道德模范""身边好人"等先进典型,开展道德模范先进事迹"三巡"(巡讲、巡演、巡展)活动320余场,讲好遂平感人故事。遂平县在农村广泛开展乡村光荣榜评选活动传播正能量,全县203个行政村建立完善"村规民约",倡导推行"婚嫁新风进万家"文明实践活动,把遏制高价彩礼作为深化"我为群众办实事"的重要内容,营造向上向善的文明乡风。

整治网络空间。遂平县委宣传部建立网络文明建设联席会议,定期研究部署网络文明建设各项任务。遂平县委宣传部深入开展感动遂平人物、道德模范、身边好人网上宣传,广泛开展孝老爱亲、网络诚信等公益活动微视频网上展播。遂平县委宣传部开展网络专项治理,深入清查生态类有害信息,大力整治网上黄赌毒、暴力恐怖以及网络谣言等有害信息,整治商业网站违规采编发,维护网络安全,规范网络秩序。遂平县集中整治网上违法违规行为,营造积极健康、风清气正的网络意识形态环境。

【打造1955工业文化创意产业园】 遂平县1955工业文化创意园是在河南省塑料机械股份有限公司基础上建设而成。河南省塑料机械股份有限公司起源于1929年、止于2002年,见证了我国在社会主义初级阶段工业发展历程,为我国

遂平县1955工业文化园

塑料制造业的发展作出了巨大贡献，2008年被河南省人民政府公布为全省第五批文物保护单位。文化创意园占地面积130亩，总投资6300多万元。园区规划结合塑机厂工业遗址实际，本着修旧如旧、复古如古的原则，利用现有厂区格局和建筑形式，充分利用工业文化创意元素，对现存厂房进行修复，适应时代特点，导入具有时代特色的功能业态，确保在产生社会效益的同时能够产生经济效益，实现以园养园。园区建设运营的业态包括创意工厂、展示展馆、文创集市、幼乐工坊、职工食堂、茶咖、绿野书咖等，着力打造一个生态、健康、宜人的综合文化园区。

·西平县·

【文化概览】 西平县位于河南省中南部，全县辖16个乡镇、3个街道办、1个国有农场、287个行政村（居委会），总人口88万，总面积1089平方公里。上古时期是柏皇氏、西陵氏居住地，西周时为柏皇氏后裔封地。春秋时为柏国，后归楚国，战国属韩。秦为颍川郡，汉高祖四年（前203年）置县，沿袭至今已2200多年。西平是黄帝之妻、中华之母嫘祖的故里，境内有孔子讲学处、管鲍分金处、韩非孤愤台等文化遗迹和董桥新石器时代文化遗址、龙山文化遗址、宋代宝岩寺塔等名胜古迹，国家二级保护文物冶铁炉为全国唯一保存的战国时期冶铁遗址。西平县先后获得"中国嫘祖文化之乡""中国冶铁铸剑文化之乡""中国大铜器文化之乡""河南省书法之乡"等荣誉称号。

理论学习。严格落实"第一议题"制度，西平县委理论学习中心组开展集中学习15次、研讨6次，中心组成员围绕党的二十大精神撰写调研报告37篇。西平县组建县乡两级宣讲团和百姓宣讲团，开展理论学习宣传阐释，全面掀起学习党的二十大精神热潮。西平县遴选12部优秀宣讲作品，在县融媒体中心集中展播，推动党的二十大精神走进基层走进群众。西平县委宣传部定期对"学习强国"学习情况进行通报，评选表彰"学习强国"学习平台先进单位20个和先进个人100人，引领带动全县广大党员干部不断提高学习成效。

新闻外宣。主动创新做好新闻外宣工作，西平县在市以上主流新闻媒体发稿1200余篇（条），其中在《人民日报》《光明日报》《经济日报》等中央级新闻媒体发稿260多篇（条）；在《河南日报》、河南电视台等省级新闻媒体发稿320余篇（条），在中央、省级主要媒体重点栏目发稿情况统计排名中，综合发稿数量分别位居全市第一和第二名，驻马店市委常委、宣传部部长、副市长刘晓文和副市长、西平县委书记李全喜分别作出批示，对新闻外宣工作了以表扬。

网络安全治理。西平县推进网络综合治理体系建设，健全网络舆情处置机制，严格落实互联网应急响应制度，做到本地热点舆情提早掌握，提早研判，提早主动。西平县打造"上下联动，左右联通"的网络媒体矩阵宣传体系，建立重大突发事件应急预案，以防范化解网上各类重大风险为基点，有效保障网络与信息安全。西平县建立网上舆论引导机制，不断完善和加强网络评论员队伍建设，开展网上舆论引导工作，净化网络空间环境。

文明城市创建。西平县委宣传部开展先进典型学习宣传活动，评选"身边好人""西平好人"70名，选树好媳妇、好婆婆、"乡村光荣榜"、道德模范等先进典型438人，表彰文明诚信企业、商户40余家，最美护士、教师等180余人。西平县的全国文明城市创建工作迈向高质量，荣获全市文明城市创建工作先进县。西平县委宣传部深入开展"移风易俗正能量 文明西平新风尚"主题活动，成立农村"四会"组织，制定村规民约，有效遏制陈规陋习蔓延，促进了乡风文明。扎实推进志愿服务，形成"月月有活动、人人都参与"良好局面。

文化惠民活动。围绕"喜迎二十大 欢乐进万家"主题，西平县举办书画展、摄影展、剪纸展、专题读书会等多种形式的文艺宣传活动60场次，送戏下乡80场，送电影下乡3072场，受益群众30余万人次。西平县柏国演艺有限公司创作演出的大型现代戏《金凤归来》，荣获2022年河南省第十三届"五个一工程"奖。西平县嫘祖文化苑、棠河酒厂申报AAA级景区，出山镇牛昌村被列为省级乡村康养旅游示范村创建单位，加快西平不夜城项目、房车花园项目建设，发展特色文旅融合产业。

【举办第十五届嫘祖拜祖大典】 2022年4月6日（农历三月初六），人文女祖嫘祖的诞辰日，壬寅年嫘祖拜祖大典在西平县嫘祖文化苑举行，该次活动是西平县举办的第十五届嫘祖拜祖大典。该届拜祖大典的主题是"同祖同根同源，祈福国泰民安"。结合当时形势要求，将嫘祖拜祖大典由现场拜祖调整

2022年4月6日,西平县举办壬寅年嫘祖拜祖大典

2022年8月17日,西平县举办"喜迎二十大"书画作品展

为网络、电视进行,并在"云上西平"客户端开设"壬寅年嫘祖拜祖大典"专题,分设"现场直播""专家访谈""书画摄影""诗歌朗诵""历届展示"等栏目,保留拜祖活动"根"与"魂"。

【举行"喜迎二十大 翰墨润西平"书画作品展】 2022年9月30日,西平县在柏国文化苑内柏国艺术馆举办"喜迎二十大 翰墨润西平"——庆祝中华人民共和国成立73周年书画作品展。展览共展出书画作品近百件,作品风格多样,内容广泛,笔墨酣畅,特色浓郁,具有很强的观赏性和感染力,展示了作者对生活的热爱和对艺术的追求,展现了作者对祖国、对人民和新时代的真挚情怀。

· 上蔡县 ·

【文化概览】 上蔡县地处河南省东南部、驻马店市东北部,辖4个街道、22个乡(镇),460个行政村(社区),总面积1529平方公里,耕地165.6万亩,总人口160.77万,上蔡是古蔡国的立国之地、秦丞相李斯的故里,是联合国地名专家组命名的"千年古县",是河南省文物大县、河南省十大古城之一。上蔡有伏羲文化、重阳文化、蔡氏文化、孔子文化、李斯文化等五大品牌文化,先后获得"全国尊老敬老模范县""国家级卫生县城""省级文明城市"等称号。

理论武装建设。上蔡县组建县委宣讲团、百姓宣讲团开展党的二十大精神宣讲,推动领导干部带头讲二十大主题思政课、主题党课。上蔡县制定《2022年全县各级党委(党组)理论学习中心组分专题集体学习的安排意见》《关于贯彻落实〈党委(党组)"第一议题"制度〉的实施方案》,建立健全全县各级党委(党组)会议"第一议题"制度和党委(党组)理论学习中心组学习巡听旁听制度。上蔡县委理论学习中心组集中学习研讨14次。开展"党的创新理论万场宣讲进基层"集中宣讲。申报市哲学社会科学规划项目8项。

意识形态阵地。上蔡县委宣传部制定《党委(党组)落实意识形态工作责任制测评办法(试行)》《上蔡县意识形态工作联席会议制度》等文件,严格落实意识形态工作责任制。上蔡县委宣传部召开全县意识形态联席会议4次,守好意识形态主阵地。建强意识形态主阵地,县纪委监委、县市场监管局、大路李乡被认定为全市意识形态领域强基示范点。

主流新闻舆论。上蔡县全年在省级以上主流媒体发稿279篇,在市级主流媒体发稿2760篇。"上蔡发布"微信公众号设立"春之韵""我和我的家乡"等专栏,累计发稿1608篇。上蔡县委宣传部积极搭建平台,推进媒体融合,县融媒体在"央视频"发稿334篇,"学习强国"学习平台发稿182篇,公众号发稿近1100条。"云上上蔡"App注册用户达38万,"学习强国"上

蔡融媒号上线。2022年1月至2月，全省媒体公众号矩阵影响力排行榜上，上蔡县融媒体中心在县级融媒体中心排名中居全省前10名。

精神文明建设。 上蔡县委宣传部开展诚信宣传教育活动，举办"赶考路上有我 情诉出彩中原"演讲大赛，开展"请党向党 强国有我"演讲比赛活动，组织"传唱红色歌曲 共祝党的生日"红色主题活动。以"新时代文明实践推动周"为抓手，上蔡县委宣传部开展文明实践志愿服务活动1000余场（次）。培育2个具有鲜明地方特色的志愿服务项目，孵化专业志愿服务队7支。上蔡县委宣传部对10名孝心模范和10户孝道家庭进行表彰。刘世扬获"中国好人"称号，"李合成"获河南好人称号。开展"扣好人生第一粒扣子，争做新时代好少年"主题教育实践活动，上蔡一高高芊浔获驻马店市新时代好少年。

文旅融合发展。 上蔡县蔡国故城墙、郭庄楚墓是国家级重点文物保护单位，光武台等省级重点文物保护单位7处，各类文化遗址87处。上蔡县完善县、乡、村二级文物保护网络，排查新发现不可移动碑刻石刻1通，可移动馆藏碑刻6通。上蔡县完成《上蔡县"十四五"文旅融合发展规划》，申报11个文旅专项债项目，其中重阳文化园、伏羲文化园等项目已入省项目库。上蔡县大路李乡陈桥村被评为全省乡村旅游特色村、状元红生态观光园评为全省休闲观光园区。

网络空间治理。 上蔡县加强舆情监测处置引导，构建正能量传播体系，《河南上蔡：麦收时节遍地"金"》《"90后"村支书的麦收

2022年9月29日，上蔡县举办"强国有我，请党放心"演讲比赛

初考验》等新闻视频在网络获网友好评。上蔡县着力提升网络舆论引导力，组建县乡两级网评员队伍。上蔡县举办全县网络安全宣传周活动。上蔡县推进网络社会组织党建工作，2022年4月，上蔡县互联网企业驻马店市晨钟生物科技有限公司支部委员会被评为河南省互联网企业2021年度先进基层党组织。

文化惠民活动。 上蔡县加强村镇文化服务中心建设使用，申报市级示范性乡村文化合作社3个，开展迎新春义写春联、线上非遗过大年、书法艺术培训进校园、"盛世梨园我来唱"上蔡县戏迷擂台赛、重阳书画作品展等文化活动。上蔡县组织开展2022年"文化和自然遗产日"宣传展示活动，举办2期非物质文化遗产培训班。上蔡县举办"喜迎二十大 书香润万家"全民阅读系列活动启动仪式、"书香古蔡"上蔡县最美读书人评选活动"、青少年爱国主义读书教育活动、家庭亲子阅读月活动等。上蔡县举办舞台艺术送基层演出128场，创编演出现代戏《村长王五》。上蔡县召开2022年度上蔡县艺术创作会暨《李斯新论》研讨会。商一峰书画作品《劳动者之歌》在市总工会和市文联举办的"中国

2022年10月4日，上蔡县举办重阳文化节活动

梦·劳动美——喜迎二十大建功新时代"职工书画作品展览中荣获一等奖。

【举办第二十届"重阳文化节"活动】 2022年9月，上蔡县以"九九重阳日·殷殷孝老情·喜迎党的二十大胜利召开"为主题，举办"我们的节日——2022中国·上蔡第二十届重阳文化节"系列活动。开展"我们的节日——2022中国·上蔡第二十届重阳文化节"启动仪式暨孝心模范、孝道家庭表彰大会、上蔡县非物质文化遗产及重阳习俗展、"欢庆重阳节，喜迎二十大"老干部文体活动会演、"情系重阳日·浓墨颂金秋"书画采风交流活动、"敬老、爱老、孝老"评选挂牌活动、"九九重阳情·三关怀一帮助"活动，全县中小学"敬老爱老孝老·我践行"主题活动。

·汝南县·

【文化概览】 汝南古属豫州，豫州为九州之中，汝南又居豫州之中，故有天中之称，辖18个乡镇（街道），总面积1500多平方公里，90万人口。汝南县是"中国千年古县"、"中国梁祝之乡"、河南省历史文化名城，以"湖、寺、山、情、城"著称，是国家卫生县城、河南省文明县城、河南省园林县城。

*理论学习。*汝南县坚持用党的创新理论武装头脑，严格落实"第一议题"制度、探索建立县委常委会"第二议题"制度，县委理论学习中心组开展学习研讨13次，举办领导干部大讲堂2次，现场接受党史学习教育1次，全县乡科级党委（党组）理论学习中心组全年开展专题学习研讨300余场次。汝南县围绕"喜迎二十大"组织开展十大群众文化活动80余场次，九大主题宣传教育实践活动60余场次。汝南县委理论学习中心组逐句逐段集中学习研讨党的二十大报告3次，全县乡科级党委（党组）理论学习中心组开展学习研讨130余场次。汝南县委常委会定期研究意识形态工作，定期分析研判意识形态领域风险隐患，召开4次意识形态工作联席会议，下发了4期意识形态领域风险预警提示清单。

*对外宣传。*中央广播电视总台、新华社等媒体记者30余人次赴汝南县采访报道，汝南县积极参与新华社策划的高标准农田建设、中央广播电视总台策划的"三秋"生产、《河南日报》策划的"丰收麦田里的河南农业现代化"系列观察栏目和"非常之年战三夏"栏目拍摄。汝南县在《新华每日电讯》《经济日报》等中央、省、市主流媒体发表稿件1200多篇（条）。"学习强国"汝南融媒号上线，"我家的'人世间'故事"主题征文、"我的博物馆之旅"主题征文中，汝南县分别各有1篇作品在"学习强国"全国平台发表。

*网络空间治理。*汝南县成立互联网应急指挥中心，建立了互联网信息内容安全统筹协调机制。汝南县出台《关于加快建立网络综合治理体系的实施办法》《汝南县自媒体服务管理办法》，指导属地党政机关互联网平台完善了信息发布编审机制，各互联网平台常态化开展信息内容安全管理。汝南县组织开展"2022年汝南县国家网络安全周"系列活动，常态化开展网络非法活动专项治理、网络生产安全排查等工作。

*文化传承创新。*汝南县罗卷戏艺术传承保护中心创作排练的大型传统卷戏《朱砂痣》走进省歌剧院演出。汝南县组织县文联12个协会在省市级报刊及文学杂志发表各类文学作品100余篇（首），音乐3首，火笔画10米长卷《李愬雪夜入蔡州》荣获河南省第二届民间艺术大赛三等奖。汝南县18个乡村文化合作社、53家民营剧团、112支乡村业余文化社团，常年扎根在乡土，活跃在基层，创作演出了一大批喜闻乐见的节目。

*社会主义核心价值观培育。*以新时代文明实践中心（所站）为

2022年6月28日，汝南县举办"庆七一"文艺会演

主阵地，汝南县开展文明实践活动360余场次，2.32万余名志愿者参与活动，全县受益人数达30多万人。汝南县以宣传推广"讲文明树新风"公益广告为重点，打造精品主题文化公园6个，好人公园1个，好人"宣传一条街"2条。汝南县开展了第七届"汝南好人、道德模范"评选表彰，以"评、奖、展"结合大力弘扬道德模范、汝南好人精神，目前汝南县"中国好人"已达9人，河南好人6人，省道德模范1人。

【举办庆"七一"文艺会演活动】汝南县庆"七一"文艺会演紧紧围绕"喜迎二十大 永远跟党走"这一主题，整场演出气势恢宏、形式多样、高潮迭起，讴歌了我们党的奋斗历程。腰鼓舞《火火的中国》、舞蹈《芳华》、诗朗诵《回延安》、柔力球表演《永远跟党走》等一系列节目充分表达了广大群众对党的热爱和永远跟党走的坚定信念，为党的二十大胜利召开营造了积极向上的良好氛围。

·平舆县·

【文化概览】 平舆县位于河南省东南部，全县总面积1284平方公里，总人口117万，辖19个乡镇（街道）、224个行政村（社区）。位于两省（河南、安徽）三市（周口、阜阳、驻马店）交接处，因地势平坦，又是中国最早车辆"舆"的发源地，故名"平舆"。平舆县夏商为挚地，周为沈子国，秦时置县，是沈姓、周姓的发源地，造车鼻祖奚仲、周文王之母太任、东汉名臣陈蕃、三国名士许劭、许靖的故里。平舆县是中国车舆文化之乡、中国建设工程防水之乡、全国文明城市、国家卫生县城、国家园林县城。

理论宣讲。平舆县委宣讲团赴18个乡镇（街道）开展党的二十大宣讲报告会18场次，百姓宣讲团赴各乡镇（街道）所辖行政村、居委会（社区）进行党的二十大宣讲报告会220多场次，听众1万余人；6支宣讲小纵队分赴全县各党政机关、校园、农村、社区、企业等基层一线开展对象化、分众化、互动化宣讲活动100多场次。平舆县开展"理论+文艺"宣讲，利用"影前十分钟"在公益电影放映前，播放党的二十大精神宣讲微视频648场次；依托"学习强国"平舆融媒号、云上平舆App等新媒体平台开展网上宣讲。

新闻宣传。《人民日报》、新华社、中央电视台、《农民日报》等主流媒体组成的采访团到平舆县采访报道芝麻丰收。新华社抖音号转载《平舆男子过年随手从泥坑里拍出绝美大片》，点击量超过300万；好人好事《张梦祥，你干的好事被发现了！》被人民日报微信客户端转载，点击量超过300万次；中央电视台天天正能量栏目采访平舆县《孙子放假回家看望奶奶，谢绝奶奶给的钱：我见你一面就足够了》，全网点击量超过500万次；《河南驻马店2岁幼童不慎坠井 紧急挖井救援》登上央视新闻直播间，点击量超过600万次。

文明创建。平舆县制定《关于平舆县全国文明城市创建工作常态化的实施意见》，对城区环境卫生、交通秩序、基础设施、老旧小区改造等开展专项整治行动。平舆县开展以"送政策、送文化、送健康、送温暖和助力乡村振兴"为主要内容的"四送一助力"结对帮创活动。平舆县深入开展"婚嫁新风进万家"、"整治农村陈规陋习"行动、"星级文明户"创建活动，开展第三届"文明家庭"、乡村光荣榜、"孝善之星"等选树推荐活动，提升农村精神文明建设水平，万金店镇赵小参家庭被评为省级文明家庭。平舆县加强村史馆建设，打造万家镇郭寺村、西洋店镇等主题突出、特色鲜明的村史馆和村史文化墙。平舆县开展280余场次文明实践活动，发放各类倡议书1万余份，发放宣传折页2万份，服务市民群众10万余人次。

网络治理。平舆县网络综合治理体系建设持续深化，主流舆论阵地信息内容安全有序，网络生态治理成效显著，网络文明风尚更加彰显，网络文明建设持续加强。平舆县完善网络内容建设工程实施方案，不断提升网络文明传播质量。平舆县组织开展网络安全宣传周，成功举办了"争做中国好网民""文明上网"等网络主题宣传活动。平舆县组织开展"网络中国节"网络主题宣传，开设"网聚正能量"征集作品展播专栏，开展创建文明网站活动，组织全县网站、新媒体平台开展网络文明实践活动，推出正能量10万+作品12部。平舆县组织开展"网络中国节"网络主题宣传，总阅读量10万+，营造了健康文明的网络氛围。

文化文艺。平舆县创作完成新编丝弦道现代剧《舆乡妹子》，获河南省"群星奖"一等奖；丝弦道戏曲小品《哎哟，我的个妈》和歌曲《我家在河南》，荣获河南省第十四届"群星奖"一等奖；剪纸作品《大好河山》获河南省第二届民间艺术大赛三等奖;《弄啥嘞》《等你回来》《歌唱救人女英雄》《新饭场》《黑小伙勇救老汉》《再生妈妈》6件作品分获驻马店市"喜迎二十大 说唱新时代"曲艺创作大赛一、二、三等奖;《烈火青春》被应急管理部公众号及抖音号刊发。平舆县开展"喜迎二十大 欢乐进万家"十大群众文化活动,线上线下持续开展"健康广场舞展演""红色文艺轻骑兵"等品牌文化活动351场次。平舆县发展乡村文化志愿者6600余人,引导"村宝"等乡村文化能人,组建了47家乡村文化合作社。

【开展红色文化志愿服务进基层活动】 平舆县红色文化志愿服务进基层活动项目以红色文化为主题,以志愿服务进基层为主线,以基层群众、边远乡村、军营、企业、敬老院和农村留守老人为主要对象,组织文化志愿者走进基层,为他们送去文化大餐。用红色革命文化点燃广大群众爱党、爱社会主义、爱伟大祖国的热情。至2022年,平舆累计开展红色文化志愿服务79次,参与志愿者共1390人次,服务对象29160人,志愿服务总时长176小时,所到之处受到了广大群众的热烈欢迎。平舆县红色文化志愿服务进基层项目在河南省2022年文化和旅游志愿项目服务大赛中获得铜奖。

【构建新时代文明实践中心与融媒体中心融合发展】 平舆县新时代文明实践中心与融媒体中心在平台、资源、技术上共建共享,上下贯通、左右联动、形成合力。开通抖音、头条等官方平台,整合全县296个官方微博、微信号,链接县乡文明实践中心站点,与上级新闻媒体加强交流,实现新闻资讯互联共享。发挥宣传教育引导作用,播发信息400多万条。平舆县新时代文明实践中心与融媒体中心融合发展的做法被中国文明网刊发。

·新蔡县·

【文化概览】 新蔡县位于河南省东南部、驻马店市东部,总面积1453平方公里,辖24个乡镇(街道),361个行政村(社区)。总人口130万人,常住人口82.38万人。新蔡县底蕴深厚、人文荟萃的千年古县,至今已有4000多年的建城史和2200多年的建县史,是吕姓、蔡姓的发源地,干姓、梅姓的郡望地。境内有文化资源众多,有全国保护最好的明代孔子铜像、文庙大成殿、河南省唯一的辛亥革命烈士纪念祠、刘邓大军渡河处等历史遗址和红色旧址。新蔡县先后获得省级文明县城、河南省杂技之乡等荣誉称号。

理论学习。新蔡县深入开展"喜迎二十大 奋进新征程"党的创新理论宣讲大赛活动,在全市理论宣讲大赛中,新蔡县获得优秀组织奖。新蔡县邀请党的二十大代表王

2022年8月19日,平舆县开展红色文化志愿服务进基层活动

平舆县新时代文明实践中心全貌

霞加入县委宣讲团，对党的二十大精神专题宣讲50余场。新蔡县乡两级百姓宣讲团开展党的创新理论宣讲500余场次，成立了9支宣讲小纵队，其中法治宣讲小纵队表现尤其突出，开展"习近平法治思想专题讲座""送法五进""非法集资宣传"等普法宣传活动100余场，受众5000余人次。

新闻宣传。 新蔡县推动媒体融合发展，努力打造县级融媒体矩阵，初步实现"一次采集、多种生成、多元传播"的建设目标，全年县融媒体中心客户端在全省县级融媒体中心稿件采用，稳居全市第一名，均位居全省前列。"学习强国"新蔡融媒号10月28日正式上线，增加了新的宣传阵地。由中央省市主流媒体组成的"奋进新征程·建功新时代——走进身边的重大项目"主题采访团，到新蔡县亚特（中原）专用汽车产业园开展集中采访活动，全方位、多角度报道新蔡县重点项目建设成效。"三夏"期间，中央电视台新闻频道、农业农村频道现场直播新蔡县全力夺取夏粮丰收，精彩呈现中原大地全力奋战"三夏"，力夺夏粮丰收的生动场景。

文明创建活动。 新蔡县坚持广泛培育践行社会主义核心价值观，开展新时代文明实践推动周系列主题活动、"喜迎二十大 奋进新征程"爱心送考志愿服务活动等。新蔡县全年慰问帮扶各类道德模范42人，评选表彰新蔡县"文明家庭、星级文明户、乡村光荣榜"138人（户）。新蔡县开展《河南省文明行为促进条例》《驻马店市文明行为促进条例》集中宣传活动。新蔡县委宣传部召开文明村镇、文明单位、文明家庭、文明校园创建工作推进会，做好文明创建年度复查及到届推荐评选工作。

文化惠民工作。 新蔡县开展"喜迎二十大、欢乐进万家"十大群众文化活动、"明德直通车""戏曲进乡村""群众大舞台"等系列活动，累计开展各类文艺活动及演出1900余场，公益电影放映4176场，送图书进乡村、社区、学校16次，中原优秀电影展映100场等，受益群众达227.69万人次。新蔡县深入开展"深入生活、扎根人民""走转改"活动，锤炼文艺队伍脚力、眼力、脑力、笔力。其中，在河南省文化馆举办的"我眼中的乡村振兴"征文活动中，新蔡县散文作品《寻蝶》获得二等奖，小品《我算服了》获得第八届河南曲艺牡丹奖提名奖。新蔡县推进任芝铭故居、新蔡县红色文化纪念馆暨中原辛亥革命纪念馆、新蔡县陈店镇谢老庄村小李庄红色旅游和新蔡县群众文化艺术中心4个文化项目建设。新蔡县举办了班台村桃花节、徐庙村月季展、南湖牡丹展和河坞戚楼村龙舟赛、荷花节、丰收节等乡村文化旅游活动，活跃城乡群众文化生活，推动全县文化旅游产业发展。

意识形态与网络安全工作。 新蔡县严格贯彻落实意识形态工作责任制，县委专题研究制定《新蔡县意识形态工作联席会议制度》《新蔡县党委（党组）落实意识形态工作责任制测评办法（试行）》等文件，对全县意识形态工作进行分析研判、安排部署。新蔡县委宣传部每季度按时召开意识形态工作联席会，认真进行意识形态风险排查。河坞乡、县检察院评为全市意识形态强基示范点。新蔡县深入开展"网络安全为人民、网络安全靠人民"网络安全宣传活动和"云大赛"线上答题活动，进一步加大网络安全知识普及力度，提高广大人民群众的网络安全意识和防护能力。新蔡县网信工作被评为"全市网络安全工作先进县区""全市舆情信息报送工作先进县区"。

【顿岗乡班桃源田园综合体上榜河南省休闲观光园区认定名单】
2022年9月，河南省文化和旅游厅公布了2022年认定的河南省乡村

2022年3月17日，新蔡县徐家班杂技演出

旅游特色村、休闲观光园区、特色生态旅游示范镇和创客示范基地名单。其中，新蔡县顿岗乡班桃源田园综合体被认定河南省休闲观光园区。班桃源田园综合体位于顿岗乡班台村木板桥，占地468亩，园区内有百亩桃园、游客接待中心、生态餐厅、绿色菜园、亲子教育、农耕馆、重走长征路等景点。园内种植桃树15个品种3万多棵，被河南农业大学授予新品种种植示范基地，被河南省人民政府评为河南省农民工返乡创业示范项目、省级农民合作社示范社。

【冰上杂技节目《头头是道》参演第二届粤港澳大湾区杂技艺术周】 2022年3月，新蔡县冰上杂技节目《头头是道》受邀参演第二届粤港澳大湾区杂技艺术周活动，并第二届粤港澳大湾区杂技艺术周"优秀节目"。新蔡徐家班冰上艺术发展有限公司成立于2013年11月，是集冰上杂技、冰上舞蹈、花样滑冰、传统武术于一体，以培训与编排演出为支柱，将传统艺术创新和人才培养输出相结合的文化企业。该杂技公司曾应邀参加2020年央视鼠年春晚郑州分会场演出，累计赴海内外表演冰上杂技300多场次、传统杂技920余场次，赢得了广泛好评。

·正阳县·

【文化概览】 正阳县总面积1903平方公里，辖18个乡（镇）、2个街道，总人口86万，是江国故里，是驻马店市第一个党组织创建地，是大革命低潮时期豫皖干部转移的联络站，是抗日战争时期汝南地委的根据地，是解放战争时期刘邓大军千里跃进大别山途经汝河正阳段血战雷岗纪念地。正阳县是新时代"中国花生之都"、"中国孝德文化之乡"，本地有着厚德、厚重、厚道的鲜明文化特点。

文化惠民工作。正阳县结合十大群众文化活动，推出以刘邓大军千里跃进大别山途经汝河血战雷岗为题材的戏曲《雷岗魂》《雷岗母亲》，在全县巡演。正阳县委宣传部举办迎接、宣传二十大广场文化活动104场。推出非物质文化遗产四块瓦《乡村振兴来宣讲》、广场舞《正阳正美》、舞蹈《橄榄绿》、情景剧《爷爷找党》、朗诵诗《正阳百年，让我笑看你的模样》等一批精品力作。正阳县组织开展了系列红色文化宣传活动，红色电影下乡294场、红色戏曲进校园50场、红色文化广场活动52场。

文艺创作活动。积极加大文学艺术作品创作力度，创作了一批优秀文艺作品，正阳县委宣传部举办党的创新理论进基层文艺＋理论120场，创作迎接、宣传二十大文艺作品463篇（部），有2部作品分别获市"五个一工程"奖和"五个一工程"扶持项目奖。整理革命事迹67篇、革命故事230篇，创作红色文艺作品32个，建立红色教育基地6个。正阳县创作编演《血战雷岗》《雷岗风雨渡》等红色戏曲，观众达2万多人次。正阳县创作红色小说《1943年的阳光》，红色歌谣《送军鞋》，红色故事《红色正阳》《正阳红色故事汇编》，制作红色微电影《刘邓大军血战雷岗》《红色遗址垂青史》，电视宣传片《正阳百年》《辉煌正阳》，创建红色文化村10个。

文化研究。全面实施正阳县"兴文化"工程文化研究计划，通过全面系统梳理、深入挖掘正阳的历史文化、红色文化、名人文化、遗存文化、孝德文化等的历史文脉、文化底蕴，充分发挥其在阐释、传承、教育、传播中华文化和时代精华方面"根"和"魂"的作用。为了让全县文物活起来，正阳县挖掘整理《正阳文物通览》《黄叔度传》，其中《黄叔度传》是正阳第一部全面、系统研究黄叔度的文化成果。《黄叔度传》对全县有史以来的9种县志进行认真研究，对明、清3种稀有古文县志进行了翻译、注释、标点等工作。

乡村文化振兴。正阳县组建"县委宣讲团""百姓宣讲团"深入基层宣讲场次390余场次。正阳县刘邓大军强渡汝河纪念馆建成免费对外开放。正阳县推动10个"村史馆"建设，建设8个批非遗传习所、传统工艺工作站。完成20个乡镇文化馆、图书馆总分馆制建设，15分钟城市"阅读圈"初步形成。正阳县举办群众合唱音乐会、趣味运动会、快乐星期天、戏曲进万家、广场舞展演、"阅读之星"村民诵读大赛等文化活动。正阳县评选11类319名"乡村光荣榜"先进典型。正阳县推动正阳非物质文化遗产博览园、正阳花生特色小镇、红色雷岗等一批特色旅游项目建设。正阳县成功申报省级文化产业特色乡镇1个，生态旅游示范镇1个，生态旅游乡村3个，休闲观光园区2个。熊寨镇王大塘村成功获批河南省生态旅游示范村。

【正阳县编创红色戏曲《孔剑舞》，首演获好评】 大型红色现代戏《孔剑舞》取材于正阳县第一位党小组组长、第一任县委书记孔剑舞求

2022年12月30日，正阳县新编红色戏曲《孔剑舞》展演

学救国、投身革命的真实故事和艰辛革命斗争经历，是一部记录、展现、歌颂正阳英雄儿女为争取民族独立、人民解放、国家富强，大义凛然、不畏生死、寻求救国救民道路的红色题材文艺作品。该剧主题鲜明、选材精良、情节感人、催人奋进，是一部讴歌革命先烈、礼赞英雄的文艺作品，对进一步传承红色基因，赓续红色血脉，讲述好中国故事、宣传好中国精神、展示好中国力量，具有重要的现实意义和深远的历史意义。此部戏曲是正阳县便民豫剧团为迎接党的二十大召开创作的新剧目，于2022年12月30日成功上演，得到社会各界的广泛好评。

【举办文化科技卫生"三下乡"集中示范活动】 2022年11月11日，正阳县文化科技卫生"三下乡"集中示范活动举行。活动开始前，来自宣传、公安、司法、农业、畜牧、乡村振兴、卫健体委等数十个部门的专家和志愿者现场提供各类服务。活动中演出了豫剧演唱、三弦书、电吹管独奏、独舞、越调演唱、音乐快板、歌曲等文艺节目。该次活动突出学习宣传贯彻落实党的二十大精神，以新时代文明实践中心（所、站）为依托，着眼促进农业高质高效、乡村宜居宜业、农民富裕富足，普及科学理论、宣传形势政策、涵育文明新风、服务群众需求，推动"三下乡"活动提质扩面、提档升级，推动"我为群众办实事"常态化。

·确山县·

【文化概览】 确山县位于河南省驻马店市南部，全县辖13个镇（街道），202个行政村（居委会），总人口53万，总面积1650平方公里。西周时为道国，战国属楚，汉朝置朗陵县，隋唐称朗山县，北宋改为确山县至今。确山历史文化厚重，建县已有2200多年的历史，是抗日民族英雄杨靖宇将军的故乡。境内的竹沟镇被誉为"小延安"，抗日战争时期是中共中央中原局、河南省委所在地，刘少奇、李先念、彭雪枫、张震等一大批革命家在这里战斗过、工作过。确山县文化产业丰富，年产提琴40万把，年产值6亿多元，产品远销全球各个国家，是远近闻名的"提琴之乡"。

理论武装学习。 确山县强化突出理论武装，组织县委宣讲团、县委百姓宣讲团开展各类宣讲300余场，全县村级以上组织实现理论宣讲全覆盖。确山县开展习近平新时代中国特色社会主义思想创新理论宣讲、微视频宣讲等开展党的创新理论进基层，累计惠及群众20余万人。围绕党的二十大精神学习专题，确山县在120余个县直单位，县城区及镇（街道）建设各类宣传阵地460余个，悬挂宣传条幅700余个，制作宣传匾牌4300个，城乡

沿街沿路宣传标语140余处。

意识形态工作。确山县全方位推进各个领域的意识形态工作。2022年全年确山县委宣传部召开意识形态联席会议4次，下发意识形态风险提示清单4期，排查化解各类意识形态风险34条。确山县委常委会定期研究意识形态工作，贯彻落实党的二十大精神宣讲、省委意识形态督查整改等工作。

新闻外宣工作。"确山提琴""确山铁花""重点项目""人居环境整治"等在央视春节档重磅推出，《央视记者沿着高速看河南》《央视记者走进提琴之乡》《出彩河南》《出彩驻马店·确山篇》《央视记者老乐山打铁花》《非凡十年·确山篇》《学习宣传贯彻党的二十大精神》等新闻作品，被中央省市主流媒体陆续推介。2022年，确山县在各级媒体发稿5000余（条）篇，其中在中央级媒体发稿150余篇。

文化惠民活动。确山县深入推进文化繁荣工程，全县202个村级文化大舞台，累计开展各项活动800余次，惠及群众20万余人次。确山县进行"舞台艺术送基层"和"送戏下乡"演出164场，举办各类文化活动1332场次，参与人次41.7万人次。国家级非物质文化项目确山铁花在乐山景区开展了为期15天的表演活动。确山县开展"关爱老人献爱心，志愿者在行动"、"非遗进校园"、"我们的节日 重孝道 融亲情"重阳节文艺演出与志愿服务等活动。

精神文明建设。确山县举办"新时代文明实践推动周"活动，开展文明实践宣传教育活动200余场次，受益群众8万余人次。确山县开展"赶考路上有我"主题系列活动、"喜迎二十大 奋进新征程"红色故事汇、"网上祭英烈"、"最美职工"颁奖典礼、"青春作答 强国有我"演讲比赛、"庆祝党的二十大 非凡十年看确山"摄影展等多种形式的主题宣传教育活动50余场次。确山县开展"乡村振兴 文明同行"各类主题实践活动1200余场次，受益群众10万人次，形成抵制高价彩礼、倡树婚嫁新风的浓厚氛围。确山县委宣传部评选出各类"乡村光荣榜"典型人物300余人。开展心理健康教育、"致敬最美逆行者，争做新时代好少年"等活动1000余场次，引导师生养成文明健康的行为习惯。

文艺文化事业。确山县在国家级报刊发表文学作品15件，在省级报刊发表作品29件，市级99件，作协成员创作出了300多篇（首）文学作品，用文学创作反映确山县经济社会发展取得的显著成绩。确山县举办迎新春美术书法作品展、"喜迎二十大翰墨巾帼情"第三届女子书画作品展、"喜迎二十大建功新时代"第七届确山县职工书画作品联展、"老乐山杯"旅游风光摄影展、"喜庆党的二十大 非凡十年看确山"发展成就摄影展，为确山县广大群众提供了图文并茂的文化盛宴。

【申报项目入选"校企合作 双百计划"典型案例】 2022年，确山县新时代文明实践中心联合中原工学院艺术设计学院环境设计系联合申报《乡村振兴背景下的大学生素质教育与文明实践活动协同育人新模式》合作项目，成功入选2022年度中国高等教育学会"校企合作 双百计划"典型案例。该项目是将革命老区确山县作为根据地，以利用好红色资源、"旅游立县旅游富民"助力发展红色文化产业为宗旨，利用中原工学院艺术设计学院专家学者智库力量，服务国家战略大局帮助确山县打造特色乡镇发展新路子。利用确山县新时代文明实践中心的自身优势，加强红色教育与实践课程的结合，在教学中加强红色教育及创新实践能力的培养，共画"立德树人 铸魂育人"同频共振同心圆。

【志愿服务项目荣获省级多项荣誉】 确山县新时代文明实践志愿

确山县提琴产品展示

确山县提琴产业园夜景

服务队积极开展各项志愿服务项目。其中，红色文化传播志愿服务队报送的"寻访确山革命烈士印迹"志愿服务项目在2022年文明实践志愿服务项目展示交流活动中荣获一等奖，"爱乐支声"志愿服务项目在第六届中国青年志愿服务项目大赛河南赛区选拔赛中荣获全省银奖，"共建美好时光"志愿服务项目在省文旅厅举办的志愿者项目大赛中荣获银奖，"关爱抗战老兵"志愿服务项目荣获河南省"四个优秀"志愿服务项目称号。

【打造"提琴之乡"】 确山县近年来大力扶持小提琴产业发展，目前全县制琴及配套企业发展到122家，从业人员2600多人，产品涵盖小提琴、中提琴、大提琴、低音贝斯及配件等30多个系列、200余种型号，年产提琴约40万把，占全国提琴总产量的30%左右，年产值达10亿元，年出口创汇约8000万美元，在出口中高档手工提琴市场上更是占据了80%以上的份额。小提琴产业的蓬勃发展带来流动人口不断增加，也带动了全县商贸、流通等其他行业经济的快速增长。

·泌阳县·

【文化概览】 泌阳县位于驻马店市西南部，属浅山丘陵区，境内伏牛山与大别山交会，长江与淮河分流，总体格局呈"五山一水四分田"。全县辖22个乡镇（街道）、354个行政村，97万人，总面积2345平方公里。泌阳县古称比阳，春秋属楚，战国归韩，经西汉，历南北朝，止唐代，先后7次置州，8次设郡，15次立县。明洪武十三年定名泌阳至今。泌阳县境内铜山、白云山、盘古山钟灵毓秀，是中国盘古圣地、鄂豫边省委旧址所在地，有北魏石窟、楚国长城等人文历史景观。泌阳县成功创建全国文明城市提名县、全国"扫黄打非"工作先进县、河南省文明县城、河南省"曲艺之乡"等荣誉称号。

理论学习教育。泌阳县举办学习贯彻党的二十大精神乡科级以上干部培训班。开展线上线下理论宣讲500余场，直接受众30万人次，在县政府网、"说泌阳"、"云上泌阳"等媒体宣传党的二十大学习宣传活动1000余篇（条），制作宣讲视频7期，在县融媒体平台开展线上微宣讲。泌阳县组建县委宣讲团、百姓宣讲团、"网红"宣讲小纵队、青年宣讲小纵队、巾帼宣讲小纵队、劳模宣讲小纵队、"社科大篷车"进基层小纵队等宣讲队伍，到基层一线开展宣讲活动。泌阳县开展全县学习宣传贯彻党的二十大精神理论研讨系列活动，深入阐释解读党的二十大精神。泌阳县建立学习强国线下学习空间30个。

意识形态工作。泌阳县成立县宣传思想工作（意识形态工作）领导小组，建立健全意识形态工作学习、报告、述职、督查、考核等制度。泌阳县加强意识形态工作巡察指导，对13个县直单位和9个乡镇（街道）意识形态工作责任制落实情况进行专项检查。县纪委监委、高邑镇被认定为全市意识形态领域强基示范点。泌阳县加强各类讲座、论坛、报告会、研讨会的日常管理。泌阳县加强书报刊市场、电子音像制品市场、文化娱乐市场、文艺演出活动、集会庙会等监督管理，加强节假日巡查。

新闻舆论宣传。泌阳县融媒体中心"云上泌阳"客户端下载量突破24万，下载量、日活量持续增强，县融媒体中心被省委宣传部、省新闻工作者协会评为2022年"新春走基层"先进集体。"学习强国"泌阳融媒号上线，"说泌阳"政务平台被评为2022年河南政务微信影响力十强，泌阳县综合广播时隔19年再次开播。《援泌之情，我们永远铭记，最高礼仪，欢送英雄返程》等重点报道被《人民日报》《河南日报》等媒体广泛报道。泌阳县组织全县有影响力的78家新媒体平台组建新媒体联盟，创作推送正能量报道和短视频3000多篇(条)，取得了良好宣传效果。

精神文明建设。泌阳县引导各级文明单位开展结对帮创活动480余场次，成立泌阳县好人协会，薛海滨获"中国好人"荣誉称号、3人获"驻马店好人"荣誉称号，评选表彰30名泌阳好人和82户"文明家庭"，举行"身边好人"巡展活动。泌阳县依托县乡村新时代文明实践中心（所站）平台，开展各类实践活动800余场次。泌阳县持续深化未成年人思想道德教育，广泛开展传承中华优秀传统文化、学雷锋志愿服务、"传承红色基因"等系列活动。泌阳县开展"乡村光荣榜"典型选树活动，推进村史馆、文化墙等农村宣传阵地建设。

文化惠民活动。泌阳县举办"喜迎二十大 欢乐进万家"十大群众文化活动、"赶考路上有我"、"书香泌阳"最美读书人全民阅读系列赛事活动，开展书法、摄影、大合唱、广场舞大赛、戏曲进校园、普法宣传等各类基层文化活动，开展戏曲进基层文化惠民演出240余场，农村公益电影放映3294场，更新农家书屋图书3万余册。泌阳县文联获全省"文艺志愿服务先进单位"荣誉称号。

【入选第四批"河南省旅游标准化示范县"】 为加快推进泌阳县全域旅游发展，泌阳县以创建"河南省旅游标准化示范县"为抓手，专题召开创建"河南省旅游标准化示范县"工作推进（培训）会，编制《泌阳县全域旅游规划》《泌阳县乡村

2022年12月16日，泌阳县举办党的二十大精神宣讲报告会

2022年10月27日，泌阳县开展文艺下乡活动

旅游规划》，整合提升特色旅游资源，推动重大旅游项目落地建设。经过终期评估验收，确定泌阳县为第四批"河南省旅游标准化示范县（市）"，对推进全县旅游标准化建设，提高旅游服务质量，促进旅游业转型升级和高质量发展具有重要意义。

【相声《今非昔比》获第八届河南省曲艺牡丹奖文学奖】 泌阳曲艺文化源远流长，近年来泌阳县委、县政府高度重视曲艺事业发展，持续在曲艺创作表演、曲艺新人培养、曲艺传承保护等方面下功夫，加大对曲艺事业发展的资金投入，县财政拨出专项经费200多万元，采取以奖代补的方式，扶持民间曲艺团体和个人，鼓励支持民间曲艺团体外出交流学习，助力全县曲艺传承发展。中国曲艺家协会会员、泌阳曲艺传承发展中心主任盛莉创作的相声《今非昔比》，在2022年第八届河南曲艺牡丹奖大赛中荣获文学奖。

济源示范区

【文化概览】 济源因济水发源地而得名，是愚公移山故事的发生地，全域面积1931平方公里、人口73万，2017年获批全国唯一在全域规划建设的国家产城融合示范区。济源历史悠久、文化底蕴深厚。女娲补天、盘古开天等神话传说均发源

于此，太行王屋塑造了愚公移山、敢为人先的城市精神，黄河济水孕育了百折不挠、清雅高洁的文化品格，历史文化名人众多，是唐朝名相裴休、"茶仙"卢仝、中国北方山水画派鼻祖荆浩的故里。济源山川秀美、旅游资源丰富。唐代诗人白居易盛赞"济源山水好"，清乾隆皇帝称誉"名山胜迹"。王屋山被尊为道家"天下第一洞天"，是太行山国家森林步道的南起点；"世纪工程"黄河小浪底建在济源；五龙口生活着地球维度最北的野生猕猴群落，被称为"猕猴王国"，红色旅游、研学旅游、特色民宿等新业态方兴未艾，日益成为全国各地游客争相打卡的旅游目的地。济源幸福宜居、人居环境优良。人均生产总值突破11万元、位居全省第一位，城乡居民人均收入分别居全省第三位、第二位，城乡居民收入差距缩小到1.65:1，是全省唯一在全域规划建设的城乡一体化示范区。城乡面貌日新月异，人居环境持续改善，先后荣获全国文明城市、全国绿化模范城市、国家卫生城市、国家园林城市、国家森林城市、中国人居环境奖等多项国家级荣誉称号。

2022年以来，济源示范区党工委宣传部坚持以习近平新时代中国特色社会主义思想为指导，紧紧围绕学习宣传贯彻党的二十大精神这条主线，以实施六大工程和开展喜迎党的二十大重大宣传教育系列活动为总抓手，持续为建设创新型高品质现代化示范区、全面建设社会主义现代化济源凝心聚力。

强化理论武装引领。聚焦学习宣传贯彻党的二十大精神。着力做好党员领导干部这个"关键少数"的学习，把学习党的二十大精神、学习习近平总书记在大会期间的重要讲话作为各级党委（党组）中心组理论学习、"第一议题"学习的中心内容；组建示范区党工委宣讲团、百姓宣讲团等，广泛开展对象化、分众化、互动化宣讲，推动党的二十大精神深入人心。聚焦理论学习提质增效。示范区党工委带头落实"第一议题"42次，中心组理论学习20次，各级领导干部带头线上线下讲党课、思政课130余场次。聚焦推动党的创新理论深入基层。举办全区理论宣讲大赛和理论宣讲短视频大赛，依托新时代文明实践平台，深入基层开展分众化宣讲1200余场次，覆盖受众25万余人。

加强社科理论研究。与济源职业技术学院联合推动愚公移山精神研究中心建设，完成96项社科研究课题立项，34项课题结项工作。

加强阵地建设管理。加强制度建设，出台实施办法、实施方案和追究办法等相关制度，防范化解风险隐患，加强网络生态治理筑牢网络安全屏障，整治网络谣言和网络暴力违法信息，开展全区网络安全专项检查，提升网络安全风险防范应对能力。加强"扫黄打非"和新闻出版工作，开展"护苗"集中宣传周活动，持续推动"扫黄打非"进基层，加强文化市场监管，强化新闻出版行业管理。

壮大主流思想舆论。开展"奋进新征程 建功新时代"重大主题宣传。参加省委组织的"河南这十年"主题新闻发布会，在《河南日报》推出12个整版《奋勇争先 精彩济源（奋进新征程 建功新时代 非凡十年 出彩中原）》济源篇，在河南广播电视台推出《非凡十年 出彩中原》济源篇、《喜迎二十大·出彩项目看河南》济源篇，推出《非凡十年 出彩济源》《党的二十大精神在济源》等系列报道，在全社会营造学习宣传贯彻党的二十大精神的浓厚氛围。大力实施要闻头条和流量爆款工程。外宣发稿量稳居全省第二方阵，月度最好名次第七在中央重点媒体发稿200余篇，《人民日报》30余篇，央视《新闻联播》等栏目15条，央视"走进老区看新貌"节目组直播济源纳米产业发展情况，郑渝高铁开通连接长江黄河两大流域，重庆、河南

2022年12月9日，示范区党工委宣讲团成员、政法委副书记毕强，在万阳湖体育活动中心向思礼镇党政班子成员、全体机关干部宣讲党的二十大精神

两地分社长携新华社探江河报道组来济采风引发全国热烈反响。加强网上正面宣传。发挥新闻传媒中心全媒体矩阵优势，开展学习贯彻党的二十大精神宣传，举办2022年济源"愚公杯"短视频大赛，开通"济源网信"微信公众号，确保网络空间正能量充沛。

深化精神文明建设。 加强公民思想道德建设。开展示范区"做文明有礼济源人 共创新时代美好生活"主题教育，学习践行《河南省文明行为促进条例》，评选第六届济源道德模范10名；开展"四送一助力"等活动76场次，济源四中商婷婷入选年度河南省"新时代好少年"。推动文明创建提档升级。完成全国文明城市年度实地考核，中国文明网以《文明润泽 幸福济源》为题，宣传报道济源典型做法；在各级文明村镇中开展"乡村振兴 文明同行"主题活动和"补短板 强弱项"整改提升行动，推荐新一届河南省文明单位、文明村镇、文明校园。深入开展"新时代 新征程 争出彩"十大主题宣传教育实践活动。组织各级单位举办"赶考路上有我""强国复兴有我"主题系列活动，本市选手获省级"赶考路上有我"演讲比赛一等奖，20件作品获省文明办表彰，济源示范区党工委文明办获优秀组织奖。扎实推进新时代文明实践工作。高标准打造新时代文明实践示范所站，举办第二届新时代文明实践推动周主题活动，线上线下累计举办活动2418场次，受益群众35万余人次。

丰富群众文化生活。 扎实开展"喜迎二十大 欢乐进万家"群众文化活动。圆满完成"翰墨润济源"书法作品提名展、"书香济源"全民阅读等20余项大型文化活动，第十九届河南省少儿戏曲小梅花大赛、"中原舞翩跹"广场舞大赛等典型做法获省委宣传部通报表扬。搭建开放平台推动文化活动出新出彩。创新打造2022电视春晚《向春天出发》及二十四节气系列宣传片，大力推动大型原创音乐剧《愚公移山》编排工作，确保2023年公演，河南省戏曲红梅奖大赛永久落户济源，联合河南卫视共同打造的"重阳奇妙游"原创情景舞蹈《得见李白》火爆出圈；鼓励精品原创，出台《济源示范区文艺精品项目奖励办法（暂行）》。深入贯彻文旅文创融合战略。成功举办首届济源文创产品大赛，大峪镇王庄村入选河南省首批乡村康养旅游示范村。

【**全面深入推动学习宣传贯彻党的二十大精神深入人心**】 聚焦学习宣传贯彻党的二十大精神这个头等大事，印发《关于组织开展党委（党组）理论学习中心组党的二十大精神集中学习研讨的通知》《关于开展学习贯彻党的二十大精神集中宣讲的工作方案》，着力做好党员领导干部这个"关键少数"的学习，把学习党的二十大精神等作为各级党委（党组）中心组理论学习、"第一议题"学习的中心内容；组建示范区党工委宣讲团、百姓宣讲团

2022年7月1日，"喜迎二十大 欢乐进万家"示范区首届惠民文化节启动仪式

2022年7月20日，济源承办第十九届河南省戏曲小梅花大赛

等，依托新时代文明实践平台，广泛开展对象化、分众化、互动化宣讲，深入基层开展分众化宣讲1200余场次，覆盖受众25万余人，持续推动党的二十大精神深入人心。

【深入开展"赶考路上有我""强国复兴有我"主题系列活动】 济源示范区广泛组织全区各单位举办"赶考路上有我""强国复兴有我"主题系列活动，示范区选手获省级"赶考路上有我"演讲比赛一等奖，20件作品获省文明办表彰，济源示范区党工委宣传部、济源示范区党工委文明办分获优秀组织奖。

【创新举办2022年示范区云上春晚】 1月29日，2022年济源产城融合示范区云上春晚《向春天出发》全网首发，晚会以科技赋能实现突破时间与空间的古今对话，展示"李白《上阳台帖》""卖油翁"等优质文化资源，给受众带来全新体验。

【举办"翰墨太行"李强书法展】 7月1日，"喜迎二十大 豪情颂中华——翰墨太行"李强书法展在济源文化城开幕。李强曾任省书法家协会第四、五、六届副主席，省书画院第六任院长，是"中原书风"的倡导者、践行者和引领者之一，现任省书法家协会顾问、省政协书画院副院长。"翰墨太行"书法展，是其"翰墨颂中华"系列展的重要篇章。作品以"太行"为主题，笔力强劲、古朴严谨、气韵生动、大气磅礴，生动展现了河南人民奋勇争先、更加出彩、喜迎党的二十大胜利召开的豪情壮志。

· 济水街道 ·

【文化概览】 济水街道位于济源老

2022年6月2日，济水街道"赶考路上有我·情诉出彩济源"演讲比赛在济水街道一家亲尚书房成功举办

城区，文化底蕴深厚，因"四渎"之一济水而得名。济水街道自隋开皇十六年（596年）设济源县，就一直是济源县城所在地，距今已有1400多年历史。1945年建立城关镇，1988年更名为济水镇，1992年更名为济水街道。济水街道南临漭河，北依北蟒河，东到两河交汇处，西至焦枝铁路，面积5.2平方公里，总人口约6.6万人，下辖8个居委会（西关、西街、南街、北街、东街、东庄、东园、狄庄），4个社区（滨河、周园、源园、玉仙）。本辖区宜学宜业宜居，商业区位优势明显，商圈经济、新兴业态繁荣发展，特色街区、专业市场提档升级，社会民生、教育事业统筹推进，城市功能日趋完善，社会和谐人民幸福，是济源示范区经济、文化、商贸、金融中心之一。

对外宣传。2022年，济水街道进一步加强新闻宣传工作力度，在省级以上媒体发布稿件21篇，市级媒体发布稿件40余篇，发布微信公众号稿件302篇，取得了明显宣传效果。其中围绕喜迎党的二十大开展宣传活动32次，围绕"五星"支部创建开展宣传活动44次，围绕新时代文明实践活动开展宣传活动73次，有效培塑街道对外形象。

文化产业。2022年，济水街道投资500余万元，整体改造提升西街槐仙夜市、南街夜市、丽水街、关帝街和一家亲文化广场，着力打造特色美食街、文化艺术中心、大型乐园等；推动有关产业入驻炫音传媒、济源抖电传媒网络公司，进一步丰富济水产业业态。加快"夜经济"发展模式，招商大型第三产业"TOP""超音速""花海"等，合理规划济水业态布局，形成"游、购、娱、食、体、展、演"等在内的多元夜间消费市场。

精神文明创建。投入30余万元对新时代文明实践所、四个社区新时代文明实践站进行改造提升，投资5万元高标准打造南街居委会、东街居委会新时代文明实践站。招募志愿者10881人，培育"爱心助学""情暖敬老院""小楼管家""大手拉小手"等志愿服务品牌，先后组织开展文明交通岗、清洁卫生、爱老助老等各类志愿服务活动300余次。投入资金15万余元，更换破损公益广告220块，新增公益广告573块，公益小品4处，发放文明城市宣传彩页3万余份。广泛开展"传家训、立家规、扬家风"活动，开展家书分享活动2次，征集文明家风30余篇。开展文明家庭系列评选活动，评出"文明家庭"、"好媳妇好婆婆"、身边好人、道德模范等62人，获得2022年文明标兵单位荣誉称号。

群众文化生活。成立"文化济水 阅读经典"读书会，开展读书分享交流活动6次；暑期组织开展"欢乐暑期少年宫"活动18次，开设口才、舞蹈、绘画等专业培训，让辖区近200人次享有优质教育资源；结合重大时间节点和传统节日，开展迎新春义写春联活动，机关运动会、"六一"亲子阅读和端午节包粽子活动等6次。结合"喜迎二十大"和"赶考路上有我"等主题，开展演讲比赛、戏曲进社区、知识竞赛等主题活动8次。

【济水街道蒲公英宣讲团推动党的创新理论深入群众】 济水街道蒲公英宣讲团，每周末组织开展"济水教育大讲堂""诗词诵读学习""传承优秀传统文化"等活动，通过国学讲座传递"党的好声音"，平均每年举办各类活动、公益讲座100余期，参与人数2.5万余人次，持续推动党的创新理论深入人心。

·天坛街道·

【文化概览】 天坛街道位于济源市区西部，北依太行，南眺黄河，东邻中心城区，西接古轵雄关，于1992年设立，总面积16.8平方公里，辖6个社区，17个居委会，辖区人口10.1万人，其中常住人口7.1万人。"天坛"得名于王屋山天坛峰，为上古黄帝祭天之所，寓意祈求风调雨顺、国泰民安。作为济源市区五个街道中唯一以山命名的街道，天坛街道在高质量发展征途上不畏险峻，勇于登攀，始终坚持以习近平新时代中国特色社会主义思想为指导，秉持"厚德载物、求实创新、团结互助、雷厉风行"的天坛精神，按照"一轴两翼""南部工业、中部商贸、北部生态文化"三区协同发展的战略布局，坚持以产兴城、以城带产、深化产城融合，日新月异，积健为雄，辖区经济社会各项事业健康发展。2022年，全年一般公共预算收入完成10692万，固定资产投资增速30%，工业增加值增速13.5%，服务业增速18%。

理论学习。2022年组织开展中心组理论学习7次，"第一议题"学习46次；制定《天坛街道加强基层理论学习工作方案》，设立天坛街道"好好学习"讲堂，邀请专家为党员干部解读习近平新时代中国特色社会主义思想，举办"好好学习"讲堂19期。在微信公众平台开辟"好好学习"专栏，充分利用新媒体定期推送习近平新时代中国特色社会主义思想重点学习内容，推动微信、抖音平台成为理论学习阵地，累计推送各类内容26期。

加强对外宣传。2022年，天坛街道在国家级媒体发表文章4篇，省级媒体发表文章63篇，济源日报发表文章11篇。自媒体宣传中，微信公众号发表文章354篇，视频号发表视频32条。特别是《天坛夜话》《大天话三零 坛坛防诈骗》《五星支部·耀天坛》《天坛最美"她"力量》《觉悟》等专栏和视频，引发热议，起到了良好的舆论传播作用。

精神文明创建。天坛街道对照《2022年文明城市创建工作清单》和《全国公共文化服务体系示范区测评体系》，每月一个主题开展新时代文明实践活动，已开展应急减灾、文明旅游、崇尚节约、文艺演出进小区等新时代文明实践主题活动200余次。针对空巢老人、残疾人、困境儿童等重点人群，制定"三关爱"志愿服务帮扶项目；针对未成年人，开展了"快乐成长"暑期活动。围绕理论宣讲、天坛夜话、应急救援等内容谋划了5支志愿服务队伍和项目。

新时代文明实践。天坛街道新时代文明实践所持续开展"新时代文明实践周"、健康科普教育、志愿服务随手行、大手拉小手、"喜迎二十大、豫剧进万家"等，以群众喜闻乐见的方式，大力倡导和弘扬好风尚，激发向上向善力量。组织开展"赶考路上"征文、书画、摄影、歌咏等系列活动，向示范区推荐征文5篇，书画8幅，摄影作品35张，歌咏作品1首。

【文化产业茁壮成长】 天坛街道积极推动文化产业繁荣发展，大力扶持坤彤陶瓷等特色文化企业发展，开发生产的玉川青瓷、玉川花瓷、玉川白瓷、养生活性瓷、茶具、酒具、餐具等系列产品，产品深受市场欢迎。

·沁园街道·

【文化概览】 沁园街道成立于1993

年1月，原名双桥办事处。2001年，市委、市政府南迁，沁园自此成为济源政治、文化中心。2007年，济源调整行政区划，取"沁水公主园"之意，将双桥办事处更名为沁园街道办事处。辖区北依㵽河，西临焦枝线，南望轵城镇，东接济源东区，辖9个社区和14个居委会，总占地面积15.8平方公里，辖区人口18.5万，各类市场主体2.6万家。近年来，沁园街道办事处大力实施"1355"战略，即围绕建设"济源产城融合示范区核心区"战略定位，实施"产业招先引新""治理能力提升""安全消防整治"三大行动，全面打响"城市党建深化战""产业转型攻坚战""城市品质提升战""文化教育升级战""基层治理突破战"五大战役，努力开创富裕沁园、美丽沁园、和谐沁园、平安沁园、幸福沁园建设新局面。沁园街道办事处在2022年镇办高质量发展考核中居16个镇办第一名。

理论学习。 沁园街道以打造"理响沁园"基层理论宣讲品牌为核心，建强队伍"聚人才"，聚拢辖区基层宣讲专家库、百姓名嘴宣讲团、文艺宣讲志愿服务队等宣讲人才；拓展阵地"抓覆盖"，建立线上线下两个平台，先后开设"沁园开讲啦""周三书记讲""微光书苑"等，延长宣讲链条，形成"微宣讲"大效应。开展"赶考路上有我·情诉出彩济源"演讲比赛、"庆七一 感党恩 喜迎党的二十大"党的创新理论文艺宣讲、"强国复兴有我 百姓故事会暨党的创新理论基层宣讲"等，累计开展各类活动3000余场次，荣获河南省理论宣讲先进集体称号。

对外宣传。 把展示沁园形象作为宣传工作重点，围绕中心、服务大局，内外宣传、齐头并进，主动对接、沟通合作，在省级以上媒体发稿43篇，市级主流媒体发稿68篇，街道"实干沁园"刊发微信882篇（采写微信132篇），"幸福沁园"视频号发稿26篇，创新推行的"有事好商量"协商议事工作模式被国家级报刊《人民政协报》刊登报道，创新开展的"小板凳议事会"在全区推广，进一步宣传展示了沁园良好形象。

精神文明创建。 持续把文明创建抓在手上，突出工作重点，抓好辖区各项创建工作。认真对照《全国文明城市测评体系》标准，细化《2022年沁园街道深化全国文明城市实地考察任务及分工》，进一步明确责任、细化任务，形成"齐抓共管、各负其责"的工作机制。按照精细化网格管理，进一步整合资源，组织动员辖区广大党员干部群众积极参与，全力支持文明城市创建工作，合力推进创建各项工作。进一步强化创建氛围营造，线上线下齐发力，利用微信公众号、微信群持续推送《新时代爱国主义教育实施纲要》等，开设创建专栏，解读文明城市创建相关政策知识30余篇，编发创建知识小课堂20余期。累计投入100余万在辖区公共场所修建景观小品、公益广告等700余处。多渠道整合志愿队伍，培育党员志愿服务队、创建志愿服务队、文化文艺志愿服务队共计72支。

群众文化生活。 目前已经打造沁园社区、济河苑社区、东留村居委会3家文化合作社，通过集体培训、资源整合提升演出能力及效果，2022年利用传统节日等在辖区开展演出50余次。健身活动精彩纷呈，开展"喜迎二十大 运动促健康"全民健身运动会、"沁园杯"示范区篮球联赛、"全民健身日"主题活动暨"沁园杯"第二十二届球迷夜市篮球联赛、"银杏苑杯"第四届象棋比赛、广场舞培训等健身活动100余场次。

新时代文明实践。 做实辖区文明实践所站改造提升，按照"⋯有"标准，积极打造"所、站、点"三级文明实践阵地。在高标准建成

2022年9月29日，沁园街道举办"强国复兴有我百姓故事会暨党的创新理论宣讲报告会"

街道新时代文明实践所的基础上,投资30余万元进行细节提升和周边小品设置;累计投资160余万元,全面提升辖区14个居委会、6个社区新时代文明实践站;投入30余万元,对新建河清社区、桃源社区新时代文明实践示范站进行高标准打造;投资10万元,建成12个示范点。积极组织开展"新时代文明实践推动周"系列活动,开展各类文明实践活动80余场,洪森诵读志愿服务项目获济源首届新时代文明实践志愿服务项目银奖;特色志愿服务项目沁园社区小板凳议事会、世纪苑社区每周义剪、河清社区免费早餐、济水苑社区"头等大事"等,新时代文明实践志愿服务支队现有直属团队22个,文艺社团近30个,开展活动171次,服务总时长18443.5小时,受益群众超8万余人次。

【"微光书苑"系列读书会】打造"微光书苑"品牌读书活动,开展线上线下读书交流活动10余场,建立"微光书苑"百日线上读书群,督促每天读书,以语音形式发群打卡,并对完成百日读书的会员予以图书奖励;在"实干沁园"公众号开设"微光书苑"专栏,推送每期活动预告及读书会活动开展情况,下设"有奖征文"栏,定期推送好书推荐、读书感悟等。开展愚公移山读书会、"书香润万家 奋进新时代"经典诵读活动等阅读活动。

·北海街道·

【文化概览】北海街道位于济源市区北部,面积10.9平方公里,辖5个社区和13个居委会,人口6万

2022年9月28日,北海街道在清趣园社区举办"书香润万家 奋进新时代"经典诵读活动

余人。北海街道文化底蕴深厚,交通便捷,北海路、济渎路、济阳路横贯东西;天坛路、文昌路、沁园路纵穿南北,国家级文物保护单位、四渎之一的济渎庙、王者之水—济水之源均位于辖区内,具有得天独厚的区位优势。近年来,北海街道深入实施"党建引领、三产提速、城市提质、文化驱动"战略,以建设"济源产城融合示范区现代服务业创新示范园区"为抓手,以发展现代服务业和文化旅游业为突破,全力打造"开放包容、产城融合、社会和谐、生态宜居"新北海,先后曾荣获"全国民族团结进步模范集体"、河南省民族团结进步模范集体、河南省民族团结进步示范区、河南省"五好"基层党组织、省民政系统"基层满意窗口"、省卫生先进单位等荣誉称号。

媒体报道。2022年,北海街道进一步加强新闻宣传力度,在国家级媒体发表稿件30篇,在省级媒体发表稿件39篇,在《济源日报》发表稿件48篇,上报调研文章5篇,编发微信630期,开通北海视频号,制作视频61期,累计阅读人数达40余万人次以上,进一步提升了北海街道对外形象。

精神文明建设。深入贯彻落实《河南省文明行为促进条例》,扎实推进文明创建年度复检工作,顺利通过国家文明委的复检验收;壮大志愿者队伍,注册人数1万人,注册率达15.6%。健全各居委会"四会"制度,深化移风易俗,拓展家规家训内涵;选树一批"文明家庭""好婆婆好媳妇",开展送荣誉进家庭活动;扎实开展"我们的节日"活动,在清明、端午、重阳等传统节日,开展"端午艾草香,涵养家国情怀""情暖重阳 关爱老人""浓情腊八 寒冬送粥"等系列活动,取得了良好社会效果。

新时代文明实践。指导辖区18个新时代文明实践站工作开展,打造了"红色蒲公英"理论宣讲、"情暖桑榆"助老爱老、"心灵花园"心理辅导等志愿服务项目21个,全年组织策划各类文明实践活动50余期,开展各类理论宣讲30余场;围绕党的二十大、文明城市创建、脱贫攻坚、文明新风尚等主题,自编自导不同题材文艺作品30

余个。积极开展"线上"宣讲活动，开通北海视频号、抖音号，录制《学习党的二十大》《北海美食》《北海美景》等视频20余期。大力实施社会化志愿服务项目，"天天粥棚"、老年文化宣讲队等一批社会志愿服务项目形成品牌。2022年望春园社区被评为优秀志愿服务社区，辖区优秀青年袁尧被评为济源第六届见义勇为道德模范，机关退休工作人员陶孝清被评为2022年济源好人。

<u>公共文化服务和文旅推介</u>。圆满完成国家公共文化服务示范区迎检工作，完成城市书房扩建工作，及时更新借书系统。建立和完善文化合作社工作，组织活动6期，9月组织辖区文化活动才艺大赛，选送的"红色剪纸"获河南省文化合作社才艺展示三等奖。扎实做好北海旅游推介工作，制作高质量旅游系列宣传片、特色美食宣传片5期。对辖区各类遗迹进行登记，排查登记辖区红色旅游资源5处，指导各居委会做好文物遗迹登记保护工作；申报大明羊肉汤等河南省老字号两家已挂牌。

【打造"红色蒲公英"理论宣讲团品牌】 该项目不断发展壮大，已拥有"百姓名嘴志愿宣讲队""巾帼志愿宣讲队"等5支特色宣讲队伍，注册宣讲志愿者190余人，打造"跟着书记学党史"、红领北海大讲堂等5个特色品牌；在宣讲形式上不断创新，线上线下齐发力，制作宣讲视频50余部，累计开展各类宣讲活动800余场，受众达30余万人次。9月"红色蒲公英"理论宣讲项目参加河南省项目大赛获三等奖；12月参加示范区党工委宣传部组织的项目大赛获大赛银奖。

·玉泉街道·

【文化概览】 玉泉街道位于河南省济源市城区东北部，2007年12月撤销亚桥乡成立玉泉街道，因境内水浅泉多，清澈如玉而得名。玉泉街道东与梨林镇相接，南与轵城镇、沁园街道相连，西与济水街道相邻，北与五龙口镇接壤，辖区总面积29.36平方公里，国道207、济新公路等重要干线穿境而过，济源大道、环城东路、北海大道、愚公北路等城市道路纵横交错，二广、长济等高速公路入口设在玉泉境内，交通往来方便快捷，区位优势十分明显。街道辖5个社区、21个居委会，居民37562人，党员1598名。

<u>媒体报道</u>。2022年，玉泉街道以"济源玉泉"微信公众号、视频号为载体，紧紧围绕文明城市创建提升、党群连心工程、防汛防灾等主题开展宣传报道，持续为玉泉经济社会发展凝心聚力。全年在国家级媒体发表稿件5篇，省级媒体发表稿件77篇，《济源日报》等市级媒体发表稿件87篇条，微信公众号472篇，视频49条。

<u>全民阅读和文化供给</u>。投资30余万元高标准建设城市书房，擦亮"泉韵书香"读书会品牌，不断激发街道上下学习潜力，全面提升整体文化素养。组织各居委会成立文化合作社，编排节目，组织演出，邀请文艺剧团下乡展演，放映红色电影100余场次，丰富群众精神文化生活。

<u>新时代文明实践</u>。辖区新时代文明实践所、站实现全覆盖，积极打造泉泽社区、王庄居委会、堽头居委会等8个实践站标杆。积极选树典型，开展第三届"最美玉泉人"评选，评出最美志愿者等77人，王富堂被评为"河南好人"，杨文波、贾春艳等8人被评为2022年春季示范区优秀志愿者，推选身边好人4人。积极参与示范区"四个优秀"志愿服务评选，泉泽社区获优秀志愿服务社区。每月一个主题开展新时代文明实践活动，开展"新时代文明实践周"、健康科普教育、快乐成长等新时代文明实践活动200余次。

【推广"泉心泉意"故事汇志愿服务品牌】 玉泉街道精心打造"泉心泉意"故事汇理论宣讲品牌，以宣讲党的创新理论、讲述中华优秀传统文化、传授社会科学知识为主

2022年6月9日，在"6·11愚公移山精神纪念日"前夕，玉泉街道组织干部职工开展《愚公移山》名篇诵读活动

要内容，2022年先后深入基层开展专题宣讲100余场次，其中"党的创新理论"集中宣讲40余场次，党的二十大精神互动宣讲50余场次。街道班子成员、各居（社区）书记讲党课、走进校园讲思政课100余次。"泉心泉意"故事汇理论宣讲品牌在济源第一届新时代文明实践志愿服务项目大赛中获铜奖。

·克井镇·

【文化概览】 克井镇位于济源市区北部，北依太行与山西阳城接壤，南与思礼镇、北海办事处相连，西与思礼镇毗邻，东与五龙口镇相接。全镇总面积220平方公里，耕地面积6.7万亩，辖46个行政村，7.1万人。克井镇历史悠久，有属于龙山文化遗存的原昌遗址，"伐原示信"的典故就发生在这里。1958年8月建立克井人民公社，1983年12月，改为克井乡；1991年3月，克井乡撤乡建镇。近年来，先后荣获"全国文明村镇""全国先进基层党组织"等荣誉，是全国重点镇、全国千强镇、河南省卫生镇、河南省村镇规划建设先进单位，2015年被列为省级经济发达镇行政管理体制改革试点。2022年，一般公共预算收入累计完成1.168亿元，全社会固定资产投资完成14亿元，规上工业增加值累计完成3.752亿元，人均可支配收入达到2.8万元。

文化文艺。2022年，克井镇持续加大文化文艺工作力度，进一步丰富群众精神文化生活，柿槟村文化合作社被评为"河南省示范性乡村文化合作社"，文化合作社作品"唱响村歌""齐秀村艺"在"我

2022年8月5日，克井镇开展"我们的节日·七夕"文明家庭展演暨"出彩克井人"表彰大会

的乡村文化合作社"才艺大赛中获奖2项。白涧村入选河南省乡村旅游特色村、河南省第二批乡村康养旅游示范村。茶店村文化管理员张菊花获"河南省优秀农家书屋管理员"荣誉称号。

非遗传承。2022年，克井镇聚焦传承弘扬中华优秀传统文化，进一步加大对非物质文化遗产的传承保护力度，柿槟村"石刻技艺"获批"第四批济源市非物质文化遗产代表性项目名录"，北樊村苗建武获批"第三批济源市市级非物质文化遗产代表性传承人"（传统美术类）。

精神文明创建。2022年以来，克井镇持续聚焦精神文明创建工作，大力弘扬主流价值，加强公民思想道德建设，先后组织开展2022年"文明祭扫树新风 绿色环保过清明"宣传活动，"传承好家训，弘扬好家风"演讲比赛，"我们的节日·七夕"、"我们的节日·重阳"、"喜迎二十大 浓浓敬老情"活动、文明家庭展演暨"出彩克井人"表彰活动，入围省级乡村光荣榜"好媳妇"克井村王小霞、"好乡贤"中樊村刘志祥2人，入围示范区"乡村光荣榜"18人。申报省级文明村1个（寨河苑），顺利通过验收；申报市级文明村6个。

【克井镇开展"我们的节日·七夕"文明家庭风采展示暨"出彩克井人"表彰活动】 克井镇"我们的节日·七夕"文明家庭风采展示暨"出彩克井人"表彰大会于2022年8月5日成功举办，全镇2022年度文明家庭和"乡村光荣榜"先进人物代表齐聚一堂，共同见证光荣时刻。与会领导为文明家庭代表、党员代表、乡贤代表等优秀集体、个人颁发证书。下一步，克井镇将以该次表彰活动为契机，深入推进乡风文明建设，弘扬中华民族传统美德，凝聚正能量，传播真善美，引导广大群众学习模范、争当模范的浓厚氛围，以良好家风带动文明乡风，为建设天蓝、水绿、景美、人富的济源北部靓丽新城谱写更加辉煌的篇章。

·五龙口镇·

【文化概览】 五龙口镇位于济源东北部，古称枋口，秦代在此开山凿渠，以枋木为闸，后又相继开挖

了利丰、广济、广惠、永利和兴利五渠，呈"五龙分水"之势，五龙口因此得名。1958年成立辛庄公社，1983年改乡，1990年建五龙口镇。五龙口镇区位优越、交通便利、资源丰富、风景秀丽，具有得天独厚的发展优势，连接河南、山西两省和焦作、晋城两市，境内焦克公路、焦枝铁路横穿东西，国道208、济晋高速贯穿南北。境内拥有医用地热矿泉及AAAA级国家猕猴自然保护区。本镇境内有华能沁北电厂、联创化工、豫光金铅3家大型市级工业企业，有镇级大中小企业百余家。全镇设有1个村级党委，6个党总支，47个党支部，现有党员1951人。

理论学习。2022年，五龙口镇坚持把学习贯彻习近平新时代中国特色社会主义思想作为首要政治任务，通过理论学习中心组、"第一议题"、"机关大讲堂"等形式，深学细悟习近平总书记最新重要讲话重要批示精神、党的二十大精神，依托"学习强国"、主题党日等加强机关全体党员干部理论学习。全年组织中心组学习19次，各类学习会20余次，邀请示范区党工委宣讲团开展党的二十大精神专题宣讲报告会，进一步教育引导机关干部增强"四个意识"、坚定"四个自信"、做到"两个维护"。

媒体报道。2022年，五龙口镇强化宣传阵地建设，充分利用微信自媒体，围绕镇中心工作正面宣传五龙口，全年在"沁口清风"微信公众号推送微信176篇条，在《济源日报》《济源新闻》等市级报刊、电视媒体发表78篇报道，在新华网、中国网等省级以上网络主流媒体发稿30篇。同时，积极创新宣传渠道，建立幸福留村抖音宣传平台，创作的村规民约视频获省文明办好评。

精神文明创建。2022年，五龙口镇持续开展"星级文明户"认领创评、"乡村光荣榜"评选、"我们的节日"主题活动、"扫黄打非"、"护苗"、"绿书签"、"移风易俗"、"家风家训家规"等活动50余次，开展文化文艺巡回演出13场。借助新时代文明实践所（站）、文化合作社等平台，加强文艺骨干队伍建设，编排优秀节目，在示范区文化合作社大赛中，五龙口镇怀梆作品成功入选，"赶考路上有我·情诉出彩济源"演讲比赛中，五龙口镇作品《我骄傲我是五龙口人》获得镇办一等奖。持续加强非遗传承保护，2022年五龙口镇姚修国被认定为济源市市级非物质文化遗产（山口花鼓戏）代表性传承人，为实现山口花鼓戏的可持续发展提供了有效保障。

【推进全民阅读，大力营造"书香五龙"】 2022年，五龙口镇创新组织各种形式的阅读活动，在第27个"世界读书日"期间举行了2022年"书香济源"全民阅读暨"4·23世界读书日"系列活动启动仪式，在新时代文明实践所开展"愉'阅'时光 书香五龙"读书分享活动，在书香河南首届全民阅读大会济源示范区分会场活动中，在山口村举办了经典诵读文艺会演活动。全年镇区31个行政村、各学校结合各自实际开展亲子阅读、诵读经典等形式多样的读书活动，培养群众崇尚阅读、自觉阅读的良好习惯，逐步营造全民读书、终身学习的浓厚氛围。

·梨林镇·

【文化概览】 梨林镇位于济源市区东部，距市区约10公里，国道208贯穿南北，国道G327穿境而过，菏宝、二广两条高速在境内交会。全镇总面积56.6平方公里，耕地5.8万亩，辖45个行政村，4.7万人，近年来，梨林镇坚持稳中求进工作总基调，完整准确全面贯彻新发展理念，积极主动融入新发展格局，聚焦"七个方面做示范"要求，全力实施"一区两园三带"战略，以建设生态优先绿色发展创新试验区为目标，全面推进乡村振

2022年9月30日，五龙口镇裴村开展"我们的节日·重阳"文艺会演活动

兴；以现代农业示范园和梨林创新创业产业园为载体，做优农业、做强工业、带活服务业；以沁河、济河、蟒河生态涵养带建设为抓手，提升生态宜居环境；聚焦高质量发展，着力打造宜居宜业和谐美丽的"济源东花园"。先后获得全国戏曲文化之乡、全国模范人民调解委员会、省级卫生镇、省级生态文明镇、省级文明镇、省级园林镇、河南省民族团结进步创建示范单位、全省粮食生产先进单位等荣誉。2022年，一般公共预算收入3694万元。

理论学习。严格落实党委书记第一责任人、班子成员"一岗双责"，落实落细"第一议题"制度，健全中心组理论学习制度，统筹用好各种学习形式和载体，深入学习贯彻习近平新时代中国特色社会主义思想和党的二十大精神，全年组织开展中心组理论学习20次、镇机关集中学习30余次，在"大美梨林"微信公众平台创建"梨苑学习园地"专栏，切实做好网上正能量传播，使党的好声音成为网上最强音。

新闻宣传。2022年在省级以上媒体发表报道60余篇，《人民日报》、中央人民广播电台、"学习强国"、《河南日报》头版及河南卫视先后报道梨林智慧农业蔬菜产业示范园、助企纾困复工复产等案例。"大美梨林"微信公众号、视频号等发布各类图文信息400余条，"大美梨林"视频号平均播放量达到3000次。邀请摄影家、记者走进梨林采风，多篇摄影作品在人民网、影像中国等国家级媒体刊发。

精神文明创建。突出党员带头，倡树文明乡风、淳朴民风、良好家风，持续打造范庄、南程等新时代文明实践示范站，扎实开展乡村光荣榜、"星级文明户"评选，1人入选河南省乡村光荣榜，15人入选示范区乡村光荣榜。成功创建省级文明镇、省级卫生镇，荣获河南省第五批"扫黄打非"进基层示范点。

农文旅融合发展。以乡村休闲旅游业为重点，建设济源农乐园，打造绿色果蔬、花卉园艺、水产养殖等特色农业品牌；以生态农业为基、田园风光为韵、农耕文化为魂，贯通产加销、融合农文旅，大力发展休闲采摘、研学观光、直播电商、农事体验"四大业态"。农乐园全年承接招商对接会、节庆活动、观摩和研学50余次。发展壮大新型农业经营主体，创建国家级农民合作社示范社1家、省级示范家庭农场2家，王国群荣获2022年"大国农匠"荣誉称号，宏基鲟鲵养殖基地获评"全国水产绿色健康养殖技术推广五大行动骨干基地"。

新时代文明实践。持续完善新时代文明实践所站建设，整合利用现有资源，扎实开展新时代文明实践活动。在元宵节、端午节等传统节日，组织开展猜灯谜、诵经典、文艺会演等文明实践活动。精心策划"梨苑之春·相约大美梨林"摄影比赛、"赶考路上有我·情诉出彩济源"演讲比赛、第二届新时代文明实践周等文明实践活动。发挥好辖区志愿者队伍作用，推动志愿服务全覆盖，建立各类志愿服务队伍58支、注册志愿者4612人。

【**成功承办示范区乡村建设·乡村旅游招商对接会**】 8月10日，济源示范区"乡村建设·乡村旅游"招商会在梨林镇智慧农业蔬菜产业示范园成功召开。82家农工文旅企业、11家农村集体组织和35个美丽乡村、23个乡村休闲旅游村庄负责人齐聚梨林，面对面进行宣传、推介、交流，共同发展乡村旅游，助力乡村振兴。

·轵城镇·

【**文化概览**】 轵城镇位于济源示范区南部，总面积147平方公里，辖区内共69个行政村，10万余人，春秋时曾为轵国，战国时先为韩都，后为魏之重镇，乃"天下名都"之一。秦置轵县，西汉至南北朝四度封为侯国。境内古迹颇多，其中大明寺、轵国故城、关帝庙为国家级文物保护单位，聂政冢为省级文物保护单位。能臣赵衰、侠客聂政、商山四皓、义侠郭解等，在这片土地上留下了许多可歌可泣的动人故事。境内铁路、国道、省道、高速公路纵横交错，交通便利，环境优美。近年来，先后荣获"河南省文明镇""河南省历史文化名镇""河南省平安建设先进单位""河南省依法治理创建活动先进单位""河南省第二次污染源普查先进集体"等称号。2022年全镇完成一般公共预算收入10751万元，同比增长17%；完成全社会固定资产投资23亿元，增速15%；完成规模以上工业增加值6.4亿元，增速20%；农民人均纯收入26564元，同比增长5.9%。

理论学习。2022年，轵城镇以习近平新时代中国特色社会主义思想为指导，将学习贯彻党的二十大精神作为头等大事来抓，全年开展集中理论学习9次，第一议题学习

24次，开展了党的二十大精神、百年大党面对面、河南省文明行为促进条例等主题研讨7次。坚持以党的政治建设为统领，认真落实意识形态工作责任，聚焦意识形态领域突出风险，不断加强和改进意识形态领域工作，努力做到守土有责、守土尽责。

*新闻外宣。*2022年，轵城镇进一步加大宣传工作力度，依托《大河报》、《东方今报》、《河南法制报》、"济源轵城"微信公众号等平台，在省级以上媒体发表各类文章40余篇，"学习强国"刊发稿件30余篇，全年共发表微信450余篇，取得了良好的对外宣传效果，为轵城镇经济社会发展营造了良好氛围。

*文化文明。*2022年，轵城镇聚焦推动文化事业繁荣发展和精神文明建设持续发力，取得明显成果。东添浆村村民石大刚被省文明办评为2021年下半年"河南好人榜"。桥凹村被河南省乡村振兴局评为"第二批全省乡村旅游示范村创建单位"。

【成功承办全国乡村治理体系建设试点示范工作交流会·良安新村现场观摩会】 2022年7月22日，全国乡村治理体系建设试点示范工作交流会在轵城镇良安新村召开，全国乡村治理体系建设市县代表、专家走进轵城镇良安新村，现场考察观摩该村基层治理、道德积分银行建设等经验做法，实地感受乡村治理成效。

·承留镇·

【文化概览】 承留镇位于济源市区西4公里处，西靠世界地质公园王屋山，南望国家重点工程小浪底，东临焦枝铁路，北依济阳高速公路，全镇区域总面积209.3平方公里，共有49个行政村、6个大型社区，总人口8万余人。承留历史悠久，文化深厚，山水相间，风光独特，交通便利，古为"承东启西留客驿站"的重要驿站，今为"承载信义、留商共赢"的工业大镇。近年来，承留镇始终坚持"工业强镇、农旅富民、产城融合、一体发展"主战略，全镇经济社会各项事业高质量发展。先后荣获"全国文明镇""全国卫生镇""全国综合实力千强镇""全国农业产业强镇"等多项荣誉。

*新闻宣传。*承留镇高度重视新闻宣传工作，2022年在《河南日报》、《河南日报（农村版）》、大象新闻等省级以上媒体发布新闻60余篇，中央级媒体发布7篇，分别为《人民日报》1篇、《光明日报》2篇、新华网2篇、中国农网1篇、《经济日报》1篇。在发挥传统媒体宣传作用的同时，承留镇开辟新媒体，创建"印象承留"视频号，2022年视频号发布作品29条，其中，带你体验"沉浸式"承留雪景视频阅读量达1.6万人次。

*非遗传承。*承留镇聚焦非遗传承发展，以重大节日、旅游场所为依托开展形式不同的非遗文化展演展示活动。春节期间，花石村举办打铁花演出，元宵节期间，举办民间文艺，有舞狮、秧歌、竹马旱船、民间吹奏等，这些沿袭多年的民间传统习俗是一笔丰厚的非物质文化遗产。在大沟河乡村驿站，设置有非遗文化馆，将剪纸艺术作为一项专题展示，让群众对剪纸艺术增加了更多的认知。与此同时扎实做好辖区非物质文化遗产的申报工作，2022年承留镇"瓦脊兽"制作技艺成功入选济源市第四批非物质文化遗产名录。

*文旅融合。*承留镇人文旅游资源底蕴深厚，南有国家级森林公园南山森林公园，森林覆盖率97.8%，是距离市区最近的天然绿色氧吧。其中花石村素有"金花石"之称，早在秦末汉初，花石村就吸引了商山四皓来此隐居，同时水上乐园、滑雪场、愚公天河第一漂这些项目已经成为近郊游的首选地。2022年大沟河农业公园项目启动，建立了大沟河驿站，是集自然观光游览、亲水体验、生态休闲等于一体的特色乡村微旅游度假综合体，"五一"期间，大沟河成为本市群众的重要打卡地。西有玉阳山，海拔1000余米，主峰为玉皇顶，有伟人山、仙姑顶、麻姑庙、仙人洞、莲花洞、十八盘、李大官坟、王莽撵刘秀历史遗迹等10余个景点，与玉皇顶相望的是仙姑顶，仙姑顶上的仙姑庙修缮一新，惹人注目。玉阳山长达185米的玻璃栈道、210米的滑道更是游客流连忘返的好去处。

*精神文明建设。*大力培育践行社会主义核心价值观，强化模范引领，扎实开展"乡村光荣榜"选树，连续多年举办"乡村光荣榜"暨道德模范，让身边人影响身边人，2022年入选省级"创业好青年"1位，省级"好支书"1位。同时做优志愿服务，重点培育"老班长调解室""应急防汛""巾帼红"3个志愿服务项目。其中花石村"老班长调解室"志愿服务项目获得全省志愿服务项目大赛三等奖。大抓文化惠民，2022年"农民丰收节"、

"花石梅花节"、夏季篮球邀请赛如期举办，已成为本镇文化体育事业的特色品牌；扎实推进新时代文明实践工作，投资300余万元更新新时代文明实践所，建成新时代文明实践示范站7个，利用所（站）定期开展活动，传播了新思想，引领了新风尚。

【承留镇"复兴少年宫"文化建设】为持续擦亮承留镇"全国文明镇"金字招牌，深化推进未成年人思想道德建设工作，承留镇于2022年投资90余万元建设了承留镇复兴少年宫，该少年宫位于承留镇实验小学，建筑面积2200平方米。包含幼儿娱乐室、快乐书吧、乐高室、科普室等12个功能室，室内设置有劳动基地和修身园。少年宫每周安排不同主题的文化交流活动，为辖区3000余名中小学生提供了培养兴趣爱好和提升综合素质的良好阵地，2022年该复兴少年宫被评为河南省"护苗"站点。

·思礼镇·

【文化概览】思礼镇位于济源市西部，全镇总面积69.7平方公里，辖27个行政村，3.2万余人。思礼旧称武山镇，该地解放后为纪念在此牺牲的原济源县委副书记于思礼烈士而更名。思礼是唐代著名"茶仙"卢仝故里，被誉为"中国卢仝文化之乡"，拥有"中原海拔第一村"、中国森林氧吧—水洪池，"人间天河"—引沁济蟒渠、五三一老军工基地、世界地质公园的明珠—九里沟景区等得天独厚的文化旅游资源。近年来，思礼镇大力实施"党建引领、工业强镇、乡村振兴"战略，经济社会发展实现全新跨越、全面腾飞。全镇拥有规模以上工业企业20家，其中市级重点企业3家，入驻央企1家、上市公司3家，是河南省重要的有色循环经济产业基地。先后荣获"全国文明镇""国家园林镇""全国环境优美镇""全国群众体育先进单位""国家卫生镇""河南省特色小镇""河南美丽小镇"等一系列荣誉称号。

理论武装。2022年以来，思礼镇先后组织开展党委中心组学习研讨10次，定期组织机关全体党员干部集中学习。与济源新闻传媒中心"金话筒"志愿服务支队合作，着力打造"红色思礼"最美读书声理论学习品牌。依托"学习强国"平台、集中理论宣讲活动、机关周末讲堂等载体，深入学习习近平新时代中国特色社会主义思想、党的二十大精神、习近平总书记视察河南重要讲话精神等内容，进一步深刻领悟"两个确立"的决定性意义，增强"四个意识"、坚定"四个自信"、做到"两个维护"。

新闻宣传。2022年以来，思礼镇积极开展新闻宣传，在省级以上媒体发稿70余篇，其中新华社客户端、新华网3篇，人民周刊网1篇，人民号1篇，在《河南日报》、河南广播电视台刊播15篇条，在河南日报客户端8篇，"学习强国"8篇；在《济源日报》、济源电视台发稿45篇；累计制作推送微信、抖音1000余条。

镇村联创。2022年以来，组织机关人员、农村党员干部、镇直职能部门等3万余人参与创建，镇村环境卫生、市场经营秩序显著改善；累计向示范区党工委文明办报送图文资料1000余幅、5万余字；积极开展"乡村光荣榜"人物选树、"我们的节日"（春节、端午、中秋、重阳）、"赶考路上有我"演讲比赛、新时代文明实践周、"四送一助力"、愚公移山精神纪念日、"我和国旗合个影"等活动；完成全国文明城市年度复查迎检任务，牛湾新村成功创建省级文明村。在卫生城市创建季度考核中，取得2个第一、1个第二的成绩；在文明城市创建月度考核中，位居各镇上游。

文明创建和文明实践。精神文明创建，持续推进星级文明户认领，评选挂牌900余户；培育武山曲剧团等民间剧团，扶持卢仝文化研究、葫芦烙画等文化品牌，定期开展送戏进村、煎茶交流、书画培训等活动；广泛开展"喜迎二十大 文化乐万家"活动，累计参与群众8000余人次；组建志愿服务队伍，累计注册志愿者达2000余人，在新时代文明实践所组建10支志愿服务队伍，在各新时代文明实践站组建5支志愿服务队伍，立足实际打造群众需求的志愿服务项目，深入基层开展党的创新理论宣传宣讲160余场次。

【文旅融合发展成效明显】2022年成功创建河南省特色生态旅游示范镇，郑坪村获河南省乡村旅游特色村、河南省康养旅游村称号，水洪池村获河南省康养旅游村称号，云潭山庄核桃公园创建成功省级特色园区；成功申报水洪池村乡村康养旅游产业项目。迎接国家公共文化服务体系示范区检查，服务全国乡村治理体系建设试点示范工作考察团观摩，入选2项市级非遗项目。

·坡头镇·

【文化概览】 坡头镇是一座拥有厚重历史文化底蕴和迸发青春活力的中州历史名镇。位于济源市区南部,东接洛阳石化城和大化纤工程,西连世纪工程小浪底及国家AAAA级景区小浪底风景区,南临国家重点工程西霞院水库,总面积137平方公里,辖23个行政村,2.6万人,境内仰韶文化、龙山文化、万佛山北魏石窟等文化遗址保留完整;天仙配、大禹治水、王莽撵刘秀等故事广为流传,董永与七仙女、黄河船工号子被评为省级非物质文化遗产;西滩岛被誉为"万里黄河第一滩",是《诗经》第一首诗《关雎》的发生地;杜八联成功护送陈(赓)谢(富治)大军抢渡黄河闻名全国,被誉为"河防堡垒";留庄"英雄民兵营"是全国四大英雄民兵营之一;小浪底风景区是中国最具吸引力的地方。坡头镇近年来先后荣获"国家卫生镇""全国环境优美镇""全国特色景观旅游名镇""中国最佳休闲度假旅游名镇""河南省先进文化名镇""省级文明镇""省级园林镇"等称号。

理论学习。2022年,坡头镇党委加强和改进理论学习,加强党委理论学习中心组学习。严格落实第一议题制度,出台《坡头镇党委中心组分专题集体学习安排意见》,组织坡头镇党委中心组学习24次,增强"四个意识"、坚定"四个自信"、做到"两个维护"。严格落实意识形态工作责任制。做深做实党史学习教育常态化长效化、党的二十大精神学习宣讲,班子成员带头开展集中学习11次、现场党课52次,专栏推送14期。抓好机关、基层党员干部的学习教育。坚持"周五机关讲堂"制度,提高机关干部的政治素养。充分利用玉川先锋课堂、"学习强国"等平台,组织基层农村党员干部认真学习党的创新理论,发挥党员的先锋模范作用。

新闻宣传。2022年,通过"醉美坡头"官方公众号推送宣传243条,省级以上报道68篇。借力《大河报》《河南日报》等省级媒体资源优势,设置"党群连心鱼水情,黄河岸边奉献者"等专栏,对全镇涌现出的先进人物和鲜活事例进行深度宣传和报道,凝聚强大的外宣工作合力,营造协同推进的大宣传格局。《济源:"红色"基因赋能"绿色"发展》《河南济源:红薯深加工铺就"甜蜜"致富路》《济源:25岁选调生成了村里的"傻"干部》等报道被《河南日报》、"学习强国"等刊发或转载。

精神文明创建。2022年,坡头镇完成2022年度乡村光荣榜14人、济源市第六届道德模范6人、出彩河南人1人、济源好人2人、济源市文明家庭3户、留庄村河南省优秀农家书屋的申报工作,坡头镇郝山村刘爱、清涧村赵宗礼被评为示范区"敬业奉献好人",杜八联纪念馆完成"河南省护苗联盟"认定。

"农文旅康"融合发展。2022年,坡头镇注重地域领域资源挖掘,促进文化、农业与旅游相融合,大力度推进以留庄英雄民兵营、杜八联纪念馆为代表的精品红色游,以栗树沟栗香农庄景点为代表的古文化游,以清涧水韵、黄河湿地公园等为代表的生态休闲度假游。留庄村被评为"河南省乡村旅游特色村""河南省首批乡村康养旅游示范村"创建单位,杜八联革命纪念馆入选首批"河南省退役军人思想政治教育基地",薛平华家庭革命教育展馆被评为"济源老区建设促进会红色教育基地"。

【红色坡头双拥共建】 2022年,作为红色革命老区的坡头镇以高度的责任感使命感,认真落实各项拥军政策,切实扛起双拥共建的政治责任,持续丰富双拥内涵,提升双拥工作水平,在全镇营造热爱国防、尊崇军人、优待军属的良好社会风尚,谱写坡头双拥工作新篇章。2022年坡头镇被评为"河南省爱国拥军模范先进单位"、济源

2022年6月1日,坡头一小举行少年军校观摩比武活动

示范区"双拥模范单位",镇武装部被评为示范区"民兵工作先进单位""征兵工作先进单位",镇退役军人服务站被评为"省级百家红色退役军人服务站",坡头一小被评为"全国国防教育示范学校"。

·大峪镇·

【文化概览】 大峪镇地处济源市区西南部,小浪底水利枢纽工程腹地,东与坡头相连,西与下冶接壤,南与孟津、新安隔河相望,全域面积225.8平方公里。全镇辖30个行政村,269个居民组、总人口8178户、30902人,常住人口9613人。退耕还林地26844亩,土地确权耕地面积39710亩。近年来,大峪镇围绕建设"滨河新镇、旅游名镇、生态经济特色镇"总定位,锚定"新能源、文创旅游、特色农业"发展方向,务实重干、奋力拼搏,先后荣获"全国先进基层党组织""全国脱贫攻坚先进集体""国家卫生乡镇""省级卫生单位""省级特色生态旅游示范镇""省级文明村镇"等省级以上荣誉10余项。2022年全镇公共财政预算收入完成5854.24万元,占全年任务5735万元的102%。

媒体宣传。以"党建+N"形式围绕中心工作,紧跟热点、注重时效,积极打造"峪见·好声音"融媒体宣传平台,夯实"河南济源大美大峪"微信公众号主战场,先后开辟了"河南济源大美大峪"头条号、"河南济源大美大峪"视频号、顶端新闻客户端、"学习强国"等新阵地,形成"空中(含大喇叭和各电台)有声、报上有文(图)、电视上有画面、网页上有报道"的立体宣传模式。累计在《中国日报》《光明日报》等国家级媒体,《河南日报》《河南日报(农村版)》等省级媒体,《济源日报》《济源晨报》《济源电视台》等市级媒体,"大美大峪"微信公众号发布信息200余篇,充分利用"大美大峪"微信公众号,开设"党群连心""'五星'支部创建""大峪教坛风采""学习党的二十大精神"等专栏,营造出积极向上的大宣传氛围。

精神文明建设。为曾庄等村送戏11场,为全镇送电影100余场,文艺演出20余场,为全镇农家书屋配备图书5000余册,以朝村为主阵地开展"快乐星期天"活动20余次,举行"峪见·小浪底杯"篮球交流赛一次,修建科普教育馆一座。积极开展"绿书签"专项宣传活动,引导群众和青少年自觉抵制非法出版物。拓展"乡村光荣榜"宣传选树活动,评选出140余名年度农村道德典型,开展理论宣讲、文明乡风等学习宣传活动500余次,营造干事创业的良好氛围。

新时代文明实践。开展"赶考路上有我""我们的节日"和重大节庆纪念日活动,参与者累计达2万余人次。中秋节期间,在大峪镇曾庄、王庄和方山村,本镇联合示范区文明单位在辖区开展"四送一助力"暨"我们的节日·端午"志愿服务活动;在大峪镇王坑村组织开展了先进人物表彰暨"庆中秋·话团圆"活动,让传统节日更加有意义。重阳节期间,在大峪镇桥沟、朝村、上寨村,组织开展了重阳敬老新时代文明实践活动,弘扬孝老爱亲的传统美德。

【叫响"峪见"旅游品牌】 投资5000余万元,打造了集研学教育、文创农业于一体的"峪见·无界星空野奢营地""峪见·耕读"等特色乡村旅游示范点,无界星空野奢营地入选2022中国美丽乡村休闲旅游行精品线路推介名单。积极打造"农旅融合示范带"。依托槐桥线7公里最美乡村道路,整合桥沟、曾庄、林仙、王庄等乡村旅游资源,打造集观光休闲、农耕采摘、教育研学等于一体的乡村旅游经济体。

2022年,大峪镇着力打造无界星空野奢营地,叫响"峪见"乡村旅游品牌

王庄村成功创建河南省首批"乡村康养旅游示范村",东沟村成功入选省级"森林生态小镇"。

·王屋镇·

【文化概览】 王屋,王者所居之屋。因境内中国九大名山之王屋山得名,处晋豫交界,北依太行,南面黄河,户籍人口32216人,耕地3.1万亩,总面积240.34平方公里,自然景观壮美,人文景观繁多。王屋千年古镇,于北魏皇兴四年(470年)形成,繁华于隋末,兴盛于唐宋,曾为全国道教中心,道观庙宇星罗棋布,朝圣游览之皇宫大臣文人墨客往来不绝。轩辕祭天、愚公移山等传说源远流长,古镇千年文脉生生不息。时轮无歇,沧桑巨变,王屋曾为郡、为县、为乡、为镇,行政区划或增或减,核心区域持续稳定至今,为中原地区通往山西高原之咽喉,南控黄河渡口,北通太行腹地,乃古代兵家必争之地,属晋豫边革命老区,历史风云,连绵不断。时值盛世,春风化雨,政通人和,物阜民丰,大振王屋人民创造未来之精气。

新闻外宣。 2022年,王屋镇强化宣传阵地,营造健康向上的良好氛围。全年在"王屋在线"微信公众号推送微信120余篇,在市级以上媒体发稿100余篇,在省级以上媒体上刊登王屋稿件《青春芳华绽异彩——记济源王屋镇大学生寒假志愿服务队》《河南济源:石匣村的逆袭之路》《河南济源:连翘花开出新希望》《济源王屋镇太洼村:"彩绘"乡村振兴新画卷》等30余篇,进一步提升了王屋对外良好形象。

精神文明创建。 积极开展"乡

2022年,投资3000余万元打造"西溪岭 悠享乡村"乡村旅游目的地

村光荣榜"、道德模范评选工作,推出省级"乡村光荣榜好妯娌赵晓霞、好丈夫王国战,省级优秀志愿者标兵侯冬兵。推出好乡贤范哲红、好支书张玉富等9名市级"乡村光荣榜先进人物,孝老爱亲道德模范王三柱、诚实守信道德模范赵东江被列入全市十大道德模范候选人。评选"当代愚公铁娘子"8人,选树镇级道德模范、乡村光荣榜先进个人64人、村级456人,并在罗庄、庭芳等10多个村开展披戴大红花表彰活动。在选树过程中,采取走访群众、采访当事人、电话询问、精心撰写事迹材料等措施,使本镇选树市级以上先进人物数量位居各镇办前列。在太洼、枣园等村开展"五会一约""道德积分超市"等活动,修订完善"村规民约",使"村规民约"真正成为村民的日常行为规范;发挥"五老"作用充实道德评议会、红白理事会等"五会"组织,在加强乡村治理、推进乡村振兴方面进行积极有益探索。

非遗传承保护。 2022年,为推动非遗传承,王屋镇聚焦非遗传承人培养,在市级第四批非物质文化遗产代表性项目和第三批非物质文化遗产项目代表性传承人遴选推荐工作中,通过前期走访、推荐申报,花米团、闫氏膏药被认定为市级非物质文化遗产。持续打造韩旺文化合作社威风锣鼓、花鼓传统民间艺术表演、王屋根雕展等特色文化品牌。

新时代文明实践。 王屋镇新时代文明实践所注重"10+N"志愿服务队伍建设,谭庄村幸福课堂志愿授课志愿者队伍受到干部群众好评。各村均成立了秧歌队、广场舞、传统民间艺术表演等文艺团队,全镇农村基层文化文艺团队人数达到650人以上,通过基层理论宣讲、丰富群众文化生活等形式,持续推动新时代文明实践阵地发挥传播新思想、引领新风尚的作用。

【文旅融合发展】 2022年以来,王屋镇立足乡村旅游发展大局,认真贯彻落实农旅富民发展理念,持续推动文旅融合发展,西溪岭悠享乡村项目以特色乡村民宿田园综合体为主题,投资3000余万元,注重打造特色化、差异化、品质化旅游新业态,以与众不同的多样化业态提升游客体验感,致力为游客提供放松身心和亲近自然的网红打卡地。

·邵原镇·

【文化概览】 邵原镇位于济源市西部山区,距离市区60余公里,境内有国道327和济邵高速等重要交通线路。东临王屋山,西接山西垣曲县,南与洛阳新安县隔黄河相望,北依山西阳城县。面积337平方公里,镇区面积2平方公里,辖50个行政村、283个自然村、385个居民组、4.2万余人。邵原镇历史文化悠久,古称邵州,汉设邵亭,唐设邵州,中唐后设县。中华人民共和国成立前为王屋县抗日民主政府所在地,20世纪80年代,率先在全市撤乡建镇。2022年全镇一般公共预算收入3888万元,同比增长7.6%;规模以上工业增加值达到6148万元,同比增长11.2%;固定资产投资完成5.65亿元,同比增长73.4%,综合经济指标考核位居山区镇首位。近年来,先后荣获河南省特色旅游示范镇、省级卫生先进单位、河南省脱贫攻坚先进集体、第五批河南省民族团结进步示范区示范单位、河南省文明镇、全市目标考核"奔马奖"、全市目标考核优秀单位等省、市级以上荣誉。

理论学习。邵原镇党委不断健全学习制度,细化落实举措,制定理论学习中心组学习计划,开展中心组理论学习26次,集中研讨15次;落实党委会第一议题,深入学习习近平总书记系列重要讲话精神50余次;打造机关干部周一例会学习品牌,围绕党的十九届六中全会、中央经济工作会、农村工作会等会议精神,深入学习38次。认真开展党委书记上党课,到联系点上思政课,依托宣讲阵地,开展理论宣讲20余次,进一步夯实干部群众思想基础。

新闻宣传。进一步加强新闻宣传工作力度,充分利用大河网、《济源日报》、济源电视台、"魅力邵州"微信公众号等宣传载体,大力宣传邵原镇中心工作、亮点活动、先进典型等。先后在国家级媒体刊播稿件3篇,在省级媒体刊播稿件20余篇,在市级媒体刊播稿件20余篇,在"魅力邵州"刊发稿件300余篇,有效提升邵原形象。

文旅融合。进一步挖掘邵原丰富多彩的非遗文化和传统手工业,提升设计和包装,推动优质文化资源转化为经济发展优势。以娲皇谷为例,目前做粉条、织花布、纳鞋底、做柿饼、酿酒、酿柿子醋、做辣椒酱等传统手工艺在娲皇谷重新绽放。土角角馍、花馍、月饼、辣椒酱、饸饹面等产品外销北京等地。另有邵州面塑、蒸枣馍、花馍、土馍、剪纸、编荆条等被评为市级非物质文化遗产。在景区带动下更多的人开始学习剪纸、面塑、编荆条等,非物质文化遗产得到有效传承和发展。同时积极挖掘踩高跷、骑毛驴、敲大鼓等民俗文化吸引游客参与体验。挖掘特色旅游资源,崔家庄村和史家腰村整合资源,依托苹果种植和鲜桃种植,加大宣传推广,提高吸引力,富硒苹果成为济源乃至周边的亮丽名片,3月桃花成为游客观光游览的好去处;白坡崖村围绕连翘种植,积极吸引《济源日报》、济源电视台、《济源晨报》等新闻媒体的关注和报道,为下一步打造中草药观光园,提供中草药康养项目打下基础;唐山村围绕红薯种植,借助美篇和微信公众号等自媒体,积极宣传本村的红色资源和农业资源,吸引游客参观体验;整合双房村—神沟村—杏树凹村红叶观光带,统一推广、统一推介,在微信、网站和抖音等平台上铺天盖地地宣传,不断提高影响力和辐射带动力。2022年成功申报小沟背村省级乡村旅游特色村和花语季公司河南省休闲观光园区两个省级荣誉;完成河南省首批乡村康养旅游示范村(双房村)项目申报工作;成功举办2022年中国女娲文化旅游节网上直播活动。娲皇谷景区王小虎入选"文化和旅游部2022年度乡村文化和旅游带头人"名单。

红色资源开发。2022年,邵原镇实施红色美丽村庄试点项目建设,总投资428.5万元,包括修建唐支队展览馆、红色影剧厅、"陈谢大军渡黄河"浮雕墙等主建筑群等。项目建成后,通过整合周边红色资源,打造以晋豫边革命纪念馆为中心的红色旅游路线,与东阳河沿线旅游带相结合,与邵原非遗、生态等旅游资源相结合,打造独具特色的红色旅游精品线路,实现社会效益和经济效益相统一。投资30余万元,对郝坡村秦家大院实施部分主体、大门维修和立碑等工程。依托晋豫边革命纪念馆,先后与愚公移山干部学院、王屋山红色教育基地,以及与市内外多家旅行社开展合作,加大宣传推介力度,2022年共接待企事业单位、中小学、村组党员干部、红色培训机构、旅行团人员达到3万余人。

系列节庆活动。设置济源市丰收节分会场,积极开展旅游推介、文艺演出、表彰奖励等活动,介绍特色,提高邵原形象;成功举办2022年中国·济源女娲文化旅游节,采取线上线下相结合的方式,一方面开展旅游达人、网红主播、景区特色美食制作、展销特色旅游商品等网络直播活动,另一方面举行旅游商品、农贸产品展销,旅游营销推介等线下活动,多方面宣传推介小沟背景区。举办娲皇谷啤酒节、小沟背冰瀑节、花语季采摘节等活动,积极吸引游客参与体验。

新时代文明实践。完成新时代文明实践所提升改造工作,打造集理论、科普、阅读、绘画、文体活动于一体的凝聚群众传播文明的主阵地。依托文明实践所站开展"我们的节日"、春节慰问、义务植树、新时代文明实践周、乡村光荣榜表彰、"喜迎二十大"演讲、全民阅读分享会、国庆节快闪等系列志愿活动30余次。组织开展赶考路上征文主题活动共征集优秀作品13篇,并在邵州记忆微信平台推送宣传。选树俏夕阳志愿服务项目入围示范区2022年度文明实践志愿服务项目大赛。开展2022"新时代文明实践推动周"暨学雷锋主题月活动,以"让文明之光照亮新征程"为主题,通过"学文明条例""做红色传人""倡节俭风尚""守社会秩序""学雷锋我行动"五大文明实践主题日活动。

【邵原神话群传承与保护工作】邵原镇加大投入力度,进行邵原神话群的抢救保护。开展抢救保护工作。争取2022年邵原神话群国家保护资金19万元,成立邵原镇邵原神话群抢救保护工作专班,围绕调查立档、研究出版、传承实践、展示展演和宣传普及等方面全力开展工作。其中开展邵原神话群大型宣传活动3次,举办非遗大型活动花馍大赛1次,组织非遗传承人参加市级大赛1次。巩固中国女娲神话之乡创建成果。对研究成果、相关书籍、影像资料进行归档整理,继续办好《邵州古今》,先后编写女娲文化研究成果论文和相关文章200余篇,出版《邵州古今》47—49期共2000余册,期刊发至全国20多个省、市的相关专家及邵原籍在外工作人员。完成"中国女娲神话之乡"系列丛书八卷并出版发行;完成《中国民间文化之乡——乡卷本之邵原篇》,20余万字初稿完成即将付梓。推进"中国女娲神话之乡文集"系列丛书在本地域内普及工作。编排文艺节目,展示非遗文化。编排女娲文化木偶剧、女娲补天舞蹈、女娲之乡传统民间文艺节目,进一步叫响中国女娲文化之乡富硒品牌,提升产品文化竞争力。

【传统古村落保护与开发(东阳村)】邵原镇投资1000万元将东阳村打造成一个集写生摄影、农家乐、休闲、采摘娱乐于一体的民俗村,深挖东阳村原生态文化,在东阳村原有的村貌基础上,通过采取河道治理、对东阳村村庄道路以及河流进行集中整治,美化亮化建设,东阳古村落保留古色古香的风格,打造出适合游人观赏、写生摄影的游玩去处;利用神沟、杏树凹红叶等旅游项目,每年吸引大批游客前来采摘、观光旅游。打造一个中小学研学与科普基地,体验农耕文化。打造乡村直播间,巩固直播设备的硬件基础,为下一步销售农副产品,壮大集体经济打下基础。

·下冶镇·

【文化概览】下冶镇位于济源市西南山区,距市区55公里,总面积147平方公里,耕地面积4.3万亩,辖38个行政村,3.65万人,地形以丘陵为主,为中条山和王屋山余脉,境内有黄河、逢石河、梦柏河、东河和白马河5条河流。下冶唐朝时称玉阳,宋代这里曾开设有冶炼铁、铜、银的作坊,形成南北两个村落。因该村位于南,依"南下北上"的指向习惯,得名下冶。境内的普救寺始建于宋朝,为济源唯一的佛教圣地,历史上僧人众多、香客如云,在中原久负盛名,是我国古典戏剧名著《西厢记》《桃花庵》等优美故事的发源地。陈谢大军在下冶的长泉、牛湾强渡黄河挺进中原,开辟了豫西战场,留下了丰富的红色资源。辖区明烟煤、铝矾土等矿产资源丰富,盛产小麦、玉米、烟叶、石榴等农林产品,大岭艾草、朱庄石榴、韩彦红果久负盛名。近年来先后荣获国家园林乡镇、河南省计划生育先进单位、河南省特色生态旅游示范镇、河南省绿化模范乡镇、河南省脱贫攻坚先进集体等荣誉称号。

理论学习。加强思想政治理论学习,镇党委全年组织中心组理论学习10次,专题研讨5次,现场发言35人次;制定《下冶镇"党的创新理论万场宣讲进基层"活动实施方案》,围绕习近平新时代中国特色社会主义思想等,按照安排表进行各类理论宣讲,组织党的二十大精神宣讲、创新宣讲2场、党课宣讲50场、文艺宣讲10场,各类宣讲活动80余场次,做好基层的"传音员",推动党的创新理论"飞入寻常百姓家"。

新闻宣传。加大新闻宣传力度,聚焦经济发展、文旅发展、红色资源开发利用等镇重点工作、特

色工作、民生实事和典型做法进行推介报道，2022年累计在省级以上媒体平台刊播稿件86篇条，其中中央级主流媒体新华网1篇，《新华日报》9篇，"学习强国"14篇，进一步提升了乡镇形象。

*精神文明创建。*坚持舆论宣传为先导，37个行政村统一制作文化墙，并书写标语、张贴宣传画等，投入40余万元，在南桐村等6个村彩绘文化墙，以村史村情、家风家训、移风易俗等精神为主，形成良好社会氛围，做好榜样引领。通过组织各村召开村民代表会议评选"好媳妇""好婆婆"等先进典型，倡树文明新风，其中大岭村的范春霞成功入选河南省乡村光荣榜，并被评为好妯娌。积极鼓励群众参与"五会"活动，引导广大群众树立婚丧嫁娶文明新风，形成崇尚勤俭节约、反对奢侈浪费的良好社会风气。

*非遗传承保护和文旅推介。*持续推进非物质文化遗产犀牛望月的发掘及保护。在黄河三峡大河楼二楼修建了犀牛望月亭，并展示宋代宋仁宗和杨嗣、宋高宗和杨震祭祖的合祁碑石，以及在合祈坡（案山）修建了祭拜台，翔实地展现了犀牛望月传说的前因后果。端午节期间，开展济源"至味端午"民俗文化展示活动和第八届艾草文化旅游节活动；9月30日在韩彦村举办了第八届红果石榴文化旅游节，进一步推介了下冶；国庆节期间，下冶镇组织了果香采摘节主题活动，以休闲旅游、红色文化宣传为主，举办了红果、石榴采摘文化节，积极宣传推介乡村旅游文化。

*文旅融合发展。*下冶镇持续实施全域旅游发展战略，大力推进旅游重点项目建设。总投资2亿元的黄河三峡实景演艺项目，已签订框架合作协议；总投资3亿元的王屋山旅游综合体项目，山居民宿和农家乐餐厅基本完工；总投资1.8亿元的韩彦红色革命教育基地项目，正在编制规划设计方案；总投资18亿元的黄河三峡"爱情圣地"项目，已完成项目立项备案，正在办理前期手续。依托区域内丰富的山水资源，当前的下冶已初步形成"韩旺+渡河公园"文化旅游经济带、"东河—大岭—韩彦"农旅融合示范带和"陶山—坡池"红色文化黄河风景绿色发展融合发展示范带。

*文化惠民活动。*成立下冶镇"向阳花"巾帼志愿者服务队，走村入户开展各类活动30余场，大力宣传乡风文明、党的十九大精神等；邀请专业老师对全镇的40余名广场舞爱好者进行了广场舞培训，在10个省定贫困村进行了"咱们一起奔小康"、《山路弯弯》等演出，正月初八在下冶村进行传统戏剧展演，丰富了百姓的文化精神生活；在春节、元宵节期间，组织实施了下冶镇春节、元宵节群众文化体育活动；七夕节开展"微家书"传情活动，重阳节期间组织了"爱在重阳·传承美德"主题实践活动。

*新时代文明实践。*新时代文明实践所3支志愿服务队伍，定期开展清洁家园行动、关爱困难家庭等志愿服务活动，各站点累计开展400余次志愿服务活动。邀请各类专家进行烟叶种植、核桃树修剪嫁接、法律法规培训、巾帼家政培训、小儿推拿等培训10次，培训人数500人，提升了农民种植技术、妇女的技能水平。

【济源市"下冶艾 爱世界"第八届艾草文化旅游节】 端午佳节，济源第八届艾草文化节在下冶镇大岭村如约开幕。这是下冶镇立足大岭村独有的野生艾草资源打造的独具特色的乡村文化盛宴。依托曾经长在田间地头的野生艾草，大岭村走出了一条"以特富农"的新路子，让艾草成为名副其实的"致富草"，鼓起了村民的"钱袋子"。

航空港区

【文化概览】 航空港区地处郑州、开封、许昌黄金三角地带，全域直接管辖面积747平方公里，建成区面积121平方公里，基础设施覆盖面积220平方公里，常住人口约90万人。按照功能定位和产业布局，将航空港区747平方公里划分为先进制造业集聚区、中原医学科学城、园博数字创意产业园、国际贸易会展区、航空枢纽港、北港总部经济和现代服务业发展区六大专业园区。航空港区的风景秀丽，盈满自然风光和人文意趣。园博园、苑陵故城、双鹤湖公园三大园区，可谓演绎着自然与人文的碰撞、历史与现代的交融。为推进全民阅读、建设书香社会，2022年航空港区共开展全民阅读活动130场，共建基层公共文化服务站点17个，城市书房5个。同时为推进公共文化服务建设，航空港区以政府购买服务方式购买"戏曲进乡村"演出200场，演出地分布全区17个乡镇（街道），受益群众达4万余人次。2022年郑州航空港经济综合实验区组织"中原舞翩跹"广场舞选拔赛，进一步激发广大人民群众爱党、爱国、爱社会主义的热情，丰富人民群众精神文化生活。

强化理论武装。 高举伟大旗帜，理论武装持续深入。区党工委发挥领学促学作用，坚持"第一议题"制度，深化运用"五种学习方式"，围绕学习贯彻习近平新时代中国特色社会主义思想、党的二十大报告等重要内容，通过专题讲座、交流研讨等多种方式，开展"第一议题"学习28次、党工委理论学习中心组学习19次。扎实推动理论学习中心组学习巡听旁听规范化常态化，全区各单位理论武装工作规范化水平不断提升。成立"三级五类"宣讲团，组建宣讲队伍，以"党的创新理论万场宣讲进基层"等活动为载体，推动党的创新理论深入基层、深入群众。发挥"学习强国"、河南干部网络学院等网络平台作用，全区广大干部群众捍卫"两个确立"、做到"两个维护"的思想根基更加牢固。坚持把学习宣传贯彻党的二十大精神作为当前首要政治任务抓紧抓实。10月28日，省委常委、常务副省长、郑州航空港区党工委书记孙守刚主持召开郑州航空港区党工委（扩大）会议，传达学习党的二十大精神，研究部署学习宣传贯彻工作，确保党的二十大精神在郑州航空港区落地生根、开花结果。结合实际制定印发了《党的二十大精神集中宣讲工作方案》，把党的二十大精神作为"第一议题"和中心组学习的重要内容，专题开展研讨学习，作为"三会一课"、干部培训、理论学习的重要内容，学原文、悟原理，全面深入开展学习；成立由各级各部门48名主要负责人组成党的二十大精神党工委理论宣讲团，推动各级各部门协调联动，迅速掀起学习宣传贯彻热潮；组织33人参加河南干部网络学院党的二十大精神全省理论宣讲队伍网上培训班，提高理论宣讲的质量和水平；抽调15名理论骨干，成立党的二十大精神区级百姓宣讲团，深入社区、农村、企业、学校、"两新"组织，开展45场集中宣讲活动，打通"最后一公里"，推动党的二十大精神深入基层、深入群众、深入人心。

巩固壮大主流舆论。 加强正面宣传引导，巩固主流思想舆论。围绕宣传党的二十大，区党群工作部制定了《郑州航空港区党的二十大精神宣传报道方案》，加强与《河南日报》、河南广播电视台、郑州广播电视台等省市媒体的统筹协调力度，采取新闻采访、专版报道、专家访谈、知识竞赛等多种方式，开展好党的二十大系列宣传报道。围绕全国两会、"十大战略"、"二次创业再起航"、"三学三提升"等重点工作，在中央省市主流媒体平台刊发（播）新闻3800余篇（条），同比增长60%。组织开展"非凡十年 出彩港区"全国主流融媒体看港区采风活动，邀请30余家主流融媒体，推出相关稿件230余篇（条）。围绕双鹤湖、高铁站等全区各地标性建筑拍摄制作系列短视频16部，在各类媒体平台总体阅读量共计4亿余人次。联合河南广播电视台，与全省15个地市同步，拍摄制作了《喜迎二十大·出彩项目看河南航空港篇》，全网阅读量达到1300多万人次。

【组织开展"非凡十年 出彩港区"全国主流融媒体看港区采风活动】 为全面提升郑州航空港区的美誉度和影响力，区党群工作部联合河南广播电视台·大象新闻开展了"非凡十年 出彩港区"全国主流融媒体看郑州航空港区采风活动，积极向外界展示航空港区10年来经济社会高质量发展成就和未来新愿景，为航空港区"二次创业再起航"营造浓厚舆论氛围。活动共计邀请人民网、新华网、央广网、中国日报网、环球网、大公报（大公网）、香港每日电讯以及天目新闻（浙江）、极目新闻（湖北）、青海新闻网（青海）、中国甘肃网（甘肃）、黄河新闻网（山西）、金羊网（广东）、大众日报客户端（山东）、河南广播电视台等全国30余家主流融媒体，于8月18日至19日深入机场北货运区、高铁航空港站、双鹤湖中央公园、园博园、临空生物医药园等重点项目及建设一线进行采风报道，同时协调《人民日报》、央视新闻、新华网等央媒客户端进行推介，在新浪微博设置话题进行网络互动讨论，并协调抖音、快手、今日头条等众多新媒体平台推出了一系列专题报道，在全国掀起了新一轮航空港区宣传热潮。受邀参加该次活动的30余家中央、各省市主流媒体及今日头条、抖音、微博等新媒体平台推出相关稿件230余篇（条）。制作视频16条，其中包含一部高品质宣传片、5条预热视频，10条视频新闻。在新浪微博设置的相关话题，累计阅读讨论量突破2.2亿人次，并联动35家省内外头部媒体助力，运维全国热搜1条，同城热搜5条，总体阅读量高达4亿人次，实现媒体融合传播最大化。

夯实意识形态主阵地。 严格履行责任，筑牢意识形态安全防线。

区党工委坚定扛起意识形态工作全面领导责任，党工委主要领导作为第一责任人，做到"三个带头、三个亲自"；分管领导作为直接责任人抓好统筹协调指导工作；其他班子成员按照"一岗双责"抓好分管领域、分管部门的意识形态工作。党工委按要求专题研究意识形态工作，召开意识形态联席会议4次，开展意识形态专题培训3次，通报意识形态领域形势1次。制定《郑州航空港区党委（党组）意识形态工作责任制专项检查测评办法》，印发《郑州航空港区迎接党的二十大胜利召开 防范化解意识形态领域风险工作方案》。对全区各单位落实意识形态工作责任制情况进行督查，印发督办通知单38个，列出整改问题140项，持续抓好问题整改。严格落实"四单"交办制度，制定提示清单9期共计103条风险点。完善以风险防控为导向的"排查—预警—处置—反馈—督导"全链条闭环工作机制，党的二十大召开期间，每天召开舆情分析研判会和调度会，对当天的重点网络舆情信息进行逐一分析、认真研判，评估风险程度。累计召开舆情分析研判会议60余次，调度会议30余次。

"非凡十年 出彩港区"全国主流融媒体看港区采风活动

精神文明建设。 在新时代文明实践工作方面，2022年3月1日开展第二届"河南省新时代文明实践推动周"活动；2022年7月5日组织开展"赶考路上有我 唱响出彩郑州"歌咏比赛活动，征集相关视频11个，筛选上报优秀作品5个；2022年9月5日，启动郑州航空港经济综合实验区新时代文明实践中心拓展建设工程。在郑港办事处新时代文明实践所现有基础上，重新规划布置区新时代文明实践中心。在志愿服务工作方面，2022年3月5日，开展"3·5学雷锋日"主题活动；2022年8月至9月，开展"快乐成长"乡村少年宫文艺志愿服务暑期特别行动；2022年7月5日，郑州航空港经济综合实验区2人荣获郑州市2021年度优秀志愿者；2022年11月14日，郑州航空港经济综合实验区3名大学生志愿者荣获河南省"快乐成长"乡村学校少年宫文艺志愿服务优秀志愿者称号。

在群众性精神文明建设工作方面，2022年9月1日至8日，考评验收河南省文明单位（校园）；2022年3月23日至25日，郑州市第一考评组对14家郑州市文明单位、12家郑州市文明校园、1家郑州市文明社区进行考核验收；2022年3月1日至3日，对2021年度全区新申报的5家区级文明单位、1家文明校园、7家文明村、1家届满重创区级文明单位进行了考核、评定。2022年9月21日，郑州航空港经济综合实验区2人上榜"河南好人榜"；2022年7月22日，郑州航空港经济综合实验区3人获评郑州市"文明市民"，1人获评郑州市"文明家庭"；2022年3月31日，表彰郑州航空港经济综合实验区道德模范10名、文明家庭20个、2021年文明市民30名、文明市民标兵10名；在未成年人思想道德工作方面，2022年6月16日，郑州航空港经济综合实验区3名学生荣获郑州市"新时代好少年"称号；2022年9月26日，表彰郑州航空港经济综合实验区"新时代好少年"50名；2022年3月7日，部署开展"童心向党 喜迎二十大"主题活动；2022年3月2日，部署开展"学雷锋 我行动"系列活动。开展主题班会、主题演讲20余场，传唱《你的名字叫雷锋》《学习雷锋好榜样》歌曲等活动。2022年10月12日，开展"童心向党 喜迎二十大"优秀书画作品展。

【**基层文化惠民站活动**】 航空港区的文化惠民工作丰富多彩。

八岗办事处文化站。 八岗办事处文化站位于八岗办事处院内，专职工作人员2名、总占地面积500平方米，建筑面积100平方米。站内共计计算机1台；图书室藏书3000余册，年藏书流通500余册，文化站年藏书流通率达30%以上，订阅报刊10余种。开展优秀读物推荐和读书活动2次/年,组织文艺活动3次/年,训练班培训3次/年;指导本辖内8个文化服务中心;指导群众业余文艺团队1支,志愿服务队伍个数1个,人数20人余人,指导、辅导率达100%;常设免费网上资源浏览、免费图书阅览、免费多媒体培训、免费文化艺术辅导培训、免费时政法治科普教育、免费体育健身指导6项服务。文化站设有文化广场约420平方米,可以供大家打篮球,举办各种娱乐活动。

*滨河办事处文化站。*滨河办事处综合文化站位于鄱阳湖路与凌寒街交叉口往北150米路西,设置专职工作人员2名、兼职工作人员3名,总占地面积1200平方米,建筑面积385余平方米。文化站内有计算机、音响、监控、投影各一套;办公桌、会议桌、凳子等150余套;年均组织开展集体文艺演出活动4次,观众近千人次;每年举办面点师、广场舞、戏曲、礼仪知识、鼓类培训14次;年均免费辅导全办事处5个文化服务中心业务10次;辅导乡村文化合作社4次;拥有文化志愿服务队伍18个306人,年均开展常规性志愿者服务活动28次,服务群众1000余人次;设置免费开放服务人员(村级文化干部)5人,实行轮值志愿岗制度,每个月为群众提供免费服务200余小时;文化站内设置有办公室、多功能厅、戏曲、舞蹈、书法绘画、文明实践专用室等,参与绘画、书法者30余人次;开展送戏下乡,舞台艺术进乡村13余场次,受教育人数万余人次。目前,滨河办事处文化站基本达到了天天有服务,周周有活动,间周有例会,月月有总结,季季有安排,年年有表彰。

*八千办事处文化站。*八千办事处文化站位于省道225附近李良店煤矿办公区,专职工作人员4名,建筑面积201平方米。站内共计计算机4台;图书室藏书5200余册,订阅报刊10余种。开展读书活动1次/年,组织文艺活动3次/年;指导本辖内14个文化服务中心;指导群众业余文艺团队20支,志愿服务队伍18支,人数500人。每周开放时间不少于49小时。同时配备有健身房、文化活动室,方便群众开展体育活动。

*冯堂办事处文化站。*冯堂办事处综合文化站位于大辛庄村西700米,设置专职工作人员2名、兼职工作人员3名,总占地面积6700平方米,建筑面积1270余平方米,其中图书室60平方米,文化活动室600平方米,篮球场占地600平方米。站内有计算机2台,打印机1台,音响2套;功能室每天定时开放,文化活动室参与90余次/日,图书室借阅次数120余次/日;民间团体22队,自行组织演出活动66余次。

*龙港办事处文化站。*龙港办事处文化站位于人民路1号院。设置专职工作人员6名,总占地面积1000平方米,建筑面积700余平方米。站内有办公室、图书室、健身中心、文体训练室、儿童之家。每年举办广场舞、戏曲、盘鼓表演、划旱船等文艺活动30多场;每年举办综合性文艺演出1次,观众达500余人次;每年举办广场舞、戏曲、合唱、民俗表演等培训20次;年均免费辅导办事处3个文化服务中心业务12次;拥有文化志愿服务队伍10个72人,年均开展常规性志愿者服务活动40余次,服务群众1800余人次。龙港办事处1个文化站和3个村级文化中心免费开放服务辖区群众,结合文化站值班及村级便民服务值班情况,每天为群众提供不少于7小时的免费服务。

*龙王办事处文化站。*龙王办事处文化站位于梁州大道与滨河东路交叉口,建筑面积约700平方米,设置专职工作人员1名、兼职工作人员4名,办公室1间;基本设施有图书室1间,面积40平方米,图书900余册,多功能室2间,配置电脑、投影仪和音箱,健身室1间,室外有篮球场、乒乓球场各1个。拥有文化志愿服务队伍14个280人,年均开展常规性志愿者服务活动28次,服务群众1800余人次;设置免费开放服务人员(村级文化干部)14人,每周为群众提供免费服务40小时;开展送戏、公益电影下乡20余场次,发放相关宣传资料8000余份,受教育人数4000余人次;耿氏制香非物质文化遗产展示馆,每月接待前来参观学习人员300人。

*明港办事处文化站。*明港办事处文化站位于工业九路与工业五路手机产业园C区内,专职工作人员2名、总占地面积1000平方米,建筑面积511.34平方米。站内共计计算机1台;图书室藏书4890余册,年藏书流通1200余册,文化站年藏书流通率达40%以上,订阅报刊10余种。开展优秀读物推荐和读书活动4次/年,组织文艺活动3次/年,训练班培训3次/年;指导本辖内9个文化服务中心;指导群众业余文艺团队1支,志愿服务

队伍个数1个，人数24人，指导、辅导率达100%；常设免费网上资源浏览、免费图书阅览、免费多媒体培训、免费文化艺术辅导培训、免费时政法制科普教育、免费体育健身指导6项服务，对公众提供免费服务达到每周49小时。室内展览设备、培训设备、体育健身设备功能完善、一应俱全，是一个集文化活动室、舞蹈室、图书室、书画室、电子阅览室、教学讲堂等于一体、活动丰富的综合文化阵地。

清河办事处文化站。清河办事处文化站位于清河办事处大路张村北，专职工作人员1名，总占地面积100平方米，建筑面积38平方米。站内共计计算机1台；图书室藏书4250余册，年藏书流通1000余册，文化站年藏书流通率达24%以上，订阅报刊3种。指导本辖内11个文化服务中心，常设免费网上资源浏览、免费图书阅览，对公众提供免费服务达到每周49小时。清河办事处文化站是服务于辖区群众的综合性公共文化机构，功能齐全。

三官庙办事处文化站。三官庙办事处文化站位于三官庙村人民路1号，专职工作人员4名，总占地面积500平方米，建筑面积300平方米。站内共计计算机4台；图书室藏书2000余册，年藏书流通1000余册。开展读书分享活动4次/年，组织文艺活动2次/年，训练班培训3次/年，文旅云活动不少于5次/月；指导本辖内24个文化服务中心；指导群众业余文艺团队10支，志愿服务队伍个数1个，人数15人，指导、辅导率达100%；常设免费网上资源浏览、免费图书阅览、免费多媒体培训、免费时政法制科普教育4项服务。

银河办事处文化站。银河办事处文化站位于乔松街与舜英路交叉口西北角，面积600多平方米，工作人员有5人，其中专职工作人员1名、兼职工作人员4名。文化站内有电脑、音响、监控、投影、话筒各1套；办公桌、会议桌、凳子等100余套。站内设有文化广场、文化活动室、宣传栏、多功能室、图书阅览室、文化器材、广播器材、体育设施等，各工作室设有标牌，为群众提供方便。年均组织开展文化活动24次，有观影、阅读、讲座、培训等服务；年均免费辅导办事处5个文化服务中心业务10次，辅导乡村文化合作社15次；拥有文化志愿服务队伍12个共160人，年均开展常规性志愿者服务活动24次，服务群众500余人次；设置免费开放服务人员（村级文化干部）10人，实行轮值志愿岗制度，每个月为群众提供免费服务200余小时。2022年，文化站开展了"幸福家"家庭家风家教宣传教育讲座活动、以"巾帼心向党 喜迎二十大"为主题的2023年"书香三八"读书交流活动、"三减三健"健康知识讲座、象棋比赛、端午节包粽子活动、召开消防安全知识培训会、开展党的二十大精神应知应会理论测试等。同时开展了办事处辖区运动会，送戏、公益电影下乡100余场次，发放相关宣传资料1000余份，受教人数万余人次。

新港办事处文化站。新港办事处综合文化站位于航空港区新港办事处新港大道与星港路交叉口西侧。设置专职工作人员1名、兼职工作人员4名，总占地面积650平方米，建筑面积150平方米。设置免费开放服务人员（村级文化干部）14人，实行轮值志愿岗制度，每个月为群众提供免费服务200余小时。站内设有文化活动室、图书阅览室、多功能室、数字资源室、文化大讲堂、新时代文明实践站等为一体的综合文化服务中心。购置乒乓球台、跑步机以及图书500余册；拥有文化志愿服务队伍2支74人，年均开展常规性志愿者服务活动12次，服务群众800余人次。利用传统节日和上级"文化惠民"政策，开展了系列文体活动。一是全年开展送戏下乡14场、公益电影播放168场次，发放相关宣传资料2000余份，受教育人数1万余人次。二是组织开展各类文艺演出活动24场，观众近万人次。组织北街村文化志愿者代表实验区，参加"郑州市广场舞比赛"，向广大人民展示了实验区群众积极向上、热情生活的精神风貌，并取得了优异的成绩；全年指导办各村（社区）文化服务中心20余次、乡村文化合作社12次，指导群众业余文艺团队5次，每月不定期开展线上文旅云活动至少4场，全年至少开展50场。三是结合中心工作，办事处文化站解放思想、创新思路，依托"万人助万企"活动，走进辖区企业开展文化帮扶。其中，联合郑州电视台走进鸿宾木艺有限公司，共同创作《畅销家具的秘密》文化宣传作品。该作品在河南卫视、文化合作社等平台播出，获得了上级部门和企业的一致好评，扩大了企业的知名度和影响力，助力实验区"二次创业"。从而实现文化合作社与产业的联合发展，为经济增效益、社会发展、文化繁荣的三方共赢，奠定坚实基础。

张庄办事处文化站。张庄办事处文化站位于人民路一号办事处西侧，专职工作人员1名、建筑面积280平方米。站内共计计算机1台，图书室藏书3000余册，电子图书一台。开展优秀读物推荐和读书活动2次/年，组织文艺活动3次/年，训练班培训1次/年；指导本辖内1个文化服务中心；指导群众业余文艺团队1支，志愿服务队伍个数1个，人数28人，常设免费网上资源浏览、免费图书阅览，对公众提供免费服务达到每周49小时。室内展览设备、培训设备、体育健身设备功能完善。

郑港办事处文化站。郑港办事处文化站位于航空港区慈航路与凌烟街交叉口东北角，邻合中心办公区3楼，总面积共计720平方。专职人员1名，兼职人员5名，各村各社区文化专干各1名。各个活动室功能齐全，配备有计算机、音响、话筒自动显示屏、瑜伽垫、墙体镜、毛笔、墨汁、宣纸、镇尺、长方形桌子、椅子及室内健身器材等，供群众方便使用。成立了办事处文化合作社及9个分社共有成员269人。每年培训各村各社区文化专干400余人次，每年各类文化活动不少于3场，服务群众达上万人次。都配备了相应的设备和器材。其中，书画分社有专职的书法老师，每天都在授课，学员有近百人之多，让更多的群众慢慢地都喜欢上了写书法和绘画；戏曲分社由戏曲爱好者组建一个小剧团，乐器应有尽有，经常到办事处和各村各社区免费演出；舞蹈分社由社区学院的专业舞蹈老师授课，有广场舞、民族舞、健美操、交谊舞、瑜伽等各种舞蹈类型；武术分社由后宋村的一名武术传承人组建，授课内容有舞狮、太极、刀术、剑术、棍术等类型，学徒多达80人。通过各项文化活动，每天服务群众达上千人，文化服务志愿者528人，不但让群众享受了文化盛宴，而且人们的心情也变得舒畅愉悦，同时也增加了人民群众的幸福感。

大马乡文化站。大马乡文化站位于乡政府东500米，专职工作人员1名，总占地面积1800平方米，建筑面积440平方米，文化广场面积400平方米。组织各村开展优秀读物推荐和读书活动5次/年，组织文艺活动4次/年，训练班培训3次/年；指导辖区内26个文化服务中心；指导群众业余文艺团队20支，其中盘鼓队12个，广场舞队6个，戏曲剧团1个，河南坠子说唱团1个，志愿服务队伍个数1个；有书画室1个、文化活动室1个；戏曲排练室1个，平时不间断为群众提供惠民演出，丰富全乡群众文艺文化生活。

大营镇文化站。大营镇文化站位于省道102北面大营镇政府院内，北邻省道102。文化站工作人员2人，配有文明实践站、图书阅览室、体育健身场、办公室。配有图书3580余册、报刊8种，年借阅量达2100余册，年藏书流通率达54%以上；电脑1台、音响设备1套、桌椅2套、健身器材若干、乒乓球桌1套，还有象棋、跳棋、跳绳等娱乐设施。大型文化主题公园1座，为群众娱乐提供了良好的场所；焦裕禄纪念馆1座，培训学员560余人；县级文物保护单位6处，增添了浓厚的文化底蕴。文化志愿者124人，其中有5个盘古队，82人；一个舞狮队，11人；1个大营镇文化戏曲合作社，成员31人。为敬老院义务演出3次；在中小学开展文明幸福家庭进万家活动5次；为戏曲爱好者提供唱腔技术指导132人次；文明实践站、图书阅览室、体育健身场实行24小时免费对外开放，实现公共文化信息共享，真正成为惠民工程和民心工程。

岗李乡文化站。岗李乡文化站位于岗李乡政府西300米处路南，面积1500平方米，工作人员2人，有文化活动室、培训室、图书室、书画室、未成年活动室等。文化站有广场1000平方，舞台、健身器材等是村民休闲好去处。近年来，在上级文化部门及乡政府大力支持下，38个行政村根据村情，成立了不同形式的文艺队，广场舞队34个、盘鼓队16个、舞狮队8个、竹马旱船表演队6个、舞龙队2个、龙鼓队2个、民间戏迷剧团2个、非遗打铁花表演队1个。为活跃人们文化生活，设立"魅力岗李"文化大舞台，已举办文艺演出70场，场场直播，同时各村文艺队组织节目向村民展演160多场。每年底，岗李乡举办品牌节日，岗李乡民间文化艺术节，参演队伍30多个，参加演员超千人。每年举办广场舞大赛、戏曲大赛、盘鼓大赛、歌曲大赛、少儿舞蹈大赛、民间游艺展演等，极大地丰富了村民的文化生活，受到主管部门的肯定，岗李荣获省文化和旅游厅先进站所称号，去年，又获省文化和旅游厅示范性文化合作社荣誉称号。

洧川镇文化站。洧川镇综合文化站位于丁庄村北侧100米处路东，设置专职工作人员1名、兼职工作人员6名，总占地面积6700

平方米，建筑面积600余平方米。文化站内有计算机、音响、监控、投影各1套；办公桌、会议桌、凳子等80余套；年均组织开展集体文艺演出活动36次，观众近万人次；每年举办文化艺术节1次，观众5000余人次；每年举办广场舞、戏曲、礼仪知识、鼓类培训6次；年均免费辅导全镇37个文化服务中心业务28次；辅导乡村文化合作社22次；拥有文化志愿服务队伍37个368人，年均开展常规性志愿者服务活动26次，服务群众800余人次；设置免费开放服务人员（村级文化干部）36人，实行轮值志愿岗制度，每个月为群众提供免费服务200余小时；文化站内设置有办公室、多功能厅、戏曲、舞蹈、书法绘画、文明实践专用室等，参与绘画、书法者50余人次；开展送戏、公益电影下乡200余场次，发放相关宣传资料6000余份，受教育人数2万余人次。目前，洧川镇文化站基本达到了天天有服务，周周有活动，间周有例会，月月有总结，季季有安排，年年有表彰。2022年，该文化站的文化合作社，被河南省文化和旅游厅命名为示范性文化合作社，彰显了新时代文化站的规范性、实效性和特色性，让文化自信"之花"在千年古镇洧川绚丽开放。

【"戏曲进乡村"成功演出】 为贯彻落实省委宣传部、省文化和旅游厅、省财政厅关于印发《河南省"戏曲进乡村"工作方案》（豫文公共〔2017〕52号）及市委宣传部、市文广新局、市财政局《关于印发〈郑州市"戏曲进乡村"工作方案〉的通知》（郑文广新〔2018〕54号）精神，落实支持戏曲传承发展的有关政策，进一步促进戏曲在传承中华优秀传统文化、丰富群众精神文化生活、提升基层公共文化服务水平中的积极作用。2022年航空港区以政府购买服务方式购买"戏曲进乡村"演出200场，演出地分布全区17个乡镇（办事处），受益群众达4万余人次。该项目坚持社会主义先进文化前进方向，通过演出宣传党的理论和路线方针政策，弘扬中华优秀传统文化，形成政府、市场、社会协同推动文化建设的良好局面。

"戏曲进乡村"演出现场

【成功举办书香河南首届全民阅读大会（航空港区分会场）】 为推进全民阅读、建设书香社会，根据《中共河南省委 河南省人民政府关于印发〈书香河南建设实施方案〉的通知》（豫发〔2022〕28号），2022年航空港区共开展全民阅读活动130场。

2022年9月23日，以"书香润万家 奋进新时代"为主题的书香河南首届全民阅读大会航空港实验区分会场在河南职工文体中心广场成功举办。开幕式活动现场，由区IT产业园社区服务中心王慧和张田一带来的诗朗诵《红船颂》拉开

书香河南首届全民阅读大会（航空港区分会场）

了整场活动的序幕,从《红船颂》到《有一首歌叫没有共产党就没有新中国》,从《少年中国说》到《我和我的祖国》,一首首耳熟能详的诗歌让人心潮澎湃,一场场经典的诵读"声"入人心。大会还发布了书香港区首届全民阅读大会倡议书,呼吁广大市民积极参与阅读活动,共同打造港区书香名片,让阅读为航空港实验区"二次创业"再起航汇聚强大的精神文化力量。该次全民阅读大会还有河南书展港区分展场、黄河文化读书主题活动、数字阅读体验展区等多项活动,意在通过全民阅读,进一步提高全区干部群众思想道德水平和科学文化修养,真正让每位参与者感受到航空港实验区日新月异的变化、坚定高质量发展信心和决心,为航空港实验区"二次创业"打牢能力基础。

广场舞比赛。 为迎接党的二十大胜利召开,进一步激发广大人民群众爱党、爱国、爱社会主义的热情,丰富人民群众精神文化生活,航空港区举办了2022年郑州航空港经济综合实验区"中原舞翩跹"广场舞选拔赛,经专家严格评审各单位报送的参赛视频,最终获奖情况:一等奖:《绣红旗》(三官庙办事处);二等奖:《中国范》(郑港办事处)、《中国大舞台》(八千办事处);三等奖:《爱我中华》(八

航空港区"中原舞翩跹"广场舞选拔赛活动现场

岗办事处)、《活力中国》(三官庙办事处)、《火火的中国 火火的时代》(明港办事处);优秀组织奖,新港办事处、八岗办事处。为参加8月19日郑州市"中原舞翩跹"广场舞比赛,新港办事处北街村群众排练了《洗衣歌》节目,获郑州市二等奖。

漯河市城乡一体化示范区碧水蓝天之码头

2022年宣传文化大事记

1月

13日 河南省人民政府发布《河南省"十四五"文化旅游融合发展规划》。

18日 河南省人民政府办公厅印发《河南省基本公共服务实施标准（2021年版）》。

21日 由河南省文化和旅游厅指导，《河南日报》主办的2021"河南非遗年度人物"推选宣传活动正式启动。活动以"璀璨非遗·领创未来"为主题，旨在推选出引领非遗传承创新的年度人物。

21日 中央宣传部公布2021年全国文化科技卫生"三下乡"活动示范项目名单，河南4个项目入选，分别为：百名首席科普专家进百县志愿服务项目、河南省蜜瓜产业科技特派员服务团科技助力兰考扶贫产业发展、"中原薯光"——特色甘薯产业赋能乡村振兴、健康中原行·大医献爱心。

2月

8日 全省文化和旅游工作会议在郑州召开，重点部署了2022年文旅工作重点任务，要求以实施文旅文创融合战略为统领，全力打造"行走河南·读懂中国"品牌体系，建设"三山"康养旅游基地，全面推动河南文化和旅游高质量发展。

9日 教育部、财政部、国家发展改革委联合公布第二轮"双一流"建设高校及建设学科名单。郑州大学的化学、材料科学与工程、临床医学，河南大学的生物学入选第二轮"双一流"建设学科名单。

18日 文化和旅游部副部长、国家文物局局长李群到二里头夏都遗址博物馆考察调研大遗址保护工作。省委常委、洛阳市委书记江凌，省委常委、宣传部部长王战营等参加调研。

19日 文化和旅游部副部长、国家文物局局长李群到开封就文物保护利用工作进行督察调研，副省长何金平参加调研。

20日 河南豫剧院新院址暨豫剧大剧院正式落成启用，省人大常委会副主任徐济超、省政协副主席李英杰出席落成仪式。

22日 由省文化和旅游厅指导、《河南日报》主办的2021"河南非遗年度人物"推选宣传活动颁奖典礼在"只有河南·戏剧幻城"举行。这是河南首次举办"河南非遗年度人物"推选宣传活动。

22日 "德耀中原"第八届河南省道德模范颁奖仪式在河南广播电视台举行。

24日 副省长何金平到洛阳调研文旅重点项目建设、文物保护利用工作。

24日 第七届全国画院美术作品展在郑州美术馆（新馆）开幕。该次展览汇集了来自全国各地画院的903件优秀美术作品，包括中国画、油画、版画、水彩水粉、雕塑等多个类别。展览持续到3月6日。

25日 郑州大剧院"新春演出季"活动启动。该次演出季持续到4月底，将有28部45场精彩剧目满足市民多元化文化需求。

3月

1日 国家文物局党组成员、副局长胡冰率工作组到开封开展督查指导工作。省文物局局长田凯陪同调研。

1日至5日 第二届"河南省新时代文明实践推动周"依托全省各地新时代文明实践中心（所、站）等平台，在全省同步开展。活动以"让文明之光照亮新征程"为主题。

3日 中宣部命名第七批全国学雷锋活动示范点和岗位学雷锋标兵各50个。河南省许昌实验小学和新乡市蓝天救援应急中心入选全国学雷锋活动示范点，周口市太康县清集镇二郎庙小学校长张鹏程入选全国岗位学雷锋标兵。

4日 "学雷锋我行动"和"童心向党"主题教育实践活动启动仪式在郑州市第七高级中学举行。该次活动由省文明办、省教育厅、共青团河南省委主办。

5日 "行走河南·读懂中国"2022宝泉郁金香踏青赏花节开幕式在宝泉景区桃花坪举行。省文化和旅游厅副厅长李延庆出席开幕式。

10日 首届河南省网络文明大会在郑州开幕，省委书记楼阳生对加强河南网络文明建设作出批示。

12日 "行走河南·读懂中国"2022河南智慧旅游大会在只有河南·戏剧幻城景区和线上同时举行。大会以"面向元宇宙，建设文旅美好新生活"为主题，首次推出元宇宙虚拟会议空间。副省长何金平出席活动并讲话。

14日 由河南省文物局指导，河南省文物考古学会、《华夏考古》杂志主办的"2021河南考古新发现论坛"在郑州市举行。论坛推选"南阳黄山遗址""郑州大河村遗址""安阳陶家营遗址""南阳夏庄墓地""隋唐洛阳城正平坊遗址"五个考古发掘项目为"2021年度河南省五大考古新发现"。

18日 中国社会科学院考古学论坛在北京举行，同时揭晓"2021年中国考古新发现"六大项目，河南南阳黄山新石器时代遗址名列其中。

23日 由省委宣传部、省教育厅、河南日报报业集团等6部门共同主办的"出彩河南人"第五届最美大学生宣传推介活动正式启动。活动以"飞扬我青春，逐梦新时代"为主题。

28日 由省委宣传部和省文化和旅游厅主办的"行走河南 读懂中国"主题采访活动正式启动。该次活动聚焦"探寻典籍里的河南""文明探源""探访博物馆"三大主题，多名记者深入郑州、洛阳、开封、三门峡、南阳、商丘、周口、安阳、鹤壁、新乡等地采访，全景式报道中原历史文化灿烂成就以及创造性转化、创新性发展成果。

28日至29日 省委书记楼阳生深入文化宣传单位、遗址公园、重点项目、文化产业园区等地，调研文旅文创、媒体融合、图书出版、创意产业发展等工作。

30日 中国科协公布2021—2025年度全国科普教育基地认定名单，河南省洛阳龙门海洋馆、东方红农耕博物馆、郑州大学物理学院等28家单位上榜。

31日 由中国文物报社、中国考古学会主办的2021年度全国十大考古新发现在北京揭晓，南阳黄山遗址入选。至此，河南入选全国十大考古新发现的项目达50项，继续领跑全国。

4月

2日 "浪漫樱花·富美鹤城"第八届中国（鹤壁）樱花文化节以"云赏樱"的形式开幕。

2日 洛阳农林科学院结合国家牡丹芍药种质资源库平台建设，利用云数据和互联网技术打造的全国首家牡丹数字博物馆上线。

3日 农历三月初三，壬寅年黄帝故里拜祖大典在新郑黄帝故里园区举行。第十二届全国政协副主席齐续春，省政协主席刘伟，省委常委、统战部部长王东伟，省委常委、郑州市委书记安伟，省人大常委会副主任徐济超，副省长何金平，省政协副主席周春艳等出席大典。该次大典由河南省人民政府、政协河南省委员会、国务院台湾事务办公室、中华全国归国华侨联合会、中华全国台湾同胞联谊会、中华炎黄文化研究会联合主办。延续"同根同祖同源、和平和睦和谐"主题，采取"小线下、大线上"形式原则，精减人员，压缩时长，具体议程有现场典制性拜祖仪式、网上拜祖、电视直播、插播网上拜祖和境外拜祖、主持人和专家访谈等。

6日 "中原发展·智库学术节"活动在河南大学郑州校区友兰学堂启动。会议采取线上线下相结合的方式，河南大学几百名师生参加了学术节活动。

12日 由洛阳市政府主办的中国（洛阳）沉浸式文旅发展投资洽谈会暨沉浸式文旅论坛开幕。投洽会以"青年友好 沉浸赋能"为主题，采取线上方式进行。

12日 省委宣传部印发《河南兴文化工程文化研究计划实施方案》，明确总体要求、基本框架和主要研究任务、组织机构、运作方式。河南兴文化工程文化研究计划聚焦"今、古、人、事、物、书"，即：河南当代发展、重要历史文化、重要历史名人、重要历史事件、重要历史文化遗存、重要历史文献典籍6大研究板块，旨在深入挖掘研究河南丰厚历史文化资源的当代价值，为推进文化自信自强、铸就社会主义文化新辉煌贡献河南力量。

13日 "出彩河南人"2021感动中原年度人物揭晓，10组温暖人心的河南好人与3个模范集体获此荣誉。"出彩河南人"感动中原年度人物宣传推介活动是河南重点打造的典型宣传品牌，自2005年开始，已连续举办17届。

14日至15日 省人大常委会副主任徐济超率调研组在郑州就黄河文化保护传承弘扬开展调研并座谈。

15日 "考古中国·夏文化研究"项目工作推进会在线上举行，著名考古学家李伯谦、王巍、赵辉、陈星灿、栾丰实，以及来自国家文物局、中国社会科学院考古研究所、中国国家博物馆、北京大学考古文博学院和河南、陕西、山西、安徽等省相关单位的专家学者，围绕夏文化研究项目进展及2022年度项目整体计划，进行了深入研究探讨。

20日 开封市委古城保护和

旅游发展委员会会议召开，听取开封市申报世界文化遗产和创建国家文物保护利用示范区有关情况汇报，研究推进下一步工作。开封市委书记高建军主持会议并讲话。

21日 河南召开"4·23世界读书日"系列活动启动仪式电视电话会议。省委常委、宣传部部长王战营在主会场出席并讲话。

21日 河南省文化和旅游厅印发《关于抓好促进旅游业恢复发展纾困扶持政策贯彻落实工作的通知》，推出十条具体措施，从数字赋能、搭建文旅消费平台、提速研学旅行等多层面发力，优化文旅产业发展环境，推动河南文旅业的复苏和回暖。

25日 河南省文化馆系统在全省开展全民艺术普及周活动。河南省全民艺术普及周活动已经成功举办9次，由全省170多家文化馆统一主题，统一海报，上下联动。该次普及周主题为"呈现中原风韵，展示出彩河南"。

28日 第十三届南阳月季花会在南阳世界月季大观园开幕。中国花卉协会月季分会向南阳授予"中国月季新品种发布中心"牌匾，《花中皇后南阳月季》邮票同日发行。该次花会以"南阳月季香飘五洲"为主题，通过"线上+线下"双线融合的方式举办。

4月 河南省文物局公布《河南省文物博物馆事业发展"十四五"规划》。

5月

16日 迈点研究院发布《2022年4月中国文旅业发展报告》，河南省银基文旅集团、建业文旅集团、洛阳文旅集团、河南文旅投资集团入选4月份"全国文旅集团品牌影响力百强榜"榜单。

17日 河南省社会科学院和河南日报报业集团在郑州联合召开"保护传承弘扬河南历史文化，全面推进河南兴文化工程"座谈会。

18日 国家"十三五"重点文化工程、大运河文化带重大项目——隋唐大运河文化博物馆在洛阳正式开馆，"5·18国际博物馆日"系列活动同步启动。省委常委、洛阳市委书记江凌，副省长何金平共同为隋唐大运河文化博物馆揭牌。国家文物局党组副书记、副局长顾玉才，世界运河历史文化城市合作组织秘书长邓清，中国博物馆协会理事长刘曙光等分别在线致辞。

18日 第十九届（2021年度）全国博物馆十大陈列展览精品揭晓，三门峡庙底沟博物馆的"花开中国——庙底沟与中华早期文明的发生历程"荣获"全国博物馆十大陈列展览推介活动精品奖"，郑州博物馆的"微观之作——英国V&A博物馆馆藏吉尔伯特精品展"入选国际及港澳台合作奖。

23日 文化和旅游部办公厅公布2022年度内地与港澳文化和旅游交流重点项目、培育项目名单。由河南建业实景演出文化发展有限公司中牟分公司申报的"只有河南·戏剧幻城港澳文化交流"项目被评为2022年度内地与港澳文化和旅游交流培育项目；由河南金城国际旅行社有限公司申报的"寻找最早中国"豫澳文旅文创交流项目被评为2022年度内地与港澳文化和旅游交流重点项目。

24日 首届全民阅读大会（河南）年度最美书店授牌仪式在郑州市新华书店郑州购书中心举行。

29日 由河南大学黄河文明与可持续发展研究中心、黄河文明省部共建协同创新中心、中国历史研究院—河南大学黄河文明研究院联合主办的学习"中共中央政治局第三十九次集体学习"精神专题座谈会在河南大学举行。

31日 河南首个报纸数字藏品"《河南日报》创刊号"在数藏中国平台发布，以全新的数字化体验为《河南日报》创刊73周年送上跨越时空的问候与祝福。

5月 《河洛文化生态保护区总体规划（2021—2035）》（以下简称《规划》）获省政府批复并发布。《规划》提出，3年后将初步建成国家级河洛文化生态保护区。

6月

3日 在法国亚眠傲多亭的"地球村嘉年华"活动现场，来自河南博物院、郑州文化馆等19个单位的163件作品和视频在中国展区集中亮相，向在场近19个国家的国际友人展示中原文化、讲述中国故事。

10日 省委常委、宣传部部长王战营深入郑州市，调研指导文化和自然遗产保护利用工作。

10日至13日 全国政协副主席刘新成率政协文化文史和学习委员会调研组来河南，先后赴洛阳、开封等地就推进黄河国家文化公园建设进行专题调研并召开座谈会。

11日 由省文物局主办的"行走河南·读懂中国"2022年文化和自然遗产日河南主场活动在郑州启动。本年度文化和自然遗产日的主题是"文物保护：时代共进人民共享"。

11日 由国家文物局、中央网信办联合开展的2022年度中华文物全媒体传播精品（新媒体）推介项目和入围项目名单公布。洛阳博物馆报送的《动听了！博物馆》荣获2022年度中华文物全媒体传播精品（新媒体）入围项目。

13日 河南省委常委会召开会议，认真学习贯彻习近平总书记重要讲话，研究文化考古、信访稳定、国企改革等工作。省委书记楼阳生主持并讲话。会议深入学习习近平总书记在中央政治局第三十九次集体学习时的重要讲话。

14日至15日 "寻访总书记足迹、牢记领袖嘱托"暑期行走大思政实践活动同时在郑州、开封、信阳、南阳启动，来自郑州大学等4所高校的青年学生和教师参与活动。

15日 全省基层网络综合治理体系建设现场会在开封举行。省委常委、宣传部部长王战营出席并讲话。开封市、郑州市、商丘市、兰考县、安阳县、项城市现场作典型经验交流发言。

19日 河南省文化旅游投资集团有限公司在洛阳正式挂牌，同时举行了省文旅投资集团项目合作集中签约仪式。省委常委、洛阳市委书记江凌和省文旅投资集团负责人共同为河南文旅投资集团揭牌。

19日 河南省文旅文创融合创新基地（洛阳）揭牌仪式在龙门古街举行。省委常委、洛阳市委书记江凌，省文旅厅厅长姜继鼎共同为河南省文旅文创融合创新基地（洛阳）揭牌。

21日 国家发展改革委下达文化保护传承利用工程2022年第二批中央预算内投资3.0605亿元，支持国家文化公园、国家重点文物保护和考古发掘、重点公共文化设施等7个项目。河南省殷墟遗址博物馆项目名列其中。

21日 2022年河南省科技活动周启动仪式在国家技术转移郑州中心举行。副省长何金平出席仪式并宣布活动周开幕。该届活动周由省科技厅、省委宣传部、省科协主办，以"走进科技你我同行"为主题。活动持续至6月27日。

22日 河南科技智库黄河国家战略研究基地在郑州揭牌。该基地的依托单位是黄河勘测规划设计研究院有限公司，基地成立后，将承担大量的决策咨询项目，为黄河流域生态保护和高质量发展战略深入实施提供重要支撑。

23日 由省委宣传部主导、中原出版传媒集团承担的重点出版工程——"中华文脉——从中原到中国（丛书）"在郑州举行新书发布暨出版座谈会，《河洛古国》《溯源中国》《汉字之光》《戏台上的中国》等第一批15种图书集中发布。中宣部出版局、中国历史研究院、北京大学、北京师范大学、黄河水利委员会、省委宣传部、省政府参事室、省社科院、河南博物院、中原出版传媒集团等单位的领导、专家及作者代表参加了座谈会。

25日至26日 "2022夏文化论坛——多学科视野下的夏文化探索"在禹州市举行。该次论坛由省文化和旅游厅、省文物局指导，中国社会科学院考古研究所、省文物考古研究院、中国考古学会夏商考古专业委员会、中华炎黄文化研究会史前文化研究分会、省文物考古学会等单位主办，省夏文化研究中心承办。国家文物局、中国社会科学院考古研究所、省文物局、许昌市、禹州市等有关方面领导，以及来自全国各地考古研究机构、大学的专家学者通过线上线下的方式参加了论坛。

30日 省文旅文创融合战略工作专班会议在郑州召开，深入学习贯彻习近平总书记在中共中央政治局第三十九次集体学习时的重要讲话精神，学习贯彻省委书记楼阳生在调研文旅文创、媒体融合时的指示要求，安排部署下一步重点任务。省委常委、宣传部部长王战营主持会议并讲话。

30日 河南省文物考古研究院新院项目开工仪式在郑州举行。国家文物局副局长关强、副省长何金平出席开工仪式，并共同为项目奠基。

7月

17日 第十四届全国见义勇为英雄模范表彰大会在北京召开。全国共有46名个人和6个群体受到表彰，河南杨俊魁、赵进前分别获得第十四届"全国见义勇为英雄""全国见义勇为模范"荣誉称号。

18日 "行走河南·读懂中国"品牌推广暨元宇宙创造者大赛启动仪式在郑州举行，副省长何金平出席启动仪式。该次大赛以"逐鹿中原·创造元豫宙"为主题，以

"行走河南·读懂中国"百大标识项目为基础内容，以发生在河南的重大历史事件、重要历史人物、知名文旅IP为主要创作题材。

20日至22日 文化和旅游部非物质文化遗产司副司长胡雁一行到焦作温县考察太极文化生态保护区创建工作。

21日 省委常委、宣传部部长王战营到安阳调研指导巩固拓展脱贫攻坚成果同乡村振兴有效衔接、媒体融合、文物保护工作。

21日 省政协副主席、党组副书记谢玉安带领省政协党外委员到开封开展"文旅文创产业发展"专题视察。

22日 河南省委常委会召开会议，省委书记楼阳生主持并讲话会议审议通过《关于在深化中国文明历史研究铸就中华文化新辉煌中展现河南更大担当作为的工作方案》等文件。

22日 "2022周口荷花节暨周口·淮阳文化旅游消费季"系列活动拉开帷幕。该次活动由省文化和旅游厅、周口市人民政府主办，以"荷香周口 和美中国"为主题，活动持续至10月22日。

23日 第二届"文化润疆·豫哈少年行"暨夏令营手拉手活动启动仪式在郑州举行，来自河南和新疆哈密的青少年共同开启一场文化之旅。

28日 由省文旅厅、省文物局主办，河南博物院、河南省博物馆学会承办的"行走河南·读懂中国——博物馆展览季"启动仪式在河南博物院主展馆举行。展览季期间，全省300多家博物馆、纪念馆将策划推出160多个特色展览，开展3000多场研学旅行、公益讲座、暑期教育等一系列丰富的社教活动。

29日 由上海市文物局、河南省文物局和中国社会科学院考古研究所指导，上海博物馆、河南博物院主办，河南省文物考古研究院等20家文博单位共同参与的"宅兹中国——河南夏商周三代文明展"在上海博物馆开幕，该展览是上海博物馆"何以中国"文物考古系列大展的第一个展览，展出至11月10日。

31日 "文化产业特派员"制度试点启动会在信阳举行，济源示范区、信阳市光山县、洛阳市栾川县、焦作市修武县的20个村作为河南首批试点，正式拉开"文化产业特派员"下乡的序幕。

8月

1日 中宣部"走进农家书屋助力乡村振兴"采访调研组一行对洛宁县农家书屋工作进行调研。

4日 副省长何金平到洛阳偃师二里头夏都遗址调研文物和文化遗产保护传承工作。

5日 省委常委会召开会议，传达学习习近平总书记重要讲话、全国宣传部长电视电话会议精神，研究统战、宣传、生态保护、国企改革等工作。省委书记楼阳生主持并讲话。

6日 大型现代豫剧《太行之子》创作座谈会在新乡卫辉市唐庄镇举行。

9日 由中国作家协会网络文学中心主办，省文联、郑州市委宣传部承办的2022年全国网络文学工作会议在郑州召开。

9日 中国舞协"国风舞语"传承和弘扬中华优秀传统文化——"行走河南·读懂中国"创作采风启动仪式在河南博物院举行。该次活动由中国舞蹈家协会、中共河南省委宣传部、河南省文联主办，中国文联舞蹈艺术中心、河南省舞蹈家协会、河南博物院共同承办。

10日 河南省统计局发布了2022年上半年河南规模以上文化及相关产业企业营业收入相关数据。2022年上半年，河南省2877家规模以上文化及相关产业企业实现营业收入1220.82亿元，按可比口径计算，比上年同期增长3.3%。

10日 省委书记楼阳生到郑州市调研博物馆群建设工作。

12日 河南省文旅厅联合省地方金融监督管理局、中国人民银行郑州中心支行、中国银行保险监督管理委员会河南监管局等部门印发《关于文化和旅游行业金融助企纾困的通知》，加大金融对文化和旅游行业的支持力度，着力解决文旅企业信贷需求、展期续贷、失信修复、融资成本、担保增信、保险保障等方面的问题。

13日 全国第五届中医药文化大会在三门峡市开幕。第十二届全国政协副主席马培华、台盟中央副主席吴国华、河南省政协副主席李英杰、斯洛伐克共和国驻华大使馆特命全权大使杜尚·贝拉等出席开幕式。大会采取线上线下相结合的方式举行。来自国内外中医药领域的院士专家、国医大师、行业大咖等650余人参加了该次会议。

15日 由中央网信办网络传播局指导，多省省委网信办共同参与的"'赶考路'上再寻焦裕禄"全国网络媒体采访活动在开封兰考启动，省委常委、宣传部部长王战营出席启动仪式。同日，由新华社研究院、中共河南省委宣传部主办，开封市委协办、兰考县委承办的传承弘扬焦裕禄精神理论研讨会在焦裕禄干部学院举行，省委常委、宣传部部长王战营，新华社副社长张宿堂出席会议并讲话。

17日 "出彩河南人"第三届最美医生宣传推介活动发布仪式在郑州举行。宣传推介活动由省委宣传部、省卫生健康委员会、河南日报社、河南广播电视台共同主办，每两年举办一次。

17日 新华社副社长张宿堂一行到安阳殷墟、中国文字博物馆、袁林实地考察。省委宣传部常务副部长曾德亚、省委宣传部副部长平萍陪同考察。

17日 2022年两岸关系研讨会在河南郑州举行，来自海峡两岸的有关人士和专家学者130余人以线上线下方式参会，围绕"把握历史大势，共谋民族复兴"主题深入研讨。中共中央台办、国务院台办副主任陈元丰主持开幕式。研讨会由海峡两岸关系研究中心主办，河南省海峡两岸交流促进会承办。

17日至19日 以"古都新城携手 共绘河海美景"为主题的2022年中国（河南）自由贸易试验区开封片区粤港澳大湾区文化产业招商暨开封综合保税区推介会在深圳、广州开启了为期三天的"文化出海"之旅。河南自贸试验区开封片区是全国唯一以发展文化产业为主的自贸片区，主要发展服务外包、医疗旅游、创意设计、艺术品交易、文化金融，探索文化产业开放先行区建设，推进文化国际化进程。

18日 第八届中国工艺美术大师颁证大会在南京举行，河南5人在现场被颁授"中国工艺美术大师"证书。至此，河南省"中国工艺美术大师"增至17人。

19日 省委常委、宣传部部长王战营陪同中央党校（国家行政学院）教育长兼文史教研部主任、中华文明与中国道路研究中心主任李文堂一行，深入郑州市调研指导中华文明探源工作。

23日 依托鹤壁辛村遗址建立的河南省文物考古研究院豫北文物整理基地开工建设。这标志着辛村遗址的考古工作、豫北地区的考古工作，走上更加规范化、科学化的轨道。

23日 由河南省作家协会、河南省文学院主办，新乡市文联、新乡市作协协办的"深入生活，扎根人民"2022年河南省基层作家文学创作培训班在新乡开班。

23日 国家文物局公布2022年度"弘扬中华优秀传统文化、培育社会主义核心价值观"主题展览征集结果，确定对100个展览项目予以集中推介。河南获得集中推介的有：河南博物院的金相玉式——沿黄九省区金玉特种工艺瑰宝展、郑州二七纪念馆的千秋二七展览、南阳市博物馆的渠首遗珍——南水北调中线工程南阳段文物保护成果展、焦作市博物馆的丰碑——"特别能战斗"焦作工人阶级的奋斗史篇等。其他入选重点推介、集中推介的展览中亦有河南文物的身影，比如故宫博物院的"何以中国"展览、上海博物馆的宅兹中国——河南夏商周三代文明展等。

24日 河南省人民政府办公厅发布《关于进一步加强新时代革命文物保护管理利用工作的通知》。

25日 由文化和旅游部、山东省人民政府共同主办的第七届中国非物质文化遗产博览会在济南开幕。河南有16个非遗项目及4家非遗美食企业亮相博览会。该届非遗博览会以"连接现代生活 绽放迷人光彩"为主题，以线上线下方式邀请全国各地非遗项目参展、参演，持续至8月29日。

27日至29日 2022首届河南体育产业博览会在郑州国际会展中心举行。该届博览会以"创新、融合，打造体育新生态"为主题。

28日 中共河南省委"中国这十年·河南"主题新闻发布会在郑州举行。省委书记、省人大常委会主任楼阳生作主题发布并回答记者提问，省委副书记、省长王凯回答有关提问。《人民日报》、新华社、中央广播电视总台、《光明日报》等多家媒体的110余名记者参加发布会。

8月 省财政下达超3亿元资金，支持河南公共文化事业高质量发展。该项资金的下达，将有助于完善基本公共文化服务体系建设，推动文化资源融合共享，提升公共文化产品供给能力，为全省文化创新发展提供有力保障。

9月

1日至4日 由国家文物局、河南省人民政府指导，中国博物馆协会、中国自然科学博物馆学会、郑州市人民政府共同主办的第九届中国博物馆及相关产品与技术博览会在郑州举行。国家文物局党组副书记、副局长顾玉才，河南省人民政府副省长刘玉江，中国博物馆协会理事长刘曙光等出席开幕式并致辞。该届"博博会"共有 645 家企业及博物馆参展，展览总面积 6 万平方米，为历届之最。

3 日 由国家版权交易中心联席会议主办，新浪财经、微博协办的 2021 十大年度国家 IP 颁奖典礼在陕西延安举行。该次活动共评选出"北京冬季奥运会开闭幕"、三星堆遗址、"神舟十三号载人飞船"等 10 个"国家 IP"奖项、16 个赛道的金银铜奖以及特别单项奖。内容涵盖文旅、文博、音乐、影视、文学、文创设计、动漫、非遗、体育等多个赛道。其中，河南博物院在文博赛道上荣获金奖。

5 日 由河南省社会科学院和河南日报社联合主办的"非凡十年 出彩河南"理论研讨会在郑州举办。来自多家单位的近百名专家学者参会。

5 日至 11 日 由省委宣传部、省委网信办、省教育厅、洛阳市政府等多家单位主办的 2022 年国家网络安全宣传周河南省活动在洛阳举办。活动主题为"网络安全为人民，网络安全靠人民"。省委常委、省政府副省长费东斌出席开幕式并讲话。

6 日 "出彩河南人"2022 最美教师发布仪式在郑州举行。信阳市息县包信镇管楼小学教师王立峰等 10 名优秀教师荣获"'出彩河南人'2022 最美教师"称号，河南大学教师程民生、商丘市虞城县站集镇第三初级中学教师卢文建获特别奖，河南省经济管理学校教师王明丽等 8 名教师获优秀奖。活动由中共河南省委宣传部、中共河南省委教育工作委员会、河南省教育厅、河南日报社、河南广播电视台主办，河南省师德建设宣传中心、河南广播电视台卫星频道、河南省教育发展基金会承办。

8 日 省委常委、宣传部部长王战营深入洛阳市偃师区，调研指导夏文化保护、研究、宣传工作。

14 日 由中央网信办网络传播局指导，河南省委宣传部、黄河流域九省区网信办和人民网主办的"黄河安澜"网络主题宣传活动在洛阳启动。省委常委、洛阳市委书记江凌出席启动仪式并为采访团授旗。河南省委宣传部常务副部长曾德亚、河南省委网信办主任郭岩松及陕西、山西、山东、内蒙古等省区网信办代表出席启动仪式。

15 日 文化和旅游部公布第十七届中国文化艺术政府奖文华大奖名单。河南编剧陈涌泉入选文华编剧奖（获奖作品曲剧《鲁镇》）。

16 日 国家文物局举办的"考古中国"重大项目重要进展工作会，发布本年度考古研究新成果，偃师二里头遗址发现的多网格式布局、郑州商城遗址贵族墓等最新考古发掘成果再次令世人瞩目。

16 日 以"喜迎党的二十大 砥砺奋进新征程"为主题的 2022 年河南省社会科学普及周开幕式在郑州举行。该届社会科学普及周活动由省委宣传部、省社科联联合主办。

17 日 2022 年河南省暨郑州市全国科普日活动在郑州启动。省委副书记、政法委书记周霁，省人大常委会副主任徐济超，副省长宋争辉，省政协副主席高体健等出席启动仪式。今年全国科普日主题为"喜迎二十大 科普向未来"。

17 日至 18 日 中国廉政研究 2022 年学术年会暨"廉润莲城·中原廉文化"系列活动在许昌市举办。来自全国知名高校和廉政研究机构的百余位专家学者通过线上线下相结合的方式参会。活动以"喜迎二十大、清风满中原"为主题，由河南日报社、中国管理现代化研究会廉政分会主办，河南省纪委监委驻河南日报社纪检监察组、许昌市纪委监委宣传部协办，河南法制报社、许昌市文投传媒有限公司承办。

18 日 随着"何以黄河——当代黄河主题艺术研究展"在郑州美术馆新馆开展，2022 年中国（郑州）黄河文化月正式拉开帷幕。省委常委、宣传部部长王战营，省委常委、郑州市委书记安伟出席启动仪式并观展。该次活动以"黄河儿女心向党"为主题，共组织开展黄河文学艺术系列展演活动、"大河欢唱庆盛会"系列文化活动、黄河文旅系列活动、中国（郑州）黄河合唱周、"美丽郑州炫舞世界"活动周 5 大系列 25 项活动。

19 日 河南省科普大篷车"喜迎二十大 科普渠首行"暨 2022 年南阳市全国科普日活动在淅川县启动。该次活动由省科协、省文明办、省教育厅、省乡村振兴局、省水利厅、南阳市委、市政府联合开展，持续至 25 日。

19 日 省委书记楼阳生主持召开文艺工作者座谈会。河南省宣传、社科、文学、书法、美术、戏曲、曲艺、文艺副刊、广播电视、网络文学、文艺评论等领域的代表参加了座谈会。

19日至21日 由文化和旅游部、广西壮族自治区人民政府共同主办的2022中国-东盟博览会旅游展在桂林举办。河南省12个省辖市文化广电和旅游局及部分重点文化旅游企业参展，并举行"行走河南·读懂中国"河南文化旅游推介会。

20日 由省社科联主办的2022年（第十一届）河南社会科学学术年会在郑州开幕。该届学术年会以"喜迎党的二十大 奏响河南哲学社会科学最强音"为主题。来自省级学会（协会、研究会）、高校社科联、省社科联人文社会科学重点研究基地的代表参加了开幕式。

20日 "云游中华·博古通新"港澳青少年内地云游学系列活动正式启动。该次活动由文化和旅游部港澳台办公室指导，河南省文化和旅游厅（港澳青少年内地游学联盟常设秘书处）联合北京市、浙江省、江西省、陕西省等文化和旅游厅（局）共同主办。香港中联办经济部、亚洲旅游交流中心有关负责人，香港立法会教育界、旅游界议员，香港教育局代表，香港中文中学联会、香港新界校长会、香港直接资助学校议会、九龙地域校长联会等校长会主席或理事，以及香港中小学的80余名历史老师参与了首场云游学活动。

20日 由中共河南省委宣传部主办、中共洛阳市委宣传部承办的全省"党的创新理论宣讲"主题宣传教育实践活动宣讲大赛（故事类）决赛在洛阳举办。省委宣传部副部长尹书博出席活动，洛阳市委常委、副市长梁庆致辞。

21日 2022年（第十一届）河南社会科学学术年会分会场暨"中华优秀传统文化与中国道路"理论研讨会在河南科技大学召开。

22日 "书香河南"首届全民阅读大会在郑州举行。省委书记楼阳生出席并宣布大会开幕。该次大会以"书香润万家 奋进新时代"为主题，省级主展场分为6个板块，共展出4000余种精品出版物、20种数字阅读类融媒产品，还将举办近百种文创产品展览和20余场阅读活动。活动持续开展1个月。

23日 由省文化和旅游厅、洛阳市政府主办的2022河洛文化旅游节暨第五届中原国际文化旅游产业博览会在洛阳会展中心开幕。省委常委、洛阳市委书记江凌出席开幕式。该次博览会以"行走河南·读懂中国"为主题。

23日 2022年中国农民丰收节河南省主会场活动在漯河市临颍县皇帝庙乡举行。省委副书记、政法委书记周霁出席活动。

24日 第五届中国·河南招才引智创新发展大会在郑州中原龙子湖学术交流中心开幕。该次会议由中共河南省委、河南省人民政府、欧美同学会（中国留学人员联谊会）、中国博士后科学基金会共同主办。省委书记楼阳生、省长王凯、省政协主席刘伟出席开幕式。

24日 "中华文明起源形成与中华优秀传统文化研究院"在郑州成立。该院是河南省社会科学院的内设机构，研究院成立之后，将立足于河南地区丰厚的历史文化资源和众多的考古遗存，以学科发展前沿为指引，在文明起源的中原模式和中原道路研究、中原地区文明发展演进研究、中原地区早期国家的形态模式研究、中原文明与周边区域文明的比较研究、中华文明起源话语体系的建设等方面取得成果，深入研究形成突破。

25日 2022年第十一届河南社会科学学术年会在洛阳成功举办，年会由河南省社科联主办，河南省城市科学研究会、洛阳科技职业学院、洛阳市社科联承办，采用"主会场+分会场"的模式。主会场主题为"喜迎党的二十大，奏响河南哲学社会科学最强音"，分会场交流主题为"实施绿色低碳转型战略，开启生态强省建设征程"。

25日 河南省文旅文创融合创新基地系列活动之河洛文化旅游节在洛阳开幕，活动持续至10月1日。

28日 国家文物局"考古中国"重大项目发布会在北京举行，发布开封北宋东京城州桥遗址重大考古发现。

28日 "喜迎二十大 欢乐进万家"十大群众文化活动总结会议在郑州召开。省委书记楼阳生对活动作出批示，省委常委、宣传部部长王战营出席并讲话。会议以电视电话会议形式召开，在郑州设主会场，各省辖市、济源示范区、航空港区设分会场。会议为十大群众文化活动优秀节目、优秀个人、优秀组织单位代表颁奖。

30日 《河南省公共文化服务保障促进条例》经河南省第十三届人民代表大会常务委员会第三十五次会议审议通过，自2022年12月1日起施行。

10月

10日 由河南省文化和旅游

厅主办,河南省非物质文化遗产保护和智慧化中心承办的沿黄九省(区)暨晋冀鲁豫四省传统戏剧展演活动正式启动。该次展演,共有内蒙古、河北、甘肃、青海、陕西、宁夏、河南、山东、山西、四川10个省区的20余个传统戏剧类非遗代表性项目参演,展演持续至11月10日。

10日 省政协召开《乡村记忆——老家河南 豫见乡愁》文史图书出版座谈会。

11日 网络戏曲电影《睢阳忠烈》开机仪式在商丘市张巡祠成功举行,河南省广播电视局党组书记、局长李宏伟出席仪式。

12日 洛阳市举行打造全国沉浸式文旅目的地暨加快发展剧本娱乐产业新闻发布会。会上发布《洛阳市促进沉浸式文旅产业发展的实施意见》和《洛阳市加快发展剧本娱乐产业实施方案》,提出到2025年底,将洛阳打造为中国"剧本娱乐之都",基本建成全国沉浸式文旅目的地。

14日 "出彩河南人"第五届最美大学生颁奖典礼暨"青春的选择"主题思政课在河南农业大学举行,黄河科技学院本科生马永恩等10人荣获"最美大学生"称号。活动由中共河南省委宣传部、中共河南省委教育工委、河南省教育厅、河南日报社、河南广播电视台、共青团河南省委6部门共同主办。

15日 河南省委宣传部召开"河南这十年"主题系列宣传思想文化专场新闻发布会,重点介绍党的十八大以来,河南宣传思想文化事业取得的主要成就。省委宣传部常务副部长曾德亚、省委宣传部副部长黄玉国及相关单位领导出席。

15日 第七届郁达夫小说奖公布,河南作家邵丽的《黄河故事》摘得中篇小说奖首奖。

17日 中国开封第四十届菊花文化节在开封举办。该届菊花文化节以"喜迎二十大·菊开新征程"为主题,由住房和城乡建设部、河南省人民政府共同主办,河南省住房和城乡建设厅、中国风景园林学会、开封市人民政府共同承办。活动采取线上线下分阶段开展的模式,持续至11月18日。

18日 由河南省文化和旅游厅主办、浙江财经大学承办"黄河非遗·点亮老家河南"——青年乡村营造行动重渡沟营开工仪式在重渡沟景区农耕村田园牧歌举行。

19日 知识产权强国建设第一批典型案例公布,河南博物院位列其中,是全国唯一入围的文博单位。

24日 中国地质学会公布我国第二批地质文化村镇评定结果,渑池县南村乡获准筹建地质文化乡,这是河南第一个获批建设的地质文化乡镇。

27日 美国《国家地理》杂志公布2023年度全球推荐旅游地名单(25处),龙门石窟入选"文化类"旅游地推荐名单。

28日 习近平总书记到安阳林州市红旗渠纪念馆、安阳市西北郊洹河南北两岸的殷墟遗址考察。河南省委书记楼阳生和省长王凯陪同考察。

30日 新乡WTT世界杯决赛2022决出男、女单打冠军,赛程全部结束。省委常委、宣传部部长王战营出席活动,为男单冠军王楚钦颁发奖杯。

10月 由南阳作协副主席、二月河研究学会会长鲁钊创作的《二月河评传》由郑州大学出版社出版,这是中原乃至全国首部记载二月河完整人生的传记著作。

11月

2日至3日 安徽省委常委集体赴河南省安阳市红旗渠进行学习考察,安徽省委书记郑栅洁带队,省委副书记、省长王清宪,省委常委参加。河南省委副书记、政法委书记周霁,河南省委常委、宣传部部长王战营等陪同。

5日 2022中国农民丰收节第五届中国农民电影节在南阳市方城县开幕。该届农民电影节以"乡村振兴新征程 光影增辉二十大"为主题,采用多地联办形式,开幕式主会场设在河南南阳,"丰收庆典"主会场设在安徽,分会场设在四川等地。

5日 由杭州国际城市学研究中心、河南大学中原发展研究院主办,中共杭州市委宣传部、河南大学历史文化学院协办的第七届"两宋论坛"在杭州智力大厦举行。开幕式上还举行了优秀研究成果颁奖仪式。

7日 由河南省文化和旅游厅、澳门大学主办,澳门大学中国历史文化中心、二里头夏都遗址博物馆承办,郑州大学、河南大学、华北水利水电大学、河南理工大学等高校共同参与的澳门大学首届中国文化节暨2022豫澳青年人文交流活动正式启动。

8日 由中国文学艺术界联合会、中共河南省委宣传部、中国杂技家协会主办的第五届中国杂技艺术节在濮阳开幕，持续至11月13日。该届中国杂技艺术节以"艺绽新时代，技炫新未来"为主题，集中展示近年来创作的优秀杂技剧目和魔术节目。中国文联党组成员、书记处书记张雁彬，中共河南省委常委、宣传部部长王战营，中国文联副主席、中国杂技家协会主席边发吉等共同启动开幕仪式。

8日 由中华全国新闻工作者协会主办的第三十二届中国新闻奖评选结果正式公布，河南日报社作品《一万个镶九千里路》《走近二里头执钥者》《百年现代考古学·河南当惊世界殊》荣获中国新闻奖三等奖。

9日 河南智慧旅游开放平台、无上龙门沉浸体验馆等20个项目入选"2022智慧旅游创新项目"。

9日 省委书记楼阳生到省文物考古研究院，宣讲党的二十大精神，学习贯彻习近平总书记视察陕西延安和河南安阳时的重要讲话，调研考古发掘、文物保护、重塑性改革等工作。

10日 国家文物局在北京召开"考古中国"重大项目重要进展工作会，专题介绍安阳殷墟考古与甲骨文研究重要成果及新进展，公布了殷墟遗址新发现宫殿宗庙区存在大型池苑、水道及相关建筑遗迹，介绍了殷墟外围区域包括辛店铸铜遗址、陶家营商代中期环壕聚落遗址、邵家棚商代晚期聚落遗址等多项新发现。

11日 2022年河南省文化产业赋能乡村振兴工作推进会在信阳光山举行。来自河南省、安徽省的红色研学专家学者、文化产业特派员代表及预选对象和当地干群共聚一堂，共话文化产业赋能乡村振兴新理念，共谋文旅文创融合发展新格局。

12日 省文物局公布了河南省第一批省级考古遗址公园立项名单。巩义双槐树遗址、安阳高陵、浚县黎阳仓遗址、南阳黄山遗址、宝丰清凉寺汝官窑遗址、濮阳戚城遗址、新密古城寨城址、巩义宋陵、汝州煤山遗址、鹿邑太清宫遗址、淮阳平粮台古城遗址11个项目获得第一批省级考古遗址公园立项。

12日 由中国文化和旅游产业研究院、亚太国际休闲文化北京中心和旅游休闲杂志社共同推出的"深呼吸健康旅游发展指数"及"康养旅游百强县入围名单"发布，河南省卢氏县、栾川县、睢县入选。

14日 河南省中国一拖东方红工业游景区、河南省三秋醋产业博览园入选文化和旅游部国家工业旅游示范基地。

15日 副省长何金平到安阳调研文物发掘研究和保护利用工作。

16日 以"做大做强中卢货运航线'空中丝路'"为主题的郑州—卢森堡"空中丝绸之路"国际合作论坛在郑州开幕。省委书记楼阳生致辞并宣布论坛开幕，省长王凯主持，省领导孙守刚、陈星、何金平出席。论坛以线上线下相结合的方式，举办郑州主会场、北京分会场活动，同时举办航空货运工商领袖峰会、国际航空货运枢纽论坛和航空经济发展论坛三场平行分论坛。

16日 中国文字博物馆续建工程和汉字公园正式面向公众开放，标志着我国唯一一座以文字为主题的国家级博物馆全面建成开放。省委常委、宣传部部长王战营出席开馆仪式并宣布开馆。

16日 2022年中国飞行家大会暨第十四届安阳航空运动文化旅游节在安阳通航产业园（永和机场）开幕。省委常委、宣传部部长王战营出席活动并宣布开幕。该次大会以"文字之都 飞翔之城"为主题，开幕式上，中国航空运动之都一站式飞行服务中心、中国通航产业跨区域发展联盟、中国航空运动之都滑翔飞行联盟正式揭牌，第十四届安阳航空运动文化旅游节纪念封正式揭幕。

19日 中国生态文明论坛在江西南昌举行，生态环境部对第六批生态文明建设示范区命名表彰。南阳市被命名为"国家生态文明建设示范区"，成为河南首批获得该称号的地级市。

19日 第九届中原（鹤壁）文化产业博览交易会在鹤壁市城乡一体化示范区朝歌文化园开幕。省委常委、宣传部部长王战营出席活动并宣布开幕。该届文博会由中共河南省委宣传部、省文化和旅游厅、省商务厅、鹤壁市人民政府主办，以"文博新视野，文创新境界"为主题，以打造文化创意产品交易平台为目标。

21日 由中国考古学会、河南省文物局和鹤壁市政府联合主办的辛村遗址考古发掘90周年纪念大会暨中国两周考古学术研讨会在鹤壁迎宾花园召开。70余名专家学者，以线上线下形式参加会议，一同回顾辛村遗址考古走过的90年历程，共商辛村遗址保护与发展大计。

24日 2022（第五届）中国县域旅游综合竞争力百强县市、2022（第五届）中国县域旅游发展潜力百强县市名单揭晓。河南登封市、栾川县入选2022中国旅游百强县市；济源市、林州市、新县、辉县市入选2022中国旅游潜力百强县市。

24日 第四批41个全国法治宣传教育基地名单公布，河南南水北调法治文化带、"四议两公开"工作法展馆上榜。截至目前，河南已有4个全国法治宣传教育基地，另外2个为"河南黄河法治文化带"和新县鄂豫皖苏区首府革命博物馆。

24日 由中国社科院近代史研究所指导，省社科联、中共安阳市委宣传部主办，安阳市社科联、河南科技大学马克思主义学院承办的"传承弘扬红旗渠精神 全面推进现代化河南建设"理论研讨会在郑州召开。会议以线上线下相结合的形式进行，在郑州设主会场，在安阳设分会场。来自中央党校、中国社科院、省社科院、省委党史和地方史志研究室、省委党校、河南师范大学等单位的9位专家围绕会议主题进行深入交流讨论。

26日 河南省第十三届人民代表大会常务委员会第三十六次会议通过《河南省网络安全条例》，于2023年6月1日起施行。

26日 "天地之中（嵩山）——华夏文明与世界文明对话论坛2022年年会"开幕。该届年会以"天下归仁：文明对话与人类共同价值"为主题，邀请了全球10余个国家和地区的专家学者代表，展开为期两天的线上学术研讨。

27日 首届仰韶论坛在三门峡举办，主题为"深化仰韶文化研究探索中华文明起源"。省委常委、宣传部部长王战营，国家文物局党组成员、副局长关强，中国社会科学院学部委员、历史学部主任、中国考古学会理事长王巍视频致辞。论坛以线上线下结合方式举办，来自全国的21位考古专家作了主题报告。

29日 中国科协公布2021—2025年度全国科普教育基地补充认定名单，河南省黄河博物馆、河南博物院等17个单位上榜。目前，河南已有全国科普教育基地45个、省级科普教育基地394个。

30日 河南省人民政府发布《河南省旅游公路网规划（2022—2030年）》，旨在串联全省优质旅游资源，推动交通运输与文化和旅游深度融合。

30日 由绍兴市人民政府、浙江省文物局主办的"守望——两宋皇陵考古成果展"在绍兴博物馆开展。这是绍兴南宋皇陵（宋六陵）与巩义北宋皇陵考古出土文物的首次联展。

12月

5日 "传承弘扬红旗渠精神 全面推进现代化河南建设"理论研讨会在郑州召开，省委宣传部副部长、一级巡视员尹书博出席会议并致辞，省社科联党组书记、主席李庚香作会议总结发言。

7日 由许昌学院、韩国清州大学共同发起，中韩两国教授及中韩两国高校30多位博士研究生共同组成的中韩三国文化国际研究院成立。

15日 黄河保护与文化发展论坛在新乡市平原示范区开幕。论坛以"科技助力黄河安澜，弘扬黄河文化的时代担当"为主题，邀请多名中国工程院院士和水利、考古等领域专家与会交流。全国政协副秘书长、民进中央副主席朱永新，副省长孙运锋以视频形式出席会议并讲话。

16日 中国博物馆学会公布"2022全国高校博物馆优秀讲解案例征集展示活动"获奖名单。河南工业大学粮食博物馆陈欢讲解的《历史中的烟火味：陶灶》获得一等奖和优秀策划创意奖，河南农业大学校史馆吴与伦讲解的《见文物，忆初心》获得三等奖，河南师范大学生物资源博物馆杨文卓讲解的《翩翩朱鹭，千年守护》获得优秀奖。

16日 安阳殷墟考古文旅小镇元宇宙数字街区（案例）斩获ECI Awards元宇宙项目组"银奖"。ECI目前是国内最高级别的国际数字商业创新奖项，由国际数字商业创新协会（IECIA）始创。

20日 第十六届精神文明建设"五个一工程"获奖名单揭晓。河南省委宣传部推荐的《中国节日系列节目2021季》获电视类优秀作品奖，河南、湖北、山东、四川四省省委宣传部联合推荐的《我的父亲焦裕禄》获电影类优秀作品奖。

20日 中共河南省委宣传部、河南省文化和旅游厅、河南省文物局联合印发《河南省新时代革命文物保护管理利用三年行动计划（2023—2025年）》。

21日 由河南省科学技术协会主办，河南省科学技术史学会、河南省文物考古研究院、城市考古与保护国家文物局重点科研基地承办，南阳市文物考古研究所、邓州市文化广电和旅游局协办的"中原古代城市水利科技研讨会"在线上召开。省内外学者就"古代城市遗址考古发现""古代城市给排水"和"古代城市水利设施"等相关学术问题展开学术研讨。

21日 河南省人民政府办公厅印发《河南省文物保护和科技创新实施方案》。

22日 由中共河南省委宣传部、河南省社会科学院、中共安阳市委主办，红旗渠干部学院、中共林州市委承办的"新时代新征程大力弘扬红旗渠精神"研讨会召开。会议以线上和线下相结合的方式举行，在郑州设主会场，在安阳设分会场，11位专家学者进行主题发言。

24日 "2022中国旅行服务产业发展论坛"在开封开幕。该次论坛由中国旅游研究院、河南省文化和旅游厅、开封市人民政府、河南大学主办，开封市文化广电和旅游局、河南大学文化产业与旅游管理学院承办，以"虚实共生·旅城共荣"为主题，采取"线上+线下"联动的形式开展。

24日 中央广播电视总台发布2022年度国内十大考古新闻，河南殷墟考古与甲骨文研究取得新进展、河南开封州桥及汴河遗址重现古城千年繁华盛景入选。

27日 由省委宣传部主办、省社会科学院承办的第四届中原智库年会在郑州召开。该届年会以"推进文化自信自强，铸就社会主义文化新辉煌"为主题，采取线上线下相结合形式举行，来自中国社科院、南开大学、省直有关单位、各省辖市党委宣传部、党校及省重点智库、特色智库负责同志和专家代表近200人参加。省委宣传部副部长尹书博发表开幕式讲话，省社会科学院院长王承哲主持会议。

28日 河南省文物考古研究院建院70周年院庆活动在郑州举行。国家文物局、河南省文化和旅游厅、河南省文物局领导，中国考古学会、河南省地市考古机构、相关高校考古专业代表，河南省文物考古研究院全体干部职工分别以线上和线下的方式参加。

28日 第二届河南省乡村旅游创新发展论坛线上举办。该次论坛由河南牧业经济学院和市社科联主办，河南牧业经济学院旅游学院、市乡村旅游和休闲农业研究中心承办，省旅游协会等支持，来自相关部门、行业协会、高校、企业等300多人参会交流。

28日 河南省文化和旅游厅与河南黄河河务局联合印发《关于公布首批"黄河文化千里研学之旅"实践基地名单的通知》，确定孟津铁谢险工等10处工程为河南省首批"黄河文化千里研学之旅"实践基地。

28日 文化和旅游部公布"中国民间文化艺术之乡"建设典型案例名单，河南3项目入选，分别为："信阳市光山县文殊乡：从农村小舞台到国家大舞台——光山花鼓戏的传承与发展""商丘市民权县北关镇：画虎促发展 文化助振兴""平顶山市宝丰县：弘扬民间曲艺艺术 激活传统文化活力"。

29日 国家文物局公布第四批国家考古遗址公园名单和立项名单。河南的仰韶村、二里头、郑州商城被列入第四批国家考古遗址公园名单；平粮台古城、虢国墓地、清凉寺汝官窑、宋陵被列入第四批国家考古遗址公园立项名单。截至目前，河南有国家考古遗址公园7处，列入国家考古遗址公园立项名单13处。

29日 文化和旅游部公布12家单位为2022年国家旅游科技示范园区，河南郑州中牟县现代服务业开发区入选。

29日 体育总局、文化和旅游部联合发布公告，认定14家单位为2022年国家体育旅游示范基地，河南省焦作市陈家沟太极拳文化旅游区上榜。

31日 由中国社科院中国廉政研究中心、省社科院联合举办的"学习贯彻党的二十大精神、推进党的自我革命——纪检监察理论与学科建设研讨会"在郑州召开。会上宣布成立省社科院纪检监察研究所，这是河南首家纪检监察实体性研究机构，也是全国社科院系统成立的第一家纪检监察专门研究机构。

附录

鹿邑县老君台

河南省2022年出台的有关宣传思想文化工作的重要文件和法规

发文机关：河南省人民政府　　　　　　　　　　　　发布时间：2022年1月13日

河南省"十四五"文化旅游融合发展规划

第一章　发展环境

"十四五"时期是我省文化和旅游发展的重要战略机遇期，文化旅游融合发展已经具备弯道超车的优势和条件。坚持前瞻性、全局性、系统性观念，应对机遇性、竞争性、重塑性变革，实施文旅文创融合战略，力争我省文化和旅游在新发展格局中进入中高端、处于关键环。

第一节　发展条件

当今世界正处于百年未有之大变局。讲好中国故事，加强文明交流互鉴，构建人类命运共同体，迫切需要传承发展以中原文化、黄河文化为代表的中华优秀传统文化。坚定文化自信，战胜前进道路上各种风险挑战，迫切需要从以中原文化、黄河文化为代表的中华优秀传统文化中汲取精神力量。实现中华民族伟大复兴的中国梦，迫切需要以中原文化、黄河文化为代表的中华优秀传统文化率先实现复兴。实现全体人民共同富裕，迫切需要促进人民精神生活共同富裕，把满足人民文化需求和增强人民精神力量结合起来，让文化和旅游发展成果更加公平合理惠及全体人民。推进社会主义文化强国建设，提高国家文化软实力，迫切需要以中原文化、黄河文化为代表的中华优秀传统文化实现繁荣兴盛。实施文旅文创融合战略，推动中原文化、黄河文化的现代化和国际化表达，实现中华优秀传统文化的创造性转化和创新性发展，是统筹中华民族伟大复兴战略全局和世界百年未有之大变局的应有之义。

我省已开启现代化建设新征程，正站在新的历史起点上。进入新发展阶段，加快建设文化强省和幸福美好家园，不断满足人民群众日益增长的精神文化需求，迫切需要大力弘扬中原文化、黄河文化，推动以文化人、造福于民。构建新发展格局，坚持扩大内需战略基点和供给侧结构性改革战略方向，迫切需要加快中原文化、黄河文化的产品转化和消费升级，拉动文化旅游消费。确保高质量建设现代化河南、确保高水平实现现代化河南，迫切需要从中原文化、黄河文化的力量源泉中凝聚磅礴伟力、坚定文化自信。落实黄河流域生态保护和高质量发展重大国家战略，推动新时代中部地区高质量发展，迫切需要保护传承弘扬黄河文化、实现中原文化更加出彩。实施文旅文创融合战略，将我省厚重的历史文化资源优势加快转变为发展优势，以文化创意创新支撑国家创新高地建设，以文化旅游高质量融合发展引领经济社会高质量发展，是推进现代化河南建设、谱写新时代中原更加出彩绚丽篇章的战略要求。

我省是黄河文化核心区和集大成之地，是华夏儿女的心灵故乡和精神家园。在5000多年中华文明史中，中原地区作为全国政治、经济、文化中心长达3000多年。我省有郑州、开封、洛阳、安阳4大古都，黄河、大运河、长城、长征4大国家文化公园，龙门石窟、殷墟、登封"天地之中"历史建筑群、大运河、丝绸之路5处世界文化遗产。中国100个大姓中有78个源于我省，客家人南迁的起点在我省。以太极拳、少林功夫为代表的中国功夫享誉世界。"十四五"及今后一段时期，中华优秀传统文化将迎来复兴，"文化转向"将成为后工业社会的标志性特征，"文化跃迁"将成为消费升级领域的必然现象。文旅文创融合战略上升为"十大战略"之一，为我省文化旅游融合发展带来重大战略机遇。实施文旅文创融合战略，通过创意激活和科技赋能，我省得天独厚的历史文化资源将加速转化为文化旅游产品，成为坚定文化自信、讲好中国故事的重要载体。

第二节 发展趋势

国际化。中华文化的世界影响力与日俱增，积极参与世界文化对话交流，在国际舞台的话语权不断提升。东方文化的国际表达广受认同，国家文化软实力进一步提升，成为展示中国形象、传播中国声音、讲好中国故事的重要窗口。文化自信逐渐确立，中华文化所蕴含的中国精神、中国价值、中国力量得以构筑。

创意化。文化的创造性转化和创新性发展成为时代命题。创意、设计、艺术等元素充分融入文化旅游发展全链条。创意成为文化旅游融合发展的催化剂，以文化符号（IP）构建为核心的内容生产方式成为主流。传统文化的时尚化、现代化表达不断涌现，新文创孵化更多中国文化符号。沉浸式文化旅游体验成为常态。

数字化。文化科技融合进入数字文化经济时代，成为建设文化强国的关键路径。增强现实、虚拟现实、混合现实、扩展现实、人工智能等新技术在文化旅游领域充分应用，催生更多新业态、新场景和新模式。大数据、移动互联网等加快驱动文化旅游数字化转型，文化旅游的资源观、时空观、产品观均将重构。数字文旅成为文化和旅游业未来发展方向。

品质化。人民群众对美好生活的需求牵引文化旅游供给侧结构性改革。境外消费回流倒逼文化旅游消费升级，文化旅游供应链迈向中高端。文化体验成为广大旅游者最重要的出行动机。年轻人成为文化旅游消费主力军。高品质的文化创意和休闲度假业态广受追捧。符合未来审美需求的个性化、定制化产品成为主流。

生活化。文化消费成为群众日常生活的基本组成部分，融入衣食住行游购娱等各个环节。旅游成为人的基本权利和生活方式，休闲街区、度假社区、主客共享性公共文化空间等生活方式型文化体验旅游目的地发展迅速。基于当地居民的社区营造、乡村建设等，成为重要的旅游吸引物。微度假、深体验型文化旅游产品广受欢迎。

第三节 存在问题

"十四五"时期，我省文化和旅游发展环境面临深刻复杂变化。新冠肺炎疫情给全球文化旅游带来空前挑战，为国内文化旅游发展带来不确定性，文化旅游业复苏任重道远。我省文化旅游融合发展进入关键时期，机遇与挑战并存。制约文化旅游高质量融合发展的深层次问题不断凸显。一是思想观念滞后。受传统思想文化影响，难以跳出历史文化"资源陷阱"，在文化旅游融合方面观念不够解放，先行先试意识不强，缺少前瞻性谋划。二是创新创造活力不强。文化创意人才匮乏，缺少创新创意的空间环境和政策环境，难以孵化文化旅游创新业态和新模式，不能充分有效接入国际国内文化旅游创新链。三是市场主体不强。缺少省级层面的文化旅游投资运营集团。难以吸引战略投资商和知名品牌入驻。高成长性文化旅游企业偏少。本土企业"走出去"动力不足。四是高品质供给不足。具有国际影响力的文化旅游目的地不多。文化旅游同质化、低品质开发，文化内涵挖掘和转化不足，文化和旅游服务难以适应人民群众需求。五是体制机制不优。文物和文化资源、旅游资源的一体化管理机制尚未形成。文物建筑开放、大遗址保护利用与人民群众的期待还有差距。文艺院团、博物馆等激励机制仍不健全。

第二章 总体要求

立足新发展阶段，贯彻新发展理念，构建新发展格局，坚持国际视野和一流标准，突出我省文化和旅游发展的比较优势，紧扣新时代文化旅游融合发展主题，融入我省"两个确保"大局，做足创意创新大文章，下好深化改革先手棋，推动文旅文创成支柱，分阶段、分步骤建成中华文化传承创新中心、世界文化旅游胜地。

第一节 指导思想

以习近平新时代中国特色社会主义思想为指导，全面贯彻党的十九大和十九届二中、三中、四中、五中、六中全会精神，坚持前瞻30年谋篇、国际视野审视、对标对表一流，以推动文化旅游高质量融合发展为主题，以深化供给侧结构性改革为主线，以"文化创意＋科技创新"为基本路线和主攻方向，以扩大内需为战略基点，以满足人民日益增长的美好生活需要为出发点和落脚点，强力实施文旅文创融合战略，坚持"上线、下沉、重塑、出新、彰文、铸魂"总方针，推动我省在文化旅游融合领域持续创意创新、破题破冰、出圈出彩，蹚出一条文化旅游融合发展新路子，领跑新时代文化旅游融合发展新赛道，在坚定文化自信、讲好中国故事、建设社会主义文化强国的历史征程中贡献河南力量。

第二节 基本原则

创意驱动，科技赋能。将创意作为文化旅游融合发展的催化剂，贯穿到文化旅游融合发展的各个环节，坚持以创意生成内容，营造创意要素全面集聚、创新活力充分迸发的一流生态。加快互联网、大数据、人工智能等科技手段在文化旅游领域的转化应用，加快布局文化旅游新基建，加快推动文化旅游数字化转型。

深化改革，释放活力。以国家文化公园为战略平台，深化重大文物和文化遗产资源体制机制改革，探索具有中国特色的文化遗产管理模式。下大力气破解阻碍大遗址、文艺院团、文博院馆、旅游景区、文化产业园区等良性发展的体制机制性问题，最大程度激发文化和旅游战线各类主体创意创新创业的积极性。

项目为王，内容至上。围绕中华民族的根和魂，集中实施一批在中华文明演进历程中具有标志性意义的重大工程。立足国家文化创新高地，加快建设一批内容生产、数字文旅等新消费场景和业态项目。凝练一批具有世界影响力的中华文化超级IP，围绕其开展多样化内容生产，不断提升旅游目的地文化内涵和影响力。

以人为本，生活导向。推动文化旅游消费升级，推出更多个性化、品质化、精细化的文化旅游产品和服务。打造一批可游憩、有温度的文化创意城市、人文旅居乡村、商业艺术街区等，满足人民群众对主客共享生活方式型文化旅游空间的消费和体验需求。

第三节 战略定位

服务社会主义文化强国建设和提高国家文化软实力重大战略，厚植中华优秀传统文化优势，坚持创意驱动和科技赋能，推动文化旅游在新的历史起点上实现全域深度融合，加快将我省建设成为中华文化传承创新中心、世界文化旅游胜地。

中华文化传承创新中心。彰显黄河文化在河南所呈现的根源性、核心性、融合性、延续性四大特征，突出黄河文化在中华文明起源和发展进程中的重要地位，发挥黄河文化对于中华民族根和魂的塑造作用，以保护传承弘扬黄河文化为主线，以黄河国家文化公园重点建设区为载体，延续黄河历史文脉，讲好黄河故事，大力弘扬以黄河文化为代表的中华文化，建设中华文化传承创新中心。

世界文化旅游胜地。围绕黄河、根亲、功夫、古都、文字等享誉世界的中华文化IP，展示中原地区在中华文明演进中取得的灿烂成就和对世界文明作出的积极贡献，建设一批具有世界影响力的文化旅游目的地，推出一批具有全球影响力的文化旅游精品线路，打造郑汴洛世界文化旅游之都，优化国际人文环境，构筑文明交流互鉴高地，建设世界文化旅游胜地。

第四节 发展目标

到2025年年底，全省旅游业综合贡献占生产总值比重超过12%（游客接待量和旅游综合收入分别保持15%和20%年均增长），全省文化产业增加值占生产总值比重超过5%，文旅文创成为全省战略性支柱产业。具有中原特色的中华文化超级IP初具影响力，国家文化公园建设保护任务全面完成，黄河文化旅游带的国际影响力不断提升，以中原文化、黄河文化为主题的文化旅游优质内容生产形成规模，高品质、多元化的文化旅游业态谱系基本建立，文化旅游消费成为引领消费升级的重要阵地，"行走河南·读懂中国"文化旅游品牌形象深入人心，中原文化、黄河文化的国际影响力与日俱增，文化和旅游公共服务体系不断优化、效能不断提升，制约全省文旅文创融合发展的体制机制、政策环境等深层次问题有效破解。

到2035年，文化强省建设目标全面实现，以黄河文化、中原文化为代表的中华优秀传统文化全面复兴，具有中原特色的中华文化超级IP享誉世界，建成10个以上世界级文化旅游目的地，建成3~5个全球创意城市和10个以上具有世界影响力的人文旅居乡村，"行走河南·读懂中国"文化旅游品牌形象广受国际认同，人民群众的精神文化需求得以更好满足，文旅文创成为高质量建设现代化河南的重要支点。

展望到2050年，以中原文化、黄河文化为代表的中华文化成为世界广泛认同的文明形态。河南成为全球顶尖创意阶层的集聚地，形成各种创意要素充分涌流的文旅创作生态环境，成为全球文化创意创新的策源地和展演展示首选地。文旅文创成为高水平实现现代化河南的重要标志。

第三章 构建资源保护利用新体系

以文旅文创融合战略为导向重构资源观，以文化价值、社会效益、市场需求、利用条件为标准重建资源评价体系，从华夏文明主根、国家历史主脉、中华民族之魂的高度和尺度绘制"读懂中国"文化图谱，积极探索具有河南特色的文化旅游资源保护传承利用新思路、新手段、新模式、新机制，努力构建文化旅游资源保护利用的"河南范式"。

第一节 建设资源大数据库

建立泛文化旅游资源体系。研究制订《河南省文化和旅游资源分类、调查与评价》《河南省文化旅游资源普查工作导则》，运用遥感技术（RS）、地理信息系统（GIS）、北斗、大数据等科技手段开展全省文化和旅游资源普查。依托国土空间基础信息平台、国家文化大数据体系、全国文物普查数据库、中国非物质文化遗产数字博物馆等，调查登记文物、非物质文化遗产、古籍、美术馆藏品、地方戏曲剧种、传统器乐乐种、工艺美术、农业文化遗产、工业遗产、水利遗产、历史文化名城名镇名村（传统村落）、历史街区、历史建筑、历史地段、地名文化遗产等文化资源，整合利用国家公园、自然保护区、自然公园、风景名胜区、地质公园、森林公园、湿地公园等自然生态资源，建立跨部门、跨行业文化旅游资源体系。

建设文化旅游资源管理平台。建立文化旅游资源大数据库，实现资源分级分类保护利用和线上线下动态管理。发布全省文化旅游资源调查报告和名录图册。组建省文化旅游资源保护利用委员会，对重大文化旅游资源价值评价、发掘保护、规划设计、内容生产、转化利用等进行质量评定和后评估。依托郑州大学、河南大学、河南博物院、省文物考古研究院等，实施中华文明探源、考古中国、夏文化研究、中原地区文明化进程研究等重大工程，加强对中原文化、黄河文化的研究阐释，增强在国际国内文化旅游领域的话语权和影响力。依据"可进入、可转化、可利用"原则，实施"资源—产品"转化评价工程，出台文化旅游资源保护利用导则，推出省级文化旅游资源保护利用优选名录。建立重大文化旅游资源保护利用负面清单。

第二节 绘制"读懂中国"文化图谱

彰显中华文明根脉。发掘研究灵井"许昌人"（10万年前）、新密李家沟（1万年前）、裴李岗—贾湖遗址（8000年前），探寻东亚现代人类起源和农业起源。整合提升北阳平、双槐树、庙底沟、西水坡等仰韶文化遗址（7000—5000年前），实证"早期中国文化圈"的形成发展。挖掘研究登封王城岗、禹州瓦店、淮阳平粮台等一批河南龙山文化古城（4300—3900年前），彰显以中原为中心的历史趋势。加快推进二里头遗址（3800—3500年前）申报世界文化遗产，夯实二里头文化作为中华文明总进程的核心与引领者的历史地位。保护利用殷墟、汉魏洛阳城、隋唐洛阳城、北宋东京城等古都大遗址，展现华夏文明和中国历史演进脉络。

铸牢中华民族之魂。讲好上古炎黄、春秋战国、东汉、魏晋、南北朝、唐宋时期的民族大融合和中华姓氏根亲故事，阐释中华民族多元一体格局，铸牢中华民族共同体意识。讲好河图洛书、伏羲八卦、周易等故事，阐释道家、玄学、禅宗、理学等儒释道法元典思想，传承二十四节气、太极拳等人类非物质文化遗产，赓续中华民族赖以生存发展的价值理念、哲学思想、人文精神与道德规范。提炼农耕、丝绸、青铜、汉字、陶瓷、诗词、戏剧、中医药、石窟寺、"四大发明"、水利科技、天文历法等文化符号，彰显历史同时期人类文明的最高成就。弘扬焦裕禄精神、红旗渠精神、大别山精神、愚公移山精神、南水北调精神，展示中华民族自强不息的精神品格，为中华民族伟大复兴凝聚精神力量。

塑造国家人文景观。整合中流砥柱、古栈道、小浪底大坝、古济水、嘉应观、花园口、悬河、城摞城、曹岗险工、东坝头等黄河标志性景观，谱写中华民族百折不挠的治黄史诗。依托登封"天地之中"历史建筑群世界文化遗产，阐释中华民族允执厥中的宇宙观、文化观和审美观，将嵩山打造成中华文化圣山。提升王屋山、太行山、大别山等山岳人文景观，铸牢中华民族的人文精神标识。构建"河、仓、桥、码头、都城"等隋唐大运河遗产保护展示体系，彰显其对维护国家一统、促进南北交流的历史作用。依托楚长城、赵长城、魏长城、红二十五军长征等线性文化遗产，打造中华文化重大标志。整合黄帝故里、二帝陵、河洛汇流、大谷关等景观，打造世界华人的精神地标和心灵家园。擦亮丝绸之路、万里茶道等文化名片，建设东西方文明交流互鉴高地。

第三节　创新资源保护利用模式

坚持中央统筹、省负总责、分级管理、分段负责，组建河南省国家文化公园管理局，指导建设黄河、大运河、长城、长征等国家文化公园管控保护、主题展示、文旅融合、传统利用4类功能区，建设国家文化公园改革创新先行区，探索重大文物和文化资源保护传承利用新路子。打破行政区划，对环嵩山、灵宝盆地、浚（县）滑（县）等地脉相邻、文脉相通的地区进行跨区域资源整合，探索建立3~5个文化旅游功能区，实施党政主要领导负责制。支持二里头、殷墟、汉魏洛阳城、龙门石窟等在中华文明演进历程中具有突出价值和关键影响的大遗址成立省级文化遗产保护管理区，赋予相应管理权限。结合城市更新与乡村振兴，采取以创意主导的设计、投资、建设、运营一体化模式，将历史文化名城名镇名村（传统村落）、历史街区、历史建筑、历史地段等遗产地转化为目的地，增强城乡发展活力。以"创意+科技"激活优秀传统文化，以IP为核心构建文化内容生产体系，将功夫、文字、名人、历史事件等无形文化资源转化为具有自主知识产权的文化产品，打造"资源—版权—产品—产业"文旅文创全

链条。依托淅川、光山等生态功能县（市）开展GEP（生态系统生产总值）价值旅游转换试点，支持开封、洛阳、安阳等文化遗产密集区域开展GCP（文化系统生产总值）核算制度试点，探索实施文化补偿政策。运用数字技术，对龙门石窟、登封"天地之中"历史建筑群等世界级文化遗产和文物艺术品、典籍、非物质文化遗产等进行数据采集和数字模拟，开展数字复原及保护展示，打造文旅数字体验空间。

第四章　构筑文化旅游发展新空间

以山川地理为骨架，以历史文化为脉络，打破行政区划，统筹重大国家战略和文化工程，发挥城市群、都市圈的增长极作用，助推乡村振兴，加快数字化转型，构筑以国家文化公园为轴带、以文化创意城市为节点、以人文旅居乡村为腹地、以世界级文化旅游目的地为支撑、以线上空间为延展的文化旅游融合发展新格局。

第一节　建设国家文化公园

充分发挥黄河、大运河、长城、长征国家文化公园在河南的叠加优势，整合沿线具有突出意义、重要影响、重大主题的文物和文化资源，实施公园化管理运营，形成具有特定开放空间的公共文化载体，集中打造中华文化重要标志，探索新时代文物和文化资源保护传承利用新路，建设国家文化公园示范省。高标准打造黄河国家文化公园重点建设区，彰显华夏文明主根、国家历史主脉、中华民族之魂战略地位，建设中华文明连绵不断

的探源地、实证地和体验地。推进隋唐大运河文化博物馆等一批大运河国家文化公园工程项目，展示"隋唐胜迹·运河根脉"品牌形象。重点打造楚长城文化和旅游复合廊道，展示"万里长城·河南开端"品牌形象。推出红二十五军长征步道体验线路，展示"北上先锋"品牌形象。

> **专栏1：国家文化公园建设保护行动**
>
> 黄河国家文化公园。构筑"一核引领（郑汴洛）、三极支撑（豫晋陕、豫冀鲁、豫皖苏）"的建设保护高地。构建三门峡—洛阳—郑州—开封—安阳世界级大遗址公园走廊。打造黄河干流和伊洛河、贾鲁河、古济水—沁河、洹河、漳河黄河北流故道、黄河南流故道、沿豫北太行山、沿豫西秦岭余脉等10条展示支脉。重点打造50处核心展示园、20条集中展示带、130处特色展示点。重点建设黄河国家博物馆、殷墟遗址博物馆、汉魏洛阳城遗址博物馆、黄河悬河文化展示馆、大河村国家考古遗址公园、仰韶村国家考古遗址公园、黄河非物质文化遗产展示馆、北宋东京城顺天门（新郑门）遗址展示馆、鲁豫解放战争博物馆等重点提升洛阳古代艺术博物馆及北魏宣武帝景陵、西大街历史文化街区、青铜文化产业园、新安县千唐志斋新馆、三杨庄·二帝陵黄河文化大遗址公园、嘉应观黄河文化旅游区、三门峡湖滨区沿黄文化公园、双槐树遗址生态文化公园、宋陵遗址生

态文化公园、观星台生态文化公园、中岳生态文化公园、河南省城市考古展馆、开封市黄河文化数字博物馆等。建设黄河文化研究院。举办世界大河文明论坛。

大运河国家文化公园。打造沿通济渠古都发展轴和沿永济渠古城发展轴，建设通济渠洛阳片区、郑州片区、开封片区、商丘片区和永济渠焦新片区、安鹤片区、濮阳片区。重点打造25个核心展示园、20条集中展示带，150个特色展示点。重点建设隋唐大运河文化博物馆、州桥—古汴河运河遗产区、荥泽古城文旅融合区、浚县古城明代城墙遗址保护修复、道口古镇、黄河大运河非物质文化遗产展示中心、仓窖遗址保护展示中心、永济渠渠首遗址公园、安阳古城、巩义窑址生态文化公园等。推动洛河洛阳城区段等旅游通航。

长城国家文化公园。建设楚长城核心展示带（叶县、方城），建设楚长城（叶县、方城）、魏长城（新密）、赵长城（林州、辉县）3个文旅融合区，打造驻马店象河关等十大形象标识点段。实施说唱文化（宝丰）生态保护区非物质文化遗产馆、楚长城数字化展示体验馆、赵南长城遗址保护展示、清凉寺汝窑文化展示园张仲景墓及祠保护利用、赵长城国家文化公园（卫辉段）展示利用等项目。

长征国家文化公园。加强光山县花山寨会议旧址、罗山红二十五军"北上先锋"长征文化园、方城县鏖战独树镇纪念地、卢氏县鄂豫陕革命根据地、鄂豫皖苏区首府革命博物馆、中共中央中原局旧址、红二十五军司令部旧址、卢氏县兰草红军长征村、红二十五军商城遗址等保护利用。

第二节　建设文化创意城市

充分发挥中原城市群、大都市区、国家中心城市、区域中心城市、重要节点城市、特色小城镇等文化资源富集优势、创意要素汇聚优势和消费市场集聚优势，坚持以城市为文旅文创融合发展的主战场，结合城市有机更新，建设城市主题型文化创意和创新空间，打造面向未来、面向全球的文化创意城市网络。依托郑州国家中心城市、洛阳省域副中心城市建设，规划布局世界级文化创意园区、国际艺术社区，建设2~3个文化创意人才"豫漂"聚落，提升以河南博物院、郑州博物馆、洛阳博物馆等为核心的都市文博区，支持郑州建设世界文化旅游枢纽和国家文化创新高地，支持洛阳建设国际人文交往中心、"东亚文化之都"。支持安阳、鹤壁、濮阳、商丘、周口、漯河、驻马店、信阳、南阳等建设不同主题的文化创意节点城市。打造浚县古城、道口古镇、朱仙镇等中原风格、国际风范的文旅文创名镇（城）。

专栏2：文化创意城市建设行动

郑州都市圈文化创意区。以郑州中心城区、航空港区等为核心区，以开封、新乡、焦作、许昌等为门户区，重点将郑州国际文化创意产业园建设成为链接全球的文化创新高地，将河南博物院片区打造成为国际一流都市文博区，建设郑开科创走廊，将太极拳、少林拳打造成为享誉世界的文化旅游名片，打造沿黄河、环嵩山等文化旅游目的地，在城区布局一批文化、创意、艺术、商业一体化休闲街区。

洛阳副中心城市文化创意区。包括洛阳、济源、焦作（孟州）、平顶山（汝州、鲁山）、三门峡（义马、渑池、卢氏），辐射豫西北地区，重点建设洛阳国际人文交往中心和国际文化消费中心城市，创新仰韶文化遗址群、隋唐洛阳城、汉魏洛阳城等大遗址保护利用模式，围绕古都、龙门石窟、大运河、丝绸、牡丹、唐三彩、汝瓷等文化元素布局世界级文化创意园区，叫响"行走洛阳·读懂历史"品牌。支持龙门石窟、二里头夏都遗址博物馆、洛阳博物馆、平顶山博物馆、牡丹博物馆、济渎庙等数字化赋能提升，推动洛阳"音乐之城"、洛阳震动机械厂工业遗址活化、焦作西大井1919文旅园区、百年电厂工业科创旅游、仰韶酒业工业游、济源"中国白银城"等重点项目建设。

节点城市。安阳重点打造世界文字创意之都。鹤壁重点打造诗经文化创意之城。濮阳重点打造杂技文化创意之城。商丘重点围绕庄子、花木兰等名人IP开展文化创意。周口重点围绕伏羲、老子（《道德经》）等开展文化创意。漯河重点围绕贾湖（骨笛、契刻符号）和许慎（《说文解字》）开展文化创意。驻马店重点围绕盘古、梁祝等开展文化创意。信阳重点围绕红色文化、茶文化等开展文化创意。南阳重点围绕中医、汉画等开展文化创意。支持周口沙颍河水上游、周口野生动物世界、南阳楚风汉韵文化体验综合体等新业态发展。

文旅文创名镇（城）。包括荥泽古城、浚县古城、卫辉古城、道口古镇、朱仙镇、荆紫关镇、赊店镇、铁门镇、陈桥驿、陈留镇、河洛镇、康店镇、会盟镇等。

第三节　建设人文旅居乡村

以太行山、伏牛山、大别山为重点区域，按照文化引领、艺术点亮、美学提升、消费驱动的原则，加快布局精品民宿、乡村酒店、艺术聚落等人文体验空间，打造一批彰显中原文化底蕴、承载现代生活方式的乡村旅居目的地，助推乡村振兴。推进太行山国际山地度假旅游目的地、伏牛山国民休闲旅游度假地、大别山豫风楚韵·红绿融合乡村旅游目的地建设。以县为主体、以村为单元，突出融合化、智慧化、生活化、休闲化、多元化，按照生态优良、风光优美、环境优越、业态优化、服务优质的标准，依托景区、街区、度假区、古村落、特色民居、田园综合体等资源，培育形成一批生态康养、文物古建、非遗活化、名人典故、红色传承、农俗体验、研学科考等主题特色鲜明、文旅文创业态突出的特色旅游村、乡村旅游消费街区、乡村特色美食产品。到2025年，打造450个A级乡村旅游示范村、5000家精品民宿。

专栏3：人文旅居乡村建设行动

太行山国际山地度假旅游目的地。依托独特的山地环境，依山就势、以景筑居，建设一批设施完备、功能齐全的石板民宿、悬崖客栈、乡村酒店、度假院落、主题农庄等精品民宿。布局一批山地拓展、登山、徒步、滑翔、滑雪、滑冰、攀岩、户外探险等山地体育旅游项目。重点建设太行大峡谷旅游度假区、中国画谷（林州石板岩）、宝泉·崖上太行生态旅游观光带、南太行军事主题乐园、龙翔山旅游区等项目。

伏牛山国民休闲旅游度假地。立足夏季舒适凉爽、森林康养资源丰富、中医药底蕴深厚、大杂粮膳食多样等特点，适应追求远离尘嚣、回归自然、生态养生的需求，培育置身优美生态景观中而产生的接近自然、放松愉悦、调节身心健康状态的场景，打造中医药养生、有机农业、绿色膳食为主的复合型康养旅游乡村。重点建设洛阳伏牛山滑雪度假乐园、天鹅湖旅游度假区、仰韶仙门山景区、老界岭国家级旅游度假区、七彩欢乐谷生态旅游休闲度假区、大宝天曼文旅康养综合体、伏牛东麓七峰山旅游区、伏牛山（西峡）生态康养文化旅游区、伏牛山天池森林康养示范区、五朵山中原文旅融合示范区、赊店酒香特色文化创意园、渠首丹江湖旅游区、驻马店方特"熊出没"旅游度假区、洛阳伏牛山山地竞技运动足球夏训基地及温泉康养理疗中心、尧山温泉旅游度假区、舞钢·漫游乐世界、三门峡燕子山森林康养旅游度假区、南阳市动植物主题文旅综合体、嵖岈山生态旅游度假区。

大别山豫风楚韵·红绿融合乡村旅游目的地。依托信阳毛尖、茶油等特色资源，推动茶园、油茶园等种植园、工业园旅游化发展。弘扬大别山特色饮食文化，培育茶宴、鱼宴、竹宴、水宴等乡味十足的豫南乡宴品牌。以革命故居、会议旧址、革命英雄、红色故事、革命遗址等红色文化旅游资源为载体，打造党史教育、国情教育、爱国主义教育和社会主义核心价值观教育基地。重点建设东航小镇、田铺大湾、大别山北麓全域旅游、出山湖国家水利风景区、黄柏山国家森林公园。

第四节　建设世界级文化旅游目的地

打造黄河小浪底、郑州花园口、开封东坝头3大文化旅游片区和黄河豫晋陕、冀鲁豫、豫皖苏3大文化旅游协作区，建设具有国际影响力的黄河文化旅游带，保护传承弘扬黄河文化。以"黄河魂·古都韵·中国情"为主题形象，建设郑汴洛黄河文化国际旅游目的地，打造世界文化旅游之都。依托登封"天地之中"历史建筑群、双槐树等文化遗产，大力发展考古遗产旅游，打造大嵩山国际文化旅游圈，建设华夏历史文明传承创新区。实施小浪底库区港航工程，建设黄河小浪底交通和文化旅游融合发展示范区，培育休闲康养新业态，布局世界级度假酒店品牌集群，打造国际滨水度假旅游目的地。依托鸡公山万国建筑群，规划布局精品度假酒店、人文主题民宿等高端业态，打造具有豫风楚韵的国际人文度假社区。

第五节　打造线上文化旅游空间

深化"互联网＋旅游"和文化产业数字化融合创新，推动5G、人工智能、物联网、大数据、云计算、北斗导航等在文化旅游领域有效赋能应用。推动大遗址、古建筑、石窟寺、革命文物等重大文物和文化遗产以及大山岳、大河川、大景观等重大自然遗产资源实现数字化保护展示。建设省文旅文创融合数字创意中心，实现省级层面文化旅游云展览、云娱乐、线上演播、数字艺术、沉浸式体验等新兴业态的内容生成、定制消费、智慧服务和共治管理。创作生产具有河南特色的网络演艺、网络视听、数字动漫、数字出版等，实现可视化呈现、互动化传播、沉浸式体验和便捷化消费。建设贯通科技、教育、文博、商业、旅游、娱乐的一体化线上文化虚拟平台。打造一批省级数字文旅智慧产业园区，实施一批科技创新重点项目，推动文化和旅游领域科技研发和成果有效转化，推动科技支撑文化旅游推广方式方法创新。

第五章　促进文化旅游内容再生产

以厚重的历史文化资源为基底，以中华美学精神引领文旅文创融合发展，以一流文旅创作生态支撑中华文化传承创新中心建设，围绕"行走河南·读懂中国"品牌形象，聚焦考古文博、演艺娱乐、动漫产业、数字文旅等推动IP转化，以创意和科技生成文化旅游新内容，贯通文创资源端、创意研发端、生产营销端，构建具有世界影响力和持久生命力的文化旅游内容供给体系。

第一节　打造中华文化超级IP

实施中华文化超级IP工程，构建"4+8+N"中华文化超级IP矩阵。聚焦以姓氏根亲为代表的老家河南、以天下黄河为代表的大河文明、以华夏古都为代表的中国气象、以太极少林为代表的中国功夫，做好国际化阐释和表达，打造全球著名的文化IP。重点打造探寻中国文字的甲骨文文化IP、彰显华夏之光的仰韶文化IP、代表早期中国的二里头文化IP、展示中国气象的隋唐洛阳城文化IP、蕴含中华美学的宋文化IP、感知中国时间的二十四节气文化IP、凝练东方智慧的道家思想文化IP、传达中国意境的唐诗宋词文化IP，提升其国际知名度和影响力。依托古城、古镇、古关、古道等文化遗存，伏牛山、太行山、大别山等自然景观，红旗渠精神、大别山精神、焦裕禄精神、愚公移山精神等民族精神，中国节日、中原美食、中原手作等生活方式，培育全国一流文化IP。

专栏4：中华文化超级IP工程

全球著名文化IP（4个）：

1. 老家河南。新郑黄帝故里、灵宝黄帝铸鼎塬遗址、太昊陵、二帝陵、大谷关（客家之源）、潢川—固始—光山（闽台祖地—中原侨乡）等；轩辕黄帝传说、新郑黄帝故里拜祖大典、中华姓氏文化等。

2. 天下黄河。中流砥柱、黄河古栈道、小浪底水库、孟津古渡、河洛汇流、河图洛书、桃花峪、花园口、炎黄二帝像、曹岗险工、东坝头、悬河、开封城摞城、嘉应观、济渎庙、黄河国家博物馆等；黄河号子、黄河鲤鱼等。

3. 华夏古都。郑州、开封、洛阳、安阳。

4. 中国功夫。太极拳、少林拳、杂技。

国际知名文化IP（8个）：

1. 仰韶文化。仰韶村、庙底沟、大河村、双槐树等古遗址；仰韶彩陶、仰韶陶鳌、仰韶丝绸、仰韶粟米、仰韶古酒、濮阳西水坡蚌塑龙虎等。

2. 中国文字。仓颉造字、甲骨文、商周青铜器铭文、东汉熹平石经、《说文解字》、东汉隶书、《龙门二十品》（魏碑）、宋徽宗瘦金体、王铎书法、李斯小篆等。

3. 早期中国。二里头、偃师商城、郑州商城、安阳殷墟、西周洛邑（宅兹中国）。

4. 中国气象。登封"天地之中"历史建筑群、隋唐洛阳城、隋唐大运河、丝绸之路、洛阳名园、洛阳八关；唐三彩、唐青花、牡丹等。

5. 中华美学。北宋东京城、宋代艺术（北宋皇陵石刻、宋画、宋瓷、艮岳）、宋代精雅生活（宋人"四般雅事"、宋食、宋服、夜市、勾栏瓦舍等）。

6. 中国时间。二十四节气、中华传统节日。

7. 东方智慧。老子故里、美里城、孔子入周问礼处、灵宝函谷关、庄子故里、玄奘故里等；《周易》《道德经》《庄子》《二程集》等典籍。

8. 中国意境。《诗经》、汉赋、汉乐府歌、建安文学、唐诗、宋词等。

全国一流文化IP(19个)：

1. 历史名城。商丘、南阳、濮阳、许昌、浚县等。

2. 历史名镇。古荥镇、朱仙镇、道口镇、神垕镇、赊店镇、荆紫关镇等。

3. 历史村落。临沣寨（郏县）、一斗水村（修武）、石板岩（林州）、陈家沟（温县）、西河（新县）、卫坡（孟津）、郭亮（辉县）、王公庄（民权）。

4. 中原古战场和关隘。牧野古战场、官渡古战场、汉霸二王城、鄢城之战、昆阳古战场、虎牢关、大关口（方城）、义阳三关。

5. 中原古道。万里茶道、崤函古道、宛洛古道、太行古道（太行陉、轵关陉、白陉）、秦楚古道、汉潢古道。

6. 石窟寺。龙门石窟、巩县石窟、浚县任山大佛与天宁寺石刻、偃师水泉石窟、洛阳万佛山石窟、三门峡鸿庆寺石窟、安阳灵泉寺石窟、焦作窄涧谷太平寺石窟、新乡香泉寺石窟。

7. 东亚旧石器与人类起源。南召猿人、鲁山仙人洞、灵井"许昌人"、老奶奶庙、荥阳织机洞、"栾川人"遗址。

8. 中原名山。嵩山、王屋山、云台山、老君山、林虑山、白云山、鸡公山、嵖岈山。

9. 历史传说。大禹神话（登封、禹州）、盘古神话（泌阳、桐柏）、邵原创世神话群（济源）、梁祝（汝南）、花木兰（虞城）、愚公移山（济源）、牛郎织女（南阳）、竹林七贤（修武）、黄帝设坛祭天（济源）、姜子牙封神（卫辉）、比干财神（卫辉）、柳毅传书（卫辉）、息夫人（息县）、嫘祖传织（西平）等。

10. 中原红色文化。焦裕禄精神、红旗渠精神、大别山精神、愚公移山精神、长征精神、二七精神、南水北调精神、新乡先进群体精神等。

11. 华夏礼乐。《周礼》《仪礼》《礼记》；贾湖骨笛、下寺楚国青铜编钟、北宋大晟编钟、朱载堉《乐律全书》。

12. 中原国宝。大河村彩陶双连壶、乳钉纹铜爵、绿松石龙形器、杜岭方鼎、后母戊鼎、妇好鸮尊、商涂朱刻辞卜骨、子龙鼎、郑国九鼎八簋、莲鹤方壶、楚云纹铜禁、城阳城战国编钟、汉梁国四神云气图壁画、东汉石辟邪、焦作汉代陶仓楼、曹魏白玉杯、北齐黄釉乐舞扁壶、隋白釉瓷围棋盘、唐十一面观音石像、武则天金简、北宋天蓝釉刻花鹅颈瓶等。

13. 中原美食。洛阳水席、开封菜、信阳菜等豫菜；胡辣汤、烩面、灌汤包、壮馍等小吃；新郑大枣、宁陵酥梨、小河白菜、马投涧小米、潢川贡面、平舆芝麻、正阳花生等中原贡品。

14. 中原手作。钧瓷、汝瓷、花瓷、绞胎瓷、镇平玉雕、开封汴绣、三彩釉画、洛阳宫灯、宋室风筝、汴京灯笼张、浚县泥咕咕、淮阳泥泥狗、南阳烙画、秦氏绢艺、固始柳编、罗山皮影、木版年画、麦秆画、黄河澄泥砚、郏县金镶玉、沁阳野王纻器、豫西小木作、面塑、舞阳农民画等。

15. 中原庙会。太昊陵庙会、浚县正月古庙会、火神台庙会、老君台庙会、中岳古庙会、关林庙会、马街书会、仓颉庙会、许慎文化庙会、泌阳盘古庙会等。

16. 中医药文化。《黄帝内经》、张仲景、华佗、张从正；四大怀药、百泉药会、禹州药会等。

17. 传统戏剧。豫剧、曲剧、越调、大平调、二夹弦、宛梆、怀梆、目连戏、花鼓戏、罗卷戏等。

18. 中原古代科技。夏商周青铜铸造、汉代冶铁、浑天仪与地动仪、僧一行、水运仪象台、《营造法式》、活字印刷、指南针和火药发明、观星台等。

19. 三国文化。许昌曹魏古城、汉魏洛阳城、曹操高陵、关林等遗迹，曹操、诸葛亮等人物，三顾茅庐、煮酒论英雄、桃园结义等典故，《洛神赋》《出师表》等典籍。

第二节 建设国家文化创新高地

*打造华夏文明创新区。*依托二里头遗址、双槐树遗址、安阳殷墟、龙门石窟、少林寺等重要文物古迹，与国内外优秀拍摄制作团队

创作一批精品影视节目，扩大全球影响力。深入挖掘上古时期、夏商周早期中国文化资源，结合高科技手段，创作一批实景演出、沉浸式体验项目。在二里头夏都遗址博物馆、殷墟博物馆、洛阳博物馆、开封博物馆等创作一批特种电影、小剧场等作品，增强传统文化体验性。

打造中华美学试验区。 依托洛阳、开封打造唐文化、宋文化集中体验地，建设一批融文化体验、文化交流、文化教育于一体的综合文化空间，打造沉浸式文化体验场景。复原诗词吟唱、焚香点茶、挂画插花、书法绘画、古乐演奏等传统生活方式，围绕二十四节气、传统节日等创作一批实景体验活动，开展美学教育。围绕唐宋服饰、唐宋美食、唐三彩、钧瓷、汝瓷、绞胎瓷、历史建筑、绘画作品、遗址文物等创作一批体现中式美学的生活器物和文创产品，让唐宋审美融入日常生活。

打造艺术精品创作高地。 实施舞台艺术精品创作工程，推出3—5部在全国有较大影响力的艺术精品、50部优秀舞台艺术剧目。实施豫剧振兴工程，提升《焦裕禄》《重渡沟》等精品名作质量，创作《大河安澜》《黄河故事》等豫剧精品名作，培育一批戏剧名家和艺术大家，在全国文华大奖、"五个一工程"奖评选中保持领先地位。

打造时尚国风艺术策源地。 加快河南广播电视台等传统媒体转型升级，拓展网络和新媒体业务，围绕优秀传统文化出圈出彩，推出传统媒体与新媒体结合的融媒体作品。挖掘古都、古城、古镇、古关等文化资源，创作一批音乐、话剧、脱口秀等声频节目。引进头部网络平台入驻河南，创作一批网络综艺、网络纪录片、网络剧等新媒体作品。以"国潮"引领传统文化创造性转化，鼓励民众创作体现本地特色的网络音乐、短视频等。

打造动漫产业增长极。 实施中华神话、中原精神、民间故事等动漫创作扶持工程，推出30部具有优秀传统文化特色和自主知识产权的动漫精品。发挥国家动漫产业发展基地（河南基地）的平台作用，引入国内外知名动漫企业，打造动漫创作、生产、传播、衍生品开发等全产业链。支持本土动漫企业做大做强。加强与大型互联网媒体合作，拓展动漫作品传播渠道。申办世界漫画大会。筹办中国（郑州）动漫文创大会暨创意设计大赛。

打造演艺娱乐新高地。 依托河南省艺术中心大剧院，引进一批国内外知名歌剧、舞剧、话剧、杂技剧在河南首演首播。扩大《禅宗少林·音乐大典》《大宋·东京梦华》《黄帝千古情》等实景演艺品牌影响力。引进国内外优秀创作团队，围绕中华文化重大IP创作一批经典实景演艺作品。依托郑州方特欢乐世界、银基冰雪世界、建业电影小镇等主题公园，创作一批特色鲜明、门类丰富的主题公园演艺精品。在郑汴洛及节点旅游城市、旅游景区设立一批小剧场，引进创作一批小歌剧、小舞剧、音乐剧、木偶、皮影、杂技、魔术等节目。发挥《只有河南·戏剧幻城》引领示范作用，鼓励旅游城市、旅游景区、博物馆等创作一批沉浸式旅游演艺产品。鼓励旅游景区、星级饭店、旅游民宿依托本地民俗风情和自然资源，创作节庆演艺、水上演艺、街头演艺等。

打造数字出版新高地。 做大做强中原出版传媒集团，推出电子图书、融媒体出版物、有声读物、网络文学等一批数字出版内容精品。建设中原数字出版项目库，重点扶持老家河南、天下黄河、华夏古都、中国功夫相关题材的数字内容创作项目。以大众阅读和经典普及为导向，进行河南古籍文献资源和经典著作内容形式二次创作，推出一批在线移动终端读物。大力发展数字创意、数字娱乐、网络视听、网络文学、线上演播、数字艺术展示等新业态，丰富个性化、定制化、品质化的数字文化旅游产品供给。

第三节 营造一流文旅创作生态

优化文化旅游知识产权服务。 依托国家知识产权局专利局专利审查协作河南中心、国家知识产权创意产业试点园区、中国郑州（创意产业）知识产权快速维权中心等平台，打造辐射全国的文化旅游知识产权服务基地。省高级人民法院和中级人民法院可设立知识产权法庭，郑州、开封、洛阳等地中级人民法院可结合地方文旅文创发展需要设立知识产权巡回法庭。省版权交易中心可开辟文化旅游内容版权保护、登记、交易、质押、融资等"绿色"通道。在郑州、洛阳及重要文化创意节点城市加快布局一批知识产权快速维权工作站和版权服务工作站。依托中国（河南）自由贸易试验区，打造线上线下结合的文化旅游知识产权一体化服务平台，利用区块链等技术，实现文化旅游知识产权确权、维权、交易、运营、融资一站式服务。

集聚新型文旅创作人才。设立省、市、县三级文旅文创综合办公室，为文艺创作、创意设计、旅游管理领域创意人才提供业务培训、项目对接和投融资服务。编制《河南省创新产品推荐目录》，对入选目录的优秀文化产品进行政府采购和项目转化推广。鼓励条件成熟的城市创建国家级、省级文化产业示范园区。以太行山、伏牛山、大别山为重点，建设一批艺术村，吸引国内外知名演艺企业、动漫企业、新媒体创作企业、艺术大师、文化名人入驻。对入驻园区的企业和个人按规定给予房租减免、社会保险补贴等优惠。与清华大学、郑州大学、河南大学、省文物考古研究院、省文物建筑保护研究院、省非物质文化遗产保护中心、省文化艺术研究院等联合成立文旅文创实验室。实施"乡创特派员制度"，引进国内外文旅创意人才深入河南乡村开展乡创实践，培育本地文旅创意人才，助力乡村文旅发展。

第六章 完善文化旅游产业全链条

把传统业态转型升级、优势业态直道冲刺、新兴业态抢滩登陆、未来业态谋篇布局系统贯通起来，重点发展古都旅游、乡村旅游、研学旅游、红色旅游、康养旅游、考古旅游等，通过数字化改造、品牌化提升、多元化培育、特色化创新，全力打造现代文化旅游产业体系，加快建设世界文化旅游胜地。

第一节 升级传统业态

全面推进传统业态数字化改造工程，建设一批数字景区、数字度假区、数字酒店和数字旅行社，实现传统产业数字化运营。推动文艺精品、非物质文化遗产进景区，不断丰富景区文化内容，重点打造一批富有文化底蕴的世界级景区和度假区。引进一批国际国内知名品牌酒店落户，推动本土酒店集团化发展，建设一批遗产酒店、度假酒店、艺术酒店、电竞酒店等。推动传统旅行社企业向产业链上下游延伸，积极研发定制旅游产品。实施文化产业示范园区提升工程，打造一批国家级文化和旅游产业融合发展示范区。

> **专栏5：传统业态升级行动**
>
> **数字化改造工程**。推动云台山、龙门石窟、少林寺、清明上河园等AAAAA级旅游景区以及尧山国家级旅游度假区建设数字景区、数字度假区，推动全省五星级酒店建设数字酒店，推动河南中原国际旅游集团、河南国旅集团、河南中旅集团、河南中原铁道旅游集团、河南旅游集团等大型旅行社集团建设数字旅行社。世界级景区和度假区打造工程。重点把云台山、龙门石窟、少林寺、黄河小浪底、鸡公山等打造成为富有文化底蕴的世界级旅游景区和度假区。
>
> **酒店品牌培育工程**。支持中州国际酒店集团、建业酒店管理公司、仟那酒店管理公司、璞华酒店管理公司、喜鹊愉家旅馆管理公司等本土酒店加快发展。
>
> **旅行社集团延链工程**。推动河南中原国际旅游集团、河南国旅集团、河南中旅集团、河南中原铁道旅游集团、河南旅游集团等传统旅行社企业向产业链上下游延伸。
>
> **文化产业示范园区提升工程**。重点把开封宋都古城文化产业园区、郑州国际文化创意产业园、龙门文化旅游园区、禹州市（神垕）钧瓷文化创意产业园区、登封市"天地之中"文化旅游园区、浚县古城文化产业园区、濮阳国际杂技文化产业园、南阳月季博览园、镇平县石佛寺玉文化产业园、南阳张衡科技文化园区、南阳范蠡文化园等打造成为国家级文化和旅游产业融合发展示范区。

第二节 巩固优势业态

对标国际一流商圈，在郑州、洛阳等城市建设一批文商旅地标工程，植入文化元素，彰显城市特色。重点依托文化遗产、大遗址、工业遗产、农业遗产、水利遗产以及古都、古城、古镇、古村、古街等，打造特色遗产旅游品牌。依托国家级特色小镇、历史文化名镇、文化改革试验区等，打造一批精品文旅小镇。以中华文化超级IP为主题，高水平打造20台精品旅游演艺，推动中小型、主题性、特色类演艺产品开发。改编、转化一批景区版文艺精品剧目，打响"华夏古乐""汉服婚礼"等品牌，推出一批特色音乐节。

> **专栏6：优势业态巩固行动**
>
> **文旅地标打造工程**。郑州黄河文化公园、郑州二七广场、郑州国际会展中心、开封市黄河国际文化交流中心、洛邑古

城等。

遗产旅游品牌工程。郑州商城、隋唐洛阳城、大宋东京城、安阳殷墟等。精品文旅小镇工程。登封功夫小镇、开封朱仙镇、林州写生小镇、禹州钧瓷小镇、汝州汝瓷小镇、鲁山花瓷小镇、温县太极拳小镇、鄢陵唐韵小镇、荆紫关古镇、镇平玉雕小镇、赊店古镇、济源那些年小镇、濮阳杂技小镇、封丘陈桥古镇、获嘉同盟古镇、范县板桥古镇等。

精品旅游演艺工程。《只有河南·戏剧幻城》《大宋·东京梦华》《禅宗少林·音乐大典》《黄帝千古情》《水秀》《印象太极》《河颂》《创意天中》《醉梦云台》等。

第三节　培育新兴业态

实施旅居乡村工程，重点打造一批A级乡村旅游示范村、文化产业特色村，创建一批乡村旅游示范县（市、区）、生态旅游示范乡（镇）、国家级乡村旅游重点村镇、全国乡村旅游融合示范区。持续开展"民宿走县进村""文化走进民宿"等活动，重点打造"黄河民宿""嵩山民宿""太行民宿""河洛民宿""伏牛山居"等民宿集群，评选一批星级民宿，建设以民宿为核心的微型度假综合体。推动乡村驿站和汽车露营地建设，引进一批汽车露营品牌，发展乡村休闲度假。挖掘各地餐饮文化，在全省开展"千村万味"行动。重点依托景区景点、自然和文化遗产、古村落、博物馆、科技馆、知名院校、工矿企业、科研机构等，加快研学项目建设，建设一批研学旅游示范基地和营地，推出一批研学旅行精品课程和精品线路，培养一批优秀研学旅行导师。打造"行走河南·读懂中国"研学旅游产品体系，构建"大黄河"入境游学体系。围绕大别山精神、焦裕禄精神、红旗渠精神，打造一批具有全国影响力的红色精品景区。依托"三学院三基地"，持续推进红色文化"进景区、进场馆、进企业"，传承红色文化基因，加强党史、新中国史、改革开放史、社会主义发展史教育，重点面向青少年群体开发红色旅游线路。发挥太行山水生态资源、河洛历史文脉资源、嵩山自然人文资源优势，大力发展低空旅游，推动安阳打造"航空运动之都"，加快通用航空机场和航空小镇建设，创建国家级通用航空产业综合示范区，持续办好郑州上街航展、安阳航空运动文化旅游节等航空节事活动。大力发展体育旅游，加强体育旅游项目建设，打造一批体育旅游示范基地，塑造特色体育旅游节事品牌。支持安阳林虑山滑翔旅游、濮阳单拐极限运动旅游、济源穿越壮美太行国际徒步旅游等做大做强。

专栏7：新兴业态培育行动

旅居乡村工程。重点打造一批民宿集群，评选1000家星级民宿，建设200个微型度假综合体、500个乡村驿站、100个汽车露营地。依托景区、街区、度假区、田园综合体等资源，打造450个A级乡村旅游示范村、500个文化产业特色村，创建50个乡村旅游示范县（市、区）、200个生态旅游示范乡（镇）、100个国家级乡村旅游重点村镇、20个全国乡村旅游融合示范区。支持东坝头、建业绿色基地、中国渔都等乡村旅游综合体建设。

"千村万味"行动。依托景区、度假区和旅游综合体的配套商业街区，开发1万个美食品种，打造100条"千村万味"美食商业街，500家"千村万味"特色美食店。

研学旅游建设工程。加快修武云台山、林州红旗渠、隋唐洛阳城、嵩山少林功夫、温县太极拳、新县大别山、鹿邑老子学院等研学项目建设。

品牌红色旅游工程。重点打造林州红旗渠、新县大别山、兰考焦裕禄纪念园、新乡南太行、济源愚公移山、淅川南水北调、确山竹沟等红色经典景区。推动冀鲁豫边区革命根据地旧址、镇平彭雪枫红色文化教育基地、中共中央中原局暨中原野战军旧址红色教育基地等项目建设。

低空旅游产品工程。加快郑州上街、安阳殷都、新乡唐庄、周口西华、安阳永和、中牟雁鸣湖、光山龙山湖、洛阳万安山等通用航空机场建设，创建10家国家级通用航空产业综合示范区，办好郑州上街航展、安阳航空运动文化旅游节，推进航空小镇建设。

体育旅游目的地工程。重点支持焦作国际太极拳交流、安阳林虑山滑翔旅游、穿越壮美太行国际徒步旅游等项目。支持安阳航空文化旅游节、三门峡横渡母亲河、伏牛山滑雪节、万仙山国际攀岩节、世界滑翔伞比赛、中国极限运动大会等项目。

第四节 布局未来业态

依托我省山水、温泉、中医药、太极少林文化等优势，推动医疗机构、疗养机构进小镇、进景区、进度假区，建设乡村休闲康养度假单元，大力发展多元康养产业，打造一批全国重要的康养目的地和康养产业集群。支持龙头食药企业依托中药材和生态农产品，研发有机绿色食品以及中医药康养产品。依托郑韩故城、安阳殷墟等重要考古遗址建设国际考古学堂、考古方舱等项目，引进国际科考团队，合作开展科研考古、大众考古，打造仿真考古体验旅游产品，推出一批考古旅游线路，建设国际一流考古旅游目的地。充分挖掘影视IP内容，转化落地一批深度沉浸类影视实景娱乐项目。推进文化和旅游装备制造业示范园区、示范企业和示范项目建设，创建国家文化和科技融合示范基地。

> **专栏8：未来业态布局行动**
>
> 康养旅游工程。重点打造3个康养旅游示范区、20个康养小镇，创建100个省级以上森林康养基地、5个国家级中医药健康旅游示范区。支持西峡、淅川、新蔡、栾川、修武、新县、光山等中医药康养研学基地建设。打造20个中国天然氧吧、10个特色气候小镇。
>
> 考古旅游工程。重点打造郑韩故城、安阳殷墟、偃师二里头、开封州桥、郑州大河村、鹤壁辛村、漯河贾湖等考古旅游目的地。
>
> 实景娱乐旅游工程。充分挖掘"中国节日""武林风"等影视IP内容，转化落地一批实景娱乐项目。
>
> 科技文旅建设工程。打造20个国家文化和旅游科技创新应用示范项目，建设10个文化和旅游装备制造业示范园区，培育50家文化和旅游装备制造示范企业（示范项目），创建5家国家文化和科技融合示范基地。

第七章 开拓文化旅游消费新领域

顺应消费升级趋势，以创意设计和科技应用赋能消费场景，以业态更新和惠民举措激发消费潜力，以示范引领和品牌创建提升文化旅游消费供给，深入促进线上线下消费融合发展，不断开拓文化旅游消费新领域。

第一节 创新消费场景

推动文化场馆、文博单位、景区园区、主题公园、城市街区、旅游村镇等文化旅游消费场景创新，打造1000个文化旅游消费新空间。发展智慧驿站、智慧书店、智慧餐厅、智慧商店、智慧超市等无接触式消费，创新消费服务模式，提升消费体验。发展全息互动投影、无人机表演、夜间光影秀等数字艺术体验新场景，扩大数字文化艺术应用。推动首店经济发展，引进一批具有国内外影响力的精品酒店、网红民宿、文艺书店、文商旅综合体、微型度假综合体等项目，提升城乡商业活力，引领潮流时尚消费。引导豫音脱口秀、创意国风、街头艺术、限时快闪店、假日集市、文化和非遗集市等集聚发展，形成一批新型文化旅游消费业态。发展云旅游、云演艺、云娱乐、云直播、云展览等线上消费新场景，培育"网络体验+文旅消费"新模式。

第二节 打造"黄河之礼"

坚持数字化、国际化、时尚化、品牌化，保护传承弘扬黄河文化，打造具有河南特色的"黄河之礼"文旅文创消费品牌。办好"老家河南·黄河之礼"国际文旅创意设计季、"黄河之礼"文创潮玩巡展月等重大主题活动，配套开展"黄河之礼"舞动青春走进校园、"黄河之礼"文创潮玩优秀作品征集大赛、中国华服设计征集大赛、唐宋名窑陶瓷烧制技艺大赛等系列活动，营造全社会文旅文创浓厚氛围。实施"黄河之礼"文创精品培育工程，高质量打造黄河非遗文创产品、黄河文博创意产品、黄河风物特色产品、黄河文化创意作品、黄河景区IP形象等多个系列"黄河之礼"文创精品。全面丰富"老家河南·黄河之礼"非遗数字馆建设内容，推动文创产品线上销售专区及时更新上新，打造集保护传承、创意设计、沉浸体验、线上销售、资讯信息等于一体的综合数字创意平台。支持20家AAAA级以上旅游景区设计推广景区IP形象。

> **专栏9："黄河之礼"文创精品培育工程**
>
> 黄河非遗文创产品。围绕汝瓷、钧瓷、官瓷、唐三彩、仰韶彩陶、花瓷、绞胎瓷、青铜器、汴绣、灯彩、木版年画、剪纸、柳编、泥塑、雕刻、布艺、太极拳、少林拳、黄帝传说、

二十四节气等非遗资源，推出50个以上黄河非遗文创新产品。

黄河文博创意产品。支持河南博物院、黄河博物馆、郑州博物馆、洛阳博物馆、开封博物馆、龙门石窟、二里头等文博单位，培育考古盲盒、文物手办、国潮美妆服饰、国风玩具学具、古风生活美物等50个以上黄河文博创意新产品。

黄河风物特色产品。围绕茶叶、中药材、农产品、食品、酒品等不同品类，打造信阳毛尖、四大怀药、灵宝苹果、汴梁西瓜、新郑大枣、仰韶彩陶坊酒等50个以上黄河风物特色产品。

黄河文化创意作品。围绕黄河文化主题，推出表情包、短视频、工艺美术品、书画艺术品、国风原创音乐、国风华服霓裳等50个以上黄河文化创意新作品。

第三节 释放消费潜力

大力激发夜间消费，鼓励旅游景区和文博场馆开展夜间游览项目，优化夜间餐饮、购物、演艺、娱乐等服务，推动建设24小时书店、深夜食堂、不打烊购物中心、夜间休闲街区、夜间剧场等业态，打造洛阳"古都夜八点""夜开封·欢乐宋"等一批夜游品牌，推出一批明星夜游项目。创新办好太昊陵庙会、浚县正月古庙会、马街书会、万岁山庙会、关林庙会等。进一步提升中原国际文化旅游产业博览会、中原（鹤壁）文化产业交易博览会、驻马店国际文化旅游产业博览会等策展水平，不断丰富会展业态，谋划举办河南工艺美术产品交易博览会，打造一批具有全国影响力的特色产业交易平台。探索建设国际艺术品交易中心，推动艺术品登记、检验、鉴定、认证和评估工作健康有序开展。组织开展文化和旅游消费季活动，鼓励景区、酒店、民宿等企业结合实际推出优惠促销措施，适时发放文化和旅游消费券，支持中原银行等金融机构发行"老家河南"文旅文创系列银行卡。落实带薪休假制度，鼓励单位与职工结合工作安排和个人需要分段灵活安排带薪年休假、错峰休假。倡导绿色旅游消费，大力推广低碳出行方式，引导游客践行垃圾分类、光盘行动等绿色生活方式。

第四节 推进消费示范

发挥洛阳、郑州、开封国家文化和旅游消费示范、试点城市带动作用，创建10个国家级文化和旅游消费示范、试点城市，推出50个省级文化和旅游消费示范县（市、区）。开展夜间文化和旅游消费集聚区建设工作，创建30个国家级夜间文化和旅游消费集聚区，推出100个省级夜间文化和旅游消费集聚区。打造一批文化特色鲜明的旅游休闲城市和街区，创建2~3个国家级旅游休闲城市和3~5个国家级旅游休闲街区，推出100个省级旅游休闲街区。持续推进全域旅游示范区建设，新增50个省级全域旅游示范区，推动大别山北麓地区建设省级全域旅游示范区，打造跨县级行政区域的全域旅游示范区创建样板。以中国（河南）自由贸易试验区开封片区国家文化出口基地为依托，建设国家文化和金融合作示范区，打造国家文化对外贸易基地。

专栏10：国家消费示范试点和旅游品牌建设行动

新增国家级文化和旅游消费示范城市。郑州、开封、南阳等。

新增国家级文化和旅游消费试点城市。安阳、焦作、济源、新乡、鹤壁、信阳、周口、驻马店、平顶山、商丘、许昌、漯河等。

创建国家级文化和旅游夜间消费集聚区。郑州建业电影小镇、郑州樱桃沟景区、郑州方特旅游度假区、洛阳洛邑古城、隋唐洛阳城国家遗址公园、洛阳天心文化产业园、开封清明上河园景区、开封鼓楼和书店街、开封星光天地、新郑黄帝千古情景区、焦作云台山岸上小镇、濮阳国际杂技文化产业园、浚县古城景区、驻马店皇家驿站、许昌曹魏古城、商丘古城、漯河河上街景区、周口建业绿色基地、南阳赊店古镇、滑县道口古镇、灵宝秦人码头、息县龙湖、民权庄子文化园等。

创建国家级旅游休闲城市。郑州、开封、洛阳、南阳等。

创建国家级旅游休闲街区。郑州二七塔和德化街、开封鼓楼和书店街、开封双龙巷、洛阳洛邑古城、洛阳广州市场步行街等。

新增国家级全域旅游示范区。嵩县、西峡县、洛阳市洛龙区、洛阳市孟津区、汝州市、舞钢市、鲁山县、淇县、辉县、许昌市魏都区、鄢陵县、灵宝市、卢氏县、民权县、南召县、商城县、巩义市17个县级创建单位，郑州市、焦作市2个市级创建单位。

国家文化和金融合作示范区。中国（河南）自由贸易试验区开封片区。国家对外文化贸易基地。中国（河南）自由贸易试验区开封片区、洛阳片区。

第八章 建设文化旅游推广新体系

围绕中华文化传承创新中心、世界文化旅游胜地建设，聚焦"行走河南·读懂中国"品牌形象，培育具有国家意义和全球影响力的文化线路，构建线上线下一体、大屏小屏互动的文化旅游全媒体传播格局，广泛搭建跨区域文化旅游协作体和重大文化旅游节事平台，推动以黄河文化、中原文化为代表的中华优秀传统文化走出去，深化文明交流互鉴，面向世界讲好黄河故事、展示河南形象。

第一节 培育"读懂中国"文化线路

遴选一批在华夏文明演进历任中具有重大意义、代表中国精神、中国价值、中国力量的中华文化超级IP，推动"读懂中国"文化图谱具象化、场景化，重点培育拜祖寻根之旅、大河文明之旅、华夏古都之旅、中国功夫之旅、仰韶文化之旅、中国文字之旅、中华美学之旅、东方智慧之旅、文明交流之旅、中华诗词之旅10条具有国际范、中国味、中原韵的精品文化线路。

专栏11："行走河南·读懂中国"文化线路培育行动

拜祖寻根之旅。《只有河南·戏剧幻城》—新郑黄帝故里景区—黄帝千古情景区—太昊陵—二帝陵—大谷关客家小镇。

大河文明之旅。三门峡大坝风景区—黄河三峡旅游景区—黄河小浪底水利枢纽风景区—桃花峪景区—嘉应观—黄河文化公园—黄河天下文化综合体—花园口景区—黄河国家博物馆—开封黄河悬河文化展示馆—东坝头黄河湾景区。

华夏古都之旅。隋唐洛阳城国家历史文化公园—汉魏洛阳城国家考古遗址公园—二里头国家考古遗址公园—偃师商城国家考古遗址公园—郑州商城国家考古遗址公园—开封宋都皇城旅游度假区（清明上河园、龙亭等）—安阳殷墟。

中国功夫之旅。嵩山少林寺旅游景区—《禅宗少林·音乐大典》—陈家沟太极拳文化旅游区—《印象·太极》—东北庄杂技文化园区—《水秀》。

仰韶文化之旅。大河村国家考古遗址公园—双槐树考古遗址公园—仰韶村国家考古遗址公园—庙底沟国家考古遗址公园。

中国文字之旅。仓颉陵—殷墟—中国文字博物馆—中国翰园—千唐志斋博物馆—王铎故居—许慎文化园—贾湖遗址（契刻符号）。

中华美学之旅。龙门石窟—洛阳东方博物馆之都—河南博物院—开封博物馆—清明上河园景区—南阳汉画馆。

东方智慧之旅。老子故里旅游区—老子学院—庄子故里旅游区—应天书院—嵩阳书院—龙马负图寺—美里城景区—灵宝函谷关历史文化旅游区。

文明交流之旅。崤函古道—汉函谷关—隋唐大运河文化博物馆—丝绸之路文化交流中心—白马寺—玄奘故里—世界大河文明论坛—黄河国际文化交流中心。

中华诗词之旅。淇河国家湿地公园—韩愈陵园—范仲淹墓—杜甫故里景区—刘禹锡墓—白居易文化园—欧阳修墓—郏县三苏园—禹王台—梁园（商丘）。

第二节 构建全媒体传播格局

整合全省文化和旅游企事业单位，融合各文化旅游新媒体，加强与报刊、广播、电视等大众媒体合作，建成"一体策划、集中采集、多种生成、立体传播、同频共振"的河南文化旅游全媒体传播矩阵，打造"自媒体—互联网大平台—省市媒体—中央电视台"四级联动传播体系。利用影视、广播、网络等多种媒体，发挥旅游景区、文艺院团、文博院馆、文化研究机构等优势，加强发行旅游公益广告、人文风情影视、文化历史纪录片等。借助门户网站、搜索引擎、社交媒体、网红平台，开展全方位、多层级、立体化宣传推广，打造线上线下融合的推广体系。建设媒体特约评论员、文旅专家学者、网络写手等人员信息库。

第三节 打造文化旅游推广平台

构建文化旅游协作联盟。推动郑汴洛焦旅游推广联盟、郑州都市圈旅游协同发展联盟、洛阳省域副中心城市景区推广联盟等运行常态化和合作紧密化。建立郑汴洛、伏牛山、太行山、大别山区域性文化旅游协作联盟。支持环嵩山、灵宝盆地、浚（县）滑（县）文化旅游功能区统一品牌形象，共同实施文化旅游推广计划。用好沿黄九省（区）黄河之旅旅游联盟秘书处、黄河流域非遗保护传承弘扬协同机制秘书处、黄河流域博物馆联盟倡议单位等区域协作平台，打造郑（州）洛（阳）西（安）黄河古都文化旅游协作带，重点建设豫晋陕、冀鲁豫、鄂豫皖三大文化旅游协作区，打造面向黄河流域的文化旅游协作推广高地。积极融入丝绸之路旅游推广联盟、中国长城旅游市场推广联盟、"万里茶道"国际旅游联盟等。依托豫京对口协作机制、豫沪战略合作机制等，开展与国内门户地区的文化旅游专题合作。借助港澳青少年内地游学联盟，在研学旅行、文创研发、文艺展演等领域加强与港澳台地区的交流合作。筹建世界古都文化旅游合作推广联盟。

搭建文化旅游交流平台。筹办世界大河文明论坛、国家文化公园论坛等，提升国际旅游城市市长论坛、世界古都论坛规格及影响力，重点办好三门峡黄河文化旅游节、中国（郑州）黄河文化月、黄河国际论坛、黄河文化论坛、老子文化论坛等活动。办好黄帝故里拜祖大典、中国（郑州）国际少林武术节、中国（开封）菊花文化节、中国（开封）清明文化节、中国（洛阳）牡丹文化节、洛阳河洛文化旅游节、中国（焦作）国际太极拳交流大赛、中国（安阳）国际汉字大会、中国诗歌节、中国杂技艺术节、中国（鹤壁）民俗文化节、全球文旅创作者大会等活动。策划推出中原艺术节、中原文创节、郑州设计节、戏剧文化周、电影文化节、乡村音乐节等当代文化旅游节庆。

第四节　提升中原文化国际影响力

以文化和旅游部"海外中国文化中心部省合作计划""中国文化年""欢乐春节"等为平台，推动中国节日、中国文字、宋文化等彰显中华优秀传统文化魅力的文化元素走向世界。推动设立一批河南文化旅游海外推广中心。集中打造20项具有河南辨识度的文物展、非遗展、美术展、歌舞剧、话剧、音乐剧、杂技剧、电影、书籍等文化旅游海外交流精品项目。持续实施"翻译河南"工程，推出20～30卷"中华源·河南故事"中外文系列丛书。制作"行走河南·读懂中国"（英文版）文化旅游宣传片和系列专题片，面向世界推广黄河、古都、功夫、豫剧、书法、中医、美食、诗词、民居等代表中原特色的文化旅游形象符号。提升文化旅游公共服务领域外语标识、外文介绍、外语讲解等规范化水平，提升用外文讲好河南故事的能力。利用海外主流社交平台，打造多语种文旅推广阵地。依托在豫外籍人士、我省企事业单位海外合作机构等，用好境外"河南老乡"资源，构筑文化旅游形象传播的"民间力量"。

第九章　重塑文化和旅游公共服务体系

以主客共享理念打造文化和旅游服务新空间，以多元赋能方式激发文化和旅游服务新效能，提供全时、全域、全龄的文化旅游融合服务新模式，让古老中华文明在城乡空间肌理中得以呈现，让优秀传统文化在日常生活中得以传承，让"老家河南"成为有故事、有传承、有温度、有情怀的优质旅居空间。

第一节　完善公共基础设施

构建"快旅慢游深体验"现代交通网。以郑州新郑国际机场为核心，实现省内出发游客4小时通达国内主要城市，12小时通达全球主要节点城市。加快构建覆盖全部省辖市、部分重点县（市）及重要旅游景区的通用航空机场群。推动黄河适宜河段实现旅游通航，推进伊洛河洛阳城区至巩义段、卫河卫辉—浚县—滑县段、贾鲁河航道郑州段等旅游通航。建设郑州都市圈辐射路线、洛阳省域副中心城市联动路线、大别山革命老区对外通道路线等高速公路，提高沿线旅游景区可进入性。推动高速公路服务区向交通、旅游、消费等复合型服务区升级，完善"游购娱养食"一体化产业链。服务于世界级文化旅游目的地建设，以旅游环线为牵引，加快沿途周边景观打造和设施完善，逐步构建主线串联、支线循环、联通景区、贯通城乡的全域旅游交通网。

完善重大文化旅游场馆设施。加快推进河南博物院新院、省文物考古研究院新院、省美术馆新馆、省图书馆新馆等建设。规划建设省古籍博物馆、省非物质文化遗产馆。支持郑州建设"百家博物馆"、洛阳打造"东方博物馆之都"。

完善智慧旅游服务设施。提升全域旅游示范区、国家AAAAA级旅游景区及旅游度假区、历史文化名城名镇等5G网络覆盖水平。引导旅游景区、旅游度假区等开发数字化体验产品并普及景区电子地图、线路推荐、语音导览、电子不

停车收费系统（ETC）、灾害防御信息等智慧化服务，推动停车场、旅游集散与咨询中心、游客服务中心、旅游专用道路及景区内部引导标识系统数字化与智能化改造升级，到2025年，国家AAAA级及以上旅游景区、省级及以上旅游度假区基本实现智慧化转型升级。明确在线预约预订、分时段预约游览、流量监测监控、科学引导分流、非接触式服务、智能导游系统等建设规范，落实"限量、预约、错峰"要求。推动物联网感知设施建设，建设一批智能停车场、智能酒店、智能餐厅、无人商店等城市服务设施。

第二节　创新公共文化空间

促进文化空间与旅游空间双向赋能。将博物馆、图书馆等文化场馆打造成为旅游目的地。在城市增加城市书房、小剧场、音乐厅等休闲空间，打造集阅读、咖啡、文创于一体的复合型公共阅读空间，构建10分钟文化生活圈。推动图书馆、博物馆、美术馆等公共文化场馆在商圈、酒店、旅游景区、创意街区、乡村民宿等开设分馆。在国家文化公园、旅游风景道、重要交通节点及人群聚集地，建设一批兼具剧场、课堂、茶座功能的文化驿站。

促进文旅空间与社会空间多维互通。鼓励商场、学校、书店、办公楼、餐厅等社会机构共享公共文化资源，提供阅读空间，组织开展文化活动。鼓励非国有博物馆向公众免费开放。深入挖掘地域特色文化，把民间传说、节日习俗、历史名人、地方戏剧等文化元素融入生活场景。

促进现实空间与虚拟空间互补共建。实施河南省公共数字文化建设工程，持续完善"文化豫约"公共文化数字平台功能设置和服务项目。加快推进公共文化场馆数字化建设，打造线上文化空间。谋划建设一批未来图书馆、未来博物馆。

第三节　提升公共服务效能

盘活公共服务存量。坚持把社会效益放在首位，鼓励博物馆、图书馆、科技馆、文化馆、非遗馆盘活文化资源，开发文创产品，开展公益讲座，组织研学课程。向游客开放文化惠民活动，提高游客对本地文化的参与感、感知力和认可度。将公共文化场馆提供特色化、多元化、个性化服务纳入绩效考核。

做优公共文化服务增量。依托当地戏曲、书法、绘画、非遗等资源，建设乡村文化合作社。推进"艺术乡村"建设，鼓励有条件的地方建设村史馆、非遗传习所、农民文化家园等乡村文化空间，推动乡村公共文化设施主客共享。推进乡村艺术普及，持续开展"民间文化艺术之乡"创建，选择部分国家和省级"民间艺术之乡"在文旅融合方面先行先试。

创新社会力量参与方式。对各地文化旅游发展需要的演艺节目、文创产品、项目规划、艺术设计等项目，可以通过政府购买的方式从社会购入。在条件允许的旅游景区引入竞争机制，允许多方社会力量通过服务外包、项目授权、财政补贴等方式参与公共服务供给。加强对购买公共文化服务的监督管理，完善事前、事中和事后监管体系，健全由购买主体、公共文化服务对象以及第三方共同参与的评价约束机制，提升购买服务质量。建立文化旅游志愿者服务中心，完善各级志愿服务组织网络，广泛招募文化旅游志愿者，为文化场馆和旅游景区提供服务。实施文化旅游志愿服务"时间银行"制度，支持以志愿服务积分换取文化旅游消费优惠。

第十章　保障措施

充分发挥省文化旅游强省工作领导小组的组织协调作用，研究规划落实的重大工作事项，解决工作中遇到的重大问题，完善税收、金融、用地、教育等方面的政策保障，开展规划实施评估和监管，督促规划任务高效落实。

第一节　创新推进机制

建立文旅文创融合战略省、市、县三级联动机制，按照"省统筹、市推进、县突破"的原则，5年内打造50个文化旅游融合发展示范县。成立省文旅文创融合发展实验室，引进国际级、国家级研究院、实验室和文旅研究中心等优质团队，搭建文旅文创融合发展的新成果展示平台、新技术运用平台、新创意聚合平台、新业态孵化平台。市级要围绕规划落实加强研究、深入谋划，根据责任分工制定主要目标实施方案，明确责任主体和进度要求；县级要创新文旅文创融合思路，探索实施"街区责任规划师""乡村运营官""乡创特派员"等制度，强化重大项目实施。

第二节　强化项目支撑

坚持"项目为王"，实施文旅文创重大项目支撑行动。建立省文化旅游重点领域动态项目库，打通各级发展改革、自然资源、住房城乡建设、交通运输等部门项目库，构建省、市、县三级"责任制＋清单制＋项目制"跨区域跨行业的文化旅游项目动态管理体系，协同推进文化旅游重大项目建设，纳入省重点项目库。充分研究重大项目相关要素需求，对接各级国土空间、交通运输、城乡建设、生态保护等规划，保障项目落地实施。围绕文化遗址保护、文化传承弘扬、文化产业发展、文艺演出创作、公共文化服务、旅游产业培育、市场传播推广等重点领域，谋划、储备、开工一批以创意、科技为贯穿的支撑性、引领性、标志性重大文化旅游项目。

第三节　全面深化改革

创新文化遗产保护利用机制，按照文物保护和旅游发展一体化规划，预留足够旅游、研学和科考活动空间。推进涉旅文物单位管理权和经营权两权分离改革，探索实施文物建筑认养试点模式。建设省文物资源数字化展示平台，打造多层次馆藏资源授权开发体系。支持郑州、洛阳、安阳等地创建文物保护利用示范区。依托省文化旅游投资集团，建设省文化旅游资产交易平台。落实国有经营性文化单位转企改制扶持政策。深化国有文艺院团改革，开展社会效益评价考核，增强院团创新发展能力。创新国有景区管理模式，推进深化"两权分离"为核心的景区体制改革。

第四节　建设人才队伍

实施文化旅游人才"优化"工程，依托国际、国内一流高校科研单位，开展线上线下文旅文创融合教育，进一步提升文化和旅游管理、从业人员业务水平。结合"中原英才计划"等人才培训工程，遴选一批以中原学者为引领的文化旅游领军人才。整合省内高校和科研单位文化和旅游智力资源，贯通理论研究、人才培养、艺术生产、融合创新各个环节，形成教学、科研、产业一条龙智库。推进文物考古、文化创意、文化旅游等建设一类学科，加强考古旅游人才培养，培养一批既掌握考古专业知识，又熟悉旅游推广知识的"考古旅游导游员"。

第五节　强化资金保障

制定财政和金融"一揽子"支持方案，重点支持"十四五"文旅文创重大项目、文物活化、智慧文旅、乡村旅游等，不断提升各类文化旅游产业投资基金市场化程度。统筹省级专项资金，加大对太行山、伏牛山、大别山乡村旅游财政支持力度，对A级乡村旅游示范村实行整村项目包装，并纳入全省年度重点支持项目。鼓励引导各地设立文化旅游财政专项资金、基金等，统筹用于省重点文化旅游项目开发建设。

第六节　加强监督评估

各地、各有关部门要分解细化目标任务，确定责任领导，制定实施方案，明确实施步骤，确保规划落到实处。发挥考核"指挥棒"作用，对规划实施情况进行动态监测、跟踪分析，形成动态调整机制。按照可追溯、可评价、可验收要求，建立规划实施监督评估制度。适时引入第三方机构对规划实施情况开展评估。

发文机关：河南省文物局　　　　　　　　　　　　　　　　发布时间：2022年3月11日

河南省文物博物馆事业发展"十四五"规划

为贯彻落实习近平总书记关于文物保护工作的重要指示批示精神，切实做好河南省文物保护利用与科技创新工作，更好认识源远流长、博大精深的中华文明，为文化强省建设提供支撑，为文旅文创战略赋能，根据《中华人民共和国文物保护法》《中共中央办公厅 国务院办公厅关于加强文物保护利用改革的若干意见》《中共中央办公厅 国务院办公厅 关于实施革命文物保护利用工程（2018—2022年）的意见》《国务院办公厅关于印发"十四五"文物保护和科技创新规划的通知》及《河南省国民经济和社会发展第十四个五年规划纲要》等编制本规划。

一、发展基础

（一）"十三五"文物保护利用取得新成效

至"十三五"末，《河南省文物博物馆事业发展"十三五"规划》所设定发展指标和主要工作都圆满完成。"十三五"期间，在博物馆建设、文物安全防范、黄河文化保护传承弘扬、大运河国家文化公园建设、长城国家文化公园建设、长征国家文化公园建设、中原地区文明探源、夏文化研究、文物保护利用改革、革命文物保护利用方面也做了大量卓有成效的工作。这些都为"十四五"的发展工作打下了坚实基础。

一是文化遗产见证华夏文明演进体系基本形成。 稳步推进大遗址保护利用工作。河南列入国家项目库的18处大遗址全部完成总体保护规划编制，编制完成率达到100%，完成本体加固、保护展示、环境整治工程30余项。13处大遗址被列入国家考古遗址公园名单和立项名单。评出"河南省五大考古新发现"25项，其中6项入选"全国十大考古新发现"。启动夏文化研究、中原地区文明化进程研究等"考古中国"重大项目。双槐树遗址、大河村遗址、二里头遗址、时庄遗址等一系列重大发现和研究成果，进一步丰富了中原地区文明内涵，加深了对华夏文化的认识。基本构筑了华夏文明一脉相承发展的遗址展示体系。

世界文化遗产保护利用管理工作持续加强。我省5项24处世界文化遗产中，实施了31项遗产地保护展示工程，世界文化遗产监测工作得到进一步提升，龙门石窟遗产监测年度报告连续被评为"中国世界文化遗产优秀监测年度报告"。万里茶道河南段成功列入《中国世界文化遗产预备名单》，二里头遗址、开封明清城墙、关圣文化史迹等项目的申遗准备工作取得较大进展。

二是中原文化特色博物馆体系基本形成。 已建成各类博物馆、纪念馆357家，较"十二五"末增长30%。博物馆质量不断提升，国家三级以上博物馆数量达72家。博物馆布局渐趋合理，全省国有博物馆229家，其中文物系统191家，行业博物馆38家，非国有博物馆128家，基本形成了以河南博物院为龙头、市县级博物馆为主干、非国有博物馆为补充的具有中原文化特色的博物馆体系。全省免费开放博物馆纪念馆达到328家，较"十二五"末增长32%；全省博物馆纪念馆参观人数达到2.78亿人次，举办各种展览8000多个，实施教育活动3.45万次，文物保护成果进一步惠及广大民众。全面完成第一次全国可移动文物普查，共登录国有文物收藏单位470家，藏品共计1773620件（套），藏品总量位居全国前列。博物馆高质量发展成果丰硕。有各类各种精品展、爱国教育基地、优秀课程、弘扬和培育核心价值观等获奖近40项。

三是革命文物保护利用更加重视，红色文化深入人心。 河南省委办公厅省人民政府办公厅印发了《河南省革命文物保护利用工程实施意见》。认定公布了第一批革命文物名录，不可移动革命文物115处，可移动革命文物4405件(套)。50多处革命旧址和不可移动文物得到维修保护、旧址复原及环境整治，10多座革命纪念馆先后进行了基本陈列改造。推出一批研学旅游和4条红色旅游精品线路，其中一条线路被国家发展改革委评选为全国红色旅游经典案例。

四是文物安全形势趋于稳固。 出台《河南省人民政府办公厅关于进一步加强文物安全工作的实施意见》等一系列规范性文件，不断加强和改进文物安全工作。联合省公安厅持续开展打击文物犯罪专项行动，文物犯罪态势得到有力遏制。组织开展全省文物安全整治，持续提升安阳殷墟及全省文物安全整治成效。部署开展全省博物馆和文物建筑火灾隐患排查整治、文物火灾隐患整治和消防能力提升三年行动、消防安全标准化管理等专项行动，应急管理能力和消防管理水平明显提升。开展文物法人违法案件三年整治专项行动、长城巡护等重要文物资源执法专项督察，依法督办重大文物违法案件和文物安全事故。文物安全基础进一步夯实。

五是文物资源保护利用更加规范。 开展第八批全国重点文物保护单位申报工作，国务院核定公布62处，增长率17%，达到420处。开展第八批河南省文物保护单位申报工作，省政府核定公布351处，增长率36%，达到1521处。做好第一至七批全国重点文物保护单位、河南省文物保护单位"四有"工作，达标率100%。开展省级以上文物保护单位保护区划数字化建设工作，开展黄河、长城、长征、大运河以及石窟寺资源调查与研究，出台相关规划。推进黄河、长城、长征、大运河国家文化公园建设。文物建筑保护维修扎实推进，国保、省保集中成片传统村落整体保护工作有序实施。

六是文物对外合作交流逐步提升。 单独举办和参加国家组织的赴境外文物展16个、引进境外优秀展览8个，连续举办3届"世界古都论坛"，举办第二届"中国—中东欧国家文化遗产论坛"。境外考古发掘与研究取得新突破，与蒙古国的联合发掘项目获美国《考古》评选2019年度世界十大考古新发现。

七是科技对文物保护工作的引领性作用日益凸显。 开展文物病害调查工作，持续实施可移动文物修复和人员培训，文物保护修复能力不断提升。创建多种多类重点科研基地，承担多个国家级、省级重大科研项目，实施预防性保护、可移动文物修复、生物病害防治及实验室建设等文物科技保护研究项目100余项。

（二）文化强省建设和社会大众有新需求

新的发展阶段，省委、省政府对加快文化强省建设提出了新的要求，新时代河南更加出彩，迫切需要我们发挥文物资源优势，讲好新时代"黄河故事"，为推动中原文化繁荣兴盛，凝聚强大精神力量。新的时期建设幸福美好家园，实现全体人民共同富裕，迫切需要把满足人民文化需求和增强人民精神力量结合起来，让文化遗产保护成果惠及广大民众。新时代迫切需要让文物活起来，使文物通过科技创新手段发挥更大作用。"行走河南，读懂中国"的提出，文旅文创融合战略的实施，都为文物博物馆事业提出了新的发展要求。

（三）国家和河南省重大战略是新引领

党的十八大以来，习近平总书记就做好文物保护、研究、管理、利用等工作作出一系列重大战略性安排部署，党中央、国务院出台了一批文物保护利用改革发展利好政策，为加强文物保护利用和文化遗产保护传承指明了新方向。实施"一带一路"倡议，黄河流域生态保护和高质量发展以及大运河、长城、长征、黄河国家文化公园建设、华夏文明传承创新区建设等重大战略，为推动文物事业高质量发展提供了新机遇。实现中华民族伟大复兴的中国梦，迫切需要以中原文化、黄河文化为代表的中华优秀传统文化，发挥中坚支撑作用，守正创新，凝聚民心。

二、总体要求

（一）指导思想

高举中国特色社会主义伟大旗帜，坚定不移地以习近平新时代中国特色社会主义思想为指导，深入贯彻党的十九大和十九届历次全会精神，全面贯彻落实习近平总书记关于文物工作重要论述，特别是关于考古工作的重要讲话精神，落实习近平视察河南时的重要指示和关于河南文物工作的批示精神，增强"四个意识"、坚定"四个自信"、做到"两个维护"，立足新发展阶段、贯彻新发展理念、构建新发展格局，围绕举旗帜、聚民心、育新人、兴文化、展形象的使命任务。坚持"保护为主、抢救第一、合理利用、加强管理"的文物工作方针，秉持正确的文物保护理念，深入挖掘和阐发文物资源所蕴含的文化内涵和时代价值，传承发展优秀传统文化，深入实施文旅文创融合战略，为河南文化强省建设作出应有贡献。

（二）基本原则

1. 坚持政治引领。 全面贯彻落实以习近平同志为核心的党中央各项决策部署。站在铸就中华文化新辉煌、为坚持和发展中国特色社会主义提供文化支撑的政治高度，肩负起新时代党的文化使命，加大文物保护利用力度，传承优秀传统文化、革命文化、社会主义先进文化，使文物保护成果更多惠及人民群众，更好发挥文物在坚定文化自信、铸牢中华民族共同体意识中的重要作用。

2. 坚持保护第一。 始终把文物保护放在首要位置，引导全社会增强对文物的敬畏之心，推动各级政府树牢保护文化遗产责任重大的观念，强化各级文物部门使命担当，健全法律法规体系，提高保护管理水平，坚持依法保护、系统性保护，加快实现"两个转变"，坚守安全底线，构建党委领导、政府主导、部门协作、社会参与的文化遗产保护大格局。

3. 坚持改革创新。 处理好保护、发展、改革的关系，坚持在保护中发展、在发展中保护，加强文物价值研究阐释和传播利用，让文物活起来，推动中华优秀传统文化创造性转化、创新性发展。坚持以人民为中心，健全博物馆、纪念馆和文物开放单位公共文化服务体系，提高社会服务能力。

4. 坚持项目导向。 围绕中华文化基因和黄河文化"根"与"魂"，集中实施一批在中华文明演进历程中具有标志性意义的重大工程和重大项目。凝练一批具有强大影响力和冲击力的中华文明标识。

5. 坚持融入大局。 把国家所需、河南所长、群众所盼、未来所向统一起来，主动融入文旅文创融合战略大局，统筹保护与利用，统筹研究与阐释，统筹安全与发展，着力补短板强弱项，推动全省文物事业积极融入乡村振兴、新型城镇化、区域协调发展、"一带一路"、黄河文化带建设等国家重大战略，使文物保护利用工作更好地服务全省经济社会发展。

6. 坚持科技支撑。 树牢文物保护要依靠科技创新的发展理念，改善文物科技创新生态，持之以恒加强基础研究，加快推进急需技术攻关和应用，加强人才培养和跨学科合作，推动文物保护利用提质增效。

专栏一 "十四五"时期文物事业发展主要指标					
类型	指标	2020年	2025年	属性
资源管理	全国重点文物保护单位数量（处）	420	新增一批	预期性
	省级文物保护单位数量（处）	1170	新增一批	预期性
	馆藏文物数量（万件/套）	145.9	新增一批	预期性
文物安全	全国重点文物保护单位"四有"工作完成率（%）		100%	约束性
	省级文物保护单位"四有"工作完成率（%）		100%	约束性
	全国重点文物保护单位、省级文物保护单位"两线"纳入各级国土空间规划完成率		100%	约束性
	将文物安全纳入本级政府考核评价体系的直辖市（直管县）政府数量（个）	9	28	预期性
科技创新	文物科技研发投入年增长率%		>10	预期性
	国家文物局重点科研基地数量（家）	1	2~3	预期性
改革创新	国家文物保护利用示范区数量（处）	0	1~2	预期性
博物馆、纪念馆	全省备案博物馆数量（家）	357	500	预期性
	年举办陈列展览数量（个）	1660	2100	预期性
	年观众人数（亿人次）	0.5	0.8	预期性

（三）总体目标

到 2025 年，文物资源保护展示和利用成效显著；全省世界文化遗产保护利用工作再上新台阶；强化大遗址保护，加快文旅融合步伐，大遗址保护与考古遗址公园建设在文旅融合中的地位更加突显；积极推进中原博物馆体系建设，富有中原特色的博物馆群落基本完善；更加注重文物资源利用，河南文物资源优势得到充分发挥；文物安全责任体系更加完善，文物安全基础设施更加完备，文物行政执法更加有效，全省文物安全形势在总体平稳的基础上持续向好；强化对外文化交流，推进实施中华文物走出去精品工程，让文物在中原文化旅游"走出去"中的优势更加突出；更加重视革命文物工作，力促革命文物工作再上新台阶；黄河文化公园、大运河文化公园、长城文化公园、长征文化公园基本建成。努力走出一条符合国情、省情的文物保护利用之路，为实现"两个一百年"奋斗目标和中华民族伟大复兴的中国梦作出更大贡献。

展望 2035 年，我省将建成与文化强省建设目标相适应的文物保护管理工作体系，科技创新、人才队伍建设有力支撑文物保护研究利用，形成一批成系列多元表达的黄河文化标识，文物保护成果与文化遗产活化利用异彩纷呈，考古成果实证我国一万年的文化史、五千多年的文明史，博物馆强国建设成效显著，红色基因得到有效传承，根植于深厚历史文化遗产的中原文化影响力大幅提升，民族文化自信显著增强，文物保护利用成果更多更有效地惠及人民大众。

三、打造中华文明标识体系，塑造"读懂中国"文化品牌

（一）发挥黄河文化资源优势，塑造中华文明标识体系

根据黄河生态保护和高质量发展国家战略，围绕黄河文化保护传承弘扬核心区、黄河国家文化公园重点建设区的战略定位，按照国家《黄河文物保护利用规划》要求，系统梳理河南黄河文化遗产资源特点和价值体系，组织完善黄河不可移动文物资源库建设，着力挖掘阐释文物资源的历史价值和当代价值。实施黄河文化遗产系统保护工程，建设黄河文化遗产廊道，构建黄河文物展示园区体系。围绕河南作为华夏文明诞生及早期发展的核心区域和中华早期文明多元一体格局形成的关键地带，打造主题鲜明、影响深远的黄河文物保护传承弘扬精品。依托独特的黄河文物资源和区位优势，结合具有重大价值、突出影响、关键意义的文化遗产资源，推进黄河文物展示园区建设和文物保护利用示范区创建，形成一批黄河文化展示群，集中打造中华文明重大标识。系统构建中华文明连绵不断的探源地、实证地和体验地，强化黄河文化精神内涵，延续黄河历史文脉，讲好"黄河故事"，让历史发声，筑牢中华民族的根和魂。突出河南黄河文化在中华文明起源和发展进程中的重要地位，成为坚定文化自信、讲好中国故事的重要载体。

（二）绘制"读懂中国"文化谱系

彰显中华文明根脉。发掘研究灵井"许昌人"、新密李家沟、裴李岗—贾湖遗址，探寻东亚现代人类起源和农业起源。整合提升仰韶村、北阳平、庙底沟、双槐树、大河村、西水坡等仰韶文化遗址，实证华夏文明诞生进程和"早期中国文化圈"的形成发展。挖掘研究登封王城岗、禹州瓦店、新密新寨、淮阳平粮台、二里头遗址等一批文化遗址，深化夏文化研究，彰显以中原为中心的历史趋势，夯实二里头文化作为中华文明总进程的核心与引领者的历史地位。依托偃师二里头遗址、郑州商城、安阳殷墟、汉魏洛阳故城、隋唐洛阳城、北宋东京城等大一统国家都城遗址，深挖其文化价值，创设文化 IP，打造中国历史主根脉文化地标。讲好上古炎黄、春秋战国、两汉、魏晋南北朝、唐宋时期的民族大融合和中华姓氏根亲故事，阐释中华民族多元一体格局，铸牢中华民族共同体意识。

（三）加快大运河、长征、长城等国家文化公园建设

充分发挥黄河、大运河、长城、长征国家文化公园在河南的叠加优势，整合沿线具有突出意义、重要影响、重大主题的文物和文化资源，实施公园化管理运营，形成具有特定开放空间的公共文化载体，集中打造中华文化重要标识，探索新时代文物和文化资源保护传承利用新路。根据《河南省大运河文化保护传承利用实施规划》《大运河国家文化公园（河南省）建设保护规划》，加快大运河国家文化公园河南节点建设，推进隋唐大运河文化博物馆等一批大运河国家文化公园工程项目，展示"隋唐

胜迹·运河根脉"品牌形象。按照《长城保护条例》和长城国家文化公园总体规划要求，完成长城国家文化公园（河南段）建设任务。打造楚长城核心展示带（叶县、方城区域），建设楚长城、魏长城、赵长城3个文旅融合区和象河关等10处形象标识点段。重点打造楚长城文化和旅游复合廊道，展示"万里长城·河南开端"品牌形象。做好二十五军长征出发地和沿线在河南各节点文物的保护利用，推出红二十五军长征步道体验线路，展示"北上先锋"品牌形象。

专栏二：文化公园项目

——黄河文化公园：重点建设黄河国家博物馆、殷墟遗址博物馆、汉魏洛阳城遗址博物馆、大河村国家考古遗址公园、仰韶村国家考古遗址公园、北宋东京城顺天门（新郑门）遗址展示馆、冀鲁豫解放战争博物馆等。提升洛阳古代艺术博物馆及北魏宣武帝景陵、新安县千唐志斋新馆、三杨庄·二帝陵黄河文化大遗址公园、嘉应观黄河文化旅游区、双槐树遗址生态文化公园、宋陵遗址生态文化公园、河南省城市考古展馆、开封市黄河文化数字博物馆等。

——大运河国家文化公园：重点建设和实施隋唐大运河文化博物馆、州桥—古汴河运河遗产区、浚县古城、道口古镇、仓窖遗址保护展示提升、大运河重要遗址考古研究等。

——长城国家文化公园：实施楚长城数字化展示体验馆、赵南长城遗址保护展示、赵长城国家文化公园（卫辉段）展示利用等项目。

——长征国家文化公园：加强光山县花山寨会议旧址、罗山红二十五军"北上先锋"长征文化园、卢氏县鄂豫陕革命根据地、鄂豫皖苏区首府革命博物馆、中共中央中原局旧址、红二十五军司令部旧址、卢氏县兰草红军长征村、红二十五军商城遗址等保护利用。

四、提升考古能力建设现代考古管理和技术体系

（一）加强考古综合研究与理论探索

总结河南百年考古工作经验，梳理河南考古对中国考古学的历史贡献，加强本土考古学理论方法研究，探索考古理论创新，为建设中国特色、中国风格、中国气派的考古学贡献河南智慧。

（二）做好建设工程文物保护工作

继续完善"先考古、后出让"工作机制，解决改革过程中出现的难点痛点问题，将"考古前置"改革推向深入。进一步加强基本建设考古发掘管理工作，逐步形成完善的制度和管理体系。完善基本建设文物保护行政审批程序，加强基本建设文物保护行政监管力度，确保基本建设中地上、地下文物安全。

（三）加强考古基础设施建设，提升科技考古实力

加强考古单位文物库房、整理场地、资料室等基础设施建设。推动考古发掘资质单位与中国社科院考古研究所、北京大学等高校、科研机构合作共建综合考古平台，充分发挥黄河考古研究院、河南大学生物考古实验室等已有综合考古平台研究功能。鼓励考古单位设置科技考古实验室，提升我省科技考古综合实力。

（四）推动省部共建一流文物考古研究机构

在建设河南省文物考古研究院新院基础上，分别建设豫北、豫东、豫南、豫西、豫中5个科研基地和区域文物考古标本中心库房。建设国际一流的"中原考古实验室"，力争在科技考古和文物科技保护领域走在世界前列。建立国际国内专家学者交流工作机制。打造精干高效科研团队，专注做好文物考古和中原文化研究工作。加强郑州、洛阳等考古研究机构建设，与河南省文物考古研究院形成一体化格局，统筹做好资源共享、考古与科研共管，形成合力。

五、加强大遗址保护利用

（一）落实《大遗址保护利用"十四五"专项规划》

持续推动仰韶村遗址、北阳平遗址等列入国家文物局《专项规划》相关大遗址的考古发掘研究、展示提升、环境整治、安全监测防护设施建设、遗址博物馆建设、基础服务设施建设等各项工作。支持郑州、洛阳等大遗址集中分布地市编制文物资源规划，协调区域文物资源综合保护利用。推动大遗址集中分布地区建立文物补偿制度、土地增减挂钩制度。

（二）加快考古遗址公园建设

推动大遗址保护利用与城乡发展、生态保护、文化建设融合发展。推动贾湖、城阳城等9处国家考古遗址公园立项单位加快建设，争取其中3—4处建成开放并挂牌国家考古遗址公园。推动安阳殷墟、汉魏洛阳城遗址、隋唐洛阳城遗址、郑韩故城4处已挂牌国家考古遗址公园继续提升建设水平。推广郑州市"生态保遗"工作经验，加强城市建成区、城市近郊地区遗址类文物保护单位的生态文化公园建设工作。推动省级考古遗址公园建设。持续开展名人遗迹保护展示工程及环境整治工程。

（三）推动大遗址价值利用和相容使用

依托已建成考古遗址公园、遗址博物馆、保护展示设施内部空间，广泛开展各类学术科研活动、文化宣传活动、科普教育活动以及文化创意、演出等活动。依托已经建成的考古遗址公园，配套完善服务设施，将其开放为街心公园、公共绿地、小型广场、街道活动场地等。依托隋唐洛阳城、汉魏洛阳故城等国家考古遗址公园已经建成开放的公共文化空间，探索多种相容使用模式。

> **专栏三：大遗址项目**
> ——推进仰韶村、贾湖、庙底沟、大河村、二里头、郑州商城、三杨庄、偃师商城、城阳城址9处国家考古遗址公园立项单位建设，争取其中3—4处国家考古遗址公园挂牌。
> ——支持在文物重点地区建设高标准文物库房。
> ——重点开展殷墟、隋唐洛阳城遗址等大遗址文物本体保护、周边环境综合整治、文物安全防护和展示利用设施建设项目。推进仰韶村、北阳平遗址、大河村、平粮台古城、二里头、偃师商城、郑州商代遗址、小双桥、殷墟、郑韩故城、邙山陵墓群、汉魏洛阳故城、安阳高陵、北宋东京城、巩义宋陵、清凉寺汝官窑等大遗址开展保护展示工程。
> ——推进殷墟、汉魏洛阳城遗址、隋唐洛阳城遗址、郑韩故城、郑州商城、三杨庄、偃师商城、城阳城址、仰韶村、二里头、贾湖、庙底沟、大河村13处国家考古遗址公园建设。
> ——推进省级考古遗址公园建设。

六、强化文物资源管理和文物安全工作

（一）健全文物资源管理机制

加强市、县级文物保护单位和尚未核定公布为文物保护单位的不可移动文物保护管理。做好第八批河南省文物保护单位"四有"工作，统筹推进第九批全国重点文物保护单位申报。在国土空间规划中落实保护不可移动文物的空间管制措施，统筹划定文物保护单位保护范围和建设控制地带等，纳入国土空间规划"一张图"。

建设文物资源监管平台，健全和完善文物资源数据库，保障国有文物资源资产安全完整、有效保护和合理利用。加强大数据应用，实施省级以上文物保护单位保护区划数字化建设。

（二）加强社会文物管理

建立健全有关政策措施，规范文物经营活动，正确引导民间收藏行为。探索降低文物商店准营门槛，推动国有文物商店改革。加强文物市场和网上文物交易监管。建立文物经营主体信用信息公示系统和违法失信"黑名单"管理制度。支持培育各类合格主体提供公益性咨询和经营性活动相结合的鉴定服务，规范文物鉴定活动。加强文物进出境管理，加大打击文物走私力度。

（三）建立文物防灾减灾应急机制

制定《河南省文物安全防灾减灾应急预案》，建立完善应急处置流程。研判文博单位面临的地震、地质灾害、洪涝、火灾等自然灾害风险，全面开展文物险情排查，采取有效措施控制消除险情，做好灾后文物抢险抢救保护工作。加强对文物及周边环境实时监测，实现数据的准确分析和预警设置。健全完善文博单位疫情防控常态化工作机制，妥善应对处置突发疫情。

（四）健全文物安全长效机制

1.积极推动将文物安全工作全面纳入各级政府考核评价体系，列入社会治安综合治理考核体系。完善与公安、海关、市场监管等部门协作共商机制。协同公安机关，加强文博单位治安防范，持续开展打击文物犯罪专项行动。积极推进实施"一保一警一消防"措施。2.严格落实文物安全责任。完善文明城市测评负面清单细则，通过全省安

全生产与消防考核、文明城市测评等方式，指导督促各地建立文物安全部门联合工作机制，提升安全监管水平。实施文物平安工程，提升文物安全防护能力。继续推进文物安防消防防雷"三防"项目实施，持续夯实文物安全基础。建立省级文物安全监管平台，在文物资源密集地区集中建立区域性文物安全监管平台，推动文物资源监管纳入公共安全视频监控建设联网应用。

（五）强化文物行政执法督察

加大文物违法案件查处力度，构建"国省督察、市县执法、社会监督、科技支撑"的文物执法督察体系。公开曝光重大文物违法案件和文物安全事故，及时约谈属地政府负责人。明确文化市场综合执法队伍专门机构或专人负责文物执法工作，强化科技、装备应用，实施文物行政执法能力提升工程。

专栏四：文物资源与安全项目

——建设全省文物管理与服务平台。

——启动并完成20处已开放近现代文物保护单位的展示提升和小环境整治工作，使各文物开放景点达到内容丰富，环境优美。

——推动将文物安全纳入省政府年度考核评价体系，努力实现省辖市、省直管县（市）政府年度考核评价体系全覆盖（约束性指标）。

——加大重点文博单位防护设施建设力度，其中，世界文化遗产、帝王陵寝和重要古遗址群、古墓葬、石窟寺安防设施建设实现全覆盖；全国重点文物保护单位古建筑群、革命文物建筑消防设施建设实现全覆盖；雷击风险较大的全国重点文物保护单位古建筑防雷设施建设实现全覆盖（预期性指标）。

——探索建设文物安全示范区，建成1—2处文物安全示范区（约束性指标）。

——选择3—5个省辖市或直管县（市）作为试点，探索建立文物安全督察员制度（约束性指标）。

——积极推进实施"一保一警一消防"制度，省级以上文物保护单位和国有博物馆纪念馆、文物收藏单位实现全覆盖（预期性指标）。

七、加强文物科技创新

（一）提升文物科技基础研究水平

组织实施省级重要文物保护科技项目。积极开展文物灾害风险防控与应急处置专有技术体系研究和应用；着力研发文物预防性保护、文物病害无损微损检测和诊断等关键技术及系统解决方案；重点突破石窟寺、土遗址、古建筑以及金属文物、纸质文物的病害探测、原位诊断和防治关键技术；研究智慧博物馆展陈关键技术，构建文物知识图谱，开展文物展示传播技术创新应用示范。

（二）完善文物科技保护网络体系

进一步加强文物保护科研创新基地建设，培育有条件的文博单位创建国家文物局重点科研基地，推动省级重点科研创新基地的建设和运行；完善河南省文物修复网络体系建设；推动文物科技保护实验室建设，支持文博单位和社会机构开展科技合作，支持文物装备企业，推动"文物保护科研单位+开发企业+用户"的发展模式。

（三）凸显科技对文物保护的引领作用

完成对馆藏纸质、青铜器、铁质等易劣化文物的病害调查工作，建立文物保存现状数据库，编制河南省馆藏文物修复规划；持续推进全省馆藏珍贵文物保护修复计划；完成全省文物保护单位范围内古树名木、土遗址、石窟寺、壁画类文物的病害调查工作，编制病害治理规划。完成预防性保护达标工程。推动不可移动文物数字化保护项目。

专栏五：科技创新项目

——争创1—2个国家文物局重点科研基地。建设3—5个省级重点科研创新基地。

——建成并完善18个省辖市级文物收藏单位文物修复室，建设20个文物收藏量较大的县级博物馆文物养护室。

——推进河南博物院建设区域预防性保护中心，完成18个省辖市级博物馆预防性保护工程，实施20-30个县级博物馆预防性保护工程。

——重点开展青铜器、铁器和纸质等富有河南特色的珍贵文物保护修复项目，完成50—60个可移动文物修复重点项目。

——完成全省古建筑类全国重点文物保护单位的生物病害

防治工作，完成部分生物病害严重地区古建筑类省级文物保护单位的生物病害防治工作。

——持续推动龙门石窟数字化保护工作，选取1—2家文保单位开展数字化保护试点工程。

八、强化文物古迹保护

（一）统筹城乡文物建筑保护

强化历史文化名城名镇名村、历史文化街区、风景名胜区中的文物保护利用，完善保护管理和监督机制。加强城乡文物建筑保护利用，对古建筑及近现代代表性建筑保护利用要与城市品质提升、乡村特色保留相结合，鼓励有效利用，以用促保，充分发挥其经济和社会效益。加大集中成片文物的保护，重点实施嵩山古建筑群、济源古建筑群、百泉古建筑群以及古塔、古桥梁、古寺、古观、古文庙、古城隍庙、古会馆、名人故居等的保护和展示利用，彰显河南古建筑时代早、种类全、内涵丰富的特色。重点做好焦作寨卜昌、郏县临沣寨、宜阳苏阳、清丰单拐等传统村落的整体保护，促进传统村落形象和气质提升，坚持农文旅融合，构建传统村落全新发展利用模式。加强古代建筑日常保养，制定《河南古代建筑日常保养工作规则》。加强低级别文物建筑的保护管理，开展低级别文物建筑保护行动。加强河南古代建筑保护研究，编写出版《河南古代建筑史》。

（二）加强文物保护工程监督管理

强化文物保护工程项目库储备，严格工程备案、工程实施、工程检查、竣工验收、文物工程档案整理出版等全流程管理。开展保护工程评奖，提升文物保护维修水平。实施研究性、预防性不可移动文物保护项目。

（三）加强石窟寺保护利用工作

建立全省石窟寺文物资源数据库，编制河南省石窟寺文物保护规划。实施石窟寺本体加固等保护、防护工程，消除石窟寺重大险情，实现省保以上石窟寺安全防护设施全覆盖，市县级石窟寺保护措施全覆盖，确保石窟寺文物安全。开展石窟寺环境整治，提升石窟寺保护利用水平。着力将龙门石窟研究院打造成区域性石窟寺保护研究基地。深化石窟寺学术研究和价值挖掘。推动石窟寺数字化采集和展览，拓展国内外交流合作，增强石窟寺文化影响力。

（四）加强世界遗产保护管理

推进世界文化遗产保护管理规划的修编工作，实施一批遗产本体保护工程。完善殷墟动态信息及监测预警系统，支持殷墟建设可持续发展的世界遗产地典范。提高世界文化遗产价值阐释和宣传展示水平。重点推进二里头遗址和万里茶道河南段申遗工作。做好仰韶文化重要遗址、开封明清城墙、关圣文化史迹、红旗渠等的申遗准备工作，争取有更多项目列入《中国世界文化遗产预备名单》。

> **专栏六：文物古迹保护项目**
> ——推动龙门数字化展示工程。
> ——实施嵩山古建筑群、济源古建筑群、百泉古建筑群保护维修工程。
> ——实施古塔、古桥梁、古寺、古观、古文庙、古会馆、古城隍庙、名人故居等200处专项维修保护工程。
> ——重点开展10处传统村落整体保护工程。
> ——开展河南古代建筑研究工程，编写《河南古代建筑史》。
> ——推进巩县石窟、安阳灵泉寺石窟、鸿庆寺石窟、香泉寺石窟、大伾山摩崖大佛及石刻、青岩石窟等保护展示及防护工程。

九、加强革命文物保护管理利用

（一）加大革命文物保护力度

积极推进鄂豫皖片区、冀鲁豫片区、河南片区和长征片区（红二十五军）等片区的革命文物保护规划编制实施工作，强化整体规划、连片保护、统筹展示和利用，形成"三山两水一线"革命文物保护利用新格局。实施革命旧址维修保护和环境整治计划，实施馆藏革命文物预防性保护计划，改善革命文物的藏品保管条件。创新低级别革命文物整体保护利用方式。

（二）提升革命文物展陈水平

优化全省革命博物馆纪念馆区域布局，谋划建设河南省革命博物馆，支持现有和新建革命博物馆纪念馆提升晋级国家一、二、三级博物馆。完善革命文物改陈布展工作机制和支持政策。鼓励革命博物馆纪念馆深化研究、及时提升改造。合理应用数字化等现代科技手段，增强革命文物陈列展览的互动性和体验性。

（三）拓展革命文物传播渠道

鼓励革命旧址、革命博物馆纪念馆与周边党政机关、企事业单位等协作，利用重大纪念日、节庆日，系统策划有关革命精神传承弘扬的主题活动，把革命文物场所打造成干部培训、党史教育的重要基地。推出河南红色地图，打造"河南红色旅游景点预约平台"，利用主流媒体客户端等新媒体平台实现成果共享。推进"互联网+革命文物"，加强革命文物数字化展示和网络化传播。

（四）赋能增势融合发展

充分对接乡村振兴、文创文旅融合重大发展战略，衔接地方经济社会发展规划，结合河南革命文物保护利用片区建设、长征国家文化公园（河南段）建设，加强革命文物保护利用与乡村振兴、特色乡镇建设、传统村落保护等，实现更高质量发展。通过推出革命文物主题游线路，开发红色文化创意产品，助力发展红色旅游。

专栏七：革命文物保护项目

——革命文物集中连片保护利用工程。

——重点革命文物修缮保护工程。做好中共中央中原局旧址、嵖岈山卫星人民公社旧址（附属建筑）、鄂豫皖边特区苏维埃政府旧址、中国工农红军第一军司令部旧址、郑州会议旧址、花山寨会议旧址、浉河区四望山新四军五师革命旧址群、红二十五军兰草街军部旧址、范县晋冀鲁豫野战军指挥部旧址、商丘淮海战役总前委旧址等修缮及展示利用工程，积极实施郑州二七纪念馆数字化展示、信阳市鄂豫皖革命纪念馆预防性保护等项目。

——革命文物保护三年行动计划。对18处列入全国重点文物保护单位、163处列入河南省文物保护单位的革命文物进行排查，消除革命文物安全隐患。

——低级别革命文物保护利用试点项目。

——革命文物精品展示工程。围绕新中国成立75周年、世界反法西斯战争胜利80周年等重要时间节点和重大事件，组织革命博物馆纪念馆策划一批主题突出、导向鲜明、内涵丰富的精品陈列展览，传承弘扬革命精神。

——红色基因传播传承工程。以大别山精神、焦裕禄精神、红旗渠精神为依托，研究确定一批革命旧址、遗址、遗迹等形成重要标识地。

——革命文物保护传承研究基地建设工程。培育5-10个革命文物保护传承研究基地，深入挖掘大别山精神、焦裕禄精神、红旗渠精神内涵和确山县竹沟"小延安"和"桐柏英雄""大别山刘胡兰"等一批红色历史。

十、推进博物馆事业高质量发展

（一）优化博物馆布局，健全博物馆体系

推进全省各级博物馆建设，完善以河南博物院为龙头，市县级博物馆为主体，行业和非国有博物馆为补充的具有中原文化特色的博物馆体系。积极推进河南博物院新馆、中国文字博物馆二期、黄河国家博物馆等项目建设；加大世界一流博物馆创建计划实施力度。进一步完善和提升郑州百家博物馆和洛阳"东方博物馆之都"博物馆群建设；探索在文化资源丰厚的市、县（区）建设博物馆群落。进一步加强遗址博物馆、工业遗产博物馆和农耕文化博物馆以及乡土文化馆建设，构建中华文明标识体系和中原文化基因记忆库。

（二）提升博物馆公共服务能力和水平

提升博物馆整体陈列展览水平，增强陈展质量。加强对藏品的深入研究和解读，深入挖掘文物的价值和内涵，利用新媒体等多种传播渠道和方式提高陈展质量。依托馆藏文物优势，实施馆藏文物资源共享工程。打造基于河南华夏文明传承核心区定位的、以华夏文明为核心、以黄河文化为主题的博物馆展示体系，为展示厚重中原文明、讲好河南故事和中国故事提供坚实支撑。有序推进新增博物馆的免费开放工作。强化博物馆智慧化数字化建设。充分利用互联网和大数据平台，搭建河南博物馆数字群落，推动我省文物数字化展示水平。

（三）创新博物馆管理体制机制

落实中宣部等九部委《关于推进博物馆改革发展的指导意见》精神，出台我省《实施意见》，推动全省博物馆高质量发展。加强文物收藏单位文物藏品规范化、科学化

保护管理工作，实施全省新增藏品清库登记建档工作。推动非国有博物馆管理工作。健全博物馆法人治理结构，分类推进博物馆理事会制度建设，建立健全权责对等、运转协调的决策执行或监督咨询机制，推进博物馆治理体系和治理能力现代化。实施"博物馆＋"战略，促进博物馆与教育、科技、旅游、商业、传媒、设计等跨界融合。

专栏八：博物馆项目

——积极推进河南博物院新馆、黄河国家博物馆、中国文字博物馆二期、洛阳隋唐大运河文化博物馆、殷墟遗址博物馆、曹操高陵遗址博物馆、贾湖遗址博物馆、开封顺天门遗址博物馆、嘉应观治黄博物馆、淅川南水北调移民博物馆、鄂豫皖苏区首府革命博物馆建设及改造提升工程。

——打造郑州、洛阳"博物馆群落"核心示范区。完善和提升郑州、洛阳博物馆群建设，推进开封清明上河园非国有博物馆、信阳红色博物馆群建设。

——加快推进郑州纺织工业博物馆、兰考县博物馆、孟津县博物馆、伊川县博物馆、鄢陵县博物馆、正阳县博物馆和内乡县博物馆等新馆建成开放。

十一、大力推进让文物活起来

（一）加强文物价值阐释

健全全省文物价值传播推广体系，构建全媒体传播格局。利用传统和新兴媒体，深挖文物价值，加大文物文化精髓和时代价值传播。推动全省博物馆纪念馆做好云展览、云社教等工作。利用"5·18"国际博物馆日、国际古迹遗址日等宣传日，广泛开展社会宣教活动。定期举办高级别学术论坛、重要考古成果对外发布会、公共考古活动等，加强考古和历史研究成果传播。加快构建省级考古成果对外发布平台。

（二）围绕文旅文创融合战略推动文物资源活化利用

系统梳理文物资源，深入挖掘阐释其历史文化价值和旅游资源禀赋，促其转变为文旅融合的重要物质支撑，扩大文物资源公众开放度，助力研学旅游和国民素质提升，让文物资源更好融入文旅发展大体系。积极推动文物保护利用融入社会生活，丰富文物活化利用业态。配合博物馆陈列展览，设计与展览配套的主题文创产品。推动先进数字文创技术与省内馆藏文物资源相结合，打造高品质的文创IP。

（三）积极引导社会力量参与

拓展社会力量参与路径，鼓励社会资本投入，推广实施文明守望工程，推介拯救老屋行动、文物认养领养、文物保护志愿者、文物义务巡查员等社会力量参与实践。完善文物单位文化创意产品开发机制，推广文物资源相关知识产权和品牌授权操作指引，支持形成一批具有影响力的文化创意品牌。

（四）深化文物保护利用改革

创新文物保护利用机制，加强文物和文化遗产保护利用，建设文物保护利用示范区。健全国有文物资源资产管理制度，推进文物资源资产管理信息共享，部署开展相关试点工作。完善各方主体参与文物保护利用的支持政策，保障利益相关方合法权益。探索创新对文物资源密集区的支持方式。建设文物领域河南智库。

专栏九：活化利用项目

——推动洛阳涧西苏式建筑群、郑州第二砂轮厂旧址、焦作中站区王封矿等大型工业文化遗产的整体保护和综合利用。

——支持各地依托已建成开放的考古遗址公园及文物密集区域创建文物保护利用示范区试点，力争建设1—2处文物保护利用示范区。

——推进新县丁李湾、新县田铺大湾、巩义海上桥、焦作寨卜昌、卫辉三塔沟、修武县东岭后、商城县董大畈、鹤山区王家迊、施家沟等传统村落开发利用。

十二、加强文物交流合作

（一）推动文物交流展览多样化

进一步推动全省博物馆之间，博物馆与社会之间的资源共享，以文物藏品、陈列展览、社会教育等博物馆各项业务为基础，加强省际和省内各级博物馆馆际交流与合作，鼓励联合办展、巡展、流动展览和网上展览，提高藏品的展示利用水平。深层次挖掘河南文物的内涵价值、文化符号，打造丰富多样的外展主题，推出一批中国表达、国际影响的精品外展，全方位向国际社会展示"行走河南·读懂中国"的厚重历史和魅力。

（二）促进国际交流合作多元化

配合国家和省政府对外开放战略大局，坚持开放包容的科学文明观，创新成果转化路径和传播推介方式，以文物资源为载体，讲好中国故事，不断扩大和提升河南文物国际交流合作的影响力。构建多渠道、多形式的文物合作交流平台，积极参与和推进亚洲文化遗产保护行动，深化与"一带一路"国家在文物考古发掘、文物科技保护、文物学术交流和人员培训等领域交流互鉴。支持社会力量参与文物对外交流。开展广泛的交流合作，促进河南流失海外文物的研究和回归。

（三）推进港澳台交流合作机制化

丰富河南与港澳台地区历史文化及文化遗产机构的交流互动，建立健全常态化机制。以促进港澳台民心相通为目的，利用河南优势文物资源，推进海峡两岸暨香港澳门文化交流多样化，深化与香港教育界合作力度，拓展与澳门合作渠道，进一步促进对台文物交流。以同脉同源的文字文化、礼仪文化、根亲文化为重点共同讲述好中国故事，深化文化认同。

> **专栏十：文物交流项目**
> ——积极组织赴法国、意大利、俄罗斯、日本等国家进行文物交流展览。
> ——打造"最早的中国""中国文字""盛世隋唐""大宋汴京"等一批代表河南文化特色、富有中华文化元素的系列外展品牌走向世界，服务国家外交大局。
> ——举办"世界古都论坛""大河文明论坛"等国际文化论坛。
> ——配合文化旅游年，推进赴意大利、法国、希腊文化旅游年的文物展览。
> ——持续开展与蒙古国、肯尼亚等国家的联合考古发掘与研究。
> ——推出与引进2—3个香港、澳门、台湾的文物展览。

十三、加强文物机构人才队伍建设

（一）建强文物机构队伍

认真贯彻落实中央编办、省委编办关于加强文物保护与考古工作机构建设的相关精神，地方机构改革完成后，继续加强基层文物保护和研究队伍建设，保持队伍稳定。1.加强行政管理力量。基层市县要通过增设和完善内设机构等方式落实和加强文物管理保护职责。古都名城、世界文化遗产所在地和文物资源富集市（县），要进一步充实队伍力量，可在机构限额内单独设置文物局。2.科学优化文物事业单位布局。充分考虑文物保护工作的特殊性和重要性，在事业单位改革中不搞一刀切，保持队伍稳定。3.做好考古机构改革。按照国务院明确河南"十四五"期间创建世界一流考古机构的目标任务，对省文物考古研究院进行重塑性改革，着力打造与河南文物大省地位、文物资源总量、文物工作任务相匹配的全国最强的考古机构队伍。

（二）构建多层次文物人才培养体系

1.实施文博领军人才培养计划。依托国内、省内文博机构和国内知名院校培养文物领域学术带头人。支持文物行业一流专家领衔组建科研团队和工作室，培育一批以行业领军人才和中青年骨干为重点的高层次文物人才。2.实施文物科技人才培养计划。支持省内文物机构围绕文物考古和文物修复等行业发展重点难点，深化与高校、相关企业交流合作，通过共建实验室提升科研能力。3.实施文物技能人才培养计划。加快建设一支门类齐全、技艺精湛的文物技能人才队伍。充分发挥高技能型职业技术人才在技术攻关、工艺创新和带徒传技方面的引领示范作用。4.实施文物管理人才培养计划。健全文物管理人才培训常态、长效机制，锤炼熟悉专业、素质优良的文物管理人才队伍。

（三）推进文物和考古学科专业建设

1.梳理文物领域学科框架，推动河南文物学科体系、学术体系、话语体系建设。河南省文物考古研究院等文博机构要深化与中央驻豫考古机构、省管高校的合作，建立国家级考古实验室。2.加强文物科学与技术相关学科建设，开展文物科技创新研究。重点推动郑州大学、河南大学等高校的文物考古学科建设，适当扩大考古相关专业设置和招生规模。3.积极争取国家、省社会科学基金中加大对文物考古研究的支持。4.大力支持职业技术学院等院校发展文物修复与保护、文物考古技术、文物展示利用技术、石窟寺保护技术等职业教育专业；支持文物领域著名专家进校园参与教育教学活动。

（四）激发文物人才创新活力

确立人才投入优先的理念，完善激励机制。用好用活人才政策，在科研经费、职称评聘、评先评优等方面为优秀青年骨干人才脱颖而出提供有力保障，激发干事创业活力。

> **专栏十一：人才队伍建设项目**
>
> ——建设世界一流文博机构。按标准核定机构编制，配齐配强人员力量，提升科研实力，支持河南省文物考古研究院创建世界一流考古机构；锚定世界一流博物馆标准，支持河南博物院创建世界一流博物馆。
>
> ——加快建设"国家级考古实验室"。依托河南省文物考古研究院等文博机构，深化与中央驻豫考古机构、省管高校的合作，建立国家级考古实验室，打造"考古学与中华文明研究基地"。
>
> ——实施文博领军人才培养计划。以重点科研项目为支点，集中优势资源培育文物领军人才和中青年创新人才，确保我省文博领军人才数量实现较大提升。在文物考古方面，培养在国内享有一定声誉的考古领军人才5—10名，考古青年英才10—15名，考古科研骨干20—~0名；博物馆、科技保护、文物鉴定等方面：培养领军人才10—20名，青年英才30—50名，相关业务骨干60—100名。
>
> ——实施新时代文博人才建设工程。
>
> ——建设河南省文物人才数据库和智库。

十四、加强规划实施保障

（一）加强组织领导

各级政府要落实文物保护主体责任，把本规划提出的目标任务纳入本地经济社会发展规划，建立规划实施保障机制，强化重大任务、重大工程、重大项目的实施保障，统筹抓好落实。各级文物部门和省直各文博单位要做好本规划与相关规划的衔接，谋划好"十四五"时期整体发展，分解细化任务，落实到年度工作计划之中，确保规划内容全面落实。

（二）加强法治建设

进一步完善有关法规政策。开展《河南省红色革命遗址保护条例（草案）》编制调查研究工作；修订《河南省长城保护条例》；出台《文物保护评估报告编制规范（暂定）》；开展大遗址保护、大运河保护、石窟寺保护等方面的法律制度研究；加强文物领域法律与其他法律衔接，鼓励各地市根据实践需要，制定地方性文物保护法规；加强文物法治宣传，引导文博单位增强法治意识，积极推进文物治理体系和治理能力现代化。

（三）完善财政支持政策

拓宽投入渠道，提高资金效益。增强文物保护专项资金的导向性，加大对革命老区、贫困地区的倾斜力度，保障重点项目、重点工程和重大政策的经费需求。加大对重大项目工程进展和专项经费的监督、管理、评估和验收。强化资金事中事后监管。根据国家政策，全面完善和实施文物专项经费绩效评估与考核制度，提高文物经费的使用效益。结合河南实际，探索对文物资源密集区文物保护补偿办法。研究探索文物保护志愿者管理办法，培育文物保护社会组织，充分发挥行业协会、学会和文物保护基金会等社会组织作用。

（四）强化规划落实

发挥地方政府在规划实施中的主导作用，提高领导能力和水平，为"十四五"规划顺利实施提供坚强保障。完善政绩考核评价体系和奖惩机制。最大限度凝聚全社会共识和力量，推进文物事业全面发展。各级文物主管部门要加强对规划实施的组织、协调和督导。省文物局牵头开展规划实施情况动态监测和评估工作，在2023年和2025年，分别对本规划的执行情况进行中期评估和终期评估。本规划确定的重大工程、重大项目，要逐级明确责任主体，确保如期完成。

发文机关：中共河南省委宣传部　　　　　　　　　　　　发布时间：2022年4月12日

河南兴文化工程文化研究计划实施方案

为进一步深入学习宣传贯彻习近平新时代中国特色社会主义思想，按照《文化强国建设规划纲要（2021—2035）》安排部署，从2022年起，省委宣传部牵头组织有关方面，全面实施河南兴文化工程文化研究计划，通过全面系统梳理、深入挖掘中原文化、黄河文化的历史文脉、文化底蕴，充分发挥其在阐释、传承、教育、传播中华文化和中国精神的时代精华方面"根"和"魂"的作用，为奏响"奋勇争先、更加出彩"的时代强音，确保高质量建设现代化河南、确保高水平实现现代化河南提供坚实文化支撑，为构建中华优秀传统文化传承发展体系、持续提升国家文化软实力作出河南独特贡献。

一、总体要求

（一）指导思想

以习近平新时代中国特色社会主义思想为指导，深入学习贯彻党的十九大和十九届历次全会精神，贯彻落实习近平总书记视察河南重要讲话重要指示，坚定拥护"两个确立"，坚决做到"两个维护"，坚持把马克思主义基本原理同中国具体实际相结合、同中华优秀传统文化相结合，贯彻落实《中国共产党宣传工作条例》，举精神之旗、立精神之柱、铸文化之魂，坚持中国特色社会主义文化发展道路，坚持社会主义先进文化前进方向，坚守中华文化立场，立足现实、着眼未来，充分利用和发挥河南"在5000多年中华文明历史中，曾长达3000多年作为全国的政治、经济、文化中心"这一独特优势，从历史、现实与未来相统一的高度，深入研究现代化河南建设中的重大理论、现实课题，系统梳理河南文化资源的历史脉络，深入挖掘研究阐发其思想精髓、核心要义、历史价值和当代意义，"让收藏在博物馆里的文物、陈列在广阔大地上的遗产、书写在古籍里的文字都活起来"，不断丰富全社会历史文化滋养，全面展示河南文化的灿烂成就、传承脉络，全面展示河南文化对中华文明、世界文明的重大贡献，不断增强文化自信和自豪感，为传承弘扬中华优秀传统文化，持续提升党员和全社会对"两个确立"决定性意义的感悟能力，为培育和践行社会主义核心价值观，加强治理体系和治理能力建设，建设立足当下、面向未来的社会主义先进文化，推动构建人类命运共同体作出河南贡献。

（二）基本原则

——**把握导向，紧扣主题**。坚持马克思主义指导地位和社会主义先进文化前进方向，按照习近平总书记关于社会主义文化建设的重要论述，秉持正确的政治方向、学术导向和价值取向，站在中华文明的高度重新思考中原文化，以全新的眼光重新审视作为现代化总体布局重要组成部分的文化发展以及文化的力量，推动发轫于河南的中华优秀传统文化创造性转化创新性发展，更好地服务中国特色社会主义文化繁荣发展。

——**通盘规划，系统推进**。以习近平总书记视察河南重要讲话重要指示为总纲领、总遵循、总指引，坚持为省委、省政府重大决策部署落实落地提供文化支撑，坚持系统性、整体性、可持续性，坚持"搭积木"方法论，统一规划、整体运作、统一管理，注重项目设计和论证，分领域、分专题开展研究，持续推出高质量河南历史文化研究成果，为丰富、弘扬、传承、创新习近平新时代中国特色社会主义思想作出河南贡献。

——**整合资源，创新体制**。充分调动各方面积极性，充分发挥省内高校、科研单位、工作部门、社会团体的研究基础、研究特色和研究力量作用，充分利用省内外学者智力资源，坚持"二为"方向和"双百"方针，坚持以改革思维推进开放式研究，培育学术研究协同创新平台、专业特色智库平台，努力建立更符合社会科学发展规律的科研管理体制、工作机制和人才运作机制。

——锻造精品，打造队伍。尊重学术规律，坚持守正创新，强化精品锻造。研究者要潜心研究，独立思考，勇于创新，打造可持续传承研究团队；评审者要心怀"国之大者"、牢记"省之要者"，严格把关，敢于批判；管理者要透明程序，规范制度，周到服务，坚守可持续研究管理原则；研究成果既要有学术权威性，又要有可读性、应用性，经得住历史和全社会的检验，传承文明、资政育人。坚持积极稳妥、有序推进，根据研究实力和条件，实事求是确定研究进度，制定切实可行的项目实施方案，分步有序推进。

（三）总体目标

河南兴文化工程文化研究计划致力于对当代河南发展重大理论和现实问题、河南历史文化进行全方位、多层次、分领域系统研究。成果表现形式主要为专著、系列丛书、咨政报告，以及有利于传播的通俗学术读物、学术论文等。

通过文化研究计划的实施，分阶段、有步骤地推出一批具有重大学术影响和良好社会效益的学术成果，培育一批高水平河南文化学术名家、学科骨干和研究团队，为不断构建和完善具有中国特色、中国风格、中国气派学科体系、学术体系、话语体系，为进一步繁荣和发展哲学社会科学作出河南贡献。

河南兴文化工程文化研究计划第一期目标为："十四五"时期，陆续推出系列文化研究成果，将工程打造成为梳理河南历史文脉的重要载体，推进河南文化强省建设的响亮品牌，努力构建河南文化研究新高地。

二、基本框架和主要研究任务

河南兴文化工程文化研究计划坚持中国特色社会主义道路自信、理论自信、制度自信、文化自信，以历史时间线索为主轴，对河南不同历史时期的重要人物、重要事件、重要遗存、重要典籍进行全面梳理和深入研究，同时注重把河南思想史、制度史研究融入其中，并从域内外多视野挖掘其深刻内涵和当代意义。主要设立河南当代发展研究、河南历史文化专题研究、河南重要历史名人研究、河南重要历史事件研究、河南重要历史文化遗存研究、河南重要历史文献典籍研究6大板块。

（一）河南当代发展研究

主要任务包括：（1）深入总结河南贯彻落实习近平新时代中国特色社会主义思想的生动实践，科学解读省委、省政府重大决策部署。（2）深入研究建设现代化河南进程中的重大理论和现实问题。（3）深入研究河南加强党的建设实践中的重大理论和现实问题。

（二）河南历史文化专题研究

主要任务包括：（1）深入研究河南文化的起源、发展、变迁及其在中国文明史、世界文明史上的地位、影响、贡献。（2）全面总结中华文脉传承的河南探索。（3）深入研究建设中国特色、中国风格、中国气派的文明体系、考古学体系的河南探索。（4）深入开展河南史前文化和考古研究，论证中原文化、中原文明根源性，为万年文化史提供河南实证。（5）深入研究河南文化中具有中国意义、世界意义的优秀基因和核心价值。（6）扎实开展河南文化思想史研究，论证河南文化、河南思想流派对中华民族思想观念、行为方式的重要影响。（7）深入研究河南文化的当代价值以及对治国理政的经验借鉴和智慧启示。（8）深入研究河南历史文化的保护、传承与发展。（9）深入研究河南分地域历史文化。（10）深入研究具有河南特色的历史文化。（11）深入研究河南地方民俗文化。（12）扎实开展国内外对河南文化研究的文献整理。

（三）河南重要历史名人研究

主要任务包括：（1）深入开展河南历史文化名人年谱系列研究。（2）深入开展河南名人传记、人物述评研究，重点关注其思想、事迹及贡献以及对历史发展进程的影响，对中华传统文化和精神的传承与弘扬。

（四）河南重要历史事件研究

主要任务包括：（1）编纂河南重大历史事件辞典，对发生在河南并对中国历史乃至世界历史产生较大影响的历史事件进行全面梳理研究。（2）深入开展某一重大历史事件专题研究，突出事件的原因、经过、结果，并从经济、政治、思想、文化等不同角度深入研究有关历史事件的深远影响。（3）深入开展河南重要历史时期社会发展情况专项研究，对河南重要历史时期政治、经济、文化、科技、教育发展情况进行深入研究。

（五）河南重要历史文化遗存研究

主要任务包括：（1）编纂河南历史文化遗存、非物质文化遗产名录提要，对河南文化遗址、古墓葬、古建筑、石窟寺、石刻、壁画、近代现代重要史迹和代表性建筑等历史文化遗存资源，以及河南重要非物质文化遗产进行梳理研究。（2）深入开展河南出土、馆藏重要文物专项研究。（3）深入开展重要历史遗存考古发掘研究，为中华文明探源提供实证。

（六）河南重要历史文献典籍研究

主要任务包括：（1）对河南历代存佚文献进行全面梳理研究。（2）深入开展河南历史文献整理研究，对馆藏河南稿抄本文献进行整理，对散佚文献进行辑佚，对河南档案文献进行整理，对河南传世经典古籍整理校勘，编纂出版"中原文库"。（3）对河南重要甲骨、简帛、金文（钟鼎文）、碑碣、墓志、摩崖、造像记等文献进行专题研究。（4）深入开展古代文献、金石拓片、地方史志以及各类典籍的数字化建设，打造中原文献数据库。

三、组织机构

（一）成立河南兴文化工程文化研究计划指导委员会

由有关省领导担任指导委员会主任，省委宣传部牵头负责，成员包括省委宣传部、省教育厅、省文化和旅游厅、省社科联、省社科院、中原出版传媒集团、省文物局、省档案馆等单位的负责同志。指导委员会负责审定研究计划的规划、指导研究计划实施。各市、县也应成立相关组织架构，指导本地区实施兴文化工程文化研究计划工作。

（二）设立河南兴文化工程文化研究计划专家委员会

在"河南当代发展研究""河南历史文化专题研究""河南重要历史名人研究""河南重要历史事件研究""河南重要历史文化遗存研究""河南重要历史文献典籍研究"6个板块，分别设立专家委员会，专家委员会采取首席专家负责制。专家委员会成员由在各个领域学术造诣深厚的专家学者组成，以省内专家为主，也可根据工作实际邀请国内外知名专家参与。主要负责评估研究计划的规划及研究方案；评审研究课题；评估研究成果；对研究团队进行学术指导。

（三）建立工作班子

河南兴文化工程文化研究计划指导委员会办公室设在省社科规划办，负责文化研究计划日常工作。在指导委员会的领导下，组织专家，聘请有关兼职工作人员，具体负责文化研究计划的项目规划、实施和管理。

四、运作方式

（一）统筹规划、明确方向

指导委员会办公室牵头，在全面梳理河南历史文化资源和研究现状的基础上，通过征求各方意见，制定研究计划总体框架、年度重点研究课题规划指南，并结合实际进行动态调整。通过总体规划、重点投入、系统开发，推动河南历史文化研究上规模、上档次，形成一批有重大学术影响和较好社会效益的学术成果，培养一支拥有高水平学科带头人的骨干团队，建设一批具有河南特色的人文社会科学重点学科、学术品牌、研究基地。

（二）择优立项、整体推进

（1）公开招标。文化研究计划项目一般采取"揭榜挂帅""赛马制"方式择优招标立项，任何有研究能力的单位、个人都可按照申报办法申请项目，组建专属工作团队进行研究。（2）整体承接。对有能力独立完成研究计划中某项系列研究的单位，采用整体承担某一板块或某一板块中某个系列的方式。拟申请整体承担的单位，可提出研究方案，经过专家委员会论证通过后实施。（3）联合研究。对拥有较强研究实力、具有明显研究特色，且优势互补的多个研究单位，可采取1个单位牵头、相关单位支撑配合，开展联合攻关研究。（4）邀约委托。对已有大量前期研究成果、在某个研究领域内具有较大学术影响的研究单位和研究人员，视情况采用委托方式，邀约其为该研究项目的主持人，负责该项目研究的方案设计、人员组织、研究推进和质量把关。邀约委托采用首席专家和项目依托单位负责制。（5）许可纳入。对事先未纳入工程研究系列，但正在研究或已经完成的相关研究项目，经项目主持人申请、专家委员会评审确认后，采用项目许可方式加以追认。

（三）严格管理、加强推介

（1）选题管理。指导委员会

办公室负责制定年度研究计划重点研究课题规划指南，经专家委员会论证通过，并报指导委员会批准后公布实施。（2）立项管理。无论何种项目承接方式，都必须由学术委员会对研究方案和项目进行评估论证，按照程序进行公示，无疑义后方可立项。（3）中期检查。每个研究项目须接受指导委员会办公室中期检查。（4）鉴定验收。研究成果完成后，由专家委员会首席专家组织进行评审验收，优秀研究成果由指导委员会办公室统一组织出版。（5）宣传推介。以省内媒体为主，联合国内知名报刊、学术期刊网络平台等，开设专栏，重点介绍文化研究计划的优秀成果及其作者，扩大学术影响。

（四）整合资源、加强联合

在主要依靠本省哲学社会科学界研究力量的同时，注重资源整合，积极与国内外著名院校、科研机构和著名专家学者进行合作，选聘有关专家承担研究计划的部分课题，参与研究方案的咨询、论证、项目评审和成果评估。联合举办全国性学术研讨会、成果发布会，宣传推介研究成果。

（五）奖励精品，表彰精品

制定完善的评审制度，对项目经费的支持力度与产出社会经济效益挂钩，进行科学评估，将项目评审结果作为对项目负责人所在单位业绩考核的重要依据。对有特别重大影响和学术价值的研究成果和文献整理成果实行重奖。对部分优秀成果，由指导委员会办公室统一报送工程指导委员会审定，列入河南兴文化工程文化研究计划精品系列成果，予以奖励。设立年度评比、表彰机制，奖励在研究计划实施中作出重大贡献的单位和个人，省社会科学优秀成果奖着力向研究计划重要成果倾斜。

（六）加大投入，提供保障

充分发挥政府投入的主导作用，通过争取国家社科基金重大项目、中央马克思主义理论研究和建设工程重点项目，加大省社科基金投入力度，申请省财政专项经费，划拨省委宣传部专项经费，设立河南兴文化研究工程出版基金等方式，多渠道筹措研究经费。文化研究工程中与各地密切相关的项目，由相关省辖市承担部分研究经费。项目承接单位要尽可能提供配套经费，支持项目的研究。对与工程有较为密切联系、在某一研究领域具有绝对研究优势，在全国有较大影响的若干学科群，采用"省级社科研究基地建设"的方式，在政策和经费上予以重点支持。

发文机关：河南省人民政府办公厅　　　　　　　　　　　　　　　发布时间：2022 年 8 月 24 日

关于进一步加强新时代革命文物保护管理利用工作的通知

各省辖市人民政府，济源示范区、航空港区管委会，省人民政府各部门：

为全面加强新时代革命文物工作，切实把革命文物保护好、管理好、运用好，经省政府同意，现将有关事项通知如下：

一、总体要求

以习近平新时代中国特色社会主义思想为指导，深入贯彻落实习近平总书记关于革命文物工作重要论述精神，坚持"保护第一、加强管理、挖掘价值、有效利用、让文物活起来"的工作方针，抓重点、补短板、强弱项，进一步改善全省革命文物保护状况，发挥革命文物资源优势，提高革命文物展示利用水平，全面增强保护管理传承能力，形成特色鲜明、具有全国影响力的革命文物保护利用传承体系，更好地传承红色基因、赓续红色血脉、增强精神力量。

二、重点任务

（一）加大革命文物保护力度

持续开展革命文物资源专项调查，认定公布河南省革命文物名录，做好全国革命文物大数据库河南革命文物信息录入工作。加强馆藏革命文物保护，强化科技支撑，重点加强对材质脆弱、病害严重的馆藏革命文物本体的保护修复。实施革命旧址维修保护行动，重点提升省级以上革命文物保护单位保护修缮率。有序推进革命文物保护利用片区工作，加快编制实施河南片区革命文物保护利用工作规划，配合推进晋冀豫片区、冀鲁豫片区革命文物保护利用工作规划编制实施。加强低级别不可移动革命文物保护，及时把具有重要价值的革命旧址核定公布为各级文物保护单位，加快推进低级别不可移动革命文物保护利用试点工作。坚持抢救性保护和预防性保护并重，加强革命文物定期巡查、日常养护管理和安全防范工作，完善各级革命文物保护单位"四有"（有保护范围、有保护标志、有记录档案、有保管机构）档案，全面提升革命文物保护能力。（责任单位：省文物局、省委宣传部、党史和地方史志研究室、省公安厅、文化和旅游厅、退役军人厅，各省辖市政府，济源示范区、航空港区管委会）

（二）深化革命文物研究阐释

依托高等院校、革命博物馆纪念馆等共同建设革命文物协同研究基地，加强学术研究、人才培养和跨学科合作，形成更多研究成果。通过开展实物、文献、档案史料、口述史征集活动和走访革命前辈、烈士遗属、专家学者等形式，有序推进革命文物史料的抢救、征集和研究工作，深入挖掘和阐释革命文物蕴含的思想内涵、时代价值、历史意义和教育意义。（责任单位：省委宣传部、党史和地方史志研究室、省档案局、教育厅、文化和旅游厅、退役军人厅、文物局、社科院，各省辖市政府，济源示范区、航空港区管委会）

（三）拓展革命文物利用方式

加强革命旧址分类合理利用，提升革命旧址开放水平，鼓励属于公共建筑的革命旧址在符合保护要求的前提下，用于村（居）委会、村史馆、图书馆、非遗展示中心等社区公共服务设施，进一步发挥综合服务功能。深入挖掘革命文物的价值内涵和文化元素，运用市场机制开发更多文化创意产品，促进文化消费。打造红色旅游品牌，大力发展红色旅游及红色研学旅行，推出一批红色经典景区和精品线路，促进红色旅游与乡村旅游、生态旅游等业态融合，助力乡村振兴和革命老区振兴发展。依托长征国家文化公园（河南段）建设，加强红二十五军长征（河南段）革命文物资源保护利用。（责任单位：省文化和旅游厅、省委宣传部、党史和地方史志研究室、省发展改革委、文物局，各省辖市政府，济源示范

区、航空港区管委会）

（四）提升革命文物展示水平

推进我省革命类专题博物馆建设，支持符合条件的革命博物馆纪念馆建设国家一（二、三）级博物馆，打造以国有革命博物馆纪念馆为引领，各级各类革命博物馆纪念馆共同发展的展示体系。围绕重大历史事件、重要时间节点，坚持政治性、思想性、艺术性相统一，策划推出一批主题鲜明、内涵深刻、形式新颖、线上线下融合的革命文物精品展览。指导支持基本陈列超过5年的革命博物馆纪念馆和革命旧址局部改陈布展，指导支持基本陈列超过10年的革命博物馆纪念馆和革命旧址全面改陈布展。加强展陈内容和解说词审查，切实把好政治关和史实关，提高展陈说明和讲解内容的准确性、完整性、权威性。创新革命文物传播方式，合理利用现代科技手段，增强革命文物陈列展览的表现力、传播力、影响力，生动传播红色文化。（责任单位：省委宣传部、党史和地方史志研究室、省档案局、发展改革委、文化和旅游厅、退役军人厅、文物局，各省辖市政府，济源示范区、航空港区管委会）

（五）强化革命文物教育功能

充分利用革命文物资源，主动服务"四史"学习教育，积极传承弘扬大别山精神、焦裕禄精神、红旗渠精神等。鼓励党政机关、企事业单位、驻地部队等依托革命博物馆纪念馆和革命旧址组织开展瞻仰参观、现场教学、缅怀祭扫、入党入团入队仪式等主题活动。支持教育部门利用革命文物资源开展学校思想政治工作，推动革命博物馆纪念馆和革命旧址建设学校思政课实践教学基地。支持全国红色基因传承平台建设，推出革命文物云展览、云直播、云视频，丰富网络空间革命文化内容，打造网上爱国主义教育空间。开展红色讲解员培训工作，举办革命文物宣传推介、讲解比赛等活动，加强革命精神传播人才队伍建设，讲好党的故事、革命的故事、根据地的故事、英雄和烈士的故事。（责任单位：省委宣传部、党史和地方史志研究室、团省委、省教育厅、文化和旅游厅、退役军人厅、文物局，各省辖市政府，济源示范区、航空港区管委会）

三、保障措施

（一）加强组织领导

各地、各有关部门要牢固树立保护文物也是政绩的科学理念，高度重视革命文物工作，落实保护责任，加大工作力度。各地要建立革命文物工作协调机制，研究解决革命文物保护管理利用工作中的重大问题。加强督促指导，实行革命文物保护情况通报制度。

（二）加大财政投入

落实公共文化领域省与市县财政事权和支出责任划分改革要求，进一步完善革命文物保护财政保障机制。县级以上政府要将革命文物保护作为支持重点，统筹利用现有资金渠道，强化革命文物保护利用支持。加强革命文物财政资金绩效管理和监督审计，提升资金使用效益。建立革命文物保护利用多元化投入体系，积极引导和支持社会资金参与革命文物工作。

（三）完善法规政策

推动出台省级革命文物保护地方性法规。鼓励各地结合实际，制定革命文物保护地方性法规、规章，为革命文物保护利用提供有力法治保障。县级以上政府要强化革命文物保护管理利用职责，明确负责革命文物工作的机构，加强人才培养和专业队伍建设。

发文机关：河南省文化和旅游厅　　　　　　　　　　　发布时间：2022 年 8 月 25 日

"行走河南·读懂中国"品牌塑造实施方案

河南是中华民族和中华文明的重要发祥地，中华文明的起源、形成、发展都与河南密切相关。为深入贯彻落实党中央、国务院推动文化旅游融合发展决策部署，落实省委、省政府实施文旅文创融合战略工作要求，全面叫响"行走河南·读懂中国"文旅品牌形象，加快建设中华文明连绵不断的探源地、实证地和体验地，制定本方案。

一、总体思路

深入学习贯彻习近平总书记关于文化和旅游工作重要论述和视察河南重要讲话重要指示，贯彻落实《实施文旅文创融合战略工作方案》，站在增强历史自觉、坚定文化自信的高度，着眼打造中华文化传承创新中心、世界文化旅游胜地，紧扣历史断代、历史事件、历史人物"三要素"，坚持创意驱动、美学引领、艺术点亮、科技赋能，聚焦"读什么、在哪读、怎么读"核心问题，做深研究阐释，做强场景布设，做亮数字创意，做优宣传推广，依托河南厚重文化资源讲好中原文化的故事、中华文明的故事、中国发展的故事，在行走河南中触摸历史、感知文明、滋养精神、读懂中国，在传承弘扬中华文化历史使命中展示河南更大担当作为。

二、研究阐释立品牌

1. 深化专项研究。以实施河南兴文化工程文化研究计划为依托，深化河南当代发展研究、河南历史文化专题研究、河南重要历史名人研究、河南重要历史事件研究、河南重要历史文化遗存研究、河南重要历史文献典籍研究，重点开展仰韶文化、夏文化、殷商文化、春秋文化、汉唐文化、宋文化，以及河洛文化、黄河文化、中原地区文明化进程研究；提升古籍整理研究和编辑出版能力，策划出版"中原文库"丛书，绘制中原文化图谱，为"读什么"提供权威正史、丰厚内容。（责任单位：省委宣传部、中原出版传媒集团）

2. 阐释品牌内涵。组织专家学者对"行走河南·读懂中国"品牌的形式载体、内涵外延进行研究阐释，深度解读河南是中华元典文化的主要起源地、中国现代考古学的诞生地、中华文明探源工程的重要承载地，阐发我省提出打造"行走河南·读懂中国"品牌所具备的独特优势和条件。开设"读懂中国"大家讲堂，邀请国内文化名家及国际著名汉学家开展系列讲座，增进国内国际对"行走河南·读懂中国"的广泛共识。（责任单位：省文化和旅游厅、省文物局牵头，省委宣传部、省委外办、省教育厅配合）

三、场景布设强支撑

1. 加快建设博物馆群。将郑州作为"行走河南·读懂中国"品牌落地的主舞台，高水平谋划建设省博物馆群，集中展示中国通史及重大专题史，打造"行走河南·读懂中国"一站式体验旅游目的地。探索实施"策展人"制度，提升河南博物院、郑州博物馆、开封博物馆、安阳博物馆、商丘博物馆、南阳博物馆等展陈水平。加快建设黄河博物馆新馆、中国仰韶文化博物馆、汉魏洛阳故城遗址博物馆等，完善和提升郑州商都遗址博物院、二里头夏都遗址博物馆等，打造郑州百家博物馆、洛阳"东方博物馆之都"。（责任单位：省委宣传部、省文化和旅游厅、省文物局及相关省辖市共同推进）

2. 优化遗址遗存展示利用。支持贾湖、仰韶村、庙底沟、大河村、平粮台、二里头、郑州商城、殷墟、郑韩故城、城阳城址、内黄三杨庄、汉魏洛阳故城、隋唐洛阳城等国家考古遗址公园（含立项）开展大遗址利用示范，充分融入旅游服务功能，创建 5 家 AAAA 级以上旅游景区。优先支持纳入"行走河南·读懂中国"线路的遗址创建省级考古遗址公园。（责任单位：

省委宣传部、省文化和旅游厅、省文物局共同推进，相关省辖市负责实施）

3. 打造自然人文打卡地。支持龙门石窟、殷墟、登封"天地之中"历史建筑群、丝绸之路河南段、大运河河南段5处世界文化遗产，黄帝故里、太昊陵、清明上河园、嘉应观、陈家沟、芒砀山等历史人文地，云台山、老君山、鸡公山等自然风光地完善设施建设、提升文化品位，培育打造首批10家"行走河南·读懂中国"旅游景区打卡地。（责任单位：省文化和旅游厅、省文物局，相关省辖市）

4. 建设主题旅游公路。突出"行走河南·读懂中国"主题形象，重点建设沿黄1号旅游公路、太行山1号旅游公路、伏牛山1号旅游公路、大别山1号旅游公路，链接沿线重要资源点，完善形象标识及公共服务设施。（责任单位：省交通运输厅、省文化和旅游厅牵头，相关省辖市负责实施）

四、创意驱动育业态

1. 扩大数字产品供给。加强VR、AR、AI等现代科技的集成应用，提供更多可视化呈现、互动性参与、场景式体验的数字产品。依托省美术馆，建设中国古代战史数字馆、"行走河南·读懂中国"非遗数字馆、中国历代名人数字馆等数字主题博物馆。面向年轻人，依托知名UGC游戏创作平台，举办"行走河南·读懂中国"文旅元宇宙创造者系列大赛。2022年重点以影响中华文明演进历程的重大战争为主题，举办"逐鹿中原·创建元豫宙"创造者大赛。（责任单位：省文化和旅游厅、省发展改革委、省商务厅、中原出版传媒集团、省文化旅游投资集团等）

2. 丰富线上阅读内容。鼓励各级博物馆（院）、文物保护单位、遗址公园、景区等积极探索新模式，通过"云展览""云阅读""云直播""云导演"等方式，让人们在数字艺术长廊中感知历史文脉、体味文化底蕴。利用3D建模等技术，分批实施馆藏文物数字化工程，打造更多云端博物馆。建设"行走河南·读懂中国"文旅文创数字藏品平台，打造"能收藏的河南故事"。推出"读懂中国数字故事馆"小程序，让视频的故事、音频的故事、图文的故事在此集散并持续丰富，打造"能装口袋的河南故事"。结合豫菜振兴计划，打造"行走河南·读懂中国"主题菜系数字云平台。（责任单位：省文化和旅游厅、省文物局、省文化旅游投资集团、中原出版传媒集团）

3. 打造沉浸式体验课堂。整合奖补资金，对接优质团队，重点支持20处大遗址、博物馆等数字化展示提升，建成一批领跑全国的沉浸式、互动式体验场馆，把"文化殿堂"打造成群众乐于参与的"文化课堂"。遴选"行走河南·读懂中国"百大标识项目，面向全社会征集数字化展示方案。选择洛阳博物馆、开封博物馆等10家博物馆开展"博物馆奇妙夜"试点。（责任单位：省文化和旅游厅、省文物局牵头，省发展改革委、省财政厅配合，相关省辖市负责实施）

4. 培育研学旅行品牌。围绕老家河南、天下黄河、华夏古都、中国功夫等中华文化超级IP，与知名研学旅行和教育机构合作，打造30节"行走河南·读懂中国"研学旅行精品课程。围绕弘扬焦裕禄精神、红旗渠精神、大别山精神、愚公移山精神，推出一批研学旅行精品线路。支持林州红旗渠精神营地、鹿邑老子学院研学营地等建设国家级研学旅行基地（营地）。在郑州、开封、洛阳、安阳、三门峡、信阳等地率先改造或新建一批"行走河南·读懂中国"研学营地。将"行走河南·读懂中国"主题研学旅行纳入中小学教育教学计划。（责任单位：省文化和旅游厅牵头，省教育厅、省文物局、省文化旅游投资集团、中原出版传媒集团配合，相关省辖市负责实施）

5. 推动文创产业化发展。依托省文旅文创融合创新实验室、省文旅文创融合创新（洛阳）基地等，引入国内外一流文化创意和科技创新团队，研发、孵化、落地一批文旅文创产品。2022年率先在郑州、洛阳、开封策划推出3—5个文旅文创融合现象级产品。支持洛阳建设剧本娱乐产业总部经济园区，打造具有全国影响力的剧本娱乐产业集聚地。支持开封发展"剧本娱乐+文旅"，召开剧本娱乐产业峰会，打造剧本娱乐产业之城。做大做强豫博文创、唐宫文创、豫游纪、黄河之礼、洛阳礼物等文创品牌。支持建设河南广播电视文化创意园区，借助出圈效应内聚文创核心竞争力。（责任单位：省委宣传部、省委网信办、省文化和旅游厅共同推进，相关省辖市负责实施）

五、宣传推广树形象

1. 设计形象标识体系。设计推出"行走河南·读懂中国"系列形象标识体系（含 LOGO、解说牌、导览系统等）。在全省所有博物馆、遗址公园、旅游景区等场所，在重点广场、机场、车站、高速公路及服务区、地铁等点位，在全省性相关重大节庆展会、会议活动等场合广泛应用推广。（责任单位：省文化和旅游厅牵头，省文物局、省交通运输厅配合，省机场集团、中国铁路郑州局集团有限公司及各省辖市、济源示范区、航空港区负责实施）

2. 统筹做好媒体宣传。 统筹中央主要媒体、省内重点媒体和商业平台，加强"行走河南·读懂中国"品牌形象、品牌塑造和相关研究成果的全媒体宣传，加强全省锚定"两个确保"、实施"十大战略"举措成效的宣传报道，全景展示历史长河中的河南、现代化进程中的河南。拍摄《行走河南·读懂中国》专题纪录片和形象宣传片（中英文版），在国内外主流媒体、重点场所点位集中投放。与中央电视台合作，策划推出《河南里的"中国故事"》大型文化综艺节目，打造专属河南的文化旅行类综艺 IP。支持河南卫视联合一流数字娱乐平台，推出"行走河南·读懂中国"系列文化探索纪实节目。（责任单位：省文化和旅游厅牵头，省委宣传部、省委网信办、省委外办、河南日报社、河南广播电视台及各省辖市、济源示范区、航空港区配合）

3. 提升重大活动影响力。 以"行走河南·读懂中国"品牌为统领，申办世界大河文明论坛，筹办第九届中国博物馆及相关产品与技术博览会、世界研学旅游大会，提升国际旅游城市市长论坛、世界古都论坛影响力，重点办好黄帝故里拜祖大典、中国郑州国际少林武术节、中国洛阳牡丹文化节、河洛文化旅游节、中国（开封）清明文化节、中国（焦作）国际太极拳交流大赛、中国（安阳）国际汉字大会、中国（鹤壁）民俗文化节、中国（濮阳）杂技艺术节等。（责任单位：各节事论坛主办单位）

4. 做优做精主题创作。 办好"中国节日""中国节气""中国发明"等系列节目，把国潮国风节目打造成金字招牌。围绕"行走河南·读懂中国"主题，创作一批诗歌、散文、美术、摄影、书法等作品，打磨提升《大河安澜》等豫剧精品。精心编纂出版"行走河南·读懂中国"系列丛书或数字出版物。对接国家创新与发展战略研究会、中国外文局，将部分出版物纳入"读懂中国"丛书第三辑。各级党报、广播电视、出版传媒、文化旅游等部门制作宣传一批"行走河南·读懂中国"主题文旅剧、微纪录片等。（责任单位：省委宣传部牵头，河南日报社、河南广播电视台、中原出版传媒集团、省文化和旅游厅及各省辖市、济源示范区、航空港区共同推进）

5. 加强国际宣传推介。 实施国际培育推广计划，邀请驻华外国机构人员、留学生、媒体界人士担任"行走河南·读懂中国"品牌体验官。采用线上＋线下形式，面向海外国家和地区策划推出"行走河南·读懂中国"文物展、书画展、非遗展、功夫表演等。持续实施"翻译河南"工程，推出"中华源·河南故事"中外文系列丛书。（责任单位：省委宣传部、省委外办、省文化和旅游厅、省文物局、中原出版传媒集团共同推进）

6. 带动全民广泛参与。 实施"行走河南·读懂中国"品牌共创"十百千"工程，支持 10 位博物馆馆长、100 个明星讲解员、1000 名网红达人，以"行走河南·读懂中国"为主题，创作生产系列集群式轻量级短视频内容。与新媒体平台合作开展"行走河南·读懂中国"文旅文创作品大赛，吸引公众广泛参与创作和展示。在春节、元宵、中秋等传统节日，在城市地标街区、广场，策划举办融入传统服饰、传统美食、传统游戏、民俗活动、手工制作等文化元素，特别是年轻群体乐于参与的全民联欢日、狂欢夜。（责任单位：省文化和旅游厅牵头，省委宣传部、省委网信办、省文物局配合）

六、强化实施保障

1. 加强组织领导。 坚持系统部署、协同推进，充分发挥文旅文创融合战略工作专班组织领导作用，定期召开推进会议，专题研究重大事项，协调解决重大问题，有关专班成员单位结合实际研究出台具体举措和配套政策，市县两级党委和政府落实主体责任，形成分工协作、齐抓共管工作格局。省文化和旅游厅落实牵头责任，协同相关部门加强对重大事项的省级统筹，专项推进重点工作，确保各项任务落实到位。（责任单位：文旅文创融合战略工作专班有关成员单位，各省辖市、济源示范区、航空港区）

2. 加强资金保障。 各级财政部门加强财政资源配置，调整优化支出结构，统筹现有资金渠道，加大对"行走河南·读懂中国"品牌建设的支持力度。省文化旅游投资集团将"行走河南·读懂中国"作为重大战略投资板块,依托省文化旅游融合发展基金,设立"行走河南·读懂中国"品牌建设子基金,扶持"行走河南·读懂中国"内容创意、数字展示、场景打造等。省级财政层面有效整合新闻出版、广播电视、道路交通等资金,统筹用于"行走河南·读懂中国"内容创作、道路建设等。省文化和旅游厅、省文物局整合利用现有资金,重点支持"行走河南·读懂中国"数字化展示、品牌形象推广等。鼓励引导社会力量参与"行走河南·读懂中国"品牌运营。(责任单位:省委宣传部、省财政厅、省政府国资委、省文化和旅游厅、省文物局、省文化旅游投资集团,各省辖市、济源示范区、航空港区)

3. 强化智力支持。 实施省文物考古研究院重塑性改革,坚持"省部共建、省校联建、全省一体、国际合作",创新科研体制机制,打造在国内有着较强示范引领作用、具有世界影响力的一流省级文物考古研究机构。支持河南博物院、省文物考古研究院、郑州大学、河南大学等成立"行走河南·读懂中国"研学导师培训基地。建立华夏考古实验室,强化校地合作,依托重要考古遗址建设长期性田野考古实习基地。(责任单位:省文化和旅游厅、省文物局,相关省辖市)

4. 加强督导考核。将"行走河南·读懂中国"品牌建设各项任务纳入省委、省政府督导考核体系和各级党委、政府绩效评价指标体系。各有关责任单位按照分工细化实施方案,明确推进步骤和时间节点。文旅文创融合战略工作专班加强方案执行情况工作调度,建立信息简报和定期通报制度,动态跟进重大事项、重点项目。(责任单位:省委督查委督查二组、文旅文创融合战略工作专班有关成员单位)

发文机关：河南省人民代表大会常务委员会　　　　　　　　　　发布时间：2022年9月30日

河南省公共文化服务保障促进条例

（2022年9月30日河南省第十三届人民代表大会常务委员会第三十五次会议通过）

河南省第十三届人民代表大会常务委员会
公　　告
第91号

《河南省公共文化服务保障促进条例》已经河南省第十三届人民代表大会常务委员会第三十五次会议于2022年9月30日审议通过，现予公布，自2022年12月1日起施行。

河南省人民代表大会常务委员会
2022年9月30日

第一章　总则

第一条　为了促进公共文化服务高质量发展，传承中华优秀传统文化，弘扬社会主义核心价值观，推进文化强省建设，满足人民群众对美好文化生活的需求，提高全民文明素质，根据《中华人民共和国公共文化服务保障法》等有关法律、行政法规，结合本省实际，制定本条例。

第二条　本省行政区域内公共文化设施建设与管理、公共文化服务提供、群众文化活动组织、公共文化品牌培育等公共文化服务的保障和促进活动适用本条例。

本条例所称公共文化服务，是指由政府主导、社会力量参与，以满足公民基本文化需求为主要目的而提供的公共文化设施、文化产品、文化活动以及其他相关服务。

第三条　公共文化服务应当以习近平新时代中国特色社会主义思想为指导，遵循政府主导、社会参与、统筹推进、均衡发展、开放共享、提升效能的原则。

第四条　省人民政府应当根据国家基本公共文化服务指导标准，制定并适时调整本省的基本公共文化服务实施标准，明确公共文化服务项目。设区的市、县（市）、区人民政府应当根据当地实际，制定并公布本行政区域公共文化服务目录并组织实施。

县级以上人民政府应当将公共文化服务纳入国民经济和社会发展规划，按照公益性、基本性、均等性、便利性要求，加强公共文化设施建设，完善公共文化服务体系，提高公共文化服务水平。

乡镇人民政府、街道办事处应当在职责范围内做好公共文化服务保障工作。

第五条　县级以上人民政府应当建立公共文化服务综合协调机制，指导、协调、推动本行政区域的公共文化服务工作，定期召开联席会议，及时研究解决公共文化服务中的重大问题，促进跨部门、跨行业、跨区域公共文化服务资源整合，实现公共文化服务资源共建共享。

县级以上人民政府文化主管部门负责公共文化服务综合协调的具体工作。

第六条　县级以上人民政府文化主管部门、新闻出版广电主管部门，根据职责分工负责统筹公共文化事业发展，推进公共文化服务体系建设。

教育主管部门负责组织、指导校园文化活动、文化艺术普及等工作。

体育主管部门负责组织、指导全民健身活动，协调推进全民健身志愿服务和公共体育惠民活动，监督公共体育设施管理，推进公共体育设施建设及其社会开放工作。

文物主管部门负责组织、指导博物馆、纪念馆等对外开放、陈列展览、开展社会教育以及其他文化惠民活动。

电影主管部门负责电影公共文化服务，组织开展电影公共文化服务的体系建设，指导和协调推动电影公益放映等工作。

县级以上人民政府发展改革、科技、民政、司法行政、财政、人力资源和社会保障、自然资源、住房城乡建设、农业农村、卫生健康、通信管理等有关部门，应当按照职责分工，共同做好公共文化服务保障和促进的相关工作。

第七条 工会、共青团、妇联、残联、科协、文联、社科联等群团组织应当结合工作实际，发挥各自优势，组织开展相关的公共文化服务工作。

第八条 各级国家机关、人民团体、新闻出版广播电视及新兴媒体等应当加强公共文化宣传工作，组织开展经常性公共文化宣传活动，传播中华优秀传统文化、红色文化和地方特色文化，引导社会公众养成积极向上的精神追求和健康文明的生活方式，营造良好的社会文化氛围。

第九条 任何组织或者个人对违反本条例的行为，有权向文化主管部门或者其他相关部门投诉或者举报。

县级以上文化主管部门以及其他相关部门应当设立投诉举报电话，及时受理投诉举报，并依法查处或者转办。

第二章 公共文化设施建设

第十条 本条例所称公共文化设施，是指用于提供公共文化服务的建筑物、场地和设备，主要包括图书馆、博物馆、文化馆、美术馆、非物质文化遗产馆、科技馆、纪念馆、体育场所、工人文化宫、青少年宫、妇女儿童活动中心、老年人活动中心、乡镇街道和村社区基层综合性文化服务中心、农家书屋、职工书屋、公共阅报栏、广播电视播出传输覆盖设施、公共数字文化服务点等。

第十一条 县级以上人民政府应当根据国家基本公共文化服务指导标准和本省基本公共文化服务实施标准，结合当地实际制定本行政区域的公共文化设施建设规划，并根据经济社会发展需要适时作出调整。

第十二条 各级人民政府应当按照国家和本省规定的标准，在公共场所配备基本公共文化设施。

各级人民政府应当加强基层综合性文化服务中心建设，按照标准配置图书报刊、文体器材等，鼓励支持配备数字文化服务设施。

各级人民政府应当加强乡村优秀传统文化的保护和传承，支持因地制宜建设文化礼堂、村史馆、民俗馆等主题文化功能空间，并提供必要的运营经费。

各级人民政府应当加强非物质文化遗产传承体验设施建设，支持建设非物质文化遗产展示馆等传承体验设施。

第十三条 公共文化设施选址，应当征求社会公众意见，符合公共文化设施的功能和特点，有利于充分发挥公共文化服务功能。

任何组织或者个人不得侵占公共文化设施建设用地或者擅自改变其用途。因特殊情况需要调整公共文化设施建设用地的，应当先确定新的公共文化设施建设用地，再进行调整。调整后的公共文化设施建设用地不得小于原有面积。

第十四条 公共文化设施不得擅自拆除或者挪作他用。因城乡建设确需拆除公共文化设施或者改变其功能、用途的，应当依照有关法律、行政法规的规定重建、改建，有关人民政府应当提前三个月向社会公示，组织专家论证，听取社会公众意见。

经批准拆除公共文化设施或者改变其功能、用途的，应当坚持先建设后拆除或者建设拆除同时进行的原则。重建、改建的公共文化设施配置标准、建筑面积等不得降低。

在公共文化设施拆除与建设期间，有关人民政府应当根据实际情况安排过渡性公共文化设施，确保公共文化服务不间断。

第十五条 县级以上人民政府自然资源主管部门应当将公共文化设施建设纳入控制性详细规划，并在规划条件中依照相关规定确定配套建设公共文化设施的内容。

新建城区、城乡社区更新或者居民住宅区改扩建的，建设单位应当按照国家和本省有关规定、标准建设公共文化设施。配套的公共文化设施应当与主体工程同步规划、同步审批、同步设计、同步建设、同步验收。县级以上人民政府自然资源主管部门应当对建设工程是否符合规划条件予以核实。

第十六条 各级人民政府应当

推进公共文化和旅游公共服务要素融合，营造新型文化空间。

鼓励和支持公园、绿地、广场、景区、商场、交通站点等公共场所的管理单位，为公众利用其公共空间开展公共文化活动提供便利。

鼓励和支持在城市商圈、文化园区、公园绿地、居民集聚区等区域，按照规模适当、布局科学、业态多元、特色鲜明的要求，营造新型公共阅读和艺术空间。

第十七条 各级人民政府应当在人员流动量较大的公共场所、外来务工人员较为集中的区域以及留守老人妇女儿童较为集中的农村地区，设置各类公共文化服务站点，配备公共阅览、流动图书、数字文化服务、体育健身等设施。

各级人民政府应当根据未成年人、老年人、残疾人的特点和需求，建设、改造、配备必要的特殊公共文化设施。

支持有条件的医院、养老院、福利院、残疾人服务机构、未成年人救助保护机构、疗养院等场所，配备适宜特定人群的公共文化设施。

第三章 公共文化设施管理

第十八条 公共文化设施的管理和使用应当坚持以公益性为主的原则，实行分级分类管理制度。

各级人民政府投资建设的公共文化设施，应当根据其用途实行分级管理，由县级以上人民政府依法确定其管理单位和管理方式。

政府参建以及社会资本投资建设的文化设施，应当根据投资情况，区分公益性和产业属性，实行分类管理，依法确定管理单位和管理方式。

第十九条 公共文化设施管理单位应当按照国家和本省规定的标准，配备开展公共文化服务必需的设备、器材等，加强公共文化设施的经常性维护管理，保障公共文化设施正常运转。

公共文化设施管理单位应当建立健全管理制度和服务规范。

第二十条 公共文化设施管理单位应当建立公共文化设施资产统计报告制度和公共文化服务开展情况年报制度，并在每年的第一季度，向社会公布上一年度的活动项目、服务效能、经费使用等情况，接受社会监督。

第二十一条 公共文化设施管理单位应当建立健全安全管理制度，配备安全保护人员和设备，保证公共文化活动安全。

公共文化设施管理单位应当建立突发事件应急处置机制，制定应急预案并定期组织演练。在突发事件发生时，依法采取限制使用或者停止服务等措施。

鼓励和支持公共文化设施管理单位投保公众责任险。

第二十二条 文化主管部门应当加强对公共文化设施管理单位的监督管理，建立第三方绩效评估制度和以公众参与为基础、群众需求为导向的绩效考核机制。

县级以上人民政府应当将公共文化设施管理单位的绩效考评结果，作为对其经费投入、收入分配、补贴奖惩的重要依据。

第四章 公共文化服务提供

第二十三条 县级以上人民政府应当按照公共文化服务项目，向社会公众提供公共文化服务，丰富公共文化服务内容，提高公共文化服务质量。

县级以上人民政府文化主管部门应当建立常态化公众文化需求征询反馈制度，健全公共文化产品的遴选、采购、推介和供给机制。

第二十四条 县级以上人民政府应当整合并均衡配置公共文化服务资源，加大对农村公共文化服务的投入，增加乡村公共文化产品供给，扩大基本公共文化服务的有效覆盖，促进城乡公共文化服务均等化，助推乡村振兴。

第二十五条 各级人民政府应当为老年人、未成年人、残疾人、外来务工人员、农村留守妇女儿童、生活困难群众等特殊群体，提供便利的公共文化服务，满足其基本文化需求。

第二十六条 公共文化服务单位应当完善服务项目、丰富服务内容。

公益性文化单位应当向公众提供免费或者优惠的文艺演出、陈列展览、电影放映、阅读服务、公益讲座、艺术培训、体育健身、音视频节目等线上线下服务。

国有文艺院团应当以服务基层群众为主要任务，增强公益演出的社会责任，发挥公共文化服务的主体作用。

公共文化设施开放收取费用的，应当定期向中小学生免费开放，并对老年人、残疾人、现（退）役军人、军（烈）属、消防救援人员等特殊群体免费或者优惠开放。收费项目和标准应当报经同级人民政府物价部门和文化等相关部门批准；收取的费用应当用于公共文化设施的维护、管理和事业发展，不得挪作他用。

第二十七条 公共文化设施管理单位应当建立服务项目、服务内容、服务标准、开放时间等公示制度。公共文化设施临时停止开放或者更改开放时间的，除突发原因外，应当提前三日向社会公告。

第二十八条 公共文化设施开放时间不得少于国家和本省规定的最低时限。公共文化设施应当在公休日开放，在国家法定节假日和学校寒暑假期间适当延长开放时间。鼓励公共文化设施提供夜间文化服务或者采取其他方式延长开放时间。

第二十九条 鼓励机关、学校和其他企业事业单位的文化体育设施向社会公众开放。

第三十条 县级以上人民政府文化、体育、新闻出版、电影、广电、卫生健康、文物等主管部门和乡镇人民政府应当组织公共文化服务机构和文化企业、群众文化团队深入农村、社区、校园、企业等，根据实际情况建立流动服务站点，开展流动文化服务。

县级以上人民政府应当为流动文化服务活动配置和更新必要的设备。

第三十一条 省人民政府应当统筹规划全省公共数字文化建设，建立省级公共数字文化服务平台。

设区的市、县（市）、区人民政府及有关部门应当将公共数字文化建设纳入本行政区域的信息化建设规划，按照规定及时向省公共数字文化服务平台提供相关数据资料，推动提供线上线下相结合的公共文化服务。

各级人民政府应当支持公共文化设施管理单位进行数字化文化创意产品开发，拓展公共文化服务应用场景，提高公共文化数字产品品质。

第三十二条 县级以上公共图书馆、博物馆、文化馆、美术馆、融媒体中心等应当加强对基层公共文化服务工作的指导，通过业务辅导、骨干培训、艺术交流、文化下基层等形式，提高基层公共文化服务水平。

公共图书馆、文化馆应当加强总分馆制建设，为基层群众提供便利服务。

乡镇人民政府、街道办事处负责乡镇、街道基层综合性文化服务中心及其公共文化设施的日常管理。乡镇综合性文化服务中心应当发挥组织、协调、资源调配等服务管理职能，配合有关部门做好基层公共文化服务工作。

村居民委员会应当根据村居民的需求，开展群众性文化体育活动，协助有关部门开展公共文化服务工作。村（社区）综合性文化服务中心应当向公众免费提供图书报刊阅览、文艺展演、展览展示、普法教育、科普教育、健康教育、技能培训、体育健身等公共文化服务。

各级人民政府应当按照规定给予乡镇、街道和村（社区）综合性文化服务中心必要的经费支持。

第五章 群众文化活动组织

第三十三条 县级以上人民政府应当通过荣誉鼓励、业务培训、购买产品或者服务、提供必要经费等方式，支持组建不同形式的群众文化体育团队。

各级人民政府应当因地制宜引导支持建设社区和乡村文化合作社，形成以文化合作社为依托的基层文化建设新模式。

第三十四条 县级以上人民政府文化主管部门应当重视发现和培养民间文化人才，为民间文化人才提供帮助和指导，保障民间文化人才在职称评审、学习培训、项目申报、表彰奖励等方面享受与国有文化单位人员同等待遇。

第三十五条 各级人民政府应当鼓励和支持通过收徒授业、专业培训、文化展演、竞技比赛、非遗工坊等方式，开展优秀传统文化的传承和传播。

各级人民政府应当引导和支持群众在中国传统节日、法定假日期间，开展具有地方特色的民俗活动。

公共文化设施管理单位应当结合职能特点组织开展戏曲、书画、功夫、曲艺等中华优秀传统文化、地方特色文化的传承弘扬活动。

第三十六条 各级人民政府应当鼓励和支持群众文艺创作，建立群众文艺创作激励机制，培育高质量群众文艺创作队伍。

县级以上人民政府应当组织河南省群众文艺群星奖比赛，组织全国群星奖节目的创作、参赛工作，繁荣群众文艺。

第三十七条 各级人民政府及有关部门应当积极推进全民阅读活动，建设书香河南。

公共图书馆应当将推动、引导、服务全民阅读作为重要任务，注重培养阅读推广人，定期组织全民阅读推广活动，指导机关、企业事业单位和其他组织开展全民阅读活动。

鼓励相关组织和个人为社会提供公益性阅读推广服务。

第三十八条 各级人民政府及有关部门应当推动科技文化卫生普及，鼓励和支持全民体育健身和体育竞赛活动，加强对广场舞、健身操、戏曲演出等群众文体活动的组织和引导，组织公益电影放映，开展多种形式的群众性文化活动。

第六章 公共文化品牌培育

第三十九条 各级人民政府及有关部门应当围绕文化强省建设目标，突出河南历史文化特色，立足黄河文化、中原文化、河洛文化，打造老家河南、天下黄河、华夏古都、中国功夫等文化品牌，加强"行走河南·读懂中国"品牌体系建设，促进公共文化服务高质量发展。

第四十条 县级以上人民政府应当推动公共文化服务高质量示范区、示范项目创新发展和公共文化高质量发展先进县、民间文化艺术之乡建设，深入开展公共文化创建活动。

第四十一条 省人民政府应当支持举办黄帝故里拜祖大典、中国（开封）菊花文化节、中国（洛阳）牡丹文化节等具有本土原创性的节庆活动，提升河南著名文化品牌的影响力。

第四十二条 县级以上人民政府应当健全完善红色文化传承、传播、创新、开发体系，弘扬焦裕禄精神、红旗渠精神、大别山精神等红色文化内涵，讲好河南红色文化故事。

第四十三条 省人民政府应当加强黄河、大运河、长征、长城国家文化公园建设，打造文明之源、丝绸之路、红色文化、根亲文化、饮食文化、茶文化等文化重点地标。

第四十四条 县级以上人民政府应当采取选拔、资助、保护等措施，培育具有本土特色的河南文化品牌。

第七章 鼓励社会力量参与

第四十五条 各级人民政府应当制定相应的优惠政策，健全完善服务外包、委托运营、公开竞标、项目授权、财政补贴等机制，鼓励和支持社会力量通过捐赠、捐助、投资、合作等方式，参与公共文化设施建设、运营和管理。

社会力量参与公共文化建设和提供服务的，应当依照法律规定享受税收优惠。

第四十六条 县级以上人民政府应当根据国家和本省向社会力量购买公共文化服务的指导性意见和目录，结合当地经济社会发展水平、公共文化服务需求和财力状况，确定向社会力量购买公共文化服务的具体项目和内容，并及时向社会公布。

县级以上人民政府文化主管部门应当会同相关行业主管部门建立健全由购买主体、服务对象和第三方共同参与的综合评审和监督机制，加强对购买公共文化服务项目的绩效评价，并将绩效评价结果作为次年向社会力量购买公共文化服务的重要依据。

第四十七条 支持公共文化服务单位与高等院校、科研机构、科技企业等合作，加强公共文化服务的理论研究、教育培训、服务创新和技术应用。

第四十八条 鼓励和支持社会力量参与文化志愿服务工作，所需经费可以从公共文化服务经费中列支。

第八章 保障和促进措施

第四十九条 县级以上人民政府应当按照国家和本省规定的公共文化服务标准，将公共文化服务活动所需经费纳入本级财政预算，加大财政投入力度，提高公共文化服务保障水平。

省人民政府应当强化财政转移支付力度，重点向大别山、太行山、伏牛山等革命老区和脱贫地区倾斜，支持其公共文化设施建设。

第五十条 县级以上人民政府应当按照公共文化服务单位岗位职责、服务总量，以及公共文化设施的功能、任务和服务人口规模，指导和支持有关部门合理设置公共文化服务岗位，配备相应专业人员。

第五十一条 省人民政府及文化等主管部门应当建立完善公共文化服务优秀人才引进、选拔、培育的激励机制，制定公共文化服务人才选拔培养的具体措施。

各级人民政府及其文化等主管部门应当通过专业培训、委托培养、招聘选拔、定期服务、项目合作等方式，加强公共文化服务从业人员的岗位培训。

鼓励文化专业人员、高校毕业生和志愿者等到基层从事公共文化服务工作，并给予补贴、职称评定、职务晋升等政策支持。

第五十二条 各级人民政府应当完善公益性演出补贴制度，支持艺术表演团体提供公益性演出，鼓励商业演出和电影放映安排低价场次或者低价门票。

第五十三条 鼓励公共图书馆、博物馆、文化馆、美术馆、科技馆、纪念馆等公共文化场所开展文化创意产品研发。通过知识产权授权、文创产品销售等方式取得的收益纳入本单位预算统一管理，用于公益文化服务、藏品征集、研究开发和表彰奖励等。

第五十四条 各级人民政府应当将公共文化服务工作纳入政府目标责任考核项目，并建立考核机制。

第五十五条 县级以上人民政府应当对在公共文化服务工作中作出突出贡献的组织或者个人，按照国家和省有关规定给予表彰和奖励。

第九章　法律责任

第五十六条 违反本条例规定的行为，法律、行政法规已有法律责任规定的，从其规定。

第五十七条 各级人民政府和县级以上人民政府有关部门违反本条例规定，不履行公共文化服务保障促进职责，或者滥用职权、玩忽职守、徇私舞弊的，由其上级机关责令限期改正；情节严重的，对直接负责的主管人员和直接责任人员依法给予处分。

第五十八条 违反本条例规定，侵占、破坏公共文化设施或者扰乱公共文化服务管理秩序的，公共文化设施管理单位有权劝阻、制止，劝阻、制止无效的，可以停止为其提供服务；造成损失的，依法赔偿损失；构成违反治安管理行为的，由公安机关依法给予治安管理处罚；构成犯罪的，依法追究刑事责任。

第十章　附则

第五十九条 本条例自2022年12月1日起施行。

发文机关：中共河南省委宣传部河南省文化和旅游厅河南省文物局
发布时间：2022 年 12 月 20 日

河南省新时代革命文物保护管理利用三年行动计划（2023—2025 年）

为深入贯彻落实全国革命文物工作会议精神，开创全省革命文物工作新局面，根据国务院办公厅《"十四五"文物保护和科技创新规划》（国办发〔2021〕43 号），结合我省实际，制定本行动计划。

一、总体要求

（一）指导思想

以习近平新时代中国特色社会主义思想为指导，深入学习贯彻落实党的二十大精神、习近平总书记考察河南安阳重要讲话精神和关于革命文物工作重要论述精神，坚持"保护第一、加强管理、挖掘价值、有效利用、让文物活起来"的新时代文物工作方针，用心用情用力切实把革命文物保护好、管理好、运用好，更好地传承红色基因、赓续红色血脉、增强精神力量。

（二）主要目标

按照"抓重点、补短板、强弱项"的工作思路，推进全省革命文物保护状况显著改善，展示利用水平明显提高，革命文物资源优势得到有效发挥，特色鲜明、具有全国影响力的革命文物保护利用传承体系基本形成，实施"行走河南·读懂中国"文旅文创融合战略，发挥革命文物的独特价值，奋力谱写新时代中原更加出彩的绚丽篇章。

二、重点任务

（一）夯实革命文物保护基础

1. 开展专项调查。按照"一条主线、两个见证"原则，持续对我省革命遗址遗迹、纪念设施及文物藏品等资源进行专项调查和系统排查，及时认定公布河南省革命文物名录。做好全国革命文物大数据库河南革命文物资源信息录入工作。

2. 强化保护修复。实施馆藏革命文物预防性保护和数字化保护工程，优先保护材质脆弱的珍贵革命文物，提升国有革命博物馆纪念馆展厅及库房硬件水平，改善文物保护环境。实施革命旧址维修保护行动，坚持抢救性保护和预防性保护并重，在"十四五"期间聚焦重点项目，力争省级以上革命文物保护单位保护修缮率达到 60%。完善革命文物定期排查、日常养护管理和安全防范制度，完善各级革命文物保护单位"四有"档案。

3. 推进保护利用片区工作。统筹规划、连片保护、整体展示，发挥革命文物保护利用片区示范引领作用。在"十四五"期间重点完成"河南片区"革命文物保护利用片区工作规划的编制实施；加强与相邻省份的联系沟通，积极推进晋冀豫片区、冀鲁豫片区革命文物保护工作规划的编制实施。

4. 加强低级别革命文物保护。及时把新发现的革命文物依法纳入保护范畴，把具有重要价值的革命旧址核定公布为各级文物保护单位。加快推进宝丰县低级别革命文物保护利用试点工作，加快推进新县低级别革命文物连片保护、整体展示工作。

（二）加强革命文物协同研究

5. 加强研究队伍建设。整合省内各方面研究力量，依托高等院校、革命博物馆纪念馆等在省内革命文物资源富集区域挂牌设立 5—10 个革命文物协同研究基地，加强学术研究、人才培养和跨学科合作，形成更多研究成果。

6. 提升研究阐释水平。通过开展实物、文献、档案史料、口述史征集活动和采用走访革命前辈、烈士遗属、专家学者、民间收藏人士等多种形式，有序推进各个时期革命文物史料的抢救、征集和研究工作。紧紧围绕焦裕禄精神、红旗渠精神、大别山精神、愚公移山精神、南水北调重大工程等革命文化和社会主义先进文化大IP，深入挖掘和阐释革命文物蕴含的思想内涵、时代价值、历史意义和教育意义。

（三）创新革命文物活化利用途径

7. 扩大资源开放利用程度。坚持革命旧址维修一批、开放一批。鼓励将条件成熟的革命旧址建设成为革命文化专题博物馆、纪念馆，用于村（居）委会、村史馆、图书馆、非遗展示中心等社区公共服务设施，进一步发挥综合服务功能。对于尚不具备开放条件的革命旧址，鼓励在其重点区域开辟宣传展示空间，在合适位置设立纪念标志、铭牌说明。鼓励和支持非国有革命文物类文物保护单位向公众开放、提供公共文化服务。

8. 实现文创产品创新性发展。支持革命文物单位设立文创基地，试点与非物质文化遗产传承人协同创作，形成"红色十非遗"的创新发展模式；谋划举办红色文化创意产品设计大赛，支持革命博物馆纪念馆和革命旧址运用市场机制加强创意产品研发，开发一批具有鲜明地域特色、思想性与艺术性兼备的红色文化创意产品，促进红色文化消费。

9. 聚焦服务文旅文创融合战略。以我省厚重的革命文物资源为载体，以"红色中原之旅"主题线路为依托，大力开发红色研学精品课程，打造"行走河南·读懂中国"的红色经典景区和精品研学旅行线路。推动培育"革命文物十文化遗产十生态康养"为一体的乡村红色旅游示范业态，助力乡村振兴和革命老区振兴发展。鼓励与外省相关红色旅游景点景区的交流互鉴。

10. 助力国家文化公园建设。依托长征国家文化公园（河南段）建设，深化红二十五军长征（河南段）文物资源保护利用。加强对长城、长征、大运河、黄河国家文化公园建设范围内革命文物保护管理利用。

（四）提升革命文物整体展陈水平

11. 健全革命文物展示体系。推进我省革命类专题博物馆建设，支持革命类博物馆纪念馆提升晋级国家一、二、三级博物馆。初步形成以国有革命博物馆纪念馆、革命旧址为引领，各级各类各部门管理的革命文物开放单位共同发展的革命文物展示体系。

12. 打造革命文物精品展览。鼓励各级各类革命博物馆纪念馆围绕重大历史事件、重要时间节点，坚持政治性、思想性、艺术性相统一，策划推出一批主题鲜明、内涵深刻、形式新颖、线上线下融合的革命文物精品展览。

13. 梯次有序更新展陈。推动革命博物馆纪念馆展陈提升，指导支持基本陈列超过5年的革命博物馆纪念馆和革命旧址局部改陈布展，指导支持基本陈列超过10年的革命博物馆纪念馆和革命旧址全面改陈布展，及时补充体现新时代精神的展陈内容。落实展陈内容和解说词研究审查制度，切实把好政治关、史实关，增强展陈说明和讲解的准确性、完整性、权威性。

14. 推进数字化智能化展示。鼓励革命博物馆纪念馆打造数字化展示体验展馆，充分利用沉浸式视觉全息影像、元宇宙等新技术还原场景，通过科学设置展线、逼真再现历史场景、生动刻画人物特征、精选文物组合等方式，增强展馆的互动性、体验性，让革命文物"活"起来。

（五）拓展革命文物传播推广渠道

15. 构建全媒体传播格局。充分利用融媒体平台和互联网新媒体平台拓展传播渠道、优化传播效果。推进"互联网+革命文物"。推出革命文物"云展览""云直播"，制播革命文物相关纪录片、微视频，立足观众尤其是青少年群体，设计创意十足、形式新颖的传播内容。支持全国红色基因传承平台建设，打造网上爱国主义教育空间，使革命精神和红色文化辐射到更广泛的人群。

16. 强化革命文物教育功能。利用革命文物资源主动服务"四史"学习教育，积极传承弘扬大别山精神、焦裕禄精神、红旗渠精神等纳入中国共产党人精神谱系的伟大精神。积极与高校合作，组织多层次革命文物与新时代高校思想政治工作融合发展座谈会（论坛），推动革命博物馆纪念馆和革命旧址打造高校思政课实践教学基地，充分利用革命文物加强新时代高校思政工作。深入开展"党的故事我来讲——争做红领巾讲解员"实践体验活动，鼓励革命场馆注重面向青少年群体编写解说词、课堂教材等内容，助力红色文化进课堂。帮助党政机关、企事业单位、驻地部队等依托革命博物馆纪念馆和革命旧址组织开展瞻仰参观、现场教学、缅怀祭扫、入党入团入队仪式等主题活动，进一步扩大革命文物的社会影响。

17. 培养革命精神传播人才队伍。打造革命文物宣讲团队，做好革命文物讲述宣传推介工作，继续组织开展红色讲解员培训工作，力争对新进讲解员全员培训，坚持举办"红色文物说——河南省革命文物讲解比赛（红色故事会）"活动，讲好党的故事、革命的故事、根据地的故事、英雄和烈士的故事。

三、保障措施

（一）强化组织领导

各级党委政府应从赓续红色血脉、守护红色江山的政治高度出发，增强政治自觉，牢固树立保护文物也是政绩的理念，切实担起文物保护责任，加大工作力度。各地要建立革命文物工作协调机制，统筹解决革命文物保护规划对接、用地保障、资金整合使用等问题，出台配套政策，细化工作方案，加强统筹规划、协调指导和督促检查，为加强新时代革命文物工作创造良好社会环境。

（二）加大财政投入

积极落实公共文化领域省与市县财政事权和支出责任划分改革精神，进一步完善革命文物保护财政保障机制。要切实加大省级及省级以下革命文物保护力度，国家文物保护资金用于省级及省级以下文物保护单位保护的一般项目补助应向革命文物保护项目加大倾斜。县级以上政府应将革命文物保护作为支持重点，统筹利用现有资金渠道，改善革命文物保护状况，全面提升革命文物保护能力，强化革命文物保护利用政策支持。加强革命文物相关财政资金的绩效管理和监督审计，提升资金使用效益。健全革命文物保护利用多元化投入体系，积极引导社会资金参与革命文物工作。

（三）加强法治保障

开展立法调研，推进立法工作，出台并实施省级革命文物保护地方性法规。鼓励各省辖市、县（市、区）因地制宜，创新推出更多原创性、个性化的革命文物保护政策法规，从法治上守牢革命文物保护底线，提高革命文物领域治理效能。

（四）建设人才队伍

县级以上人民政府应加强革命文物保护、管理、利用和研究人才队伍建设，强化革命文物保护利用职责，明确革命文物工作的机构和力量，建设一支政治强、业务精、作风硬的革命文物工作队伍。

（五）加强督促检查

各地、各有关部门应强化落实文物安全责任，创新文物督查形式，加大文物行政执法专项检查力度。建立革命文物保护工作常态化的督查评估机制，对督导中发现的问题，要建立问题台账，制定整改台账，明确责任单位、责任人和整改时限。实行革命文物保护利用情况通报制度，确保革命文物工作有安排部署，有落实推进。

发文机关：河南省人民政府办公厅　　　　　　　　　　　　发布时间：2022 年 12 月 30 日

河南省文物保护和科技创新实施方案

为贯彻落实《国务院办公厅关于印发"十四五"文物保护和科技创新规划的通知》（国办发〔2021〕43 号），切实加强我省文物保护和科技创新工作，制定本实施方案。

一、总体要求

坚持以习近平新时代中国特色社会主义思想为指导，深入学习贯彻习近平总书记关于文物工作重要论述和重要指示批示，全面贯彻新时代文物工作方针，以推动文物事业高质量发展为主题，深化文物保护利用改革，强化文物科技创新，拓宽文物展示利用途径，促进文旅深度融合，传承优秀传统文化，全面提升我省文物保护研究利用水平。到 2025 年，文物依法保护水平显著提升，文物科技创新能力不断跃升，文物保护利用传承体系基本形成，文物机构队伍更加优化，文物领域社会参与活力不断焕发，考古研究持续深入，具有中原特色的博物馆体系更加完善，文物工作在坚定文化自信、建设文化强省、促进经济社会发展中的重要作用进一步发挥，文物保护成果更好惠及人民群众，文物治理体系和治理能力现代化初步实现。

二、主要任务

（一）强化文物资源管理和文物安全工作

1. 健全文物资源管理机制。加强市、县级文物保护单位和尚未核定公布为文物保护单位的不可移动文物保护管理。做好第八批河南省文物保护单位"四有"（有保护范围、有保护标志、有记录档案、有保管机构）工作，组织申报第九批全国重点文物保护单位。在国土空间规划中落实保护不可移动文物的空间管制措施，统筹划定文物保护单位保护范围、建设控制地带等，纳入国土空间规划"一张图"。建设文物资源监管平台，加强大数据应用，推进省级以上文物保护单位保护区划数字化建设。（责任单位：省文物局、发展改革委、自然资源厅、行政审批政务信息管理局）

2. 健全文物安全长效机制。将文物安全工作纳入社会治安综合治理考核体系，健全文物安全责任体系，落实文物安全直接责任人公告公示制度。完善部门协作共商机制，加强文博单位治安防范，依法严厉打击文物违法犯罪行为。实施文物平安工程，加强文物安全设施建设，推动将文物资源监管纳入公共安全视频监控建设联网应用工作内容。加强社会文物管理，规范文物经营活动，培育文物拍卖龙头企业，扶持中小文物经营主体，正确引导民间收藏。开展文物火灾隐患、地质灾害、洪涝等风险排查整治，完善文物安全应急机制，加强应急处置队伍建设，组织常态化实战演练和教育培训，切实提高文物安全应急处置能力。（责任单位：省文物局、公安厅、应急管理厅、商务厅、市场监管局、地震局、气象局、郑州海关）

3. 强化文物行政执法督察。加大文物违法案件查处力度，完善"国省督察、市县执法、社会监督、科技支撑"的文物执法督察体系。强化省级文物行政部门督察职责，落实市、县级文化市场综合执法队伍文物行政执法责任。强化科技应用，实施文物行政执法能力提升工程。（责任单位：省文化和旅游厅、文物局）

（二）加强文物科技创新

1. 深化文物基础研究。实施省级重要文物保护科技项目。开展文物灾害风险防控与应急处置专有技术体系研究和应用，研发文物预防性保护、文物病害无损微损检测和诊断等关键技术及系统解决方案，重点突破石窟寺、土遗址、古建筑、金属文物、纸质文物的病害探测、原位诊断和防治关键技术。（责任单位：省文物局、科技厅）

2. 完善文物科技保护网络体系。加强文物保护科研基地建设，支持有条件的文博单位创建国家文物局重点科研基地，推动省级重点科研基地建设运行。完善我省文物修复网络体系，推动文物科技保护研发平台建设，支持文博单位和社会机构开展科技合作，完善"文物保护科研单位＋开发企业＋用户"创新发展模式。（责任单位：省文物局、科技厅）

3. 强化科技对文物保护的引领作用。开展馆藏文物病害调查工作，建立文物保存现状数据库，编制馆藏文物修复规划，实施馆藏珍贵文物保护修复计划。开展全省文物保护单位范围内古树名木、土遗址、石窟寺、壁画等文物的病害调查工作，编制病害治理方案。实施预防性保护达标工程，推进不可移动文物数字化保护项目。（责任单位：省文物局、科技厅）

（三）提升考古研究水平

1. 推进考古与大遗址保护。认真贯彻落实国家《大遗址保护利用"十四五"专项规划》，持续做好仰韶村遗址、北阳平遗址等16处大遗址保护管理工作。推动贾湖、城阳城等9处列入国家考古遗址公园立项名单的遗址加快建设，提升殷墟、汉魏洛阳城、隋唐洛阳城、郑韩故城等国家考古遗址公园建设水平。围绕"考古中国·夏文化研究"等重大课题，持续开展双槐树、大河村、二里头等遗址考古工作。支持大遗址集中分布地区探索建立文物补偿、土地增减挂钩等制度。（责任单位：省文物局、发展改革委、自然资源厅、文化和旅游厅）

2. 加强基本建设考古发掘管理。完善"先考古、后出让"制度，深入推进"考古前置"改革。完善行政审批制度，加强基本建设中的文物保护工作。加快考古单位文物库房、整理场地、资料室等基础设施建设，提升考古设施装备水平。（责任单位：省文物局、发展改革委、自然资源厅）

3. 建设现代考古技术体系。推动省内具有考古发掘资质的单位加强与中国社科院考古研究所、北京大学、郑州大学、河南大学等高等院校、科研机构合作，共同建设综合考古平台。发挥黄河考古研究院等综合性研究机构功能，建设考古研发创新平台。推动建设区域科研基地和区域文物考古标本中心库房。（责任单位：省文物局、发展改革委、教育厅、科技厅）

（四）强化文物古迹保护

1. 统筹城乡文物保护。完善保护管理机制，强化历史文化名城名镇名村、历史文化街区、风景名胜区中的文物保护利用。做好博爱县寨卜昌村、郏县临沣寨等传统村落整体保护。加大集中成片文物保护力度，加强嵩山古建筑群、济源古建筑群、百泉古建筑群和古塔、古桥梁等保护展示利用。（责任单位：省文物局、住房城乡建设厅、农业农村厅、乡村振兴局）

2. 加强世界遗产保护管理。重点推进二里头遗址、万里茶道河南段申遗工作，推动红旗渠、仰韶文化重要遗址、关圣文化史迹、开封明清城墙等项目纳入申遗预备名单。建设完善殷墟等世界文化遗产地监测预警平台，支持殷墟建设可持续发展的世界遗产地典范。（责任单位：省文物局）

3. 加强石窟寺保护利用。建设全省石窟寺信息数据库，编制石窟寺保护修缮规划。推进实施石窟寺重大工程项目，分类实施石窟寺抢救性保护工程，全面消除石窟寺重大险情，推动实现重点石窟寺安防设施全覆盖。推动龙门石窟研究院建设区域性石窟寺保护研究基地。深化石窟寺学术研究和价值挖掘，提升石窟寺综合展示水平。（责任单位：省文物局、科技厅）

（五）加强革命文物保护管理利用

1. 加大革命文物保护力度。实施革命旧址维修保护和环境整治计划、馆藏革命文物预防性保护和数字化展示计划。加强低级别不可移动革命文物保护，及时把具有重要价值的革命旧址核定公布为各级文物保护单位，加快推进低级别不可移动革命文物保护利用试点工作。加强整体保护，加快编制实施河南片区革命文物保护利用工作规划，配合推进晋冀豫片区、冀鲁豫片区革命文物保护利用工作规划编制实施。（责任单位：省文物局、省委宣传部、党史和地方史志研究室、省发展改革委、文化和旅游厅、退役军人厅）

2. 深化革命文物研究阐释。依托高等院校、革命博物馆纪念馆等共同建设革命文物协同研究基地，加强学术研究、人才培养和跨学科合作，形成更多研究成果。推进革命文物史料抢救、征集和研究工作，深入挖掘和阐释革命文物蕴含的思想内涵、时代价值、历史意义和教育意义。（责任单位：省委宣传部、党史和地方史志研究室、省档案局、教育厅、文化和旅游厅、

退役军人厅、文物局、社科院）

3. 提升革命文物展陈水平。推进我省革命类专题博物馆建设，支持符合条件的革命博物馆纪念馆建设国家一（二、三）级博物馆，打造以国有革命博物馆纪念馆为引领，各级各类革命博物馆纪念馆共同发展的展示体系。围绕重大历史事件、重要时间节点，策划推出一批革命文物精品展览。合理利用数字化等现代科技手段，增强革命文物陈列展览的互动性和体验性。（责任单位：省委宣传部、党史和地方史志研究室、省发展改革委、文化和旅游厅、退役军人厅、文物局）

4. 拓展革命文物利用方式。加强革命旧址分类合理利用，提升革命旧址开放水平。打造红色旅游品牌，大力发展红色旅游及红色研学旅行，推出一批红色经典景区和精品线路，促进红色旅游与乡村旅游、生态旅游等业态融合，助力乡村振兴和革命老区振兴发展。依托长征国家文化公园（河南段）建设，加强红二十五军长征（河南段）革命文物资源保护利用。鼓励党政机关、企事业单位、驻地部队等依托革命博物馆纪念馆和革命旧址开展瞻仰参观、缅怀祭扫等主题活动。支持全国红色基因传承平台建设。（责任单位：省文化和旅游厅、省委宣传部、党史和地方史志研究室、省发展改革委、退役军人厅、文物局）

（六）推进博物馆事业高质量发展

1. 优化博物馆布局。加快完善以河南博物院为龙头，市、县级博物馆为主体，行业和非国有博物馆为补充的具有中原文化特色的博物馆群落体系。支持在郑州、洛阳等文化资源丰厚的地方建设博物馆群落。实施世界一流博物馆创建计划，加快河南博物院新院、黄河国家博物馆等建设。推进遗址博物馆、工业遗产博物馆和农耕文化博物馆等特色专题博物馆建设。（责任单位：省文物局、省委宣传部、省发展改革委、教育厅、民政厅、农业农村厅、文化和旅游厅）

2. 提升博物馆公共服务能力。提高策展水平，推出一批精品展览。依托馆藏文物优势，实施馆藏文物资源共享工程。强化博物馆智慧化数字化建设，搭建河南博物馆数字群落，提升文物数字化展示水平。（责任单位：省文物局、省委宣传部、省发展改革委、教育厅）

3. 创新博物馆管理体制机制。健全博物馆免费开放机制，推进博物馆免费开放工作。加强文物藏品保护管理，开展新增藏品清库登记建档工作。规范和扶持非国有博物馆发展。健全博物馆法人治理结构，分类推进博物馆理事会制度建设，加快博物馆治理体系和治理能力现代化。实施"博物馆＋"战略，促进博物馆与教育、科技、旅游等融合发展。（责任单位：省文物局、省委宣传部、省发展改革委、教育厅、科技厅、文化和旅游厅）

（七）大力推进文物活化利用

1. 打造中华文明标识。依托国家文化公园、世界文化遗产、重要文物遗存、大遗址、国家考古遗址公园等，提升保护水平，创新展示方式，建设一批黄河文化展示园区，打造一批中华文明精神标识和国家文化地标。（责任单位：省文物局、省委宣传部、省文化和旅游厅）

2. 加强文物价值阐释传播。健全文物价值传播推广体系，加大文物文化精髓和时代价值传播力度。利用国际博物馆日、国际古迹遗址日、文化和自然遗产日等时间节点，创新开展社会宣教活动。构建省级考古成果对外发布平台，加强考古和历史研究成果传播。（责任单位：省委宣传部、省文化和旅游厅、文物局）

3. 推动文旅文创融合发展。系统梳理文物资源，挖掘历史文化价值和旅游资源禀赋，扩大文物资源社会开放度，丰富文物活化利用业态。完善文物单位创意产品开发机制，推动先进数字技术与馆藏文物资源相结合，创新设计特色文化创意产品，打造一批有影响力的文化创意品牌。（责任单位：省文化和旅游厅、文物局）

4. 深化文物保护利用改革。创新文物保护利用机制，加强文物和文化遗产保护利用，创建国家文物保护利用示范区。健全国有文物资源资产管理制度，推进文物资源资产管理信息共享。完善各方参与的文物保护利用支持政策，保障相关方合法权益。建设文物领域智库。（责任单位：省文物局）

5. 加强文物对外交流合作。充分利用我省文物资源优势，加强文物国际交流合作，完善港澳台文物交流合作机制，不断提升河南文化国际影响力。（责任单位：省委宣传部、省文化和旅游厅、文物局）

（八）壮大文物人才队伍

1. 推进文物和考古学科专业建设。加强文物科学与技术相关学科建设，开展文物科技创新研究。支持普通高等学校、职业院校开设文物修复与保护、文物考古、文物展示利用、石窟寺保护等专业。（责任单位：省教育厅、文物局）

2. 构建多层次文物人才培养体系。加强文博领军人才、文物科技人才、文物技能人才、文物管理人才等培养培训。树立人才投入优先理念，完善激励机制。用好用活人才政策，在科研经费、职称评聘、评先评优等方面为优秀骨干人才提供有力保障。（责任单位：省委组织部、宣传部、省科技厅、人力资源和社会保障厅、文化和旅游厅、文物局）

3. 建强文物机构队伍。加强各级文物保护和研究队伍建设，推动文物资源富集、任务繁重的地方充实工作力量。推进省文物考古研究院重塑性改革，创建世界一流考古机构。（责任单位：省委编办、省文化和旅游厅、文物局）

三、保障措施

（一）加强组织领导

各地要高度重视文物保护和科技创新工作，把本方案确定的目标任务纳入本地经济社会发展规划，细化任务、合力推进，落实文物保护主体责任。各有关部门要根据职责分工，做好重大任务落实、重大工程项目实施的保障工作。省文化和旅游厅、文物局要加强对本方案落实情况的跟踪评估，重大问题及时向省委、省政府报告。

（二）完善财政政策

各地、各有关部门要调整优化支出结构，拓宽文物科技创新投入渠道。探索文物保护补偿办法，加大对文物资源密集区的支持力度。落实公共文化领域省与市县财政事权和支出责任划分改革方案，对革命老区、脱贫地区文物科技创新予以倾斜支持，优先保障重点项目、重点工程和重大政策的经费需求。

河南省文化事业和产业相关资料

2016 年至 2022 年河南省国民经济和社会发展主要指标

指标	计量单位	2016 年	2017 年	2018 年	2019 年	2020 年	2021 年	2022 年
人口①								
总人口数	万人	11370	11377	11444	11486	11526	11533	9872
城镇人口	万人	5546	5752	5978	6204	6389	6510	5634
女性人口	万人	5493	5499	5533	5556	5579	5586	4917
就业								
就业人员	万人	5052	5029	4992	4934	4884	4840	4782
第三产业就业人员比重	%	39.5	42.7	43.8	44.9	45.4	45.9	44.0
国民经济核算								
生产总值	亿元	40249.34	44824.92	49935.90	53717.75	54259.43	58071.43	61345.05
第三产业所占比重	%	42.7	44.0	47.2	48.5	49.2	49.7	49.0
人均生产总值	元	41326	45723	50714	54356	54691	58587	62106
对外经济贸易								
海关进出口总额	亿美元	712.26	776.13	828.19	824.45	972.05	1271.01	1277.28
实际利用外商和港澳台商投资②	万美元	1699312	1722428	1790214	1872727	2006476	2107349	177943
财政								
财政总收入	亿元	4706.96	5238.35	5875.82	6187.23	6267.39	6611.24	6188.75
一般公共预算支出	亿元	7453.74	8215.52	9217.73	10163.93	10372.67	9784.29	10646.75
物价								
居民消费价格指数	上年=100	101.9	101.4	102.3	103.0	102.8	100.9	101.5
人民生活								
城镇居民家庭人均可支配收入	元	27233	29558	31874	34201	34750	37095	38484
农村居民家庭人均可支配收入	元	11697	12719	13831	15164	16108	17533	18697

① 人口 2016 年至 2021 年为公安户籍年报数据；2022 年为常住人口；城镇人口由总人口数乘以城镇化率得来。
② 自 2022 年起"实际使用外资"统计口径发生调整，与之前年度数据不可比。

2016年至2022年河南省生产总值

2022年河南省生产总值构成

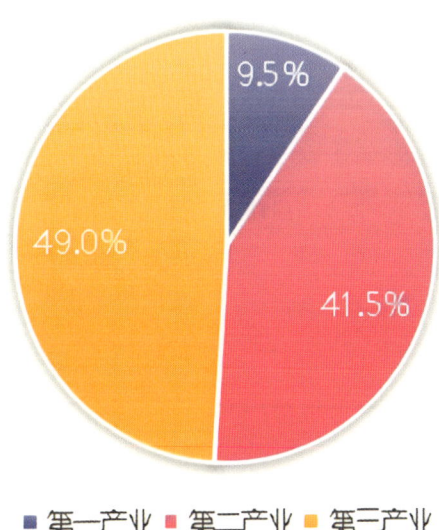

2016 年至 2021 年河南省文化及相关产业增加值

指标	2016 年	2017 年	2018 年	2019 年	2020 年	2021 年
文化及相关产业增加值（亿元）	1212.80	1349.23	2142.51	2251.15	2202.99	2590.66
比上年增长（%）	—	11.2	58.8	5.1	-2.1	17.6
文化及相关产业增加值占 GDP 比重（%）	3.01	3.01	4.29	4.19	4.06	4.46
比上年提高（个百分点）	—	0	1.28	-0.1	-0.13	0.4

2022 年河南省文化及相关产业规模以上企业分类主要指标

项目	法人单位数（个）	从业人员期末人数（人）	资产总计（亿元）	营业收入（亿元）	利润总额（亿元）
全省	2894	276093	3623.06	2470.04	119.37
文化核心领域	1959	196146	2910.99	1604.31	74.00
新闻信息服务	79	35600	230.18	187.74	2.10
内容创作生产	717	74741	1126.22	705.65	35.53
创意设计服务	426	36772	364.60	323.09	27.93
文化传播渠道	405	26722	345.18	298.81	8.28
文化投资运营	16	622	152.26	25.36	-1.48
文化娱乐休闲服务	316	21689	692.55	63.66	1.65
文化相关领域	935	79947	712.07	865.72	45.37
文化辅助生产和中介服务	493	52523	515.01	533.49	32.90
文化装备生产	74	8926	94.36	101.11	3.22
文化消费终端生产	368	18498	102.70	231.12	9.25

注：河南省文化事业和产业中数据均采自河南省统计局，国家统计局河南调查总队编，《河南统计年鉴 2022》中国统计出版社，2023.

《河南文化年鉴（2023）》撰稿人名单

（按书中出现顺序排列）

省直各单位

省委宣传部
白　盼　王连琴　宋芳芳　李宇博　朱永娜
张　弛　张玉坤　邱　晨　畅　通　陈　峥
周柳明　赵若昊　董春民　刘晓娟　刘志蒙
刘　玲　付　娜　程广波

省文化和旅游厅
祝　欣　王　鑫　杨　奕　刘智伟　张　捷
王昊宇　王　滨　李　辉　葛　磊　郝晓静
孙继如　南乐天　刘　浩　郜酃棋　刘晓雨
韩　菁　张路平　曹鸣远

省文联
西振岩　张东晓　刘　竞　杨军旗　王　健
王　宁　尚　攀

省社科联
申毅腾

省教育厅
康海洋

省委党校
王梓淇

中原出版传媒投资控股集团有限公司
董莹莹

河南日报社
胡延征　赵　蕾

河南广播电视台
胡煜华

省委网信办
杨延昌　王　亮　刘　尚　彭雨欣　陈小燕

省文物局
孙　瑞　魏方园　徐　彦　吕　科

省体育局
韦军伟

省民宗委
王　飞

省档案馆
高利娟

省委党史和地方志研究室
王　颖　张　新　李惠清　张家旭　张艳慧

省社科院
李立新　乔龙龙　赵晓庆　陈亚玲

各市编写人员

郑州市
赵　冰　李汝洋　张惠华　曹占伟　刘　轲
刘志珂　万会丽　袁夕橡　刘　锐　郭子涵
曹华伟　魏朋娜　梁　玉　李子纯　唐艺瑄
李春晓　黄辉闪　卢邦宁　王晓磊　郭慧丽
陈科睿　李东明　李银霞　张艺雯　王　丹
郑夏可　胡　琳

开封市
陈　明　王可心　范　钊　马红兵　张惜源
闫绍奇　孙　瑞　陈　珩　王亚汝　朱　青

钱韵璇　任　鑫　贾广宇　高泉永　薛海涛
王　艺　朱昊怡　袁　哲　杨非凡

洛阳市
王林艳　孟艺萌　王源阁　董　鹤　覃　环
宋纪沅　王　琳　刘　珂　郝瑛博　李　薇
王芊梦　毛烁凯　齐新鹏　蒋永朋　杨　帆
王正茂　王　鑫　王亚飞　姜　丹　崔小焕
钟宏宇　李静怡　魏　冉　周伟星　乔艳峰
吴祎珂　马冰阳　赵洛洛　鲁玉红　张华莹
尤乙茗　陈长奖　朱婷婷

平顶山市
宋　锋　闫　博　刘华伟　张　阳　李　颖
徐　英　阿亚涛　虎梦珂　张旭长　赵九任
李　珂　董建华　恒浴杰　周柏帆　雷雨田
李　安　宋亚乐　刘家鑫　李剑乐　董晓雨
李涵佳　段　琼　安浩强　杨念宗　马松昭
范晓凯　晏文轩　岳宣佑　赵启龙　范旭东
李　博　尹　航　谷莹莹　冯和平　艾向华
李艳红

安阳市
郑丽华　魏海红　牛师增　马召宇　索全兵
韩光伟　闫明杰　唐春燕　吴　灿　李成旺
张润绮　王娇玉　朱春歌　马　静　齐书兰
辛秀梅　张　军　刘　静　白兴雅　朱九妹
丁凤菊　张红岩　张　珂　陈刘锋　任超超
王修衍　张　伟　牛家祥　种亚丹

鹤壁市
李含笑　王超清　赵寒月　叶静茹　王中民
赵国伟　周　琳　闫海霞　杨　露

新乡市
陈焦利　杨娇娇　孟　晓　常　格　郭　霞
岳兵丽　李　翔　马　磊　常　静　秦俪栗
樊明慧　李志立　周利杰　朱佳佳　李　雪
师　璐　马　啸　马　春　胡宪锋　侯明娟

焦作市
田春杰　张　鑫　陈梦迪　秦梦诗　孙晨阳
李　雯　贺琪琪　李小四　李佩民　聂小东
詹惠惠　肖海亮　孙　璐　魏　源

濮阳市
乔文学　王志浩　崔　萌　刘珂帆　杨琳琳
许瑞平　管庆义　尚怀海　韩晓鹏　冯爱华
刘玉娜　常小燕　曹善政　姜　娜　王　振
梁祎婧　冯建彬　田琦琦　栾晓飞　张敬勇
田俊娟

许昌市
马　超　胡亚平　李　鑫　马晶晶　张义臣
李　浩　李晓钟　卢　辉　武鹏亮　刘家敏
桑一歌　张子强　张华辉　李万鹏　张玉戈
乔美俊　牛志强　刘江舟　宋红昌　杜永邓
刘利芳　任奎霖　岳菊敏　张　倩　史丽娟
宋国锋

漯河市
赵亮华　王子豪　贾　易　张　放　李丽品
高　珊　崔永洁　余明磊　陈　洋　陈麒允
冯艳华　孙逸飞　娄晓榕

三门峡市
杜彤香　刘小梅　郭　晓　段　涛　董一儒
殷书伟　李　璠

商丘市
杨晓娟　王　宁　朱　贺　纪德田　王志杰
郭　辉　夏　天　张韶华　张　楠　刘　辉
陈艳丽　王玉莲　王艳丽　王　露　袁　瀛
孙　顿

周口市
轩昆鹏　周干茜　李子娱　侯婷婷　孙琳琳
刘　娅　王淑洁　杨梦悦　李春利　董　磊
吴昊珉　许亚洲　王　超　邹同宝　周文志

驻马店市

旦明明　张　旭　毛妍捷　刘芮齐　肖喜锋
张　乐　李亚楠　李幼萌　张立新　杨曙光
刘　健

南阳市

薛扬帆　黄　涛　常钰佳　杨成甫　李　洋
侯庆先　陈相宇　郭　航　赵　恒　张　丽
宋沛洋　常　露　庞吉生　张春旭　徐　帅
高　峰

信阳市

杨　凡　张寿山　朱　鹏　邵林娜　邢玉柱

赵钰雯　王子璇　李汶哲　夏　东　戴　昱
陈恒宇　陈　萍　岳玉婵　王玉萍　聂　娜

济源示范区

张渠源　卫佳佳　翟艳妮　杨文杰　崔　萌
李五一　王苏萍　苗　莉　张龙涛　袁　琴
张小岩　陈　晨　范富杰　李治巍　刘萌萌

航空港区

薄向波　赵行娇　杨　宇　李佳浩　郭　林
乔玉斌　齐志勇